Territorialrechtliche Auseinandersetzungen der Herzöge von Sachsen-Lauenburg vor dem Reichskammergericht im 16. Jahrhundert

Rechtshistorische Reihe

Band 202

Peter Lang
Frankfurt am Main · Berlin · Bern · Bruxelles · New York · Wien

Jörg Hillmann

Territorialrechtliche Auseinandersetzungen der Herzöge von Sachsen-Lauenburg vor dem Reichskammergericht im 16. Jahrhundert

Peter Lang
Europäischer Verlag der Wissenschaften

Die Deutsche Bibliothek - CIP-Einheitsaufnahme

Hillmann, Jörg:

Territorialrechtliche Auseinandersetzungen der Herzöge von Sachsen-Lauenburg vor dem Reichskammergericht im 16. Jahrhundert / Jörg Hillmann. - Frankfurt am Main ; Berlin ; Bern ; Bruxelles ; New York ; Wien : Lang, 1999
(Rechtshistorische Reihe ; Bd. 202)
Zugl.: Hamburg, Univ. der Bundeswehr, Diss., 1998
ISBN 3-631-34807-X

Die vorliegende Arbeit wurde von
Prof. Dr. Jörn Eckert
zur Aufnahme in die Reihe empfohlen.

Gedruckt auf alterungsbeständigem,
säurefreiem Papier.

D 705
ISSN 0344-290X
ISBN 3-631-34807-X

Printed in Germany 1 2 3 4 6 7

Meinem Vater
in memoriam

Vorwort

Die vorliegende Untersuchung wurde am 22. Oktober 1998 vom Fachbereich Pädagogik der Universität der Bundeswehr Hamburg als Dissertation angenommen. Das Erstgutachten erstellte Professor Dr. Eckardt Opitz, das Zweitgutachten Professor Dr. Rainer Postel und das Drittgutachten Professor Dr. Jörn Eckert aus Kiel. Die Arbeit wurde vor der Drucklegung redigiert und um Angaben zur neueren Literatur ergänzt.
Sowohl mein Studium an der Universität der Bundeswehr als auch die sich anschließende Promotionsphase am selben Ort verdanke ich meinem Dienstherrn, dem Bundesminister der Verteidigung – vertreten durch meine Personalabteilung. Diese einzigartige Förderung zur Weiterbildung und Qualifikation bot mir einerseits Möglichkeiten zur persönlichen Entfaltung und Weiterentwicklung, andererseits Chancen, meinen Neigungen und Schwerpunktsetzungen eigenständig nachgehen zu können.
Stellvertretend für die Personalabteilung danke ich meinen Personalführern, Herrn Konteradmiral Lutz Feldt, Herrn Kapitän zur See Werner Lüders und Herrn Fregattenkapitän Roland Hemeling. Meinem Doktorvater, meinen akademischen Lehrern und meinen Kolleginnen und Kollegen danke ich für die zahlreichen fruchtbaren Gespräche und inhaltlichen Anregungen. Den Mitarbeiterinnen und Mitarbeitern der im Verlauf der Untersuchung besuchten Archive von Kopenhagen bis Wien gilt mein Dank für ihre Unterstützung. Herrn Reinhard Scheiblich und Frau Ulrike Schröder von der Fotostelle danke ich ebenso wie Herrn Wilhelm Fennert von der technischen Zeichenstelle der Universität der Bundeswehr Hamburg für ihre Unterstützung sowie Frau Dr. Sabine Schmolinsky, die mit besonderer Aufmerksamkeit mein Manuskript gelesen hat. Allen meinen aufrichtigen, tiefempfundenen Dank.

Meinem Dienstherrn danke ich für den großzügigen Druckkostenzuschuß. Meinem Doktorvater sei mein besonderer Dank für die jahrelange Betreuung versichert. Zum Schluß gebührt mein Dank meinen Freunden und Bekannten, die mir trotz meiner zeitweiligen Zurückgezogenheit während des Studiums und der Promotionszeit treu zur Seite standen und ein hohes Maß an Verständnis und Toleranz entgegengebracht haben.

Hamburg, im März 1999
Jörg Hillmann

Inhaltsverzeichnis

1.0 Einleitung 17

1.1 Gegenstand, Zielsetzung und Fragestellung der Untersuchung 17
1.2 Methode und Vorgehensweise der Untersuchung 25
1.3 Forschungsstand 29
1.3.1 Die Reichsreformbestrebungen unter besonderer Berücksichtigung der Etablierung des Reichskammergerichts 29
1.3.2 Das Reichskammergericht als Institution im Reich und seine Arbeitsweise 33
1.3.3 Das Herzogtum Sachsen–Lauenburg als Territorium im Reich 40
1.4 Archivbericht 44
1.4.1 Landesarchiv Schleswig–Holstein 44
1.4.2 Weitere Archive 46
1.5 Quellenlage 50

2.0 Die territoriale Situation im Herzogtum Sachsen–Lauenburg um 1500 55

2.1 Erblasten 61
2.1.1 Gebietsstreitigkeiten und unklare Grenzverhältnisse. Exklaven als korporative Bestandteile des Territoriums 62
2.1.1.1 Die Städte Hamburg und Lübeck als Eigentümer des Amts Bergedorf sowie der Vogtei und Stadt Mölln 62
2.1.1.2 Das Herzogtum Holstein und der Grenzverlauf an der Bille 66
2.1.1.3 Holsteinische Exklaven 68
2.1.1.4 Lübecker Exklaven 68
2.1.1.5 Grenzirrungen mit Mecklenburg 74
2.1.1.6 Grenzirrungen mit Braunschweig–Lüneburg 77
2.1.2 Der Herzog von Sachsen–Lauenburg als Lehnsnehmer des Herzogs von Holstein 79
2.1.3 Das Herzogtum Sachsen–Lauenburg und das Bistum Ratzeburg 80
2.1.4 Das Herzogtum Sachsen–Lauenburg und das Kloster Marienwohlde 87
2.1.5 Das Herzogtum Sachsen–Lauenburg und das Kloster Reinbek 90

2.1.6 Das Herzogtum Sachsen–Lauenburg und das Kloster Reinfeld 91
2.1.7 Territorial– und Herrschaftsverhältnisse innerhalb des Territoriums 92
2.1.7.1 Territorial– und Lehnsverhältnisse in Sachsen–Lauenburg 93
2.1.7.1.1 Vogteien 93
2.1.7.1.2 Adlige Gerichte 94
2.1.7.1.3 Das Dorf Kühsen 95
2.1.7.1.4 Die Länder Hadeln und Wursten 96
2.1.7.1.5 Das Land Darzing und das adlige Gut Wehningen 102
2.1.7.1.6 Westfälische Lehen 103
2.1.7.2 Landesorganisation 103
2.2 Verdichtung von Konfliktfeldern 105
2.2.1 Territoriale Konfliktfelder 105
2.2.2 Binnenstrukturelle Konfliktfelder 107
2.2.3 Finanzkonflikte 109

3.0 Territorialrechtliche Auseinandersetzungen im 16. Jahrhundert. Ursachen – Anlässe – Austragsverfahren – strukturelle Probleme 111

3.1 Vorbemerkungen 112
3.1.1 ‘Eckpfeiler‘ lauenburgischer Geschichtsschreibung 112
3.1.2 Die Reichsmatrikel von 1521 113
3.2 Die Heiratspolitik der Herzöge von Sachsen–Lauenburg im 16. Jahrhundert 114
3.2.1 Strukturmerkmale lauenburgischer Heiratspolitik 115
3.2.2 Die Einflußnahme auf geistliche und weltliche Güter durch das Haus Sachsen–Lauenburg 125
3.3 Die Schuldenproblematik des Hauses Sachsen–Lauenburg 131
3.3.1 Ein Beispiel der lauenburgischen Schuldenproblematik: Steinhorst 132
3.3.2 Weitere Beispiele: Verkäufe und Verpfändungen an den Herzog von Schleswig–Holstein–Gottorf 138
3.3.3 Die Herzöge von Sachsen–Lauenburg und das Reich 139
3.3.3.1 Die Herzöge als Reichsstand 139
3.3.3.2 Finanzielle Abgaben an das Reich 141
3.3.4 Lauenburgische Heiratspolitik und Schuldenproblematik 143
3.4 Streitigkeiten innerhalb der herzoglichen Familie: Die Krisenjahre in Lauenburg 146

4.0	**Territorialrechtliche Auseinandersetzungen vor dem Reichskammergericht im 16. Jahrhundert**	171
4.1	Exkurs: Der Prozeß vor dem Reichskammergericht	173
4.2	Territorialrechtliche Auseinandersetzungen der Herzöge von Sachsen–Lauenburg mit dem Bischof von Ratzeburg	179
4.2.1	Die Prozesse vor dem Reichskammergericht wegen Ablager–haltung, Bedeeinzug und Landfriedensbruch seit 1518	183
4.2.2	Die Auseinandersetzungen um das Dorf Pötrau und weitere Beschwerungen in den Kapitelsdörfern	196
4.2.3	Auseinandersetzungen vor dem Reichskammergericht nach dem Tod Herzog Magnus' I.	202
4.2.4	Weitere Irrungen mit Ratzeburg	208
4.2.5	Der Prozeß im Prozeß	210
4.2.6	Die Belagerung Ratzeburgs von 1574 als Klagepunkt vor dem Reichskammergericht	213
4.2.7	Exkurs: Der Begriff von Schutz und Schirm	215
4.3	Das Erzstift Bremen und die Stadt Bremen sowie die Stadt Hamburg im Elbe–Weser–Raum	217
4.3.1	Die Entwicklung des Landes Wursten und ihre Bedeutung für die Region bis 1518	218
4.3.2	Die Ereignisse um die Burg „Morgenstern“	220
4.3.3	Die erneute erzbischöfliche Expansion nach Wursten und Hadeln	222
4.3.4	Der lauenburgische Widerstand gegen die erzbischöfliche Expansionspolitik	224
4.3.5	Die Gegenklage Bremens zu Beginn der Prozeßfortsetzung nach dem Stader Frieden	228
4.3.6	Die Wiederaufnahme des Verfahrens und die endgültige Übertragung des Landes Wursten an das Erzstift Bremen	232
4.3.7	Landsknechte im Land Hadeln	233
4.3.8	Das Gut Elm	235
4.3.9	Auseinandersetzungen um Besitzungen der Kirchspiele Odisheim und Steinau	239
4.3.10	Der Grenzverlauf zwischen dem Amt Ritzebüttel und dem Land Hadeln. Der Bau der Franzenburg	242
4.4	Das Herzogtum Mecklenburg	246
4.4.1	Grenzirrungen zwischen Lauenburg und Mecklenburg	247
4.4.2	Die Grenzbeschreibung des lauenburgischen Landrentmeisters Johann Hagemann	252

4.4.3	Der Ausnahmefall: Franz II. klagt gegen den Herzog von Mecklenburg	254
4.5	Das Herzogtum Braunschweig–Lüneburg	256
4.5.1	Das Haus Wolfenbüttel	257
4.5.2	Das Haus Celle. Die Abspaltung des Hauses Dannenberg und die Begründung des Neuen Hauses Lüneburg in Celle	259
4.5.3	Das territoriale Verhältnis zu Sachsen–Lauenburg	260
4.6	Das Herzogtum Holstein	264
4.6.1	Der dänische Thronfolgestreit und die zweite Landesteilung	264
4.6.2	Der Alster–Beste–Trave–Kanal	269
4.6.2.1	Der Prozeß um das Kanalbauprojekt	273
4.6.2.2	Die Zusammenhänge zwischen dem Kanalbauprojekt und dem herzoglichen Besitz des Amts Tremsbüttel	275
4.6.2.3	Das Verbot der Baufortsetzung für die Städte Hamburg und Lübeck	277
4.6.3	Die Reinbeker Klosterdörfer und das Amt Tremsbüttel	279
4.6.3.1	Der Verkauf des Klosters Reinbek 1529	280
4.6.3.2	Konsolidierungsverhandlungen zwischen Holstein und Lauenburg im vorprozessualen Raum	283
4.6.3.3	Die Auseinandersetzungen um die acht Klosterdörfer und das Amt Tremsbüttel vor dem Reichskammergericht	285
4.6.3.3.1	Der Prozeß vor dem Reichskammergericht	287
4.6.3.3.2	Die Diskrepanz zwischen gerichtlichem Entscheid und territorialer Wirklichkeit	291
4.6.3.3.3	Neue Auseinandersetzungen führen zur Prozeßfortsetzung	292
4.6.3.3.4	Der Herzog von Schleswig–Holstein–Gottorf als Verlierer des Gesamtprozesses	293
4.6.3.3.5	Die Wiederaufnahme des Prozesses durch Einleitung eines Berufungsverfahrens	296
4.6.3.3.6	Der Einsatz von Urkundenfälschungen als prozessuale Beweismittel	298
4.6.4	Fischereigerechtigkeiten auf der Bille	303
4.6.4.1	Der Tote in der Bille	304
4.6.4.2	Der Reichskammergerichtsprozeß um die Fischerei–gerechtigkeiten auf der Bille	305
4.7	Die Städte Hamburg und Lübeck	307
4.7.1	Das Amt Bergedorf	307
4.7.1.1	Besenhorst	308
4.7.1.2	Geesthacht	314
4.7.2	Der Sachsenwald	315

4.8	Die Stadt Lübeck	324
4.8.1.	Der Besitz des Klosters Marienwohlde	325
4.8.1.1	Die Prozesse beider Stände vor dem Reichskammergericht	328
4.8.1.2	Der Parallelprozeß des Herzogs von Sachsen–Lauenburg gegen Lübeck vor dem Reichskammergericht	332
4.8.1.3	Konfliktbewältigung durch Kommissionseinsetzung	333
4.8.1.4	Der Einspruch Sachsen–Lauenburgs gegen den Kommissionsentscheid	336
4.8.1.5	Der Prozeß beginnt erneut	340
4.8.1.6	Lübeck erhebt eine neuerliche Klage vor dem Reichskammergericht	342
4.8.2	Die Lübecker Exklaven im Territorium des Herzogs	345
4.8.2.1	Die Stadt Mölln	346
4.8.2.2	Verletzung von Jagd– und Weidegerechtigkeiten	349
4.8.2.2.1	Der Rechtsstreit um den Vertrag von Krummesse aus dem Jahr 1556. Übergriffe auf Krummesse	349
4.8.2.2.2	Das Dorf Sirksfelde	354
4.8.2.2.3	Das Dorf Duvensee	359
4.8.2.2.4	Das Gut Ritzerau	362
4.8.2.2.5	Der 'Fall' Fredeburg	364
4.8.2.3	Patronatsverletzungen	368
4.8.2.3.1	Das Patronatsrecht zu Hittbergen	369
4.8.2.3.2	Weitere Streitigkeiten um Patronatsrechte	371
4.8.3	Fischereigerechtigkeiten auf dem Ratzeburger See	373
4.9	Sonstige	383
4.9.1	Die Frage um die Besitzrechte am Dorf Kühsen	383
4.9.2	Die Auseinandersetzungen um die westfälischen Besitzungen bis 1585	386
4.9.3	Die westfälischen Besitzungen seit der Regierungszeit von Herzog Franz II.	394
4.9.3.1	Die Klenckeschen Güter bei Rinteln	394
4.9.3.2	Das Schloß und das Amt Sachsenhagen	396
4.9.4	Ein Desiderat: Indizien für weitere Lehnsbesitzungen im Westfälischen	401
4.10	Exkurs: Auseinandersetzungen um Zölle und Handelswege	403
4.10.1	Kategorielle Unterscheidungen	406
4.10.2	Ein Beispiel zur Zollpraxis	422
4.10.3	Die Stecknitzfahrt	424
4.10.3.1	Auseinandersetzungen um Rechte an der Stecknitzfahrt mit der Stadt Lübeck	426

4.10.3.2 Die Vermeidung von Präjudizien und das außergerichtliche Schiedsverfahren 432
4.10.3.3 Auseinandersetzungen an der Stecknitz mit dem Herzogtum Mecklenburg 433
4.10.4 Aspekte lauenburgischer Zollpolitik 437

Bildteil 441
Erklärungsteil 449

4.11 Übersicht über die Prozesse, an denen die Herzöge von Sachen–Lauenburg vor dem Reichskammergericht beteiligt waren 452

5.0 Das Herzogtum in der binnenstrukturellen territorialrechtlichen Auseinandersetzung vor dem Reichskammergericht 465

5.1 Allgemeine Anmerkungen zu den Appellationsprozessen vor dem Reichskammergericht 465
5.2 Die Funktion des Hofgerichts im Herzogtum Sachsen–Lauenburg im Kontext der Rezeption des Römischen Rechts 468
5.3 Innerterritoriale Appellationsbeschränkungen 471
5.4 Römisches Recht versus Sächsisches Recht. 473
5.5 Die Entwicklung der hofgerichtlichen Rechtspflege seit der Regierungszeit von Herzog Franz II. 476
5.6 Appellationsprozesse von Angehörigen des Herzogtums Sachsen–Lauenburg vor dem Reichskammergericht 479
5.6.1 Stammlande 479
5.6.2 Das Land Hadeln 482
5.6 Prozesse von Angehörigen des Herzogtums Sachsen–Lauenburg vor dem Reichskammergericht als Kläger 490

6.0 Schlußbetrachtungen und Ausblick 501

7.0 Anhang 1: 515

7.1 Exkurs: Beweis– und Prozeßkarten 515
7.2 Reichsanschläge und –matrikel die Herzogtümer Sachsen–Lauenburg und Mecklenburg betreffend 520
7.3 Versuch einer Rekonstruktion eines lauenburgischen Schuldenregisters 522

7.4 Rüstungskosten gegen Herzog Magnus II., von Herzog Adolf von Schleswig–Holstein–Gottorf im Jahr 1575 in Rechnung gestellt. 532
7.5 Prokuratoren und Sollizitanten der Herzöge von Sachsen–Lauenburg vor dem Reichskammergericht 533

8.0 Anhang 2: 538

8.1 Siglen 538
8.2 Abkürzungen 539
8.3 Währungen, Maße und Gewichte 540
8.4 Quellen– und Literaturverzeichnis 542
8.4.1 Quellen 542
8.4.1.1 Ungedruckte Quellen 542
8.4.1.2 Gedruckte Quellen 544
8.4.2 Gedruckte archivalische Hilfsmittel 546
8.4.3 Literatur 548
8.5 Abbildungsverzeichnis 581

Faltblatt:
Genealogie der Herzöge von Sachsen–Lauenburg

The writing of history – like the making of history – never stops.
As the world in which modern historians work changes, their interests change;
new questions arise that do not replace but supplement the old ones.

Anthony Grafton[1]

1.0 Einleitung

1.1 Gegenstand, Zielsetzung und Fragestellung der Untersuchung

Die vorliegende Arbeit versteht sich als eine landesgeschichtliche Untersuchung, die am geographisch begrenzten Raum – dem Herzogtum Sachsen–Lauenburg – auch allgemeine historische Probleme sichtbar machen will. Auf diese Weise kann Landesgeschichte Grundlage und Ausgangspunkt für eine umfassendere Geschichtsbetrachtung werden.[2]

Untersuchungen zum 16. Jahrhundert tragen durch ihre Forschungsergebnisse in besonderer Weise Aspekte zur Entstehung des frühneuzeitlichen Staates im Heiligen Römischen Reich Deutscher Nation bei.[3] In diesem Kontext spielt *die*

---

1 Eugene Rice und Anthony Grafton: The Foundations of Early Modern Europe 1460 – 1559; 2. Auflage; New York/ London 1994 (künftig zitiert: Rice/ Grafton, Foundations), S. XI (Vorwort).

2 Vgl. Landesgeschichte als Herausforderung und Programm. Karlheinz Blaschke zum 70. Geburtstag; hrsg. von Uwe John und Josef Matzerath; [= Quellen und Forschungen zur sächsischen Geschichte, 15]; Leipzig 1997, S. XI. – Otto Brunner: Land und Herrschaft. Grundfragen der territorialen Verfassungsgeschichte Österreichs im Mittelalter; unveränderter reprografischer Nachdruck der 5. Auflage; Wien 1965; Darmstadt 1990 (künftig zitiert: Brunner, Land und Herrschaft), S. 1. S. in diesem Zusammenhang auch die Forderungen nach übergreifenden Schnittstellenbearbeitungen: Peter Moraw und Volker Press: Probleme der Sozial– und Verfassungsgeschichte des Heiligen Römischen Reiches im späten Mittelalter und in der frühen Neuzeit (13.–18. Jahrhundert). Zu einem Forschungsschwerpunkt; in: ZHF, 2/ 1; 1975, S. 95–107 (künftig zitiert: Moraw/ Press, Probleme). – Anton Schindling: Der Westfälische Frieden und der Reichstag; in: Hermann Weber (Hg.): Politische Ordnungen und soziale Kräfte im Alten Reich; [= Veröffentlichungen des Instituts für Europäische Geschichte Mainz, Abt. Universalgeschichte, Beiheft 8]; Wiesbaden 1980, S. 120f.

3 Ernst Schubert: Fürstliche Herrschaft und Territorium im späten Mittelalter; [= Enzyklopädie deutscher Geschichte, 35]; München 1996 (künftig zitiert: Schubert, Herrschaft), S. 52ff. (zum Forschungsstand hinsichtlich der Terminologie). – Peter Moraw: Von offener Verfassung zu gestalteter Verdichtung. Das Reich im späten Mittelalter 1250–1490; [= Propyläen Geschichte Deutschlands, 3]; Frankfurt am Main/ Berlin 1985 (künftig zitiert: Moraw, Verfassung), S. 416.

zentrale Rolle der Reichsreformprozeß,[4] dem sich die historische Forschung in der Vergangenheit mit unterschiedlichen Fragestellungen zu nähern versuchte.[5] Im historischen Kontext des Reichsreformprozesses steht das Thema der vorliegenden Untersuchung, die unterschiedliche Entwicklungsstränge miteinander verbinden und in Zusammenhang bringen wird, um ein „ganzes Bild“ des Herzogtums Sachsen–Lauenburg im 16. Jahrhundert als Bestandteil des Heiligen Römischen Reichs Deutscher Nation zeichnen zu können.[6]

Um diese Verbindung herzustellen, gilt es, Schnittstellen zwischen dem Herzogtum Sachsen–Lauenburg und dem Reich zu finden, die zum einen für den gesamten Untersuchungszeitraum als Meßkriterien hinreichen und zum anderen ereignisgeschichtliche Aspekte bieten. Zugleich soll der durch den Reichsreformprozeß ausgelöste Modernisierungsschub hin zu Formen frühneuzeitlicher Staatsbildung berücksichtigt werden. Dies blieb für die Reichsgebiete nicht folgenlos, so daß Untersuchungen zu Wirkungen von Teilergebnissen in einzelnen Reichsterritorien verdeutlichen können, wie sich der auf Reichsebene entstehende Reformprozeß in den Territorien – vor allem im 16. Jahrhundert – entfaltete und den Weg über ständische Partizipationsrechte zu landständischen Verfassungen ebnete.
Somit findet die vorliegende Untersuchung ihren Ausgangspunkt im reichsgeschichtlichen Kulminationspunkt des Reformprozesses im Jahr 1495[7]

---

4 Zum Begriff der Reichsreform: Heinz Angermeier: Begriff und Inhalt der Reichsreform; in: ZRG, g.A., 75; 1958 (künftig zitiert: Angermeier, Begriff und Inhalt), S. 181ff.

5 Karl–Friedrich Krieger: König, Reich und Reichsreform im Spätmittelalter; [= Enzyklopädie deutscher Geschichte, 14]; München 1992 (künftig zitiert: Krieger, König), S. 49ff. (zur Reichsreform), S. 119ff. (zum Forschungsstand).

6 Der Untersuchungszeitraum beginnt mit dem Jahr 1495, endet mit dem Beginn des Dreißigjährigen Krieges und umfaßt somit das „lange 16. Jahrhundert“. Begünstigt wird diese Terminierung durch dynastische Entwicklungen im Herzogtum Sachsen–Lauenburg: Hier ist der Beobachtungszeitraum mit dem Regentschaftsantritt Herzog Magnus´ I. und dem Tod Herzog Franz´ II. umschrieben. Vgl. Walter Demel: „Fließende Epochengrenzen“. Ein Plädoyer für eine neue Periodisierungsweise historischer Zeiträume; in: GWU, 10; 1997, S. 590. – Vgl. Winfried Schulze: Deutsche Geschichte im 16. Jahrhundert. 1500–1618; Frankfurt am Main 1987 (künftig zitiert: Schulze, Deutsche Geschichte), S. 14.

7 Peter Moraw: Die Verwaltung des Königtums und des Reiches und ihre Rahmenbedingungen [...] (§§1–5); in: Kurt G. A. Jeserich, Hans Pohl und Georg–Christoph von Unruh (Hgg.): Deutsche Verwaltungsgeschichte, 1. Vom Spätmittelalter bis zum Ende des Reiches; Stuttgart 1983 (künftig zitiert: Moraw, Verwaltung), S. 22. – Heinz Angermeier: Der Wormser Reichstag 1495 – ein europäisches Ereignis; in: HZ, 261/ 3; 1995 (künftig zitiert: Angermeier, Wormser Reichstag), S. 739f., S. 765, S. 768. Angermeier meint, im Reichstag von Worms ein europäisches Ereignis sehen zu können, da hier die Frage nach der Zukunft Europas in einem „Universalsystem“ oder in einem „Staatensystem“ erkennbar zu werden scheine. S. zum Reichstag von Worms: Landesarchivverwaltung Rheinland–Pfalz (Hg.): 1495 – Kaiser, Reich, Reformen: Der

auf dem Wormser Reichstag:[8] Die durch den Reformprozeß sich hindurchziehenden Auseinandersetzungen zwischen dem König/ Kaiser[9] einerseits und den Reichsständen andererseits über die Ausgestaltung und Verteilung herrschaftlicher Gewalt fanden hier zunächst ihren Abschluß, da die machtpolitische Konfrontation[10] schließlich der Institutionalisierung frühneuzeitlicher, ständestaatlich organisierter Gewalt wich.[11]
Der Wormser Reformreichstag erfuhr seine besondere Bedeutung zum einen durch die inhaltliche Verbindung mit den Reformbestrebungen der vorangegangenen Jahre und zum anderen durch die auf diesem Reichstag beschlossenen Augenblickskompromisse, die innen– wie außenpolitischen Tagesnotwendigkeiten entsprachen.[12] Reichsmatrikel und die „Handhabung Friedens und Rechts" begünstigten die sich festigende Institutionalisierung eines jährlichen Dreikammer–Reichstags, der den Reichsständen ein bisher nicht gekanntes Maß an Mitbestimmungs– und Gestaltungsrechten im Reich zusicherte. Die Einführung einer allgemeinen Reichssteuer, des Gemeinen Pfennigs, die von jedem Reichsbewohner, außer den Juden, zu entrichten war, rundete das Reformpaket ab.[13] Der Ewige Landfriede als reichsstrukturelle,

---

Reichstag zu Worms. Katalog zur Ausstellung des Landeshauptarchivs Koblenz in Verbindung mit der Stadt Worms; [= Veröffentlichungen der Landesarchivverwaltung Rheinland–Pfalz. Katalogreihe]; Koblenz 1995.

8 Zum Begriff des Reichstags s. Peter Moraw: Versuch über die Entstehung des Reichstages; in: Hermann Weber (Hg.): Politische Ordnungen und soziale Kräfte im Alten Reich; [= Veröffentlichungen des Instituts für Europäische Geschichte Mainz, Abt. Universalgeschichte, Beiheft 8]; Wiesbaden 1980 (künftig zitiert: Moraw, Versuch), S. 6f. Moraw stellt heraus, daß erst seit 1495 der Begriff des Reichstags nachgewiesen sei. Zuvor müsse von Königstagen oder Hoftagen gesprochen werden (S. 16ff.). Demgegenüber stehen die Aussagen von Wolfgang Weber, der den Reichstag als Fortsetzung der „königslosen Tage" betrachtet: Wolfgang E. J. Weber (Hg.): Der Fürst. Ideen und Wirklichkeiten in der europäischen Geschichte; Köln/ Weimar/ Wien 1998, S. 18. Zum Begriff des Reformreichstags s. Dietmar Willoweit: Reichsreform als Verfassungskrise. Überlegungen zu Heinz Angermeier: Die Reichsreform 1410 – 1555; in: Der Staat, 26; 1987 (künftig zitiert: Willoweit, Reichsreform), S. 271.

9 Moraw/ Press, Probleme, S. 96, Fn. 1: „Für das deutsche Spätmittelalter sprechen wir vom König, für die frühe Neuzeit vom (erwählten) Kaiser. Das mittelalterliche Kaisertum bietet bekanntlich bestimmte [...] Sonderprobleme." Der Verf. schließt sich diesem Vorgehen an.

10 Heinz Angermeier: Die Reichsreform 1410–1555. Die Staatsproblematik in Deutschland zwischen Mittelalter und Gegenwart; München 1984 (künftig zitiert: Angermeier, Reichsreform), S. 21, S. 191.

11 Angermeier, Reichsreform, S. 61, S. 145, S. 216ff., S. 331. Rice/ Grafton, Foundations, S. 129.

12 Rice/ Grafton, Foundations, S. 129. – Angermeier, Reichsreform, S. 9 und S. 145. – Moraw, Verfassung, S. 419. – Angermeier, Wormser Reichstag, S. 763.

13 S. allgemein hierzu: Peter Schmid: Der Gemeine Pfennig von 1495. Vorgeschichte und Entstehung, verfassungsgeschichtliche, politische und finanzielle Bedeutung; [= Schriftenreihe der Historischen Kommission der Bayerischen Akademie der

nach innen gerichtete Maßnahme[14] konstituierte und festigte langfristig das Recht in der Reichsgemeinschaft und wurde zu Beginn des 16. Jahrhunderts durch die Schaffung der Reichskreisorganisation als Exekutivorgan ergänzt,[15] nachdem das Reichsregiment zunächst nicht hatte durchgesetzt werden können und dann als solches versagt hatte.[16]
Der durch innere Konsolidierungsmaßnahmen und durch Rechtssicherheit, finanzielle Stabilisierung und Mitbestimmungsmöglichkeiten geschaffene Freiraum bot dem König, der seine dynastische Hausmachtpolitik durch die „de–facto–Legitimation des heranwachsenden Reichstages als Organ des dadurch institutionalisierten Dualismus“ aufgab[17] und so – neben seinem Hof – eine zweite Plattform politischer Macht im Reich zuließ, Möglichkeiten zu „außenpolitischen“ Aktivitäten wie zum Beispiel seinem Engagement in den Türkenkriegen.[18]

Mit der Umorganisation des königlichen Kammergerichts[19] zu einem mehr und mehr unter ständischem Einfluß sich etablierenden Reichskammergericht verlor der König ein weiteres Handlungsfeld herrschaftlicher Gewalt,[20] ein zusätzliches Indiz für den seit Mitte des 15. Jahrhunderts zu diagnostizierenden „Verdichtungsprozeß“ (Moraw) im Reich.[21]

Wissenschaften]; Göttingen 1989. – Moraw, Verwaltung, S. 56. – Vgl. Angermeier, Reichsreform, S. 29. – Vgl. Angermeier, Begriff und Inhalt, S. 203.

14 Moraw, Verwaltung, S. 22.

15 Winfried Dotzauer: Die deutschen Reichskreise in der Verfassung des Alten Reiches und ihr Eigenleben (1500–1806); Darmstadt 1989, S. 12. – Helmut Coing: Epochen der Rechtsgeschichte in Deutschland; 2. Auflage; München 1971 (künftig zitiert: Coing, Epochen), S. 39. – Seit 1996 liegt die im Jahre 1993 angenommene Dissertation von Udo Gittel gedruckt vor, die sich im besonderen mit den Aktivitäten des Niedersächsischen Kreises beschäftigt. Udo Gittel: Die Aktivitäten des Niedersächsischen Reichskreises in den Sektoren „Friedenssicherung“ und „Policey“; [= Veröffentlichung der Historischen Kommission für Niedersachsen und Bremen, 35; Quellen und Untersuchungen zur allgemeinen Geschichte Niedersachsens der Neuzeit, 14]; Hannover 1996 (künftig zitiert: Gittel, Niedersächsischer Reichskreis).

16 Angermeier, Reichsreform, S. 171 und S. 193. – Angermeier, Wormser Reichstag, S. 762.

17 Moraw, Verfassung, S. 419. – Vgl. zum Begriff des Dualismus: Ulrich Lange: Die politischen Privilegien der schleswig–holsteinischen Stände 1588–1675; [= Quellen und Forschungen zur Geschichte Schleswig–Holsteins, 75]; Neumünster 1980 (künftig zitiert: Lange, Privilegien), S. 17: „Die Verwendung der Bezeichnung 'Dualismus' zur Bestimmung des verfassungsrechtlichen Ortes von Landesherr und Ständen ist weithin üblich und suggeriert eine Konkurrenz um die Entscheidungskompetenz in Landesangelegenheiten [und Reichsangelegenheiten, J.H.], die möglicherweise gar nicht oder nicht in dem Maße, wie man bisher gemeint hat, bestand.“

18 Vgl. Angermeier, Reichsreform, S. 211, S. 332. – Angermeier, Wormser Reichstag, S. 763.

19 Moraw, Verfassung, S. 46ff., S. 62.

20 Moraw, Versuch, S. 29.

21 Vgl. Moraw, Verfassung, S. 420. – Moraw, Verwaltung, S. 26.

Dem Reichskammergericht wird aufgrund seiner Funktionen und Arbeitsweisen eine besondere Bedeutung hinsichtlich der Förderung der frühneuzeitlichen Staatsbildung beigemessen, da Kodifizierung, Rechtsnormierung, Professionalisierung und Reformierung in zunehmender Weise den im Reich diagnostizierbaren „Verrechtlichungsprozeß“, der sich seit 1555 entfalten konnte, begünstigten.[22] In diesen Kontext gehört auch der 1498 als ‘Gegengericht’ zum Reichskammergericht etablierte Reichshofrat, der unter kaiserlicher Einflußnahme stand.

Von den Ergebnissen des Wormser Reichstags eignet sich besonders das Reichskammergericht für die anstehende Untersuchung, da es die gewünschte Kontinuität aufweist, während der „Gemeine Pfennig“ und das Reichsregiment rasch scheiterten und der neue Reichstag nur in Abständen zusammentrat.
Somit kann die vorliegende Arbeit einen Beitrag zur Frage der Rezeption des römischen Rechts[23] in einem Territorium des Heiligen Römischen Reichs Deutscher Nation leisten. Dabei kommt der geographischen Situation des Herzogtums (flächenmäßig begrenzt und überschaubar) als einem kaiserfernen Gebiet besondere Bedeutung zu, da Ergebnisse erwartet werden können, die einen nördlichen Reichsstand in seinem Verhältnis zum Reich darstellen. Die Entscheidung für das Herzogtum Sachsen–Lauenburg wurde durch bereits vorliegende, umfangreiche neuere Untersuchungen der Macht– und Herrschaftsverhältnisse im Herzogtum Sachsen–Lauenburg für das Mittelalter und die Frühe Neuzeit begünstigt,[24] so daß diese Untersuchung deren

---

22 Volker Press: Das Reichskammergericht in der Deutschen Geschichte; [= Schriftenreihe der Gesellschaft für Reichskammergerichtsforschung, 3]; Wetzlar 1987. – Winfried Schulze: Einführung in die Neuere Geschichte; Stuttgart 1987 (künftig zitiert: Schulze, Einführung), S. 62.

23 Vgl. Filippo Ranieri: Rezeption und Prozeßrecht am Reichskammergericht; in: Ingrid Scheurmann (Hgin.): Frieden durch Recht. Das Reichskammergericht von 1495 bis 1806. Katalog zur gleichnamigen Ausstellung vom 8.12.1994 bis 22.1.1995 in Bonn und vom 25.2.1995 bis 30.4.1995 in Frankfurt am Main; Mainz 1994 (künftig zitiert: Ranieri, Prozeßrecht), S. 170ff. Unter Rezeption werden vor allem die Verwissenschaftlichung des Rechtsdenkens (Professionalisierung des Juristenberufs durch Schulung an der Begrifflichkeit und am methodischen Denken) und die Rationalisierung des Verfahrens vor Rechtsinstanzen verstanden. Diesem nachgeordnet wird auch die praktische Rechtsanwendung von materiell–rechtlichen Sätzen und Regeln aus den Quellen des römisch–kanonischen Rechts nach dem Subsidiaritätsprinzip betrachtet. – S. hierzu Coing, Epochen, S. 52. – S. Martin Kaufhold: Die Rezeption des gelehrten Rechts im Regnum Teutonicum. Tagung der Werner Reimers–Stiftung vom 26.–28. Februar 1998; [= AHF Information, Nr. 14 vom 23. März 1998].

24 Armgard von Reden: Landständische Verfassung und fürstliches Regiment in Sachsen–Lauenburg (1543–1689); [= Veröffentlichungen des Max–Planck–Instituts für Geschichte, 41]; Göttingen 1974 (künftig zitiert: Reden, Landständische Verfassung). – Jörg Meyn: Vom spätmittelalterlichen Gebietsherzogtum zum früh[neu]zeitlichen „Territorialstaat“:

Forschungsergebnisse einbeziehen, weiter entwickeln, ergänzen und damit insgesamt die Landesgeschichtsschreibung erweitern kann.
Die Arbeit bleibt schwerpunktmäßig der Landesgeschichte verhaftet; die Absicht, ein „ganzes Bild“ herzustellen, wird auf der Quellengrundlage rechtshistorischer Akten des Reichs verfolgt, um so vor allem überregionale Strukturen und Beziehungsgeflechte in der Geschichte des Herzogtums Sachsen–Lauenburg im 16. Jahrhundert zu erfassen und das Verhältnis des Herzogtums zu seinen Territorialnachbarn und dem Reich zu beschreiben. In diese Entwicklungslinien sollen Verbindungen innerhalb des Herzogtums einbezogen werden. Eine Untersuchung dieser Art liegt noch nicht vor.
Zur Ergänzung der Reichskammergerichtsaktenbestände werden diejenigen Bestände des Reichshofrats, welche das Herzogtum Sachsen–Lauenburg betreffen, in die Untersuchung mit einbezogen, um zeitliche und inhaltliche Parallelen in der Prozeßführung der Herzöge von Sachsen–Lauenburg vor beiden Reichsgerichten erkennen oder zeitliche Verschiebungen herausarbeiten zu können. Dennoch dienen die Reichskammergerichtsaktenbestände als vorrangige Quellengrundlage dieser Untersuchung.
Bisher liegt keine Veröffentlichung mit dem Anspruch vor, den Gesamtaktenbestand des Reichskammergerichts für ein Reichsterritorium zu untersuchen. Diese Aktenbestände werden vornehmlich als ‘historische Quellen’[25], nicht wie in der rechtshistorischen Forschung als ‘Rechtsquellen‘ verstanden.

Das askanische Herzogtum Sachsen 1180–1543; [= Schriftenreihe der Stiftung Herzogtum Lauenburg, 20]; Hamburg 1995 (künftig zitiert: Meyn, Gebietsherzogtum). – Vgl. hierzu die Rezension von Enno Bünz; in: ZSHG, 123; 1998, S. 259–260. Der Verf. vermag sich der Einschätzung des Rezensenten nicht anzuschließen, daß Meyn mit seiner Arbeit lediglich eine nicht „allzu schmerzliche“ Forschungslücke geschlossen habe. Meyn hat vielmehr die binnenstrukturellen Entwicklungen im Herzogtum Sachsen–Lauenburg bis 1543 unter Zuhilfenahme des vorhandenen Quellenmaterials sorgfältig aufgearbeitet, mithin die Arbeit von Redens für die mittelalterlichen Jahrhunderte abgeschlossen und auf diese Weise eine Forschungslücke in der Landesgeschichtsschreibung geschlossen. – Christiane Kenzler: Die Ritter– und Landschaft im Herzogtum Sachsen–Lauenburg in der frühen Neuzeit; [= Schriftenreihe der Stiftung Herzogtum Lauenburg, 22]; Hamburg 1997 (künftig zitiert: Kenzler, Ritter– und Landschaft).

25 S. Bernhard Diestelkamp: Reichskammergerichtsprozesse als historische Quellen; in: Ders. und Ingrid Scheurmann (Hgg.): Friedenssicherung und Rechtsgewährung. Sechs Beiträge zur Geschichte des Reichskammergerichts und der obersten Gerichtsbarkeit im alten Europa; Bonn/ Wetzlar 1997 (künftig zitiert: Diestelkamp, Quellen), S. 103, S. 116. – Vgl. Heinrich Rudolf Brinkmann: Aus dem deutschen Rechtsleben. Schilderungen des Rechtsganges und des Kulturzustandes der letzten drei Jahrzehnte auf Grund von Schleswig–Holstein–Lauenburgischen Akten des kaiserlichen Kammergerichtes; Kiel 1862 (künftig zitiert: Brinkmann, Schilderungen). Brinkmann schildert verschiedene Prozesse vor dem Reichskammergericht, ohne jedoch weiterführende Folgerungen zu ziehen, so daß

Der zu untersuchende Gesamtquellenbestand kann grob nach zwei Kategorien unterschieden werden: nach Akten derjenigen Prozesse, die den Herzog von Sachsen–Lauenburg als Territorialherrn seines Herzogtums als Kläger und nach Akten derjenigen, die ihn als Beklagten betrafen.
Ergänzt werden diese herzoglichen Verfahren vor dem Reichskammergericht durch Gerichtsprozesse, die von Angehörigen des Territoriums vor dem Reichsgericht geführt wurden. Um dem eingangs formulierten Postulat zu folgen, Aspekte des frühneuzeitlichen Staatswerdungsprozesses besonders zu berücksichtigen, treten vor allem Fragen um territorialpolitische Auseinandersetzungen in den Vordergrund der Betrachtung. Das Augenmerk richtet sich somit auf die Zusammenhänge der innen– wie außenpolitischen Zustände eines Territoriums, um die Spezifika herauszustellen, die das Bild eines Duodezfürstentums im 16. Jahrhundert hinsichtlich der gebietlichen Auseinandersetzungen mit seinen Territorialnachbarn prägten.[26] Die Auseinandersetzung um territoriale Fragen, die es durch die Ergebnisse des Wormser Reformreichstags zu 'bändigen' galt, markiert sowohl im nachbarlichen Raum wie im innerterritorialen Gebiet das Bemühen um die Ausübung, Festigung und Ausweitung herrschaftlicher Machtstrukturen: Der Idee der Etablierung eines Ewigen Landfriedens sollte mit der Institutionalisierung des Reichskammergerichts Rechtssicherheit verschafft werden, um auf diese Weise Fehden im Reich zu beseitigen.

Die Frage, inwieweit dieser auf dem Wormser Reichstag formulierten Zielsetzung im Herzogtum Sachsen–Lauenburg Rechnung getragen wurde, versucht die Untersuchung ebenso zu beantworten wie die Frage, ob das Reichskammergericht durch die Herzöge und die Angehörigen dieses Territoriums institutionell genutzt wurde. Sofern es genutzt wurde, wird im weiteren die Frage verfolgt, welcher Anlaß zum Beschreiten des Rechtswegs führte. Sofern eine Klage Rechtsanhängigkeit erlangte, wird der Prozeßverlauf mit Ereignissen, die Einfluß auf den Kläger und/ oder Beklagten hatten, verbunden, um so Auswirkungen darzustellen, die den Prozeßverlauf vor Gericht oder die Entwicklung innerhalb des Territoriums veränderten. Um diese Veränderungen innerhalb des Territoriums in die Geschichte des Herzogtums einzubetten, müssen die Prozesse, welche den Herzog von Sachsen–Lauenburg

---

seine Ausführungen – der Geschichtsschreibung der Zeit entsprechend – auf der Ebene der erzählenden Geschichte stehenbleiben.

[26] Vgl. Dietmar Willoweit: Rechtsgrundlagen der Territorialgewalt, Landesobrigkeit, Herrschaftsrechte und Territorium in der Rechtswissenschaft der Neuzeit; [= Forschungen zur Deutschen Rechtsgeschichte, 11]; Köln/ Wien 1973 (künftig zitiert: Willoweit, Rechtsgrundlagen), S. 9. Willoweit bezeichnet die rechtliche Auseinandersetzung der Reichsstände vor dem Reichskammergericht als die „vornehmste Aufgabe" des Gerichts.

als Beklagten betrafen, mit in die Untersuchung einbezogen werden, um Aufschlüsse über dessen Rechtsverständnis zu erlangen.
Die Untersuchungen sollen unter der Fragestellung geführt werden, auf welche Weise Prozesse vor den Reichsgerichten begonnen, geführt und schließlich beendet wurden. Diese Fragestellung soll qualifiziert und quantifiziert beantwortet werden.

Die Idee eines „ganzen Bildes“ macht es erforderlich, alle Prozesse, an denen die Herzöge von Sachsen–Lauenburg beteiligt waren, in die Untersuchung einzubeziehen, um der Frage nachzugehen, wie die Herzöge von Sachsen–Lauenburg als Beklagte vor dem Reichskammergericht argumentieren ließen. Auf diese Weise können Unterschiede herausgearbeitet werden, die Aufschlüsse über ein für Sachsen–Lauenburg typisches Kläger– und im Gegensatz hierzu Beklagtenverhalten geben. Diese erlauben Rückschlüsse auf das Verhältnis der Herzöge von Sachsen–Lauenburg zu ihren Nachbarn und zum Reich.
Ihre Abrundung findet die Arbeit durch den Vergleich zwischen der Nutzung der Institution des Reichskammergerichts und der des Reichshofrats, um vor allem weitergehende Aussagen zur parallelen Nutzung bei gleichen Sachverhalten treffen und zudem eventuell vorhandene 'bevorzugte' Nutzungszeiträume in Beziehung zu territorialpolitischen Ereignissen setzen zu können.
In der Frage nach der Rezeption des römischen Rechts gilt es zu ergründen, inwieweit deren inhaltlich–reichsrechtliche Ausgestaltung Einfluß auf die Rechtsentwicklung innerhalb eines Territoriums im Heiligen Römischen Reich Deutscher Nation hatte. Dazu ist es notwendig zu überprüfen, wie andere Konfliktbewältigungsmechanismen in den (norddeutschen) Territorien funktionierten, die als reaktive Regelungsorgane im 16. Jahrhundert Bestand hatten.
Inwieweit diese Regelungsorgane in Abhängigkeit zu der inneren Struktur des Herzogtums Sachsen–Lauenburg standen, soll ebenso geklärt wie die generelle These untersucht werden, ob Stabilität im Inneren, die durch Konsolidierungsmaßnahmen eingeleitet worden war, Möglichkeiten der territorialen Arrondierung als handlungsleitende Motive des Territorialfürsten einerseits (Ausbau und Festigung der Landesherrschaft) und der Ritter– und Landschaft[27] andererseits (regionalbegrenzte und politische Einflußnahme) schuf.

---

[27] Der Begriff der Ritter– und Landschaft bedarf an dieser Stelle einer näheren Betrachtung, da er in der Literatur unterschiedlich verwendet wird. Für die Zeit des Mittelalters ist der Kombinationsbegriff der „Ritter– und Landschaft“ nicht nachgewiesen (Meyn, Gebietsherzogtum, S. 146, vgl. Kenzler, Ritter– und Landschaft, S. 30). Erst im 16. Jahrhundert findet der Begriff im Zuge der Etablierung der Landtage Verwendung und

1.2 Methode und Vorgehensweise der Untersuchung

In einer landesgeschichtlichen Untersuchung, in welcher die Aktenbestände des Reichskammergerichts untersucht werden sollen, tritt – im Gegensatz zu einer rechtshistorischen Untersuchung – die prozeßformale Analyse zugunsten des Vergleichs von prozessualem Fortgang und Ergebnis mit den Entwicklungen innerhalb des Untersuchungsraums in den Hintergrund. Somit steht nicht die juristische Argumentation vor Gericht im Vordergrund des Interesses, sondern die Korrelation von territorialem und prozessualem Entwicklungsgang. Unter diesen Gesichtspunkten wurde das Aktenmaterial primär genutzt. Sekundär wurden die Prozeßakten herangezogen, um Aspekte der Landesgeschichte herauszustellen, die durch den Verlust der Hauptakten oder Urkunden bisher unentdeckt geblieben sind.

Somit wurden die Prozesse in den darstellenden Teil dieser Untersuchung einbezogen; hinsichtlich der Fragestellungen nach Nutzbarkeit und Prozeßarten wurden die aus den Akten entnommenen Daten im quantifizierenden Teil der Arbeit verwendet. Dieser bietet die Möglichkeit, eigene Ergebnisse mit denen von Filippo Ranieri zu vergleichen,[28] der in seiner Habilitationsschrift über die praktische Rezeption des römischen Rechts durch die Reichskreise am Reichskammergericht eine Grundlage zum Vergleich gegeben hat: Seine auf einem statistischen Schluß basierenden Untersuchungen definierten und quantifizierten die prozessuale Grundmenge, womit vormalige Ungenauigkeiten revidiert und Untersuchungskriterien festgelegt wurden, die künftige Vergleiche

---

seine Ausdifferenzierung: Der Begriff der 'Landschaft' umfaßte dabei alle Lehnsnehmer von landtagsfähigen Gütern – der adlige Stand war dabei nicht zwingend vorgeschrieben. Die 'Ritterschaft' umfaßte hingegen die Inhaber von Rittergütern (im mittelalterlichen Sinne) einerseits und die Inhaber von Adelsgütern andererseits. Die Angehörigen der Ritterschaft spielten durch zusätzliche Abgabeleistungen (Roß– und Fußdienste) gegenüber dem Landesherrn eine besondere Rolle, die durch Rats– und Vermittlertätigkeiten ihre 'staatspolitische' Bedeutung abrundete (vgl. Kenzler, Ritter– und Landschaft, S. 30. – Vgl. G. Hille: Was bedeutet der Ausdruck Ritter– und Landschaft?; in: Archiv des Vereins für die Geschichte des Herzogtums Lauenburg, 7/ 1; 1902, S. 116–118). Der Kombinationsbegriff bringt im 16. Jahrhundert somit zwei 'soziale Körper' (ohne Führungsspitze) des Mittelalters in einen Sozialzusammenschluß unter Führung des Erblandmarschalls, ohne daß dabei die singulären, spezifisch mittelalterlichen Funktionsbereiche übersehen wurden.

[28] Filippo Ranieri: Recht und Gesellschaft im Zeitalter der Rezeption. Eine rechts– und sozialgeschichtliche Analyse der Tätigkeit des Reichskammergerichts im 16. Jahrhundert; 2 Bände; [= Quellen und Forschungen zur höchsten Gerichtsbarkeit im Alten Reich, 17/ 1 und 17/ 2]; Köln/ Wien 1985 (künftig zitiert: Ranieri, Rezeption, 1 und 2), S. 48–124. Damit grenzt sich die vorliegende Arbeit gegenüber Ranieri hinsichtlich der Benutzung von Aktenmaterial (vs. Regesten) und einer hier vorliegenden – territorial bedingten und dynastischen – zeitlichen Grenzziehung (1619 vs. 1689) ebenso ab wie durch eine nicht auf einem statistischen Schluß basierenden Analyse.

erst ermöglichen: Prozeßarten, Zeitpunkt des Prozeßbeginns und Herkunft des Klägers und Beklagten stellen dabei quantifizierbare Größen dar, mit deren Hilfe Aussagen über eine verstärkte Inanspruchnahme des Reichskammergerichts ebenso gemacht werden können, wie zur Herkunft der Beklagten und ihrer Rechtsbrüche. Hieraus leitet Ranieri ab, aus welchen Gründen und zu welchem Zeitpunkt von einer Rezeption des römischen Rechts in den Reichskreisen gesprochen werden kann.[29]

Als Meßkriterien werden in der vorliegenden Untersuchung in Anlehnung an Ranieri der Zeitpunkt des Prozeßbeginns und die Art des Prozesses (zu Prozeßbeginn) gewählt. In Abgrenzung zur Gesamtnutzung des Reichskammergerichts durch alle Reichsstände soll die Frage beantwortet werden, ob die vorliegenden Ergebnisse für das Herzogtum Sachsen–Lauenburg eine signifikant andere Entwicklung aufweisen als der „Trend" im Reich respektive im Niedersächsischen Kreis.

Die vorliegende Untersuchung eignet sich, Ranieris Ergebnisse vergleichend zu stützen oder territorialspezifische Abweichungen herauszuarbeiten. In diesem Kontext beschreitet sie einen neuen Weg, da sich bisherige Untersuchungen – in Anlehnung an Ranieri – an der Kreisorganisation als Meßgröße orientiert haben.[30]

Letztlich kann erst die Verbindung detaillierter Zahlenreihen, die aus Einzeluntersuchungen der Reichskreisglieder gewonnen wurden, zuverlässige

---

29 Ranieri, Rezeption, 1 und 2. Zu den ersten Forschungsergebnissen Ranieris s. Ders: Die Inanspruchnahme des Reichskammergerichts in den ersten Jahrzehnten seiner Tätigkeit. Versuch einer sozialgeschichtlichen Analyse der Reichsjustiz zur Zeit der Rezeption; in: ZNR; 1982 (künftig zitiert: Ranieri, Versuch), S. 113–131. – Ders.: Die Tätigkeit des Reichskammergerichts und seine Inanspruchnahme während des 16. Jahrhunderts; in: Bernhard Diestelkamp (Hg.): Forschungen aus Akten des Reichskammergerichts; [= Quellen und Forschungen zur höchsten Gerichtsbarkeit im Alten Reich, 14]; Köln/ Wien 1984 (künftig zitiert: Ranieri, Tätigkeit), S. 41–74.

30 Albrecht Eckhardt: Hoheits– und Grenzauseinandersetzungen in Reichskammergerichtsprozessen im Zeitalter der Konsolidierung des Territorialstaats im 16. und frühen 17. Jahrhundert – anhand nordwestdeutscher Beispiele; in: Bernhard Diestelkamp (Hg.): Forschungen aus Akten des Reichskammergerichts; [= Quellen und Forschungen zur höchsten Gerichtsbarkeit im Alten Reich, 14]; Köln/ Wien 1984, S. 75–96. – Helmut Gabel: Beobachtungen zur territorialen Inanspruchnahme des Reichskammergerichts im Bereich des Niederrheinisch–Westfälischen Kreises; in: Bernhard Diestelkamp (Hg.): Das Reichskammergericht in der Deutschen Geschichte. Stand der Forschung, Forschungsperspektiven; [= Quellen und Forschungen zur höchsten Gerichtsbarkeit im Alten Reich, 21]; Köln/ Wien 1990, S. 143–172. – Hans–Heinrich Ebeling: „Appellieren, Supplizieren und Brotbetteln steht jedermann frei." Reichskammergerichts–Prozesse aus dem westlichen Niedersachsen – Untersuchungen zu Streitgegenstand, Prozeßverlauf und Urteilsdurchsetzung; in: Niedersächsisches Jahrbuch für Landesgeschichte, 64; 1992 (künftig zitiert: Ebeling, Appellieren), S. 89–129.

Ergebnisse liefern, um Aussagen zur Frage der Rezeption des römischen Rechts in den Reichskreisen zu treffen. Auf diese Weise wird territorialspezifischen Abweichungen Rechnung getragen, die der Historiker nach der ausschließlich auf Stichproben basierenden Methode nicht erkennen kann. Dennoch: Der Umgang mit Reichskammergerichtsprozeßakten als serieller Quelle hat zahllose neue Möglichkeiten eröffnet.[31] Dabei dürfen Fragen zur Prüfung der Validität einer Stichprobe und der Methode nicht aus dem Blickwinkel geraten, sondern sollten vielmehr die wissenschaftliche Auseinandersetzung beleben. Unerläßlich bleibt die methodische Diskussion, die – anders als in der cliometrisch–methodischen Auseinandersetzung – bei Ranieri ausgeblieben zu sein scheint. Dieses mag durch seine Vorgehensweise bedingt sein. Wurden in der vornehmlich in den Vereinigten Staaten von Amerika betriebenen, quantitativen Geschichtsschreibung der Cliometriker empirische Untersuchungsmethoden als Verifikationsmittel von Ereignisgeschichte mit wirtschaftswissenschaftlichem Schwerpunkt herangezogen,[32] so wurde von Ranieri eine quantitative Grundlagenarbeit geliefert, die ereignisgeschichtlich noch nicht geleistet wurde.

Die vorliegende Arbeit gliedert sich folgendermaßen:

Zunächst werden die territorialen Verhältnisse in Sachsen–Lauenburg um 1500 geklärt und an ausgewählten Beispielen das mittelalterliche Rechtsverständnis und dessen praktische Umsetzung skizziert, um auf diese Weise eine territoriale Ausgangslage zu schaffen. Damit wird das Territorium beschrieben, auf das Herzog Magnus I. von Sachsen–Lauenburg seine Hausmacht gründete. Deutlich werden soll, daß Magnus I. Erblasten übernahm, die ihre Ursprünge bereits im Spätmittelalter hatten (Kap. 2).

Im anschließenden Arbeitsschritt werden Strukturmerkmale und –probleme des Hauses Sachsen–Lauenburg im 16. Jahrhundert dargestellt, um so zunächst den

---

[31] In der Forschungsstelle der Gesellschaft für Reichskammergerichtsforschung in Wetzlar werden derzeit die Aktenbestände des 17. und 18. Jahrhunderts nach Ranieris Methode aufgearbeitet, um vergleichbare, übergreifende Forschungsergebnisse für den gesamten Wirkungszeitraum des Reichskammergerichts zu erzielen. Die Stichprobe umfaßt allerdings nur die Koser–Signaturen A–E.

[32] Rolf Dumke: Clio's Climateric?; in: Vierteljahrschrift für Sozial– und Wirtschaftsgeschichte, 73; 1986, S. 457–487. – William O. Aydelotte: Quantifizierung in der Geschichtswissenschaft; in: Hans–Ulrich Wehler (Hg.): Geschichte und Soziologie; 2. Auflage; Königstein/ Taunus 1984, S. 259–282. – Charles Tilly: Clio und Minerva; in: Hans–Ulrich Wehler (Hg.): Geschichte und Soziologie; 2. Auflage; Königstein/ Taunus 1984, S. 97–131. – Alfred H. Conrad und John R. Meyer: Ökonomische Theorie, Statistik und Wirtschaftsgeschichte; in: Hans–Ulrich Wehler: Geschichte und Ökonomie; 2. Auflage; Königstein/ Taunus 1985, S. 144–162. – George S. Murphy: Die „Neue" Wirtschaftsgeschichte; in: Hans–Ulrich Wehler: Geschichte und Ökonomie; 2. Auflage; Königstein/ Taunus 1985, S. 189–202. – Fritz Redlich: „Neue" und traditionelle Methoden der Wirtschaftsgeschichte; in: Hans–Ulrich Wehler: Geschichte und Ökonomie; 2. Auflage; Königstein/ Taunus 1985, S. 242–254.

Rahmen für den eigentlichen Untersuchungsgegenstand, die territorialrechtlichen Auseinandersetzungen vor dem Reichskammergericht, zu bieten. Anschließend werden die Ergebnisse in die innerterritorialen Entwicklungslinien des Herzogtums Sachsen–Lauenburg einbezogen (Kap. 3).
Die Darstellung der territorialrechtlichen Auseinandersetzungen bildet den Schwerpunkt der Untersuchung und basiert auf der Auswertung der eingesehenen Prozeßakten. Dabei wird die Chronologie zugunsten der Geographie als Ordnungskriterium hintangestellt: Dieses Vorgehen erklärt sich aus dem Untersuchungsgegenstand. Es werden alle Territorien, mit denen das Herzogtum Sachsen–Lauenburg gemeinsame Grenzen hatte, daraufhin untersucht, ob und wann Grenzauseinandersetzungen oder Streitigkeiten, die einen territorialrechtlichen Charakter hatten, entstanden sind. Dabei soll der Konflikt in seiner Gesamtheit erfaßt werden und nicht nur auf die Auseinandersetzungen vor dem Reichskammergericht beschränkt bleiben: Vor- und Nachgeschichte werden – sofern rekonstruierbar – Bestandteil der Untersuchung, um zum einen die Komplexität der Ereignisse zu erfassen und zum anderen standardisierte Verfahrensabläufe im vorprozessualen Raum darzustellen. Ziel ist es, Zusammenhänge zwischen vorprozessualen Handlungsmustern und nachfolgenden prozessualen Auseinandersetzungen aufzuzeigen, in die das ereignisgeschichtliche Umfeld der Prozeßparteien eingebunden wird. Diese Vorgehensweise folgt damit dem Grundsatz, Prozeßverläufe vor dem Reichskammergericht ereignisgeschichtlich verknüpft und nicht isoliert zu betrachten (Kap. 4).
Im nächsten Arbeitsschritt wird die Rechtsprechung des Herzogtums Sachsen–Lauenburg näher beleuchtet, und die aus dem Herzogtum Sachsen–Lauenburg angestrengten Appellationsprozesse werden quantifiziert. Auf diese Weise soll die Frage nach der Rezeption des römischen Rechts im Herzogtum Sachsen–Lauenburg beantwortet werden und das Ergebnis durch eine Zusammenfassung sämtlicher (das Herzogtum Sachsen–Lauenburg betreffender) Reichskammergerichtsprozesse in differenzierten Kategorien belegt werden, um die Grundlage zur quantifizierenden Erhebung zu schaffen. Diese Daten werden tabellarisch und graphisch aufbereitet und mit bereits vorhandenen Datenerhebungen Ranieris vergleichend dargestellt (Kap. 5).
In einem zusammenfassenden Kapitel werden die qualitativen und quantitativen Ergebnisse der Untersuchung präsentiert und abschließend diskutiert. Ein Ausblick am Ende der Arbeit soll Impulse und Einsichten für weitergehende Forschungen geben. Dabei werden zum Teil bereits bestehende Forderungen wiederholt, durch weitergehende Argumente gestützt und um neue Ideen ergänzt (Kap. 6).

1.3 Forschungsstand

Bereits die Thematik der vorliegenden Untersuchung verdeutlicht die Notwendigkeit einer strukturellen Analyse der Forschungsliteratur, da unterschiedliche Themenbereiche betroffen sind, die es im weiteren differenziert darzustellen gilt. Dabei soll zunächst den Reichsreformbestrebungen unter besonderer Berücksichtigung der Etablierung des Reichskammergerichts Raum geboten werden, um den theoretischen Bezugspunkt im Gesamtzusammenhang zu verdeutlichen. Des weiteren gilt es, die Literaturlage und den Forschungsstand hinsichtlich des Reichskammergerichts darzustellen. Hierbei wird zunächst die Literatur dargestellt, die das Gericht als Reichsinstitution berücksichtigt, und dann diejenige, die sich mit den Strukturen des Gerichts befaßt und sich damit vor allem der Arbeitsweise des Reichskammergerichts widmet. In einem dritten Abschnitt wird diejenige Literatur vorgestellt, welche das Herzogtum Sachsen–Lauenburg innenstrukturell wie landesgeschichtlich als Territorium im Reich behandelt.

1.3.1 Die Reichsreformbestrebungen unter besonderer Berücksichtigung der Etablierung des Reichskammergerichts

Heinz Angermeier hat mit seinen 1984 vorgelegten Untersuchungen über den langanhaltenden Prozeß der Reichsreformbestrebungen von 1410 bis 1555 erstmalig einen umfassenden Überblick[33] in neuerer Zeit[34] geliefert,[35] der die Forschungsproblematik und die thematische Komplexität des verfassungsmäßigen Wandels ohne „eigentlichen Verfassungsbegriff“[36] verdeutlicht.[37]

---

[33] S. Angermeier, Reichsreform.

[34] Zur älteren Literatur: Erich Molitor: Die Reichsreformbestrebungen des 15. Jahrhunderts bis zum Tode Friedrichs III.; [= Untersuchungen zur deutschen Staats– und Rechtsgeschichte, 132]; Breslau 1921. – Fritz Hartung: Die Reichsreform von 1485–1495. Ihr Verlauf und Ihr Wesen; in: HVjS, 16/ 1; 1913, S. 24–53 und HVjS, 16/ 2; 1913, S. 181–209 (künftig zitiert: Hartung, Reichsreform). – Georg von Below: Der deutsche Staat des Mittelalters; Leipzig 1925. – S. Angermeier, Reichsreform, S. 24ff.

[35] S. insbesondere den seit kurzer Zeit vorliegenden Kolloquienband von Ivan Hlavácek und Alexander Patschovsky (Hgg.): Reform von Kirche und Reich zur Zeit der Konzilien von Konstanz (1414–1418) und Basel (1431–1449). Konstanz–Prager Historisches Kolloquium (11.–17. Oktober 1993); Konstanz 1996. Der Sammelband vereinigt eine Vielzahl kritischer Aufsätze zur Thematik der Reichsreform, versucht Gemeinsamkeiten zwischen Kirchen– und Reichsreform zu erarbeiten und bietet Einzeluntersuchungen hinsichtlich der Rolle einiger Reforminitiatoren.

[36] Angermeier, Reichsreform, S. 9. – Moraw, Verfassung, S. 420.

[37] Schubert, Herrschaft, S. 114–118.

Angermeiers bogenspannende Analyse beschreibt das ständige Auf und Ab reformerischer Bestrebungen der Könige einerseits und das Ringen der Reichsstände um Beteiligungs– und Herrschaftsrechte andererseits.[38] Dadurch konnte er zeitliche Kulminationspunkte herausarbeiten und Entwicklungen skizzieren, die sowohl den konservierenden wie den fortschrittlichen Charakter des Reichsreformprozesses verdeutlichen. Durch Gegenüberstellungen der handlungsleitenden Motive der in Konkurrenz stehenden Beteiligten wurden netzwerkähnliche Zusammenhänge innerhalb der Stände ebenso aufgedeckt wie übergreifende Strukturen verdeutlicht,[39] die durch prosopographische Untersuchungen ergänzt wurden[40] und vor allem eine fehlende reichsständische Abgeschlossenheit dokumentierten. Eine 'Verdichtung' der Territorien schien sich erst nach 1555 deutlicher herauskristallisiert und sich anschließend stabilisiert zu haben.

Angermeiers zentrale Aussage, die Reichsreform sei ein „Prozeß der Konsolidierung auf dem Wege der Verteilung [von, J.H.] Staatsgewalt und ihrer einvernehmlichen Ausübung durch die Glieder“[41] gewesen, wendet sich gegen die Bewertungen, die Reichsreform als einen mißlungenen Staatsbildungsvorgang zu deuten.[42] Nach Angermeier haben vor allem die Ergebnisse des Wormser Reformreichstags die Institutionalisierung herrschaftlicher Gewalt hervorgebracht und seit 1500 behördentechnische Reformen eingeleitet, die im Jahre 1555 in die Institutionalisierung von Reichseinheit, Reichsgewalt und Reichsordnung mündeten und so den Säkularisierungsprozeß im Reich zunächst beendeten. Damit wurden auch die Reformbestrebungen vorerst abgeschlossen. Angermeier hat den Gestaltungscharakter dieses Prozesses durch Identifikation und Einbindung der Reichsglieder herausgestellt und dessen wesentlichen Einfluß auf die frühneuzeitliche Staatsbildung skizziert.[43]

---

[38] Zur Bedeutung der Reichsstädte s. Adolf Laufs: Reichsstädte und Reichsreform; in: ZRG, g.A., 84; 1967 (künftig zitiert: Laufs, Reichsstädte), S. 172–201. – Vgl. hierzu die Fragestellungen und neueren Forschungsergebnisse von Andreas Ranft: Reichsreform als Adelsreform? Das Beispiel der Adelsgesellschaften; in: Ivan Hlavácek und Alexander Patschovsky (Hgg.): Reform von Kirche und Reich zur Zeit der Konzilien von Konstanz (1414–1418) und Basel (1431–1449). Konstanz–Prager Historisches Kolloquium (11.–17. Oktober 1993); Konstanz 1996, S. 135–156 (künftig zitiert: Ranft, Reichsreform).

[39] Angermeier, Wormser Reichstag, S. 742ff.

[40] Krieger, König, S. 117. – Moraw, Verfassung, S. 416f.

[41] Angermeier, Reichsreform, S. 330.

[42] Hartung, Reichsreform, S. 206. – Vgl. Angermeier, Reichsreform, S. 23. – S. Rice/ Grafton, Foundations, S. 110.

[43] Heribert Müller: Rezension zu Heinz Angermeier: Die Reichsreform 1410–1555; in: AKG, 70; 1980 (künftig zitiert: Müller, Rezension), 257ff. – Angermeier, Reichsreform, S. 331. – Angermeier, Wormser Reichstag, S. 763.

Dietmar Willoweit bezweifelt Angermeiers These insoweit, als er statt der „politischen" Auseinandersetzung[44] zwischen Kaiser und Reichsständen eher einen „gigantischen Verfassungskonflikt" zwischen den Beteiligten zur Neubestimmung und rechtlichen Fixierung sieht.[45] Willoweit weist auf die enge Verbindung zwischen der Reichsreform und den Diskussionen um die Reichsmatrikel sowie die allgemeine Reichssteuer hin; beides deutet er als Meilensteine zur Konstituierung des Reichstags als wesentlichstem Ergebnis der Reichsreform.[46] Letztere Einschätzung wird auch von Peter Moraw geteilt,[47] der zudem versucht, den Konflikt zwischen dem König und den Reichsständen breiter und differenzierter zu erklären und vor allem – stärker als Angermeier – die von außen einströmenden Einflüsse einzubeziehen.[48] Moraw meint, den Anfangspunkt der Reichsreform erst in den 70er Jahren des 15. Jahrhunderts verorten zu können.[49]

Allgemeinhistorische Forschungen zur Reichsreform befinden sich durch ihren Untersuchungszeitraum stets an der Schnittstelle zwischen der spätmittelalterlichen und der frühneuzeitlichen Historie und durch die mit der Reichsreform verbundenen rechtlichen Aspekte an der zur Rechtsgeschichte. Somit wirken solche Untersuchungen in zweierlei Hinsicht schnittstellenüberschreitend.
Zur Gesamtthematik der Reichsreform liegen zahlreiche Untersuchungen vor, die rechtliche Aspekte diskutieren. Die Gesamtheit dieser Veröffentlichungen verdeutlicht jedoch, daß im 16. Jahrhundert ein auf dem deutschen Territorium einsetzender Verrechtlichungsprozeß beobachtet werden kann, der in seiner Ausgestaltungsphase in der zweiten Hälfte des Jahrhunderts alle Bereiche des öffentlichen Lebens erfaßt und tiefgreifende Einschnitte auch in den privatrechtlichen Bereich hinein vorgenommen zu haben scheint.[50] Gestützt werden diese Untersuchungsergebnisse durch landes– und

---

44 Vgl. Angermeier, Begriff und Inhalt, S. 190. – Vgl. Angermeier, Reichsreform, S. 330.

45 Willoweit, Reichsreform, S. 271.

46 Vgl. Angermeier, Reichsreform, S. 201. – Vgl. hierzu neuerlich in Annäherung an Willoweit (Reichsreform): Angermeier, Wormser Reichstag, S. 767.

47 Moraw, Verwaltung, S. 55f. – Vgl. Angermeier, Begriff und Inhalt, S. 203.

48 Moraw, Verfassung, S. 416. – Neuerlich ähnlich bei: Angermeier, Wormser Reichstag, S. 767f.

49 Moraw, Verfassung, S. 416ff. – Vgl. Hartmut Boockmann: Über den Zusammenhang von Reichsreform und Kirchenreform; in: Ivan Hlavácek und Alexander Patschovsky (Hgg.): Reform von Kirche und Reich zur Zeit der Konzilien von Konstanz (1414–1418) und Basel (1431–1449). Konstanz–Prager Historisches Kolloquium (11.–17. Oktober 1993); Konstanz 1996 (künftig zitiert: Boockmann, Zusammenhang), S. 208f.

50 Als rechtshistorisches Standardwerk mit zahlreichen Literaturangaben: Heinrich Mitteis: Deutsche Rechtsgeschichte. Ein Studienbuch; neu bearb. v. Heinz Lieberich; 19., erg. Auflage; München 1992 (künftig zitiert: Mitteis, Rechtsgeschichte), S. 325–367.

territorialgeschichtliche Arbeiten, die sich mit Fragen der Behörden– und Ämterorganisation oder mit Polizei– und Kirchenordnungen beschäftigen.[51]
Die Bedeutung, welche die Etablierung des Reichskammergerichts als Reichsinstitution hat, wird in der Literatur nicht kontrovers diskutiert; hingegen wird eine Diskussion darüber geführt, wie die Entwicklung im Kontext des Reformprozesses bis zur Etablierung des Gerichts zu bewerten ist. Die weitere Entwicklung des Reichskammergerichts nach 1495 wird allerdings nicht mehr im Zusammenhang mit der Reichsreform thematisiert.[52] Angermeier stellt lediglich fest, daß erlassene Ordnungen „das Gerichtswesen und die Rechtsprechung im Reich wesentlich verbesserten"[53]. Maßnahmen zur Reform der Reichskammergerichtsordnungen finden lediglich im Rahmen der Diskussion um den im Reich einsetzenden Verrechtlichungsprozeß Beachtung, nicht jedoch als Bestandteil des Reichsreformprozesses.

Grundlegende Forschungsarbeiten der Rechtshistoriker Adolf Laufs[54] und Bettina Dick[55] lassen es als schlüssig erscheinen, den kameralen Gestaltungsprozeß bis 1548 bzw. 1555 als wesentlichen, eigenständigen Bestandteil im Rahmen des Reichsreformprozesses zu verstehen. Die enge Verbindung zwischen dem kameralen Gestaltungswesen und dem Reichstag stellt zudem die besondere Bedeutung des Reichstags nochmals heraus.
Damit gewinnt der Entwicklungsprozeß des Reichskammergerichts durch dessen Etablierung und Konstituierung mit gestaltendem Charakter eine neue, höherwertige Dimension als bisher angenommen: Dieser Entwicklungsprozeß veranschaulicht zugleich den voranschreitenden, sich entwickelnden, frühneuzeitlichen Staatswerdungsprozeß. Das Reichskammergericht sichert

[51] Exemplarisch: Reden, Landständische Verfassung.

[52] Helmut Coing: Le Reichskammergericht; in: Consilium Magnum; Bruxelles 1977 (künftig zitiert: Coing, Reichskammergericht), S. 51. – Bernhard Diestelkamp: Vom königlichen Hofgericht zum kaiserlichen Kammergericht. Kurzfassung; in: Hugo de Schepper (Hg.): Höchste Gerichtsbarkeit im Spätmittelalter und der Frühen Neuzeit. Internationales rechtshistorisches Symposium Amsterdam 1. bis 3. Juni 1984; Amsterdam 1985 (künftig zitiert: Diestelkamp, Hofgericht), S. 1.

[53] Angermeier, Reichsreform, S. 208. – Vgl. Bernhard Diestelkamp: Das Reichskammergericht im Rechtswesen des 16. Jahrhunderts; in: Rechtsgeschichte als Kulturgeschichte. Festschrift für Adalbert Erler; hrsg. v. H. J. Becker u.a.; Aalen 1976 (künftig zitiert: Diestelkamp, Rechtswesen), S. 441. Diestelkamp sieht das Reichskammergericht als eigenständigen Faktor im Strukturwandel des politischen Kräfteverhältnisses.

[54] Adolf Laufs: Die Reichskammergerichtsordnung von 1555; [= Quellen und Forschungen zur höchsten Gerichtsbarkeit im Alten Reich, 3]; Köln/ Wien 1976 (künftig zitiert: Laufs, Reichskammergerichtsordnung).

[55] Bettina Dick: Die Entwicklung des Kameralprozesses nach den Ordnungen von 1495 bis 1555; [= Quellen und Forschungen zur höchsten Gerichtsbarkeit im Alten Reich, 10]; Köln/ Wien 1981 (künftig zitiert: Dick, Kameralprozeß).

durch eine herrschaftsunabhängige Rechtsnormierung und –kodifizierung die Weiterentwicklung des ständischen Emanzipationsprozesses im Reich,[56] der durch das Delegieren der Exekution von Bescheiden und Urteilen des Reichskammergerichts an die Reichskreise seit 1521 abgerundet wird.[57]

1.3.2 Das Reichskammergericht als Institution im Reich und seine Arbeitsweise[58]

Auf den frühneuzeitlichen Staatsbildungsprozeß hatte das Reichskammergericht wesentlichen Einfluß, wenngleich dieses Kontinuum der deutschen Verfassungsgeschichte von der Forschung zunächst stiefmütterlich behandelt wurde und zumeist negativ belegt war.[59]

Rudolf Smend[60] hat sich in seiner klassisch gewordenen Monographie zur Geschichte und Verfassung des Reichskammergerichts erstmalig mit dieser Reichsinstitution beschäftigt. Eine intensive Auseinandersetzung mit Fragen der Etablierung, Ausgestaltung und Arbeitsweise des Gerichts findet jedoch erst seit Mitte der siebziger Jahre statt, so daß es geboten und legitim erscheint, von einer 'Renaissance des Reichskammergerichts' durch das verstärkte Forschungsinteresse in der heutigen Zeit zu sprechen. So haben die Arbeitskreise und die Forschungsstelle der Gesellschaft für Reichskammergerichtsforschung sowie die universitäre Forschung sich gegenseitig beeinflußt, ein verstärktes Interesse an diesem Forschungsgegenstand zu entwickeln.[61] Die Etablierung des Reichskammergerichtsmuseums

---

56 Vgl. Willoweit, Rechtsgrundlagen, S. 9, S. 211f. – Ebenso Jürgen Weitzel: Ius publicum in den Prozessen vor dem Reichskammergericht; in: Blätter für deutsche Landesgeschichte, 131; 1995 (künftig zitiert: Weitzel, Ius publicum), S. 171.

57 Laufs, Reichskammergerichtsordnung, S. 16.

58 S. den Überblick über den Forschungsstand bei: Helmut Neuhaus: Das Reich in der Frühen Neuzeit; [= Enzyklopädie deutscher Geschichte, 42]; München 1997 (künftig zitiert: Neuhaus, Reich), S. 98f.

59 Diestelkamp, Rechtswesen, S. 436f. – Zur älteren Literatur (Sendenburg, Franklin, Harpprecht, Seeliger, Lechner und Tomaschek) s. Hans Spangenberg: Die Entstehung des Reichskammergerichts und die Anfänge der Reichsverwaltung; in: ZRG, g.A., 46; 1926, S. 231ff.

60 Rudolf Smend: Das Reichskammergericht, Band 1: Geschichte und Verfassung; [= Quellen und Studien zur Verfassungsgeschichte des Deutschen Reiches in Mittelalter und Neuzeit, 4/ 3]; Weimar 1911 (künftig zitiert: Smend, Reichskammergericht).

61 Bernhard Diestelkamp: Tendenzen und Perspektiven in der Erforschung der Geschichte des Reichskammergerichts; in: Ingrid Scheurmann (Hgin.): Frieden durch Recht. Das Reichskammergericht von 1495 bis 1806. Katalog zur gleichnamigen Ausstellung vom 8.12.1994 bis 22.01.1995 in Bonn, vom 25.2.1995 bis 30.04.1995 in Frankfurt am Main; Mainz 1994 (künftig zitiert: Diestelkamp, Tendenzen), S. 453–456. Diestelkamp hat in regelmäßig wiederkehrenden Abständen den Forschungsstand zur Erschließung der Quellen des Reichskammergerichts dargestellt. Neben dem hier erwähnten Kurzbericht ist

in Wetzlar hat, ebenso wie eine Wanderausstellung[62] über das Reichskammergericht in den Jahren 1994 und 1995, dazu beigetragen, auch die Öffentlichkeit für diese Reichsinstitution und für „denkwürdige Prozesse“ zu interessieren.[63]

Durch eine verstärkte Erforschung der Reichskammergerichtsakten konnten die grundlegenden Arbeiten Otto Kosers[64] durch archivalische Erfassung des seit 1806 auseinandergerissenen Bestandes spezifiziert werden, so daß die Forschungsgrundlage in ihrer Gesamtheit besser zugänglich ist.
Von den vielfältigen ereignisgeschichtlichen Informationen, die aus den Prozeßakten gewonnen werden können, profitiert in besonderem Maß die landesgeschichtliche Forschung.[65] Dem stehen Untersuchungen gegenüber, die sich mit der eigentlichen Arbeitsweise des Gerichts (Prozeßordnungen, Prozeßrecht, Prozeßarten, Instanzenzug, Zuständigkeiten, strukturelle Problemfelder)[66] und seiner Abgrenzung von anderen Institutionen des Reichs[67]

---

in besonderem Maße, aufgrund des umfangreichen Datenmaterials und der Bestands–übersichten, anzuführen: Bernhard Diestelkamp: Der Stand der Arbeiten zur Erschließung der Quellen des Reichskammergerichts; in: Consilium Magnum; Bruxelles 1977 (künftig zitiert: Diestelkamp, Erschließung), S. 199–213. – Vgl. Friedrich Battenberg: Reichskammergericht und Archivwesen. Zum Stand der Erschließung der Reichskammergerichtsakten; in: Bernhard Diestelkamp (Hg.): Das Reichskammergericht in der Deutschen Geschichte. Stand der Forschung, Forschungsperspektiven; [= Quellen und Forschungen zur höchsten Gerichtsbarkeit im Alten Reich, 21]; Köln/ Wien 1990, S. 173–193. – Vgl. auch Adolf Laufs: Begriff „Reichskammergericht“; in: HRG, 4, Sp. 655–662.

62 Ingrid Scheurmann (Hgin.): Frieden durch Recht. Das Reichskammergericht von 1495 bis 1806. Katalog zur gleichnamigen Ausstellung vom 8.12.1994 bis 22.01.1995 in Bonn, vom 25.2.1995 bis 30.04.1995 in Frankfurt am Main; Mainz 1994 (künftig zitiert: Scheurmann, Frieden durch Recht). S. Rezension hierzu von Klaus Luig; in: ZHF, 22/ 3; 1995, S. 393f.

63 Gesellschaft für Reichskammergerichtsforschung (Hg.): Selbstverständnis und Perspektiven; erarb. von Ingrid Scheurmann und Hartmut Schmidt; 2. Auflage.; Wetzlar 1995. Bernhard Diestelkamp: Rechtsfälle aus dem Alten Reich. Denkwürdige Prozesse vor dem Reichskammergericht; München 1995.

64 Otto Koser: Repertorium der Akten des Reichskammergerichts. Untrennbarer Bestand, I; [= Veröffentlichungen des Gesamtvereins der Deutschen Geschichts– und Altertumsvereine]; Heppenheim 1933.

65 Diestelkamp, Quellen, S. 103–116.

66 Barbara Gebhardt: Lehenrechtliche Probleme in einem Reichskammergerichtsprozeß des ausgehenden 16. Jahrhunderts mit Anmerkungen zum vorgelegten Beweismaterial. Auseinandersetzung um die Gültigkeit der Belehnung mit der Herrschaft Kirchheim zwischen Bischof Markward von Augsburg und den Reichsgrafen Fugger 1586–1611; in: Bernhard Diestelkamp (Hg.): Forschungen aus Akten des Reichskammergerichts; [= Quellen und Forschungen zur höchsten Gerichtsbarkeit im Alten Reich, 14]; Köln/ Wien 1984, S. 141–158. – Horst Peter Schamari: Aspekte der Schiedsgerichtsbarkeit, aufgezeigt am Beispiel des Reichskammergerichtsprozesses Hans Braun und Konsorten gegen

sowie seinem Verhältnis zur Zentralgewalt[68] oder zum kaiserlich persönlich gebundenen Regiment[69] beschäftigt haben. Ferner liegen Untersuchungen zur

---

Erasmus Höhenkircher, herzoglich bayerischer Pfleger zu Velburg wegen Vindikation eines Hofguts zu Darshofen 1497–1512; in: Bernhard Diestelkamp (Hg.): Forschungen aus Akten des Reichskammergerichts; [= Quellen und Forschungen zur höchsten Gerichtsbarkeit im Alten Reich, 14]; Köln/ Wien 1984, S. 115–140. – Ulrich Eisenhardt: Die kaiserlichen Privilegia de non appellando; [= Quellen und Forschungen zur höchsten Gerichtsbarkeit im Alten Reich, 7]; Köln/ Wien 1980 (künftig zitiert: Eisenhardt, Privilegia de non appellando).– Siegfried Broß: Untersuchungen zu den Appellationsbestimmungen der Reichskammergerichtsordnung von 1495; [= Schriften zum Prozeßrecht, 32]; Berlin 1973 (künftig zitiert: Broß, Appellationsbestimmungen). – Jürgen Weitzel: Die Zuständigkeit des Reichskammergerichts als Appellationsgericht; in: ZRG, g. A., 90; 1973 (künftig zitiert: Weitzel, Zuständigkeit), S. 213–245. – Ders.: Reichsabschied 1532 Titel III § 12. Zur Entstehungsgeschichte und Bedeutung des ersten Reichsgesetzes gegen landesherrliche Appellationsverbote; in: Consilium Magnum; Bruxelles 1977 (künftig zitiert: Weitzel, Reichsabschied), S. 457–477. – Ders.: Der Kampf um die Appellation ans Reichskammergericht; [= Quellen und Forschungen zur höchsten Gerichtsbarkeit im Alten Reich, 4]; Köln/ Wien 1976 (künftig zitiert: Weitzel, Kampf). – Wolfgang Sellert: Die Ladung des Beklagten vor das Reichskammergericht; in: ZRG, g. A., 84; 1967 (künftig zitiert: Sellert, Ladung), S. 202–235. – Heinrich Wiggenhorn: Der Reichskammergerichtsprozeß am Ende des Alten Reiches; Diss. jur.; Münster 1966 (Wiggenhorn beschäftigt sich vor allem mit den letzten drei Jahrzehnten des Reichskammergerichts). – Gernot Kocher: Erbländische Aspekte der Höchstgerichtsbarkeit im Alten Reich; in: Wolfgang Sellert (Hg.): Rechtsbehelfe, Beweis und Stellung des Richters im Spätmittelalter; [= Quellen und Forschungen zur höchsten Gerichtsbarkeit im Alten Reich, 16]; Köln/ Wien 1985, S. 9–20. – Gunter Gudian: Appellation – Ein neues Rechtsinstitut bringt neue Probleme; in: Wolfgang Sellert (Hg.): Rechtsbehelfe, Beweis und Stellung des Richters im Spätmittelalter; [= Quellen und Forschungen zur höchsten Gerichtsbarkeit im Alten Reich, 16]; Köln/ Wien 1985, S. 1–8. – Zum Verfahren des Reichskammergerichts s. umfänglich mit weiteren Literaturangaben: Wolfgang Sellert: „Prozeß des Reichskammergerichts"; in: HRG, 4; hrsg. v. Adalbert Erler u.a.; Berlin 1990, Sp. 29–36.

67 Maximilian Lanzinner: Reichsversammlungen und Reichskammergericht 1556–1586; [= Schriftenreihe der Gesellschaft für Reichskammergerichtsforschung, 17]; Wetzlar 1995 (künftig zitiert: Lanzinner, Reichsversammlungen).

68 Heinz Duchhardt: Das Reichskammergericht; in: Bernhard Diestelkamp (Hg.): Oberste Gerichtsbarkeit und Zentrale Gewalt im Europa der Frühen Neuzeit; [= Quellen und Forschungen zur höchsten Gerichtsbarkeit im Alten Reich, 29]; Köln/ Weimar/ Wien 1996 (künftig zitiert: Duchhardt, Reichskammergericht), S. 1–14. – Peter Moraw: Rechtspflege und Reichsverfassung im 15. und 16. Jahrhundert; [= Schriftenreihe der Gesellschaft für Reichskammergerichtsforschung, 10]; Wetzlar 1990.

69 Volker Press: Der Reichshofrat im System des frühneuzeitlichen Reiches; in: Friedrich Battenberg und Filippo Ranieri (Hgg.): Geschichte der Zentraljustiz in Mitteleuropa. Festschrift für Bernhard Diestelkamp zum 65. Geburtstag; Köln/ Wien/ Weimar 1994, S. 349–363. – Wolfgang Sellert: Über die Zuständigkeitsabgrenzung von Reichshofrat und Reichskammergericht; Aalen 1965 (künftig zitiert: Sellert, Zuständigkeitsabgrenzung). – Ders.: Die Ordnungen des Reichshofrates 1550–1766 (1. Halbband bis 1626, 2. Halbband

Vorgeschichte[70] und Geschichte des Reichskammergerichts selbst,[71] zu dessen Angehörigen[72] und zu einzelnen Prozessen[73] vor.[74] Vergleichende Studien zur

---

bis 1760); [= Quellen und Forschungen zur höchsten Gerichtsbarkeit im Alten Reich, 8/ 1 und 8/ 2]; Köln/ Wien 1980 und 1990 (künftig zitiert: Sellert, Ordnungen). – Ders., Prozeßgrundsätze. – Ders.: Der Reichshofrat; in: Bernhard Diestelkamp (Hg.): Oberste Gerichtsbarkeit und Zentrale Gewalt im Europa der Frühen Neuzeit; [= Quellen und Forschungen zur höchsten Gerichtsbarkeit im Alten Reich, 29]; Köln/ Weimar/ Wien 1996 (künftig zitiert: Sellert, Reichshofrat), S. 15–44.

70 Diestelkamp, Hofgericht. Friedrich Battenberg: Reichsacht und Anleite im Spätmittelalter. Ein Beitrag zur Geschichte der höchsten Gerichtsbarkeit im Alten Reich, besonders im 14. und 15. Jahrhundert; [= Quellen und Forschungen zur höchsten Gerichtsbarkeit im Alten Reich, 18]; Köln/ Wien 1986 (künftig zitiert: Battenberg, Reichsacht). – Otto Franklin: Das Reichshofgericht im Mittelalter; 2 Bände; Weimar 1867 und 1869; Neudruck Hildesheim 1967, insbes. s. Band I, S. 343. – Vgl. dazu Friedrich Battenberg: Beiträge zur höchsten Gerichtsbarkeit im Reich im 15. Jahrhundert; [= Quellen und Forschungen zur höchsten Gerichtsbarkeit im Alten Reich, 11]; Köln/ Wien 1981 (künftig zitiert: Battenberg, Beiträge). Durch die Aufarbeitung der Hofgerichtsordnungen und der Analyse prozessualer Handlungen verband Battenberg Reichshofgericht und Reichskammergericht und konnte so zu differenzierteren Aussagen gelangen als Franklin, der sich maßgeblich mit mittelalterlichen Quellen, dem Forschungsinteresse des 19. Jahrhunderts entsprechend, beschäftigte.

71 Jost Hausmann (Hg.): Fern vom Kaiser. Städte und Stätten des Reichskammergerichts; Köln/ Weimar/ Wien 1995 (künftig zitiert: Hausmann, Fern vom Kaiser).

72 Zu grundsätzlichen Überlegungen s. Heinz Duchhardt: Das Reichskammergericht des konfessionellen Zeitalters als „Sozialkörper" – forschungsstrategische Anmerkungen; in: Christine Roll (Hgin.): Recht und Reich im Zeitalter der Reformation. Festschrift für Horst Rabe; 2. Auflage; Frankfurt a. M. u.a. 1997, S. 387–395. – Jost Hausmann: Prozesse des Reichskammergerichtspersonals beim Reichskammergericht im 18. Jahrhundert; in: Bernhard Diestelkamp (Hg.): Forschungen aus Akten des Reichskammergerichts; [= Quellen und Forschungen zur höchsten Gerichtsbarkeit im Alten Reich, 14]; Köln/ Wien 1984, S. 97–114. – Sigrid Jahns: Juristen im Alten Reich – Das richterliche Personal des Reichskammergerichts 1648–1806. Bericht über ein Forschungsvorhaben; in: Bernhard Diestelkamp (Hg.): Forschungen aus Akten des Reichskammergerichts; [= Quellen und Forschungen zur höchsten Gerichtsbarkeit im Alten Reich, 14]; Köln/ Wien 1984 (künftig zitiert: Jahns, Juristen), S. 1–40. – Jost Hausmann: Die Kameralfreiheiten des Reichskammergerichtspersonals; [= Quellen und Forschungen zur höchsten Gerichtsbarkeit im Alten Reich, 20]; Köln/ Wien 1989. – Sigrid Jahns: Durchgangsposten oder Lebensstellung? Das Kammergerichtsassessorat in den Karriereverläufen frühneuzeitlicher Juristen; in: Friedrich Battenberg und Filippo Ranieri (Hgg.): Geschichte der Zentraljustiz in Mitteleuropa. Festschrift für Bernhard Diestelkamp zum 65. Geburtstag; Köln/ Wien/ Weimar 1994 (künftig zitiert: Jahns, Durchgangsposten), S. 271–309. – Sigrid Jahns: Das Generalexamen der Kammergerichtsassessoren als „Ego–Dokument"?; in: Winfried Schulze (Hg.): Ego–Dokumente. Annäherung an den Menschen in der Geschichte; [= Selbstzeugnisse der Neuzeit. Quellen und Darstellungen zur Sozial– und Erfahrungsgeschichte, 2]; Berlin 1996 (künftig zitiert: Jahns, Generalexamen), S. 191–206. – Sigrid Jahns: Das Kammergericht und seine Richter. Verfassung und Sozialstruktur eines höchsten Gerichts im Alten Reich; [= Quellen und Forschungen zur höchsten

Höchstgerichtsbarkeit in europäischen Nachbarländern runden das Forschungsspektrum ab.[75]

Gerichtsbarkeit im Alten Reich, 26/ I und II]; 2 Bände; Köln/ Weimar/ Wien (erscheint in Kürze). – Sigrid Jahns: Juristenkarrieren in der Frühen Neuzeit; in: Blätter für deutsche Landesgeschichte, 131; 1995 (künftig zitiert: Jahns, Juristenkarrieren), S. 113–134. – Jürgen Weitzel: Anwälte am Reichskammergericht; in: Friedrich Battenberg und Filippo Ranieri (Hgg.): Geschichte der Zentraljustiz in Mitteleuropa. Festschrift für Bernhard Diestelkamp zum 65. Geburtstag; Weimar/ Köln/ Wien 1994 (künftig zitiert: Weitzel, Anwälte), S. 253–269.

73 Ernst Pitz: Ein niederdeutscher Kammergerichtsprozeß von 1525. Beitrag zum Problem der rechtsgeschichtlichen und wirtschaftsgeschichtlichen Auswertung der Reichskammer–gerichtsakten; [= Veröffentlichung der Niedersächsischen Archivverwaltung, 28]; Göttingen 1969 (künftig zitiert: Pitz, Kammergerichtsprozeß). – Jörg Hillmann: Die Auseinandersetzungen um den Bau des Alster–Beste–Trave–Kanals vor dem Reichskammergericht von 1525–1531; in: Jb. Alsterverein 1997 (künftig zitiert: Hillmann, Alster–Beste–Trave–Kanal), S. 9–120. – Als neueste Veröffentlichung: Johannes Arndt: Der Fall „Meier Cordt contra Graf zur Lippe“. Ein Untertanenprozeß vor den Territorial– und Reichsgerichten zwischen 1680 und 1720; [= Schriftenreihe der Gesellschaft für Reichskammergerichtsforschung, 20]; Wetzlar 1997. – Auf eine detaillierte Auflistung der Vielzahl untersuchter Religionsprozesse vor dem Reichskammergericht wird an dieser Stelle verzichtet und verwiesen auf: Weitzel, Ius publicum, S. 176, Fn. 18. – Vgl. Bernhard Ruthmann: Die Religionsprozesse am Reichskammergericht 1555–1648. Eine Analyse anhand ausgewählter Prozesse; [= Quellen und Forschungen zur höchsten Gerichtsbarkeit im Alten Reich, 28]; Köln/ Weimar/ Wien 1996 (künftig zitiert: Ruthmann, Religionsprozesse). – Zur Problematik der Hexenprozesse: Peter Oestmann: Hexenprozesse am Reichskammergericht; [= Quellen und Forschungen zur höchsten Gerichtsbarkeit im Alten Reich, 31]; Köln/ Weimar/ Wien 1997 (künftig zitiert: Oestmann, Hexenprozesse). – Ralf–Peter Fuchs: Hexerei und Zauberei vor dem Reichskammergericht. Nichtigkeiten und Injurien; [= Schriftenreihe der Gesellschaft für Reichskammergerichtsforschung, 16]; Wetzlar 1994. – Ralf–Peter Fuchs: Der Vorwurf der Zauberei in der Rechtspraxis des Injurienverfahrens. Einige Reichskammergerichtsprozesse westfälischer Herkunft im Vergleich; in: ZNR, 17; 1995, S. 1–29. – S. neuerlich im Kontext der Geschlechtergeschichte: Irene Jung: „Ihrem Herzen und Charakter Ehre machen“. Frauen wenden sich an das Reichskammergericht; [= Schriftenreihe der Gesellschaft für Reichskammergerichtsforschung, 21]; Wetzlar 1998.

74 Als neuere übergreifende Darstellung, die allerdings den zeitlichen Rahmen dieser Arbeit nicht umfaßt, dennoch aufgrund neuer zusammenfassender Forschungsergebnisse dem Verfasser wichtig erscheint: Karl Otmar von Aretin: Das Alte Reich 1648–1806; Band 1: Föderalistische oder hierarchische Ordnung (1648–1684); Stuttgart 1993, S. 142–148.

75 Bernhard Diestelkamp: Das Reichskammergericht im Rechtsleben des Heiligen Römischen Reiches Deutscher Nation; [= Schriftenreihe der Gesellschaft für Reichskammergerichts–forschung, 1]; Wetzlar 1985 (künftig zitiert: Diestelkamp, Rechtsleben), S. 438, Fn. 11. Die einzelnen Untersuchungen zu vergleichbaren europäischen Gerichten sind beachtet worden, aber werden im Einzelnen nicht näher betrachtet; überall dort weitere Literaturangaben:

<u>Allgemein zur höchsten Gerichtsbarkeit im Europa der Frühen Neuzeit:</u> Scheurmann, Frieden durch Recht, S. 385–388. – Wolfgang Schmale: Unvergleichlich aber vergleichbar.

Diskussionsbericht; in: Bernhard Diestelkamp (Hg.): Oberste Gerichtsbarkeit und Zentrale Gewalt im Europa der Frühen Neuzeit; [= Quellen und Forschungen zur höchsten Gerichtsbarkeit im Alten Reich, 29]; Köln/ Weimar/ Wien 1996, S. 233–243.

England (oberste königliche Gerichte): John H. Baker: Die obersten königlichen Gerichte in England 1450–1800; in: Scheurmann, Frieden durch Recht, S. 347–364. Scheurmann, Frieden durch Recht, S. 389–396. – John H. Baker: The superior Courts in England 1450–1800; in: Bernhard Diestelkamp (Hg.): Oberste Gerichtsbarkeit und Zentrale Gewalt im Europa der Frühen Neuzeit; [= Quellen und Forschungen zur höchsten Gerichtsbarkeit im Alten Reich, 29]; Köln/ Weimar/ Wien 1996, S. 73–112.

Italien: Mario Ascheri: Höchste Gerichte in Italien zur Zeit des Ancien Régime; in: Scheurmann, Frieden durch Recht, S. 428–434. – Scheurmann, Frieden durch Recht, S. 412–418.

Polen: Ludwik Lysiak: Die oberste Gerichtsbarkeit in Polen bis zum Ende des 18. Jahrhunderts; in: Scheurmann, Frieden durch Recht, S. 445–450. – Scheurmann, Frieden durch Recht, S. 424–426. – Ludwik Lysiak: Die oberste Gerichtsbarkeit in Polen bis Ende des XVI. Jahrhundert; in: Bernhard Diestelkamp (Hg.): Oberste Gerichtsbarkeit und Zentrale Gewalt im Europa der Frühen Neuzeit; [= Quellen und Forschungen zur höchsten Gerichtsbarkeit im Alten Reich, 29]; Köln/ Weimar/ Wien 1996, S. 215–232. – Ludwik Lysiak: Höhere Gerichte des deutschen Rechts in Polen im 14.–16. Jahrhundert; in: Wolfgang Sellert (Hg.): Rechtsbehelfe, Beweis und Stellung des Richters im Spätmittelalter; [= Quellen und Forschungen zur höchsten Gerichtsbarkeit im Alten Reich, 16]; Köln/ Wien 1985, S. 21–33.

Schweden: Kjell Ake Modéer: Der schwedische König als Richter im Ostseeraum. Das königliche Hofgericht und das königliche Tribunal in Wismar; in: Scheurmann, Frieden durch Recht, S. 435–444. – Scheurmann, Frieden durch Recht, S. 419–423. – Kjell Ake Modéer: Oberste Gerichtsbarkeit und zentrale Gewalt im Schweden der frühen Neuzeit; in: Bernhard Diestelkamp (Hg.): Oberste Gerichtsbarkeit und Zentrale Gewalt im Europa der Frühen Neuzeit; [= Quellen und Forschungen zur höchsten Gerichtsbarkeit im Alten Reich, 29]; Köln/ Weimar/ Wien 1996, S.191–214.

Niederlande (Grote Raad von Mechelen/ Hoge Raad in Den Haag u.a.): Alain Wijffels: Der Große Rat von Mechelen; in: Scheurmann, Frieden durch Recht, S. 374–382. – Scheurmann, Frieden durch Recht, S. 404–411. – Hugo de Schepper (Hg.): Höchste Gerichtsbarkeit im Spätmittelalter und der Frühen Neuzeit. Internationales rechtshistorisches Symposium, Amsterdam 1. bis 3. Juni 1984; Amsterdam 1985, S. 5–18, S. 81–88, S. 105–124, S. 125–134, S. 149–152, S. 153–174. – Consilium Magnum; Bruxelles 1977, S. 5–10, S. 11–24, S. 67–80. – Hugo de Schepper: Iudicia in consilio principis (1504–1702). Der Niederländische Geheime Rat als Hof für hohe Gerichtsbarkeit; in: Bernhard Diestelkamp (Hg.): Oberste Gerichtsbarkeit und Zentrale Gewalt im Europa der Frühen Neuzeit; [= Quellen und Forschungen zur höchsten Gerichtsbarkeit im Alten Reich, 29]; Köln/ Weimar/ Wien 1996, S. 165–190. – Alain Wijffels: The Great Council of Malines; in: Bernhard Diestelkamp (Hg.): Oberste Gerichtsbarkeit und Zentrale Gewalt im Europa der Frühen Neuzeit; [= Quellen und Forschungen zur höchsten Gerichtsbarkeit im Alten Reich, 29]; Köln/ Weimar/ Wien 1996, S. 113–126. – Christel Verhas: Le Hoge Raad (1582–1795); in: Bernhard Diestelkamp (Hg.): Oberste Gerichtsbarkeit und Zentrale Gewalt im Europa der Frühen Neuzeit; [= Quellen und Forschungen zur höchsten Gerichtsbarkeit im Alten Reich, 29]; Köln/ Weimar/ Wien 1996, S. 127–152. – Jakobus Thomas de Smidt: Der „Hof von Holland“ (1428–1811); in: Bernhard Diestelkamp (Hg.): Oberste Gerichtsbarkeit und Zentrale Gewalt im Europa der Frühen Neuzeit; [= Quellen

Einen neuen Weg der Betrachtung hat Mitte der achtziger Jahre Filippo Ranieri beschritten, der in seinem quantifizierenden Beitrag über die Rezeption des römischen Rechts im Heiligen Römischen Reich Deutscher Nation im 16. Jahrhundert mit Hilfe einer Stichprobe von 2.500 Akten aus allen Archiven (im wesentlichen die ehemalige Koser–Bestandssignatur A, d.h. alle Akten des Reichskammergerichts, deren Beklagte den Anfangsbuchstaben A hatten) seine Aussagen belegte.[76]

Ranieri diagnostiziert für die territoriale Inanspruchnahme des römischen Rechts am Reichskammergericht ein Süd–Nord–Gefälle über eine westliche Tangente (niederrheinischer Kreis). Er bezeichnet dies als „Eindringen der Reichsjustiz" in die nördlichen Kreise[77] mit einer säkularen Tendenz und erklärt die verstärkte Inanspruchnahme seit der Mitte des 16. Jahrhunderts damit, daß dem Reichskammergericht wegen seiner paritätischen Besetzung in stärkerem Maß Vertrauen entgegengebracht wurde als dem 'katholisch' geprägten Reichshofrat.[78] Nutzten zunächst vor allem städtische Prozeßparteien die neugeschaffene Reichsinstitution, so wurde diese Tendenz im 16. Jahrhundert durch eine verstärkte Inanspruchnahme durch ländliche Reichsbewohner abgelöst. Zum Ende des 16. Jahrhunderts meint Ranieri, einen Wandel „von

---

und Forschungen zur höchsten Gerichtsbarkeit im Alten Reich, 29]; Köln/ Weimar/ Wien 1996, S. 153–164. – Hugo de Schepper: Ein Überblick über die gerichtliche Kontrolle über Verwaltungshandlungen in den Niederlanden im 16. Jahrhundert; in: Wolfgang Sellert (Hg.): Rechtsbehelfe, Beweis und Stellung des Richters im Spätmittelalter; [= Quellen und Forschungen zur höchsten Gerichtsbarkeit im Alten Reich, 16]; Köln/ Wien 1985, S. 55–71. – Alain Wijffels: Höchste Gerichtsbarkeit als Instrument der Friedenserhaltung in interterritorialen Konflikten: Der Große Rat von Mechelen in den burgundisch–habsburgischen Niederlanden; in: Bernhard Diestelkamp und Ingrid Scheurmann (Hgg.): Friedenssicherung und Rechtsgewährung. Sechs Beiträge zur Geschichte des Reichskammergerichts und der obersten Gerichtsbarkeit im alten Europa; Bonn/ Wetzlar 1997, S. 83–102.

Frankreich (Parlement de Paris): Serge Dauchy: Das Parlement de Paris. Höchster Gerichtshof in Frankreich; in: Scheurmann, Frieden durch Recht, S. 365–373. Scheurmann, Frieden durch Recht, S. 397–403. – Serge Dauchy: Cours souveraines et genèse de l'Etat; in: Bernhard Diestelkamp (Hg.): Oberste Gerichtsbarkeit und Zentrale Gewalt im Europa der Frühen Neuzeit; [= Quellen und Forschungen zur höchsten Gerichtsbarkeit im Alten Reich, 29]; Köln/ Weimar/ Wien 1996, S. 45–72. – Serge Dauchy: The cost of plaiding in the Parlement of Paris in the Fifteenth Century; in: Friedrich Battenberg und Filippo Ranieri (Hgg.): Geschichte der Zentraljustiz in Mitteleuropa. Festschrift für Bernhard Diestelkamp zum 65. Geburtstag; Köln/ Wien/ Weimar 1994, S. 181–193.

[76] Ranieri, Rezeption, 1, S. 56ff. – Allgemein zur Methodenproblematik: Consilium Magnum, Bruxelles 1977, S. 81–477: Deuxième partie. Méthodes et Problèmes: Les Archives des conseils supérieurs de justice en Europe – Methoden en Problemen: de archiven van de hogste Rechtscolleges in Europa.

[77] Ranieri, Rezeption, 1, S. 175ff.

[78] Ranieri, Rezeption, 1, S. 181f.

einer Berufungs– und Kontrollinstanz der territorialen Gerichte zu einer Gerichtsinstanz für die Reichsstände und für den reichsunmittelbaren Adel“[79] erkennen zu können und bezeichnet das Reichskammergericht als „Steuerungsinstrument“, um dem „Konfliktpotential“ in den „erstarkenden Territorialisierungsvorgängen“ zu begegnen,[80] obwohl es die Idee des Jahres 1495 gewesen war, die Schlichtung von Konflikten zwischen Reichsständen als die Primäraufgabe zu verstehen.[81]

1.3.3 Das Herzogtum Sachsen–Lauenburg als Territorium im Reich

Das Desiderat einer umfassenden „Landesgeschichte“ für das Herzogtum Sachsen–Lauenburg wurde in den vergangenen Jahren häufiger hervorgehoben.[82]
Umfängliche landesgeschichtliche Gesamtdarstellungen sind lediglich aus dem 19. Jahrhundert vorhanden, auf die, in Ermangelung neuerer übergreifender Untersuchungen, zurückgegriffen werden muß,[83] obwohl diese Werke wegen der zum Teil fehlenden Ausweisungen nur bedingt nutzbar sind. Dennoch bieten diese Veröffentlichungen aufgrund zahlreicher Urkunden– und Dokumentenabschriften ein nützliches Hilfsmittel.[84]

---

[79] Ranieri, Rezeption, 1, S. 204f.

[80] Ranieri, Rezeption, 1, S. 207.

[81] Diestelkamp, Rechtsleben, S. 13f. – Ebeling, Appellieren, S. 93.

[82] Zuletzt hat Eckardt Opitz während des 4. Symposiums für Junge Wissenschaft in Mölln im Oktober 1997 darauf hingewiesen, daß ab 1999 ein neues Forschungsprojekt (Handbuch und Quellenedition) an der Lauenburgischen Akademie begonnen werden soll.

[83] Peter Ludwig Christian von Kobbe: Geschichte und Landesbeschreibung des Herzogthums Lauenburg; 3 Teile; 1. Teil Altona 1836, Neudruck Hannover 1979; 2. Teil Altona 1836, Neudruck Hannover 1980; 3. Teil Altona 1837, Neudruck Hannover 1984 (künftig zitiert: Kobbe, 1, 2, 3). – Adolph Eduard Eberhard Ludwig von Duve: Mitteilungen zur näheren Kunde des Wichtigsten der Staatsgeschichte und Zustände der Bewohner des Herzogtums Lauenburg von der Vorzeit bis zum Ende des Jahres 1851; Ratzeburg 1857 (künftig zitiert: Duve, Mitteilungen). Das Buch Duves ist ohne Inhaltsverzeichnis erschienen. – S. dazu ergänzend: Martin Fischer–Hübner: Adolf von Duve, der lauenburgische Geschichtsschreiber; in: Lbg.H., N.F. 18; 1957, S. 24–26. – Urban Friedrich Christoph Manecke: Topographisch–historische Beschreibung der Städte, Ämter und adeligen Gerichte des Herzogtums Lauenburg, des Fürstentums Ratzeburg und des Landes Hadeln; [= Beiträge zur Geschichte, Landes– und Volkskunde von Niedersachsen und Bremen. Serie A: Nachdrucke, 45]; hrsg. u. erg. v. Walter Dührsen; Neudruck der Ausgabe Mölln 1884; Hannover 1975 (künftig zitiert: Manecke, Beschreibung). – Gottlieb Matthias Carl Masch: Geschichte des Bisthums Ratzeburg; Lübeck 1835 (künftig zitiert: Masch, Ratzeburg).

[84] Im Verlauf der Bearbeitung konnten zahlreiche Urkundenabschriften, die bisher nur von Duve und Kobbe mitgeteilt worden waren, in den Akten des Reichskammergerichts wiedergefunden werden. Insgesamt muß festgestellt werden, daß sich Kobbes Werk durch eine größere Detailtreue und –genauigkeit hervorgetan hat als Duves Mitteilungen.

Zahlreiche Einzelstudien, die nach 1945 entstanden sind, beschäftigen sich mit allgemein landesgeschichtlichen Themen, andere beleuchten sozial– oder wirtschaftsgeschichtliche Problemstellungen, wieder andere befassen sich mit Strukturanalysen, um sowohl die landständischen Beziehungsgeflechte als auch die Anfänge von Verwaltung im Herzogtum Sachsen–Lauenburg zu erklären oder sich 'außenpolitischen' Problemstellungen anzunähern.
Als sozialgeschichtliche Grundlage gelten noch immer Wolfgang Pranges Untersuchungen zur mittelalterlichen lauenburgischen Siedlungsgeschichte,[85] die durch die Arbeit von Peter Stoldt über die lauenburgischen Amtsbauern[86] ergänzt wurden, und ihre Vertiefung in neueren Untersuchungen fanden.[87]
Abgerundet und ergänzt wurden die Ergebnisse durch Beiträge, welche die besondere Situation der Städte Lauenburg, Ratzeburg und Mölln untersucht haben.[88]

Forschungen über die Macht– und Herrschaftsverhältnisse innerhalb des Territoriums sowie die sich etablierende Behördenorganisation im Herrscherzeitraum der askanischen Herzöge von Sachsen–Lauenburg liegen von Armgard von Reden und Jörg Meyn vor.[89] Meyn hat herausgearbeitet, daß bis zur Mitte des 16. Jahrhunderts kaum institutionelle Elemente in Lauenburg nachweisbar sind und sich die Landesherrschaft der Askanier erst langsam

---

[85] Wolfgang Prange: Siedlungsgeschichte des Landes Lauenburg im Mittelalter; [= Quellen und Forschungen zur Geschichte Schleswig–Holsteins, 41]; Neumünster 1960 (künftig zitiert: Prange, Siedlungsgeschichte).

[86] Peter Stoldt: Die Amtsbauern des Herzogtums Sachsen–Lauenburg bis 1689. Ein Beitrag zur Rechts– und Sozialgeschichte; Diss. phil. (masch.); Hamburg 1963 (künftig zitiert: Stoldt, Amtsbauern). Auch erschienen unter dem Titel: Bauer und Herzog. Die Amtsbauern des Herzogtums Sachsen–Lauenburg bis 1689. Ein Beitrag zur Rechts– und Sozialgeschichte; [= Schriftenreihe des Heimatbund und Geschichtsvereins Herzogtum Lauenburg, 12]; Ratzeburg 1966.

[87] Hans–Georg Kaack: Bauer, Bürger, Edelmann. Das Herzogtum Lauenburg von der deutschen Besiedlung bis zur Aufhebung der Ständeherrschaft; Ratzeburg 1985 (künftig zitiert: Kaack, Bauer). – Wolfgang Prange: Bauer und Herrschaft in Lauenburg; in: Kurt Jürgensen (Hg.): Ländliche Siedlungs– und Verfassungsgeschichte des Kreises Herzogtum Lauenburg; [= Lauenburgische Akademie für Wissenschaft und Kultur. Kolloquium 3]; Neumünster 1990, S. 45–58 (künftig zitiert: Prange, Bauer und Herrschaft).

[88] Nis Rudolf Nissen: Die lauenburgischen Städte Ratzeburg, Mölln und Lauenburg im ausgehenden Mittelalter. Entstehung, Siedlung, wirtschaftlicher und sozialer Aufbau; Diss. phil. (masch.); Hamburg 1952. – Ders.: Ratzeburg, Mölln, Lauenburg. Werke ihrer Bürger; in: Lbg.H., N.F. 5; 1954 (künftig zitiert: Nissen, Ratzeburg), S. 1–43. – Ders.: Mölln – Festung an der Salzstraße; [= Lbg.H., Sonderheft, 11]; Ratzeburg 1961. – Hans–Georg Kaack: Ratzeburg. Geschichte einer Inselstadt. Regierungssitz – geistliches Zentrum – bürgerliches Gemeinwesen; Neumünster 1987 (künftig zitiert: Kaack, Ratzeburg).

[89] S. Anm. 24. S. ergänzend zu den Begriffen „Ascanien und Engern“: Caspar Abel: Sächsische Alterthümer; Braunschweig 1730, S. 539, S. 549.

etablieren konnte.[90] Von Reden konnte den Nachweis erbringen, daß vor allem landständische Bemühungen (nach 1543) um die Errichtung behördlicher Institutionen das Territorium nach innen stabilisierten und so auch die Landesherrschaft festigten.[91] Dieses interne, sich wechselseitig bedingende Kräftespiel[92] bot anschließend Raum für weitreichende Konsolidierungsmaßnahmen, die in Lauenburg – mit dem Blick auf andere Territorien – erst im ausgehenden 16. Jahrhundert beobachtet werden können; sie markieren den Übergang von einer personalen zu einer institutionellen Herrschaftsgewalt, die Beteiligungsrechte der Stände einbezog, sich aber dennoch als monarchisch geprägt darstellte.[93]

Das Herzogtum Sachsen–Lauenburg stand durch seine geographische Mittellage in Konkurrenz zu seinen größeren und einflußreicheren Territorialnachbarn, allen voran Hamburg und Lübeck, deren wirtschaftlich bedingtes politisches Handeln in territorialrechtlichen Fragen im Spätmittelalter und in der Frühen Neuzeit für Konflikte mit Sachsen–Lauenburg sorgte. Das besondere Spannungsverhältnis zwischen Lübeck und dem Herzogtum auf dem Feld der Territorialpolitik hat Ehrhardt Schulze umfänglich untersucht;[94] zur Territorial– und Grenzentwicklung zwischen Mecklenburg und Lauenburg liegen mittlerweile neue Forschungsergebnisse vor.[95] Eingehende Untersuchungen über die Entwicklung der Kirche im Herzogtum Lauenburg[96] runden das Gesamtbild des Herzogtums Sachsen–Lauenburg ebenso ab wie

---

[90] Meyn, Gebietsherzogtum, S. 179.

[91] Reden, Landständische Verfassung, S. 31.

[92] Reden, Landständische Verfassung, S. 255.

[93] Reden, Landständische Verfassung, S. 255f.

[94] Ehrhardt Schulze: Das Herzogtum Sachsen–Lauenburg und die lübische Territorialpolitik; [= Quellen und Forschungen zur Geschichte Schleswig–Holsteins, 33]; Neumünster 1957 (künftig zitiert: Schulze, Territorialpolitik).

[95] Wolfgang Prange: Die Entwicklung der Grenzen zwischen Lauenburg und Mecklenburg vom 12. bis ins 19. Jahrhundert; in: Kurt Jürgensen (Hg.): Die Grenz– und Territorialentwicklung im Raume Lauenburg – Mecklenburg – Lübeck; [= Lauenburgische Akademie für Wissenschaft und Kultur, Kolloquium 4]; Neumünster 1992 (künftig zitiert: Prange, Entwicklung der Grenzen), S. 15–26. – Ernst Münch: Zur Position ritterschaftlicher Familien im mecklenburgisch – lauenburgischen Grenzgebiet in Mittelalter und früher Neuzeit; in: Kurt Jürgensen (Hg.): Die Grenz– und Territorialentwicklung im Raume Lauenburg – Mecklenburg – Lübeck; [= Lauenburgische Akademie für Wissenschaft und Kultur, Kolloquium 4]; Neumünster 1992 (künftig zitiert: Münch, Position), S. 27–39. – Hans–Georg Kaack: Die Grenze auf der Ratzeburger Insel; in: Kurt Jürgensen (Hg.): Die Grenz– und Territorialentwicklung im Raume Lauenburg – Mecklenburg – Lübeck; [= Lauenburgische Akademie für Wissenschaft und Kultur, Kolloquium 4]; Neumünster 1992 (künftig zitiert: Kaack, Ratzeburger Insel), S. 51–64.

[96] Kurt Jürgensen (Hg.): Die Kirche im Herzogtum Lauenburg. Beiträge zu ihrer Geschichte und Gegenwart; [= Lauenburgische Akademie für Wissenschaft und Kultur, Kolloquium 5]; Neumünster 1994.

neue Untersuchungsergebnisse zu Fragen des lauenburgischen Schul–[97] und Gerichtswesens[98] sowie des Gewerbes, Handels und Verkehrs[99].
Zahlreiche heimatkundliche Abhandlungen ergänzen die wissenschaftliche Literatur zur frühneuzeitlichen Entwicklung des Herzogtums Sachsen–Lauenburg.[100]

Aus der Gesamtheit der Einzeluntersuchungen ergibt sich mehr und mehr ein sich verdichtendes Bild des Territoriums Sachsen–Lauenburg,[101] der Landschaft, der Behörden und Institutionen sowie der Verhältnisse zu Nachbarterritorien.
Die auf Initiative der Landesregierung Schleswig–Holsteins eingerichtete Forschungsstelle zur Erstellung eines Regionalatlasses für den Kreis Herzogtum Lauenburg schließt ihre Arbeiten in diesem Jahr ab. Der Regionalatlas gibt einen umfänglichen Eindruck von der geographischen und räumlich–politischen Entwicklung von Sachsen–Lauenburg.[102]
Das Herzogtum Sachsen–Lauenburg hatte im 16. Jahrhundert eine andere räumliche Dimension als das heutige Kreisgebiet nördlich der Elbe. Die unterschiedlichen Besitzungen der askanischen Herzöge von Sachsen, Engern und Westfalen im Norden des Reichs sind mit Ausnahme des Landes Hadeln noch wenig erforscht.[103] Die lauenburgischen Besitzungen, die im Verlauf und im Anschluß an den Dreißigjährigen Krieg (damit außerhalb des dieser Untersuchung zugrundeliegenden Zeitraums) in Böhmen – Schlackenwerth und Teusing – erworben worden sind, wurden durch Hans–Georg Kaack umfänglich

---

[97] Kurt Jürgensen (Hg.): Geschichtliche Beiträge zu Schule und Lehrerbildung im Herzogtum Lauenburg; [= Lauenburgische Akademie für Wissenschaft und Kultur, Kolloquium 7]; Mölln 1996.

[98] Kurt Jürgensen (Hg.): Geschichtliche Beiträge zur Rechtspflege im Herzogtum Lauenburg und in umliegenden Territorien; [= Lauenburgische Akademie für Wissenschaft und Kultur, Kolloquium 8]; Mölln 1996.

[99] Kurt Jürgensen (Hg.): Geschichtliche Beiträge zu Gewerbe, Handel und Verkehr im Herzogtum Lauenburg und in umliegenden Territorien; [= Lauenburgische Akademie für Wissenschaft und Kultur, Kolloquium 9]; Mölln 1997.

[100] Soweit diese Abhandlungen auf quellengestützten Forschungen beruhen, sind sie berücksichtigt worden.

[101] Hans–Georg Kaack: Das Herzogtum Lauenburg als Territorium; in: Kurt Jürgensen (Hg.): Ländliche Siedlungs– und Verfassungsgeschichte des Kreises Herzogtum Lauenburg; [= Lauenburgische Akademie für Wissenschaft und Kultur. Kolloquium 3]; Neumünster 1990 (künftig zitiert: Kaack, Territorium), S. 13–44.

[102] Regionalatlas Kreis Herzogtum Lauenburg; hrsg. v. Dieter Jaschke im Auftrag der Lauenburgischen Akademie für Wissenschaft und Kultur; Mölln 1989–1998 (künftig zitiert: Regionalatlas).

[103] Einer Aufarbeitung dieser Desiderate hat sich eine im Jahr 1997 gegründete Arbeitsgemeinschaft verschrieben. S. zusammenfassend: >http://www.unibw–hamburg.de/PWEB/hisneu/arge.html<.

erforscht;[104] seine Ergebnisse bedürfen nunmehr – ebenso wie die Geschichte der Besitzungen in Reichsstadt – der Einordnung in die Gesamtgeschichte des Herzogtums, insbesondere um die Unterschiede zu anderen vom Stammterritorium getrennten Gebieten herauszuarbeiten.

1.4 Archivbericht

Das Archiv des Reichskammergerichts – nach zahlreichen Standortwechseln seit 1527 mit ständigem Sitz in Speyer, seit 1693 in Wetzlar[105] – wurde gemäß Beschluß der Deutschen Bundesversammlung im Jahre 1845 auf die einzelnen deutschen Bundesstaaten verteilt. Für die Zuweisung an die einzelnen Archive war der Herkunftsort der Beklagten entscheidend.[106] Somit wurde der für diese Untersuchung relevante Aktenbestand auseinandergerissen.[107]

1.4.1 Landesarchiv Schleswig–Holstein, Schleswig (LAS)

Die das Herzogtum Sachsen–Lauenburg betreffenden Reichskammergerichts–akten wurden 1847 und 1852 von den Archiven in Wetzlar und der Außenstelle in Aschaffenburg an das Oberappellationsgericht in Kiel übergeben und 1868 an das Archivbureau der Preußischen Regierung in Schleswig abgeliefert. In diesem Staatsarchiv für die Provinz Schleswig–Holstein, dem Vorläufer des

[104] Hans–Georg Kaack: Sachsen–Lauenburg, Böhmen und Baden. Katalog der Sonderausstellung anläßlich der 300. Wiederkehr des Geburtstages von Sibylla Augusta, Markgräfin von Baden–Baden, geb. Prinzessin von Sachsen–Lauenburg; [= Schriftenreihe des Heimatbundes und Geschichtsvereins Herzogtum Lauenburg, 18]; Lübeck 1975 (künftig zitiert: Kaack, Katalog). – Hans–Georg Kaack: Sachsen–Lauenburg und Böhmen. Die Welfen und das Herzogtum Lauenburg; Ratzeburg 1989 (künftig zitiert: Kaack, Böhmen).

[105] Hausmann, Fern vom Kaiser, S. 35. – Vgl. Ebeling, Appellieren, S. 93.

[106] Vgl. im folgenden die umfänglichen Anmerkungen Ranieris zu den von ihm für seine Habilitationsschrift herangezogenen Aktenbeständen: Ranieri, Rezeption, 1, S. 1ff. – Vgl. zum „Untrennbaren Bestand“: Findbücher zu Beständen des Bundesarchivs, 46: Reichskammergericht. Bestand AR 1. Prozeßakten; [= Inventar der Akten des Reichskammergerichts, 18]; bearb. v. Ursula Hüllbusch und Hans Schenk; Koblenz 1994, insbes. die Vorbemerkung, S. v–xv und die Literaturauswahl, S. xvi–xviii. – Vgl. Ranieri, Rezeption, 1, S. 1 (Angaben betreffen ältere Findmittel). – S. allgemein: Sönke Lorenz: Das Reichskammergericht. Ein Überblick für den angehenden Benutzer von Reichskammergerichtsakten über Geschichte, Rechtsgang und Archiv des Reichsgerichts mit besonderer Berücksichtigung des südwestdeutschen Raumes; in: Zeitschrift für württembergische Landesgeschichte, 43; 1984, S. 175–203. – Martin Ewald: Inventarisierung von norddeutschen Beständen des Reichskammergerichts; in: Der Archivar, 33; 1980, Sp. 481–482.

[107] Ergänzend scheint es geboten, Fundorte von Aktenmaterial, welches den eigenen Untersuchungsrahmen überschritten hat, anzuführen, um andersgelagerte Forschungsvorhaben, die das Herzogtum Sachsen–Lauenburg betreffen, zu erleichtern.

heutigen Landesarchivs Schleswig–Holstein, wurden die Akten bis 1923 unter der Signatur „A I“ geführt, anschließend in der „Abt. 390“ zusammengefaßt. Ein geringer Aktenbestand von ungefähr 60 Akten wurde bereits 1828 an die Deutsche Kanzlei in Kopenhagen, die Rentekammer in Kopenhagen und die Lauenburgische Regierung in Ratzeburg ausgeliefert.[108] Die vom Geheimarchiv in Kopenhagen 1878 zurückgeführten Aktenbestände wurden – vermischt mit Kanzleiakten – der „Abt. 390“ zugeordnet oder der „Abt. 210. Lauenburgische Regierung zu Ratzeburg“ beigefügt. Ein Teil der „Sprengstücke“ verblieb in Kopenhagen, die heute im **Rigsarkivet København** (RAK) zugänglich sind.[109] Diese wenigen Aktenbestände werden durch die in Kopenhagen lagernden Briefwechsel des lauenburgischen Herzogshauses und des dänischen Königshauses umfänglich ergänzt.[110]

Im Landesarchiv Schleswig befinden sich – aufgrund der Initiative von 1868 – zugleich die Reichskammergerichtsakten des Herzogtums Holstein und zum Teil die der Stadt Lübeck, beides unmittelbare Territorialnachbarn Lauenburgs. Die Abteilungen 390 und 210 des Landesarchivs Schleswig–Holstein sind in Findbüchern erfaßt.[111] Ein Reichskammergerichtsprozeß, der eigentlich heute in das Landesarchiv Schleswig gehört, liegt im **Bundesarchiv, Außenstelle Frankfurt**.[112]

---

[108] LAS, Inventarbuch Nr. 50: Schreiben des Reichsarchivs, Abt. Frankfurt am Main, Nr. II/ 652/ 36 vom 27.11.1936, fol. 1: Hinweis auf die Übersendung der Aktenbestände in den Jahren 1828 und 1844 von Wetzlar nach Kopenhagen und Ratzeburg; fol. 2: Schreiben Nr. II/ 29/ 37. Die Übergabe der Akten nach Ratzeburg und Kopenhagen erfolgte am 13. Oktober 1828.

[109] Eine detaillierte Beschreibung der Prozesse nach DFG–Richtlinien ist in den dortigen Findmitteln nicht gegeben. Vgl. Tyske Kancelli II; bearb. v. Arthur G. Hasso u. Erik Kromann; hrsg. v. Rigsarkivet; Kopenhagen 1962. Die in Kopenhagen befindlichen Reichskammergerichtsprozesse sind ausführlich beschrieben in: Inventar der Akten des Reichskammergerichts, 10: Landesarchiv in Schleswig; Findbuch der Reichskammergerichtsakten (Abt. 390 u.a.); [= Veröffentlichungen des Schleswig–Holsteinischen Landesarchivs, 16]; bearb. v. Hans–Konrad Stein–Stegemann; 2 Bände; Schleswig 1986, Teil 1, S. 436–450. – Vgl. Ranieri, Rezeption, 1, S. 14.

[110] Vgl. neben Tyske Kancelli II (Anm. 109) auch Tyske Kancelli I; bearb. v. Johann Skovgaard; hrsg. v. Rigsarkivet; Kopenhagen 1946.

[111] Wie Anm. 109. Findbuch des Bestandes Abt. 210. Lauenburgische Regierung zu Ratzeburg; [= Veröffentlichungen des Schleswig–Holsteinischen Landesarchivs, 13]; bearb. v. Wolfgang Prange und Konrad Wenn; Schleswig 1985. – Vgl. Ranieri, Rezeption, 1, S. 1f: Irrig hinsichtlich der Abgabe der Aktenbestände in den Jahren 1847–1857. Die Akten wurden nicht an das Oberlandesgericht Kiel (S. 1), sondern an das Oberappellationsgericht Kiel gegeben.

[112] Bundesarchiv, Außenstelle Frankfurt, AR 1 – A/ 485 (Koser–Signatur: B 3745). Die Prozeßakte weist als Beklagten lediglich „Magnus von Lauenburg“ aus, so daß davon ausgegangen werden kann, daß diese Akte während des Ablieferungsverfahrens im 19. Jahrhundert übersehen worden ist.

1.4.2 Weitere Archive

Das **Niedersächsische Hauptstaatsarchiv in Hannover** (NdsHStA) bietet für die in dieser Arbeit betrachtete Problematik nur geringe Prozeßaktenbestände in den Abteilungen Reichskammergericht, Hannover 27, Lüneburg 27 und Hildesheim 27. Die Bestände sind über nicht den Richtlinien der Deutschen Forschungsgemeinschaft (DFG) entsprechende, ungedruckte Findmittel zu erschließen: Fehlen einerseits Prokuratorenverweise, Hinweise auf Nebenbeklagte und genaue Zeitangaben, so bieten die Findmittel andererseits umfängliche Hinweise zu den in den Prozeßakten enthaltenen Einzelschriftstücken sowie detaillierte Prozeßbeschreibungen. Diese Verdienste des verstorbenen Bearbeiters Wiescorek sind beträchtlich; hinsichtlich der Nutzbarkeit und Zugänglichkeit ist die Verzeichnung nach DFG–Richtlinien des umfänglichen, in Hannover lagernden Reichskammergerichtsprozeßakten–bestandes dringend geboten.

Die das Herzogtum Sachsen–Lauenburg betreffenden Aktenbestände und diejenigen, die nach 1689 in das Welfen–Archiv gelangten, sind in den Abteilungen Celle, Br. 103 und Br. 104 zusammengefaßt und mittels Findbuch erschließbar.[113]

Das in Hannover lagernde Hildesheimer Bischofsarchiv verdient, obwohl es für die hier vorliegende Arbeit nicht von Nutzen war, wegen seiner Vollständigkeit besondere Erwähnung, da ansonsten die hannoverschen Bestände – während der Auslagerung im Zweiten Weltkrieg – durch Kriegseinwirkungen im Jahre 1943 stark in Mitleidenschaft gezogen worden sind.

Das **Niedersächsische Staatsarchiv in Stade** (NdsStA, Stade) enthält einen Teil von Reichskammergerichtsprozeßaktenbeständen, die, im Repertorium 27 zusammengefaßt, in einem Findbuch verzeichnet sind.[114]

---

[113] Eine besondere Schwierigkeit ergab sich aufgrund der in Hannover teilweise zerstörten Urkunden des Bestandes Celle Or. 12. Lediglich die überaus exakten Findbuchangaben haben es ermöglicht, ältere Literaturangaben zu überprüfen und so den älteren Forschungsstand insbesondere für das Land Hadeln zu stützen. Nachfolgende Angaben unter Hinweis auf diesen Bestand beziehen sich aus diesem Grunde auf Regesten im betreffenden Findbuch in Hannover, in Nebenschrift auch in Stade: NdsStA, Stade, Findbuch zur Urkundenabteilung, Abt. III, Stade Or, Gen. 2.

[114] Inventar der Akten des Reichskammergerichts, 4: Staatsarchiv in Stade; Findbuch zum Bestand 27. Reichskammergericht (1500–1648); [= Veröffentlichungen der Niedersächsischen Archivverwaltung. Inventare und kleinere Schriften des Staatsarchivs in Stade, 1]; bearb. v. Erich Weise, hrsg. v. Heinz–Joachim Schulze; Göttingen 1981. Die im Hauptstaatsarchiv Hannover vorgefundenen Vermerke über die Abgabe des Bestandes 27 und der betreffenden Nebenakten an das Staatsarchiv in Stade bieten ein nachvollziehbares Bild der Aktenbewegungen bei Einrichtung des Staatsarchivs in Stade. Nachteilig wirkt sich aus, daß das Stader Findmittel nicht mehr den Richtlinien der DFG entspricht und an verschiedenen Stellen die notwendige inhaltliche Sorgfalt vermissen läßt; dieses Manko ist

Auf verschiedene Schriftstücke innerhalb dieses Bestandes sowie weitere in Stade lagernde Archivalien muß im besonderen hingewiesen werden, um zukünftige Forschungen im Bereich der Landesgeschichte – vor allem hinsichtlich der Bedeutung des Landes Hadeln für das Herzogtum Sachsen–Lauenburg – zu erleichtern.
Der Bestand enthält unter anderem eine gedruckte Fassung der Hadelnschen Landgerichtsverordnung aus dem Jahre 1584, verfaßt von Erzbischof Heinrich von Bremen, Herzog von Sachsen, Engern und Westfalen.[115]
Zu einem Appellationsprozeß vor dem Reichskammergericht zwischen Einwohnern von Lüdingworth um die Nichtigkeit eines Eheversprechens wurde eine Erstausgabe der Niedersächsischen Kirchenordnung des Herzogs Franz von Sachsen–Lauenburg aus dem Jahr 1585 (gedruckt bei Balhorn in Lübeck) beigelegt, die ursprünglich Rupert Wistenborg, dem niedersächsischen Superintendenten und Pfarrer zu Lauenburg, gehörte.[116]

Ein besonderer Bestand verdient an dieser Stelle Erwähnung: Die Erskeinische Aktensammlung, das sogenannte Stader Reichsarchiv, welches über ein Findmittel zugänglich gemacht worden ist.[117] Der besondere Reiz dieser Aktensammlung liegt in ihrer willkürlichen Zusammenstellung, die Einblicke in die Politik führender Fürstenhäuser Ende des 16. Jahrhunderts dem Kaiser gegenüber ermöglicht.[118] Ferner sind diesem Bestand versprengte Aktenstücke, die das Reichskammergericht betreffen, beigeordnet.[119] Diese Aktenstücke sind ebenfalls der teilweise willkürlichen Sammler– und Konfiszierungsleidenschaft des Schweden Erskein „zum Opfer gefallen".[120]

---

den Verantwortlichen hinreichend bekannt und soll zu einem späteren Zeitpunkt durch eine Neuverzeichnung beseitigt werden. Vgl. Stader Angaben bei: Ranieri, Rezeption, 1, S. 3.

[115] NdsStA, Stade, Rep. 27, H 188.

[116] NdsStA, Stade, Rep. 27, M 2074 II. Obwohl diese Kirchenordnung bereits publiziert vorliegt, erscheint dem Verfasser ein Verweis auf das Vorhandensein dieses Buchs wichtig. S. Die evangelischen Kirchenordnungen des 16. Jahrhunderts; hrsg. v. Institut für evangelisches Kirchenrecht, VII, 1; Tübingen 1963.

[117] Findbuch zum Bestand 32. Erskeinische Aktensammlung (Stader Reichsarchiv) 1431–1655; [= Veröffentlichungen der Niedersächsischen Archivverwaltung. Inventare und kleinere Schriften des Staatsarchivs in Stade, 2]; bearb. v. Heinz–Joachim Schulze unter Mitarbeit von Marie–Luise Petzold; Göttingen 1982.

[118] NdsStA, Stade, Rep. 32 I, Nr. 176a.

[119] NdsStA, Stade, Rep. 32 I, Nr. 48 (Personalia des Reichskammergerichts); Nr. 49 (Verzeichnis der Matrikularbeiträge der Stände zur Unterhaltung des Reichskammergerichts); Nr. 50 (Revision der Reichskammergerichtsordnung von 1555 mit ausführlichem Diskussionsteil und einer Abschrift der RKGO auf fol. 27–44).

[120] Vgl. zur Entstehung dieses Bestandes die Einleitung im Findbuch zu Rep. 32 I (wie Anm. 117).

Das **Niedersächsische Staatsarchiv in Bückeburg** (NdsStA, Bbg) bot für die Bearbeitung des Themas Zugang zu dem Verhältnis der beiden Herrscherhäuser in dem in dieser Arbeit beobachteten Zeitraum sowie zu den in der frühneuzeitlichen lauenburgischen, wie auch schaumburgischen Landesgeschichtsschreibung bisher unbeachteten territorialen Besitzverhältnissen der askanischen Herzöge im Westfälischen. Die Reichskammergerichts–aktenbestände, welche in Bückeburg gelagert sind, sind durch ein Findmittel erfaßt.[121]

Das **Archiv der Hansestadt Lübeck** (AHL) umfaßt diejenigen Reichskammergerichtsprozeßaktenbestände, die die Stadt Lübeck als Beklagte betrafen. Diese Bestände sind durch Findmittel umfänglich erschlossen[122] und bieten mit ihren noch nicht bearbeiteten Prozeßkarten einen besonderen Reiz. Durch die Rückführung von Aktenbeständen, die nach dem Zweiten Weltkrieg nach Rußland verbracht worden waren, sind Lücken der Abteilung „Diplomata" geschlossen worden, die das Material für die Bearbeitung der hier behandelten Thematik abrunden. Auf die derzeit laufende Verzeichnung der Bestände des lübeckischen Senatsarchivs wird besonders hingewiesen, da hierdurch der Landesgeschichtsschreibung interessante neue Zugangsmöglichkeiten eröffnet werden können.

Die Bestände des **Staatsarchivs der Hansestadt Hamburg** (HStA) waren für die vorliegende Untersuchung von begrenztem Wert, da durch den Stadtbrand von 1842 sowie Kriegseinwirkungen des Jahres 1942 der für die Beziehungen Hamburgs zu Lauenburg wichtige Senatsaktenbestand sowie die Reichskammergerichtssachen städtischer Provenienz vollständig vernichtet worden, allerdings in Nebenschrift oder als Original in der Abteilung 210 des Landesarchivs oder im Archiv der Hansestadt Lübeck erhalten sind.[123] Die ca. 1300 Prozeßakten, die von Wetzlar nach Hamburg gelangten, sind durch Findmittel erschlossen.[124]

---

[121] Inventar der Akten des Reichskammergerichts, 9: Staatsarchiv in Bückeburg; Findbuch zu den Reichskammergerichtsakten 1551–1806; [= Veröffentlichungen der Niedersächsischen Archivverwaltung. Inventare und Kleine Schriften des Staatsarchivs in Bückeburg, 1]; bearb. v. Hans–Heinrich Ebeling; Rinteln 1985. Vgl. Ranieri, Rezeption, 1, S. 5.

[122] Inventar der Akten des Reichskammergerichts, 13: Archiv der Hansestadt Lübeck; [= Veröffentlichungen des Schleswig–Holsteinischen Landesarchivs, 18 und 19]; bearb. v. Hans–Konrad Stein–Stegemann; 2 Bände; Schleswig 1987. – Vgl. Ranieri, Rezeption, 1, S. 2.

[123] Vgl. Ranieri, Rezeption, 1, S. 2.

[124] Inventar der Akten des Reichskammergerichts, 21: Staatsarchiv Hamburg; [= Veröffentlichungen aus dem Staatsarchiv der Freien und Hansestadt Hamburg, 13 I–IV]; bearb. v. Hans–Konrad Stein–Stegemann; 4 Bände; Hamburg 1993–1995. S. die neuerschienene Bestandsübersicht über die Hamburger Bestände: Kommentierte Übersicht

Das **Sächsische Hauptstaatsarchiv in Dresden** (SächsHStA) weist in seinem Gesamtbestand von Reichskammergerichtsakten, der derzeit zur Findbucherstellung nach DFG–Richtlinien erschlossen wird, keine prozessualen Beteiligungen der Herzöge von Sachsen–Lauenburg auf. Dennoch sind zahlreiche Aktenkonvolute für die Aufarbeitung der außenpolitischen Verbindungen des Hauses Sachsen–Lauenburg zum kurfürstlichen Haus Sachsen ebenso erhalten wie Berichte über Vermittler– und kaiserliche Kommissartätigkeiten der Kurfürsten von Sachsen in Rechtsauseinandersetzungen der Herzöge von Sachsen–Lauenburg vor dem Reichskammergericht. In besonderem Maß sind für die hier vorliegende Untersuchung Aktenstücke über dynastische Verbindungen von Interesse, die sich auf das angespannte Verhältnis der Witwe Herzogs Franz I. zu ihrem Sohn Franz II. im Zuge der innerfamiliären Streitigkeiten nach 1585 beziehen und so ein detailliertes Bild der Ansprüche und der Persönlichkeit sowohl der Herzogswitwe wie auch ihres Sohnes Moritz vermitteln.[125]
Hinsichtlich der Auseinandersetzungen um die Kurwürde im 14. Jahrhundert und der erfolglosen Versuche des Hauses Sachsen, nach 1689 seine Machtansprüche in den nordelbischen Raum auszudehnen, sind zahllose Aktenkonvolute vorhanden, die bisher noch nicht ausgewertet worden sind.

Das **Landeshauptarchiv von Mecklenburg–Vorpommern** in Schwerin (LHA, MVP) verwaltet die von Wetzlar und Aschaffenburg ausgelieferten Aktenbestände des Reichskammergerichts, in denen die Herzöge von Mecklenburg als Beklagte beteiligt waren. Die Prozeßakten verzeichnet derzeit Hans–Konrad Stein–Stegemann.
Die zahlreichen Aktenbestände der Abteilung Landesgrenzsachen[126] waren hinsichtlich ihres Aussagewerts für die fürstlichen Aktivitäten im vorprozessualen Raum notwendig und wichtig.

Das **Österreichische Haus–, Hof– und Staatsarchiv in Wien** (ÖsterrHHStA) verwaltet die Akten des Reichshofrats der Wiener und Prager Zeit.[127] Für die

---

über die Bestände des Staatsarchivs der Freien und Hansestadt Hamburg; [= Veröffentlichungen aus dem Staatsarchiv der Freien und Hansestadt Hamburg, 14]; hrsg. v. Paul Flamme, Peter Gabrielsson u. Klaus–Joachim Lorenzen–Schmidt; Hamburg 1995.

125 Vgl. [...] Baring: Die Lauenburgischen Akten im Hauptstaatsarchiv zu Dresden; in: Lbg.H., 6/ 4; 1930, S. 150–153.

126 Die Abteilung ist in (handschriftlichen) Findmitteln erfaßt. Vgl. insgesamt: Peter–Joachim Rakow: Das Mecklenburgische Landeshauptarchiv Schwerin und seine Quellen zu den mecklenburgisch–lauenburgischen Beziehungen; in: Kurt Jürgensen (Hg.): Die Grenz– und Territorialentwicklung im Raume Lauenburg – Mecklenburg – Lübeck; [= Lauenburgische Akademie für Wissenschaft und Kultur, Kolloquium 4]; Neumünster 1992, S. 145–153.

127 Leopold Auer: Das Archiv des Reichshofrats und seine Bedeutung für die historische Forschung; in: Bernhard Diestelkamp und Ingrid Scheurmann (Hgg.): Friedenssicherung

hier vorliegende Untersuchung boten sich interessante Schnittstellenbetrachtungen der Tatbestände an, die sowohl am Reichskammergericht als auch am Reichshofrat rechtsanhängig gemacht worden waren. Die Prozeßakten wurden lediglich hinsichtlich des Prozeßbeginns und des Prozeßgegenstands geprüft.[128]

1.5 Quellenlage

Die untersuchten Prozeßakten des Reichskammergerichts liegen in handschriftlicher Form in den erwähnten Archiven vor. Im ausgehenden 16. Jahrhundert wurden bereits zum Teil Formulare verwendet, die wiederkehrende prozeßformale Rechtsakte, wie die zu Prozeßbeginn notwendigen Bestallungen der Prozeßparteien für ihre Prokuratoren, standardisierten.
Fast jeder Prozeßakte ist eine Prozeßnebenakte zugeordnet, die chronologisch während des Prozeßverlaufs geführt wurde. Hierin wurden alle schriftlich eingereichten Papiere der Prokuratoren und zusätzliche mündliche Kurzkommentare aufgeführt. Außerdem wurden in diesen Prozeßnebenakten jährliche „nihil (actum)"–Bemerkungen eingefügt, sofern die Prozeßparteien während Jahresfrist keinerlei prozessuale Aktivitäten an den Tag gelegt hatten. Mit Hilfe der Prozeßnebenakten kann jeder Prozeß zumindest zeitlich detailliert rekonstruiert werden. Inhaltlich ist dies nicht immer möglich, da die Prozeßakten in der heute vorliegenden Form erst im Zusammenhang mit einer Urteilsvorbereitung oder nach einer außergerichtlichen Einigung quadrangeliert und zusammengestellt wurden. Im Rahmen dieser Zusammenstellungen wurden sowohl mehrfach vorhandene Abschriften wie auch Einzelschriftstücke, denen nach Ansicht des Assessors weniger Bedeutung zukam, vernichtet. Verständlich ist, daß die Akten von Gerichtsprozessen, die durch Urteile des Reichskammergerichts entschieden werden mußten, sorgfältiger und umfangreicher geführt wurden als diejenigen Prozeßakten, die lediglich zur Archivierung zusammengestellt wurden.

Trotz dieses offenkundigen Mankos liegen die Prozeßakten strukturiert vor und ermöglichen durch ihre Ordnungszahlen genaue Nachweise, die eine Wiederauffindbarkeit garantieren. Die in den Prozeßakten vorzufindenden

und Rechtsgewährung. Sechs Beiträge zur Geschichte des Reichskammergerichts und der obersten Gerichtsbarkeit im alten Europa; Bonn/ Wetzlar 1997 (künftig zitiert: Auer, Archiv), S. 117–142.

128 W[alter] E[ugenius] Dührsen: Sachsen–Lauenburgische Processe des Reichshofraths–Archives; in: Archiv des Vereins für die Geschichte des Herzogthums Lauenburg; N.F. 3/ 1; 1890, S. 74–80. Die Auflistung, welche Dührsen geliefert hat, bezieht sich ausschließlich auf das Herrscherhaus der Askanier in Sachsen–Lauenburg als klagende Partei – läßt also die Herzöge von Sachsen–Lauenburg als Beklagte unbeachtet. Zudem ist das Verzeichnis unvollständig.

lateinischen grammatischen Formen sind in dieser Arbeit im Original übernommen worden.[129]
Die Struktur der Prozeßakten folgt dem nach der Reichskammergerichtsordnung vorgeschriebenen Verfahren. Aufschlüsse über Versuche, Auseinandersetzungen, deren Tatbestand als Rechtsgrund nicht reichte, um ihn vom Reichskammergericht klären zu lassen, wurden nicht dokumentiert, da in solchen Fällen eine bereits produzierte Papierlage „cassiert" (= eingezogen) und vernichtet wurde. Gleiches geschah mit Prozeßpapieren aus Prozessen, in deren Verlauf einem Antrag auf 'Einstellung des Verfahrens' stattgegeben worden war.
Eine Möglichkeit, diese Lücken dennoch zu schließen, bieten die Kanzleiabschriften, die von den Prokuratoren an ihre Auftraggeber als Informationen über den Prozeßverlauf gesandt wurden. Diese Abschriften können in (landesherrlichen) Aktenbeständen der betroffenen Prozeßparteien (Korrespondenz mit dem Reichskammergericht) oder in Kopialbüchern wiedergefunden werden. Diese Bestände bieten auch Erkenntnismöglichkeiten hinsichtlich der Klageeingaben (= Supplikationsschreiben) an das Reichskammergericht, die in den Prozeßakten zumeist nicht mehr vorhanden sind. Diese Verluste sind allerdings zu verwinden, da die Supplikationsschreiben wortgetreu in die gerichtlichen Mandate gegen den Beklagten übernommen wurden.

Die Prozeßakten sind zum Teil durch Schriftstücke ergänzt worden, welche die prozeßbeteiligten Landesherren an die Kammerrichter sandten, um einen günstigeren Prozeßverlauf zu erwirken oder bereits von den Prokuratoren vorgebrachte Argumente zu verstärken. Diese „inoffiziellen, außergerichtlichen Schreiben" wurden den Prozeßakten beigeordnet.

Ergänzt werden die Prozeßaktenbestände des Reichskammergerichts durch Kommissionsakten, sogenannte Rotuli. Auf Antrag der beweispflichtigen Prozeßpartei war das Reichskammergericht zur näheren Sachverhaltsklärung befugt, eine Kommission einzusetzen, die „vor Ort" durch Zeugenbefragungen oder durch eine „Inaugenscheinnahme" die unklaren Rechtsverhältnisse klären, bestenfalls schlichten sollte. Die Rotuli dokumentieren minutiös die Vorgehensweise der Kommission, geben die bisherigen formalen Prozeßereignisse wieder und protokollieren die Zeugenbefragungen. Sofern es sich um territoriale Auseinandersetzungen handelte und eine „Inaugenscheinnahme des strittigen Gebiets" angeordnet worden war, wurden

[129] In der gesamten Untersuchung werden die in den Akten vorgefundenen, fehlerhaften lateinischen Formen ohne weitere Vermerke [(!) oder sic] zitiert, obwohl dem Verfasser bekannt ist, daß der Plural von 'mandatum' 'mandata' lautet und nicht 'mandati' und eine Kommissionsbenennung nicht 'nomina commissione', sondern 'nomina commissionis'.

die Rotuli durch Karten ergänzt, die später als Beweismittel dienten. Dem Wahrheitsgehalt dieser Prozeßkarten muß insoweit eine besondere Bedeutung hinsichtlich einer realen Abbildung der Wirklichkeit zugesprochen werden, als sie von allen beteiligten Prozeßparteien und den Kommissaren beglaubigt werden mußten, nachdem der unparteiische Maler (oder „Abreißer") einen Eid geleistet hatte.

Sofern es sich um einen Appellationsprozeß handelte, der vor dem Reichskammergericht verhandelt wurde, wurden die Prozeßaktenbestände durch die sogenannten „Acta priora" (=Prozeßakten der vorangegangenen Instanz) ergänzt. Die Originalakten befinden sich ebenfalls in den Archiven, die das landesherrliche Gerichtswesen dokumentieren.

Die Prozeßakten des Reichskammergerichts enthalten außerdem eine Fülle von Beweismitteln. Zollplaketten,[130] Skizzen oder Bücher lassen sich ebenso finden, wie eine Vielzahl von Urkundenabschriften, in Einzelfällen ganze Urkundenbücher. An den vielfältigen ereignisgeschichtlichen Informationen, die aus den Prozeßakten gewonnen werden können, partizipiert in besonderem Maß die landesgeschichtliche Forschung.

An der Echtheit der in den Prozeßakten überlieferten Schriftstücke besteht ebensowenig ein Zweifel wie an deren Parteilichkeit; dennoch muß berücksichtigt werden, daß es sich bei den den Prozeßakten beigeordneten Urkunden lediglich um Abschriften handelt. Sofern die Urkunden nicht mehr als Originale verfügbar (und die Abschriften damit überprüfbar) sind, sind Zweifel an der Echtheit der Urkundenabschriften erlaubt.

Neben den Prozeßaktenbeständen des Reichskammergerichts sind Kanzleiakten und überlieferte Briefwechsel zwischen den Herzögen von Sachsen–Lauenburg und ihren Rechtsbeiständen sowie Mitteilungen des Reichskammergerichts über noch anhängige Rechtsstreitigkeiten zu beachten, an denen sich die Vollständigkeit des dieser Arbeit zugrundeliegenden Archivmaterials überprüfen läßt.[131]

---

130 LAS, Abt. 390, Nr. 148, in qdr. 1/2.

131 Ranieri, Rezeption, 1, S. 74ff. Für den das Herzogtum Sachsen–Lauenburg als Kläger betreffenden Prozeßaktenbestand können Aktenverluste ausgeschlossen werden; Aktenverluste, welche die Herzöge von Sachsen–Lauenburg als Beklagte betreffen, sind hinsichtlich von Klageerhebungen des Kaiserlichen Fiskals wahrscheinlich, hinsichtlich von Klageerhebungen anderer Reichsstände ausgeschlossen. Die lauenburgischen Akten, welche die Korrespondenz mit Reichskammergerichtsprokuratoren beinhalten, führen chronologische Indizes. Vgl. LAS, Abt. 390, Nr. 568 („Designationes Actorum so das fürstliche Haus Niedersachsen beim CammerGericht gehabt"); LAS, Abt. 400.2, Nr. 40 („Kopialbuch Lauenburgs aus dem 17. Jahrhundert mit einem Register aller in Speyer

Um die Komplexität eines Reichskammergerichtsprozesses zu erfassen, hat der Verfasser den historischen Zusammenhang territorialer prozessualer Auseinandersetzungen innerhalb der beteiligten Territorien mit Hilfe von Kanzleiakten, Kopialbüchern und weiteren überlieferten Aktenbeständen (z.B. Landesgrenzsachen, Auswärtige Angelegenheiten, Briefwechsel) berücksichtigt. Auf diese Weise treten Ursachen, die zur Rechtsauseinandersetzung führten, ebenso hervor wie Bemühungen der Prozeßparteien, neben dem Reichskammergerichtsprozeß regionale Lösungswege zu suchen. Ein denkbarer Lösungsweg war in diesem Zusammenhang eine Supplikation an den Reichshofrat, um durch den Kaiser eine Entscheidung herbeiführen zu lassen.

Die Prozesse des Reichshofrats weisen im Vergleich zu denen des Reichskammergerichts ein gänzlich anderes Verfahrensmuster auf,[132] so daß ein prozeßformaler Vergleich zwischen den beiden Institutionen schwer möglich ist. Zum Teil können Prozeßverläufe wegen des Fehlens von Prozeßnebenakten nur erahnt werden: Die nach Kalendertagen geordneten Prozeßmitschriften in Kopialform erfordern mühsame Kleinarbeit, sofern Prozeßverläufe zur Gänze aufgezeigt werden sollen.

Des weiteren lassen die umfänglichen Aktenbestände, die sich – territorial geordnet – mit dem Thema „kaiserliche Kommissionen“ beschäftigen, interessante Aspekte erkennen, die vor allem den vorprozessualen Raum näher beleuchten und das Reichsengagement des Kaisers gegenüber seinen Territorialfürsten dokumentieren.[133] Letztlich ermöglichen in diesem Zusammenhang erst die Analysen von Gegenakten in den Territorien die Erstellung eines umfassenden Bildes.
Der Quellengattung der Chroniken und Diarien kommt im Kontext der Erforschung der Arbeitsweise und Zusammensetzung des Reichskammergerichts eine besondere Bedeutung zu, da in ihnen nicht mit den

---

geführten Prozesse“); LAS, Abt. 390, Nr. 567 („Speierisch Kammer Proceßs Buch de annis 1549–1658“); LAS, Abt. 210, Nr. 1026 („Ratzeburgische Prozesse“); LAS, Abt. 210, Nr. 597 („Möllner und Ritzerauer Prozesse“); LAS, Abt. 210, Nr. 360 und Nr. 363 („Acta zu schwebenden Prozessen“ [seit 1560 und 1570]); LAS, Abt. 7, Nr. 921 („Acta in schwebenden Sachen in Speyer des Herzogs von Holstein“).

132 Wolfgang Sellert: Prozeßgrundsätze und Stilus Curiae am Reichshofrat; Aalen 1973 (künftig zitiert: Sellert, Prozeßgrundsätze). Ferner wurden die Prozeßakten in Wien und Prag anders als die Reichskammergerichtsaktenbestände von vornherein archiviert. – S. Manfred Uhlhorn: Der Mandatsprozeß sine clausula des Reichshofrats; [= Quellen und Forschungen zur höchsten Gerichtsbarkeit im Alten Reich, 22]; Köln/ Wien 1990, insbes. S. 11.

133 Die Aktenbestände sind in handschriftlich gefertigten „Findbehelfen“ in Buch– und Karteiform nachgewiesen.

Prozessen befaßte Menschen zu Wort kommen, die dem Betrachter von heute erzählend einen Rahmen seines Untersuchungsgegenstandes bieten.[134]

[134] Bartholomai Sastrowen Herkommen, Geburt und Lauff seines gantzen Lebens, auch was sich in dem Denckwerdiges zugetragen, so er mehrentheils selbst gesehen und gegenwärtig mit angehöret hat, von ihm selbst beschriben. Aus der Handschrift hrsg. und erl. v. Gottl[ieb] Christ[oph] Friedr[ich] Mohnike; Teil 1: Greifswald 1823; Teil 2: Greifswald 1824; Teil 3: Greifswald 1824 (künftig zitiert: Sastrow, Herkommen, 1, 2, 3), hier 2, S. 581ff.: Beschreibung, wie zu Speier das Kaiserliche Kammergericht, welches 6 Jahre suspendiert gewesen war, wieder besetzt wurde. – Zu Sastrows Beschäftigung bei Friedrich Reiffsteck s. Sastrow, Herkommen, 1, S. 211ff. und zu seiner Beschäftigung bei Simon Engelhardt s. Sastrow, Herkommen, 1, S. 228ff. und 258f., S. 261f. – Zur Person Sastrows s. Hartmut Harthausen: Geistiges Leben im Umkreis des Reichskammergerichts in Speyer; [= Gesellschaft für Reichskammergerichtsforschung, 19]; Wetzlar 1997 (künftig zitiert: Harthausen, Geistiges Leben), S. 9ff. – S. ebenso: Die Chronik der Grafen von Zimmern. Handschriften 580 und 581 der Fürstlich Fürstenbergischen Hofbibliothek Donaueschingen; hrsg. v. Hansmartin Decker–Hauff unter Mitarbeit v. Rudolf Seigel; Band 2; 3. Auflage; Sigmaringen 1981 (künftig zitiert: Zimmernsche Chronik, 2), S. 326 hinsichtlich der Berufung von Graf Wilhelm Werner von Zimmern an das Reichskammergericht als Ersatz für Ruprecht v. Manderschildt. Die Chronik der Grafen von Zimmern. Handschriften 580 und 581 der Fürstlich Fürstenbergischen Hofbibliothek Donaueschingen; hrsg. v. Hansmartin Decker–Hauff unter Mitarbeit v. Rudolf Seigel; Band 3; Sigmaringen 1972 (künftig zitiert: Zimmernsche Chronik, 3), S. 112 ff. hinsichtlich verschiedener Ereignisse im privaten Umfeld Zimmerns in Speyer (u.a. Begegnungen mit Kühorn), S. 134ff. hinsichtlich der Auseinandersetzungen am Kammergericht um Geschäftsordnung und Nachfolge, S. 243ff. hinsichtlich des Rücktritts Zimmerns als Assessor am Kammergericht. – S. zur Person von Zimmern: Harthausen, Geistiges Leben, S. 11f.

2.0 Die territoriale Situation im Herzogtum Sachsen–Lauenburg um 1500

Als 1495 auf dem Reformreichstag in Worms Stabilisierungs– und Konsolidierungsmechanismen im Heiligen Römischen Reich Deutscher Nation in Gang gesetzt wurden, nahm das Herzogtum Sachsen–Lauenburg davon nur wenig Notiz. Chronisten werteten den Reichstag post actum als wichtiges geschichtliches Ereignis, dessen Tragweite zu jener Zeit an der Elbe nicht erkannt worden war.[1]

Herzog Johann V.,[2] welcher das kleine Herzogtum im Norden des Reichs seit 1463 regierte, sorgte sich, wie seine Vorfahren, mehr um eine entsprechende Altersversorgung für sich und seine Frau Dorothea, Markgräfin von Brandenburg und Tochter des Kurfürsten Friedrich II., sowie um eine entsprechende Unterbringung seiner zehn Kinder.
Drei seiner Töchter, Sophie, Margarethe und Anna, konnte er standesgemäß verheiraten und zugleich verwandtschaftliche Beziehungen zu den Nachbarterritorien aufbauen; seine vierte Tochter Katharina wurde Nonne im Reinbeker Kloster. Von seinen beiden Söhnen Rudolf und Friedrich ist wenig überliefert; Indizien sprechen für ihren Tod im Kindesalter. Während sich sein 1471 geborener Sohn Magnus[3] als designierter Thronfolger[4] in Kriegsdienste begab, traten seine anderen drei Söhne in den geistlichen Stand: Erich war in den Jahren 1502 und 1504 Bischof von Hildesheim und wurde 1508 Bischof von Münster, Bernhard wurde Dompropst in Köln und Magdeburg, und sein jüngster Sohn Johann war von 1504 bis 1527 Bischof von Hildesheim.

---

[1] LAS, Abt. 400.2, Nr. 77: Beiträge zur Statistik des Herzogthums Lauenburg, Band 11 von 1838 (Walckesche Chronik), fol. 447^r. Die Ergebnisse des Wormser Reichstags 1495 – Sachsen–Lauenburg war nicht vertreten – beschreibt der Chronist in den Ergebnissen und wertet diese als „Errungenschaften“, welche jedoch zu zahllosen Erschwerungen bei den Territorialfürsten geführt hätten. Die Notwendigkeit der Reichssteuern begründet er mit den wachsenden Gefahren im Zusammenhang mit dem Türkenkrieg, aber – so führt der Chronist weiter aus – im Herzogtum widmete man sich vornehmlich neuen Hochzeitsvorbereitungen.

[2] Vgl. Schulze, Territorialpolitik, Anhang VIII: Genealogische Tabellen. Schulze bezeichnet Johann V. als Johann IV. Gleiches ist in zahlreichen anderen genealogischen Tabellen zu beobachten. Maßgeblich für den Verf.: Europäische Stammtafeln; N.F., Band 1: Die Deutschen Staaten; hrsg. v. Detlef Schwennicke; Marburg 1980 (künftig zitiert: Stammtafeln, 1), Tafel 80.

[3] LAS, Abt. 400.2, Nr. 77, fol. 317.

[4] Meyn, Gebietsherzogtum, S. 130, insbes. Fn. 865. Am 18. Mai 1503 wurde die Unteilbarkeit des Territoriums festgelegt.

Johann V. führte den Titel eines Herzogs von Sachsen, Engern und Westfalen, der ein Relikt aus einer anderen, „aus der großen Zeit" der Askanier war,[5] als Brandenburg und Sachsen–Wittenberg von ihnen beherrscht worden waren. Ersteres gelangte 1319 über die Wittelsbacher und Luxemburger an die Hohenzollern, letzteres wurde 1296 in Sachsen–Wittenberg und das territorial kleinere Sachsen–Lauenburg geteilt. Eine ungeschickte Erb– und Landesteilungspolitik im beginnenden 14. Jahrhundert (die Landesteilung in die Lauenburg–Ratzeburger und Mölln–Bergedorfer Linie und die Verschuldung der letzteren), die eine territoriale Schwächung der lauenburgischen Askanier zur Folge hatte, führte ebenso wie eine politische Fehleinschätzung bei der Königswahl von 1346 durch Erich I. von Sachsen–Lauenburg (–Ratzeburg), in welcher er auf der Seite der schließlich unterlegenen Wittelsbacher verblieb, zum endgültigen Verlust der sächsischen Kurwürde.
Karl IV. übertrug 1356 in der Goldenen Bulle den Wittenbergern die sächsische Kur.[6] Nach dem Tod des letzten Sachsen–Wittenbergers im Jahr 1422 begünstigte Kaiser Sigismund am 1. August 1425 den Markgrafen Friedrich IV. (den Streitbaren) von Meißen[7] aus dem Hause Wettin mit der Kurwürde Sachsens; dieser war bereits am 6. Januar 1423 mit dem Herzogtum Sachsen belehnt worden.[8] Die Erbverbrüderung der Lauenburger mit den Wittenbergern von 1374 und die Belehnung zur Gesamten Hand im Jahr 1377 blieben politisch bedeutungslos.[9] Die Kur war für die askanischen Herzöge von Sachsen–Lauenburg endgültig verloren; ihren Titel als Herzöge von Sachsen, Engern und Westfalen konnten sie trotz gegenläufiger Versuche aus der Hofkanzlei, in der der Einfluß der Wettiner zunahm, erhalten.[10] Das Haus Sachsen–Lauenburg

---

[5] Vgl. (sprachlich ungenau) Reden, Landständische Verfassung, S. 17. – Ebenso Kaack, Territorium, S. 17.

[6] Die Goldene Bulle. Nach König Wenzels Prachthandschrift; dt. übers. v. Konrad Müller und mit einem Nachwort v. Ferdinand Seibt; 3. Auflage; Dortmund 1989. – Neue und vollständigere Sammlung der Reichsabschiede, welche von den Zeiten Kayser Conrads des II. bis jitzo auf den Teutschen Reichs–Taegen abgefasset worden: Sammt d. wichtigsten Reichs–Schlüssen, nebst einer Einleitung, Zugabe und vollst. Reg.; 4 Teile in 2 Bänden (Band 1 mit den Teilen 1 und 2; Band 2 mit den Teilen 3 und 4); Neudruck der Ausgabe 1747, Osnabrück 1967 (zitiert: Reichsabschiede, 1, 2, 3, 4), hier: Reichsabschiede, 1, S. 45–87. – S. die ausführliche Beschreibung der näheren Umstände bei Duve, Mitteilungen, S. 382f. Generell muß angemerkt werden, daß in der Goldenen Bulle eine Übertragung der Kur an den Herzog von Sachsen nicht nachgewiesen werden kann. Genaugenommen wurde der Herzog von Sachsen als Kurfürst bezeichnet, der das Amt des Erzmarschalls bekleidete.

[7] Sodann seit 1423 Herzog Friedrich I., Kurfürst von Sachsen.

[8] Karlheinz Blaschke: Geschichte Sachsens im Mittelalter; Berlin 1990 (künftig zitiert: Blaschke, Sachsen), S. 287.

[9] Stoldt, Amtsbauern, S. 9.

[10] Vgl. Reden, Landständische Verfassung, S. 18. Reden meint in der Tatsache, daß in Reichsschreiben die Herzöge lediglich mit dem Zusatz „von der Lauenburg" näher

unternahm bis 1689 weiterhin Versuche, die Kur wieder in das eigene Herrscherhaus zu bekommen.[11] Die Ansprüche der Lauenburger wurden dabei

---

bezeichnet wurden, Indizien beobachten zu können, daß von Seiten der Hofkanzlei ein schleichender Veränderungsprozeß zugunsten der Wettiner eingeleitet werden sollte. Dafür spricht ebenfalls, daß die Herzöge von Sachsen–Lauenburg verschiedene Schriftstücke des Reichskammergerichts mit der Begründung, daß die Anrede in diesen Schreiben nicht korrekt sei, nicht entgegennahmen. – Vgl. hierzu LAS, Abt. 390, Nr. 287, qdr. 1, fol. 2^{v}: Mandatsschreiben des Reichskammergerichts vom 25. Juni 1523. Ein Kammergerichtsbote vermerkte am 19. Oktober 1523 auf der Rückseite eines kaiserlichen Mandats, daß Herzog Magnus über seinen Kanzler mitteilen ließ, daß er das Mandat nicht annehmen wollte, da sein Titel nicht korrekt sei, denn er „hayßß hertzog magnus von Sachsen und Launburg" und nicht wie im Mandat (fol. 1^{r}) angegeben: „Hertzog zur Lauenburg". – Vgl. allg. zu dieser Problematik: SächsHStA, Wittenberger Archiv, Loc. 4352, Hof– und Zentralverwaltung der Wettiner bis 1485, Lauenburgische Sachen, fol. 1–5.

11 Vgl. Kaack, Territorium, S. 17. Kaack wertet alle weiteren Versuche der Askanier zur Rückgewinnung der Kurwürde als „Scheingefechte". Diese Bewertung wird dadurch entkräftet, daß noch Herzog Johann V. bestrebt war, um die Kurwürde zu streiten, indem er den Titel des Herzog– und Kurfürstentums Sachsen sowie des Erzmarschallamtes führte, was ihm Kaiser Friedrich per Dekret am 26. August 1471 verbot. – SächsHStA, Urk. Abt., Nr. 8.128a/ b (Dekret Friedrichs II.). – Urkundenabschriften in: SächsHStA, Wittenberger Archiv, Loc. 4352, Lauenburgische Sachen, fol. 4^{r} und SächsHStA, Landesregierungsarchiv, Loc. 30.592, Nr. 1897. – SächsHStA, Urk. Abt., Nr. 8.129a–e (Dekret an die Territorialnachbarn des Herzogs von Sachsen–Lauenburg wegen Wappenmißbrauchs gegenüber Kurfürst Albrecht von Brandenburg [s.u. als Regest], die Herzöge Heinrich, Wilhelm und Friedrich von Braunschweig–Lüneburg, Herzog Friedrich von Mecklenburg, Ebf. Heinrich von Bremen und die Städte Hamburg, Braunschweig, Lüneburg, Magdeburg, Stettin, Einbeck, Göttingen, Berlin und Lübeck). – Vgl. Regesten Kaiser Friedrichs III. (1440–1493) nach Archiven und Bibliotheken geordnet; hrsg. v. Heinrich Koller und Paul–Joachim Heinig, Heft 10: Die Urkunden und Briefe aus den Archiven und Bibliotheken des Landes Thüringen; bearb. v. Eberhard Holtz; Wien/ Weimar/ Köln 1996, S. 206f., Nr. 330 (Kurzregest). – Vgl. dazugehörige Anweisungen des Kaisers an Kurfürst Albrecht von Brandenburg in der gleichen Sache (ebenda, S. 210f., Nr. 337 vom 30. November 1471). – Vgl. NdsHStA, Celle Or. 12, Nr. 194: Kaiserliche Zustimmung zum Erbvertrag zwischen dem Kurfürsten Friedrich und den Herzögen Johann und Magnus von Sachsen vom 28. Juli 1507. Auf diesen Erbvertrag beriefen sich die Kurfürsten von Sachsen im Jahr 1670 (16. August), um ihre Ansprüche auf das Herzogtum Sachsen–Lauenburg zu bekräftigen (NdsHStA, Celle Or. 12, Nr. 320). Diesen Ansprüchen gegenüber verwahrte sich Herzog Julius Franz am 26. März 1683 (NdsHStA, Celle Or. 12, Nr. 323 a und b) erfolglos, da Kaiser Leopold dem sächsischen Kurfürsten Johann Georg III. am 19. September 1687 seine Anwartschaft auf das Herzogtum Sachsen–Lauenburg bestätigte (NdsHStA, Celle Or. 12, Nr. 324). Die Ansprüche der Welfen und der Sachsen auf das 1689 heimgefallene Herzogtum konkurrierten, wurden durch die militärische Besetzung des Landes durch die Welfen präjudiziert und schließlich durch einen Separatartikel im Jahr 1697 mit den Sachsen geklärt (NdsHStA, Celle Or. 12, Nr. 327). Im August 1697 wurde König Friedrich August von Polen, Kurfürst von Sachsen mit einer Summe in Höhe von 1.100.000 fl. abgefunden (NdsHStA, Celle Or. 12, Nr. 332). – Vgl. hinsichtlich der Ansprüche des Kurfürstentums Sachsen auch die Forderungen des

auf sehr unterschiedliche Weise deutlich gemacht, wie folgendes Ereignis zeigt: Als sich Herzog Julius Franz auf seinen böhmischen Gütern befand, versandte er ein Paket an seine Regierung nach Norddeutschland. „Im Posthaus zu Leipzig“ wurde das Paket „festgehalten“, und der Postmeister wurde angewiesen, das Paket nicht weiter zu befördern, sondern an den Absender mit der Begründung zurückzuschicken, daß dieser weder berechtigt sei, das kurfürstliche Wappen, welches als Siegel auf dem Paket angebracht war, zu führen noch es zu nutzen.[12]

Herzog Johann V. konnte sein Splitterterritorium nur schwer überschauen. Eine Ämter– oder Landesorganisation war ihm weitestgehend unbekannt.
Sein Territorium setzte sich aus seinem nordelbischen Stammbesitz, der sich südlich der Elbe anschließenden Elbmarschvogtei, seinen Besitzungen im Land Hadeln und dem nordöstlich der Elbe liegenden Land Darzing,[13] dem späteren Amt Neuhaus, sowie dem verpfändeten Teilbesitz an der Burg Sachsenhagen im Westfälischen zusammen.
Die Gebietsteile des Herzogtums zeichneten sich durch unterschiedlich gewachsene Strukturen und Organisationsformen aus, die ein Zusammenwachsen unter dem Dach einer überspannenden Organisation unmöglich machten. Während das Land Hadeln, nach Auseinandersetzungen mit dem Erzbistum Bremen und der Stadt Hamburg stark verkleinert, die erstarkte Kirchspielorganisation als Hauptorganisationsform beibehielt, konnte das Land Darzing aufgrund seiner territorialen Geschlossenheit verhältnismäßig rasch in eine einheitliche Grundverwaltung überführt werden, die bereits unter Herzog Johann V. den Charakter eines Amts hatte. Die Kirchspielorganisation besaß hier lediglich eine regional begrenzte Funktion.
In den westfälischen Besitzungen war ein Einfluß der Herzöge von Sachsen–Lauenburg um 1500 kaum noch erkennbar,[14] obwohl für das 13. Jahrhundert Ansätze askanischer Territorialbildung festzustellen sind,[15] welche sich aber nicht durchsetzen konnten.
Das lauenburgische Stammterritorium,[16] von allen Seiten begrenzt, eingeschlossen und von mächtigen Territorialnachbarn umgeben, ohne unmittelbaren Zugang zu den nahen Meeren, kann wegen seiner Mittellage als

---

Herzogs von Mecklenburg: SächsHStA, Copialbuch III, 7 und ÖsterrHHStA, RHR, Antiqua 766, Nr. 8.

12 SächsHStA, Landesregierungsarchiv, Loc. 30.592, Nr. 1897.

13 Die Schreibweisen Derzinge, Dirzing oder Dartzing werden ebenso in der Literatur verwendet. Vgl. Duve, Mitteilungen, S. 180.

14 S. detailliert Meyn, Gebietsherzogtum, S. 57ff.

15 Meyn, Gebietsherzogtum, S. 297.

16 Unter dem „Stammterritorium“ versteht der Verf. das nordelbische Territorium des Herzogtums Sachsen–Lauenburg.

ein typisches Durchzugsterritorium bezeichnet werden. Im Norden wurde es von der Hansestadt Lübeck begrenzt, im Nordosten vom Bistum Ratzeburg, im Osten von Mecklenburg, im Süden von Braunschweig–Lüneburg, im Südwesten von den gemeinsam von den Städten Hamburg und Lübeck verwalteten Ämtern Bergedorf und Riepenburg[17] und im Westen von der Grafschaft, seit 1474 dem Herzogtum Holstein.
Zudem waren alle Vogteien von exterritorialen Einflußsphären, die einer Geschlossenheit des Territoriums entgegenwirkten, durchsetzt. Vor allem die Stadt Lübeck hatte im Zuge ihres Aufstiegs zu einer der bedeutendsten Hansestädte im Mittelalter eine expansive Landgebietspolitik[18] betrieben, indem Handelswege durch Gebietskäufe Lübecker Bürger von den lauenburgischen Herzögen sicherer gemacht wurden. Verpfändungen und Verkäufe an die Grafen, die späteren Herzöge von Holstein und die Herzöge von Mecklenburg hatten den herzoglichen Besitz ebenso wie Schenkungen an die Klöster Reinbek und Marienwohlde „durchlöchert". Diese substantiellen territorialen Schwächungen führten zu einer Entwicklung, die ganze Gebietsteile vom Landbesitz der Sachsen–Lauenburger abkoppelte, ohne daß effektive Gegenmaßnahmen eingeleitet werden konnten. Parallel hierzu waren die Autonomiebestrebungen der Bischöfe von Ratzeburg während des Spätmittelalters so erfolgreich gewesen, daß das Bistumsland der Kontrolle und dem Einfluß der Lauenburger gänzlich entzogen wurde.[19] Diese Entwicklungen führten zu einer stetigen Gebietsverkleinerung des Herzogtums Sachsen–Lauenburg und einer verringerten Einflußnahmemöglichkeit der Herzöge.
Bot Lauenburgs Mittellage einerseits eine schwierige territoriale Situation und damit grundsätzlich bereits Anlässe zur Auseinandersetzung, so war die geographische Position andererseits eine profitable Einnahmequelle der

---

[17] Hans Kellinghusen: Das Amt Bergedorf. Geschichte seiner Verfassung und Verwaltung bis zum Jahr 1620; in: Zeitschrift des Vereins für hamburgische Geschichte, 13/ II; 1908 (künftig zitiert: Kellinghusen, Bergedorf), S. 181–372. Die Ämter Bergedorf und Riepenburg wurden am 10. November 1512 zu einem geschlossenen Gebiet als Amt Bergedorf zusammengefaßt (ebenda S. 371f.).

[18] Antjekathrin Graßmann: Zu Verfassung, Verwaltung und Agrarzustand der Lübeckischen Enklaven im Herzogtum Lauenburg; in: Kurt Jürgensen (Hg.): Ländliche Siedlungs– und Verfassungsgeschichte des Kreises Herzogtum Lauenburg; [= Lauenburgische Akademie für Wissenschaft und Kultur, Kolloquium 3]; Neumünster 1990 (künftig zitiert: Graßmann, Verfassung), S. 73. – Friedrich Bertheau: Die Politik Lübecks zur Sicherung der Handelswege durch Lauenburg im 14. und 15. Jahrhundert; in: Zeitschrift des Vereins für Lübeckische Geschichte und Altertumskunde, 15; 1913 (künftig zitiert: Bertheau, Politik Lübecks) , S. 29f.

[19] Jörg Hillmann: Herrschaftswechsel im Bistum Ratzeburg: 1554, 1648 und 1701; in: Eckardt Opitz (Hg.): Herrscherwechsel im Herzogtum Lauenburg; [= Lauenburgische Akademie für Wissenschaft und Kultur, Kolloquium 10]; Mölln 1998 (künftig zitiert: Hillmann, Herrschaftswechsel), S. 61–80.

sachsen–lauenburgischen Herzöge, die von dem Handelsverkehr durch ihr Territorium mit 'Brückenfunktion'[20] – zu Lande[21] und zu Wasser[22] – profitierten. Eingeschränkt wurden diese Einnahmen durch die zuvor erwähnten zahllosen Lübecker Exklaven im eigenen Territorium sowie die im Mittelalter erfolgten Besitzübertragungen an die Klöster Reinbek und Marienwohlde. Territoriale Verlehnungen im Norden und Nordosten haben letztlich den unmittelbaren Einflußbereich des Herzogs von Sachsen–Lauenburg auf die Vogtei Lauenburg, die Stadt Ratzeburg und einzelne Dorfschaften der Vogtei Ratzeburg sowie des späteren Amts Steinhorst beschränkt.

Somit wies das Gesamtterritorium des Herzogtums Sachsen–Lauenburg um 1500 ein hohes Maß an Regionalautonomien[23] (durch die Vereinigung von Herrschaftsrechten in einem abgegrenzten Bereich) auf, das eine territoriale Gesamtarrondierung äußerst schwierig gestaltete. Dieser Gesamtarrondierung galt bereits im 15. Jahrhundert das vorrangige „außenpolitische" Interesse der Lauenburger. Die von den Herzögen betriebene 'Rückerwerbungspolitik' hinsichtlich Lübecker Exklaven zur territorialen, räumlichen Stabilisierung Sachsen–Lauenburgs war um 1500 noch nicht abgeschlossen. Eine Fortsetzung dieser Politik zu gewährleisten, wurde nach dem Tod Herzog Johanns V. im Jahr 1507 eine der wichtigsten Aufgaben seines Sohnes Magnus I. von Sachsen–Lauenburg, der seit 1498 im Land Hadeln[24] und seit 1500 im Stammterritorium an der Regierung beteiligt war.[25]

---

[20] Kaack, Territorium, S. 15f.

[21] Graßmann, Verfassung, S. 73. Graßmann verdeutlicht die durch Lauenburg verlaufenden Verkehrswege und beschreibt „die Straße Sandesneben – Trittau nach Hamburg, die Straße Grönau – Fredeburg weiter nach Osten ins Mecklenburgische oder auch diese weiter nach Mölln – Lauenburg – Lüneburg – Magdeburg – Erfurt." – Gertrud Schrecker: Das spätmittelalterliche Straßennetz in Holstein und Lauenburg, Teil 2; in: ZSHG, 63; 1935 (künftig zitiert: Schrecker, Straßennetz), S. 104ff. Der Beitrag ist hinsichtlich der Nennung von Zollgebühren für Lüneburger Salz, welches nach Lüneburg verbracht wurde, von wirtschaftsgeschichtlichem Interesse.

[22] Zur Bedeutung des Stecknitzkanals als Verkehrsweg und als Einnahmequelle der Lauenburger s. Hillmann, Alster–Beste–Trave–Kanal, S. 51.

[23] Prange, Bauer und Herrschaft, S. 54. Prange erkennt hierin bereits den Beginn eines langsamen Wandels von der Grundherrschaft zur Gutsherrschaft. – S. Stoldt, Amtsbauern, S. 152. – S. die ausführliche Untersuchung von Ingo Kloppmeier: Die Entstehung neuzeitlicher Gutswirtschaft im Herzogtum Sachsen–Lauenburg, dargestellt an ausgewählten Beispielen; Magisterarbeit (Masch.); Hamburg (UniBwH) 1995.

[24] Elke von Boeselager: Das Land Hadeln bis zum Beginn der frühen Neuzeit; in: Hans–Eckard Dannenberg und Heinz–Joachim Schulze (Hgg.): Geschichte des Landes zwischen Elbe und Weser. Band 2: Mittelalter; [= Schriftenreihe des Landschaftsverbandes der ehemaligen Herzogtümer Bremen und Verden, 8]; Stade 1995 (künftig zitiert: Boeselager, Hadeln), S. 332.

[25] Schulze, Territorialpolitik, S. 154. – Siegfried Seeler: Lütau. Ein Kirchspiel in der Sadelbande; [= Schriftenreihe des Heimatbund und Geschichtsvereins Herzogtum

Bevor sich Magnus seinen eigentlichen Aufgaben als künftiger Landesherr widmen konnte, galt es, zusammen mit seinem Vater und seinen Brüdern Streitigkeiten in der eigenen Familie zu begegnen und die Frage der Erbfolge endgültig zu klären; Streitigkeiten, die in der früheren Geschichte des Hauses Sachsen–Lauenburg bereits zu zahlreichen Gebietsverkleinerungen und schließlich zu Gebietsverlusten geführt hatten. Die Etablierung der Primogenitur im Herzogtum Sachsen–Lauenburg im Jahr 1503, die Festlegung der Unteilbarkeit des Territoriums sowie die finanzielle Abfindung der übrigen Brüder wurden verfassungsrechtlich – als Hausrecht – festgelegt, um künftige Streitigkeiten zu vermeiden und die Erbfolge grundsätzlich zu regeln.[26]

2.1 Erblasten

Als der sechsunddreißigjährige Magnus im Jahr 1507 als Herzog Magnus I. das Erbe über das Haus Sachsen–Lauenburg alleinverantwortlich antrat, tat er dies als erfahrener und verdienter Kriegsteilnehmer,[27] dem es allerdings, trotz vorangegangener Beteiligung an den Regierungsgeschäften – als Inhaber der Regentschaft im Land Hadeln –, an ausreichender Erfahrung in der Führung und Organisation eines Territoriums mangelte.
Territorial minder bedeutend, finanziell einigermaßen gesichert, aber ohne Einfluß im Reich stand er nunmehr einem der kleinsten Territorien des Reichs vor. Die Herausforderungen, die an ihn gestellt wurden, das Territorium zu konsolidieren und zu stabilisieren, standen in krassem Gegensatz zu der Idee, sich als Territorialfürst – im Sinne seiner Vorfahren – zu fühlen und entsprechend zu leben. Hofhaltung, „außenpolitische" Kontakte, Privilegiennutzung und die faktische Machtausübung lagen ihm näher, ohne daß er diese Ansprüche den Realitäten zunächst angepaßt hätte. Einflüsse und Forderungen des Reichs oder anderer Territorialfürsten schienen das kleine Herzogtum in seiner Ruhe zu stören.

Während seiner Regierungszeit verdichteten sich Problemfelder, die er bereits als Erblasten übernommen hatte, nämlich

- territoriale Probleme mit Nachbarn an den Grenzen des Herzogtums,
- territoriale Probleme durch Exklavenbildungen innerhalb des eigenen Territoriums,

---

Lauenburg, 14]; Ratzeburg 1969 (künftig zitiert: Seeler, Lütau), S. 40. Herzog Johann V. behielt sich die Einkünfte des Zolls zu Artlenburg, des Wegegeldes zu Lütau und des Hofs Steinhorst zur eigenen Nutzung vor. Ferner bedang er sich die Burg Ratzeburg aus.

26 S. Anm. 4. – Schulze, Territorialpolitik, S. 154. – Kobbe, 2, S. 212ff. – Duve, Mitteilungen, S. 388.

27 LAS, Abt. 400.2, Nr. 77, fol. 446f. U.a. nahm er an einem schwedischen Kriegszug im Jahr 1497 teil. – Kobbe, 2, S. 217.

- Probleme mit eigenen Lehnsmännern im Inneren und
- sich abzeichnende finanzielle Probleme, aufgrund einer schleichenden Verringerung der Einnahmequellen das Herzogtum unterhalten zu können sowie
- die daraus resultierende Notwendigkeit, die Landesorganisation – Voraussetzung zur Stabilisierung der Landesherrschaft – zu verbessern.

2.1.1 Gebietsstreitigkeiten und unklare Grenzverhältnisse. Exklaven als korporative Bestandteile des Territoriums.

2.1.1.1 Die Städte Hamburg und Lübeck als Eigentümer des Amts Bergedorf sowie der Vogtei und Stadt Mölln

Die im beginnenden 14. Jahrhundert herbeigeführten Landesteilungen durch Johann II., Erich I. und Albrecht III. spalteten das askanische Haus der Herzöge von Sachsen–Lauenburg nach einem Streit in die Linien Lauenburg–Ratzeburg und Mölln–Bergedorf.[28] Letztere Herrscherlinie erfuhr vornehmlich ob ihrer räumlichen Nähe zu den Handelszentren Hamburg und Lübeck deren Kapitalkraft und erfüllte ihre handelsmäßig begründeten, territorialen Sicherungswünsche durch Verschreibungen und Verpfändungen, die auf Umwegen über die holsteinischen Grafen zustandekamen.[29]
Im Jahr 1370 führte diese Verschreibungs– und Verschuldungspolitik der Bergedorfer Linie zu einer Verpfändung ihres gesamten Territoriums:[30] Die Vogtei Bergedorf, seit 1227 im askanischen Besitz,[31] geriet damit wie die Stadt und Vogtei Mölln, die bereits am 14. April 1359 verpfändet worden war,[32] vollständig unter den Einfluß Lübecks. Der letzte Sachsen–Lauenburg–Bergedorfer Repräsentant wurde gut versorgter Pensionär und zugleich Landesherr ohne Territorium.[33] Als Erich III. im Jahr 1401 verstarb, blieben die beiden Vogteien und die Stadt Mölln unter Lübecker Kontrolle. Ein

---

[28] S. ausführlich zu den Landesteilungen Meyn, Gebietsherzogtum, S. 123ff. und Duve, Mitteilungen, S. 110ff.

[29] Vgl. zur Rolle Holsteins: Kellinghusen, Bergedorf, S. 223.

[30] Meyn, Gebietsherzogtum, S. 126. – Vgl. Kaack, Territorium, S. 15. – Zum folgenden zusammenfassend: Rainer Postel: Der Kampf um Bergedorf und die Vierlande zwischen den Herzögen von Lauenburg (der Ratzeburger Linie) und den Hansestädten Lübeck und Hamburg (1401–1420); in: Eckardt Opitz (Hg.): Herrscherwechsel im Herzogtum Lauenburg; [= Lauenburgische Akademie für Wissenschaft und Kultur, Kolloquium 10]; Mölln 1998, S. 47–60.

[31] Kellinghusen, Bergedorf, S. 190.

[32] Nissen, Mölln, S. 13. – Duve, Mitteilungen, S. 234 ff. Dort auch weiteres zur vorangehenden Verpfändungspolitik der Mölln–Bergedorfer Linie gegenüber der Stadt Lübeck in Bezug auf die Stadt und Vogtei Mölln.

[33] Meyn, Gebietsherzogtum, S. 127. – Bertheau, Politik Lübecks, S. 36f.

Wiedererwerb war zudem äußerst schwierig, da die Auslösung von Vogtei und Stadt nur gleichzeitig möglich war.[34]
Die zum Herzogtum gehörenden Länder Hadeln und Darzing sowie die westfälischen Pertinenzen wurden anfänglich von beiden askanischen Linien verwaltet; seit den dreißiger Jahren des 14. Jahrhunderts hatte sich die Ratzeburger Linie jedoch behauptet[35] und so einem Gebietsverlust bereits frühzeitig vorgebeugt.

Herzog Erich IV. von Sachsen–Lauenburg–Ratzeburg nahm noch im Todesjahr seines Onkels das Schloß Bergedorf in einem Handstreich,[36] zwang die Lübecker zum Zurückweichen und in einem Vergleich vom 13. Juli 1401 zum Verzicht auf die Vogtei Bergedorf.[37] Die von internen sozialen Unruhen bedrängte Stadt Lübeck geriet mehr und mehr in Schwierigkeiten, ihre territorialen Ansprüche in ihren sachsen–lauenburgischen Exklaven aufrechtzuerhalten.[38] Dem militärischen Vordringen Herzog Erichs IV., der Unterstützung durch den Möllner Bürgermeister Johann Möller erfuhr,[39] konnte sie in Mölln 1409 zwar wirksam entgegentreten und eine Einnahme der Stadt verhindern, nicht aber die Teilzerstörung der Stadt vereiteln;[40] dennoch anerkannte der von Handwerkern dominierte „neue" Rat der Stadt Lübeck die Schutzgewalt der Lauenburger, die damit zumindest indirekt ihr Territorium in den alten Grenzen wiederhergestellt hatten. Sieben Jahre lang erhielten die Herzöge von Sachsen–Lauenburg Schutzgelder aus der Vogtei Mölln in Höhe von 300 ML jährlich.[41] Dies änderte sich, als die Verhältnisse in Lübeck auf hansischen und kaiserlichen Druck stabilisiert worden waren und 1416 der alte Rat, nachdem er das Regiment wieder übernommen hatte,[42] die Schutzgeldzahlungen verweigerte. Erich V., seit 1412 an der Regierung, verzichtete auf eine militärische Intervention und klagte stattdessen – nach erfolglosen Vermittlungsversuchen des Lüneburger Rats[43] – vor dem Reichshofrat wegen Mölln und der Güter von Krummesse. Lübeck ignorierte den Prozeß,[44] erschien nicht und wurde in die Reichsacht gestellt. Erich V.

---

34 Meyn, Gebietsherzogtum, S. 127.
35 Meyn, Gebietsherzogtum, S. 125f..
36 Vgl. abweichend Duve, Mitteilungen, S. 241.
37 UBStL, 5, Nr. 18, S. 20–23 und Nr. 19, S. 24–26. – Meyn, Gebietsherzogtum, S. 127 (Datum irrig). – Kellinghusen, Bergedorf, S. 225.
38 Schulze, Territorialpolitik, S. 101.
39 Nissen, Mölln, S. 18.
40 Duve, Mitteilungen, S. 253 und S. 268. – Nissen, Mölln, S. 19.
41 Schulze, Territorialpolitik, S. 106. – Zur Finanzierung dieses jährlichen Schutzgeldes: Schulze, S. 103f., Fn. 311.
42 Schulze, Territorialpolitik, S. 105.
43 Schulze, Territorialpolitik, S. 107.
44 Zu den Hintergründen s. Duve, Mitteilungen, S. 252f.

konnte zwar einen gewonnenen Prozeß verbuchen, der entstandene wirtschaftliche und moralische Schaden war für Lübeck wegen der engen Verbindungen innerhalb der Hanse aber eher gering.[45]
In die Auseinandersetzung zwischen Herzog Erich V. und dem Kurfürsten von Brandenburg im Jahr 1419[46] schaltete sich Lübeck ein, obwohl sich die Stadt mit Erich V. geeinigt und nach Verhandlungen mit dem Kaiser am 1. Mai 1419 aus der Reichsacht befreit hatte.[47] Ein Städtebündnis mit Hamburg[48] vom 2. Februar leitete das Wendejahr 1420 ein und wurde durch die Verbindung mit dem Kurfürstentum Brandenburg am 29. Mai ergänzt.[49] Der Herzog von Sachsen–Lauenburg sah sich innerhalb weniger Monate einer gestärkten Allianz sein Herzogtum umgebender Territorien gegenüber. Seine diplomatischen Bemühungen versagten. Am 11. Juli 1420, nachdem die beiden Hansestädte dem Herzog von Sachsen–Lauenburg die Fehde angesagt hatten,[50] fielen zunächst die Stadt Bergedorf und das Schloß, kurze Zeit später – Ende Juli – die Riepenburg, nachdem Vermittlungsangebote des lüneburgischen Herzogs Wilhelm, der für Erich V. zu intervenieren versucht hatte, fehlgeschlagen waren; sowohl Hamburg als auch Lübeck lehnten jedwede Art der Vermittlung ab. Beide Städte orientierten sich anschließend in Richtung Ratzeburg und zerstörten auf ihrem Vormarsch die Feste Kuddewörde an der Bille. Ein Waffenstillstandsvertrag am 1. August 1420 beendete den Kriegszug.[51]
Am 23. August 1420 mußten Herzog Erich V. und seine Brüder im Frieden von Perleberg den beiden Städten die Vierlande mit den Kirchspielen Kirchwerder, Altengamme, Neuengamme und einem Großteil Curslacks mit den Schlössern Bergedorf und Riepenburg,[52] den Zoll zu Eßlingen (Zollenspieker) mit der

---

[45] Schulze, Territorialpolitik, S. 109. – Vgl. abweichend Meyn, Gebietsherzogtum, S. 128, der den Prozeßausgang als „beachtlichen Erfolg“ für Erich V. wertet. – Ebenso bei Kellinghusen, Bergedorf, S. 225f. Kellinghusen und Meyn überbewerten nach Ansicht des Verf. das Ergebnis vor dem Reichshofrat und verdeutlichen somit die Diskrepanz zwischen rechtshistorischer und ereignisgeschichtlicher Geschichtsschreibung; letztere verklärt rechtliche Ergebnisse und setzt deren erfolgreiche Durchsetzung voraus, ohne den politischen Realitäten ausreichend Rechnung zu tragen.

[46] Schulze, Territorialpolitik, S. 111.

[47] Schulze, Territorialpolitik, S. 109.

[48] Zu den unterschiedlichen Interessen der beiden Städte s. Schulze, Territorialpolitik, S. 111, Fn. 336.

[49] Schulze, Territorialpolitik, S. 111f.

[50] Schulze, Territorialpolitik, S. 112. Am 7. Juli sagte Lübeck, am 8. Juli Hamburg die Fehde an.

[51] Duve, Mitteilungen, S. 192. – Schulze, Territorialpolitik, S. 113.

[52] Hierzu wurde auch das Dorf Geesthacht gezählt. Zu den Besitzungen der Hamburger Familie von Berg[he] gehörte außerdem das Gut Krauel, ehemals in einer Insellage, durch die Eindeichungen von 1488 bis 1492 allerdings fest mit Neuengamme und Kirchwerder (Kirchwärder) verbunden. Die spätmittelalterliche Geschichte Krauels ist durch die lehnsrechtlichen Fragen zwischen der Familie von Berg und der Stadt Hamburg geprägt. –

Fähre und den halben Sachsenwald, mit Ausnahme der Jagdgerechtigkeiten,[53] abtreten sowie dem Rat der Stadt Lübeck den 1410 ausgestellten Schutzbrief über die Vogtei Mölln zurückgeben.
Trotz herzoglichen Protests[54] blieben die Vierlande mit ihren Zubehörungen für das Herzogtum Sachsen–Lauenburg verloren; die territoriale Ausdehnung des Herzogtums war hier auf den Stand von 1370 zurückgefallen,[55] dessen Revision sich die Herzöge seit 50 Jahren verschrieben hatten.[56] Das Jahr 1420 markierte somit einen vorläufigen Endpunkt sachsen–lauenburgischer Revisionspolitik[57] gegenüber der Hansestadt Lübeck und bedeutete in erster Linie den Verlust hoher Einkünfte.[58]
Hamburg und Lübeck einigten sich, die Vierlande und Bergedorf, welches mit Pertinenzen fremder Hoheitsansprüche Holsteins, Mecklenburgs und des Klosters Scharnebek sowie in Curslack [30 Morgen] Sachsen–Lauenburgs[59] durchsetzt blieb, wechselweise in einem Sechsjahresturnus zu verwalten.

Vgl. Otto Beneke: Der Krauel. Ein Beitrag zur Geschichte des Hamburgischen vormals beiderstädtischen Amtes Bergedorf; in: Zeitschrift des Vereines für hamburgische Geschichte, 6; 1875, S. 1–20. – Vgl. abweichend Duve, Mitteilungen, S. 193. Den Herzögen von Sachsen–Lauenburg verblieb ein geringer Teil des Kirchspiels Curslack in einer Größenordnung von 30 Hufen.

53 UBStL, 6, S. 298f., Nr. 265 (Entwurf vom 20. August 1420), S. 299f., Nr. 266 (Abtretungserklärung vom 23. August 1420). – Vgl. UBStL, 6, S. 306, Nr. 271 (Administration betr. die Urkundenbesiegelung und weitere Vorgehensweise vom 30. August 1420). – Duve, Mitteilungen, S. 217. Der „Herzogen– oder Sachsenwald" war im Rahmen der Erbteilungen im frühen 14. Jahrhundert unter gemeinsamer Nutzung geblieben. Der Anspruch, den die Städte Hamburg und Lübeck geltend machten, betraf die der Mölln–Bergedorfer Linie zustehende Hälfte des Waldes, die seit 1228 im askanischen Gesamtbesitz als Reichslehen galt. – Vgl. Rolf Hennig: Der Sachsenwald; Neumünster 1983 (künftig zitiert: Hennig, Sachsenwald), S. 21.

54 UBStL, 6, S. 300, Nr. 267. Die Protestnote, als Notariatsinstrument in Gegenwart von Herzog Johann von Mecklenburg und Kasimir von Pommern–Stettin niedergelegt, ist auszugsweise abgedruckt in: Duve, Mitteilungen, S. 197 bis 205. – Abschriften in: LAS, Abt. 210, Nr. 794.

55 Schulze, Territorialpolitik, S. 98f.

56 Schulze, Territorialpolitik, S. 114.

57 Vgl. Duve, Mitteilungen, S. 258. Duve sieht einen möglichen Endpunkt dieser Sache erst um 1474, da er verschiedene Revisionsversuche des Herzogs von Sachsen–Lauenburg einbezieht. De facto beschreibt die Situation von 1420 bereits den Zustand von 1474, so daß es gerechtfertigt ist, bereits 1420 die Revisionspolitik der Sachsen–Lauenburger als beendet zu betrachten.

58 Vgl. Wilhelm Becker: Aus Wentorfs Verkehrsgeschichte; in: Heimatbuch Wentorf; hrsg. v. d. Gemeinde Wentorf anläßlich der 750–Jahrfeier; Lauenburg 1967 (künftig zitiert: Becker, Verkehrsgeschichte), S. 75f. 1410 hatte Herzog Erich I. von Sachsen–Lauenburg mit Hamburg ein Abkommen über die Holzflößerei auf der Oberbille geschlossen: Am Bergedorfer Schloß mußte fortan ein Zoll gezahlt werden.

59 Duve, Mitteilungen, S. 192. – Kellinghusen, Bergedorf, S. 203.

2.1.1.2 Das Herzogtum Holstein und der Grenzverlauf an der Bille

Die Grenze zwischen dem Herzogtum Sachsen–Lauenburg und der Grafschaft Holstein war größtenteils natürlich–geographisch durch den Verlauf der Bille bestimmt.[60]
In Höhe des Dorfs Mühlenrade knickte der Flußlauf in Richtung des unter reinbekischer Klosterverwaltung stehenden Dorfs Köthel ostwärts ab und bildete sogleich die südliche Begrenzung der zu Lauenburg gehörenden Vogtei Steinhorst, die um 1500 über keine Landbrücke zum Stammterritorium der Lauenburger verfügte.
Ursprünglich hatten lauenburgische Adlige die Dörfer der späteren Vogtei im Besitz, veräußerten ihre Besitzungen jedoch an die lauenburgischen Herzöge: die Familie von Parkenthin 1394 eine Hälfte Siebenbäumens, die Familie von Zülen 1408 Steinhorst, Sandesneben, Schiphorst, Stubben, Riekenhagen und Schön[en]born (Herzog Erich IV. konnte diesen Kauf 1449 unter Vermittlung des mecklenburgischen Herzogs Heinrich erfolgreich gegen neuerliche Ansprüche der Familie von Zülen verteidigen), die Familie von Scharffenberg 1471 Linau und Wentorf und die Familie von Ritzerau 1476 eine Hälfte Duvensees und die Dorfschaften Groß– und Klein–Klinkrade, Labenz und Lüchow.[61] Des weiteren konnten die Dörfer Schürensohlen und Boden wieder in den landesherrlichen Besitz zurückgeführt werden.[62]
Die Erwerbungen des Herzogs von Sachsen–Lauenburg wurden zu einer Vogtei zusammengefaßt, der seit ungefähr 1500 ein Amtmann vorstand, so daß anschließend von dem Amt Steinhorst gesprochen wurde,[63] in welches das Rittergut Schönberg mit Franzdorf territorial inkorporiert war.[64]

Die natürliche Grenze zwischen Holstein und Sachsen–Lauenburg und die nach Norden sich anschließende Landgrenze ließen die territoriale Situation ruhig erscheinen, die allerdings dadurch beeinträchtigt war, daß die Bedeutung eines Grenzflusses neben einer politisch–strukturellen Bedeutung eine praktische Dimension hat: Irrungen um Fluß– und Fischereirechte, Ufer– und

---

[60] Kellinghusen, Bergedorf, S. 188.

[61] Hans Funck: Der Verkauf des Amtes Steinhorst an Holstein–Gottorf; in: Lbg.H., N.F. 39; 1962 (künftig zitiert: Funck, Verkauf Steinhorsts), S. 14. Kobbe, 3, S. 289f. Die zweite Hälfte Duvensees wurde 1468 von der Witwe Abel Schacks an Marienwohlde abgetreten. – Vgl. hierzu E. Nissen: Beiträge zur Geschichte des Amts Steinhorst; in: Archiv des Vereins für die Geschichte des Herzogthums Lauenburg, N.F. 1/ 1; 1884 (künftig zitiert: Nissen, Steinhorst), S. 60f. – Vgl. UBStL, 9, S. 588, Nr. 597, vom 20. März 1458 (Verkauf einer Rente aus Groß– und Klein–Klinkrade)

[62] Duve, Mitteilungen, S. 287.

[63] Vgl. Duve, Mitteilungen, S. 287.

[64] Duve, Mitteilungen, S. 288.

Flußgrundgerechtigkeiten bestimmten das praktische Leben der Bewohner der Grenzregion. Diese Irrungen kamen zumeist auf einer der landesherrlichen untergeordneten Ebene, jener der Vögte, zum Austrag.
Andererseits war die Landgrenze zu Holstein seit 1475 von den in unmittelbarer Nähe gelegenen Pertinenzen des Amts Tremsbüttel als Pfandbesitz mit Stützpunktcharakter beeinflußt worden. Bisher war die Grenzsicherungsfunktion des Amts kaum beachtet worden, wenngleich hierdurch die Rolle des Herzogs von Sachsen–Lauenburg gegenüber seinem Nachbarn in Holstein gestärkt wurde. Außerdem war das Verhältnis beider Territorien zueinander von einer seit Jahrhunderten ähnlich praktizierten Heiratspolitik der Lauenburger gekennzeichnet, so daß die engen verwandtschaftlichen Beziehungen[65] im Spätmittelalter eine entspannte Grenzsituation zwischen beiden Herzogtümern gewährleisteten. Der Graf von Holstein hatte sich durch die Vereinbarungen des Ripener Vertrags von 1460 innenpolitisch konsolidieren und mit der Erhebung seines Landes zum Herzogtum im Jahr 1474[66] einen außenpolitischen Erfolg erringen können. Diese positiven Entwicklungen wurden durch die Auseinandersetzungen mit Dithmarschen (nach reichsrechtlicher Verlehnung zu Holstein gehörig[67]) im ausgehenden 15. Jahrhundert, die in der Schlacht bei Hemmingstedt im Jahr 1500 ihren Kulminationspunkt erfuhren, gehemmt.[68] Die Schlacht bei Hemmingstedt hatte auch eine innenstrukturelle Dimension: Kriegsbedingte Todesfälle in der holsteinischen Ritterschaft erforderten einen vorzeitigen Generationswechsel, der die zum Teil noch unter Vormundschaftsregelung stehende junge Ritterschaft des Landes in die politische Verantwortung nahm und so eine innenpolitisch erforderliche Orientierungs– und Umbauphase einleitete. Der Herzog von Holstein mußte seine Landschaft auf der Grundlage

---

[65] Die Tochter von Herzog Johann I., Helene, heiratete am 14. November 1297 Graf Adolf VI. von Holstein und Schauenburg; Herzog Johann II. in Lauenburg war seit 1315 mit Gräfin Elisabeth von Holstein und Schauenburg verheiratet; Herzog Erich II. in Ratzeburg heiratete 1349 Gräfin Agnes von Holstein–Schauenburg; Herzog Erich V. von Sachsen–Lauenburg war seit 1435 mit Gräfin Elisabeth von Holstein und Schauenburg verheiratet; die Tochter Herzog Erichs IV., Agnes, heiratete Graf Albrecht II. von Holstein und Schauenburg; Herzog Johanns V. Tochter Sophie war seit 1491 mit Graf Anton von Holstein–Schauenburg vermählt. Gelang den lauenburgischen Herzögen zwar nicht die unmittelbare Einheirat in die jeweils regierende Herrscherlinie, so befanden sich doch stets unmittelbare Verwandte der Lauenburger im nahen Umfeld der in Holstein regierenden Fürsten.

[66] RAK, T.K.I.A., Nr. 25, qdr. 4.

[67] RAK, T.K.I.A., Nr. 25, qdr. 6 und 7.

[68] Ulrich Lange: Stände, Landesherr und Große Politik – Vom Konsens des 16. zu den Konflikten des 17. Jahrhunderts; in: Ders. (Hg.): Geschichte Schleswig–Holsteins. Von den Anfängen bis zur Gegenwart; Neumünster 1996 (künftig zitiert: Lange, Stände), S. 153ff. und S. 163.

des Ripener Vertrags von 1460 konsolidieren, so daß wenig Raum für ein außenpolitisches Engagement verblieb. Der Herzog von Holstein konzentrierte sich daher zunächst auf die Lösung anstehender innenpolitischer Probleme.

2.1.1.3 Holsteinische Exklaven

Noch im 14. Jahrhundert gehörten die sog. „Lankenschen Dörfer“ (Lanken, Elmenhorst, Sahms und Groß–Pampau) zum Rittersitz Linow, der im Besitz der Familie Wulff von Schwarzenbek war;[69] eine Nebenlinie verwaltete die „Lankenschen Dörfer“ von dem Wulffschen Gut im Dorf Lanken aus.
Nach einer Phase von Rentenverschreibungen von 1423 bis 1426 an das Kloster Reinfeld und einer Phase der Verpfändungen an die holsteinischen Grafen seit 1447 (seit 1459 zugleich die Könige von Dänemark) verkaufte ihnen der letzte männliche Nachkomme dieser Nebenlinie, der Geistliche Schack Wulff, im Jahr 1477 die „Lankenschen Dörfer“;[70] Wulff trat jedoch wenig später das vertraglich zugesicherte Wiedereinlösungsrecht an Herzog Johann V. von Sachsen–Lauenburg ab.[71] Dieser konnte sich gegenüber dem dänischen König allerdings nicht durchsetzen, der die „Lankenschen Güter“ mit seinem Amt Trittau verband.[72]

2.1.1.4 Lübecker Exklaven[73]

Im Zuge der städtischen lübischen Verkehrssicherungspolitik hatten Lübecker Bürger, das St. Johanniskloster und das Heiligen–Geist–Hospital im 14. Jahrhundert zahlreiche Erwerbungen in der Vogtei Mölln vorangetrieben;[74] der

---

69 Duve, Mitteilungen, S. 621.

70 Stoldt, Amtsbauern, S. 22. Diese Maßnahme stand allerdings nicht im Einvernehmen mit dem 1421 verfaßten Urkundentext zur Verschreibung an das Kloster Reinfeld. – Vgl. RAK, T.K.U.A., A I 1, Brevveksling melle Fyrstehusen Sachsen–Lauenburg 1524–1627.

71 Duve, Mitteilungen, S. 622.

72 S. Schulze, Territorialpolitik, S. 159, insbes. Fn. 551 hinsichtlich der Aussage Duves, daß diese vier Dörfer ursprünglich dem holsteinischen Kloster Reinbek gehörten. – Vgl. Duve, Mitteilungen, S. 232. Vgl. Hubertus Neuschäffer: Schlösser und Herrenhäuser im Herzogtum Lauenburg; [= Schriftenreihe der Stiftung Herzogtum Lauenburg, 14]; Würzburg 1987, S. 61ff. – Vgl. [...] Wegemann: Die Veränderung der Größe Schleswig–Holsteins seit 1230; in: ZSHG, 45; 1915 (künftig zitiert: Wegemann, Veränderung), S. 274.

73 S. hierzu grundlegend Friedrich Bertheau: Zur Geschichte der lübschen Enklaven in Lauenburg; in: Lbg.H.; 1907, S. 54–59 (künftig zitiert: Bertheau, Enklaven).

74 Graßmann, Verfassung, S. 73. Stoldt, Amtsbauern, S. 26. Wolfgang Prange: Ein Hoheitsstreit im 16. Jahrhundert; in: Kurt Jürgensen (Hg.): Die Grenz– und Territorialentwicklung im Raume Lauenburg – Mecklenburg – Lübeck; [= Lauenburgische Akademie für Wissenschaft und Kultur, Kolloquium 4]; Neumünster 1992 (künftig zitiert: Prange, Hoheitsstreit), S. 42. Die Dörfer Albsfelde [1291], Nusse [1370], Sirksrade,

Lübecker Rat trat zu dieser Zeit nicht offen als Kaufinteressent auf, sondern forcierte „aus der zweiten Reihe" diese Art lübischer Territorialpolitik.[75] Die Vereinbarungen des Perleberger Friedensvertrags von 1420 gewährleisteten die Geschlossenheit der Vogtei.
Im 15. Jahrhundert wandelte sich das Verhalten des Rats, der nun mehr in den Vordergrund trat und so seine politischen Absichten deutlicher zum Ausdruck brachte: Grundeigentum wurde direkt erworben, eine territorial orientierte Erwerbspolitik blieb handlungsleitendes Motiv, wobei auch sonstige Landgebiete erworben wurden, sofern Möglichkeiten zum Kauf gegeben waren.

Die Geschäftsbeziehungen des Adelsgeschlechts der Grönau zur Stadt Lübeck, zunächst in Holzverkäufen – mit Konsens des Herzogs – bestehend, weiteten sich aus und wurden bis 1424 intensiviert. Gegen eine Summe von 3.000 ML verkaufte Volquin von Grönau im Zuge von Erbauseinandersetzungen dem Lübecker Rat das Dorf Behlendorf mit Hof, die Dörfer Gießendorf, Harmsdorf und den Hof Klein–Anker mit allen Zugehörungen, ließ sich aber die Möglichkeit des Rückkaufs der ursprünglich Parkenthinschen Güter auf dreißig Jahre einräumen.[76] Hierauf verzichtete er 1444, und der Grönauer Besitz gelangte so endgültig in die Hände des Lübecker Rats. Die Konsenserklärung des lauenburgischen Herzogs im Jahr 1444 umfaßte nicht nur die erworbenen Güter, sondern zudem die Besitzungen am Behlendorfer See und dessen Zoll, die für 2.000 ML an die Stadt abgetreten wurden.[77] Verzichtete der Herzog damit ausdrücklich auf alle Gerechtigkeiten, so hatte er sich die Kriegsdienstleistungen des Landvolks dennoch vorbehalten.

Düchelsdorf, Kastorf [1377] und Weeden waren im Besitz Lübecker Bürger. Dechow [1278], Utecht [1300], Schattin [1300], Wulfsdorf [1291], Beidendorf [1292] und Blankensee [1293] waren im Besitz des St. Johannisklosters, Falkenhusen [1231] und der Mönkhof sowie Teilgerechtigkeiten in Groß–Sarau [1346 – 1391] befanden sich im Besitz des Heiligen–Geist–Hospitals.

75 Vgl. Graßmann, Verfassung, S. 73: Graßmann bezeichnet diese Art der Lübecker Politik als Landgebietspolitik. Mag die im 14. Jahrhundert betriebene Politik Lübecks damit hinreichend erklärt sein, so sieht der Verf. in der territorialen Expansion des 15. Jahrhunderts, abzielend auf eine umfassende Verkehrssicherungspolitik, eine territorialpolitische Dimension.

76 UBStL, 6, S. 581, Nr. 591. – Schulze, Territorialpolitik, S. 126. – Vgl. Antjekathrin Graßmann: Bemerkungen zum Kirchenwesen der lauenburgischen und mecklenburgischen Exclaven Lübecks; in: Kurt Jürgensen (Hg.): Die Kirche im Herzogtum Lauenburg. Beiträge zu ihrer Geschichte und Gegenwart; [= Lauenburgische Akademie für Wissenschaft und Kultur, Kolloquium 5]; Neumünster 1994 (künftig zitiert: Graßmann, Kirchenwesen), S. 93.

77 AHL, Urkundenabteilung Sasco Lauenburgica, Nr. 296. – UBStL, 8, S. 309ff., Nr. 263. – Schulze, Territorialpolitik, S. 126. – Graßmann, Kirchenwesen, S. 93.

Mit dem Erwerb bedeutender Teile des Ratzeburger Sees sicherte sich die Stadt Lübeck bis zum Jahr 1419 Fischerei–, Flößerei– und Gerichtsgerechtigkeiten, die durch den Ausfluß der Wakenitz in den Ratzeburger See eine besondere Bedeutung erhielten und die bereits seit dem Ende des 13. Jahrhunderts bestehende Verschreibung[78] der Sachsenherzöge für die spätere Lübecker Bürgermeisterfamilie Wornewech[79] mit dem Wehr am Ratzeburger See weiträumig abrundeten.[80] Die Stadt hatte damit neben einer wesentlichen Einnahmequelle auch eine wichtige Kontrollfunktion hinsichtlich der Regulierungsmaßnahmen für die Wasserstände auf dem Ratzeburger See und der Wakenitz übernommen.[81]

Im Jahr 1423 erwarb die Stadt das Stift Klein–Grönau und konnte das Dorf Hollenbek nördlich von Mölln in ihren Besitz bringen.[82] Am 7. September 1444 erwarben die lübeckischen Ratsmänner Johann Gerwer und Johann Lüneburg für eine Summe von 4.000 ML mit Wiederkaufsrecht eine jährliche Rentenzahlung von 240 ML aus den Dörfern Lütau, Witzeeze, Groß–Sarau, Krummesse, Niemark und Berkenthin von den Herzögen Magnus, Bischof von

---

[78] [...] Peltzer: Promemoria der Freien und Hansestadt Lübeck betreffend den Nachweis der Rechte, welche ihr an dem nördlichen Theile des Ratzeburger Sees zustehen; 2 Teile in: Archiv des Vereins für die Geschichte des Herzogthums Lauenburg, 3/ 3; 1892, S. 80–119 und 4/ 1; 1893, S. 39–90 (künftig zitiert: Peltzer, Promemoria, 1, 2), hier: 1, S. 80ff. Herzog Johann überließ Bertram Wornewech am 8. Juli 1274 ein Wehr im Ratzeburger See für 280 ML Pfennig auf Wiederkauf. Verbunden hiermit waren umfängliche Holzungsrechte an den Seeufern. Als ergänzende Gegenleistung mußte sich der Pfandnehmer verpflichten, das Wehr nachts geschlossen zu halten, um den Fahrbetrieb auf dem See zu verhindern und mithin einen möglichen Handstreich gegen die Stadt Ratzeburg auszuschließen. Die Herzöge von Sachsen–Lauenburg verzichteten jedoch auf ihr Wiederkaufsrecht, so daß nach Verstreichen des verabredeten Termins das Wehr als verkauft galt. – S. Peltzer, Promemoria, 2, S. 39–44 (Urkunden). – S. Peltzer, Promemoria, 2, S. 52–61 (Verpachtungs– und Übergabeurkunden).

[79] Peltzer, Promemoria, 1, S. 83f.: Die Wehranlage wurde 1318 mit einem Dotationsgut an die Familie von den Sachsenherzögen ergänzt. – Peltzer, Promemoria, 2, S. 47–52.

[80] Peltzer, Promemoria, 1, S. 87: Übertragung der Besitzungen der Familie Wornewech an die Stadt Lübeck. Verbunden hiermit war die Abtretung weitreichender Patronatsrechte in dieser Region an das Lübecker Domkapitel.

[81] Vgl. Duve, Mitteilungen, S. 284f.

[82] Schulze, Territorialpolitk, S. 132. – Vgl. hinsichtlich des Dorfs Hollenbek abweichend Graßmann, Verfassung, S. 73.

Hildesheim, und Bernhard II. von Sachsen–Lauenburg;[83] die Dörfer hatten die Herzöge zuvor von der Familie Krummesse erworben.[84]
1452 wurde der lübische Besitz um das Dorf Schretstaken, vormals im Besitz der Familie von Krummesse, nunmehr zum Teil im Besitz des Volrad von Zülen, erweitert, wobei ein Teil der Vikarien dem Kloster Marienwohlde zukam.[85] Bereits im Januar desselben Jahres waren die Dörfer Bartelsdorf (bei Büchen) und Wangelau (bei Litau) von Herzog Bernhard IV. gegen eine Zahlung von 1.200 ML mit einer jährlichen Rente von 84 ML an den Vorsteher der Leichnamsbruderschaft in Lübeck[86] und im Jahr 1458 die Dörfer Klempau und Klein–Sarau, die Herzog Bernhard gegen eine Zahlung von 1.700 ML mit Wiederkaufsrecht mit einer jährlichen Rente von 102 ML an Lübecker Bürger verpfändet hatte,[87] an Lübeck abgetreten worden.[88] Ebenso verkaufte er 1458 gegen Zahlung von 2.050 ML unter Vorbehalt des Rückkaufs eine Rente von 143 ½ ML aus dem Dorf Lankau und dem Dorf Anker sowie der Göldenitzer Mühle an Bernd Darsow, einen Bürger in Lübeck.[89]

---

[83] LAS Abt. 390, Nr. 228, qdr. 24H. – UBStL, 8, S. 293, Nr. 250. Die Dörfer Lütau, Witzeese, Groß–Sarau und Berkenthin konnten von den Herzögen zu einem späteren Zeitpunkt wieder eingelöst werden, Krummesse und Niemark blieben im Lübecker Besitz.

[84] Zu den zuvor auf den Gütern gelegenen Pfandschaften: Stoldt, Amtsbauern, S. 198, Fn. 187. – S. UBStL, 9, S. 110, Nr. 107 vom 9. November 1452: Heinrich von Krummesse verpfändet das Dorf Lankau an einen Lübecker Bürger. Bestätigung von Herzog Bernhard in: UBStL, 9, S. 113, Nr. 108 vom 9. November 1452 (Wiedereinlösungsrecht vorbehalten). Die Wiedereinlösung Lankaus muß vor 1458 stattgefunden haben, denn am 13. November 1458 wurde Lankau erneut verpfändet (UBStL, 9, S. 666, Nr. 658). Zu den Lehnsbriefen und –verschreibungen des 14. Jahrhunderts bzgl. Krummesse und Niemark: NdsHStA, Celle Br. 103, Nr. 124 I.

[85] UBStL, 9, S. 88f., Nr. 78 vom 14. Februar 1452 an das Johanniskloster. – S. hinsichtlich der Zahlungsunfähigkeit der Herzöge: UBStL, 10, S. 346, Nr. 310 (1. Mai 1463). – Vgl. irrig Schulze, Territorialpolitik, S. 132. – S. UBStL, 9, S. 120f., Nr. 113 vom 14. Dezember 1452: Die noch offenen Vikarien, mit Ausnahme der Marienwohlder, werden an Lübeck übertragen. Das Kloster erhält zum selben Zeitpunkt das Patronatsrecht und die Mühle nebst Gerechtigkeiten. – Vgl. UBStL, 9, S. 124f., Nr. 116: Lübeck überläßt das Dorf Schretstaken dem Vikar Johannes von Ilsen.

[86] UBStL, 9, S. 85, Nr. 75 vom 26. Januar 1452 (Wiedereinlösungsrecht vorbehalten).

[87] LAS, Abt. 390, Nr. 228, qdr. 24G. – UBStL, 9, S. 663f., Nr. 657. Herzog Johann von Sachsen–Lauenburg erwarb beide Dörfer – wie seine Räte bestätigten – 1466 zurück (UBStL, 11, S. 177f., Nr. 172).

[88] Ergänzt wurden die territorialen Verluste des Herzogs durch Rentenverschreibungen aus Geldern, die er vom Ratzeburger Rat erhielt: Vgl. exemplarisch UBStL, 9, S. 160ff., Nr. 162 vom 13. November 1452. – S. auch UBStL, 9, S. 433f., Nr. 435 vom 17. April 1457. – Vgl. UBStL, 9, S. 806, Nr. 783 vom 6. November 1459 (Otto Schack betr. das Dorf Müssen). – Hierzu auch: UBStL, 9, S. 809f., Nr. 785 vom 10. November 1459 (Verkauf des halben Dorfs Müssen).

[89] UBStL, 9, S. 666f., Nr. 658.

Der lübische Erwerb des ausgedehnten Familienbesitzes der von Ritzerau begrenzten in den 1460er Jahren den herzoglichen Einfluß im nördlichen Teil des Herzogtums Sachsen–Lauenburg. Wie bei der Familie Grönau waren dem Verkauf an Lübeck enge Geschäftsbeziehungen vorangegangen. Dominierten bei den von Grönau die Verbindungen zur Stadt Lübeck, so lenkten die von Ritzerau ihr Hauptinteresse auf Handelsbeziehungen zu dem unter lübischem Einfluß stehenden Rat der Stadt Mölln. Besonders nach 1420 entwickelte sich unter lübischer Einflußnahme die Kapitalkraft der Stadt Mölln, die bei Rentenverpfändungen und Geldleihen zahlreiche lauenburgische wie auch landfremde Adlige zu ihrem „Kundenstamm" zählen durfte.[90]
Nach Verpfändungen und Geldanleihen[91] folgte 1465 der Teil–, 1468 nach Familienstreitigkeiten der Totalausverkauf des Hauses von Ritzerau.[92] Für 7.000 ML veräußerte Hans von Ritzerau 1465 seinen gesamten Anspruch am Schloß Ritzerau mit dessen Hof, die Hälften der Dörfer Klein–Ritzerau mit der Mühle, Koberg, Poggensee, Duvensee, Woltersdorf und Tramm[93] und die wüsten Feldmarken von Sirksfelde, Manau und Siltendorf mit allen Zugehörungen an den Lübecker Rat.[94] Im Jahr 1468 veräußerten Volrad und Otto von Ritzerau gegen den Protest von Herzog Johann V.[95] ihren noch verbliebenen Teil am Familienbesitz. Damit hatte die Stadt die noch fehlenden Anteile der genannten Dörfer – mit Ausnahme von Duvensee[96] – in ihren Besitz gebracht. Sie annullierte ehemals vereinbarte Rückkaufsklauseln der Familie, wies ihr eine städtische Unterkunft in Lübeck zu[97] und löste so die Familie von Ritzerau, die

---

90 Schulze, Territorialpolitik, S. 127.

91 UBStL, 9, S. 122f., Nr. 115 vom 18. Dezember 1452 (Hans von Ritzerau verschreibt eine Hälfte des Dorfs Coberg). – UBStL, 9, S. 205f., Nr. 202. – UBStL, 10, S. 295ff., Nr. 285 vom 5. Februar 1463 (Verpfändung einer Hufe in Poggensee an einen Lübecker Bürger durch Volrad und Otto von Ritzerau). – UBStL, 10, S. 504f., Nr. 481 vom 25. Mai 1464 (Nutzungsüberlassung des Eichenholzes auf dem Mannauer Feld an Lübeck für 20 Jahre unter Erstattung einer Summe von 160 ML).

92 Vgl. UBStL, 10, S. 633f., Nr. 625. – Vgl. UBStL, 11, S. 464f., Nr. 429. – AHL, Urk. Abt. Sasco–Lauenburgica, Nr. 350 (Abschrift in: AHL, RKG, B 92, qdr. 6, lit. C, präs. 9. Oktober 1744). Ebenfalls in diesem Zusammenhang sind die Versuche Herzog Johanns V. zu sehen, die Pfandschaft über die Ritzerauschen Güter im Jahr 1468 an sich zu bringen: UBStL, 11, S. 422ff., Nr. 391, 392 und 393. S. hinsichtlich der Auszahlungsmodalitäten: UBStL, 11, S. 502, Nr. 463. – Ebenda, S. 509, Nr. 467. – Ebenda, S. 527, Nr. 480.

93 UBStL, 10, S. 590ff., Nr. 580 vom 23. April 1465.

94 UBStL, 10, S. 689ff., Nr. 684 vom 16. November 1465.

95 Schulze, Territorialpolitik, S. 147. – Vgl. UBStL, 10, S. 700, Nr. 695 vom 3. Dezember 1465. Bereits im Jahr 1465 hatte der Herzog Einspruch erhoben.

96 Prange, Hoheitsstreit, S. 46. – Vgl. UBStL, 10, S. 266ff., Nr. 256 betr. das halbe Dorf Duvensee.

97 UBStL, 10, S. 693ff., Nr. 687 und 688 vom 19. November 1465. – In Ergänzung dazu UBStL, 10, S. 700f., Nr. 696 vom 8. Dezember 1465.

vormals mit der Stadt häufig in Auseinandersetzung gestanden hatte,[98] im lauenburgischen Territorium ab; strenggenommen war die Familie von Ritzerau aus dem Territorium verdrängt worden.[99]
Ergänzt wurden diese territorialen Zugewinne durch den Ankauf des Hofs Tüschenbek und den des Dorfs Hornstorf (von dem Knappen Vicke Karlow) durch Lübecker Bürger im Jahr 1461 sowie Gütererwerbungen aus den Dorfschaften Hornstorf und Hornsmühlen im Jahr 1464.[100]

Der Erwerb von Besitzungen durch die Stadt Lübeck weist zwei Phasen auf: Die Erwerbungen des 14. Jahrhunderts sind als mittelbarer Ausdruck lübischer Landgebietspolitik[101] im Zuge einer im Einvernehmen mit der Stadt Hamburg initiierten Verkehrssicherungspolitik zu verstehen, die ihre praktische Ausführung in der willigen und kapitalkräftigen Gefolgschaft Lübecker Bürger fanden.
Durch die innerstädtischen Probleme und die daraus resultierenden außenpolitischen Rückschläge im beginnenden 15. Jahrhundert büßte Lübeck seinen Einfluß im benachbarten Herzogtum Sachsen–Lauenburg in weitem Maß ein und konnte (und wollte) sich erst seit 1420, gestärkt durch den Perleberger Frieden, unmittelbar der territorialen Ausdehnung widmen. Aufgrund der willigen Gefolgschaft des lauenburgischen Adels, der im 15. Jahrhundert der Kapitalkraft der Städte Lübeck und Mölln erlegen war und seine finanzielle Abhängigkeit mit dem Verlust seiner Güter bezahlt hatte, konnte der herzogliche Einfluß zurückgedrängt werden.
Die Schwächung der herzoglichen Landesherrschaft war eine Folgeerscheinung, der die Sachsen–Lauenburger nichts entgegenzusetzen hatten; ganz im Gegenteil: die Entlassung der Grönauer und Ritzerauer Besitzungen aus dem Territorium begünstigte einerseits die Arrondierungsbestrebungen des Lübecker Rats und zeigte andererseits die finanzielle, wirtschaftliche und damit landesherrliche Schwäche,[102] unter der das Herzogtum nach dem politischen Mißerfolg der zwanziger Jahre zu leiden hatte. Diese Schwäche fand in der herzoglichen Unfähigkeit, die Sicherheit auf den Handelsstraßen durch das

---

[98] Vgl. UBStL, 9, S. 113f., Nr. 109 vom 16. November 1452. Lübeck ließ sich von Hans von Ritzerau das Vorkaufsrecht auf das Gut Ritzerau als Sühnehandlung bestätigen.

[99] Schulze, Territorialpolitik, S. 129ff. – S. Bertheau, Enklaven, S. 58.

[100] UBStL, 10, S. 107ff., Nr. 104 vom 11. November 1461 (Tüschenbek und Hornstorf). – UBStL, 10, S. 552f., Nr. 539 vom 18. November 1464 (Güterverkäufe aus Hornstorff und Hornsmühlen).

[101] Vgl. Anm. 75.

[102] Vgl. UBStL, 10, S. 346, Nr. 330 vom 1. Mai 1463. Herzog Bernhard bittet um Zahlungsaufschub für eine säumige Rentenzahlung von 83 ML an die Leichnamsbruderschaft in Lübeck mit der Begründung, daß die Schiffahrt zur Zeit nicht lebhaft sei. – Vgl. UBStL, 10, S. 618, Nr. 610 vom 15. Juni 1465. Johann V. schreibt dem Rat von Lübeck über seine Schulden gegenüber Lübecker Ratsmännern und Bürgern.

lauenburgische Territorium zu gewährleisten, ihren weiteren Ausdruck und rechtfertigt Interpretationen, die lübische Territorialpolitik des 15. Jahrhunderts als eine Fortsetzung der lübischen Verkehrssicherungspolitik des 14. Jahrhunderts zu fassen.[103]

Zusätzlich ist die von Lübeck betriebene Territorialpolitik durch ein hohes Maß an rechtlicher Durchdringung des Territoriums zur Herstellung eindeutiger Rechtsverhältnisse gekennzeichnet; das Recht, die Wiederkaufsansprüche der Herzöge von Sachsen–Lauenburg zu annullieren, konnte von Lübeck durch eine Zahlung von 1.000 ML im Jahr 1469 für die Ritzerauer Besitzungen erwirkt werden.[104] Die Bestätigung eines Wiedereinlösungsrechts für die Vogtei Mölln mußte die Stadt Lübeck dem Herzog nach langwierigen Verhandlungen unter Vermittlung von König Christian I. von Dänemark im Oktober 1474 in Segeberg zugestehen.[105] Der Erfolg für den Herzog war jedoch nur ein scheinbarer; knappe finanzielle Mittel machten dem Haus Sachsen–Lauenburg eine Einlösung der Vogtei langfristig unmöglich, so daß der von Lübeck bestätigte Rezeß aufgrund kalkulierbarer Folgewirkungen eher als städtischer Erfolg zu bewerten ist;[106] zudem beschränkte sich das Gebiet der Möllner Vogtei letztlich auf das Möllner Stadtgebiet, da die Möllner Vogteibesitzungen vom Lübecker Rat in die neugegründete Vogtei Ritzerau überführt worden waren.

Dennoch vermochten die Herzöge von Sachsen–Lauenburg zahlreiche an Lübecker Bürger verpfändete Güter bis um 1500 wieder einzulösen, so daß Teilerfolge der lauenburgischen Rückerwerbungspolitik zu vermerken sind, die aber unter dem Eindruck der größeren Landgebietsverluste im Stammterritorium in den Hintergrund geraten.

2.1.1.5 Grenzirrungen mit Mecklenburg

Zum Herzogtum Mecklenburg, welches im Osten, neben dem Bistum Ratzeburg, den größten Teil der Grenze des Herzogtums Sachsen–Lauenburg berührte, hatten die askanischen Herzöge – ebenso wie zu Holstein – enge verwandtschaftliche Beziehungen.[107]

---

[103] Schulze, Territorialpolitik, S. 137ff., insbes. S. 141.

[104] AHL, RKG, B 92, qdr. 7, lit. D.

[105] Schulze, Territorialpolitik, S. 150.

[106] Vgl. Schulze, Territorialpolitik, S. 150.

[107] Herzog Albrecht IV. von Sachsen–Lauenburg in Bergedorf heiratete 1341 in zweiter Ehe die Prinzessin Sophie von Mecklenburg–Güstrow; deren Sohn Albrecht V. vermählte sich 1366 mit Prinzessin Katharina von Mecklenburg–Güstrow; Katharina, Tochter von Herzog Erich IV. (Ratzeburger Linie), wurde in erster Ehe mit Prinz Johann VII. von Mecklenburg–Werle verheiratet und in zweiter Ehe mit Herzog Johann II. von Mecklenburg–Stargard.

Der Grenzverlauf zwischen beiden Territorien barg ein besonders hohes Maß an Konfliktpotential in sich, das seine Ursprünge im 13. Jahrhundert hatte, dem Jahrhundert der territorialen „Neuordnung“[108] im ehemaligen Land Polabien.
Im Dreiländereck des Bistums Ratzeburg und der Herzogtümer Mecklenburg und Sachsen–Lauenburg saß seit 1332/ 1334,[109] mit Bestätigungen von 1434[110] und 1489[111], das mecklenburgische Rittergeschlecht der Lützows auf der Burg Dutzow und in Groß– und Klein–Thurow als Lehnsnehmer des Herzogs von Sachsen–Lauenburg. Lützow war vornehmlich Lehnsmann des Herzogs von Mecklenburg und als Angehöriger der Ritterschaft diesem verpflichtet. Im Falle einer Auseinandersetzung zwischen den beiden Territorien, so die Anweisung des Jahres 1332, konnte sich Lützow aussuchen, für wessen Interessen er eintreten wollte. Entschied er sich für die Mecklenburger Interessen, so mußte er Dutzow für die Dauer der Fehde in neutrale Hände legen; schlug er sich auf die Seite der Lauenburger, so hatte der mecklenburgische Herzog ihn schadlos zu halten. Das latent vorhandene Konfliktpotential in der Grenzregion konnte durch diese Vereinbarung bis 1500 gebändigt werden, wenngleich der Konfliktstoff erhalten blieb.

Die territorialen Ausweitungen des Bistums Ratzeburg östlich des Schaalsees mit der Insel Kampenwerder in den Jahren um 1230 und seit 1292 verbriefte Besitzrechte lauenburgischer Ritter an den Dörfern und Besitzungen Lassahn und Techin entfremdeten diese Gebiete mehr und mehr der schwerin–wittenburgischen Landesherrschaft und leiteten einen Übergang in lauenburgisches Territorium, das Land Ratzeburg, ein. Als der Herzog von Sachsen–Lauenburg im Jahr 1400 Stintenburg, Kampenwerder, Lassahn und Techin in seinen unmittelbaren Einflußbereich bekam und an seine Untertanen verlehnte, kam es zu Auseinandersetzungen mit der mecklenburgischen Landesherrschaft, die 1456 nach zähen Verhandlungen Lauenburgs Hoheit anerkannte; eine klare Grenzregelung in diesen Gebieten war jedoch nicht erfolgt, so daß eher von einem Stillhalteabkommen gesprochen werden kann, in dem beide Landesherren auf die Eigenvermittlung der jeweils beteiligten Ritter hofften.[112]

Nach Süden verlief die Grenze entlang dem Flußlauf der Boize, ‘knickte‘ südlich des Dorfs Segrahn südwestwärts ein[113] und verlief dann zum Teil über

[108] Prange, Entwicklung der Grenzen, S. 20.
[109] Duve, Mitteilungen, S. 370.
[110] Duve, Mitteilungen, S. 371.
[111] Duve, Mitteilungen, S. 372.
[112] Vgl. Prange, Entwicklung der Grenzen, S. 21.
[113] S. LAS, Abt. 390, Nr. 496. Im Jahr 1470 verkauften Angehörige der Familie von Zülen Gudow und ihre Hälfte von Segrahn samt der dazugehörigen Feldmark und des Sees an die

„längere Strecken schnurgerade“[114], um anschließend südwärts (entlang der Stein–Au) an die Elbe zu stoßen. Boten einerseits natürliche Bedingungen auch klare Grenzziehungen, so waren es andererseits vor allem die über Land verlaufenden Grenzen, die unklar blieben, zumal der lauenburgisch–mecklenburgische Grenzraum im Spätmittelalter eine beachtliche Anzahl wüstgewordener Dörfer und Feldmarken aufwies.[115] 1450/ 51 wurde die wüste Feldmark Wackerbek an das Kloster Zarrentin in Mecklenburg verkauft, nachdem die Bewohner ihr Dorf, welches im Kirchspiel Gudow und im Land Ratzeburg lag, verlassen hatten. Verkäufe wie auch schleichende Grenzverschiebungen durch sich ausdehnendes Gewohnheitsrecht hatten Gebietsverluste Sachsen–Lauenburgs zur Folge, das in Ermangelung urkundlicher Beweise das Nachsehen hatte und vor allem südlich Segrahn und westlich der Boize gelegene Landesteile einbüßte. Trotz allem blieben Fehdehandlungen zwischen beiden Territorien aus. Ursache dafür mag – vor allem im ausgehenden Spätmittelalter zu beobachten – das hohe Maß an Verständigungsbereitschaft gewesen sein, welches lauenburgische und mecklenburgische Adlige als Nachbarn in ihrem Verhalten unter Nicht–Einbeziehung der Landesherrschaft an den Tag legten. Besonders deutlich wurde dies in den Grenzirrungen um Jagd– und Holzgerechtigkeiten, über unberechtigte Holzhauungen um Zecher und Hollenbek, also wegen Übergriffen mecklenburgischer Ritter auf lauenburgisches Territorium und umgekehrt. Fehden wurden mit Hilfe von Gesprächen und Vereinbarungen und regional begrenzten Arrondierungsmaßnahmen vermieden.[116]

Ein weiteres Spannungsfeld zwischen den beiden Herzogtümern bestand wegen der lauenburgischen Besitzungen im Land Darzing. In langwierigen Gesprächen, die mecklenburgischerseits aufgenommen worden waren, wurde zwischen den beiden Fürstenhäusern unter Beibringung zahlloser Besitzurkunden um die Grenzziehung während des Spätmittelalters ergebnislos verhandelt.[117] Gewaltsame Übergriffe, abgesehen von Verletzungen der Holz– und Jagdgerechtigkeiten beiderseits, unterblieben allerdings.

Das Verhältnis beider Territorien zueinander muß als konfliktträchtig und spannungsgeladen charakterisiert werden, zumal schleichende Grenzveränderungen auf Dauer die Beziehungen stark hätten belasten können.

Brüder Ritter Werner und Friedrich von Bülow. 1481 bestätigte Herzog Johann von Sachsen–Lauenburg den Verkauf.

[114] Prange, Entwicklung der Grenzen, S. 24.

[115] Prange, Entwicklung der Grenzen, S. 23.

[116] LAS, Abt. 210, Nr. 866, darin: „Bericht über Grenzirrungen zwischen Mecklenburg und Sachsen–Lauenburg [seit 1477]“.

[117] Ebenda.

Die politischen Absichten der mecklenburgischen Herzöge waren im 15. Jahrhundert allerdings auf andere Bereiche ausgerichtet: Außenpolitische Auseinandersetzungen mit dem Lübecker Rat und dem Markgrafen von Brandenburg bestimmten ebenso das politische Tagesgeschäft im Mecklenburgischen wie der Versuch, die Ostseestädte Stralsund und Rostock stärker an die Landesherrschaft zu binden[118] sowie innere Konsolidierungsmaßnahmen zusammen mit der eigenen Ritterschaft einzuleiten. Herzog Magnus II. von Mecklenburg mußte sich zudem der schwierigen Aufgabe stellen, die Verschuldungs– und Verpfändungspolitik, die unter Herzog Heinrich VI. (dem Dicken) eingesetzt hatte,[119] zu beenden, was ihm ebenso gelang, wie die Einleitung einer umfänglichen Rückerwerbungspolitik.[120]
Die Verlehnung lauenburgischer Besitzungen an die mecklenburgische Ritterschaft, lauenburgische Besitzungen in Mecklenburg und unklare Grenzverläufe sowie Gebietsverkäufe boten um 1500 in ihrer Gesamtheit ausreichenden Zündstoff für Auseinandersetzungen; dennoch galt die Grenze zwischen Lauenburg und Mecklenburg als sicher. Eine wesentliche Festigung hatte das gegenseitige territoriale Verhältnis durch ein wechselseitiges Schutzbündnis und eine Erbvereinigungsklausel vom 12. August 1431 erfahren.[121] Die Notwendigkeit dieser Erbvereinigung ergab sich aus den Erfahrungen der jüngsten politischen Ereignisse, die aus dem Aussterben der männlichen Linie des Hauses Sachsen–Wittenberg resultierten. Erbvereinigung und dynastische Verbindung boten den Herzogtümern Mecklenburg und Sachsen–Lauenburg ein gleichermaßen anerkanntes und gleichberechtigtes Verhältnis zur Stabilisierung ihrer Grenzverläufe.

2.1.1.6 Grenzirrungen mit Braunschweig–Lüneburg

Die Grenze des Herzogtums Sachsen–Lauenburg zum Herzogtum Braunschweig–Lüneburg war größtenteils durch natürliche Grenzen definiert. Das Land Darzing erfuhr seine westliche und südliche Begrenzung, durch geringe braunschweigisch–lüneburgische Nutzungsrechte eingeschränkt, durch den Lauf der Elbe.

---

[118] S. Ernst Boll: Geschichte Mecklenburgs mit besonderer Berücksichtigung der Culturgeschichte; Teil 1, Neubrandenburg 1855, Nachdruck Neubrandenburg 1995; Teil 2, Neubrandenburg 1856, Nachdruck Neubrandenburg 1995; Register und Nachträge, handschriftliche Nachträge von Ernst Boll zu beiden Teilen erarb. v. Petra Weise, Neubrandenburg 1995 (zitiert: Boll, 1, 2, Nachträge), hier: Boll, 1, S. 145.
[119] Boll, 1, S. 146ff.
[120] Boll, 1, S. 171.
[121] Duve, Mitteilungen, S. 393f.

Das Herzogtum Sachsen–Lauenburg wurde elbüberschreitend um die Marschvogtei ergänzt, die natürlich im Norden durch die Elbe und – grob – im Süden durch die Ilmenau, die in ihrem weitesten Verlauf mit beiden Uferseiten zu Braunschweig–Lüneburg gehörte, begrenzt wurde. Südlich grenzte das Territorium der Herzöge von Braunschweig–Lüneburg am gegenüberliegenden Elbufer des Dorfs Geesthacht an die Elbe und markierte so die westliche Grenze der lauenburgischen Vogtei; die gedachte Linie von der Elbe über Wendewisch (zu Braunschweig–Lüneburg)[122] zur Ilmenau unter Einbeziehung des Rittergutes Lüdersburg[123] begrenzte östlich die Vogtei.

Das Spätmittelalter im Herzogtum Braunschweig–Lüneburg war ebenso wie im Herzogtum Holstein von inneren Konsolidierungsbemühungen, Erbstreitigkeiten und der Bewahrung erworbener territorialer Integrität geprägt. Im Nachbarterritorium Sachsen–Lauenburg, mit dem die Herzöge enge verwandtschaftliche Beziehungen unterhielten,[124] fanden sie ein ruhiges, nicht in Richtung Süden expansionssüchtiges Nachbarland.
Voraussetzung waren langanhaltende Verhandlungen im 13. und 14. Jahrhundert gewesen, deren Ergebnisse durch den Vertrag von Lüne im Jahr 1374 nochmals bestätigt worden waren: Die Herrschaften von Bleckede und die von Hitzacker wurden an die Herzöge von Braunschweig–Lüneburg abgetreten und die linkselbischen Gebiete in Masse dem lüneburgischen Territorium angegliedert.[125] Hingegen konnten die Herzöge von Sachsen–Lauenburg ihre Besitzungen in der Marschvogtei mit den Dörfern Echem und Bullendorf sowie das Rittergut Lüdersburg gegen Herzog Albrecht IV. von Sachsen–Lüneburg verteidigen.[126]
Das Jahr 1374 markiert somit die schließliche Grenzregulierung für die südlich der Elbe gelegenen Marschlande und erklärt zugleich den eher unüblichen Grenzverlauf.
Dennoch: Die üblichen Kreditgeschäfte zwischen Fürsten[127] und gegenseitige Hilfsleistungen – in Form von Vermittlungs– und Einigungsversuchen – bei

---

[122] Vgl. Duve, Mitteilungen, S. 189.

[123] Vgl. Stoldt, Amtsbauern, S. 24 (Lüdershausen).

[124] Herzog Erich IV. von Sachsen–Lauenburg heiratete 1373 Herzogin Sophie zu Braunschweig–Lüneburg, seine Schwester Agnes wurde bereits 1363 mit Herzog Wilhelm II. von Braunschweig–Lüneburg vermählt. Damit hatten die Herzöge von Sachsen–Lauenburg in der schwierigen inneren Konsolidierungsphase im Hause Braunschweig–Lüneburg unmittelbaren Einfluß gewonnen, zugleich waren sie in die unmittelbare Nähe des lüneburgischen Erbfolgestreits geraten.

[125] Schulze, Territorialpolitik, S. 29f. – Stoldt, Amtsbauern, S. 24.

[126] Vgl. Duve, Mitteilungen, S. 186f. Herzog Albrecht IV. entstammte der Sachsen–Wittenberger Linie und war Herzog von Sachsen und Lüneburg.

[127] Vgl. exemplarisch: NdsHStA, Celle Or. 12, Nr. 201 vom 9. September 1511: Der Herzog von Braunschweig–Lüneburg leiht dem Herzog von Sachsen–Lauenburg 400 fl. –

Streitigkeiten mit anderen Territorialnachbarn waren selbstverständlich, so daß ein friedvolles und verständnisreiches Nebeneinander der beiden Territorien im Spätmittelalter festgestellt werden kann, wenngleich ausreichendes Konfliktpotential vorhanden war.[128]
Zu einem Konfliktfeld zwischen Sachsen–Lauenburg und Braunschweig–Lüneburg konnte sich hingegen der Umstand ausweiten, daß das Haus Sachsen–Lauenburg das Bischofsamt in Hildesheim beschickte. Damit rückten die Sachsen–Lauenburger nicht als Herren ihres eigenen Landes in das territoriale Interessenfeld der Braunschweiger vor, sondern als geistliche und weltliche Landesherren in Hildesheim.[129]

2.1.2 Der Herzog von Sachsen–Lauenburg als Lehnsnehmer des Herzogs von Holstein

Im Jahr 1475 bot sich Herzog Johann V. eine günstige Gelegenheit, Besitzungen auf holsteinischem Territorium zu erwerben. Lüder Heest,[130] Lehnsinhaber der Erbpachtparcelistencommune Tremsbüttel, vereinbarte mit ihm am 16. Oktober den Kauf des Guts Tremsbüttel mit den zugehörigen 14 Dörfern und allen Gerechtsamen.[131] Der Landesherr, König Christian I. von

---

NdsHStA, Celle Or. 12, Nr. 204 vom 16. Juni 1512: Der Herzog von Sachsen–Lauenburg leiht dem Herzog von Braunschweig–Lüneburg 2.000 fl.

128 Stoldt, Amtsbauern, S. 25.

129 Herzog Albrecht von Sachsen–Lauenburg war bis 1421 Domherr in Hildesheim, sein Bruder Magnus war Bischof von Hildesheim von 1424 bis 1452.

130 Hubertus Neuschäffer: Schlösser und Herrenhäuser in Südholstein; Würzburg 1984 (künftig zitiert: Neuschäffer, Herrenhäuser), S. 226ff. Zu den zahlreichen Besitzungen der Familie von Heest gehörte u.a. das Schloß Rethwisch.

131 LAS, Urk. Abt. 210, Nr. 418. LAS, Abt. 210, Nr. 1092. – Vgl. Hans–Georg Krause: Rückdatierte Urkunden des Spätmittelalters aus Norddeutschland; in: Fälschungen im Mittelalter. Internationaler Kongreß der Monumenta Germaniae Historica München, 16.–19. September 1986. Teil 3: Diplomatische Fälschungen (I); [= Monumenta Germaniae Historica, Schriften, Band 33/3]; Hannover 1988 (künftig zitiert: Krause, Rückdatierte Urkunden), S. 480, Fn. 85. – Es handelte sich in der Originalurkunde um 14 Dörfer, die zum Gut Tremsbüttel gehörten. In späteren Abschriften „erhöhte" sich diese Zahl auf 15 Dörfer: Die Abschriften der Urkunde, die seit der Regierungszeit von Herzog Franz I. (seit 1543) angefertigt wurden, weisen 15 Dörfer zu Tremsbüttel gehörend aus. S. LAS, Abt. 7, Nr. 1317 (Abschrift aus den 60er Jahren des 16. Jahrhunderts). – Vgl. Adolf Christen: Die altstormarnischen Ämter Reinbek, Tremsbüttel und Trittau; in: Jb.Alsterverein, 46; 1968 (künftig zitiert: Christen, Altstormarnische Ämter), S. 28. – Günter Bock: Klein–Hansdorf 13. Jahrhundert bis 1778; in: Hannelies Ettrich und die Gemeinde Jersbek (Hgg.): Chronik Jersbek; Jersbek/ Husum 1989 (künftig zitiert: Bock, Klein–Hansdorf), S. 260. Zum Gut Tremsbüttel gehörten folgende Dörfer: Mellingstedt, Lemsahl, Duvenstedt, Tangstedt, Wilstedt, Idstedt, Tönningstedt, Fischbek, Tremsbüttel, Bargteheide, Delingsdorf (Detleffstorpe), Hammoor, Klein–Hansdorf, (Neu–) Rahlstedt (und halb Hoisbüttel). – Vgl.

Dänemark, hatte als Lehnsherr des Verkäufers seinen Konsens zu diesem „Unterverkauf" am 1. Oktober 1476 gegeben, nicht ohne auf sein Wiedereinlösungsrecht hinzuweisen und sich von Herzog Johann V. bestätigen zu lassen, ein guter Lehnsmann zu sein.[132] Die Kaufsumme wurde auf 9.100 ML festgelegt, nach zähen Verhandlungen allerdings auf 9.200 ML angehoben,[133] die Johann V. am 24. September 1477 Lüder Heest aushändigen ließ.[134] Der vollzogene Kauf wurde am 1. Oktober 1477 von König Christian I. – auf Anforderung[135] – mit nochmaliger Betonung seines Wiedereinlösungsrechts, bestätigt.[136] Perfekt wurde der Handel durch die Bestätigung Bischof Albrechts von Lübeck am 18. November 1479.[137]
Ließ der Herzog von Sachsen–Lauenburg das Gut Tremsbüttel mit seinen Zubehörungen zunächst durch einen von ihm eingesetzten Vogt (prefectus) verwalten, so wurden seit 1501 adlige Afterpfandnehmer als Amtmänner eingesetzt,[138] die den Streubesitz fortan als „Amt Tremsbüttel" verwalteten.[139]

2.1.3 Das Herzogtum Sachsen–Lauenburg und das Bistum Ratzeburg

Die Gründung des Bistums Ratzeburg geht auf die Initiative Heinrichs des Löwen[140] im Sommer des Jahres 1154 im Zuge der Ostkolonisation zurück,

---

Rainer und Renate Schmidt: Das Register vom Türkenschatz Anno 1545. Die Schätzlisten des Herzogtums Lauenburg. Paläographische Übertragung des Originaldokuments aus dem Landesarchiv Schleswig; o.O. 1978 (künftig zitiert: Schmidt, Türkenschatz). 1545 wurde Hoisbüttel nicht mehr als zum Amt Tremsbüttel gehörend geführt. – Vgl. zum Teil unvollständig: Neuschäffer, Herrenhäuser, S. 181. – Zum Gut Tangstedt s. ausführlich: Neuschäffer, Herrenhäuser, S. 303ff.

132 LAS, Urk. Abt. 210, Nr. 423. – LAS, Urk. Abt. 7, Nr. 295. – LAS, Abt. 7, Nr. 1288 I, qdr. 1.

133 LAS, Urk. Abt. 210, Nr. 417a. – LAS, Abt. 7, Nr. 1317, qdr. 1.

134 LAS, Abt. 210, Nr. 1092: Am 14. Juni 1480 bestätigte Lüder Heest, daß er nun gänzlich abgefunden worden sei.

135 LAS, Abt. 7, Nr. 1317, qdr. 1.

136 Vgl. LAS, Urk. Abt. 210, Nr. 423a. Dieses Wiedereinlösungsrecht wurde dem dänischen König von Herzog Johann V. bereits am 1. Oktober 1476 garantiert.

137 LAS, Abt. 210, Nr. 1092.

138 Krause, Rückdatierte Urkunden, S. 480.

139 Folgende Amtmänner sind nachgewiesen: 1501–1518 Burckhard von Weihe; 1518–1554 Volradt (von) Pentz; 1554–1568 Christoph von Boldensen; 1568–1571 Benedikt von Ahlefeldt. – S. in diesem Zusammenhang das Landbederegister Tremsbüttels für das Jahr 1517 bei E. Reinstorf: Landbederegister des Herzogtums Lauenburg 1517; Hamburg o.J.

140 Grundlegend: Karl Jordan: Heinrich der Löwe. Eine Biographie; München 1979 (künftig zitiert: Jordan, Heinrich der Löwe). – Neueste Veröffentlichung: Joachim Ehlers: Heinrich der Löwe. Europäisches Fürstentum im Hochmittelalter; [= Persönlichkeit und Geschichte, 154/ 155]; Göttingen/ Zürich 1997. – Zugleich sei an dieser Stelle zumindest auf einen Teil eines mehrbändigen Ausstellungskatalogs des Jahres 1995 verwiesen: Jochen Luckhardt

wohingegen die Ortsentstehung auf den Kolonisierungsplänen des Grafen von Ratzeburg, Heinrich von Badewide, fußt.[141] Die Grafen Heinrich und Bernhard von Ratzeburg mußten zur Ausstattung des Bistums 300 Hufen in den Ländern Boitin und Ratzeburg abtreten.[142] Die Bischöfe, von Heinrich eingesetzt, erhielten zusätzlich das Zehntrecht für alle neu zu gründenden Dörfer. Bischof Evermod von Cambrai, erster Bischof von Ratzeburg, belehnte allerdings den Grafen von Ratzeburg mit der Hälfte des Zehnten seiner Dörfer.[143] Im Jahr 1158 bestätigte Papst Hadrian IV. die Bistumsgründung.[144]

Damit bildeten die Besitzungen im Land Boitin ein fast geschlossenes Territorium.

Reichsunmittelbar war das Bistum zunächst nicht;[145] der Bischof mußte auf den herzoglichen Landtagen erscheinen, und seine Stiftsuntertanen waren zur Leistung von Kriegsdiensten sowie zur Teilnahme an den Gerichtstagen verpflichtet.[146]

Die Stiftsvogtei lag als erbliches Lehen weiterhin in der Hand des Grafen von Ratzeburg. Die Einkünfte hingegen wurden halbiert und flossen – unter der

---

und Franz Niehoff (Hgg.): Heinrich der Löwe und seine Zeit. Herrschaft und Repräsentation der Welfen 1125–1235. Katalog zur gleichnamigen Ausstellung Braunschweig 1995. Teil 2: Essays; München 1995.

[141] Grundlegend: Karl Jordan: Die Bistumsgründungen Heinrichs des Löwen. Untersuchungen zur Geschichte der ostdeutschen Kolonisation; [= Schriften des Reichsinstituts für ältere deutsche Geschichtskunde (Monumenta Germaniae historica), 3]; unveränderter Nachdruck der Ausgabe v. 1939; Stuttgart 1952, S. 18ff., S. 41 und S. 85f. (künftig zitiert: Jordan, Bistumsgründungen). – Masch, Ratzeburg, S. 39ff. – Prange, Entwicklung der Grenzen, S. 19. – Kaack, Ratzeburger Insel, S. 51. – Vgl. Rolf Hammel–Kiesow, Ortwin Pelc: Landesausbau, Territorialherrschaft, Produktion und Handel im Hohen und Späten Mittelalter (12.–16. Jh.); in: Ulrich Lange (Hg.): Geschichte Schleswig–Holsteins. Von den Anfängen bis zur Gegenwart; Neumünster 1996 (künftig zitiert: Hammel–Kiesow/ Pelc, Landesausbau), S. 77. Die beiden Autoren benennen als Datum der Bistumsgründung das Jahr 1144. – Vgl. zur Dotation durch die Grafen von Ratzeburg: Masch, Ratzeburg S. 43.

[142] Jordan, Heinrich der Löwe, S. 77. – Jordan, Bistumsgründungen, S. 34. – Masch, Ratzeburg, S. 41. – Gleichlautend bei Hans–Georg Kaack: 1296 – 1996. 700 Jahre Herzogtum Lauenburg. Vom Fürstentum zur Kommunalen Gebietskörperschaft. Ein Überblick; in: Lbg.H.; N.F. 145; 1996, S. 5. Die Dotation umfaßte 300 Hufen, von denen 250 Hufen im Land Boitin und 50 Hufen durch das Überlassen der Orte Ziethen, Römnitz, Kolatza (das spätere Clotesfelde), Farchau und Panten zustandekamen. – Vgl. dazu Prange, Entwicklung der Grenzen, S. 19. – Masch, Ratzeburg, S. 59.

[143] Jordan, Heinrich der Löwe, S. 77. – Vgl. hinsichtlich des Zehntrechts: Jordan, Bistumsgründungen, S. 29f.

[144] Jordan, Heinrich der Löwe, S. 77. – Vgl. Masch, Ratzeburg, S. 41. Masch benennt den 21. Januar 1157.

[145] Vgl. anders Duve, Mitteilungen, S. 225.

[146] Stoldt, Amtsbauern, S. 19.

Gesamtverwaltung des Bischofs von Ratzeburg – zur einen Hälfte in die Kasse des Bischofs und zur anderen in die des Dompropstes und des Kapitels.
Nach dem Zusammenbruch der verbindenden Zentralgewalt im Jahr 1181 trat das Bistum Ratzeburg – nach einer Güterteilung zwischen Bischof Isfried und dem Domkapitel im Jahr 1194[147] – in einen Verselbständigungsprozeß ein.
Territoriale Arrondierungsmaßnahmen, die zunächst auf erhebliche Widerstände der Askanier stießen, konnten – nach einer entsprechenden finanziellen Entschädigung – durchgesetzt[148] und so die Festigung der Landesherrschaft vorangetrieben werden, der mit Hilfe gefälschter Urkunden Nachdruck verliehen wurde.[149]
Die Ereignisse von 1227 begünstigten durch die Neuverteilung Polabiens diese Entwicklung, die seit 1203 den politischen und territorialen Realitäten entsprach:[150] Die Grafschaft Ratzeburg zerfiel; das Land Gadebusch kam an die Fürsten von Mecklenburg, das Land Boitin bildete fortan das Territorium des Bistums Ratzeburg, die Länder Wittenburg und Boizenburg gelangten an die Grafen von Schwerin,[151] und die Verbindung des Landes Ratzeburg mit dem Land Sadelbande bildete das künftige Herzogtum Sachsen–Lauenburg.[152]
Bereits 1236 hatte das Bistum die Reichsstandschaft von Kaiser Friedrich II. für die von Heinrich dem Löwen übertragenen Gebiete erhalten.[153] Die askanischen Herzöge von Sachsen, in ihrer Funktion als Rechtsnachfolger der Grafen von Ratzeburg, waren damit de iure ihrer Position als Landesherren im Land Boitin enthoben. Kaiser Friedrich II. nahm den Bischof und seine Nachfolger sowie das Domkapitel unter seinen Schutz und schloß zukünftigen Besitzerwerb in diese Privilegierung ein. Es erscheint schlüssig, von diesem Zeitpunkt an von einem reichsunmittelbaren Bistum Ratzeburg zu sprechen,[154] wenngleich die

---

[147] Friedrich Bertheau: Die geschichtliche Entwicklung der ländlichen Verhältnisse im Fürstentum Ratzeburg; in: Jahrbücher des Vereins für mecklenburgische Geschichte und Altertumskunde, 79; 1914, (künftig zitiert: Bertheau, Fürstentum Ratzeburg), S. 76f. – Masch, Ratzeburg, S. 87ff.

[148] Meyn, Gebietsherzogtum, S. 30.

[149] S. ausführlich bei Jordan, Bistumsgründungen, S. 18ff. und S. 45.

[150] Prange, Entwicklung der Grenzen, S. 20.

[151] 1358 fiel die Grafschaft Schwerin an die Herzöge von Mecklenburg.

[152] S. umfassend: Friedrich Lammert: Die älteste Geschichte des Landes Lauenburg. Von den Anfängen bis zum Siege bei Bornhöved; Ratzeburg 1933.

[153] Jordan, Bistumsgründungen, S. 43. – Stoldt, Amtsbauern, S. 21. – Vgl. Duve, Mitteilungen, S. 225. Bertheau, Fürstentum Ratzeburg, S. 77. – Masch, Ratzeburg, S. 137f.

[154] S. Jordan, Bistumsgründungen, S. 129f. – Vgl. abweichend Duve, Mitteilungen, S. 78: Aufgrund des Vertrags vom 4. Juli 1224 kann das Bistum als reichsunmittelbar betrachtet werden. – Vgl. Stoldt, Amtsbauern, S. 20f. – Vgl. Meyn, Gebietsherzogtum, S. 145. Letztere zwei Autoren bezeichnen das Bistum Ratzeburg seit 1507 als reichsunmittelbar, da erst seit diesem Zeitpunkt ein Nachweis über Reichssteuern des Bistums Ratzeburg an den Kaiser vorliegt. Diesem Schluß kann der Verf. nicht folgen.

Auseinandersetzungen mit Sachsen–Lauenburg über die Reichsstandschaft Ratzeburgs jahrzehntelang anhielten.[155] Finanzielle Ausgleichsregelungen des Bischofs von Ratzeburg gegenüber den Herzögen von Sachsen–Lauenburg haben letztlich in den Jahren 1261[156] und 1271[157] die Besitzungen des Bischofs soweit befreit, daß alle Gerechtsamen nunmehr in seiner Hand vereinigt waren, die Ausübung seiner Landesherrschaft zur vollständigen Entfaltung gelangen konnte[158] und zugleich neue Gerechtsame der bischöflichen Tafel zugewiesen wurden.[159]
Der Bischof von Ratzeburg übte in seiner Funktion als Landesherr seit dem Ende des 13. Jahrhunderts die obere Gerichtsbarkeit aus und erhielt die Bede: Das Ratzeburger Domkapitel war somit in seiner Gesamtheit Lehnsnehmer des Bischofs.
Die territorialen Arrondierungsmaßnahmen, die Bischof und Domkapitel gleichermaßen vorantrieben, wurden durch den Ausverkauf oder Gebietstausch des landsässigen Adels in den Ländern Boitin und Ratzeburg in erheblichem Maß begünstigt.[160] Die Herzöge von Sachsen–Lauenburg hatten dem finanziell nichts entgegensetzen können und traten – mit einer Ausnahme[161] – ihre

---

[155] Meyn, Gebietsherzogtum, S. 30.

[156] Jordan, Bistumsgründungen, S. 44 und S. 128. – Masch, Ratzeburg, S. 160 und S. 172ff.

[157] LAS, Abt. 390, Nr. 573 I, qdr. 14. – Die Urkunde vom 30.9.1271 liegt gedruckt vor in: MUB, 2, Nr. 1224. – S. Masch, Ratzeburg, S. 162 und S. 175ff.

[158] Meyn, Gebietsherzogtum, S. 30f. und S. 204, Fn. 206. – Prange, Entwicklung der Grenzen, S. 20. 1261 und 1271 erwarb der Bischof von Ratzeburg Hoheitsrechte von den Herzögen von Sachsen, die in der Rechtsnachfolge der Grafen von Ratzeburg über die Obergerichtsbarkeit, Steuern, Landwehr und Burgwerk verfügten. Damit hatte der Bischof von Ratzeburg die Landesherrschaft in seinen Stiftsbesitzungen erreicht. – Vgl. Stoldt, Amtsbauern, S. 20. Damit war auch verbunden, daß die Stiftsuntertanen nicht mehr zum herzoglichen Landgericht erscheinen mußten und dem Herzog keine Kriegsleistungen mehr zu erbringen brauchten. (Stoldt vertritt die Meinung, daß die Untertanen noch vereinzelte Kriegsdienste leisten mußten; die Nachweise halten diese These nach Ansicht des Verf. nicht.) Ferner wurde das Bederecht auf den Bischof übertragen, und seine Teilnahme an den herzoglichen Landtagen war nicht mehr erforderlich. – Vgl. Bertheau, Fürstentum Ratzeburg, S. 123.

[159] Jordan, Bistumsgründungen, S. 44.

[160] Exemplarisch: Bertheau, Fürstentum Ratzeburg, S. 124f. – Generell: Jordan, Bistumsgründungen, S. 113.

[161] Prange, Entwicklung der Grenzen, S. 20f. Die Dörfer der Vogtei Schlagsdorf: Groß–Mist, Schlag–Sülsdorf und Thandorf wurden zwar dem Land Boitin zugeschlagen, die landesherrlichen Rechte waren jedoch 1336 nicht Bestandteil des Verkaufs gewesen. Alle anderen territorialen Verkäufe waren im Zusammenhang mit dem Erwerb der landesherrlichen Rechte verbunden gewesen.

herzoglichen Hoheitsrechte, nach Empfang eines entsprechenden Entgelts, an den Bischof ab.[162]
Bis um 1400 führte die Summe aller Anstrengungen der Bischöfe und des Domkapitels von Ratzeburg zu einem geschlossenen Herrschaftsgebiet im Land Boitin[163] und zu Streubesitz in Lauenburg mit der Vogtei Mannhagen, die der Bischof nach dem Aussterben der Grafen von Ratzeburg eingezogen hatte. Hierzu gehörten die Dörfer Mannhagen, Panten, Walksfelde und Clotesvelde;[164] das Dorf Pötrau in der Sadelbande sollte aufgrund der zeitlichen wie räumlichen Nähe ebenfalls dazu gerechnet werden.[165]
Innere Konsolidierungs– und Arrondierungsmaßnahmen zwischen der bischöflichen Tafel und den Besitzungen des Domkapitels liefen parallel und entwickelten sich bis in die frühe Neuzeit hinein weiter.[166]

Zwischen dem Herrschaftsgebiet des Bistums Ratzeburg und dem des Herzogtums Sachsen–Lauenburg gab es einen weiteren empfindlichen territorialen Berührungspunkt: die Stadt Ratzeburg,[167] die zum einen Bistumssitz, zum anderen Nebenresidenz der Herzöge von Sachsen–Lauenburg war.
1439 hat das Bistum zusätzlich den Palmberg von Herzog Bernhard II. für 530 ML erworben,[168] der zusammen mit dem Ratzeburger Domhof als

[162] Bertheau, Fürstentum Ratzeburg, S. 82ff. – Masch, Ratzeburg, S. 106ff. und S. 236ff. – Prange, Entwicklung der Grenzen, S. 20.

[163] Bertheau, Fürstentum Ratzeburg, S. 125.

[164] Stoldt, Amtsbauern, S. 20. – Vgl. Duve, Mitteilungen, S. 225: Duve ergänzt, daß 1315 das Bistum das Dorf Panthen durch Herzog Johann II. erwerben konnte. – Zur Dorfschaft Clotesvelde, dem späteren Oldenburg – beides bis zum Spätmittelalter untergegangene Dörfer: Herbert Richert: Oldenburg – ein verschwundenes Dorf; in: Lauenburgischer Familienkalender, 8; o.J., S. 69–72. – Vgl. Schulze, Territorialpolitik, S. 157, Fn. 537: Alle Dorfschaften wurden 1413 unterpfandlich an Lübeck übertragen. Im Jahr 1555 wird die Dorfschaft Walksfelde als zum Klosterbesitz Marienwohldes gehörig aufgeführt. – Vgl. LAS, Abt. 390, Nr. 224 II, qdr. 24A, fol. 220^{r}.

[165] Jordan, Bistumsgründungen, S. 112.

[166] Vgl. detailliert – vor allem die beiden Stiftsvogteien Stove und Schönberg betreffend – Bertheau, Fürstentum Ratzeburg, S. 128ff.

[167] Jordan, Bistumsgründungen, S. 125. Das Stadtrecht über die Stadt Ratzeburg verblieb beim Herzog, demgegenüber war der bischöfliche Besitz exkorporiert. Vgl. hinsichtlich dieser Brisanz des „Zusammenlebens“ auf der Ratzeburger Insel die später entstehenden Konflikte um Bebauungsrechte auf dem Ratzeburger Domhof im Jahr 1574 (ÖsterrHHStA, A.P.A., L1 [vormals K 94/76]) sowie die Frage um die Bebauung des Palmberges aus den Jahren 1648–1654 (ÖsterrHHStA, RHR, Antiqua 763, Nr. 13).

[168] Urkundenabschrift in LAS, Abt. 390, Nr. 589, qdr. 22 (lat.) und qdr. 23 („Uebersetzung [...] auff Hochteutsch“). – Duve, Mitteilungen, S. 225 und S. 553. – Masch, Ratzeburg, S. 337f. – Kaack, Ratzeburger Insel, S. 53. U.a. befindet sich in dem Aktenbestand eine geographische Beschreibung, die dem qdr. 5, der „Wahrhaftige[n] Information aus dem

Wirtschaftseinheit[169] auf der einen Hälfte der Ratzeburger Insel das Bistumsgebiet als Enklave im Herzogtum Sachsen–Lauenburg kennzeichnete. Das Domkapitel und der Dompropst waren hier beheimatet, wohingegen der Bischof seit 1330 im Schloß Schönberg residierte.[170]

Auseinandersetzungen zwischen dem Herzog von Sachsen–Lauenburg und dem Bischof von Ratzeburg entstanden im ausgehenden Spätmittelalter – seit 1470.[171]
Der Anspruch Herzog Johanns V. von Sachsen–Lauenburg auf den gesamten Ur–Bistumsbesitz – das ganze Land Boitin – bildete den Streitgegenstand; nach Auffassung der Herzöge lag das Bistum auf sächsischem Grund und Boden.
Erscheint in strenger juristischer Auslegung der Anspruch auf die Dörfer des Bistums in der Vogtei Schlagsdorf gerechtfertigt,[172] so entbehrte die Forderung der Herzöge nach dem gesamten Bistumsbesitz, also der Landeshoheit über den Bischof und das Domkapitel und damit das ganze Land Boitin, jeglicher rechtlichen Grundlage:[173] Bede[174] wurde von den Stiftsuntertanen eingefordert und Ablager[175] gehalten.[176]
Zudem hatte die Maßnahme des ratzeburgischen Bischofs Wipert von Blücher, sein Bistum um 1358 gegen eine Zahlung von 600 ML[177] und ein jährliches Entgelt von 60 ML unter mecklenburgischen Schutz und Schirm zu stellen, die

---

Jahr 1646 (19.11.)“, fol. 1^{r}, entnommen ist: „Am itzt gemelt Dohm finden sich ferner und zum andern zweierley pertinentien. Etlich [...] ist der Kirchen uralter grund und boden ex primera dotatione fundatorum. Ein ander stück aber der Palmberg genandt, so doch flugs daran stoßet, und zwischen des Closters Uhralten und dem Sächsischen gebiete liegt, ist vor 200 Jahren von einem Hertzoge zu Sachsen, Nahmens Berent, mit aller recht und gerechtigkeit, höchst und nieder und allem, waß die hern hertzogen zu Sachsen jemals daran gehabt, umb eine gewiße Summe goldes erkauft und also auch der Kirchen eigenthumb [...] des Stiffts [...] worden; laut darüber in anno 1439 erichteten und noch vorhanden Kauffbrieffes.“

[169] Kaack, Ratzeburger Insel, S. 52.

[170] Vgl. Masch, Ratzeburg, S. 365f. – Bertheau, Fürstentum Ratzeburg, S. 127.

[171] Detailliert bei Masch, Ratzeburg, S. 367ff. (für die Vorgänge um 1470) und S. 393ff. (für die Vorgänge seit 1492).

[172] S. Anm. 161.

[173] Hillmann, Herrschaftswechsel, S. 64f.

[174] Eine vom Landesherrn der jeweiligen Territorien des Reichs erhobene Steuer, die ein– bis dreimal jährlich an festgelegten Terminen von den Untertanen zu zahlen war.

[175] Zur Definition des Ablagers s. Duve, Mitteilungen, S. 494: „[Ablager bedeutet] unentgeldliche Herberge und zur Beköstigung auch Stallung und Futter für die Pferde, wenn der Herzog oder dessen Beamte oder Jagdbediente sich im Dorfe aufhielten“ – gleichlautend Masch, Ratzeburg, S. 422.

[176] Masch, Ratzeburg, S. 369f.

[177] Masch, Ratzeburg, S. 262.

Herzöge von Sachsen–Lauenburg seit langem geärgert.[178] Ziel dieser Maßnahme sollte ein wirksamer Schutz vor gewaltsamen Übergriffen vor allem des lauenburgischen und holsteinischen Adels auf das Bistumsland sein,[179] denen die jeweiligen Territorialfürsten nicht Einhalt gebieten konnten.

Die territoriale Rückerwerbungspolitik der Herzöge von Sachsen–Lauenburg in den letzten Jahren des 15. Jahrhunderts markierte in den formulierten Ansprüchen auf das Land Boitin – als geschlossenes Territorium – eine neue Art der Auseinandersetzung: Der Versuch, mit Hilfe unrechtmäßiger Mittel und unter Gewaltanwendung einen territorialen Anspruch geltend zu machen, war im Vergleich zu den sonst im 15. Jahrhundert gezeigten Bestrebungen einer friedlichen, auf Verhandlungen fußenden Konfliktregelung neu für die Herzöge von Sachsen–Lauenburg und leitete durch die Konzentration auf exterritoriale Besitzungen eine neue Qualität der Auseinandersetzungen ein. Unter gleichzeitiger Betonung rechtlicher Zulässigkeit wurde nach mittelalterlichem Vorbild versucht, Recht gewaltsam durchzusetzen, was spätestens seit 1495 dem Reichswillen zuwiderlief.
Der Bischof und das Domkapitel von Ratzeburg konnten trotz Reichsbelehnung und kaiserlicher wie mecklenburgischer Schutz– und Schirm–Zusagen[180] den Übergriffen der Herzöge von Sachsen–Lauenburg nicht so wirksam entgegentreten, daß deren Einfluß auf das Bistumsland gänzlich zu unterbinden gewesen wäre. Gleiches galt auch im Hinblick auf Übergriffe der Stadt Lübeck und des mecklenburgischen Adels.
Immerhin gelang es dem Bischof von Ratzeburg, seine landesherrlichen Besitzungen ohne territoriale Verluste in das 16. Jahrhundert zu retten; allerdings mußte er zahlreiche Beschwerungen und finanzielle Leistungen gegenüber den Herzögen in Kauf nehmen. Die ratzeburgischen Exklaven verblieben ebenfalls in bischöflicher Hand, wobei die landesherrlichen Obergerechtigkeiten vom Herzog von Sachsen–Lauenburg wahrgenommen wurden.
In den Jahren 1501/ 04 wurde das Bistum in ein weltliches Chorherrenstift umgewandelt.[181] Für die rechtliche Durchsetzung ersuchten sowohl Bischof als auch Domkapitel um die herzogliche Unterstützung und Genehmigung[182] und dokumentierten so einerseits die Höhe der Abhängigkeit des mittlerweile in finanzielle Bedrängnis geratenen Bistums vom territorialen Nachbarn Sachsen–

---

[178] Masch, Ratzeburg, S. 451ff. Das Schutz– und Schirmgeld wurde vom Bischof (40 ML) und vom Domkapitel (20 ML) aufgebracht. – S. Stoldt, Amtsbauern, S. 195, Fn. 113.
[179] Masch, Ratzeburg, S. 262f. – Meyn, Gebietsherzogtum, S. 264, Fn. 977.
[180] Vgl. Masch, Ratzeburg, S. 396f. – Masch bezeichnet den von Mecklenburg ausgeübten Schutz und Schirm als halbherzig.
[181] Masch, Ratzeburg, S. 385ff. (Transmutation). – Stoldt, Amtsbauern, S. 21.
[182] Masch, Ratzeburg, S. 387.

Lauenburg, ohne jedoch landesherrliche Rechte dafür abgetreten zu haben, und andererseits eine Ratzeburger Schaukelpolitik, die zwischen den Interessen Mecklenburgs, Lübecks und Sachsen–Lauenburgs lavierte.

2.1.4 Das Herzogtum Sachsen–Lauenburg und das Kloster Marienwohlde

Lag der Ursprung des Klosters Marienwohlde aufgrund einer Klosterstiftung des schwedischen Königs Magnus Eriksson für die Tochter eines schwedischen Landrichters, Birgitta,[183] die sich berufen fühlte, reformerisch auf die Kirche einzuwirken, im Ostgötaland,[184] so sind erste urkundliche Nachweise des etablierten Ordens im Lauenburgischen seit 1413 vorhanden.[185] Mit Konsens des Bischofs von Ratzeburg verlegte die Familie von Zülen Vikarien aus der Kapelle des bischöflichen Schlosses Schönberg und dem lauenburgischen Dorf Schretstaken nach Bälau, südwestlich von Mölln: Hier fand das Kloster seine erste Niederlassung.[186] Die auf den Dörfern Bälau und halb Breitenfelde ruhenden Pfandschaften des Ludeke Schack gegenüber dem Lübecker Rat wurden von dem Klosterbruder Burchard Saudel im Namen des Konvents abgelöst[187] und mit Konsens Herzog Erichs V. 1413 wiederverkäuflich erworben,[188] im Jahr 1420 von Marquard Schack endgültig erblich übertragen;[189] letzte Pfandschaften, die auf Bälau ruhten, wurden vom Kloster Reinfeld an das Kloster Marienwohlde 1422 abgetreten.[190] 1414 veräußerte Otto

---

[183] Der schwedische Name wird zumeist in der deutschen Fassung verwendet; dennoch erscheint die Bezeichnung „Brigittenkloster“ als verfälschend und sollte durch die Bezeichnung „Birgittenkloster“ ersetzt werden. – Vgl. zur Schreibweise auch Duve, Mitteilungen, S. 387. – Hammel–Kiesow/ Pelc, Landesausbau, S. 108.

[184] Vgl. LAS, Abt. 390, Nr. 224 I, qdr. 8, fol. 2^{r}. – LAS, Abt. 390, Nr. 224 II, qdr. 24A, fol. 107^{v}–108^{v} (Bestätigungsschreiben des Bischofs von Ratzeburg, daß die Gelder für den Ordensaufbau aus Livland stammten).

[185] LAS, Abt. 390, Nr. 224 II, qdr. 24A, fol. 109^{r}. – S. Ruthmann, Religionsprozesse, S. 487ff. Ruthmann verwendet die den Prozeßakten entnommenen alten Dorfnamen. Die geographischen und territorialen Zugehörigkeitsangaben auf S. 487, Fn. 10 sind irrig.

[186] UBStL, 5, S. 500, Nr. 457. – LAS, Abt. 390, Nr. 224 II, qdr. 24A, fol. 107^{v}–108^{v}.

[187] LAS, Abt. 210, Nr. 690 I, qdr. 52, lit. I.

[188] LAS, Abt. 210, Nr. 690 I, qdr. 52, lit. K. – Zur Ablösung der Pfandsumme s. LAS, Abt. 210, Nr. 690 I, lit. L. – Vgl. E. Deecke: Marienwold. Historische Abhandlung; in: Vaterländisches Archiv für das Herzogthum Lauenburg, 1; 1857 (künftig zitiert: Deecke, Marienwold), S. 383ff. – In Anlehnung an Deeckes historische Ausführungen erschien im Jahr 1997 folgender Aufsatz: Reinhold Beranek: Das Birgittenkloster Marienwohlde im Norden von Mölln; in: Lbg.H., N.F. 146; 1997, S. 3–52 (künftig zitiert; Beranek, Marienwohlde). Beranek widmet sich vor allem archäologischen Fragestellungen, die er in den historischen Kontext einbaut.

[189] UBStL, 6, S. 322, Nr. 299 vom 11. November 1420. – Abschrift in: LAS, Abt. 210, Nr. 690 I, qdr. 52, lit. O.

[190] LAS, Abt. 210, Nr. 690 I, qdr. 52, lit. M.

von Krummesse das Dorf Petzeke,[191] nördlich von Mölln gelegen, an den Konvent, wohin dieser bis 1428 umsiedelte und dem Dorf den Namen Marienwohlde gab. Herzog Erich von Sachsen hatte diesem Verkauf bereits 1422 zugestimmt.[192]

Weitere Gebietserwerbungen des Konvents arrondierten nach und nach den klösterlichen Besitz: die Dörfer Borstorf und Falkenhagen wurden 1413 von der Familie von Zülen erworben,[193] verschiedene Güter des Ludeke Schack, die an Lübeck verpfändet waren, ausgelöst und abgekauft und das Dorf Bergrade 1418 von dem Lübecker Bürger Vromold Warendorp erstanden.

1434 erwarb der Konvent des weiteren Wiesengrundstücke des Gerd von Krummesse zu Anker und 1445 Besitzungen nördlich des Schaalsees von den Herren von Zülen zu einem Preis von 2.500 ML: Die Dörfer Dargow, Niendorf und Eichhorst.[194]

Ergänzt wurde dieser Besitz durch eine Schenkung des Moors zwischen Dargow und Salem von Herzog Bernhard II.[195]

Bereits im Jahr 1438 waren 38 Schwestern und 19 Brüder feierlich in den Orden eingeführt worden,[196] der damit seinen Ordensdienst aufnehmen konnte.

1456 konnte der klösterliche Besitz um das Dorf und Gut Goldensee, im Besitz der Familie von Plesse, erweitert werden.[197] Von der Familie Schack im Jahr 1462 übertragene Nutzungsrechte am Duvensee[198] und von der Familie Scharfenberg im Jahr 1481 überlassene Rechte vermehrten den Besitz des Klosters um entscheidende Fischereigerechtigkeiten. Grundbesitz in den Städten Lübeck und Hamburg rundete das zum Kloster gehörende Eigentum ab.

War die erste Hälfte des 15. Jahrhunderts vornehmlich von Territorialerwerbungen mittels einer kapitalkräftigen Eigenfinanzierung gekennzeichnet, so fanden in der zweiten Hälfte des 15. Jahrhunderts

[191] LAS, Abt. 210, Nr. 690 I, qdr. 52, lit. C. – Deecke, Marienwold, S. 385f.

[192] LAS, Abt. 210, Nr. 690 I, qdr. 52, lit. D.

[193] LAS, Abt. 210, Nr. 690 I, qdr. 52, lit. Q. – S. Hinweis in UBStL, 5, S. 500, Nr. 457. – S. Deecke, Marienwold, S. 388f.

[194] Schulze, Territorialpolitik, S. 120. Herzog Bernhard II. bestätigte diese Verkäufe 1445, behielt sich jedoch das Wiederkaufsrecht sowie das herzogliche Hochgericht vor. – S. LHA, MVP, Aw, Nr. 318: Konsensbrief Herzog Bernhards aus dem Jahr 1445.

[195] UBStL, 9, S. 346f., Nr. 344 (Im Kloster sollten fortan je eine Seelmesse für Bernhards verstorbene Geschwister sowie für ihn und seine Erben gehalten werden).

[196] Beranek, Marienwohlde, S. 33.

[197] UBStL, 9, S. 307f., Nr. 302 vom 13. Januar 1456. Herzog Bernhard bestätigte den Verkauf am 16. Januar 1456 (UBStL, 9, S. 311f., Nr. 304). – Vgl. UBStL, 10, S. 252f., Nr. 240 vom 7. Oktober 1462: Beilegung eines Streits um Fischereigerechtigkeiten auf dem See bei Goldensee zwischen dem Kloster Marienwohlde und Lüder Lützow unter Vermittlung des Herzogs von Sachsen–Lauenburg.

[198] UBStL, 10, S. 264f., Nr. 255 vom 18. November 1462. – In Ergänzung die Abtretung von Nutzungsrechten des Heinrich von Hachede an das Kloster in UBStL, 10, S. 327, Nr. 313.

Rentekäufe und die Übernahme von Pfandschaften das Hauptinteresse des Konvents.[199] Marienwohlde wuchs innerhalb weniger Jahrzehnte zu einem der bedeutendsten Kreditoren heran und damit zu einem wichtigen Finanzpartner der Städte Hamburg und Lübeck, der norddeutschen Landesherrn und des norddeutschen landsässigen Adels.[200]
Bereits 1415 hatte Kaiser Sigismund alle Birgittenklöster – im besonderen das Kloster Marienwohlde[201] – unter seinen Schutz gestellt;[202] im März 1416 erteilte Herzog Erich V. dem Kloster einen Freibrief, in dem er zugleich Schutz und Schirm zusagte und damit versuchte, seinen Konkurrenten, die Stadt Lübeck, von einer Einflußnahme auf das Kloster auszuschließen.[203]
Diese Vorzugsstellung der Herzöge von Sachsen–Lauenburg gegenüber ihrem stärksten städtischen Territorialnachbarn fand mit der kaiserlichen Bevorzugung der Hansestadt Lübeck am 15. Februar 1418 ein jähes Ende: Kaiser Sigismund übertrug der Stadt die Aufgabe, den kaiserlichen Schutz und Schirm in seinem Namen zu gewährleisten.[204]

Die Stadt Lübeck konnte damit im 'Wendejahr' 1420 beachtliche Erfolge aufweisen: ihre Durchsetzung gegenüber den lauenburgischen Herzögen in der Auseinandersetzung um das Amt Bergedorf, die Rückgewinnung der gesamten Vogtei Mölln und die territoriale Kontrolle über das Kloster Marienwohlde (im Norden der Vogtei Mölln) durch kaiserliche Befugnisse.[205] Die im 14. Jahrhundert begonnene lübische Stützpunktpolitik in Sachsen–Lauenburg erfuhr durch diese Gebietsgewinne ihren Höhepunkt und im Zuge einer

---

[199] S. UBStL, 9, S. 126f., Nr. 119 und 120. – UBStL, 9, S. 310f., Nr. 303.

[200] Zu den Schuldnerlisten und finanziellen Verwicklungen s. ausführlich: Deecke, Marienwold, S. 394ff. – Schulze, Territorialpolitik, S. 121. – Hinweise auf Verschuldungen der herzoglichen Familie sind bereits seit 1438 nachweisbar, in: LAS, Abt. 390, Nr. 224 II, qdr. 24A, fol. 110ʳ–112ᵛ (das Kloster lieh dem Herzog von Sachsen–Lauenburg 1.000 fl.).

[201] LAS, Abt. 390, Nr. 224 II, qdr. 24A, fol. 82ᵛ–84ʳ, abgedruckt in: UBStL, 5, S. 566f.

[202] Stoldt, Amtsbauern, S. 199, Fn. 199: 27. März 1415, abgedruckt in: UBStL, 5, S. 522.

[203] LAS, Abt. 390, Nr. 224 II, qdr. 24A, fol. 128ᵛ–129ᵛ. – Abschrift in: LAS, Abt. 210, Nr. 690 I, qdr. 52, lit. A/ 1. – Schulze, Territorialpolitik, S. 122f. – Deeke, Marienwold, S. 359 und S. 366. – Stoldt, Amtsbauern, S. 199, Fn. 200.

[204] LAS, Abt. 390, Nr. 224 II, qdr. 24A, fol. 84ᵛ–86ʳ (Abschrift der Übertragung von Kaiser Sigismund aus dem Jahr 1418). – LAS Abt. 210, Nr. 690 I, qdr. 53 (Die Bestätigung der lübeckischen Schutzrolle erfolgte durch Friedrich III. 1471, durch Ferdinand I. am 27. Juli 1559 und durch Maximilian II. am 26.8.1570). – S. Schulze, Territorialpolitik, S. 124 hinsichtlich der Privilegierung von 1418. – Das kaiserliche Privileg vom 18. Februar 1418 ist abgedruckt: UBStL, 6, S. 11. – Abschriften in: LAS, Abt. 390, Nr. 224 II, qdr. 24A, fol. 86ʳ–88ʳ (Friedrich III., 1471), fol. 88ᵛ–92ᵛ (Ferdinand II., 27. Juli 1559), fol. 92ᵛ–97ʳ (Maximilian I., 26. August 1570). – Vgl. UBStL, 10, S. 514f., Nr. 492 (10. Juli 1464).

[205] Vgl. Schulze, Territorialpolitik, S. 124.

flankierend betriebenen Verkehrswegesicherungspolitik eine weiterreichende territorialpolitische Dimension.[206]

2.1.5 Das Herzogtum Sachsen–Lauenburg und das Kloster Reinbek

Spiegelbildlich – bezogen auf eine das Herzogtum von Südwesten nach Nordosten durchschneidende Linie – zu den Besitzungen des Herzogs von Sachsen–Lauenburg in Holstein, dem Amt Tremsbüttel, lagen die Besitzungen des unter holsteinischer Schutzherrschaft stehenden Klosters Reinbek im Lauenburgischen: die acht Klosterdörfer Mühlenrade, Talkau, Wentorf, Wohltorf, Börnsen, Köthel, Escheburg und Fuhlenhagen.[207]
Diese waren im 13. und 14. Jahrhundert durch Verkäufe und Schenkungen sowohl der Herzöge als auch ihrer Lehnsmänner an das im Jahr 1229[208] gegründete Kloster gelangt,[209] welches sich rasch zur „Versorgungsanstalt für weibliche Nachkommen des lauenburgischen Adels“ entwickelte.[210] Besitzerweiterungen erfuhr das klösterliche Territorium durch den Erwerb einiger Hufen in Kröppelshagen und durch einen Landverkauf (im Bereich

---

[206] Vgl. Schulze, Territorialpolitik, S. 125. Schulze spricht lediglich von einer „verkehrsgeographische[n] Schlüsselposition“.

[207] Zur Gesamtübersicht der Klosterherrschaft Reinbeks um 1500: Wolfgang Prange: Das Bauerndorf Wentorf von seiner Entstehung bis um 1800; in: Heimatbuch Wentorf; hrsg. v. d. Gemeinde Wentorf anläßlich der 750–Jahrfeier; Lauenburg 1967 (künftig zitiert: Prange, Wentorf), S. 30. Das Dorf Kröppelshagen gehörte ursprünglich ebenfalls zum Kloster Reinbek, ging zum Ende des 14. Jahrhunderts aber verloren (S. 31).

[208] Hammel–Kiesow/ Pelc, Landesausbau, S. 108. – Vgl. hinsichtlich des Gründungsdatums ausführlich August Kasch: Das Kloster Reinbek. Versuch einer Chronik; in: Festschrift zur 725–Jahrfeier von Reinbek; hrsg. v. Magistrat der Stadt Reinbek; Reinbek 1963 (künftig zitiert: Kasch, Reinbek), S. 24f.

[209] Schulze, Territorialpolitik, S. 159. – Vgl. Duve, Mitteilungen, S. 230. – Detailliert bei Prange, Wentorf, S. 30f. – Hans Kellinghusen: Wentorf im Kirchspiel Bergedorf; in: Heimatbuch Wentorf; hrsg. v. d. Gemeinde Wentorf anläßlich der 750–Jahrfeier; Lauenburg 1967 (künftig zitiert: Kellinghusen, Wentorf), S. 61. Kellinghusen verwendet den Begriff der vier Klosterdörfer; er bezieht die Klosterbesitzungen im Norden Sachsen–Lauenburgs nicht in seine Untersuchungen ein. – Vgl. Schmidt, Türkenschatz, fol. 11: Im Türkenschatzregister von 1545 werden die vier nördlichen ehemaligen reinbekischen Dörfer als die vier Klosterdörfer bezeichnet. – Vgl. im einzelnen: LAS, Urk. Abt. 7, Nr. 163: Herzog Adolfs Schenkung des halben Dorfs Reinbek, Köthel genannt, an das Kloster Reinbek sowie des Dorfs Thönningstedt und des Vorwerks „Hoybeke“ im Jahr 1238. – Zur Namensgebung vgl. Prange, Wentorf, S. 30. – LAS, Urk. Abt. 7, Nr. 165: Herzog Albert von Sachsen–Lauenburg schenkt dem Nonnenkloster das Dorf Talkau (4. März 1241). – LAS, Urk. Abt. 7, Nr. 180: Bestätigung der Zugehörigkeit der Hälfte Wentorfs zum Kloster Reinbek (9. Oktober 1279). – LAS, Urk. Abt. 7, Nr. 190: Übertragung des gesamten Dorfs Wentorf (5. Februar 1290). – Vgl. zu letzterem einschränkend: Prange, Wentorf, S. 31.

[210] Kasch, Reinbek, S. 73.

Neuengamme)[211] der Kirche zu Bergedorf, deren Patronatsrechte bei dem Bischof und dem Domkapitel von Ratzeburg lagen.[212] Dennoch nahmen die Herzöge von Sachsen–Lauenburg durch Personalveränderungen Einfluß auf die klösterliche Entwicklung und berührten damit maßgebliche holsteinische Interessen,[213] da der Konvent in Reinbek, also auf dem Territorium der Herzöge von Holstein, seinen Sitz hatte.
Über den Zustand des Klosters Reinbek im ausgehenden Spätmittelalter gibt ein Bericht Herzog Friedrichs von Holstein an Papst Alexander VI. um 1496 Auskunft, demzufolge dringender Bedarf an Reformen im reinbekischen Kloster bestand, um einem Untergang vorzubeugen. Päpstliche Visitationsaufträge gingen an die Äbte von St. Michael und St. Godehard in Hildesheim, die zusammen mit der weltlichen Macht Reformen in Reinbek einleiten sollten.[214] Die Stellung der holsteinischen Herzöge als Schutzherren von Reinbek wurde dadurch nachhaltig gestärkt, zumal auch der lauenburgische Herzog Kirchenvisitationen in den acht Klosterdörfern durchführen ließ.[215] Verärgert über die von Holstein und den beiden vom Papst verordneten Äbten eingeleitete Visitation, drohte Herzog Johann V. von Sachsen–Lauenburg, die acht reinbekischen Klosterdörfer einzuziehen und sie dem Klosterbesitz Marienwohlde zu übergeben.[216] Dabei betrachtete er den Visitationsanlaß als weniger entscheidend als die Verletzung seiner territorialen Integrität,[217] zumal er über die Untertanen der acht Klosterdörfer die Gerichtsbarkeit als Berufungsinstanz noch immer innehatte[218] sowie Bede– und Ablagerrechte wahrnehmen durfte.[219]

2.1.6 Das Herzogtum Sachsen–Lauenburg und das Kloster Reinfeld

Die Gründung des Zisterzienserklosters Reinfeld erfolgte in den Jahren 1186/89.[220]

---

[211] Stoldt, Amtsbauern, S. 21.

[212] Prange, Wentorf, S. 31. – Kasch, Reinbek, S. 50ff.

[213] Hans Heuer: Das Kloster Reinbek; [= Quellen und Forschungen zur Geschichte Schleswig–Holsteins, 86]; Neumünster 1985, S. 114.

[214] E. Finke: Die Geschichte der holsteinischen Klöster im 15. und 16. Jahrhundert; in: Zeitschrift der Gesellschaft für Schleswig–Holstein–Lauenburgische Geschichte, 13; 1883 (künftig zitiert: Finke, Klöster), S. 171f.

[215] Vgl. Finke, Klöster, S. 171.

[216] S. Kasch, Reinbek, S. 67.

[217] Vgl. Finke, Klöster, S. 150, S. 172. – Prange, Wentorf, S. 35.

[218] Prange, Wentorf, S. 33.

[219] Prange, Wentorf, S. 34. Die lauenburgischen Beamten durften keine unmittelbare Steuereintreibung vornehmen, sondern erhielten die Gesamtbede über das Kloster.

[220] Hammel–Kiesow/ Pelc, Landesausbau, S. 108.

Die seit 1250/52 zum Kloster Reinfeld gehörenden Besitzungen im Lauenburgischen, die Dörfer Pogeez sowie Groß– und Klein–Disnack mit ihren Gemarkungen, konnten im Jahr 1482 von Herzog Johann V. zurückerworben werden,[221] nachdem bereits 1422 die reinfeldschen Ansprüche am Dorf Bälau an das Kloster Marienwohlde übertragen worden waren.[222] Das Dorf Lanken wurde im Jahr 1421 durch Hartwig Wulff für 400 ML an das Kloster Reinfeld ebenso abgetreten wie die Dorfschaften Sahms und Elmenhorst für 800 ML (wiederkäuflich). Die „Lankeschen Güter" fielen schließlich dem König von Dänemark als Herzog von Holstein zu.[223]
Das Kloster Reinfeld hatte um 1500 keinen Güterbesitz mehr im Herzogtum Sachsen–Lauenburg.

2.1.7 Territorial– und Herrschaftsverhältnisse innerhalb des Territoriums

Herzog Magnus I. von Sachsen–Lauenburg hatte mit Regierungsantritt Erblasten übernommen, die nicht nur im Grenzraum und in dem Verhältnis zu den Territorialnachbarn, sondern gleichermaßen im eigenen Territorium lagen.
Das Stammterritorium des Herzogtums Sachsen–Lauenburg ruhte um 1500 auf zwei innerterritorialen Säulen und einer unter sachsen–lauenburgischer Landesherrschaft stehenden exterritorialen. Des weiteren war das Herzogtum von Exklaven fremder Territorien durchsetzt: von Besitzungen der Stadt Lübeck, der Herzogtümer Mecklenburg und Holstein sowie des Bistums Ratzeburg. Diese Besitzungen Externer waren dem landesherrlichen Einfluß des Herzogs von Sachsen–Lauenburg weitestgehend entzogen, wie in den vorigen Abschnitten beschrieben worden ist.
Die drei landesherrlichen Territorialsäulen standen auf dem Sockel einer Reichsbelehnung an den lauenburgischen Herzog und brachten so das besondere reichsrechtliche Verhältnis zwischen Kaiser und Territorialfürst zum Ausdruck.[224]
Beinhaltete die erste Territorialsäule das unter unmittelbarer herzoglicher Oberhoheit und herzoglichem Einfluß stehende Gebiet, so war die zweite durch ritter– und landschaftliche Erblehnsverhältnisse gekennzeichnet, die alle Gerechtigkeiten, mit Ausnahme der gerichtlichen Oberhoheit, in jeweils einer Hand vereinigten.
Die Gliederung in landesherrliche Vogteien[225] und adlige Grundherrschaften scheint eine grobe Unterscheidung innerhalb des Stammterritoriums zunächst

---

[221] Schulze, Territorialpolitik, S. 159. – Stoldt, Amtsbauern, S. 22.
[222] LAS, Abt. 390, Nr. 224 II, qdr. 80A, lit. M, fol. 17^v–21^r.
[223] S. Anm. 72.
[224] Vgl. dazu allgemein: Blaschke, Sachsen, S. 287.
[225] Vgl. zur Begrifflichkeit: Stoldt, Amtsbauern, S. 32 und S. 200, Fn. 232f. Es scheint sinnvoll, zunächst von „Vogteien" zu sprechen und mit Regierungsantritt von Herzog

zu ermöglichen; sie weist bereits im Ansatz auf ein besonderes Spannungsverhältnis zwischen der Landesherrschaft einerseits und der Ritter– und Landschaft andererseits hinsichtlich territorialer, binnenstruktureller Expansionsmöglichkeiten hin.
Die dritte Territorialsäule beschreibt die Besitzungen des Herzogs von Sachsen–Lauenburg außerhalb des Stammterritoriums: die Länder Hadeln und Darzing.
Außerhalb dieses Territorienverbandes stand die exterritorial gelegene Besitzung der Herzöge von Sachsen–Lauenburg: das Amt Tremsbüttel als Lehen des Herzogs von Holstein.

2.1.7.1 Territorial– und Lehnsverhältnisse in Sachsen–Lauenburg

Wie sich die beiden innerterritorialen Säulen und die exterritoriale Säule des Herzogtums Sachsen–Lauenburg im einzelnen aufgliedern lassen, sei im folgenden dargestellt.

2.1.7.1.1 Vogteien

Zum Ende des Spätmittelalters lassen sich Verwaltungsstrukturen erkennen, die es zulassen, die unter unmittelbarer Landesherrschaft stehenden Gebiete des Stammterritoriums der Herzöge von Sachsen–Lauenburg, in denen der Landesherr zugleich Grundherr war, als Vogteien zu bezeichnen. Die Verwaltung der Vogtei oblag einem durch den Landesherrn eingesetzten, mit niedergerichtlichen Kompetenzen privilegierten Vogt, der zumeist aus den Reihen des landsässigen Adels rekrutiert und damit in eine zusätzliche Vertrauensstellung befördert wurde.
Die Vogteien im Herzogtum hatten gutsherrschaftlichen Charakter. Der Grundherr besaß zudem die Möglichkeit, bäuerliche Dienste für die Eigenwirtschaft zu nutzen. Das Wüstwerden zahlreicher Dörfer und Feldmarken im ausgehenden Spätmittelalter forcierte eine Vergrößerung herrschaftlicher Eigenwirtschaften,[226] die seit ungefähr 1500 mit dem Begriff 'Vorwerk' bezeichnet werden können.[227]
Die Kombination von bäuerlicher Selbstbewirtschaftung zur Eigen– und Fremdversorgung als Hufner mit der Ableistung von Hand– und Spanndiensten auf gutsherrschaftlichen, landesherrlichen Vorwerken und der dörflichen Organisationsform als spätmittelalterlichem „Genossenschaftsverband"

Magnus I. den Begriff des „Amts" zu verwenden, obwohl daraus eine gewisse Unschärfe entsteht, die jedoch verantwortbar erscheint.
[226] Prange, Bauer und Herrschaft, S. 54.
[227] Für die Verwendung des Begriffs „Vorwerk" gelten analog die Ausführungen in Fn. 225.

(Burmeister, Hufner und Kätner)[228] unter landesherrlicher Verwaltung eines Vogts kann als charakteristisch für die lauenburgischen Vogteien gelten, die von Besitzungen des landsässigen Adels (vornehmlich in der Vogtei Ratzeburg, am geringsten in der Vogtei Steinhorst), Adlige Gerichte genannt,[229] durchsetzt waren.
Zu den drei landesherrlichen Vogteien Ratzeburg, Lauenburg und Steinhorst kamen die Städte Lauenburg und Ratzeburg, die städtische Verwaltungsformen (Bürgermeister und Rat) aufwiesen.
Mithin umfaßte das Stammterritorium des Herzogtums Sachsen–Lauenburg drei Vogteien, in die die Städte Lauenburg und Ratzeburg sowie die Adligen Gerichte territorial inkorporiert waren.

2.1.7.1.2 Adlige Gerichte

Die Allodiallehen des landsässigen Adels im Herzogtum Sachsen–Lauenburg wiesen eine den Vogteien ähnliche Verwaltungsstruktur auf.
An die Stelle des Vogts trat der Adlige, der Landmann – als Angehöriger der lauenburgischen Landschaft und Inhaber eines später landtagsfähigen Guts – oder der Ritter; mit der Bezeichnung 'Gutsherr' wären diese Angehörigen des Territoriums um 1500 treffender benannt. Dieser 'Gutsherr', Lehnsmann des Territorialfürsten – der im Besitz der obersten Gerichtsbarkeit blieb – , vereinigte jedoch mehr Rechte auf sich als der vom Landesherrn eingesetzte Vogt: War der Vogt Verwalter, so galt der Gutsherr als Besitzer seines 'Miniterritoriums'. Gebunden durch erbliche Besitzrechte im Herzogtum nahm er gesamtterritoriale Verpflichtungen wahr; dies konnte von Ritterdiensten für seinen Landesherrn[230] bis zu der herausgehobenen Stellung als Vermittler oder als Rat des Landesherrn in ex– oder innenterritorialen Angelegenheiten reichen.
An das Allodialerbgut Gudow war seit dem Ende des Spätmittelalters die Stellung des Erblandmarschalls gebunden,[231] der als primus inter pares eine Bindegliedfunktion zwischen Ritter– und Landschaft einerseits und dem Landesherrn andererseits innehatte und damit in einem herausgehobenen, zusätzlichen Verpflichtungsverhältnis zum Herzog stand. Das Konfliktpotential, welches in einem solchen vererbbaren Vertrauensverhältnis enthalten war, und die damit verbundenen Gefahren eines schleichenden

---

[228] Stoldt, Amtsbauern, S. 33. – Vgl. abweichend Duve, Mitteilungen, S. 491.

[229] Wolfgang Prange: Vom Rittersitz des Mittelalters zum Adligen Gericht der Neuzeit im Herzogtum Lauenburg; in: Kurt Jürgensen (Hg.): Herrensitz und Herzogliche Residenz in Lauenburg und Mecklenburg; [= Lauenburgische Akademie für Wissenschaft und Kultur, Kolloquium 6]; Mölln 1995 (künftig zitiert: Prange, Rittersitz), S. 37, S. 42.

[230] Duve, Mitteilungen, S. 553f.

[231] NdsHStA, Celle Or. 12, Nr. 141. Seit dem 26. Mai 1491 war Gudow im Allodialbesitz der Familie von Bülow.

Verselbständigungsprozesses des Amts in Richtung eines Adelsvorstandes, bzw. eines 'Oberadels', müssen an dieser Stelle nicht weiter erläutert werden.

Die Gutsbesitzer nutzten Hand– und Spanndienste der ihnen untergebenen Bauern, die Hufnerstellen in den zum Gut gehörenden Dörfern und Gemarkungen besaßen. Somit läßt sich die Bewirtschaftung auf den adligen Gutshöfen mit der auf landesherrlicher Ebene betriebenen Bewirtschaftung der Vorwerke vergleichen: Konnte der Landesherr die Erträge der Vorwerke für sich nutzen, so galt dieses Recht auch für die Angehörigen der Ritter– und Landschaft hinsichtlich ihres Guts, obgleich die Bede aus ihren Gütern dem Landesherrn zustand.

2.1.7.1.3 Das Dorf Kühsen

Eine Sonderstellung im lauenburgischen Territorium nahm das Dorf Kühsen ein. Im Jahr 1571 berichtete Abt Johann von Loccum[232] in einem Vidicatt (= Inserierung), daß seine Klostervorfahren im Jahr 1440[233] das im Stiftsbereich Ratzeburg gelegene Dorf Kühsen im Kirchspiel Nusse[234] von den Herzögen von Sachsen–Lauenburg als Lehen erhalten hätten.[235]
Damit nahm das Dorf Kühsen eine den Adligen Gerichten vergleichbare Position ein: Behielt der Herzog von Sachsen–Lauenburg einerseits das Zehntrecht des Dorfs und der Gemarkung sowie die oberste Gerichtsbarkeit über die Besitzungen, so lagen andererseits alle übrigen Gerechtigkeiten bei dem Lehnsnehmer.
Die Besitzungen im Lauenburgischen der im Herzogtum Braunschweig–Lüneburg angesiedelten Klöster Scharnebek und Lüne lagen linkselbisch, wohingegen die Besitzungen Loccums im rechtselbischen Stammterritorium lagen. Hieraus ergab sich die besondere Situation des Dorfs Kühsen.

Der Abt von Loccum beschrieb rückblickend ein kompliziertes Konfliktfeld: Der Landesherr (Sachsen–Lauenburg) hatte ein Dorf (Kühsen) an eine exterritoriale geistliche Instanz (Loccum) in einem Gebiet verlehnt, welches einer anderen geistlichen Instanz (Ratzeburg) übertragen worden war, die unter der Schutzherrschaft eines größeren Territorialnachbarn (Mecklenburg) stand.

---

[232] Das Kloster Loccum liegt im Territorium des Herzogs von Braunschweig–Lüneburg.
[233] LAS, Abt. 210, Nr. 3574, qdr. 7, fol. 6.
[234] LAS, Abt. 210, Nr. 3574, qdr. 7, fol. 7. Es sei besonders auf die Nutzung der Holzgerechtigkeiten verwiesen.
[235] LAS, Abt. 210, Nr. 3574, qdr. 4, fol. 1r. – Vgl. W[alter] E[ugenius] Dührsen: Das Dorf Kühsen im Besitz des Klosters Loccum; in: Archiv des Vereins für die Geschichte des Herzogthums Lauenburg, N.F. 1/ 2; 1884 (künftig zitiert: Dührsen, Kühsen), S. 172.

Das Kloster Loccum verlehnte das Dorf Kühsen zunächst an Gerhard von Krummesse unter,[236] im Jahr 1470 an Bernd Darsow, dessen Tochter es anschließend ihrem Sohn, dem Lübecker Ratsherrn Gottschalk von Wickede überließ.[237]

2.1.7.1.4 Die Länder Hadeln und Wursten

Als Pertinenz des Herzogtums Sachsen–Lauenburg galten – wahrscheinlich seit 1212 –[238] die Länder Hadeln[239] und Wursten, zwischen dem westlichen Ufer der Elbmündung und dem ostwärtigen Weserufer gelegen, mit freiem Zugang zur Außenelbe und –weser und damit zur Nordsee. Die territorialen Interessen der Herzöge traten hier in Konkurrenz zu den Besitzansprüchen der Städte Hamburg und Bremen sowie zu denen des Erzbistums Bremen.
Im Gegensatz zu dem auf 1414 rückdatierten Reichslehenbrief von 1422, der Herzog Erich V. neben den Ländern Hadeln und Wursten und dem Schloß Ritzebüttel auch die Herrschaft Bederkesa zusicherte, sah die territoriale Realität anders aus.[240] Die Besitzungen Herzog Magnus′ I. von Sachsen–Lauenburg umfaßten bei seinem Antritt der Regentschaft über das Land Hadeln im Jahr 1498 weit geringere Gebietsteile, so daß sein Hauptinteresse der Rückgewinnung der Landesherrschaft über die Herrschaft Bederkesa und das Land Wursten galt. Bestand hinsichtlich Bederkesas ein nicht durchzusetzender Rechtsanspruch,[241] so hatten sich die Bewohner Wurstens freiwillig in die

---

[236] Kobbe, 3, S. 260.

[237] Dührsen, Kühsen, S. 173.

[238] NdsHStA, Celle Br. 104a, Nr. 137: Die Zugehörigkeit des Landes Hadeln zu Sachsen wird in einem Briefwechsel zwischen Graf Heinrich von Schwerin und Graf Johann von Holstein im Jahr 1334 erwähnt: „[...] quod Duces Saxoniae partem Orientalum [richtig: Orientalem, J.H.] ipßius Ducatus tenentes, cui terra Hadelaria est annexa, [...].“ – S. zu der Jahresangabe 1211: Hermann Uwe Dettmer: Recht, Gericht und Verfassung im älteren Land Hadeln; in: Rudolf Lembcke (Hg.): Kreis Land Hadeln. Geschichte und Gegenwart; Otterndorf 1976 (künftig zitiert: Dettmer, Recht), S. 54.

[239] Boeselager, Hadeln, S. 321. – Zum Erwerb des Landes Hadeln im Jahr 1212 durch Herzog Bernhard s. Meyn, Gebietsherzogtum, S. 22. – S. auch als Quellenedition: Hadler–Chronik. Quellenbuch zur Geschichte des Landes Hadeln; verf. und zusammengestellt v. Heinrich Rüther; Neuhaus/ Oste 1932. – Auf zahlreiche Veröffentlichungen in den Jahrbüchern des Heimatbundes der Männer vom Morgenstern wird hingewiesen. Vgl. dazu Boeselager, Hadeln, S. 325 und Literaturverzeichnis bei Meyn, Gebietsherzogtum. – Ein neuerer Beitrag verdient in diesem Zusammenhang besondere Erwähnung: Heiko Völker: Die Hadelerische Cronica (in Reymen Verfasset); in: Jahrbuch der Männer vom Morgenstern, 73; 1994, S. 51–74.

[240] Meyn, Gebietsherzogtum, S. 76. – Heinrich Rüther: Geschichte des Landes Hadeln; Otterndorf 1949 (künftig zitiert: Rüther, Hadeln), S. 34.

[241] Vgl. U[rban] F[riedrich] C[hristoph] Manecke: Topographisch–historische Beschreibung der Städte, Ämter und Gerichte im Herzogthum Bremen und Fürstenthum Verden;

Landeshoheit des Erzbischofs von Bremen begeben, dem der Herzog von Sachsen–Lauenburg nicht wirksam entgegenzutreten vermochte.[242]
Tatsächlich konnte er nur das Land Hadeln, häufig auch als Erbland der Herzöge von Sachsen–Lauenburg bezeichnet,[243] mit den Kirchspielen des Hadelner Hochlandes (Altenbruch, Lüdingworth, Otterndorf, Neuenkirchen, Osterbruch und Nordleda) sowie die vier Kirchspiele des Hadelner Sietlandes (Ihlienworth, Odisheim, Steinau und Wanna) als territorialen Bestandteil Sachsen–Lauenburgs ansehen.[244] Ergänzt wurde dieser geschlossene Gebietsverband durch die Enklave des Patrimonialgerichts Wellingsbüttel im Besitz der Familie Kule;[245] Familienangehörige besetzten mehrfach das Gräfenamt.[246]
Das Land Hadeln erregte das nachhaltige Interesse der Nachbarfürsten, die zudem den Arrondierungsversuchen der Herzöge Johann V. und Magnus I. entgegenstanden, da sie um ihre Pfandschaften fürchteten.[247] Nach erfolglosen Vermittlungsversuchen niedersächsischer Räte kam es 1498/ 99 zu militärischen Unternehmungen: Das Land Hadeln und die Stadt Otterndorf wurden von den Bremern besetzt. Unter Vermittlung des Schwiegervaters von Herzog Magnus, Herzog Heinrich dem Älteren,[248] konnte nach einer militärischen Operation auf dem Gebiet des Erzstifts Bremen – 6.000 Landsknechte waren von Westen her in das Land eingefallen und hatten die Besitzungen des Erzbischofs von Bremen verwüstet – am 20. Juni 1500 die

---

maschinenschriftliche Übertragung der Handschrift aus dem Jahr 1825; o.O. 1963 (zitiert: Manecke, Bremen), S. 86.

242 Erich von Lehe: Geschichte des Landes Wursten; Bremerhaven 1973 (künftig zitiert: Lehe, Wursten), S. 224.

243 Duve, Mitteilungen, S. 190.

244 Meyn, Gebietsherzogtum, S. 73f. – Vgl. Boeselager, Hadeln, S. 323.

245 NdsHStA, Celle Br. 104a, Nr. 168: Lehnsakte der Familie [von] Kule. – NdsStA, Stade, Rep. 27, D 849 I, fol. 64v: Johann V. verschreibt Claus Kule im Jahr 1484 den Hof Wellingsbüttel im Land Hadeln mit allen Zugehörungen einschließlich des Urwaldes und aller Gerechtigkeiten. – S. NdsHStA, Celle Or. 12, Nr. 125. – S. Meyn, Gebietsherzogtum, S. 74. – Boeselager, Hadeln, S. 346.

246 Boeselager, Hadeln, S. 377.

247 Vgl. Boeselager, Hadeln, S. 330f., insbes. bzgl. der anhaltenden Pfandschaft Hamburgs auf dem Land Hadeln im 15. Jahrhundert, da die Herzöge von Sachsen–Lauenburg nicht in der Lage waren, die Pfandschaft einzulösen. Erst im Jahr 1481 gelang es Johann V., die Pfandsumme in Höhe von 3.000 fl. an Hamburg zurückzuzahlen. – Vgl. Duve, Mitteilungen, S. 190.

248 NdsHStA, Celle Or. 12, Nr. 165: Herzog Heinrich d. Ä. von Braunschweig–Lüneburg verspricht den Herzögen Johann und Magnus am 24. November 1498 Unterstützung im Kampf um das Land Wursten. – NdsHStA, Celle Or. 12, Nr. 168 (5. November 1499): Herzog Heinrich unterstützt den Kampf um Wursten mit Kriegsmaterial (Pulver etc.).

Fehde und damit die Auseinandersetzung um das Land Hadeln beigelegt[249] und insbesondere für die Stadt Bremen der Verlust Bederkesas abgewendet werden.[250] Das Reichslehen Bederkesa wurde damit der Einflußsphäre der Herzöge von Sachsen–Lauenburg entzogen.[251]

Um die Besitzungen des Landes Wursten herrschte zwischen den Erzbischöfen von Bremen und den Herzögen von Sachsen–Lauenburg Uneinigkeit. Eine permanente Landesherrschaft der Askanier ist in Wursten nicht belegt,[252] hingegen Huldigungen der Wurster gegenüber den Bremer Erzbischöfen,[253] die als Hauptgegner der Wurstfriesen im Kampf um ihre Unabhängigkeit seit 1484 galten.[254]
Mit dem Niedergang des Adelsgeschlechtes der Familie Lappe[255] – als Folge einer Fehde im Jahr 1394[256] – ging die Grundherrschaft Ritzebüttel[257] in die Pfandschaft Hamburgs über, das dadurch seine Gebiete um Altenwalde und

---

[249] Lehe, Wursten, S. 213ff. – Rüther, Hadeln, S. 232f. – S. ausführlich bei: Boeselager, Hadeln, S. 332ff. – Zum älteren Forschungsstand vgl. Gustav von der Osten: Geschichte des Landes Wursten; 2 Teile in einem Band; Bremerhaven 1900 und 1902.

[250] Manecke, Bremen, S. 87.

[251] Vgl. Meyn, Gebietsherzogtum, S. 76. – Vgl. Rüther, Hadeln, S. 36 und S. 102. – Vgl. Boeselager, Hadeln, S. 332f.

[252] Vgl. Boeselager, Hadeln, S. 333. – Vgl. Manecke, Bremen, S. 86f.

[253] Vgl. Lehe, Wursten, S. 218ff.

[254] Vgl. Lehe, Wursten, S. 213ff.

[255] ÖsterrHHStA, RHR, Judiziale Antiqua 766, Nr. 1: 1370 bekannte Wilhelm Lappe, ein „guter lehnsmann“ zu sein, übertrug 1383 Nordleda und erklärte das Schloß Ritzebüttel zum „offenen Haus“. – Vgl. Boeselager, Hadeln, S. 380 (ungenau): „Die Familie von Lappe war in erhebliche Finanzschwierigkeiten geraten und hatte bereits 1370 dem Herzog von Sachsen–Lauenburg eine Öffnung ihres Hauses angeboten, was dieser jedoch ablehnte.“ Entgegen der Auffassung Boeselagers bestand allerdings ein Lehnsverhältnis der Familie Lappe zu Herzog Johann V., nachdem dieser den Besitz angenommen hatte. Die Fehdehandlungen zwischen von Lappe und der Stadt Hamburg ließen den Besitz Ritzebüttels obsolet werden; Ritzebüttel wurde daraufhin von Hamburg ‘kassiert’ (eingezogen). Hierauf gründeten die am Ausgang des 16. Jahrhunderts entstandenen Rechtsauseinandersetzungen, die durch weitere Lehnsakte des 15. Jahrhunderts komplizierter wurden. – S. eingehend: Arthur Obst: Die Familie Lappe; in: ZHG, 10; 1899 (künftig zitiert: Obst, Lappe), S. 553.

[256] Meyn, Gebietsherzogtum, S. 77. – Heinrich Reinecke: Das Amt Ritzebüttel; Diss. phil. (Masch.); Hamburg 1935 (künftig zitiert: Reinecke, Ritzebüttel), S. 10. Die gedruckte Fassung der Dissertation von Heinrich Reinecke weist die zeitgemäßen politischen Hinweise auf. Teile der Einleitung und des Schlußworts sind aus diesem Grunde mit Zurückhaltung zu betrachten. – Vgl. abweichend: Peltzer, Promemoria, S. 96.

[257] Meyn, Gebietsherzogtum, S. 76f. – Rüther, Hadeln, S. 89f. – Reinecke, Ritzebüttel, S. 9. – Boeselager, Hadeln, S. 380.

Groden,[258] seit 1374 im Pfandbesitz der Stadt,[259] territorial abschließen konnte.[260] Die Insel Neuwerk – die Herzöge hatten den Hamburgern bereits 1299 gestattet, einen Turm auf der Insel zu erbauen[261] und ihnen 1357 das Recht bestätigt, einen Turmwärter neu einzusetzen – ging mit der Verpfändung Ritzebüttels an die Stadt Hamburg über.[262] Die Stadt konnte damit den Außenelbzugang in ihre Hoheit bringen.[263] Ließ sich im Jahr 1400 der Herzog einerseits eine alle sieben Jahre zu erbringende Bede aus den ritzebüttelschen Besitzungen bestätigen, so verzichtete er andererseits auf alle ihm zustehenden Rechte.[264] Die politischen Realitäten leiteten fortan einen schleichenden Wechsel vom landesherrlichen Einfluß zu einer städtischen Verwaltung ohne jedwede herzogliche Beteiligungsrechte ein: Ritzebüttel und Neuwerk waren damit verloren,[265] obwohl eine im Jahr 1630 vorgelegte Urkunde aus dem Jahr 1445 die hamburgische Pfandschaft über Ritzebüttel als auf lediglich 30 Jahre befristet ausgewiesen hatte.[266]

Die landesherrlichen Besitzungen im Land Hadeln konzentrierten sich um Otterndorf;[267] eine Residenz hatten die Herzöge nicht, so daß ein hohes Maß an Abhängigkeit von den adligen Vasallen gegeben war; die „Ferne vom Herzogtum“ brachte verwaltungsmäßige Schwierigkeiten mit sich, die ein hohes Autonomiebewußtsein des Hadelner Adels und der Kirchspielbewohner

---

[258] Reinecke, Ritzebüttel, S. 10. Groden und Altenwalde befanden sich seit 1324 im Pfandbesitz der Familie Lappe. – S. Konrad Haase: Die Erbauung der Burg Franz II. im Lande Hadeln und der Hamburger Rat; in: Lbg.H., 6/ 3; 1930 (künftig zitiert: Haase, Erbauung), S. 108.

[259] Meyn, Gebietsherzogtum, S. 77. – Vgl. Reinecke, Ritzebüttel, S. 10. Reinecke benennt das Jahr 1372.

[260] Hermann Joachim: Die Erwerbung des Amtes Ritzebüttel durch Hamburg in: MHG, 9–12/2; 1906, S. 353–380.

[261] Albrecht Sauer: Das „Seebuch“. Das älteste erhaltene Seehandbuch und die spätmittelalterliche Navigation in Nordwesteuropa; [= Schriften des Deutschen Schiffahrtsmuseums, 44]; Hamburg 1996 (künftig zitiert: Sauer, Seebuch), S.156. – Obst, Lappe, S. 543.

[262] Vgl. Erich von Lehe: Neuwerk im Strom der Zeiten; in: Ein Turm und seine Insel. Monographie der Nordseeinsel Neuwerk; hrsg. von Ferdinand Dannmeyer u.a.; Cuxhaven 1952, S. 21f. und S. 25. Vgl. Reinecke, Ritzebüttel, S. 11.

[263] Vgl. Boeselager, Hadeln, S. 341. – Dettmer, Recht, S. 56.

[264] Meyn, Gebietsherzogtum, S. 77. – Reinecke, Ritzebüttel, S. 13f.

[265] Vgl. Reinecke, Ritzebüttel, S. 9. Reinecke kommt zu dem irrigen, nicht belegbaren Schluß, daß bereits mit der Verpfändung an die Familie Lappe die Landeshoheit der Herzöge von Sachsen–Lauenburg verloren gewesen sei, da die Lappes die „landesherrlichen Rechte“ ausgeübt hätten.

[266] NdsHStA, Celle Br. 104a, Nr. 137.

[267] Die Stadt Otterndorf war im Jahr 1400 aus dem gleichnamigen Kirchspiel herausgelöst worden. S. Dettmer, Recht, S. 60.

zur Folge hatten. Der Gräfe, als Vertreter des Herzogs im Land Hadeln,[268] vermochte nicht, den herzoglichen Einfluß so durchzusetzen, daß im Spätmittelalter von einer funktionierenden Landesherrschaft in dieser Besitzung Sachsen–Lauenburgs gesprochen werden kann.[269] Zusätzlich erschwerten langanhaltende territoriale Gesamtverpfändungen an die Städte Hamburg[270] und Bremen[271] im 15. Jahrhundert herzogliche Einflußnahmen und stärkten die Möglichkeiten einer eigenständigen Hadelner und Wurster Schaukelpolitik, welche die Landgebiete mehr und mehr ihrem Lehnsherrn, dem Herzog von Sachsen–Lauenburg, entfremdeten.[272]

Somit läßt sich im Land Hadeln ein hohes Maß an Konfliktpotential erkennen, dessen Ursachen in regionalen Autonomiebestrebungen lagen[273] sowie der

---

[268] Vgl. Duve, Mitteilungen, S. 190f. – Dettmer, Recht, S. 58.

[269] Vgl. Dettmer, Recht, S. 58.

[270] NdsHStA, Celle Or. 12, Nr. 72: Die Herzöge Erich d. Ä. und Erich d. J. verpfänden der Stadt Hamburg das Land Hadeln für 1.150 Mark (20. Januar 1407). Nr. 73: Gegenurkunde Hamburgs (21. Januar 1407). Nr. 79: Die Herzöge Erich, Magnus und Bernhard verpfänden der Stadt Hamburg das Land Hadeln für 300 Mark (11. April 1414). Nr. 80: Gegenurkunde Hamburgs (11. April 1414). Nr. 85: Herzog Bernhard leiht 600 Mark auf das Land Hadeln von der Stadt Hamburg (14. April 1437). Nr. 89: Herzog Bernhard erneuert die Verpfändung Otterndorfs und des Landes Hadeln an Hamburg (30. März 1445). Nr. 110: Vermerk über die Aufkündigung der Pfandschaft über Hadeln beim Rat von Hamburg durch Herzog Johann (6. April 1480). Nr. 112–117: Huldigungsvermerke der fünf Kirchspiele des Hadler Hochlandes und Otterndorfs (9. Mai 1481). – S. NdsHStA, Celle Br. 104a, Nr. 137: Urkundenabschriften aus dem Jahr 1414 und 1445. Im Jahr 1445 verpfändet der Herzog von Sachsen–Lauenburg der Stadt Hamburg Ritzebüttel. Diese Urkunde wurde im Rahmen eines Rückgewinnungsversuchs des lauenburgischen Herzogs Franz Julius im Jahr 1630 vorgelegt. – Rüther, Hadeln, S. 85 und S. 93f: Hamburg war im Pfandbesitz Hadelns von 1407 bis 1481, obwohl die Stadt noch über Jahr Einfluß in Hadeln geltend machte. Erst 1502 konnten ehemalige finanzielle Schuldleistungen der Lauenburger beglichen werden, so daß damit das Land Hadeln endgültig wieder in askanischem Besitz war, im Verlauf dieser Verhandlungen die Ansprüche auf Ritzebüttel, Groden und Altenwalde endgültig verloren waren. – Reinecke, Ritzebüttel, S. 15. – Boeselager, Hadeln, S. 330f. – Dettmer, Recht, S. 55.

[271] NdsHStA, Celle Or. 12, Nr. 81: Die Stadt Bremen nimmt für 300 Mark und 550 fl. das Amt Bederkesa in Pfand (15. April 1414). – NdsHStA, Celle Or. 12, Nr. 93 (4. Juni 1455). – Rüther, Hadeln, S. 91.

[272] Vgl. Meyn, Gebietsherzogtum, S. 80. – Vgl. Rüther, Hadeln, S. 36. – Der Versuch Herzog Bernhards im Jahr 1454, das Amt Bederkesa zurückzuerlangen, scheiterte und mündete in neue Auseinandersetzungen, in die sich der Lübecker Rat als Vermittler und Schlichter einschaltete (NdsHStA, Celle Or. 12, Nr. 90 vom 2. September 1454 und Nr. 91 vom 5. Oktober 1454).

[273] Vgl. NdsHStA, Celle Or. 12, Nr. 123: Diesen Autonomiebestrebungen versuchte Herzog Johann durch den Einsatz eines eigenen Verwalters entgegenzutreten (Johann Klencke am 27. April 1483). – Rüther, Hadeln, S. 112.

Notwendigkeit, see– und witterungsbedingte Schwierigkeiten zu bewältigen.[274] Hinzu kamen territoriale Interessenkollisionen Sachsen–Lauenburgs zu Lande und zu Wasser[275] mit den Städten Hamburg und Bremen sowie dem Erzbistum Bremen, obwohl zwischen letzterem und den Herzögen enge politische Beziehungen bestanden.[276] Herzog Magnus I. hatte, allerdings unter Verlust der Besitzungen Ritzebüttel, Groden und Altenwalde, seine landesherrlichen Ansprüche auf das Land Hadeln[277] bis zu seinem Herrschaftsantritt über das Herzogtum verteidigen können. Der Konfliktstoff blieb erhalten, da er von seiner Absicht, das Land Wursten und die Herrschaft Bederkesa – nachdem die Streitigkeiten „gütlich" beigelegt worden waren –[278] zurückzuerlangen, nicht abgewichen war.[279] Seit 1481 sind Verlehnungen der Herzöge über das Gut Elm nachgewiesen,[280] welche Johann V. von Sachsen–Lauenburg als Lehnsherrn ausweisen.

---

[274] Die geographische Lage der Besitzungen machte besondere Schutzmaßnahmen des Landes (zum Beispiel durch Deichbau) notwendig.

[275] Die Behinderung der Schiffahrtswege durch unzureichende Fahrwassermarkierungen (die wenigen vorhandenen lagen in der Hoheit der Stadt Hamburg, die ein Tonnen– und Bakengeld erhob), die Gefahr von Schiffskollisionen und die Möglichkeit von Strandungen boten ebenso Konfliktmöglichkeiten in diesen Besitzungen der Herzöge von Sachsen–Lauenburg wie die Klärung der Besitzverhältnisse der bei Ebbe trockenfallenden Elbgebiete. – S. in diesem Zusammenhang: Helmut Schmidt: Turm und Leuchtfeuer in ihrer Bedeutung für die Schiffahrt; in: Ein Turm und seine Insel. Monographie der Nordseeinsel Neuwerk; hrsg. von Ferdinand Dannmeyer u.a.; Cuxhaven 1952, S. 63 – 71.

[276] Vgl. NdsHStA, Celle Or. 12, Nr. 94: Erzbischof Georg von Bremen und weitere Schiedsleute schlichten einen Streit zwischen der Stadt Hamburg und den Einwohnern des Landes Hadeln (12. August 1456). Nr. 95: Zweitausfertigung. – Rüther, Hadeln, S. 35.

[277] Zu erwähnen ist, daß sich Großteile der Besitzungen in der Pfandschaft adliger Lehnsmänner und Zehntanteile in auswärtigen Händen befanden. – Vgl. Rüther, Hadeln, S. 271 und S. 276 (Verpfändung des Gerstenzehnten an den Erzbischof von Bremen).

[278] Die Streitigkeiten zwischen dem Herzog von Sachsen–Lauenburg und der Stadt Bremen konnten erst am 14. September 1482 beigelegt werden (NdsHStA, Celle Or. 12, Nr. 121). – Vgl. hierzu die zahllosen Schlichtungsversuche verschiedener Vermittler und Gesandter sowie die urkundlichen Verdeutlichungen der Standpunkte (NdsHStA, Celle Or. 12, Nr. 95a vom 23. September 1456, Nr. 98 und Nr. 99 vom 11. Januar 1463, Nr. 100 vom 21. Februar 1469, Nr. 101 vom 5. Juni 1469, Nr. 102 vom 18. Juni 1469). Der Streit entflammte im Jahr 1484 erneut und war mindestens bis 1487 weiter anhängig (NdsHStA, Celle Or. 12, Nr. 127 vom 2. November 1484, Nr. 130 vom 25. Dezember 1486 und Nr. 128 vom 21. April 1487). – Vgl. Manecke, Bremen, S. 87. – Vgl. August Pech: Bederkesa und Elmlohe – zwei Dammsiedlungen im Erzbistum Bremen. Ein Beitrag zur Siedlungsgeschichte des Elbe–Weser–Dreiecks; in: Jahrbuch der Männer vom Morgenstern, 62; 1983, S. 100.

[279] Rüther, Hadeln, S. 19 und S. 236. – Gleichlautend: Boeselager, Hadeln, S. 332.

[280] Vgl. NdsHStA, Celle Or. 12, Nr. 118: Revers Cordt v. d. Lieth für Herzog Johann wegen der Belehnung mit dem Gut (Schloß) Elm vom 25. Mai 1481. – Vgl. NdsHStA, Celle Or. 12, Nr. 122: Gert von Wittorf bezeugt, daß er das Schloß an Cordt v. d. Lieth übergeben

Im gleichen Zeitraum übergab Heinrich Kule seine Besitzungen an Herzog Johann V., den er als Lehnsherrn wählte, um damit die landständische Verankerung seiner Familie im Herzogtum Sachsen–Lauenburg zu erreichen. Zwei Jahre später wurde er, nunmehr Heinrich *von* Kule, mit Wellingsbüttel belehnt, womit die endgültige Bestätigung als sachsen–lauenburgischer Landsasse vollzogen war.[281]

2.1.7.1.5 Das Land Darzing und das adlige Gut Wehningen

Die Herzöge von Sachsen–Lauenburg hatten sich ihre Besitzungen am östlichen Elbufer im Jahr 1422 (datiert: 1414) ausdrücklich als Bestandteil ihres Reichslehens durch eine kaiserliche Bestätigung gesichert.
Das Land Darzing war bereits 1306 von Hermann Ribe an die Herzöge von Sachsen–Lauenburg (–Ratzeburg) verkauft worden.[282] Die Besitzungen gingen, nachdem ein Lehnsversuch an die Raubritter der Familie von Scharfenberg aus der Vogtei Steinhorst gescheitert war und erst durch eine Fehde hatte beendet werden können, um 1355 unmittelbar in die Hand der lauenburgischen Herzöge über, die seitdem einen herzoglich sächsischen Vogt einsetzten. Streitigkeiten mit den Herzögen von Braunschweig–Lüneburg und denen von Mecklenburg wiesen das gesamte Spektrum von kriegerischen Unternehmungen bis zu langdauernden Verhandlungen auf,[283] wenngleich die Lauenburger ihren Anspruch auf die mittlerweile zusammengefaßte Vogtei, das spätere Amt Neuhaus, bestätigten und diese als geschlossenes Gebiet und Pertinenz ihres Territoriums – im Rahmen der Reichsbelehnung – bis um 1500 erhalten konnten. Die landesherrliche Verwaltung oblag zunächst einem lauenburgischen Vogt.
Die ehemalige territoriale Mischstruktur des Amts Neuhaus war von ritterbürtigem Besitz geprägt und konnte im Spätmittelalter von den Herzögen durch Kauf arrondiert werden, so daß um 1500 – mit Ausnahme der beiden Rittergüter Wehningen und Preten – das Gesamtgebiet Neuhaus unter landesherrlichem Einfluß stand[284] und grundherrschaftlich an die Familie von Bülow verlehnt werden konnte.[285] In den grundherrschaftlichen Besitz der von Bülows waren die beiden Rittergüter als selbständige Verwaltungskörper

---

habe (22. Februar 1483). – S. NdsHStA, Celle Br. 104a, Nr. 144, Nr. 144a, Nr. 145 I und II.

[281] NdsHStA, Celle Or. 12, Nr. 120 vom 27. Dezember 1482 und Nr. 125 vom 19. Juli 1484.

[282] Meyn, Gebietsherzogtum, S. 70. – Vgl. unpräzise Duve, Mitteilungen, S. 181f.

[283] Duve, Mitteilungen, S. 183.

[284] Vgl. Duve, Mitteilungen, S. 184.

[285] NdsHStA, Celle Or. 12, Nr. 131: Herzog Johann belehnt Hans von Bülow mit Schloß, Burg und Vogtei Neuhaus am 16. April 1488 und übergibt diesem das Amt Neuhaus (Nr. 146 vom 3. Mai 1491).

inkorporiert respektive als Pertinenz eingefügt. 1491 wurde das Rittergut Wehningen ebenfalls an Hans von Bülow verlehnt,[286] das Rittergut Preten im Jahr 1493 an Detlev von Parkenthin.[287]

2.1.7.1.6 Westfälische Lehen

Die Geschichte der Besitzungen der askanischen Herzöge in Engern und Westfalen gehört zu den Desideraten lauenburgischer Geschichtsschreibung.[288] Aufgrund erhöhter askanischer Aktivitäten im Landesausbau, durch die Einleitung von Rodungsmaßnahmen und Anlage von Hagendörfern einerseits und die Errichtung einer Burg als herzogliches Herrschaftszentrum andererseits, kam es zur Interessenkollision zwischen dem Mindener Bischof Wedekind aus dem Grafenhaus zu Hoya und den Herzögen von Sachsen.[289] Im Vertrag zu Hitzacker im Jahr 1253 – als Folge einer militärischen Niederlage – mußten die askanischen Herzöge von Sachsen dem Bischof von Minden einen Großteil ihrer Besitzungen abtreten. Zur Bedeutungslosigkeit im Mittelweserraum abgestiegen, verfügten sie noch über Lehnsrechte an einem Teil der Burg Sachsenhagen, den sie 1297 jedoch an die Grafen von Schaumburg verpfändeten,[290] so daß eine sächsische Einflußnahme zu Beginn des 14. Jahrhunderts de facto erloschen war,[291] wohingegen sich die schaumburgische Grafenherrschaft festigen konnte.[292]

2.1.7.2 Landesorganisation

Funktionale Landesherrschaft basierte auf dem besonderen Verhältnis zwischen dem Kaiser und dem mit Reichsboden belehnten Landesherrn. Gepaart mit Maßnahmen zur inneren Verwaltung dieses Reichsbodens begründet es die spätmittelalterliche Form der Landesherrschaft, die ihre jeweils eigenen

---

[286] NdsHStA, Celle Or. 12, Nr. 142 vom 26. Mai 1491. – Vgl. NdsHStA, Celle Br. 104a, Nr. 48a: Loskündigung für von Bülow am 19. November 1556.

[287] NdsHStA, Celle Or. 12, Nr. 151 vom 26. November 1493.

[288] Vgl. Meyn, Gebietsherzogtum, S. 23ff. Meyn hat den Versuch unternommen, die mittelalterlichen Lehnsverhältnisse innerhalb der westfälischen Besitzungen nachzuzeichnen.

[289] Meyn, Gebietsherzogtum, S. 26.

[290] Meyn, Gebietsherzogtum, S. 26.

[291] Vgl. Meyn, Gebietsherzogtum. S. 27f. Die von Meyn angeführten Beispiele für noch im 14. Jahrhundert erfolgte Lehnsauftragungen für die Herzöge von Sachsen–Lauenburg – als Schutz vor welfischem Zugriff – sowie die im 15. Jahrhundert erfolgte Reichsbelehnung mit Hodenhagen verdeutlichen die Diskrepanz zwischen Anspruch und Wirklichkeit hinsichtlich der Besitzverhältnisse der Herzöge von Sachsen–Lauenburg.

[292] S. u. Kapitel 4.9.2.

Merkmale in der Ausprägung personaler und institutioneller Herrschaftselemente findet.
Institutionelle und personale Herrschaftselemente in Form von bestimmten Verwaltungsfunktionen in der herzoglichen Residenz und in den Vogteibesitzungen, Beteiligungen des landsässigen Adels als Teilnehmer an Landtagen und als persönliche Berater und Vermittler können im Sachsen–Lauenburg des ausgehenden Spätmittelalters nachgewiesen werden.[293]
Die Verpfändung bestimmter Herrschaftsrechte, wie die an den Landesherrn gebundene Hohe Gerichtsbarkeit, beinhaltete nicht zwingend Einschränkungen in der Etablierung von Landesherrschaft im mittelalterlichen Rechtsverständnis. Dies änderte sich erst mit der Verwissenschaftlichung des Rechts durch die 'Erfindung des Juristen' und die Etablierung dieses Berufsstandes im Lauf des 16. Jahrhunderts.[294]
Im Herzogtum Sachsen–Lauenburg können Elemente einer funktionalen Landesherrschaft im Spätmittelalter festgestellt werden.[295] Zugleich wurde die Einleitung der Phase einer Territorialstaatsbildung markiert, die ihren Impetus aus der Etablierung institutioneller Herrschaftselemente erhielt.
Im Herzogtum Sachsen–Lauenburg kann ein Entwicklungsprozeß beobachtet werden, der vor allem im 15. Jahrhundert von gebietlichen Arrondierungs–maßnahmen und der Etablierung landesherrlicher Organisationsmuster getragen wurde und sich parallel im Reich abzeichnete; kurz gesagt: parallel zum Reichsreformprozeß, der als ein im Jahr 1495 noch nicht abgeschlossener Entwicklungsprozeß verstanden werden muß.
Eine Beurteilung des Entwicklungsgrades der sich bildenden Territorialstaaten zu Beginn des 16. Jahrhunderts auf der Grundlage von ausschließlich auf das Mittelalter fixierten Rechtsgrundsätzen ist daher problematisch.[296]
Der Reichsreformprozeß, der seinen Kulminationspunkt nach über 70jährigen Auseinandersetzungen im Jahr 1495 erreichte, leitete Veränderungen auf Reichsebene ein, die neben ständischen Beteiligungsrechten vor allem neue institutionelle Elemente und damit Weiterentwicklungmöglichkeiten frühneuzeitlicher Staatlichkeit schufen. Die damit einhergehenden Innovationsschübe „nach unten“ konnten die Territorien erst mit Verzögerung erreichen und bedurften deren innerer Konsolidierung sowie anschließend praktischer Umsetzung.
Spiegelbildlich zum Reichsreformprozeß markierte das 15. Jahrhundert den Beginn eines territorialen Umbauprozesses im Herzogtum Sachsen–Lauenburg,

[293] Meyn, Gebietsherzogtum, S. 179.
[294] Willoweit, Rechtsgrundlagen, S. 35f.
[295] Aufgrund einer angespannten finanziellen Haushaltslage können Einschränkungen festgestellt werden, die Zugeständnisse durch Verpfändungspolitik nötig machten und damit den Aktionsradius der Herzöge von Sachsen–Lauenburg empfindlich behinderten.
[296] Vgl. Meyn, Gebietsherzogtum, S. 179.

der durch herzogliches Engagement eingeleitet wurde. Die Entwicklung auf Reichsebene bildete dieses gleichermaßen ab: Nicht die Stände waren Auslöser des Reformprozesses, sondern der Kaiser, der mehr und mehr – die Gründe seien hintangestellt – eine ständische Beteiligung zuließ und damit Möglichkeiten der Entwicklung einräumte.[297]

2.2 Verdichtung von Konfliktfeldern

Strukturell haben sich drei Konfliktfelder – auf das Herzogtum Sachsen–Lauenburg bezogen – ergeben, die sich mit den Begriffen „territorial", „binnenstrukturell" und „finanziell" fassen lassen.
Das territoriale Konfliktfeld umfaßt die Problemherde an den Grenzen des Herzogtums Sachsen–Lauenburg zu seinen Nachbarn und die im Spätmittelalter erfolgte Exklavenbildung durch Territorialnachbarn innerhalb Sachsen–Lauenburgs. Eingeschlossen sind hier die Auseinandersetzungen in den Pertinenzen Hadeln und Neuhaus sowie in stark eingeschränktem Maß die Konflikte um die westfälischen Lehensbesitzungen.
Das binnenstrukturelle Konfliktfeld umfaßt die Auseinandersetzungen mit den eigenen Lehnsmännern, insbesondere dem landsässigen Adel.
Das finanzielle Konfliktfeld kann als Dreh– und Angelfläche der lauenburgischen Politik bezeichnet werden. Verhinderte die exterritoriale Finanzkraft der Städte Hamburg, Lübeck und Mölln sowie die des Klosters Marienwohlde einerseits den Ausbau der herzoglichen Landesherrschaft, so verhinderte sie andererseits die Entwicklung einer finanziellen Liquidität des Herzogtums, die einer exterritorialen Einflußnahme entgegenwirken konnte. Die territoriale Rückgewinnungspolitik der Herzöge von Sachsen–Lauenburg unter dem Motto: 'Verpfändung von Gütern zur Befreiung verpfändeter Güter' hatte eine Finanzspirale in Gang gesetzt, die wirksam nur durch Gelder des herzoglichen Hauses aus Kriegsteilnahmen und Heiraten oder durch finanzkräftige Beigaben des landsässigen Adels unter Einräumung gewisser Machtbefugnisse beeinflußt werden konnte. Beides bot neue Konfliktmöglichkeiten, die zu außenpolitischen Problemen beitragen konnten oder Störungen im Landes selbst nach sich ziehen konnten.

2.2.1 Territoriale Konfliktfelder

Hatte die territoriale Rückerwerbungspolitik der Herzöge von Sachsen–Lauenburg gegenüber ihrem städtischen Nachbarn Lübeck bereits in der ersten Hälfte des 15. Jahrhunderts nur geringen Erfolg, so konnten die Lauenburger wesentliche Rückerwerbungen in ihrem Stammterritorium herbeiführen und

[297] Ranft, Reichsreform, S. 135ff.

weiträumige Arrondierungen in ihren Besitzungen im Land Darzing leisten. Trotz der Gebietsverluste im Land Hadeln an der Elbmündung konnte der Besitz, zwar verkleinert aber doch geschlossen, in das 16. Jahrhundert überführt werden. Die Leistungen der lauenburgischen Rückgewinnungspolitik und die damit verbundenen hohen finanziellen Aufwendungen werden in der Literatur als verblassend hinter den Mißerfolgen gegenüber den Hansestädten Hamburg und Lübeck auf der Grundlage des Perleberger Friedens dargestellt.[298] Der endgültige Verlust der Kurwürde zu Beginn des 15. Jahrhunderts wirkte hier verstärkend.
Die von Erhard Schulze vorgelegten Untersuchungen über die spätmittelalterlichen Verhältnisse zwischen Lübeck und Sachsen–Lauenburg beschreiben zunächst die Landgebietspolitik beider Territorien gleichermaßen. Der generalisierende Rückschluß auf gesamtgültige Strukturen im Spätmittelalter, welche die Verhältnisse der untersuchten Territorien gegenüber anderen norddeutschen Territorien generell beschreiben, erscheint für beide Territorien problematisch. Vielmehr erweisen sich die Herzöge von Sachsen–Lauenburg im ausgehenden Spätmittelalter als auf Arrondierung bedachte Territorialfürsten: Die gezielten Zusammenführungen von Streubesitzungen zu geschlossenen Vogteibezirken, wie in Steinhorst mit der Inkorporation von Adelsbesitz oder in Lauenburg durch den Rückerwerb lübischer Besitzungen, bestätigen diese Absicht ebenso wie die Arrondierungsmaßnahmen in der Marschvogtei und, am stärksten ausgeprägt, im Amt Neuhaus. In allen Fällen orientierte sich das herzogliche Verhalten nicht wie gewohnt am Fehdewesen, sondern an (rechtlichen) Vereinbarungen, Absprachen oder Verträgen.

Mit der Umorientierung hin zum Erwerb exterritorialen Besitzes, wie 1475 mit dem Amt Tremsbüttel und der einsetzenden Rückforderungspolitik gegenüber dem Bischof von Ratzeburg wandelten die Herzöge ihre bisherige Strategie und stellten sich ihren Territorialnachbarn als expansiv orientierte, sogar gewaltbereite Fürsten dar: Aktives Handeln in Ratzeburg stand dem reaktiven Handeln im Land Hadeln entgegen; die Übergriffe der Stadt und des Erzbistums Bremen in den nordelbischen Besitzungen der Lauenburger verhinderten eine friedliche Auseinandersetzung. Blieben die Ansprüche Hamburgs auf das Amt Ritzebüttel unbenommen, so führte ein hohes Maß an innerer Instabilität – gepaart mit bewaffneten Übergriffen von außen – zu einem Konfliktpotential, dem von Seiten Sachsen–Lauenburgs lediglich mit Waffengewalt begegnet werden konnte. Parallel hierzu geführte politische Konsolidierungsgespräche leiteten schließlich zu einem Verhandlungsfrieden, der das Land Hadeln territorial arrondierte.

[298] Vgl. Schulze, Territorialpolitik, S. 212.

Die großen Distanzen zwischen dem Stammterritorium und den Pertinenzen können zwar als hinderlich interpretiert werden, erforderten andererseits jedoch ein hohes Maß an Delegationsbereitschaft im Rahmen vertrauensbildender Maßnahmen gegenüber den beauftragten Gräfen bzw. Vögten/ Amtmännern und dem inkorporierten landsässigen Adel.
Stellten die Exklaven Lübecks, Ratzeburgs und Holsteins zwar Störpunkte auf der lauenburgischen Landkarte dar, so sind andererseits Übergriffe zur Veränderung des status quo nicht festzustellen, auch wenn vom Ansatz her – auf der Grundlage von Vermittlung und Verhandlung – die lauenburgische territoriale Revisionspolitik nicht abgeschlossen war.
Nach Ablauf der vertraglich vereinbarten Wiedereinlösungsfrist der Besitzungen des Klosters Reinfeld im Lauenburgischen gelangten jene Güter an die Herzöge zurück. Auch wenn der Herzog auf die von ihm beanspruchten Rechte hinsichtlich Bede und Ablager in den Besitzungen der Klöster Reinbek und Marienwohlde nicht verzichten wollte, so müssen dennoch deren Güter um 1500 als noch sicher betrachtet werden; Anzeichen für Einziehungsabsichten oder einen bevorstehenden Heimfall liegen nicht vor.
Das Herzogtum Sachsen–Lauenburg wies somit um 1500 eine territoriale Geschlossenheit auf, die zunächst aufgrund friedlicher Verhandlungen mit den großen Territorialnachbarn entstanden war, im Falle des Perleberger Friedens von 1420 allerdings als eine Art von 'Diktatfrieden' bezeichnet werden kann. Die auf Expansion – durch Lehnsnahme und Bereitschaft zur Gewaltanwendung – gerichtete Rückerwerbungspolitik seit dem letzten Viertel des 15. Jahrhunderts konnte jedoch, gepaart mit einem hohen Maß an gerechtfertigter Entschiedenheit, zu einem explosiven Gemisch werden.

2.2.2 Binnenstrukturelle Konfliktfelder

Die Verfassungsgeschichte des Herzogtums Sachsen–Lauenburg weist bis zum ausgehenden Spätmittelalter kein stabiles landständisches Verfassungsgefüge auf. Der lauenburgischen Verfassungswirklichkeit ermangelte es um 1500 aufgrund eines nicht etablierten Institutionengefüges vornehmlich an kodifizierten Rechtsgrundsätzen. Die politischen Interessen der Landesherrschaft im Inneren wurden maßgeblich durch den Herzog oder die von ihm beauftragten Vögte/ Amtmänner, Gräfen und den landsässigen Adel vertreten.[299] Dieser zunächst personalen Politik mit institutionellen Herrschaftselementen stand eine innenpolitische Kräftekonstellation gegenüber, die – gewohnheitsrechtlich orientiert – ihre gebietliche Arrondierung noch nicht abgeschlossen hatte, sich der Bewältigung von tagespolitischen Zufälligkeiten verpflichtet sah und Lösungsansätze unter Aspekten der persönlichen

---

[299] Vgl. Meyn, Gebietsherzogtum, S. 145f.

Vorteilsnahme zu finden hoffte. Diese Form der Herrschaftsausübung wird mit der Bezeichnung 'archaisch' gut getroffen.[300]
Teil–, bzw. Totalausverkäufe der vor allem „kleineren" landsässigen Adelsfamilien wirkten dem Ausbau der Landeshoheit entgegen: Ihren persönlichen Erhaltungs– und Alimentierungsansprüchen seit Mitte des 15. Jahrhunderts folgend, wandten sich diese Teile des landsässigen Adels von den lauenburgischen Herzögen als Kreditoren für ihren erhöhten finanziellen Bedarf ab; stattdessen wurden finanzkräftige Kreditoren im territorialen Umland gesucht und gefunden. Dieser Teil des landsässigen Adels wies damit ein gespanntes Verhältnis zu seiner eigenen Landeshoheit auf und symbolisierte im Kleinen die Unfähigkeit, die sich auch auf Reichsebene gezeigt hatte, sich in einen territorialen Verband mit Rechten und Pflichten einzubringen und sich in ihm verantwortlich zu verhalten.
Eine andere Gruppe – auch hier sind Parallelen zum Reich zu erkennen – bildeten die „Großen" des landsässigen Adels im Herzogtum Sachsen–Lauenburg, die aufgrund ihrer territorialen Besitzungen eine Abkoppelung von der eigenen Landesherrschaft nicht begrüßen konnten. Zudem wurden sie in zunehmendem Maße in die landesherrlichen politischen Aktivitäten als Räte oder Vermittler einbezogen.[301] Die machtpolitischen innerterritorialen Vorteile überwogen für sie gegenüber einer – allerdings ausreichend alimentierten – außenpolitischen Einfluß– und Machtlosigkeit. Vornehmlich die Familien der von Bülow und der von Schack, aber auch die Familien der von Wackerbarth und der von Daldorf, geben dafür beredte Beispiele und lassen sich in Parallelität zur Reichsebene mit dem Stand der Kurfürsten vergleichen: Wurde einerseits die Nähe zur politischen Führung gesucht, so blieb andererseits das Interesse am persönlichen Machtausbau bestehen.
Damit lag das Hauptinteresse der lauenburgischen Herzöge in zweierlei Richtungen: Zum einen mußte dem territorialen Ausverkauf adliger Güter vorgebeugt werden, zum anderen galt es, die im Territorium starken adligen Familien auf diese Weise in die Landesherrschaft einzubeziehen, um ihnen den Verbleib im eigenen Territorium attraktiv zu gestalten und dabei den landesherrlichen Einfluß auszubauen. War ersteres vornehmlich auf finanziellem Weg zu regeln, so gestaltete letzteres sich komplizierter, hat aber mit der Einrichtung des Erblandmarschallamtes[302] und der Einbindung des Adels in landesherrliche Aufgaben erste Erfolge gezeitigt.[303]

---

[300] Reden, Landständische Verfassung, S. 12.
[301] Vgl. Bertheau, Politik Lübecks, S. 31ff.
[302] Kenzler, Ritter– und Landschaft, S. 71.
[303] Vgl. Bertheau, Politik Lübecks, S. 31. – Meyn, Gebietsherzogtum, S. 161ff.

2.2.3 Finanzkonflikte

Die territoriale Rückerwerbungspolitik der Herzöge von Sachsen–Lauenburg hat enorme Geldsummen verschlungen, die in erster Linie für die Arrondierungsmaßnahmen im Land Darzing und für Rückerwerbungen in den Vogteien Steinhorst und Lauenburg aufgewendet wurden. Zudem mußten Gelder zum Erwerb des Amts Tremsbüttel im Holsteinischen aufgebracht werden.

Durch den zeitlichen Zusammenhang wird deutlich, daß die Arrondierungsmaßnahmen im Land Darzing aus der herzoglichen Kasse beglichen wurden, die durch Einnahmen der Vogteien gespeist, durch zusätzliche Verpfändungen an den landsässigen Adel unterstützt und durch Verkäufe von wüsten Feldmarken und Dörfern an Territorialnachbarn bereichert wurde. Gleiches galt auch für den Erwerb der Gebiete in der Vogtei Steinhorst und des Amts Tremsbüttel. Seit 1438 können Verschuldungen des Hauses Sachsen–Lauenburg nachgewiesen werden.[304] Kostspielige Hochzeiten in benachbarte Herrscherhäuser strapazierten die 'Staatskasse', zumal aufgrund der Besetzung kirchlicher Würdenträgerstellen durch die Sachsen–Lauenburger, insbesondere in Hildesheim, keinerlei Brautgelder zurückflossen.

So entstand eine Finanzspirale, die auf die Begleichung von Schulden und die fristgerechte Befreiung verpfändeter Güter durch Inkaufnahme neuer Verpfändungen reagierte. Das Beibringen von Geldern aus Kriegsteilnahmen von Herzogssöhnen war somit zur Schulden–, teilweise nur noch zur Zinsbegleichung notwendig geworden. Andererseits verhinderte der Ausbau dieser Verpfändungspolitik einen Anstieg der tatsächlichen Einnahmen des Herzogtums: Die Kosten der Rückerwerbung früherer Verpfändungen standen in keinem Verhältnis zu dem Erlös neuerlicher Verpfändungen, die zudem den Wegfall einer kontinuierlichen Geldeinnahme bedeuteten.

Mangels einer funktionierenden Kämmerei im Herzogtum Sachsen–Lauenburg konnte der Mißstand eines ständig steigenden Defizits nicht festgestellt werden. Diese Nicht–Finanzwirtschaft lief der territorialen Rückerwerbungspolitik derart entgegen, daß bereits für die Zeit um 1500 Schäden feststellbar sind, die einen (territorial) starken landsässigen Adel (von Bülow, von Schack, von Daldorf, von Wackerbarth) in Konkurrenz zu einem finanziell kollabierenden Fürstenhaus stellten, das zudem der Abwanderung und dem Ausverkauf des landsässigen Kleinadels nichts entgegenzusetzen hatte.

---

[304] S. LAS, Abt. 390, Nr. 224 II, qdr. 24A, fol. 110^r–112^v. – S. auch NdsStA, Bbg, L1, Nr. 1422.

3.0 Territorialrechtliche Auseinandersetzungen im 16. Jahrhundert. Ursachen – Anlässe – Austragungsverfahren – strukturelle Probleme

Eine von innen– und außenpolitischen Entwicklungen absehende Betrachtung territorialrechtlicher Auseinandersetzungen verstellt den Blick für die engen Verbindungen von Ursachen, Anlässen und Austragungsverfahren. Diese Verbindungen finden dort ihre Erweiterung.
Erst der die Gesamtheit der Ereignisse umfassende Blick und der Versuch, die unterschiedlichen Kräfte in schlüssigen Beziehungen zueinander zu sehen, lassen territorialrechtliche Auseinandersetzungen in dem Kontext erscheinen, in den sie zu Teilen gehören, in den des außenpolitischen Engagements.

Mit dem Reichskammergericht war im Jahr 1495 eine neue Institution geschaffen worden, die sich zunächst in den Territorien durchsetzen mußte, bevor sie als judikatives Kontrollinstrument und als das den ewigen Landfrieden garantierende Regelungsorgan des Reichs anerkannt wurde. Dabei erscheinen Zweifel von Seiten der zukünftigen 'Nutzer' gerechtfertigt,[1] so daß eine zögerliche, teilweise nur versuchsweise getätigte Nutzung verständlich wird, die dieses Organ zunächst auf Beständigkeit und tatsächliche Eingriffsmöglichkeiten prüfen sollte.
Erschwerend wirkte, daß eine neuerrichtete Reichsinstitution neben den angeführten Zweifeln Mißtrauen wegen mutmaßlicher Einmischung 'von oben' in innerterritoriale Belange erregen mußte, besonders dann, wenn ein funktionierendes System zur Konfliktbewältigung bereits vorhanden war. Warum sollte ein Landesherr von dem gewohnheitsrechtlichen Verhalten abweichen und ein Reichsorgan anrufen, wenn im nahen Umfeld bewährte Konfliktbewältigungsmechanismen funktionierten?
Im Rahmen der Diskussion um die Rezeption des römischen Rechts im Heiligen Römischen Reich Deutscher Nation werden solche Fragestellungen nicht diskutiert, da die notwendig gewordene 'Fortschrittlichkeit' des Reichskammergerichts dessen Nutzung implizit vorauszusetzen scheint und die Forschung durch fast ausschließlich rechtshistorische Bewertungsmaßstäbe den Erfordernissen der Untersuchung einzelner Territorien nicht gerecht werden kann.
Die Annahme, daß Institutionalisierung von Reichsgewalt sogleich deren uneingeschränkte Rezeption bedeuten muß und somit als Beleg für

[1] Vgl. die in diesem Zusammenhang ausgeführten, unkritischen Äußerungen Ranieris; in: Ranieri, Prozeßrecht, S. 173. Ranieris Äußerungen verdeutlichen in besonderem Maß die unterschiedlichen Herangehensweisen der Rechtshistoriker und der Historiker, die im Gegensatz hierzu Rechtsquellen historisch nutzen.

Verrechtlichung und deren territoriale Verbreitung herangezogen werden kann, erscheint zweifelhaft. Deutet nicht eine verstärkte Nutzung einer solchen Institution viel mehr auf die auf der Territorialebene bestehende Unfähigkeit zur friedlichen Konfliktbewältigung als auf die Bereitschaft, sich übergeordneten 'Rechtsmaßstäben' zu beugen?

3.1 Vorbemerkungen

3.1.1 'Eckpfeiler' lauenburgischer Geschichtsschreibung

Die im vorangegangenen Kapitel herausgearbeiteten Problemfelder sollen im Weiteren aufgegliedert werden. Die Vorgehensweise wird dabei bestimmt durch die in der lauenburgischen Geschichtsschreibung verbreiteten Auffassungen über ursächliche innere Problembereiche, die sich in folgenden Kurzformeln zusammenfassen lassen:

- Die Lauenburger waren lediglich mit acht Mann zu Pferde und dreißig Mann zu Fuß in den Reichsmatrikeln von 1521 vertreten. Darum gilt das Herzogtum als klein und unbedeutend.[2]
- Die Herzöge von Sachsen–Lauenburg betrieben eine zu kostspielige Heiratspolitik.[3]
- Die Herzöge von Sachsen–Lauenburg betrieben eine zu aufwendige, das Land belastende Hofhaltung.[4]
- Diese Kostenfaktoren führten zu einer Verschuldung, die das Herzogtum in der zweiten Hälfte des 16. Jahrhunderts in den finanziellen Kollaps führte.[5]
- Die kollabierenden Staatsfinanzen waren die Ursache für die Übertragung der Regierungsgeschäfte an den ältesten Sohn Herzog Franz′ I., Magnus II., der allerdings nicht vermochte, geeignete Gegenmaßnahmen zu ergreifen, sondern die Mißwirtschaft weiter förderte.[6]
- Erst unter Herzog Franz II. konnte sich das Herzogtum Sachsen–Lauenburg finanziell erholen, sich territorial arrondieren und durch innere Konsolidierungsmaßnahmen weiter entwickeln und festigen.

Diese chronologisch angeordneten Entwicklungstendenzen werden seit Beginn der lauenburgischen Geschichtsschreibung durch Kobbe und Duve als 'Eckpfeiler' der askanischen Herrschaftszeit im 16. und beginnenden 17. Jahrhundert betrachtet.

---

[2] Kaack, Böhmen, S. 9.

[3] Kaack, Bauer, S. 90. – Reden, Landständische Verfassung, S. 29f. – Vorsichtiger bei Kenzler, Ritter- und Landschaft, S. 17. Kenzler spricht von einer „gezielten" Heiratspolitik und begründet dies mit der Aussicht auf hohe Mitgiften.

[4] Kenzler, Ritter- und Landschaft, S. 19. – Reden, Landständische Verfassung, S. 30. – Funck, Verkauf Steinhorsts, S. 14. – Kaack, Katalog, S. 20.

[5] Kaack, Katalog, S. 20. – Kaack, Böhmen, S. 10.

[6] Kenzler, Ritter- und Landschaft, S. 79.

3.1.2 Die Reichsmatrikel von 1521

Fast unablässig wurde die Reichsmatrikel des Jahres 1521 herangezogen, um an ihr die politische, finanzielle und wirtschaftliche Bedeutungslosigkeit des Duodezfürstentums Sachsen–Lauenburg im Reich zu beweisen. Lediglich Armgard von Reden hat an dieser Auffassung berechtigte Zweifel geäußert.[7] Folgte man dennoch der in der lauenburgischen Landesgeschichtsschreibung vertretenen Hauptinterpretationslinie, so kämen überraschende Ergebnisse zustande: Da der Herzog von Sachsen–Lauenburg und der Herzog von Mecklenburg 1521 gemeinsam veranschlagt worden waren, müßte analog auch dem Herzogtum Mecklenburg politische Bedeutungslosigkeit im Reich attestiert werden.

Diesem Interpretationsansatz muß generell widersprochen werden. Von Reden hat darauf hingewiesen, daß in der ersten Fassung der Reichsmatrikel das Herzogtum Sachsen–Lauenburg nicht aufgeführt worden ist.[8] Dieser Umstand erklärt sich aus den noch auf dem Reichstag laufenden Verhandlungen, die neben Herzog Franz (I.), der die lauenburgischen Interessen vertrat, auch von zahlreichen anderen Reichsständen geführt wurden. Erst die endgültige Fassung der Reichsmatrikel von 1521 wies das Herzogtum Lauenburg aus.[9] Die Herzogtümer Sachsen–Lauenburg und Mecklenburg konnten einen erheblichen politischen Erfolg erzielen: Die Verhandlungen hatten erfolgreich zu einer Reduktion der Abgabenlast geführt. Aus diesem Grunde scheint – im Widerspruch zur gängigen Interpretation – genau ihr Gegenteil der Fall zu sein: Die Verringerung der Abgabeleistungen zeugt vielmehr von der Konsensfähigkeit der beiden Reichsstände und ihrer Fähigkeit, ihre Interessen wirkungsvoll auf Reichsebene zur Geltung zu bringen.

Tatsächlich hatte das Herzogtum Sachsen–Lauenburg seit 1471 seine Beiträge zu Reichsanschlägen und –hilfen geleistet. Die Reichsmatrikel von 1521 stellte somit keinen Anfangspunkt in der 'Reichskarriere' des Herzogtums dar,[10] sondern markierte – wie es die Absicht im Reich war – eine ausgehandelte Einigung auf Reichsebene für eine dauerhafte Einstufung, die bei künftigen Reichsanschlägen gültig blieb. Insgesamt konnten so materielle und personelle Ressourcen für Reichsaufgaben angemessen und planbar zur Verfügung gehalten werden.

---

7 Reden, Landständische Verfassung, S. 16.

8 Reden, Landständische Verfassung, S. 17, Fn. 7. – Vgl. Reichsabschiede, 2, S. 216ff.

9 Reichsabschiede, 2, S. 223.

10 S. Anhang 1, Kapitel 5.2.

3.2 Die Heiratspolitik der Herzöge von Sachsen–Lauenburg im 16. Jahrhundert

'In der Frühen Neuzeit heiratete man nicht, man wurde verheiratet.' Diese generalisierende Aussage erfährt hinsichtlich der Verhaltensnormen in der dörflichen oder bäuerlichen Umgebung sicherlich ihre Einschränkungen;[11] uneingeschränkt sei sie jedoch auf die adligen Familien angewendet, in denen größere Heiratskreise anzutreffen und – im Gegensatz zu bäuerlichen oder dörflichen Heiraten – milieuübergreifende Entfernungsheiraten stattfinden konnten.[12] Allen gemeinsam war hingegen, daß neben Ansprüchen an Moral und Konfession die Eignung für die zugedachte Rolle[13] und die Forderung ökonomischer Ergiebigkeit einer 'Verheiratung' erfüllt sein mußten.[14] Konnte diese Funktion nicht erfüllt werden, scheute sich das beanspruchende Fürstenhaus nicht, alle denkbaren Schritte gegen den säumigen 'Schwiegervater' einzuleiten.[15]

Die frühneuzeitliche Fürstenheirat ist damit einer romantischen Verklärung entrückt, da sie eine politische Funktion erfüllt, die durch ihren exterritorialen Charakter eine außenpolitische, durch die Verheiratung eines männlichen Nachkommen zusätzlich eine finanzierende und durch die Verheiratung eines

---

[11] Vgl. Paul Münch: Lebensformen in der Frühen Neuzeit. 1500 bis 1800; Frankfurt a. M./ Berlin 1992 (künftig zitiert: Münch, Lebensformen), S. 266f.

[12] Münch, Lebensformen, S. 270.

[13] In diesem Zusammenhang gewann die Frage nach dem Gesundheitszustand einer zukünftigen Ehepartnerin besondere Bedeutung.

[14] Münch, Lebensformen, S. 270.

[15] NdsHStA, Celle Br. 104a, Nr. 5 betreffend die Herausgabe des noch fehlenden Heiratsgeldes für Herzogin Katharina, geb. zu Braunschweig–Lüneburg. – NdsHStA, Celle Br. 104a, Nr. 6 hinsichtlich der Verhandlungen über das Brautgeld in den Jahren 1568 bis 1597. Vereinbart worden war eine finanzielle Leistung in Höhe von 8.000 RT zuzüglich Schmuck und Kleidern. Diese Vereinbarungen sollten auch eingehalten werden, sofern Herzog Wolfgang überraschend versterben sollte; der Anspruch sollte seinen Erben zustehen. Die Hochzeit fand im Jahr 1570 statt, die Herzogin starb 1586, der Herzog im Jahr 1595. Erst im Jahr 1595 wurde die erste Teilzahlung – durch einen Vergleich zustandegekommen – in Höhe von 800 RT von Seiten des Fürstenhauses Sachsen–Lauenburg geleistet (vgl. NdsHStA, Celle Br. 104a, Nr. 14). Dieser Vergleich hatte wesentlichen Einfluß auf den von Herzog Franz II. im Jahr 1588 eingeleiteten Prozeß vor dem Reichskammergericht gegen Herzog Heinrich von Braunschweig–Lüneburg. Vgl. hierzu: NdsStA Wolfenbüttel, 6 Alt, Nr. 359 (Findbuchangaben). Der Prozeß blieb bis zum Jahr 1667 rechtsanhängig, obwohl der Streitgegenstand beseitigt worden war. Ein ähnlicher Streit, allerdings ohne Beteiligung des Reichskammergerichts, brach wegen des Brautgeldes für Herzogin Ursula von Sachsen–Lauenburg aus (NdsHStA, Celle Br. 104a, Nr. 7). – RAK, T.K.U.A., A I 1, Brevveksling melle Fyrstehusen Sachsen–Lauenburg 1524–1627, betreffend die komplizierten Absprachen anläßlich der Heirat von Klara von Sachsen–Lauenburg in das Haus Braunschweig–Lüneburg.

weiblichen Nachkommen eine investive und die Tochter absichernde Bedeutung erfährt. Die Verheiratung eines männlichen Nachkommen folgt zugleich dem berechtigten Wunsch, die eigene Dynastie zu sichern.[16]
Die fürstliche Hochzeitsfeier galt als Treffpunkt von benachbarten Fürsten und als Ort politischen Geschehens. Die Feier besaß dadurch mehr eine politische denn eine gesellschaftliche Funktion;[17] allerdings folgte sie einem strengen Zeremoniell.[18]

Heiratspolitik in der Frühen Neuzeit kann aus diesen Gründen nicht finanziellen Kriterien zur Bewertung untergeordnet werden. Die Aufrechnung von erworbenen und investierten Brautschätzen kann ebensowenig wie die Finanzkraft eines Territoriums für eine Beurteilung herangezogen werden, da Heiratspolitik zunächst eine Frage des Prestiges und eines möglichen territorialen Zugewinns war, der zum Zeitpunkt der Eheschließung mit nicht kalkulierbaren Zufälligkeiten verbunden war.[19]

3.2.1 Strukturmerkmale lauenburgischer Heiratspolitik

Die Herzöge von Sachsen–Lauenburg und deren Gemahlinnen betrieben eine Heiratspolitik, die näher zu untersuchende Strukturmerkmale aufweist: Heiraten im territorialen Umfeld waren die Regel, und eine Verheiratung je Dynastie in einen übergeordneten Kreis von Herrschern wurde angestrebt. Damit erlangten alle Verheiratungen eine außenpolitische Dimension, die zum einen der

---

[16] Wolfgang E. J. Weber: Dynastiesicherung und Staatsbildung. Die Entfaltung des frühmodernen Fürstenstaates; in: Ders. (Hg.): Der Fürst. Ideen und Wirklichkeiten in der europäischen Geschichte; Köln/ Weimar/ Wien 1998, S. 94.

[17] NdsHStA, Celle Br. 103, Nr. 32: Bericht über eine beabsichtigte Hochzeit im Jahr 1545, welche als gesellschaftliches Ereignis dargestellt wird. – UBStL, 10, S. 455, Nr. 430: Bitte des Lübecker Rats an den Rat der Stadt Lüneburg, sofern letzterer Informationen über die Zusammenkunft „vornehmer Herren" im Rahmen der Hochzeit von Herzog Johann V. in Erfahrung bringe, diese an sie weiterzugeben, damit für Lübeck kein Nachteil entstehe. – UBStL, 10, S. 432, Nr. 406: Einladung zu einer Hochzeitsfeier (8. Oktober 1463). – Vgl. Kobbe, 2, S. 222: Die Hochzeit zwischen Dorothea von Sachsen–Lauenburg und dem dänischen Thronfolger Christian III. im Jahr 1525 wurde mit einem Beilager in Hamburg und Lauenburg begangen. U.a. wurden die Feierlichkeiten auf dem Hamburger Hopfenmarkt mit einem Turnier begangen. – RAK, T.K.U.A., A I 1, Brevveksling melle Fyrstehusen Sachsen–Lauenburg 1524–1627, betreffend Einladungen zur Taufe (13. September 1582, 18. und 30. September 1584, 23. Juni 1596).

[18] NdsHStA, Celle Br. 104 a, Nr. 10 betreffend eine Hochzeitsfeier im Jahr 1582 (Herzog Franz II. mit Marie von Braunschweig–Lüneburg). – NdsHStA, Celle Br. 103, Nr. 85 betreffend die Hochzeitsfeier Herzog Franz' II. mit Marie, der Tochter Herzog Julius' von Braunschweig–Lüneburg in Wolfenbüttel. In der Akte befindet sich die Hochzeitsliste vom 11. November 1582.

[19] Entgegengesetzt: Reden, Landständische Verfassung, S. 28ff.

territorialen Absicherung in der Gegenwart diente, zum anderen Ansprüche im Falle von Todesfällen in den angeheirateten Fürstenhäusern sicherte. Ein noch so kleiner Anspruch konnte günstigenfalls zu einer territorialen Vergrößerung des eigenen Landes führen.[20]

Die Regierungszeit Bernhards II. von Sachsen–Lauenburg (2 Kinder)

Herzog Bernhard II. von Sachsen–Lauenburg (†1463) konnte seinen Sohn Johann V. (1439–1505) am 12. Februar 1464 mit der Markgräfin Dorothea von Brandenburg (1446–1519), der Tochter des Kurfürsten Friedrich II., vermählen.[21] Seine Tochter Sophie (†1473) vermählte er 1444 mit Herzog Gerhard VII. von Jülich–Berg.

Erstmalig war eine dynastische Verbindung zu dem kurfürstlich–brandenburgischen Haus gelungen, welches wiederum in Verbindung zum Haus Wettin[22] stand (Friedrich II. war mit der sächsischen Prinzessin Katharina verheiratet), also dem Herrschergeschlecht, welchem 1423 die Kurwürde Sachsens zugestanden worden war.

Die dynastischen Verbindungen, die unter Erich IV. und Erich V. zustande kamen, orientierten sich am territorialen Umfeld Lauenburgs und waren auf Holstein–Schauenburg, Braunschweig–Lüneburg und Mecklenburg hin ausgerichtet.[23]

---

[20] Vgl. Rice/ Grafton, Foundations, S. 124f. Wie erfolgversprechend dynastische Verbindungen sein konnten, hatten die deutschen und europäischen Fürstenhäuser anhand der Heiratspolitik Kaiser Maximilians und König Ferdinands von Spanien erleben können, die das Weltreich Karls V. letztlich ermöglichte.

[21] Stammtafeln, 1, Tafel 80. – Vgl. hierzu die Einladung, die dem Rat der Stadt Lübeck am 8. Oktober 1463 zugesandt wurde: UBStL, 10, S. 432, Nr. 406.

[22] Stammtafeln, 1, Tafel 42.

[23] Stammtafeln, 1, Tafel 80.

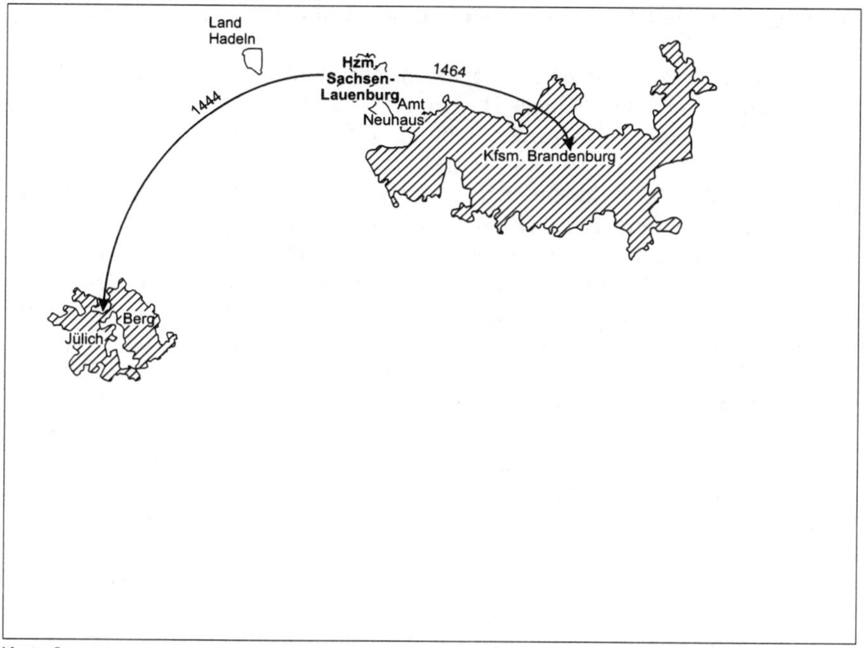

Karte 2

Regierungszeit Bernhards II.

♂ 1464 - Brandenburg
♀ 1444 - Jülich-Berg

Die Regierungszeit Johanns V. von Sachsen–Lauenburg (13 Kinder)

Herzog Johann V. und seine Frau zeugten insgesamt 13 Kinder, sechs Töchter und sieben Söhne;[24] ihre Kinder Heinrich, Friedrich, Margarethe und Adelheid starben offenbar früh.[25] Über ihren Sohn Rudolf ist wenig bekannt.[26]
Der älteste Sohn Magnus wurde früh auf seine Aufgabe als zukünftiger Landesherr vorbereitet, indem er in ausländische Militärdienste gestellt wurde. Johanns Söhne Erich, Bernhard und Johann sowie seine Tochter Katharina traten in den geistlichen Stand. Seine beiden Töchter Sophie und Elisabeth konnten 1491 und 1494 in die Häuser territorialer Nachbarn (Holstein–Schauenburg und Braunschweig–Grubenhagen) verheiratet werden; seine älteste Tochter Anna war in erster Ehe mit dem Grafen Johann von Ruppin, in zweiter Ehe mit Graf Friedrich von Spiegelberg aus dem Westfälischen verheiratet worden.[27] Damit war zunächst eine Verbindung zur anhaltinischen Linie des askanischen Herrscherhauses hergestellt, später dann eine Verbindung in den Einflußbereich des Hauses Schaumburg geschaffen worden.
Im Jahr 1509 heiratete Herzog Magnus I. Herzogin Katharina, die Tochter Herzog Heinrichs I. von Braunschweig–Lüneburg in Wolfenbüttel.[28]
Die Verheiratung der ältesten Tochter in das weitverzweigte askanische Herrscherhaus Anhalt[29] deutet auf absichtsvolle Verbindungen zu einem großen deutschen Herrscherhaus, wohingegen die dynastischen Verbindungen zu Holstein–Schauenburg, Schaumburg und Braunschweig–Lüneburg, respektive Grubenhagen auf nachbarlichen Beziehungen beruhen.

---

[24] Vgl. fehlerhaft Stammtafeln, 1, Tafel 80. – Vgl. Kobbe, 2, S. 214ff. S. besonders S. 216, Fn. 65 hinsichtlich der Existenz einer weiteren Tochter mit Namen Helene.

[25] Vgl. fehlerhaft Stammtafeln, 1, Tafel 80.

[26] Vgl. Stammtafeln, 1, Tafel 80. Herzog Rudolf wird hier lediglich mit der Jahreszahl 1501 ausgewiesen. – Vgl. hingegen Henning Brandis′ Diarium. Hildesheimische Geschichten aus den Jahren 1471–1528; hrsg. v. Ludwig Hänselmann; Hildesheim 1896; Nachdruck Hildesheim 1994 (künftig zitiert: Brandis, Diarium), S. 175, Zeile 38, Eintrag vom 30. Juni 1503. Ebenda, S. 176, Zeilen 13–16, Eintrag unter dem Datum 4. Juli 1503: „[...] hertogen van Sassen, Magnuse, Roleve unde ok hertogen Johanse [...]. Tohant darna reden de twe brodere Magnus unde Rolef, hertogen to Sassen, Engeren und Westvalen, na Lowenborch." Künftige Forschungen werden sich um die Biographie dieses Herzogs von Sachsen–Lauenburg bemühen müssen. – Vgl. Kobbe, 2, S. 215: „(5.) Rudolf, ist nach 1503 gestorben".

[27] H.[...] Grote: Stammtafeln; Leipzig 1877 (künftig zitiert: Grote, Stammtafeln), S. 234 (Tafel 175), S. 189 (Tafel 145). Der Teil Lindau, der ursprünglich zur Herrschaft gehört hatte, war von Johanns Vorgänger, Albrecht III. von Lindau und Ruppin verkauft worden. – Vgl. fehlerhafte Angabe in: Stammtafeln, 1, Tafel 80.

[28] RAK, T.K.U.A., A I 1, Brevveksling melle Fyrstehusen Sachsen–Lauenburg 1524–1627, Schreiben vom 5. Juli 1563: Katharina starb am 29. Juni 1563 (zwischen ein und zwei Uhr) in Neuhaus und wurde in Ratzeburg am 3. Juli 1563 beigesetzt. – Stammtafeln, 1, Tafel 80.

[29] Vgl. Stammtafeln, 1, Tafel 73ff.

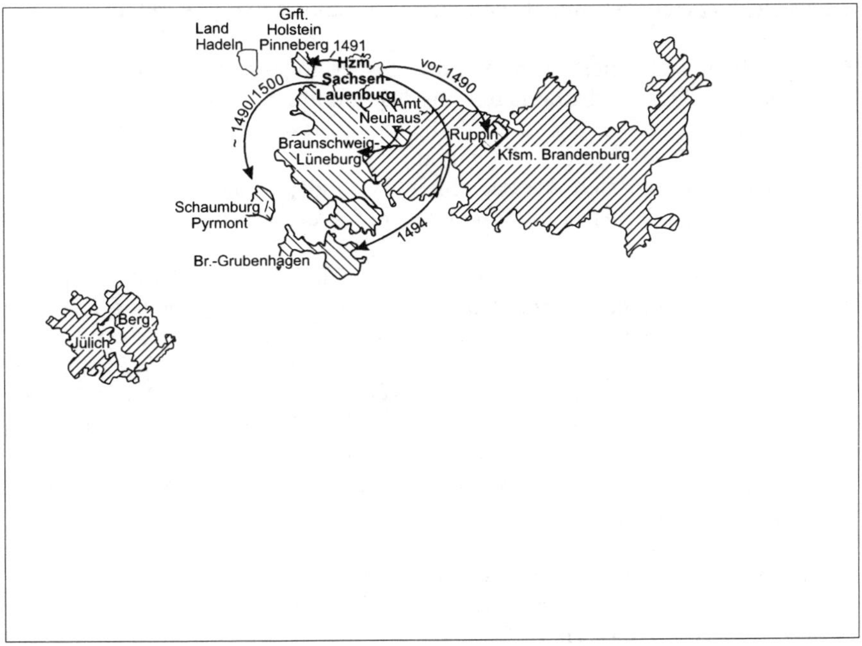

Karte 3

Regierungszeit Bernhards II.

- ♂ 1464 - Brandenburg
- ♀ 1444 - Jülich-Berg

Regierungszeit Johanns V.

- ♀ 1491 - Holstein-Schauenburg in Pinneberg
- ♀ 1494 - Braunschweig-Grubenhagen
- ♀ ~1490/1500 - Schaumburg / Pyrmont
- ♂ 1509 - Braunschweig-Lüneburg in Wolfenbüttel
- ♀ vor 1490 - Ruppin

Die Regierungszeit Magnus' I. von Sachsen–Lauenburg (6 Kinder)

Herzog Magnus I. hielt sich an die bisherige Struktur lauenburgischer Heiratspolitik: Die Verheiratungen in das unmittelbare territoriale Umfeld waren die Regel, wobei auch *eine* Verheiratung in einen dem Kurfürstenstand nahen Herrscherbereich angestrebt wurde.[30]

Damit konzentrierte sich Herzog Magnus zugleich auf die wesentlichen Aufgaben des Landesherrn, die in der Sicherung des eigenen Territoriums der Dynastie lagen:

Die Verheiratung seiner Tochter Dorothea im Jahr 1525 mit Herzog Christian (III.) von Holstein, dem Sohn König Friedrichs I. von Dänemark, seinem mächtigen Territorialnachbarn an der lauenburgisch–holsteinischen Grenze kurz nach der Zeit des dänischen Thronfolgestreits und die Hochzeit seiner Tochter Katharina mit König Gustav von Schweden im Jahr 1531 zur Zeit der schwedischen Erringung der Ostseevorherrschaft zu Lasten der Hansestädte und in der Auseinandersetzung mit den den niederländischen Seehandel begünstigenden Dänen gewinnen als territoriale Absicherungsmaßnahmen für den Fall einer kriegerischen Auseinandersetzung eine über dynastische Aspekte hinausgehende Bedeutung. Die Verheiratungen seiner Töchter Klara[31] und Ursula in die Häuser Braunschweig–Lüneburg und Mecklenburg markierten hingegen eine unmittelbar territoriale Absicherung. Die Verheiratung seiner Tochter Sophie in das Haus Oldenburg – durch die Vermittlung Herzog Heinrichs von Braunschweig –[32] stellte eine Präventivabsicherung der holsteinisch–lauenburgischen Grenze dar; diesem Kalkül folgte 1544 Herzog Adolf von Schleswig–Holstein–Gottorf nicht, als er sich im Rahmen einer Landesteilung für das holsteinische Amt Trittau entschied.

Herzog Magnus verheiratete seinen Sohn Franz (I.) – nach Vermittlung durch die Herzöge von Mecklenburg[33] – mit Sibylle, der Tochter Herzog Heinrichs „des Frommen" von Sachsen und Schwester der späteren Kurfürsten von Sachsen (Albertinische Linie).[34]

---

[30] Stammtafeln, 1, Tafel 80.

[31] Die Vermittlung für diese Heirat ging von Herzogin Katharina aus, obwohl das Haus Braunschweig–Lüneburg über keine finanziellen Mittel zu diesem Zeitpunkt verfügte. – RAK, T.K.U.A., A I 1, Brevveksling melle Fyrstehusen Sachsen–Lauenburg 1524–1627, erstes Schreiben vom 7. 5. 1547. – Vgl. hinsichtlich des Heiratsgeldes in Höhe von 9.000 fl. und dessen Begleichung und hinterlegten Sicherheiten im Zeitraum von 1547 bis 1552 (Scharnebeker Vergleich): NdsHStA, Celle Br. 103, Nr. 36.

[32] NdsHStA, Celle Br. 103, Nr. 18. Die Mitgift betrug 8.000 fl.

[33] LHA, MVP, Aw, Nr. 288.

[34] SächsHStA, Loc. 9664, Vol. II, fol. 352. Die Hochzeit fand am 8. Februar 1540 statt. – Vgl. Stammtafeln, 1, Tafel 45.

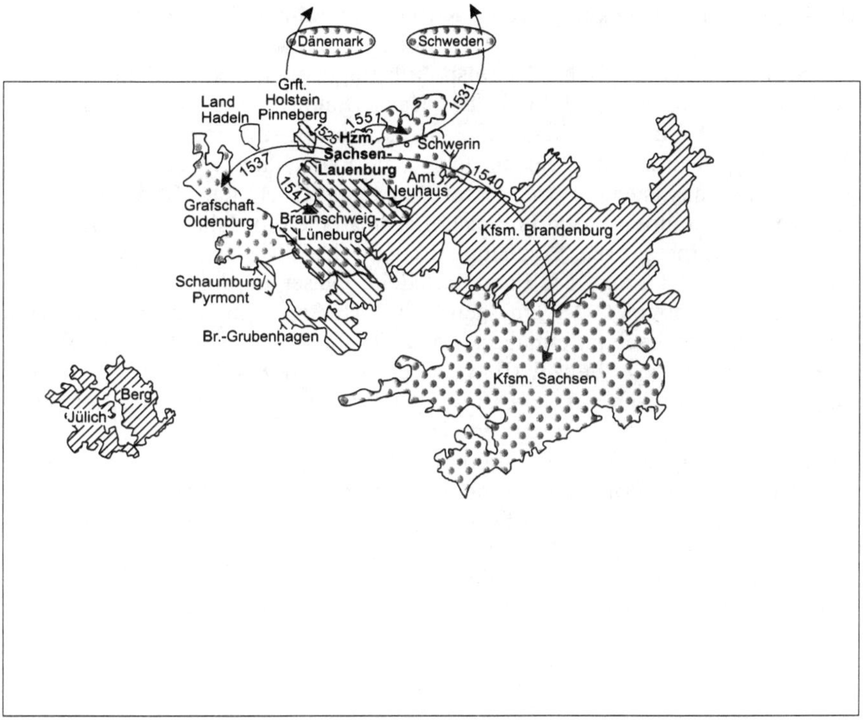

Karte 4

Regierungszeit Bernhards II.

- ♂ 1464 - Brandenburg
- ♀ 1444 - Jülich-Berg

Regierungszeit Johanns V.

- ♀ 1491 - Holstein-Schauenburg in Pinneberg
- ♀ 1494 - Braunschweig-Grubenhagen
- ♀ ~1490/1500 - Schaumburg / Pyrmont
- ♂ 1509 - Braunschweig-Lüneburg in Wolfenbüttel
- ♀ vor 1490 - Ruppin (1542 brandenburgisch)

Regierungszeit Magnus´ I.

- ♀ 1525 - Dänemark
- ♀ 1531 - Schweden
- ♀ 1537 - Graf von Oldenburg in Oldenburg
- ♀ 1547 - Braunschweig in Gifhorn
- ♀ 1551 - Mecklenburg in Schwerin
- ♂ 1540 - Kurfürstentum Sachsen

Die Regierungszeit Franz′ I. von Sachsen–Lauenburg (8 Kinder)

Der Struktur lauenburgischer Heiratspolitik folgte auch Herzog Franz I.: Seine Tochter Dorothea wurde 1570 in das Haus Braunschweig–Grubenhagen und seine Tochter Ursula 1569 in das Haus Braunschweig–Lüneburg in Dannenberg (Dannenberg wurde im gleichen Jahr zum Fürstentum erhoben; im Süden grenzte es an das lauenburgische Amt Neuhaus) verheiratet. Mit der Erhebung seines Sohns Heinrich[35] zum Erzbischof von Bremen im Jahr 1567 gelang ihm die Einflußnahme auf das Erzbistum Bremen, den bisher ärgsten Widersacher Lauenburgs in der Frage des Landes Hadeln. Dieser Einfluß wurde durch die Ernennung Friedrichs,[36] der am sächsischen Hof erzogen worden war,[37] zum Propst in Bremen noch untermauert. Franz′ Tochter Sidonie Katharina heiratete in erster Ehe Herzog Wenzel III. von Schlesien, in zweiter Ehe war sie mit Em[er]ich XI. Forbach aus dem Hause der Grafen und Fürsten von Leiningen der Linie Hartenburg (Kurpfalz) verheiratet.[38]

Seinen Sohn Magnus II., den designierten Thronfolger, verheiratete er 1568 mit der schwedischen Prinzessin Sophie,[39] dessen jüngeren Bruder Franz, der zeitweise am sächsischen Hof erzogen worden war,[40] mit der Herzogin Margarethe von Pommern. Nach Margarethes Tod[41] heiratete Franz in zweiter Ehe die Herzogin Marie[42] von Braunschweig–Lüneburg.[43] Insgesamt gingen 19 Kinder aus beiden Ehen hervor.[44] Franz′ I. Sohn Moritz verstarb 63jährig im Jahr 1614.[45]

---

[35] Vgl. SächsHStA, Urk. Abt., Nr. 11.816 c.

[36] Vgl. SächsHStA, Urk. Abt., Nr. 11.816 b.

[37] SächsHStA, Loc. 9443.

[38] Vgl. irreführend Stammtafeln, 1, Tafel 81. – S. Grote, Stammtafeln, S. 152–155.

[39] LAS, Urk. Abt. 7, Nr. 13 (29. Mai 1568): Konsens des lauenburgischen Herzogs Franz I. zur Eheverabredung zwischen dem schwedischen König und seinem Sohn Magnus unter gleichzeitigem Hinweis auf einen einzubringenden Brautschatz in Höhe von 100.000 RT.

[40] SächsHStA, Copial 280, fol. 22^{r}.

[41] Hinweis auf Margarethes Tod im Kindbett in SächsHStA, Loc. 8536, Nr. 45, fol. 5–7. – RAK, T.K.U.A., A I 1, Brevveksling melle Fyrstehusen Sachsen–Lauenburg 1524–1627, Brief vom 9. September 1581.

[42] RAK, T.K.U.A., A I 1, Brevveksling melle Fyrstehusen Sachsen–Lauenburg 1524–1627, Brief vom 23. September 1582 (Verlöbnis am 5. November 1582). – Joachim Brandis′ des Jüngeren Diarium, ergänzt aus Tilo Brandis′ Annalen; hrsg. v. M[...] Buhlers; Hildesheim 1903, Nachdruck Hildesheim 1994, S. 195: Die Hochzeit fand am 11. November 1582 in Wolfenbüttel statt.

[43] NdsHStA, Celle Br. 104a, Nr. 8 und Nr. 9. – NdsHStA, Celle Br. 103, Nr. 85 (inliegend u.a. die Gästeliste zur Hochzeit).

[44] Reden, Landständische Verfassung, S. 29, Fn. 47.

[45] S. Kobbe, 2, S. 307, Nr. 5: „Moritz. Er hatte sich mit Katharina von Spörken verheirathet, welche er jedoch bald wieder verstieß.“

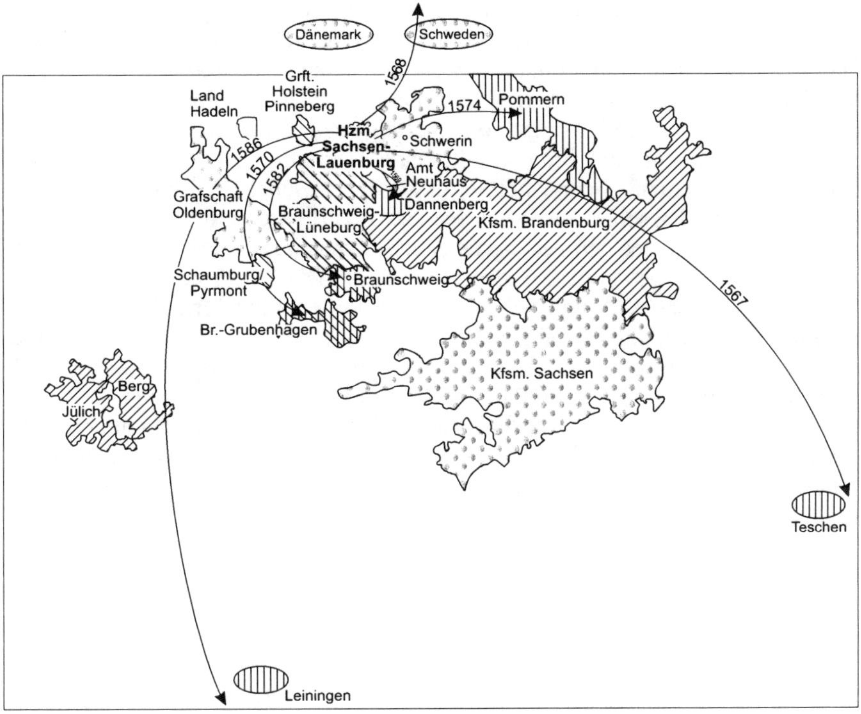

Karte 5

Regierungszeit Bernhards II.

♂ 1464 - Brandenburg
♀ 1444 - Jülich-Berg

Regierungszeit Johanns V.

♀ 1491 - Holstein-Schauenburg in Pinneberg
♀ 1494 - Braunschweig-Grubenhagen
♀ ~1490/1500 - Schaumburg / Pyrmont
♂ 1509 - Braunschweig-Lüneburg in Wolfenbüttel
♀ vor 1490 - Ruppin (1542 brandenburgisch)

Regierungszeit Magnus´ I.

♀ 1525 - Dänemark
♀ 1531 - Schweden
♀ 1537 - Graf von Oldenburg in Oldenburg
♀ 1547 - Braunschweig in Gifhorn
♀ 1551 - Mecklenburg in Schwerin
♂ 1540 - Kurfürstentum Sachsen

Regierungszeit Franz´ I.

♀ 1570 - Braunschweig-Grubenhagen
♀ 1569 - Fürstentum Dannenberg
♂ 1568 - Schweden
♂ 1574 - Pommern
♂ 1582 - Braunschweig-Lüneburg in Wolfenbüttel
♀ 1567 - Schlesien in Teschen
♀ 1586 - Grafschaft Leiningen

Erst nach dem Tod von Herzog Franz II. im Jahr 1619 gelang es den Herzögen von Sachsen–Lauenburg, Einfluß in den Häusern Schleswig–Holstein–Gottorf und Schleswig–Holstein–Sonderburg zu gewinnen, wodurch die dynastische Verbindung zu allen umgebenden Herrscherhäusern abgeschlossen wurde.[46]
Die Heiratspolitik Lauenburgs folgte somit den üblichen Traditionen und richtete sich auf unmittelbare und mittelbare Territorialnachbarn. Hinzu kamen gelungene Versuche zur Etablierung dynastischer Verbindungen mit einflußreichen Herrscherhäusern, primär dem Kurfürstentum Sachsen,[47] die als Ausdruck eines noch immer bestehenden dynastischen Anspruchs auf die sächsische Kur gewertet werden können.[48] Die Verbindungen zu den Königreichen Dänemark und Schweden sind vornehmlich zur außenpolitischen Stabilisierung des Landes hinsichtlich seiner kritischen Mittellage gegenüber den stärkeren Hansestädten zu verstehen und in diesem Zusammenhang als Beziehungen zu 'dynastischen Partnern im Hintergrund' zu bewerten.
Eine ausschließliche Reduktion der Bewertung der lauenburgischen Heiratspolitik im 16. Jahrhundert auf den Begriff der „Prestigeheiraten"[49] scheint angesichts der aufgezeigten Strukturmerkmale und ihrer politischen Relevanz nicht zulässig.

Die mögliche Einflußnahme durch Einheirat, denkbare Ansprüche auf territorialen Zugewinn durch Veränderungen in dem Herrscherhaus, in welches eingeheiratet wurde, und der mit einer Heirat verbundene Prestigezuwachs stehen im Gegensatz zu der herkömmlichen Annahme einer „kostspieligen Heiratspolitik Lauenburgs". Die Aufwendung hoher Kosten für einen möglichen, nicht meßbaren Nutzen ist nicht zu verstehen, solange nicht der Kontext politischer Zusammenhänge einbezogen wird.

Eine retrospektive Bewertung mit Attributen wie „unangemessen", „übersteigert" oder „überzogen" trifft nicht den Kern der Sache, sondern dokumentiert eher die verbreitete Neigung von Historikern zu einer ausschließlich auf Quantifizierung zielenden Geschichtsinterpretation. Unbestritten allerdings bleibt, daß die Heiratspolitik der Herzöge von Sachsen–Lauenburg Kosten verursacht hat, die zu Lasten der herzoglichen Kasse gingen und damit letztlich aus dem Territorium beglichen werden mußten.

---

[46] Stammtafeln, 1, Tafel 81.

[47] Vgl. Harald Schieckel: Die verwandtschaftlichen Beziehungen des Hauses Oldenburg zu den Häusern Wettin und Anhalt; in: Landesgeschichte als Herausforderung und Programm. Karlheinz Blaschke zum 70. Geburtstag; [= Quellen und Forschungen zur sächsischen Geschichte, 15]; hrsg. von Uwe John und Josef Matzerath; Leipzig 1997, S. 459–466. Die Heiraten des Hauses Sachsen–Lauenburg in das Grafenhaus Oldenburg führten auch zu verwandtschaftlichen Beziehungen mit dem sächsischen Kurfürstenhaus.

[48] Vgl. Reden, Landständische Verfassung, S. 33.

[49] Reden, Landständische Verfassung, S. 30.

In ein verwandtes Betrachtungsfeld gehören die Aussagen zur Hofhaltung Lauenburgs. Die Hofhaltung jedoch allein als Kostenfaktor zu betrachten,[50] erscheint verfehlt, zumal die Primäraufgabe der mit der Landesherrschaft verbundenen Repräsentationspflichten schwerlich in eine Kosten–Nutzen–Rechnung zu bringen ist, da innen– wie außenpolitische Betätigungsfelder berührt werden.[51]

3.2.2 Die Einflußnahme auf geistliche und weltliche Güter durch das Haus Sachsen–Lauenburg

Die Versorgung spätgeborener Söhne eines Herrscherhauses mit geistlichen Besitzungen gehört in den Kontext der frühneuzeitlichen Idee der ausreichenden Versorgung der Kinder, um das eigene Territorium finanziell zu entlasten und die Primogenitur im Haus zu stützen.
Geistliche Herrschaftsausübung weist zunächst einen undynastischen Charakter auf und kann als zeitlich befristete Lehnsgabe nach interner Wahl durch nachträgliche kaiserliche Bestätigung interpretiert werden. Dennoch kristallisierten sich im Spätmittelalter Kopplungsmechanismen heraus, die bestimmte Herrscherhäuser an bestimmte geistliche Ämter banden; dies geschah notwendigerweise ohne festgelegte, präjudizierende Nachfolgeansprüche, wenngleich diese aus dem jeweiligen Herrscherhaus, zumeist aus der räumlichen Nähe, dennoch gestellt wurden. Auf diese Weise sollte eine langfristige territoriale Einflußnahme auf geistlichen Besitz an den eigenen Grenzen gesichert und gebietliche Arrondierungs– und Sicherungsmaßnahmen gewährleistet werden.[52]

---

[50] Reden, Landständische Verfassung, S. 30.

[51] Hierzu zählten neben Reisen zu Beilagern und zu Kindestaufen auch gegenseitige Fürstenbesuche: NdsStA, Bbg, L1, Nr. 1431: Einladung zu einer Kindestaufe im Jahr 1562, nachdem die Geburt des Kindes angezeigt worden war. – NdsStA, Bbg, L1, Nr. 1436: Einladung zur Taufe von Herzog Ernst Ludwig (*7. Juni 1587) am 23. Juli 1587, ausgesprochen von Herzog Franz und seiner Gemahlin Maria an Graf Adolf von Schaumburg und seine Gemahlin Elisabeth. – LHA, MVP, Aw, Nr. 318: Liste der Gäste zur Taufe von Herzog Franz Julius am 1. November 1584 in Schwarzenbek. – NdsStA, Bbg, L1, Nr. 1431: Besuch des Grafen Otto von Schaumburg in Otterndorf im Jahr 1562 mit dem Ziel, „frölichkeit [zu] pflegen“. Hierzu ordnete Herzog Franz I. an, 100 Schweine aus den lauenburgischen Besitzungen nach Otterndorf zu treiben. Vgl. NdsStA, Bbg., L1, Nr. 1430: Einladung an den Grafen von Schaumburg, Herzog August von Sachsen während seines Beilagers in Leipzig zu besuchen.

[52] Karlheinz Blaschke: Fürsten und Bischöfe im Land an der Elbe – Der Aufbau territorialer Herrschaft und kirchlicher Wirksamkeit; in: Die Elbe – Ein Lebenslauf; Katalog zur gleichnamigen Ausstellung; Berlin 1992, S. 64: „Der einzige Weg, Macht über ein geistliches Fürstentum zu erlangen, führte über die Wahl des Bischofs aus demjenigen Fürstengeschlecht, das diese Macht anstrebte.“

Das Haus Sachsen–Lauenburg stellte seit dem Spätmittelalter in mehreren Bistümern die Bischöfe, Koadjutoren, Domherren oder Dekane.[53] Das Erzbischofsamt in *Bremen* wurde von 1567 bis 1585 von Herzog Heinrich von Sachsen–Lauenburg wahrgenommen, der seit 1574 bis zu seinem Unfalltod 1585 auch das Bischofsamt in *Osnabrück* ausübte, seit 1577 zugleich Bischof von *Paderborn* und bereits seit 1566 Chorherr im Erzbistum *Köln* war. Herzog Heinrich kann als mächtigster geistlicher Landesherr in Nordwestdeutschland zu dieser Zeit gelten; ferner war er der erste Erzbischof, der sich im Norden des Reichs offen zum Luthertum bekannt hatte. Seine Wahl zum Bischof von Münster scheiterte hingegen in den Jahren 1575, 1577 und 1580.
Sein Bruder Friedrich war zunächst Domherr, in den Jahren 1571 bis 1585 Chorbischof am Hohen Dom in *Köln*, konnte allerdings im Jahr 1583 seine Wahl zum Erzbischof nicht gegen Ernst von Bayern durchsetzen, der damit die bis 1761 dauernde Herrschaft der Wittelsbacher im Erzbistum Köln eröffnete. Friedrich war zugleich Propst in Bremen und Domherr in Straßburg. Er war damit der Karriere seines Vorfahren Bernhard von Sachsen–Lauenburg gefolgt, der bis zu seinem Tode 1524 Dompropst in Köln und Magdeburg gewesen war.[54]

Im Bistum *Kammin* (Residenz: Kolberg) nahm Herzog Magnus von Sachsen–Lauenburg das Bischofsamt von 1395 bis 1424 wahr, bevor er bis 1452 Bischof von *Hildesheim* war. Bereits in den Jahren von 1343 bis 1370 hatte das Haus Sachsen–Lauenburg durch die Entsendung von Bischof Johann seinen Einfluß auf das Bistum *Kammin* ausüben, und so auf das angrenzende Herzogtum Pommern–Wolgast wirken können.
Herzog Erich war von 1508 bis 1522 Bischof von *Münster*, nachdem er in den Jahren 1502[55] und 1504 Bischof von *Hildesheim* gewesen war. Am 4. August 1504 folgte ihm dort auf seinen Wunsch und zunächst gegen den Widerstand des Kapitels sein Bruder Johann,[56] der Weihnachten 1523 vertrieben wurde[57]

---

[53] Zum folgenden s. Walter Leisering: Zur Geschichte der Askanier. Ein Tabellenbuch mit 200 Abbildungen und historischen Anhalt–Karten; Dessau 1996, S. 28. – Hinsichtlich der Herzöge Heinrich und Friedrich von Sachsen–Lauenburg s. auch: R[...] Goecke: Bemühungen lauenburgischer Herzöge des 16. Jahrhunderts um einige rheinisch–westfälische Stifter; in: Monatsschrift für die Geschichte Westdeutschlands, 4; 1878, S. 591–597.

[54] Stammtafeln, 1, Tafel 80.

[55] Vgl. fehlerhaft Stammtafeln, 1, Tafel 80. – Ebenso fehlerhaft: Grote, Stammtafeln, S. 218, Nr. 166H. – Vgl. Brandis, Diarium, S. 171: Herzog Erich von Sachsen–Lauenburg folgte am 20. Mai 1502 dem am 4. Mai desselben Jahres verstorbenen Bischof Berthold.

[56] S. Brandis, Diarium, S. 176, Eintrag vom 30. Juni 1503. – Ebenda, S. 179, Eintrag vom 4. August 1504 über die Einführung Bischof Johanns. – Ebenda, S. 180: Huldigung der Stiftsuntertanen am 26. August, Huldigung des Rats und der Stadt Hildesheim am 29. August 1504. – Vgl. ungenauere Angaben: Chronik des Johan Oldecop; [= Bibliothek des

und 1527 im Rahmen der Hildesheimer Stiftsfehde[58] resignieren mußte.[59] Bischof Johann starb am 1. November 1546 und wurde in Ratzeburg begraben; seine Gebeine wurden nach Hildesheim verbracht.[60] Damit war das Bischofsamt in Hildesheim dem Hause Sachsen–Lauenburg vollständig entzogen, und eine über ein Jahrhundert währende Tradition, die durch den Domherrn Albrecht von Sachsen–Lauenburg zu Beginn des 15. Jahrhunderts eingeleitet worden war, endete.[61]

Mithin hat das Haus Sachsen–Lauenburg besonders zu Beginn des 16. Jahrhunderts umfangreiche geistliche Besitzungen in den Umkreis seiner Dynastie bringen können, ein Vorgang, der allerdings – vor allem aufgrund des Verlustes des Bischofsamts in Hildesheim – als territoriale Arrondierungs– und Sicherungsmaßnahme als folgenlos anzusehen ist. Die Wahl Herzog Heinrichs zum Erzbischof von Bremen im Jahr 1567 hingegen geriet dem nach Einfluß strebenden und auf äußere Sicherheit bedachten Herrscherhaus Sachsen–Lauenburg zur Kategorie einer Arrondierungs– und Sicherungsmaßnahme aufgrund der unmittelbaren territorialen Nähe zum (Erb–)Land Hadeln.[62]
Wie weitreichend und kompliziert sich das fürstliche Vorstellungsvermögen hinsichtlich der Gebietsvermehrungen und Einflußnahmen auf andere Landschaften gestalten konnte, verdeutlichen folgende Beispiele:
In einem Brief vom 15. März 1583 bat Herzog Franz II. den dänischen König Friedrich um Einflußnahme, um zwei Promotorialschreiben vom Kurfürsten von Sachsen einerseits und vom Herzog von Mecklenburg andererseits zu erwirken. Graf Philipp zu Lippe, Spiegelberg und Pyrmont war in der Schlacht von St. Quentin am 10. August 1557 gefallen;[63] sein Erbnachfolger, Graf Simon, konnte zwar seine Ansprüche auf die Grafschaft Lippe und die Herrschaft Spiegelberg geltend machen, die Ansprüche auf Pyrmont hingegen konnten nicht durchgesetzt werden, da dieses als Lehen („mit vielen

Litterarischen Vereins in Stuttgart, 190]; hrsg. v. Karl Euling; Tübingen 1891 (künftig zitiert: Oldecop, Chronik), S. 20f.

57 Brandis, Diarium, S. 247. – Oldecop, Chronik, S. 391. Oldecop charakterisiert Bischof Johann als „ser fromen und erlichen fursten und hern". – Ebenda, S. 264: „[...] ein from, erlich furste und gut krigesman [...]."

58 S. Brandis, Diarium, S. 229ff.

59 Oldecop, Chronik, S. 154.

60 Oldecop, Chronik, S. 264. – Vgl. Stammtafeln, 1, Tafel 80 hinsichtlich des Todesdatums (dort 1547).

61 Stammtafeln, 1, Tafel 80.

62 S. unten Kapitel 4.3.

63 Friedrich Steger (Hg.): Das Haus der Welfen. Beiträge zur Geschichte der Lande Braunschweig und Hannover in Biographien der ausgezeichnetsten Regenten und Fürsten beider Welfen–Linien; Braunschweig 1843 (künftig zitiert: Steger, Haus der Welfen), S. 206f. S. ebenda die Ausführungen über den „Gesundbrunnen von Pyrmont".

ansehnlichen Schlössern und Ämptern") an das Reich heimgefallen war. Die Möglichkeit bestand, daß dieses Lehen dem Bistum Paderborn übergeben werden konnte. Aus diesem Grund beabsichtigte Erzbischof Heinrich von Bremen, zu diesem Zeitpunkt auch Bischof von Paderborn, die „Überführung dieses Lehens in seinen Hausbesitz", um es dann weiter zu verlehnen. Unausgesprochen sah sich Herzog Franz II. als dieser zukünftige Lehnsnehmer. Mit der Bitte, der dänische König möge den Kaiser „dazu bewegen", Herzog Heinrich dieses Lehen zu übertragen und eine allodiale Unterverlehnung zuzulassen, schloß der Brief.[64] Der Versuch schlug fehl: Der dänische König antwortete nicht und bemühte sich weder darum, entsprechende Promotorialschreiben zu veranlassen, noch den deutschen Kaiser zu beeinflussen.
Die Einflußnahme des Hauses Sachsen–Lauenburg auf die Besitzungen Pyrmont und Spiegelberg reicht bis in die Zeit Johanns V. zurück, der seine Tochter Anna, welche in erster Ehe in das Haus Ruppin (im Kurfürstentum Brandenburg) verheiratet worden war, in zweiter Ehe in das Haus Spiegelberg vermählte. Die räumliche Nähe zu den ursprünglichen westfälischen Lehnsbesitzungen wird offenkundig und verdeutlicht das Interesse der lauenburgischen Herzöge, ehemalige Besitzungen langfristig wieder in den Hausbesitz zu überführen.

Bevor das Bistum Ratzeburg an Christoph von Mecklenburg resigniert wurde, hatte Herzog Franz I. von Sachsen–Lauenburg versucht, seinen ältesten Sohn Magnus als Bischof von Ratzeburg mit den Bistumsbesitzungen auszustatten.[65] Dieser Versuch scheiterte zunächst im Jahr 1550. Dennoch unternahm Herzog Franz – Herzog Christoph war mittlerweile (minderjährig) zum Bischof von Ratzeburg gewählt worden[66] – den Versuch, für seinen Sohn Magnus die kaiserliche Bestätigung zum Bischof von Ratzeburg zu erlangen,[67] um so langfristig als Fürstbischof den Bistumsbesitz in den Reichslehensbesitz des Hauses Sachsen–Lauenburg eingliedern zu können. Diese weitreichende Arrondierungsmaßnahme scheiterte.

[64] RAK, T.K.U.A., A I 1, Brevveksling melle Fyrstehusen Sachsen–Lauenburg 1524–1627, Brief vom 15. März 1583.

[65] Masch, Ratzeburg, S. 496.

[66] Hillmann, Herrschaftswechsel, S. 69f.

[67] RAK, T.K.U.A., A I 1, Brevveksling melle Fyrstehusen Sachsen–Lauenburg 1524–1627, Brief vom 22. Juli 1555.

Ansprüche des Hauses Sachsen-Lauenburg auf geistliche und weltliche Besitzungen im 16. Jahrhundert

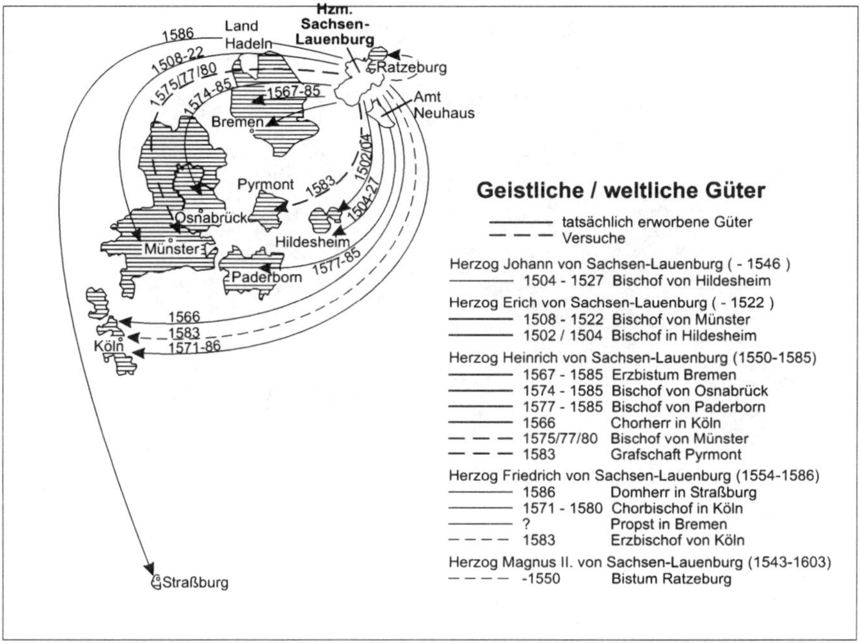

Karte 6

Zu 3.2.1 - 3.2.2
Dynastische Verbindungen und Einfluß auf geistliche Besitzungen der Herzöge von Sachsen-Lauenburg im 16. Jahrhundert

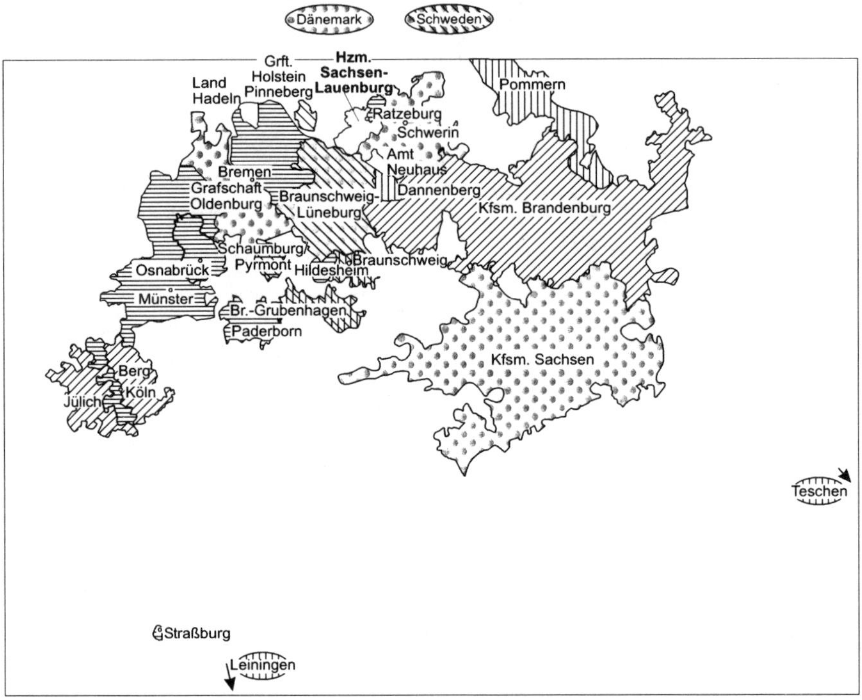

Karte 7

Sowohl im Rahmen fürstlicher Heiratspolitik wie auch im Bemühen, eigene Söhne des Fürstenhauses in geistliche Besitzungen einzusetzen, wird deutlich, daß die Idee auf Einflußnahme ihre praktische Ausgestaltung im regional begrenzten wie im reichspolitischen Kontext erfuhr, ebenso die Idee, in späteren Zeiten einen territorialen Zugewinn durch Erbansprüche realisieren zu können.

3.3 Die Schuldenproblematik des Hauses Sachsen–Lauenburg

Zur Finanzierung dieser innen– wie außenpolitischen Handlungsfelder mußten Geldmittel eingesetzt werden, die die lauenburgische 'Staatskasse' Mitte des 16. Jahrhunderts nicht mehr hergeben konnte. In Ermangelung eines (übergeordneten) Kredit– oder Schuldenbegleichungssystems blieb dem Landesherrn lediglich das Mittel der Verleihung und Verpfändung eigener Gebiete an seinen eigenen landsässigen Adel oder auswärtige Kreditoren.[68] Sowohl der landsässige Adel als auch fremde Kreditgeber halfen mit eigenen Geldmitteln aus, allen voran seit 1560 der Herzog von Schleswig–Holstein–Gottorf und ihm verpflichtete holsteinische Adlige.

Die Finanzspirale, die hierdurch in Gang gesetzt wurde, ließ das domaniale Territorium schrumpfen und das kreditierte domaniale wachsen.[69] Damit sanken die herzoglichen Einnahmen, während die für die Ausübung der Landesherrschaft notwendigen Ausgaben gleichblieben oder sogar stiegen.

Zur gleichen Zeit wuchsen die Einnahmen der Gläubiger durch Landvermehrung, während die Ausgabenseite die gleichen Belastungen wie vor dem Kreditgeschäft aufwies.

Zusammenfassend bedeutete dies für die Stellung der lauenburgischen Ritter– und Landschaft: Unter Beibehaltung oder Vergrößerung ihrer bisherigen Privilegien in einem Territorium, dessen fürstliche Repräsentationspflichten (Hofhaltung, Heiratspolitik), mithin die in der Zeit wesentlichen außenpolitischen Handlungsfelder, allein durch den Landesherrn wahrgenommen wurden, wurden herzogliche Besitzungen als Pfand erworben und damit der herzogliche 'Staatshaushalt' zum Kollabieren gebracht. Die aus einer solchen Situation entstehende Abhängigkeit des Landesherrn von Ritter– und Landschaft fand unter anderem ihren Ausdruck in der Zusicherung erweiterter Privilegierungen. Das so herbeigeführte Abhängigkeitsverhältnis verdeutlicht allerdings eher das Machtstreben und –bewußtsein des landsässigen Adels als einen 'Wohltätigkeitsakt' gegenüber dem eigenen Landesherrn. Der Herzog von Sachsen–Lauenburg sah sich trotz eingeleiteter Sparmaßnahmen letztlich einer Kreditorengemeinschaft aus dem lauenburgischen und holsteinischen landsässigen Adel unter der Führung des Herzogs von Schleswig–Holstein–Gottorf gegenübergestellt.

---

[68] Vgl. den Versuch, die Entstehung der Verschuldungsprobleme mit gescheiterten Kriegsrüstungen Herzog Franz' I. mit den Kurfürsten von Sachsen zu erklären, in: Udo von Rundstedt: Herzog Franz I. Schulden; in: Lauenburgischer Familienkalender; 1938, S. 62–62 (künftig zitiert: Rundstedt, Schulden). Das Fehlen von Nachweisen läßt eine Überprüfung der Angaben Rundstedts nicht zu.

[69] Vgl. Reden, Landständische Verfassung, S. 30.

3.3.1 Ein Beispiel der lauenburgischen Schuldenproblematik: Steinhorst

Zu Beginn der sechziger Jahre des 16. Jahrhunderts war die Schuldenlast, die auf dem Herzogtum Lauenburg lastete, unerträglich geworden. Das Herzogtum Sachsen–Lauenburg war bankrott. Die seit den fünfziger Jahren unternommenen Entschuldungsversuche durch Geldanleihen beim dänischen Königshaus waren gescheitert,[70] so daß zunächst auf Kleinkreditoren zurückgegriffen worden war, welche die Schuldenlast so unübersichtlich und undurchschaubar machten, daß in den siebziger und achziger Jahren die Erstellung eines umfassenden Schuldengesamtverzeichnisses die eingesetzten Kontrollinstanzen mit unlösbaren Problemen konfrontierte.[71]

Herzog Franz I. sah sich in der schwierigen Situation, Teile seines Territoriums verpfänden zu müssen, um das Überleben seines Herrscherhauses zu sichern. Die Verpfändung des am Rand seines Territoriums gelegenen Amts Steinhorst sowie die des im Holsteinischen gelegenen Amts Tremsbüttel schien ihm eine gangbare, wenn auch bedauerliche Möglichkeit zu sein,[72] eine zumindest zeitweilige finanzielle Entspannung herbeizuführen.

So kam unter Vermittlung des lauenburgischen Kanzlers Markus Keller im Jahr 1563 ein Kreditgeschäft zwischen Herzog Franz I. und dem holsteinischen Adligen Friedrich von Brockdorf zustande. Nach Zahlung einer Gesamtsumme von 16.300 RT und der Festlegung der Sicherung und Zinsvereinbarungen erhielt Brockdorf den Titel eines lauenburgischen Amtmanns in Steinhorst, der dieser Besitzung nicht entsetzt werden durfte, solange seine Darlehensansprüche nicht vollends befriedigt worden waren.[73]

Die jährlichen Zinsen sollten aus den erwirtschafteten Überschüssen des Amts gezogen werden. Dies mißlang, so daß sich knapp vier Jahre später die offenen Zinsen bereits auf 2.000 RT beliefen. Franz I. erteilte 1567 die Genehmigung, durch den Verkauf von 2.000 Eichen und Buchen die ausstehenden Zinsen zu begleichen.

Ein Jahr später, am 13. Januar 1568, konnte Brockdorf ein weiteres Kreditgeschäft mit Franz I. abwickeln, das dessen Gesamtschuld auf 20.000 Taler anwachsen ließ. Als Sicherheit verschrieb ihm Herzog Franz mit Zustimmung seiner Ritter- und Landschaft[74] das Gut Steinhorst mit den Dörfern Klinkrade, Labenz, Lüchow, Sandesneben, Wentorf, Linau, Schiphorst,

---

[70] RAK, T.K.U.A., A I 1, Brevveksling melle Fyrstehusen Sachsen–Lauenburg 1524–1627, Briefe vom 25. Juni und 30. September 1553.

[71] Vgl. Anhang 1, Kapitel 7.3.

[72] RAK, T.K.U.A., A I 1, Brevveksling melle Fyrstehusen Sachsen–Lauenburg 1524–1627, Brief vom 30. September 1553.

[73] Funck, Verkauf Steinhorsts, S. 14f.

[74] Funck, Verkauf Steinhorsts, S. 16: Es urkundeten die beiden Brüder Parkenthin, Valentin Daldorp und Lüder Lützow.

Stubben, Siebenbäumen und Duvensee[75] zur alleinigen Nutzung mit allen Rechten und Gerechtigkeiten.
Brockdorf wurde hierdurch offizieller Pfandbesitzer von Steinhorst,[76] zugleich auch der erste 'Fremde' im lauenburgischen Territorium. Herzog Franz war bereits 1565 von seiner Schwester Dorothea mehrfach gebeten worden, die ererbten Güter nicht in fremde Hände zu geben, um das territoriale Erbe Lauenburgs für die Nachkommen nicht zu gefährden.[77] Dieses Umstandes war sich Herzog Franz bewußt, sah aber, nachdem der dänische König nicht bereit gewesen war, entsprechende Kreditleistungen zu erbringen,[78] keine andere Möglichkeit, als Steinhorst gänzlich an Brockdorf zu verpfänden.[79]

Zwei Gründe führten schließlich zu den Versuchen, Brockdorf aus dem Amt Steinhorst loszukündigen. Zum einen wollte Herzog Franz I. die Loskündigung Brockdorfs erreichen, um sowohl das Amt Steinhorst als auch das Amt Tremsbüttel als Morgengabe an die Braut seines Sohnes Magnus, Sophie, zu verschreiben.[80] Zum anderen gebärdete sich Brockdorf nicht als „guter Lehnsmann", wie er es einst gelobt hatte, da er die Bauernschaft in ungebührlicher Weise belastete und im Amt unberechtigten Holzschlag über das genehmigte Maß hinaus betrieb.[81] Ersteres wog in dem Entschluß des Herzogs sicherlich schwerer, um Streitigkeiten innerhalb der eigenen Familie zu vermeiden.
Alle Versuche, Friedrich Brockdorf aus dem Amt loszukündigen, mißlangen; dennoch verschrieb Herzog Franz I. seiner Schwiegertochter am 7. April 1568 die Morgengabe.
Die Schwierigkeiten, die Herzog Franz mit seinem Steinhorster Amtmann Brockdorf hatte, hinderten ihn jedoch nicht, mit Hilfe Brockdorfs seine Interessen gegenüber Lübeck durchzusetzen:[82] Lassen sich also einerseits Schwierigkeiten mit dem eigenen Untertan feststellen, so verfolgten andererseits der Landesherr und sein Untertan gemeinsame Interessen gegen Territorialnachbarn. Diese politische Doppelgleisigkeit wird sich im Verlauf der Untersuchung wiederholt zeigen lassen. Sie markiert Abhängigkeiten der Ritter- und Landschaft in ihrem Lehnsverhältnis zu politischen Einflußgrößen in ihrer Rolle als Berater, Vermittler und Exekutivorgan ihres Landesherrn.

---

[75] Hierbei handelte es sich nur um die ihm gehörende Hälfte des Dorfs.
[76] Funck, Verkauf Steinhorsts, S. 17.
[77] LAS, Abt. 210, Nr. 1108, Schreiben vom 28. August 1565, vom 2. November 1565, vom 16. November 1565.
[78] LAS, Abt. 210, Nr. 1108, Schreiben vom 18. und 28. November 1565.
[79] ÖsterrHHStA, RHR, A.P.A., B1–G4 (vormals K6), Acta in Sachen Brockdorf [...], qdr. 2.
[80] Nissen, Steinhorst, S. 70. – Funck, Verkauf Steinhorsts, S. 17.
[81] Vgl. Funck, Verkauf Steinhorsts, S. 16ff. Funck hat in seinem Beitrag verschiedene Akten des Landesarchivs nicht miteinbezogen und den Aufsatz Nissens unbeachtet gelassen.
[82] LAS, Abt. 390, Nr. 231 und 232.

Im Juli 1569 fiel Herzog Franz d. J. in das Amt Steinhorst ein, entband die Bauern von ihren Verpflichtungen gegenüber Brockdorf und erklärte sich selbst zum Besitzer des Amts. Als Begründung für diese von seinem Vater angeordnete Gewalttat zur Einlösung des Amts gab Franz, der an Stelle seines Bruders Magnus den Einfall vornahm, die Unfähigkeit Brockdorfs an, die Amtsgeschäfte zu führen:[83] Das Herrscherhaus befürchtete den Untergang des Amts durch das Regiment Brockdorfs[84] und wurde in dieser Auffassung von Vertretern der lauenburgischen Ritter– und Landschaft unterstützt.[85]
Nachdem sich Brockdorf an den Reichshofrat gewandt hatte,[86] erhielt der Kreisobrist den kaiserlichen Befehl, eine klärende Untersuchung einzuleiten, um zum einen den landfriedbrüchigen Überfall aufzuklären und zum anderen – vom Kaiser präjudizierend vermittelt – Brockdorf zu seinem Recht zu verhelfen, indem das Amt entweder zu restituieren sei oder die Wiedereinlösung in vollem finanziellen Umfang zu erfolgen habe.[87]
In einer sich anschließenden offenen Anhörung wurden die Beschwerden der Bauernschaft als Beweismittel zur Rechtfertigung des gewalttätigen Einfalls herangezogen. Vordergründig entstand so der Eindruck eines Lehnsnehmers, der seine Befugnisse überschritten hatte und in letzter Konsequenz seiner Besitzungen entsetzt werden mußte. Da Brockdorf jedoch nachgewiesenermaßen seinen Eid, er wolle ein guter Lehnsmann sein, gebrochen hatte, stand die Entsetzung im Einvernehmen mit gültigen Rechtsvorstellungen, stellte also keineswegs einen Rechtsbruch dar.[88]
Der Kreisobrist des Niedersächsischen Kreises, Herzog Adolf von Schleswig–Holstein–Gottorf, forderte Herzog Franz I. trotz dieses gegenläufigen Beweisverfahrens zur Rückgabe des Amts Steinhorst auf und ließ diese Entscheidung durch eine von ihm eingesetzte Kommission der Kreisstände am 10. Dezember 1569 bestätigen; dieser wurde jedoch von Seiten des Herzogs

---

[83] Hierbei handelte es sich vornehmlich um unberechtigten Holzschlag und ungerechtfertigte Maßnahmen gegen die Bauernschaft. Einen Einblick in das umtriebige Verhalten Brockdorfs bietet zudem der vor dem Reichskammergericht von 1564 bis 1574 rechtsanhängige Prozeß des Hans Hartmann und Peter von Spreckelsen aus Hamburg contra Friedrich Brockdorf wegen eines Überfalls des letzteren auf Hans Hartmann bei Großenaspe und wegen eines angeblichen Mordversuchs. – S. hierzu LAS, Abt. 390, Nr. 160.

[84] Funck, Verkauf Steinhorsts, S. 18.

[85] ÖsterrHHStA, RHR, A.P.A., B1–G4 (vormals K6), Acta in Sachen Brockdorf [...], qdr. 6.

[86] ÖsterrHHStA, RHR, A.P.A., B1–G4 (vormals K6), Acta in Sachen Brockdorf [...], qdr. 7 (undatiert).

[87] ÖsterrHHStA, RHR, A.P.A., B1–G4 (vormals K6), Acta in Sachen Brockdorf [...], qdr. 4 und 5 vom 3. Oktober 1570.

[88] Vgl. Funck, Verkauf Steinhorsts, S. 20.

keine Folge geleistet.[89] Nachdem Herzog Adolf ein Vermittlungsersuchen des sachsen–lauenburgischen Herzogs zunächst ignoriert hatte,[90] unternahm er auf Kreisebene eigene weiterführende Vermittlungsversuche,[91] die am 17. Februar 1570 mit einem in Lübeck geschlossenen Vergleich endeten, in dem sich Herzog Franz I. verpflichtete, die Schuldsumme mit einer sechsprozentigen Verzinsung ab 1571 in vier Teilbeträgen zu begleichen. Barthold Lützow, der von Herzog Franz I. am 20. Oktober 1570 als Amtmann von Steinhorst eingesetzt worden war, konnte die erste Rate in Höhe von 6.200 RT aufbringen und wollte diese Summe Friedrich Brockdorf auf dem Kieler Umschlag am 6. Januar 1571 übergeben.[92] Brockdorf verweigerte jedoch die Annahme, da eine Bürgschaftserklärung über die restlichen offenen Teilbeträge nicht beigebracht worden war. Stattdessen wandte er sich erneut an Herzog Adolf, der ihm am 10. Februar ein offenes Patent – als Ergebnis des Kreistags von Halberstadt – übergab, in dem beide Streitparteien aufgefordert wurden, erneut in Verhandlungen zu treten, um eine gütliche Einigung zu erzielen.[93]
Trotz dieser Weisung fiel Brockdorf am 16. Februar 1571, morgens um vier Uhr, gewaltsam in das Amt ein.[94] Gegen diesen Landfriedensbruch reichte Herzog Magnus II. Klage beim Reichskammergericht ein, die in einen Prozeß mündete, der am 21. Mai 1572 begonnen wurde.[95] Kaiser Maximilian II. hatte dem Niedersächsischen Kreisobristen am 28. November 1571 in einem Brief sein Mißfallen hinsichtlich Brockdorfs Verhalten ausgedrückt; er revidierte so seine 1570 gemachten Anweisungen und beendete den Prozeß vor dem Reichshofrat. Herzog Adolf nutzte im folgenden seine starke Position aus,

---

[89] SächsHStA, Loc. 9447, fol. 174–177. – ÖsterrHHStA, RHR, A.P.A., B1–G4 (vormals K6), Acta in Sachen Brockdorf [...], qdr. 1.

[90] SächsHStA, Loc. 9447, fol. 15–16.

[91] LHA, MVP, Aw, Nr. 331. Auch einer Zitation des Kreises auf den 3. Januar 1570 leistete Herzog Franz zunächst keine Folge, da es ihm „zeitlich zu kurz war“ (Schreiben vom 5. Februar 1570).

[92] Vgl. hierzu Lützows Bericht vom März 1571, in: ÖsterrHHStA, A.P.A., B1–G4 (vormals K6), Acta in Sachen Brockdorf [...], qdr. 9.

[93] LHA, MVP, Aw, Nr. 331: Mandat vom 10. Februar 1571: Ausdrücklich wird ein Verhandlungsfrieden befohlen, der jedoch präjudizierend auf die Restitution des Amts an Brockdorf ausgerichtet war. Vgl. Funck, Verkauf Steinhorsts, S. 21 (ungenau).

[94] LAS, Abt. 210, Nr. 1119, qdr. 2, fol. 2^{r}. – S. LHA, MVP, Aw, Nr. 331: Brief Lützows an Herzog Christoph von Mecklenburg vom 18. Februar 1571. Lützow berichtet, daß Brockdorf am vergangenen Freitag zwischen 7 und 8 Uhr in das Amt Steinhorst eingefallen sei („das haus belauffen und gestormet“). Kisten und Laden wären aufgeschlagen worden und der Bauernvogt jämmerlich im Feld erschossen und dessen Bruder erschlagen worden; daraufhin seien alle von Herzog Franz d. J. verhaftet worden.

[95] Vgl. zum Teil irrig hinsichtlich der Klageerhebung: Funck, Verkauf Steinhorsts, S. 22.

entspannte hierdurch den entstandenen Konflikt und brachte das Amt Steinhorst in seinen Besitz:[96]
Den Versuch der rechtmäßigen Wiedereinlösung Steinhorsts durch Herzog Franz I. hatte Friedrich von Brockdorf mit Unterstützung seines obersten Landesherrn vereitelt, indem er seine Forderungen gegenüber Herzog Franz ohne dessen Wissen[97] am 1. Juni 1571 an Herzog Adolf abgetreten hatte,[98] nachdem ihm Magnus II. am 22. Mai mitgeteilt hatte, er werde nunmehr das Amt Steinhorst gänzlich entschulden.[99] Sein Vater hatte bereits am 15. Mai in einem Revers angekündigt, daß er die Loslösung Steinhorsts beabsichtige[100] und deswegen mit Barthold Lützow bereits Vereinbarungen getroffen habe.[101]
Der herzogliche Revers wurde am 12. September von Kaiser Maximilian bestätigt und die Einlösung des Amts Steinhorst für rechtens befunden.[102] Dem kaiserlichen Revers beugte sich der niedersächsische Kreisobrist, indem er gegenüber dem Herzog von Sachsen–Lauenburg bestätigte, daß nach Ablauf der Frist und Hinterlegung des Pfandschillings das Amt zurückgegeben werde.[103]
So wie sich Herzog Franz I. um die Wiedereinlösung Steinhorsts durch Barthold Lützow bemüht hatte, unternahm Herzog Magnus II. während seiner Interimsregierung den Versuch, Steinhorst mit Unterstützung der lauenburgischen Ritterschaft zu entschulden.[104] Parallel dazu hatte Magnus II. zu Beginn seines Interims eine Klage gegen Brockdorf vor dem Reichskammergericht angestrengt. Der Prozeß geriet jedoch in seiner Anfangsphase bereits ins Stocken, da der beteiligte Personenkreis der holsteinischen Ritterschaft (von Holte, von Buchwaldt, von Ahlefeldt) eine Verschleppungstaktik an den Tag legte, die bis zum Ende des Interims

---

[96] Vgl. ÖsterrHHStA, RHR, A.P.A., B1–G4 (vormals K6), Acta in Sachen Brockdorf [...], qdr. 19: Brief des Kaisers an Herzog Adolf (14. April 1572) hinsichtlich seiner Unzufriedenheit über eine noch nicht erfolgte Lösung in dieser Sache und mit dem Hinweis, daß es 'Mißdeutungen' seiner Anweisungen gegeben habe.

[97] Noch im Juli versuchte Lützow eine Summe von 16.000 RT an Brockdorf zu übergeben. Erst im November informierte Herzog Adolf den lauenburgischen Herzog über die Übertragung Steinhorsts von Brockdorf an ihn. – Vgl. Funck, Verkauf Steinhorsts, S. 24f. – S. LHA, MVP, Aw, Nr. 297: Barthold Lützow erhielt als Entschädigung im Jahr 1571 das Gut Seedorf als Mannlehen zu einem Preis von 9.800 RT übertragen.

[98] Nissen, Steinhorst, S. 71.

[99] SächsHStA, Loc. 9447, fol. 227ff. – S. Funck, Verkauf Steinhorsts, S. 24.

[100] LAS, Urk. Abt. 7, Nr. 367.

[101] Herzog Franz hatte daraufhin am 6. Juni 1571 Barthold Lützow den Auftrag erteilt, mit Hilfe der Ritterschaft die säumige Pfandsumme zu beschaffen. Um diesen Auftrag hatte ihn Lützow bereits am 20. Mai gebeten.

[102] Nissen, Steinhorst, S. 71.

[103] Funck, Verkauf Steinhorsts, S. 25.

[104] Funck, Verkauf Steinhorsts, S. 25.

anhielt,[105] so daß der Prozeß anschließend von den Prozeßbeteiligten nicht weiter verfolgt wurde.
Im Verlauf der Streitigkeiten innerhalb der herzoglichen Familie beschritt Herzog Franz II. in den Jahren nach 1570 verschiedene Sonderwege hinsichtlich der Steinhorster Angelegenheit, die sowohl seiner eigenen Familie, wie auch der eigenen Ritter– und Landschaft schadeten.[106]
Nachdem Herzog Franz I. am 6. Oktober 1573 wieder an die Regierung gekommen war, galt es, die Belange Steinhorsts abschließend zu regeln. Unberechtigterweise hatte Franz II. im Zuge der familiären Streitigkeiten das Amt Steinhorst am 19. Juli 1573 besetzen lassen[107] und so die Bereitschaft der lauenburgischen Ritterschaft, Magnus II. Gelder und Bürgschaften, die zur Ablösung des Amts bereitgelegt waren, zur Verfügung zu stellen, obsolet werden lassen. Trotz väterlichen und ritterschaftlichen Widerstandes blieb Franz d. J. weiterhin im Amt Steinhorst und schloß am 2. März 1574 eigenmächtig einen Vertrag mit Herzog Adolf in Kiel, in dem er ihm Steinhorst als Pfand abtrat. Dafür sagte ihm Herzog Adolf seine Unterstützung bei dem Bemühen zu, alleiniger Landesherr von Sachsen–Lauenburg zu werden. Sobald dies geschehen wäre, sicherte Franz d. J. im weiteren zu, werde er das Amt dem Herzog von Schleswig–Holstein–Gottorf erb– und eigentümlich überlassen.[108]
Nach Zahlung einer Summe von 20.000 fl. und dem Versprechen, auf dem nächsten Kieler Umschlag weitere 8.000 RT zu bezahlen, nahm Herzog Adolf nach der Vertragsbesiegelung das Amt Steinhorst in Besitz und zahlte am 27. März weitere 2.000 RT an Franz d. J. Somit hatte Herzog Adolf eine Gesamtsumme von über 80.000 RT auf das Amt Steinhorst vorgestreckt, eine Summe, welche in etwa die auf holsteinischer Seite entstandenen Kriegskosten gegen Herzog Magnus II. ausmachte.[109]
Gegenüber dem holsteinischen Kanzler Dr. Tratziger zeigte sich Franz II. so dankbar, daß er ihm das Gut Schönberg im Amt Steinhorst zu Lehen gab,

---

[105] LAS, Abt. 210, Nr. 1119, qdr. 4 bis 8.

[106] S. u. Kap. 3.3.2.

[107] Funck, Verkauf Steinhorsts, S. 26.

[108] Funck, Verkauf Steinhorsts, S. 27. – S. LAS, Abt. 210, Nr. 1130: Herzog Franz II. führte in einem Instruktionsschreiben betr. die Schuldensachen aus, daß Herzog Adolf ursprünglich das Amt Ratzeburg einnehmen wollte und bereit gewesen sei, dafür hohe Geldsummen aufzuwenden. Stattdessen habe sich Franz II. eher von dem Amt Steinhorst lösen können. Quellenkritisch erscheint dieses Dokument als Rechtfertigungsschreiben, das der Authentizität entbehrt, da Herzog Adolf in keinem seiner Schriftstücke auf ein solches Ansinnen hingewiesen hatte. Ferner hätte dieses seinen Arrondierungsbemühungen gänzlich widersprochen.

[109] LAS, Abt. 210, Nr. 1128, fol. 4^{r}. – RAK, T.K.U.A., A I 1, Brevveksling melle Fyrstehusen Sachsen–Lauenburg 1524–1627, Beschwerdebrief Herzog Magnus´ an den Kaiser vom 15. April 1577.

welches dieser bis 1584 in Besitz behielt.[110] In den Jahren 1574/75 verkaufte Franz d. J. – ohne Beteiligung der Ritter– und Landschaft und seines Vaters – das Amt Steinhorst an Herzog Adolf von Schleswig–Holstein–Gottorf.[111] Diesen Verkauf gab Herzog Franz II. gegenüber seiner Ritter– und Landschaft erst im Jahr 1590 zu, nachdem er versucht hatte, seinen 'Alleingang' auf geheimen Wegen zu korrigieren und sich wieder in den Besitz der verkauften Güter zu setzen. Hierzu hatte er seinen Rat Johann von Münchhausen 1589 beauftragt, im Herzogtum Braunschweig–Lüneburg Geheimgespräche zu führen, um Geldgeber für das Herzogtum Lauenburg zu gewinnen. Erklärtes Ziel war es, den Herzog von Holstein auszuzahlen, um so wieder in den Besitz der veräußerten Ämter Steinhorst und Tremsbüttel zu gelangen.[112] Die Bemühungen Münchhausens scheiterten ebenso, wie die von seinem Vater (Franz I.) unternommenen Versuche, den dänischen König – unter Vermittlung von Dorothea – als Kreditgeber zu gewinnen.

Der Verkauf des Amts konnte bis zum Aussterben der Askanier 1689 nicht revidiert werden: Steinhorst blieb holsteinisch.[113] Herzog Franz d. J. hatte mit Hilfe des holsteinischen Herzogs das Amt preisgegeben, um sich in seiner 'Vorregierungszeit' eines starken Bündnispartners zu versichern, der sich bereits 1572 in seinem Abschlußbericht gegenüber dem Kaiser folgendermaßen geäußert hatte: „Es ist nun wieder Ruhe und Frieden hergestellt. Alle Beteiligten haben für das Reich und den Frieden gearbeitet. Derjenige, der die alleinige Schuld trägt, ist Herzog Magnus, dem nun von kaiserlicher Seite eine Mahnung gebührt.“[114] Die vorangegangenen Ereignisse widerlegen diese Darstellung hinlänglich.

3.3.2 Weitere Beispiele: Verkäufe und Verpfändungen an den Herzog von Schleswig–Holstein–Gottorf

Am 3. Februar 1571 veräußerte Herzog Franz I. das Amt Tremsbüttel für insgesamt 35.000 ML an Herzog Adolf von Schleswig–Holstein–Gottorf.[115] Dieser Verkauf wurde ungeachtet der 1569 getätigten Verschreibung des Amts als Leibgeding vorgenommen und mit Konsens der lauenburgischen Ritter– und Landschaft getätigt.

Am 15. Mai 1571 kam es zu weitreichenden finanziellen Vereinbarungen zwischen Herzog Franz I. und Herzog Adolf: Für 4.000 RT wurde das Dorf

[110] Nissen, Steinhorst, S. 69.

[111] Nissen, Steinhorst, S. 72. Verträge von Marienwohlde vom 2. April 1575 und von Ratzeburg vom 11. Mai 1575.

[112] LAS, Abt. 210, Nr. 1124.

[113] LAS, Abt. 390, Nr. 523, fol. 144r.

[114] ÖsterrHHStA, RHR, A.P.A., B1–G4 (vormals K6), Acta in Sachen Brockdorf [...], qdr. 20.

[115] LAS, Abt. 210, Nr. 1130. – LAS, Urk. Abt. 7, Nr. 361. – Vgl. LAS, Urk. Abt. 7, Nr. 362.

Krauel verpfändet,[116] um 8.000 RT wurde der Pfandschilling für Tremsbüttel auf 43.000 RT erhöht und der Zoll zu Lauenburg verpfändet,[117] die Wiedereinlösungsrechte an Mölln und Ritzerau wurden gegen eine zwanzigjährige freie Nutzung nach Prozeßgewinn vor dem Reichskammergericht unter Zusage der Rückzahlung der von Schleswig–Holstein–Gottorf aufgewendeten Pfandsumme abgetreten.[118] Mußte Herzog Franz I. am Abend des 15. Mai 1571 zum einen auf den nahezu 'totalen Ausverkauf' seines Herzogtums zurückblicken, so hatte er sich zum anderen durch ein mit dem stärksten Territorialnachbarn geschlossenes Landfriedensbündnis eines Partners versichert, der ihm in den anstehenden und sich abzeichnenden Auseinandersetzungen in der eigenen Familie gewiß war.[119] Zugleich war jedoch mit Herzog Adolf ein fremder Territorialfürst als Hauptkreditor in das lauenburgische Territorium geholt worden, der dem langanhaltenden Prozeß der lauenburgischen Rückerwerbungspolitik, den jahrelangen großflächigen Arrondierungs–bemühungen durch eine schlagartige territoriale Verkleinerung ein Ende setzte.

3.3.3 Die Herzöge von Sachsen–Lauenburg und das Reich

3.3.3.1 Die Herzöge als Reichsstand

Die Herzöge von Sachsen–Lauenburg galten als reichsunmittelbarer Stand, waren hof– wie reichstagsfähig und hatten ihren berechtigten Platz im reichsständischen „Staatsgefüge" der Frühen Neuzeit. Ihre Einbindung in das Zeremoniell des Reichs dokumentierte zugleich ihre Stellung im Reich, wobei es nicht entscheidend war, daß der Herzog selbst diese Stellung auf Reichstagen oder bei Hof dokumentierte:[120] Vertretungen durch benachbarte Reichsstände waren ebenso möglich[121] wie die Entsendung von Gesandten oder Räten, die –

---

116 LAS, Urk. Abt. 7, Nr. 363.

117 LAS, Urk. Abt. 7, Nr. 364.

118 LAS, Urk. Abt. 7, Nr. 365.

119 LAS, Urk. Abt. 7, Nr. 366.

120 Barbara Stollberg–Rilinger: Zeremoniell als politisches Verfahren. Rangordnung und Rangstreit als Strukturmerkmale des frühneuzeitlichen Reichstags; in: Johannes Kunisch (Hg.): Neue Studien zur frühneuzeitlichen Reichsgeschichte; [= Zeitschrift für historische Forschung. Vierteljahresschrift zur Erforschung des Spätmittelalters und der frühen Neuzeit, Beiheft 19]; Berlin 1997, (künftig zitiert: Stollberg–Rilinger, Zeremoniell), S. 93, insbes. Fn. 7 (Literaturhinweise zum Thema des Zeremoniells im Spätmittelalter und der Frühen Neuzeit), S. 97f., S. 111f.

121 S. exemplarisch: Reichsabschiede, 2, S. 24, § 11. Herzog Johann V. wurde auf dem Wormser Reformreichstag durch den Kurfürsten von Brandenburg vertreten. – S. LAS, Abt. 210, Nr. 495 I, Brief aus dem Jahr 1559 von Franz I. an den Kaiser, in welchem deutlich wird, daß der Kurfürst von Brandenburg den Herzog von Sachsen–Lauenburg auf dem letzten Reichstag vertreten hatte.

mit entsprechenden Bestallungen ausgerüstet – nach den Instruktionsschreiben des Landesherrn dessen Interessen vorbringen und vertreten konnten.[122]
Diese Instruktionsschreiben eröffnen die Möglichkeit, einen Eindruck von den Interessen und Begehrlichkeiten der Herzöge von Sachsen–Lauenburg im 16. Jahrhundert dem Reich gegenüber zu gewinnen. Die Anwesenheit (oder Vertretung) der Herzöge von Sachsen–Lauenburg auf den Reichstagen des 16. Jahrhunderts ist in Verbindung mit den Inhalten der Instruktionsschreiben hinreichendes Indiz für die Feststellung, daß der Präsenz auf Reichstagen von Seiten der Herzöge von Sachsen–Lauenburg hohe Bedeutung beigemessen wurde. Diese Beobachtung deckt sich mit neueren Forschungsergebnissen, in denen dem Zeremoniell als politischem Mittel in der Frühen Neuzeit weiterreichende Funktionen zugestanden werden als bisher angenommen.[123] Die Herzöge von Sachsen–Lauenburg traten auf den Reichstagen nicht in das Rampenlicht der Reichspolitik durch die Einleitung von Gestaltungsprozessen; dennoch dokumentierte ihre Präsenz bereits eine Form der politischen Partizipation und bestätigte auf diese Weise ihren Platz in der Rangordnung der reichsständischen Gesellschaft. Wurde auf diese Weise eine sichtbare 'Nähe zum Reich' geschaffen, so erzeugten persönliche herzogliche Dienste als Kriegsteilnehmer ein hohes Maß an 'Nähe zum Kaiser'[124]; galt letzteres zudem als probate Finanzquelle – im Fall einer momentanen Finanzschwäche des Kaisers schlechtestenfalls in Gestalt einer territorialen Entschädigung – so bot ersteres die Plattform zur Abwicklung administrativer Notwendigkeiten und landesherrlicher Erfordernisse. Die Herzöge von Sachsen–Lauenburg nutzten während der Reichstage regelmäßig die Möglichkeit, kaiserliche Konfirmationen erneuern, respektive bestätigen zu lassen,[125] oder solche, die zuvor schriftlich beantragt worden waren, in Empfang zu nehmen.[126]

[122] S. exemplarisch: LAS, Abt. 210, Nr. 495 I: Brief vom 21. Mai 1566 (Instruktionsschreiben an Dr. Adam Tratziger, Vollmachten für Dr. Adam Tratziger und Dr. Och[s]garten auf dem Reichstag von Augsburg 1566). – Deutsche Reichstagsakten. Reichssammlungen 1556–1662: Der Reichstag zu Speyer 1570. Zweiter Teilband: Akten und Abschied; bearb. v. Maximilian Lanzinner; Göttingen 1988 (künftig zitiert: Deutsche Reichstagsakten, Speyer 1570), S. 1262: Herzog Franz d. Ä. hatte den Hofmeister Hans von Sondershausen, Dr. Gedeon Egling und Mag. Niclaus Hartung (Vollmacht vom 27. Juni) zum Reichstag nach Speyer im Jahr 1570 entsandt.

[123] Stollberg–Rilinger, Zeremoniell, S. 95f.

[124] Vgl. Reden, Landständische Verfassung, S. 31.

[125] S. exemplarisch Instruktionsschreiben für die Reichstage 1564 und 1566 in LAS, Abt. 210, Nr. 495 I. – Zu den Belehnungsurkunden s. LAS, Abt. 210, Nr. 494.

[126] S. exemplarisch LAS, Abt. 210, Nr. 495 I: Brief vom 11. Oktober 1564 von Herzog Franz I. an den Kaiser.

3.3.3.2 Finanzielle Abgaben an das Reich

Herzog Magnus I. hatte in den ausgehenden zwanziger Jahren bereits versucht, eine Senkung des Reichsanschlags von „112 zu fuß und 15 zu roß“ auf die bisherige Zahl von 30 Fuß– und acht Roßbediensteten zu erwirken. Ferner bat er darum, seine Reichsabgaben zu senken, da die territorialen Auseinandersetzungen mit dem Erzbischof von Bremen um das Land Wursten die herzogliche Kasse stark belasteten. Sollte der Kaiser seinem Antrag auf Moderation allerdings nicht zustimmen, so bat er um einen Zeitaufschub und ergänzte sein Begehren mit dem Hinweis, er wolle deswegen nicht durch das Reichskammergericht „behelliget werden“.[127] Der Kaiser folgte dem Antrag des sachsen–lauenburgischen Herzogs jedoch nicht. Vielmehr wurden 1531 die Reichsabgaben für den Herzog verdoppelt,[128] nachdem er bereits 1530 durch den Kaiserlichen Fiskal vor dem Reichskammergericht wegen säumiger Beiträge zur Türkensteuer verklagt worden war.[129]

Auch Herzog Franz I. bemühte sich während seiner Regierungszeit, Reduktionen der Reichsabgaben zu erwirken. In den vierziger Jahren versuchte Dr. Leopold Dick als verordneter Rat, Senkungen der Reichsabgaben für das Herzogtum Sachsen–Lauenburg zu erreichen. Diese Versuche scheiterten. Auf Antrag des Herzogs wurden am 19. November 1552 seine finanziellen Beiträge zur Türkensteuer halbiert; weitere Anträge zur Moderation der Reichsabgaben in den Jahren 1560, 1563 und 1564 scheiterten hingegen. Seit 1566 kann ein offensiveres Vorgehen Herzog Franz´ I. beobachtet werden. Am 22. November beantragte er eine Moderation der Reichsabgaben mit der Begründung, er „halte die einst verliehenen Privilegien nicht mehr in seinen Händen“; 1567 begründete sein verordneter Rat von Dutzenrath den Moderationsantrag mit dem großen Verlust bei den herzoglichen Zolleinnahmen. Der Kaiser reagierte mit der Verordnung einer Kommission, um die territoriale und vor allem die finanzielle Situation in Sachsen–Lauenburg klären zu lassen. Das Ergebnis der Kommission belegte, daß die finanzielle Situation durch in der Regierungszeit Herzog Magnus´ I. gezahlte Brautschätze stark geschwächt und das Territorium durch zahlreiche Verpfändungen und Übergriffe der Nachbarn verkleinert worden war. Die Kommission lobte zwar die hohe Produktivität des Territoriums, bemängelte jedoch zugleich, daß ein realer Gewinn aufgrund der vielfältigen Verpflich–tungen nicht zu verbuchen war. Aufgrund dieses Kommissionsberichts wurde für das Herzogtum Sachsen–Lauenburg fortan folgende Personalgröße festgelegt: acht Reiter und 30 Mann Fußvolk. Hieraufhin stimmte die kaiserliche Hofkanzlei einer weiteren Moderation der finanziellen Reichsabgaben des Herzogtums Sachsen–Lauenburg im Jahr 1567

---

[127] S. LAS, Abt. 210, Nr. 495 I, qdr. 2.

[128] LHA, MVP, Aw, Nr. 315 II. – S. Anhang 1; Kapitel 7.2.

[129] Vgl. ergänzend zur Regierungszeit von Herzog Magnus I. LAS, Abt. 390, Nr. 572.

nicht zu,[130] da Herzog Franz I. die 1566 beschlossene „Eyllende hulff der bayder ober– unnd nidersachsischen crayse anno 66“ mit insgesamt 5.183 fl. 43 kr. beglichen hatte[131] und die „Eyllende hulff“ für das Jahr 1567 um insgesamt die Hälfte der Beträge bereits reduziert worden war.[132]
Dennoch hatte Herzog Franz I. im Jahr 1570 seine rückständigen Reichsabgaben des Jahres 1567 in Höhe von 2.592 fl. noch immer nicht beglichen.[133] Auf dem Reichstag zu Speyer wurde zudem festgestellt, daß Herzog Franz I. dem Reichsfiskal eine Summe von 1.296 fl. schuldete,[134] weswegen er am 20. September mit dem Reichsbann belegt wurde.
Das Jahr 1570 markiert hinsichtlich der Zahlungen des Herzogs von Sachsen–Lauenburg an das Reich einen Wendepunkt – zeitgleich mit der krisenhaften Entwicklung im Herzogtum. Bis zum Jahr 1576 stieg die Verschuldung gegenüber dem Reich auf 28.152 RT an.[135]

Sämtliche Reichsabgaben belasteten die Stände des Reichs in finanzieller wie in innenpolitischer Hinsicht, da die zu leistenden Abgaben aus dem Territorium aufgebracht werden mußten. Die Landbede– und Türkensteuerregister geben über diese Verteilungsprozesse hinreichend Auskunft,[136] Briefwechsel und Verhandlungsprotokolle über die damit verbundenen Verteilungskämpfe.[137]
Während der Regierungszeit Herzog Franz′ II. wurden weiterhin Geldregister und Türkensteuerlisten geführt, die einen Einblick in die Abgabenlast des Herzogtums im ausgehenden 16. Jahrhundert bieten und auch die nahezu konstante Ausgabenhöhe für die Herzöge von Sachsen–Lauenburg nachweisen.[138]
Ergänzt wurden diese an das Reich zu leistenden Steuerabgaben durch die an das Reichskammergericht zu zahlenden Kammerzieler, um die finanzielle Ausstattung des Gerichts zu gewährleisten.[139] Der Beschluß aus dem Jahr 1527, den Kammerzieler auf die fünffache Summe zu erhöhen, dokumentiert das

---

[130] Alle Angaben aus: LAS, Abt. 210, Nr. 496, qdr. 1 mit Ausnahme des Moderationsantrags von 1560: LAS, Abt. 210, Nr. 495 I: Brief an Barthold von Mansfeld.
[131] Deutsche Reichstagsakten, Speyer 1570, S. 781.
[132] Deutsche Reichstagsakten, Speyer 1570, S. 799 (1567) im Vergleich zu S. 782 (1566).
[133] Deutsche Reichstagsakten, Speyer 1570, S. 798
[134] Deutsche Reichstagsakten, Speyer 1570, S. 877.
[135] SächsHStA, Loc. 9448, fol. 500.
[136] LAS, Abt. 210, Nr. 1781: Landbede– und Türkensteuerregister 1513–1536. – LAS, Abt. 210, Nr. 1783: Türkenschatz von 1545 (transkribiert vorliegend: Schmidt, Türkenschatz).
[137] S. exemplarisch: LAS, Abt. 390, Nr. 579. – LHA, MVP, Aw, Nr. 331.
[138] LAS, Abt. 210, Nr. 1784 (Geld– und Türkensteuerregister für die Jahre 1562, 1594, 1596). – S. ergänzend LAS, Abt. 210, Nr. 1791, fol. 28–35 (Verzeichnisse der Türkensteuern der Ritter– und Landschaft vom 13. Oktober 1584 und der Türkensteuer des Amts Ratzeburg von 1596) und LAS, Abt. 210, Nr. 57 (Aus– und Einnahmeregister der Ämter im Herzogtum vom 16. August 1585).
[139] S. für die Jahre 1510–1659 entsprechende Aufstellungen in: LAS, Abt. 210, Nr. 358.

ständische Bemühen, mit Hilfe einer ausreichenden finanziellen Grundversorgung des Reichskammergerichts dessen Bestand zu sichern.[140]
1529 bemängelte der Pfennigmeister erstmalig das säumige Zahlungsverhalten des Herzogs von Sachsen–Lauenburg: 246 fl. waren als offene Beträge registriert worden.[141] Für den Zeitraum von 1541 bis 1589 ergab sich eine Gesamtschuld in Höhe von 1.752 RT,[142] obwohl zwischenzeitlich kleinere Summen beim Reichskammergericht eingegangen waren.[143] Nachdem Herzog Franz II. zweimal wegen säumiger Zahlung des Kammerzielers vom Kaiserlichen Fiskal belangt worden war,[144] besserte sich zu Beginn des 17. Jahrhunderts das Zahlungsverhalten gegenüber dem Reich in dieser Hinsicht. Diese erhöhte Zahlungsbereitschaft, welche sich auch bei den Reichssteuern zeigte, entstand parallel zu einer allgemeinen Verbesserung der herzoglich sachsen–lauenburgischen Finanzsituation im beginnenden 17. Jahrhundert, nachdem die seit 1595 anhaltenden Auseinandersetzungen mit den Landständen um die Türkensteuer beigelegt worden waren.[145]
Gleichzeitig versuchte Herzog Franz II. seit dem Ende des 16. Jahrhunderts, mehr Willen zur politischen Partizipation zu zeigen, indem er Aufgaben als kaiserlich verordneter Kommissar übernahm und sich dem Kaiser als Ratgeber andiente.[146] Zugleich bemühte er sich, seine Ritterschaft durch eine „Erinnerung an Pflichterfüllung und notwendigen Dienst dem Reich gegenüber" zu disziplinieren, um so eine Einbindung seiner Ritterschaft in Reichsdienste voranzutreiben, die der Reputation des Herzogtums dienen sollte.[147]

3.3.4 Lauenburgische Heiratspolitik und Schuldenproblematik

Ein unmittelbarer Zusammenhang zwischen lauenburgischer Heiratspolitik und der fürstlichen Schuldenproblematik konnte nur in wenigen Einzelfällen

---

[140] LAS, Abt. 210, Nr. 358, qdr. 2: Der Herzog von Sachsen–Lauenburg mußte fortan statt 36 fl. nunmehr 180 fl. Unterhaltskosten entrichten.

[141] LAS, Abt. 210, Nr. 358, qdr. 3.

[142] LAS, Abt. 210, Nr. 358, qdr. 4.

[143] LAS, Abt. 210, Nr. 358, qdr. 5, 6, 7, 10. – S. ebenda, qdr. 9: Für den Zeitraum von 1565 bis 1570 sind keinerlei Zahlungen nachweisbar.

[144] Hinweise in: LAS, Abt. 210, Nr. 358, qdr. 9 (1584–1586) und qdr. 12 (1598).

[145] S. LHA, MVP, Aw 331: Am 2. August 1598 beschweren sich Vertreter der Ritter– und Landschaft über die neuerliche Reichshilfe und wenden sich supplizierend zweimal an den Kaiser. – S. ÖsterrHHStA, RHR, Jud.Misc., R 1 (1598) und R 5 (1599), nachdem Herzog Franz II. 1597 Klage gegen seine eigene Ritterschaft vor dem Reichskammergericht eingelegt hatte (LAS, Abt. 390, Nr. 579).

[146] S. StAH, RKG, Nr. 192 und Nr. 193 hinsichtlich von Kommissionstätigkeiten. – S. NdsStA, Stade, Rep. 32 I, Nr. 176 a, fol. 37–40: Herzog Franz II. richtete im Jahr 1596 eine Schrift an den Kaiser, welche den Titel trug: „Ratgeberschaft zu künftigen Kriegsrüstungen und Expeditionen wider die Christenheit".

[147] LAS, Abt. 390, Nr. 579, qdr. 13, lit. M, qdr. 16, lit. P.

nachgewiesen werden, wenngleich dieses Argument generalisierend für die Zeit der lauenburgischen Krisenjahre vermehrt ins Feld geführt worden ist, um die kollabierende Finanzsituation des Herzogtums zu erklären.
Es kann davon ausgegangen werden, daß die Kreditaufnahmen der Jahre 1538, 1545 und 1546 sowie 1550 mit den Hochzeiten der Herzogstöchter Sophie im Jahr 1537 mit Graf Anton von Oldenburg, Klara im Jahr 1547 mit Herzog Franz von Braunschweig–Lüneburg[148] und Ursula im Jahr 1551 mit Herzog Heinrich III. von Mecklenburg zusammenhingen. Die aufgenommenen Kreditsummen sind im Gesamtkontext der Schuldenproblematik zunächst als gering zu betrachten; die Absicherungen der Kredite (u.a. Bürgschaftsverschreibungen) schienen zudem sicher.

Dennoch begann Herzog Franz I. seine Herrschaft mit einer für fürstliche Hochzeiten aufgewandten Kreditsumme in Höhe von 41.000 ML (1545–1550). Das jährliche Zinsaufkommen in Höhe von über 2.000 ML belastete die fürstliche Kasse erheblich; die Zinsvermehrung trug indirekt zum Einsetzen einer finanziellen Verschuldungsspirale bei, da das Fürstenhaus eine fristgerechte Tilgung mit der Begründung unterließ, die Alimentation der Familienangehörigen verschlinge ebensoviel Geld wie die Versorgung der Töchter und angeheirateten Fürstengattinnen mit Leibgedingen.[149] Aufwendungen für die fürstliche Hofhaltung und vor allem für die an das Reich zu leistenden Abgaben überstiegen das herzogliche Budget derart, daß Neuverschuldungen bei Angehörigen der Ritter– und Landschaft, auswärtigen Adligen und benachbarten Fürstenhäusern regelmäßige Aufbesserungen der fürstlichen Schatulle notwendig machten, auch wenn die fürstliche Hofhaltung auf das Notwendigste beschränkt worden war. Wie prekär die finanzielle Situation im herzoglichen Haus Sachsen–Lauenburg war, verdeutlicht ein Briefwechsel aus dem Jahr 1547:[150] Herzog Franz I. teilte Herzog Wilhelm d. J. von Braunschweig–Lüneburg am 4. Oktober 1547 mit, daß das Beilager für seine Tochter Sidonie Katharina nunmehr unmittelbar bevorstehe. Leider, so fuhr der lauenburgische Herzog fort, mangele es ihm an den finanziellen Möglichkeiten für eine repräsentative Ausrichtung. Herzog Wilhelm antwortete, daß er die Hochzeit sehr begrüße, aber da es auch ihm an „Geld mangele“, könne er keine

---

[148] Vgl. RAK, T.K.U.A., A I 1, Brevveksling melle Fyrstehusen Sachsen–Lauenburg 1524–1627, Brief vom 26. Februar 1550.

[149] Vgl. RAK, T.K.U.A., A I 1, Brevveksling melle Fyrstehusen Sachsen–Lauenburg 1524–1627, Brief vom 26. Februar 1550. – Vgl. zur Schuldenproblematik und deren Bewältigung exemplarisch auch das Kurfürstentum Sachsen: Uwe Schirmer: Die Finanzen der Kurfürsten und Herzöge von Sachsen zwischen 1485 und 1547; in: Landesgeschichte als Herausforderung und Programm. Karlheinz Blaschke zum 70. Geburtstag; hrsg. v. Uwe John und Josef Matzerath; Stuttgart 1997 (künftig zitiert; Schirmer, Finanzen), S. 259–283.

[150] Auch zum weiteren: NdsHStA, Celle Br. 103, Nr. 63.

Unterstützung geben. Dennoch betonte er, daß eine Fürstenhochzeit ein wichtiges gesellschaftliches Ereignis darstelle.
Vor allem in den sechziger Jahren des 16. Jahrhunderts wurde ein solches Verschuldungsverhalten des lauenburgischen Hauses auffällig, es entsprach allerdings dem Finanzverhalten der Zeit in den fürstlichen Häusern,[151] die sich aufgrund ihrer territorialen Größe eine Verpfändungspolitik besser leisten konnten, als das territorial beschränkte Herzogtum Sachsen–Lauenburg, in dem der Brautschatz der Herzogin Sophie in Höhe von 100.000 RT im Jahr 1569[152] ebenso versickerte wie ein Betrag von 120.000 RT,[153] der von Herzog Magnus II. im Jahr 1571 als Entschuldungssumme eingebracht wurde und in auffälliger Diskrepanz zum Schuldenverhältnis des Herzogtums zum Reich stand.[154]

Ein Kollabieren der fürstlichen Finanzen konnte nicht mehr verhindert werden, wobei die Gründe hierfür nicht ausschließlich in der Heirats– oder Verschuldungspolitik des Hauses Sachsen–Lauenburg lagen, sondern auch in einer verfehlten Einschätzung der Erbteilungs– und Lehnspolitik im Spätmittelalter: Die unzureichende territoriale Ausstattung eines Reichsstandes begünstigte in der Frühen Neuzeit Entwicklungen, die ein kleines Territorium in finanzielle Abhängigkeiten von größeren Territorialnachbarn brachte, so daß ein eigener Staatswerdungsprozeß erschwert wurde. Die Krisenjahre des sachsen–lauenburgischen Herrscherhauses begünstigten diese Entwicklung erheblich. Insgesamt wirkten die von Seiten des Reichs geforderten finanziellen Abgaben, die als feste Rechengröße den Landeshaushalt beeinträchtigten, dem fürstlichen Landesausbau und der Entwicklung des fürstlichen Regiments entgegen.[155]

---

[151] S. exemplarisch: RAK, T.K.I.A., Sager vdr. Hertugdommerne (1440–1732, 1820), 1: Hofhaltung Herzog Adolfs von Schleswig–Holstein–Gottorf im Jahr 1588: 17.060 RT, gemeine Schulden: 90.427 RT, allgemeine Schulden: 150.238 RT mit einer jährlichen Gesamtzinsbelastung von 41.692 RT und einem im Jahr 1588 erwirtschafteten Defizit in Höhe von 164.265 RT.

[152] LAS, Urk. Abt. 7, Nr. 13 vom 29. Mai 1568.

[153] SächsHStA, Loc. 9443.

[154] S. o. Kap. 3.3.3.

[155] Vgl. Reden, Landständische Verfassung, S. 211 hinsichtlich neuer Steuerforderungen gegenüber den Angehörigen der lauenburgischen Ritter– und Landschaft, die sich „in einer sehr günstigen Verhandlungsposition" befanden und die Verwaltung der Steuerkasse übernehmen konnten. Nach Ansicht des Verfassers wird durch diese Maßnahme die Finanznot der Herzöge besonders deutlich, die ihre Ursachen auch in der seit 1570 zu beobachtenden Finanzschwäche gegenüber dem Reich hatte. Der Tilgung der Reichsschulden mußten die Herzöge fortan ihr Hauptinteresse widmen, so daß ihre Nachgiebigkeit gegenüber der Ritter– und Landschaft erklärbar wird. – Vgl. Kaack, Bauer, S. 175.

3.4 Streitigkeiten innerhalb der herzoglichen Familie: Die Krisenjahre in Lauenburg

Die Schuldenproblematik des Herzogtums Sachsen–Lauenburg und hieraus resultierende innen– wie außenpolitische Spannungen führten zu Beginn der siebziger Jahre des 16. Jahrhunderts zum Kollaps der herzoglichen Finanzen. Dies blieb für das Herrschergeschlecht der Sachsenherzöge auf der Lauenburg nicht folgenlos. Notwendiger Stabilisierungsmaßnahmen wegen zerstritt sich das Geschlecht derart, daß sich zu den das Herzogtum belastenden finanziellen Schwierigkeiten personelle Auseinandersetzungen innerhalb der sachsen–lauenburgischen Familie gesellten, die eine Stagnation des gesamten Landes in ökonomischer und vor allem politischer Hinsicht bedeuteten.

Nachdem die Frage der Erbfolge zu Beginn des 16. Jahrhunderts eine grundsätzliche Regelung erfahren[156] und sich das askanische Herrschergeschlecht dem Prinzip der Primogenitur unterworfen hatte, stellte der Übergang von Herzog Magnus I. zu seinem ältesten Sohn Franz als Herzog Franz I. von Sachsen, Engern und Westfalen im Jahr 1543 einen legalen Herrscherwechsel dar.[157]
Franz I. war lange auf seine Tätigkeit als regierender Fürst vorbereitet worden und unterhielt bereits weitreichende Kontakte zu den benachbarten Territorialfürsten; vor allem mit seinem Schwager, dem dänischen König Christian III., verband ihn die seit 1533 bestehende Erbverbrüderung[158] und eine

[156] S. Kap. 2.0 dieser Arbeit.

[157] Hillmann, Herrschaftswechsel, S. 61f.

[158] RAK, T.K.U.A., A II, Sachsen–Lauenburg, Nr. 3: Akter og Dokumenter (1533–1534/ 1554–1699). Erbverbrüderung mit Dänemark vom 13. Februar 1533, deren Rechtsgültigkeit jedoch erst durch die später erfolgte kaiserliche Konfirmation gegeben und von Seiten Dänemarks von der ordnungsgemäßen Zahlung des Brautschatzes abhängig gemacht worden war. Herzog Magnus I. hatte bei diesem „Geschäft" eine deutlich schlechtere Verhandlungsposition als der dänische König Friedrich und dessen Sohn Christian, auch wenn sich beide Fürsten wechselseitig verpflichteten, im Todesfall des anderen die betreffenden Länder – das Herzogtum Sachsen–Lauenburg mit allen Pertinenzen einerseits und das Herzogtum Holstein andererseits – als Leibeslehen zu eigen anzunehmen. Nach der Landesteilung im Jahr 1544 waren die Teile des Herzogtums Holstein, die unter der Kontrolle des dänischen Königs standen, deutlich verkleinert; eine Erneuerung der Verbrüderung unter Berücksichtigung der neuen Gegebenheiten fand nicht statt. Die tatsächlichen Beweggründe lassen sich an anderer Stelle nachweisen (vgl. das Kreditiv von Herzog Magnus I. für Herzog Christian (III.) an König Friedrich I. vom 12. Februar 1533 [Deckblatt falsch datiert]). Die Absichtsbekundung, zukünftige Konflikte friedlich zu regulieren und Streitigkeiten mit Untertanen des dänischen Königs zu beseitigen, sicherte die lauenburgische Landgrenze ab und gewährleistete so eine territoriale Arrondierung in Richtung Holstein sowie die „Aufwertung" des Lauenburgers als Verhandlungspartner des dänischen Königs. Vgl. zu den Ergebnissen die nachfolgenden

tiefe persönliche Freundschaft.[159] Diese Freundschaft, seine dynastische Verbindung zum Kurfürstentum Sachsen [160] und seine engen Kontakte zum Herzogtum Mecklenburg[161] zogen den jungen Fürsten mehr und mehr in den Strudel eines nach Prachtentfaltung eifernden europäischen Fürstenadels, einer Prachtentfaltung, mit der der junge Sachsen–Lauenburger versuchte „mitzuhalten“. Die territorialen Ressourcen gaben dies ebensowenig her, wie das von ihm zu verwaltende Erbe: Die übernommenen Schulden wogen so schwer, daß letztlich auch die Versuche, einen lauenburgischen „Landschatz“[162] herbeizureden, mögliche Kreditoren nicht mehr überzeugen konnten. Dabei übersah Franz, daß es um die finanzielle Situation seiner fürstlichen Nachbarn keineswegs besser bestellt war als um die in seinem eigenen Haus; der einzige Unterschied bestand in der territorialen Ausstattung seiner Nachbarn, die nunmehr ebenfalls eine Verpfändungspolitik begannen, wie sie Lauenburg bereits hinter sich hatte:[163] Wo andere auf einem niedrigen territorialen Verpfändungsniveau begannen, war Herzog Franz I. bereits gezwungen, vorhandene Schulden aufzustocken. Nur so konnte er als Reichsstand sein zeitgemäßes Geltungsbewußtsein und seinen Machtanspruch zum Ausdruck bringen. Brach zunächst die bereits auf ein Minimum reduzierte Hofhaltung so weit zusammen, daß Pferde für Repräsentationszwecke,[164] Ochsen zur

---

Protokolle der Übereinkünfte vom Februar 1533 und Mai 1533 [auf Aktendeckel falsch datiert].

[159] Dorothea, die Schwester Herzog Franz', war mit Christian III. seit 1525 verheiratet. – RAK, T.K.U.A., A II, Sachsen–Lauenburg, Nr. 3: Akter og Dokumenter (1533–1534/ 1554–1699). Kreditiv vom 12. Februar 1533, fol. 1^r. – RAK, T.K.U.A., A I 1: Brevveksling melle Fyrstehusen Sachsen–Lauenburg 1524–1627. Brief 1 vom 19. Dezember 1544 von Herzog Franz I. an König Christian III., in dem Christian „nach löblicher gewohnheit“ zum Gevatter (= Taufpate) des „neuen Fräuleins“ gebeten wurde.

[160] Franz I. war seit 1540 mit Herzogin Sibylle von Sachsen verheiratet. Das Herzogtum Sachsen (Albertinische Linie) wurde im Jahr 1547 zum Kurfürstentum erhoben. Franz I. schickte seinen Sohn Franz d. J. u.a. auch an den Dresdner Hof (vgl. Reden, Landständische Verfassung, S. 31, Fn. 54).

[161] Die Schwester Franz' I., Ursula, war mit dem Herzog von Mecklenburg verheiratet.

[162] RAK, T.K.U.A., A I 1: Brevveksling melle Fyrstehusen Sachsen–Lauenburg 1524–1627. Brief vom 20. Januar 1545 von Herzog Franz I. an König Christian III. – Vgl. zur Begrifflichkeit des „Landschatzes“: Schubert, Herrschaft, S. 47.

[163] NdsStA, Bbg, L1, Nr. 7356: Schuldenverzeichnis des Hauses Schaumburg 1493–1554. Hierin sind u.a. die Schulden verzeichnet, die die Schaumburger Grafen bei ihrem landsässigen Adel aufgenommen hatten. S. insbesondere die Kredite bei der Familie Klencke. – NdsStA, Bbg, L1, Nr. 7357: Schulden– und Geldregister der Schaumburger bei den Herren von Münchhausen und anderer Adliger aus dem Jahr 1571, insbes. fol. 170^r–170^v.

[164] Vgl. RAK, T.K.U.A., A I 1: Brevveksling melle Fyrstehusen Sachsen–Lauenburg 1524–1627. Brief vom 19. Dezember 1544 von Herzog Franz I. an König Christian III. Brief vom 8. Dezember 1552 von Herzog Franz I. an König Christian III. In diesem Zusammenhang muß angemerkt werden, daß Pferde ‘Mangelware’ im Herzogtum

Unterstützung der Haushaltung,[165] Fische, Weizen und Gerste zur Abhaltung eines Hoflagers geliehen werden mußten[166] und die Ausstattung der fürstlichen Töchter mit Ballkleidern unterbleiben mußte,[167] so führte der Versuch der Aufrechterhaltung der territorialen Rückgewinnungspolitik schließlich zum Bankrott des Herzogtums, nachdem die lauenburgische Ritter– und Landschaft sowie die auswärtigen Kreditoren ihre Unterstützung versagt hatten.[168]
Auf Initiative Herzog Franz' I. wurde beim Kaiser eine Kommission unter Adolf von Schleswig–Holstein–Gottorf als niedersächsischem Kreisobristen einerseits und Erzbischof Heinrich von Bremen andererseits beantragt, um die Herzöge von Sachsen–Lauenburg „aus ihren Beschwerungen und Schulden herauszunehmen und namentlich dadurch die Junge Herrschaft zu stärken".[169] Auslösendes Moment waren die zum Ende der sechziger Jahre angestiegenen Verpfändungen des lauenburgischen Herzogs, der die drückende Schuldenlast nicht mehr tragen konnte und sich Moderation oder sogar Schuldenerlaß erhoffte. Der verordnete Kommissar, Herzog Adolf, war sowohl als Kreditor selbst wie als Funktionsträger im niedersächsischen Kreis betroffen: er wurde Adressat der zahllosen unbefriedigten Forderungen weiterer Kreditgeber.[170]

Sachsen–Lauenburg gewesen sein müssen. Am 5. Februar 1493 hatte bereits Herzog Johann V. den Schaumburger Grafen um Pferde gebeten (NdsStA, Bbg, L1, Nr. 1422). – Vgl. exemplarisch: Herbert und Inge Schwarzwälder: Reisen und Reisende in Nordwestdeutschland. Beschreibungen, Tagebücher und Briefe. Itinerare und Kostenrechnungen. Band 1: bis 1620; [= Quellen und Untersuchungen zur allgemeinen Geschichte Niedersachsens in der Neuzeit, 7]; Hildesheim 1987, S. 182 (Nr. 28b), S. 198 (Nr. 34a), S. 199 (Nr. 34b).

[165] Vgl. RAK, T.K.U.A., A I 1: Brevveksling melle Fyrstehusen Sachsen–Lauenburg 1524–1627. Brief vom 24. September 1544 von Herzog Franz I. an König Christian III.

[166] RAK, T.K.U.A., A I 1: Brevveksling melle Fyrstehusen Sachsen–Lauenburg 1524–1627. Brief 2 vom 19. Dezember 1544 von Herzog Franz I. an König Christian III. anläßlich der Taufe seiner Tochter in Otterndorf (vgl. hierzu Brief 1 vom selben Tag).

[167] SächsHStA, Copial 321, Teil III, fol. 529 (der fortlaufenden Numerierung), fol. 94 in Teil III: Ermahnung des Kurfürsten von Sachsen an seine Schwester Sibylle, ihren Gemahl zu überzeugen, die fürstlichen Mädchen „anständig" zu kleiden und „mit Schmuck zu versehen".

[168] LAS, Abt. 7, Nr. 1293 (Schreiben vom 15. Mai 1571). Hinsichtlich der Verpfändungen an Herzog Adolf von Schleswig–Holstein–Gottorf führte Herzog Franz I. aus: „auß der urßache, daß unßer Landtschafft im Lande zu Sachsen fur sollch Geldt nicht gutt sagen und loben wollen." Herzog Franz I. unternahm verzweifelte Versuche, an anderer Stelle Geld zu leihen. – NdsStA, Bbg, L1, Nr. 1434: Am 18. März 1564 bat Franz I. den Schaumburger, eine Summe von 5.000 oder 6.000 RT wegen der Reichshilfe und der „Abschaffung andrer beschwernisse vorzustrecken". – Vgl. Boll, 1, S. 171 hinsichtlich der gelungenen territorialen Rückerwerbungs– und Entschuldungspolitik des mecklenburgischen Herzogs Magnus für sein Herzogtum im Jahr 1503.

[169] LAS, Abt. 7, Nr. 1291. – ÖsterrHHStA, RHR, Antiqua 763, Nr. 2 vom 22. November 1569.

[170] LAS, Abt. 7, Nr. 1291.

Erzbischof Heinrich von Bremen – als zweiter befohlener Kommissar – erkannte frühzeitig die Gefahr, die in der unaufhaltsamen Verpfändungspolitik seines Vaters lag; er fürchtete einerseits um den Bestand des familiären Territoriums und war andererseits besorgt, unmittelbar in den Konflikt zwischen dem Grafen von Ostfriesland und dem Grafen von Oldenburg und Delmenhorst um den Besitz des Landes Jever hineingezogen zu werden.[171] Zu einer direkten Parteinahme wäre es gekommen, wenn der Graf von Oldenburg und Delmenhorst als Kreditor von Heinrichs Vater in den Besitz des Landes Hadeln gekommen wäre – eine unmittelbare Nachbarschaft bestand ohnehin zum Bremer Erzstift. Eine besondere Spannung kam in das Vater–Sohn–Verhältnis durch den Lebenswandel des alten Herzogs, der sich seit längerem im Land Hadeln aufhielt[172] und sich durch eine amouröse Beziehung mehr und mehr seiner eigenen Frau entfremdete. Er verschenkte herzogliche Güter an „frau rautenstein";[173] eine Maßnahme, die sich das Herzogtum nicht leisten konnte und die das Mißfallen des Sohnes Heinrich erregte, wenngleich seine Brüder Magnus und Moritz ihren Konsens zu diesen Schenkungen gaben.[174]

Die subdelegierten Kommissare[175] forderten am 1. April 1570 die Offenlegung aller Schulden, eine Gegenüberstellung der Einnahmen und Ausgaben, eine Auflistung des Grundbesitzes und das Anlegen eines herrschaftlichen Inventars. Ziel sollte sein, die zahllosen Gläubiger – allen voran Herzog Adolf von Schleswig–Holstein–Gottorf – zu befriedigen, ein fürstliches Rechnungswesen einzuführen und den Forderungen der Ritter- und Landschaft des Herzogtums nach einem Steuersystem nachzukommen, das zukünftig Sonderabgaben

---

[171] LAS, Abt. 210, Nr. 194: Am 19. Oktober 1574 riet Erzbischof Heinrich von Bremen seinem Vater, die Grafen von Ostfriesland in ihrem Streit mit den Oldenburgern um das Land Jever mit Rücksicht auf die Schuldforderungen der letzteren nicht zu begünstigen. – Ähnlich lautend LAS, Abt. 7, Nr. 1289: Brief vom 21. Januar 1573, nachdem Herzog Franz Geheimverhandlungen mit dem Oldenburger Grafen geführt hatte.

[172] LAS, Abt. 7, Nr. 1291.

[173] NdsHStA, Celle Or. 12, Nr. 254 vom 25. Juli 1569: Schenkung eines Hofs bei Otterndorf. – NdsHStA, Celle Or. 12, Nr. 257 vom 25. Mai 1570: Schenkung von zwei Höfen im Land Hadeln. – NdsHStA, Celle Or. 12, Nr. 260 (5. April 1573): Schenkung eines Hauses zu Otterndorf. – NdsHStA, Celle Or. 12, Nr. 263 (undatiert): Schenkung eines Hofs zu Havichorst. – NdsHStA, Celle Or. 12, Nr. 264 vom 25. Januar 1574: Schenkung von drei Höfen im Land Hadeln. – NdsHStA, Celle Or. 12, Nr. 266 vom 7. Oktober 1574: Schenkung einer Gemarkung am Elbdeich. – NdsHStA, Celle Or. 12, Nr. 275 vom 11. November 1576: Schenkung eines Hofs zu Aumühle. – NdsHStA, Celle Or. 12, Nr. 277 vom 28. Dezember 1579: Schenkung eines Hofs im Kirchspiel Otterndorf.

[174] NdsHStA, Celle Or. 12, Nr. 259 vom 5. Dezember 1571: Herzog Magnus stimmt der Schenkung von zwei Höfen an Else R[a]utenstein zu. – NdsHStA, Celle Or. 12, Nr. 261 (undatiert): Herzog Moritz stimmt den Schenkungen an Else R[a]utenstein zu.

[175] Die Kommission setzte sich zusammen aus: Dr. Adam Tratziger, Dr. Werner von Heide (holsteinische Subdelegierte) und dem Domdekan Joachim Hinck sowie dem Domherrn Otto von Dutzing (bremische Subdelegierte).

vermeiden helfen und langfristig gegen plötzliche Steuererhebungen schützen sollte.[176]
Der Erfolg dieser Kommission erscheint vor dem Hintergrund der sich anschließenden weiteren fürstlichen Verpfändungen zweifelhaft: Handelte einerseits der junge Franz (II.) mit Friedrich Brockdorf ein Rückzahlungsgeschäft aus, so lieh auf der anderen Seite sein Vater in einem dubiosen Kreditgeschäft eine Gesamtsumme von 43.000 RT von Jaspar von Buchwald und Benedikt von Ahlefeldt und verschrieb den Zoll zu Lauenburg sowie die Dörfer Idstedt und Tönningstedt. Um dieses Kreditgeschäft wieder zu lösen, mußten gegen eine Summe von 35.000 RT, die Graf Adolf an Benedikt von Ahlefeldt zahlte, die „Hausvogtei und das Ambt Trembsbüttel" abgetreten werden.[177]

In dieser mißlichen Lage faßte Herzog Franz I. 1571 den Entschluß, seinen Sohn Magnus als regierenden Fürsten an der Regierung zu beteiligen; er erhoffte sich hiervon zum einen neue Kreditwürdigkeit für das Territorium, zum anderen das Einbringen der hohen finanziellen Kriegsgewinne des jungen Herzogs als „Notentschuldungsprogramm",[178] um so die Fortsetzung seiner eigenen, ererbten Politik im Sinne einer inneren Konsolidierung und Stabilisierung einerseits und außenpolitischen Wirksamkeit durch territoriale Rückgewinnung andererseits zu ermöglichen.
Die lauenburgische Ritter– und Landschaft folgte diesem Wunsch,[179] konnte sie doch gewiß sein, daß sie als Kreditor des Herzogshauses von diesem Handel einen finanziellen Ausgleich erwarten konnte, ohne territoriale Einschränkungen in Kauf nehmen zu müssen: Herzog Franz I. hatte sich zu seiner eigenen Versorgung das Land Hadeln ausbedungen, wo er sich

---

[176] LAS, Abt. 7, Nr. 1291. – S. ÖsterrHHStA, RHR, Antiqua 763, Nr. 2 vom 16. Juli 1570. Diese Forderungen fanden letztlich ihre Durchsetzung im kaiserlichen Provisionalabschied vom Januar 1585.

[177] LAS, Abt. 7, Nr. 1289: Verschreibung an Jaspar von Buchwald vom 30. November 1570. Erhöhung des Pfandschillings um weitere 9.000 RT am 3. Februar 1571. Verschreibung des Amts Tremsbüttel an Graf Adolf am 3. Februar 1571, um das Kreditgeschäft mit von Buchwald und von Ahlefeldt wieder lösen zu können.

[178] Vgl. Reden, Landständische Verfassung, S. 30. – S. eingehend: LAS, Abt. 7, Nr. 1289, Brief vom 10. Januar 1572: Instruktion von Herzog Franz I. Ebenso Instruktion vom 15. Januar 1571. Er stützte diese Entschuldungsprogramme vor allem auf den 1568 mit dem schwedischen König verabredeten Brautschatz in Höhe von 100.000 RT für dessen Tochter Dorothea. Dafür wurden die Ämter Tremsbüttel und Steinhorst als Leibgedinge verschrieben (vgl. hierzu Konsensschreiben von Herzog Franz I. in: LAS, Urk. Abt. 7, Nr. 13). Die Aussage des Herzogs, daß Markgraf Albrecht II. noch zahlreiche offene Schulden zu begleichen hätte, konnte nicht belegt werden.

[179] Reden, Landständische Regierung, S. 30.

vornehmlich aufhielt.[180] Dies, gepaart mit der notwendig werdenden Abwesenheit des jungen Herzogs aus dem Stammterritorium, um, in Kriegsdiensten stehend, die Finanzlage des Herzogtums zu sanieren, bescherte der lauenburgischen Ritter- und Landschaft ein bisher nicht gekanntes Maß an Freizügigkeit und Ausbaumöglichkeit ihrer eigenen Position.

Während sich der alte Herzog auf seinem Pensionssitz im Land Hadeln ohne seine Ehefrau zu vergnügen schien und sich damit mehr und mehr von ihr entfremdete,[181] setzte er sich gleichzeitig in einer Art von Geheimdiplomatie mit dem Grafen von Oldenburg auseinander, um die lauenburgische Schuldensituation hinsichtlich dieses Gläubigers zu verbessern, ohne dabei den regierenden Fürsten Magnus II. oder seinen Sohn Heinrich zu beteiligen.[182] Währenddessen verdingte sich Herzog Magnus II. als Kriegsmann in schwedischen Diensten, und Herzog Heinrich sah sich als Erzbischof von Bremen vielfältigen Aufgaben gegenübergestellt. Die beiden Brüder Franz und Moritz waren von der politischen Verantwortung[183] ausgeschlossen und – das wog schwerer – hinsichtlich ihrer finanziellen Versorgung von dem Wohlwollen des regierenden Teils der Familie abhängig. Dieser Umstand

---

[180] NdsHStA, Celle Or. 12, Nr. 276 (Erbvertragsurkunde). – NdsStA Stade, Rep. 27, B 6300, qdr. 10, lit. A, fol. 41^{r}–47^{v}: Abschrift einer von Kaiser Rudolf II. konfirmierten Urkunde (Prag, 27. Februar 1577). 1576 hatte Herzog Franz I. seinem Sohn Heinrich das Land Hadeln bereits als Erbvorschuß abgetreten. Hintergrund dieser vorzeitigen Abtretung des Landes Hadeln (Stadt Otterndorf und die fünf Kirchspiele des Hadelner Sietlandes samt allen Zugehörungen) war die noch auf Hadeln lastende Schuldverschreibung von 16.095 RT der Grafen von Oldenburg und Delmenhorst. Sofern nicht bis Ostern 1577 (zunächst war der Termin Ostern 1576 – s. hierzu LAS, Abt. 210, Nr. 39, Brief vom 4. Januar 1576, fol. 4^{r}, daß die Loskündigung des Landes Hadeln erst für Ostern 1577 vorgesehen sei) diese Schuld beglichen werde, falle das Land Hadeln an die Oldenburger Grafen (fol. 43^{v}). Zugleich erhielt Herzog Franz I. eine Ausgleichszahlung in Höhe von 12.000 RT, die vom Bremer Rat durch Vermittlung des Bremer Erzbischofs Heinrich ausgezahlt wurde (fol. 45^{r}). Diese Ausgleichszahlung tilgte eine im Jahr 1570 aufgenommene Schuld (NdsHStA, Celle Or. 12, Nr. 256).

[181] SächsHStA, Loc. 9447: Brief des sächsischen Kurfürsten vom 10. Januar 1549. Bereits seit den 40er Jahren unterhielt Herzog Franz I. die Beziehung zu Else Rautenstein. Nach Einschreiten des sächsischen Kurfürsten sorgte Franz I. für ihren Umzug nach Hadeln und war damit dem Ansinnen des Kurfürsten gefolgt, die „verdechtige Person mit ihren zwei Töchtern" aus dem Land zu jagen. – SächsHStA, Loc. 8510, Nr. 59, fol. 20–21: Es haben sich Hinweise verdichtet, daß Franz d. J. ebenfalls zu amourösen Abenteuern neige. Hierzu gehört ein Brief des mit seiner Erziehung beauftragten Rats Abraham Bock an den Kurfürsten von Sachsen vom 14. Dezember 1567, der das Verhalten des jungen Herzogs gegenüber Frauen auf einer Reise durch Sachsen schildert.

[182] LAS, Abt. 7, Nr. 1289, Briefwechsel im Zeitraum vom 29. Februar bis 26. April 1572.

[183] Abgesehen von eigenmächtigen finanziellen Transaktionen, die jedoch tatsächlich eher eine Belastung (aufgrund der daraus resultierenden Unüberschaubarkeit) denn eine wirkliche Sanierung der herzoglichen Finanzen bedeuteten.

verband sie mit der Herzoginmutter, einer kurfürstlichen Tochter, die auf ein eher tristes und für ihre Verhältnisse entbehrungsreiches Leben zurückblickte.[184] Zu diesem unglücklichen Trio gesellten sich Vertreter der lauenburgischen Ritter- und Landschaft, die unter Führung des Lüder Lützow zu den unbedeutenderen des landsässigen Adels gehörten, Akzeptanzprobleme hatten und gegen die starke Fraktion – unter Führung des Erblandmarschalls von Bülow – nichts ausrichten konnten. Diese Gefolgschaften veränderten sich im Lauf der Zeit: Nach 1572 wandten sich fast alle Teile der lauenburgischen Ritter- und Landschaft vermehrt Franz d. J. zu.

Magnus II. erwies sich als fähiger Kriegsmann[185] und mehrte sein bereits stattliches Vermögen, das ihm durch die Heirat mit der schwedischen Prinzessin zugefallen war. Er führte es – wie vereinbart – dem Herzogtum zu: Mit 120.000 RT entschuldete er weite Teile des Herzogtums, vor allem Teile, die an Herzog Adolf von Schleswig–Holstein–Gottorf und die Familie von Pogwisch verpfändet gewesen waren, während Herzog Franz d. J. sich anmaßte, diese Entschuldungen als sein Verdienst darzustellen.[186]

In diesem Zusammenhang wird verständlich, daß sich Herzog Magnus II. erbost zeigte, als sein Bruder Franz das Land Ratzeburg für sich beanspruchte, um

[184] SächsHStA, Loc. 9447, fol. 3–4. Der sächsische Kurfürst forderte Herzog Franz I. bereits am 10. Januar 1549 auf, die Zahlungen für seine Gemahlin in Höhe von 200 fl. zu ihrem persönlichen Unterhalt zu gewährleisten, für Sibylle einen Hofmeister einzustellen, Pferd und Kutsche zu beschaffen und nun „endlich fürstlich zu sein". Damit setzten sich die Einflußnahmen des sächsischen Kurfürsten hinsichtlich der Ausstattung seiner Schwester, die er seit der Vermählung betrieben hatte, fort. SächsHStA, Loc. 9442: Bereits in den Jahren 1541–1543 hatte sich der sächsische Herzog dafür verwendet, daß seine Schwester ausreichend alimentiert werden sollte. Unter Vermittlung von Heinrich von Bernstorff konnte – im Auftrag des sächsischen Herzogs – im Jahr 1542 nach einem Treffen in Ratzeburg die finanzielle Versorgung der „Jungen Herrschaft" gesichert, 1543 unter Vermittlung des Herzogs von Mecklenburg die territoriale Leibgedingverschreibung mit dem Land Hadeln erzielt werden. Der gesamte Schriftwechsel verdeutlicht die Schwierigkeiten, „den alten Herzog" Magnus I. „dazu zu bringen, die fürstliche Unterhaltung für die Junge Herrschaft zu gewährleisten".

[185] SächsHStA, Loc. 9447.

[186] LHA, MVP, Aw, Vol. 315: Schreiben der niedersächsischen Ritter- und Landschaft vom 24. Januar 1589. – SächsHStA, Loc. 9443, Herzog Franzens zu Sachsen–Lauenburg Buch, fol. 108^{r}–109^{v} (Brief von Magnus II. an Kurfürst August von Sachsen vom 12. Dezember 1571): Der Abtrag betrug nach eigenen Angaben 150.000 RT. – Vgl. in diesem Zusammenhang die Einschätzung Scharnwebers, der die Rolle Franz' II. weitaus positiver bewertet und Herzog Magnus II. als den alleinigen Verursacher der Streitigkeiten innerhalb der Familie in den Vordergrund stellt: Otto Scharnweber: Franz II., Herzog von Sachsen–Lauenburg 1585–1619; [= Sonderheft der Lauenburgischen Heimat]; Ratzeburg 1960 (künftig zitiert: Scharnweber, Franz II.), S. 33.

seine Ausstattung zu sichern, und die Dorfschaften im Amt Schwarzenbek gewaltsam besetzte.[187]
Fand Franz d. J. bei diesen Unternehmungen praktische Gefolgschaft durch Lüder Lützow, so schwamm sein Bruder Moritz, in der Hoffnung auf bessere Versorgung, in diesem Fahrwasser mit, wohingegen ihre Mutter, Herzogin Sibylle, sich zunächst neutral verhielt. Im Zuge der langanhaltenden Besetzung von Teilen des Territoriums wandelte sich allerdings ihre Neutralität in eine ablehnende Haltung gegenüber Franz d. J., und sie wandte sich wieder mehr ihrem Mann und vor allem Herzog Heinrich zu.[188] Ihr Verhältnis zu ihrem Sohn Moritz blieb ungetrübt.[189]
Die lauenburgische Ritter– und Landschaft sah sich einer schwierigen Situation gegenübergestellt: Erkannte sie einerseits die Stärke des jungen Franz hinsichtlich seines Durchsetzungswillens[190] und vor allem seiner guten Beziehungen zum Haus Mecklenburg, mit dem ein Großteil des lauenburgischen landsässigen Adels gemeinsame Grenzen hatte, so waren sie sich andererseits des hier geschehenen Rechtsbruchs durch die ungerechtfertigte Landesbesetzung bewußt.[191] Die einzig denkbare Lösung, um die Stabilität des Herzogtums nach innen und außen zu sichern, lag in der Rückkehr zum status quo ante, die zur Wiedereinsetzung Herzog Franz´ I. als alleinregierendem Fürsten führte.[192] Damit war der Konflikt zwar vordergründig beigelegt; er war jedoch nicht gelöst.

In diese regionalen Interessenkonflikte mischten sich Interessen von außen: Herzog Magnus hatte gegen die unrechtmäßige Landesbesetzung seines Bruders vor dem Kaiser Protest eingelegt; dieser hatte einer fürstlichen Schlichtungskommission zur Beilegung des Konflikts im Hause Lauenburg zugestimmt.[193] Den drei Schlichtungsfürsten, Kurfürst August von Sachsen, Herzog Julius von Braunschweig–Wolfenbüttel und Herzog Adolf von Schleswig–Holstein–Gottorf, waren grundlegende Gedanken gemein: Die Situation im Herzogtum Sachsen–Lauenburg mußte so entspannt werden, daß die personale Frage und die finanzielle Lage des Herrscherhauses geklärt

[187] NdsHStA, Celle Br. 103, Nr. 73.
[188] SächsHStA, Loc. 8536, Nr. 45 (Brief der Herzogin Sibylle an Anna von Dänemark vom 17. Januar 1577).
[189] LAS, Abt. 210, Nr. 43 I.
[190] NdsHStA, Celle Br. 104a, Nr. 10, qdr. 1, fol. 2r.
[191] Mit Herzog Christoph (1537–1592), seit 1554 Bischof von Ratzeburg, verband Franz II. eine tiefe Freundschaft (LHA, MVP, Aw, Nr. 288, Briefe vom 23. April 1575, 19. Mai 1575). Die Ehefrau von Franz II. stand in engem freundschaftlichen Kontakt zu der Ehefrau von Herzog Christoph (LHA, MVP, Aw, Nr. 288, Brief vom 11. November 1587).
[192] Reden, Landständische Verfassung, S. 30.
[193] S. auch einen weiteren Versuch in: NdsHStA, Celle Br. 103, Nr. 73, Brief vom 23. Januar 1574 von Herzog Magnus an Herzog Wilhelm von Braunschweig–Lüneburg.

wurden, wobei vorrangig letztere einer Klärung bedurfte. Die Klärung der finanziellen Lage des Fürstenhauses war nur bei Lösung der personellen Konflikte möglich.
Subdelegierte der kaiserlichen Kommissare versuchten, den Konflikt beizulegen und erzielten schließlich den Lüneburger Abschied im Juni 1574.[194] Das Ergebnis dieses Abschiedes forcierte die Wiedereinsetzung Franz' I.[195] und provozierte den herrschaftlichen, kriegsorientierten Rückgewinnungsversuch Magnus' II. erheblich;[196]diesem trat 1575 Herzog Adolf von Schleswig–Holstein–Gottorf als niedersächsischer Kreisobrist wirkungsvoll entgegen.[197]

Der Schuldenproblematik im Herzogtum Sachsen–Lauenburg war damit nicht begegnet worden – die Verpfändungsspirale war nicht aufgehalten worden, so daß die Bankrotterklärung der askanischen Lauenburger lediglich aufgeschoben worden war. Beschleunigt wurden die Ereignisse zum einen durch die anhaltenden Forderungen des jungen Herzogs Franz, der eine Übertragung der von ihm „befreiten“ Häuser forderte.[198] Mit der Bitte, „sich seines erbärmlichen Zustands“ anzunehmen und die Dinge in Lauenburg zu regeln, da sein Vater „starrsinnig“ sei, wandte er sich an den Kaiser.[199] Der Hinweis des jungen Herzogs auf die unrechtmäßige Vorgehensweise in Lübeck und schließlich in Lüneburg zwang den Kaiser, eine neuerliche Kommission zur Klärung der Ereignisse im Haus Sachsen–Lauenburg einzusetzen.[200] Aufgrund seiner dem Reich gegenüber geleisteten Kriegsdienste während des Jahres 1566 befand sich Franz d. J. in einer günstigen Ausgangsstellung.[201]

---

[194] RAK, T.K.U.A., Rigskredsene, Nedersachsische Kredsakter A–B–C (1543–1766), A 2: Abschied zu Lübeck vom 27. Februar 1574 zur Festlegung der Vorgehensweise während des Tags zu Lüneburg.

[195] Nur am Rand soll bemerkt werden, daß der dänische König im Jahr 1574 zahlreiche Geschenke von Herzog Franz I. erhielt. Inwieweit diese Geschenke Einfluß auf die Entscheidung der subdelegierten Kommissare des schleswig–holsteinisch–gottorfischen Herzogs gehabt haben mögen, bleibe dahingestellt. S. RAK, T.K.U.A., A I 1, Brevveksling melle Fyrstehusen Sachsen–Lauenburg 1524–1627.

[196] SächsHStA, Loc. 9447.

[197] Vgl. SächsHStA, Loc. 9447, fol. 111r. Herzog Adolf befehligte Truppenkontingente des Niedersächsischen, Obersächsischen und Westfälischen Kreises. – LAS, Abt. 210, Nr. 1128, fol. 4r. – LAS, Abt. 210, Nr. 1130: Instruktionsschreiben betr. Steinhorst. Die tatsächlich geforderte Summe betrug 85.904 RT. – S. zu den entstandenen Kosten, die Herzog Adolf dem Fürstenhaus Sachsen–Lauenburg auferlegte: Anhang 1; Kapitel 7.4.

[198] Franz d. J. hatte bereits auf dem Landtag zu Büchen einen gleichlautenden Vorstoß unternommen. S. ÖsterrHHStA, RHR, Judiziale Antiqua 764, Nr. 12, Eingabe vom 11. Juli 1575.

[199] ÖsterrHHStA, RHR, Judiziale Antiqua 764, Nr. 12, qdr. 2 vom 19. September 1575.

[200] ÖsterrHHStA, RHR, Judiziale Antiqua 764, Nr. 12, qdr. 3 vom 22. Juni 1576.

[201] Vgl. Antonio Liepold: Wider den Erbfeind christlichen Glaubens. Die Rolle des niederen Adels in den Türkenkriegen des 16. Jahrhunderts; [= Europäische Hochschulschriften,

Während sich der junge Franz an den „offiziellen“ Weg hielt und die Entscheidung der subdelegierten Kommissare des Kurfürsten August von Sachsen und des Herzogs Adolf von Schleswig–Holstein–Gottorf abwartete, beschritt Herzog Magnus zunächst einen „inoffiziellen“ Weg mit dem Ziel eines regional begrenzten fürstlichen Ausgleichs mit Hilfe benachbarter, allerdings nicht vom Kaiser verordneter Schlichter. Gelangte Franz auf seine Weise zum Ziel und erwirkte ein offizielles Mandat gegen Herzog Magnus zur Restitution des „landes Ratzenburg“,[202] so scheiterte Herzog Magnus und fiel bei den Fürsten gleichen Standes endgültig in Ungnade.[203]
Zum anderen wurde die lauenburgische Bankrotterklärung durch die Weigerung der lauenburgischen Ritter– und Landschaft, als Kreditgeber für ihren Landesherrn zu agieren, beschleunigt. Im Jahr 1581 war so der finanzielle und damit auch personale Endpunkt im lauenburgischen Fürstenhaus erreicht. Noch vor seinem Tode setzte Herzog Franz I. seinen Sohn Franz als Franz II. mit kaiserlichem Konsens und Zustimmung von Erzbischof Heinrich[204] einerseits und der Ritter– und Landschaft[205] andererseits als Statthalter ein, nachdem er sich als regierender Fürst gänzlich mit seiner Familie überworfen hatte.[206]

Franz I. und Franz d. J. hatten sich spätestens seit dem Jahr 1578 wieder einander angenähert[207] und gingen gemeinsam gegen Magnus II. vor, dem sie neben Mißgunst ihnen gegenüber auch die Bedrohung des Herzogtums durch „jemmerliche haußhaltung“ vorwarfen und den sie für die Unruhen und

---

Reihe 3: Geschichte und ihre Hilfswissenschaften, 767]; Frankfurt a. M. u.a. 1998 (künftig zitiert: Liepold, Erbfeind), S. 266, S. 444.

202 ÖsterrHHStA, RHR, Judiziale Antiqua 764, Nr. 12, Schreiben vom 23. Juli 1576.

203 S. exemplarisch (für die vorausgegangene Entwicklung) die Auseinandersetzungen mit dem Herzog von Mecklenburg im Jahr 1572 um den Grenzverlauf zwischen dem lauenburgischen Amt Neuhaus und dem mecklenburgischen Amt Dömitz in: NdsHStA, Celle Br. 103, Nr. 71 (Bericht vom 27. April 1572).

204 Scharnweber, Franz II., S. 32.

205 SächsHStA, Loc. 9448, Vol. 1. – Reden, Landständische Verfassung, S. 30. – S. LAS, Abt. 7, Nr. 1295: Brief vom 12. Juni 1578 der niedersächsischen Ritterschaft, in dem sie ihr Vertrauen gegenüber Franz d. J. zum Ausdruck bringt.

206 LAS, Abt. 210, Nr. 43 I, insbes. Schreiben der Brüder Franz und Moritz an ihren Vater vom 23. Juni 1580. Das familiäre Zerwürfnis muß ursächlich auf das Bekanntwerden des väterlichen Verhältnisses zu Frau Rautenstein zurückgeführt werden. Daraufhin kam es zu weitreichenden Einigungen zwischen der Herzoginmutter Sibylle und den beiden Brüdern Moritz und Franz, die fortan eine Koalition gegen Herzog Franz I. einerseits und Herzog Magnus II. andererseits bildeten (s. hierzu LAS, Abt. 7, Nr. 43 II).

207 S. zu den vorangegangenen Streitigkeiten zusammenfassend NdsHStA, Celle Br. 103, Nr. 75: Streitigkeiten zwischen Franz d. J. und Franz d. Ä. (1575–1577) insbesondere wegen des Landes Ratzeburg.

Mißstände in ihrem Fürstentum verantwortlich machten.[208] Franz d. Ä. bestätigte in diesem Zusammenhang, daß er seinen Sohn Franz für den „tauglichsten" Nachfolger in der Landesregierung hielt.[209] Demgegenüber betrieb Herzog Magnus II., fortan fast gänzlich isoliert, eine Form von Verteidigungspolitik gegen die eigene Familie zur Durchsetzung seiner Machtansprüche[210] und verdiente sich seinen Lebensunterhalt durch Söldnerdienste;[211] als Bündnispartner fand er zum einen Angehörige der lauenburgischen Ritter- und Landschaft unter Führung seines langjährigen Gefolgsmanns Barthold Lützow;[212] zum anderen unternahm er den Versuch, eine Annäherung an Herzog Adolf von Schleswig–Holstein–Gottorf zu erzielen, dem er unter anderem bei Hilfeleistung in den „schwebenden Sachen zwischen unserem widderwertigen Bruder" und ihm, mit der Bitte um Geheimhaltung,[213]

---

[208] LAS, Abt. 7, Nr. 1295 (Brief vom 20. Juni 1578). Diese Aussage wurde durch einen Brief der niedersächsischen Ritterschaft vom 21. Dezember 1579 gestützt (LAS, Abt. 7, Nr. 1295). Beide Briefe geben nach ihrem Inhalt die Einschätzung wieder, die in der lauenburgischen Geschichtsschreibung dominiert. Quellenkritisch betrachtet, genügen beide Dokumente nicht als Indizien, um die auf der Grundlage von Kobbe und von Duve dargestellte Einschätzung Magnus′ II. weiterhin aufrecht zu erhalten. Die von Franz I. und Franz d. J. initiierten „Attacken" gegen Magnus II. sind eher als Verunglimpfungs– und Verleumdungsversuche zu werten, die den bereits vorhandenen Mißkredit verstärken sollten. Eine solche Interpretation läßt Magnus II. in einem anderen Licht erscheinen: als einen Herrscher, der seiner Macht beraubt wurde und versuchte, seine *legalen* Herrschaftsansprüche wieder zu erlangen.

[209] NdsHStA, Celle Br. 104a, Nr. 10, qdr. 1, fol. 1^v–2^r.

[210] Lediglich sein Bruder Heinrich nahm in dieser familiären Streitigkeit eine neutrale Position ein. Diese Position konnte er sich aufgrund seiner finanziellen Ausstattung durchaus leisten. Stand er einerseits mit seinem Bruder Magnus im Briefwechsel und gewährte ihm schließlich Aufenthalt in Bremen, so war er andererseits mit den anderen Familienangehörigen in ständigem Briefkontakt und trat gegenüber seinem Vater 1578 und 1579 nochmals als Kreditor auf (NdsStA, Bbg, L1, Nr. 701). Herzog Franz II. beschuldigte Herzog Magnus, seine eigene Frau durch Diebstahl hintergangen und eine Verschwörung im schwedischen Königshaus angestrengt zu haben (AHL, MVP, Aw, Nr. 288, Brief vom 11. November 1587).

[211] S. RAK, T.K.U.A., A II, „Zeitung" vom 20. Juli 1578. Herzog Magnus II. soll Söldnertruppen unter seiner Führung dem Markgrafen Georg Friedrich zu Königsberg und Herzog Julius von Braunschweig–Wolfenbüttel angeboten haben.

[212] LAS, Abt. 7, Nr. 1295 (Brief vom 20. Juni 1578). – LHA, MVP, Aw, Nr. 297. 1578 wurde offenkundig, daß Lützow bereits im Jahr 1572 mit Herzog Magnus II. ein Kreditgeschäft über 8.000 RT abgeschlossen hatte. Herzog Magnus wollte dieses Geld zur „Wiederlöse und Besserung des Hauses Ratzeburg" verwenden. Dafür wurden Lützow das Dorf Salem und die Mühle in Ratzeburg verschrieben. – Ebenso RAK, T.K.U.A., A II vom 24. April 1579.

[213] LAS, Abt. 7, Nr. 1295 (eingelegter Zettel im Brief vom 20. Juni 1578 mit dem Vermerk, daß um Geheimhaltung gebeten werde).

zusagte, die Ämter Tremsbüttel und Steinhorst für den Fall abzutreten, daß er als regierender Fürst eingesetzt würde.[214]
Herzog Adolf war beiden Brüdern nicht sonderlich wohl gesonnen und teilte Magnus II. mit, daß Franz derzeit die bevorzugte Position innehabe, er aber dennoch an den beiden von Magnus angebotenen Ämtern interessiert sei, allerdings nicht durch heimliches „practizieren" in Verdacht kommen wolle.[215] Die erneuten Kriegshandlungen Magnus′ II. zwangen Adolf schließlich – auf kaiserliches Geheiß[216] – zu einem harten Vorgehen gegen ihn.[217] Ausgleichs- und Versöhnungsversuche des Bremer Erzbischofs Heinrich scheiterten zunächst.[218] Erst am 29. Juli 1579 konnte zwischen den Herzögen Franz d. Ä., Franz d. J. und Magnus ein gütlicher Vergleich unter Vermittlung des sächsischen Kurfürsten August, Angehörigen des Magdeburger Stifts und des Bremer Erzbischofs sowie Vertretern der lauenburgischen Ritter- und Landschaft erzielt werden.[219]
Dieser innerfamiliäre Frieden währte allerdings nicht lange; bereits Ende 1579 brachen die Konflikte erneut aus, die nach Ansicht des alten Herzogs eine Schlichtungsregelung durch den Kaiser erfahren sollten. Eine kaiserlich angeordnete interne Schlichtungsregelung versagte,[220] so daß der Kaiser eine Schiedskommission über das weitere Schicksal des Herzogtums Sachsen-Lauenburg entscheiden lassen wollte.[221] Die drei kaiserlichen Kommissare

---

[214] LAS, Abt. 7, Nr. 1295 (Brief vom 19. November 1578).

[215] LAS, Abt. 7, Nr. 1295 (Brief vom 1. Dezember 1578).

[216] LAS, Abt. 7, Nr. 1295 (Offenes Mandat des Kaisers; Prag, 10. Dezember 1578). – Auch in: LHA, MVP, Aw, Nr. 288.

[217] LAS, Abt. 7, Nr. 1295 (Dezember 1578: Auftrag des Kaisers an Herzog Adolf). – Auch in LHA, MVP, Aw, Nr. 288. – Zu den Kriegshandlungen von Herzog Magnus II. s. eingehend LHA, MVP, Aw, Nr. 288 (Brief vom 15. März 1577 von Herzog Adolf an Franz I.): Bericht von Margarethe von Pommern an den Herzog von Mecklenburg aus dem Jahr 1579 über die gewaltsame Besetzung von Artlenburg und Lüdershausen durch Magnus II. – LHA, MVP, Aw, Nr. 318: Herzog Adolf focht nicht nur aus Gründen, die das Amt des Kreisobristen mit sich brachte, gegen Herzog Magnus, sondern verband diese Aufgabe mit sehr persönlichen Animositäten gegen Magnus II. (s. Brief aus dem Jahr 1579 an Herzog Christoph von Mecklenburg: „Dem widerlichen Magnus muß das Handwerk gelegt werden, hat doch behauptet, ich hätte versucht, die Steinhorst an mich zu bringen.").

[218] LAS, Abt. 7, Nr. 1295 (Briefe aus den Monaten April bis Juni 1579).

[219] SächsHStA, Urk. Abt., Nr. 12.040.

[220] S. LAS, Abt. 390. Nr. 293, qdr. 14, lit. F (Provisionalabschied), fol. 2^{v}: Die Absichtserklärung des Kaisers, daß sich die zerstrittenen Mitglieder der Herzogsfamilie untereinander gütlich verständigen und vergleichen möchten.

[221] Es wird vor allem das Nichterscheinen Magnus′ II. moniert (LAS, Abt. 390, Nr. 293, qdr. 14, lit. F, fol. 3^{r}). Wurde diesem einerseits zunächst die Durchreisegenehmigung durch Dänemark von Seiten des Königs verweigert, so wurde er andererseits anschließend ständig von Truppen des niedersächsischen Kreisobristen verfolgt.

sollten nicht nur die personale Nachfolgefrage klären[222] und die Streitigkeiten zwischen den drei Herzogssöhnen Moritz, Franz und Magnus schlichten,[223] sondern hatten auch die Aufgabe, durch die Offenlegung aller Finanzen[224] das Herzogtum so zu stabilisieren, daß sein Fortbestand als Reichslehen gesichert war.[225] War somit die Zielsetzung definiert, so waren die kaiserlichen Kommissare in der Ausgestaltung des Wegs frei und unabhängig, allerdings getrieben von Interessen, die sie persönlich im Norden des Reichs verfolgten: König Friedrich II. von Dänemark, Herzog Ulrich von Mecklenburg und Kurfürst August von Sachsen.
Die unterschiedlichen Interessen, die diese drei Fürsten vertraten, beförderten umfänglich die zunächst regional begrenzten Konflikte innerhalb des lauenburgischen Herrscherhauses, wobei nicht die Frage des Begünstigens, sondern die Frage des Nicht–Begünstigens im Vordergrund des Interesses stand.

König Friedrich II. von Dänemark sah sich einem Konflikt mit seinem Nachbarn Schweden ausgesetzt, in dessen Diensten sich Herzog Magnus II. befand; damit unterstützte dieser potentiell den Gegner Dänemarks.[226] Eine Übereinkunft zwischen dem dänischen König und Herzog Magnus II. normalisierte ihr Verhältnis durch die Verpflichtungserklärung von Magnus, Dänemark in keinem Fall zu schädigen; zugleich erklärte er sich zum willigen Gefolgsmann des dänischen Königs. Nachdem sich das Verhältnis zwischen Dänemark und Schweden wieder beruhigt hatte, war es schließlich Herzog Magnus II., der einen neuerlichen Konflikt zwischen diesen beiden Ländern schürte – gleichzeitig hatte er den Handelskonflikt zwischen den Dänen und den Moskowitern zum Eskalieren gebracht –, als er die vor Livland liegende dänische Insel Mohn überfiel und plünderte[227] und das dänische Haus Sonnenberg auf Ösel, das Leibgeding der Königin, einnahm.[228] Der dänische König vermutete eine Einflußnahme Schwedens und suchte Unterstützung beim Kurfürsten von Brandenburg und beim Landgrafen von Hessen, um gemeinsam

---

222 LAS, Abt. 390, Nr. 293, qdr. 14, lit. F, fol. 3^{r}.

223 LHA, MVP, Aw, Nr. 315: Kaiserliche Kommissionssache aufgrund einer Eingabe an den Reichshofrat betr. die Irrungen unter den lauenburgischen Brüdern. Es handelte sich zunächst um einen Zwischenbescheid, der am 28. Januar 1582 in Dresden ausgehandelt worden war. Vor allem galt es, die jährlichen Deputate für Herzog Moritz festzulegen. Trotz dieser Einigung brachen die Konflikte um die jährlichen Unterhaltszahlungen im Jahr 1591 erneut auf. – S. ÖsterrHHStA, RHR, Judiziale Antiqua 765, Nr. 6: Relation zu Lüneburg vom 29. Oktober 1591.

224 LAS, Abt. 390, Nr. 293, qdr. 14, lit. F, fol. 4^{v} in Verbindung mit fol. 1^{r}.

225 LAS, Abt. 390, Nr. 293, qdr. 14, lit. F, fol. 3^{v}–4^{r}.

226 RAK, T.K.U.A., Ausländisch Registrant, Band 36.

227 RAK, T.K.U.A., A II, Nr. 4.

228 RAK, T.K.U.A., Ausländisch Registrant, Band 37, Schreiben vom 31. Juli 1575.

gegen Herzog Magnus vorzugehen. 1575 war Magnus II. endgültig in die Ungnade des dänischen Königs gefallen und konnte auf keinerlei Hilfe aus dem Norden hoffen;[229] selbst Durchreisegenehmigungen wurden ihm fortan versagt, so daß er gezwungen war – generalstabsmäßig im Geheimen vorbereitet –, sich auf anderem Wege nach Norddeutschland „durchzuschlagen" und Truppen zu sammeln, um seine Landesherrschaft mit Gewalt zurückzuerlangen.[230]
Der König von Dänemark hatte neben den sein eigenes Territorium betreffenden Interessen diejenigen des Hauptkreditors des Herzogtums Sachsen–Lauenburg im Blick: die Interessen des holsteinischen Herzogs Adolf, welcher als Kreisobrist bereits 1574 die gewaltsame 'Befreiung' des Herzogtums Sachsen–Lauenburg von Magnus II. erstritten hatte. Die finanzielle Abhängigkeit des holsteinischen Herzogs vom dänischen König veranlaßte diesen, im eigenen Interesse ein besonderes Augenmerk auf die Reihenfolge der zu befriedigenden Gläubiger zu haben, da Herzog Adolf hier an erster Stelle rangierte, dicht gefolgt von den Grafen von Oldenburg und Delmenhorst – ebenfalls verwandtschaftlich eng mit der dänischen Krone verbunden.[231]

Der Herzog von Mecklenburg war ebenso wie der sächsische Kurfürst von vornherein gegen Herzog Magnus II. eingestellt; die Ursachen hierfür variierten allerdings: Sah ersterer in der Person des kriegserfahrenen Magnus II. eine Bedrohung für das eigene Territorium,[232] so stand für den Kurfürsten die Versorgung seiner Schwester, der alten Herzogin Sibylle, im Vordergrund. Beiden Fürsten war gemein, daß der Weg zur Durchsetzung ihrer Interessen mit jedem anderen Vertreter des lauenburgischen Fürstenhauses einfacher zu bewerkstelligen gewesen wäre als mit Herzog Magnus II.: Herzog Ulrich von Mecklenburg war aufgrund der Aktivitäten seines Bruders, der als Bischof von Ratzeburg bereits langjährige Erfahrungen mit Franz d. J. in der Verfolgung von Herzog Magnus II. gemacht hatte, Franz II. wohlgesonnen, zumal das

---

229 RAK, T.K.U.A., A II, Nr. 4, Schreiben vom 25. und 27. Juli 1578 des dänischen Königs an Johann von Österreich, Prinz Wilhelm von Oranien, Erzherzog Matthias zu Österreich und den Erzbischof von Bremen über die Verfehlungen des Herzogs Magnus.

230 RAK, T.K.U.A., A II, Nr. 4, Briefverkehr des Jahres 1577.

231 Stammtafeln, 1, Tafel 84.

232 LHA, MVP, Aw, Nr. 297: Brief von Herzog Adolf an Herzog Ulrich von Mecklenburg vom 29. Juni 1578: Herzog Adolf informiert – ebenso den dänischen König – darüber, daß Magnus mit seinem Kriegsvolk in Rostock angelandet, ein anderes Schiff nach Travemünde unterwegs sei. Endgültiges Reiseziel der Unternehmung sei Lauenburg. – LHA, MVP, Aw, Nr. 295: Beschwerdeschreiben der mecklenburgischen Landschaft, daß Herzog Magnus II. das Land Mecklenburg mit „landsknechten und gesinde" überzöge. Vgl. ebenda die Versicherung von Herzog Magnus II. dem mecklenburgischen Herzog gegenüber, das Fußvolk und die Reiter leisteten „defensionsdienst des eigenen landes". – S. SächsHStA, Loc. 8504, Nr. 21, fol. 54–56: Angaben des sächsischen Kurfürsten über die Leistungen Herzog Magnus' II.

Bistum Ratzeburg dadurch in seinem territorialen Bestand hinlänglich gesichert worden war und er in Franz II. einen künftig sicheren Nachbarn sehen konnte. Der sächsische Kurfürst hingegen hielt unverändert an dem Ziel fest, die bestmögliche Versorgung für seine Schwester zu erstreiten,[233] wobei er sich in seiner Argumentation zum einen auf die bereits bei der Hochzeit zwischen Franz I. und Sibylle getroffenen Eheverabredungen stützte, zum anderen auf das am 10. Mai 1576 von Franz I. in Otterndorf niedergelegte Testament. Die Einhaltung der testamentarischen Verfügungen hätte nicht nur den territorialen Bestand des Herzogtums bedroht, sondern – dies wog schwerer – zu innenstrukturellen Schwierigkeiten geführt, da Gebietsteile, welche mit einer Leibrente testamentarisch vererbt werden sollten, bereits im Pfandbesitz anderer Kreditoren waren. Das Testament Herzog Franz′ I. mag als Indiz gelten, wie unrealistisch der ältere Herzog die eigene territoriale und finanzielle Situation in den siebziger Jahren des 16. Jahrhunderts offenbar einschätzte.[234]
In der weiteren Vorgehensweise der Schiedskommissare galt es nunmehr, das korrekte Verfahren einzuhalten,[235] die Primogenitur außer Kraft zu setzen[236] – um in diesem Fall den secundo genitus einzusetzen –[237] und, im Interesse aller unterstützenden Kräfte, die Verleihung der Fürstenwürde, nachdem sie durch den Kaiser bestätigt worden war, so teuer wie möglich an Franz II. zu 'verkaufen'. Die Einsetzung von Franz II. als regierendem Fürsten,[238] nachdem

---

[233] LAS, Abt. 390, Nr. 293, qdr. 14, lit. F, fol. 5^r (man beachte besonders die Vorrangigkeit der Behandlung dieser Frage). Die Alimentierung sollte dabei die Summe der Erträge (= Gewinne) aus dem als Leibgeding verschriebenen oder zur Versorgung eines Angehörigen des Fürstengeschlechts übertragenen Besitz nicht überschreiten, um so eine Belastung für das Stammterritorium zu vermeiden. – Vgl. Kobbe, 2, S. 330.

[234] SächsHStA, Urk. Abt., Nr. 11.982 (Testament). – S. hierzu ergänzend das erste Testament des Herzogs vom 5. September 1571 in: SächsHStA, Loc. 9443, Herzog Franzens zu Sachsen–Lauenburg Buch, fol. 58–65. Zu Beginn der Regierungszeit Franz′ II. fanden die Auseinandersetzungen um die Alimentierung der (mittlerweile) verwitweten Herzogin Sibylle kein Ende. – SächsHStA, Loc. 9447. In den Jahren 1586 bis 1588 kam es zu weitergehenden Irrungen zwischen Herzog Franz II. und seiner Mutter, die der sächsische Kurfürst versuchte beizulegen. – ÖsterrHHStA, Judiziale miscellanea, Fasc. 7.

[235] S. LAS, Abt. 210, Nr. 44. Darin die Resolution zwischen den Brüdern Heinrich, Friedrich und Franz hinsichtlich der Streitigkeiten zwischen Magnus und Franz vom 20. Januar 1581. Konsensbrief von Herzog Moritz zur brüderlichen Resolution vom 22. Januar 1581. Instruktionen für die Behandlung von Herzog Magnus II. und die Statthalterschaft Herzog Franz′ vom 28. Januar 1581. S. SächsHStA, Loc. 9448, Vol. 1.

[236] LAS, Abt. 390, Nr. 293, qdr. 14, lit. F, fol. 3^v. – LHA, MVP, Aw, Nr. 318: Brief von Herzog Magnus II. an den Kaiser vom 20. März 1585, „er werde nunmehr wider den Willen des Vaters um sein Erbe gebracht." Antwort des Kaisers vom 13. April 1585, er sei „ungehörig". – S. auch SächsHStA, Loc. 9448, Vol. 2.

[237] LAS, Abt. 390, Nr. 293, qdr. 14, lit. F, fol. 3^v.

[238] LHA, MVP, Aw, Nr. 288: Im Zuge dieser Standeserweiterung mußte Herzog Franz eine weitgehende Revision der von Herzog Magnus eingeleiteten innenstrukturellen Veränderungen (Belehnungsakte etc.) vornehmen. Hieraus erklären sich die weitreichenden

er bereits drei Jahre als Statthalter das Fürstentum geführt hatte, bewirkte eine weitreichende außenpolitische Stabilisierung gegenüber den territorialen Kräften, die als 'Steigbügelhalter' einer weitergehenden Expansionspolitik des Herzogtums Einhalt gebieten konnten – ohne das Territorium zu zerstückeln – [239] und die Interessen reversibler lauenburgischer Territorialpolitik kanalisierten – in diesem Fall gegen die Städte Hamburg und Lübeck. Die

---

Auseinandersetzungen mit der Familie von der Schulenburg um die Besitzungen in Segrahn. S. Auflistung aller Schreiben, die von Herzog Magnus besiegelt wurden, vom 15. Januar 1588. – SächsHStA, Loc. 9447 (1575–1579).

[239] SächsHStA, Loc. 9448, Schriften, fol. 112–119. – LAS, Abt. 210, Nr. 38: Acta in Sachen der Schenkung von Amt und Stadt Lauenburg, Stadt Artlenburg, Hof Schwarzenbek, der Zölle zu Lauenburg und Artlenburg seitens Herzog Franz′ I. an seinen Sohn Moritz vom 10. Mai 1576 in Otterndorf als eine testamentarische Verfügung. Die Verhandlungen des Jahres 1581 setzten sich über die Verfügungen Herzog Franz′ I. hinweg, um eine Landesteilung zu vermeiden. Andererseits war die Frage der Alimentierung für Herzog Moritz von entscheidender Bedeutung, der er als einziger – neben Herzog Heinrich, der am 12. Juni 1576 seinen Konsens zu dieser testamentarischen Verfügung gab – über gesicherte, schriftlich fixierte Erbansprüche verfügte. Zugleich sicherte diese Verfügung die Alimentierung von Herzog Friedrich, sofern er nicht durch ein geistliches Amt versorgt werden konnte (fol. 2^{v}). Die testamentarische Verfügung für Herzog Moritz wurde durch einen anderen Umstand begünstigt: Herzog Franz (II.) hatte zu Beginn des Jahres 1576 versucht, die Schulzen und Schöffen des Landes Hadeln davon zu überzeugen, daß er der Verfügungsberechtigte über das Land Hadeln sei. Dieses Verhalten erboste Herzog Heinrich, der seine Ansprüche geltend machte und betonte, er habe das Recht über das Land Hadeln von seinem Vater vorab ererbt (LAS, Abt. 210, Nr. 39, Brief vom 25. Mai 1576, fol. 1^{r}). Die von Herzog Franz I. aufgesetzte Übertragung des Landes Hadeln an seinen Sohn Heinrich war bereits mündlich geklärt worden; durch die Ansprüche Franz′ d. J. wurde am 24. Dezember 1576 allerdings die offizielle Besiegelung notwendig (vgl. Anm. 180). Als zweifelhaft hingegen muß gelten, ob Herzog Heinrich seinen Bruder Moritz als Erben eingesetzt hat, so wie dieser es in einem offenen Instrument am 22. April 1585 behauptete (LAS, Abt. 210, Nr. 39, Instrument vom 22. April 1585). Die Dotation des Amts Lauenburg und zweier Güter an Herzog Moritz wurde im Rahmen des Provisionalabschieds von den kaiserlichen Kommissaren revidiert (LAS, Abt. 390, Nr. 293, qdr. 14, lit. F, fol. 5^{v}–6^{r}). Am 2. September 1585 konnten subdelegierte Räte der drei kaiserlichen Kommissare in Lübeck die Streitigkeiten zwischen den Brüdern um die Erbregelung zunächst erfolgreich beenden (SächsHStA, Urk. Abt., Nr. 12.176 und SächsHStA, Loc. 9448, Schriften), wenngleich Herzog Moritz noch 1593 an seiner Forderung nach Teilung der Mobilien festhielt (LHA, MVP, Aw, Nr. 312). – Vgl. hinsichtlich der Rolle der lauenburgischen Ritter– und Landschaft als Initiatoren, eine Teilung des Territoriums zu vermeiden (mißverständlich): Kenzler, Ritter– und Landschaft, S. 93. – S. hierzu Scharnweber, Franz II., S. 37f. hinsichtlich der Rolle des vom lauenburgischen Kanzler Schulze nachträglich zu dem Unionsvertrag verfaßten Berichts, der von ihm, dem Statthalter und vier Landräten unterzeichnet und von Herzog Franz II. am 1. Juni 1586 in Bezug auf die Frage der Landesteilung bestätigt wurde.

Ergebnisse der Schlichtungsverhandlungen fanden ihre Niederschrift im Lüneburger Abschied vom 16. Oktober 1581.[240]
Somit war der Weg für die Übergabe der Regierungsgeschäfte an Franz d. J. bereitet; treffenderweise verwandte bereits Duve den Begriff von „Gönnern", die Franz II. begünstigten.[241] Die zwischen den drei Herzogsbrüdern Magnus, Franz und Moritz bestehenden Animositäten wurden fortan bestimmend: Gegenseitige Nachforschungen über die jeweiligen Aufenthaltsorte der Brüder, Absprachen mit anderen Territorialfürsten, gegenseitige Verunglimpfungen und Verleumdungen markierten Stationen der innerfamiliären Streitigkeiten, die in Morddrohungen und Attentatsplänen kulminierten.[242] Neben der Bewältigung dieser Konflikte geriet Herzog Franz II. im Jahr 1583 in die offene Opposition zu seiner Ritter– und Landschaft, die sich am 16. Juli 1584 supplizierend an Kaiser Rudolf II. wandte, um endlich eine Lösung des Gesamtkonflikts im Herzogtum Sachsen–Lauenburg herbeizuführen.[243] Die Herzogsbrüder wurden zu Vermittlungsgesprächen am 2. Januar 1585 nach Prag zitiert.
Der Kaiser entschied, daß fortan Herzog Franz II. als Landesherr des Herzogtums Sachsen–Lauenburg (in Administratorenfunktion) anzusehen sei und die Landstände diesem Gebot zu folgen hätten.[244]
Der kaiserliche Provisionalabschied vom 31. Januar 1585[245] diente als Wegbereiter und gab den Rahmen für die kaiserlichen Kommissare vor, denen die schwierige Aufgabe zukam, seine praktische Ausgestaltung im Herzogtum Sachsen–Lauenburg umzusetzen: Kurfürst August von Sachsen, Herzog Wolfgang von Braunschweig–Grubenhagen und Herzog Ulrich von Mecklenburg.[246] Damit war die Kommissionsliste über die Krisenjahre im Hause Sachsen–Lauenburg hinweg fast unverändert geblieben und variierte nur in jeweils einem Kommissar: Die Kontinuität war so gewährleistet, obwohl Zweifel hinsichtlich eines innovativen Charakters der Kommissionsentscheide bestehen müssen. Die Grundtendenz der Vorgehensweise war ebenso programmiert wie das Ergebnis.
Daher nimmt es nicht wunder, daß der in Lübeck am 2. September 1585 vereinbarte Abschied nicht nur die Ergebnisse des kaiserlichen Provisionals,

---

240 SächsHStA, Loc. 9448. – RAK, T.K.U.A., A II, Nr. 5.
241 Duve, Mitteilungen, S. 328ff.
242 Hierzu insgesamt NdsHStA, Celle Br. 103, Nr. 83.
243 Duve, Mitteilungen, S. 331.
244 Vgl. Duve, Mitteilungen, S. 334f. (dort Abdruck des kaiserlichen Provisionalabschieds).
245 SächsHStA, Loc. 9448. – Vgl. Kobbe, 2, S. 329f. LAS, Abt. 390, Nr. 293, qdr. 14, lit. F. Hinsichtlich der Alimentierung der fürstlichen Familienangehörigen wurde u.a. folgende Regelung getroffen: Herzog Moritz erhielt bis Ostern zunächst 1.200 RT (fol. 5^v). – Vgl. Kobbe, 2, S. 329. Vgl. LHA, MVP, Aw, Nr. 318: Die kaiserliche Kommission errechnete, daß das Herzogtum Sachsen–Lauenburg einen jährlichen Finanzbedarf in Höhe von 51.306 RT habe, ohne dabei entsprechende Abträge zu berücksichtigen.
246 Duve, Mitteilungen, S. 340f.

sondern zudem die bereits 1579 und 1581 beschlossenen Alimentierungen für die Familienangehörigen bestätigte und die Erbfolge für die Söhne Herzog Franz' II. festschrieb. Der letzteren Bestimmung vermochte sich Kaiser Rudolf II. allerdings nicht anzuschließen; dies geschah erst Jahre später.[247]
Die lauenburgische Ritter- und Landschaft, die sich den Preis ihrer Unterstützung im Jahr 1585 mit der Zusicherung weitreichender Privilegien, welche durch die Ewige Union ihre Niederschrift fanden,[248] auszahlen ließ,[249] stimmte dem Provisionalabschied – mit einigen Vertretern war sie in Prag anwesend – ebenso unaufgefordert zu, wie sie der Huldigung gegenüber Herzog Franz II. in Ratzeburg am 23. März 1585 nachkam; dieser folgten die Hadelner Landstände am 3. Mai.[250] Beide Huldigungen wurden ohne kaiserliche Bestätigung vollzogen:[251] Am 15. Juli 1585 wies der Kaiser in einem Schreiben explizit darauf hin, daß Herzog Franz *kein* Erbfürst sei, sondern als secundo genitus lediglich Administrator.[252] Der Niedersächsische Reichskreis wandte sich ebenfalls an Herzog Franz II. und legte Einspruch gegen diese übereilten Huldigungen ein.[253] Beide Einsprüche standen nicht im Einklang zu den später erzielten Ergebnissen des Lübecker Abschieds. Die Frage der Erbregelung war von Reichsebene unentschieden geblieben, wohingegen die Erbfolgebestätigung, die in der Ewigen Union vom 16. Dezember 1585 artikuliert und im Jahr 1586 durch Herzog Franz II. gegengezeichnet worden war, das Herzogtum binnenstrukturell konsolidieren konnte. Sicherlich war dies eine Absicht der subdelegierten Kommissare gewesen, die über das vom Kaiser vorgegebene Ziel in ihrem Lübecker Abschied 'hinausgeschossen' waren.

Ein etwa aus dem Jahr 1585 überlieferter Bericht beschreibt eingehend die territoriale Situation des Herzogtums Sachsen–Lauenburg und gibt ein geschöntes Bild der 'Staatskasse' wieder:

> „Von Franz I. und Franz II. wurden die Ansprüche auf Möl[l]n, Ritzerau und Krauel zediert und übergeben [an Herzog Adolf von Schleswig–Holstein–Gottorf, d. Verf.]. Die Ämter Ratzeburg, Neuhaus, Lauenburg, Schwarzenbek und das Land Hadeln mit anderen Pertinenzien sind vorhanden. Item ist der Hof

---

[247] LAS, Abt. 210, Nr. 494.
[248] Vgl. Kaack, Bauer, S. 172ff.
[249] S. Hinweise in einem undatierten Bericht in: LAS, Abt. 210, Nr. 602 (Aktennachlaß des Vizekanzlers Johann Eichel). – Vgl. Kaack, Katalog, S. 31.
[250] NdsHStA, Celle Br. 104a, Nr. 190b: Ratleuteeid zu Otterndorf, Schultheißen– und Schöffeneide, Geschworeneneide, Sekretärseide, Erb– und Huldigungseide. Beiliegend eine Liste derer, die noch nicht geschworen hatten.
[251] NdsHStA, Celle Br. 104a, Nr. 10, Brief vom 24. Februar 1585. – Vgl. Kaack, Bauer, S. 106.
[252] SächsHStA, Loc. 9448.
[253] SächsHStA, Loc. 9448, Schriften, fol. 45f.

zu Klempau wieder eingelöst. Die Schulden, die das Land zum Teil noch von den Vorvätern hatte, sind in Verschreibungen ausgewiesen worden. Dennoch sind noch offene Beträge hinsichtlich der Türkensteuer und Reichszulagen, der Kammergerichtsunterhaltung sowie der Kreissteuern zu begleichen.
Die großen Geldsummen, welche von Herzog Adolf, der Stadt Lüneburg und anderen Privatpersonen aufgewendet wurden, sind der Liquidation im Zusammenhang mit der Union zu entnehmen."[254]

Unterdessen focht Herzog Magnus II. unvermindert um die Anerkennung seiner Ansprüche, die spätestens seit dem 31. Januar 1585 als verloren bezeichnet werden müssen. Nach verschiedenen weiteren gewaltsamen Unternehmungen, die mit dem Ziel der Rückgewinnung der „legalen" Landesherrschaft ausgeführt wurden, und Aufenthalten in verschiedenen norddeutschen und nordwestdeutschen Gebieten[255] wurde Magnus II. schließlich im Jahr 1587 in Hamburg festgenommen[256] und mit kaiserlichem Konsens[257] auf Antrag seines

---

[254] LAS, Abt. 210, Nr. 602.

[255] Die verschiedenen Aufenthaltsorte von Magnus II. in Bremen, Lübeck u.a. detailliert nachzuzeichnen, würde den Rahmen des Themas überschreiten. – Vgl. Brandis d. J., Diarium, S. 232 über Herzog Magnus´ Aufenthalt in Hildesheim im November 1585.

[256] Vgl. LHA, MVP, Aw, Nr. 288: Herzog Magnus II. war Ende Dezember 1587 in Hamburg festgesetzt worden, da er mit Hilfe einer gefälschten Bestallung des spanischen Königs Kriegsknechte anwerben wollte, um gegen das eigene Land vorzugehen (s. diese Begründung in einem Brief vom 22. März 1588 von Herzog Franz an Bischof Christoph). Hierüber wurden auch alle benachbarten Reichsstände durch den Herzog von Sachsen-Lauenburg und den Bischof von Ratzeburg in einem Revers informiert. Die persönlichen Gründe des Herzogs Franz II. blieben zunächst noch im Verborgenen (Beraubung der Ehefrau in Schweden, Verschwörungspläne). Die Inhaftierung Magnus´ II. in Hamburg wurde vom Hamburger Rat – mit dem Syndikus des Rats, Wilhelm Moller, stand Franz II. bereits seit Mitte 1587 in Verbindung – organisiert. – S. hierzu die Anweisungen für das Wachpersonal vom 15. Januar 1588. – S. Brief vom 17. Januar 1588 des Herzogs Magnus II. an seinen Bruder Franz II. mit der Bitte, ihn als Bruder so zu behandeln wie er (Franz) von ihm (Magnus) auch immer in Schweden aufgenommen worden sei. Außerdem bat er um eine Zusammenkunft, um alle Streitigkeiten in Güte beizulegen. S. Brief vom 1. April 1588 des Herzogs Franz an Bischof Christoph: Franz hegte Zweifel hinsichtlich des beauftragten mecklenburgischen Sendboten Friedrich Ostra, der dem Kaiser das Überstellungsschreiben nach Ratzeburg überbringen sollte. Ostras Schwester war die Wirtin der Hamburger Herberge, in der Magnus II. inhaftiert worden war. Mit dieser hätte Magnus „geschlöpfett", „lheibliche Unzucht getrieben" und sie geschwängert. Außerdem sei es wegen einer geschenkten Halskette, die er zurückgefordert habe, zu einer tätlichen Auseinandersetzung mit dem Wirt gekommen. Magnus habe durch seine Taten dem Ansehen der gesamten Familie geschadet; aus diesem Grunde könnten sie Friedrich Ostra nun nicht zum Kaiser schicken. – S. zu den Gründen der Umquartierung nach Ratzeburg: Briefwechsel seit dem 1. März 1588 bis 12. Mai 1588. Der Hamburger Rat scheint an der Beibehaltung der Inhaftierung Magnus´ II. ein nachhaltiges Interesse gehabt zu haben, da es sich um ein lukratives Geschäft handelte. Die beiden Herzöge beklagten vermehrt die

Bruders und des Bischofs von Ratzeburg, zugleich Herzog von Mecklenburg, in Ratzeburg bis zu seinem Tode festgesetzt.[258]

In diesem Geflecht divergierender Kräfte geriet die Person des lauenburgischen Herzogs zu einem Spielball von innerterritorialen, Reichs– und Kreisinteressen mit Marionettencharakter:[259] Herzog Franz II. hat sich seine Herrscherrolle teuer erkaufen müssen. Umso mehr wird verständlich, daß er sich von diesen ihn umgebenden Verpflichtungen und Kompromissen im Lauf der Zeit zu

---

hohen Kosten, die mit einer Inhaftierung in Hamburg verbunden waren, und warteten „ungeduldig" auf den kaiserlichen Konsens (s. hierzu verschiedene Kostenrechnungen von Reisen des Herzogs nach Hamburg sowie Kostennoten für die Unterbringung und Verpflegung von Magnus II.). Am 15. Juni 1588 teilte Herzog Franz II. dem Bischof von Ratzeburg mit, daß er – sobald der kaiserliche Konsensbrief eingegangen sei – Herzog Magnus aus Hamburg holen lassen wolle. Hierzu beabsichtige er, den lauenburgischen Rat Friedrich Aepinus und den mecklenburgischen Stiftshauptmann Heinrich Rumbhausen nach Schwarzenbek zu entsenden, um dort mit den Hamburger Räten über die Modalitäten der Umquartierung zu beraten. Außerdem wurde in diesem Zusammenhang der Sicherheitsaspekt angeführt: Hamburg scheint den beiden Fürsten zu unsicher gewesen zu sein und einen nicht ausreichenden Schutz geboten zu haben, um den „Landfriedensbrecher" Magnus zu beherbergen. – Vgl. einen zusammenfassenden Überblick in: RAK, T.K.U.A., A I 1, Brevveksling melle Fyrstehusen Sachsen–Lauenburg 1524–1627, Schreiben vom 13. Februar und 20. Juni 1588. – Vgl. irrig: [Johann Gustav] Gallois: Geschichte der Stadt Hamburg; 2 Bände; Hamburg 1853 und o.J., hier Band 2, S. 1126: Magnus sei in Hamburg gestorben und anschließend nach Lüneburg überführt worden.

[257] Vgl. LHA, MVP, Aw, Nr. 288: Schreiben der Herzogin Elisabeth von Sachsen–Lauenburg, zugleich Prinzessin von Schweden an den Hamburger Rat vom 13. November 1581 und des Herzogs Christoph an den Hamburger Rat vom 13. November 1581. In beiden Fällen wurde die Frage des sicheren Geleits durch Hamburg diskutiert. Es wurde jeweils darauf hingewiesen, daß es sich bei Magnus II. um einen Angehörigen der schwedischen Krone handelte. Diese Tatsache muß auch auf kaiserlicher Seite hinsichtlich des beantragten Konsenses zur Umquartierung nach Ratzeburg eine maßgebliche Rolle gespielt haben, zumal von schwedischer Seite im Jahr 1588 alle Vorwürfe dem lauenburgischen Herzog gegenüber zurückgenommen worden sind. Der Kaiser befand sich in einer äußerst schwierigen Situation. – S. abschließend das kaiserliche Schreiben aus Prag vom 14. Mai 1588 in LHA, MVP, Aw, Nr. 318.

[258] LHA, MVP, Aw, Nr. 288: Schreiben vom 21. Juni 1588 der Herzöge Franz von Sachsen–Lauenburg und Christoph von Mecklenburg an den Hamburger Rat, daß Magnus II. nach Ratzeburg verbracht werden solle, nachdem der Kaiser diesem Vorhaben zugestimmt habe. Herzog Franz hatte bereits am 26. März 1588 Bischof Christoph darauf hingewiesen, daß bei einer Inhaftierung in Ratzeburg dem fürstlichen Stand seines Bruders durch ein angemessenes Quartier Rechnung getragen werden müsse. Ferner dürfe er keinen Mangel leiden; Inspektionen sollten dieses ständig überprüfen.

[259] LHA, MVP, Aw, Nr. 288: Herzog Magnus II. schlug seinem Bruder in einem Brief vom 17. Januar 1588 (aus seinem Hamburger Exil) vor, daß sie sich als Brüder verständigen sollten und Franz nicht den falschen Beratern folgen solle, die zum Ziel hätten, die Brüder zu entzweien.

emanzipieren versuchte. Derlei Bestrebungen sind seit 1607/08 erkennbar und ließen ihn nach seiner Befreiung aus dem holsteinischen finanziellen Würgegriff[260] innen– wie außenpolitisch erstarken,[261] nachdem langanhaltende Dispute um die Alimentierung seines Bruders bereits im Jahr 1600 beigelegt werden konnten, so daß im familiären Bereich eine Beruhigung eintrat:[262] Herzog Moritz hatte zur Verbesserung seines Unterhalts das Land Hadeln von seinem Bruder eingefordert. Beide Brüder konnten sich jedoch schließlich am 9. Juni 1606 in Neuhaus verständigen: Für insgesamt 100.000 RT kaufte sich Herzog Franz II. von seinem Bruder frei und war fortan nur noch verpflichtet, die jährlichen Deputate an seinen Bruder zu entrichten;[263] dennoch war Herzog Moritz, als er im März 1614 verstarb, hoch verschuldet.[264] Der Tod seines Bruders brachte Franz die ersehnte kaiserliche Bestätigung der Erbfolge für seine Söhne im Herzogtum Sachsen–Lauenburg und eine neuerliche

---

260 LAS, Abt. 210, Nr. 1128, fol. 5^{v}. Die Idee, sich mit Unterstützung des Reichs aus der finanziellen Abhängigkeit von Holstein zu befreien – so die Absicht Herzog Franz´ II. um 1600 – muß als gescheitert betrachtet werden.

261 S. hierzu kritisch die Ausführungen des Provisionalabschieds (LAS, Abt. 390, Nr. 293, qdr. 14, lit. F, fol. 5^{r}–5^{v}) hinsichtlich der Behandlung von Kreditoren. Es wurde angeregt, daß sich die Kreditoren aufgrund der angespannten Situation im Herzogtum Lauenburg auf einen Ausgleich und gegebenenfalls auf eine Abfindung einstellen sollten; sofern dieses nicht möglich sei, sollte der Kaiser eine Entscheidung herbeiführen. Ziel war es, alles in Güte und Einigkeit zu regeln. Diese Klausel des Abschieds muß als Absichtsbekundung ohne rechtsverbindlichen Charakter interpretiert werden, dokumentierte diese Erklärung doch lediglich die generelle Einstellung des Kaisers hinsichtlich einer friedlichen Konfliktbewältigung. Die Ansprüche der Kreditoren bestanden nach 1585 uneingeschränkt; für eine Bereitschaft, aufgewandte Kredite in niedrigere Abfindungen umzuwandeln, konnten keine Indizien gefunden werden. Eine Auseinandersetzung mit den jeweiligen Kreditoren war damit wieder in das Territorium zurückverwiesen worden. – LHA, MVP, Landesgrenzsachen, Nr. 932: Aktenvermerk aus dem Jahr 1608 über die weitreichenden Kompromisse hinsichtlich der Irrungen an der Stecknitz, der Rakenitz und dem Habichtsberg. – LHA, MVP, Aw, Nr. 293: Brief der Niedersächsischen Kanzlei an Herzog Carl von Mecklenburg vom 27. September 1609 hinsichtlich der Eigenmächtigkeit einiger Räte, die ohne Konsens des Landesherrn Verhandlungen geführt hätten.

262 LAS, Abt. 7, Nr. 1297. Die kaiserliche Kommission vom 19. Mai 1595 auf Herzog Ulrich von Mecklenburg und Herzog Johann–Adolf von Schleswig–Holstein–Gottorf konnte am 24. April 1600 den Streit um die Frage der Alimentierung in Boizenburg gütlich beilegen. Damit wurden nach insgesamt 18 Jahren die Streitigkeiten um die jährlichen Deputate abgeschlossen (s. LHA, MVP, Aw, Nr. 315 und Aw, Nr. 331). – LHA, MVP, Aw, Nr. 294: Unklarheiten über die jährliche Zahlung der vereinbarten 2.000 RT an Herzog Moritz konnten unter Vermittlung von Herzog Carl von Mecklenburg im Jahr 1606 beigelegt werden (Briefe vom 6. und 7. April 1606). Herzog Franz II. belegte die erfolgten Zahlungen mit Hilfe vorgelegter Quittungen (19. September 1606).

263 NdsHStA, Celle Br. 104a, Nr. 137. – Übergangen bei Scharnweber, Franz II., S. 34.

264 Vgl. zum Todesdatum LHA, MVP, Aw, Nr. 293: Der Medicus der Stadt Lübeck, Dr. Jacob Martin, bekundet am 21. März 1614 den Tod des Herzogs Moritz.

Reichsbelehnung[265] und rundete so die Zusagen der Ritter– und Landschaft ab, die bereits 1585 Herzog Franz′ Söhnen die Erbnachfolge im Hause Sachsen–Lauenburg zugestanden hatte.[266]
Die Einführung einer Kirchenordnung[267] und der Versuch der Einführung einer 'Landespoliceyordnung'[268] folgten den Notwendigkeiten der Zeit zur Etablierung personaler Herrschaftselemente und sind weniger dem Bestreben eines „weitsichtigen Landesherrn" für seine Untertanen zuzuschreiben.[269] In diesen Zusammenhang gehört auch die Einführung einer dem römischen Recht verpflichteten Hofgerichtsordnung. Diese Ordnung ermöglichte einerseits den landesherrlichen Untertanen eine Appellation an das Reichskammergericht, bedeutete jedoch andererseits für den Landesherrn die Grundlage für die Bemühungen um ein „privilegium de non appellando", das ein Anrufen des Reichskammergerichts bei geringer Streitsumme für die Untertanen wiederum verbot.

Weniger die Kodifizierung von Recht muß als Symbol der eigenen Landesherrschaft, als personales Herrschaftselement, Beachtung finden, sondern vielmehr die Privilegien „de non appellando".[270] In diesen Kontext gehört auch der Erwerb des Münzrechts[271] im Jahr 1608.
So wie diese personalen Herrschaftselemente in das Territorium hinein Wirkung hatten, so wirkten sie auch nach außen und begünstigten den Ausbau einer Herrschaft im Stil der ausgehenden Renaissance, die sich im Herzogtum Sachsen–Lauenburg entfalten konnte, nachdem Herzog Franz II. der lauenburgischen Ritter– und Landschaft die Erbfolge für seine Nachkommen[272] abgerungen hatte – aber auch hier zeigte sich die nachhaltige Wirkung der Unterstützungsmaßnahmen von außen: Die Versuche Herzog Magnus′ II., während seiner Gefangenschaft sein Schicksal zu wenden, wurden ebenso wie

---

[265] S. LAS, Abt. 210, Nr. 494: Lehnsbrief aus dem Jahr 1614 in Verbindung mit dem vorbereitenden Schriftwechsel des Herzogs in LAS, Abt. 210, Nr. 222. – Vgl. abweichend Scharnweber, Franz II., S. 42.

[266] Vgl. abweichend Kaack, Bauer, S. 172f. in Verbindung mit dem Text der Ewigen Union.

[267] Vgl. RAK, T.K.U.A., A I 1: Brevveksling melle Fyrstehusen Sachsen–Lauenburg 1524–1627. Brief 1 vom 19. Dezember 1544 von Herzog Franz I. an König Christian III. Herzog Franz I. ließ seine Kinder im Land Hadeln taufen, wo bereits 1526 eine evangelische Kirchenordnung eingeführt worden war.

[268] Die 'Policeyordnungen' für die Städte Ratzeburg und Lauenburg wurden 1582 und 1599 eingeführt.

[269] Vgl. ebenso kritisch Duve, Mitteilungen, S. 331.

[270] Vgl. die fortan nachgewiesenen Versuche der lauenburgischen Herzöge, diese Privilegien zu erreichen. – Vgl. Eisenhardt, Privilegia de non appellando, S. 54f. in Verbindung mit S. 12–18, S. 45f. – Vgl. Ranieri, Prozeßrecht, S. 173.

[271] Kaack, Katalog, S. 20.

[272] Vgl. Kaack, Katalog, S. 31 (zeitlicher Zusammenhang irrig). – Vgl. Kenzler, Ritter– und Landschaft, S. 54.

die Ansprüche seines Sohns Gustav sowohl von königlich dänischer Seite wie auch von kaiserlich deutscher Seite im Keim erstickt.[273]
Auf außenpolitische Erfolge der Jahre 1607/08 folgten innenstrukturelle Emanzipationsmaßnahmen, so daß Folgendes resümiert werden kann: Mit dem Jahr 1585 war aus dem ursprünglich illegitimen und illegalen Herrscher Franz II. zunächst ein legitimer, mit dem Jahr 1614 schließlich ein legaler Herrscher geworden, der dem Herzogtum Sachsen–Lauenburg – im Ergebnis – wohlgetan hat, entscheidende Reformmaßnahmen weitergeführt und die Gesamtentwicklung begünstigt hat; trotzdem: Herzog Franz II. vermochte nicht, das Herzogtum Sachsen–Lauenburg in seiner politischen Bedeutung so zu steigern, daß es im Reich einflußreich wurde. Diesen bereits eingeleiteten Entwicklungsschritt, der Prosperität und Wachstum versprochen und den Weg aus der außenpolitischen Bedeutungslosigkeit unter Magnus II. gewiesen hätte, stoppten spätestens seit 1574 auswärtige Interessenträger als kaiserliche Mandatsträger in geschickter Eigenregie und seit 1579[274] innerhalb des Landes kurzsichtig eine auf internen Machterhalt ausgerichtete Liga des landsässigen

[273] LHA, MVP, Aw, Nr. 288: Bereits am 13. September 1588 hatte Herzog Gustav (aus Uppsala) versucht, den mecklenburgischen Herzog Christoph von der Unschuld seines Vaters zu überzeugen („er gehöre nicht in Verhaftung, sondern solle befreit werden"). Außerdem, so betonte Gustav weiter, sei er nun der rechtmäßige Erbe des Herzogtums Lauenburg. Gleichlautend verwandte sich Herzogin Sophie für ihren Schwiegervater (Brief vom 4. September 1588). – LHA, MVP, Aw, Nr. 288, Brief vom 10. Juli 1591: Herzog Gustav versuchte, sein Erbe mit Unterstützung des mecklenburgischen Herzogs einzufordern. – LHA, MVP, Aw, Nr. 315: Herzog Gustav hatte zuvor bereits versucht, das Vertrauen seines Onkels Moritz zu gewinnen, indem er sich bei den kaiserlichen Kommissaren für eine ausreichende Alimentierung seines Onkels eingesetzt hatte. Von sachsen–lauenburgischer Seite versuchte vor allem die Ehefrau Herzog Franz′ II. beschwichtigend einzugreifen (s. LHA, MVP, Aw, Nr. 288: Brief von Maria an Elisabeth vom 27. Juni 1592). Vgl. in diesem Zusammenhang den erfolglosen Versuch Magnus′ II. „eineinhalb Jahre nachdem er im Turm zu Ratzeburg festgesetzt worden war", den Kaiser aufgrund der Mißstände in seiner Behandlung zum Einschreiten zu bewegen. – S. LHA, MVP, Aw, Nr. 312: Im Jahr 1594 wurden auf Antrag Herzog Ulrichs von Mecklenburg die Ansprüche Gustavs – allerdings erfolglos – vorgelegt.

[274] SächsHStA, Urk. Abt., Nr. 12.040. Die an die lauenburgische Ritter– und Landschaft gerichteten, herzoglichen Zusagen im Artlenburger Abschied hatten über die kommenden Jahre Bestand: Regelung des Holzschlags für die Angehörigen der Ritter– und Landschaft, Fixierung der Grenzscheiden, Reduzierung der Schuldenlast des Fürstenhauses zur Senkung der Abgabenlast für die Ritter– und Landschaft u.a. durch den Verkauf herzoglicher Inventarien und die Zusage, künftig von herzoglicher Seite keine weiteren Steuererhöhungen zu fordern. Regulierungsforderungen zur Kontrolle der „Jungen Herrschaft" kamen hingegen nicht aus den Reihen der Ritter– und Landschaft, sondern aus den Reihen der Kommissare, die ebenso die Erstellung eines Schuldenverzeichnisses wie die Aufstellung eines Steuerverzeichnisses forderten und verlangten, daß zukünftige Schuldennahmen nur mit Zustimmung der lauenburgischen Ritter– und Landschaft erfolgen durften.

Adels: die lauenburgische Ritter– und Landschaft unter Führung ihres Erblandmarschalls von Bülow, die durch die Union von 1585 die staatspolitische Bedeutung Lauenburgs durch die Überbetonung einer innenpolitischen, ständischen Einflußnahme zur Stagnation brachte und so wirksame und notwendige außenpolitische Aktivitäten hemmte.[275] Die Beschneidung der fürstlichen Hofhaltung gereicht in diesem Zusammenhang zu einer der fatalsten Fehlentscheidungen der Zeit der Ritter– und Landschaft, die bereits seit Mitte der fünfziger Jahre des 16. Jahrhunderts wenig Interesse zeigte, Finanzen in den fürstlichen Hof zu investieren.[276] Der landsässige Adel beraubte sich damit nicht nur der Möglichkeit eigener Interessenwahrnehmung nach außen, sondern zudem seiner eigenen Repräsentationsmöglichkeit bei Hofe.

Verständlicherweise wurden solche Intentionen von den zu Schiedsrichtern bestellten Fürsten gleichen Standes unterstützt: Ein schwaches, unterrepräsentiertes und unrepräsentatives Herrscherhaus konnte nie an politischer Bedeutung gewinnen; diejenigen Reichsfürsten, die mittels des Provisionalabschieds das lauenburgische Herrscherhaus zur Bedeutungslosigkeit verurteilten, errichteten selber prächtige Repräsentativbauten und führten ein aufwendiges Hofleben, mit dessen Hilfe und Unterstützung ihre Länder und ihr Adel prosperierten.
Die Streitigkeiten innerhalb der herzoglichen Familie des Hauses Sachsen–Lauenburg, die das Herzogtum seit den sechziger Jahren des 16. Jahrhunderts bis zum einsetzenden Emanzipationskampf Herzog Franz′ II. in den Jahren 1607/ 08 prägten, haben – wie dargestellt – mehrdimensionale Folgen, die – zugegebenermaßen zugespitzt – auf drei Ursachen fußten:

1. Die Weigerung des landsässigen Adels im Lauenburgischen, seinen Landesherrn, Herzog Franz I., finanziell zu stützen, die eine Verlagerung der Verpfändungsspirale auf exterritoriale Kreditoren begünstigte.
2. Der unberechtigte Machtanspruch und Herrschaftswille Franz′ II. in der Regierungszeit seines Bruders Magnus II.
3. Eine Art 'Zähmungsprinzip‘ durch mächtige Territorialfürsten, – unter Ausnutzung ihrer reichsrechtlichen Stellung als kaiserliche Kommissare und Exekutionsorgane – einen kleineren Reichsstand durch Finanzkontrolle und die Begünstigung eines Herrscherwechsels einflußlos zu halten.

---

[275] Vgl. ähnlich Reden, Landständische Verfassung, S. 258. – In der Bewertung grundsätzlich anders: Kenzler, Ritter– und Landschaft, S. 93.

[276] SächsHStA, Loc. 9443, Herzog Franzens zu Sachsen–Lauenburg Buch, fol. 83–84: „Die fürstliche Hofhaltung Franz d. Ä. schadet seiner Reputation durch die Verminderung der Hofhaltung.“

Erst durch die allmähliche Lösung aus seinen unterschiedlichen Verpflichtungen seinen Begünstigern gegenüber gelang es Herzog Franz II., personale Herrschaftselemente in den Vordergrund zu stellen. In diesem Zusammenhang gewinnen die seit Ende des 16. Jahrhunderts zu beobachtenden Geheimen Treffen des lauenburgischen Landtags[277] eine neue Bedeutung und lassen die Entwicklung des sich entzweienden Fürstenhauses einerseits und der Ritter- und Landschaft andererseits in einem anderen Licht erscheinen: Die Absicht des lauenburgischen Herzogs, die Union für überholt und erledigt zu erklären – wie am 19. September 1619 geschehen – war bereits zu Beginn des 17. Jahrhunderts absehbar; aufgrund der größeren Selbständigkeit, die Franz II. erlangt hatte, wäre eine solche Erklärung bereits 1607/ 1608 wahrscheinlich gewesen.[278]
Letztlich waren es erst seine Nachfolger, die dem lauenburgischen Hof ein gewisses Ansehen verliehen. Dies vollzog sich jedoch nicht im Stammterritorium; zur Prachtentfaltung im Stil des Barock wurden die lauenburgischen Höfe in Schlackenwerth und Teusing in der Mitte des 17. Jahrhunderts erkoren.[279] Das Stammterritorium blieb traditionellen Formen verhaftet und erlangte im norddeutschen Raum keine Bedeutung. Der landsässige Adel vermochte nach 1689 seine Rolle als Ritter- und Landschaft so zu spielen, daß er seine eigenen Privilegien und ein gewisses Maß an ständischem Einfluß wahren konnte;[280] hier behielt er die Oberhand. Eine wirksame außenpolitische Bedeutung über die Landesgrenzen hinweg als Vertreter Lauenburgs konnte er nie erzielen. Erst in ausländischen Diensten stehend, entwickelten einige lauenburgische Adelsgeschlechter ihre diplomatischen Fähigkeiten und gewannen politischen Einfluß, jenen Einfluß, den sie in Lauenburg geringfügiger individueller Interessen wegen in einer Zeit, in der er noch möglich gewesen wäre, nicht wahrgenommen und damit verspielt hatten.

---

[277] Kenzler, Ritter- und Landschaft, S. 39.

[278] Vgl. Reden, Landständische Verfassung, S. 93, S. 238.

[279] Kaack, Böhmen, S. 42f., S. 47, S. 57ff. Schlackenwerth war dem lauenburgischen Herzog Julius Heinrich als Entlohnung seiner kaiserlichen Kriegsdienste für eine Summe von 150.000 fl. im Jahr 1623 abgetreten worden, Theusing im selben Jahr zu einem Kaufpreis von 71.000 fl. Es handelte sich dabei um konfiszierte Besitzungen des böhmischen Adels. Durch Zukäufe wurden beide Gebiete erweitert.

[280] Kenzler, Ritter- und Landschaft, S. 57ff.

4.0 Territorialrechtliche Auseinandersetzungen vor dem Reichskammergericht im 16. Jahrhundert

Die Herzöge von Sachsen–Lauenburg wandten sich im 16. Jahrhundert als Kläger in zahllosen Fällen an das Reichskammergericht; als Beklagte wurden sie ebenso häufig vor Gericht zitiert. Territorialrechtliche Auseinandersetzungen nahmen im Rahmen der prozessualen Streitigkeiten zahlenmäßig den größten Raum ein. Dem Verständnis des Reichskammergerichts zufolge stellte die Schlichtung dieser Art von Auseinandersetzungen zwischen zwei Reichsständen die 'vornehmste' und wichtigste Aufgabe des Reichskammergerichts dar.[1]

Verschiedene Formen territorialrechtlicher Auseinandersetzungen können sowohl nach ihrer regionalen Ursache wie nach der Form der prozessualen Austragung beobachtet werden. Dabei blieben die handlungsleitenden Motive zumeist gleich, die rechtsanhängigen Tatbestände unterschieden sich: Die Ursache des Konflikts blieb – der Anlaß variierte.[2]

Prozesse, die primär keine Verbindung zu der hier zu untersuchenden Problematik zu haben schienen, gerieten in ihrem Verlauf auf die Ebene territorialrechtlicher Auseinandersetzungen: Der Anlaß wurde sekundär und die Ursache in einem anderen Zusammenhang weiterverfolgt. Zuordnungen werden aus diesem Grunde schwierig; erst die Gesamtschau verdeutlicht die Komplexität und das Spektrum der Problematik. Die Wegnahme eines Ertrunkenen aus einem (Grenz–)Gewässer konnte ebenso zum Gegenstand eines Reichskammergerichtsprozesses werden[3] wie ein zunächst in Lauenburg verhandelter Fall von angeblicher Hexerei.[4] Einzelfälle wurden zum Anlaß

---

1 Willoweit, Rechtsgrundlagen, S. 9.

2 Vgl. Jost Hausmann: „Mandati de tollendo limites". Zum Problem der Grenzen in der Praxis der Höchstgerichtsbarkeit; in: Ingrid Scheurmann (Hgin.): Frieden durch Recht. Das Reichskammergericht von 1495–1806. Katalog zur gleichnamigen Ausstellung vom 8.12.1994 bis 22.1.1995 in Bonn und vom 25.2.1995 bis 30.4.1995 in Frankfurt am Main; Mainz 1994, S. 221–230.

3 AHL, RKG, S 10.

4 Christian Lopau: Der Hexenprozeß gegen Telse Claus; in: Lbg.H., N.F. 148; 1998, S. 3–24 (künftig zitiert: Lopau, Hexenprozeß). – Oestmann, Hexenprozesse, S. 401–404 (Prozeß gegen Telse Clausen auf der Aktengrundlage von LAS, Abt. 390, Nr. 271 und Nr. 291 sowie LAS, Abt. 217, Nr. 87. Oestmann berücksichtigt nicht die Frage, ob der vor Gericht verhandelte Streitgegenstand eine territorialpolitische Dimension hatte. Diesen Aspekt läßt auch Lopau unberücksichtigt. – S. ergänzend bei Oestmann, Hexenprozesse, S. 385–387 einen Hexenprozeß, welcher aus dem Land Hadeln an das Reichskammergericht gelangte. – S. hierzu Wilhelm Lenz: Hexenprozesse im Lande Hadeln; in: Jahrbuch der Männer vom Morgenstern, 37; 1956, S. 85–93. – S. allgemein hinsichtlich der geschlechterspezifischen Situation in Hexenprozessen: Ingrid Ahrendt–Schulte: Hexenprozesse; in: Ute Gerhard (Hgin.): Frauen in der Geschichte des Rechts. Von der Frühen Neuzeit bis zur Gegenwart; München 1997, S. 199–220. – S. zur Thematik der Hexenprozesse in Schleswig–Holstein–

genommen, Ursachen mit veränderten Vorzeichen zu verhandeln, um bisher nicht Erreichtes durchzusetzen und vor allem, um zu vermeiden, daß ein einmaliges Ereignis als lokaler Präzedenzfall gewohnheitsrechtliche Züge im Wiederholungsfall erlangen konnte.

Dennoch kam dem Prozeßgegenstand besondere Bedeutung hinsichtlich der Zuständigkeit des Reichskammergerichts zu. Nicht jeder Tatbestand eignete sich, um Eingang in den prozessualen Gang des Reichskammergerichts zu finden.[5] Für die dieser Arbeit zugrundeliegende Fragestellung mußte demzufolge der Tatbestand des Übergriffs in ein fremdes Territorium vorliegen; dieser konnte unterschiedliche Erscheinungsformen aufweisen. Generell konnte beobachtet werden, daß eine nicht definierte oder unklare Grenzziehung zwischen zwei benachbarten Territorien noch keinen Anlaß für einen Reichskammergerichtsprozeß bot. Der territoriale Übergriff hingegen konnte rechtsanhängig gemacht werden, und im Verlauf des Prozesses bot sich dann eine Grenzregulierung an.
Die Umwandlung eines rechtsanhängigen 'simplen Mandatsprozesses' in einen 'Zitationsprozeß' um territorialrechtliche Fragen bot dem Kläger Möglichkeiten, mit Hilfe des Gerichts territoriale Arrondierungsmaßnahmen voranzutreiben, die zuvor auf anderem Weg nicht möglich gewesen wären.

In den Schatten der prozessualen Auseinandersetzungen treten die verschiedenen Grenzirrungen zwischen den Territorien im Beobachtungszeitraum, also die zahlreichen Streitigkeiten, die nicht mit Hilfe des Reichskammergerichts geklärt wurden. Die Nicht–Einbeziehung dieser Grenzirrungen darf nicht zu dem Schluß verleiten, territoriale Auseinandersetzungen wären ausschließlich vor dem Reichskammergericht geklärt worden; die Masse territorialer Streitigkeiten wurde einer regionalen Schlichtung unterworfen und konnte so beigelegt werden. Diese Schlichtungsverhandlungen waren nach Verfahren und Ablauf dem Reichskammergerichtsverfahren ebenbürtig, folgten allerdings keiner kodifizierten Rechtsnorm und wurden nicht von Rechtsgelehrten ausgehandelt, sondern von regionalen gelehrten Räten, die von dem betreffenden Landesherrn zur Schlichtung abgeordnet worden waren. Die Funktion von Vermittlern war damit nicht nur eine begrenzt regionale, sondern hatte für das Reich neben einer konfliktbeschränkenden auch eine prozeßvermeidende Bedeutung, indem durch vorprozessuale Schlichtung die Anklageerhebung wegen Landfriedensbruchs ('fractae pacis') vermieden werden konnte.

Lauenburg: Richard Heberling: Zauberei und Hexenprozesse in Schleswig–Holstein–Lauenburg; in: ZSHG, 45; 1915, S. 116–247. Der Prozeß gegen Telse Clausen wird kurz beschrieben auf S. 203f.

[5] Ruthmann, Religionsprozesse, S. 579.

Die Tendenz, Grenzverläufe zu definieren, gewann im 16. Jahrhundert an Bedeutung. Vage Aussagen über Grenzverläufe wichen Verträgen oder beeideten Absprachen zwischen Territorialnachbarn, wobei ehemalige Bescheide des Reichskammergerichts als Grundlage dieser Verträge im ausgehenden 16. Jahrhundert Beachtung fanden. Im territorialen Gefüge des Reichs markierten die Tendenzen zur Grenzdefinition den Übergang vom 'offenen mittelalterlichen' zu einem sich verdichtenden, neuzeitlichen und territorial definierten Verständnis landesherrlicher Gewalt.

4.1 Exkurs:[6] Der Prozeß vor dem Reichskammergericht

Das Verfahren vor dem Reichskammergericht, der Kameralprozeß, fand seine reichsrechtliche Absicherung durch die auf dem Reichstag von Worms im Jahr 1495[7] getroffene Entscheidung, ein „Kaiserliches Kammergericht" – räumlich fixiert, aber vom Kaiser unabhängig – als ständige Instanz einzurichten, und die reichsständische Verabschiedung einer Reichskammergerichtsordnung am 7. August desselben Jahres.[8] Der Kameralprozeß bildete durch seine Ordnung, die Verfahren und seine personelle Besetzung zum einen eine ausgestaltete Fortsetzung des römisch–kanonischen Gerichtsverfahrens, welches sich seit dem 13. Jahrhundert durch oberitalienische kirchliche Juristen entwickelt hatte; zum anderen entstand er aus seiner Eingebundenheit in das Rezeptionsrecht[9] und zum dritten durch die reichsrechtliche Fixierung der (Entwurfs–)Ordnungen der Jahre 1471 und 1486[10].
Für den in dieser Untersuchung gewählten Beobachtungszeitraum war die Reichskammergerichtsordnung von 1495 mit ihren Änderungen bis 1613 maßgeblich.
Die wohl wichtigsten Neuerungen hinsichtlich des Prozeßverfahrens liegen allerdings außerhalb dieses Zeitraums; sie fußten auf den Beschlüssen des Jüngsten Reichsabschiedes von 1654, nachdem sich bereits 1613 die reichskammergerichtliche Prozeßpraxis als gewohnheitsrechtlich anerkanntes Konzept durchgesetzt hatte; obwohl sie nicht als Reichsgesetz erlassen worden war, hatte sie die bis dahin gültige Fassung der Reichskammergerichtsordnung von 1555 abgelöst und fortan den Assessoren und Prokuratoren als Richtschnur im rechtsverbindlichen Sinne gedient.[11] Veränderungen und Verbesserungen der

---

6 Dieser Exkurs orientiert sich an dem Aufsatz von Wolfgang Sellert: Prozeß des Reichskammergerichts; in: HRG, 4, Sp. 29–36.
7 Laufs, Reichskammergerichtsordnung, S. 1, S. 8ff.
8 Dick, Kameralprozeß, S. 16.
9 Vgl. Ranieri, Prozeßrecht, S. 170ff.
10 Dick, Kameralprozeß, S. 16f.
11 Laufs, Reichskammergerichtsordnung, S. 29.

Ordnung wurden durch Visitationen,[12] Reichsbeschlüsse oder durch die vom Reichskammergericht selbst erlassenen, mit vorläufigem Charakter versehenen „Gemeinen Bescheide" begünstigt.[13]
Die Ordnung des Jahres 1495[14] war im Vergleich zu den Nachbesserungen von 1500,[15] 1507,[16] 1517[17] und 1521[18] lückenhaft und unvollständig; lediglich das Ladungs– und das Versäumnisverfahren erfuhren eine ausführliche Regelung. Bereits 1495 hatten sich die Stände auf die Schriftlichkeit des Verfahrens verständigen können.[19] Diese Prozeßmaxime erfuhr ihre Ergänzung durch die Ausdifferenzierung der unterschiedlichen Prozeßarten (Mandatsprozeß, Appellationsprozeß und Zitationsverfahren), die – abgesehen vom Mandatsprozeß, der als summarischer Prozeß Sonderregelungen unterlag –[20] folgenden Prozeßmaximen unterworfen wurden:[21]

Verhandlungsmaxime	Die Verantwortung für den vorzutragenden Streitstoff blieb den Parteien überlassen.[22]
Dispositionsmaxime	Beginn, Fortgang und Ende des Prozesses wurden von den Parteien bestimmt. Lediglich eine passive, reaktive Rolle blieb dem Gericht überlassen.[23] Unbenommen hiervon blieb jedoch die zeitliche Struktur des Verfahrens hinsichtlich von Terminen und Fristen.[24]

---

12 Vgl. ausführlich Laufs, Reichskammergerichtsordnung, S. 5. – Lanzinner, Reichsversammlungen, S. 18.

13 Laufs, Reichskammergerichtsordnung, S. 9 und S. 19.

14 Vgl. ausführlich Dick, Kameralprozeß, S. 14–19.

15 Vgl. ausführlich Dick, Kameralprozeß, S. 19–26. Vgl. Laufs, Reichskammergerichtsordnung, S. 11f. Laufs hebt hervor, daß der Augsburger Reichstag von 1500 in besonderem Maß die verfassungsrechtliche Position des Kammergerichts gestärkt hat.

16 Laufs, Reichskammergerichtsordnung, S. 13. Verdienst der Ordnung aus dem Jahr 1507 (Reichstag von Konstanz) waren die grundsätzliche Regelung der finanziellen Ausstattung des Gerichts, die Einführung einer jährlichen Visitation und die Verschärfung von Vollstreckungsmethoden des Gerichts durch Unterstützung der kammergerichtlichen Acht im Namen des Kaisers durch den geistlichen Bann.

17 Vgl. ausführlich zu den Ordnungen der Jahre von 1500 bis 1521: Dick, Kameralprozeß, S. 26–32.

18 Laufs, Reichskammergerichtsordnung, S. 14. – Vgl. ausführlich zu den Ordnungen der Jahre 1521 und 1523: Dick, Kameralprozeß, S. 32–40.

19 Laufs, Reichskammergerichtsordnung, S. 10.

20 Dick, Kameralprozeß, S. 93ff.

21 Vgl. Ranieri, Prozeßrecht, S. 171.

22 Vgl. Laufs, Reichskammergerichtsordnung, S. 12f. – Dick, Kameralprozeß, S. 127

23 Vgl. Laufs, Reichskammergerichtsordnung, S. 12f. – Dick, Kameralprozeß, S. 125ff.

24 Vgl. Dick, Kameralprozeß, S. 106ff.

Schriftlichkeit des Verfahrens Die bestallten Prokuratoren konnten lediglich in festgesetzten Audienzen ihre Schriftsätze nach einem festen Reglement übergeben.[25]

Öffentlichkeit des Verfahrens Die Audienzen waren öffentlich.[26]

Prinzip des Artikelprozesses Klage und Erwiderung (responsiones) waren ebenso in einzelne Fragstücke (interrogatoria generalia et specialia) zu untergliedern wie der Prozeßstoff selbst und die Kriegsbefestigung (litis contestatio), die den Prozeß in zwei Abschnitte gliederte.[27]

Der „reine Artikelprozeß", im Jahr 1500 reichsgesetzlich festgelegt, sah vor, daß der Beklagte nach der erfolgten „Kriegsbefestigung" und nach Ablegung eines „Kalumnieneides"[28] auf den vom Kläger in einzelne Positionen aufgegliederten Klagstoff erwiderte. Der Kläger war hinsichtlich der vom Beklagten verneinten Klageartikel beweispflichtig. Diese Beweise gelangten

[25] Vgl. Laufs, Reichskammergerichtsordnung, S. 12f. Im Jahr 1507 wurde die Ausschließlichkeit des schriftlichen Verfahrens verfügt. – Dick, Kameralprozeß, S. 119ff. – Folgende Begebenheit steht in unmittelbarem Zusammenhang hiermit: S[...] Steger, Haus der Welfen, S. 177f., Fn.: „Der Erzbischof [von Bremen, J.H.] verklagte den Herzog [Ernst von Braunschweig–Lüneburg, J.H.] mehrere Male vor jenem Gerichte [Reichskammergericht, J.H.] und erhielt jedesmal günstige Bescheide. Einst appellierte der Herzog gegen ein Urtheil, und hierbei fand eine Scene statt, die hier mitgetheilt werden mag, weil sie die Sitten jener Zeit schildert. Ein eigener Gesandter des Herzogs, Magister Megales, war nach Speier abgeschickt, jedoch von dem Gerichte nicht zur Rede gelassen, weil in seinen Formalitäten eine unbedeutende Formalität mangelte. Der Anwalt des Herzogs in Speier rieth ihm, dennoch vor den Räten zu erscheinen und seine Rede zu halten. Dies geschah. Megales redete fort und fort, so oft die Richter auch dazwischen sprachen und ihm Stillschweigen befahlen, bis endlich einer der Vorsitzer so gewaltig sich erzürnte, daß der Abgesandte des Herzogs ein längeres Beharren bei seiner Taktik nicht für gerathen hielt. Nun nahm er seine Beschwerdeschrift nebst einem Goldgulden und warf Beides dem Gericht über die Schranken hin zu, worauf er sich entfernte. Die Richter erachteten sich jedoch durchaus nicht für besiegt, sondern schickten ihm einen Pedell nach, der ihm Bittschrift und Goldgulden auf den Rücken warf. Megales ließ Beides auf der Straße liegen und ritt eilig aus Speier fort. Dennoch gelangte die Schrift zuletzt an ihre Adresse, denn der Knecht eines der Assessoren holte sie heimlich fort und brachte sie seinem Herrn. So war die Appellation doch wenigstens nicht officiell zur Kenntnis des hohen Gerichts gekommen."

[26] Dick, Kameralprozeß, S. 123.

[27] Laufs, Reichskammergerichtsordnung, S. 15f.

[28] Vgl. Dick, Kameralprozeß, S. 17: Die Eide 'de calumpnia et malicia vitanda prout de jure', mit denen die Partei schwört, nicht arglistig im Prozeß zu handeln. – S. ausführlich ebenda, S. 117f.

nunmehr dem Beklagten zur Kenntnis, der wiederum die Möglichkeit zur Stellungnahme hatte. Die vom Beklagten bestrittenen Positionen mußten im folgenden vom Kläger nachgewiesen werden. Schob der Beklagte zunächst nur dilatorische Einreden vor, mußte hierüber in einem Vorverfahren entschieden werden.
Besondere Schwierigkeiten entstanden durch den Subsidiärcharakter des römisch–kanonischen Rechts,[29] dem die am Reichskammergericht verpflichteten Prokuratoren verbunden waren, da vor allem das Beweisverfahren den lokalen Rechtsgrundsätzen unterworfen blieb. Dennoch: Diejenige Prozeßpartei, die ihr Beweisverfahren nach römisch–kanonischen Rechtsgrundsätzen auch 'vor Ort' (durch Zeugenverhöre) betrieb, war dem Prozeßgegner gegenüber, der seine Beweisführung auf die Grundlage örtlicher Rechtsgrundsätze – vor allem mit gewohnheitsrechtlicher Orientierung – stellte, in taktischem Vorteil.[30]

Das römisch–kanonische Prozeßverfahren war ein sukzessiv erledigendes Verfahren, welches keinen Konzentrationspunkt aufwies und durch die Möglichkeit dilatorischer und peremptorischer Einreden, die ebenfalls sukzessive behandelt werden mußten, für Prozeßverschleppungen durch den Beklagten unbegrenzten Raum ließ,[31] sofern nicht ein Einschreiten des Reichskammergerichts durch einen offen zutage tretenden Rechtsverstoß außerhalb der Prozeßmaxime geboten war.[32] Grundsätzlich war das Reichskammergericht als Institution reaktiv geordnet.
Der Beschleunigung und Konzentration des Verfahrens galten die Anstrengungen der Reichskammergerichtsordnung von 1521, die durch Zusammenfassung und Verbindung der Einwände, Zweigleisigkeit der Beweiserhebungen und eine gemeinsame Beweisaufnahme das Verfahren konzentrieren wollte, ohne die generelle Struktur des Kameralprozesses zu verändern,[33] sowie die Exekution von gerichtlichen Bescheiden und Urteilen in den Zuständigkeitsbereich der Reichskreise überwies.[34]
Hielt die im Jahr 1555 niedergeschriebene Reichskammergerichtsordnung[35] im wesentlichen hinsichtlich des Verfahrens an der Ordnung des Jahres 1521 fest[36]

---

[29] Vgl. Laufs, Reichskammergerichtsordnung, S. 13.
[30] Vgl. Ranieri, Prozeßrecht, S. 172.
[31] Vgl. Dick, Kameralprozeß, S. 112f.
[32] Fuchs, Hexerei, S. 64.
[33] Laufs, Reichskammergerichtsordnung, S. 15, S. 17 und S. 21.
[34] Laufs, Reichskammergerichtsordnung, S. 16.
[35] Vgl. Laufs, Reichskammergerichtsordnung, S. 23ff. (insbes. hinsichtlich seiner Ausführungen zu den Fragen des Augsburger Religionsfriedens). – Ebenda, S. 30–50: Grundzüge der Ordnung von 1555. Quellenedition auf den Seiten 58–280.
[36] Vgl. Dick, Kameralprozeß, S. 32, S. 38, S. 60.

und ergänzte die Änderungen der Ordnung von 1548,[37] so führte vor allem die weitere Ausformung der „Eventualmaxime"[38] in der Reichskammergerichts–ordnung des Jahres 1570 zu einer weiteren Straffung des Prozeßverfahrens.[39] Fortan war der Beklagte verpflichtet, alle Einreden und Argumente, die entweder zu Beginn des Verfahrens die Klage zu Fall bringen konnten oder die einen gesamten Prozeßabschnitt betrafen, auf einmal geltend zu machen.[40] Vervollständigt wurden die neuerlichen Verbesserungen durch eine Stärkung der regional begrenzten Austrägalverfahren mit Entscheidungsbefugnis.[41]
Die Beschlüsse des Jüngsten Reichsabschiedes von 1654 besiegelten das Ende des Artikelprozesses; seither mußten die Klage und die Erwiderung in summarischer Weise, also in einer zusammenhängenden Geschichtserzählung, vorgetragen werden.[42]
Idealtypisch läßt sich – nach der Ordnung des Jahres 1555 – folgender Verfahrensablauf skizzieren:[43] Nach Rechtmäßigwerdung der Klage – alle regionalen Schlichtungsversuche waren als gescheitert anzusehen – und Formulierung des Klaglibells durch den Kläger waren zunächst alle dilatorischen wie prozeßbehindernden Exzeptionalartikel von Seiten des Beklagten vorzuschützen. Der Kläger antwortete hierauf in einer Replik. Diese wurde wiederum vom Beklagten in einer Duplik eingehend beantwortet. Nach der Kriegsbefestigung und dem Kalumnieneid sollte beschieden werden.
Realiter begegnet dem Bearbeiter von Reichskammergerichtsaktenbeständen dieser Verfahrensverlauf mit einzuhaltenden Fristen und Terminen fast nie.

Der wohl prominenteste Angehörige des Reichskammergerichts, Johann Wolfgang von Goethe, beschrieb im 12. Buch von „Dichtung und Wahrheit"[44] die Aktenwuste unerledigter Prozesse, die Verschleppungstaktiken der beklagten Parteien, die Mängel im Vollstreckungsverfahren sowie den hemmungslosen Gebrauch von Rechtsmitteln am Reichskammergericht. Demnach haben die Versuche, Prozesse durch die Veränderung der Ordnung zu beschleunigen, wenig Wirkung gezeitigt; in den Mittelpunkt der Betrachtungen

---

37 Dick, Kameralprozeß, S. 60.

38 Dick, Kameralprozeß, S. 112f.

39 Dick, Kameralprozeß, S. 61. – Lanzinner, Reichsversammlungen, S. 35. – S. zu den „Straffungsversuchen" der Jahre zuvor: Ebenda, S. 5 (seit 1556), S. 27 (seit 1566).

40 Laufs, Reichskammergerichtsordnung, S. 13, S. 15. – Dick, Kameralprozeß, S. 61f.

41 Laufs, Reichskammergerichtsordnung, S. 28.

42 Vgl. Dick, Kameralprozeß, S. 62f.

43 Dick, Kameralprozeß, S. 113. – Vgl. ausführlich den Verfahrensablauf nach unterschiedlichen Verfahrenstypen bei Dick, Kameralprozeß, S. 130–219.

44 Johann Wolfgang von Goethe: Aus meinem Leben. Dichtung und Wahrheit, 3. Teil, 12. Buch; in: Goethes Werke, Band 9: Autobiographische Schriften, 1. Hamburger Ausgabe. Textkritisch durchges. von Lieselotte Blumenthal, kommentiert von Erich Trunz; 8. überarb. Auflage; München 1978, S. 525ff.

rückten bereits 1555 Klagen über die 'Beutelschneiderei' der Prokuratoren. Eindrucksvoll reimte Hans Sachs im Ständebuch zum Holzschnitt von Jost Ammann in diesem Zusammenhang:

> „Ich procurir vor dem gericht/ und oft ein böse sach verficht/ durch loic, falsche list und renk/ durch aufzug, aufsatz und einklenk/ darmit ichs recht aufziehen thu:/ Schlecht aber zuletzt unglück zu/ daß mein parthei ligt unterm gaul/ hab ich doch oft gfüllt beutl und maul."[45]

Trotz der aufgezeigten Mängel bot das Verfahren des Reichskammergerichts den Territorien des Heiligen Römischen Reichs Deutscher Nation die Möglichkeit zur Formalisierung ihrer regionalen Verfahrensgrundsätze, wodurch sich das Reichskammergericht als Vorbild der territorialen obergerichtlichen Rechtsprechung insgesamt auszeichnete.[46] Grundlegend hierfür waren Tendenzen, die Rechtsprechung des Reichskammergerichts wissenschaftlich in der (publizierten) Kameralliteratur zu diskutieren, obwohl diese Offenlegungen gegen die richterliche Eidesformel der Geheimhaltung der Reichskammergerichtsordnung, bereits 1495 fixiert und 1555 übernommen, verstießen.[47]

---

[45] Zitiert nach Laufs, Reichskammergerichtsordnung, S. 27. – S. hierzu vergleichend die zum Ende des 18. Jahrhunderts entstandenen Ausführungen des Prokurators Damian Ferdinand Haas aus dem Jahr 1786 bei Weitzel, S. 254f. und Zitatstelle auf S. 265 hinsichtlich der prozessformalen Gelegenheit der Prokuratoren, ihre schriftlich eingebrachten Papiere zu erläutern (bezeichnet als „Oral–Rezesse"): „Wenn sie über Quisquilien, worauf es nicht ankömmt, zanken und gar die Pointen unterstreichen, damit der Richter auf diese Sächelchens ja recht acht geben möge; wenn sie sich persönliche Grobheiten erlauben, die den Parthien nichts nützen; [...] In dem allen besitzen einige eine meisterhafte Stärke; die ihre halbe Existenz, ihre beßte Nahrungsquelle verlieren würden, wenn man ihnen diese armseligen Rezeßkünste nehmen wollte. Kommen nun zwey solche Klopffechter zusammen; so ist es eine Lust anzusehen, wie sie sich in jeder Audienz Hiebe geben, und den Streit Monatsweise fortsetzen, bis endlich der Richter dazwischen kömmt, sie auseinander jagt, beyde straft, und zum Beßten der Parthien, jedoch zum Schaden der Kanzley der Balgerey ein Ende macht."

[46] Vgl. Ranieri, Prozeßrecht, S. 173. – Scheurmann, Frieden durch Recht, S. 175. – Dick, Kameralprozeß, S. 18.

[47] Scheurmann, Frieden durch Recht, S. 159ff. – Ausführlicher bei Dick, Kameralprozeß, S. 16.

4.2 Territorialrechtliche Auseinandersetzungen der Herzöge von Sachsen–Lauenburg mit dem Bischof von Ratzeburg

Herzog Magnus I. setzte seit Übernahme der Regierungsgeschäfte im Herzogtum Sachsen–Lauenburg die expansive Territorialpolitik seines Vaters gegenüber den Besitzungen des Bistums Ratzeburg fort. Ablager wurden weiter abgehalten und damit die bischöflichen wie die Stiftsuntertanen erheblich beschwert, die bereits unter der Last der Bedeforderungen des Herzogs litten. Lediglich in der Zeit der Auseinandersetzungen zwischen den Herzogshäusern Mecklenburg und Brandenburg einerseits und der Stadt Lübeck (mit Unterstützung anderer Hansestädte) andererseits um Fischereigerechtigkeiten, Schatzung und Plünderung in den Jahren 1506 und 1507 hielt sich Herzog Magnus I. gegenüber dem zwischen den Fronten stehenden Bistum Ratzeburg zurück und nahm zusammen mit den Städten Goslar, Magdeburg, Braunschweig und Hildesheim sowie dem Herzog von Lüneburg eine vermittelnde Position ein, die nach kaiserlicher Weisung am 15. Juli 1507 in Marienwohlde zur Beilegung der Streitigkeiten führte.[48]

Mit dem Archidiakon von Ratzeburg, Heinrich Bergmeier trat ein enger Vertrauter des sachsen–lauenburgischen Herrscherhauses die Nachfolge von Bischof Johann von Ratzeburg am 28. Juni 1511 an.[49] Heinrich Bergmeier, Sohn eines Domoffizianten, war gebürtiger Hamburger und hatte bereits als Kammerjunge (Stubenheizer) unter Herzog Johann V. in herzoglichen Diensten gestanden.[50] Dieser hatte ihm eine theologische Ausbildung an der Universität Rostock bei Albert Krantz zukommen lassen.[51] Bergmeier avancierte über die Funktionen des Kammerschreibers und –substituten zum Kanzleisekretär,[52]

---

48 Masch, Ratzeburg, S. 406f. – Kobbe, 2, S. 225ff.

49 Vgl. Datierungsungenauigkeit bei Masch, Ratzeburg, S. 410 (28. Juni) und S. 411 (einen Tag vor der Wahl, am 17. Juni).

50 S. ausführlich C[...] Walther: Hinrik Berkmeyer aus Hamburg, Bischof von Ratzeburg; in: MHG, 11–9/10; 1888 (künftig zitiert Walther, Berkmeyer), S. 286.

51 Albert Krantz war Professor und Rektor in Rostock sowie Syndicus in Lübeck und Hamburg und seit 1508 Dekan in Hamburg. Aufgrund dieser Stellung gehörte er zu den mächtigsten Männern in der Hansestadt. Krantz hielt an dem Gedanken fest, die katholische Kirche von innen heraus zu reformieren. – Die Geschichte der Reformation in Hamburg ist gründlich erforscht worden von Rainer Postel: Die Reformation in Hamburg 1517–1528; [= Quellen und Forschungen zur Reformationsgeschichte, 52]; Gütersloh 1986 (künftig zitiert: Postel, Reformation). – S. insbes. zur Funktion von Krantz: Ebenda, S. 69f., sowie dessen Rolle am Vorabend der Reformation bis zu seinem Tode 1517: Ebenda, S. 126ff. Bibliographische Angaben S. 126, Anm. 14.

52 LHA, MVP, Schweriner Hausarchiv, Sachsen–Lauenburg (Kasten 27), Urkunden und Regesten, 2. September 1495: Herzog Johann V. von Sachsen–Lauenburg beauftragt seinen Sekretär Heinrich Bergmeier, mündliche Verhandlungen zu führen.

dann zum herzoglichen Kanzler.[53] Anschließend wurde er Domherr in Ratzeburg, später Archidiakon.
Im Zusammenhang mit seiner Wahl zum Bischof von Ratzeburg[54] mußte er einer Reihe von Kapitularien[55] zustimmen, die zum Ziel hatten, die gebietliche Arrondierung des Bistumslandes weiter voranzutreiben und Gebietsabtretungen an benachbarte Territorialfürsten zu verhindern. Ferner erfuhr das angespannte Verhältnis zwischen Dompropst und Bischof eine generelle Regelung, so daß die Kapitularien das bischöfliche innen–, wie außenpolitische Verhältnis für die kommenden Jahre regelten und absicherten. Daß die Initiative hierzu vom Dompropst ausgegangen war, verdeutlicht das Bestreben des Kapitels, bisherige Rechte zu erhalten und den eigenen Machtausbau voranzutreiben.[56]

Die päpstliche Konfirmation durch Julius II. wurde am 27. August 1513 von Papst Leo X. bestätigt.[57] Kaiser Maximilian verlieh dem neugewählten Bischof, den er einen Fürsten nannte, am 7. Mai 1513 alle landesherrlichen Rechte und forderte ihn auf, binnen Jahresfrist den Lehnseid gegenüber Herzog Heinrich dem Älteren von Braunschweig–Lüneburg an seiner Statt abzulegen; am 20. Mai und 13. September desselben Jahres ergänzte er diese Reichsbelehnung um die Zusage von Schutz und Schirm für das Bistumsland.[58] Zu Beginn des Jahres 1514 leistete Bischof Heinrich in Gegenwart der Herzöge Heinrich und Ernst von Braunschweig–Lüneburg den Lehnseid in Celle.[59]

Herzog Magnus I. vertrat die Auffassung, die Bischofswahl dahingehend beeinflußt zu haben, daß Heinrich Bergmeier gewählt worden war;[60] daher glaubte er sich in einer bevorzugten Position gegenüber seinem ehemaligen Untertan.[61] Er verglich sich 1513 mit Bischof Heinrich dahingehend, sich seines Ablagerrechts im Land Boitin gegen die Zahlung einer entsprechenden Gebühr künftig zu enthalten und nur auf seinem Recht der Burg– und Brückenwehr im Land Ratzeburg zu beharren.[62] Dies war für ihn wegen der geographischen Lage

---

53 LAS, Abt. 390, Nr. 573 II, qdr. 69, fol. 5ʳ. – Masch, Ratzeburg, S. 409.
54 Zur Beschreibung des Wahlvorgangs: Masch, Ratzeburg, S. 410ff.
55 Masch, Ratzeburg, S. 412ff.
56 Masch, Ratzeburg, S. 412.
57 Masch, Ratzeburg, S. 415.
58 Masch, Ratzeburg, S. 415.
59 Masch, Ratzeburg, S. 415.
60 Masch, Ratzeburg, S. 410.
61 LAS, Abt. 390, Nr. 573 I, qdr. 9, fol. 4ᵛ. Magnus I. behauptete im Jahr 1522, Heinrich Bergmeier als Bischof eingesetzt und bereits vorher das Kapitel in ein Stift umgewandelt zu haben.
62 Masch, Ratzeburg, S. 422. – LAS, Abt. 390, Nr. 573 I, qdr. 19: Kopie einer Verabredung unter Zustimmung der Ritterschaft das Ablager betreffend. – LAS, Abt. 390, Nr. 573 II, qdr. 107, fol. 2ʳ.

seiner Nebenresidenz auf der Ratzeburger Insel von besonderer Bedeutung. Obwohl seine Forderungen einer rechtlichen Grundlage entbehrten, willigte Bischof Heinrich ein und hoffte, Herzog Magnus damit befriedigt zu haben.[63]

Seit 1516 kehrte Herzog Magnus, unterstützt von Angehörigen seines landsässigen Adels, zu seinem ursprünglichen Verhalten gegenüber dem Bischof von Ratzeburg zurück. Ablagerhaltungen durch seine Jagdgesellschaften und seine landsässigen Adligen sorgten in den Bistumsdörfern für erhebliche Belastungen der Bevölkerung; die abgeforderten Beden schwächten zudem die Finanzen der bischöflichen Tafel und des Domkapitels.[64]

Der lauenburgische Landsasse Hans Daldorf trat auf Geheiß von Herzog Magnus in offene Fehde mit dem Bischof von Ratzeburg und überfiel mit 33 Reitern die Dorfschaften Karlow, Kulrade und Klokstorf.[65] Herzog Magnus verschaffte sich – als Vermittler angekündigt und getarnt – Zutritt zum Kapitelshaus in Ratzeburg, besetzte es und erzwang die Rücknahme des bischöflichen Interdikts gegenüber Hans Daldorf und die Aufhebung des päpstlichen Inhibitoriums hinsichtlich der Ablagerhaltung.[66] Die Gefangennahme der Kapitelsbrüder und des Bischofs, die Besetzung des bischöflichen Hauses, die Beschlagnahme der ratzeburgischen Schiffe und Kähne, die Besetzung aller Tore und Brücken sowie die Wegnahme der bischöflichen Schlüssel waren das Ergebnis dieser gewaltsamen Unternehmung, die durch Verzichtserklärungen des Bischofs (Clotesfelder Moor, diverse Schuldbriefe) und vertragliche Bedezusagen einen bedeutenden Einschnitt in die landesherrlichen Rechte des Bischofs von Ratzeburg bedeutete. Dieser mußte zudem auf einen Großteil seiner bisher ausgeübten Kirchenrechte im Herzogtum Sachsen–Lauenburg schriftlich verzichten und bei Strafe erklären, keine rechtlichen Schritte gegen das lauenburgische Herzogshaus einzuleiten.[67]

---

[63] Vgl. Masch, Ratzeburg, S. 421, hinsichtlich des sich entspannenden Verhältnisses zwischen Herzog Magnus I. und dem Bistum.

[64] Vgl. zu den Streitigkeiten zwischen Herzog Magnus I. und Bischof Heinrich: Seeler, Lütau, S. 95ff. Seelers Abhandlung ist auf der Grundlage der Ausführungen von Masch, Ratzeburg entstanden.

[65] LAS, Abt. 210, Nr. 985 II, Nr. 41 (Positionis et Articuli Defensionales), fol. 7. – S. Masch, Ratzeburg, S. 423f.

[66] Vgl. Masch, Ratzeburg, S. 425ff. – LAS, Abt. 210, Nr. 985 I: Durch das Schreiben vom 22. Januar 1522 wird deutlich, daß Hans Daldorf 1522 erneut in den Kirchenbann getan worden war.

[67] LAS, Abt. 390, Nr. 573 II, qdr. 120 (zeitlich und inhaltlich falsch den Akten zugeordnet). – Masch, Ratzeburg, S. 426f.

Nachdem Herzog Magnus die Kapitelsgebäude wieder geräumt hatte, flüchteten die Angehörigen des Stifts nach Lübeck und richteten sich dort in einem ihrer Häuser behelfsmäßig ein.

Bischof Heinrich suchte sein Recht im folgenden an zahlreichen Stellen: beim Erzbischof von Bremen, beim Herzog von Braunschweig–Lüneburg und bei den Herzögen von Mecklenburg[68] – überall jedoch ohne Erfolg.

Nach Einschaltung Papst Leos X. wurden die erzwungenen Verpflichtungen und Versprechungen, die Bischof Heinrich Herzog Magnus gegenüber hatte eingehen müssen, eingezogen und benachbarte Territorialfürsten und geistliche Landesherrn zur Unterstützung aufgerufen.[69]

Kaiser Maximilian ordnete, nachdem er am 31. Oktober 1518 den Lehnsbrief für Bischof Heinrich erneuert hatte,[70] die Einsetzung einer fürstlichen Kommission an, die schlichtend in den Streit eingreifen sollte; diese blieb jedoch wirkungslos, da sich Herzog Magnus deren Zitation ebensowenig beugte, wie er sich den Vermittlungsversuchen geistlicher Obrigkeiten stellte. Daraufhin wurde Herzog Magnus mit seinen Ländereien am 27. November 1518 mit dem Kirchenbann belegt.[71]

Parallel zu diesen Vorgängen hatte Bischof Heinrich eine Klage beim Reichshofrat eingereicht. Die Klageschrift wurde Herzog Magnus I. am 17. Juli 1518 zugestellt. Durch die Ablagerhaltung habe er „frevel und ungepührliche Handlungen vorgenommen". Kraft kaiserlichen Mandats wurde Magnus in die Reichsacht gestellt.[72]

---

[68] LAS, Abt. 210, Nr. 986, qdr. 1: Vermittlungsversuch des Herzogs von Mecklenburg vom 3. März 1517.

[69] Masch, Ratzeburg, S. 432.

[70] Masch, Ratzeburg, S. 416f. – NdsHStA, Celle Br. 103, Nr. 6. Kaiser Maximilian drückte in verschiedenen Briefen an Herzog Heinrich von Braunschweig–Lüneburg sein Unverständnis über das Verhalten des Herzogs Magnus aus, welcher – trotz kaiserlich garantierten Schutzes und Schirms – gegen das Ratzeburger Bistum vorging. Eine klare Sympathiebekundung für den Bischof von Ratzeburg ist unübersehbar.

[71] LAS, Abt. 210, Nr. 985 I: Inliegend die Exkommunikation Herzog Magnus' I. von Sachsen–Lauenburg. – S. auch LAS, Abt. 210, Nr. 986, qdr. 6, fol. 1^{r}. – Vgl. Masch, Ratzeburg, S. 434. Das bedeutete, daß nur die Taufe und die Beichte für alle Bewohner des Territoriums noch zugelassen waren, das Abendmahl ausschließlich für die Schwachen, Eheschließungen ohne kirchliche Einsegnung vollzogen wurden und das kirchliche Begräbnis grundsätzlich versagt blieb. – S. Walther, Berkmeyer, S. 287.

[72] LAS, Abt. 210, Nr. 986, qdr. 2, fol. 1. – Walther, Berkmeyer, S. 287. – S. auch Martin Weber: Zur Bedeutung der Reichsacht in der Frühen Neuzeit; in: Johannes Kunisch (Hg.): Neue Studien zur frühneuzeitlichen Reichsgeschichte; [= Zeitschrift für historische Forschung, Beiheft 19]; Berlin 1997, S. 55–90.

4.2.1 Die Prozesse vor dem Reichskammergericht wegen Ablagerhaltung, Bedeeinzug und Landfriedensbruch seit 1518

Im gleichen Jahr (vor Mai 1518) strengte Bischof Heinrich eine gleichlautende Klage vor dem Reichskammergericht gegen Herzog Magnus I. an.[73] Die Anklageerhebung vom 3. August 1518 gegen den Herzog war eindeutig: Landfriedensbruch durch ungerechtfertigte Ablagerhaltung, Verstoß gegen die Regeln der Goldenen Bulle und die gemeine Reichsordnung. Die Reichsstandschaft des Bischofs von Ratzeburg, die mit der Regalienverleihung durch den Kaiser verbunden war, verbot einen Übergriff, denn Maximilian hatte den Bischof „under schutz und schirm genommen“[74]. Des weiteren entstand der Eindruck, Herzog Magnus wolle die bischöflichen Güter, die ein kaiserliches Lehen darstellten, dem Einfluß des Kaisers entziehen. Unter Androhung der Acht und Aberacht wurde Magnus zu einer Geldstrafe von 50 MlötG verurteilt,[75] die der Kaiserliche Fiskal noch Ende 1518 einforderte.[76]

Wie Dr. Krell, der die lauenburgischen Interessen wahrnehmende Prokurator am Reichskammergericht, bereits am 19. Juni 1518 in einem anderen Zusammenhang Herzog Magnus mitgeteilt hatte, konnte man sich dem Kaiserlichen Fiskal nicht entziehen: hier „müssen wir antworten, so er [uns, J.H.] schreibt.“[77]
Dennoch: Herzog Magnus I. mißachtete alle ihm auferlegten Strafen; Kirchenbann, Reichsacht und Zahlungsaufforderungen des Reichskammergerichts schienen wirkungslos geblieben zu sein, und er fuhr in seinen Handlungsweisen unbeirrt fort.
Trotz Erneuerung des kirchlichen Interdikts und Erhalts eines Exekutorialmandats des Reichskammergerichts vom 15. Februar 1519[78] ließ er am 20. März 1519 seine Mutter im Ratzeburger Dom beisetzen, ließ die Glocken läuten sowie tags zuvor Vigilien und Seelmessen singen.[79]

Am 31. März führten die Herzöge von Mecklenburg weitere Vermittlungsgespräche, die nach langwierigen Verhandlungen schließlich erfolgreich abgeschlossen werden konnten, so daß Dr. Matthias Meyer, der

---

[73] Die Prozeßakte ist nicht erhalten und kann nur anhand einiger Sprengel in LAS, Abt. 210 (Nr. 359, Nr. 985) und mit Hilfe des RKG–Prozesses: „Kaiserlicher Fiskal contra Herzog Magnus“ (LAS, Abt. 390, Nr. 132) nachvollzogen werden. – Der RKG–Prozeß wird erwähnt bei: Walther, Berkmeyer, S. 287.

[74] LAS, Abt. 390, Nr. 132.

[75] LAS, Abt. 210, Nr. 985 I (3. August 1518).

[76] LAS, Abt. 390, Nr. 132. – Vgl. Andeutungen bei Masch, Ratzeburg, S. 436.

[77] LAS, Abt. 210, Nr. 986, qdr. 3, fol. 1v.

[78] LAS, Abt. 390, Nr. 573 II, qdr. 76.

[79] Masch, Ratzeburg, S. 437.

persönliche Berater des Herzogs von Sachsen–Lauenburg, dem Reichskammergericht am 1. Juli 1519 mitteilen konnte, daß der Kirchenbann nunmehr aufgehoben sei, denn „sie haben einen Frieden unter sich verabredet“[80] und den Streitpunkt des Ablagers beigelegt;[81] die Schuldforderungen des Fiskals hingegen wurden erst 1521 beglichen.

Bereits am 27. August 1519 bemühte Bischof Heinrich die Herzöge von Mecklenburg erneut. Der Bischof forderte die bisher nicht erfolgten Regelungen hinsichtlich der Jagdgerechtigkeiten in den ratzeburgischen Grenzgebieten ein sowie eine Beseitigung der Belästigungen und Beschwerungen in den Klosterdörfern um Mannhagen.[82] Die am 17. November 1519[83] begonnenen Konsolidierungsgespräche endeten am 26. November in einem Vergleich.[84] Die Verschreibungen sollten zurückgegeben werden und die Geistlichen wieder in den vollen, uneingeschränkten Besitz ihrer Güter gelangen. Die Herzöge von Mecklenburg erneuerten ihre Schutz– und Schirmzusage gegenüber dem Bistum, machten jedoch zugleich deutlich, daß der Herzog von Sachsen–Lauenburg nun nicht durch den Bischof oder das Kapitel beeinträchtigt werden dürfe. Herzog Magnus versprach, ein Register des von ihm an Zinsen, Mühlenpacht, Nutzung und anderweitig Erhobenem binnen 14 Tagen einzusenden und die Summe zu Neujahr zu zahlen; diese wurde im einzelnen ermittelt und unter Bürgschaft von Angehörigen der lauenburgischen Ritterschaft bestätigt. Wesentliche Punkte der Vereinbarung waren die Zahlung rückständiger Gelder des Herzogs an den Bischof, die Ausstattung einer Memorie und die Aufrichtung eines Grabsteins für Herzog Johann V. im Ratzeburger Dom.[85] Der am Reichskammergericht anhängige Prozeß sollte mit der Feststellung beendet werden, daß Sachsen–Lauenburg keinen Anspruch auf Bede und Ablager im Bistumsland habe. Endgültig sollte die territoriale Zugehörigkeit des Landes Boitin und der im Lauenburgischen liegenden Exklaven zum Bistum festgeschrieben werden.[86] Die Vereinbarung schloß mit der Absolution und Realisation für Herzog Magnus I. durch Vermittlung des Lübecker Bischofs Johann.[87]

---

[80] LAS, Abt. 210, Nr. 986, qdr. 6, fol. 1r.

[81] LAS, Abt. 210, Nr. 986, qdr. 6, fol. 1v. – Vgl. abweichend Masch, Ratzeburg, S. 440f.

[82] LAS, Abt. 210, Nr. 986, qdr. 7. Ein gleichlautendes Schreiben richtete Bischof Heinrich an die Herzöge von Braunschweig–Lüneburg (ebenda, qdr. 8).

[83] Diese Gespräche wurden in einem Brief der Herzöge von Mecklenburg am 4. November 1519 angekündigt und vorbereitet: LAS, Abt. 210, Nr. 986, qdr. 9.

[84] LAS, Abt. 210, Nr. 985 I (26. November 1519). – Vgl. Masch, Ratzeburg, S. 441f. – Erwähnt bei: Walther, Berkmeyer, S. 287.

[85] LAS, Abt. 210, Nr. 985 I (26. November 1519), fol. 3r und 5v.

[86] LAS, Abt. 210, Nr. 985 I (26. November 1519), fol. 8r.

[87] LAS, Abt. 210, Nr. 985 I (26. November 1519), fol. 9r. – RAK, T.K.U.A., A I 1, Brevveksling melle Fyrstehusen Sachsen–Lauenburg 1524–1627, Nr. 1.

Magnus hielt seine Versprechungen und lieferte das geforderte Register, welches Bischof Heinrich jedoch nur nach einem nochmaligen Abgleich akzeptierte, da es in seiner ursprünglichen Form nicht mit dem Kirchenregister übereinstimmte.[88] Letztlich zahlte der Herzog die vereinbarte Entschädigungssumme am 26. Dezember 1519.[89]
Die Ruhe zwischen dem Bistum und dem Herzogtum währte nicht lange.
Als Bischof Heinrich zwei lauenburgische Prediger wegen „ihres zuchtlosen Lebens“ aus der Kirchengemeinde ausschloß, sah Herzog Magnus hierin Grund genug, die Streitigkeiten am 20. Januar 1520 zu erneuern.[90] Eine Einigung kam trotz zahlreicher Vermittlungsversuche nicht zustande:[91] Der Bischof beharrte darauf, daß die lauenburgischen Geistlichen seiner Obergerichtsbarkeit unterstünden,[92] wohingegen Herzog Magnus an seinen landesherrlichen Rechten festhielt.

Trotz aller weiteren Bemühungen konnten die Streitigkeiten nicht beigelegt werden,[93] zumal diese um folgende Streitpunkte ergänzt wurden:

---

[88] LAS, Abt. 210, Nr. 987, Nr. 1. Schreiben von Bischof Heinrich an Herzog Magnus I. vom 22. Dezember 1519.

[89] Masch, Ratzeburg, S. 443.

[90] Masch, Ratzeburg, S. 444ff. Masch führt unter anderem in diesem Zusammenhang den anhängigen Prozeß: „Kaiserlicher Fiskal contra Herzog Magnus I.“ [LAS, Abt. 390, Nr. 132, Anm. d. Verf.] an. Der Zusammenhang ist nach der Quellenlage nicht belegbar.

[91] LAS, Abt. 210, Nr. 987, Nr. 5: Herzöge von Mecklenburg an Herzog Magnus wegen der Aufnahme von Verhandlungen (24. Mai 1520). – Ebenda, Nr. 4: Herzöge von Mecklenburg an Herzog Magnus mit der Aufforderung, die Vertragsbedingungen von 1519 einzuhalten (14. Juni 1520). – Ebenda, Nr. 6: Bericht des Clemens von Bülow als Unterhändler von Herzog Magnus an denselben über den [wenig erfolgversprechenden, J.H.] Stand der Verhandlungen in Ratzeburg vom 19. Juni 1520. – Ebenda, Nr. 9: Brief von Bischof Johann von Lübeck an Herzog Magnus mit der Aufforderung, die Streitigkeiten einzustellen.

[92] LAS, Abt. 210, Nr. 987, Nr. 9: Bischof Heinrich an Herzog Magnus (14. Oktober 1520).

[93] Vgl. Masch, Ratzeburg, S. 446. Masch gibt an, der Verhandlungsschluß sei durch ein aus Worms stammendes Poenalmandat in Höhe von 50 MlötG herbeigeführt worden. Diese Aussage kann nicht gestützt werden. Es liegt der Schluß nahe, daß Masch den bereits mehrfach angeführten Fiskalprozeß gegen Herzog Magnus in den falschen Zusammenhang gestellt hat. Dieser war mit der Zahlung der Poen in Höhe von 50 MlötG geschlossen worden und damit bereits 1519 zum Abschluß gekommen war. – Zu den weiteren Konsolidierungsversuchen s. LAS, Abt. 210, Nr. 986, qdr. 10: Vermittlungsversuch des Rechtsbeistands von Herzog Magnus, Dr. Matthias Meyer, vom 16. Juli 1520. – LAS, Abt. 210, Nr. 987, Nr. 15 (5. Januar 1521), 11 (27. Januar 1521), 12 (28. Januar 1521), 13 (29. Januar 1521), 18 (19. Januar 1521), 17 (4. März 1521), 19 (13. März 1521), 20 (14. März 1521), 23 (12. Juni 1521).

- Schulden des Propstes und Domkapitels bei Herzog Magnus;[94]
- Schulden des landsässigen Adels beim Bischof von Ratzeburg;[95]
- lauenburgische Geistliche und Bewohner, die mit dem Kirchenbann belegt worden waren;[96]
- Übergriffe (Totschlag und Wegnahme) von Bewohnern des Herzogtums auf Untertanen des Bischofs;[97]
- säumige Zahlungen an das Stift;[98]
- persönliche Differenzen zwischen dem Bischof und dem Herzog.[99]

Bischof Heinrich setzte erneut auf kaiserliche Einflußnahme und erlangte am 17. März 1521 einen neuen Lehnsbrief von Kaiser Karl V.,[100] analog zu denen Kaiser Maximilians aus den Jahren 1513 und 1518, der am 19. April durch einen besonderen Schutzbrief ergänzt wurde;[101] Bischof Heinrich leistete den Lehnseid gegenüber Herzog Albrecht von Mecklenburg an des Kaisers Statt.[102]

Seit Anfang 1521 überzog Herzog Magnus von Sachsen–Lauenburg das Bistum erneut mit Bedeforderungen und Ablagern,[103] obwohl ihm diese Rechte gemäß

Januar 1521), 18 (19. Januar 1521), 17 (4. März 1521), 19 (13. März 1521), 20 (14. März 1521), 23 (12. Juni 1521).

94 LAS, Abt. 210, Nr. 987, Nr. 10 vom 14. Oktober 1520. – LAS, Abt. 210, Nr. 987, Nr. 35 aus dem Jahr 1521. – LAS, Abt. 210, Nr. 987, Nr. 36 mit einer undatierten [wahrscheinlich Ende 1521 erstellten, J.H.] Schuldenauflistung.

95 LAS, Abt. 210, Nr. 987, Nr. 12 vom 28. Januar 1521 betreffend von Parkenthin. – LAS, Abt. 210, Nr. 987, Nr. 15 vom 5. Januar 1521 betreffend von Parkenthin. – LAS, Abt. 210, Nr. 987, Nr. 23 vom 14. Dezember 1521 betreffend Angehörige der Familie von Schack in Stove mit der Aufforderung zu einem „guthekene Handel“.

96 LAS, Abt. 210, Nr. 987, Nr. 13 vom 29. Januar 1521. – LAS, Abt. 210, Nr. 987, Nr. 17 vom 4. März 1521.

97 LAS, Abt. 210, Nr. 987, Nr. 18 vom 19. Januar 1521. Bischof Heinrich beschwerte sich bei Herzog Magnus, daß des Herzogs Untertan Dirk Schroder aus Honstorp einen bischöflichen Untertanen namens Hinnerk Tide „in unsere gerichte und gebede up der Veltmark tho poterow [= Pötrau, J.H.] an der Herstraten vom levende tho dode geslagen und [...] wagen [gestohlen, J.H.] und perde, ock de erslagen.“

98 LAS, Abt. 210, Nr. 987, Nr. 19 vom 13. März 1521.

99 LAS, Abt. 210, Nr. 987, Nr. 20 vom 14. März 1521. – LAS, Abt. 210, Nr. 986, qdr. 12 aus dem Jahr 1521. Zu den besonderen Belastungen des Verhältnisses kann gezählt werden, daß Heinrich Bergmeier aus seiner ehemaligen Position als Kammerschreiber heraus genauestens über die Bedeeinkünfte des Herzogtums informiert war. – Vgl. Masch, Ratzeburg, S. 448.

100 Masch, Ratzeburg, S. 415f.

101 Masch, Ratzeburg, S. 446.

102 Masch, Ratzeburg, S. 416.

103 Masch, Ratzeburg, S. 446. S. in diesem Zusammenhang ein Schreiben des Dekans von Ratzeburg an Herzog Magnus vom 12. Juni 1521 (LAS, Abt. 210, Nr. 987, Nr. 23) hinsichtlich der Mißstände der „armen lued by den olders gewotlichen bourgewerke“.

kaiserlichem Beschluß und den Vereinbarungen des Jahres 1519 nicht zustanden. Parallel standen Schuldforderungen des kaiserlichen Fiskals weiterhin aus, die allerdings bis zum August 1521 bezahlt wurden.[104]
Aufgrund eines Revisionsantrags Ratzeburgs[105] wies Kaiser Maximilian am 3. August 1521 das kaiserliche Regiment an, die im Jahr 1519 geschlossene Vereinbarung durchzusetzen.[106]
Eindringlich wies Dr. Meyer den Herzog in einem Schreiben vom 30. November 1521 darauf hin, daß die Ablagerhaltung nicht rechtens sei,[107] zumal der Bischof ein kaiserliches Mandat in Händen halte, das des Herzogs Ablagerhaltung nicht zulasse.[108] Vermittlungsversuche benachbarter Territorialfürsten[109] und ein Einspruch des Bischofs[110] gegen Herzog Magnus verhallten ungehört. Das Revisionsverfahren mündete in eine formelle Prozeßeröffnung am 18. Januar 1522 in Nürnberg.[111] In der Ladung vom 18. April 1521 führte das Reichskammergericht aus, Herzog Magnus habe sich mit Gewalt Land, Schlösser und Güter des Stifts Ratzeburg angeeignet und damit einen Angriff auf den Kaiser ausgeführt, da Ratzeburg unter dessen Schutz und Schirm stehe. Mit einer Strafzahlung in Höhe von 50 MlötG, zur Hälfte an das Reichskammergericht und zur anderen Hälfte an den „Fürst[en] v. Razenburg" zu zahlen, und der Forderung nach Restitution der abgenommenen Stiftsgüter erging das gerichtliche Poenalmandat.[112] Die Gründe für den Revisionsantrag des Bischofs wurden eingehend geschildert: Irrungen über die Bede, ungerechtfertigte Ablagerhaltungen und „andere[r] gebrechen halber".[113] So

---

[104] LAS, Abt. 210, Nr. 987, Nr. 16 vom 3. August 1521.
[105] LAS, Abt. 210, Nr. 985 I (Entwurf).
[106] LAS, Abt. 210, Nr. 985 I (3. August 1521).
[107] LAS, Abt. 210, Nr. 986, qdr. 11, fol. 48^{r}.
[108] LAS, Abt. 210, Nr. 986, qdr. 11, fol. 43.
[109] LAS, Abt. 210, Nr. 986, qdr. 13 aus dem Jahr 1521 (Herzog Albrecht von Mecklenburg). – LAS, Abt. 210, Nr. 24 vom 30. Oktober 1521 (Herzog Albrecht von Mecklenburg). – LAS, Abt. 210, Nr. 27 vom 25. November 1521 (Kurfürst Joachim von Brandenburg) nach einem Bittschreiben von Bischof Heinrich an Kurfürst Joachim vom 15. November 1521 (LAS, Abt. 210, Nr. 987, Nr. 26).
[110] LAS, Abt. 210, Nr. 986, Nr. 28 vom 17. August 1521.
[111] Der Prozeß ist dokumentiert in LAS, Abt. 390, Nr. 578 I bis III. Die Akten sind gemäß einer Abschrift der Prozeßnebenakte (von der Originalnebenakte ist lediglich ein einseitiges Fragment erhalten geblieben) vollständig. – Zum Teil wird der Prozeß beschrieben bei Masch, Ratzeburg, S. 446ff. Masch irrt jedoch hinsichtlich der Datierung. Der Prozeß begann nicht 1521 sondern erst ein Jahr später, 1522. Die Poenalmandate aus dem Jahr 1521 waren nicht von vornherein zwingender Prozeßbestandteil, sondern wurden erst kurz vor Beschlußfassung zu den Akten genommen. Ein Prozeß begann grundsätzlich mit dem ersten Gerichtstag vor dem Reichskammergericht.
[112] LAS, Abt. 390, Nr. 573 I, qdr. 1 und qdr. 2 (Abschrift).
[113] LAS, Abt. 390, Nr. 573 I, qdr. 4: Anweisungen des Bischofs an seinen Anwalt Balthazar Schmidt, insbes. fol. 1^{r} bis 2^{r} [gebrechen = Verbrechen, J.H.].

hatte Bischof Heinrich auch darüber Klage geführt, daß Priester im Lauenburgischen „underworfen und [...] an der pflichterfüllung gehindert werden".[114]

Herzog Magnus hingegen wähnte sich – trotz anderslautender Vereinbarungen – im Recht, denn die Orte, an denen Ablager gehalten und Bede eingetrieben worden seien, lägen im Herzogtum Sachsen. Die Rechtsprechung werde, so der Herzog, dies bestätigen.[115] Außerdem sei er ein „gehorsamer Fürst des Reiches" und in dem vorgeworfenen Fall nicht schuldig, denn er habe als Landesherr die Patronatsrechte über Ratzeburg,[116] und Ablager und Bede seien bereits unter seinem Vater Johann Gewohnheit geworden.[117] Dieses Verfahren werde auch von anderen Landesherren in Brandenburg, Pommern und Mecklenburg gepflegt.[118] Sämtliche Abtretungen und Verpfändungen, die mit dem Bistum getätigt worden seien, seien rechtens abgewickelt worden: Die Forderungen des Bischofs hingegen seien anmaßend und überzogen.[119] Grundsätzlich, so führte Magnus weiter aus, liege die Landesherrschaft bei den Lauenburgern, der Bischof übe lediglich die Grundherrschaft aus.[120] Nicht zu vergessen sei, daß zahlreiche Verpfändungen bis in die Zeit der Fundation des Bistums zurückreichten, die der Bischof heutzutage nicht mehr kenne.[121] Seine Landschaft, mit der sich Magnus beraten habe, sehe das genauso.[122]

Im wesentlichen beanstandete Herzog Magnus damit einen Bruch des besonderen Treueverhältnisses zwischen ihm als Reichsstand und dem Kaiser, da sich der Bischof die beanspruchten Regalien erst kurz zuvor vom Kaiser besorgt hatte. Damit stellte Magnus die Rechtskraft dieser verliehenen Regalien und Freiheiten in Frage.[123] Zudem dokumentierten seine Ausführungen, daß er den Auflagen der Poenzahlung des Gerichts nicht nachzukommen gedachte, worüber Konsens in seinem Territorium bestand, und er sich als Reichsstand benachteiligt sah.

Nach dem Ablauf der Fristen am 28. September 1521 wurde das Poenalmandat erneuert: Die Geldstrafe wurde verdoppelt und die Aufforderung eindringlich

[114] LAS, Abt. 390, Nr. 573 I, qdr. 2.
[115] LAS, Abt. 390, Nr. 573 I, qdr. 8.
[116] LAS, Abt. 390, Nr. 573 I, qdr. 9, fol. 2r und 4v. (Schreiben vom 22. April 1521.)
[117] LAS, Abt. 390, Nr. 573 I, qdr. 9, fol. 2v.
[118] LAS, Abt. 390, Nr. 573 I, qdr. 9, fol. 6r.
[119] LAS, Abt. 390, Nr. 573 I, qdr. 9, fol. 2v und fol. 3r.
[120] LAS, Abt. 390, Nr. 573 I, qdr. 9, fol. 4r und fol. 9v.
[121] LAS, Abt. 390, Nr. 573 I, qdr. 9, fol. 3v.
[122] LAS, Abt. 390, Nr. 573 I, qdr. 9, fol. 10v.
[123] Vgl. LAS, Abt. 390, Nr. 573 I, qdr. 9, fol. 3r.

wiederholt, nunmehr die Beschwerungen gegenüber dem Bistum zu unterlassen.[124]
Die Eingabe des bischöflichen Prokurators führte durch die erneute Klage, daß der Herzog ungehindert Bede eintreibe und Ablager halte, den Poenforderungen nicht nachgekommen sei und – was am schwersten wiege – die vom Kaiser dem Bischof verliehenen Regalien und Freiheiten nicht respektiere – verbunden mit der Forderung, die Mandate durchzusetzen –[125] zur formellen Prozeßeröffnung im Januar 1522.

In den Vordergrund der Auseinandersetzungen trat bereits im April 1522 die eigentliche Ursache der Streitigkeiten: die Frage nach dem Besitz des Landes Boitin. Beschwernisse über Bede und Ablager gerieten in den Hintergrund und wurden als streitauslösend nur am Rande weiterbehandelt.
In mühevollen Einzelschritten versuchte der bischöfliche Anwalt nachzuweisen, daß die landesherrlichen Ansprüche des Bischofs von Ratzeburg gerechtfertigt waren. Als Beweis wurden Abschriften der Lehnsbriefe vorgelegt.
Die Authentizität dieser Abschriften kaiserlicher Privilegierungen muß aufgrund der Datierungen in Zweifel gezogen werden (21. September 1521 und 23. Dezember 1521).[126] Der Schluß liegt nahe, daß auf der Grundlage echter Dokumente die beiden zusätzlichen kaiserlichen Privilegierungen hergestellt worden sind, um mit dem Argument der Aktualität die Rechtmäßigkeit der Klage nochmals zu betonen.

---

[124] LAS, Abt. 390, Nr. 573 I, qdr. 3.
[125] LAS, Abt. 390, Nr. 573 I, qdr. 7.
[126] LAS, Abt. 390, Nr. 573 I, qdr. 11: Privileg Kaiser Karls V. unter Bezugnahme auf die Privilegierungen durch Heinrich den Löwen von 1154 (gedruckt in: MUB I, Nr. 57) und 1158 (gedruckt in: MUB I, Nr. 65). – Qdr. 28: Privileg Kaiser Karls V. unter Bezugnahme auf eine Privilegierung durch Kaiser Friedrich II. – Qdr. 14: Privileg Kaiser Karls V. unter Bezugnahme auf die Privilegierungen durch Herzog Johann Albrecht von Sachsen–Lauenburg vom 30. April 1271 (gedruckt in: MUB II, Nr. 1224). – Qdr. 12: Privileg Kaiser Karls V. unter Bezugnahme auf die durch Herzog Erich von Sachsen–Lauenburg ausgesprochenen Privilegierungen vom 21. Februar 1334 (gedruckt in: MUB VIII, Nr. 5495). – Qdr. 13: Privileg Kaiser Karls V. unter Bezugnahme auf die durch Herzog Erich von Sachsen–Lauenburg ausgesprochenen Privilegierungen vom 10. Juli 1362 (gedruckt in: MUB XV, Nr. 9069). – Qdr. 32: Abschriften der „confirmationes" durch Kaiser Karl IV. für Ratzeburg. – LAS, Abt. 390, Nr. 573 II, qdr. 34: Privileg Kaiser Karls V. unter Bezugnahme auf die durch Herzog Erich von Sachsen–Lauenburg ausgesprochenen Privilegierungen vom 21. Dezember 1351. – Qdr. 35: Privileg Kaiser Karls V. unter Bezugnahme auf die am 24. Juni 1312 ausgesprochenen Privilegierungen durch Herzog Erich von Sachsen–Lauenburg und seine Frau Margarete (gedruckt in: MUB V, Nr. 3540) und auf die von Herzog Erich IV. am 3. März 1375 ausgesprochenen Privilegierungen (gedruckt in: MUB XVIII, Nr. 10699). – Qdr. 37: Kaiser Karl V. bestätigt die Privilegien von Kaiser Maximilian vom 13. September 1513 und die von ihm selbst erteilten Privilegierungen vom 17. und 19. April 1521.

Bittschriften Ratzeburgs an benachbarte Territorialfürsten,[127] Ermahnungsschreiben des Bischofs und anderer Reichsfürsten sowie ein persönlicher Geleitbrief des Kaisers aus dem Dorf Dorinth in Flandern vom August 1521 an Herzog Magnus I. mit der Aufforderung, nicht länger „landschatzungen" vorzunehmen,[128] rundeten das Beweismaterial des bischöflichen Anwalts vom April 1522 ab. Den 1521 von Herzog Magnus schriftlich gemachten Angaben, daß an das Bistum verlehnte Besitzungen wieder entfreit worden waren, begegnete der bischöfliche Anklagevertreter Schmidt mit einem undatierten Schreiben des Bischofs Johann von Ratzeburg an die Fürsten von Mecklenburg, in dem ein Register der Belehnungen aufgeführt wurde,[129] welches auf der Grundlage eines Lehnsregisters von Kaiser Sigismund aus dem Jahr 1414 entstanden war.[130]

In der Verteidigung berief sich der herzogliche Prokurator Dr. Krell auf die Belehnungen Ratzeburgs unter Bischof Detlev von Ratzeburg (1395–1419).[131] Zugleich legte Krell Aussagen ganzer Dorfgemeinden aus dem ratzeburgischen Land vor, die den Bischof unberechtigter Bedeforderungen bezichtigten. So hatten bereits die Bewohner des Dorfs Meisken am 15. September 1521 auf dieses Unrecht hingewiesen, und die Bewohner des Dorfs Restorff dokumentierten mit ihrer Aussage vom 4. November 1521 Ausbeutungen von Seiten des Stifts und wiesen darauf hin, daß die Bede an den Herzog günstiger und darum besser war. Hinsichtlich des Ablagerrechts des Herzogs von Sachsen–Lauenburg sprachen sie von einer „olde gewonheit".[132] Ergänzt wurden diese Einschätzungen durch die Aussagen der Bewohner der drei Dörfer Rupenstorf, Luderstorf und Boitin–Restorp vom 20. November 1521: „darmit die warheit nicht underdruckt und verdelget werde," denn bereits Herzog Erich hatte Ablager gehalten, und da Herzog Magnus nun Landesfürst war, hatte er diese Gerechtigkeiten inne. Außerdem sahen die Bewohner in der Ablagerhaltung keinen unberechtigten Willkürakt des Landesherrn, sondern nach ihrer Meinung wurden Ablager nach „gerechtigkeit und gewonheit" abgehalten; sie würden „gerne hebben ein Afflager".[133]

---

[127] LAS, Abt. 390, Nr. 573 I, qdr. 29 und 30.
[128] LAS, Abt. 390, Nr. 573 I, qdr. 27.
[129] LAS, Abt. 390, Nr. 573 II, qdr. 36 (identisch mit qdr. 37), fol. 1^r: Betr. „de errigen sech twischen Johan [Herzog von Sachsen–Lauenburg, d. Verf.] und Johan", Bischof von Ratzeburg.
[130] LAS, Abt. 390, Nr. 573 I, qdr. 20.
[131] LAS, Abt. 390, Nr. 573 I, qdr. 21 und 22. Vgl. Masch, Ratzeburg, S. 300ff. Diese Belehnungen läßt Masch unerwähnt.
[132] LAS Abt. 390, Nr. 573 I, qdr. 44 (Restorff) und qdr. 47 (Meisken).
[133] LAS, Abt. 390, Nr. 573 I, qdr. 48 (Rupenstorf), qdr. 51 (Luderstorf), qdr. 54 (Boytin[!]–Restorp).

Prozedurale Fragen rückten fortan in den Vordergrund des Prozeßinteresses, ohne daß die divergierenden Auffassungen und Besitzverhältnisse klärend beraten worden wären. Forcierte Herzog Magnus einerseits eine rasche Prozeßbeendigung wegen der hohen Kosten, so mahnten andererseits sein Prokurator Krell und sein Rechtsbeistand Meyer zur Prozeßfortsetzung, da sie den Prozeß noch nicht verloren glaubten.[134]
Während des Prozesses verstarb Bischof Heinrich von Ratzeburg am 2. Oktober 1524[135] und hinterließ das angespannte Nachbarschaftsverhältnis seinem Nachfolger Bischof Georg, dem designierten Bischof von Havelberg und bisherigen Koadjutor des Ratzeburger Stifts.[136] In besonderer Weise widmete sich Georg dem ökonomischen Ausbau der Bistumsbesitzungen[137] und verwahrte sich gegen Einflußnahmen von außen. So liegt der Schluß nahe, daß er es war, der den ins Stocken geratenen Prozeß vor dem Reichskammergericht wieder antrieb. Die von ihm vorgelegte detaillierte Auflistung aller Verkäufe, Verlehnungen, Gerechtigkeiten sowie Zehnt– und Bederechte im Bistumsland wurde ergänzt durch Detailnachweise über die durch Ablager entstandenen Schäden,[138] die zugleich Auskunft über den Speiseplan der herzoglichen Gesellschaften geben.[139]
Die Verteidigungsführung hingegen berief sich ausschließlich auf die Frage der territorialen Zugehörigkeit des Bistumslandes,[140] unterschied nicht – wie der Anklagevertreter – zwischen Stiftsbesitzungen und bischöflicher Tafel, sondern sprach verallgemeinernd vom Land Boitin. Besonders betont wurden die herzoglichen Patronatsrechte gegenüber der Geistlichkeit[141] sowie der Versuch einer Klärung hinsichtlich der geleisteten Reichssteuern, die nach Meinung Sachsen–Lauenburgs aus der fürstlichen Schatulle für das Bistum mitgetragen worden waren.[142] In einer zum gleichen Zeitpunkt eingereichten Replik[143] ging Krell auf die Vorwürfe des Anklagevertreters ein. Unter dem vorangestellten Postulat, daß Herzog Magnus weltlicher und geistlicher Landesfürst von

---

[134] LAS, Abt. 210, Nr. 359: Schreiben von Herzog Magnus an Dr. Krell (7. Juni 1523). Antwort Krells (7. Juli 1523). Schreiben von Herzog Magnus an Dr. Meyer (3. August 1523).

[135] NdsStA, Bbg, L1, Nr. 1812 (Brief vom 14. Oktober 1524). Masch, S. 418. – Vgl. irrig Walther, Berkmeyer, S. 288.

[136] Masch, Ratzeburg, S. 455f.

[137] Masch, Ratzeburg, S. 458ff, insbes. S. 458–460, Fn. 7.

[138] LAS, Abt. 390, Nr. 573 II, qdr. 67. – Vgl. Masch, Ratzeburg, S. 474f.

[139] LAS, Abt. 390, Nr. 573 II, qdr. 67, fol. 6^{r}. – Vgl. LAS, Abt. 210, Nr. 995, qdr. 1, fol. 2^{r}.

[140] LAS, Abt. 390, Nr. 573 II, qdr. 69, fol. 2^{r-v}.

[141] LAS, Abt. 390, Nr. 573 II, qdr. 69, fol. 3^{r}.

[142] Der Bischof von Ratzeburg zahlte seit 1507 Reichssteuern und stellte seit 1521 dem Reich auch Kriegsvolk zur Verfügung. Letzteres entsprach den kaiserlichen Belehnungen. – S. hinsichtlich der Reichssteuern: Stoldt, Amtsbauern, S. 20. – Vgl. Masch, Ratzeburg, S. 493.

[143] LAS, Abt. 390, Nr. 573 II, qdr. 75.

Ratzeburg sei, wies er alle Anklagepunkte zurück, eine Haltung, die er sowohl 1525[144] als auch 1526[145] aufrechterhielt und sich auf die kaiserliche Belehnung unter anderem mit dem Land Ratzeburg berief.
Dr. Simeon Engelhardt, der Balthazar Schmidt als Anklagevertreter ablöste, begegnete den Einwänden in den folgenden zwei Jahren mit der erneuten und wiederholten Vorlage diverser Dokumente und Urkundenabschriften, die die Reichsbelehnung und die Abtretung von Obergerechtigkeiten der Herzöge von Sachsen–Lauenburg an den Bischof von Ratzeburg bestätigten.[146] Als Landesherr sei der Bischof zum Erhalt der Landsteuer verpflichtet, die er sich nicht von einem anderen Landesherrn abnehmen lassen könne, der keine Rechte daran habe.[147] Engelhardt blieb der bisherigen ratzeburgischen Verhandlungsführung treu: Detailvorwürfen wegen unberechtigter Bedeforderungen,[148] die durch Zeugenaussagen, ebenfalls aus ganzen Dorfschaften, gestützt wurden,[149] genauesten Schilderungen von teilweise gewaltsamen Ablagerhaltungen[150] und Auflistungen von Zahlungsrückständen des lauenburgischen landsässigen Adels[151] konnte die herzogliche Verteidigung nicht wirksam entgegentreten, sondern nur beharrlich dem Grundsatz folgen, an der Rolle des Landesherrn mit seinen Verpflichtungen und Rechten festzuhalten.[152] Um die Verteidigungsführung zu unterstützen, wurde am 4. März 1528 eine detaillierte Liste aller Dorfschaften vorgelegt, in denen der Herzog Bedegerechtigkeiten und Ablagerrechte hatte.[153]
Parallel zum Prozeß vor dem Reichskammergericht versuchten sowohl die Herzöge von Mecklenburg wie auch der Kurfürst von Brandenburg eine außergerichtliche Schlichtung einzuleiten. Daß dabei nicht nur versucht wurde, die beiden Streitparteien einander näher zu bringen, sondern daß die Schlichtungspartner auch persönliche Territorialinteressen verfolgten, verdeutlichen Briefwechsel am Rande des Prozesses. Näherte sich der Herzog von Mecklenburg in seiner Argumentation im April 1526 den Lauenburgern an,[154] so hatte Markgraf Joachim von Brandenburg bereits im März 1526 den Bischof von Ratzeburg gebeten, zunächst nochmals detailliert die geographische Lage der betroffenen Ortschaften darzustellen, damit er prüfen

---

144 LAS, Abt. 390, Nr. 573 II, qdr. 69 und 75.
145 LAS, Abt. 390, Nr. 573 II, qdr. 79. Masch, Ratzeburg, S. 481.
146 LAS, Abt. 390, Nr. 573 II, qdr. 70, 72, 73, 74, 75, 112 und 119. – Vgl. Masch, Ratzeburg, S. 481.
147 LAS, Abt. 390, Nr. 573 II, qdr. 83, fol 1^v.
148 LAS, Abt. 390, Nr. 573 II, qdr. 80 und 81.
149 LAS, Abt. 390, Nr. 573 II, qdr. 86, 95 und qdr. 98 bis 105.
150 LAS, Abt. 390, Nr. 573 II, qdr. 107, fol. 2^r sowie qdr. 109, fol. 2^r.
151 LAS, Abt. 390, Nr. 573 II, qdr. 107, fol. 3^r.
152 LAS, Abt. 390, Nr. 573 II, qdr. 114.
153 LAS, Abt. 390, Nr. 573 II, qdr. 116, fol. 2^{r-v}. – Vgl. Masch, Ratzeburg, S. 474f.
154 LAS, Abt. 210, Nr. 986, qdr. 18 vom 4. April 1526.

lassen könne, ob brandenburgische Interessen berührt waren.[155] Am 11. Juni 1526 berichtete Markgraf Joachim in einem persönlichen Schreiben an Kaiser Karl V., daß beide Streitparteien in „landfriedbrüchiger weis" tätig seien,[156] und forderte gleichzeitig beide Prozeßparteien zur Beschränkung und Mäßigung auf.[157] Brandenburg schied somit als Fürsprecher für beide Prozeßgegner aus. Der Bischof von Ratzeburg wandte sich nun an das Haus Mecklenburg in der Hoffnung, hier Unterstützung gegen Bede und Ablager des Herzogs von Sachsen–Lauenburg zu erfahren.[158] Die erhoffte Unterstützung schien jedoch auszubleiben, so daß sich der Bischof von Ratzeburg schließlich direkt an seinen Kontrahenten wandte und ihm am 25. Januar 1527 mitteilte, daß er zu Zugeständnissen bereit sei, sofern sich Magnus gegenüber den Besitzungen des Bistums künftig zurückhalte.[159]

[155] LAS, Abt. 210, Nr. 986, qdr. 22 vom 7. März 1526.

[156] LAS; Abt. 210, Nr. 986, qdr. 23 vom 11. Juni 1526.

[157] LAS, Abt. 210, Nr. 986, qdr. 24: Joachim an Herzog Magnus am 16. Juli 1526 und qdr. 25: Joachim an den Bischof von Ratzeburg am 28. Juli 1526. Währenddessen mußte sich das Reichskammergericht mit einem weiteren Fall von Landfriedensbruch beschäftigen: Hartwig und Arndt von Ritzerau zu Mustin waren gewaltsam in das dem ratzeburgischen Domkapitel gehörende Dorf Lanken in der Vogtei Schlagsdorf eingedrungen und hatten durch die Wegnahme von Kornabgaben und Übergriffe auf die „Reichsstraße" Nutzungsrechte des Ratzeburger Domkapitels behindert. – S. hierzu LAS, Abt. 390, Nr. 292.

[158] LAS, Abt. 210, Nr. 986, qdr. 29: Der Bischof von Ratzeburg an den Herzog von Mecklenburg am 17. Mai 1526. – LAS, Abt. 210, Nr. 986, qdr. 32: Der Bischof von Ratzeburg an den Herzog von Mecklenburg am 25. Oktober 1526: Für den Bischof stand die Frage der Bede und des Ablagers im Vordergrund seines Interesses: „[...] ob aber das Fürstenthumb Sachßßen im Stifft Ratzeburg, oder das Stifft im Landt zu Sachßßen gelegen wollen wir dießße zeit nicht dißputiren sonder wird sich to seiner Zeit wol finden." Hierin kam die Hoffnung zum Ausdruck, daß zunächst den unrechtmäßigen Forderungen des Herzogs Einhalt geboten wurde, bevor die Frage der Landesherrschaft über das Land Boitin, im erweiterten Sinne auch um die Besitzungen in Ratzeburg, geführt wurde. Diese Strategie spiegelt sich in der Verhandlungsführung vor dem Reichskammergericht wider. – Vgl. Masch, Ratzeburg, S. 489. Masch erklärt die Zurückhaltung Mecklenburgs mit den engen verwandtschaftlichen Beziehungen zum Herzogtum Sachsen–Lauenburg. Der Verfasser hält diese Erklärung für zu allgemein. Die verfahrene rechtliche Situation und die Unklarheit über die tatsächlichen Rechtszustände sind die ausschlaggebenden Indizien für die mecklenburgische Zurückhaltung, die sich wenig später in die Bereitschaft, in dem Streit als Vermittler zu fungieren, wandelte.

[159] LAS, Abt. 210, Nr. 986, qdr. 38 vom 25. Januar 1527. Der Brief ist im Namen Bischof Georgs verfaßt worden; aufgrund der folgenden Ereignisse ist jedoch davon auszugehen, daß der Dompropst Johann Mues der wirkliche Verfasser dieses Briefes ist. U.a. wird Herzog Magnus angeboten, daß alle Bistumsbesitzungen, die auf „dem Berge" lägen und auf das Ratzeburger Schloß wirken könnten, übergeben werden sollten; sogar die Kirche, die zuvor allerdings ausgeräumt werden müsse, stehe zur Disposition, in diesem Falle zum Abbruch. – Vgl. Masch, Ratzeburg, S. 477.

Das Jahr 1527 war von weiteren Versuchen der Häuser Mecklenburg und Brandenburg geprägt, die Streitigkeit durch einen außergerichtlichen Vergleich beizulegen. Erst im März 1528 konnte der Herzog von Mecklenburg Herzog Magnus mitteilen, daß der mecklenburgische Kanzler nunmehr in gütlichen Verhandlungen mit Ratzeburg stünde, um die Irrung zu beseitigen.[160]

Ende 1528 entschloß sich Herzog Magnus, einem außergerichtlichen Vergleich zuzustimmen: So wurde zwischen ihm und dem Dompropst Johann Mues, der als Vicarius des Bischofs die Bistumsgeschäfte während der Abwesenheit Bischof Georgs kommissarisch leitete, eine Übereinkunft geschlossen.[161] Der Vergleich beendete formal den Prozeß vor dem Reichskammergericht, wenngleich die Prozeßakte wegen der einzuhaltenden Fristen noch nicht geschlossen wurde.
Im Jahr 1529 wandte sich der bischöfliche Prokurator Dr. Engelhardt erneut an das Reichskammergericht, da Herzog Magnus unaufrichtig gehandelt habe, als die Übereinkunft geschlossen wurde.[162] Aus diesem Grunde legte er im Namen von Bischof Georg von Ratzeburg eine Revisionsklage ein.[163] Bischof Georg verwahrte sich gegen Teilansprüche, die Herzog Magnus in Übereinstimmung mit dem Dompropst Johann Mues im Jahr zuvor für sich in Anspruch genommen hatte. Die kaiserlichen Privilegien seien eindeutig, und die Ansprüche des Herzogs von Sachsen–Lauenburg beschränkten sich auf Besitzungen in der Sadelbande, in Polabien sowie in den Ländern Hadeln und Darzing;[164] das Land Boitin gehöre in keiner Weise zum herzoglichen Besitz, sondern zu dem des Bischofs von Ratzeburg.[165] Diese Rechte schlössen die Landesherrschaft (weltlich und geistlich) über das Bistum Ratzeburg im erweiterten Land Boitin ebenso ein wie die Obergerichtsbarkeit über das Kapitel und das Stift Ratzeburg.[166] Seitdem Herzog Magnus die Regierungsgeschäfte führe, sei es zu den Beschwerungen gekommen (Ablager und Bede); unter Herzog Johann V. hingegen seien derartige Dinge nicht vorgekommen, zumal sich auch der lauenburgische Adel der Ablagerhaltung bisher gänzlich enthalten habe[167] und nur Herzog Magnus selbst – entgegen den

---

160 LAS, Abt. 210, Nr. 986, qdr. 54 vom 24. März 1528.

161 LAS, Abt. 390, Nr. 573 II, qdr. 118. – Persönliche Bemühungen von Magnus, bei dem Kammerrichter in Eßlingen eine für Sachsen–Lauenburg günstigere Prozeßfortsetzung zu erwirken, waren gescheitert: S. LAS, Abt. 390, Nr. 438, fol. 146: „[...] bezüglich der sach in Ratzeburg [...]“. – S. Masch, Ratzeburg, S. 462.

162 LAS, Abt. 390, Nr. 573 III, qdr. 123, fol. 1^v.

163 LAS, Abt. 390, Nr. 573 III, qdr. 123, fol. 1^r.

164 LAS, Abt. 390, Nr. 573 III, qdr. 123, fol. 3^v.

165 LAS, Abt. 390, Nr. 573 III, qdr. 123, fol. 4^r.

166 LAS, Abt. 390, Nr. 573 III, qdr. 123, fol. 4^r. – Sämtliche Privilegien wurden nochmals in Abschrift vorgelegt in: LAS, Abt. 390, Nr. 573 III, qdr. 129.

167 LAS, Abt. 390, Nr. 573 III, qdr. 123, fol. 5^r.

kaiserlichen Privilegien – für sämtliche Streitigkeiten ursächlich verantwortlich sei, die detailliert geschildert wurden: Einzug von Dörfern, Viehdiebstahl, Beanspruchung von Felderträgen, Besetzung von Dörfern und Erzwingen der Bede, Vertreibung, Diebstahl, Erpressung und tätliche Gewaltanwendung gegen Stiftsuntertanen sowie die Anmaßung von Gerichtsrechten gegenüber diesen.[168] Diese Vorwürfe wurden ergänzt durch die Auflistung von seit langem bestehenden Schuldforderungen gegenüber dem Herzog.[169]

Das Stift zu Ratzeburg, so fügte Engelhardt hinzu, fürchte um Besitz und Bestand;[170] dies untermauerte der Abt Boldewin vom Kloster St. Michael zu Lüneburg in einer Beistandserklärung, die dem Gericht 1529 zugestellt wurde.[171] Zu Beginn des Jahres 1530 antwortete Dr. Krell dem Gericht unter Bezugnahme auf die erneute Anklageerhebung Bischof Georgs und verwies auf die von der Verteidigung vorgelegten Beweise aus den Jahren 1521, 1522 und 1523.[172] Krell bezweifelte die Qualität und Quantität der von Seiten Ratzeburgs vorgelegten Beweise; „das reiche nicht aus".[173] Im Vordergrund seiner Argumentation stand allerdings die Frage nach „recht un unrecht":[174] Wie sollte ein Nachteil für seinen Herzog rechtens sein, wenn von dessen Seite alle Beweise für seine Unschuld beigebracht worden waren?[175] Wie beurteilte das Gericht die vorgebrachten eindeutigen Zeugenaussagen, die zugunsten des Beklagten Stellung bezogen?[176] War nicht feststellbar, daß dem Kläger grundsätzlich Recht gegeben würde? Diese Fragen, so führte Krell weiter aus, würden das Gericht sicherlich dazu veranlassen, wirkliches Recht zum Nutzen des Reichs zu sprechen, denn die Rechtsprechung sei eine der wesentlichen Errungenschaften dieser Zeit.[177]

Die vom Reichskammergericht am 28. April 1530 eingesetzte Kommission,[178] bestehend aus dem Abt Boldewin des Klosters St. Michael zu Lüneburg, dem Lübecker Bürgermeister Dr. Matthäus Pakebusch und Dr. Heinrich Brömbsen, einem Ratsherrn der Stadt Lübeck, fällte am 12. Juni 1531 ihr Urteil gegen Herzog Magnus I., der nun die Gelegenheit erhielt, binnen dreier Monate neue Beweise zu erbringen, da sonst das Urteil Rechtskraft erlangte.[179] Ob der von

---

[168] LAS, Abt. 390, Nr. 573 III, qdr. 123, fol. 6^r, 8^v, 9^r, 12^r, 13^r, 13^v, 14^r, 14^v, 15^r. Qdr. 124, fol. 1^r. – Vgl. Masch, Ratzeburg, S. 476f.

[169] LAS, Abt. 390, Nr. 573 III, qdr. 123, fol. 15^r.

[170] LAS, Abt. 390, Nr. 573 III, qdr. 124, fol. 2^r.

[171] LAS, Abt. 390, Nr. 573 III, qdr. 128.

[172] LAS, Abt. 390, Nr. 573 III, qdr. 130, fol. 1^r.

[173] LAS, Abt. 390, Nr. 573 III, qdr. 130, fol. 2^r.

[174] LAS, Abt. 390, Nr. 573 III, qdr. 130, fol. 3^r.

[175] LAS, Abt. 390, Nr. 573 III, qdr. 130, fol. 3^v.

[176] LAS, Abt. 390, Nr. 573 III, qdr. 130, fol. 4^r.

[177] LAS, Abt. 390, Nr. 573 III, qdr. 130, fol. 4^{r-v}.

[178] LAS, Abt. 210, Nr. 986, qdr. 61. – Vgl. Masch, Ratzeburg, S. 483.

[179] LAS, Abt. 390, Nr. 573 III, qdr. 134 und unnumeriertes qdr. nach qdr. 137.

Bischof Georg von Ratzeburg auf dem Reichstag zu Augsburg im Jahr 1530 persönlich abgelegte Lehnseid gegenüber Kaiser Karl V.[180] begünstigend auf die nach Fristablauf ausgesprochene Reichsacht gegenüber Herzog Magnus I. gewirkt haben mag, bleibt ungewiß.

Trotz des herzoglichen Einspruchs, daß zahlreiche Angehörige des landsässigen Adels nicht als Zeugen vernommen worden seien,[181] ließ Magnus das Urteil schließlich beeiden, obwohl er erklärte, „daß ihm Unrecht geschehen sei".[182] Letzthin konnte er sich so aus der Reichsacht wieder befreien.

4.2.2 Die Auseinandersetzungen um das Dorf Pötrau und weitere Beschwerungen in den Kapitelsdörfern

Bereits in den Jahren 1521[183] und 1525[184] war es zu Beschwerungen des Bischofs von Ratzeburg in seinem Dorf Pötrau durch Herzog Magnus von Sachsen–Lauenburg gekommen. Pötrau nahm aufgrund seiner geographischen Lage eine besondere Rolle ein: Das Dorf lag an der Weggabelung der Lüneburger Salzstraße in Richtung Norden nach Lübeck und in Richtung Osten (über Büchen) nach Mecklenburg. Die Rückgewinnung dieser vornehmlich wirtschaftlich wichtigen geographischen und „einträglichen" Position im Lauenburgischen muß Herzog Magnus ein besonderes Anliegen gewesen sein, wenngleich Pötrau bereits seit dem 14. Jahrhundert im bischöflichen Besitz war. Die Anklageerhebung durch Bischof Georg von Ratzeburg fand wörtlich Eingang in die Ladung des Reichskammergerichts vom 26. Juli 1527,[185] welche

---

[180] Masch, Ratzeburg, S. 492.

[181] LAS, Abt. 390, Nr. 573 III, qdr. 135.

[182] LAS, Abt. 390, Nr. 573 III, qdr. 136. Magnus I. fühlte sich in dieser Ansicht hinreichend durch die regelmäßigen Berichte seines Anwalts Dr. Krell bestätigt. Krell beschrieb, juristisch ausgefeilt, die unterschiedlichen Rechtslagen und wog dabei Chancen für einen eventuellen Prozeßgewinn bzw. –verlust ab. Krell stellt sich dem Betrachter als Jurist mit ausgewogenem Urteilsvermögen dar, welcher, obwohl er zuvor in herzoglichen Diensten gestanden hatte, die Prozeßverläufe so objektiv wie möglich darzustellen versuchte. Die Gegenüberstellung seiner Korrespondenz mit dem Herzog und der Prozeßverläufe anhand der Prozeßnebenakten offenbart keine Widersprüche. Festzuhalten bleibt, daß sich Krell dennoch als „Instruktionsempfänger" verstand, der versuchte, die Ansprüche seines Herzogs, wo sie belegt und berechtigt waren, nach geltendem Recht (römisch–kanonisch, unter Hintanstellung des regionalen Rechtsgebrauchs) durchzusetzen. Die Instrumente des Zeitaufschubs waren hierfür wirksame Mittel.

[183] LAS, Abt. 210, Nr. 987, Nr. 18: Bischof von Ratzeburg an Herzog Magnus am 19. Januar 1521: „Uns wurde nun von Euch Poterau weggenommen, auch die herstraßen und die feldmark."

[184] LAS, Abt. 390, Nr. 573 II, qdr. 67, fol. 9^{v}.

[185] LAS, Abt. 210, Nr. 989 I, qdr. 1.

am 12. November 1527 verkündet[186] und am 8. Januar 1528 in den Prozeß eingebracht wurde.[187] Mit Verweis auf den bereits rechtsanhängigen Mandatsprozeß vor dem Reichskammergericht wegen unberechtigter Ablagerhaltung, nicht zustehender Zehnt– und Bedeeinforderungen sowie des in diesem Zusammenhang nicht beachteten ersten Poenalmandats vom 18. April 1521[188] legte Dr. Engelhardt für Bischof Georg von Ratzeburg seinen Klaglibell im April 1528 vor.[189] Dabei konzentrierte sich die Anklage auf ungerechtfertigte Zehntforderungen des Herzogs in den Bistumsdörfern,[190] wie in Schlagbrügge, Mustin, Schlagesdorf, Ziethen, Reystorp, Wentorf, Nüsse, Ralingsdorf und dem Domhof zu Ratzeburg[191] sowie auf die Beschlagnahme von dem Kapitel eigenen Mühlengerechtigkeiten in Ratzeburg durch den Angriff auf die Müller Klaus Keding und Claus Schink.[192] Den besonderen Zorn des Bischofs scheint die Vorgehensweise des Herzogs erregt zu haben, denn dieser hatte ihm einen Brief zustellen lassen, daß zukünftig der Bischof und seine Untertanen „alle zinsen [...] dem Herzog aufs Schloss" zu bringen hätten.[193] Am 10. September 1527 erschien Herzog Magnus mit seinen Dienern im Kapitelhaus in Ratzeburg und teilte den Kapitelherren, die er „fürhalten hat", diese Forderungen nochmals mündlich mit.[194]

Abschließend forderte der bischöfliche Rechtsanwalt die Restitution der spoliierten (=beschlagnahmten) Besitzungen, Einkünfte und Güter[195] und beantragte die Durchsetzung der Reichsacht.[196]

„Sollicher unbewisner clag"[197] widersetzte sich Herzog Magnus am 5. Juli 1529 vor Gericht durch seinen Rechtsanwalt, der den gesamten Klaglibell der „Canoniken von Ratzeburg" zurückwies,[198] obwohl sie als beklagte Partei

---

[186] LAS, Abt. 210, Nr. 989 I, qdr. 1, fol. 2ʳ und qdr. 2, fol. 1ʳ.

[187] LAS, Abt. 210, Nr. 989 I, qdr. 2, fol. 1ʳ.

[188] LAS, Abt. 210, Nr. 989 I, qdr. 2, fol. 2ᵛ.

[189] LAS, Abt. 210, Nr. 989 I, qdr. 2.

[190] LAS, Abt. 210, Nr. 989 I, qdr. 2, fol. 4ᵛ und fol. 5ʳ.

[191] Vgl. bezüglich der Beschwerungen durch Herzog Magnus in den Dom– und Hopfenhöfen und der St. Petruskirche in Ratzeburg den Aktenbestand: LAS, Abt. 210, Nr. 988. Dieser Aktenbestand erweckt zunächst den Eindruck eines eigenständigen Prozesses; tatsächlich ist er Bestandteil des Reichskammergerichtsprozesses Nr. 989.

[192] LAS, Abt. 210, Nr. 989 I, qdr. 2, fol. 6ʳ und qdr. 3, fol. 2ʳ: Beschreibung, wie der Müller Claus Schink gefangengesetzt wurde, dafür allerdings 4 ß „fanggeld", 32 ML „nahrungsgeld" und 6 ß „dienstgelt" an den Herzog entrichtet werden mußten, als Schink wieder freigesetzt wurde.

[193] LAS, Abt. 210, Nr. 989 I, qdr. 2, fol. 4ʳ.

[194] LAS, Abt. 210, Nr. 989 I, qdr. 2, fol. 6ʳ und 6ᵛ.

[195] LAS, Abt. 210, Nr. 989 I, qdr. 2, fol. 2ᵛ und 8ʳ.

[196] LAS, Abt. 210, Nr. 989 I, qdr. 2, fol. 8ᵛ.

[197] LAS, Abt. 210, Nr. 989 I, qdr. 6, fol. 2ʳ.

[198] LAS, Abt. 210, Nr. 989 II, qdr. 11, fol. 3ᵛ.

„kainer antwort oder beweißung nottürfftig".[199] Der Bischof müsse zurechtgewiesen werden, denn er sei derjenige, der eine unglaubliche Tat begangen hätte.[200] Was hielte, so fragte der Rechtsanwalt, der Kaiser davon, wenn sich ein Fürstentum einfach aus dem Reich entfernte, so wie es Ratzeburg getan hatte, als es Sachsen–Lauenburg verließ?[201] Nach diesem Exzeptionsschreiben zog sich Dr. Krell aus dem Prozeß zurück: Termine nahm er nicht wahr, „Gerechtstage" ließ er verstreichen. Herzog Magnus, der Krell instruiert hatte, nahm weder Verbindung zum Bischof auf, noch führte er Verhandlungen mit benachbarten Territorialfürsten in dieser Angelegenheit. Somit trat die Verteidigung durch Untätigkeit den Beweis der Unschuld an. Engelhardt rügte dieses Verhalten im Oktober 1529 und leitete daraus die Schuld des Herzogs ab, so daß der entstandene Schaden nunmehr taxiert werden könne.[202]

Krell reagierte im Januar 1530 mit Formalien: Das Verfahren habe „der ordnung nach" geführt zu werden; die Forderung nach Taxierung widerspreche der Reichskammergerichtsordnung.[203] Hingegen sei Ratzeburg der Aufforderung nicht nachgekommen, weitere Beweise vorzulegen und habe der Ordnung entgegengewirkt.[204]

Trotz dieses Widerspruchs erließ das Reichskammergericht am 9. Februar 1530 ein Exekutorialmandat mit der Auflage, sich weiterer Handlungen in dieser Sache zu enthalten,[205] eine Geldstrafe in Höhe von 10 MlötG[206] innerhalb von drei Tagen nach Mandatserhalt zu entrichten und zum nächsten Gerichtstag zu erscheinen.[207] Der Gerichtsbote Balthazar Muller überbrachte dieses Mandat,[208] das allerdings wirkungslos blieb, so daß am 20. Juni 1530 – nach Fristablauf – eine erneute Ladung in einem weiteren Exekutorialmandat überbracht werden mußte.[209] Die Forderungen nach Restitution wurden ergänzt um solche nach Begleichung der angefallenen Schulden.[210] Balthazar Muller, der sich erneut auf

---

[199] LAS, Abt. 210, Nr. 989 II, qdr. 11, fol. 2^{v}.

[200] LAS, Abt. 210, Nr. 989 II, qdr. 11, fol. 4^{r}.

[201] LAS, Abt. 210, Nr. 989 II, qdr. 11, fol. 3^{v}.

[202] LAS, Abt. 210, Nr. 989 II, qdr. 12, fol. 1^{v} und 2^{r}.

[203] LAS; Abt. 210, Nr. 989 II, qdr. 13, fol. 1^{v} und 2^{r}.

[204] LAS, Abt. 210, Nr. 989 II, qdr. 13, fol. 2^{r}.

[205] LAS, Abt. 210, Nr. 989 II, qdr. 14, fol. 1^{v}.

[206] LAS, Abt. 210, Nr. 989 II, qdr. 14, fol. 1^{r}: Die Geldstrafe in Höhe von 30 fl. wurde auf Anraten des Anwalts in 10 MlötG gewandelt (Hinweis im Mandat).

[207] LAS, Abt. 210, Nr. 989 II, qdr. 14, fol. 2^{v}.

[208] LAS, Abt. 210, Nr. 989 II, qdr. 14, fol. 2^{v}.

[209] LAS, Abt. 210, Nr. 985 II (20. Juni 1530: Exekutorialmandat). – ÖsterrHHStA, RHR, Antiqua 763, Nr. 12, gekennzeichnet lit. A.

[210] Zugleich sententia. LAS, Abt. 210, Nr. 989 II, qdr. 15, fol. 1^{v}. – LAS, Abt. 210, Nr. 988, qdr. 17, fol. 18^{v} – 19^{v}. – Abschriften auch in: LAS, Abt. 210, Nr. 988, qdr. 13, lit. A und X. – S. LAS, Abt. 210, Nr. 986, qdr. 61: Die Information über dieses Exekutorialmandat erhielt Herzog Magnus bereits am 28. April durch eine Mitteilung seines Kanzlers, der

den Weg vom Reichskammergericht nach Lauenburg gemacht hatte, vermerkte, daß er nicht zum Fürsten hatte gelangen können und auch dessen Diener die Annahme verweigert hätten;[211] darum hatte er das Mandat durch Anstecken an das Tor überbracht – wie festgestellt wurde, eine durchaus gängige Praxis der Zustellung von Mandaten.

Herzog Magnus wandte sich in einem persönlichen Schreiben an den „hern camerrichter".[212] Er beklagte sich, daß sein Land durch verschiedene Umstände mehr und mehr verkleinert würde.[213] Sowohl der Erzbischof von Bremen trage daran Schuld (hinsichtlich des Landes Hadeln, d. Verf.), als auch der Herzog von Holstein, der ihn zusammen mit den Städten Hamburg und Lübeck durch den Bau eines „neuen grabens" beschwere (Alster–Beste–Trave–Kanal, d. Verf.).[214] Dieses führe zu unwiederbringlichem Schaden für sein Herzogtum, der nun durch die Auseinandersetzungen mit den „Ratzeburgischen Pfaffen" noch vermehrt werde.[215] Seien seine Zeugnisse, die dem Gericht übergeben worden seien, nicht Beweis genug(?), erkundigte sich Herzog Magnus weiter. Außerdem habe er seinen Kanzler veranlaßt, dem Kammergerichtsboten Conradt Warendorff die im Poenalmandat verlangten 30 fl. zu zahlen.[216] Die Herabsetzung auf eine Strafsumme in Höhe von 10 MlötG sowie den gesamten Vorgang könne er „nicht verstehen noch deuthen";[217] resümierend stellte er fest, daß man so nicht mit einem Fürsten des Reichs umginge.[218] Land und Zölle seien ihm verlorengegangen, aber er habe die unerschütterliche „Hoffnung", daß das Gericht sein Recht anerkennen werde, und er werde alle erforderliche Unterstützung geben.[219] Dieses Schreiben aus dem Jahr 1530 scheint insoweit wirkungslos geblieben zu sein, als im Januar 1531 ein weiteres Exekutorialmandat des Reichskammergerichts erging,[220] in dem die Poenformel um die Androhung der Reichsacht erweitert wurde,[221] deren Durchsetzung der ratzeburgische Anwalt am 27. März 1531 beantragte.[222] Zunächst wurde jedoch von Seiten des Reichskammergerichts am 19. April 1531 das

---

wiederum im Schriftverkehr mit Dr. Krell stand. – Hinweis auf dieses Urteil auch in: LAS, Abt. 210, Nr. 989 II, qdr. 21.

211 LAS, Abt. 210, Nr. 989 II, qdr. 15, fol. 2v.

212 LAS, Abt. 210, Nr. 989 II, qdr. 16 (datiert: Neuhaus, 1530).

213 LAS, Abt. 210, Nr. 989 II, qdr. 16, fol. 1r.

214 LAS, Abt. 210, Nr. 989 II, qdr. 16, fol. 1r.

215 LAS, Abt. 210, Nr. 989 II, qdr. 16, fol. 1v.

216 LAS, Abt. 210, Nr. 989 II, qdr. 16, fol. 2r.

217 LAS, Abt. 210, Nr. 989 II, qdr. 16, fol. 2v.

218 LAS, Abt. 210, Nr. 989 II, qdr. 16, fol. 2r.

219 LAS, Abt. 210, Nr. 989 II, qdr. 16, fol. 2v.

220 Verfaßt am 17. Oktober 1530.

221 LAS, Abt. 210, Nr. 989 II, qdr. 17. Vgl. LAS, Abt. 210, Nr. 986, qdr. 62, fol. 131r: Dieses Mandat war dem Herzog bereits von seinem Rechtsanwalt Dr. Krell angekündigt worden.

222 LAS, Abt. 210, Nr. 985 II (27. März 1531). – LAS, Abt. 210, Nr. 989 II, qdr. 18. – LAS, Abt. 210, Nr. 988, qdr. 17, fol. 31r.

Exekutorialmandat mit der Begründung: „Schuldig, da säumig" erneuert, auf dessen Grundlage am 20. Juni 1531 – fristgerecht – ein Bescheid erging. Diesen Bescheid zum Anlaß nehmend, fertigte der bischöfliche Anwalt ein Liquidationsschreiben an, das den entstandenen Schaden taxierte.[223] Dr. Krell war unterdessen darum bemüht, die taxierte „so große Sumen angezeiget und zusamen geflickt" um die noch ausstehenden Zahlungen des Bischofs und des Kapitels an den Herzog zu senken[224] und die von den Stiftsuntertanen verursachten Schäden in Höhe von 4.000 ML in den Pötrauer Holzungen zu verrechnen.[225]
Nach einem Zusammentreffen des lauenburgischen Kanzlers Johann Gorkes[226] mit dem Ratzeburger Vogt Otto von Mannighausen (Münchhausen)[227] gegen Ende des Jahres 1531 kam es zu einem Stillhalteabkommen, das notariell besiegelt[228] und am 7. Februar 1532 durch einen Brief des Herzogs an das Kammergericht bestätigt wurde: „Nun stehe alles still."[229] Dennoch meldete Magnus Zweifel hinsichtlich der bereits beglichenen Strafzahlung an und bemerkte, er wolle ja nun nicht noch mehr an die Kammer zahlen;[230] damit setzte er indirekt den Tenor der Krellschen Verteidigungsführung fort, die die Unaufrichtigkeit des Bischofs und eine „gemeinsame Sache" zwischen dem Bischof von Ratzeburg und dem Abt von Lüneburg vermutete.[231]
Durch ein kaiserliches Mandat wurde Herzog Magnus I. am 22. Juli 1532 erneut unter die Reichsacht gestellt.[232] An alle norddeutschen Territorialfürsten

---

[223] LAS, Abt. 210, Nr. 989 II, qdr. 21, insbes. fol. 2^{r} – 13^{v}. Durch diese Auflistung wird offenkundig, in welchem Umfang Bede durch Nikolaus Lütkens (fol. 1^{v}), im Auftrag des Herzogs, im Land Ratzeburg und im Land Boitin eingetrieben worden war.
[224] LAS, Abt. 210, Nr. 989 II, qdr. 24, fol. 1^{r} und fol. 1^{v}.
[225] LAS, Abt. 210, Nr. 989 II, qdr. 24, fol. 2^{v}.
[226] Vgl. zur Schreibweise: Masch, Ratzeburg, S. 479: Kanzler Joh. Gockhusen. – Kobbe, 2, 244: Johan Goeckhuß.
[227] Vgl. Masch, Ratzeburg, S. 479.
[228] LAS, Abt. 210, Nr. 989 II, qdr. 26. – Vgl. Kobbe, 2, S. 244 (irrige Daten).
[229] LAS, Abt. 210, Nr. 989 II, qdr. 27 B.
[230] LAS, Abt. 210, Nr. 989 II, qdr. 27 A. – S. LAS, Abt. 210, Nr. 985 II (Schreiben vom 11. Februar 1532 von Herzog Magnus an das Reichskammergericht).
[231] LAS, Abt. 210, Nr. 989 II, qdr. 24, fol. 3^{v} und qdr. 25, fol. 2^{v}.
[232] LAS, Abt. 210, Nr. 989 II, qdr. 29, fol. 1^{r}. – Vgl. kritisch die Ausführungen bei Masch, Ratzeburg, S. 484ff. Masch unterscheidet nicht konsequent die unterschiedlichen Verhandlungsbereiche, sondern vermischt Prozeßverläufe, so daß der Eindruck eines einzigen langen Prozesses zwischen Ratzeburg und Sachsen–Lauenburg entsteht. Tatsächlich handelte es sich um unterschiedliche Prozesse, die aufgrund der Anklageerhebungen eine Trennung erfuhren; handelte es sich zunächst um einen Mandatsprozeß die Ablagerhaltungen und Bedeforderungen betreffend, so wurde dann ein neuer Prozeß mit dem Vorwurf des „novi spoelii" angestrengt. Letzterer konnte aufgrund des landfriedensbruchartigen Charakters des Vergehens mit der Reichsacht geahndet

adressiert, wurde dem Bischof von Ratzeburg Recht in seiner Klage gegeben und Herzog Magnus zu einer Geldstrafe von 50 MlötG verurteilt, die zu einer Hälfte dem Reichskammergericht und zur anderen Hälfte dem Geschädigten gezahlt werden mußte. Ferner sollte die Exekution des Mandats durch die norddeutschen Fürsten durchgesetzt werden: Die Restitution sollte unter Schutz und Schirm der norddeutschen Territorialherrn erfolgen.[233]

Erst am 13. Dezember 1532 lenkte Herzog Magnus widerwillig ein,[234] gehorchte der „ehrsam Pflicht“, bestätigte die Restitution aller ratzeburgischen bischöflichen Güter, die Leistung der finanziellen Entschädigung und die Anerkennung der Gerechtigkeiten, die der Bischof von Ratzeburg besaß,[235] und befreite sich selbst auf diese Weise aus der Reichsacht. Die Diskrepanz zwischen Schein und Wirklichkeit wurde allerdings rasch deutlich: Das Dorf Pötrau, die Dom– und Hopfenhöfe sowie die St. Peterskirche in Ratzeburg übergab er ebensowenig, wie er die angeführten Zehntabgaben zurückzahlte[236] – sein Kalkül, sich der Rückgabe und –zahlung zu entziehen, indem er sich der Prozeßentscheidung beugte, ging auf. Die Exekution wurde nicht gänzlich durchgesetzt.

Dr. Engelhardt beharrte auch weiterhin auf Formalien, da die Begleichung der Poenzahlung (eine Hälfte der vom Gericht angesetzten Gesamtsumme) an das Bistum Ratzeburg noch nicht erfolgt war. Somit müsse die Acht vom Reichskammergericht abermals durchgesetzt werden,[237] zumal sich, trotz Restitution einiger Dörfer, am Tatbestand nichts geändert habe. Außerdem seien durch die jahrelangen Beschwerungen zahllose Bewohner aus den zurückgegebenen Dörfern abgewandert,[238] was zu einem erheblichen wirtschaftlichen Schaden geführt habe.

Die Eintragungen in der prozessualen Nebenakte beschränkten sich bis 1536 auf Formalien, die vor allem die Restitution des Dorfs Pötrau betrafen. Auf Antrag des bischöflichen Anwalts wurde am 13. März 1536[239] Herzog Magnus ein weiteres Exekutorialmandat durch das Reichskammergericht zugestellt. Die kraft Mandats angesetzte Exekution führte schließlich zu einer gütlichen

---

werden, während ersterer seine Befriedigung durch Restitution und Schadensersatz erfahren konnte. – Ebenso irreführend bei Kobbe, 2, S. 245.

233 LAS, Abt. 210, Nr. 989 II, qdr. 29, fol. 1^{v}. – Vgl. Masch, Ratzeburg, S. 486.

234 LAS, Abt. 210, Nr. 986, qdr. 66. – LAS, Abt. 210, Nr. 986, qdr. 69, fol. 151^{r} – 152^{r}: Herzog Magnus an Markgraf Joachim von Brandenburg am 30. Oktober 1532.

235 LAS, Abt. 210, Nr. 986, qdr. 66. – LAS, Abt. 210, Nr. 989 II, qdr. 27 C (Notariatsinstrument).

236 LAS, Abt. 210, Nr. 989 II, qdr. 31 B, fol. 1^{v}.

237 LAS, Abt. 210, Nr. 989 II, qdr. 28, fol 1^{r}. In diesem Zusammenhang berief sich Dr. Engelhardt auf die Vereinbarungen, die auf dem Reichstag zu Regensburg geschlossen worden waren. Das Schreiben an das Reichskammergericht wurde im Jahr 1533 verfaßt.

238 LAS, Abt. 210, Nr. 989 II, qdr. 28, fol. 2^{v}.

239 Vgl. Kobbe, 2, S. 245 (Datenunklarheit).

Einigung zwischen Sachsen–Lauenburg und dem Bistum Ratzeburg unter Vermittlung durch die Ritter Nicolas Brömse und Johann Krebs auf einer Konferenz in Mölln.[240]
Das Exekutorialmandat mit der Aufforderung, das noch rechtskräftige Urteil durchzusetzen, blieb wirkungslos, da letztlich ein Kompromiß die Irrungen beseitigte – nicht das Urteil des Gerichts.
Aus diesem Grunde wurde die Prozeßakte nicht geschlossen.[241] Jahreszahl um Jahreszahl wurde in die Akte eingetragen und mit dem Zusatz „nihil“ versehen – Indiz dafür, daß es in den Jahren 1536 bis 1548 zu keinen prozessualen Handlungen gekommen ist.[242]

4.2.3 Auseinandersetzungen vor dem Reichskammergericht nach dem Tod Herzog Magnus' I.

Zu neuerlichen Beschwerden kam es nach dem Tod Herzog Magnus' im Jahr 1543. Am 2. November 1544 teilte Herzog Franz I. dem Domkapitel mit, daß ihm bei Antritt der Regierung von seinen Landsassen 1 fl. von der ganzen und ½ fl. von der halben Hufe als Bede zugesagt worden seien. Diese Beträge seien zukünftig auch von den Besitzungen des Kapitels zu entrichten:[243] Dies betraf vornehmlich die Dörfer Mannhagen, Walksfelde, Pötrau und Panthen.[244]
Ein kaiserliches Mandat vom 7. Juli 1545 wurde 1549[245] formal zu den Akten genommen.[246] Der Bischof von Ratzeburg hatte erneut Klage geführt, so das kaiserliche Mandat, da „seine angedacht untertanen und einwohner“ in Pötrau, Mannhagen und Walksfelde vom Herzog von Sachsen–Lauenburg genötigt worden waren, 1 fl. Bede und Steuer zu entrichten. Außerdem hatte sich der Herzog angemaßt zu behaupten, daß, nachdem dieser alle Knechte versammelt hatte, diese sich in *seinem* Stift befunden hätten.[247] In den Kapitelsdörfern, so die Anklageschrift, hatte er unberechtigterweise Ablager gehalten, obwohl dies seinem Vater (Herzog Magnus I.) bereits durch kaiserliches Urteil verboten worden war. Durch diese Handlungen seien der Landfriede gestört, die

---

240 Las, Abt. 210, Nr. 985 II (Konferenz von Mölln). – Vgl. irrig: Walther, Berkmeyer, S. 288 hinsichtlich der Aussage, das Reichskammergericht habe zu Gunsten des Bischofs entschieden.
241 Vgl. Kobbe, 2, S. 245 (irrig hinsichtlich des Prozeßendes).
242 LAS, Abt. 210, Nr. 988, qdr. 17, fol. 43^{v}.
243 Masch, Ratzeburg, S. 487.
244 Clotesfelde wird an dieser Stelle nicht mehr genannt. Stattdessen wird das Dorf „Oldenborch“ aufgeführt. – Vgl. irrig Richert, Oldenburg, S. 69.
245 LAS, Abt. 210, Nr. 993, qdr. 1, fol. 2^{v}. Aufgrund der Ereignisse ist es wahrscheinlich, daß der Prozeßfortgang formal seit Juni/ Juli 1549 erfolgte.
246 Vgl. Masch, Ratzeburg, S. 487 hinsichtlich divergierender Daten.
247 LAS, Abt. 210, Nr. 993, qdr. 1, fol. 1^{r}.

Reichsordnung und die Reichsabschiede mißachtet worden.[248] Das Reichskammergericht verurteilte den Herzog zu einer Geldstrafe von 40 MlötG und wies ihn an, sich weiterer Handlungen zu enthalten, also das Ablagerhalten einzustellen und die eingezogenen Steuern zurückzuzahlen sowie seine Untertanen zu belehren, sich ebenfalls derartiger Handlungen künftig zu enthalten. Im Falle einer Weigerung, die Geldstrafe zu zahlen, werde der Herzog oder sein Advokat hiermit zum 'Rechtstag' (= Gerichtstag) geladen.[249]
Aufgrund der nachfolgenden Ereignisse kann geschlossen werden, daß Herzog Franz I. die auferlegte Strafe bezahlte; beendet war der Konflikt jedoch nicht, denn am 18. Mai 1549 wandte sich Bischof Georg erneut an das Gericht und forderte die Acht– und Aberachterklärung des sachsen–lauenburgischen Herzogs wegen Ungehorsams gegenüber dem Gericht.[250] Ergänzt wurden seine Forderungen durch den Hinweis, daß nunmehr vor allem die Wege in seine Dörfer unsicher geworden seien, und er bat um Hilfe aus dieser „großen gewalt".[251]
Diese bischöfliche Eingabe mag die Ursache dafür gewesen sein, daß ein weiteres kaiserliches Mandat im Jahr 1549 Eingang in den Prozeßaktenbestand fand. Am 10. Juni 1545 wurde festgestellt, daß die Forderung nach Rückgabe der Zehnten, die Herzog Magnus I. hätte zurückzahlen müssen, bisher nicht erfüllt worden war. Im Namen Karls V. wurde das Urteil von 1532 bestätigt, und die ausstehenden Zahlungen wurden eingefordert. Damit verbunden war eine Poenforderung in Höhe von 50 MlötG sowie Forderungen nach der Restitution der Zehntabgaben des Dorfs Pötrau, der Rückgabe der einbehaltenen Besitzungen um den Domhof sowie der Rückgabe der beanspruchten Obergerichtsbarkeiten, die dem Bischof von Ratzeburg seitdem vorenthalten geblieben waren.
Herzog Franz I. folgte den gerichtlichen Weisungen nicht; weder die Poenforderungen, noch die betreffenden Restitutionsaufforderungen wurden erfüllt.[252]
In Folge der Reformation im Bistum Ratzeburg wurde Herzog Christoph von Mecklenburg im Jahr 1554 zum Administrator des Bistums ernannt. Das Bistum Ratzeburg wurde so zu einer Pertinenz Mecklenburgs und hörte auf, als eigenständiges Bistum zu existieren, wobei das Domkapitel als geistliche Einheit Mecklenburgs zunächst noch fortbestand.[253]

---

[248] LAS, Abt. 210, Nr. 993, qdr. 1, fol. 1^v.
[249] LAS, Abt. 210, Nr. 993, qdr. 1, fol. 2^r.
[250] LAS, Abt. 210, Nr. 993, qdr. 3, fol. 1^r.
[251] LAS, Abt. 210, Nr. 993, qdr. 3, fol. 2^v.
[252] Ähnlich bei Masch, Ratzeburg, S. 488.
[253] Ausführlich bei Hillmann, Herrschaftswechsel, S. 69f. Herzog Franz I. versuchte unterdessen, seinen Sohn Magnus als Bischof von Ratzeburg einsetzen zu lassen. Noch am 22. Juli 1555 teilte Herzog Franz dem dänischen König mit, daß man in Sachsen–Lauenburg auf die kaiserliche Bestätigung der Belehnung für Magnus (II.) warte.

Im Jahr 1558 wandte sich Herzog Johannes Albrecht von Mecklenburg als „Wahrer von Ratzeburg" – Herzog Christoph war noch unmündig – an das Reichskammergericht und berief sich auf die noch nicht beendeten Prozesse gegen die Herzöge von Sachsen–Lauenburg in zwei Fällen.[254] Danach verwischte sich die bisherige strikte Trennung der beiden Prozesse: sie wurden fortan vor dem Reichskammergericht gemeinsam verhandelt.[255]
Dieser (Gesamt–)Prozeß geriet alsbald ins Stocken. Die Verteidigung unter Dr. Daniel Capito setzte auf Verschleppung[256] und versuchte, sich der Wiederaufnahme des Verfahrens mit dem Hinweis auf abgelaufene Fristen zu entziehen. Anklage und Verteidigung wurden sich über Formalien nicht einig.[257] Zudem war es, so der Licentiat Martin Reichhardt in einem Schreiben, welches 1564 den Gerichtsakten beigeordnet wurde, zu Unregelmäßigkeiten, Unbefugtheiten und Fehlinformation des Prokurators Dick, des „gemainen Anwaldts" des Herzogs, gekommen, die erst bereinigt werden mußten.[258]
Der Prozeß zog sich ergebnislos – einem Vorschlag Sachsen–Lauenburgs, sich gütlich zu einigen, vermochte Mecklenburg nicht zu folgen –[259] in das Jahr 1566 hinein, bis schließlich der bereits 1562 artikulierten Forderung[260] des mecklenburgischen Prokurators Recht gegeben wurde, das Mandat zu erneuern; am 22. Oktober 1566 wurde es durch den Kammergerichtsboten Tilman Brandt in Lauenburg überreicht.[261]
Dr. Capito erklärte in seiner Exzeptionsschrift, daß der Herzog die im Mandat gestellten Forderungen nicht schulde und deswegen auch nicht zahlen werde.[262] Der Herzog habe das „ius patronatis" über das Ratzeburger Stift erlangt,[263] und die Landesherrschaft über Ratzeburg liege beim Herzog von Sachsen–Lauenburg, denn die Zustände in Ratzeburg seien „continuieret" worden.[264] Dieses Recht leite sich aus dem Religionsfrieden des Reichs ab.
Die Umstände, die ursprünglich zum Prozeß Anlaß gegeben hätten, seien nunmehr verändert, so daß ein Rückgriff auf alte Prozesse nicht länger zulässig sei.[265] Das Ratzeburger Domkapitel sei in diesem Fall der Schuldige, da es

---

[254] LAS, Abt. 210, Nr. 989 II, qdr. 31 C, fol. 1r und 3r (28. Juli 1558). – LAS, Abt. 210, Nr. 993, qdr. 4 (Anwaltsbestallung).
[255] Erst im Jahr 1601 bemühte sich der sachsen–lauenburgische Prokurator Dr. Reinhardt, die beiden Prozesse wieder zu trennen. – LAS, Abt. 210, Nr. 989 II, qdr. 58.
[256] LAS, Abt. 210, Nr. 993, qdr. 7. – LAS, Abt. 210, Nr. 989 II, qdr. 34.
[257] LAS, Abt. 210, Nr. 989 II, qdr. 35.
[258] LAS, Abt. 210, Nr. 993, qdr. 9, fol. 2v.
[259] LAS, Abt. 210, Nr. 993, qdr. 9, fol. 3v.
[260] LAS, Abt. 210, Nr. 993, qdr. 6.
[261] LAS, Abt. 210, Nr. 989 II, qdr. 37.
[262] LAS, Abt. 210, Nr. 989 II, qdr. 38, fol. 1r.
[263] LAS, Abt. 210, Nr. 989 II, qdr. 38, fol. 1v.
[264] LAS, Abt. 210, Nr. 989 II, qdr. 38, fol. 2r und 2v.
[265] LAS, Abt. 210, Nr. 989 II, qdr. 38, fol. 3r.

gegen Reichsrecht verstoßen habe, indem der Religionsfrieden gebrochen worden sei.[266] Der eigentliche Prozeßgegenstand – Ablagerhaltung, Bederechte und Zehntforderungen – rückte mehr und mehr in den Hintergrund; die Frage, wer nach der Übereignung von 1554 und der aus dem 14. Jahrhundert stammenden Schutz- und Schirmverpflichtung Mecklenburgs gegenüber Ratzeburg welche Rechte hatte, bestimmte das folgende Prozeßgeschehen, das unter sich verändernden politischen Umständen auf Reichsebene seine Einordnung fand.[267]
Die Fronten verhärteten sich zunehmend – obgleich sowohl der Herzog von Sachsen–Lauenburg als auch der Herzog von Mecklenburg sich einer raschen Einigung sicher zu sein schienen –,[268] die Juristen starben über der langen Prozeßdauer,[269] und die Zustände in den beiden Herzogtümern veränderten sich.[270] Der Herzog von Mecklenburg beharrte auf seinem Recht, Inhaber Ratzeburgs zu sein,[271] erwirkte Mandate,[272] die erfolglos blieben, und Kommissionen, die ohne Ergebnis auseinandertraten; die Verteidigung hielt unerschütterlich an der ursprünglichen Formulierung fest, Sachsen–Lauenburg besitze die landesherrlichen Rechte,[273] nachdem das Gericht in langwierigen Verhandlungen im Jahr 1601 die Frage der Rechtsnachfolge von Herzog Magnus I. hatte klären können.[274] Der Prozeß begleitete die familiären Auseinandersetzungen in Sachsen–Lauenburg, die zum Anlaß genommen wurden, den Prozeß zu verzögern,[275] so daß eine Trübung der tatsächlichen Vorgänge im Verlauf des Prozesses festzustellen ist, die mit jeder Neubestallung eines Prokurators stärkere Ausmaße annahm.

---

[266] LAS, Abt. 210, Nr. 989 II, qdr. 38, fol. 4r. – Unbeachtet bei Ruthmann, Religionsprozesse.
[267] LAS, Abt. 210, Nr. 989 II, qdr. 39 (prod. 1570), qdr. 48 (prod. 1588),
[268] LAS, Abt. 210, Nr. 986, qdr. 88 vom 14. September 1570.
[269] Vgl. Anhang 1, Kap. 7.5.
[270] Vgl. hinsichtlich der Herrscherwechsel im Bistum Ratzeburg und dem Übergang des Administratorentitels an das Haus Braunschweig–Lüneburg: Hillmann, Herrschaftswechsel, S. 70. Auf den Reichskammergerichtsprozeß hat dieser Wechsel keinerlei Auswirkungen gehabt. Die Herzöge von Mecklenburg behielten über den Zeitraum, in dem das Haus Braunschweig–Lüneburg den Administrator von Ratzeburg stellte, die Anklageführung in ihren Händen.
[271] LAS, Abt. 210, Nr. 989 II, qdr. 39, fol. 2r.
[272] LAS, Abt. 210, Nr. 988, qdr. 18 (Exekutorialmandat vom 6. September 1566). – LAS, Abt. 210, Nr. 993, qdr. 10 (1570). – LAS, Abt. 210, Nr. 988, qdr. 17, fol. 54r (Abschrift einer Urteilsabschrift vom 22. Oktober 1572). – LAS, Abt. 210, Nr. 988, qdr. 17, fol. 55r (Exekutorialmandat vom 30. August 1582). – LAS, Abt. 210, Nr. 989 II, qdr. 51 (1590). – LAS, Abt. 210, Nr. 988, qdr. 18 (Exekutorialmandat vom 15. November 1600). – LAS, Abt. 210, Nr. 989 II, qdr. 56 (1601).
[273] LAS, Abt. 210, Nr. 989 II, qdr. 53 (Dr. Reinhardt in den Jahren 1590 bis 1595). Qdr. 58 (ders. 1601).
[274] LAS, Abt. 210, Nr. 989 II, qdr. 56, fol. 1r.
[275] LAS, Abt. 210, Nr. 989 II, qdr. 49 (prod. 1589).

Ein Urteilsspruch vom 12. Dezember 1604 sollte den Prozeß zum Abschluß bringen – ungeachtet der Tatsache, daß im Jahr 1600 erstmals eine Kommission entschieden hatte, daß unter anderem das Dorf Pötrau nicht zu restituieren sei, und, wie zuvor in Visitationsberichten empfohlen, zu der Landesherrschaft des Herzogs von Sachsen–Lauenburg gehöre.[276] Dieses Urteil scheint nicht exekutiert worden zu sein, denn im Jahr 1607 stellte der neu bestallte Anklagevertreter Mecklenburgs und des Domkapitels fest, daß seit 1528 faktisch nichts geschehen sei und sich an dem beanstandeten Zustand nichts geändert habe:[277] Der Tatbestand sei zu Lasten formaler Fragen zum Prozeßverlauf in den Hintergrund getreten,[278] und vor allem die vom Gericht eingesetzten Kommissionen seien gänzlich unwirksam gewesen.[279] Die Schriftstücke des Anklagevertreters blieben allerdings wirkungslos: Bis 1615 stand der Prozeß wiederum still, von einer wirkungslosen Erneuerung des Urteils von 1604 im Jahr 1614 abgesehen.[280]

Ein Rechtsgutachten des Kurfürsten von Mainz, wahrscheinlich aufgrund gerichtlicher Anweisung, brachte im März 1615 erneut Bewegung in den Prozeß.[281] Die Entscheidung, daß in diesem Prozeß alle Rechte Ratzeburg zugesprochen werden müßten, empörte den sachsen–lauenburgischen Prokurator, der sich in einem Schreiben vom 28. April 1615 auf das Urteil aus dem Jahr 1604 und eine anschließende Abmachung mit Bischof August von Ratzeburg bezog: Alle Forderungen seien erfüllt und das Ergebnis festgeschrieben worden.[282] Für den Verteidiger schien damit tatsächlich das Jahr 1604 das Schlußdatum des Ratzeburger Prozesses bedeutet zu haben.

---

[276] LAS, Abt. 210, Nr. 989 II, ohne qdr. (am Ende der Akte), fol. 1^v und 2^r. Die Kommission berief sich auf die Visitationen der Jahre 1586, 1594 und 1595.

[277] LAS, Abt. 210, Nr. 989 II, qdr. 63, fol. 2^v: „ [...] daß in dieße [...] causa spolii [...] anno 1528 und alßo nunmehr fast in die achtzigk Jar disputirt und gleichwol biß an itzo nichts fruchbaliches erhalten werden mugens.“ Von daher wird „auf nießte“ die Klage „furbracht“ (fol. 3^r).

[278] LAS, Abt. 210, Nr. 989 II, qdr. 63, fol. 3^r.

[279] LAS, Abt. 210, Nr. 989 II, qdr. 63, fol. 3^v. Zuletzt war eine Kommission in dieser Angelegenheit im Jahr 1600 eingesetzt worden. – LAS, Abt. 210, Nr. 989 II, ohne qdr. (am Ende der Akte). – LAS, Abt. 210, Nr. 988, qdr. 13, lit. D: Hinweis auf Kommissionseinsetzung am 1. Juni 1565. – LAS, Abt. 210, Nr. 988, qdr. 13, lit. B: Kommissionsbericht aus dem Jahr 1550 zu Perleberg. – Vgl. Masch, Ratzeburg, S. 488: Versuch des gütlichen Ausgleichs in Perleberg im Jahr 1550.

[280] LAS, Abt. 210, Nr. 988, qdr. 4 (12. Dezember 1614).

[281] LAS, Abt. 210, Nr. 989 II, qdr. 66.

[282] LAS, Abt. 210, Nr. 989 II, qdr. 67, fol. 1^r und 1^v (Entstehungsdatum des Schriftstücks: 28. April 1615). – LAS, Abt. 210, Nr. 989 II, qdr. 93, fol. 5^v (Entstehungsdatum des Schriftstücks nach 1621). In welchem Umfang den Forderungen nachgekommen worden ist, ließ sich nicht ergründen. Festzustehen scheint, daß es inhaltliche Unterschiede

Mit dem Urteil des Jahres 1604 war de facto ein Rechtszustand geschaffen worden, der einem außergerichtlichen Vergleich auf der Grundlage einer richterlichen Entscheidung gleichkam und so die Instanz des Reichskammergerichts für die endgültige Lösung umgangen hatte.
Als Folge der lauenburgischen Anwort (1615) auf das Rechtsgutachten reichte Jacob Kremer, als Prokurator der Mecklenburger am Reichskammergericht tätig, eine Kostennote ein. Neben erneuten Forderungen nach Restitution der Bede und der Zehnten verlangte er eine Gesamtsumme von 3.590 RT als Anwaltshonorar.[283] Die Frage, wer diesen Forderungen nachkommen mußte, sollte das Gericht noch längere Zeit beschäftigen, da das gerichtliche Urteil nur in abgewandelter Form durchgesetzt worden war.
Für die Anklagevertretung stellte die Einreichung der Kostennote den vorläufigen Endpunkt des Verfahrens dar, auch wenn nunmehr Auseinandersetzungen um die Begleichung derselben den Prozeßgang beeinflußten.[284]

Für das Gericht war der Prozeß zwischen Ratzeburg/ Mecklenburg und Sachsen–Lauenburg auch im Jahr 1621 noch nicht abgeschlossen;[285] auf formaler Ebene wurde der Prozeß fortgesetzt, um (wie im Jahr 1666 formuliert) das erklärte Ziel, ein „instrumentum pacis“ zu erstellen, zu erreichen.[286] Außerdem sollte die Frage geklärt werden, ob es sich bei diesen Auseinandersetzungen nicht eher um einen religiös begründeten als um einen territorialrechtlichen Mandatsprozeß gehandelt haben mochte, sofern die Beschwerungen Ratzeburgs hinsichtlich der Einziehung von Kirchenbesitzungen betrachtet wurden.[287]
Neue Auseinandersetzungen zwischen Ratzeburg/ Mecklenburg und Sachsen–Lauenburg wurden seit 1613 vor dem Reichshofrat rechtsanhängig gemacht.[288]

---

zwischen dem Urteil des Reichskammergerichts und den Abmachungen zwischen dem Administrator von Ratzeburg und dem Herzog von Sachsen–Lauenburg gab.

[283] LAS, Abt. 210, Nr. 989 II, qdr. 68, fol. 1ʳ bis 2ʳ. – S. auch LAS, Abt. 210, Nr. 988, qdr. 7 vom 16. August 1615.

[284] LAS, Abt. 210, Nr. 989 II, qdr. 73 (1618) und qdr. 79 (nach 1621).

[285] LAS, Abt. 210, Nr. 989 II, qdr. 75.

[286] LAS, Abt. 210, Nr. 989 II, qdr. 100, fol. 1ʳ (1666).

[287] LAS, Abt. 210, Nr. 989 II, qdr. 100, fol. 9ʳ. – LAS, Abt. 210, Nr. 988, qdr. 27, Nr. 44, Beilage: Punctatio, fol. 3ʳ.

[288] ÖsterrHHStA, RHR, Antiqua 763, Nr. 12. Hierbei berief man sich auf die Formulierungen eines Schreibens vom 19. August 1534 (lit. C gekennzeichnet).

4.2.4 Weitere Irrungen mit Ratzeburg

Während der Prozesse kam es zu weiteren Irrungen mit dem Dompropst von Ratzeburg,[289] die jeweils außergerichtlich beigelegt werden konnten und zeigen, daß die erste Ebene zur Beilegung von Konflikten – wie bereits im Spätmittelalter – die der außergerichtlichen Verhandlungen, zum Teil unter Hinzuziehung eines Vermittlers aus der regionalen Umgebung, geblieben ist.
Ein Beispiel für diese Art der Konfliktregelung sind die Auseinandersetzungen um Mustin im Besitz des Balthazar von Ahlefeldt: Nachdem Herzog Franz II. das Gut zu Beginn des 17. Jahrhunderts an von Ahlefeldt veräußert hatte, entstanden Streitigkeiten um den Grenzverlauf zwischen dem Stifts– und dem Gutsbesitz.[290] Unter Hinzuziehung von Zeugen aus dem lauenburgischen landsässigen Adel wurde dem Ratzeburger eine umfangreiche Schrift übersandt, in der die Besitzverhältnisse nach vorhandener lauenburgischer Urkundenlage eingehend geschildert wurden.[291] Der Umfang des Lehens wurde aufgeführt,[292] Besichtigungen der strittigen Grenze wurden angesetzt und eine Skizze zur weiteren Beweisführung angefertigt.[293] Die drei betroffenen Parteien einigten sich während einer erneuten Besichtigung und legten damit die Irrung bei.[294] Die Parallelen zur Vorgehensweise des Reichskammergerichts sind unübersehbar; die Verfahren waren identisch und orientierten sich an formalisierten Grundsätzen römischen Rechts. Die gewohnheitsrechtliche, regional begrenzte Gültigkeit tradierter Rechtsgrundsätze war verlassen, reichsinstitutionalisierte Grundsätze waren übernommen worden.

---

[289] Exemplarisch: LAS, Abt. 210, Nr. 986, qdr. 78 und 79 (Irrung zwischen dem Dompropst von Ratzeburg und Christoph von der Schulenburg vom 14. und 20. Februar 1550). – LAS, Abt. 210, Nr. 986, qdr. 85 (Irrung Ratzeburgs mit Lorentz von Parkenthin aus dem Jahr 1566: „Wir wollten die Irrung – wie gewohnt – beilegen". Dies schien zunächst gelungen zu sein, da diese Irrung kurzzeitig Eingang in den Reichskammergerichtsprozeß fand. LAS, Abt. 210, Nr. 989 II, qdr. 38, fol. 3v, prod. 1567). – LAS, Abt. 210, Nr. 986, qdr. 91 (Irrung zwischen Ratzeburg und Sachsen–Lauenburg vom 9. März 1593). – AHL, MVP, Aw, Nr. 318 (Brief von Herzog Franz an Herzog Christoph vom 25. Januar 1580): Die Grenz– und neuen Irrungen – „die Gott abwende" – betreffend: Wir wollen eine „schnelle Annäherung", „schnellste Beseitigung durch Räte und Vermittler" und dies mit „schnellster Veranlaßung".

[290] LAS, Abt. 210, Nr. 3597, qdr. 1 (eigene Numerierung).

[291] LAS, Abt. 210, Nr. 3597, qdr. 1 (eigene Numerierung).

[292] LAS, Abt. 210, Nr. 3597, qdr. 2 (eigene Numerierung) und qdr. 4 (eigene Numerierung): Geldbederegister von 1600 für Mustin und Inventarliste vom 24. April 1601.

[293] LAS, Abt. 210, Nr. 3597, qdr. 3 (eigene Numerierung).

[294] LAS, Abt. 210, Nr. 3597, qdr. 4 (eigene Numerierung): Schreiben vom 29. Sept. 1602 und vom Oktober 1602.

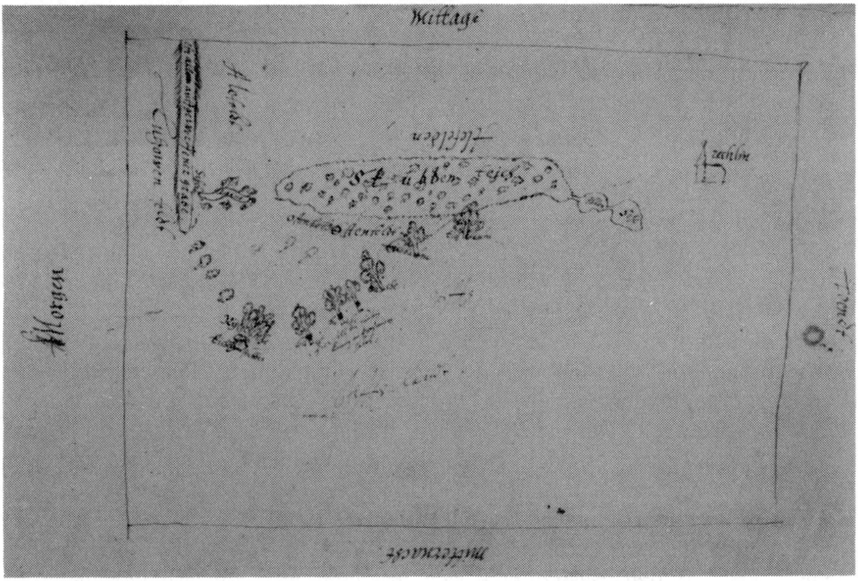

Abbildung 1

Die Skizze[295] bezeichnet den von Balthazar von Ahlefeldt beanspruchten Grenzverlauf, der durch Mühlenringe bzw. Rautenkränze gekennzeichnet worden war. Trotz dieser Kennzeichnung hatten sich die Stiftsuntertanen „angemaßet“, unberechtigte Holzungen nördlich des Stubbenteichs und westlich des Lützower Feldes vorzunehmen.
Nach einer ‘Inaugenscheinnahme’ wurde die Skizze nach dem 23. April 1600 in Anwesenheit von Balthazar von Ahlefeldt erstellt; sie sollte bei künftigen Grenzverletzungen den Rechtsbruch beweisen.
Der Zeichner ist unbekannt. Es könnte sich dabei allerdings auch um von Ahlefeldt selbst gehandelt haben. Interessant sind die Orientierungsmerkmale, die nach dem Stand der Sonne im Verlauf des Tages benannt sind und damit die Himmelsrichtungen veranschaulichen. Der Wechsel von perspektivischer Sicht und Draufsicht ist üblich für die Zeit.

---

[295] LAS, Abt. 210, Nr. 3597.

4.2.5 Der Prozeß im Prozeß

Im Verlauf der Untersuchung konnte festgestellt werden, daß der Prozeß zwischen Mecklenburg/ Ratzeburg und Sachsen–Lauenburg vor dem Reichskammergericht in den Jahren 1560 bis 1566 zur Ruhe gekommen ist: Der geschilderte Prozeß war ins Stocken geraten. Der Grund hierfür lag in einer erneut vor dem Reichskammergericht eingebrachten Klage des Administrators von Ratzeburg, welche zu einem Zitations– und Exekutorialmandat Kaiser Ferdinands vom 16. Februar 1560 führte.[296] Hier wurden die unmittelbaren Vergehen Herzog Franz′ I. angeführt, der im Jahr 1555 und im Januar 1559 widerrechtlich Ablager in den Bistumsbesitzungen gehalten haben sollte. „In landfriedbruchiger weiß" hatte Herzog Franz dem Bischof Obergerechtigkeiten entzogen und in unerlaubter Art dessen Untertanen, Hintersassen und Angehörige geplündert, geschatzt und verdorben, beschwert oder in anderer Weise „beunruhiget". Das ganze Stift war im Jahr 1555 mit Ablager überzogen worden, obwohl man sich doch „genzlich vertragen hatte", was auch vertraglich festgehalten worden war. Im Jahr 1559 hatte Herzog Franz auf seinem Rückweg von Schweden einen Schaden von 300 ML angerichtet, als er in die Ratzeburger Kirche eingefallen war und am Heiligen Dreikönigstag 1560 mit einer „großße meng Jager" in den Besitzungen des Ratzeburger Stifts Ablager gehalten hatte.[297] Aus den umliegenden Dörfern mußten Nahrungsmittel und Getränke nach Ratzeburg geliefert werden, woraufhin in vielen Dörfern anschließend Mangel herrschte.[298]

Das kaiserliche Mandat verurteilte Herzog Franz zur Zahlung einer Strafe von 40 MlötG, forderte ihn zur Begleichung des entstandenen Schadens auf[299] und gebot, er solle sich zukünftig derartiger Handlungen enthalten.[300] Zugleich erhielt der Herzog eine Ladung, falls er nicht bereit sei, der Poen Folge zu

---

[296] LAS, Abt. 210, Nr. 995, qdr. 1, fol. 1^r.

[297] LAS, Abt. 210, Nr. 995, qdr. 1, fol. 1^v. – Vgl. hierzu den Klaglibell des mecklenburgischen Anwalts vom Juni 1562: LAS, Abt. 210, Nr. 995, qdr. 7, fol. 1^v (Landfriedensbruch, Eingriff in die Oberhoheit des Bischofs), fol. 2^r (Ablagerhaltung 1555, Schaden von 300 ML in der Ratzeburger Kirche, Landfriedensbruch in Ratzeburg 1560, Ablagerhaltung allgemein). – Zum detaillierten Vorwurf der Ablagerhaltung im Jahr 1555: LAS, Abt. 210, Nr. 995, qdr. 11 (Additionales articulos des mecklenburgischen Prokurators vom 13. Januar 1563). In diesem Zusammenhang auch qdr. 8 und 9.

[298] LAS, Abt. 210, Nr. 995, qdr. 1, fol. 2^r. – Vgl. Klaglibell: LAS, Abt. 210, Nr. 995, qdr. 7, fol. 2^v (Plünderung und Raub mit anschließender Lieferung nach Ratzeburg, Mangel an Nahrungsmitteln in den Dorfschaften).

[299] LAS, Abt. 210, Nr. 995, qdr. 1, fol. 3^r. – Vgl. Klaglibell: LAS, Abt. 210, Nr. 995, qdr. 7, fol. 3^r.

[300] LAS, Abt. 210, Nr. 995, qdr. 1, fol. 3^v.

leisten.[301] Der Kammergerichtsbote Valentin Fraunberger übergab das Mandat am 20. März in Lauenburg dem Kanzler Johann Sprengel.[302]
Der herzogliche Anwalt Dr. Daniel Capito hatte zwar seine Ratifikationsschrift eingereicht,[303] blieb den Gerichtstagen jedoch fern, so daß der mecklenburgische Anwalt Johann Potinn[304] in drei summarischen Petitionen im Mai 1560 bezüglich der „Ladung uff den Landtfrieden" das Gericht aufforderte, die Poen zu erhöhen und zugleich die Reichsacht anzudrohen,[305] da der Herzog hinsichtlich des Mandats sein Verhalten gegenüber den „armen verderbten underthanen" in Ratzeburg nicht geändert habe:[306] Franz wäre „schuldig und pflichtig"[307] von „gemeiner recht wegen",[308] da er „Raub, Plünd und Abschatzung" begangen[309] und zudem die dem Stift, respektive Mecklenburg, zustehenden 20 MlötG nicht bezahlt habe.[310]
Capito stützte seine gesamte Verteidigung auf die Frage der tatsächlichen Territorialrechte und knüpfte an die bereits geführten, noch anhängigen Prozesse vor dem Reichskammergericht an.[311] Zum einen sei die Rechtsnachfolge des Bischofs Christoph (von der Schulenburg) von Ratzeburg durch den mecklenburgischen Herzog Christoph als Administrator Ratzeburgs – auf der Grundlage der Übereignung von 1554 – völlig ungeklärt und stelle eine unrechtmäßige Handlung dar,[312] zum anderen sei die Frage der Oberhoheiten in den Kapitelsdörfern weiterhin ungeklärt[313] – nach seinem Dafürhalten lägen die Rechte beim Herzog von Sachsen–Lauenburg –, und zum dritten sei der Herzog der Ablagerhaltung, des Raubes und der Plünderung nicht schuldig, da das „Naturalrecht" grundsätzlich beim Landesherrn läge.[314]
Die Fortsetzung unberechtigter Ablagerhaltung in den Bistumsbesitzungen im Jahr 1561[315] führte zu einer prozessualen Wende. Der mecklenburgische Anwalt berief sich auf den erneuerten kaiserlichen Schutz– und Schirmbrief vom 6. November 1562, der im Zusammenhang mit dem Restitutionsprozeß dem

[301] LAS, Abt. 210, Nr. 995, qdr. 1, fol. 2^v.
[302] LAS, Abt. 210, Nr. 995, qdr. 1, fol. 4^v.
[303] LAS, Abt. 210, Nr. 995, qdr. 2.
[304] LAS, Abt. 210, Nr. 995, qdr. 3.
[305] LAS, Abt. 210, Nr. 995, qdr. 4, fol. 1^r.
[306] LAS, Abt. 210, Nr. 995, qdr. 5, fol. 1^r.
[307] LAS, Abt. 210, Nr. 995, qdr. 5, fol. 1^v.
[308] LAS, Abt. 210, Nr. 995, qdr. 6, fol. 1^v.
[309] LAS, Abt. 210, Nr. 995, qdr. 5, fol. 1^v.
[310] LAS, Abt. 210, Nr. 995, qdr. 6, fol. 1^v.
[311] LAS, Abt. 210, Nr. 995, qdr. 10 (Articulos defensios [!] vom 6. August 1562).
[312] LAS, Abt. 210, Nr. 995, qdr. 10, insbes. fol. 6^r.
[313] LAS, Abt. 210, Nr. 995, qdr. 10 und qdr. 13, fol. 1^v.
[314] LAS, Abt. 210, Nr. 995, qdr. 10 und qdr. 13, fol. 1^v sowie qdr. 15 und qdr. 18, fol. 1^v und insbes. 5^r.
[315] LAS, Abt. 210, Nr. 995, qdr. 11, fol. 2^r.

Gericht vorgelegt wurde.[316] Damit verwischten sich die Grenzen der Prozesse – fortan brachten Prozeduralfragen alle Prozesse zwischen Sachsen–Lauenburg und Ratzeburg/ Mecklenburg zum Erliegen.
Die Ausführungen des mecklenburgischen Anwalts zu Beginn des Jahres 1567 – Capitos beharrliche Eingaben der vorhergehenden Jahre hinsichtlich der Landeshoheit des Herzogs von Sachsen–Lauenburg waren für die Beweisführung nicht hinreichend[317] – brachten die ursächlichen Hintergründe der Ereignisse in den fünfziger Jahren ans Tageslicht. Er führte aus, daß der Söldnerführer Volradt von Mansfeld, mit Wissen des Herzogs von Sachsen–Lauenburg, [318] bereits am 23. Mai 1552 mit seinen Truppen nach Ratzeburg eingedrungen war.[319] In diesem Zusammenhang war es zur Plünderung des Doms gekommen,[320] aus dem silberne Becher, Kelche und Kleinodien geraubt worden waren;[321] unter Mitwirkung des lauenburgischen landsässigen Adels waren die Domherren und das Gesinde gefangengenommen worden.[322] Volradt von Mansfeld hatte sich zwei Monate in Ratzeburg aufgehalten, Brandschatzung und Raub begangen und Plünderungen vorgenommen.[323] Der Herzog von Sachsen–Lauenburg war – so die Auffassung des Prokurators – deswegen zur Verantwortung zu ziehen;[324] dieser habe sich weder an die Verträge noch an die Weisungen des Kreisobristen Herzog Heinrichs von Braunschweig–Lüneburg in Wolfenbüttel gehalten.[325] Um die aus der Mansfeldschen Zeit stammenden Schäden – immerhin 4.000 RT – begleichen zu können, hatte Herzog Franz I. erneut begonnen, Beden einzufordern, die zudem vom landsässigen Adel genehmigt worden seien.[326] Viel schwerer wiege jedoch, daß Herzog Franz I. die Stellung des Herzogs Christoph von Mecklenburg als Bischof von Ratzeburg nicht anerkenne,[327] obwohl dieser von Papst Julius III. konfirmiert worden sei.[328] Als richtig wurde anerkannt, daß der Herzog von Sachsen–Lauenburg als weltlicher Landesherr die Bischofswahl früher zu ratifizieren hatte.[329] Dieses sei jedoch mittlerweile nicht mehr so, da

[316] LAS, Abt. 210, Nr. 995, qdr. 23, fol. 1r.
[317] LAS, Abt. 210, Nr. 995, qdr. 19, fol. 1v.
[318] LAS, Abt. 210, Nr. 995, qdr. 23, fol. 3v und 10r. – Vgl. Masch, Ratzeburg, S. 496. Daß Herzog Franz sich des Volradt von Mansfeld bedient haben soll, wie Masch behauptet, kann aus den Quellen nicht bestätigt werden.
[319] LAS, Abt. 210, Nr. 995, qdr. 23, fol. 1v.
[320] LAS, Abt. 210, Nr. 995, qdr. 23, fol. 2r.
[321] LAS, Abt. 210, Nr. 995, qdr. 23, fol. 4v und 5r.
[322] LAS, Abt. 210, Nr. 995, qdr. 23, fol. 2r.
[323] LAS, Abt. 210, Nr. 995, qdr. 23, fol. 5r.
[324] LAS, Abt. 210, Nr. 995, qdr. 23, fol. 10r.
[325] LAS, Abt. 210, Nr. 995, qdr. 23, fol. 7r.
[326] LAS, Abt. 210, Nr. 995, qdr. 23, fol. 5r.
[327] LAS, Abt. 210, Nr. 995, qdr. 23, fol. 2v.
[328] LAS, Abt. 210, Nr. 995, qdr. 23, fol. 5r.
[329] LAS, Abt. 210, Nr. 995, qdr. 23, fol. 8v.

der Herzog nicht der Landesherr des Bistums Ratzeburg sei.[330] Durch die Wahl des mecklenburgischen Herzogs zum Bischof von Ratzeburg stünden diesem auch die Oberhoheiten zu. Daher müsse sich der Herzog von Sachsen–Lauenburg auch weiterhin seiner Handlungen gegen das Bistum enthalten.[331]
Mit einem Urteil am 27. Februar 1568 endete dieser 'Prozeß im Prozeß':[332] Der Erbschutzherr Ratzeburgs, der Herzog von Mecklenburg, erhielt in allen Klagepunkten Recht, und die Einsprüche von Herzog Franz I., der 1550 noch versucht hatte, seinen Sohn Magnus als Bischof von Ratzeburg einzusetzen,[333] blieben erfolglos. Somit gab es für Herzog Franz I. keine andere Möglichkeit mehr, als sich weiterer Übergriffe auf die Bistumsbesitzungen zu enthalten und damit de facto den Herrscherwechsel im Bistum Ratzeburg anzuerkennen. Fortan sah er sich einem territorial mächtigeren Mecklenburg als Nachbarn gegenüber, dem das kleinere Herzogtum Sachsen–Lauenburg nichts entgegenzusetzen hatte.
Die Fortsetzung des seit 1518 andauernden Rechtsstreits, der nach Unterbrechungen im Jahr 1549 weitergeführt worden war, rückte seit 1568 verstärkt in den Mittelpunkt des Interesses des Herzogs von Sachsen–Lauenburg, der nun versuchte, bereits Verlorenes auf einer anderen Prozeßebene wiederzuerhalten, was aber ebenso mißlang.
Somit ist das Jahr 1568 als Schlüsseljahr der Auseinandersetzungen zwischen Ratzeburg/ Mecklenburg einerseits und Sachsen–Lauenburg andererseits zu interpretieren. Die Prozeßereignisse nach 1568 orientierten sich an der Ordnung des Reichskammergerichts, ohne territoriale Änderungen zur Folge zu haben. Seit 1568 waren die Bistumsbesitzungen für das Herrscherhaus Sachsen–Lauenburg endgültig verloren.

4.2.6 Die Belagerung Ratzeburgs von 1574 als Klagepunkt vor dem Reichskammergericht

Der Versuch Magnus' II., sich des ehemaligen Bistumslandes im Jahr 1574 zu bemächtigen,[334] indem er mit Verbündeten im landsässigen Adel versuchte, Ratzeburg zu besetzen, gehört in die Kategorie der territorialrechtlichen Auseinandersetzungen des Herzogtums Sachsen–Lauenburg mit dem unter mecklenburgischem Einfluß stehenden Ratzeburg, wenngleich die Ursachen in den Streitigkeiten innerhalb der herzoglichen Familie zu suchen sind.

---

[330] LAS, Abt. 210, Nr. 995, qdr. 23, fol. 8^{r}.
[331] LAS, Abt. 210, Nr. 995, qdr. 23, fol. 9^{v} und 10^{r}.
[332] LAS, Abt. 210, Nr. 995, Prozeßnebenakte. Das Urteil ist lediglich hier nachgewiesen.
[333] Masch, Ratzeburg, S. 496.
[334] LAS, Abt. 210, Nr. 37, qdr. 3 (Ladung) und qdr. 8, fol. 4^{v} (Klaglibell).

Auf das am 21. März 1575 erlassene Mandat hin[335] erklärte sich Magnus II. dem Gericht, indem er von einem Kriegszug, einer „Expedition" sprach, welche das Ziel verfolgt habe, ein dem Herrscherhaus Sachsen–Lauenburg abgerungenes Land zurückzuerobern. In diesem Zusammenhang sei es „wider seinen Willen" zu Ausschreitungen gekommen.[336] Deshalb forderte er das Gericht auf, die Beteiligten zur Rechenschaft zu ziehen und ihrer Güter zu entheben.[337]
Diesem Ansinnen folgte das Gericht zunächst, indem die Beteiligten dieses „Kriegszuges gegen Ratzeburg" vorgeladen wurden;[338] diese beteuerten jedoch ihre Unschuld: Jost von der Werder,[339] Johann Vinpove[340] und Hans Proppen d. J.[341] als Hauptbeklagte behaupteten, die Aussagen von Magnus seien erfunden.[342] Damit stützten sie die Ausführungen des Anklagevertreters, der dem Gericht bewies, daß Magnus bereits 1564 versucht habe, die Stadt zu belagern, als er mit „großßer zahl 1.000 Mann zu Roß und 2.000 Schützen" vor Ratzeburg gestanden habe,[343] so daß nunmehr – nach den Ereignissen des Jahres 1574 – die „härteste" Bestrafung notwendig sei.[344]
Der Rechtsanwalt des Herzogs Magnus, Dr. Bernhard Kuehorn, teilte diesem in einem persönlichen Schreiben mit, daß der Rechtszustand Ratzeburgs anerkannt werden müsse und der Herzog sich falsch verhalten habe. Die „Inkorporation" der Stadt Ratzeburg in das Fürstentum Ratzeburg sei verbrieft und mit der Zustimmung Sachsen–Lauenburgs geschehen.[345] Dagegen könne er sich nicht wehren. Ferner müsse Magnus anerkennen, daß Herzog Franz I. zur Zeit der regierende Fürst sei und damit auch die Richtlinien der Politik bestimme,[346] wenngleich sich ihm der Eindruck aufdränge, daß die eigene Familie gegen Magnus opponiere: Sein Bruder (Franz II.) führe bereits Unterhandlungen in Lüneburg,[347] und eine Verurteilung von Magnus durch das Reichskammergericht wäre ein „sträfliches arglistiges Unterfangen" der herzoglichen Familie.[348]

[335] LAS, Abt. 210, Nr. 37, qdr. 3.
[336] LAS, Abt. 210, Nr. 37, qdr. 4, fol. 1^r.
[337] LAS, Abt. 210, Nr. 37, qdr. 4, fol. 4^v.
[338] LAS, Abt. 210, Nr. 37, qdr. 6 (Ladung vom 26. April 1575).
[339] LAS, Abt. 210, Nr. 37, qdr. 5.
[340] LAS, Abt. 210, Nr. 37, qdr. 9, fol. 1^r.
[341] LAS, Abt. 210, Nr. 37, qdr. 15.
[342] LAS, Abt. 210, Nr. 37, qdr. 9, fol. 1^v.
[343] LAS, Abt. 210, Nr. 37, qdr. 8, fol. 1^v und 4^v.
[344] LAS, Abt. 210, Nr. 37, qdr. 8, fol. 7^v.
[345] LAS, Abt. 210, Nr. 37, qdr. 12, fol. 1^v und 2^r.
[346] LAS, Abt. 210, Nr. 37, qdr. 12, fol. 6^v.
[347] LAS, Abt. 210, Nr. 37, qdr. 12, fol. 6^r.
[348] LAS, Abt. 210, Nr. 37, qdr. 12, fol. 11^v.

Magnus II. lenkte ein, so daß Dr. Kuehorn 1577 dem Gericht anbot, nunmehr in Sachen „fractae pacis“[349] Ruhe einkehren zu lassen, den Prozeß stillstehen zu lassen und einen außergerichtlichen Vergleich anzustreben.[350] Mit welchem Ergebnis dieser außergerichtliche Vergleich abgeschlossen wurde, war nicht zu ergründen; der Schluß liegt nahe, daß eine vom Gericht eingesetzte Kommission eine wichtige Rolle in diesem Zusammenhang gespielt hat; diese teilte dem Reichskammergericht am 12. Dezember 1580 mit, keine „dritte dilationem“ – als Voraussetzung zur Einleitung des Beweisverfahrens erforderlich – einbringen zu wollen, sondern die Liquidationen erstellen zu lassen,[351] die in der Phase der prozessualen Nachbereitung zum Gegenstand der Diskussionen wurden, ihren Abschluß jedoch erst am 18. April 1581 fanden;[352] ob Magnus II. die Prozeßkosten tatsächlich beglichen hat, muß offen bleiben.

4.2.7 Exkurs: Der Begriff von Schutz und Schirm

In seiner „Geschichte des Bisthums Ratzeburg“ hat Masch den Herzögen von Mecklenburg vorgeworfen, daß sie ihren Schutz– und Schirmverpflichtungen nur halbherzig nachgekommen seien.[353] Das Bistum Ratzeburg stand seit dem 14. Jahrhundert sowohl unter mecklenburgischem Schutz und Schirm, als auch unter kaiserlichem.

Zunächst ist festzustellen, daß das Begriffspaar „Schutz und Schirm“ spätestens seit Otto Brunner in den Kontext des Begriffs der „Fehde“ gerückt und als eine Aktivmaßnahme zugunsten der eigenen und angenommenen Untertanen und zu Lasten der „gegnerischen“ Fehdeführer verstanden wurde.[354] Der Schutzherr wehrte sich für seine Untertanen gegen einen Fehdeführer, allgemeiner gesprochen gegen einen Aggressor. Der aktive Schutz bewirkte die Beschirmung und damit die Rückführung der Verhältnisse auf den status quo ante.

In der neueren Forschung wurde die Frage gestellt, wer der tatsächliche Adressat der Fehdebriefe gewesen sei, der in Folge hätte beschirmt werden müssen. Hier rückte nicht der beschirmte Bauer, sondern vielmehr der beschirmende Schutzherr in den Vordergrund der Betrachtung. Der israelische Historiker Gadi Algazi hat sich dieser Problematik angenommen und – neben Begriffsungenauigkeiten in der Monographie Brunners – die ‘ungenannten

---

349 LAS, Abt. 210, Nr. 37, qdr. 16 (I), fol. 1r.

350 LAS, Abt. 210, Nr. 37, qdr. 16 (I), fol. 2r. – LAS, Abt. 210, Nr. 37, qdr. 16 (II), fol. 1v.

351 Vgl. LAS, Abt. 210, Nr. 37, qdr. 20 A, fol. 1v.

352 LAS, Abt. 210, Nr. 37, qdr. 21.

353 Masch, Ratzeburg, S. 396f.

354 Brunner, Land und Herrschaft. – S. hierzu kritisch: Alexander Patschovsky: Fehde im Recht. Eine Problemskizze; in: Christine Roll (Hgin.): Recht und Reich im Zeitalter der Reformation. Festschrift für Horst Rabe; 2. Auflage; Frankfurt a. M. u.a. 1997, S. 145–178.

Adressaten der Fehdebriefe' aufgedeckt; er interpretiert die Schutz– und Schirmzusagen als Enthaltungsverpflichtungen.[355] Der Verzicht auf eine Fehde muß demnach als Präventivmaßnahme verstanden werden, um Gewalttaten der Gegenseite den eigenen Untertanen gegenüber zu vermeiden. Dieses Argument – weiter gedacht – schloß demnach ein Enthaltungsgebot ein und verpflichtete nicht zu aktiver Schutzgewährung.
Für die in diesem Abschnitt beschriebene Problematik bedeutet dies, daß die Herzöge von Mecklenburg keiner Pflicht zum Aktivschutz unterlagen und keine Verpflichtung bestand, gegen die Übergriffe des Herzogs von Sachsen–Lauenburg auf die Ratzeburger Stiftsuntertanen einzuschreiten.

Das Bistum Ratzeburg stand außerdem unter kaiserlichem Schutz und Schirm. Würden diese Verpflichtungen nur als Präventivmaßnahme verstanden, so führte sich das System ad absurdum. Welchen Sinn haben somit diese Enthaltungsverpflichtungen? Auf der Reichsebene bedeuteten sie die Enthaltung des Kaisers, in benachbarte Territorien einzudringen, um hierdurch das Reich und seine Untertanen zu schützen und zu beschirmen. Schutz und Schirm werden auf der Reichsebene anders definiert als auf der territorialen Ebene mit ihrer regionalen Begrenzung. Algazi deckt einen „historischen Prozeß der Bedeutungsverschiebung" auf.[356]
Aufgrund eines nicht einheitlichen Musters, wie und wann Schutz und Schirm gewährt wurden, liegt nur der Schluß nahe, daß es sich bei Schutz– und Schirmzusagen um rechtsunverbindliche Handlungsgebote handelte. In welcher Form Unterstützung gewährt wurde, blieb dem Schutz– und Schirm–Gewährenden überlassen; entscheidend war, daß die Verpflichtung einen aktiven Charakter hatte[357] und die Ausprägungsgrade der Handlungsmöglichkeiten von Protestnoten an den Fehdeführenden über Beschwerden an Reichsinstitutionen bis zur unmittelbaren Entsendung von Militär reichen konnten.
Damit gewinnt das Begriffspaar eine neue Dimension der Interpretation als eine – modern ausgedrückt – 'einseitige Beistandsverpflichtung ohne festgelegte Handlungsanweisung'.

Dieser Beistandsverpflichtung waren die Herzöge von Mecklenburg ebenso nachgekommen, wie der Kaiser selbst. Ihre Handlungsmöglichkeiten beschränkten sie auf schriftliche Parteinahmen, die im Spektrum der zur

---

[355] Gadi Algazi: Herrengewalt und Gewalt der Herren im späten Mittelalter; [= Historische Studien, 17]; Frankfurt a. M./ New York 1996 (künftig zitiert: Algazi, Herrengewalt), S. 130ff.

[356] Algazi, Herrengewalt, S. 95f.

[357] Vgl. NdsStA, Stade, Rep. 27, S 86, qdr. 9, fol. 74^r: Der Erzbischof von Bremen hat die Aufgabe der „<u>be</u>schirmung und <u>be</u>schützung" (Hervorhebung durch den Verf.).

Verfügung stehenden Mittel ein auf der niedrigsten Ebene angesiedeltes darstellten. Damit können Aussagen über den Stellenwert getroffen werden, die das Verhältnis zwischen Schützendem und Schirmendem einerseits und dem Beschützten und Beschirmten andererseits beschreiben: Im Falle des Bistums Ratzeburg läßt sich zunächst ein hohes Maß an Zurückhaltung von Seiten der Herzöge von Mecklenburg feststellen, welche sich in den fünfziger Jahren des 16. Jahrhunderts – durch Einschaltung in den laufenden Reichskammergerichtsprozeß – wandelte, als das Herzogshaus seinen Einfluß auf das Bistum ausbauen und festigen konnte. Der Schluß erscheint erlaubt, Schutz– und Schirmzusagen eines Landesherrn gegenüber einem anderen (und seinem Territorium) stets mit dem Wunsch nach territorialer Einflußnahme auf dessen Gebiet zu koppeln. Die Erfüllung dieses Wunsches wiederum von der Auswahl der eigenen Handlungsmöglichkeiten abhängig zu machen, erscheint in diesem Zusammenhang verständlich.
Kaiserliche Schutz– und Schirmzusagen für im Reich gelegene Gebiete hingegen haben lediglich eine innenstrukturelle Dimension und beziehen sich nicht auf übergreifende, außenpolitische Aktivitäten gegenüber 'auswärtigen Fürsten'. Vielmehr erfährt das besondere *gegenseitige* Treueverhältnis zwischen Reichsherren und Landesherren hier eine besondere *einseitige* Intensivierung und Untermauerung.

4.3 Das Erzstift Bremen und die Stadt Bremen sowie die Stadt Hamburg im Elbe–Weser–Raum

Das Herzogtum Sachsen–Lauenburg berührte durch seinen Besitz zwischen Elbe und Weser den Territorialbesitz des Erzstifts Bremen und mittelbar das Gebiet der Stadt Bremen. Das Erzstift bildete somit den zweiten geistlichen territorialen Berührungspunkt – neben dem Bistum Ratzeburg – mit dem Herzogtum Sachsen–Lauenburg.

Zur Zeit des Wormser Reformreichstags mündeten die unklaren Grenzfragen in den Gebieten zwischen Elbe und Weser in offene Kriegsakte, die durch die Bestrebungen der Wurstfriesen nach Autonomie besonderen Sprengstoff erhielten. Die bewährten Konfliktbewältigungsmechanismen funktionierten jedoch, so daß zum Ende des 15. Jahrhunderts die bestehenden Fehden beigelegt und ein Verhandlungsfrieden gefunden werden konnten.[358]

---

[358] Vgl. hierzu die zeitgenössischen Ausführungen bei: Brandis, Diarium, S. 156f. – S. auch Hinrich Hauschildt: Zur Geschichte der Landwirtschaft im Alten Land. Studien zur bäuerlichen Wirtschaft in einem eigenständigen Marschgebiet des Erzstifts Bremen am Beginn der Neuzeit (1500–1618); Diss. phil.; 2 Bde.; Hamburg 1988.

4.3.1 Die Entwicklung des Landes Wursten und ihre Bedeutung für die Region bis 1518

Die gütliche Einigung vom 20. Januar 1500 zwischen Erzbischof Johann von Bremen einerseits und den Herzögen Johann V. und Magnus I. von Sachsen–Lauenburg andererseits markierte einen Wendepunkt der lauenburgischen Politik im Land zwischen Elbe und Weser.[359] Unter Verzicht auf jedwede Entschädigungszahlung[360] wurden territoriale Zugehörigkeiten zum Teil langfristig geklärt: Das Land Hadeln wurde dem Herzog von Sachsen–Lauenburg, in diesem Fall dem Regenten Magnus, zurückgegeben, über die Besitzungen Bederkesa und Wursten sollte zu einem späteren Zeitpunkt verhandelt werden. Diese Verhandlungen kamen nicht mehr zustande, da der Erzbischof von Bremen Bederkesa als zu seinem Territorium gehörig betrachtete und an einer territorialen Einigung, die ausschließlich zu seinen Lasten gegangen wäre, nicht interessiert war. Zugleich hatte sich der Erzbischof mit den 16 Ratgebern Wurstens in einem Vertrag am 18. August 1500 dahingehend verglichen, daß er sich einer sicheren Landesherrschaft in Wursten gewiß sein konnte.[361] Trotz der Huldigung der Wurstfriesen ihm gegenüber und der Bestätigung, den Erzbischof von Bremen als ihren Herren anzuerkennen, war der Charakter des Gesamtvertrags von Gegenseitigkeit geprägt, der zum einen den Autonomiebestrebungen der Wurstfriesen und zum anderen den Absichten des Erzbischofs von Bremen nicht entgegenstand, sondern dem Prinzip der gegenseitigen 'Annahme' folgte. Beiden Vertragsparteien standen Rechte und Pflichten zu, die von rechtlichem Beistand bis zu militärischen Hilfsleistungen reichen konnten, ohne die innere und äußere Verfassung der Bauernrepublik, vor allem die richterlichen Befugnisse der 16 Ratgeber, anzutasten.[362]

Nach schiedsgerichtlichen Verfahren, unter Vermittlung des Hauses Braunschweig–Lüneburg,[363] zwischen Wursten und dem Erzstift einerseits und Herzog Magnus I. von Sachsen–Lauenburg andererseits, anerkannte letzterer den neugeschaffenen Rechtsstatus Wurstens und bekräftigte ein militärisches Beistandsbündnis zwischen den Ländern Wursten und Hadeln, welches lediglich durch die Ausklammerung der Auseinandersetzungen um das Land Bederkesa eine Einschränkung erfuhr: Im Falle kriegerischer Streitigkeiten

---

[359] LHA, MVP, Schweriner Hausarchiv, Sachsen–Lauenburg (Kasten 27), Urkunden und Regesten, 25. August 1499 und 13. November 1499: Die Vermittlung wurde unter Beteiligung des Herzogs von Mecklenburg herbeigeführt.

[360] Lehe, Wursten, S. 224.

[361] Lehe, Wursten, S. 224f.

[362] Lehe, Wursten, S. 225.

[363] NdsHStA, Celle Br. 104a, Nr. 109a.

zwischen Sachsen–Lauenburg und Bremen um Bederkesa sollte sich Wursten einer Parteinahme enthalten.[364]
Mit der Errichtung einer eigenen Landverfassung, der „Wurster Willkür" im Jahr 1508, setzten die Wurstfriesen aus eigenem Antrieb eine landesrechtliche Ordnung in Kraft, um sich hierdurch ihre bis dahin erworbenen Rechte langfristig zu erhalten; zugleich wurden die Beziehungen zum Erzbischof von Bremen nicht in Frage gestellt.
Die Parallelität der Entwicklung Wurstens zur Bauernrepublik Dithmarschen ist auffällig;[365] konnten beide Territorien auf stabile Territorialverhältnisse im näheren Umkreis blicken, sich zudem als Vermittler und Ratgeber in Vermittlungsgesprächen wiederfinden,[366] so waren es die Nachfolger der angenommenen Herren, die das ursprünglich auf Gegenseitigkeit begründete Treue– und Schutzverhältnis nunmehr in ein einseitiges Abhängigkeitsverhältnis zu wandeln suchten.
Nach dem Tod des Bremer Erzbischofs Johann Rohde im Jahr 1512 wurde der älteste Sohn des welfischen Fürsten Herzog Heinrich d. Ä. von Braunschweig–Lüneburg (in Wolfenbüttel) zum Erzbischof von Bremen gewählt, nachdem er seit 1500 das Amt des Coadjutors des Erzstifts Bremen innegehabt und bereits einige Jahre das Amt des Bischofs von Verden ausgeübt hatte. Christoph, mit dem Beinamen „der Quade" (der Schlimme) von den Chronisten tituliert, folgte den politischen Zielsetzungen seines Vaters, im eigenen Territorium eine geschlossene wirksame Landeshoheit auszuüben.[367] Die Verhärtung der politischen Koalitionen Wurstens, der Marschenländer und des Grafen Edzard von Ostfriesland einerseits und des Grafen Johann von Oldenburg und des Erzbischofs von Bremen andererseits war die Folge, deren Ergebnis kriegerische Auseinandersetzungen waren. Hierdurch wurden die Wesermarschen, Stadland und Butjadingen dem Einflußbereich des nach Ausgleich strebenden Grafen Edzard von Ostfriesland entzogen und das

---

[364] Lehe, Wursten, S. 225.

[365] Vgl. Rudolf Lembcke: Aus der Geschichte des Landes Hadeln; in: Ders. (Hg.): Kreis Land Hadeln. Geschichte und Gegenwart; Otterndorf 1976, S. 47. – Vgl. Dettmer, Recht, S. 59. Dettmer setzt das Land Hadeln ebenfalls mit dem Land Dithmarschen gleich. Trotz des verhältnismäßig hohen Maßes an Autonomie bestand die landesherrliche Bindung, die durch die ständige Präsenz eines Gräfen ausgedrückt wurde, uneingeschränkt. Mögen dessen Einflußmöglichkeiten als insgesamt gering eingeschätzt werden, so blieb die funktionale Rolle des Gräfenamts erhalten. Die andererseits funktionierende Selbstverwaltung in der Kirchspielorganisation genügt nicht als Indiz zur Gleichsetzung mit den „freien Landesgemeinden von [...], Dithmarschen und der Schweiz".

[366] Vgl. Lehe, Wursten, S. 225f: Die 16 Ratgeber Wurstens und die 48 Verweser Dithmarschens als Vermittler, unter Beteiligung Bremer Räte, in einer Streitigkeit zwischen dem Erzbischof Johann von Bremen und Herzog Heinrich d. Ä. einerseits und den Marschländern Butjadingen und Stadland andererseits in den Jahren 1502–1503.

[367] Lehe, Wursten, S. 227.

Verhältnis zwischen dem Land Wursten und dem Erzstift Bremen sowie dem vom Stift abhängigen Rat der Stadt Bremen nachhaltig belastet.[368]
Behinderten einerseits die autonome Verwaltung Wurstens den Bremer Erzbischof in seinen Absichten, seine Besitzungen territorial zu arrondieren, so wertete Bischof Christoph andererseits das Bündnis Wurstens mit Graf Edzard als außenpolitischen Alleingang, der dem landesherrlichen Anspruch des Welfen widersprach.[369] Mit Unterstützung der bremischen und verdischen Stiftsritterschaft, des Domkapitels und des Rats von Bremen finanzierte Bischof Christoph seinen Feldzug gegen das wurstfriesische Bauernheer. Am 23. Dezember 1517 griffen die erzbischöflichen Truppen, die sich aus 1.000 Reitern der bremischen und verdischen Stiftsritterschaft, ungefähr 4.000 Kriegsknechten und 8.000 Bürgern und Bauern der Stiftsstädte und –lande zusammensetzten, Wursten an.[370] Durch eine operative Teilung seiner erzbischöflichen Truppen gelang Christoph der Sieg über die Wurster, denen er nunmehr über Naturalabgaben, Befestigungsbauten („Morgenstern") und die Aufforderung, alle bisherigen Bündnisse zu widerrufen und das Amt der Ratgeber abzuschaffen, seine landesherrliche Macht aufzwingen wollte. Eine besondere Demütigung sollten die Wurstfriesen durch einen fußfälligen Huldigungseid gegenüber dem Erzbischof erfahren. Diese im Imsumer Frieden vom 28. Januar 1518 festgelegten Vereinbarungen bedeuteten zudem das Ende der Wurster Autonomie und die vollständige Inkorporation in die erzbischöfliche Landesherrschaft,[371] die ihre rechtliche Absicherung durch eine kaiserliche Lehnsurkunde für Erzbischof Christoph erhielt,[372] obwohl das gleiche Land bereits dem Herzog von Sachsen–Lauenburg als Bestandteil seines Reichslehens zuerkannt worden war.

4.3.2 Die Ereignisse um die Burg „Morgenstern"

Die erzbischöfliche Befestigungsanlage bei Weddewarden erhielt ob ihrer Bauform den Namen „Morgenstern" und nahm nach ihrer Fertigstellung im Sommer 1518 die Wurster Besatzungstruppen auf. Unter Leitung von Konrad Klencke, Dekan des bremischen Domkapitels, trat eine Gesandtschaft des Bremer Erzbischofs in Verhandlungen mit den Wursten über den Umfang der zu der neuen Burg gehörenden Grundbesitzungen, die im

---

[368] S. NdsStA, Bbg, L1, Nr. 1423 (Briefwechsel vom Februar 1513). – NdsStA, Bbg, L1, Nr. 2240 (Beschreibungen der Ereignisse des Jahres 1514). – Lehe, Wursten, S. 228f.

[369] Vgl. Lehe, Wursten, S. 230.

[370] Vgl. Lehe, Wursten, S. 231. – S. NdsHStA, Celle Br. 104a, Nr. 109, fol. 1–2. Herzog Magnus hatte zuvor dem Bremer Erzbischof mitgeteilt, daß das Land Wursten ein „langjähriges sächsisches Lehen" sei und er sich deswegen des Landes „enthalten" solle.

[371] Vgl. Lehe, Wursten, S. 233f. Boeselager, Hadeln, S. 334.

[372] Lehe, Wursten, S. 234: Erzbischof Christoph reiste im Sommer 1518 zum Reichstag nach Augsburg, um von Kaiser Maximilian die Belehnung mit Wursten zu erlangen.

Beschlagnahmeverfahren den Einwohnern von Weddewarden und Imsum abgenommen werden sollten.
Durch diese Forderungen entlud sich die bereits angespannte Stimmung unter den Wurster Verhandlungsteilnehmern, die von den noch amtierenden Ratgebern geführt wurden, in offene Aggression. In dem kurzen Scharmützel fand die gesamte bremische Gesandtschaft den Tod; alle ihre mitgeführten Güter wurden beschlagnahmt.[373]
Das Hauptziel der sich anschließenden bürgerkriegsähnlichen Unruhen, die Burg „Morgenstern“ als Ausdruck erzbischöflicher Macht in Wursten zu schleifen, konnte nicht ohne Hilfe von außen durchgesetzt werden. Hieraus resultierte der Hilferuf an Sachsen–Lauenburg, dem Herzog Magnus I. umgehend folgte, indem er Geschütz sowie Söldnertruppen unter Führung des Butjadinger Obristen Albert Butjenter entsandte.
Nach Schleifen der Burg drang der Heerhaufen, dem sich mittlerweile auch Bewohner des Landes Hadeln angeschlossen hatten, plündernd und brandschatzend in erzbischöfliche Besitzungen des Fleckens Lehe und des Amts Bederkesa ein und zog weiter in das erzbischöfliche Amt Neuhaus an der Außenelbe. Insgesamt, so bezifferte der Bremer Rat später, betrug der Gesamtschaden dieser Unternehmung 36.000 fl.[374]

Am Michaelistag 1518 wurde das Verhältnis zwischen den Wurstfriesen und Herzog Magnus I. von Sachsen–Lauenburg urkundlich fixiert. Erkannten die Wurster nunmehr Herzog Magnus als ihren neuen Herrn an, so bestätigte ihnen dieser am 9. Oktober 1518 ihre ursprünglichen Rechte und nahm das Land Wursten unter seinen herzoglichen Schutz.[375] Konnten die Wurstfriesen ihre Rechte und Gewohnheiten weiterhin beibehalten, so wurde die Stellung der Ratgeber – im Vergleich zur Wurster Willkür von 1508 – insoweit geschwächt, als ihnen nunmehr die gleichen Rechte zustanden wie den Schöffen und Schultheißen im Land Hadeln. Die landesherrliche Bindung der Wurster an ihren neuen Herrn war damit zwar enger geworden, gegenüber den Bedingungen des Erzbischofs von Bremen hingegen weit milder und damit annehmbar.[376] Die Einführung eines neuen Siegels bekräftigte innenpolitisch die neue Landesherrschaft des lauenburgischen Herzogs über das Land Wursten.[377] Ein Vergleich, der mit Hilfe welfischer und mecklenburgischer Vermittler im Jahr 1518 in Lüneburg zustandegekommen war, führte zur außenpolitischen Konsolidierung, die 1521 ihren Abschluß im Hamburger Vergleich mit der Bestätigung der lauenburgischen Landesherrschaft in

[373] Vgl. Lehe, Wursten, S. 235ff. – Boeselager, Hadeln, S. 334.
[374] Lehe, Wursten, S. 237.
[375] Lehe, Wursten, S. 238. – Verkürzt bei Boeselager, Hadeln, S. 334.
[376] Vgl. Lehe, Wursten, S. 238.
[377] Lehe, Wursten, S. 238f. Siegelabdruck auf S. 239.

Wursten durch Erzbischof Christoph fand.[378] Die Bewohner Hadelns hatten bereits am 21. März 1520 Herzog Magnus I. gehuldigt und von ihm ein Wappen empfangen.[379]

4.3.3 Die erneute erzbischöfliche Expansion nach Wursten und Hadeln

Das Aufbrechen innerstädtischer Konflikte in Bremen[380] zwischen Erzbischof Christoph und dem bremischen Rat sowie die gesamtpolitische Lage im Norden des Reichs, die durch die Koalitionsbildungen im Zuge des dänischen Thronfolgestreits sowie das Eindringen der lutherischen Lehre neue Krisenherde bildete, ließen die erzbischöfliche Landesherrschaft in offene Konkurrenz zur lauenburgischen Politik in Wursten und Hadeln treten.
Erzbischöfliche, „heimbliche“ Aufrüstungsmaßnahmen, die Christoph aus eigener Kasse bestreiten mußte, da ihm der Bremer Rat die finanzielle Unterstützung versagte, führten in Verbindung mit Kriegsrüstungen seiner Koalitionspartner, die eine Landung von Söldnertruppen im Dienste des emigrierten Königs Christian II. und seiner Allianzpartner sowohl im Land Hadeln als auch in Dithmarschen fürchteten, zu einer explosiven Lage zwischen Elbe und Weser.[381]

Ungefähr 9.000 Landsknechte, die Erzbischof Christoph im Sommer 1524 von Herzog Karl von Geldern in eigene Dienste genommen hatte, wurden durch 1.500 Reiter seines Bruders, Herzog Heinrichs d. J. von Braunschweig–Lüneburg (in Wolfenbüttel), ergänzt. Den Landsknechten unter Führung von Hänseken von Halberstadt[382] versprach Erzbischof Christoph reiche Beute in Wursten: Er gab das Land Wursten zur Plünderung frei und forderte lediglich

---

[378] S. Lehe, Wursten, S. 239. – Sog. Lüneburgischer Rezeß vom 6. Dezember 1518 und Hamburgischer Rezeß vom 9. Juli 1521 in: NdsStA, Stade, Rep. 27, S 86, qdr. 21; NdsStA, Bbg, L1, Nr. 1508; NdsHStA, Celle Br. 104a, Nr. 109, fol. 19–21 (jeweils Abschriften beider Rezesse). – NdsHStA, Celle Or. 12, Nr. 216 (urkundliche Abschrift des Lüneburger Rezesses). – NdsHStA, Celle Br. 104a, Nr. 110 (Abschrift des Lüneburger Rezesses). – NdsHStA, Celle Or. 12, Nr. 222 (urkundliche Abschrift des Hamburger Rezesses). – NdsHStA, Celle Br. 103, Nr. 6; NdsHStA, Celle Br. 104a, Nr. 110 (jeweils Protokolle der Verhandlungen in Lüneburg). – S. hierzu auch: NdsHStA, Celle Or. 12, Nr. 215 (Geleitbrief zur Reise nach Lüneburg). – NdsHStA, Celle Or. 12, Nr. 214 (Vermittlung durch Herzog Heinrich d. J.).

[379] NdsHStA, Celle Or. 12, Nr. 217.

[380] Vgl. NdsStA, Bbg, L1, Nr. 15014. In den Jahren 1541–1549 brachen diese Konfliktfelder erneut zwischen dem bremischen Rat und dem Erzbischof auf, so daß wieder eine Schiedskommission eine Schlichtung herbeiführen mußte.

[381] S. exemplarisch: NdsHStA, Celle Br. 104, Nr. 109, fol. 17: Schreiben des Markgrafen von Brandenburg an Herzog Magnus von Sachsen–Lauenburg.

[382] Boeselager, Hadeln, S. 335.

dessen Inbesitznahme nach dem Kriegszug.[383] Begründet wurde dieser Heerzug mit einem noch 1519 von Kaiser Maximilian empfangenen Privileg für den Bremer Erzbischof; Herzog Magnus von Sachsen–Lauenburg hatte demnach keinerlei Rechte am Land Wursten.[384] Plündernd und marodierend fielen die erzbischöflichen Truppen in Wursten ein und konnten bereits am 9. August 1524 nach zahllosen Scharmützeln, in denen die Wurster starken Widerstand leisteten, in der Schlacht um den Mulsumer Kirchhof den Sieg über Wursten erzielen,[385] dessen Bevölkerung das eigene Land fluchtartig verließ. Vier Tage später, am 13. August, brach der Heerhaufen in das Land Hadeln ein. Hadelner Abgesandte versprachen den Kriegsknechten, sowohl die widerstandslose Besetzung ihres Landes zuzulassen, als auch die Knechte einen Monat lang zu bewirten und durch eine Abschlagszahlung von 36.000 fl. zu entlohnen. Des weiteren erklärten sie sich bereit, dem Erzbischof von Bremen zu huldigen.

Diese Vereinbarungen verhinderten zwar zunächst eine Plünderung und Verwüstung in Hadeln; da sich die Bevölkerung jedoch außerstande sah, die hohe Entschädigungssumme an die Landsknechte zu entrichten, zog das Kriegsvolk verwüstend und plündernd durch das Land.[386] Eine später aufgestellte Schadensliste benannte etwa 285 Wohnhäuser, zuzüglich Scheunen, Speicher und Hauberge, die zerstört worden waren.[387]
Ende September verließen große Teile des Heerhaufens das Land Hadeln und zogen in Richtung Süden ab; ein Teil blieb marodierend und herrenlos zurück. Um diese Teile sorgten sich die Koalitionspartner König Friedrichs I. von Dänemark, die nunmehr einen Anschluß dieser Landsknechte an die Koalition um Christian II. fürchteten, die so einen Übergriff auf holsteinisches Terrain hätte ausführen können.
Im Friedensvertrag von Stade vom 28. Juni 1525 wurde das Land Wursten der erzbischöflichen Landeshoheit vollends unterstellt, und die Wurster Ratgeber wurden ihrer Befugnisse enthoben. Der Stader Frieden, der in weiten Teilen dem Imsumer Vertragswerk glich und durch holsteinische und Dithmarscher Unterhändler sowie Vertreter der Städte Bremen, Stade und Buxtehude mit den

---

[383] Vgl. Lehe, Wursten, S. 244. – In Ergänzung dazu wird auf folgenden Prozeß vor dem Reichskammergericht verwiesen: Herzog Magnus contra Erzbischof Christoph, in: NdsStA, Stade, Rep. 27, S 86. Die Schilderungen dieses Prozesses wegen Landfriedensbruchs decken sich mit denen anderer Quellen. Unbeachtet bei Boeselager, Hadeln, S. 335. Boeselager stützt sich auf ältere Literatur und bezieht keine ungedruckten Quellen in ihre Untersuchung ein.

[384] NdsHStA, Celle Br. 104a, Nr. 109, fol. 3–6.

[385] Lehe, Wursten, S. 233ff.

[386] NdsStA, Stade, Rep. 27, S 86, qdr. 6, fol. 45 (präs. am 17. März 1525). Unter anderem wird darüber berichtet, daß Kinder in Gegenwart ihrer Eltern „aufs feuer gelegt“ wurden, um damit die besondere Grausamkeit des kriegerischen Vorgehens zu dokumentieren.

[387] Lehe, Wursten, S. 244f.

Vertretern des Bremer Erzbischofs ausgehandelt wurde,[388] beendete sowohl die unter Herzog Magnus I. erneut erfochtenen Autonomierechte der Wurstfriesen als auch die lauenburgische Landesherrschaft im Land Wursten.[389]

4.3.4 Der lauenburgische Widerstand gegen die erzbischöfliche Expansionspolitik

Als die Rüstungsmaßnahmen des Bremer Erzbischofs für die Länder Wursten und Hadeln bedrohliche Ausmaße annahmen, wandte sich Herzog Magnus Anfang August des Jahres 1524 in Bittschreiben an benachbarte Fürsten, Städte und Landschaften.[390] Mit besonderer Betonung der Gefährdung des Landfriedens im Land zwischen Elbe und Weser warb Magnus I. um die Parteinahme anderer Fürstenhäuser für seine Sache, um zur Verteidigung der Länder ein Heer aufzustellen. Diese Präventivmaßnahmen scheiterten insoweit, als Erzbischof Christoph am 11. August 1524 dem lauenburgischen Herzog einen offiziellen Fehdebrief übersandte,[391] zu einem Zeitpunkt also, als der Angriff auf das Land Wursten bereits erfolgt war.

Das erzbischöfliche Verhalten widersprach damit dem im Jahr 1495 aufgestellten und auf den anschließenden Reichstagen bestätigten und erweiterten Landfriedensgebot. Die lauenburgischen Vorabbemühungen um eine auf dem Verhandlungsweg zu erreichende Konfliktbewältigung entsprachen den gängigen Mechanismen, wohingegen sich die beabsichtigte militärische Gegenwehr als eine auf Defension angelegte landesherrliche Verpflichtung gegenüber den eigenen Untertanen des Territoriums darstellte.[392] Parallel zu diesen Bemühungen zur Konfliktbewältigung legte Herzog Magnus I. Klage vor dem Reichskammergericht ein, das unverzüglich reagierte und am 6. September 1524 mit einem Mandat gegen den Landfriedensbruch des Bremer Erzbischofs vorging.[393] Herzog Magnus I. habe dem Gericht angezeigt, daß der Bremer Erzbischof am Laurentiustag das Land Wursten überfallen und seine Landsknechte mordend, plündernd und brandschatzend das Land verwüstet hätten, bevor sie sich am darauffolgenden Sonnabend dem Land Hadeln

---

[388] Lehe, Wursten, S. 246.

[389] Eduard Rüther: Hadeln und Wursten während der Freiheitskämpfe der Wurster (1518–1525); in: Jahrbuch der Männer vom Morgenstern, 28; 1936, S. 66ff.

[390] NdsStA, Stade, Rep. 27, S 86, qdr. 1, fol. 31^r. Lehe, Wursten, S. 243.

[391] Lehe, Wursten, S. 243.

[392] Vgl. Lehe, Wursten, S. 243.

[393] NdsStA, Stade, Rep. 27, S 86, qdr. 1. – Vgl. zum Stader Aktenbestand folgende Akte: NdsHStA, Celle Br. 104a, Nr. 113 für den Zeitraum 1525–1531 hinsichtlich der Streitigkeiten mit dem Bremer Erzbischof wegen Wurstfriesland. – Eine Prozeßabschrift ist erhalten in: NdsHStA, Celle Br. 104a, Nr. 111 I und II (1518–1636). – Mandatsabschrift in: NdsHStA, Celle Br. 104a, Nr. 109, fol. 33–34.

zugewandt und mit Kriegsknechten und einer „merkliche[n] raißige[n] Zeug [das Land, J.H.] überzogen", das Schloß Otterndorf besetzt und den Hadelnern eine Summe von „ungefehrlich 40.000 fl." zur Schadloshaltung neben der freien Beköstigung für die Dauer eines Monats abgerungen hätten.[394] Herzog Magnus habe darum zu Recht supplizierend angezeigt, daß das erzbischöfliche Verhalten „widder die friedlichen verfaßßungen zur guthe und zum rechte /: welcher ehr ßich noch alle Zeit vor ßich und die seinen erbothen hat :\ [...]" verstoßen habe.

Bei Poen von 500 MlötG wurde Erzbischof Christoph zur Restitution und zur weiteren Enthaltung aufgefordert, zugleich – bei Nichtbefolgung der Poenzahlung – zum nächsten, respektive nächstfolgenden Gerichtstermin vorgeladen.[395]

Erzbischof Christoph fügte sich der gerichtlichen Ladung nicht, die – bekräftigt durch eine Eingabe zur Rechtsdurchsetzung des niedersächsischen Anwalts von Schwabach[396] – am 7. November 1524 erneuert wurde,[397] da die „poen verwirkt", also nicht gezahlt worden war.[398] Zugleich wies das Reichskammergericht den Erzbischof darauf hin, daß nunmehr das Gericht selber aktiv geworden sei, da der Kaiserliche Fiskal ebenfalls eine Klageerhebung gegen ihn wegen nicht geleisteter Poenzahlung anstrebe.[399]

Die mittlerweile vom Bremer Erzbischof vorangetriebene Befestigung des Otterndorfer Schlosses fand unmittelbaren Eingang in das Prozeßgeschehen: Nach Supplikation des niedersächsischen Anwalts[400] wurde dem bremischen Erzbischof die weitere Befestigung untersagt und damit erneut die Aufforderung zur Restitution und Enthaltung verbunden.[401]

Ferner wurde die Klage auf die beteiligten Städte, Landschaften, das Bremer Domkapitel, die Stiftsangehörigen und die Führer der Landsknechte ausgeweitet.[402]

Damit wurde dem Begehren des sachsen–lauenburgischen Herzogs, der im regen Briefkontakt zu seinen fürstlichen Territorialnachbarn und Verwandten

---

394 NdsStA, Stade, Rep. 27, S 86, qdr. 1, fol. 30v. – Vgl. das erzbischöfliche Truppenverzeichnis der Todesfälle in: NdsHStA, Celle Br. 104a, Nr. 109, fol. 43–44.

395 NdsStA, Stade, Rep. 27, S 86, qdr. 1, fol. 31r.

396 NdsStA, Stade, Rep. 27, S 86, qdr. 2.

397 NdsStA, Stade, Rep. 27, S 86, qdr. 3, fol. 34r. – NdsHStA, Celle Br. 104a, Nr. 109, fol. 26.

398 NdsStA, Stade, Rep. 27, S 86, qdr. 3, fol. 34v.

399 NdsStA, Stade, Rep. 27, S 86, qdr. 3, fol. 34v. – Vgl. den Prozeß wegen der höheren Poenforderung: Kaiserlicher Fiskal contra Erzbischof Christoph von Bremen: NdsStA, Stade, Rep. 27, F 2593.

400 NdsStA, Stade, Rep. 27, S 86, qdr. ohne (nach qdr. 3), fol. 36r.

401 NdsStA, Stade, Rep. 27, S 86, qdr. 4.

402 Vgl. NdsStA, Stade, Rep. 27, S 86, qdr. 5 (doppelte Numerierung): Vermerk über die Mandatsüberbringung durch einen Kammergerichtsboten.

stand,[403] Rechnung getragen; aufgrund fortgesetzter Beschwerungen in den Ländern Wursten und Hadeln hatte er das Reichskammergericht aufgefordert, den Erzbischof, sein Kapitel und seine Prälaten aller ihrer kaiserlichen Regalien, Freiheiten und Herrlichkeiten zu entheben, sie zusammen mit der beteiligten Ritterschaft und den Städten in die Reichsacht zu stellen und alle anderen an dem Kriegszug Beteiligten ebenfalls zu verurteilen.[404]

In seiner Exzeptionsschrift, die dem Gericht am 2. Juni 1525 übergeben wurde, betonte der erzbischöfliche Anwalt, Dr. Heinrich von Levessau, daß die Länder Hadeln und Wursten ursprünglich zu Bremen gehört hätten, jedoch durch einen Zusammenschluß der dortigen Bevölkerung mit dem lauenburgischen Herzog der Landesherrschaft des Erzbischofs von Bremen entfremdet worden seien.[405] Dieser sei demnach in gleichem Maß seiner Herrschaft beraubt worden, wie dieses nunmehr Herzog Magnus I. widerfahren sei; beide Seiten hätten sich nichts vorzuwerfen.[406] Es sei nunmehr ein territorialer Rechtszustand wiederhergestellt worden, wie er ursprünglich bestanden habe. Somit könnten die Mandate des Reichskammergerichts „kain folg erlangen"; diesen solle, könne und möge nicht gefolgt werden, woraus sich wiederum die Exzeptionsschrift begründete.[407]

Die Eingriffe des Erzbischofs von Bremen seien aus folgenden Gründen berechtigt gewesen:

Zum ersten habe Herzog Magnus I. durch seine Überfälle vor allem das Land Wursten gewaltsam der erzbischöflichen Landesherrschaft entrissen und den Wurstfriesen ihr Land weggenommen.[408]

Zum zweiten gehörten beide Länder, Hadeln und Wursten, nicht zur sachsen–lauenburgischen Landesherrschaft.[409]

Zum dritten könne der Erzbischof von Bremen die Belehnung mit Wursten – Hadeln wird an dieser Stelle nicht erwähnt – bis zur Übertragung durch „weyland Kaiserl. Carolus den Großßen als Stifftern der Kierrchen und Stiffts zu Bremen" nachweisen.[410]

Zum vierten gebiete die „beschirmung und beschützung" der erzbischöflichen Untertanen die Eingriffe Christophs.[411]

---

[403] Vgl. exemplarisch: RAK, T.K.U.A., A I 1, Brevveksling melle Fyrstehusen Sachsen–Lauenburg 1524–1627, hier insbesondere 1525.

[404] NdsStA, Stade, Rep. 27, S 86, qdr. 6 (doppelte Numerierung): Schreiben des Herzogs von Sachsen–Lauenburg an das Reichskammergericht.

[405] NdsStA, Stade, Rep. 27, S 86, qdr. 8, fol. 55r.

[406] NdsStA, Stade, Rep. 27, S 86, qdr. 8, fol. 58v ff. und qdr. 9, fol. 71v.

[407] NdsStA, Stade, Rep. 27, S 86, qdr. 9, fol. 70v.

[408] NdsStA, Stade, Rep. 27, S 86, qdr. 9, fol. 71r.

[409] NdsStA, Stade, Rep. 27, S 86, qdr. 9, fol. 71r.

[410] NdsStA, Stade, Rep. 27, S 86, qdr. 9, fol. 73v.

[411] NdsStA, Stade, Rep. 27, S 86, qdr. 9, fol. 74r.

Zum fünften seien die Eingriffe gegen die Untertanen in Hadeln und Wursten notwendig geworden, da man ihnen „Respekt" geben müsse,[412] der im Ermessen „Gottes und sayner f.g. gewahlt gestand".[413] In diesem Zusammenhang wurde auch die Besetzung des Schlosses Otterndorf als Raison–Maßnahme eingeräumt.[414]

Zum sechsten sei der Erzbischof im Sinne der Anklage unschuldig, da eigentlich Herzog Magnus derjenige sei, dem die Anklage gebühre.[415] Dieser Vorwurf wurde zum einen aus der unberechtigt beanspruchten Landesherrschaft und Magnus´ landfriedensbruchartigem Einfall in Wursten abgeleitet, zum anderen in seine arglistigen Praktiken – Aufwiegelung der Wursten und Stiftung innenpolitischer Unruhen – hineininterpretiert.[416]

Besonders schwer wog der Vorwurf, Herzog Magnus habe in seinen Bittbriefen Lügen und Unwahrheiten über den Bremer Erzbischof bei den anderen Territorialfürsten[417] und Städten verbreitet, indem er die Rüstungsbemühungen des Erzstifts erwähnt[418] und dem Gericht eine „solich beschuldigung der graußam tath und handlunge so der Erzbischoff und seine f.g. Kriegsvolck an Jungkfraun, frauwen, kiendern, Geistlichen, jungen und alten" vorgetragen habe, die nicht der Wahrheit entspreche.[419]

Folglich, so schloß der erzbischöfliche Anwalt seine Ausführungen, sei das Mandat zu kassieren,[420] also einzuziehen und das Verfahren einzustellen.

Zeitgleich zu der Eingabe dieser Exzeptionsschrift wurde in Stade unter den anwesenden Vermittlern um einen Friedensschluß gerungen, der schließlich am 28. Juni 1525 erzielt werden konnte. Diesem Beschluß verweigerte sich der

---

[412] NdsStA, Stade, Rep. 27, S 86, qdr. 9, fol. 75^{r} und fol. 77^{r} ff. (Übergriffe der Wurster Bevölkerung auf erzbischöfliche Untertanen). Aus den Quellen geht hervor, daß es sich um eine „Strafaktion" des Erzbischofs von Bremen gegen Wurstfriesland gehandelt hat (fol. 79^{v}). – Gleichlautend: NdsStA, Stade, Rep. 27, S 86, qdr. 37.

[413] NdsStA, Stade, Rep. 27, S 86, qdr. 9, fol. 75^{v}.

[414] NdsStA, Stade, Rep. 27, S 86, qdr. 9, fol. 72^{r}: Es wird zugegeben, daß das „Schloß Atternberg in Hadele besatzt und die figuren darauff geweßen gefangen und verstrickt." – S. auch NdsStA, Stade, Rep. 27, F 2593 (Fiskalprozeß), fol. 8^{v} (datiert: Eßlingen, 7. September 1524).

[415] NdsStA, Stade, Rep. 27, S 86, qdr. 9, fol. 71^{r}.

[416] NdsStA, Stade, Rep. 27, S 86, qdr. 9, fol. 77^{v} f.

[417] S. exemplarisch für einen solchen Bittbrief: NdsStA, Bbg, L1, Nr. 1424 (Brief vom 13. März 1525): Herzog Magnus wendet sich an den gesamten schaumburgischen Hof und berichtet über die Situation der Wurstfriesen und Hadelner. Durch die Wahl der Anrede („An das holsteinisch–schaumburgische Hofgesinde") diskreditierte er das Ansehen des Bremer Erzbischofs, warb allerdings – in einem sehr fortschrittlichen Sinne – um Verständnis für seine Handlungen bei dem einem fremden Landesherrn unterstellten Personal.

[418] NdsStA, Stade, Rep. 27, S 86, qdr. 9, fol. 81^{v} ff.

[419] NdsStA, Stade, Rep. 27, S 86, qdr. 9, fol. 84^{v}.

[420] NdsStA, Stade, Rep. 27, S 86, qdr. 9, fol. 85^{r}.

sachsen–lauenburgische Herzog mit der Begründung, am Reichskammergericht sei noch ein Prozeß anhängig, so daß die Entscheidung über die Zukunft der territorialen Zugehörigkeit Wurstens auf Reichsebene gefällt werden würde.[421] Stattdessen forderte er vom Reichskammergericht die Durchsetzung seines Rechts.[422] Auch die Einsetzung einer kaiserlichen Schlichtungskommission konnte die verfahrene Situation um Wursten nicht lösen.[423]

4.3.5 Die Gegenklage Bremens zu Beginn der Prozeßfortsetzung nach dem Stader Frieden

Unter Hinweis auf den Reichstagsabschied des Jahres 1495 reichte Heinrich von Levessau im Auftrag des Erzbischofs von Bremen eine Gegenklage gegen Herzog Magnus am Reichskammergericht ein. Als Inhalt der Klage wurden die Ereignisse des Jahres 1518 angeführt: Das Schleifen der erzbischöflichen Burg „Morgenstern" und der Durch– und Einmarsch durch bzw. in erzbischöfliches Territorium.[424] Detailliert berichtete der Anwalt in seiner Positionsschrift über den Einfall des Herzogs von Sachsen–Lauenburg in das zur erzbischöflichen Landesherrschaft gehörende Land Wursten,[425] beschrieb das Niederreißen und Zerstören der Burg und den Marsch der Söldnertruppen bis in das Amt Neuhaus.[426] Interpretiert wurde dies als eine Einmischung der Lauenburger in interne landesherrliche Angelegenheiten,[427] da Wurstfriesland mit kaiserlicher Bestätigung der Belehnung und Konfirmation der Huldigung dem Erzbischof von Bremen gehörte.[428]
Dem Versuch des bremischen Anwalts, ein Mandat zu erwirken, vermochte das Reichskammergericht nicht zu entsprechen, zumal Herzog Magnus dem Gericht die Ereignisse von 1518 in einem persönlichen Schreiben[429] an den Kammerrichter bestätigt und die Hintergründe seines Einschreitens, die freiwillige Annahme seiner Person als Landesherrn durch die Wurstfriesen und die Defension seines Erblandes Hadeln, dargelegt hatte – dies war von Seiten des erzbischöflichen Anwalts verschwiegen worden.
Nachdem der niedersächsische Anwalt von Schwabach die Vorwürfe im offiziellen Rechtsgang vor dem Kammergericht abgelehnt hatte,[430] führte er in seinen „Additionales" (Hinzufügungen zum Klaglibell) die finanziellen

[421] NdsStA, Stade, Rep. 27, S 86, qdr. 24, fol. 132. – Vgl. Lehe, Wursten, S. 249.
[422] NdsStA, Stade, Rep. 27, S 86, qdr. 11, fol. 92.
[423] NdsHStA, Celle Br. 104a, Nr. 109, fol. 60–62.
[424] NdsStA, Stade, Rep. 27, S 86, qdr. 13, fol. 94 ff.
[425] NdsStA, Stade, Rep. 27, S 86, qdr. 14, fol. 101^{r} f.
[426] NdsStA, Stade, Rep. 27, S 86, qdr. 14, fol. 101^{v}.
[427] NdsStA, Stade, Rep. 27, S 86, qdr. 14, fol. 102^{v}.
[428] NdsStA, Stade, Rep. 27, S 86, qdr. 14, fol. 98^{r} ff.
[429] NdsStA, Stade, Rep. 27, S 86, qdr. 14, fol. 104.
[430] NdsStA, Stade, Rep. 27, S 86, qdr. 15, präs. am 18. Oktober 1525.

Beschwerungen der Wurster und Hadelner Bevölkerung an, um diese der ursprünglichen Klageschrift beizuordnen.[431] Ferner legte er dem Gericht die Vereinbarungen von Lüneburg aus dem Jahr 1518 und von Hamburg aus dem Jahr 1521 vor, um hieran den erzbischöflichen Rechtsbruch nicht nur nach der Reichsordnung, sondern auch hinsichtlich der regional vereinbarten Rezesse nachzuweisen.[432]
Während Herzog Magnus in seinem Stammterritorium und in seinem Amt Neuhaus – nicht zu verwechseln mit dem erzbischöflich bremischen Amt an der Außenelbe – eine Söldnertruppe für das Land Hadeln zusammenstellte,[433] geriet der Prozeß ins Stocken.[434] Neue Argumente wurden kaum mehr ausgetauscht;[435] die Frage, welche Partei gegen den Lüneburger Rezeß zuerst verstoßen habe, wurde von beiden Seiten abschlägig beantwortet.[436] Gerichtliche Bescheide,[437] die aufgrund neuerlicher Eingaben nicht in der angemessenen Frist zur

---

[431] NdsStA, Stade, Rep. 27, S 86, qdr. 19, präs. am 13. April 1526.

[432] Vgl. Fn. 378. Einen weiteren Versuch unternahm von Schwabach im Jahr 1531 (vgl. qdr. 60, fol. 289r f.), um die Nichteinhaltung gütlicher Einigungen durch Erzbischof Christoph nachzuweisen.

[433] NdsHStA, Celle Br. 104a, Nr. 113, fol. 73f.: Herzog Magnus beauftragt seinen Untertanen Hans Volck (Hauptmann und Landrat), 500 bis 600 Kriegsknechte zur „üblichen besoldung" anzuwerben.

[434] Zur gleichen Zeit gerieten die in Verbindung mit diesem Prozeß stehenden Auseinandersetzungen zwischen dem Kaiserlichen Fiskal und dem Bremer Erzbischof ins Stocken. Der Prozeß wurde schließlich nicht weiter verfolgt. – S. NdsStA, Stade, Rep. 27, F 2593.

[435] NdsStA, Stade, Rep. 27, S 86, qdr. 24, fol. 160r ff. (diverse Briefabschriften aus dem Jahr 1528, die nochmals die Beziehungen zwischen Lauenburg und Wursten durch Zeugenaussagen – zur Unterstützung der niedersächsischen Argumentation – stützen sollten). – NdsStA, Stade, Rep. 27, S 86, qdr. 29 (Responsionsschreiben Conrad von Schwabachs, präs. am 17. Juni 1527, über die Frage der Zugehörigkeit Wurstfrieslands). So auch in qdr. 32, fol. 183 in Verbindung mit qdr. 29, fol. 171r (Exzeptionsschriften). – NdsStA, Stade, Rep. 27, S 86, qdr. 46. – NdsStA, Stade, Rep. 27, S 86, fol. 247 ff. (Schreiben des lauenburgischen Herzogs über die Ungerechtigkeiten des Erzbischofs gegenüber den Wurstfriesen mit der Bitte um Rechtsdurchsetzung).

[436] NdsStA, Stade, Rep. 27, S 86, qdr. 22 (Exzeptionsschrift „widder die inbrachte Receß" des erzbischöflichen Anwalts von Levessau an das Reichskammergericht, präs. am 25. Juni 1526. Von Levessau führte aus, daß der Rezeß nur deshalb so günstig für Herzog Magnus ausgefallen sei, weil er mit dem Vermittler Herzog Heinrich „etwas mehr dan den beclagett verwandt und zugethan"). – NdsStA, Stade, Rep. 27, S 86, qdr. 29, fol. 184r ff. (von Levessau betonte, daß der Erzbischof die Rezeßvereinbarungen eingehalten habe).

[437] NdsStA, Stade, Rep. 27, S 86, qdr. 26, fol. 164 (neuerliche Zitation vom 27. Februar 1527, präs. am 10. Mai 1527 gegen den Erzbischof von Bremen und alle am Kriegszug Beteiligten). Qdr. 27 (Exekution der Ladung). – NdsStA, Stade, Rep. 27, S 86, fol. 243. – NdsStA, Stade, Rep. 27, S 86, qdr. 55, fol. 273r (Hinweise auf Beschlüsse vom 1. und 12. Januar 1530). – S. NdsHStA, Celle Br. 104a, Nr. 114, fol. 2–3 (Zitation vom 27. Februar 1527).

Urteilserteilung gelangen konnten, obwohl der niedersächsische Anwalt mehrere Anträge hierzu gestellt hatte,[438] wechselten sich mit Bekundungen von Seiten des Erzbischofs ab, daß sich die Prozeßparteien einerseits gütlich hätten einigen wollen,[439] andererseits die Rechtsverfolgung des lauenburgischen Herzogs auf erzbischöfliche Eingaben hin bisher nicht erfolgt sei.[440] Währenddessen war Herzog Magnus I. damit beschäftigt, sich der noch immer in Hadeln herumziehenden Teile der erzbischöflichen Landsknechte durch die Zusicherung von Ausgleichszahlungen zu entledigen, um die Hadelner Bauernschaft vor Schäden zu bewahren.[441]

Erst der vor Gericht eingebrachte Vorwurf von Schwabachs, die kaiserliche Belehnung für den Bremer Erzbischof habe wohl eine präjudizierende Wirkung auf die Urteilsfindung gehabt,[442] obwohl eindeutig eine kaiserliche Doppelbelehnung vorliege, brachte den Prozeß voran. Unmißverständlich erklärte von Schwabach, daß er den Eindruck gewonnen habe, das Gericht treffe keine Entscheidungen, sondern verschleppe den Prozeß,[443] denn trotz des „aigen bekantnus des spolium genugsam bewießen" könne der Kläger nicht zu seinem Recht gelangen.[444]
Ein von Sachsen–Lauenburg eingebrachtes Rechtsgutachten von Dr. Mathias Meyer, dem Rechtsbeistand von Herzog Magnus, bestätigte dem Gericht nochmals den territorialen Anspruch Sachsen–Lauenburgs auf das Land Wursten.[445] Dennoch konnte sich das Gericht in der Frage des Landfriedensbruchs gegen Erzbischof Christoph nicht eindeutig entscheiden und fällte am 21. Juni 1531 ein halbherziges Urteil auf der Grundlage eines Teilbescheides vom 5. Juli 1529.[446] Wurden die Vorwürfe gegen Erzbischof

[438] NdsStA, Stade, Rep. 27, S 86, qdr. 43 (Petitionsschrift von Schwabachs, präs. am 23. September 1527, unter Bezugnahme auf die neuerliche Zitation mit anschließender Exekution vom Februar, respektive Mai 1527).

[439] NdsStA, Stade, Rep. 27, S 86, qdr. 22, fol. 138r (Exzeptionsschreiben von Levessaus, präs. am 25. Juni 1526).

[440] NdsStA, Stade, Rep. 27, S 86, qdr. 49, präs. am 4. Mai 1528 (Erzbischof Christoph fordert das Gericht auf, Herzog Magnus wegen Landfriedensbruchs nunmehr in die Reichsacht zu stellen). – Vgl. Von Lehe, Wursten, S. 257. Von Lehe weist auf eine vom Reichskammergericht erlassene Klage gegen Herzog Magnus nach Supplikation durch Erzbischof Christoph im Jahr 1535 hin. Hierüber konnten in den Prozeßaktenbeständen keine bestätigenden Indizien gefunden werden.

[441] NdsStA, Stade, Rep. 27, S 86, qdr. 24, fol. 131.

[442] NdsStA, Stade, Rep. 27, S 86, qdr. 50, fol. 258v.

[443] NdsStA, Stade, Rep. 27, S 86, qdr. 57, präs. am 23. Juni 1531.

[444] NdsStA, Stade, Rep. 27, S 86, qdr. 55, fol. 270r ff., präs. am 16. Januar 1531.

[445] NdsStA, Stade, Rep. 27, S 86, ohne Numerierung, qdr. 60 nachgeordnet.

[446] NdsStA, Stade, Rep. 27, S 86, Prozeßnebenakte, fol. 20r in Verbindung mit weiteren Teilbescheiden der Prozeßnebenakte und Verweisen auf Daten verschiedener Exzeptions– und Petitionsschriften.

Christoph hinsichtlich seiner Übergriffe auf das Land Hadeln als gerechtfertigt bezeichnet, so wurden die lauenburgischen Ansprüche auf Wursten ablehnend beschieden und dem Herzog die Landesherrschaft über das Land Wursten de iure aberkannt. Damit schloß sich das Reichskammergericht den in Wursten und Hadeln herrschenden politischen Realitäten an und schuf die nachträgliche Legitimation.

Der niedersächsische Anwalt protestierte in einer Responsionsschrift energisch gegen das gerichtliche Urteil. Insbesondere warf er dem Reichskammergericht vor, daß Herzog Magnus als „natürlicher“ Herr über Wursten und Hadeln trotz kaiserlicher Belehnung älteren Datums und der Erbhuldigung der Bevölkerung nicht zu seinem Recht gelangen könne und damit de facto und de iure ein Reichsstand dem anderen vorgezogen werde.[447]

Die Resignation des niedersächsischen Anwalts schlug sich in verschiedenen Passagen dieser Protestschrift nieder, die jedoch zugleich die Bereitschaft ausdrückte, sich dem Urteil zu beugen und sich damit den Ordnungen im Reich verpflichtet zu zeigen.[448]

Wegen der von Sachsen–Lauenburg eingereichten Protestschriften konnte der Prozeß vor dem Reichskammergericht nicht abgeschlossen werden. Der Rechtszustand um die Frage der Zugehörigkeit des Landes Wursten war ungeklärt, wenngleich die politischen Realitäten eindeutig waren. Dennoch fühlte sich der lauenburgische Herzog Magnus I. als Landesherr für die Bevölkerung Wurstens verantwortlich, informierte seine Untertanen über die Ergebnisse des reichskammergerichtlichen Entscheides[449] und schilderte den ihm benachbarten Fürstenhäusern die Zustände in Wursten: ‘In Wursten herrscht große Armut, so daß die Bevölkerung brotbetteln muß.’ Mit der Forderung, der „tyranney“ ein Ende zu setzen, schloß er seinen Bericht.[450] Ob das von Erzbischof Christoph im Jahr 1532 gewünschte „Aussöhnungstreffen“ zwischen ihm und Magnus stattgefunden hat, entzieht sich der Kenntnis.[451]

Das Land Hadeln unterstand rechtlich und praktisch der Lauenburger Landesherrschaft; das Land Wursten unterstand praktisch der Landesherrschaft des Erzbischofs von Bremen, rechtlich war die territoriale Zugehörigkeit durch die Inaktivität der beteiligten Prozeßparteien und das damit verbundene offene Prozeßende ungeklärt.

---

[447] NdsStA, Stade, Rep. 27, S 86, qdr. 59 (Petitionsschrift von Schwabachs, präs. am 15. September 1531) und qdr. 60 (Responsionsschrift auf das Urteil, präs. am 15. September 1531).

[448] Vgl. NdsStA, Stade, Rep. 27, S 86, qdr. 60.

[449] NdsHStA, Celle Br. 104a, Nr. 109, fol. 64.

[450] NdsHStA, Celle Br. 104a, Nr. 109, fol. 82–83.

[451] NdsHStA, Celle Br. 104a, Nr. 109, fol. 91.

4.3.6 Die Wiederaufnahme des Verfahrens und die endgültige Übertragung des Landes Wursten an das Erzstift Bremen

„Nach thötlichem Abgang von Erzbischof Christoph“ beantragte der sachsen–lauenburgische Anwalt beim Reichskammergericht, Dr. Leopold Dick, die Wiederaufnahme des Verfahrens gegen den Erzbischof von Bremen, jetzt in Person Erzbischofs Georg, um die Frage der Landesherrschaft über das Land Wursten.[452]

In seiner am 2. September 1558 dem Gericht übergebenen Supplikationsschrift wies Dick auf die Zugehörigkeit der Erblande Wursten und Hadeln zu Sachsen–Lauenburg hin. Seien zwar die Verhältnisse um das Land Hadeln hinreichend geklärt worden, so stehe die Restitution des Landes Wursten noch immer aus.[453]

Er stützte seine Argumentation, die von seinem Nachfolger Dr. Capito gleichermaßen aufrecht erhalten wurde, auf die 1518 und 1521 in Lüneburg und Hamburg geschlossenen Rezesse.[454]

Der Prozeß bot inhaltlich keinerlei neue Erkenntnisse,[455] so „ daß dieße ßach [zwischen dem Herzog Franz von Sachsen–Lauenburg und dem Senior sowie dem ‘Capitel der Metropolitan Khirchen zu Bremen‘[456]] In der güthe hingelegt und vertragen“ wurde.[457]

Herzog Franz bestätigte im März 1567 offiziell die Übertragung des Landes Wursten an das Erzstift Bremen und verzichtete auf alle weiteren Ansprüche an diesem Territorium.[458] Dieser außergerichtliche Vergleich fand Eingang in den Reichskammergerichtsprozeß und beendete durch Einverständnis der beteiligten Prozeßparteien denselben am 9. April desselben Jahres.[459]

Herzog Franz hatte damit endgültig die Ansprüche des Hauses Sachsen–Lauenburg auf das Land Wursten aufgegeben und dem seit dem späten Mittelalter herrschenden Unfrieden ein Ende bereitet. Als Gegenleistung für diesen Territorialverzicht hatte er jedoch die Wahl seines Sohnes Heinrich zum

---

452 NdsStA, Stade, Rep. 27, S 86, qdr. 62, prod. am 8. Juni 1558, präs. am 17. Juni 1558. Zitat auf fol. 308^{v}. – S. Nebenakte in NdsHStA, Celle Br. 104a, Nr. 115.

453 NdsStA, Stade, Rep. 27, S 86, qdr. 63, fol. 313^{r} ff.

454 NdsStA, Stade, Rep. 27, S 86, qdr. 65, lit. A und qdr. 66, lit. B.

455 Exemplarisch: NdsStA, Stade, Rep. 27, S 86, qdr. 78 (Repetitionsschrift), qdr. 87 (Konklusionsschrift). – Vgl. auch Einträge in der Prozeßnebenakte fol. 28^{r}.

456 NdsStA, Stade, Rep. 27, S 86, qdr. 76, fol. 362.

457 NdsStA, Stade, Rep. 27, S 86, Prozeßnebenakte, fol. 28^{r}.

458 NdsStA, Stade, Rep. 27, S 86, qdr. 89, fol. 411^{r} ff. – S. NdsStA, Stade, Orig. Gen. I, 2, Nr. 3635 in Verbindung mit Nr. 3630 und 3631: der Herzog von Sachsen–Lauenburg und das Bremer Domkapitel entsandten den Rat Christoph Wedekind zum Kaiser, um die kaiserliche Konfirmation ihres Vergleichs einzuholen.

459 NdsStA, Stade, Rep. 27, S 86, Prozeßnebenakte, fol. 28^{r} f.

Erzbischof von Bremen am 17. Februar 1567 durchsetzen[460] und so die Landgrenze Hadelns umfänglich sichern können.[461] Sie wurde durch den Verzicht auf das Haus Bederkesa und das Gut Elm zugunsten des Erzstifts Bremen zusätzlich abgesichert.[462]

4.3.7 Landsknechte im Land Hadeln[463]

Das Verhältnis zum Erzbischof von Bremen war seit 1531 weniger spannungsreich; ein Ausgleich konnte jedoch nicht erreicht werden, so daß eher von einer momentanen Waffenruhe gesprochen werden kann.[464]
Aus einer anderen Richtung erfuhren die Hadelner seit 1535 eine erhebliche Bedrohung:
Ein ungefähr 400 Mann starker Landsknechtshaufen zog unter der Führung des dänischen Obristen Ovelacker durch das Land und richtete erhebliche Schäden an, die auf 11.000 RT beziffert wurden.[465]
Der Übersendung einer sachsen–lauenburgischen Schutztruppe, die von dem Gräfen zu Otterndorf gefordert wurde, widersetzten sich die Hadelner Stände, da sie für die Finanzierung dieser Soldaten eine Summe von 13.000 fl. hätten aufbringen müssen, wovon 5.000 fl. hätten geliehen werden müssen.[466]
Im Jahr 1546 fiel Christoph von Wrisberg, der in den Diensten Herzog Heinrichs d. J. stand,[467] in das ungeschützte Land ein, verwüstete es und richtete

---

460 Lehe, Wursten, S. 292. – S. ergänzend ÖsterrHHStA, Protocollum negociorum particularium, saec. XVI, 26 b, fol. 55r: Eintrag über die Bestätigung Heinrichs als Erzbischof von Bremen, Sohn des Franz, Herzog von Sachsen–Lauenburg, durch den Papst.

461 Vgl. Lehe, Wursten, S. 292f. Vgl. von Lehes Deutung hinsichtlich der Beweggründe des Bremer Domkapitels, das durch diese Maßnahme zum einen die hohen Einkünfte aus Wursten sichern konnte, zum anderen seine territorialen Arrondierungsmaßnahmen rechtlich absichern und friedlich beenden konnte.

462 NdsHStA, Celle Or. 12, Nr. 343 in Verbindung mit Nr. 254. In den Urkunden wird Bederkesa als „Bederixa" aufgeführt. – S. ergänzend ÖsterrHHStA, RHR, Judiziale Antiqua 767, Nr. 6: In der Zeit von 1629–1636 wurde durch den Herzog von Sachsen–Lauenburg der Versuch unternommen, die Restitution des Amts Bederkesa durch den Reichshofrat zu erwirken. – ÖsterrHHStA, RHR, Judiziale Antiqua 763, Nr. 9: Im Jahr 1634 wurde der Versuch unternommen, das Land Wursten durch den Reichshofrat restituiert zu bekommen.

463 S. allgemein Friedrich Blau: Die Deutschen Landsknechte; 3. Auflage, ergänzt von Andreas Schaefer; Essen 1985. – Reinhard Baumann: Landsknechte. Ihre Geschichte und Kultur vom späten Mittelalter bis zum Dreißigjährigen Krieg; München 1994.

464 Vgl. abweichend Boeselager, Hadeln, S. 335.

465 Boeselager, Hadeln, S. 335.

466 NdsHStA, Celle Br. 103, Nr. 15. – Vgl. (unvollständig) Boeselager, Hadeln, S. 335.

467 Vgl. zu den Kriegszügen Heinrichs d. J. im Zusammenhang mit den Religionsauseinandersetzungen im Reich: Peter Rosendahl: Geschichte Niedersachsens im

erhebliche Schäden an, die auf 12.000 RT beziffert wurden.[468] Trotz eines gütlichen Vergleichs blieb die Bedrohung durch die Anwesenheit des wrisbergschen Landsknechtshaufens im Elbe–Weser–Raum bestehen, die durch die Freisetzung erzbischöflich bremischer Landsknechtshaufen bis 1547 verlängert wurde.[469] 1549 kam es zu Auseinandersetzungen zwischen dem Erzbischof von Bremen und Wrisberg, der das Stift in Verden angegriffen hatte, ein Vorfall, der sich 1560 wiederholen sollte.[470] Bereits 1554 unternahm Wrisberg einen erneuten Übergriff auf das Land Hadeln, in dessen Verlauf auch das Otterndorfer Schloß eingenommen und verwüstet wurde.[471]

Herzog Franz I. von Sachsen–Lauenburg begegnete – nach Scheitern von Vermittlungsverhandlungen – diesem Landfriedensbruch mit einer Klage gegen Herzog Heinrich d. J. und Christoph von Wrisberg vor dem Reichskammergericht. Das Mandat Kaiser Ferdinands wies die Rechtsbrecher bei Poen von 100 MlötG in ihre Schranken und verdeutlichte, im Fall der Nichtbefolgung der Aufforderung zur Restitution die Sache vor Gericht zu ziehen.[472] Am 13. März wurde der Prozeß vor dem Reichskammergericht formal eröffnet. Die Wiederholung der Ereignisse veranlaßte den lauenburgischen Rechtsanwalt Leopold Dick, zu Prozeßbeginn darauf hinzuweisen, daß Herzog Heinrich d. J. nunmehr in die Reichsacht zu stellen sei, da dem Landfriedensbruch mit aller Schärfe entgegengetreten werden müsse.[473]
Vermittlungsgespräche mit Hilfe des Bischofs Johann vom Stift zu Osnabrück beruhigten zunächst die zerstrittenen Parteien,[474] die sich am 18. Dezember 1559 auf der Grundlage dieser Vermittlung wieder vertrugen.[475] Am 12. Dezember 1560 teilte der lauenburgische Rechtsanwalt Dr. Capito[476] dem

Spiegel der Reichsgeschichte; Hannover 1927, S. 245f. – S. Hinweise in Oldecop, Chronik, S. 237.

468 NdsStA, Stade, Rep. 27, S 70, qdr. 2 und qdr. 3, fol. 8^{r}.

469 Vgl. RAK, T.K.U.A, Alm. Del. 1 indtil 1676, Ausländisch registrant, Band 24 (inliegend diverse Briefwechsel der Jahre 1545 und 1547).

470 Vgl. NdsStA, Stade, Rep. 27, W 4301.

471 Wilhelm Lenz: Geschichtliche Übersicht; in: Rudolf Lembcke (Hg.): Otterndorf. Kleine Stadt am Großen Strom; Hamburg 1978, S. 18.

472 NdsStA, Stade, Rep. 27, S 70, qdr. 2.

473 NdsStA, Stade, Rep. 27, S 70, qdr. 3, fol. 8^{v}.

474 NdsStA, Stade, Rep. 27, S 70, qdr. 6.

475 NdsStA, Stade, Rep. 27, S 70, Prozeßnebenakte, fol. 2^{r}–2^{v}.

476 NdsStA, Stade, Rep. 27, S 70, qdr. 6: Bestallung für Dr. Capito (Lauenburg, 30. August 1559), da Dr. Leopold Dick „mit alter und schwachheit derart beladen“ sei, daß ein neuer Rechtsbeistand eingesetzt werden müsse, da „wir [Herzog Franz I., J.H.] Im seines Dienßts gnediglich erlassen.“

Gericht mit, daß nunmehr „alles stillstehe", nachdem bestimmte Verfahrensfragen geklärt und alle Termine eingehalten worden seien.[477]
Daß Herzog Franz I. trotz dieser Ereignisse keine Skrupel hatte, im Jahr 1578 von Christoph von Wrisberg eine Summe von 3.000 fl. auf vier Jahre zu 5% zu leihen und dafür den Zoll zu Artlenburg zu verpfänden,[478] gehört in den Kontext der lauenburgischen Schuldenpolitik, verdeutlicht darüberhinaus nochmals die prekäre Finanzlage des Herzogshauses.[479]
Der zunehmenden Gefahr, der sich die Hadelner Bevölkerung durch Landsknechtshaufen ausgesetzt sah, konnte durch die entfernt residierende Landesherrschaft der Sachsen–Lauenburger nicht hinreichend begegnet werden. Deren Versuche, schützend einzugreifen, wurden unter Inkaufnahme von Nachteilen um der Aufrechterhaltung der eigenen (Hadelner) Autonomie willen abgelehnt. Dies weist ebenso auf das hohe Maß an Hadelner Selbständigkeit hin wie auf Skepsis gegenüber dem eigenen Landesherrn, der in der Ausübung seiner landesherrlichen Verpflichtungen auf Hindernisse traf. Ebenso problematisch gestaltete sich der Verbleib der Landsknechte nach Beendigung der kriegerischen Auseinandersetzungen. Die Freisetzung von Landsknechtshaufen stellte eine erhebliche Bedrohung für angrenzende Territorialherren dar.[480]

4.3.8 Das Gut Elm

Das von Herzog Franz I. von Sachsen–Lauenburg an das Bremer Erzstift übertragene Gut Elm nimmt in den Auseinandersetzungen zwischen dem Bremer Erzbischof und dem lauenburgischen Herzog eine besondere Stellung ein.

---

477 NdsStA, Stade, Rep. 27, S 70, Prozeßnebenakte, fol. 3. – S. NdsHStA, Celle Br. 104a, Nr. 114: Im Jahr 1630 wandte sich Herzog Franz Julius erneut an das Reichskammergericht und stellte die Frage, „wie das Bremer Domkapitel an Wurstfriesland gelangt sei" (fol. 42–45). – NdsHStA, Celle Br. 104a, Nr. 115 und Nr. 136: Mit Hilfe „älterer" Nachrichten versuchte er bis 1635, die sachsen–lauenburgischen Ansprüche zu begründen. – NdsHStA, Celle Br. 104a, Nr. 137: Zur gleichen Zeit unternahm er den Versuch, das Amt Ritzebüttel der hamburgischen Landeshoheit streitig zu machen.

478 NdsStA, Stade, Rep. 27, W 4328, qdr. 1, fol. 12^r–12^v (irrigerweise wurde an dieser Stelle vom Zoll zu Lauenburg gesprochen). – Vgl. hierzu die herzogliche Obligation vom Dezember 1578 in qdr. 5, insbes. fol. 25^v.

479 NdsStA, Stade, Rep. 27, W 4328. Im Jahr 1601 forderten die Erben des Christoph von Wrisberg die Schuldsumme und die ausstehenden Zinsen vor dem Reichskammergericht von Herzog Franz II. ein. Der Prozeß wurde bis 1639 weitergeführt, wobei die Prozeßakten keinen Aufschluß über den Ausgang des Verfahrens geben, so daß ein Vergleich möglich erscheint.

480 Vgl. NdsHStA, Celle Br. 103, Nr. 15 und 16.

Das Gut Elm mit der dazugehörigen Burg besaßen zu gleichen Teilen die Burgmänner von Elm und die Herren von der Lieth, die das Allodiallehen im Jahr 1387 von Bremen übertragen bekommen hatten.[481]
Nachdem Johann von Elm um 1480[482] verstorben war, beabsichtigte der Bremer Rat, den Besitz Elms als heimgefallenes Lehen einzuziehen. Diesem Vorhaben widersetzte sich Cord von der Lieth, noch immer im Besitz des anderen halben Allods, und beanspruchte aufgrund der Herkunft seiner Frau (geb. zu Elm) die Erbschaft des Johann von Elm. Am 26. November 1481 übergab er das Gesamtgut an Herzog Johann von Sachsen–Lauenburg,[483] der ihm und seiner Frau zur gleichen Zeit das Gut Kuddewörde im Lauenburgischen auf Lebenszeit abtrat.[484] Herzog Johann V. setzte den Otterndorfer Gert von Wittorf als seinen Unterpfandnehmer in Elm ein, der 1483 das Gut zurückgab,[485] woraufhin es von stadtbremischen Truppen besetzt und fortan verwaltet wurde.[486] Im Jahr 1567 wurde es endgültig an den Bremer Rat übergeben.

Das Interesse des lauenburgischen Herzogs an den Besitzungen der von Elms und der von der Lieths wird durch die geographische Lage der Güter um Elm(lohe) deutlich: tief im Süden des Hauses Bederkesa an der Geeste, nur eine Meile von dem Schloß Bederkesa entfernt.[487] Herzog Johann V. hatte sich damit einen Stützpunkt schaffen können, der – nach seinem Verständnis – in seinem landesherrlichen Einflußbereich lag, obwohl dieser seit Ende der achtziger Jahre des 15. Jahrhunderts vom Bremer Erzbischof und vom Bremer Rat „besetzt“ war.
Das Gut Kuddewörde[488] im Lauenburgischen war unterdessen in ständiger Nutzung der Familie von der Lieth verblieben. Die ursprünglich nur auf

---

[481] Die Genealogie der Familie von der Lieth wurde vollständig aufgearbeitet von: Thassilo von der Decken: Die Familie von der Lieth; in: Stader Jahrbuch, N.F. 60; 1970, S. 105–132 (Teil 1); Stader Jahrbuch, N.F. 61; 1971, S. 135–152 (Teil 2).

[482] Vgl. Manecke, Bremen, S. 78 (irrig hinsichtlich des Todesdatums).

[483] RAK, T.K.U.A., Rigskammerretten, Nr. 9f, qdr. 10, fol. 43–47. – NdsHStA, Celle Br. 104a, Nr. 167a. Cord von der Lieth erhielt zusätzlich eine Summe von 1.400 fl.

[484] Die Übergabe des Guts Kuddewörde war nicht Bestandteil des vorgenannten Revers, so daß der unmittelbare Sinnzusammenhang – rechtlich gesehen – nicht bestanden hat (vgl. als rechtlichen Streitpunkt in: RAK, T.K.U.A., Rigskammerretten, Nr. 9f, qdr. 10, fol. 53^v–54^r und fol. 80^r). – Vgl. abweichend Max Schmidt: Kuddewörde; in: Archiv des Vereins für die Geschichte des Herzogthums Lauenburg, N.F. 5/ 3; 1898 (künftig zitiert: Schmidt, Kuddewörde), S. 3. – Vgl. abweichend Manecke, Bremen, S. 78f.

[485] RAK, T.K.U.A., Rigskammerretten, Nr. 9f, qdr. 10, fol. 55^r–56^r.

[486] Manecke, Bremen, S. 79.

[487] RAK, T.K.U.A., Rigskammerretten, Nr. 9f, qdr. 11, fol. 2^v.

[488] Auf die Stiftung des Klosters Kuddewörde am 17. Januar 1497 durch Herzog Johann V. wird an dieser Stelle lediglich hingewiesen. Das Kloster hatte nur bis 1521 Bestand. – Vgl. Masch, Ratzeburg, S. 377 und datenmäßig hinsichtlich der Gründung (22. September 1497) abweichend Schmidt, Kuddewörde, S. 1f. Schmidt hat das Datum der

Lebenszeit des Cord von der Lieth ausgestellte Verschreibung wurde im Jahr 1517 durch Herzog Magnus I. erneuert und auf Tönnes von der Lieth und seine Frau auf Lebenszeit ausgestellt.[489] Mit Herzog Magnus I. geriet Tönnes von der Lieth aufgrund unklarer Holzrechte in Streit und fürchtete schließlich sogar die Loskündigung wegen ungebührlichen Verhaltens.[490] König Friedrich von Dänemark und Herzog Albrecht von Mecklenburg bemühten sich um einen gütlichen Ausgleich. Ersterer forderte „zur einthracht" auf und bat, „Verhandlungstage anzusetzen, um selbige herzustellen".[491]

Tönnes von der Lieth vererbte seinen Besitz unberechtigterweise an seinen Sohn Georg. Unter Herzog Franz I. muß dies im Rahmen einer Kanzleirevision aufgefallen sein, woraufhin Georg von der Lieth eine Loskündigung für den Besitz zu Kuddewörde erhielt. Hiergegen erhob er eine Lehnsklage gegen seinen Herzog vor den lauenburgischen Räten.[492] Nachdem das Ratsurteil[493] von Herzog Franz bestätigt worden war, sollte Georg von der Lieth seinen Besitz zu Kuddewörde räumen, wogegen er am 3. Februar 1550 an das Reichskammergericht appellierte.[494] Seine Vorwürfe richteten sich nicht ausschließlich gegen die unrechtmäßige Löseforderung des Herzogs, sondern deckten vor allem Mißstände in der lauenburgischen Rechtsprechung auf: Der lauenburgische Prozeß dauerte lediglich vom 29. Januar 1550 nachmittags bis zur Urteilsverkündung am 1. Februar 1550 um 10 Uhr[495] und fand vor einem reduzierten Ratskollegium statt, welches nicht nach der ursprünglichen Besetzungsliste zusammengesetzt war.[496] Unter Hinweis darauf, daß somit der vorangegangene Instanzenzug nichtig sei, forderte von der Lieths Rechtsanwalt,

---

Bestätigungsurkunde als Gründungsdatum ausgewiesen. – NdsHStA, Celle Br. 104b: Am 24. September bezeugt Herzog Johann V., daß er am 17. Januar ein Kloster und ein Spital gestiftet hat.

489 LAS, Abt. 210, Nr. 3568, qdr. Nr. 1. – NdHStA, Celle Br. 104a, Nr. 167a (Schilderung der Ereignisse des Jahres 1531). – Vgl. ebenda die Abschrift einer zweifelhaften Urkunde auf das „Allodialgut Kuddewörde" von Herzog Johann V. für Cord von der Lieth. Die Echtheit des Dokuments muß angezweifelt werden. Vor Gericht wurde die Urkunde nicht verwendet.

490 LAS, Abt. 210, Nr. 3568, qdr. Nr. 2, Nr. 5, Nr. 6.

491 NdsHStA, Celle Br. 104a, Nr. 167a.

492 Schmidt, Kuddewörde, S. 6.

493 RAK, T.K.U.A., Rigskammerretten, Nr. 9f, qdr. 2, lit. F: Instrumentum Appellationes des Georg von der Lieth: Die Ratskommission setzte sich wie folgt zusammen: Gebhard von Wittorf (Richter), Christoph von Wrisberg, Vicke von Bülow, Heinrich von Daldorf, Hans Wackerbarth, Gebrüder Christof und Joachim Schack (Beisitzer).

494 RAK, T.K.U.A., Rigskammerretten, Nr. 9f, qdr. 2, lit. F. – Vgl. zeitlich und inhaltlich völlig irrig Manecke, Bremen, S. 79.

495 RAK, T.K.U.A., Rigskammerretten, Nr. 9f, qdr. 9, fol. 1^{v}.

496 RAK, T.K.U.A., Rigskammerretten, Nr. 9f, qdr. 9, fol. 2^{r}. Es fehlte Andreas von Barby. – Vgl. hierzu Schmidt, Kuddewörde, S. 6 (Umstand übergangen).

die Restitutionsforderungen aufzugeben, da es sich bei dem Gut Kuddewörde um ein Allodialgut handele, welches der Familie im Tausch mit dem Gut Elm übertragen worden sei.[497] Gegen diese Forderungen verwahrte sich der die lauenburgischen Interessen wahrnehmende Rechtsanwalt Dr. Dick, indem er einerseits die lauenburgischen Rechtsgrundsätze und Verhandlungsformen rechtfertigte und forderte, den Klaglibell vor Gericht nicht zuzulassen,[498] andererseits den nicht bestehenden Sinnzusammenhang zwischen dem Gut Elm und dem Gut Kuddewörde herausstellte.[499]
Der Prozeß schien zunächst abrupt zu enden: Georg von der Lieth war in kaiserliche Kriegsdienste getreten und ledig und „unbeweibt“ umgekommen.[500] Daraufhin wurde der Prozeß vor dem Reichskammergericht zum Abschluß gebracht; das Gut Kuddewörde fiel an den Herzog zurück.

Der Tod von der Lieths stellte sich allerdings als Gerücht heraus. Wann von der Lieth genau nach Lauenburg zurückgekehrt ist, bleibt im Dunkel. Er muß jedoch nach seiner Rückkehr mit Herzog Franz I. in Verhandlungen getreten sein und erhielt offenbar unter Aufwendung finanzieller Mittel am 15. Juni 1558 von Herzog Franz I. einen neuen Lehnsbrief für den Hof zu Kuddewörde mit dem dazugehörigen gleichnamigen Dorf sowie darüberhinaus mit dem Dorf Kastorf.[501] Am gleichen Tag gelobte von der Lieth, ein guter Lehnsmann zu sein;[502] einen Monat später erhielt er die Erlaubnis, sein Heiratsgeld aus dem Gut nehmen zu dürfen.[503] Am 3. August 1583 fiel das Gut Kuddewörde an das Haus Sachsen–Lauenburg zurück, nachdem Georg von der Lieth verarmt gestorben war;[504] sein Sohn konnte zwar die familiären Ansprüche auf das Gut

---

497 RAK, T.K.U.A., Rigskammerretten, Nr. 9f, qdr. 9, insbes. fol. 3^v, Klagepunkt 15.

498 RAK, T.K.U.A., Rigskammerretten, Nr. 9f, qdr. 11, fol. 3^r–4^v.

499 RAK, T.K.U.A., Rigskammerretten, Nr. 9f, qdr. 11, fol. 6^r und 7^r.

500 RAK, T.K.U.A., Rigskammerretten, Nr. 9f, qdr. ohne (Aktenende: „Entschuldigungs–schreiben“ von Dr. Kaden, von der Lieths Rechtsanwalt).

501 LAS, Abt. 210, Nr. 3569: Lehnsbrief vom 15. Juni 1558.

502 LAS, Abt. 210, Nr. 3569: Georg von der Lieth gelobt, ein guter Lehnsmann zu sein. – Ergänzend LAS, Abt. 390, Nr. 130. Die Zollstation Kuddewörde wurde im Jahr 1565 an Jürgen von der Lieth übergeben.

503 LAS, Abt. 210, Nr. 3569: Schreiben vom 15. Juli 1558.

504 LAS, Abt. 210, Nr. 3569: Heimfall des Guts am 3. August 1583 und Entschuldungsprogramm für den ehemaligen Besitz des Georg von der Lieth vom 10. Juni 1584. – Vgl. mit irrigem Datum: Schmidt, Kuddewörde, S. 6 (mit Bezug auf Kobbe). Schmidt datierte den Tod von der Lieths auf den 21. April 1585. Diese Jahreszahl läßt sich durch die Akten nicht belegen, wohingegen die Tages– und Monatsangabe als möglich erscheint. Für die Angabe Schmidts, daß von der Lieth Selbstmord begangen habe, konnten keine Indizien gefunden werden. Hingegen kann der von Schmidt geschilderte Verdacht der Falschmünzerei als richtig angenommen werden (Schmidt, Kuddewörde, S. 6–8). Nicht haltbar sind allerdings Schmidts Ausführungen über das Grab von der Lieths und seines Sohns (Schmidt, Kuddewörde, S. 8–9) aufgrund der o.a. Aktenlage. Bereits Kobbe hatte

nicht durchsetzen, aber erwirken, daß seine Mutter bis zu ihrem Tode in Kuddewörde wohnen bleiben durfte.[505]

4.3.9 Auseinandersetzungen um Besitzungen der Kirchspiele Odisheim und Steinau

Das Kirchspiel Odisheim, als eines der vier Kirchspiele des Hadelner Sietlandes, umfaßte zu großen Teilen den Grenzbereich sowohl zum westlich angrenzenden Bistumsbesitz Bremens (Amt Neuhaus) als auch zum südlich angrenzenden Bremer Ratsbesitz (Amt Bederkesa). Das Dreiländereck zwischen Bremer Rats– und Bistumsbesitz einerseits und lauenburgischem Territorium andererseits wurde durch die Kirchspiele Odisheim und Steinau auf Hadelner Gebiet markiert.

Mit Hilfe eines Mandats vom 8. Februar 1530 hatten Hadelner Untertanen des Kirchspiels Steinau einen kleinen Fluß, welcher den Grenzverlauf zum angrenzenden Amt Bederkesa markierte, „verstopft" und auf diese Weise große Schäden für die Untertanen des Bremer Amts herbeigeführt, da diese fortan keinen freien Zugang mehr zum Elbwasser hatten: Ihre Felder konnten folglich nicht mehr bewässert werden. In der Klage forderten sie die freie Nutzung der Elbe, die durch die „Verstopfung" beeinträchtigt worden sei. Die Klageerhebung des Bremer Rats wurde zwar durch ein Mandat des Reichskammergerichts vom 8. Februar 1530 anerkannt, das am 4. März in Lauenburg dem lauenburgischen Kanzler durch den Reichskammergerichtsboten Christoph Finger übergeben wurde, aber

---

hieran seine Zweifel, die Schmidt zwar erwähnt, aber ignoriert (Schmidt, Kuddewörde, S. 9–10). Die Aussage, daß der Prozeß vor dem Reichskammergericht bis zum Jahr 1617 dauerte, muß als falsch zurückgewiesen werden. Vielleicht erklärt sich diese Datierung aus dem archivalischen Aktendeckelvermerk, der den Prozeß bis 1617 dauern läßt. Der Prozeß vor dem Gericht endete mit dem undatierten „Entschuldigungsschreiben" des Dr. Kaden, der allerdings nur in den fünfziger Jahren des 16. Jahrhunderts am Reichskammergericht tätig war (1548ff.); die letzte Prozeßhandlung wurde auf den 29. Oktober 1554 datiert (RAK, T.K.U.A., Rigskammerretten, Nr. 9f, Prozeßnebenakte). Daß das Geschlecht der von der Lieths 1583 nicht gänzlich ausgestorben ist, bleibt unbestritten (Schmidt, Kuddewörde, S. 11). Erbansprüche hatten sie hingegen im Lauenburgischen nicht mehr. Bis 1590 sind sie noch in Bremen–Borgfeld nachweisbar. – S. ÖsterrHHStA, Judiziale Miscellanea, L2 (Prozeß des Bremer Rats contra Franz von der Lieth, Sohn von Michael von der Lieth). Bis über das Jahr 1700 hinaus sind Nachkommen der Familie von der Lieth in Bremen und Elmlohe nachweisbar. – S. hierzu Staatsarchiv Bremen, Abt. 6.1, B13, L10, L 11, L 12, L 13 (Findbuchangaben). – Vgl. Reden, Landständische Verfassung, S. 261.

[505] Es ist davon auszugehen, daß die Witwe von der Lieths zu Lebzeiten ihres Mannes nicht in den Besitz als Lehnsnehmerin eingewiesen worden ist (vgl. Eike von Repgow: Der Sachsenspiegel; hrsg. v. Claudieter Schott; 2. Auflage; Zürich 1991 (künftig zitiert: Sachsenspiegel), S. 222, Nr. 75), sondern hier in erster Linie ein Gnadenakt des Landesherrn festzustellen ist.

anschließend wurde sie nicht weiterverfolgt.[506] Es muß davon ausgegangen werden, daß die „Verstopfung" beseitigt und die Poenzahlung von Seiten Herzog Magnus´ geleistet worden ist.
Zu Beginn des 17. Jahrhunderts lebten die seit 1567 beendeten Streitigkeiten zwischen dem Bremer Erzbischof und dem Herzog von Sachsen–Lauenburg erneut auf.
Am 21. Juni 1608 fiel der erzbischöfliche Amtmann von Neuhaus, Joachim Bock, „mit viel Volk und aigenthätlicher gewalt" in das Kirchspiel Odisheim ein.[507]
Nachdem Vermittlungsbemühungen gescheitert waren,[508] reichte Herzog Franz II. Klage vor dem Reichskammergericht ein und ließ über seinen Rechtsanwalt Dr. Reinhardt, der diesen Fall zeitweise an seinen Lizentiaten Dr. Khun abtrat, feststellen, daß das Land Hadeln – insbesondere das Kirchspiel Odisheim mit dem dazugehörigen Moor – ihm als Herzog von Sachsen–Lauenburg zu eigen sei.[509]
Das kaiserliche Mandat (de relaxando) gebot dem Erzbischof bei einer Poen von 10 MlötG, sich weiterer gewaltsamer Eingriffe zu enthalten und die angerichteten Schäden zu ersetzen.[510] Dieser Aufforderung leisteten der Beklagte Erzbischof Johann Friedrich von Bremen[511] und der Nebenbeklagte Joachim Bock keine Folge, so daß der Fall um das Odisheimer Moor am 11. Oktober 1608 vor dem Reichskammergericht rechtsanhängig wurde.[512] Beanspruchte der Erzbischof von Bremen Teile des Odisheimer Moores („bis zum Torffgraben") als eigenes Gebiet, so vertrat der lauenburgische Rechtsbeistand die Ansicht, daß bereits seit jeher das strittige Gebiet zum lauenburgischen Territorium gehöre.[513] Der Forderung[514] des beweispflichtigen

---

[506] Bundesarchiv, Außenstelle Frankfurt, AR 1 – A/ 485: Bürgermeister und Rat der Stadt Bremen contra Herzog Magnus von Lauenburg.

[507] NdsStA, Stade, Rep. 27, S 87 III, qdr. 1.

[508] NdsHStA, Celle Br. 104a, Nr. 125 I.

[509] NdsStA, Stade, Rep. 27, S 87 III, qdr. 1. – NdsStA, Stade, Rep. 27, S 87 II: Die Angaben in einem Rotul mit Zeugenvernehmungen aus dem Jahr 1607 verdeutlichen, daß es mindestens ein Jahr zuvor zu Grenzstreitigkeiten gekommen war, die anscheinend außergerichtlich behoben worden waren. – Vgl. hierzu die Angaben in: NdsHStA, Celle Br. 104a, Nr. 125 II (Bericht über die Einsetzung einer kaiserlichen Kommission zur Streitschlichtung am 11. April 1608).

[510] NdsStA, Stade, Rep. 27, S 87 III, qdr. 1: Das Mandat wurde am 13. Juli 1608 in Speyer ausgestellt und am 27. August 1608 in Bremen und dem Dorf Neuhaus an die Beklagten durch einen Kammergerichtsboten überbracht (rückseitiger Vermerk). – S. Hinweise in: NdsHStA, Celle Br. 104a, Nr. 125 I.

[511] Johann Friedrich war postulierter Erzbischof Bremens und Bischof Lübecks, Erbe zu Norwegen, Herzog von Schleswig, Holstein, Stormarn und Dithmarschen, Graf zu Oldenburg und Delmenhorst.

[512] NdsStA, Stade, S 87 III, Prozeßnebenakte.

[513] NdsStA, Stade, S 87 III, qdr. 1 und qdr. 4, fol. 11^r^.

erzbischöflichen Rechtsvertreters nach Einsetzung einer Kommission und einer Inaugenscheinnahme wurde stattgegeben,[515] so daß Zeugenbefragungen vor Ort[516] eingeleitet wurden und ein Maler mit der Erstellung eines Abrisses beauftragt wurde.[517] Überschattet wurde dieser Prozeß von drei Parallelerscheinungen, die fortan den eigentlichen Prozeßverlauf undurchsichtig werden ließen, da die Aktenlage 'verschwamm'.

Zum ersten: Seit dem 13. Juli 1608 war es wiederholt zu kleineren Grenzverletzungen und Streitigkeiten im Kirchspiel Steinau gekommen, die durch gütliche Vermittlungsgespräche zunächst nicht beigelegt werden konnten.[518] Eine Reihe kleiner Grenzverletzungen im Oktober 1609 veranlaßte Herzog Franz II., eine weitere Klage gegen den Bremer Erzbischof einzureichen, die im Jahr 1610 rechtsanhängig wurde.

Zum anderen: Am 22. Januar 1610 – gegen zehn Uhr – fiel der Amtmann von Neuhaus mit einem „großen Haufen armierter Personen" erneut in das Kirchspiel Steinau ein und überfiel den Lauenburger Untertanen Lorenz (Laurentz) Mörs auf seinem Feld, ließ die Tür zu seinem Haus – in der Nähe des „gruben Ortes" und der „Borbecker Reihen" – aufbrechen, jagte Mörs' schwangere Frau und dessen fünf „unerzogene"[519] Kinder in die Kälte hinaus und zündete seine Hütte („häußlein un kotten") an.[520] Gegen diese Taten erwirkte Herzog Franz II. eine neue Klage vor dem Reichskammergericht, die in einen Prozeß mündete, der am 2. Oktober 1610 begann,[521] sich zunächst mit verfahrensrechtlichen Fragen beschäftigte und Ende 1612 in gütlicher Einigung außergerichtlich beigelegt werden konnte.[522]

Zum dritten: Die Entführung des lauenburgischen Untertanen Klaus Kiefer aus dem Odisheimer Moor am 18. Mai 1611 führte aufgrund der bereits vorhandenen Konflikte zwischen dem Bremer Erzbischof und dem lauenburgischen Herzog zur weiteren Klageerhebung.[523] Der im Moor arbeitende Kiefer war von einer bewaffneten Truppe unter Führung des

---

514 NdsStA, Stade, S 87 III, qdr. 4, fol. 12^r.

515 NdsHStA, Celle Br. 104a, Nr. 125 III (Einsetzung der Kommission am 29. April 1609).

516 NdsStA, Stade, S 87 I: Rotulus Examinis.

517 NdsStA, Stade, Karte 42i, Stinstedt 1: Die Prozeßkarte wird hier vor allem aufgrund ihrer Ausführung nicht veröffentlicht. – S. auch NdsStA, Stade, Rep. 27, S 89 I, zwischen fol. 93^v und 94^r eingelegte Skizze des strittigen Gebiets. – S. auch NdsHStA, Celle Br. 104a, Nr. 125 V.

518 NdsHStA, Celle Br. 104a, Nr. 127 und Nr. 129.

519 Unerzogen = noch nicht erzogen.

520 NdsStA, Stade, Rep. 27, S 89 VI, fol. 9^r–10^r.

521 NdsStA, Stade, Rep. 27, S 89 VI, fol. 13^r: Das Mandat ist datiert vom 23. Juli 1610, präs. am 2. Oktober 1610.

522 NdsStA, Stade, Rep. 27, S 89 VI, qdr. 9, fol. 43^r (datiert: 12. September 1612) und qdr. 11 (datiert: 5. April 1613).

523 NdsStA, Stade, Rep. 27, S 90 und Rep. 27, S 87 III, Konvolut am Aktenende, fol. 37–42. Das Mandat aus Speyer wurde am 6. September 1611 ausgestellt (Rep. 27, S 90, qdr. 2).

Amtmanns von Neuhaus aufgegriffen, nach (Bremer–)Vörde verschleppt und dort bis zum 23. Mai festgehalten worden.[524]
Die verworrene Aktenlage und die zahlreichen Rotulen,[525] die inhaltlich Sachverhalte vermischten, lassen – trotz eines fehlenden Zusammenlegungsbescheides des Gerichts – darauf schließen, daß seit 1610 die Streitigkeiten zwischen den beiden Streitparteien gemeinsam verhandelt worden sind.[526] Vermittlungsgespräche, die den Prozeßverlauf begleiteten,[527] ließen alle Prozesse im Jahr 1612 zu einem gütlichen Ausgleich gelangen, Vermittlungen allerdings, die auf Anweisung Speyers stattfanden. Der Auftrag, diese Gespräche zu führen, war mit der Aufforderung verbunden gewesen, „concordia" zwischen den Streitparteien herzustellen.[528]
Daß die Prozesse um das Odisheimer Moor im Jahr 1610 kurzfristig ins Stocken gerieten, lag an dem Tod des erzbischöflichen Kanzlers Dr. Migrinus. Migrinus war in seiner Kanzlei plötzlich, aber zunächst unbemerkt verstorben. Als der Kanzler gefunden wurde, war das Haus – und damit die Kanzlei, in der alle Akten verwahrt wurden – solange nicht zu betreten, „biß ßich die giftige lufft in Migrini behaußung zertheilet und vergangen."[529]

4.3.10 Der Grenzverlauf zwischen dem Amt Ritzebüttel und dem Land Hadeln.[530] Der Bau der Franzenburg

Seit dem 15. Jahrhundert schien der Territorialbesitz der Stadt Hamburg hinsichtlich des Amts Ritzebüttel und der Insel Neuwerk unstrittig zwischen der Stadt und dem Herzog von Sachsen–Lauenburg als dem Landesherrn Hadelns. Mag das enge territoriale Nebeneinander im Elbe–Weser–Raum das Verhältnis zwischen der Stadt Hamburg und dem Herzog in seinem Stammterritorium beeinflußt haben und in politische Entscheidungen eingeflossen sein, so lassen sich dennoch bis 1589 Grenzirrungen nicht nachweisen.
Im März 1590 wurde das bisherige friedliche Nebeneinander im Elbe–Weser–Raum empfindlich gestört, als Herzog Franz II. auf gewaltsame und provozierende Weise versuchte, der Stadt Hamburg deren Besitz des Amts Ritzebüttel streitig zu machen. Am 30. März 1590 fiel er mit 36 Reitern und einer „großen anzal Schützen auch andrer munition uff unser [hamburgischen,

---

[524] NdsStA, Stade, Rep. 27, S 90, qdr. 2.
[525] NdsStA, Stade, Rep. 27, S 89 II, III, IV, V: Examines, attestationes, duplices und triplices gehören zu dem Prozeß Rep. 27, S 88.
[526] S. exemplarisch: NdsStA, Stade, Rep. 27, S 88, qdr. 6 und vgl. mit Rep. 27, S 87 III, fol. 33^r.
[527] NdsStA, Stade, Rep. 27, S 88, Prozeßnebenakte.
[528] NdsStA, Stade, Rep. 27, S 87 III, Konvolut am Aktenende, fol. 36.
[529] NdsStA, Stade, Rep. 27, S 87 III, Konvolut am Aktenende, fol. 33–34 (Mitteilung des Erzbischofs von Bremen an das Reichskammergericht vom 24. Januar 1610).
[530] Vgl. hierzu die Abbildung 5 im Bildteil.

J.H.] unterschidlichen Salenburgschen, Dunischen und Ritzebüttelschen Waldtmarken ein [...]", verletzte dadurch das Territorium Hamburgs, beschädigte Wiesen und Äcker der Untertanen, vertrieb das Vieh und überfiel zudem das Schloß in Altenbruch.[531] Des weiteren begann Herzog Franz II., im nördlichen Teil des Landes Hadeln eine Festung („Franzenburg") zu errichten, zu der der Grundstein bereits gelegt worden war, und die von den Hamburgern als Bedrohung ihres Besitzes betrachtet wurde.[532] Diesem offensiven Vorgehen des lauenburgischen Herzogs (Festungsbau und Gebietsankäufe[533]) versuchte die Stadt zunächst mit Vermittlungs– und Schlichtungsgesprächen zu begegnen,[534] stellte aber im Mai 1590 fest,[535] daß diese Versuche gescheitert waren und wandte sich – unter Übermittlung einer entsprechenden Information an Herzog Ulrich von Mecklenburg –[536] supplizierend an den Kaiser, um eine

---

531 NdsStA, Stade, Rep. 32 I, Nr. 68, fol. 1^v–2^r. – LHA, MVP, Aw, Nr. 293 (Schreiben der Stadt Hamburg an Herzog Franz II. vom 31. April 1590), fol. 2^r–2^v.

532 NdsStA, Stade, Rep. 32 I, Nr. 68, fol. 3^r. – NdsHStA, Celle Br. 104a, Nr. 196a. Den Bau der Festung hatte Herzog Franz gegen Stimmen des landsässigen Adels und einiger Berater aus dem lauenburgischen Stammterritorium durchgesetzt. Der Landrentmeister Johann Hagemann wies auf die „itzige armudt" im Herzogtum hin und bat, die hohen Unterhaltskosten zu beachten. Insbesondere äußerte er jedoch Bedenken hinsichtlich des Festungsbaus an dieser exponierten Stelle.

533 NdsHStA, Celle Or. 12, Nr. 303 vom 4. September 1591: Heye Offe im Kirchspiel Altenwalde verkauft Herzog Franz ein Moor bei der Festung Franzenburg.

534 NdsStA, Stade, Rep. 32 I, Nr. 68, Schreiben (lit. A – Abschrift des Briefs aus LHA, MVP, Aw, Nr. 293) vom 31. April 1590 an Herzog Franz II., Schreiben (lit. B) vom 17. Mai 1590 an die Stadt Hamburg, Schreiben (lit. C – Abschrift des Briefs aus LHA, MVP, Aw, Nr. 293) vom 28. Mai 1590 an Herzog Franz II. Ebenfalls Hinweis auf fol. 3^v.

535 NdsStA, Stade, Rep. 32 I, Nr. 68, Schreiben der Stadt Hamburg an Kaiser Rudolf vom 29. Mai 1590.

536 LHA, MVP, Aw, Nr. 293. Am 24. Mai 1590 wurde Herzog Ulrich von Mecklenburg vom Hamburger Rat gebeten, in dieser Sache als Schiedsrichter zu fungieren. Dieser erklärte sich bereit, sich als Vermittler zu betätigen, nicht aber als Schiedsrichter: Er erwartete den gütlichen Vergleich zwischen den zerstrittenen Reichsständen. (Vgl. sein Schreiben aus Güstrow vom 3. Juni 1590). Die Reaktion des mecklenburgischen Herzogs wird unter Hinzunahme anderer Dokumente verständlich. Er betrieb zu diesem Zeitpunkt weitreichende Geschäfte bezüglich der Lieferung eines Geschützes für die Franzenburg. Franz II. hatte dieses am 25. Mai 1590 bestellt. Zwar teilte ihm Herzog Ulrich bereits am 2. Juni 1590 mit, daß er sich außerstande sähe, das Geschütz zu liefern, aber er vermittelte den Auftrag an die Grafen von Pommern weiter. – S. ergänzend NdsHStA, Celle Br. 104a, Nr. 196. Herzog Johann Friedrich von Pommern konnte allerdings das gewünschte Geschütz auch nicht liefern, leitete jedoch das lauenburgische Anliegen an Herzog Ernst Friedrich zu Stettin weiter. – Weiterführend: NdsHStA, Celle Br. 104a, Nr. 152. Ob es sich bei dem im Jahr 1591 auf einer Sandbank aufgefundenen Geschütz, „welches bei Ebbe sichtbar" war, um das von Herzog Franz II. bestellte Geschütz handelte, bleibt unklar. Angehörige der Stadt Hamburg hatten das Geschütz beschlagnahmt; Herzog Franz II. beanspruchte es für sich, da es auf seinem Grund vor dem Land Hadeln aufgefunden

harte Bestrafung des Herzogs und die Einstellung der Bauarbeiten an der „Franzenburg“[537] mit der Begründung zu fordern, der Festungsbau stünde nicht auf lauenburgischem Grund. Hiergegen verwahrte sich der lauenburgische Herzog.[538] Die von Hamburg betriebenen Vermittlungsversuche basierten auf den gewohnheitsrechtlichen und „alten“ Ansprüchen Hamburgs,[539] und die Hamburger betrachteten sowohl den Einfall des lauenburgischen Herzogs in das Amt wie auch den beginnenden Festungsbau als Provokation mit dem Ziel, schleichende territoriale Veränderungen im Elbe–Weser–Raum einzuleiten, um den Einflußbereich der Lauenburger zu stärken.[540] Besonders verärgert zeigte sich der Hamburger Rat darüber, daß ein im Amt Ritzebüttel verfolgter Dieb Zuflucht in Otterndorf gesucht hatte und dort von Herzog Franz II. aufgenommen worden war; diesen Eingriff in die städtische Jurisdiktion wollte Hamburg nicht hinnehmen.[541] Herzog Franz II. versuchte, die Ereignisse herunterzuspielen: Der Amtmann von Ritzebüttel, der den Hamburgern von dem lauenburgischen Einfall berichtet hatte, habe sich den Einfall in Ritzebüttelsches Gebiet lediglich „eingebildet“. Im Rahmen einer Jagd wären vielleicht die Grenzen überschritten worden – keineswegs jedoch, um einen gewaltsamen Eingriff in hamburgisches Territorium vorzunehmen; dennoch stellte er deutlich heraus, daß Ritzebüttel eigentlich zu Lauenburg gehöre. Er erklärte, er sei jedoch grundsätzlich an guter Nachbarschaft interessiert, womit er die Sache als erledigt ansah.[542] Zum Vorwurf der Bedrohung durch den Bau der Franzenburg vermied er, eine Stellungnahme abzugeben, so daß der Hamburger Rat diesen in einer weiteren Note thematisierte und zum „Erhalt der Nachbarschaft“ bat, dieses Vorhaben aufzugeben.[543]

Die Bestrebungen des Hamburger Rats, die Hadelner Stände gegen ihren Landesherrn aufzubringen, scheiterten insoweit, als diese erklärten, sie sähen in der Franzenburg eine Verteidigungsanlage des Landes Hadeln; die von Hamburg beanspruchten Grenzverläufe seien nicht begründet, und ihr Landesherr Herzog Franz II. habe lediglich das Wohl des eigenen Landes im Sinn.[544]

---

worden war. Hinweise auf die bestellte Lieferung für die Festung Franzenburg fehlen verständlicherweise.

537 NdsStA, Stade, Rep. 32 I, Nr. 68, fol. 3^r und 4^r.

538 NdsHStA, Celle Br. 104a, Nr. 153 und Nr. 154.

539 NdsStA, Stade, Rep. 32 I, Nr. 68, fol. 1^v–2^v.

540 NdsStA, Stade, Rep. 32 I, Nr. 68, fol. 3^r. – Ebenso in Schreiben (lit. A).

541 NdsStA, Stade, Rep. 32 I, Nr. 68, fol. 4^r.

542 NdsStA, Stade, Rep. 32 I, Nr. 68, Schreiben (lit. B), fol. 10^r–13^v. – S. insbes. fol. 13^v: „Um aber Einigkeit und gute Nachbarschaft zu erhalten, soll es gut sein.“

543 NdsStA, Stade, Rep. 32 I, Nr. 68, Schreiben (lit. C), fol. 22^v–24^r.

544 Haase, Erbauung, S. 108f. Vgl. NdsHStA, Celle Or. 12, Nr. 295: Streitigkeiten zwischen den Hadelner Landbewohnern und der Stadt Hamburg hinsichtlich des Grenzverlaufs.

Die Reaktion des Kaisers war eindeutig: Sollte Herzog Franz II. nicht in der Lage sein, einwandfrei nachzuweisen, daß er Ansprüche auf das Amt Ritzebüttel habe, so solle er sich zukünftig jedweder Grenzverletzung enthalten. Weiter verfügte der Kaiser, daß der Festungsbau nicht zu einer Bedrohung für das Hamburger Territorium werden dürfe und daher abzureißen sei.[545] Exekutiert wurde die kaiserliche Anordnung zunächst nicht, da sich Abgesandte des Hamburger Rats und Vertreter des Herzogs nach schwierigen Verhandlungen in einem Vertrag am 21. Juli 1590 in der Kirche zu Wedel außergerichtlich einigen konnten. Unter Betonung des defensiven Charakters der „Franzenburg" wiesen die Vertreter des Herzogs darauf hin, daß von ihr keine Bedrohung für Ritzebüttel ausgehe. Sollte dennoch ein Übergriff erfolgen, werde der Herzog widerstandslos seinen Schadensersatzverpflichtungen nachkommen und die „Franzenburg" anschließend abbrechen lassen. Hierfür verbürgten sich die Unterhändler und setzten ihre Güter als Sicherheiten ein.[546]

Trotz dieser Vereinbarungen brachen die Konflikte erneut aus, so daß sich Hamburg in den Jahren 1591,[547] 1598[548] und 1602 an den Kaiser wandte[549] und dieser im Jahr 1605 schließlich Herzog Franz II. in die Acht befahl, da er sich den kaiserlichen Anordnungen widersetzt hatte.[550] Herzog Franz II. konnte sich kurze Zeit später aus der Acht befreien und eine Aussöhnung mit Hamburg herbeiführen,[551] ohne dabei sein Ziel aus den Augen zu verlieren, den ursprünglichen territorialen Zustand im Elbe–Weser–Raum wiederherzustellen, was ihm jedoch nicht gelingen sollte.[552]

---

545 NdsStA, Stade, Rep. 32 I, Nr. 68, Schreiben Kaiser Rudolfs vom 14. Juli 1590 an Herzog Franz II., fol. 32r. – Vgl. Haase, Erbauung, S. 108: Die Franzenburg wurde erst durch Herzog August von Sachsen–Lauenburg im Verlauf des Dreißigjährigen Kriegs geschleift.

546 NdsHStA, Celle Br. 104a, Nr. 154.

547 NdsStA, Stade, Rep. 32 I, Nr. 68, Schreiben des Hamburger Rats vom 28. Oktober 1591, fol. 27–33.

548 Es ist wahrscheinlich, daß im Zusammenhang mit der Eingabe im Jahr 1598 eine in Hamburg von Johann Schröder erstellte Beweiskarte an das Reichskammergericht gesandt wurde. – Fundort der qualitativ schlechten Karte: NdsStA, Stade, 41p/–1 (datiert vom 15. März 1595).

549 Bezüge für die Jahre 1598 und 1602 in: NdsStA, Stade, Rep. 32 I, Nr. 68, Schreiben (desig. 7), fol. 34r. Das Schreiben ist mit folgendem Titelblatt versehen: „Declaratio Banni suspensia Ducis Francisci Lauenburgensis ao 1605".

550 NdsStA, Stade, Rep. 32 I, Nr. 68, Schreiben (desig. 7), fol. 34v.

551 Vgl. NdsStA, Stade, Rep. 27, H 764, fol. 37v–38r: Lauenburgs Prokurator erklärte vor Gericht, der Grenzverlauf zwischen Ritzebüttel und Hadeln sei unstrittig, und er betonte, daß das Amt Ritzebüttel eindeutig zu Hamburg gehöre (Exzeptionsschreiben datiert vom 27. April 1605).

552 Zu den unterschiedlichen Bestrebungen der lauenburgischen Herzöge, Einfluß im Amt Ritzebüttel geltend zu machen, s. NdsHStA, Celle Br. 104a, Nr. 156 (Zeitraum 1528–1666). Die Auseinandersetzungen eskalierten in den Jahren 1624/25 erneut, so daß Kaiser

4.4 Das Herzogtum Mecklenburg

Die Beziehungen zwischen den Herzogtümern Sachsen–Lauenburg und Mecklenburg sind durch Verbindungen auf unterschiedlichen Ebenen gekennzeichnet. Das sachsen–lauenburgische und das mecklenburgische Herrscherhaus in beiden Linien (Schwerin und Güstrow) standen in dynastischen Verbindungen und waren durch das Verhältnis des größeren Ostseeanrainers zu einem kleinen binnenterritorialen Nachbarn bestimmt.
Die Gebietsgrenzen zwischen beiden Herrscherhäusern waren vornehmlich durch eine 'Pufferzone' lauenburgischer und mecklenburgischer Adelsbesitzungen geprägt; lediglich im Amt Neuhaus hatten beide Herrscherhäuser eine gemeinsame, unmittelbar landesherrlich orientiert verlaufende Grenze. Das Amt Neuhaus konnte vom lauenburgischen Stammterritorium aus entweder auf dem Schiffsweg oder auf dem Landweg durch das Mecklenburgische erreicht werden.
Zwischen beiden Herrscherhäusern entstandene Grenzirrungen wurden vornehmlich auf dem Vermittlungswege beigelegt. Der Herzog von Mecklenburg schrieb im Zusammenhang unberechtigten Holzschlags im Grenzgebiet an Herzog Magnus am 22. Dezember 1533, daß, um vergangene Irrungen zu beseitigen und nicht erneut aufbrechen zu lassen, sich die Räte zusammensetzen sollten.[553]
Anscheinend wurde die prozessuale Ebene von beiden Herrscherhäusern gemieden; selbst im Fall von Landfriedensbruch verständigte sich der Herzog von Mecklenburg mit Herzog Franz I. dahingehend, die „mutwilligen Buben" aus Ratzeburg, die in Gadebusch Landfriedensbruch begangen hätten, zu verfolgen und „sie gefenglich [zu, J.H.] entziehen".[554]

Fragen des Grenzverlaufs zwischen lauenburgischen und mecklenburgischen Adligen oder dem mecklenburgischen Landesherrn lagen zwar im Zuständigkeitsbereich des Herzogs von Sachsen–Lauenburg, wurden aber vom lauenburgischen Adel, wohl mit landesherrlichem Konsens, an Ort und Stelle geregelt. Die Instrumente der Konfliktbewältigung in Grenzfragen waren neben dem gemeinsamen Gespräch, zum Teil unter Zuhilfenahme eines unparteiischen Vermittlers, die Inaugenscheinnahme des strittigen Gebietes per Bild oder vor Ort durch die Beteiligten.[555] Das hohe Maß an Eigenständigkeit der beteiligten

Ferdinand II. eine Schlichtungskommission einsetzte. Als diese erfolglos die Verhandlungen abbrechen mußte, wurden die Auseinandersetzungen um die territoriale Zugehörigkeit Ritzebüttels zur Stadt Hamburg vor dem Reichshofrat rechtsanhängig. – S. hierzu ÖsterrHHStA, RHR, Judiziale Antiqua 766, Nr. 1 (1629–1636, rechtsanhängig bis 1689). – Erwähnt bei: Obst, Lappe, S. 553.

[553] LAS, Abt. 210, Nr. 866 (Schreiben vom 22. Dezember 1533).

[554] LAS, Abt. 210, Nr. 866 (Schreiben vom 20. Januar 1550).

[555] S. LHA, MVP, Landesgrenzsachen, Nr. 853 (Fragen zum Besitz des Habichtsbergs).

lauenburgischen Angehörigen der Ritter– und Landschaft kulminierte zum Ende des 16. Jahrhunderts, als der Herzog als Lehnsherr sich vor vertraglich besiegelte, vollendete Tatsachen gestellt sah.
Ein besonderes Spannungsverhältnis zwischen beiden Territorien verursachte die Mitte des 14. Jahrhunderts von Mecklenburg dem Bistum Ratzeburg gegebene Schutz– und Schirmzusage, die im Verlaufe der Auseinandersetzungen zwischen Lauenburg und Ratzeburg in den zwanziger Jahren des 16. Jahrhunderts erneuert wurde. Die schleichende Einflußverstärkung Mecklenburgs im Bistum Ratzeburg gipfelte im Jahr 1554 in der Übernahme des Territoriums durch Einsetzung Herzog Christophs von Mecklenburg als Administrator und wurde forciert bis zur vollständigen Inkorporation des zum Fürstentum Ratzeburg gewandelten Bistums im Westfälischen Frieden.[556] Somit begegneten sich beide Herrscher nicht unmittelbar als gleichgestellte Landesherren, sondern der eine in seiner Funktion als Administrator eines Bistums, welches gleichzeitig unter dem Schutz und Schirm des eigenen Herrscherhauses stand, dem anderen als eigenständigem Reichsstand eines kleinen Territoriums. Aus diesem besonderen Spannungsverhältnis erwuchs ein reichhaltiges Konfliktpotential; die erwarteten Auswirkungen auf das Verhältnis zwischen beiden Herrscherhäusern konnten hier jedoch nicht beobachtet werden, denn die bis 1554 gängige Praxis der Beseitigung territorialer Streitigkeiten auf dem Verhandlungsweg fand ihre Fortsetzung zwischen den Herzogtümern Mecklenburg und Sachsen–Lauenburg.

4.4.1 Grenzirrungen zwischen Lauenburg und Mecklenburg

Im ausgehenden 16. Jahrhundert kam es an verschiedenen Stellen der Grenze zwischen Lauenburg und Mecklenburg zu Übergriffen in das jeweilig andere Territorium. 1561 fielen mecklenburgische Bürger in die Holzungen Franz von Bülows zu Gudow ein, schlugen unberechtigt Holz und verbrachten es auf mecklenburgisches Territorium.[557] 1567 fühlte sich Franz von Bülow wegen eines Grabens bei Kehrsen beschwert[558] und konnte diese Irrung nicht, wie 1561, persönlich regeln, sondern wandte sich supplizierend an seinen Landesherrn, Herzog Franz I.[559] Dieser verwandte sich am 14. Januar 1568 beim Herzog von Mecklenburg für von Bülow, so daß diese Irrung umgehend

[556] Hillmann, Herrschaftswechsel, S. 72f.
[557] LAS, Abt. 210, Nr. 872 (Schreiben vom 23. Februar [Invocavit] 1561). – Vgl. einen ähnlichen Vorfall im Jahr 1532: LHA, MVP, Aw, Nr. 314 I.
[558] LAS, Abt. 210, Nr. 872 (Schreiben, datiert: Nicolai [6. Dezember] 1567).
[559] LAS, Abt. 210, Nr. 872 (Schreiben vom 4. Januar 1567 [= 1568, J.H.])

beigelegt werden konnte.[560] Vorschläge zu Grenzbesichtigungen bei strittigen Verläufen[561] wechselten sich mit neuentstandenen Irrungen über ungeklärte Holz- und Jagdgerechtigkeiten ab;[562] sie wurden in Vertragswerken geschlichtet,[563] die zum Teil nach einer schriftlichen Parteinahme des jeweiligen Landesherrn für seine Adligen zustandegekommen waren.[564] Die Präventivabsicherung in der lauenburgisch–mecklenburgischen Grenzzone wurde besonders deutlich, als Herzog Franz I. den Landsassen Barthold Lützow 1571 mit dem Gut Seedorf belehnte. Ausdrücklich wurde vereinbart, daß Lützow im Kriegsfall zwischen den beiden Herzogtümern strikte Neutralität zu halten hätte.[565]

Das Verhältnis zwischen den beiden Herzogtümern wurde durch Übergriffe Herzog Magnus′ II. im März 1572 empfindlich gestört. Unberechtigte Abholzungen im Gebiet um den Habichtsberg erfolgten trotz einer anderslautenden Vereinbarung, so daß sich Herzog Johann Albrecht von Mecklenburg gezwungen sah, schriftlich bei seinen Nachbarn Beschwerde über dieses unbotmäßige Verhalten zu führen und so die Anti–Magnus–Koalition der norddeutschen Territorialfürsten zu unterstützen, zugleich jedoch um Verständnis für sein eigenes, gewaltsames Eindringen in das Amt Neuhaus zu

---

[560] LAS, Abt. 210, Nr. 872 (Schreiben vom 14. Januar 1568; zweites Schreiben vom 5. März 1568).

[561] LHA, MVP, Landesgrenzsachen, Nr. 853 (Hinweis auf eine Grenzbeschreibung zu Dömitz aus dem Jahr 1566 durch Tileman Stella von Siegen). – LHA, MVP, Landesgrenzsachen, Nr. 851 (Akte betreffend die Landesgrenze zum Habichtsberg aus dem Jahr 1572. – S. hierzu LHA, MVP, Kartenabteilung, Nr. 851: „Abriß“ des strittigen Gebiets. Der Abriß, den Stella als „kleinen augenschein“ beschrieb, wurde nur in einer Ausfertigung erstellt und ging, wie er in seinem Schreiben an den Herzog von Mecklenburg vom 13. März 1572 ausführte, ausschließlich „zu dessen Händen“ und wurde nicht in der „Registratur der Bibliotheca“ geführt). – LAS, Abt. 210, Nr. 872 (Vorschlag zur Grenzbesichtigung vom 11. September 1568). Ebenda (Vorschlag zur Grenzbesichtigung vom 17. September 1576 und weitere Mitteilungen zum Ablauf vom 20. Oktober 1576).

[562] LAS, Abt. 210, Nr. 872 („Winterfeldts postulatio“ vom 20. Februar 1571). – Ebenda (diverse Irrungen wegen unberechtigten Holzschlags aus den Jahren 1572 bis 1574). Ebenda (Irrungen um Jagdgerechtigkeiten im Grenzgebiet an der Elbe vom 3. Januar 1576). – Ebenda (Schreiben vom 1. August 1577 über einen Überfall am 25. Juli 1577 in Staperberg mit dem Vorschlag, in diesem Gebiet eine Grenzbesichtigung vorzunehmen). – LHA, MVP, Landesgrenzsachen, Nr. 852 (Irrungen im Bereich der Trepkower Mühle zum Amt Neuhaus aus dem Jahr 1581).

[563] LAS, Abt. 210, Nr. 872 (Kanzleibericht vom 15. September 1568). Ebenda (Schadensersatzforderung an Mecklenburg wegen unberechtigten Holzschlags aus dem Jahr 1572). – Ebenda (Vertragskonzept zur Beilegung der Irrungen um ungerechtfertigten Holzschlag vom 28. Juni 1574).

[564] LAS, Abt. 210, Nr. 872 (Interzessionsschreiben des Herzogs von Sachsen–Lauenburg für die Familie von Parkenthin vom 23. August 1576).

[565] LHA, MVP, Aw, Nr. 297 (Schriftstück vom 17. August 1571).

werben, da „Gewalt nur mit Gewalt zu beantworten sei".[566] Mit der Übertragung der Regierungsgeschäfte an Herzog Franz I. beruhigten sich die Verhältnisse an den Grenzen beider Territorien.
In den Jahren 1582 bis 1585 häuften sich die Übergriffe von Mecklenburgern auf das Territorium des landsässigen Adels im südöstlichen Landesteil Sachsen–Lauenburgs: Behinderungen des Warenverkehrs und unberechtigter Holzschlag wiederholten sich,[567] die Pfändung von Kähnen und Netzen in Boizenburg durch den Hauptmann von Dömitz stellte demgegenüber ein einmaliges Ereignis dar.[568]

Am 29. Januar 1586 hatten sich die Herzöge von Mecklenburg und Sachsen–Lauenburg darauf verständigt, die Landgrenze zwischen den beiden Territorien durch eine Grenzbeschreibung festzulegen, um künftig Irrungen zu vermeiden. Zunächst sollte dabei das Dreiländereck Mecklenburg, Braunschweig–Lüneburg und Sachsen–Lauenburg nach einer Inaugenscheinnahme beschrieben und der Grenzverlauf zwischen der Marschvogtei und dem Herzogtum Braunschweig–Lüneburg an der Elbe generell geregelt werden, um die mittlerweile angesammelten „elf Irrungen" auf diese Weise beizulegen. Der Herzog von Sachsen–Lauenburg wurde durch von Bülow auf dieser Konferenz vertreten, da dessen Gebiet (im Dreiländereck) unmittelbar betroffen war. Am 3. Februar 1586 trafen sich die Vertreter der drei Territorien auf dem von Bülowschen Hof zu Gudow, um zunächst die strittigen Grenzverläufe an der Elbe zu regeln. Auf einer Karte des Malers Georg Friedrich von Berg wurde der Grenzverlauf im Dreiländereck festgehalten und zugleich die Grenze zwischen der zu Lauenburg gehörenden Marschvogtei mit dem angrenzenden Territorium Braunschweig–Lüneburgs festgeschrieben.
Die Beseitigung von Grenzirrungen auf dem Verhandlungsweg fand im gesamten Beobachtungszeitraum ihre gleichmäßige Fortsetzung. Waren die Verhandlungen bis zum Jahr 1606 vornehmlich durch die Angehörigen der lauenburgischen Ritter– und Landschaft geführt worden, so trat seitdem die verstärkte Beteiligung der „niedersächsischen Regierung" und des Landesherrn bei Verhandlungen mit dem mecklenburgischen Herrscherhaus in den Vordergrund;[569] Auseinandersetzungen und neuen Irrungen in den

---

[566] NdsHStA, Celle Br. 103, Nr. 71: Brief vom 27. April 1572 von Herzog Johann Albrecht von Mecklenburg an Herzog Wilhelm von Braunschweig–Lüneburg.

[567] LAS, Abt. 210, Nr. 872 (diverse Schreiben aus den Jahren 1582 bis 1585).

[568] LAS, Abt. 210, Nr. 872 (Schreiben vom 23., 26. und 27. September 1582).

[569] LHA, MVP, Aw, Nr. 294 (Schriftwechsel, datiert: 19. März 1606 wegen der Grenzbesichtigung am 26. März 1606 im Dreiländereck). – LAS, Abt. 210, Nr. 866 (Schriftwechsel, datiert: 20. Juni 1606 ein Treffen in Boizenburg betreffend, datiert 1608 ff. für zahllose Verabredungen zu gemeinschaftlichen Treffen zwischen dem Herzog von Mecklenburg und Herzog Franz II. von Sachsen–Lauenburg). – S. LHA, MVP, Aw, Nr. 293 (Schreiben der niedersächsischen Kanzlei an den Herzog von Mecklenburg vom 27.

Schwerpunktregionen des Amts Neuhaus und der Landgrenze des Stammterritoriums Lauenburg zum Herzogtum Mecklenburg wurde fortan auf dieser Ebene regulierend begegnet.[570]

Abbildung 2:

Die Karte[571] verfolgte das Ziel, die Grenzverläufe zwischen den Territorien an der Elbe genauestens festzuhalten. Die Dörfer Marschacht und Barförde waren somit eindeutig dem sachsen–lauenburgischen Territorium zuzuordnen, und das Dreiländereck zwischen den drei beteiligten Territorien wurde einer endgültigen Grenzdefinition unterworfen. Es war nicht beabsichtigt, die Landgrenze zwischen Sachsen–Lauenburg und Braunschweig–Lüneburg mit Hilfe dieser Zeichnung zu definieren; daher wurde dieser Grenzverlauf lediglich mit einer gestrichelten Linie angedeutet.[572]

September 1609: Die Räte hätten während der Abwesenheit des Herzogs Franz eigenmächtige Verhandlungen geführt, zu denen sie nicht berechtigt gewesen seien. Zudem waren nicht alle Räte, wie erforderlich, anwesend.).

[570] LHA, MVP, Aw, Nr. 293 (Schriftstück vom 25. Oktober 1617 betreffend die Verletzung von Jagdgerechtigkeiten in einem Streit zwischen dem „Wildschützen" von Bülow und Heinrich Sprengel von Badekau). – LHA, MVP, Landesgrenzsachen, Nr. 854 (Streitigkeiten um Grenzfragen im Bereich des Amts Neuhaus zu Dömitz in den Jahren 1616 bis 1620 mit schließlicher gütlicher Einigung im Jahr 1661).

[571] LAS Abt. 402 B IV, Nr. 101.

[572] Rückseitige Vermerke: „aus [LAS,] Abt. 210, Nr. 882"; „Elbstrom, wie sich die sächsische Grentze erstrecken thut von Georg Friedrich von Berg". Die Karte entstand vermutlich um 1610.

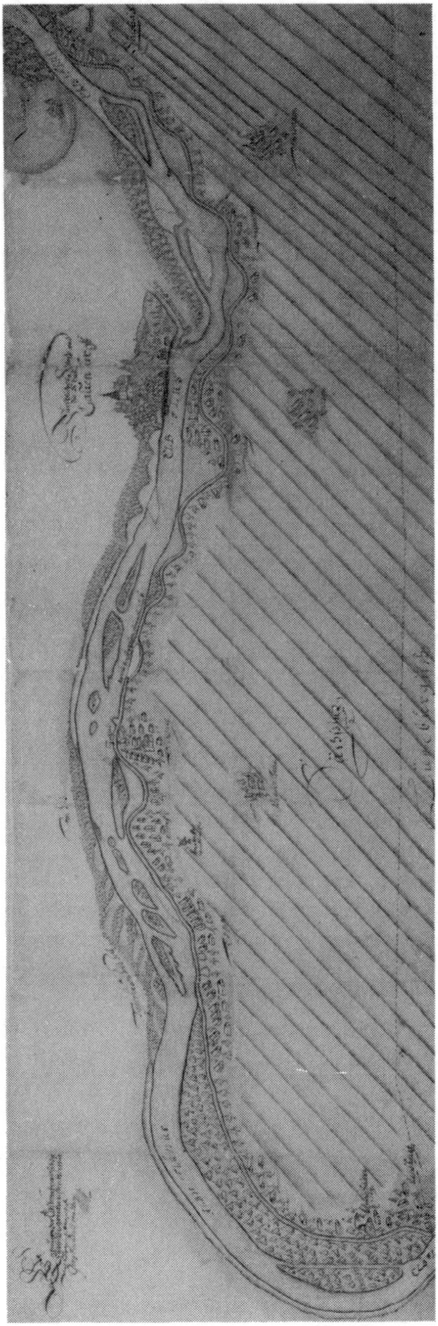

Abbildung 2

Eine Ausnahme bildeten die Herren von Lützow, die sich, so Herzog Franz II., sehr „mecklenburgisch verhielten“ und Ansprüche an den Flußlauf der Stecknitz stellten, die ihnen nicht zustanden. Da es seit 1585 zu Mißstimmigkeiten gekommen war, erbat der lauenburgische Herzog nunmehr eine gütliche Vergleichung und eine Entscheidung auf kaiserlichen Befehl. Hierzu reichte er am 24. Dezember 1599 eine Supplikationsschrift beim Reichshofrat ein.[573] Ein auf Ausgleich bedachter Brief des mecklenburgischen Beraters Joachim von Holle an den Kaiser beendete den Konflikt vorzeitig.[574] Somit kann für diesen Fall diagnostiziert werden, daß die regionalen Konfliktbewältigungsmechanismen – bereits eingeschränkt, aber dennoch wirksam – ihren Umweg über Wien fanden.

4.4.2 Die Grenzbeschreibung des lauenburgischen Landrentmeisters Johann Hagemann

In den Jahren 1590 bis 1592 nahm der lauenburgische Landrentmeister Johann Hagemann[575] eine Grenzbeschreibung vor, die sich mit den Grenzverläufen zu den Nachbarterritorien Mecklenburg, Braunschweig–Lüneburg und Lübeck befaßte.[576]

Diese Grenzbeschreibung wird in der Literatur häufig zitiert. Die Bemerkung, das „Herzogtum schlafe an seinen Grenzen“, entstammte der Feder Hagemanns. Dieses wird auch in der vorliegenden Arbeit nicht in Zweifel gezogen. Vermißt wird allerdings eine quellenkritische Auseinandersetzung mit diesem Dokument.

Hagemann soll den Bericht im Auftrag seines Landesherrn Herzog Franz II. angefertigt haben.[577] Es stellen sich die Fragen, wieso ihm dann der Zugang zu den herzoglichen Archiven für diese Arbeit verweigert wurde und wieso die beschriebenen Grenzverläufe eine unterschriftliche Gegenzeichnung durch die in dem beschriebenen Gebiet ansässige Ritter– und Landschaft erfuhren.

Die Hagemannsche Grenzbeschreibung faßt aber nicht, wie bisher angenommen, tatsächliche Grenzverläufe zusammen, sondern muß vielmehr als eine Arbeitsgrundlage verstanden werden, um den territorialen Arrondierungswünschen der betroffenen Ritter– und Landschaft im Lauenburgischen Rechnung zu tragen. Hätte es sich tatsächlich um eine Auftragsarbeit gehandelt, wäre den Wünschen des landsässigen Adels, durch im herzoglichen Archiv verwahrte Urkunden im Vorfeld Klarheit zu schaffen, Rechnung getragen worden. Ob es sich bei Johann Hagemann in seiner

[573] ÖsterrHHStA, RHR, Judiziale Miscellanea, S 2, qdr. 1.
[574] ÖsterrHHStA, RHR, Judiziale Miscellanea, S 2, qdr. 2.
[575] Reden, Landständische Verfassung, S. 217, Fn. 170.
[576] Abschrift in: LAS, Abt. 210, Nr. 523.
[577] LAS, Abt. 210, Nr. 523 (Vorbemerkungen).

'Grenzbeschreibertätigkeit' tatsächlich um einen herzoglichen Funktionsträger gehandelt hat, muß dahingestellt bleiben, ebenso wie die in Betracht zu ziehende Möglichkeit, daß Hagemann durch seine Tätigkeit als Grenzbeschreiber zu einem 'quasi–Funktionsträger' aufstieg, der allerdings nicht im Auftrag des Herzogs Franz II. die Arbeit vorantrieb, sondern vielmehr eine funktionale Rolle in der Auseinandersetzung zwischen der Ritter– und Landschaft einerseits und dem Herzog von Sachsen–Lauenburg andererseits spielte.[578]
Auffällig ist, daß seit 1586 der Herzog von Sachsen–Lauenburg in der territorialrechtlichen Auseinandersetzung mit dem Herzogtum Mecklenburg zugunsten seines im Grenzgebiet ansässigen Adels zurückgedrängt wurde;[579] im Grenzbereich zum Herzogtum Braunschweig–Lüneburg – und eingeschränkt zum Herzogtum Holstein[580]– kann dieser Umstand seit 1590 beobachtet werden.[581] Damit wird ein hohes Maß an praktischer Selbständigkeit des lauenburgischen landsässigen Adels dokumentiert, die auf diese Art ihren – allerdings eigennützigen – Beitrag zum im Unions–Rezeß des Jahres 1585 bekundeten Erhalt des Landfriedens leistete, zugleich jedoch den Absichten seines Landesherrn entgegenstand.

Die Hagemannsche Grenzbeschreibung hat also eine andersartige Bedeutung: Das Dokument ist keine Bestandsaufnahme eines territorialen Ist–Zustandes, sondern vielmehr ein Beweis für die fortschreitenden Emanzipationsbestrebungen der lauenburgischen Ritter– und Landschaft und betont zum dritten die erstarkende Position der Adelsgeschlechter Wackerbart, Daldorf, Parkenthin, Schack, Lützow, Scharfenberg und Bülow,[582] die als die 'Großen des Adels' fortan die innen– wie außenpolitischen Geschicke Sachsen–Lauenburgs versuchten mitzubestimmen und zu beeinflussen. Die Hagemannsche Grenzbeschreibung hatte damit unmittelbar politische Bedeutung.

---

578 Vgl. seine bereits geschilderten kritischen Äußerungen hinsichtlich des Baus der „Franzenburg" (NdsHStA, Celle Br. 104a, Nr. 196a).

579 Vgl. LAS, Abt. 210, Nr. 872 (Schriftwechsel seit 1586).

580 Da die Grenze zwischen den Herzogtümern Sachsen–Lauenburg und Holstein zum größten Teil durch den Flußverlauf der Bille geklärt war, kam es lediglich im Grenzbereich zu dem an Holstein verschriebenen Amt Steinhorst zu Berührungspunkten mit der lauenburgischen Ritter– und Landschaft.

581 S. LAS, Abt. 210, Nr. 523, fol. 60^{r} f. und 64^{v} f. (betreffend eine unberechtigte Ablager–haltung in Bullendorf [gehört zu Amt Horst: Ratzeburg/ Mecklenburg]). – Ebenda, fol. 73^{r} ff. (betreffend Irrung mit Braunschweig–Lüneburg) und fol. 144^{r} ff. (betreffend Irrung mit Holstein).

582 Vgl. LAS, Abt. 210, Nr. 872 (Schriftverkehr seit 1586, den Grenzbereich mit Mecklenburg betreffend: Parkenthin, Bülow, Wackerbart). – Vgl. Reden, Landständische Verfassung, S. 217, Fn. 170.

Zwischen dem Herzogtum Mecklenburg und dem Herzogtum Sachsen–Lauenburg bestehende territorialrechtliche Auseinandersetzungen wurden nicht vor das Reichskammergericht getragen. Konfliktlösende und –vermeidende Verhaltensweisen konnten beobachtet werden, die zunächst von den Herzögen unter Einbeziehung des in diesem Gebiet ansässigen Adels verfolgt und seit 1586 von diesem eigenständig betrieben und ausgeformt wurden.

4.4.3 Der Ausnahmefall: Franz II. klagt gegen den Herzog von Mecklenburg

Funktionierten die Konfliktbewältigungsmechanismen an allen Grenzen zwischen den beiden Herzogtümern Sachsen–Lauenburg und Mecklenburg hinlänglich, so brachen im Jahr 1591 Streitigkeiten um den Verlauf der Grenze der mecklenburgischen Landgüter der Familie Pentz zum Amt Neuhaus aus.[583] Die Untertanen in dem Grenzgebiet, welches „Die Kratze“[584] hieß, hatten sich jahrzehntelang in keiner Weise behindert, obwohl gegenseitiger, unberechtigter Holzschlag vorgekommen und auch bei der Jagd die gemeinsame Grenze überschritten worden war;[585] dennoch war der Grenzverlauf niemals zweifelhaft, zumal er eindeutig mit den Grenzzeichen des Herzogtums Mecklenburg, dem „Maalzeichen“, dem Ochsen– oder Büffelskopf,[586] und auf sächsischer Seite mit dem Rautenkranz gekennzeichnet war.[587] Wurde die Grenze verletzt, brachte man einander „bißweile ein flasche Bieres“, um sich zu entschuldigen.[588]

Die Grenze wurde durch eine Baumreihe gebildet, aus der eine besonders große Buche hervorstach,[589] und zum Teil durch einen Landgraben markiert, der in der Regierungszeit Herzog Magnus´ I. angelegt worden war.[590] Der Grenzverlauf war, so die Aussagen des sachsen–lauenburgischen Prokurators Dr. Reinhardt,[591] seit Menschengedenken eindeutig geregelt.[592]
Als Untertanen des mecklenburgischen Landsassen Pentz die Grenzbäume niederschlugen und die Jagd–, Weide– und Holzgerechtigkeit stetig zunehmend auf sächsisches Territorium ausweiteten und zudem ihre Schweinemast in

[583] LHA, MVP, Reichskammergericht, Nr. 273 I, qdr. 2 (präs. am 9. Dezember 1591). – S. NdsHStA, Celle Br. 104a, Nr. 160c.
[584] LHA, MVP, Reichskammergericht, Nr. 273 I, qdr. 4, fol. 10ᵛ.
[585] LHA, MVP, Reichskammergericht, Nr. 273 I, qdr. 4, fol. 4ʳ.
[586] LHA, MVP, Reichskammergericht, Nr. 273 I, qdr. 4, fol. 5ᵛ.
[587] LHA, MVP, Reichskammergericht, Nr. 273 I, qdr. 4, fol. 4ᵛ.
[588] LHA, MVP, Reichskammergericht, Nr. 273 I, qdr. 4, fol. 4ᵛ.
[589] LHA, MVP, Reichskammergericht, Nr. 273 I, qdr. 4, fol. 5ʳ.
[590] LHA, MVP, Reichskammergericht, Nr. 273 I, qdr. 4, fol. 10ʳ.
[591] LHA, MVP, Reichskammergericht, Nr. 273 I, qdr. 1 (Ratifikation für Dr. Reinhardt).
[592] LHA, MVP, Reichskammergericht, Nr. 273 I, qdr. 4, fol. 5ʳ.

sächsische Wälder verlegten, reichte Herzog Franz II. von Sachsen–Lauenburg Klage vor dem Reichskammergericht gegen den Herzog von Mecklenburg als Lehnsherrn und dessen Untertanen Kurt Pentz ein.[593] Ein vorangegangener Versuch, den Konflikt friedlich beizulegen, war gescheitert:[594] Die Gründe hierfür lagen in den zweifelhaften Absprachen zwischen den lauenburgischen und den mecklenburgischen Landsassen im Grenzgebiet; wurden einerseits einander Rechte zugestanden, wurden sie andererseits anderen verweigert. Kurt Pentz war einer der Benachteiligten: Die Jagd– und Holzgerechtigkeiten, die der lauenburgische Adlige Parkenthin der Familie Pentz[595] bisher zugebilligt hatte, wurden Kurt Pentz nicht mehr zugestanden. Berief sich Pentz auf sein familiäres Gewohnheitsrecht, wies Parkenthin auf das Fehlen eines Vertragsverhältnisses hin.[596]

Nachdem sich die beteiligten Prokuratoren auf die Einsetzung einer Kommission verständigt hatten, wurde der Lüneburger Rat mit der Beweisaufnahme vor Ort beauftragt.[597] Verzögerungen traten dieses Mal nicht durch auffällige Eingaben der Rechtsanwälte ein, sondern die Gründe waren rein praktischer Natur: Wegen eines langanhaltenden Hochwassers in dem betroffenen Grenzgebiet konnten die verabredeten Besichtigungen nicht

---

593 LHA, MVP, Reichskammergericht, Nr. 273 I, qdr. 2 (Mandat des Reichskammergerichts vom 30. Juni 1591, präs. am 9. Dezember 1591) und qdr. 4 (Klaglibell), fol. 5^{v} f.

594 Die Streitigkeiten der Landsassen müssen vor ihre Landesherren getragen worden sein, da sonst deren Vermittlungsersuchen beim Kaiser nicht schlüssig erscheint. Die beiden Landesherren hatten sich nach der Quellenlage zuvor nicht um einen friedlichen Ausgleich durch 'Fürsten gleichen Standes' bemüht, sondern sofort den Kaiser angerufen; der Herzog von Sachsen–Lauenburg hatte sich kurze Zeit später an das Reichskammergericht gewandt.

595 LHA, MVP, Reichskammergericht, Nr. 273 I, qdr. 4, fol. 11^{r}–11^{v}: Es handelt sich um den älteren Kurt Pentz und dessen Erben Christof Pentz.

596 LHA, MVP, Reichskammergericht, Nr. 273 I, qdr. 4, fol. 11^{r}–12^{r}.

597 Bereits am 18. Mai 1591 war eine kaiserliche Kommission auf die Städte Lüneburg und Stade eingesetzt worden (vgl. LHA, MVP, Reichskammergericht, Nr. 273 I, qdr. 34 Rotul und LHA, MVP, Landesgrenzsachen, Nr. 894 bis 896 und Nr. 897, Rotul wie qdr. 34 der Nr. 273 I, auch NdsHStA, Celle Br. 104a, Nr. 160a und Nr. 160b), die durch die rechtsgültige Anklageerhebung am 15. Juni 1592 ihre neuerliche Bestallung erfuhr (LHA, MVP, Landesgrenzsachen, Nr. 895). Die Ladung der Zeugen erfolgte am 6. Dezember 1592. Der Zeugenrotul ist insoweit besonders aufschlußreich, als die aufgebotenen Zeugen ein zum Teil ungewöhnlich hohes Alter erreicht hatten. Mit 97 Jahren war ein Bauer im Vergleich zu den beiden Bauersleuten Peter Tasche und Max Punke, die beide 100 Jahre alt waren, noch verhältnismäßig 'jugendlich'. – Abschriften der Zeugenaussagen in: LHA, MVP, Reichskammergericht, Nr. 273 II. Da sich der rechtliche Klagegrund verändert hatte, mußte am 24. September 1596 eine neue Kommission auf die Stadt Lüneburg gebildet werden. Die Zeugen wurden bereits mit einem Schreiben vom 29. Oktober 1596 geladen, und der Rotul wurde zum 3. März 1599 zum Abschluß gebracht, wie der Lüneburger Sekretär Peter Clodius mitteilte (LHA, MVP, Landesgrenzsachen, Nr. 896).

durchgeführt werden;[598] auf die Erstellung eines Abrisses wurde nach dem Abfließen des Wassers schließlich verzichtet, da ein falsches Bild hätte entstehen können – zu sehr hatte sich die betroffene Landschaft verändert.[599] Bis zum Jahr 1687 ist der Fortgang der Streitigkeiten nachweisbar.[600]

4.5 Das Herzogtum Braunschweig–Lüneburg[601]

Die nachbarschaftlichen Verhältnisse zwischen den Herzogtümern Braunschweig–Lüneburg in Lüneburg und in Wolfenbüttel zum Herzogtum Sachsen–Lauenburg sind mit der Beziehung Sachsen–Lauenburgs zum Herzogtum Mecklenburg vergleichbar und als „gut" zu bezeichnen,[602] wird von den Auseinandersetzungen zwischen den Herzögen von Braunschweig–Lüneburg und dem Bischof von Hildesheim – bis 1527 ein Lauenburger Herzog – abgesehen.[603]
Vor allem die dynastischen Verbindungen zwischen den drei Herrscherhäusern erleichterten das Miteinander, das durch klare Grenzverläufe gestützt und durch einen als Dreisamkeit zu bezeichnenden Konsens zwischen den Herrscherlinien abgerundet wurde.
Das Herzogtum Braunschweig–Lüneburg in Lüneburg hatte zu Sachsen–Lauenburg im Norden in Gestalt der Elbmarschvogtei eine ausgedehnte Landgrenze, der wolfenbüttelsche herzogliche Teil zum lauenburgischen Amt Neuhaus in Gestalt des durch den Flußlauf der Elbe beschriebenen Grenzverlaufs eine ähnliche, die allerdings durch beidseitige Nutzungsrechte auf gegenüberliegenden Uferteilen durchbrochen wurde. Trotzdem bestimmte das Miteinander die Regeln des Zusammenlebens und nicht das Gegeneinander; dies galt für beide welfischen Herzogtümer des Gesamthauses Braunschweig–Lüneburg.

---

598 LHA, MVP, Reichskammergericht, Nr. 273 I, qdr. 19 (präs. am 11. Januar 1599), ebenso qdr. 22.

599 LHA, MVP, Reichskammergericht, Nr. 273 I, qdr. 29 (datiert: 11. November 1599)

600 NdsHStA, Celle Br. 104a, Nr. 160d und Nr. 160e.

601 Zur älteren Geschichte des Landes Braunschweig–Lüneburg bis 1500 s. Wilhelm Havemann: Geschichte der Lande Braunschweig–Lüneburg, 1. Teil; [= Beiträge zur Geschichte, Landes– und Volkskunde von Niedersachsen und Bremen, Serie A: Nachdrucke, 20]; Göttingen 1853, Nachdruck Hannover 1974.

602 S. Scharnweber, Franz II., S. 41.

603 S. Kap. 3.2.2. – Vgl. Oldecop, Chronik, S. 328f.

4.5.1 Das Haus Wolfenbüttel[604]

Die unterschiedlichen Herrscher,[605] welche den Herzogtümern Braunschweig–Lüneburg der Calenberger und Wolfenbütteler Linie vorstanden, und ihre Persönlichkeitsmerkmale beeinflußten diese exterritorialen Verhältnisse des Herzogtums im 16. Jahrhundert, welche durch religiöse und innerfamiliäre Streitigkeiten ebenso geprägt waren wie durch ein nach Südosten und Süden ausgerichtetes Expansionsstreben, das durch die Hildesheimer Stiftsfehde,[606] in deren Verlauf der lauenburgische Herzog Johann den Hildesheimer Bischofsstuhl im Jahr 1527 verlor, seinen Höhepunkt erfuhr.[607]

Die innerfamiliären Streitigkeiten kulminierten in den Auseinandersetzungen zwischen dem altgläubigen Heinrich d. J. und seinem lutherischen Sohn Julius (*1528): Da er seinen Sohn für die Regentschaft für untauglich hielt – die älteren Söhne waren verstorben –, versuchte er, einen illegitimen Sohn als Nachfolger durchzusetzen, der sich allerdings aus Loyalität zu Julius verweigerte. Der väterliche Versuch, in einer weiteren Ehe einen legitimen Nachfolger zu zeugen, scheiterte, so daß Julius 1568 schließlich die Regierung in Wolfenbüttel von seinem am 11. Juni 1568 verstorbenen Vater übernahm.

Zuvor war Julius, nachdem er kurzzeitig vor seinem Vater geflohen war (Julius hatte sich geweigert, an der österlichen Abendmahlsfeier in altkirchlicher Form

---

[604] Zur besseren Orientierung s. die genealogische Tabelle in: Christa Graefe (Hgin.): Staatsklugheit und Frömmigkeit. Herzog Julius zu Braunschweig–Lüneburg – ein norddeutscher Landesherr des 16. Jahrhunderts; Katalog zur gleichnamigen Ausstellung im Zeughaus vom 9. Dezember 1989 bis 29. April 1990; [= Ausstellungskataloge der Herzog–August Bibliothek, 61]; Wolfenbüttel 1989, S. 10–12 (Abdruck der Tabelle von Anton Christian von Wedekind: Stammtafel des Hauses Braunschweig–Lüneburg; Braunschweig 1802).

[605] S. zu den einzelnen Herrschercharakteren die aus der ersten Hälfte des 19. Jahrhunderts stammenden Herrscherportraits bei Steger, Haus der Welfen.

[606] Otto von Heinemann: Geschichte von Braunschweig und Hannover, 2. Teil; [= Beiträge zur Geschichte, Landes– und Volkskunde von Niedersachsen und Bremen, Serie A: Nachdrucke, 27]; Gotha 1886, Nachdruck Hannover 1975 (künftig zitiert: Heinemann, Braunschweig), S. 275–303. – S. NdsHStA, Hildesheim Br. 1, Nr. 778: „Bericht, welche Gestalt Johannes, Bischof von Hildesheim, Herzog zu Sachsen, Engern und Westfalen in Ksl. Majestät acht gekommen genzlicher und wahrhafftiger unterricht.“ – S. NdsHStA, Hildesheim Br. 1, Nr. 782, fol. 98–125: „Historia Wie sich der Hildesheimsche Krieg zwischen weilandt Bischoff Johann und seine Consorten, auch weilandt Franz Bischoff zu Minden zugetragen, anno 1519.“

[607] Christa Graefe: Herzog Julius zu Braunschweig–Lüneburg – ein norddeutscher protestantischer Landesherr des 16. Jahrhunderts; in: Dies. (Hgin.): Staatsklugheit und Frömmigkeit. Herzog Julius zu Braunschweig–Lüneburg – ein norddeutscher Landesherr des 16. Jahrhunderts; Katalog zur gleichnamigen Ausstellung im Zeughaus vom 9. Dezember 1989 bis 29. April 1990; [= Ausstellungskataloge der Herzog–August Bibliothek, 61]; Wolfenbüttel 1989 (künftig zitiert: Graefe, Herzog Julius), S. 13f.

teilzunehmen), im Haus seines Schwagers Johann von Küstrin umfänglich in der finanziellen und administrativen Verwaltung eines kleinen Territorialstaats unterwiesen worden; hier erwarb er „oekonomische“ Grundlagen, die er seit 1560 in dem ihm von seinem Vater zugewiesenen Amt und Schloß Hessen umsetzen konnte. Diese Erfahrungen und Kenntnisse, verbunden mit seinen Studien an den Universitäten Köln und Leuven und dem auf seiner standesüblichen Kavalierstour nach Frankreich Erlernten, bildeten die Initialzündung für eine protestantische Landesherrschaft im Stil der Renaissance,[608] die ihre ökonomischen Höhepunkte ebenso in der planmäßigen und strukturellen Verwaltung des Landes wie in dem systematischen Ausbau des Harz–Bergbaus fand[609] und ihre kulturelle, höfische Abrundung durch den Ausbau der Wolfenbütteler Residenzstadt,[610] die Gründung der Universität in Helmstedt[611] und den systematischen Aufbau einer der bedeutendsten Bibliotheken Europas erfuhr.[612] Herzog Julius, der 1584 zusätzlich in den Besitz des überschuldeten Calenbergschen Anteils des Hauses Braunschweig–Lüneburg kam, galt als ein zurückhaltender Fürst hinsichtlich seines außenpolitischen Engagements und seines reichsorientierten Handelns, letzteres im Gegensatz zu den Bemühungen seines Vaters, auf der Reichsebene an Einfluß zu gewinnen.[613]

---

[608] Graefe, Herzog Julius, S. 13ff. – S. hinsichtlich der Einführung der Reformation: Inge Mager: Die Einführung der Reformation in Braunschweig–Wolfenbüttel und die Gründung der Universität Helmstedt; in: Christa Graefe (Hgin.): Staatsklugheit und Frömmigkeit. Herzog Julius zu Braunschweig–Lüneburg – ein norddeutscher Landesherr des 16. Jahrhunderts; Katalog zur gleichnamigen Ausstellung im Zeughaus vom 9. Dezember 1989 bis 29. April 1990; [= Ausstellungskataloge der Herzog–August Bibliothek, 61]; Wolfenbüttel 1989, S. 25–33. – Heinemann, Braunschweig, S. 397f.

[609] Hans–Joachim Kraschewski: Der ‘ökonomische’ Fürst. Herzog Julius als Unternehmer–Verleger der Wirtschaft seines Landes, besonders des Harz–Bergbaus; in: Christa Graefe (Hgin.): Staatsklugheit und Frömmigkeit. Herzog Julius zu Braunschweig–Lüneburg – ein norddeutscher Landesherr des 16. Jahrhunderts; Katalog zur gleichnamigen Ausstellung im Zeughaus vom 9. Dezember 1989 bis 29. April 1990; [= Ausstellungskataloge der Herzog–August Bibliothek, 61]; Wolfenbüttel 1989, S. 41–57. – Heinemann, Braunschweig, S. 415ff.

[610] Krzystof Biskup: Planungen zum Ausbau Wolfenbüttels als einer Idealstadt der Renaissance; in: Christa Graefe (Hgin.): Staatsklugheit und Frömmigkeit. Herzog Julius zu Braunschweig–Lüneburg – ein norddeutscher Landesherr des 16. Jahrhunderts; Katalog zur gleichnamigen Ausstellung im Zeughaus vom 9. Dezember 1989 bis 29. April 1990; [= Ausstellungskataloge der Herzog–August Bibliothek, 61]; Wolfenbüttel 1989, S. 35–39. – Heinemann, Braunschweig, S. 425.

[611] Heinemann, Braunschweig, S. 406ff.

[612] Christa Graefe: Die Bibliotheca Julia – Staatsklugheit und Frömmigkeit; in: Dies. (Hgin.): Staatsklugheit und Frömmigkeit. Herzog Julius zu Braunschweig–Lüneburg – ein norddeutscher Landesherr des 16. Jahrhunderts; Katalog zur gleichnamigen Ausstellung im Zeughaus vom 9. Dezember 1989 bis 29. April 1990; [= Ausstellungskataloge der Herzog–August Bibliothek, 61]; Wolfenbüttel 1989, S. 59–146.

[613] Graefe, Herzog Julius, S. 15f. – Vgl. Heinemann, Braunschweig, S. 397ff.

Als Herzog Julius im Jahr 1589 verstarb, konnte er seinem Sohn ein 'wohlgeordnetes Land' mit saniertem Haushalt hinterlassen. Julius' Methode, sich nicht „in fremde hendel" einzulassen,[614] bestimmte auch unter seinem Sohn Herzog Heinrich Julius[615] und seinem Enkel Friedrich Ulrich das territoriale, auf friedliche Nachbarschaft ausgerichtete Neben– und Miteinander im norddeutschen Raum.

4.5.2 Das Haus Celle. Die Abspaltung des Hauses Dannenberg und die Begründung des Neuen Hauses Lüneburg in Celle

Die innerfamiliären Verhältnisse der Herzöge von Braunschweig–Lüneburg in Celle bestimmten das innen– wie außenpolitische Engagement des Herrscherhauses in der ersten Hälfte des 16. Jahrhunderts: Streitigkeiten mit der Stadt Lüneburg, Fragen der Konsolidierung fürstlicher Landesherrschaft der Landschaft gegenüber, der Erbfolge und der Vormundschaftsregierungen ließen die Außenpolitik fast völlig zum Erliegen kommen, da zunächst innenpolitische Konsolidierungsmaßnahmen eingeleitet wurden, die eine Kontinuität der Landesherrschaft herstellen sollten. Dabei standen ungelöste Säkularisierungsprobleme ebenso im Blickfeld der Lüneburger Herzöge wie eine Begrenzung des Landesschuldenwesens. Ein unter kursächsischer und brandenburgischer Beteiligung zustandegekommener Ausgleich zwischen den Landesherren und der Stadt Lüneburg beruhigte das Territorium nach innen und vermochte zudem einen Großteil der lüneburgischen Schuldenprobleme zu beseitigen; die Einführung einer Kirchenordnung im Jahr 1564 wirkte binnenkonsolidierend. Die Herzöge von Braunschweig–Lüneburg erfuhren dabei wesentliche Unterstützung durch ihren landsässigen Adel, der die Notwendigkeit eines funktionierenden Herrscherhauses einsah und das Fürstengeschlecht – ebenso wie der Rat der Stadt Lüneburg – als wirksame außenpolitische Repräsentationsplattform verstand.[616]

Durch die Heirat Herzog Heinrichs mit Ursula, der Tochter Herzog Franz' I. von Sachsen–Lauenburg, im Jahr 1569 erwuchsen Streitigkeiten zwischen den beiden herzoglichen Brüdern, die gemeinsam bereits in der – eigentlich nicht vorgesehenen – 'zweiten Legislaturperiode' über das Herzogtum herrschten. Ein gütliches Ausgleichsverfahren beendete die Streitigkeiten und begünstigte eine Landesteilung: Herzog Heinrich erhielt das Haus Dannenberg, begründete so ein neues braunschweigisch–lüneburgisches Geschlecht und verselbständigte sich. Herzog Wilhelm hingegen behielt den Hauptteil des Herzogtums und begründete das Neue Haus Lüneburg. Sein außenpolitisches Engagement war

---

[614] Graefe, Herzog Julius, S. 16.

[615] Im Jahr 1596 gelang es Herzog Heinrich Julius, das Amt Grubenhagen mit seinen Bergwerken in Clausthal, Andreasberg und Altenau in Besitz zu nehmen.

[616] Heinemann, Braunschweig, S. 439–462.

auf die territoriale Arrondierung seines Territoriums ausgerichtet, welches durch die Belehnung mit einem Teil der Grafschaft Hoya (1582) und der ganzen Grafschaft Diepholz (1585) beträchtlichen territorialen und somit auch finanziellen Zugewinn verbuchen konnte.[617] Im besonderen die territorialen Verhältnisse in der Grafschaft Hoya kennzeichnen das Nebeneinander der beiden Häuser Wolfenbüttel und Lüneburg: erhielt letzteres die niedere Grafschaft Hoya, so erhielt Herzog Julius ebenso wie Herzog Erich aus der Calenberger Linie Teile der oberen Grafschaft; 1584 wurde die gesamte obere Grafschaft Hoya von Herzog Julius regiert.[618]

Konzentrierten sich die Braunschweig–Lüneburger der Celler Linie fortan auf den effektiven Ausbau dynastischer Beziehungen und nutzten die Möglichkeiten der Einflußnahme auf geistliche Besitzungen, so ist hinsichtlich ihrer Beziehungen zum norddeutschen Territorialnachbarn Sachsen–Lauenburg ein friedliches Verhältnis festzustellen, welches durch gegenseitige Besuche, Unterstützungsmaßnahmen und Briefwechsel geprägt war.

Im zweiten Dezennium des 17. Jahrhunderts veränderte sich die braunschweigisch–lüneburgische Karte erneut: Nach der väterlichen Verordnung hatten die beiden Söhne Herzog Wilhelms d. J., Ernst und Christian, das Herzogtum Braunschweig–Lüneburg in Celle seit 1590 gemeinsam mit ihren Räten regiert. Nach dem Tod Ernsts, der in seiner Funktion als Kreisobrist mit Herzog Franz II. von Sachsen–Lauenburg in Streit geraten war,[619] wurde 1611 Herzog Christian die Alleinregierung übertragen. Dem Erbvertrag auf das unteilbare Land Braunschweig–Lüneburg zufolge mußte die Wolfenbütteler Linie das Amt Grubenhagen restituieren und verlor hierdurch eine ihrer wichtigsten Einnahmequellen.

4.5.3 Das territoriale Verhältnis zu Sachsen–Lauenburg

Zwischen dem Herzogtum Sachsen–Lauenburg und den verschiedenen Häusern der Herzogtümer Braunschweig–Lüneburg sind keine Prozesse um territorialrechtliche Fragen nachweisbar. Dies bedeutet jedoch nicht, daß keine Grenzstreitigkeiten zwischen den Territorien bestanden, sondern es verdeutlicht, daß die bestehenden Konfliktbewältigungsmechanismen funktionierten. Die geographische Lage bedingte die Vermittlerrolle des

---

[617] Heinemann, Braunschweig, S. 462f.

[618] Heinemann, Braunschweig, S. 471.

[619] Vgl. NdsHStA, RKG, Lüneburg 27 B, Nr. 1829 (4. Dezember 1607 bis 30. Januar 1610) wegen Verstosses gegen die Kreisordnung durch Freisetzung von Landsknechten, die sich dann herrenlos der Stadt Braunschweig angeschlossen und auf diese Weise den Konflikt zwischen Herzog Heinrich Julius und der Stadt Braunschweig verlängert hatten (qdr. 1, Zitationsbescheid). Seit dem 20. Juni 1609 wurde der Prozeß nicht weiter verfolgt (Eintrag in der Prozeßnebenakte vom 20. Juni 1609: „silentium"). – Prozeßaktenkopie in NdsHStA, Celle Br. 103, Nr. 117.

Herzogs von Braunschweig–Lüneburg in Wolfenbüttel, wohingegen sich die Herzöge von Braunschweig–Lüneburg in Celle – bedingt durch die geographische Lage der Elbmarschvogtei – in der konfliktträchtigeren Situation befanden.

Bereits unter den lauenburgischen Herzögen Bernhard und Erich waren dem Kloster Scharnebek Ablager– und Zehntrechte aus Artlenburg, Zehntrechte aus Hitbergen sowie Abgabenrechte aus Lüdersburg zugestanden worden.[620] Im Zuge der Reformation, welche 1529 eingeführt wurde, traten die Mönche als Pfarrer oder Verwalter in braunschweigisch–lüneburgische Dienste, hielten jedoch den klösterlichen Betrieb (Versorgung der Alten, Zusammenleben) weiterhin aufrecht.[621] Nach Ansicht des Herzogs Magnus von Sachsen–Lauenburg waren damit die klösterlichen Rechte an Artlenburg, Hitbergen und Lüdersburg obsolet geworden. Der die folgenden vier Jahre währende Streit[622] wurde schließlich durch die Schlichtung des Herzogs von Braunschweig–Lüneburg in Wolfenbüttel im Jahr 1533 gütlich beigelegt.[623]

Nach dem Regierungsantritt Herzog Franz´ I. wurden dieselben Streitigkeiten erneut thematisiert, da sich die Angehörigen Scharnebeks wiederum ihre „Rechte angemaßet" hatten.

Am 9. Mai 1568 wurde zur weiteren Regulierung der Grenzstreitigkeiten und der bestehenden Irrungen ein Verzeichnis angelegt, welches den Umfang der Auseinandersetzungen, die seit 1545 verhandelt worden waren, verdeutlicht: Nicht nur die beanspruchten Zehntrechte in Artlenburg und Hitbergen wurden aufgeführt, sondern auch die zweifelhaften Rechte am Hof zu Bullendorf,[624] zu

---

620 NdsHStA, Celle Br. 103, Nr. 31 I, undatierter Brief über die Rechte des Klosters Scharnebek (um 1430). Ebenso in Nr. 31 II.

621 S. ergänzend Hermann Hoogeweg: Verzeichnis der Stifter und Klöster Niedersachsens vor der Reformation; Hannover 1908, Nachdruck Hannover 1986.

622 NdsHStA, Celle Br. 103, Nr. 11.

623 NdsHStA, Celle Br. 103, Nr. 12, Kopie eines Schreibens des Herzogs von Braunschweig–Lüneburg–Wolfenbüttel an Herzog Heinrich von Mecklenburg über die Beilegung der Streitigkeiten zwischen den Herzogtümern Braunschweig–Lüneburg und Sachsen–Lauenburg im Jahr 1533.

624 NdsHStA, Celle Br. 103, Nr. 53, Brief von Franz I. vom 11. August 1559 an den Herzog von Braunschweig–Lüneburg in Celle. Herzog Franz I. teilt dem Braunschweiger mit, daß in der Kanzlei Urkunden, „die in dem langen Kasten oder bank" verwahrt wurden, gefunden worden seien, die die Rechte des Klosters Scharnebek am Hof zu Bullendorf beschrieben. Der Besitz Bullendorfs sei demnach nur solange gesichert, „wie das Kloster in seiner fundierten, gestifteten Ordnung gehalten werde". Wenn sich das Kloster verändere und weltlich werde, gingen alle Ansprüche an den Stiftungen verloren und fielen dem Stifter heim. Da nun der Herzog von Braunschweig–Lüneburg das Kloster wieder „in seinen Gebrauch genommen" habe, „samt dem Hof zu Bullendorf", seien die Rechte – auch nach der Reichsordnung – verfallen, und der Hof sei zu restituieren. Am 24. September verfaßte Herzog Franz einen weiteren Brief gleichen Inhalts. – Vgl. hierzu eine Abschrift der Schenkungsurkunde von Herzog Bernhard von Sachsen–Lauenburg an das

Unrecht beanspruchte Damm– und Brückenrechte sowie Fischerei– und Jagdrechte in Lüdersburg, Grenzverletzungen im Raum Marschacht (durch beanspruchte Wasserrechte) und Weideverletzungen im südlichen Teil der Elbmarschvogtei.[625] Am 20. November 1568 einigten sich die von beiden Herrscherhäusern entsandten Räte in einem Kompromiß,[626] wobei der Grenzverlauf zum Hof zu Bullendorf erst 1590 eine generelle Regelung erfuhr: Der Hof sollte weiterhin zum Kloster Scharnebek gehören und das Ablagerrecht des Herzogs von Sachsen–Lauenburg beschränkt werden, „um eine Behinderung der Bevölkerung" zu vermeiden. Neben einem reduzierten Zehnten standen ihm fortan jährlich Butter, Roggen, ein Ochse, eine Seite Speck, zwei Gänse und eine Tonne Bier zu.[627]
Weiterhin gelangten die Herzogshäuser Braunschweig–Lüneburg in Celle und Sachsen–Lauenburg Ende des 16. Jahrhunderts zu zahlreichen Grenzeinigungen, die auf Bestreben der Landesherren zustande kamen oder der Notwendigkeit folgten, künftige Streitigkeiten zu vermeiden: Bereits 1584 konnten sich die beiden Herrscherhäuser auf notwendige Deichbaumaßnahmen am südlichen Elblauf verständigen;[628] im selben Jahr wurde die Grenze zwischen Artlenburg und Lüdershausen als zwischen den Herzogtümern definierte Landesgrenze bezeichnet,[629] nachdem sie 1568 festgelegt worden war;[630] 1591 wurde die Grenze zum Amt Neuhaus hinsichtlich der Besitzungen um Darsow reguliert,[631] 1592 der Grenzverlauf hinsichtlich der Besitzungen von Marschacht[632] in der Elbmarschvogtei[633] und der damit verbundenen

---

Kloster Scharnebek: LAS, Abt. 210, Nr. 523, fol. 60. – Hinsichtlich der entstandenen Irrungen: Ebenda, fol. 64.

[625] NdsHStA, Celle Br. 103, Nr. 31 I, Schreiben vom 9. Mai 1568.

[626] NdsHStA, Celle Br. 103, Nr. 31 I, Kompromiß vom 20. November 1568 in Verbindung mit dem Vertrag zu Artlenburg vom 3. Juli 1568. Vertrag zu Artlenburg ebenfalls in: NdsHStA, Celle Or. 12, Nr. 251. – Extrakt aus dem geschlossenen Rezeß in: LAS, Abt. 390, Nr. 523, fol. 73^{r}. – S. NdsHStA, Celle Br. 103, Nr. 52.

[627] NdsHStA, Celle Br. 103, Nr. 31 II. – S. hierzu NdsHStA, Celle Br. 104a , Nr. 36 hinsichtlich verschiedener Verhandlungen beauftragter Räte zur endgültigen Regelung von Ablager– und Zehntrechten im Jahr 1590.

[628] NdsHStA, Celle Br. 104a, Nr. 34, Abschluß eines Vergleichs mit den Untertanen des Amts Winsen auf Initiative von Braunschweig–Lüneburger und Sachsen–Lauenburger Räten.

[629] NdsHStA, Celle Br. 103, Nr. 89 hinsichtlich der Renovierung des „Scheidegrabens" als Landesgrenze. – Vgl. in diesem Zusammenhang NdsHStA, Celle Br. 103, Nr. 31 I hinsichtlich einer Kopie der „Scheidungsvergleichung zwischen Heinrich von Lüneburg und Johann von Sachsen aus dem Jahre 1489".

[630] NdsHStA, Celle Or. 12, Nr. 251, fol. 3^{v}–4^{r}.

[631] NdsHStA, Celle Br. 104a, Nr. 270.

[632] S. LAS, Abt. 390, Nr. 523, fol. 98^{r}: Die „Hauptscheidung" zwischen den beiden Herzogtümern wurde „bis in die Kirche zu Marschacht definiert: So gehet nun die Scheidung auß der Kirche in die Elbe, und die Elbe hindurch biß an den Beßenhorßt und Stovenwerder."

Elbrechte;[634] 1593 und 1610 erfuhren die Streitigkeiten Braunschweiger Adliger und des Hauptmanns von Bleckede mit Lauenburger Untertanen ihre Schlichtung im Amt Neuhaus;[635] Streitigkeiten über die Dörfer Sumpte und Krusenhagen konnten 1607 beigelegt werden.[636]
Weitere Grenzregulierungen in der Elbmarschvogtei wurden 1597 und 1609 mit eindeutigen Verträgen besiegelt.[637] Lediglich die Beschwerden der Bewohner Marschachts über ihren „Jungker Heinrich Schulz" konnten erst im Jahr 1615 erfolgreich durch Vermittlungsgespräche beider Fürstenhäuser behoben werden.[638] Die im Jahr 1568 verzeichneten 15 Grenzirrungen und Gebietsstreitigkeiten zwischen Braunschweig–Lüneburg und Sachsen–Lauenburg waren zum Ende des 16. Jahrhunderts gänzlich beigelegt worden.[639] Die Auseinandersetzungen um Nutzungsrechte von Zöllen und Handelswegen erfuhren bis 1598 ebenfalls eine gütliche Einigung.[640]

---

633 NdsHStA, Celle Br. 104a, Nr. 273a. – S. NdsHStA, Celle Br. 103, Nr. 1 hinsichtlich Marschachts. – Vgl. NdsHStA, Celle Br. 103, Nr. 88 hinsichtlich der Wittumsverschreibung des Guts Marschacht an die lauenburgische Herzoginmutter (Brief von Herzog Wilhelm d. J. an Herzog Franz II. vom 17. August 1583). – Vgl. dem widersprechend und daher streitfördernd die Vereinbarungen des Artlenburger Vertrags in NdsHStA, Celle Or. 12, Nr. 251, fol. 1–3 hinsichtlich der Vereinbarungen um Marschacht. – S. NdsHStA, Celle Br. 104a, Nr. 37. Vgl. LAS, Abt. 210, Nr. 523, fol. 96^r–97^v: In diesen Zusammenhang gehören ebenfalls die Auseinandersetzungen zwischen Herzog Franz – sowohl d. Ä. wie auch seinem Sohn – und Tönnies Ziege wegen der Zugehörigkeit des Stove–Werders. – Zu dem am Reichskammergericht von 1561 bis 1573 rechtsanhängigen Prozeß s. LAS, Abt. 210, Nr. 529. Zur Regulierung der Streitigkeiten um die Besitzungen des Stove–Werders im Lehensbesitz von Tönnies Ziege war es bereits Anfang der 60er Jahre zu einem Reichskammergerichtsprozeß gekommen, nachdem Ziege von Herzog Franz I. losgekündigt worden war und anschließende Schlichtungsverhandlungen gescheitert waren (LAS, Abt. 210, Nr. 529, qdr. 2 und 3).

634 LAS, Abt. 390, Nr. 523, fol. 98^r: Es wird bestätigt, daß die Sachsen keine Rechte „an der Gamme haben. Der Elbstrom gehört in Gänze in den gemelten Bereichen Sachsen und nicht Lüneburg." Diese Festlegungen wurden 1592 getroffen (Hinweis in LAS, Abt. 390, Nr. 523, fol. 128^v).

635 NdsHStA, Celle Br. 103, Nr. 127. NdsHStA, Celle Br. 103, Nr. 101.

636 S. NdsHStA, Celle Br. 103, Nr. 101 hinsichtlich der Verhandlungen beauftragter Räte zur Beilegung der Streitigkeiten im Jahr 1593. – NdsHStA, Celle Br. 104a, Nr. 40, Vergleich vom 22. Juni 1607.

637 NdsHStA, Celle Br. 104a, Nr. 273b.

638 NdsHStA, Celle Br. 104a, Nr. 41. Die Bewohner beschwerten sich über die vielen Handdienste, die sie zu leisten hatten, und verglichen ihre Abgabenlast mit der benachbarter Dorfschaften. Insbesondere bemängelten sie, daß sie „für ihren Juncker zahlreiche reisen nach Hamburg und Lüneburg" unternehmen mußten.

639 NdsHStA, Celle Br. 103, Nr. 1.

640 NdsHStA, Celle Br. 104a, Nr. 84.

4.6 Das Herzogtum Holstein

Die Grenze zwischen den Herzogtümern Sachsen–Lauenburg und Holstein war im wesentlichen durch den Grenzflußverlauf der Bille bestimmt. Diese eindeutige geographische Grenze bot dennoch nicht die Rechtssicherheit, die anzunehmen wäre. Der territorial gedachte Vertikalschnitt widersprach den durchzusetzenden Realitäten, da die Grenze – im wahrsten Sinne des Wortes – fließend war und sich eine klare Definition der territorialen Zugehörigkeit als äußerst schwierig herausstellte. So erwuchsen in diesem Bereich vor allem Streitigkeiten um die Fischereigerechtigkeit in der Bille. Im Verlauf der Landgrenze zwischen dem lauenburgischen Amt Steinhorst und dem Herzogtum Holstein bot die gebietliche Arrondierung erhebliche Schwierigkeiten. Anders als zu dem Nachbarterritorium Mecklenburg bestand in Steinhorst keine 'Pufferzone' landsässigen Adels zwischen zwei auf Arrondierung bedachten landesherrlichen Fürstenhäusern. Dem Streben der Holsteiner nach einer östlich orientierten Arrondierung mit der Bille als gesamtem Grenzverlauf stand das lauenburgische Interesse entgegen, sich in westliche Richtung auszudehnen.
Die Lehnsnahme Tremsbüttels durch die Herzöge von Sachsen–Lauenburg im Jahr 1475 und dessen Arrondierung durch das Amt Steinhorst standen den Absichten Holsteins entgegen. Zu diesen Konfliktpotentialen sollten im 16. Jahrhundert Streitigkeiten um die Besitzungen des Klosters Reinbek kommen, dessen Stammsitz unzweifelhaft auf holsteinischem Territorium lag.

Zwei Ereignisse der Geschichte des dänischen Königshauses berührten in besonderem Maß die weitere territoriale Entwicklung des Herzogtums Sachsen–Lauenburg: Der dänische Thronfolgestreit (beginnend 1523) und die Erbteilung von 1544.

4.6.1 Der dänische Thronfolgestreit und die zweite Landesteilung

Die Landesteilung des Jahres 1490 beendete zunächst die von König Christian I. von Dänemark und Herzog von Schleswig und Holstein verfolgten weitergehenden Pläne zur Konsolidierung und Wiederherstellung der Nordischen Union, obwohl sein ältester Sohn Johann I. (Hans d. Ä.) als Inhaber des Segeberger Anteils diese großpolitischen Absichten ebenso wie die beabsichtigte Inkorporation Dithmarschens weiter vorantrieb. Christians zweiter Sohn Friedrich verfolgte hingegen eine auf Zurückhaltung bedachte Neutralitätspolitik in seinem ihm durch die Landesteilung zugefallenen gottorfischen Anteil.[641]

[641] Lange, Stände, S. 164.

Der militärische Sieg über Schweden sicherte König Johann I. von Dänemark und Herzog von Schleswig und Holstein (Segeberg) im Jahr 1497 die schwedische Krone, wenngleich dieser Erfolg durch seine Niederlage gegen die Dithmarscher Bauernschaft in der Schlacht bei Hemmingstedt im Jahr 1500 so relativiert wurde, daß neuerliche Feindseligkeiten mit Schweden ausbrachen, die in letzter Konsequenz in den Seekrieg zwischen Dänemark und Lübeck (mit Unterstützung der wendischen Städte) mündeten, der erst 1512 in Malmö beigelegt werden konnte.[642]
Nach dem Tod Johanns I. folgte ihm sein Sohn Christian als König Christian II. von Dänemark, der die expansive Außenpolitik seines Vaters fortsetzte. Das sich entwickelnde emanzipatorische Verhalten der schwedischen Reichsstände wirkte den Absichten Christians II. so entgegen, daß der Versuch der gewaltsamen Konsolidierung letztlich zum endgültigen Verlust der schwedischen Krone an Gustav Vasa im Jahr 1523 führte[643] und zugleich das Ende der Kalmarer Union bedeutete. Christians innenpolitisches Expansionsstreben gipfelte in der Auseinandersetzung mit seinem Onkel Herzog Friedrich von Schleswig und Holstein (Gottorf), der aufgrund einer kaiserlichen Belehnungsurkunde aus dem Jahr 1521, die Christian hatte erwirken können,[644] nur noch als Lehnsnehmer seines Neffen angesehen wurde; Christian hatte sich zugleich die erblichen Herrschaftsrechte über das schaumburgische Pinneberg und die Stadt Hamburg gesichert.[645] Im Bordesholmer Vertrag von 1522 konnte Herzog Friedrich mit Unterstützung der Stände beider Herzogtümer (Schleswig und Holstein) seine Neutralitätspolitik gegenüber seinem Neffen behaupten und den dänischen König zu einem Verzicht auf sein vom Kaiser verliehenes Belehnungsrecht für Holstein überreden, um so den Herzogtümern Neutralität im Kriegsfall (Dänemark gegen Lübeck) zu garantieren.[646]
Diese Neutralitätshaltung gab Herzog Friedrich von Holstein–Gottorf erst auf, als sich der dänische Reichsadel gegen König Christian II. stellte, da dieser sich nicht an die mit dem Adel, der Kirche und dem Land vereinbarten Verpflichtungen gehalten hatte[647] und dem gottorfischen Herzog anbot, König

---

642 Wolf–Dieter Hauschild: Frühe Neuzeit und Reformation: Das Ende der Großmachtstellung und die Neuorientierung der Stadtgemeinschaft; in: Antjekathrin Graßmann (Hgin.): Lübeckische Geschichte; 2., überarb. Auflage; Lübeck 1989 (künftig zitiert: Hauschild, Ende der Großmachtstellung), S. 369f. Lange, Stände, S. 164.

643 Vgl. Hauschild, Ende der Großmachtstellung, S. 371.

644 Christian II. war seit 1514 mit der Habsburgerin Isabella (Elisabeth), der Enkelin Kaiser Maximilians und Schwester Karls V., verheiratet. Daher verfügte er über gute Verbindungen zu Kaiser Karl V.

645 Vgl. Postel, Reformation, S. 230.

646 Lange, Stände, S. 165.

647 Vgl. ausführlich RAK, T.K.U.A., Rigskammerretten, Nr. 8, qdr. 15: Ausführlicher (gedruckter) Bericht über die Ursachen des dänischen Thronfolgestreits, fol. 2^v–6^v. Dem dänischen König wurde vorgeworfen, daß er in folgenden Punkten gegen die mit den

von Dänemark zu werden. Mit Unterstützung des roßpflichtigen Adels der Herzogtümer und der Stadt Lübeck folgte er dieser Einladung und wurde am 26. März 1523 zum König von Dänemark erhoben.[648] Am 13. April 1523 floh Christian II. mit seiner Familie aus Kopenhagen in die ihm dynastisch verbundenen Niederlande; einen Tag später huldigten die Stände der Herzogtümer Schleswig und Holstein Herzog Friedrich.
Konnte sich der neue König der Unterstützung seiner Stände sowie der beiden Hansestädte Hamburg und Lübeck gewiß sein,[649] so fand der abgesetzte König Christian II. Unterstützung bei den Herzögen von Mecklenburg, dem Bischof von Ratzeburg, Herzog Joachim von Brandenburg und dem Herzog von Braunschweig–Lüneburg. Der Versuch, die innerfamiliären Streitigkeiten durch einen friedlichen Kompromiß in Segeberg beizulegen, scheiterte, so daß eine offizielle Fehdeerklärung Christians an Friedrich folgte.[650]

Das Herzogtum Sachsen–Lauenburg hatte in diesem Geflecht divergierender Kräfte eine äußerst schwierige Position: Herzog Magnus I. war seit Jahren bemüht, seine territoriale Position zu festigen; nun drohten die Auseinandersetzungen um den dänischen Thron diese Position aufgrund der territorialen Mittellage zu gefährden. Das Herzogtum Sachsen–Lauenburg konnte sich zum einen zum Schauplatz kriegerischer Auseinandersetzungen entwickeln, zum anderen konnten die eigenen Besitzungen in Holstein (Tremsbüttel) in ihrem Bestand gefährdet sein. Herzog Magnus I. nahm indirekt Partei zugunsten Christians II., indem er den Herzögen von Mecklenburg mit ihren Truppen freien Durchzug gewährte.

Mit Hilfe einer lavierenden, den unmittelbaren Konflikt scheuenden Politik versuchte Herzog Magnus, sein Territorium durch die Zeit des dänischen Thronfolgestreits zu retten, wobei zwei politische Zielsetzungen offenkundig wurden:

Ständen und der Kirche getroffenen Vereinbarungen verstoßen habe: 1. Nichteinhaltung des vereinbarten Umtauschkurses für Münzen [2 ML = 1 fl. (rh)]; 2. Betreiben außerehelicher Unzucht; 3. Kriegsrüstung gegen Schweden; 4. Vergehen gegen kirchliche Würdenträger; 5. Gewaltanwendung gegen den Bischof von Finnland; 6. 'Vettern– und Günstlingswirtschaft'.

[648] Lange, Stände, S. 165. – Postel, Reformation, S. 230f. – Hauschild, Ende der Großmachtstellung, S. 372.

[649] Dieser Koalition schloß sich auch der Bremer Erzbischof Christoph an. – Vgl. Lehe, Wursten, S. 241. – Vgl. RAK, T.K.U.A., Rigskammerretten, Nr. 8, qdr. 14: (gedruckter) Entschuldigungs– und Sendbrief an die Kurfürsten, Fürsten und alle „tewtzschen" Nation zur „klerlichen Anzeigung" des Königs von Dänemark, Friedrich I., wegen seines Streits mit Christian (II.) vom 8. Juli 1523.

[650] Vgl. RAK, T.K.U.A., Rigskammerretten, Nr. 8, qdr. 14, fol. 4^r–4^v.

- Der um Wursten und zeitweilig um Hadeln entstandene Konflikt mit dänischer Beteiligung[651] sollte sich nicht auf das Stammterritorium ausweiten, und
- die unmittelbare Beteiligung an kriegerischen Auseinandersetzungen zwischen den rivalisierenden dänischen Fronten mit ihren Verbündeten sollte vermieden werden, stattdessen das Interesse auf ein für Lauenburg positives Endergebnis gerichtet werden, welches einer territorialen Erweiterung und Vergrößerung der Einflußnahme im Norden des Reichs Vorschub leisten sollte – im Falle einer Fehleinschätzung dieser indirekten Parteinahme allerdings zu keinerlei Nachteilen führen durfte.

Sein Primärinteresse lag demnach in einem für ihn schadlosen Regionalarrangement mit seinen nach Osten und Süden angrenzenden Territorialnachbarn.[652]
Die Krönung Friedrichs I. zum König von Dänemark am 7. August 1524 in Kopenhagen beendete nicht die anhaltenden informellen Rückgewinnungsversuche Christians II., der durch Kaperfahrten zur See vornehmlich die Hansestädte schwächen wollte.[653] Seine Reinthronisation auf einem durch kaiserliche Einflußnahme zustandegekommenen Verhandlungsweg scheiterte – wie bereits im September 1524 – erneut ein Jahr später.[654]
Herzog Magnus I. von Sachsen–Lauenburg stand mit auf der Verliererseite des dänischen Thronfolgestreits. Dennoch ging sein Kalkül auf: Er hatte in dem dänischen Thronfolgestreit seine territorialen Besitzungen schadlos gehalten und seine Territorialnachbarn Braunschweig–Lüneburg und Mecklenburg, die an der Seite Christians fochten, nicht verprellt.

Auf der Suche nach weiteren Verbündeten wurde Christian II. durch Albrecht VII. (den Schönen) von Mecklenburg auf Herzog Magnus I. aufmerksam gemacht.[655] Der Prozeß um den Bau des Alster–Beste–Trave–Kanals vor dem Reichskammergericht sollte dabei eine wichtige Rolle spielen. Christian gelang es, auf einem Geheimtreffen in Dömitz am 23. Oktober 1527 Herzog Magnus zu seinem Verbündeten zu gewinnen. Magnus garantierte den freien Durchzug Christian–treuer Truppenverbände durch sein eigenes Territorium und verpflichtete sich zur Bereitstellung eigener Soldtruppen. Als Gegenleistung

---

651 Vgl. Boeselager, Hadeln, S. 335 und S. 380. – Lehe, Wursten, S. 240f. und S. 256f.

652 Vgl. Kobbe, 2, S. 222.

653 Postel, Reformation, S. 237ff. – Hauschild, Ende der Großmachtstellung, S. 374f.

654 Postel, Reformation, S. 232.

655 Vgl. LHA, MVP, Aw, Nr. 315 II. Herzog Magnus hatte sich wegen des Alster–Beste–Trave–Kanals an den Herzog von Mecklenburg gewandt und um reichsständische Unterstützung ersucht.

versprach ihm Christian die Belehnung mit dem Amt Trittau, der Landbrücke zwischen dem Herzogtum Sachsen–Lauenburg und dem Amt Tremsbüttel.[656]
Herzog Magnus begann somit, eine zweigleisige Politik gegenüber Dänemark zu verfolgen: Zum einen sicherte er sich – mit Aussicht auf territorialen Zugewinn – eine enge Verzahnung beider Herrscherhäuser durch eine unmittelbare Beteiligung an einem möglichen neuen Regierungsantritt Christians II., zum anderen hatte er durch die Verheiratung seiner Tochter Dorothea am 29. Oktober 1525 mit dem präsumtiven Thronfolger[657] eine dynastische Verbindung zum dänischen Königshaus unter Friedrich I. herbeigeführt. Scheiterte ersteres endgültig im Jahr 1532 mit der lebenslänglichen Inhaftierung Christians II. im Schloß Sonderburg,[658] so sicherte letzteres ein auf den status quo bedachtes nachbarschaftliches Verhältnis, als Friedrich I. am 10. April 1533 verstarb und sein Sohn als Christian III. den dänischen Thron bestieg.
Herzog Magnus sah sich nun an der westlichen Landgrenze seinem Schwiegersohn als gleichbürtigem, als Herzog von Holstein reichsständischem Landesherrn gegenübergestellt. König Christian III. gelang es durch geschicktes außenpolitisches Kalkül, die auf Handel begründete Vormachtstellung Lübecks im Gefolge der Grafenfehde zu brechen und durch seine Mitgliedschaft im Schmalkaldischen Bund und sein Bündnis mit dem König von Frankreich im Jahr 1544 die uneingeschränkte kaiserliche Anerkennung als dänischer König zu erzwingen.[659] In der „Tradition des Erbrechts des Oldenburger Hauses und entsprechend der Huldigung von 1533, die Christian III. auch für seine damals noch unmündigen Brüder empfangen hatte, betrieb er seit 1542 die Teilung der Herzogtümer.“[660]
Die Landesteilung von 1544 beeinflußte nachhaltig die Territorialgrenze Lauenburgs zu Holstein. Fortan sah sich Herzog Franz I., als Nachfolger seines 1543 verstorbenen Vaters, nicht mehr seinem Schwager, dem dänischen König Christian III., als Territorialnachbarn gegenüber, sondern dessen jüngerem Bruder Adolf, dem Herzog von Schleswig–Holstein–Gottorf. König Christian III. blieb zwar in unmittelbarer Umgebung als Landesherr in Segeberg mit Oldesloe sowie den Besitzungen der Klöster Reinfeld und Segeberg präsent, verlagerte aber seinen Schwerpunkt in den nördlichen Teil der Herzogtümer (Sonderburg), so daß mit Sachsen–Lauenburg ebenso wie mit den Besitzungen

[656] Georg Waitz (Hg.): Urkunden und andere Actenstücke zur Geschichte der Herzogthümer Schleswig und Holstein, 1; [= Quellensammlung der Schleswig–Holstein–Lauenburgischen Gesellschaft für vaterländische Geschichte, 2]; Kiel 1863, S. 99–101. – Krause, Rückdatierte Urkunden, S. 492f.
[657] Stammtafeln, 1, Tafel 84.
[658] Lange, Stände, S. 170.
[659] Vgl. Lange, Stände, S. 170.
[660] Lange, Stände, S. 173.

von Christians jüngstem Bruder, Herzog Johann (d. Ä.) von Schleswig–Holstein–Hadersleben, keine gemeinsamen Grenzen mehr bestanden.[661]
Mit Herzog Adolf unterhielt das Herzogtum Sachsen–Lauenburg keine unmittelbaren dynastischen Verbindungen. Hatte Herzog Magnus noch 1537 seine Tochter Sophie mit Herzog Anton I. in Oldenburg (seit 1547 auch in Delmenhorst) verheiraten können, so ging sein dynastisches Kalkül aufgrund Adolfs frei getroffener Wahl der Besitzungen an der lauenburgischen Grenze nicht auf.[662] Eine vorab nicht kalkulierbare Entscheidung eines Einzelnen beeinflußte damit nachhaltig das Territorialverhältnis zum größten nach Nordwesten sich anschließenden Nachbarn.
Erst im Jahr 1621 kam durch die Heirat zwischen Herzog August von Sachsen–Lauenburg und Elisabeth–Sophie, einer Tochter Herzog Johann–Adolfs von Schleswig–Holstein–Gottorf, die erste dynastische Verbindung des Hauses Sachsen–Lauenburg mit dem Haus Gottorf zustande.[663]

4.6.2 Der Alster–Beste–Trave–Kanal[664]

Das Herzogtum Sachsen–Lauenburg kann aufgrund seiner Mittellage als 'Handelsdrehkreuz im Norden des Reichs' bezeichnet werden. Der Verlauf der von Lüneburg nach Norden führenden Salzstraße mit dem Elbübergang bei Artlenburg war für Sachsen–Lauenburg ebenso wichtig wie die West–Ost–Verbindung über Büchen. Die Errichtung des Stecknitz–Kanals als künstlicher Wasserstraße stellte Ende des 14. Jahrhunderts die einzige Wasserverbindung zwischen Nord– und Ostsee her.[665] Das dadurch entstandene

---

[661] Zur Aufteilung der Herzogtümer s. Lange, Stände, S. 173. Die Gründe für die Aufteilung in Streubesitz lagen ebenso in der Verhinderung großgebietlicher Arrondierungsmaßnahmen durch einen Angehörigen des Herrscherhauses, wie in der Aufteilung nach einem geschätzten Anteil der Ämtereinkünfte (geschätzt, da es zu dieser Zeit keine Landesmatrikel gab). – Die Gemeinschaftliche Regierung, die erst 1564 eine feste Form erreichte und als Zugeständnis an Prälaten, Adel und privilegierte Städte zu verstehen ist, wird ausführlich beschrieben bei: Lange, Stände, S. 176f.

[662] Vgl. Lange, Stände, S. 173.

[663] Stammtafeln, 1, Tafel 93.

[664] Zur Literatur über den Alster–Beste–Trave–Kanal s. Knut Mahrt: Bibliographie zum Alster–Beste–Kanal (Alster–Trave–Kanal); in: MCV, 16/ 17; 1996, S. 111–115. – Ergänzende Angaben bei Hillmann, Alster–Beste–Trave–Kanal, S. 114–120.

[665] Zum Stecknitzkanal vgl. Gerd Stolz: Kleine Kanalgeschichte. Vom Stecknitzkanal zum Nord–Ostsee–Kanal; Heide 1995 (künftig zitiert: Stolz, Kleine Kanalgeschichte), S. 14 – 58. – Christel Happach–Kasan: Die Stecknitzfahrt – ein Denkmal der Verkehrsgeschichte; in: Jb.Alsterverein 1991, S. 49 – 66 (mit ausführlichem Kartenmaterial). – Eckardt Opitz: Schleswig Holstein: Landesgeschichte in Bildern, Texten und Dokumenten; Hamburg 1988 (künftig zitiert: Opitz, Schleswig–Holstein), S. 160f. – Überarb. und erg. Ausgabe: Ders.: Schleswig–Holstein. Das Land und seine Geschichte in Bildern, Texten und Dokumenten; Hamburg 1997. – Hans–Georg Kaack: Von der Stecknitz zum

'Transportmonopol' büßten die Herzöge von Sachsen–Lauenburg im Spätmittelalter durch die von Hamburg und Lübeck betriebene Stützpunktpolitik zur Eigensicherung ihrer Handelswege ein. Diese war darin begründet, daß das askanische Herrscherhaus nicht in der Lage war, Schutz auf den Landstraßen zu gewährleisten. Bereits im Jahr 1448 hatte sich die Stadt Hamburg mit Graf Adolf XI. von Holstein geeinigt, zwischen den Städten Hamburg und Lübeck unter Ausnutzung der Alster, der Beste und der Trave einen Kanal zu erbauen, um den Warenverkehr zwischen den beiden Hansestädten effizienter zu gestalten.[666] Die enormen Kosten, die von der Hamburger Kämmerei aufgebracht werden mußten, ließen das Kanalbauprojekt schließlich in den Jahren 1452/ 53 scheitern.[667] Die Stadt Hamburg beschränkte sich in den folgenden Jahren darauf, die Alster bis Stegen schiffbar zu halten und wickelte ihren Warenverkehr mit Lübeck auf dem Land– oder Wasserwege durch das Lauenburgische ab oder nutzte die Landstraßen durch das Holsteinische unter Hinzunahme des für sie günstigeren Transportwegs auf der Alster bis Stegen und von dort über Oldesloe bis Lübeck.

Hohe finanzielle Aufwendungen und ein unsicheres Verkehrsnetz bestimmten den Warenverkehr zwischen den beiden Hansestädten. Das Ziel, einen eigenen – damit effizienteren und sicheren – Verkehrsweg zu schaffen, konnte von beiden Hansestädten von 1524 an realisiert werden. Anläßlich der Krönung Friedrichs I. konnten beide Hansestädte ein Abkommen mit König Friedrich I. von Dänemark zum Abschluß bringen, welches die Grundlage für den Bau einer Kanalverbindung zwischen Lübeck und Hamburg bildete.[668]

Die Zugeständnisse für und die Einwilligung in dieses Bauprojekt sicherten dem dänischen König zwei wichtige Bündnispartner, die sowohl finanziell potent als auch ob ihrer Handelsstellung im Norden des Reichs einflußreich und zuverlässig erschienen. Für die beiden Hansestädte bot sich hingegen die einmalige Möglichkeit, ihren Warenverkehr untereinander sicher zu organisieren und sich langfristig von hohen Zollkosten, die insbesondere an den Herzog von Sachsen–Lauenburg zu zahlen waren, zu befreien. Berechnendes

Stecknitzkanal – ein Transportweg im geschichtlichen Wandel; in: Lbg.H., N.F. 129; 1991, S. 3–50 (künftig zitiert: Kaack, Stecknitz). – Vgl. Literaturangaben zur Stecknitzfahrt bei Hillmann, Alster–Beste–Trave–Kanal, S. 10f., Fn. 7. – Zur neuesten Literatur, den Stecknitzkanal betreffend: Christel Happach–Kasan: Die Stecknitzfahrt – vom Schiffahrtsweg zum Landschafts–Denkmal; in: Dirk Hansen (Hg.): Alte Binnenwasserstraßen zwischen Elbe und Ostsee. Verkehrswege als Denkmal–Landschaften; [= Schriftenreihe „Stecknitzfahrt", 2]; Ratzeburg 1996, S. 18–25. – S. detailliert und ergänzend auch Kap. 4.10.3.

666 RAK, T.K.I.A., Nr. 25, qdr. 2.

667 Hillmann, Alster–Beste–Trave–Kanal, S. 33ff.

668 Hillmann, Alster–Beste–Trave–Kanal, S. 36ff.

hansisches Kalkül stand damit vor der Idee und der Bereitschaft, sich außenpolitisch zu engagieren.[669]
Die beiden Hansestädte konnten die sonst erfolglos verlaufene Kopenhagener Konferenz gestärkt verlassen. Abgesehen vom Ritterschlag für ihre Bürgermeister Salsborch und von Wickede[670] kehrten die Vertreter Hamburgs und Lübecks mit einer Vielzahl von Privilegien zurück:[671] Zum einen wurden die ihnen von Christian II. entzogenen Zollprivilegien in Dänemark, Norwegen und den Herzogtümern Schleswig und Holstein von König Friedrich I. erneuert,[672] zum anderen nahm dieser die Stadt Hamburg unter seinen besonderen Schutz, um ihr bei Angriffen und Schädigungen durch Christian II. und seine Verbündeten zur Seite zu stehen. Dieser Schutz sollte sich sowohl auf unmittelbare Übergriffe erstrecken,[673] wie auf mittelbare, die, wie die Behinderung der Getreidezufuhr in die Stadt, auf Hamburgs Parteinahme für König Friedrich I. beruhten.[674]

Wurden diese für Hamburg wichtigen Privilegien ausschließlich unter dem Gesichtspunkt handelsbegründender Vorteile gewertet, war das Ergebnis der Verhandlungen mit dem dänischen König unverkennbar ein Erfolg. Der handelspolitische Eigennutz der Stadt Hamburg verstärkte ihr Abhängigkeitsverhältnis zu Dänemark. Die besonderen Schutzzusagen gegenüber der Stadt verliehen den Absichten der kaiserlichen Belehnungsurkunde gegenüber Christian II. aus dem Jahr 1521 politische Realität und markierten Dänemarks ‘Griff nach Hamburg’. Hamburg hatte durch diese ’Privilegien‘ sein hohes Maß an Autonomie eingebüßt und sich

[669] Postel, Reformation, S. 232. – Peter Gabrielsson: Die Zeit der Hanse. 1300–1517; in: Hans–Dieter Loose (Hg.): Hamburg. Geschichte der Stadt und ihrer Bewohner, Band I: Von den Anfängen bis zur Reichsgründung; Hamburg 1982 (künftig zitiert: Gabrielsson, Hanse), S. 163f.

[670] Hanserecesse, 3. Abteilung; hrsg. v. Verein für Hamburgische Geschichte, 8. und 9. Band: 1477–1530; bearb. v. Dietrich Schäfer und Friedrich Techen; Leipzig 1910 und 1913 (künftig zitiert: HR III, 8 und 9), hier HR III, 8, § 119–120. – Postel, Reformation, S. 233. – Hillmann, Alster–Beste–Trave–Kanal, S. 37ff. – Rainer Postel: Reformation und Gegenreformation 1517–1618; in: Hans–Dieter Loose (Hg.): Hamburg. Geschichte der Stadt und ihrer Bewohner, Band I: Von den Anfängen bis zur Reichsgründung; Hamburg 1982 (künftig zitiert: Postel, Gegenreformation), S. 202. – Hans Nirrnheim: Bürgermeister Hinrik Salborch; [= ZHG, 12]; Hamburg 1905, S. 281.

[671] RAK, Utenhoffs Patentenbuch, fol. 3^r–4^r (Hamburger Privilegien), fol. 7^r–11^r (Lübecker Privilegien).

[672] HStA Threse K 11 und L 9. HR III, 8, S. 853f. – Postel, Gegenreformation, S. 202.

[673] HR III, 8, Nr. 812, § 201. – Postel, Gegenreformation, S. 201f.

[674] HStA Threse L 5. HR III, 8, S. 855.

freiwillig in ein Abhängigkeitsverhältnis begeben, welches mehr einem lehnsrechtlichen Verhältnis als dem Bild einer aufstrebenden Stadt entsprach.[675] Nach Sondierungsgesprächen, die vornehmlich von Vertretern der Stadt Hamburg geführt wurden,[676] kam am 14. März 1525 in Segeberg ein Vertrag zwischen den Städten Hamburg und Lübeck sowie dem König von Dänemark als Herzog von Holstein zur Errichtung eines Kanals zwischen Hamburg und Lübeck über Oldesloe durch Verbindung der Alster mit der Beste zustande.[677] Das Vertragswerk schloß ein gegenseitiges Hilfsleistungsabkommen aller Vertragspartner ein, falls ein mutmaßlicher Gegner des Kanalbauprojekts zur Bedrohung werden sollte.
Bereits im 15. Jahrhundert hatte der Herzog von Sachsen–Lauenburg das beabsichtigte Kanalbauprojekt mißtrauisch betrachtet, bedeutete dies doch ein Konkurrenzunternehmen zu seinem Stecknitz–Kanal. An der Bedrohlichkeit dieser Situation hatte sich im 16. Jahrhundert nichts geändert. Ebenso schwer wog, daß die Kanaltrasse seine Lehnsbesitzungen im Amt Tremsbüttel durchschnitt.[678]

Der Herzog von Sachsen–Lauenburg befand sich in einer mißlichen Lage: Der Alster–Beste–Trave–Kanal mußte zu einem deutlichen Einschnitt in seine herzoglichen Einnahmen führen,[679] und die seit 1519 anhaltenden Verhandlungen um die Loskündigung des Amts Tremsbüttel konnten sich zum endgültigen Verlust dieser Lehnsbesitzungen ausweiten.
Die Lösung des Gesamtproblems bereitete Schwierigkeiten. Ein außergerichtliches Austragsverfahren schied aufgrund divergierender Interessen der in Frage kommenden Vermittler aus: Ebenso wie die Städte Hamburg und Lübeck war auch König Friedrich I. von Dänemark, der zudem als Herzog von

---

675 Vgl. HStA Threse M 30. HR III, 8, S. 854f. – Postel, Reformation, S. 233. Die Hinzuziehung zu einem Friedensschluß wertet der Verf. als eine nachgeordnete Funktion, die Hamburg auf der Ebene eines Rats ansiedelt und nicht ein Verhältnis unter Gleichgestellten markiert. – Vgl. Heinrich Reincke: Hamburgs Aufstieg zur Reichsfreiheit; in: ZHG, 47; 1961, S. 17ff.

676 Ausführlich bei: Hillmann, Alster–Beste–Trave–Kanal, S. 44ff.

677 RAK, Utenhoffs Patentenbuch, fol. 26r–28v. – RAK, T.K.I.A., Register aller Contracte (1524–1533), Nr. 4. – HStA Threse L 14. – LAS Urk. Abt. B, Nr. 116. – LAS, Abt. 7, Nr. 1191. – LAS, Abt. 65.1, Nr. 182, fol. 2–5. – AHL, AH, Vol. IV, Nr. 18157, Bd. 1, fol. 1–4. – HR III, 8, Nr. 29, § 7 (Vorgespräche) und § 37 (Vertragsschluß). – Anton Hagedorn: Denkschrift über Hamburgs Eigentums– und Hoheitsrecht an der Alster; Hamburg 1912 (künftig zitiert: Hagedorn, Alster), Urkundenanhang IX. – Johann Martin Lappenberg: Historischer Bericht über Hamburgs Rechte an die Alster; Hamburg 1859 (künftig zitiert: Lappenberg, Alster), Urkundenanhang H.

678 Hillmann, Alster–Beste–Trave–Kanal, S.64f.

679 LAS, Abt. 400.2, Nr. 57, fol. 1: Brief von Herzog Magnus von Sachsen–Lauenburg an Herzog Albrecht von Mecklenburg vom 1. Januar 1527: Der „zoll uff der Elbe und Stekenitz bringen das meiste einkommen."

Holstein Lehnsherr des sachsen–lauenburgischen Herzogs war, an der Kanalbauunternehmung unmittelbar beteiligt. Die Herzöge der umliegenden Territorien schieden als Vermittler aus, da sie in den Auseinandersetzungen um den dänischen Thron Partei zugunsten von Christian II. ergriffen hatten.

4.6.2.1 Der Prozeß um das Kanalbauprojekt

Erstmals entschloß sich Herzog Magnus I., selbst den Rechtsweg zu beschreiten und strengte eine Klage vor dem Reichskammergericht gegen die Städte Hamburg und Lübeck an, nachdem er durch seinen Afterpfandnehmer Volradt Pentz über die ersten vorbereitenden Bautätigkeiten informiert worden war[680] und von seinem Rechtsbeistand Dr. Mathias Meyer eine „information juris" erhalten hatte.[681]

Es stellte sich ihm die Frage, wie die Klage vor dem Gericht vorzubringen war. Um Rechtsfähigkeit zu erlangen, mußten eigene Privilegien und Rechte eingeschränkt, respektive geschädigt worden sein. An dem Kanalbaugebiet hatte Sachsen–Lauenburg jedoch keine Besitzrechte. Die Lehnsbesitzungen, die an das Baustellengebiet stießen, waren Lehnsbesitzungen des Herzogs von Holstein. Eine Klage wegen derartiger Besitzstörungen hätte vor dem Reichskammergericht ebenfalls keine Rechtsfähigkeit erlangt, da in diesem Fall der König von Dänemark als Lehnsherr zunächst zuständig gewesen wäre.

Aus diesen Gründen strengte Herzog Magnus am 8. September 1525 eine Klage wegen der Verletzung seiner von Kaiser Karl V. noch 1521 bestätigten Elbprivilegien[682] vor dem Reichskammergericht in Eßlingen an.[683] Am 12. September 1525 erging ein Poenalmandat des Reichskammergerichts gegen Hamburg und Lübeck mit der Auflage, das Kanalbauprojekt fallenzulassen, weil durch die „aufrichtung des grabens" Herzog Magnus I. „an seiner lieb schiffung [und, J.H.] auch anderen besprachten gerechtigkeiten" behindert, bzw. verletzt würde. Für beide Städte wurde eine Poen in Höhe von 200 Goldmark festgelegt, die zu gleichen Teilen an das Reichskammergericht und Herzog Magnus zu entrichten war. Die mit dem Mandat verbundene Ladung für

---

680 LAS, Abt. 400.2, Nr. 56, fol. 95^{v} (Am 17. Mai 1524 gab Herzog Magnus Volradt Pentz den Auftrag, in den nördlichen Teil von Tremsbüttel zu reisen, um zusammen mit Hinrich Roper festzustellen, „ob sie [die Städte Hamburg und Lübeck, J.H.] bereit[s] an der arbeit sein.").

681 LAS, Abt. 400.2, Nr. 56, fol. 81^{v}, Anfrage von Herzog Magnus vom 13. Mai 1524. – LAS, Abt. 210, Nr. 1303 (inliegend Antwortschreiben von Meyer vom 9. Juni 1524). – Hillmann, Alster–Beste–Trave–Kanal, S. 51.

682 LAS, Abt. 210, Nr. 801, fol. 6^{r}–7^{r}. – LAS, Abt. 210, Nr. 495 I. – Vgl. Privilegierungen aus dem Jahr 1414: LAS, Abt. 210, Nr. 494.

683 LAS, Abt. 210, Nr. 801, fol. 6f.

den Fall der Nichtbefolgung der Poenformel wurde für den 6. Dezember und die darauffolgenden Gerichtstage ausgesprochen.[684]
Die Rechtsbeistände der Beklagten blieben zunächst den Verhandlungen fern, da die Frage der Zuständigkeit des Reichskammergerichts in den Mittelpunkt der Betrachtungen gerückt wurde.[685] Diese hansestädtische Sichtweise des Rechtszustandes änderte sich mit Eintreffen eines gerichtlichen Inhibitionalmandats, das am 20. April 1526 die Fortsetzung des Kanalbaus unter Androhung der Reichsacht untersagte,[686] kurz nachdem die Bauarbeiten offiziell begonnen worden waren.[687]
Das Inhibitionalmandat löste Irritationen bei den Beklagten aus. Es fiel schwer, den Zusammenhang zwischen den scheinbar verletzten, vom Kaiser verliehenen Elbprivilegien und dem auf dem eigenen, bzw. auf dem Boden des dänischen Königs zu bauenden Kanal zu erkennen. Vorwürfe der einseitigen Parteinahme für einen Reichsstand zuungunsten der Hansestädte sind im Schriftverkehr deutlich erkennbar.[688] Anträge der Beklagten auf Verfahrenseinstellungen wegen inhaltlicher und prozessualer Fehler waren weiterhin prozeßbestimmend.[689]

Konrad von Schwabach als Anklagevertreter konnte zwar die Anklage auf den dänischen König als Motor des gesamten Unternehmens ausdehnen[690] und die Wiederholung einer Ladung gegen die beiden Städte zum folgenden Gerichtstermin erwirken,[691] aber Fragen der Zuständigkeit und der Zulässigkeit der Klage blieben prozeßdominierend.[692] Mit der Forderung des Klagevertreters, „das Gewerk zu demolieren und weiter zubauen nit zugestatten“, bis eine gerichtliche Lösung gefunden sei, und der nachdrücklichen Bitte an das Gericht, die Rechtsdurchsetzung der Reichsacht

---

684 LAS, Abt. 390, Nr. 438, fol. 31. – Die Zustellung erfolgte durch den Kammergerichtsboten Nikolaus Lütkens am 18. November in Hamburg und am 20. November 1525 in Lübeck: ebenda, fol. 31f. – S. Hillmann, Alster–Beste–Trave–Kanal, S. 57f. – Vgl. Krause, Rückdatierte Urkunden, S. 489f.

685 LAS, Abt. 390, Nr. 438, fol. 1, fol. 33–34 (Hamburg), fol. 35–36 (Lübeck), fol. 51–56 (Lübeck), fol. 60–63 (Hamburg), fol. 64–69. – Hillmann, Alster–Beste–Trave–Kanal, S. 54f.

686 LAS, Abt. 390, Nr. 438, fol. 93.

687 Hillmann, Alster–Beste–Trave–Kanal, S. 56, Fn. 190.

688 LAS, Abt. 390, Nr. 438, fol. 47–50 (Lübeck) und fol. 57–59 (Hamburg).

689 LAS, Abt. 390, Nr. 438, fol. 76–84.

690 LAS, Abt. 390, Nr. 438, fol. 106 (18. Februar 1527). Das Poenalmandat (Poen: 200 Goldmark) wurde am 20. Februar 1527 übergeben.

691 LAS, Abt. 390, Nr. 438, fol. 105 (18. Januar 1527). Die citatio wurde am 23. Februar in Lübeck und am 25. Februar 1527 in Hamburg übergeben.

692 LAS, Abt. 390, Nr. 438, fol. 115–120 und fol. 121–124.

voranzutreiben und damit dem Recht Genüge zu tun,[693] nahm der Prozeßton unter den Rechtsvertretern an Schärfe zu.[694]
Ende Dezember 1527 wandte sich Herzog Magnus schriftlich an den Kammerrichter und beklagte sich darüber, daß die Städte Hamburg und Lübeck „in dießen tagen mit gewalt durch unser Landt graben", denn das Kanalbauprojekt berühre seine Besitzungen in Tremsbüttel.[695] Damit hatte Herzog Magnus erstmalig die Frage seiner Lehnsbesitzungen in Tremsbüttel thematisiert, die er bisher in den vertraulichen Schreiben an seinen Rechtsbeistand Dr. Meyer unerwähnt gelassen hatte.[696]

4.6.2.2 Die Zusammenhänge zwischen dem Kanalbauprojekt und dem herzoglichen Besitz des Amts Tremsbüttel

Bereits am 6. März 1519 hatte König Christian II. von Dänemark Herzog Magnus die Loslösung Tremsbüttels angekündigt,[697] nachdem er durch die Anfrage des Herzogs aufgeschreckt worden war, ob dieser Volradt Pentz als Afterpfandnehmer in Tremsbüttel einsetzen dürfe.[698]
Die lehnsrechtliche Ausgangssituation war demnach hinlänglich geklärt: Der Herzog von Sachsen–Lauenburg war im Amt Tremsbüttel Lehnsnehmer des dänischen Königs, der seinen Konsens zu einer Unterverlehnung geben mußte, ebenso wie dessen Vater Christian I. im Jahr 1475 dem Verkauf durch Lüder Heest an Herzog Johann V. zunächst hatte zustimmen und ihn anschließend bestätigen müssen; das Wiedereinlösungsrecht war damals schriftlich fixiert worden.[699]

---

[693] LAS, Abt. 390, Nr. 438, fol. 125–126.

[694] Hillmann, Alster–Beste–Trave–Kanal, S. 61f.

[695] LAS, Abt. 390, Nr. 438, fol. 146. – LAS, Abt. 210, Nr. 801, fol. 151^r – 152^v (Schreiben von Herzog Magnus an Volradt Pentz vom 19. März 1527: „[...] durch unser Land zu graben, nemlicher zu Duvenstede, Lemshal und Mellingestede". Dort wurde „gereumet und holzgehauen".

[696] LAS, Abt. 210, Nr. 1303. Meyer verfügte über keine Informationen das Amt Tremsbüttel betreffend. Selbst im Jahr 1526 (Brief vom 12. Dezember) wurde ausschließlich die Verletzung der Elbprivilegien diskutiert.

[697] LAS, Abt. 210, Nr. 1094. – Krause, Rückdatierte Urkunden, S. 481. – Der Vollständigkeit halber wird auf die früheren Loskündigungen durch König Christian I. aus dem Jahr 1480 (26. September und 1. Oktober) hingewiesen: LAS, Abt. 210, Nr. 1092.

[698] LAS, Abt. 210, Nr. 1095. Die Anfrage richtete Herzog Magnus am 29. Januar 1519 an den dänischen König, nachdem Pentz bereits seit dem 6. Januar 1518 in Tremsbüttel eingesetzt war. – Vgl. zur Afterpfandnahme des Volradt Pentz: LAS, Abt. 210, Nr. 1092. – S. LAS, Abt. 210, Nr. 1095: Volradt Pentz gelobt gegenüber Herzog Magnus, ein guter Lehnsmann zu sein (29. Januar 1519).

[699] LAS, Abt. 210, Nr. 1092 (Konsenserklärung König Christians I. vom 1. Oktober 1476 und Bestätigung des Verkaufs für 9.200 ML am 1. Oktober 1477). – LAS, Abt. 7, Nr. 1288 I,

Im Jahr 1519 hat sich Christian II. auf dieses vereinbarte Wiedereinlösungsrecht berufen, vermochte allerdings die massiven finanziellen Forderungen, welche die Pfandsumme deutlich überschritten, da die Einnahmen des Amts stark gestiegen waren,[700] nicht zu erfüllen. Die Bemühungen von Christians Schwester Elisabeth, die seit 1502 mit Kurfürst Joachim von Brandenburg verheiratet war, konnten den Streit nicht schlichten.[701]
Der dänische Thronfolgestreit ließ die Auseinandersetzungen um das Amt Tremsbüttel zunächst in den Hintergrund treten.
König Friedrich I. von Dänemark teilte Herzog Magnus die beabsichtigte Loskündigung Tremsbüttels am 17. November 1527 mit;[702] nach einem regen Schriftverkehr wurde sie am 3. Juli 1528 offiziell verkündet.[703] Obwohl Friedrich I. am 14. November 1527 den Brüdern Poggewisch das Amt Tremsbüttel als Erbgut, wie König Johann ihnen dies bereits 1506 angekündigt hatte,[704] nochmals zusagte,[705] mußte der dänische König im Jahr 1528 von diesem Versprechen abrücken[706] und Herzog Magnus die Rechte an Tremsbüttel zuerkennen, denn der „vatter [Johann von Sachsen, J.H.] hor sin Erbguht [Tremsbüttel, J.H.] gekauft".[707] Somit hatte sich das bisher bestehende lehnsrechtliche Verhältnis in ein Besitzverhältnis gewandelt, welches durch eine Urkunde Christians II. vom 24. Juni 1521 untermauert wurde. König Christian II. erklärte darin, daß das Amt Tremsbüttel mit allen Gerechtigkeiten, Freiheiten und Nutzungen dem Herzog von Sachsen–Lauenburg überlassen, die beabsichtigte Loskündigung zurückgenommen und das Wiedereinlösungsrecht unwiderruflich aufgehoben sei.[708] Gegen diese Urkunde war König Friedrich I. machtlos, obwohl er „sich nicht erinnern mog, da I.K.H. jenige erffliche

---

Nr. 1 (Johann von Sachsen–Lauenburg verspricht im Jahr 1476, ein guter Lehnsmann zu sein).

700 LAS, Abt. 210, Nr. 1093.

701 LAS, Abt. 210, Nr. 1094 (22. August 1521).

702 LAS Urk. Abt. 210, Nr. 629. – LAS, Abt. 210, Nr. 1094.

703 LAS, Abt. 210, Nr. 1094.

704 LAS, Abt. 7, Nr. 1288 I, Nr. 2.

705 LAS, Urk. Abt. 210, Nr. 550a (datiert: 18. Juni 1506). LAS, Abt. 7, Nr. 1317 und LAS, Abt. 210, Nr. 1092 und 1094 (Urkundenabschriften). – LAS, Abt. 210, Nr. 1094; LAS, Abt. 7, Nr. 1288, Nr. 3 und LAS, Abt. 7, Nr. 1317, qdr. 3 (Abschriften) : Friedrich I. hatte bereits am 23. Oktober 1508 die Zusage seines Vaters gegenüber den Poggewisch bestätigt. – LAS, Abt. 210, Nr. 1104: Noch im Jahr 1565 versuchten die Erben der Brüder Poggewisch, ihre Besitzansprüche am Haus Tremsbüttel gegen Herzog Franz I. – allerdings erfolglos – durchzusetzen.

706 LAS, Abt. 210, Nr. 1094.

707 LAS, Abt. 210, Nr. 1094. – Übergangen bei Krause, Rückdatierte Urkunden.

708 LAS, Urk. Abt. 210, Nr. 605. – LAS, Abt. 210, 1092, 1094, 1106 (Nr. 23, qdr. 6 AA) und 1107 (Abschriften). – Der Urkundentext ist ediert bei: Krause, Rückdatierte Urkunden, S. 499f.

gerechtigkeit in dem gut thom Tremeßbuttel gebben".[709] Reichsrechtlich muß dieser Verkauf zumindest als fragwürdig betrachtet werden, da kein kaiserlicher Konsensbrief vorgewiesen werden konnte.
Die Urkunde Christians II. wurde, wie Hans–Georg Krause nachgewiesen hat, allerdings erst in den Jahren 1527/ 28 hergestellt, von Christian II. unterschrieben und rückdatiert.[710]
Diese Urkunde erweist sich damit als 'Gefälligkeitsakt' Christians II. gegenüber dem sachsen–lauenburgischen Herzog, um sich dessen Unterstützung in den Auseinandersetzungen um den dänischen Thron zu versichern.

Die Ereignisse um das Amt Tremsbüttel fanden keinen unmittelbaren Eingang in den Reichskammergerichtsprozeß um den Bau des Alster–Beste–Trave–Kanals, obwohl Herzog Magnus diese gefälschte Urkunde als Beweismittel – trotz der Bedenken seines Rechtsbeistandes Meyer – eingebracht hätte, um seine Besitzungen im Holsteinischen zu sichern.[711] König Friedrich I. unternahm Anfang 1528 einen letzten Versuch, eine Loskündigung Tremsbüttels durchzusetzen; hierzu hinterlegte er den Pfandschilling, konnte sich jedoch mit Herzog Magnus nicht verständigen und verzichtete auf weitere Versuche.[712]
Seit März 1528 war damit ein Rechtszustand um die Besitzungen des Amts Tremsbüttel erreicht, der den weiteren Prozeßverlauf für den sachsen–lauenburgischen Herzog begünstigte und das Gericht veranlaßte, den (persönlichen) Angaben von Herzog Magnus vom Dezember 1527 mittels eines Exekutorialmandats gegen die Städte Hamburg und Lübeck rechtlichen Nachdruck zu verleihen.

4.6.2.3 Das Verbot der Baufortsetzung für die Städte Hamburg und Lübeck

Am 6. Juli 1528 verhängte das Reichskammergericht ein Exekutorialmandat gegen die Städte Hamburg und Lübeck und verbot ihnen die Fortsetzung des Kanalbaus.[713] Unter Bezugnahme auf das Poenalmandat aus dem Jahr 1525 und auf das Inhibitionalmandat aus dem Jahr 1526 wurde der Stillstand der Bauarbeiten angeordnet und zugleich eine Ladung vor das Gericht ausgesprochen, die allerdings von beiden Städten ignoriert wurde. Stattdessen verständigten sich ihre Vertreter mit König Friedrich I., ihm das Bauprojekt personell und materiell zu übergeben. Am 6. August 1528 übergaben beide

---

[709] LAS, Abt. 210, Nr. 1094. – LAS, Abt. 210, Nr. 801, fol. 157.
[710] Zum Herstellungsdatum der Urkunde s. Krause, Rückdatierte Urkunden, S. 499.
[711] LAS, Abt. 210, Nr. 1096, fol. 121–126 (datiert: 11. Januar 1530 in Ratzeburg).
[712] LAS, Abt. 210, Nr. 1094.
[713] LAS, Abt. 390, Nr. 438, fol. 156. – Hillmann, Alster–Beste–Trave–Kanal, S. 65.

Städte König Friedrich I. von Dänemark in Anwesenheit von Vertretern der Stadt Oldesloe und des Kammergerichtsboten Balthazar Muller das Bauprojekt;[714] der rechtliche 'Trick' lag im Detail. Friedrich I. übernahm das Bauprojekt als König von Dänemark und nicht in seiner Funktion als Herzog von Holstein.

De iure stand nunmehr ein ausländischer Landesfürst vor dem Reichsgericht und nicht mehr ein Reichsstand, der sich in der Auseinandersetzung mit einem anderen Reichsstand befand. Die Frage der Zuständigkeit mußte zwangsläufig in den Vordergrund der weitergehenden Prozeßführung treten – der dänische König stand ja in seiner Funktion außerhalb der Reichsordnung.[715]

Mit der Übergabe des Kanalbauprojekts waren – formal gesehen – die Auseinandersetzungen um den Bau des Alster–Beste–Trave–Kanals zu einem Abschluß gekommen. An dem Zustand vor Ort hatte sich jedoch nichts geändert. Dies stellte der Klagevertreter am 28. September 1528 fest und forderte das Gericht auf – beide Städte arbeiteten weiterhin verdeckt an dem Projekt –, das Exekutorialmandat durchzusetzen.[716]

Friedrich Reiffsteck, der die Interessen des dänischen Königs vor Gericht vertrat, verwahrte sich gegen diese Anschuldigungen und wies auf eine Vermehrung der Verfahrensfehler im Gesamtprozeßverlauf hin.[717] Um allerdings das Verfahren endgültig zu beenden, bat er das Gericht, das strittige Gebiet in Augenschein zu nehmen oder stattdessen eine beigefügte Prozeßkarte zu akzeptieren; diese zeigte, daß das Bauvorhaben, „nit in lauenburgischer sonder in holsteinischer gebit" läge.[718]

Als im August 1529 der Schiffahrtsbetrieb auf dem Kanal aufgenommen wurde, hatte das Reichskammergericht noch keine abschließende Entscheidung gefällt. An diesem Zustand änderte sich auch nichts, als ein Jahr später Konrad von Schwabach feststellen mußte, daß der „grab gantz fertig gemacht und gar nahe ein Jar lang mit der verschiffung von kauffmanns guter gepraucht" und der Herzog „gepürlich zölle" eingebüßt habe.[719]

---

[714] LAS, Urk. Abt. 210, Nr. 632. – Hagedorn, Alster, S. 38f. – Hillmann, Alster–Beste–Trave–Kanal, S. 66. – Der Kammergerichtsbote Muller faßte die Ereignisse in einer Niederschrift zusammen und überbrachte diese gemeinsam mit der besiegelten Urkunde dem Reichskammergericht: LAS, Abt. 390, Nr. 438, fol. 160.

[715] Vgl. Hillmann, Alster–Beste–Trave–Kanal, S. 67.

[716] LAS, Abt. 390, Nr. 438, fol. 162–164 (28. September 1528), ebenso fol. 165–166 (14. Oktober).

[717] LAS, Abt. 390, Nr. 438, fol. 170–175.

[718] LAS, Abt. 390, Nr. 438, fol. 176–179. – Hillmann, Alster–Beste–Trave–Kanal, S. 68. – S. Abbildung 6 im Bildteil.

[719] LAS, Abt. 390, Nr. 438, fol. 205–207.

Am 30. Januar 1531 wurde die Prozeßakte über die Auseinandersetzungen um den Bau des Alster–Beste–Trave–Kanals zunächst geschlossen.[720] Ob ein außergerichtlicher Vergleich durch die ein halbes Jahr später eingesetzten Kommissare herbeigeführt worden war, bleibt im Einzelnen ungewiß.[721]
Bis zum Jahr 1550 konnte der Kanalbetrieb aufrechterhalten werden.[722] Technische Schwierigkeiten,[723] Streitigkeiten um die Aufteilung der Schleusengelder als Haupteinnahmequelle aus dem Kanal sowie die Bereitstellung notwendiger Gelder für Renovierungsmaßnahmen[724] bereiteten diesem wassergebundenen Handelsweg ebenso ein Ende wie Streitigkeiten mit Kanalanrainern, so daß das Monopol einer Wasserverbindung zwischen Nord– und Ostsee im Jahr 1550 wieder dem Herzog von Sachsen–Lauenburg zufiel.

4.6.3 Die Reinbeker Klosterdörfer und das Amt Tremsbüttel

Am Donnerstag nach Invocavit 1529 reiste Herzog Magnus I. „ßanbt ßeiner fürßtlich gnaden Radenn namlich Ludolff Schackenn, Hanßen Daldorp und Hardts Perckentynn Vogedn tho Lauwenborch uff ßheide an dem Wolde bei Woltorp erßenen", um sich mit dem Propst von Reinbek, Detlef Reventlow, über die Frage der Holzgerechtigkeiten in diesem Gebiet zu verständigen.[725] Bereits in den Jahren zuvor war es zu zahlreichen Beschwerden um

[720] LAS, Abt. 390, Nr. 438, fol. 30.

[721] Wolfgang Prange: Schleswig Holstein und das Reichskammergericht in dessen ersten fünfzig Jahren; [= Schriftenreihe der Gesellschaft für Reichskammergerichtsforschung, 22]; Wetzlar 1998, S. 16. – Vgl. Rita Hahn: Der Alster–Trave–Kanal. Ein Beitrag zur Industriearchäologie und zur Wüstungsforschung; in: MCV, 9, S. 43, unter Bezugnahme auf Witt, Kartographie, S. 32.

[722] Hagedorn, Alster, S. 44.

[723] Peter Dreyer: Besondere wasserbautechnische Schwierigkeiten des Alster–Trave–Kanals im Abschnitt zwischen Stegen und Neritz; Hamburg 1962. – A. E. Gudme: Ist der Oldesloer Kanal zu berücksichtigen?; Schleswig 1821, S. 29–31. – Hagedorn, Alster, S. 43f. – Heinrich Reincke: Die Alster als Lebensader Hamburgs. Festvortrag vom 18. Februar 1950 zum 50jährigen Bestehen des Alster–Vereins; in: Jb.Alsterverein 1950 (künftig zitiert: Reincke, Alster), S. 24f. – Wilhelm Melhop: Die Alster. Geschichtlich, ortskundlich und flußbautechnisch beschrieben; Hamburg 1932 (künftig zitiert: Melhop, Alster), S. 126. Durch die intensivierten Entwässerungsmaßnahmen in den an die Alster grenzenden Moorgebieten hatten die Städte Hamburg und Lübeck die Oberflächenwasserspeisung der Alster beeinträchtigt und sich damit im wahrsten Sinne des Wortes ihr eigenes Wasser abgegraben.

[724] LAS, Abt. 400.5, Nr. 309: Abschrift des Protokolls der Alsterkonferenz von 1547. Der Hinweis, daß diese Abschrift nach einem Original, welches im Rigsarkivet København läge, erstellt worden sei, konnte nicht bestätigt werden: Das Original konnte nicht aufgefunden werden. – Lappenberg, Alster, S. 30. – Reincke, Alster, S. 24. – Melhop, Alster, S. 126. – Hillmann, Alster–Beste–Trave–Kanal, S. 92f.

[725] LAS, Abt. 210, Nr. 1096 I, fol. 12 (Schreiben vom 18. Januar 1529).

Behinderungen auf den Landwegen in die reinbekischen Klosterdörfer und zu Irrungen um Jagdfrevel und unbefugten Holzschlag gekommen.[726] Konnten diese Streitigkeiten auf der Verhandlungsebene des Vogts beigelegt werden, so übernahmen Propst und Herzog nunmehr einen abschließenden erfolgreichen Schlichtungsversuch.[727]

4.6.3.1 Der Verkauf des Klosters Reinbek 1529

Hatten sich bisher die Besitzverhältnisse um die acht Klosterdörfer im Lauenburgischen als eindeutig, da diese zum Kloster Reinbek gehörten, dargestellt, so wandelte sich nun deren territoriale Zugehörigkeit in den Monaten April und Mai 1529. Die Klosterjungfrauen unter der Priorin Anna Dermens hatten im April 1529 (zu Ostern)[728] das Kloster verlassen[729] und dieses für eine Summe von 300 ML an König Friedrich I. von Dänemark abgetreten,[730] der außerdem jeder Klosterjungfrau 200 ML zur persönlichen Ausstattung zahlte.[731]

Umgehend hatte Herzog Magnus die acht im Lauenburgischen gelegenen Klosterdörfer einziehen lassen[732] und sich auf sein Recht als „Mittstifter und Patroen“ bezogen;[733] die territoriale Zugehörigkeit der im Holsteinischen liegenden Klosterbesitzungen blieb unbestritten. König Friedrich I. schlug

[726] LAS, Abt. 210, Nr. 1096 I, fol. 1 (28. September 1520), fol. 2 (9. Dezember 1520), fol. 3 (Augenzeugenberichte über Behinderungen auf Landwegen), fol. 5 (17. Dezember 1520) und fol. 9 (März 1527).

[727] LAS, Abt. 210, Nr. 1098 I, fol. 15.

[728] LAS, Abt. 210, Nr. 1098 I, fol. 73 (Hinweis in einem Schreiben vom 13. Juli 1529 von Dr. Mathias Meyer an Herzog Magnus). – S. LAS, Abt. 390, Nr. 574a, qdr. 43 (Hinweis, daß bereits im Jahr 1528 ein reger Schriftverkehr zwischen dem König von Dänemark und der Priorin stattgefunden hat).

[729] LAS, Abt. 210, Nr. 1098 I, fol. 27 (Schreiben vom 23. April 1529 von König Friedrich I. an Detlef Reventlow). Dr. Mathias Meyer wies in einem Schreiben vom 13. Juli 1529 darauf hin (fol. 73), daß das Kloster, unmittelbar nachdem es von den Klosterjungfrauen verlassen worden war, von Hamburger Bürgern geplündert wurde. – Hierzu auch: Kasch, Reinbek, S. 71.

[730] LAS, Abt. 210, Nr. 1098 I, fol. 33 (Die Priorin bestätigt am 1. Mai 1529 die Abtretung der Klosterbesitzungen an den König von Dänemark und zugleich den Empfang von 300 ML durch Hans Blome, Cordt Boldensen und Thomas Koppens in Hamburg).

[731] LAS, Abt. 210, Nr. 1098 I, fol. 73 (Hinweis in einem Schreiben vom 13. Juli 1529 von Dr. Mathias Meyer an Herzog Magnus). – Zum Vorgenannten vgl. zum Teil irrig Kasch, Reinbek, S. 68ff.

[732] LAS, Abt. 210, Nr. 1098 I, fol. 30 (Hinweis aus einem Schreiben von König Friedrich an Herzog Magnus vom 24. April 1529, in dem er sich beschwert, daß Magnus die Klosterdörfer eingezogen habe).

[733] LAS, Abt. 210, Nr. 1098 I, fol. 36 (Schreiben von Herzog Magnus vom 2. Mai 1529) und fol. 58 (undatiert, wahrscheinlich Ende Mai/ Anfang Juni 1529).

diesen Klosterbesitz dem Amt Trittau zu, welches seinem Sohn Christian (III.) gegeben wurde. Christians Frau Dorothea von Sachsen–Lauenburg bat ihren Vater, die acht Klosterdörfer freizugeben.[734] Christian selbst war auf Ausgleich bedacht,[735] wohingegen Herzog Magnus eine Restitution der Klosterdörfer ablehnte und sie als heimgefallene Lehen betrachtete. Diese Haltung wurde von Dr. Mathias Meyer nachhaltig unterstützt,[736] der unter anderem Vergleiche zu den Herzogtümern Mecklenburg und Braunschweig–Lüneburg sowie der Grafschaft Hessen anführte, um so die Rechtmäßigkeit des Heimfalls zu begründen.[737] Meyers Idee, die Problematik zunächst in einer internen Besprechung mit Konsiliencharakter zu diskutieren, markiert im besonderen den Beginn der nunmehr einsetzenden lauenburgischen Verrechtlichungsphase: Die Befriedigung von Zufälligkeiten und die Erledigung von Tagesnotwendigkeiten wichen Vorstellungen von Rechtsplanung, Rechtstaktik und –strategie, die in ihrer Gesamtheit die reichsinstitutionalisierte Rechtsprechung in den vorprozessualen Bereich rückten und so einen Rechtswandel begünstigten.

Die beabsichtigten Konsolidierungsgespräche verzögerten sich zunächst aufgrund einer Erkrankung Meyers,[738] wurden jedoch von Herzog Magnus durch verschiedene Schriftstücke bereits vorbereitet.

Zunächst war es im Sinn der Reichsordnung und insbesondere im Sinn der Reichskammergerichtsordnung notwendig, im vorprozessualen Bereich 'klare territoriale Verhältnisse' zu schaffen.[739] Eine wichtige Rolle spielte in diesem Zusammenhang die temporäre Enthaltung von weiteren Beschwerungen,[740] so daß dem zukünftigen Prozeßgegner die Möglichkeit neuerlicher Vorwürfe genommen wurde.

Des weiteren war der Vorschlag zu unterbreiten, die Sache von beauftragten Räten auf einer Konferenz schlichten zu lassen,[741] im Zweifelsfall einen Vergleich anzubieten.[742]

---

[734] LAS, Abt. 210, Nr. 1098 I, fol. 69 (17. Juni 1529).

[735] LAS, Abt. 210, Nr. 1098 I, fol. 62ff. (17. Juni 1529) und fol. 70 (18. Juni 1529).

[736] LAS, Abt. 210, Nr. 1098 I, fol. 73 (Schreiben vom 13. Juli 1529).

[737] LAS, Abt. 210, Nr. 1098 I, fol. 74.

[738] LAS, Abt. 210, Nr. 1098 I, fol. 81. Dr. Meyer berichtet in seinem Schreiben vom 9. August 1529: „Nu hat ßich [...] eynen unfall" zugetragen, und die Ärzte hätten ihn nun bereits die sechste Woche wegen eines „Schadens" am Bein „hingelegt". Bis zur Genesung dauere es noch einige Wochen, und solange müsse er sich in seiner „Behausung in Nürnberg" aufhalten. Sein Vorschlag sei, die Gespräche aus Verfahrensgründen zunächst zu verzögern, bis er wieder genesen sei.

[739] LAS, Abt. 210, Nr. 1098 I, fol. 87 (Schreiben von Herzog Magnus an König Friedrich I. vom 6. Oktober 1529).

[740] LAS, Abt. 210, Nr. 1098 I, fol. 84 (Schreiben von König Friedrich I. an Herzog Magnus vom 28. September 1529, in dem er den Vorschlägen des lauenburgischen Herzogs zur weiteren Vorgehensweise zustimmt).

[741] LAS, Abt. 210, Nr. 1098 I, fol. 87.

Stellte sich diese Art der Konfliktbeseitigung in der Theorie als möglich dar, so traten Hemmnisse praktischer Natur ihr entgegen.
Dabei bot besonders die Frage der 'Enthaltung' Schwierigkeiten, da der status quo des Einzugs der Klosterdörfer nicht aufgehoben werden konnte und die Präsenz des Herzogs von Sachsen–Lauenburg in den Dörfern weiterhin gegeben war.[743]
Ferner sorgten Übergriffe des lauenburgischen Adels auf Reisende, die im Jahr 1530 zum Königstag im Kloster Reinfeld durch das Lauenburgische kamen,[744] und Territorialverletzungen der lauenburgischen Landschaft[745] sowie die Summe der Streitpunkte zwischen Herzog Magnus und dem König von Dänemark für eine 'antilauenburgische Stimmung des holsteinischen Adels' auf dem Königstag in Reinfeld, die fortan Konsolidierungsgespräche unmöglich zu machen schien.[746]
Hatte Dr. Meyer bereits im August 1529 die von König Friedrich I. ausgesprochene Belehnung Reventlows mit den ehemaligen Klosterbesitzungen als Hauptproblem identifiziert und deswegen dem lauenburgischen Herzog – allerdings erfolglos – vorgeschlagen, Reventlow zur Vermeidung weiterer Auseinandersetzungen auch mit den acht Klosterdörfern zu belehnen,[747] so setzte die auf dem Königstag zu Reinfeld beschlossene Belehnung auf Lebenszeit für Reventlow[748] den Ausgangspunkt für langanhaltende Streitigkeiten um die im Lauenburgischen gelegenen Exklaven. Wie spannungsgeladen die Beziehungen zwischen Holstein und Lauenburg nach dem Reinfelder Königstag waren, verdeutlichen Aufzeichnungen des Herzogs

[742] LAS, Abt. 210, Nr. 1098 I, fol. 88.
[743] LAS, Abt. 210, Nr. 1098 I, fol. 97 (Schreiben König Friedrichs I. an Katharina, Herzogin von Sachsen vom 11. November 1529).
[744] LAS, Abt. 210, Nr. 1098 I, fol. 103 (Bericht über den Königstag im Kloster „tho Rheinfelde": Die Untertanen berichten, daß sie während ihrer Anreise von Magnus bei Ratzeburg „angeholden" und anschließend „beshattet" worden seien.)
[745] LAS, Abt. 210, Nr. 1098 I, fol. 103 (Joachim von Buchwaldt soll in Dorfschaften des Amts Trittau (Rülauer Höfe) eingefallen sein, woran auch Lauenburger Adlige beteiligt gewesen sein sollen).
[746] LAS, Abt. 210, Nr. 1098 I, fol. 103 (Die holsteinischen Adligen führen aus, daß Tremsbüttel von Magnus immer noch nicht restituiert worden sei und er sich der acht Klosterdörfer unrechtmäßig bemächtigt habe.), fol. 104 (Ferner sei die Loskündigung der Poggewischs für das Amt Tremsbüttel immer noch nicht ausgesprochen worden.) und fol. 105 (Des weiteren wurde dem König vorgeworfen, daß er Herzog Magnus einen Kredit in Höhe von 8.000 Gulden gegeben habe und sich das Herzogtum Holstein im Rechtsstreit mit Lauenburg wegen des Baus des Alster–Beste–Trave–Kanals befände. Zugleich wurde der König aufgefordert, die Situation der acht Klosterdörfer zu klären, den Neuen Graben auch gegen den Kaiser durchzusetzen und), fol. 106 (hierzu dringend eine Schlichtungskommission einzusetzen).
[747] LAS, Abt. 210, Nr. 1098 I, fol. 81.
[748] LAS, Abt. 210, Nr. 1098 I, fol. 116 (Lehnsbrief auf Lebenszeit für Detlef Reventlow).

Magnus. In ihnen dokumentiert sich die hohe Einflußmöglichkeit des holsteinischen Adels, der unter anderem auch das Alster–Beste–Trave–Kanalbauprojekt maßgeblich gefördert und vorangetrieben hatte und ihm „nunmehr sein Erbhaus zu Trembsbüttel“ und den reinbekischen Streubesitz streitig machen wollte.[749]

4.6.3.2 Konsolidierungsverhandlungen zwischen Holstein und Lauenburg im vorprozessualen Raum

Die Situation um die Frage der territorialen Zugehörigkeit der acht Klosterdörfer schien im Jahr 1530 festgefahren. Unter Vermittlung des Herzogs von Mecklenburg kamen erst im September 1531 neuerliche Annäherungsversuche zustande,[750] die zu Verhandlungen zwischen dem holsteinischen Kanzler Jasper Schöneich und dem von Herzog Magnus beauftragten Erblandmarschall Detlef von Bülow im Mai 1532 führten.[751] Die Juristenfakultät Leipzig hatte mittlerweile eine Anfrage des Herzogs von Sachsen–Lauenburg beantwortet[752] und den von der Priorin getätigten Verkauf an König Friedrich I. von Dänemark als unrechtmäßig bezeichnet, da der Klosterbesitz an den Bischof zu restituieren gewesen sei und „gewesene Rechte“ an diesen Besitzungen uneingeschränkt erhalten geblieben seien. Somit hatten indirekt die Juristen in Leipzig dem Herzog von Sachsen–Lauenburg Rechte zugesprochen: Bede–, Ablager– und Holzungsrechte wie vor 1529 verblieben bei ihm. Hingegen erhielt der Bischof alle übrigen Nutzungsrechte an den acht Klosterdörfern sowie die in Holstein gelegenen reinbekischen Besitzungen, die ebenfalls dem geistlichen Besitz zufielen.
Das holsteinische Amt Trittau wäre dieser Empfehlung nach verkleinert worden; dem Amtmann sowie dem dänischen König wären erhebliche finanzielle Einbußen entstanden.

Unter dem Obmann Herzog Heinrich von Mecklenburg kam nach langwierigen Verhandlungen[753] am 11. Februar 1533 der „Compromiß zu Ratzeburg“ zwischen König Friedrich I. und Herzog Magnus I. zustande,[754] der am 5.

[749] LAS, Abt. 210, Nr. 1098 I, fol. 128ff.

[750] LAS, Abt. 210, Nr. 1098 II, fol. 158 (exemplarisch: Schreiben vom 7. September 1531).

[751] LAS, Abt. 210, Nr. 1098 II, fol. 193 (Schreiben von Herzog Magnus an Schöneich vom 29. Mai 1532).

[752] LAS, Abt. 210, Nr. 1098 II, fol. 168ff. (Anfrage des Herzogs an die Juristenfakultät vom 12. November 1531) und fol. 172ff. (undatierte Antwort der Juristenfakultät).

[753] LAS, Abt. 210, Nr. 1098 II, fol. 194ff. (diverse Briefwechsel aus dem Jahr 1532).

[754] LAS, Abt. 7, Nr. 1288 I, Nr. 4. Neben den territorialen Einigungen wurde folgende Vorgehensweise festgelegt: Zunächst hat sich der Erbfolger Christian III., so König Friedrich, dazu entschlossen, die gewaltsamen Eingriffe des Wulf Pentz d. J. und des Ritters Claus von der Wisch, die mit Wissen des Herzogs von Sachsen–Lauenburg

November 1534 seine Bestätigung durch Christian III. – Friedrich I. war am 10. April 1533 verstorben – erfuhr.[755]
Auf der Grundlage des Ratzeburger Kompromisses, nachdem alle Forderungen erfüllt worden waren, konnte Christian III. am 8. März 1535 mitteilen, daß Magnus und er sich nunmehr „vertragen" und folgende territoriale Vereinbarungen ausgehandelt hätten:[756] Die acht Klosterdörfer mit dem Hof zu Nettelnburg und den ehemals zum Reinbeker Klosterbesitz gehörenden Gütern in der Geest und Marsch, die auf dem Gebiet des Herzogtums Sachsen lagen, wurden, ebenso wie das Amt Tremsbüttel, das der Herzog von Sachsen–Lauenburg „käuflich an sich gezogen hatte", ihm zugesprochen. Letzteres war mittlerweile als Leibgeding an Dorothea verschrieben worden.
König Christian III. von Dänemark hingegen verzichtete persönlich auf jedwede Ansprüche an diesen Besitzungen und versprach sogleich, den Herzog in seinen Gütern schadlos zu halten. Herzog Magnus sagte zu, den alten Heerweg zwischen Grande und Witzhöfen wieder zu eröffnen und sich unberechtigten Holzschlags im an das Gebiet des Amts Steinhorst[757] grenzenden holsteinischen Territorium zu enthalten, wohingegen König Christian III. die Schadloshaltung der Grenzgebiete zum selben Amt von holsteinischer Seite zusagte. Trotz dieser Absprache wies König Christian III. am 30. September 1536 Christoph von Velten, dem er 64.789 fl. aufgrund geleisteter Kriegsdienste schuldete, in das Amt Trittau und damit explizit in die ehemaligen Klosterbesitzungen Reinbeks mit allen Gütern und Dörfern ein.[758]

---

ausgeführt worden waren, gerichtlich vor dem Hamburger Gericht verfolgen zu lassen. Im Gegenzug werden sich holsteinische Adlige künftig der Übergriffe in das Lauenburgische, insbesondere im Amt Steinhorst, enthalten. Des weiteren sollen zunächst die Irrungen um das Heiratsgeld und die Frage des Leibgedings für Dorothea von Sachsen–Lauenburg geklärt werden, insbesondere wie das Heiratsgeld „beleget und versichert werden soll". Dabei wird die enge Verbindung zwischen dem Leibgeding und dem Amt Tremsbüttel betont, zu dessen Absicherung der Verzichtbrief von 1521 beizubringen sei. Sobald diese Irrungen beigelegt seien, also das Brautgeld bezahlt worden sei, werde sich Christian III. trauen lassen. Sollte es in dieser Sache zu weiteren Schwierigkeiten kommen, sei der Landgraf Philipp von Hessen als Obmann einzusetzen.

[755] LAS, Abt. 210, Nr. 1098 III, fol. 484ff.

[756] LAS, Abt. 210, Nr. 1098 III, fol. 487ff.

[757] Es handelte sich dabei um einen langanhaltenden Streit, der zwischen Herzog Johann V. und der Witwe des Lüder Heest ausgebrochen war.

[758] LAS, Urk. Abt. 7, Nr. 344. Die acht im Lauenburgischen liegenden Klosterdörfer waren aus der Verschreibung nicht ausgenommen; allerdings sind keine Ansprüche Veltens gegenüber dem Herzog von Sachsen–Lauenburg nachweisbar.

4.6.3.3 Die Auseinandersetzungen um die acht Klosterdörfer und das Amt Tremsbüttel vor dem Reichskammergericht

Seit 1542 bemühte sich König Christian III. um die Herbeiführung der Landesteilung in den Herzogtümern Schleswig und Holstein. Trotz des nicht abzusehenden Ergebnisses der bevorstehenden Landesteilung verzichtete er am 18. März 1542 in einem offiziellen Brief nochmals auf alle Ansprüche an den acht Klosterdörfern gegenüber Herzog Franz I. von Sachsen–Lauenburg. Damit bestätigte er einen status quo, der keiner weiteren Verzichtserklärung bedurft hätte. Die Frage nach der Echtheit dieser Verzichtserklärung hat im Verlauf der Untersuchung Fragen aufgeworfen, auf die an späterer Stelle detailliert einzugehen sein wird.[759]

Herzog Adolf von Schleswig–Holstein–Gottorf hatte sich im Zuge der Landesteilung von 1544 auch für das Amt Trittau entschieden, welches er zunächst an Heinrich Rantzau, nach dessen Tode an Johann Rantzau verlehnte;[760] in dieses Amt waren 1529 die im Holsteinischen gelegenen Klosterbesitzungen Reinbeks inkorporiert worden.[761] Ferner befanden sich Teile des Amts Tremsbüttel als gestreute Exklaven im Amt Trittau.

Herzog Franz I. sah sich damit einem neuen Landesherrn an seinen Grenzen nach Holstein gegenüber. Die Arrondierungsbemühungen seines Vaters, Magnus I., waren allerdings so erfolgreich gewesen, daß gefestigte Rechtsverhältnisse zu Holstein bestanden: Das Amt Tremsbüttel befand sich nach wie vor im Erbbesitz der Lauenburger (als Leibgeding Dorotheas), und die Frage der holsteinischen Exklaven im Lauenburgischen war durch den Ratzeburger Kompromiß und die Mitteilungen Christians III. aus dem Jahr 1535 für Lauenburg geklärt und entschieden worden. Der Grenzverlauf war zu großen Teilen durch den Verlauf der Bille und den gesicherten Grenzverlauf im Bereich des Amts Steinhorst gekennzeichnet, so daß Herzog Franz I. von seinem Vater eine gesicherte Westgrenze und die territoriale Binnenarrondierung durch die Beseitigung von Streubesitz Holsteins (Reinbeker Klosterdörfer) im eigenen Land übernommen hatte.

Stellte sich bei Herzog Franz′ Regierungsantritt die territoriale Situation noch als eindeutig dar, so wandelte sie sich im Jahr 1562, als Herzog Adolf eine Klage vor dem Reichskammergericht gegen Herzog Franz I. wegen

---

[759] S. Kap. 4.6.3.3.6.

[760] LAS, Abt. 7, Nr. 1319. Dort inliegend: Bericht über die acht Reinbekischen Dörfer aus dem Jahr 1674 mit den Angaben über die Verlehnungen an die Rantzaus.

[761] LAS, Abt. 7, Nr. 1319 (vorgenannter Bericht mit Angaben über die Verlehnung des von Lübecker Bürgern 1536 abgebrannten Klosters Reinbek an Christoph von Holte und seine Erben bis 1544). – LAS, Abt. 390, Nr. 574a, qdr. 20. – Vgl. abweichend ebenda, qdr. 43: Lübecker hätten 1534 das Kloster abgebrannt.

unberechtigten Einzugs der acht Klosterdörfer anstrengte und gleichfalls die Wiedereinlösung Tremsbüttels durch gerichtliches Mandat beantragte,[762] um damit die Arrondierung des Amts Trittau voranzutreiben und seinen Einfluß in das Herzogtum Sachsen–Lauenburg auszudehnen.[763]
Die Absicht, eine Klage vor dem Reichskammergericht anzustrengen, hatte Herzog Adolf seinem Territorialnachbarn angekündigt;[764] dem anschließenden Vorschlag von Herzog Franz, ein außerprozessuales Austrägalverfahren unter Vorsitz „eines Fürstlichen", der nicht vom „gleichen Hause sein sollte", zu beantragen,[765] war Herzog Adolf nicht gefolgt: Er wollte die Sache zur Erörterung dem Reichskammergericht überlassen, da er fürchtete, Herzog Franz wolle sich durch eine außerprozessuale Einigung Vorteile verschaffen und so Unrecht in Recht wandeln.[766]

Seit 1544 hatte Herzog Adolf von Schleswig–Holstein–Gottorf Kanzleiberichte gesammelt und anfertigen lassen, um die rechtliche Situation der acht

---

[762] LAS, Abt. 7, Nr. 1288 I, qdr. 4 (Copia Instrumenti Requisitionis von Herzog Adolf an das Reichskammergericht aus dem Jahr 1563). – LAS, Abt. 210, Nr. 1107 I, qdr. 2 (Mandat vom 2. Oktober 1562 im Namen Rudolfs in Vertretung Ferdinands) und qdr. 1 (Mandat vom 30. Oktober 1562 im Namen Ferdinands). Beide gleichlautenden Mandate wurden am 20. August 1563 zu Prozeßbeginn dem Gericht präsentiert. – LAS, Abt. 390, Nr. 574a, Prozeßnebenakte (Eintragungen für das Jahr 1562). – LAS, Abt. 390, Nr. 574a, qdr. 3. Mandat Ferdinands auch in: LAS, Abt. 7, Nr. 1288 I, Nr. 10 (versehen mit Zusatzbezeichnung als qdr. 2): Namentlich werden in dem Mandat genannt: Die acht Dörfer „zu den Kloster Reinbeke, nämlich Köthel über der Bilhen, Molenwarde, fulenhagen, Talkau, Börnße, Escheborch, Wendorp und woltorp." – Ferner sollte die Zitatio Herzog Franz I. veranlassen, „die vorschriebene wiederloßung des hoffes und guthes Trembsbuttel zu gestatten." Klaglibell Tremsbüttel belangend, auch in LAS, Abt. 7, Nr. 1317, qdr. 6. – LAS, Abt. 7, Nr. 1288 I, Prozeßnebenakte nachgeordnet: Herzog Adolf von Holstein hat in den Jahren ab 1560 zahllose Verhandlungen mit Johann Poggewisch geführt und ihm zugesagt, ihn mit Tremsbüttel im Amt Trittau zu belehnen. Nachdem sich Herzog Franz nicht bereit erklärt hatte, Tremsbüttel einlösen zu lassen, entstanden zwischen Johann Poggewisch und Herzog Adolf erhebliche Irrungen und zwischen Poggewisch und Herzog Franz Auseinandersetzungen, die zunächst in einem Vermittlungsverfahren beseitigt wurden (hierzu auch LAS, Abt. 210, Nr. 1104). – Im Jahr 1565 klagte Poggewisch allerdings erneut gegen den Herzog von Sachsen–Lauenburg; dieses Mal allerdings vor dem Reichshofrat (ÖsterrHHStA, RHR, Jud. Misc., P 3).

[763] LAS, Abt. 390, Nr. 574 a, qdr. 6 (Klaglibell Holsteins vom 17. Mai 1564). – LAS, Abt. 7, Nr. 1288 I, Klaglibell vom 17. Mai 1564.

[764] LAS, Abt. 7, Nr. 1288 I, Nr. 8 (Hinweis, daß es sich um ein Antwortschreiben auf einen Brief vom 3. Juni 1562 [Adolf an Franz] handelte).

[765] LAS, Abt. 7, Nr. 1288 I, Nr. 8 (Notariatsinstrument von Herzog Franz I. an Herzog Adolf – erstellt durch einen Lüneburger Anwalt – vom 22. Juni 1562; anschließend im Reichskammergerichtsprozeß präs. am 20. August 1563 [qdr. 5]).

[766] LAS, Abt. 7, Nr. 1288 I, Nr. 9 (Rückantwort Adolfs an seinen Kanzler Tratziger vom 28. Juni 1562).

Klosterdörfer,[767] des Amts Tremsbüttel[768] und der vier an Lauenburg verpfändeten Dörfer Sahms, Pampau, Elmenhorst und Lanken[769] zu analysieren. Hinsichtlich der letztgenannten Besitzungen bestätigten die Angaben im Gottorfer Kanzleibericht die rechtmäßige Zugehörigkeit zum Herzogtum Sachsen–Lauenburg, so daß eine Rechtsauseinandersetzung wenig erfolgversprechend schien; hinsichtlich der ehemaligen Klosterbesitzungen und des Amts Tremsbüttel erschien eine Prozeßführung dagegen lohnend zu sein, so daß diese 'Unterrichtungen' die Entscheidung zur Klage begünstigten.

In besonderem Maß beschäftigte sich Herzog Adolf mit Fragen der Separation des Prozesses: Wollte er den Fall der Klosterdörfer und des Amts Tremsbüttel gemeinsam verhandelt wissen,[770] riet ihm sein Rechtsanwalt – allerdings erfolglos – zur Separation, denn der Prozeß weise erhebliche Schwierigkeiten in der Beweisführung auf. Dabei wies er darauf hin, daß, wenn der Herzog von Sachsen–Lauenburg der Wiedereinlösung Tremsbüttels zustimmte und das Pfandgeld annähme, der Gesamtprozeß nichtig sei.[771]

4.6.3.3.1 Der Prozeß vor dem Reichskammergericht

Am 20. August 1563 wurde der Prozeß vor dem Reichskammergericht in der Sache 'Holstein contra Lauenburg' eröffnet.[772]
Der Anwalt des Herzogs von Sachsen–Lauenburg stützte seine gesamte Verteidigung auf die zwei Verzichtbriefe aus den Jahren 1521 und 1542, deren Authentizität Herzog Adolf bezweifelte, zumal das Original aus dem Jahr 1542 von Seiten Lauenburgs nicht beigebracht werden sollte.[773]
Mit einer Gegenklage[774] brachte der Herzog von Sachsen–Lauenburg am 8. Mai 1566 den am Reichskammergericht rechtsanhängigen Prozeß um die acht Klosterdörfer und Tremsbüttel zum Erliegen und verhinderte damit zunächst die

---

[767] LAS, Abt. 7, Nr. 1288 I, Nr. 5 (Unterrichtung über die Klosterdörfer; Kanzleibericht ca. 1534).

[768] LAS, Abt. 7, Nr. 1288 I, Nr. 6 (Unterrichtung zu Tremsbüttel; Kanzleibericht um 1550).

[769] LAS, Abt. 7, Nr. 1288 I, Nr. 7 (Unterrichtung über die vier verpfändeten Dörfer, Kanzleibericht um 1550). – LAS, Abt. 210, Nr. 801, fol. 166f (Schreiben von König Friedrich an Herzog Magnus vom 1. November 1527).

[770] LAS, Abt. 7, Nr. 1288 I, Nr. 11 (Hinweis im Schreiben vom 3. November 1563).

[771] LAS, Abt. 7, Nr. 1288 I, Nr. 11 (Schreiben vom 3. November 1563) und LAS, Abt. 7, Nr. 1288 I, Nr. 13 (Schreiben datiert vom 26. Januar 1563).

[772] LAS, Abt. 7, Nr. 1317, qdr. 4. – LAS, Abt. 7, Nr. 1288 I, Prozeßnebenakte. – LAS, Abt. 390, Nr. 574a, Prozeßnebenakte.

[773] LAS, Abt. 7, Nr. 1288 I, qdr. 8 sowie Beweisstücke AA und A. Vgl. auch inliegenden Briefwechsel zwischen Herzog Adolf mit seinem Rechtsbeistand und Rat Dr. Joachim Hintze, Domdekan zu Bremen (21. Februar 1566).

[774] LAS, Abt. 7, Nr. 1288 I, qdr. 22, ursprüngliches qdr. 4.

Einsetzung einer Kommission in dieser Sache. Franz I. klagte gegen Herzog Adolf wegen der Besitzungen des ehemaligen Klosters Reinbek: Beklagt wurde die Unterverlehnung der Klosterbesitzungen an Christoph von Holte und dessen Erben im Jahr 1536,[775] obwohl im Ratzeburger Abkommen von 1533 die Schadloshaltung Lauenburgs durch Christian III. garantiert worden war. Auffällig ist, daß der Rechtsanwalt Lauenburgs den Verzichtbrief aus dem Jahr 1542 nicht mehr als Beweisstück anführte, sondern sich ausschließlich auf ältere, vor 1542 geschlossene Abkommen stützte.[776]
Nach Konsolidierungsgesprächen zwischen holsteinischen und lauenburgischen Räten sollten die beiden rechtsanhängigen Prozesse gemeinsam vor Gericht verhandelt werden,[777] wobei Lauenburgs Engagement präjudizierende Wirkung hatte und durch die eigene Klageerhebung die Verteidigung maßgeblich stützte.[778]
Nach Klärung verfahrensrechtlicher Fragen – die für den Prozeß Lauenburg gegen Holstein eingesetzte Kommission hatte bereits erste Ergebnisse erzielt[779] – setzte das Gericht eine neue Kommission ein,[780] die (nach der dritten „dilation") seit 1569[781] den Streitgegenstand zu untersuchen hatte und im Jahr

---

775 RAK, T.K.U.A., Rigskammerretten, Nr. 10a, ohne qdr., fol. 29^{r} (präs. 16. August 1673).

776 LAS, Abt. 7, Nr. 1288 I, Schreiben vom 8. Mai 1566.

777 Vgl. LAS, Abt. 7, Nr. 1288 I, Schreiben vom 13. Mai 1568 und „Receß" zwischen von Ahlefeldt und von Buchwaldt anno 1568. Der genaue Zeitpunkt der Zusammenlegung konnte nicht ermittelt werden. Aus der Aktenzusammenstellung kann geschlossen werden, daß der Prozeß 'Holstein contra Lauenburg' als Haupt–, der Prozeß 'Lauenburg contra Holstein' als Nebenprozeß behandelt wurde.

778 In dem Prozeß 'Lauenburg contra Holstein' war bereits eine Kommission tätig, die erste Ergebnisse erzielt hatte, die nun in den de facto zusammengelegten Prozeß eingebracht werden mußten und damit eine präjudizierende Rolle spielten.

779 LAS, Abt. 7, Nr. 1288 I, Zwischenbericht vom 3. April 1569.

780 LAS, Abt. 210, Nr. 1107 I, qdr. 11ff. – LAS, Abt. 390, Nr. 574a, Prozeßnebenakte (Eintragungen für das Jahr 1566). – Vgl. zur Klärung verfahrensrechtlicher Fragen: LAS, Abt. 7, Nr. 1288 I, Nr. 14, auch bezeichnet als qdr. 3: Copia Instrumenti Executa Citationis et requisitionis pro editione literarum vom 30. Oktober 1563. – Dasselbe in: LAS, Abt. 7, Nr. 1317, qdr. 5, allerdings mit dem Präsentationsdatum 20. August 1563. – Vgl. zu den vorangehenden Auseinandersetzungen um die Kommissionszusammensetzungen: LAS, Abt. 390, Nr. 574a, Prozeßnebenakte (Eintrag vom 10. Mai 1566 mit anschließendem Einspruch und die Einträge vom 21. November 1567 sowie vom 9. April 1569). – S. zu weiterführenden verfahrensrechtlichen Fragen: LAS, Abt. 390, Nr. 574a, qdr. 34: Forderung Capitos vom 20. September 1570, dem vom Herzog von Holstein geforderten Antrag auf ein Inhibitionalmandat (26. Oktober 1569) nicht stattzugeben, damit die strittigen Güter zunächst weiterhin von Herzog Franz I. genutzt werden konnten. Der Anwalt sah in dem beabsichtigten Inhibitionalmandat einen Rechtsbruch zuungunsten eines Reichsstandes in der Auseinandersetzung mit einem anderen; dieses entspräche nicht dem „stilus camere".

781 LAS, Abt. 7, Nr. 1288 I, Prozeßnebenakte: betr. beabsichtigte Einsetzung der Kommission (18. Februar 1569). – LAS, Abt. 390, Nr. 574a, qdr. 30 (3. dilatio präs. am 4. Mai 1569.

1571 in ihrer 'Conclusionis finalis' (= Abschlußbericht) dem Gericht empfahl, die Klage Holsteins gegen Lauenburg als nichtig zurückzuweisen und damit die Klage Lauenburgs gegen Holstein anzuerkennen;[782] beiden Empfehlungen folgte das Gericht mit einem Bescheid am 18. August 1571,[783] nachdem Herzog Adolf am 3. Februar 1571 bereits die Zugehörigkeit Tremsbüttels zum „furstenthumb Sachsen" anerkannt hatte.[784]

Die vorgelegten Beweise Lauenburgs stützten sich auf den Verzichtbrief von König Christian II. für das Amt Tremsbüttel aus dem Jahr 1521,[785] auf den Verzichtbrief von König Christian III. für die acht Klosterdörfer aus dem Jahr 1542 im Prozeßteil 'Holstein contra Lauenburg'[786] und auf die eigene Anklageerhebung gegen Holstein aus dem Jahr 1566 sowie auf zahlreiche von den Kommissionsmitgliedern geführte Verhöre.[787] Der holsteinische Anwalt konnte den Beweisen nicht wirksam entgegentreten, sondern sich lediglich darauf berufen, daß der Verzichtbrief aus dem Jahr 1521 bisher nicht öffentlich gemacht worden sei;[788] er beachtete hingegen nicht, daß für den Verzichtbrief aus dem Jahr 1542 Gleiches galt, was zudem durch Zeugenaussagen hätte gestützt werden können.[789] Besonders erschwerend wirkte die von Sachsen–Lauenburg erhobene Klage gegen Herzog Adolf.

Zusammensetzung der Kommission aus Angehörigen des Rats und der Stadt Lüneburg). – LAS, Abt. 7, Nr. 1288 I (Einsetzung der Kommission mit Mandat vom 11. Mai 1569).

782 LAS, Abt. 210, Nr. 1107 I, qdr. 38. – LAS, Abt. 7, Nr. 1288 I, qdr. 6, altes qdr. 36. – Vgl. in LAS, Abt. 7, Nr. 1288 I, qdr. 19, altes qdr. 33 und qdr. 20, altes qdr. 34 ([Vorab]–Conclusiones vom 6. Oktober 1570).

783 LAS, Abt. 7, Nr. 1288 I, Prozeßnebenakte (Eintragungen für das Jahr 1571). – LAS, Abt. 210, Nr. 1106 (Bescheid vom 18. August).

784 Krause, Rückdatierte Urkunden, S. 497.

785 LAS, Abt. 390, Nr. 574a, qdr. 16. – LAS, Abt. 210, Nr. 1107 I, qdr. 16, lit. AA. – S. auch LAS, Abt. 7, Nr. 1288 I, Nr. 15, bezeichnet als qdr. 5 (Schreiben von Herzog Franz I. an das Gericht mit Verweis auf den Verzichtbrief von 1521, datiert am Tage Johannis Baptiste 1563).

786 LAS, Abt. 390, Nr. 574a, qdr. 18. – LAS, Abt. 210, Nr. 1107 I, qdr. 18.

787 LAS, Abt. 210, Nr. 1107 I, qdr. 32 (attestationes).

788 LAS, Abt. 210, Nr. 1107 I, qdr. 43. – LAS, Abt. 390, Nr. 574a, qdr. 23. – LAS, Abt. 7, Nr. 1317, qdr. 22 (Replik): Der holsteinische Anwalt hegte am 4. Februar 1572 Zweifel an dem Beurkundungsort und dem Kenntnisstand Friedrichs im Jahr 1521. – Vgl. hierzu LAS, Abt. 390, Nr. 574a, qdr. 29: Duplica Dr. Capitos (für Sachsen–Lauenburg), insbesondere fol. 1 [h]. Auf die Bitte des holsteinischen Anwalts, den Verzichtbrief von 1521 im Original sehen zu wollen, entgegnete Capito, daß die Öffentlichmachung „zu siner zeiht wohl ahn tag kommen". – LAS, Abt. 7, Nr. 1317, qdr. 22: In diesem Zusammenhang fragte sich der holsteinische Rechtsanwalt, „wieso man 46 Jahr geschwiegen" habe. Diesen Umstand thematisierte auch der holsteinische Hofrat Preusser in seiner Relatio im Jahr 1678. – Vgl. hierzu LAS, Abt. 7, Nr. 1317, Relatio von 1678.

789 Vgl. LAS, Abt. 210, Nr. 1107 I, qdr. 32, spezifizierte Fragestellungen im 15. Artikel, Frage 1 und im 21. Artikel, Fragen 3 und 4.

Holsteins Rechtsanwalt verhinderte durch die Eingabe seiner Gegen-Conclusiones und weiterer Supplikationen zunächst die Exekution des Urteils,[790] so daß wiederum Verfahrensfragen in den Vordergrund des Prozeßgeschehens rückten: Herzog Franz wurde mit einem Mandat belegt, da er keinen Nachfolger für den gerade verstorbenen Rechtsanwalt Dr. Capito bestellt hatte;[791] dessen Nachfolger erwies sich als für diesen Prozeß ungeeignet[792] und wurde von Dr. Brenzlin abgelöst,[793] der dann den Prozeß durch die Frage zum Stocken brachte, ob es sich nicht in erster Linie um einen Religionsprozeß handele, da schließlich ehemalige Klosterbesitzungen betroffen seien und damit der Prozeß ganz anders zu bewerten sei.[794] Seine wohl ursprüngliche Idee, die Stellungnahme der Leipziger Juristenfakultät aus den dreißiger Jahren als Beweisstück einzubringen, wurde jedoch nicht weiter verfolgt. Parallel hierzu verzögerte er den Prozeßverlauf über weitere zwei Jahre durch ungerechtfertigte Einlassungen und Aufhebungen.[795]

Eine Eingabe Holsteins im Jahr 1583[796] veranlaßte das Gericht, beiden Prozeßparteien die Enthaltung von weiteren Handlungen zu gebieten, bis das Gericht ein neues Urteil gefällt oder das ursprüngliche bestätigt hatte.[797]

Der Tod Franz' I. ließ den Prozeß im folgenden zum Erliegen kommen: Die Frage der Rechtsnachfolge mußte zunächst geklärt werden. Franz II. erklärte, daß er im Sinne der Anklage „nit schuldig“ sei. Diese Aussage war jedoch für den Rechtsgang unerheblich, denn am 30. Januar 1586 kam das Gericht zu einem abschließenden Bescheid:[798]

---

[790] Am 3. November 1573 forderte der lauenburgische Rechtsanwalt, ein Exekutorialmandat durchzusetzen. Dieses wurde am 4. Mai präsentiert. Das Gericht sah jedoch keine Veranlassung, diesem Antrag zu folgen, da der gerichtlich bestätigte Rechtszustand den tatsächlichen Gegebenheiten vor Ort entsprach.

[791] LAS, Abt. 210, Nr. 1107 II, qdr. 46 (Schreiben vom 3. November 1573, präs. am 14. Mai 1574).

[792] LAS, Abt. 210, Nr. 1107 II, qdr. 45 (Schreiben aus dem Jahr 1574, präs. am 19. April 1574)

[793] LAS, Abt. 210, Nr. 1107 II, qdr. (ohne), nach qdr. 46 (Schreiben vom 3. Februar 1575, präs. am 10. Juni 1575).

[794] LAS, Abt. 210, Nr. 1107 II, qdr. 49 (Schreiben vom 23. September 1579). – Unbeachtet bei Ruthmann, Religionsprozesse.

[795] LAS, Abt. 7, Nr. 1288 I, Prozeßnebenakte (exemplarisch: Eintragungen vom 18. Juni 1577 und 18. August 1578).

[796] LAS, Abt. 210, Nr. 1107 II, qdr. 52 (Schreiben vom 17. September 1583).

[797] LAS, Abt. 210, Nr. 1107 II, qdr. 53 (Schreiben vom 15. Juni 1584). – LAS, Urk. Abt. 7, Nr. 387 (Instrument vom 26. März 1584 mit Hinweis auf eine Ladung vom 10. September 1583).

[798] Vgl. LAS, Abt. 7, Nr. 1288 II, Schreiben vom 3. Juli 1596 (darin Hinweis, daß die Frage um die Besitzung der acht reinbekischen Dörfer am 30. Januar 1586 endgültig beschieden worden sei).

Die Klage Lauenburgs gegen Holstein wegen der ungerechtfertigten Verlehnung an Christoph von Holte wurde zurückgewiesen. Der Klage Holsteins bezüglich der acht reinbekischen Dörfer wurde stattgegeben; hinsichtlich der Ansprüche Tremsbüttels wurde Holsteins Klage zurückgewiesen, der Verzichtbrief Christians II. aus dem Jahr 1521 hatte damit seiner ursprünglichen Bedeutung nach Wirkung gezeigt.

4.6.3.3.2 Die Diskrepanz zwischen gerichtlichem Entscheid und territorialer Wirklichkeit

Dieser Bescheid, dem ein Urteil – nach Fristenablauf – folgen sollte,[799] entsprach in keiner Weise den politischen und territorialen Realitäten in der nördlichen Region:
Herzog Franz I. hatte bereits am 3. Februar 1571 dem Herzog von Schleswig–Holstein–Gottorf das Amt Tremsbüttel für 35.000 ML käuflich – mit Wiedereinlösungsrecht – überlassen.[800] Im Gegensatz dazu war – in den Augen des Gerichts – der Herzog von Sachsen–Lauenburg zur Zeit des Gerichtsbescheides noch immer rechtmäßiger Inhaber des Amts, der Herzog von Schleswig–Holstein–Gottorf war damit Lehnsnehmer des lauenburgischen Herzogs. Diese rechtliche Situation entsprach allerdings nicht der Realität, denn seit 1571 betrachtete sich der Herzog von Schleswig–Holstein–Gottorf als Inhaber von Tremsbüttel im Amt Trittau.
Im Jahr 1586 hielt der Herzog von Sachsen–Lauenburg die acht Klosterdörfer noch immer im Besitz, so daß in logischer Abfolge Holstein eine Exekution des anstehenden Urteils hätte erwirken können.

Bei der Absichtsbekundung des Reichskammergerichts, ein Urteil zu produzieren, blieb es zunächst, problematisch insoweit, als die Prozeßakte noch nicht geschlossen werden konnte – alle Prozesse blieben somit rechtsanhängig.
Innere Problem, die nach dem Tod König Friedrichs II. von Dänemark entstanden waren und in der Weigerung der schleswig–holsteinischen Stände, einer weiteren Landesteilung im Jahr 1593 zuzustimmen, ihren Höhepunkt fanden, müssen für den holsteinischen Inaktivismus in den Jahren 1587 bis 1592 in Anschlag gebracht werden. Lauenburg hingegen sah keine Veranlassung, das Reichskammergericht in dieser Sache weiter zu bemühen: Tremsbüttel war mit einem Wiedereinlösungsrecht verkauft worden, und die

[799] Vgl. LAS, Abt. 7, Nr. 1288 II, Schreiben vom 3. Juli 1596 (darin Hinweis, daß bis jetzt noch immer kein Urteil produziert worden sei).

[800] LAS, Abt. 7, Nr. 1288 II, Schreiben vom 6. Februar 1620 vom holsteinischen Rechtsvertreter Moller an den Kammersekretär in Gottorf. – Verschreibung in: LAS, Urk. Abt. 7, Nr. 361 und Nr. 362.

reinbekischen Klosterdörfer waren nach wie vor in seinem Besitz, auch wenn der Bescheid des Reichskammergerichts das genaue Gegenteil festgelegt hatte.

4.6.3.3.3 Neue Auseinandersetzungen führen zur Prozeßfortsetzung

Zu Beginn des Jahres 1592 berichtete der Amtmann von Reinbek seinem Landesherrn, daß es zu Störungen im Bereich der acht Klosterdörfer gekommen war: Franz II. hatte große Bestände an Eichen– und Buchenholz fällen lassen.[801]
Am 5. Juli 1592 erwirkte Herzog Johann–Adolf von Schleswig–Holstein–Gottorf ein neuerliches Mandat gegen Herzog Franz II. von Sachsen–Lauenburg wegen unberechtigten Holzschlags.
Erstellte das Reichskammergericht einerseits ein mandatum de non vastando, um den unberechtigten Holzschlag zu verurteilen und mit einer Strafzahlung in Höhe von 12 MlötG zu belegen,[802] so wies es andererseits dieses Mandat den noch rechtsanhängigen Prozessen zu, so daß der Gesamtprozeß nunmehr die holsteinische Klage wegen Tremsbüttel und der acht reinbekischen Dörfer, die Klage Holsteins wegen unberechtigten Holzschlags und die Gegenklage Sachsen–Lauenburgs wegen der Besitzungen der acht reinbekischen Dörfer umfaßte.[803]

---

[801] LAS, Abt. 7, Nr. 1288 II, Hinweis auf die Aussage des Amtmanns zu Reinbek im Mandat vom 5. Juli 1592. – LAS, Abt. 390, Nr. 42, insbesondere qdr. 4 (Klaglibell ab fol. 2^{r}): Jaspar von Buchwaldt hat gegen Herzog Franz Klage beim Reichskammergericht eingereicht, da die Dörfer Tönningstedt und Idstedt zum Zeitpunkt des Verkaufs an Herzog Adolf im Unterpfandbesitz des Jaspar von Buchwaldt waren und von Buchwaldt sich am 14. Januar 1571 weigerte (qdr. 5), die beiden Dörfer freizugeben, worauf Herzog Franz I. bestand. Von Buchwaldt hatte die beiden Dörfer aufgrund einer größeren Geldsumme, die er dem lauenburgischen Herzog geliehen hatte, zum Unterpfand erhalten. Herzog Adolf sah darin einen groben Verstoß gegen die Verkaufsverhandlungen um das Amt Tremsbüttel und unterstellte Herzog Franz vorsätzliche Täuschung, die gemäß der Reichsordnung mit Strafgeldern und Rückerstattungen zu versehen sei (qdr. 2: citatio aus dem Jahr 1574, zugestellt an den Bürgermeister von Lauenburg am 28. April 1574). – Vgl. hierzu ausführlich die Dokumente in LAS, Abt. 127.29, Nr. 1 (Irrungen zwischen Jaspar von Buchwaldt und dem Amtmann von Tremsbüttel, Christoph von Boldensen, in den Jahren 1564–1568), Nr. 184–187 (verschiedene Verträge zwischen von Buchwaldt und Herzog Franz I. aus den Jahren 1547, 1552, 1557 und 1568).– So auch: LAS, Urk. Abt. 127.23, Nr. 5 (24. September 1547) und Nr. 9 (Vertragswerk vom 30. April 1570).

[802] LAS, Abt. 7, Nr. 1288 II, Mandat vom 5. Juli 1592.

[803] LAS, Abt. 7, Nr. 1288 II, Zusammenfassung des holsteinischen Rechtsanwalts Jacob Kremer (präs. 3. Juli 1596), der zugleich darauf hinwies, daß die Sache um die acht reinbekischen Dörfer zwar abgeschlossen, die Sache um Tremsbüttel aber noch immer nicht beschieden sei. – LAS, Abt. 7, Nr. 1288 II, Hinweis zur Zusammenlegung der Prozesse im Schreiben vom 12. Dezember 1597 (Citatio ad executionem et mandati de non vastando unter Bezugnahme auf das Mandat vom 5. Juli 1592).

Dieser Umstand löste zahllose Prozeßeingaben aus, in denen zunächst versucht wurde, die Rechtslage erneut darzustellen. Die lange Zeit der Prozeßanhängigkeit hatte dazu beigetragen, daß mittlerweile keiner der am ursprünglichen Prozeß Beteiligten der Kläger–, Verteidiger– und Entscheidungspartei mehr am Leben war. So setzte ein langwieriger Orientierungsprozeß ein. Zunächst galt es, die bisherige Rechtslage zu sondieren. In Holstein und in Lauenburg setzten andererseits Kräfte an, die nunmehr Chancen sahen, bereits verlorene oder verlorengeglaubte Besitzungen wiederzuerlangen.

Drängte Holstein darauf, den gerichtlichen Bescheid von 1586 nunmehr schnellstmöglich in ein rechtskräftiges Urteil zu wandeln und brachte daher instrumentalisierte Schriftsätze in den Prozeßverlauf ein, um gerichtliche Exekutorialmandate zu erwirken, so setzte Lauenburg zunächst auf die Verfahrensverzögerung und betrachtete, wie neuere Störungen der Jahre 1596 bis 1598 beweisen,[804] die acht Klosterdörfer als lauenburgisches Eigentum.

4.6.3.3.4 Der Herzog von Schleswig–Holstein–Gottorf als Verlierer des Gesamtprozesses

Um sich besser orientieren zu können, entschieden die beteiligten Parteien, die rechtsanhängigen Prozesse zu separieren. Fortan wurden die Sachen 'Holstein contra Lauenburg' wegen der acht reinbekischen Dörfer und des unbefugten Holzschlags sowie 'Lauenburg contra Holstein' wegen der acht reinbekischen Dörfer einerseits und 'Holstein contra Lauenburg' wegen Tremsbüttel andererseits verhandelt.

Für beide Prozesse wurde nur eine Kommission eingesetzt, so daß retrospektiv der Eindruck entsteht,[805] nur ein Prozeß sei betrieben worden – tatsächlich liefen in den folgenden zwei Jahren beide Prozesse parallel.

Hinsichtlich der acht Klosterdörfer stellte das Gericht im Jahr 1596 dem Kläger eine neuerliche Kommissionsbildung in Aussicht, die Holstein bereits 1583 beantragt hatte;[806] die Kommission wurde per Mandat am 4. Dezember 1600 eingesetzt.[807] Zugleich erhielt die Kommission den Auftrag, die Sache um Tremsbüttel mit zu untersuchen und sich auch der Klage Lauenburgs gegen Holstein anzunehmen. Nach Vorlage der Zeugenliste[808] nahm die Kommission Mitte 1601 ihre Tätigkeit auf und legte bereits im August einen Zwischen-

---

[804] LAS, Abt. 210, Nr. 1107 II, qdr. 67 (Instrument von 1598 mit dem Hinweis, daß es zu Übergriffen in einem kleinen Wäldchen gekommen sei).

[805] Dieser Eindruck wird maßgeblich durch die Sortierung der Aktenbestände LAS, Abt. 7, Nr. 1288 und LAS, Abt. 210, Nr. 1107 herbeigeführt.

[806] LAS, Abt. 210, Nr. 1107 II, qdr. 73 (Schreiben vom 10. Dezember 1596).

[807] LAS, Abt. 7, Nr. 1288 II, Mandat vom 4. Dezember 1600. – LAS, Abt. 7, Nr. 1317.

[808] LAS, Abt. 7, Nr. 1288 II, Schreiben vom 18. Februar 1601.

bericht vor,[809] nachdem verschiedene Zeugen hinsichtlich der Verzichtbriefe und der Kaufvereinbarungen von 1475/ 76 und von 1571 befragt worden waren und Herzog Franz II. aufgefordert worden war, alle Originalurkunden nunmehr beizubringen.

Hinsichtlich der acht Klosterdörfer bestätigte die Kommission am 9. Juli 1602[810] die Ergebnisse aus dem Jahr 1571 und sprach dem lauenburgischen Herzog die Klosterdörfer zu.[811] Die von Holstein beabsichtigte Rechtsklarstellung durch Erwirken eines Urteils zur Bestätigung des Reichskammergerichtsbescheides von 1586 war fehlgeschlagen: Die reinbekischen Klosterdörfer fielen damit endgültig an den Herzog von Sachsen–Lauenburg; die Klage wegen unberechtigten Holzschlags[812] gegen Lauenburg mußte für nichtig erklärt werden, und die noch rechtsanhängige Klage Lauenburgs wegen Belehnung der von Holtes im Jahr 1536 wurde anerkannt.

Auch die politischen Realitäten um das Amt Tremsbüttel rückten für Holstein in den Mittelpunkt weiterer Betrachtungen, da die Kommission Fragen stellte, deren Beantwortung aufgrund der langen Zeitspanne für Holstein ungünstig ausgehen konnte: Die Zeugenbefragungen erhellten den Tatbestand nur unwesentlich, verdeutlichten jedoch die Bedeutung der Zeugenauswahl und veranschaulichten, welche Auswirkungen in der Schwerpunktbildung durch diese Auswahl lagen. Geriet einerseits der Kauf Tremsbüttels im Jahr 1571 in den Hintergrund,[813] so bewirkte andererseits die Befragung von Zeugen hinsichtlich der Glaubwürdigkeit der Beurkundung Christians II. aus dem Jahr 1521[814] eine nicht sachgemäße Überbewertung und hatte die gleiche Überzeugungskraft wie die Beantwortung der Fragen, ob denn Tremsbüttel

[809] LAS, Abt. 7, Nr. 1288 II, Zwischenbericht vom 13. August 1601. Bereits am 9. August hatte die Kommission einen Bericht, ausschließlich Tremsbüttel betreffend, vorgelegt.

[810] LAS, Abt. 7, Nr. 1288 II, Copia Rotuli Attestationum vom 9. Juli 1602. – LAS, Abt. 210, Nr. 1107 II, qdr. 74 (Bestätigung der Kommission vom 7. Juli 1602). Dementsprechend hat das Gericht kurz vor Bekanntgabe der Kommissionsentscheidung die Kommission rückwirkend legalisiert – ein Verfahrensfehler, der von keiner Prozeßpartei im Jahr 1602 erwähnt wurde. – Vgl. dazu in LAS, Abt. 7, Nr. 1288 II, Schreiben vom 6. Juli 1610, in dem von Seiten Holsteins erstmalig, allerdings erfolglos, auf die Irrungen vor Gericht hingewiesen wurde, die sich auf die tatsächliche Nicht–Separation der rechtsanhängigen Prozesse bezogen.

[811] Vgl. LAS, Abt. 210, Nr. 1107 III, qdr. 77 (letzte präsentatio im Jahr 1605).

[812] Vgl. LAS, Abt. 7, Nr. 1288 II, Bericht vom 9. März 1602 über eine erfolgte Inaugenscheinnahme des Baumbestandes in den betroffenen Gebieten.

[813] LAS, Abt. 7, Nr. 1288 II, Copia Rotuli Attestationum vom 9. Juli 1602, fol. 164.

[814] LAS, Abt. 7, Nr. 1288 II, Copia Rotuli Attestationum vom 9. Juli 1602, fol. 162f.

auch unter Lüder Heest bereits zu Trittau gehört habe oder ob Tremsbüttel Bestandteil der Erbteilungsakten von 1490 und 1544 gewesen sei?[815]
Der holsteinische Rechtsanwalt hatte dem nichts entgegenzusetzen, so daß das Gericht am 12. Oktober 1604 abschließend beschied,[816] Lauenburg sei sowohl im Besitz Tremsbüttels als auch der acht reinbekischen Klosterdörfer. Holstein hatte den gesamten Prozeß verloren; das Kalkül, mit Hilfe des Reichskammergerichts zu Besitzerweiterungen zu gelangen, war nicht aufgegangen. Lauenburg konnte als 'strahlender Sieger' aus dem Verfahren hervorgehen: Das eigene Territorium war mit reichsrechtlicher Bestätigung arrondiert worden, die Besitzungen des Amts Tremsbüttel waren überraschenderweise gesichert und der Herzog von Schleswig–Holstein–Gottorf zum Lehnsmann Lauenburgs degradiert worden, so daß die Wiedereinlösung des Amts de facto eine Frage des Geldes blieb.

Nach dem Prozeß vermeldete ein gottorfischer Hofbeamter Herzog Johann-Adolf,[817] daß mehr Fleiß in die Beweisführung hätte gelegt werden müssen. Zudem wiesen die Zeugenbefragungen erhebliche Mängel auf, und die Argumentation des das Herzogtum vertretenden Anwalts sei mangelhaft gewesen. Außerdem bekundete der ungenannte Hofbeamte Zweifel an der Echtheit der von Lauenburg vorgelegten Dokumente aus dem Jahr 1521 und 1542.
Die Auseinandersetzungen um die acht Klosterdörfer und das Amt Tremsbüttel waren formaljuristisch mit der letzten bestätigenden Kommissionsentscheidung noch nicht zu Ende.[818] Beide Prozeßparteien enthielten sich jedoch weiterer rechtlicher Schritte.
Der am 23. Mai 1608 publizierte Rotul setzte einen Schlußpunkt hinter die Auseinandersetzungen zwischen Holstein und Lauenburg. Das Urteil wurde nach Terminablauf anerkannt,[819] so daß Herzog Franz II. am 10. Januar 1609 den Herzog von Schleswig–Holstein–Gottorf vom Amt Tremsbüttel, mit

[815] LAS, Abt. 7, Nr. 1288 II, Copia Rotuli Attestationum vom 9. Juli 1602, fol. 167ff. (spezielle Fragestellungen) und exemplarisch fol. 277ff. (Kaufverträge, Konsenserklärungen zum Verkauf Tremsbüttels 1575/ 76) sowie fol. 299ff. (Erbteilungsakte betreffend).
[816] LAS, Abt. 7, Nr. 1288 II, Hinweis aus dem Schreiben des Syndikus Vincent Moller an das Reichskammergericht vom 31. August 1618.
[817] LAS, Abt. 7, Nr. 922.
[818] Vgl. LAS, Abt. 7, Nr. 923. Der Kammersekretär Hieronymus Moller teilte seinem Vetter Dr. Vinzent Moller, Syndikus von Hamburg, am 30. November 1609 auf eine Anfrage hin mit, daß der Prozeß zwischen Holstein und Lauenburg wegen der acht Klosterdörfer (anfänglich ein „processus mandati de non vastando") und des Amts Tremsbüttel noch rechtsanhängig sei.
[819] LAS, Abt. 7, Nr. 1288 I, Prozeßnebenakte (die Akte wurde am 12. Dezember 1609 geschlossen).

Genehmigung und nach Aufbringen des Pfandschillings durch die lauenburgische Ritter– und Landschaft, loskündigen konnte; Herzog Johann–Adolf weigerte sich, die Loskündigung zu akzeptieren und forderte den Herzog von Sachsen–Lauenburg auf, zunächst seine auf dem Lauenburger Zoll lastenden Schulden zu begleichen. Nach Ansicht des Gottorfers dienten hierzu die in Hamburg im Jahr 1610 hinterlegten 35.000 RT.[820] Tatsächlich waren es jedoch durch einen Landtagsbeschluß zweckgebundene Gelder.

4.6.3.3.5 Die Wiederaufnahme des Prozesses durch Einleitung eines Berufungsverfahrens

Juristen am Reichskammergericht beschäftigten sich auch weiterhin mit den Prozeßereignissen. In den Vordergrund der Betrachtungen hinsichtlich des Amts Tremsbüttel rückte die Frage, ob der ursprüngliche Rechtszustand des Kaufs im 15. Jahrhundert durch die schleswig– und holsteinische Erbteilung im Jahr 1544 außer Kraft gesetzt worden war und ob die Beweiskraft der Originalurkunde mit der Unterschrift Christians II. aus dem Jahr 1521 ausreichte, um die Zugehörigkeit Tremsbüttels zu den Besitzungen des Herzogs von Sachsen–Lauenburg zu bestätigen.
In der reinbekischen Sache verhielt es sich anders: Christian III. hatte mit seinem 1542 erstellten Verzichtbrief eine Situation präjudiziert, die in Anbetracht der anstehenden Landesteilung unzulässig gewesen war; erschwerend wirkte, daß sein Vater Friedrich I. zunächst unrechtmäßig an die Regierung gelangt war und erst später durch kaiserliche Bestätigung auch die Anerkennung zum Herzog von Holstein als Reichsstand erhalten hatte. Andererseits hatte Christian II. bereits 1521 für die holsteinischen Besitzungen im Lauenburgischen präjudizierend gewirkt; dieses wiederum war insofern zulässig, als er als Nachfolger Christians I. rechtmäßig im Amt gewesen war.
Der Hamburger Syndikus Vincent Moller, der in holsteinischen Diensten stand, verfolgte die für Holstein verlorenen Prozesse weiter.[821] Gleichzeitig behielten auch die Rechtsanwälte Lauenburgs die Frage um die acht reinbekischen Dörfer weiterhin im Blick.[822]
Im August 1618 reiste Moller nach Speyer und berichtete anschließend Herzog Friedrich III. von Schleswig–Holstein–Gottorf, daß er eine Audienz bei dem Kammerrichter Bischof Philipp–Christoph von Speyer gehabt habe und dabei die noch rechtsanhängigen Prozesse mit dem Herzogtum Sachsen–Lauenburg

---

[820] LAS, Abt. 210, Nr. 1130. – Vgl. Scharnweber, Franz II., S. 52f.

[821] Für die folgenden Ausführungen s. LAS, Abt. 7, Nr. 1288 II, Schreiben beginnend mit dem Datum 20. Mai 1618. – Vgl. die Schreiben in LAS, Abt. 7, Nr. 1305 (Schreiben vom 27. Oktober und 8. November 1619).

[822] Vgl. LAS, Abt. 7, Nr. 1305 vom 16. November 1614.

zur Sprache gebracht habe: Dabei habe er um die formale Eröffnung des Urteils gebeten.
Formaljuristisch war dem Reichskammergericht wiederum ein Verfahrensfehler unterlaufen, den Moller dem Gericht zu einem Zeitpunkt vorwarf, als im Herrscherhaus des Prozeßgegners der regierende Fürst, Herzog Franz II., gerade verstorben war.
Moller legte seinem Herzog einen detaillierten Vorschlag zur weiteren Prozeßvorgehensweise vor, der die Instrumentalisierung der Reichsinstitution verdeutlichte, zugleich auch klarlegte, daß nicht die Frage der Rechtmäßigkeit, sondern die der möglichen Rechtsdurchsetzung im Hauptblickfeld des Interesses stehe:
Da sich der Herzog von Schleswig–Holstein–Gottorf seit langer Zeit nicht im faktischen Besitz der acht reinbekischen Klosterdörfer befinde, sei es schwierig, das ursprüngliche Urteil anzufechten, so daß man Sachsen–Lauenburg diese Possession überlassen und die Sache nicht weiter verfolgen solle, andererseits ein ungünstigeres Urteil nicht zustandekommen könne, so daß ein Prozeß dennoch lohnend erscheine. Hinsichtlich der Besitzungen von Tremsbüttel sehe der Sachverhalt ganz anders aus: Wichtig sei, sich ausschließlich auf den Erwerb der Besitzungen von 1571 zu stützen. So denn nicht die Besitzung an sich zurückgewonnen werden könne, so könne zumindest die im Jahr 1571 auf das Amt geliehene Geldsumme von 15.000 RT zurückgefordert werden. Für dieses Geld lohne es sich bereits, den Weg in die Berufung zu beschreiten.

Herzog Adolf als Zessionar Lauenburgs hatte im Jahr 1571 tatsächlich eine zusätzliche Summe auf das Amt Tremsbüttel an Herzog Franz I. gezahlt; diese Summe hatte allerdings lediglich 14.000 RT betragen.[823] Da diese Summe als Bestandteil des holsteinischen Engagements für Lauenburgs Entschuldung nach dem Provisionalabschied gezahlt worden war, verklärte sich diese Zahlung bei isolierter Betrachtung.

Das Reichskammergericht erließ im Namen Kaiser Ferdinands am 31. März 1620 eine citatio ad reassumendum, um die noch rechtsanhängigen Prozesse zu einem Abschluß zu bringen.[824] Die Sache wegen der acht reinbekischen Klosterdörfer erschien wieder in der Auflistung, so daß daraus geschlossen werden muß, daß Herzog Friedrich von Schleswig–Holstein–Gottorf in die Berufung gegangen ist; Gleiches galt hinsichtlich der Sache um Tremsbüttel: Am 8. Februar 1621 wurde dieser Prozeß aufgrund eines Berufungsantrags Holsteins erneut aufgenommen,[825] 1630 wurde eine Klage Herzog Friedrichs

---

[823] Vgl. Kap. 7.3.

[824] LAS, Abt. 7, Nr. 1288 II, Prozeßaktenende.

[825] LAS, Abt. 7, Nr. 1288 II, Prozeßaktenende. – S. weiterführend: RAK, T.K.U.A, Rigskammerretten, Nr. 10a (1668ff.).

von Holstein vor dem Reichshofrat in dieser Sache rechtsanhängig.[826] Der Herzog von Sachsen–Lauenburg führte hingegen vor dem Reichshofrat im Jahr 1668 eine Klage gegen Holstein.[827] Bis zum Aussterben des askanischen Herrscherhauses im Jahr 1689 hatten beide Gerichte noch keine Entscheidung gefällt.[828]

4.6.3.3.6 Der Einsatz von Urkundenfälschungen als prozessuale Beweismittel

Gilt das Fälschen von Urkunden als eine für das Mittelalter typische Vorgehensweise zur Erlangung angestrebter Machtbefugnisse oder auch nur als aus einem Urkundenverlust herrührende Notwendigkeit, Privilegien nicht zu verlieren, so scheint die Frühe Neuzeit, folgt man der allgemeinen Forschungstendenz, diesem Phänomen weitestgehend entrückt zu sein.

Der Begriff der Urkundenfälschung bedarf, so damit gearbeitet werden soll, ebenso einer genauen Betrachtung wie die Frage der Vorgehensweise zum Entdecken und Aufspüren von Fälschungen. Eingehend haben sich Carlrichard Brühl und Erich Wisplinghoff mit der Frage nach der Entwicklung und der diplomatischen Methode der Privaturkundenkritik beschäftigt.[829] Brühl, der durch Beispiele den Fälscherbegriff zu entkriminalisieren versucht, beschreibt die klassische Vorgehensweise zur Absicherung erkannter Fälschungen mit Hilfe der historischen Hilfswissenschaften.

---

[826] ÖsterrHHStA, RHR, Judiziale Antiqua, Nr. 99, 11.

[827] Krause, Rückdatierte Urkunden, S. 498.

[828] Krause, Rückdatierte Urkunden, S. 497f. Es muß der grundsätzlichen Auffassung in der schleswig–holsteinischen Landesgeschichtsschreibung widersprochen werden, daß von einer Zugehörigkeit des Amts Tremsbüttel zu Holstein seit 1571 gesprochen werden kann. – Vgl. exemplarisch zur älteren Literatur: Wegemann, Veränderung, S. 273: „Da Holstein auch 1474–1571 die Landeshoheit [über Tremsbüttel, J.H.] beanspruchte, so wird es im folgenden dauernd als holsteinisch gerechnet." – Dies voraussetzend s. Lange, Stände, S. 183ff. (Skizze S. 184): Die Problematik Tremsbüttels wird vollkommen ausgeblendet und das Amt als unzweifelhaft zu Holstein gehörend unkommentiert dargestellt. – Vgl. hinsichtlich der Reinbeker Klosterdörfer ähnliche Unschärfen bei: Nicole Meiffert: Die Geschichte des Amtes Reinbek 1576–1773; Bad Oldesloe 1995.

[829] Carlrichard Brühl: Die Entwicklung der diplomatischen Methode im Zusammenhang mit dem Erkennen von Fälschungen; in: Fälschungen im Mittelalter. Internationaler Kongreß der Monumenta Germaniae Historica München, 16.–19. September 1986. Teil 3: Diplomatische Fälschungen (I); [= Monumenta Germaniae Historica, Schriften, Band 33/ 3]; Hannover 1988, S. 11–27 (künftig zitiert: Brühl, Entwicklung). – Erich Wisplinghoff: Zur Methode der Privaturkundenkritik; in: Fälschungen im Mittelalter. Internationaler Kongreß der Monumenta Germaniae Historica München, 16.–19. September 1986. Teil 3: Diplomatische Fälschungen (I); [= Monumenta Germaniae Historica, Schriften, Band 33/ 3]; Hannover 1988, S. 53–67 (künftig zitiert: Wisplinghoff, Methode).

Hans–Georg Krause kommt das Verdienst zu, den Verzichtbrief von Christian II. aus dem Jahr 1521 als Fälschung enttarnt zu haben, wobei sich Krause aller ihm zur Verfügung stehenden Hilfsmittel bedienen konnte, um seinen Nachweis umfänglich abzusichern[830] und daraus den Schluß abzuleiten, daß sich der im Exil lebende Christian II. noch immer als Landesherr verstand und damit die Rückdatierung der Urkunde in das Jahr 1521 als rechtens empfand, wohingegen sich Herzog Magnus I. des Betrugs bewußt gewesen sein muß.[831]

Anders verhält es sich mit dem Verzichtbrief über die acht reinbekischen Klosterdörfer von König Christian III. aus dem Jahr 1542.
Der Historiker, der eine Fälschung aufspürt, stellt sich damit zunächst gegen die eigene Zunft, die seit Jahrzehnten dieses Dokument als echt behandelt und daraus Schlußfolgerungen abgeleitet hat. Diese Schlußfolgerungen scheinen auch im nachhinein der wissenschaftlichen Überprüfung standzuhalten, zumal die von Krause für die Urkunde von 1521 angesetzte Methode zum Fälschungsnachweis bei der 'Urkunde' des Jahres 1542 nicht anwendbar ist: Es ist nämlich kein Original vorhanden, sondern es gibt lediglich zahllose Abschriften in Gerichtsakten. Ebenso sind ausreichende Hinweise auf den von Christian III. ausgestellten Verzichtbrief überliefert.
Dieses reicht jedoch keineswegs als Indiz aus, so daß eine andere Art des Nachweises gewählt werden mußte, zumal ein Vergleich mit anderen Briefen aus der Zeit keine signifikanten Strukturunterschiede nachwies.
Somit kann ausschließlich der Indizienbeweis angetreten und der Fälschungsnachweis aus dem Zusammenhang heraus begründet werden. Stützend seien dabei folgende Sachverhalte vorangestellt:
Ein Original des Verzichtbriefs ist nicht vorhanden.[832]
Eine Abschrift in den Kopialbüchern des Jahres 1542 ist nicht nachweisbar.[833]

---

[830] Krause, Rückdatierte Urkunden, S. 479ff. – S. in diesem Zusammenhang den u.a. von Krause benutzten Aktenbestand: LAS, Abt. 210, Nr. 1094. Die Chronologie der Akten verdeutlicht das zeitliche 'Nicht–Hineinpassen' des Verzichtbriefs.

[831] Krause, Rückdatierte Urkunden, S. 498f.

[832] Der Verzichtbrief ist nicht nachgewiesen in dem Register der in dem betreffenden Zeitraum den dänischen Hof verlassenden Schriftstücke. – RAK: Kronologisk Fortegnelse over Rigsarkivets Pergamentsbreve og aeldre Papirsbreve II, 1480–1560; København 1976.

[833] In den nachfolgend aufgeführten Aktenbeständen wäre ein Auffinden des Originals oder ein Hinweis auf die Erstellung des Briefes im Jahr 1542 wahrscheinlich gewesen: RAK, T.K.I.A., Nr. 25: Die Fürstentümer Schleswig–Holstein angehende Bündnisse. – RAK, T.K.I.A.: Inlendisch Registrant anno 1541 og 1542, Bd. 19. – RAK, T.K.I.A., Tillag II, A: Sager vedr. Herzugdómmerne (1440–1732, 1820), Nr. 1. – RAK, T.K.U.A., indtil 1676: Koncepter til Auslendisch Registrant, 1538–1574, Bd. 78. – RAK, T.K.U.A., indtil 1676: Koncepter til Auslendisch Registrant, 1538–1675, Bd. 102. – RAK, T.K.U.A., indtil 1676: Koncepter til Auslendisch Registrant, 1509–1566, Bd. 103. – RAK, T.K.U.A., indtil 1676:

Am Tag der Beurkundung ist ein Aufenthalt des dänischen Königs oder seiner Gesandten in Rendsburg nicht nachgewiesen.[834]

Als Hauptindizien reichen die ereignisgeschichtlichen Umstände: Warum hätte König Christian III. eine Urkunde für die acht reinbekischen Klöster zugunsten von Herzog Magnus I. ausstellen sollen, obwohl die Vereinbarungen des Ratzeburger Kompromisses eindeutig waren? Warum hätte Christian III. freiwillig auf Besitzungen verzichten sollen, obwohl er seit 1542 die Landesteilung vorantrieb? Warum wußte niemand von der 1542 ausgestellten Urkunde – weder Herzog Adolf noch die im Verlauf des Reichskammergerichtsprozesses vernommenen Zeugen?[835]

Die ersten Abschriften der angeblichen Urkunde des Jahres 1542 stammen aus dem Umfeld des von Herzog Adolf im Jahr 1563 angestrengten Prozesses vor dem Reichskammergericht um die reinbekischen Dörfer und das Amt Tremsbüttel: erstmalig im Jahr 1565.[836]

Die gerichtliche Forderung, Rechtszustände mit Urkunden abzusichern, konnte Lauenburg selbst 1601 noch nicht erfüllen.[837] Das Beibringen des Ratzeburger Kompromisses reichte sicherlich nicht aus, um den Rechtsanspruch ausreichend zu begründen. Auf der inhaltlichen Grundlage des Ratzeburger Kompromisses und unter Vorlage überlieferter Urkunden aus der Regierungszeit von König Christian III. sind Abschriften entstanden, die eines Originals entbehrten und

---

Auslendisch Registrant 1541–1542, Bd. 20 und 1542–1543, Bd. 21. – RAK, Korrespondancesager, No. 6 (1471–1770).

[834] Vgl. RAK, T.K.U.A., indtil 1676: Auslendisch Registrant 1541–1542, Bd. 20 und 1542–1543, Bd. 21. Der 18. März 1542 (Samstag vor Midfaste) erscheint in keiner Konzeptbriefsammlung. Ein Nachweis kann für den 9. März 1542 in Rendsburg gegeben werden (vgl. fol. 154^v^), anschließend folgt der nächste Brief am Freitag nach Letare. – Zur Umrechnung der Datenangaben der Kirchentage in kalendarische Tage: R.W. Bauer: Calender for Aarene fra 601 til 2200 efter Christi Fodoel (= *Bauers Ewigkeitskalender*); København 1868; fotografisk optryk 1991. Für das Jahr 1542 gilt Tafel Nr. 19.

[835] LAS, Abt. 210, Nr. 1106, Nr. 23, 2 (Brief von Herzog Adolf an Herzog Magnus über die Frage der Echtheit der in Abschrift vorgelegten Dokumente). – LAS, Abt. 7, Nr. 1288 I, qdr. 8: Herzog Adolf hegte in einem Schreiben vom 21. Februar 1566 an seinen Rechtsbeistand, den Bremer Domdekan Dr. Joachim Hintze, Zweifel an der Echtheit der beiden von Lauenburg beigebrachten Urkundenabschriften. – S. RAK, T.K.U.A., Rigskammerretten, Nr. 10a, qdr. 40: „Conclusio finales Tremsbüttel betreffend“ von Seiten Sachsen–Lauenburgs vom 29. August 1570. Hier insbesondere fol. 5^v^: „König Christian hat wohl niemandem etwas davon [von dem Verzichtbrief, J.H.] gesagt, wofür Sachsen–Lauenburg aber nichts kann.“

[836] LAS, Abt. 390, Nr. 574a, qdr. 18 und LAS, Abt. 210, Nr. 1107 I, qdr. 18, präs. nach dem 2. November 1565. Im gleichen Zeitraum: LAS, Abt. 7, Nr. 1288 I, Beweisstück A. – LAS, Abt. 210, Nr. 1096 III, Verzichtbrief vom 18. März 1542 mit dem handschriftlichen Vermerk auf der Rückseite: „1572“.

[837] Vgl. LAS, Abt. 7, Nr. 1288 II, Copia Rotuli Attestationum vom 9. Juli 1602, fol. 47–53.

damit als Fälschungen zu charakterisieren sind, wenngleich ihr Inhalt beidseitigen vertraglichen Absprachen der Vorjahre entsprach.
Die Abschriften mit der Datierung 1542 sind im Zusammenhang des Reichskammergerichtsprozesses in den Jahren nach 1563 entstanden und in den unmittelbaren inhaltlichen Zusammenhang sowohl mit den Streitigkeiten zwischen Herzog Magnus I. und Siwert Swyn als auch mit der Steinhorstschen Sache gestellt worden. Die Darstellung dieses Sinnzusammenhangs hat sich seit Kobbes Geschichtswerk durchgesetzt.[838] Dieser Sinnzusammenhang muß revidiert werden.
Ob es sich um eine Fälschung im klassischen Sinn handelt, erscheint zweifelhaft: Es handelt sich um Abschriften, die einer urkundlichen Grundlage, und damit ihrer Rechtmäßigkeit, entbehrten. Zweifelsohne liegt ein Betrug des Veranlassers und Nutzers Herzog Franz I. vor, der sich aufgrund des Betrugs ebensolche territorialrechtlichen Vorteile versprach wie beim Einsatz der Urkunde von 1521.
Durch eine neuerliche Klageerhebung des Herzogs von Sachsen–Lauenburg wurde der Versuch unternommen, von den gefälschten Urkundenabschriften abzulenken und sich ausschließlich auf die Ergebnisse des Ratzeburger Kompromisses zu stützen. Dieser Versuch blieb von Seiten des Gerichts unbeachtet und hatte keine Auswirkungen auf das Endergebnis.
Festzuhalten bleibt, daß Sachsen–Lauenburg ausschließlich mit Hilfe von vergangene Rechtsvorgänge verfälschenden Diplomata prozessuale Vorteile erlangte, denen, in Ermangelung holsteinischer Gegenurkunden, nicht entgegengetreten werden konnte. Die in der Literatur dargestellte Bereitschaft Lauenburgs, zur Herstellung friedlicher Vergleiche im Rahmen von prozessualen Auseinandersetzungen seit 1528 sowohl die acht reinbekischen Klosterdörfer als auch die Besitzungen um Tremsbüttel zur Disposition zu stellen, relativiert sich hiermit einschneidend: Mit leichter Hand konnte der Herzog von Sachsen–Lauenburg Besitzungen zum Vergleich anbieten, die de iure dem Verhandlungsgegner – ohne dessen Wissen – bereits gehörten.

Die Auseinandersetzungen um das Amt Tremsbüttel hingegen muten grotesk an: Aus einem ehemaligen Pfandgut wird mit Hilfe einer rückdatierten Urkunde ein erbliches Eigengut, das 1571 für eine erhebliche Geldsumme erblich verkauft und per Gerichtsbeschluß wieder in ein Pfandgut umgewandelt wird –

[838] Kobbe, 2, S. 229f. – Vgl. dazu kritisch bereits: Duve, Mitteilungen, S. 288ff., Fn. 109. – Vgl. als möglichen Erklärungsansatz: RAK, T.K.U.A., Rigskammerretten, Nr. 10a, qdr. (ohne) vorgelegt qdr. 10. Der Verzichtbrief wurde als Kopie vor die Swynschen Verfehlungslisten (qdr. 10) gelegt, so daß ein Sinnzusammenhang zwar de facto nicht gegeben ist, aber aus der Aktensortierung interpretiert werden kann. – S. zu der Familie Swyn: Neuschäffer, Herrenhäuser, S. 257f.

einziger Unterschied zur Situation des Jahres 1475 war, daß sich Lehnsmann und Lehnsherr nunmehr in vertauschten Rollen gegenüberstanden.

Hinsichtlich des Amts Tremsbüttel muß noch auf eine weitere Unklarheit eingegangen werden, da die dieses Territorium betreffende Literatur unterschiedliche Angaben hinsichtlich der Zugehörungen zum Amt aufweist. Dabei erstreckt sich die Unklarheit auf die Anzahl der zu Tremsbüttel gehörenden Dorfschaften. Die Angaben variierten jeweils um die Zugehörigkeit einer Dorfschaft, so daß die Frage entstand, ob es sich um vierzehn oder um fünfzehn Dorfschaften handelte.
Kann einerseits nachgewiesen werden, daß vor allem die Dorfgeschichts–schreibung ungeprüft Angaben aus anderen Geschichtswerken übernommen hat, so steht andererseits fest, daß die Angaben tatsächlich variierten. Die Originalurkunde weist vierzehn Dörfer aus;[839] bereits eine anschließend entstandene Abschrift der urkundlichen Kaufbestätigung[840] und sämtliche zu einem späteren Zeitpunkt entstandenen Abschriften der Kaufvereinbarung weisen statt des Zahlwortes „vorthein" die Zahl „vofthein", später auch „foftein" oder „fofftein" aus.[841]

An dieser Stelle ist eher ein Schreibfehler der lauenburgischen Kanzlei zu vermuten als unbedingt eine Fälschungsabsicht des Herzogs in den Vordergrund zu stellen: Hierfür fehlen die Indizien. Als aufschlußreich stellen sich die Landbederegister Tremsbüttels dar, die über Jahre hinweg vierzehn Dorfschaften aufführen – erst die Geschichtsschreibung des 19. und letztlich die des 20. Jahrhunderts hat die 15. Dorfschaft (Klein–Hansdorf) aufgrund ihrer auf den Abschriften basierenden, quellenorientierten Arbeit in die Diskussion gebracht.[842]
Das Amt Tremsbüttel umfaßte zum Zeitpunkt des Verkaufs folgende Zugehörungen: Westlich der Alster die Dörfer Mellingstedt, Lemsahl, Duvenstedt, Tangstedt und Wilstedt, nördlich der Alten Alster das Dorf Idstedt, nördlich der Beste Tönningstedt, südlich der Beste die Dörfer Fischbek, Tremsbüttel, Bargteheide, Delingsdorf, Hammoor und halb Hoisbüttel sowie die im Süden liegende Exklave (Neu–) Rahlstedt.[843] Hoisbüttel wurde allerdings

[839] LAS, Urk. Abt. 210, Nr. 418 (Urkunde vom 16. Oktober 1575). – LAS, Abt. 210, Nr. 1092, Abschrift der Urkunde. – LAS, Urk. Abt. 210, Nr. 417 a (Urkunde vom 28. September 1475).
[840] LAS, Abt. 210, Nr. 1092, Abschrift der Urkunde vom 28. September 1475.
[841] LAS, Abt. 7, Nr. 1317, qdr. 1 (Bericht über die Ereignisse des Jahres 1475).
[842] Vgl. Christen, Altstormarnische Ämter, S. 28. – Günter Bock: Klein–Hansdorf. 13. Jahrhundert bis 1778; in: Hannelies Ettrich und die Gemeinde Jersbek (Hgg.): Chronik Jersbek; Jersbek/ Husum 1989, S. 260.
[843] Krause, Rückdatierte Urkunden, S. 480.

kurze Zeit später von der Familie von Heest rückerworben;[844] Klein–Hansdorf hingegen kam hinzu. Die Urkundenabschriften weisen somit einen Schreibfehler hinsichtlich der ursprünglich erworbenen 14 Dorfschaften auf.

4.6.4 Fischereigerechtigkeiten auf der Bille

Auf den 'fließenden' Charakter des geographisch eindeutigen Grenzverlaufs der Bille zwischen Holstein und Sachsen–Lauenburg wurde bereits mehrfach hingewiesen.
Die Flußabschnitte der Bille, welche den Grenzverlauf der beiden Territorien bestimmten, waren bereits von Herzog Johann V. und dem dänischen König Christian I. so definiert worden, daß der Fluß je zur Hälfte als den beiden Territorien zugehörig erklärt worden war. Um dies zu verdeutlichen, hatten sich beide Landesherren in der Mitte des Flusses getroffen: Bretter wurden von beiden Seiten in den Fluß gelegt, und die beiden Landesherren besiegelten die durch den Fluß verlaufende Grenze mit einem Händedruck.

Die Flußabschnitte, die an die Besitzungen des Klosters Reinbek grenzten, waren durch die dem Kloster übertragenen Nutzungsrechte klar bestimmt. 1529 änderte sich dies aufgrund der Übertragung des Klosters an den dänischen König. Die Nutzungsrechte an der Bille in den klösterlichen Flußabschnitten boten daher Anlaß zum Streit. Dieser Gegenstand fand jedoch nur bedingt Eingang in die Prozesse, die den Streit um die acht Klosterdörfer und deren Nutzung der Gerechtigkeiten auf der Bille betrafen.

Herzog Franz I. hatte sich, nachdem Herzog Adolf von Schleswig–Holstein–Gottorf das Amt Trittau erhalten hatte, mit diesem – nach altem Brauch – ebenfalls auf der Bille getroffen, so den Flußgrenzverlauf erneut durch Handschlag bekräftigt[845] und dies auch seinen Untertanen zur Kenntnis gebracht.[846]

---

[844] Alf Schreyer: Hoisbüttel im Mittelalter; in: Kreis Stormarn (Hg.): Festschrift Alf Schreyer; [= Stormarner Hefte, 15]; Neumünster 1990, S. 76.

[845] Vgl. LAS, Abt. 210, Nr. 1061 (Schreiben vom 13. Juni 1600 von Herzog Johann Adolf von Schleswig–Holstein–Gottorf an Herzog Franz II. von Sachsen–Lauenburg: Johann Adolf berichtet von dem Zusammentreffen ihrer Väter auf der Bille in Anwesenheit von Fritz von Bülow und „Bartell von Berkenthyn", als beide sich „auff ethliche Bretere biß halbwege in den Bilstrohm legen lassen" und Franz I. seinen Vater in der Mitte empfing. Herzog Adolf hatte die Grenze der Bille wohl sehr sorgfältig im Auge. Ein Zeuge berichtete im Jahr 1599, er habe Herzog Adolf selbst einmal an der Bille gesehen, als er kontrolliert habe, ob die lauenburgischen Fischernetze auch nicht auf die holsteinische Seite reichten (LAS, Abt. 210, Nr. 1060, Schreiben, datiert vom 16. April 1599).

[846] Vgl. Zeugenaussage in: LAS, Abt. 210, Nr. 1060 (Schreiben, datiert vom 16. April 1599).

4.6.4.1 Der Tote in der Bille

Im Jahr 1599 brachen zwischen Holstein und Sachsen–Lauenburg Streitigkeiten um die Nutzungsrechte der Bille aus.[847]
Ende März des Jahres 1599 war ein Unbekannter in der Bille ertrunken.[848] „Wegen deß in der Billen erßoffenen Kerlß“ meldete der holsteinische Amtmann zu Trittau, Jost Warendorf, beim Verwalter des Amts Lauenburg, Moritz Hardebaum, holsteinische Besitzrechte an, da der Tote auf der holsteinischen Seite des Flusses und damit auf holsteinischem Grund und Boden ertrunken sei. Nach seinem Dafürhalten hätten die Lauenburger in den Zuständigkeitsbereich Holsteins unberechtigterweise eingegriffen und müßten deswegen den „Todten Corper wiederrumb ann die holsteinischen seiten überbringen und fernner heute noch [6. April 1599, J.H.] gnedigster Predigte zum Steinbeke zur erde bestetigen lassen.“[849]
Auf lauenburgischer Seite wurde dieser Fall um den unbekannten Toten an den Statthalter der Stadt Lauenburg, Ludolf von Parkenthin, übertragen. Nachdem dieser seine Ermittlungen abgeschlossen hatte, konnte er in einem als Polizeibericht zu bezeichnenden Schriftstück,[850] welches – der Fall wurde von holsteinischer Seite anschließend nicht weiterverfolgt – dem Amtmann von Trittau zur Kenntnis gelangt ist, den Sachverhalt als geklärt darstellen:[851]
Der aus dem lauenburgischen Wentorf[852] stammende Untertan war (von Lauenburger Seite aus[853]) baden gegangen, in tiefes Wasser geraten und ertrunken. Weil der Mann abends nicht nach Hause gekommen war, hatten ihn

[847] LAS, Abt. 7, Nr. 1296. Auf die rasch beigelegte Irrung um Nutzungsrechte an der Bille in Höhe der Dorfschaften Schönningstedt und Witzhave vom Juli/ August 1584 wird lediglich hingewiesen. Dennoch kann an diesem Beispiel die Wichtigkeit des Grenzverlaufs belegt werden, die Herzog Franz II. zu dieser Zeit dem Verlauf der Bille zumaß, da seine Kanzlei und nicht der verantwortliche Amtmann auf ein Beschwerdeschreiben antwortete.

[848] Es war keine Seltenheit, daß in der Bille Menschen und Tiere ertranken. Vgl. Hinweis in einem Brief von Herzog Franz II. an Graf Johann Adolf vom 25. Mai 1600 in LAS, Abt. 7, Nr. 1303: Herzog Franz beschwert sich über den schlechten Zustand einer unter holsteinischer Verantwortung stehenden Brücke, von der ein Mann mit seinem Pferd im Winter abgestürzt, durch das Eis gebrochen und ertrunken sei.

[849] LAS, Abt. 210, Nr. 1060 (Schreiben, datiert vom 6. April 1599).

[850] LAS, Abt. 210, Nr. 1060 (Schreiben, datiert vom 15. April 1599: Parkenthin berichtet in diesem Schreiben von einer im Lauenburgischen vagabundierenden Frau mit einem Kind und meldet die Gefangensetzung anderer Personen).

[851] Für die folgenden Ausführungen: LAS, Abt. 210, Nr. 1060 (Schreiben, datiert vom 15. April 1599 und Schreiben, datiert vom 16. April 1599).

[852] An dieser Stelle wird daran erinnert, daß Wentorf eines der acht reinbekischen Klosterdörfer war, dessen Zugehörigkeit zu Lauenburg zu diesem Zeitpunkt noch nicht 'per sententia' entschieden war.

[853] Er begründet dies mit dem Auffinden der Bekleidung des Ertrunkenen am lauenburgischen Ufer, wo der Tote seine Kleider abgelegt habe.

Angehörige und der „burmeister“ Hans Wolltorff am folgenden Tag gesucht und den toten Mann auf dem Grund der Bille aufgefunden, ihn mit Hilfe anwesender Billefischer aus dem Wasser und anschließend an das Ufer gezogen.

Die Sorgfalt, mit der von Seiten der Lauenburger der Nachweis der Rechtmäßigkeit ihrer Handlung geführt wurde, und der Umstand, daß Holstein den Toten auf dem Grund der Bille zunächst für sich beanspruchte, verdeutlichen in besonderem Maß das Bestreben, kein Präjudiz für zukünftige Handlungen zu schaffen. Eine von lauenburgischer Seite errichtete Brücke über die Bille führte in diesem Zusammenhang ebenfalls zu einem Streit,[854] welcher dadurch beigelegt wurde, daß die auf holsteinischem Territorium errichtete Brückenhälfte abgerissen, die andere Hälfte jedoch stehengelassen wurde.[855]

4.6.4.2 Der Reichskammergerichtsprozeß um die Fischerei–gerechtigkeiten auf der Bille

Am 16. Mai 1608 nahmen holsteinische Untertanen dem Sohn des Lauenburgers Carsten Petersen aus Wentorf an der Bille Fischereigeräte ab.[856]
Der Amtmann von Schwarzenbek forderte deswegen den Amtmann von Reinbek auf, Sorge zu tragen, daß diese Gerätschaften dem Hein Petersen zurückgegeben würden.[857]
Der Amtmann von Reinbek hingegen betrachtete die Ereignisse aus einem anderen Blickwinkel und teilte seinem lauenburgischen Amtskollegen mit, daß der Fall wohl nicht so einfach sei, da eine Landverletzung Lauenburgs vorliege.[858]
Den regional begrenzten Verhandlungsweg verlassend, klagte Herzog Franz II. gegen den Herzog von Schleswig–Holstein–Gottorf vor dem Reichskammergericht. Mit einem Mandat zur Pfändung cum citatione sine clausula reagierte das Reichskammergericht am 1. September 1608 der Ordnung entsprechend. Das Mandat hatte – wie üblich – den Text der Klage

---

[854] LAS, Abt. 210, Nr. 1061 und LAS, Abt. 7, Nr. 1303 (gleichlautende Schreiben, datiert vom 22. Mai 1600 und gleichlautende Antwortschreiben von Herzog Franz vom 25. Mai 1600). – LAS, Abt. 7, Nr. 1303 (Schreiben, datiert vom 11. Juni 1600) und LAS, Abt. 210, Nr. 1061 (Antwortschreiben Herzog Johann–Adolfs, datiert vom 13. Juni 1600).

[855] LAS, Abt. 7, Nr. 1303 (Schreiben, datiert vom 11. Juni 1600).

[856] LAS, Abt. 7, Nr. 1305 (Schreiben, datiert vom 8. Juli 1608) in Verbindung mit LAS, Abt. 390, Nr. 583, qdr. 1, fol. 3^{v}. Bei den Fischereigeräten handelte es sich um einen „fischhamm“ oder „fischkatzer“ (= ein an einem Stiel befestigtes Netz).

[857] LAS, Abt. 7, Nr. 1305 (Schreiben, datiert vom 8. Juni 1608 mit dem Hinweis, daß er sich in dieser Sache bereits am 19. Mai an den Amtmann von Reinbek, allerdings erfolglos, gewandt habe).

[858] LAS, Abt. 7, Nr. 1305 (Schreiben, datiert vom 2. Juli 1608).

übernommen. Neben dem Inhalt des Mandats ist vor allem das Datum interessant: Der Prozeß um den Besitz des Amts Tremsbüttel und der acht reinbekischen Klosterdörfer war gerade zugunsten des lauenburgischen Herzogs entschieden worden.
Herzog Franz II. von Sachsen–Lauenburg hatte dem Gericht gegenüber Klage über die Verletzung der Fischereirechte auf der Bille geführt und in diesem Zusammenhang auf die alleinigen Nutzungsrechte Lauenburgs an der Bille hingewiesen, obwohl in diesem speziellen Fall ausschließlich der Flußabschnitt betroffen war, den die Wentorfer, wie einst die Reinbeker, nutzen und gebrauchen durften.[859]
Der Versuch des lauenburgischen Rechtsanwalts, den Pfändungsprozeß als Territorialprozeß zu instrumentalisieren und so seinen Landesherrn per Gerichtsbeschluß in den Besitz des gesamten Flußlaufs zu versetzen, scheiterte.[860]
Obwohl das abgepfändete Fischereigerät „keine Zwey shillingh lübsch werth gewesen", wurde der Gegenwert des Netzes im Jahr 1612 von Holstein erstattet und damit der Prozeß durch Folgeleistung[861] vor dem Reichskammergericht beendet.[862] Anschließend eingereichte Exzeptions–, Responsions– und Defensionsschriften blieben wirkungslos.[863] Die Frage um die Fischereigerechtigkeiten blieb allerdings im Kontext der Frage um die acht Klosterdörfer dem Diskussionsrahmen der Juristen verhaftet.[864]
Die Absicht des holsteinischen Anwalts Kremer, im Jahr 1619 beim Reichskammergericht die Frage der Fischereigerechtigkeiten auf der Bille im Zusammenhang mit der Wiederaufnahme des Verfahrens wegen der acht Klosterdörfer einzubringen, wurde durch Absprachen zwischen ihm und dem lauenburgischen Anwalt Steuernagel nicht weiter verfolgt.[865]

---

[859] Vgl. LAS, Abt. 390, Nr. 582, qdr. 1, fol. 3^{v}: Es wird ausgeführt, daß der Landesfürst von Niedersachsen zahlreiche Privilegien innehabe. „[...] in specie den Waßßerfluß die Billa genandt. Zur Nutzung undt gefallen, zur fischerey und andrer nutzbarkeit gepracht, genossen undt durch dero Undtthanen die Wenttörffer undt anderer Ansitzendte benandtlich des Orttes bey undt ander der Ampt und Haus Reinbeke besitzen und prauchen lassen."

[860] LAS, Abt. 210, Nr. 1062, Schreiben, präs. 5. Dezember 1608 und instrumentalisiertes Schriftstück, lit. B, Nr. 42.

[861] LAS, Abt. 7, Nr. 1305 (Hinweis auf den 2. April 1612).

[862] LAS, Abt. 390, Nr. 582, offenes Instrument (ohne qdr.), präs. 26. Juni 1612.

[863] LAS, Abt. 390, Nr. 582, Eingaben, die nach dem 26. Juni 1612 eingereicht wurden. Von Seiten des Gerichts werden keinerlei weitere Bescheide oder Mandate erstellt. – LAS, Abt. 210, Nr. 1062 (Petitionsschreiben, präs. 7. Januar 1613, zweifache Ausfertigung). – Weiterer Schriftverkehr in: LAS, Abt. 7, Nr. 1305 (datiert 1613, 1618, 1619).

[864] LAS, Abt. 7, Nr. 1305 (Schreiben vom 16. November 1614 und vom 27. Oktober 1618). – LAS, Abt. 7, Nr. 1288 II (Schriftwechsel seit dem 20. Mai 1618).

[865] LAS, Abt. 7, Nr. 1305 (Schreiben vom 8. November 1619).

4.7 Die Städte Hamburg und Lübeck

Die Nähe zu den beiden nördlichen Wirtschaftsmetropolen Hamburg und Lübeck bestimmte nachhaltig das in der Mittellage eingeschlossene Herzogtum Sachsen–Lauenburg – im besonderen durch die durch dieses Territorium verlaufenden Handelswege.

Hatte sich die zu Beginn des 16. Jahrhunderts im Abschwung begriffene Hansestadt Lübeck durch territoriale Expansionsmaßnahmen während des Spätmittelalters ihre Einflußsphäre in Sachsen–Lauenburg gesichert, ausgebaut und umfänglich erhalten, so waren die im Perleberger Frieden von 1420 verlorenen Gebiete des Herzogtums in Bergedorf und den Vier– und Marschlanden im unmittelbaren Nahbereich Hamburgs gelegen und wurden durch die im Norden erworbenen Besitzungen von Teilen des Sachsenwaldes, der als Holzlieferant Hamburgs diente, ergänzt. Zu erwarten wäre, daß im Zuge der territorialen Rückgewinnungspolitik der Herzöge zum Ende des 15. und im Verlauf des 16. Jahrhunderts die im Perleberger Frieden abgetretenen Gebiete aus mehreren Gründen in den Interessenbereich Lauenburgs hätten rücken müssen: um eine eindeutige Landgrenze zu schaffen, die mit dem Gesamtverlauf der Bille einherging, die Rechte an der Elbe auf den Bereich der Vier– und Marschlande so auszudehnen, daß auch die Zollstation Zollenspieker wieder als lauenburgische Einnahmequelle fungieren konnte, den Territorialbesitz um Hachede (Geesthacht) als Exklave Hamburgs und Lübecks zurückzugewinnen und die alten Rechte am gesamten Herzogenwald (Sachsenwald) wieder herzustellen. Diese Erwartungen schienen zunächst nicht in den Betrachtungswinkel der Herzöge zu rücken; vielmehr wurde eine Politik betrieben, die den Territorialnachbarn verdeutlichte, daß die Sicherung des status quo oberstes Gebot war.[866] Die Städte Hamburg und Lübeck hingegen sahen Möglichkeiten, ihre Einflußsphäre in Richtung des Exklavenbesitzes Hachede auszudehnen und ihre Rechte am Sachsenwald zu erweitern.

4.7.1 Das Amt Bergedorf

Der unter gemeinsamer Verwaltung der Städte Hamburg und Lübeck stehende östliche Bereich des Amts Bergedorf bot vor allem für Hamburg wirtschaftliche Vorteile durch den Elbübergang am Zollenspieker, über den der Salinenverkehr aus Lüneburg (über Winsen) für Hamburg abgewickelt wurde. Hamburg konnte

[866] Eine zentrale Rolle spielten in diesem Zusammenhang die durch das Herzogtum Sachsen–Lauenburg verlaufenden Handelswege, wobei zu einem späteren Zeitpunkt besonders die Konkurrenz der Hamburg/ Lübecker Zollstation Zollenspieker bei Eßlingen und der Lauenburger Zollstation bei Artlenburg eine Rolle spielen sollte.

so Zollzahlungen in Lauenburg vermeiden, während Lübeck auf diesen Transportweg angewiesen war.[867]
Eine besondere Belastung erfuhr das Verhältnis zwischen den beiden Städten einerseits und dem Herzog von Sachsen–Lauenburg andererseits im Jahr 1598. Am 29. April hatte Heinrich Heitkamp als Angehöriger der niedersächsischen Kanzlei den Amtsschreiber von Bergedorf, Andreas Grimm, nach Schwarzenbek eingeladen, um mit ihm über in letzter Zeit vorgefallene Jagdfrevel zu sprechen. Diese Einladung diente jedoch nur als Vorwand. Nachdem der Amtsschreiber Schwarzenbek erreicht hatte, wurde er umgehend festgenommen und eingesperrt. Die beiden Städte Hamburg und Lübeck wandten sich in dieser Sache an den Reichshofrat. Der Kaiser erließ am 18. November 1598 ein Mandat gegen Herzog Franz II.[868] Im Verlauf der Auseinandersetzungen wurden die Hintergründe für Grimms Verhaftung offenbar: Er sollte den Auftrag gegeben haben, den lauenburgischen Herzog durch Hans Schrader ermorden zu lassen.

Die Verhandlungen und Vermittlungsgespräche zogen sich erfolglos hin,[869] bis am 23. September 1602 dem lauenburgischen Herzog in einem Urteil geboten wurde, den Gefangenen zu entlassen; ansonsten drohte Franz II. die Acht und Aberacht. Dessenungeachtet eröffnete Herzog Franz II. einen peinlichen Prozeß in Lauenburg und beklagte den Bergedorfer Amtsschreiber.[870] Hans Schrader – mittlerweile ebenfalls in Lauenburg festgesetzt – wurde Anfang 1604 hingerichtet,[871] nachdem Grimm unter Folter gestanden hatte. Aufgrund eines Exekutionsantrags der beiden Städte im Jahr 1606, in dem der Kaiser aufgefordert wurde, Herzog Franz II. in die Acht zu stellen, wurde der Bergedorfer Amtsschreiber freigelassen.[872]

4.7.1.1 Besenhorst

Im Jahr 1562 wandten sich die Städte Hamburg und Lübeck supplizierend an das Reichskammergericht, um sich gegen die Ansprüche des Herzogs von Sachsen–Lauenburg auf Weidegerechtigkeiten auf Bergedorfer Territorium zu

---

[867] Vgl. Regionalatlas, Blatt 3.7.
[868] ÖsterrHHStA, RHR, Judiziale Antiqua 269, Nr. 6. – S. die Lauenburger Akte: LAS, Abt. 7, Nr. 1300 I.
[869] S. hierzu den Gesamtaktenbestand: LAS, Abt. 7, Nr. 1300 I und II, Nr. 1301 I und II, Nr. 1302.
[870] S. W[alter Eugenius] Dührsen: Lowenburgischer peinlicher Proceß und Urgicht des daselbst gefänglich sitzenden Amtsschreibers von Bergesdorf 1603; in: Vaterländisches Archiv für das Herzogthum Lauenburg, N.F. 7/ 2; 1900, S. 27–90.
[871] LAS, Abt. 7, Nr. 1302, Angaben zum 19. und 20. Januar 1604.
[872] ÖsterrHHStA, RHR, Judiziale Antiqua 269, Nr. 6.

beschweren: Die lauenburgischen Untertanen aus Besenhorst[873] hatten ihr Vieh auf eine Weide – zwischen Besenhorst und Basthorst – geführt und dort weiden lassen.[874] Diese Weide wurde jedoch von den Bergedorfer Untertanen beansprucht, da sie hier seit „undenklichen“ Zeiten ihr „großes und kleines Vieh auf dieses areal treiben“;[875] dieses wurde nun von den Besenhorster Untertanen „abgepfändet und weggeführt“.[876] Die Vorwürfe der Städte Hamburg und Lübeck führten zur Klage vor dem Reichskammergericht, das bei Poen von 10 MlötG künftige Enthaltung und Restitution gebot; letztere wurde dadurch eingeschränkt, daß ein monetärer Ersatz bei „Nichtvorhandensein des Viehs“ zu leisten sei.[877] Das Gericht begründete die Berechtigung zur Klageerhebung folgendermaßen: „Da einer der dem heiligen reich ohne mittel underworfen durch sich selbst, oder die seinen einen anderen der dem reich ebenmeßiger gestallt zugethan ist, oder deßsen unterthanen pfennden wurdet worumb oder was sachen halben [...] das geschehe zu widerholung den abgedrungene Pfanndt und namungen ahn [...] unserm kammergericht verhalten werden solle.“[878]

Die speyerische Klageschrift wurde Herzog Franz I. am 12. September 1562 überbracht,[879] blieb zunächst unbeachtet und mündete am 19. Oktober in eine formale Prozeßeröffnung.[880]

Mittlerweile hatten sich jedoch derartige Fälle in dem betroffenen Gebiet wiederholt. Hatten die Besenhorster Untertanen zunächst „soes stück hauptvieh“[881] abgepfändet, so nahmen sie am 19. Juli 1562 erneut acht „große Vieher“ von der angeblich zu Bergedorf gehörenden Weide.[882] Am 29. Oktober 1562 wurde Herzog Franz I. die zweite Klageschrift durch den Kammergerichtsboten Franz Eggers in Lauenburg – in der „behaußung des canzlers“ – zugestellt, nachdem dieser bereits vergeblich versucht hatte, das

---

873 Es handelt sich hierbei um das alte Besenhorst, welches in dem heutigen Schwemmgebiet der Geesthachter Staustufe an der Elbe lag.

874 LAS, Abt. 390, Nr. 225, qdr. 2, fol. 32v. – Bereits im Jahr 1549 war es zu einem ähnlichen Zwischenfall gekommen, der im Zusammenhang mit dem Prozeß um die Rechte am Sachsenwald beschrieben wird: LAS, Abt. 210, Nr. 771, Abschrift der Zitation vom 11. September 1549. – Ebenfalls wird in dem am 29. August 1550 in diesem Zusammenhang vorgelegten Klaglibell auf diesen Umstand verwiesen: LAS, Abt. 210, Nr. 771, Klaglibell vom 29. August 1550, fol. 2v, Klagepunkte Nr. 13 und Nr. 14. – LAS, Abt. 210, Nr. 771, Defensionsschrift vom 26. Februar 1551, fol. 3v, Defensionspunkte Nr. 21–27.

875 LAS, Abt. 390, Nr. 225, qdr. 2, fol. 32r.

876 LAS, Abt. 390, Nr. 225, qdr. 2, fol. 32v.

877 LAS, Abt. 390, Nr. 225, qdr. 2, fol. 33r.

878 LAS, Abt. 390, Nr. 225, qdr. 2, fol. 33r.

879 LAS, Abt. 390, Nr. 225, qdr. 2, fol. 31r.

880 LAS, Abt. 390, Nr. 225, qdr. 2, fol. 33v.

881 LAS, Abt. 390, Nr. 225, qdr. 9, fol. 56r.

882 LAS, Abt. 390, Nr. 226, qdr. 2, fol. 9v.

Mandat in Ratzeburg zu übergeben.[883] Dr. Daniel Capito, der mit der Wahrnehmung der lauenburgischen Interessen in Speyer betraut worden war, reichte seine Positionsschriften in beiden Prozessen erst im März 1563 ein und begründete diese Verspätung mit der häufigen Abwesenheit des Fürsten, „er habe viel in Ostfriesland zu tun,“[884] und den winterlichen Verhältnissen in Norddeutschland, welche es nicht möglich machten, Botschaften zeitgerecht auszutauschen.[885]

Am 1. März 1563 legte Dr. Capito seine Positionen, die acht Stück Vieh betreffend, dem Gericht vor. Betonte er zunächst die Zugehörigkeit Besenhorsts zu Lauenburg[886] – die vom Kläger auch nicht bestritten worden war –, so legte er anschließend die geographische Situation dar. Hierdurch verdeutlichte er dem Gericht, daß nicht ein Lauenburger Rechtsbruch, sondern einer der Bergedorfer Untertanen, in diesem Falle der Gammer, vorlag. Er beschrieb die Situation wie folgt: Die Weiden Besenhorsts grenzten an das Amt Bergedorf. Zwischen den Gebieten liege ein großer Graben, der die „Brackwesserung“ genannt werde und die Scheide zwischen Lauenburg und Altengamme bezeichne.[887] Die Altengammer Untertanen hätten nun jedoch ihr Vieh über die „Brackwesserung“ geführt, was den Gammern von Seiten des Lauenburger Großvogts nie erlaubt worden sei.[888] Das Vieh werde daraufhin, mit Genehmigung des Großvogts, von dessen Bediensteten mitgenommen, nach Lauenburg geführt und dort von den Gammern für 2 ß je Vieh wieder ausgelöst.[889] Eine Restitution des Viehs sei somit, da es bereits wieder zurückgegeben worden sei, nicht mehr möglich[890].

Die Städte Hamburg und Lübeck konnten dieser Argumentation wenig entgegensetzen. Sie verzichteten auf weitere prozessuale Handlungen, nicht jedoch ohne von Seiten Lübecks darauf hinzuweisen, daß, „da pariert wurde (durch die Restitution, J.H.), will er (der Rechtsanwalt der Stadt Lübeck, J.H.) es dabey bleiben lassen.“[891] Aber, so schloß dieser unmittelbar an: „Die soes stück vieh ist er aber schuldig.“[892]

---

[883] LAS, Abt. 390, Nr. 226, qdr. 2, fol. 11r.

[884] LAS, Abt. 390, Nr. 226, qdr. 4, fol. 14v.

[885] LAS, Abt. 390, Nr. 226, qdr. 4, fol. 15r.

[886] LAS, Abt. 390, Nr. 226, qdr. 5, fol. 17r.

[887] LAS, Abt. 390, Nr. 226, qdr. 5, fol. 17r–17v.

[888] LAS, Abt. 390, Nr. 226, qdr. 5, fol. 18v. – Die gleiche Argumentation und Darstellung findet sich in dem anderen 'Besenhorster Viehprozeß' in: LAS, Abt. 390, Nr. 225, qdr. 5, fol. 40r–40v (präs. am 5. Mai 1563).

[889] LAS, Abt. 390, Nr. 226, qdr. 5, fol. 19r.

[890] LAS, Abt. 390, Nr. 226, qdr. 5, fol. 20r.

[891] LAS, Abt. 390, Nr. 226, qdr. 7, fol. 23r. – Vgl. Hinweis in LAS, Abt. 210, Nr. 806, Bericht aus dem Jahr 1567: Die Sache um die acht Stück Vieh sei durch einen friedlichen Vergleich beendet worden und darum erledigt. – Dieser Entscheid wurde allerdings nicht

In seinem Positionspapier, die sechs Stück Vieh betreffend, betonte Dr. Capito am 5. Mai 1563 zunächst, daß eine Rückgabe auch in diesem Fall erfolgt sei.[893] Den Tatbestand der Abpfändung stellte Capito allerdings differenzierter dar. Einerseits bestätigte er, daß die Bewohner des Dorfs Besenhorst – mit Genehmigung des Lauenburger Großvogts Hans Burmeister – das Vieh nach Lauenburg verbracht hatten, andererseits wies er darauf hin, daß dies nur geschehen sei, da die Tiere alle völlig ausgehungert gewesen seien.[894] Capito blieb die Erklärung schuldig, warum sie in diesem Zustand zunächst über 20 km Wegstrecke überwinden mußten, bevor sie, „ohne einen Pfandschilling zu beanspruchen", an die Bergedorfer zurückgegeben wurden;[895] unbestreitbar blieb der Zeitpunkt der Rückgabe. Der Tatbestand war bereits bereinigt worden.[896]

Dr. Capito ließ es mit der Feststellung der erfolgten Restitution – anders als in dem anderen Prozeß um die Abpfändungen des Bergedorfer/ Gammer Viehs – nicht bewenden, sondern wies auf die Rechtsgewohnheiten in dem streitigen Gebiet hin. Es handele sich nicht um Einzelfälle, sondern um sich ständig wiederholende Taten der Altengammer, die, trotz des Verbots durch den Lauenburger Großvogt, ihr Vieh auf die gegenüberliegende, die Lauenburger Seite der Brackwässerung trieben. Wenn das Vieh abgepfändet werde, sei es alte Gewohnheit, daß gegen Hinterlegung des Pfandschillings das Vieh wieder zurückgegeben werde.[897] Zu ihrer Verteidigung hatten die Altengammer immer wieder betont, daß ihr Vieh ohne ihr Wissen den Bach überschritten habe.[898] Sollte nun aber der Rechtsweg beschritten werden, so der Rechtsanwalt, gelte es, vornehmlich die Städte Lübeck und Hamburg zu belangen: Der Rechtsbruch

---

dem Reichskammergericht mitgeteilt, wie daran abzulesen ist, daß dieser Prozeß noch im Jahr 1634 als rechtsanhängig geführt wurde (LAS, Abt. 390, Nr. 226, qdr. 9).

892 LAS, Abt. 390, Nr. 226, qdr. 7, fol. 23v. – LAS, Abt. 390, Nr. 229: Am 18. Oktober 1563 kam es im selben Gebiet erneut zu Viehabpfändungen (drei Pferde und Fohlen). Die Tiere waren anschließend sofort zurückgegeben worden, so daß die Städte Hamburg und Lübeck auf eine Fortsetzung des Prozesses verzichteten.

893 LAS, Abt. 390, Nr. 225, qdr. 5, fol. 38v und 39r.

894 LAS, Abt. 390, Nr. 225, qdr. 5, fol. 38v.

895 LAS, Abt. 390, Nr. 225, qdr. 5, fol. 39r.

896 LAS, Abt. 390, Nr. 225, qdr. 5, fol. 39v.

897 LAS, Abt. 390, Nr. 225, qdr. 5, fol. 42r. Dr. Capito führte aus, daß das Verhalten der alten Bauern aus Altengamme dadurch verständlich werde, daß deren Vorfahren ehemals lauenburgische Untertanen gewesen seien, welche dem Amt Bergedorf zugeschlagen worden seien. Diese Ausführungen können sich nur auf die Vereinbarungen des Perleberger Friedens von 1420 beziehen, in denen die Scheide zwischen Bergedorf und Lauenburg durch die Brackwässerung beschrieben wurde, ohne dabei zu beachten, daß ursprünglich die Weide – jenseits des Grabens – zu den Besitzungen derjenigen gehörte, die nunmehr Bergedorfer Untertanen geworden waren.

898 LAS, Abt. 390, Nr. 225, qdr. 5, fol. 42v.

wurde von den Bergedorfern begangen.[899] Dennoch, auch dies betonte Capito, sollte dieser Streit die fürstlichen Beziehungen zwischen Sachsen–Lauenburg und den beiden Städten nicht beeinträchtigen.[900]
Beide Städte hatten sich zu Beginn des Prozesses darauf verständigt, in dieser Sache gemeinsam vor Gericht ihre Interessen vertreten zu lassen.[901] Der städtische Rechtsanwalt in Speyer brachte, nachdem er erkannt hatte, daß der Vorwurf der Abpfändung keinen weiteren Bestand haben konnte, einen neuen Aspekt in den Prozeßverlauf ein, der die wahren Interessen der klagenden Parteien zum Ausdruck brachte: Bot die Abpfändung des Viehs den Anlaß zur Auseinandersetzung, so gründete die Ursache des Streits in der Frage, wo die Grenze zwischen dem Amt Bergedorf und dem Herzogtum Sachsen–Lauenburg genau lag. Er hielt die Meinung Capitos für unwahr, daß die Brackwässerung die Grenze zwischen Bergedorf und Sachsen–Lauenburg bilde.[902] Der städtische Rechtsanwalt bezog sich in seiner Begründungsschrift auf die Aussage des Bergedorfer Amtmanns Dietmar Koel: „Die eigentliche Scheide bildet ein alter Graben, aber nicht die Brackwässerung,[903] die in ihrem Gesamtverlauf mit beiden Uferteilen unzweifelhaft zu Lübeck und Hamburg gehört.“[904] Daher, so der Rechtsanwalt weiter, seien die von Lauenburger Seite ausgeführten Bauarbeiten am Elbdeich ebenfalls als ungerechtfertigter Eingriff in fremdes Territorium zu bewerten, da auch dieses Gebiet an der Elbe den beiden Städten gehöre.[905] Der Nebenverweis auf den geringen Lohn, den die Lauenburger Untertanen für die schwere Arbeit am Elbdeich erhielten, präsentierte dem Gericht das Bild eines ausbeuterischen Territorialherrn, der seine eigenen Untertanen auf fremdem Gebiet zum eigenen Nutzen einsetzte.[906] Die Absichten Hamburgs und Lübecks wurden damit zielsicher artikuliert: die Beanspruchung der Elbdeiche bis Hachede, um einen territorialen Anschluß zu erzielen, der langfristig zu einer landgebietlichen Arrondierung führen konnte.
Es nimmt nicht wunder, daß Dr. Capito entgegnete, er halte die von dem städtischen Rechtsanwalt vorgebrachten Ausführungen für „nit wa[h]r“ und

---

[899] LAS, Abt. 390, Nr. 225, qdr. 5, fol. 43^{r}.
[900] LAS, Abt. 390, Nr. 225, qdr. 5, fol. 38^{v}.
[901] LAS, Abt. 390, Nr. 225, qdr. 4, fol. 35^{r}–36^{v}.
[902] LAS, Abt. 390, Nr. 225, qdr. 6, fol. 47^{v}.
[903] LAS, Abt. 390, Nr. 225, qdr. 7, fol. 49^{r} und 50^{v}.
[904] LAS, Abt. 390, Nr. 225, qdr. 7, fol. 49^{v}. – S. weitergehend RAK, T.K.U.A., Rigskredsene, Nedersachsische Kredsakter, A–B–C, 1543–1766. Um diesen „alten Graben“ entstanden im Jahr 1608 erneut Streitigkeiten (Nr. 4 vom 28. Februar 1608). In einem gütlichen Austragsverfahren im Jahr 1615 (lit. B, Nr. 3: Urkundenabschrift über die Einigung am 12. Juni 1615) einigten sich beide Städte und Herzog Franz II. schließlich auf das Zuschütten des alten Grabens und legten eine Grenzbeschreibung fest.
[905] LAS, Abt. 390, Nr. 225, qdr. 7, fol. 50^{r}. Vgl. LAS, Abt. 210, Nr. 778, Brief der Stadt Hamburg an Herzog Franz I. vom 4. Mai 1560.
[906] LAS, Abt. 390, Nr. 225, qdr. 7, fol. 49^{v}–50^{r}.

weise sie deswegen gänzlich zurück.[907] Zur Klärung des Streits forderte der städtische Rechtsanwalt, eine Kommission einzusetzen und schlug zunächst Rat und Bürgermeister der Stadt Lüneburg als Kommissare vor.[908] Eine Besichtigung würde, so der städtische Rechtsanwalt Martin Reichardt im Jahr 1569, Klarheit bringen und die Ansprüche der Städte bestätigen.[909] Dr. Capito stimmte der Kommissionsbesetzung erst 1572 zu,[910] nachdem er erneut versucht hatte, die territorialen Zugehörigkeiten mit unterschiedlichen Dokumenten in seinem Sinne zu stützen: Vereinbarungen der Jahre 1400 und 1420 wurden ebenso angeführt wie Gewohnheitsrechte im Sinn einer guten Nachbarschaft, die zur Gänze von den Klägern zurückgewiesen wurden.[911] Die Kommission unter Leitung des Rats und der Bürgermeister der Stadt Lüneburg trat im Juli 1574 auf dem Mohrenhof in Mölln zusammen, befragte Zeugen und vereidigte den Notar.[912] Die Kommissionsmitglieder hielten sich aber nicht an das vorgeschriebene Zitationsverfahren, so daß nach einem entsprechenden Fristablauf Dr. Brentzlin – Dr. Capito war mittlerweile verstorben –[913] am 23. November 1579 auf den Verfahrensfehler hinwies und das Gesamtverfahren anfocht.[914] Der Prozeß geriet nunmehr aus zweierlei Gründen ins Stocken: Zum einen widmeten sich die Rechtsanwälte ganz der verfahrensrechtlichen Seite des Prozesses,[915] zum anderen bestimmten die Nachfolgeregelung für Herzog Franz I. sowie die prekäre Finanzlage, deren Regulierung einer kaiserlichen Kommission übergeben worden war,[916] die lauenburgische Politik.

Der Prozeß endete ergebnislos mit einem Schreiben des städtischen Rechtsanwalts Dr. Reinhardt, der die Positionen der beiden Städte nochmals herausstellte.[917] Dr. Brentzlin beantwortete diese nicht mehr – auch die beiden Städte schwiegen fortan, obwohl der Prozeß formal weiter rechtsanhängig blieb

---

907 LAS, Abt. 390, Nr. 225, qdr. 10, fol. 57v.

908 LAS, Abt. 390, Nr. 225, qdr. 8, fol. 55.

909 LAS, Abt. 390, Nr. 225, qdr. 13, fol. 59r–60r.

910 LAS, Abt. 390, Nr. 225, qdr. 18, fol. 81r.

911 Exemplarisch: LAS, Abt. 390, Nr. 225, qdr. 14, fol. 64v–67v.

912 Vgl. Attestationes in: LAS, Abt. 390, Nr. 225, qdr. 22, fol. 103r–216v. Die Zeugenaussagen sind in Abschrift ebenfalls erhalten: LAS, Abt. 210, Nr. 806, qdr. 22 (präs. am 13. Juni 1575). – S. LAS, Abt. 210, Nr. 806: Ladung für Herzog Franz I. vor die Kommission am 19. Juli 1574.

913 LAS, Abt. 390, Nr. 225, qdr. 25, fol. 223v.

914 LAS, Abt. 390, Nr. 225, qdr. 29, fol. 258r–260r.

915 Exemplarisch: LAS, Abt. 390, Nr. 225, qdr. 30, fol. 265v–267r (präs. am 31. August 1580) und qdr. 33 (Protestschreiben aus dem Jahr 1589).

916 Vgl. ausführlich das Schreiben Franz′ II. an den Herrn „camerrichter“ vom 6. Mai 1589, fol. 287r–290v. – In diesem Zusammenhang auch die Schreiben, die die katastrophale Aktenlage im Lauenburger Archiv schildern: LAS, Abt. 390, Nr. 225, qdr. 41, qdr. 42 und qdr. 43 aus den Jahren 1590 bis 1591 von Kanzler Brandt und einem niedersächsischen Sekretär.

917 LAS, Abt. 390, Nr. 225, qdr. 47.

und die Streitsache vor Ort nicht beseitigt schien.[918] Erst im Zuge eines Revisionsverfahrens unter Kaiser Ferdinand im Jahr 1634 wurde der Prozeß um die Viehabpfändungen der Besenhorster wieder aufgerollt.[919] Das Gericht folgte 1658 der lüneburgischen Kommissionsempfehlung aus dem Jahr 1575 und erklärte den Herzog von Sachsen–Lauenburg für schuldig im Sinn der Anklage, also der ungerechtfertigten Abpfändung von Vieh. Eine Aussage hinsichtlich des Grenzverlaufs unterblieb.[920] Ob die Altengammer Bauern ihr Vieh weiterhin auf die Besenhorster Weide getrieben haben, um dieses dann für 2 ß je Stück in Lauenburg wieder auszulösen, entzieht sich der Kenntnis, obwohl es als möglich angenommen werden muß. Formal bedeutete bereits die Kommissionsentscheidung aus dem Jahr 1575 den Gewinn römischer Rechtsgrundsätze (von beiden Städten favorisiert) gegenüber der gewohnheitsrechtlich aufgebauten Verteidigungsführung.

4.7.1.2 Geesthacht

Das Dorf Geesthacht war im Perleberger Frieden den beiden Städten Hamburg und Lübeck zugeschlagen worden und wurde von diesen als Pertinenz des Amts Bergedorf betrachtet.[921] Unter Bezugnahme auf den Perleberger Friedensschluß verklagten beide Städte Herzog Franz II. von Sachsen–Lauenburg wegen unberechtigter Heuabfuhr aus dem Bereich des Geesthachter Moors, das die Hansestädte als zu ihrem Territorium gehörig ansahen, da ihnen das Amt Bergedorf nicht nur mit allen Freiheiten, sondern vor allem mit allen dazugehörigen Weiden, Wiesen, Gehölzen, Dämmen, Teichen, Gewässern, Holzungen und Jagden übertragen worden war. Die Nutzung des Geesthachter Moors gehörte, nach Auffassung des Hamburger und Lübecker Rats, ausschließlich den Bewohnern Geesthachts.[922] Der Amtmann von Schwarzenbek, Busse Baring, hatte jedoch am 17. August 1610 im Geesthachter Moor, „mit großer mühe und arbeit abgemaihet“, das Heu auf 23 Wagen „auffladen“, damit abgepfändet, und „in ihre Scheünen geführet oder aber durch ihre Viehr abfütten laßen“.[923]

Das Reichskammergericht erkannte die Klageerhebung der beiden Städte an und erließ ein Mandat gegen Herzog Franz II.; bei Poen von 8 MlötG wurde er

---

[918] RAK, T.K.U.A., A I 1, Brevveksling melle Fyrstehusen Sachsen–Lauenburg 1524–1627, Hinweise in einem abschließenden Schreiben vom 17. November 1615.

[919] LAS, Abt. 390, Nr. 225, qdr. 56, fol. 345^r–347^v (in zwei Ausfertigungen).

[920] LAS, Abt. 390, Nr. 225, qdr. 61, fol. 353^r–353^v.

[921] LAS, Abt. 390, Nr. 240, qdr. 2, fol. 9^r und 9^v: Zum Amt Bergedorf wurden die Vier– (und) Marschlande, Alten– und Neuengamme, Curslack und Kirchwerder sowie das Dorf Geesthacht gerechnet.

[922] LAS, Abt. 390, Nr. 240, qdr. 2, fol. 9^v.

[923] LAS, Abt. 390, Nr. 240, qdr. 2, fol. 10^r–10^v.

zur Restitution aufgefordert.[924] Am ersten Prozeßtag, dem 6. März 1611, verlangte der sachsen–lauenburgische Rechtsanwalt, Dr. Johann Melchior Reinhardt,[925] das vorliegende Mandat aus folgenden Gründen zu kassieren: Zum ersten fehlten – formalen Gesichtspunkten folgend – die entsprechenden Beweise, so daß der Anklage nicht stattgegeben werden könne; zum zweiten gehöre das Geesthachter Moor unzweifelhaft zum Herzogtum Sachsen–Lauenburg. De facto, so schloß er sein Exzeptionsschreiben, liege überhaupt kein Rechtsbruch vor, so daß Herzog Franz II. auch nicht willens sei, diesem Mandat zu parieren.[926]
Sebastian Wolf, als Rechtsvertreter der beiden klagenden Städte, verwies auf den Regensburger Reichsabschied von 1594 sowie den Deputationsabschied von 1600[927] und leitete damit einen kurzen, aber heftigen juristischen Schlagabtausch ein,[928] der schließlich zum Stillstand des Prozesses führte.[929]
Im Jahr 1618 versuchte der hamburgisch–lübeckische Rechtsanwalt, das Verfahren erneut in Bewegung zu bringen, was ihm insoweit gelang, als er ein Urteil des Reichskammergerichts erlangte: Dem Kläger wurde Recht zuerkannt und der Beklagte auch „in die Gerichtskosten" verurteilt.[930] Über die Exekution des Urteils können keine Angaben gemacht werden. Da jedoch keine Fiskalforderung des Gerichts vorliegt, scheint das Haus Sachsen–Lauenburg den Kostenforderungen des Gerichts nachgekommen zu sein. Inwieweit auf der Grundlage der Restitutionsansprüche Ausgleichszahlungen an Lübeck erfolgten, bleibt ungewiß.

4.7.2 Der Sachsenwald

Am 23. August 1420 mußten die Herzöge von Sachsen–Lauenburg Erich, Albrecht, Magnus, Bernhard und Otto im Perleberger Friedensschluß unter anderem eine Hälfte des Sachsenwaldes, welcher den Askaniern seit 1228 als

---

[924] LAS, Abt. 390, Nr. 240, qdr. 2, fol. 11^r–11^v. Das Mandat wurde am 7. Novemeber 1610 produziert und bei Prozeßbeginn am 6. März 1611 zur Akte genommen. Eine weitere Abschrift des Mandats befindet sich in: LAS, Abt. 210, Nr. 816, qdr. 1.

[925] LAS, Abt. 390, Nr. 240, qdr. 4: Ratifikationsschreiben für Reinhardt in Kopie vom 23. Januar 1594.

[926] LAS, Abt. 390, Nr. 240, qdr. 5, fol. 20^r–33^r. – Eine weitere Abschrift dieses Schreibens in: LAS, Abt. 210, Nr. 816, qdr. 2.

[927] LAS, Abt. 390, Nr. 240, qdr. 6, fol. 35^r–35^v, präs. am 4. Juli 1611. – Eine weitere Abschrift dieses Schreibens in: LAS, Abt. 210, Nr. 816, qdr. 3.

[928] LAS, Abt. 390, Nr. 240, qdr. 7, präs. am 9. Januar 1612 (Reinhardt) und qdr. 8, präs. am 6. Mai 1612 (Wolff) und qdr. 10, präs. am 27. Oktober 1612 (Reinhardt).

[929] Vgl. LAS, Abt. 390, Nr. 240, Prozeßnebenakte.

[930] LAS, Abt. 390, Nr. 240, Prozeßnebenakte, fol. 3^v: Eintrag vom 13. Juli 1619.

Teil ihres Reichslehens verschrieben war,[931] an die Städte Hamburg und Lübeck abtreten. Ausdrücklich ausgenommen waren die Jagdgerechtigkeiten; diese beanspruchten die Lauenburger für den gesamten Wald.[932]
Anfang 1549 ereignete sich im Sachsenwald ein Zwischenfall, den es als auslösendes Moment für einen sich anschließenden, 121 Jahre währenden Prozeß vor dem Reichskammergericht näher zu betrachten gilt:[933] Der Lübecker Amtmann von Bergedorf, Christoph von Eltze, hatte durch die „angehörigen seines gerichts und seinen haußvogt" im Sachsenwald Holz sammeln lassen. Nachdem seine Untertanen das Holz auf mehrere Wagen verladen hatten, fuhren sie in Richtung der von Eltzeschen Güter. Noch bevor sie das Holz abgeladen hatten, stürmten bewaffnete lauenburgische Untertanen den Hof, nahmen alle beteiligten Personen fest, beschlagnahmten neben den Pferden auch die beladenen Wagen und verbrachten die Gefangenen und alle Pfänder in die Stadt Lauenburg.[934] Da Herzog Franz I. zur gleichen Zeit Übergriffe auf das Amt Bergedorf in der Weise unternommen hatte, daß er weidendes Vieh von

---

[931] [...] Nehl: Der Sachsenwald; in: Archiv des Vereins für die Geschichte des Herzogthums Lauenburg, 4/ 3; 1895, S. 2.

[932] UBStL, 6, Nr. 276, S. 299–300: „[...] mid deme haluen wolde ghenant des hertogen wold vnde siner thobehoringe, to brukende mid aller rechticheid nichtes vtghenomen, doch hebbe wy vtghenomen des jacht, de schal vnse bliuen." – Vgl. Hinweise und Kopien in: LAS, Abt. 210, Nr. 794. Ebenda diverse Protestschreiben aus den Jahren 1420–1421. – Hinsichtlich der Jagdgerechtigkeiten vgl. Hennig, Sachsenwald, S. 52. Hennig übersieht, daß die Jagd als Bestandteil des kaiserlichen Lehens verstanden wurde, damit zunächst als Standesprivileg galt und zudem dem Landesherrn eine Einnahmequelle bot, sofern das Recht unterverlehnt wurde. Das eigene, landesherrliche Jagdrecht wurde dabei nicht eingeschränkt, wohingegen die verlehnten Jagdgerechtigkeiten eine quantitative Begrenzung erfuhren. – S. zur Entwicklung der Jagd im Mittelalter im Kontext des Verständnisses der adlig–ritterlichen Lebensform und der Entfaltung höfischer Kultur: Werner Rösener: Jagd und höfische Kultur im Mittelalter; [= Veröffentlichungen des Max–Planck–Instituts für Geschichte, 135]; Göttingen 1997. – S. hinsichtlich der Bedeutung der Jagd im Zusammenhang mit fürstlicher Herrschaftsausprägung im Spätmittelalter und in der Frühen Neuzeit: Gerd von der Heuvel: Adlige Jagd und fürstliche Souveränität; in: NJB, 67; 1995, S. 217–236.

[933] Nachgewiesenermaßen gab es bereits seit 1536 Streitigkeiten um die Nutzungsrechte am Sachsenwald zwischen den beiden Städten Hamburg und Lübeck einerseits und dem Herzog von Sachsen–Lauenburg andererseits. – S. LAS, Abt. 210, Nr. 772, Liquidation des städtischen Rechtsanwalts aus dem Jahr 1562, der alle Kosten auf das Stichjahr 1536 errechnete. – S. den Briefwechsel in LAS, Abt. 210, Nr. 778: Demnach sind bereits Beschwerden seit dem Jahr 1526 nachweisbar, die im regionalen Raum beigelegt werden konnten. – Vgl. Duve, Mitteilungen, S. 217: „Es scheint, daß [...] im Anfange des 16. Jahrhunderts, in Bezug auf die Benutzung des u n g e t h e i l t e n Sachsenwaldes, worin die Herzöge von Lauenburg allein zur Jagd berechtigt waren, keine Streitigkeiten vorfielen, wenigstens ist darüber nichts bekannt."

[934] LAS, Abt. 210, Nr. 771, Abschrift der Zitation vom 11. September 1549, überbracht am 6. Oktober 1549 in Lauenburg (präs. am 8. Oktober 1550 in Speyer).

der dem Kirchspiel Altengamme zugehörigen Wiese abgepfändet hatte, sahen beide Städte in der Kopplung dieser Ereignisse einen empfindlichen Verstoß gegen die Reichsordnung und den Landfrieden,[935] obwohl die regionalen Konfliktbewältigungsmechanismen weiterhin zur friedlichen Beilegung genutzt wurden: Vermittlungsgespräche und ein reger Briefwechsel bestätigen dieses Verhalten.[936]

Die verbrieften Rechte der beiden Städte, die vor Gericht ihre Interessen durch einen Rechtsanwalt vertreten ließen, schlossen die Nutzung einer vereinbarten Menge an Bau– und Feuerholz ein,[937] Rechte, die sie bis zu jenem Tag „ohne irrung genossen" hatten.[938] Dr. Leopold Dick, der mit der Wahrnehmung der lauenburgischen Interessen betraut war,[939] legte in seiner Defensionsschrift ausführlich dar, daß die beiden Städte generell keinerlei Rechte am Sachsenwald hätten,[940] da dieser ein kaiserliches Lehen des Herzogs von Sachsen–Lauenburg sei.[941] Die Abfuhr von Bau– und Feuerholz war beiden Städten zwar durch eine Sonderregelung vom Herzog zugebilligt und auf 70 Fuder pro Jahr beschränkt worden,[942] durfte aber jetzt nicht eine präjudizierende Wirkung entfalten. Der Sachverhalt war für Dick eindeutig: Bergedorf und Riepenburg waren dem Herzog gewaltsam „entrissen" worden, der Sachsenwald war immer unstrittig lauenburgisches Territorium gewesen.[943] Die vorgebrachte Klage hätte nicht von den beiden Städten, die „zu präjudizieren tendieren",[944] eingebracht werden dürfen, sondern eigentlich vom Herzog von

---

935 LAS, Abt. 210, Nr. 771, Abschrift der Zitation vom 11. September 1549.

936 LAS, Abt. 210, Nr. 778, Briefwechsel im Zeitraum vom 7. Februar 1550 bis 5. August 1552.

937 LAS, Abt. 210, Nr. 771, Klaglibell vom 29. August 1550, fol. 1^{r}–1^{v}.

938 LAS, Abt. 210, Nr. 771, Klaglibell vom 29. August 1550, fol. 1^{v}. Hinsichtlich des vorliegenden Briefwechsels (LAS, Abt. 210, Nr. 778) erscheinen die Behauptungen der Städte zweifelhaft.

939 LAS, Abt. 210, Nr. 771, Ratifikationsschreiben für Dr. Dick vom 9. Dezember 1549.

940 LAS, Abt. 210, Nr. 771, Defensionsschrift vom 26. Februar 1551, fol. 1^{v} und fol. 2^{v}. – LAS, Abt. 210, Nr. 771, Protestnote vom 22. Januar 1550: Bereits ein Jahr zuvor (22. Januar 1550) hatte Dr. Dick versucht, den Prozeß aufgrund formaler Aspekte mit einer Protestnote zu verhindern. Nachdem dies gescheitert war, forderte er eine Terminverlängerung. Hieraus erklärt sich die verspätete Vorlage der Defensionsschrift.

941 LAS, Abt. 210, Nr. 771, Defensionsschrift vom 26. Februar 1551, fol. 2^{v}.

942 LAS, Abt. 210, Nr. 771, Defensionsschrift vom 26. Februar 1551, fol. 1^{v}, fol. 2^{v} und fol. 3^{r}. – Vgl. Brief in LAS, Abt. 210, Nr. 778 vom 16. August 1527 (Herzog Magnus an die Stadt Hamburg). Zugleich markiert das Entgegenkommen des lauenburgischen Herzogs, den Holzschlag im Sachsenwald begrenzt – „zur Notturft der Menschen" – zuzulassen, das Ende zahlloser unberechtigter Holzeinschläge im Jahr 1526 und damit einhergehender Irrungen.

943 LAS, Abt. 210, Nr. 771, Defensionsschrift vom 26. Februar 1551, fol. 2^{r}.

944 LAS, Abt. 210, Nr. 771, Defensionsschrift vom 26. Februar 1551, fol. 3^{r}.

Sachsen–Lauenburg dem Gericht zugeleitet werden müssen.[945] Der städtische Rechtsanwalt konnte die lauenburgische Defensionsschrift durch den urkundlichen Beweis des Perleberger Friedensschlusses so entkräften, daß Dr. Dick den Klaglibell formalrechtlich anerkennen mußte, wobei die Klagepunkte um das bei Besenhorst abgepfändete Vieh ausdrücklich ausgenommen und der Klagepunkt der „uneingeschränkten Nutzungsrechte des Sachsenwaldes seit 125 Jahren“ als unwahr zurückgewiesen wurden. Dieser juristische Schachzug (der Beklagte wurde nun beweispflichtig) sicherte Dr. Dick die Möglichkeit, seinen Antrag dahingehend zu formulieren, daß diese 125jährigen Nutzungsrechte von einer Kommission vor Ort zu klären seien.[946] De facto hatte er damit den von Hamburg und Lübeck angestrengten Prozeß um die Gefangennahme der von Eltzeschen Untertanen und die Abpfändung von Pferden und Wagen beendet und zugleich den Vorwurf der Abpfändung von Vieh auf der Besenhorster Weide in den regionalen Raum zur Schlichtung und weiteren Auseinandersetzung verwiesen, aber den noch rechtsanhängigen Prozeß vor dem Reichskammergericht in eine neue thematische Richtung gelenkt.

Dr. Dick vermochte es im folgenden nicht, den Prozeßgang dahingehend zu beeinflussen, daß der für Lauenburg negative Kommissionsrotul als Beweismittel nicht zugelassen wurde. Unter Vorsitz von Herzog Johann Albrecht von Mecklenburg tagte die Kommission mit Vertretern des Lübecker Domkapitels und zusätzlich fünf Vertretern des Lüneburger Rats und gab 1558 eine Empfehlung,[947] welcher sich das Gericht am 29. Januar 1561 anschloß: Der Herzog von Sachsen–Lauenburg wurde im Sinne der Anklage für schuldig befunden.[948] Diese Entscheidung war von lauenburgischer Seite erwartet

---

[945] LAS, Abt. 210, Nr. 771, Defensionsschrift vom 26. Februar 1551, fol. 3v.

[946] LAS, Abt. 210, Nr. 771, Prozeßnebenakte: Auf Antrag wurde am 23. Februar 1554 eine Kommission eingesetzt, nachdem sich beide Parteien auf deren Besetzung geeinigt hatten (Eintrag vom 19. Februar 1554).

[947] LAS, Abt. 210, Nr. 781, qdr. 18 (Bestellung der Kommission vom 7. Januar 1555). Das Reichskammergericht war von der ursprünglichen Kommissionsbildung („zwei Fürsten gleichen Standes“) nicht abgewichen, bestellte aber zusätzlich fünf Vertreter des Lüneburger Rats, die nicht Angehörige der kaiserlichen Kommission waren, sondern den Status von Beratern innehatten. – Vgl. die in diesem Zusammenhang angefertigten Prozeßkarten in zweifacher Ausfertigung in: LAS, Abt. 210, Nr. 794.

[948] LAS, Abt. 210, Nr. 771, Prozeßnebenakte: Eintrag vom 29. Januar 1561. – LAS, Abt. 210, Nr. 772, präs. am 14. Dezember 1562: Der Herzog von Sachsen–Lauenburg war durch das Urteil verpflichtet, die Prozeßkosten zu tragen und den Städten Hamburg und Lübeck den entstandenen Schaden zu begleichen. Die Liquidation des städtischen Rechtsanwalts aus dem Jahr 1562 stellte hierzu folgendes fest (Extrakt desselben auch in: LAS, Abt. 210, Nr. 794):

Wegen der Enthaltung der Nutzung von Holz:

150 RT/ je Jahr (seit 1538)	5.700 RT

worden. Zugleich stellte das Gericht allerdings heraus, daß die von Hamburg und Lübeck beanspruchten Rechte am halben Sachsenwald gerechtfertigt waren. Mit dieser Entscheidung hatten die lauenburgischen Herzöge nunmehr die schriftliche Versicherung, daß ihnen nur noch der halbe Sachsenwald gehörte (allerdings die Jagdgerechtigkeiten über den gesamten Wald): 141 Jahre nach dem Perleberger Friedensschluß waren diese Vereinbarungen durch das Reichskammergericht in Speyer nochmals bestätigt worden.

Dem Urteil des Reichskammergerichts, welches dem Herzog unter Androhung der Exekution und bei Poen von 20 MlötG zugestellt worden war,[949] leistete dieser keine Folge. Am 10. September 1561 wurde der Prozeß in Speyer fortgesetzt, wobei die Sachfragen zugunsten von verfahrensrechtlichen Fragen in den Hintergrund gedrängt wurden.[950]

In besonderem Maß verfolgte Herzog Franz I. den Prozeß und wies 1566 seinen Rechtsbeistand – mittlerweile Dr. Capito – an, den Prozeß unter allen Umständen fortzusetzen und zu gewinnen. Durch diesen persönlichen Brief des Herzogs wurde Dr. Capito auch über die verworrenen Zustände in Lauenburg informiert: Der Herzog beschrieb eingehend die Schäden, die sein Kanzler Peter von Sprengel aufgrund mangelnder Aktensorgfalt und Terminverschleppung verursacht hatte. Dieses, so der Herzog weiter, habe von Sprengel absichtlich getan, um dem Herzogtum zu schaden. Das Ausmaß dieses Schadens konnte erst offengelegt werden, nachdem von Sprengel aus den herzoglichen Diensten

Wegen Hinderung der Schweinemast, berechnet auf 3.000 Schweine:	
Je Schwein = 4 ß (31 ß = 1 RT); pro Jahr (seit 1538) = 387 RT 3 ß	7.354 RT 26ß
Wegen der Enthaltung der Nutzung von Bauholz:	
300 RT/ je Jahr (seit 1538)	11.400 RT
Schaden für die Bergedorfer Untertanen:	
berechnet für 120 Personen:	1.176 ½ RT 8½ ß
Zollstrafen:	126 RT
Weitere Kosten:	600 RT
Gesamtkosten:	51.950 RT 32 ß

(Gesamtkostenhinweis in LAS, Abt. 210, Nr. 775). – Im Anschluß an die Übersendung wurde eine Kommission zur Überprüfung der von städtischer Seite eingereichten Liquidation beantragt, die mit Hilfe einer numerischen Überprüfung des Baumbestandes im Sachsenwald die Richtigkeit der Kostenrechnung nachweisen konnte (Hinweise in: LAS, Abt. 210, Nr. 775). Besonders eindrucksvoll wirkte bei der Zeugenbefragung der „testis Mark[u]s Burmeister von Grande auß Holstein", der „über 90 Jahr alt, deßen Vatter über 100 Jahr alt gewesen." Dieser Zeuge konnte, aufgrund einer Zeitspanne von über 150 Jahren, beinahe eigenständig die Ansprüche der Städte Hamburg und Lübeck bestätigen (LAS, Abt. 210, Nr. 775, Kopie der Zeugenaussagen).

949 LAS, Abt. 210, Nr. 771, Urteilsschreiben des Reichskammergerichts vom 29. Januar 1561 (präs. am 10. September 1561 in Speyer als Ausgangsdokument der Prozeßfortsetzung).

950 LAS, Abt. 210, Nr. 771, Prozeßnebenakte für die Jahre ab 1562.

entlassen worden war; seine Versäumnisse wurden nun von dem neuen Kanzler Adam Tratziger 'aufgefangen'.[951]
Der Prozeß um den Sachsenwald zog sich über die folgenden Jahre erfolglos hin: Eingaben der Städte Hamburg und Lübeck zur Exekution des Urteils respektive Neuausstellung eines Urteils[952] wechselten sich mit Protestschreiben und Revisionsanträgen der die Lauenburger Interessen wahrnehmenden Rechtsanwälte ab und wurden durch herzogliche Eingaben an das Gericht ergänzt.[953] Versuche, über das Kurfürstenkollegium einen Ausgleich zu erwirken, scheiterten;[954] zugleich wurde die Streitsache vor dem Reichshofrat rechtsanhängig gemacht.[955]

---

[951] LAS, Abt. 210, Nr. 782, Schreiben vom 4. Januar 1566. – Vgl. hierzu kritisch das Schreiben von Sprengel an Herzog Franz vom 23. Juli 1561 (LAS, Abt. 210, Nr. 782): Von Sprengel übersendet alle Mandate, die den Sachsenwald betreffen, an den Herzog in Abschrift und eine Mitteilung an Dr. Capito wegen rechtsanhängiger Prozesse vor dem Reichskammergericht und dem Reichshofrat. Ferner stellt von Sprengel dezidiert die Frage, wie nunmehr die weitere Vorgehensweise wegen des Sachsenwaldes vor dem Reichskammergericht sei und welche besonderen Instruktionen er Dr. Capito geben solle.

[952] Folgende Positions– und Exzeptionsschriften wurden von Seiten der Städte Hamburg und Lübeck eingereicht: 7. Januar 1555 (LAS, Abt. 402 B IV, Nr. 106); 31. Oktober 1665 (LAS, Abt. 402 B IV, Nr. 106); Antwortschreiben auf lauenburgische Restitutionsforderungen im Jahr 1566 (LAS, Abt. 210, Nr. 773); Restitutionsantrag und Antrag auf Exekution der Liquidation im Jahr 1576 (LAS, Abt. 210, Nr. 772);

[953] Restitutionsforderungen Dr. Capitos sind bereits seit 1565 nachweisbar (LAS, Abt. 210, Nr. 772, Schreiben Dr. Capitos an das Reichskammergericht, präs. am 17. Sept. 1565). – Protestschreiben Herzog Franz' II. an seine Räte vom 29. Januar 1607 (LAS, Abt. 210, Nr. 782). – Beschwerdeschrift Herzog Franz' II. an das Reichskammergericht wegen des ungerechtfertigten Urteils vom 22. November 1609 am 25. April 1610 verbunden mit einem Revisionsantrag (LAS, Abt. 210, Nr. 782). – S. exemplarisch: Schlichtungsversuch von Bischof Albrecht von Ratzeburg am 17. August 1618 (LHA, MVP, Aw, Nr. 322). – Beschwerdeschrift Herzog Franz' II. an den Kammerrichter vom 13. November 1618 (LAS, Abt. 210, Nr. 782). – Memorialschreiben von Herzog Julius Franz, um den Prozeß dahingehend zu beeinflussen, die Rechte an Bergedorf und Riepenburg in den Prozeßmittelpunkt zu rücken und damit den Perleberger Friedensschluß zu revidieren. – Fortgesetzt wurden diese Versuche von seinem Nachfolger Julius Heinrich (LAS, Abt. 210, Nr. 773). – Ein Revisionsantrag von Herzog Julius Franz wurde abgelehnt (LAS, Abt. 402 B IV, Nr. 106).

[954] LAS, Abt. 210, Nr. 782, Schreiben vom 10. Februar 1612 und vom 15. Februar 1612. Herzog Franz II. legte dar, daß die Gelder, die das Herzogtum wieder auf sicheren Boden stellen sollten, für die Einlösung verpfändeter Güter verwendet worden und nicht mehr vorhanden seien, um die Gerichts– und Entschädigungskosten zu übernehmen, denn dafür sei „das Herzogtum zu schwach." Andererseits beschwerte er sich darüber, daß die Hamburger und Lübecker nunmehr häufiger Übergriffe auf lauenburgisches Territorium – insbesondere in Krummesse – unternähmen, um das Herzogtum noch mehr zu schwächen.

[955] ÖsterrHHStA, RHR, Judiziale Antiqua K 764/ 30 (1619).

Schließlich wurde am 12. Dezember 1670 vom Reichskammergericht in Speyer das Endurteil publiziert,[956] nachdem sich die Streitparteien am 2. März 1662 endgültig, allerdings außergerichtlich geeinigt hatten,[957] da im Jahr 1660 wiederum Feindseligkeiten ausgebrochen waren.[958] 1664 war erneut eine Kommission eingesetzt worden, zu der Ingenieure hinzugezogen worden waren, die einen einwandfreien geometrischen Abriß anfertigen sollten.[959] Der von Christoff Metzger gefertigte geometrische Abriß des Sachsenwaldes stellte in der hier dargestellten Form die publizierte Endfassung dar und markierte zudem den Schlußpunkt hinter einem Prozeß, der insgesamt 121 Jahre gedauert hatte.[960] Das Urteil vom 29. Januar 1561 wurde im Verlauf des Prozesses immer wieder bestätigt und fand Eingang in die endgültige Sachsenwaldkarte aus dem Jahr 1670.[961] Die Gesamtkosten, die dem Herzogtum Sachsen–Lauenburg wegen des geführten Prozesses und der den beiden Städten entgangenen Nutzungsrechte auferlegt wurden, betrugen die astronomische Summe von 1.831.967 RT 24 ß. Zugrundegelegt wurden dabei Enthaltungsrechte, die sich auf das Anfangsjahr 1421 bezogen, ein Jahr nach Abschluß des Perleberger Friedens, den Zeitpunkt, von dem an eine denkbare halbe Nutzung des Sachsenwaldes für die Städte Hamburg und Lübeck gegeben war.[962] Wie die Realität im Sachsenwald aussah, verdeutlicht ein Schreiben vom 12. November

---

[956] Im Verlauf des Prozesses wurden folgende, den Entscheid vom 29. Januar 1561 bestätigende Urteile gefällt: 12. Dezember 1606 (LAS, Abt. 210, Nr. 772, zweifach), 22. November 1609 (LAS, Abt. 210, Nr. 772; LAS, Abt. 210, Nr. 773), 1629 (LAS, Abt. 210, Nr. 773), 1655 (LAS, Abt. 210, Nr. 782), 13. Dezember 1658 (LAS, Abt. 210, Nr. 773), 25. Oktober 1659 (LAS, Abt. 210, Nr. 773; LAS, Abt. 402 B IV, Nr. 106), 21. März 1662 (LAS, Abt. 210, Nr. 772; LAS, Abt. 210, Nr. 773; LAS, Abt. 210, Nr. 775; LAS, Abt. 402 B IV, Nr. 106), 10. April 1663 (LAS, Abt. 210, Nr. 772; LAS, Abt. 210, Nr. 775; LAS, Abt. 402 B IV, Nr. 106), 13. November 1663 (LAS, Abt. 210, Nr. 775; LAS, Abt. 402 B IV, Nr. 106), 20. Mai 1664 (LAS, Abt. 210, Nr. 773), 12. Oktober 1670 (LAS, Abt. 210, Nr. 776; LAS, Abt. 402 B IV, Nr. 106). Abschriften des Urteils vom 29. Januar 1561 (LAS, Abt. 210, Nr. 772). – Folgende kaiserliche Exekutorialmandate sind ergangen: 13. Mai 1619 (LAS, Abt. 210, Nr. 773), 1655 (LAS, Abt. 210, Nr. 773), 27. Juni 1656 (LAS, Abt. 210, Nr. 773).

[957] Angabe in LAS, Abt. 402 B IV, Nr. 106.

[958] LAS, Abt. 210, Nr. 794, Schreiben der Städte Hamburg und Lübeck an den Niedersächsischen Kreistag vom 12. November 1660.

[959] Vgl. LAS, Abt. 210, Nr. 776: Rotul der Kommission und Hinweise auf die Übergabe der angefertigten Grundkarten des Sachsenwaldes an das Reichskammergericht in Speyer.

[960] Vgl. die Ausführungen bei Duve, Mitteilungen, S. 218ff. Duve hebt einige Prozeßereignisse hervor, die in der Gesamtschau des Prozesses irrelevant sind, da das schlußendliche Urteil des Reichskammergerichts identisch mit der Kommissionsempfehlung und dem 1561 ergangenen Urteil ist. – Vgl. Hennig, Sachsenwald, S. 22 (zweifelhaft hinsichtlich des Prozeßendes).

[961] LAS, Abt. 402 B IV, Nr. 106. – Weitere Karten in unterschiedlichen Ausführungen und aus verschiedenen Jahren in: LAS, Abt. 210, Nr. 776.

[962] LAS, Abt. 210, Nr. 776, Liquidation vom 29. September 1665.

1669: „Die Schweinemast im Sachsenwald wird nunmehr nur noch unter militärischem Schutz durch zahlreiche Soldaten gewährleistet.“[963] Die sich an das Urteil des Jahres 1670 anschließenden Revisionsanträge und Protestschriften änderten an dem Urteil des Reichskammergerichts nichts und gereichten lediglich zu 'juristischen Anhängen‘ an den ursprünglichen Prozeß um den Sachsenwald.[964]

Abbildung 3:

Geometrischer Abriß des Sachsenwaldes mit Urteilstext und einem Memorial.[965] Der Abriß wurde von Christoff Metzger angefertigt. Als Grundlage dienten ihm die Kartenrisse der beiden Ingenieure Christian Schildtknecht und Dionysius Bredekow;[966] diese waren im Jahr 1664 einer Kommission in Boizenburg beigeordnet worden, um eine endgültige Fassung des Urteils und dessen Publikation vorzubereiten. Eine im Jahr 1662 von dem Ingenieur Simon Schneider eingebrachte Karte des „Sachsenwaldes im Fürstenthum Niedersachsen“ wurde in dem endgültigen Abriß Metzgers ebenfalls berücksichtigt.[967]

---

963 LAS, Abt. 210, Nr. 794, Schreiben der beiden Städte Hamburg und Lübeck vom 12. November 1669. – S. LHA, MVP, Aw, Nr. 322 hinsichtlich der Schweinemast im Jahr 1671. – Vgl. Hennig, Sachsenwald, S. 22. Hennig sieht in den sog. 'Schweinekriegen‘ von 1660–1671 einen Höhepunkt der Rechtsauseinandersetzung wegen der damit verbundenen Gewaltanwendung. Die Quellenlage kann diese Interpretation so zugespitzt nicht stützen.

964 Vgl. die abweichende Einschätzung in der additiven Darstellung bei Duve, Mitteilungen, S. 221ff.

965 LAS, Abt. 210, Nr. 776.

966 LAS, Abt. 402 B IV, Nr. 70.

967 LAS, Abt. 210, Nr. 774, präs. 17. März 1662, gekennzeichnet mit qdr. 152. S. hierzu Prange, Prozeßkarten, S. 29ff. und S. 31, Fn. 42–43.

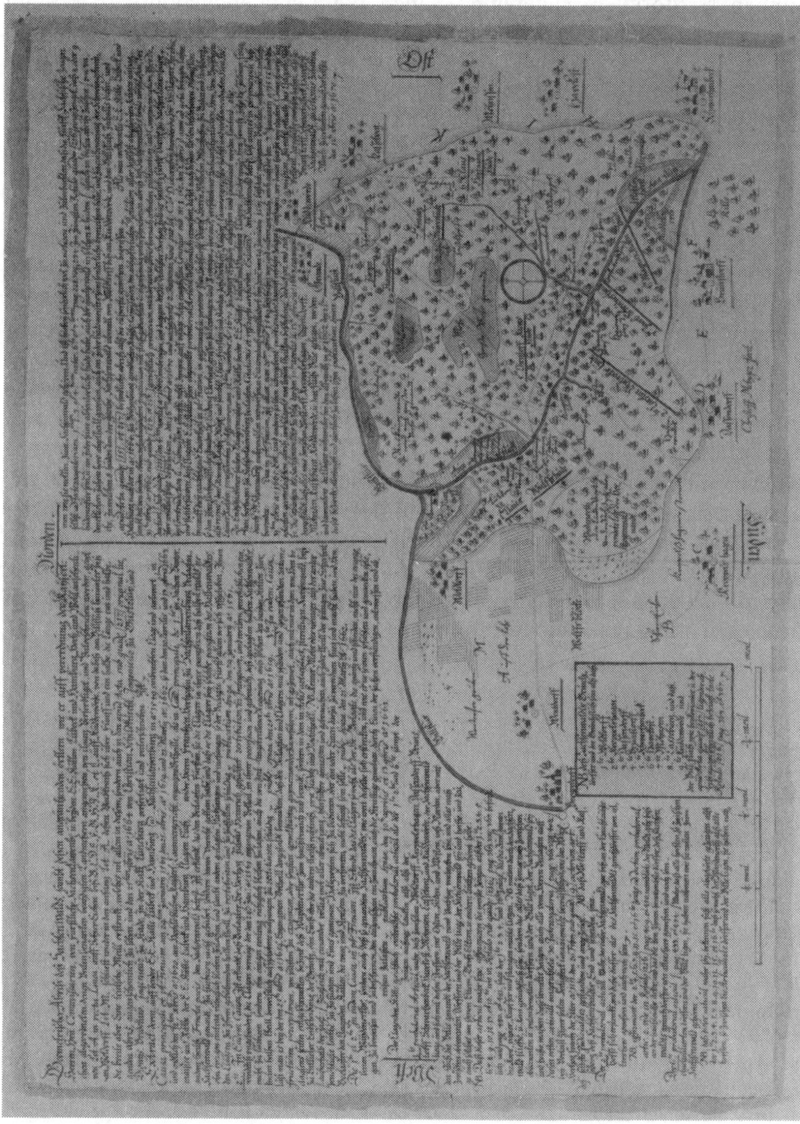

Abbildung 3

4.8 Die Stadt Lübeck

Die Ergebnisse des Perleberger Friedens hatten mittelfristig – neben dem eigentlichen territorialen Zugewinn – auch die Landgebietspolitik der Stadt Lübeck im Territorium des Herzogtums Sachsen–Lauenburg abgesichert und zugleich dazu beigetragen, daß sich der Rat der Stadt gegen das askanische Herzogshaus, langfristig unter Begünstigung des territorialen Ausverkaufs des Kleinadels, behaupten konnte.

Die lübeckische Landgebietspolitik – auf der Grundlage ihrer im 14. Jahrhundert betriebenen Stützpunktpolitik entlang der durch das Lauenburgische führenden Handelswege – stand den territorialen Arrondierungsbemühungen der Herzöge von Sachsen–Lauenburg, insbesondere seit der Regierungszeit Johanns V., entgegen. Dabei wurde nicht nur das praktische Vorhandensein dieser Exklaven als störend empfunden, sondern vor allem ihre geographische Lage, die weite Teile des lauenburgischen Verkehrsnetzes der herzoglichen Kontrolle entzog und die damit verbundenen Einkünfte nicht der sachsen–lauenburgischen Schatulle, sondern der Kämmerei Lübecks zuführte.
Handelskriegsähnliche Zustände in den 90er Jahren des 16. Jahrhunderts,[968] die bis in das 17. Jahrhundert anhielten, bildeten den Kulminationspunkt der Auseinandersetzungen zwischen dem Herzogtum und der Stadt. Diese Auseinandersetzungen waren vornehmlich ökonomisch,[969] aber auch durch die Emanzipationswünsche des lauenburgischen Herzogs Franz II. begründet, der zur Streitschlichtung den Reichshofrat im Jahr 1595 einschaltete.[970]

[968] Vgl. Scharnweber, Franz II., S. 41.

[969] S. ÖsterrHHStA, RHR, Judiziale Miscellanea, S 2, lit. Nr. 1: Bekanntmachung Franz' II. an seine Untertanen vom 3. August 1595, insonderheit an diejenigen auf dem Lande und in den Dörfern, auch auf den Schleusen: „Wegen Erhaltung der guten Nachbarschaft und freundlich wesens, haben wir Lübeck gestattet, das Mölnische und Lübeckische Bier gegen Accise auszuführen, um es von unserer Bevölkerung zu trinken. Das ist in Sonderheit Konkurrenz zu unserem Ratzeburger Bier. Nun führen die Lübecker aber vermehrt unser Bier ein, und haben die Accise auf ihr Bier erhöht. Das ist Nahrungswegnahme für unsere Bevölkerung.“ – Vgl. hierzu Kaack, Ratzeburg, S. 142 hinsichtlich des Artikels 83 der Polizeiordnung von 1582. Es wird hierdurch verdeutlicht, daß die Ratzeburger Brauer ihr Bier ohne landesherrlichen Konsens ausgeführt hatten. Die Entstehung der Braurolle im Jahr 1601 ist in engem Zusammenhang hiermit zu betrachten und als Reglementierungsmaßnahme der lauenburgischen Landesherrschaft zu interpretieren. Um die Auseinandersetzungen zwischen Sachsen–Lauenburg und Lübeck genauer zu kennzeichnen, erscheint es geboten, künftig vom 'Bierkrieg' zu sprechen.

[970] ÖsterrHHStA, RHR, Judiziale Miscellanea, S 2.

4.8.1 Der Besitz des Klosters Marienwohlde

Seit dem Jahr 1418 nahmen der Rat und die Stadt Lübeck die kaiserlichen Schutz– und Schirmaufgaben Sigismunds für das Kloster Marienwohlde wahr.[971]

Zum Ende des Spätmittelalters hatte Herzog Johann V. versucht, seinen landesherrlichen Einfluß auf die Klosterbesitzungen auszudehnen, indem er verlangte, „das Kloster solle sich ihm und seinen Erben verbriefen, daß es zu ewigen Zeiten keinen anderen Herren wählen wolle, als ihn".[972] Zeitgleich hatte er in klösterlichen Dorfschaften Pferde von der Bauernschaft abpfänden lassen, worüber sich die Äbtissin Katharina beim Lübecker Rat beschwerte und um die Hilfe des Möllner Vogts nachsuchte.[973]

Dennoch wurde der Besitz des Klosters durch die Herzöge von Sachsen–Lauenburg nicht in Frage gestellt; es wurde vielmehr der Versuch unternommen, den lübeckischen Einfluß aus dem Herzogtum zu verdrängen, um den Ausbau und die Festigung der eigenen Landesherrschaft voranzutreiben.

In diesen Kontext gehören auch die Ereignisse des Jahres 1512, als Angehörige benachbarter Territorien nach Marienwohlde strömten, um Ablaßbriefe zu erwirken, und Herzog Magnus I. seinen Vogt von Ratzeburg mit bewaffneten Reitern nach Marienwohlde entsandte, um „Unheil und Unruh" zu verhindern.[974] Trotz eines gütlichen Vergleichs unter Vermittlung des Bischofs von Hildesheim, des Bischofs von Ratzeburg, des Propsts von Lübeck und der Bürgermeister und Ratsmänner von Lüneburg[975] stationierte der Rat der Stadt Lübeck feste Truppen in Marienwohlde, um Lübecks Herrschaft zu dokumentieren.[976]

Die während der Reformationszeit entstandenen innerstädtischen Unruhen in Lübeck[977], die daraus resultierenden Veränderungen im politischen und sozialen Gefüge der Stadt[978] sowie die durch außenpolitische Umstände entstandenen

[971] Vgl. Ruthmann, Religionsprozesse, S. 491f.

[972] Zitiert nach Deecke, Marienwold, S. 369.

[973] Deecke, Marienwold, S. 368.

[974] Vgl. Deecke, Marienwold, S. 369. Deecke sieht in diesen Übergriffen bereits territoriale Verletzungen gegenüber dem Kloster und interpretiert sie nicht als Behauptungsmaßnahmen des Herzogs von Sachsen–Lauenburg zur Etablierung eigener landesherrlicher Ansprüche.

[975] LAS, Abt. 210, Nr. 800, Schreiben vom 20. Oktober 1512. Vgl. auch Schreiben vom 18. August 1512. Die Vermittlungsgespräche und die anschließende Einigung hat Deecke übergangen, so daß sich ein unvollständiges Bild darstellt; hieraus werden von Deecke irrige Schlüsse gezogen.

[976] Vgl. Deecke, Marienwold, S. 369.

[977] Hauschild, Ende der Großmachtstellung, S. 384ff.

[978] Hauschild, Ende der Großmachtstellung, S. 388ff.

wirtschaftlichen Einschränkungen, welche die Stadt Lübeck in die Auseinandersetzung um die Wiedereinsetzung Christians II. zogen und schließlich zu handelskriegsähnlichen Zuständen führten,[979] ließen den städtischen Einfluß in Lübecks exterritorialen Besitzungen schrumpfen. In dieses Machtvakuum stieß der Herzog von Sachsen–Lauenburg vor; trotz Protests aus Lübeck wurden seit 1526 Bedeforderungen an die Bewohner der klösterlichen Dorfschaften gestellt und Ablager gehalten;[980] gleichzeitig versuchte der landsässige Adel Lauenburgs, Dorfschaften und Gebiete des Klosters wieder einzulösen.[981]

Während der Belagerung Möllns bezog Herzog Christian III. sein Quartier in Marienwohlde.[982] Die Konventualen waren bereits frühzeitig nach Lübeck ausgewichen, um sich dort in ihrem Birgittenhof häuslich niederzulassen, kehrten jedoch anschließend zurück und bauten die verbrannten Wirtschaftsteile des Klosters wieder auf.[983] Die Auseinandersetzungen um die Klosterbesitzungen zwischen Lübeck und dem Herzogtum verliefen ohne Tätlichkeiten, obwohl jede Partei die territoriale Zugehörigkeit Marienwohldes betonte und damit die Abgaben des Klosters beanspruchte. Lübeck konnte seinen Forderungen nur noch durch eine bedingt militärische Wehrhaftigkeit Ausdruck verleihen. Nach zweijähriger Verhandlungszeit forderte Herzog Franz I. die Stadt Lübeck letztmalig auf, die Klosterbesitzungen an ihn zurückzugeben, da in den protestantischen Gebieten des Reichs die geistlichen Besitzungen von den Landesfürsten säkularisiert und wieder in deren Besitz überführt würden. Da die Konventualen mittlerweile gänzlich nach Lübeck übergesiedelt seien, nehme er sich als Landesherr nunmehr ihrer Besitzungen an.[984] Die Stadt Lübeck und der Konvent des Klosters beugten sich diesem Ansinnen des Herzogs nicht: Letzterer zedierte am 24. August 1558 die

---

979 Hauschild, Ende der Großmachtstellung, S. 393ff. – Lange, Stände, S. 168ff.

980 LAS, Abt. 210, Nr. 690 I, Schreiben der Äbtissin Anna Preke[s] an Herzog Magnus I. wegen unberechtigter Abgabeneinforderung vom 29. Juni 1526. – Vgl. Deecke, Marienwold, S. 370.

981 LAS, Abt. 210, Nr. 690 I, Schreiben des Vogts von Boizenburg, Bartholdt von Züle, vom 24. Dezember 1532: Er teilt dem Kloster mit, daß er sein an das Kloster verpfändetes Erbgut Niendorf an der Stecknitz – trotz bereits angekündigter Wiedereinlösung – wegen Zahlungsschwierigkeiten hinsichtlich des Pfandschillings in Höhe von 4.000 ML, den er zur Zeit nicht aufbringen könne, vorerst nicht einlösen werde.

982 Zur Geschichte der Grafenfehde s. Lange, Stände, S. 168ff. – Erich Hoffmann: Der Sieg der Reformation in den Herzogtümern Schleswig und Holstein; in: Verein für Schleswig–Holsteinische Kirchengeschichte (Hg.): Reformation; [= Schleswig–Holsteinische Kirchengeschichte, 3]; Neumünster 1982, S. 130ff.

983 Vgl. Deecke, Marienwold, S. 371f. Daß die Truppen Christians III. mit Wissen des Herzogs von Sachsen–Lauenburg derartige Brandschatzungen vorgenommen hätten, wie Deecke behauptet, kann aufgrund mangelnder Ausweisungen nicht überprüft werden.

984 Zitiert nach Deecke, Marienwold, S. 374 (Kreditiv vom 23. Juli 1558).

gesamten Klosterbesitzungen an den Rat und die Stadt Lübeck als kaiserlich bestellten Konservator. Nachdem Herzog Franz über die Übertragung der Klosterbesitzungen informiert worden war,[985] wandte er sich nach Beratung mit seinen Räten an die Stadt Lübeck und beschwerte sich über die Vorgehensweise, in der rechtmäßige Besitzungen seiner kaiserlich verbrieften Landesherrschaft entzogen und damit Reichsgesetze verletzt worden seien.[986]
Die Argumentation der Stadt Lübeck einerseits sowie des Herzogs von Sachsen–Lauenburg andererseits basierte auf der Interpretation des Augsburger Religionsfriedens von 1555. War die Stadt Lübeck bestrebt, ihre Besitzansprüche aus dem garantierten „ius emigrandi"[987] abzuleiten, indem sie die Aufnahme der Konventualen zugesichert hatte und sich damit auch in der rechtmäßigen Possession der dem Kloster zugehörigen Besitzungen sah, so vertrat der Herzog von Sachsen–Lauenburg die Auffassung, daß er als Landesherr, damit auch im Besitz des „ius reformandi",[988] Zugriffsrechte auf die verlassenen, auf seinem Territorium gelegenen geistlichen Besitzungen habe.[989]
Die Stadt Lübeck sah keine andere Möglichkeit, als den Entscheid um das Kloster Marienwohlde einer möglichen regional begrenzten Austrägalebene zu entziehen und im Rahmen der 'Justitialisierung des Glaubenskonflikts' an das Reichskammergericht zu übertragen. Damit übernahm die Stadt Lübeck die Vereinbarung des Augsburger Reichstags von 1555, das Reichsgericht als Element zur Friedenssicherung im Glaubenskonflikt anzurufen.[990]

---

[985] Deecke, Marienwold, S. 375: durch ein Schreiben vom 26. Juli 1558 der Äbtissin sowie durch ein Schreiben des Rats der Stadt Lübeck, der auch den Kaiser von der Übertragung in Kenntnis setzte.

[986] Vgl. Deecke, Marienwold, S. 375f.: Antwortschreiben des Kaisers aus Pötrau vom 5. September 1558 und Aktenstück der lauenburgischen Landstände vom 3. September 1558.

[987] Vgl. Harm Klueting: Das Konfessionelle Zeitalter 1525 – 1648; Stuttgart 1989 (künftig zitiert: Klueting, Zeitalter), S. 142f. – Vgl. kritisch: Horst Rabe: Reich und Glaubensspaltung. Deutschland 1500 – 1600; [= Neue Deutsche Geschichte, 4]; München 1988 (künftig zitiert: Rabe, Glaubensspaltung), S. 299f. – Rudolf Möhlenbruch: „Freier Zug, Ius Emigrandi, Auswanderungsfreiheit". Eine verfassungsgeschichtliche Studie; Diss. jur. (masch.); Bonn 1977, S. 56ff. – Georg May: Zum „Ius Emigrandi" am Beginn des Konfessionellen Zeitalters; in: AKK, 155; 1986, S. 92–125.

[988] Vgl. Klueting, Zeitalter, S. 141f. – Rabe, Glaubensspaltung, S. 300.

[989] Vgl. Klueting, Zeitalter, S. 146. – Vgl. Rabe, Glaubensspaltung, S. 301, hinsichtlich des 'Analogieschlusses', durch den die Ausformung der reichsrechtlichen Vereinbarungen auf die praktische Anwendung auf der landesherrlichen Ebene durch den Territorialherrn bezogen wurde.

[990] Vgl. Rabe, Glaubensspaltung, S. 299. – Vgl. hierzu Ansätze in der älteren Landesgeschichtsschreibung, die aufgrund einer isolierten Betrachtung lediglich Unverständnis über die beiderseitigen Klageerhebungen zeigte und daraus ein hohes Maß an Unfähigkeit des Reichskammergerichts ableitete, da das Gericht beiden Anklageerhebungen durch Mandatserlaß zunächst zur Rechtsverfolgung verholfen habe

4.8.1.1 Die Prozesse beider Stände vor dem Reichskammergericht

Am 22. Februar 1559 wurde vor dem Reichskammergericht der Prozeß 'Rat und Stadt Lübeck gegen Herzog Franz I. von Sachsen–Lauenburg' wegen eines unberechtigten Einfalls des Beklagten in die Besitzungen des Klosters Marienwohlde begonnen, der als Verstoß gegen die Reichsordnung, den Landfrieden und vor allem den Religionsfrieden gewertet wurde.[991] Bereits eine Woche vor Prozeßbeginn war auf der Grundlage eines in Speyer ausgestellten Zitationsmandats vom 15. Februar 1559 ein weiterer Prozeß der Stadt Lübeck als Schirmherr des Klosters Marienwohlde gegen Herzog Franz I. von Sachsen–Lauenburg rechtsanhängig geworden, der am 12. Mai 1559 eröffnet wurde.[992] Beide Prozesse wurden fortan gemeinsam verhandelt. Gleichzeitig hatte die Stadt Lübeck vor dem Reichshofrat eine Supplikationsschrift in derselben Sache eingereicht, um die kaiserlichen Privilegien auf diesem Wege bestätigen zu lassen.[993]

Dem Herzog wurde vorgeworfen, gegen die Reichsordnung, den Land– und den Religionsfrieden verstoßen zu haben, indem er den Konventualen Marienwohldes ihr Hab und Gut abgenommen und sie zu „unrechtmeßigen glübben gedrungen" habe.[994] Die Klosterangehörigen hätten sich jedoch bereits vor Jahren nach Lübeck begeben und den Rat – mit Zustimmung Kaiser Sigismunds und Bestätigung Kaiser Friedrichs III.[995] – zu ihrem Konservator bestimmt,[996] der nunmehr Schutz und Schirm gebieten und aus diesem Grunde

---

(vgl. Deecke, Marienwold, S. 379). Deecke hat nicht beachtet, daß es sich um unterschiedliche Mandatsprozesse handelte: Hatte Lübeck 1559 zunächst „mandati de non offendendo cum executione" erwirkt und zwei Monate später „citationes ad videndum et mandati restituendi et relaxando cum executione", so erwirkte Herzog Franz I. 1559 „citationes uff den landtfrieden et mandati de relaxando et restituendo". Lübeck klagte zunächst also wegen des herzoglichen Einfalls in Marienwohlde und beabsichtigte, ein Enthaltungsgebot zu erwirken, der Herzog von Sachsen–Lauenburg hingegen wegen der lübischen territorialen Rückgewinnungsversuche.

[991] LAS, Abt, 390, Nr. 223, qdr. 2 vom 21. Juli 1558 (Datenhinweis aus: LAS, Abt. 390, Nr. 224 II, qdr. 24A, fol. 72^v, No. 1).

[992] LAS, Abt. 390, Nr. 224 I, qdr. 1, fol. 4^r. Das Mandat wurde Herzog Franz über seinen Großvogt am 28. März in Ratzeburg übergeben und damit bekanntgegeben (fol. 4^v). – Mandatskopie in: LAS, Abt. 210, Nr. 692.

[993] ÖsterrHHStA, RHR, Judiziale Miscellanea, M 1. Über den Ausgang des Prozesses vor dem Reichshofrat können keine Aussagen gemacht werden. Die Aktenlage deutet allerdings darauf hin, daß der Prozeß vom Reichshofrat wegen der erfolgten Rechtsanhängigkeit vor dem Reichskammergericht nicht bearbeitet worden ist.

[994] LAS, Abt. 390, Nr. 224 I, qdr. 1, fol. 1^r.

[995] LAS, Abt. 390, Nr. 224 I, qdr. 1, fol. 1^v, qdr. 7, fol. 2^r und qdr. 8, fol. 1^v.

[996] LAS, Abt. 390, Nr. 224 I, qdr. 1, fol. 1^v.

die „landfriedbrüchigen thaten“ des Herzogs zur Anzeige bringen müsse.[997] Das kaiserliche Mandat schloß mit der Aufforderung, die Besitzungen zu restituieren, den „abgedrungnen Glübbens und eides“ zurückzunehmen und bei Poen von 40 MlötG dem Mandat Folge zu leisten, da ansonsten die Reichsacht drohe,[998] deren Exekution der Lübecker Rechtsanwalt Dr. Martin Reichardt bereits am 12. Mai 1559 in einer Petitionsschrift anmahnte.
Herzog Franz I. hatte dem ersten kaiserlichen Mandat wie dem Wiederholungsmandat, welches nach Fristablauf erstellt worden war,[999] keine Folge geleistet, sondern besetzte die Klosterbesitzungen Marienwohldes mit Hilfe seines Sohnes Franz d. J. am 22. August 1559 und begann, diesen Territorialbesitz in ein herzogliches Vorwerk umzubauen. Im September 1559 überfielen Lübecker Reiter die Klosterbesitzungen und versuchten – allerdings erfolglos – diese wieder in ihren Besitz zu nehmen. Diesen Überfall zum Anlaß nehmend, klagte nun Herzog Franz I. vor dem Reichskammergericht gegen die Stadt Lübeck wegen „Landfriedensbruchs“, woraufhin das Gericht am 27. September 1560 gegen die Stadt Lübeck mit einer Zitation „uff den landtfrieden“ reagierte.[1000]

In dem vom Prokurator der Stadt Lübeck eingebrachten Klaglibell und einer Ergänzungsschrift[1001] wurden die Vorgänge, die zur Übernahme der klösterlichen Besitzungen durch den Herzog von Sachsen–Lauenburg geführt hatten, ausführlich geschildert: Die Klosterbesitzungen seien von einer großen Anzahl von Reitern des Herzogs überfallen und die noch anwesende Dienerschaft vertrieben und durch eigene Leute ersetzt worden.[1002] Des weiteren seien Diebstähle und Abpfändungen in den zum Kloster gehörenden Dorfschaften begangen und von den dortigen Klosteruntertanen Pacht und Zinsen eingefordert worden.[1003]
Aufgrund des noch bestehenden Schutz– und Schirmverhältnisses müßten allerdings, so die Folgerung des Lübecker Rechtsanwalts beim Reichskammergericht, derartige Zahlungen der Stadt Lübeck zufließen und nicht der herzoglichen Kasse.[1004] Begründet wurde dieser Anspruch Lübecks mit dem Hinweis, daß zum einen die Klosterbesitzungen zur Herrschaft Möllns und damit zu Lübeck gehörten, zum anderen die Klostergründung mit Geldmitteln aus Livland zustandegekommen sei und durch „stattliche Zulagen“

---

997 LAS, Abt. 390, Nr. 224 I, qdr. 1, fol. 2^v.
998 LAS, Abt. 390, Nr. 224 I, qdr. 1, fol. 2^v und fol. 3^r.
999 LAS, Abt. 210, Nr. 691, prod. in Speyer am 21. Juli 1559.
1000 Hinweis auch in: LAS, Abt. 390, Nr. 224 I, qdr. 13, fol. 3^r.
1001 LAS, Abt. 390, Nr. 224 I, qdr. 7 und qdr. 8, beide präs. am 10. Juni 1561.
1002 LAS, Abt. 390, Nr. 224 I, qdr. 7, fol. 3^r. Qdr. 8, fol. 4^v.
1003 LAS, Abt. 390, Nr. 224 I, qdr. 7, fol. 3^r und 3^v. Qdr. 8, fol. 4^v.
1004 LAS, Abt. 390, Nr. 224 I, qdr. 7, fol. 3^v.

Hamburgs und Lübecks „gebessert“ worden sei.[1005] Abgerundet wurde diese Argumentation mit der Aussage, daß nach dem Religionsfrieden auch das Kloster Marienwohlde von der weltlichen Obrigkeit „befreit“ und dadurch aus der Landesherrschaft Lauenburgs „eliminiert“ sei.[1006]
Dieser sehr eigenwilligen Interpretation des Augsburger Religionsfriedens schloß sich die Behauptung Lübecks an, es habe seine Konservatorenaufgaben stets richtig wahrgenommen und die Klosterbesitzungen vor allem im Holsteinischen Krieg schadlos gehalten (was nicht stimmte, da Christian III. sein Heerlager zur Belagerung Möllns in Marienwohlde untergebracht hatte).[1007]
Als besonders schwerwiegend wertete Lübeck den Verstoß des lauenburgischen Herzogs gegen den Religionsfrieden mit der Begründung, niemand dürfe seines Glaubens wegen bedrängt werden;[1008] hinzugefügt wurde, daß sich der Herzog nur aus Habgier in den Besitz des Klosters versetzt habe.[1009] Mit dem allgemeinen Hinweis, daß die unberechtigten Handlungen des Herzogs auch die innere Ruhe in Lübeck berührten, wurde nochmals die Exekution der Reichsacht gegen Herzog Franz und zugleich deren Veröffentlichung gefordert.[1010]
In seiner Responsionsschrift wies der lauenburgische Rechtsanwalt Dr. Capito sämtliche Anklagepunkte gegen Herzog Franz zurück, die er auf Antrag Lübecks eineinhalb Jahre später nochmals ausführlicher erläuterte[1011] und so die Verknüpfung zu dem am Reichskammergericht rechtsanhängigen Prozeß der Herzöge von Sachsen–Lauenburg gegen Lübeck herstellte.[1012] In besonderem Maß stellte Dr. Capito die Wahrnehmung der Schutz– und Schirmaufgaben Lübecks für das auf lauenburgischem Territorium liegende Kloster in Frage und verwies auf die verheerenden Zustände nach Abschluß des Holsteinischen Kriegs,[1013] wies auf die gewaltsamen Übergriffe Lübecks im September 1559 zur Rückgewinnung Marienwohldes hin[1014] und beschwerte sich, daß bis 1559

[1005] LAS, Abt. 390, Nr. 224 I, qdr. 8, fol. 1^r und fol. 1^v.
[1006] LAS, Abt. 390, Nr. 224 I, qdr. 8, fol. 1^v.
[1007] LAS, Abt. 390, Nr. 224 I, qdr. 8, fol. 2^r und fol. 2^v.
[1008] LAS, Abt. 390, Nr. 224 I, qdr. 8, fol 3^r.
[1009] LAS, Abt. 390, Nr. 224 I, qdr. 8, fol. 5^r.
[1010] LAS, Abt. 390, Nr. 224 I, qdr. 7, fol. 4^r. Qdr. 8, fol. 5^v und 6^r.
[1011] LAS, Abt. 390, Nr. 224 I, qdr. 9 (Responsionsschreiben von Dr. Capito, präs. am 27. Februar 1562 als Antwort auf den Klaglibell Lübecks, präs. am 10. Juni 1561), qdr. 10 (ausführliches Responsionsschreiben von Dr. Capito, präs. am 27. Februar 1562 als Antwort auf das Ergänzungsschreiben zum Klaglibell Lübecks, präs. am 10. Juni 1561). Zwei Exzeptionsschreiben von Seiten Lübecks, präs. am 11. April 1562 verbunden mit einer Petitionsschrift, eine Kommission in dieser Sache einzusetzen. Replikschrift Dr. Capitos als Antwort auf die Lübecker Schreiben vom 11. April 1562, präs. am 6. Dezember (?) 1564.
[1012] LAS, Abt. 390, Nr. 224 I, qdr. 13, fol. 3^r.
[1013] LAS, Abt. 390, Nr. 224 I, qdr. 13, fol. 2^r und fol. 2^v.
[1014] LAS, Abt. 390, Nr. 224 I, qdr. 13, fol. 4^r.

landesherrliche Rechte des Herzogs von Sachsen–Lauenburg unbefugt durch den Lübecker Rat wahrgenommen worden waren.[1015] Das Verhalten Lübecks, so beendete Dr. Capito seine Ausführungen, habe in Marienwohlde zu einem allgemeinen Aufruhr geführt und beschreibe hinreichend die Verfehlungen der Stadt hinsichtlich der Reichsordnung und des Religionsfriedens; nicht der Herzog von Sachsen–Lauenburg zwinge den „Leuten einen andern Glauben" auf, sondern die Stadt Lübeck.[1016]

Der Ordnung des Gerichts folgend, reichte Dr. Reichardt am 24. Oktober 1565 seine Konklusionsschrift ein, in der er zunächst alle Vorwürfe Capitos zurückwies und die Konservatorenrolle der Stadt betonte,[1017] die sich Lübeck von Kaiser Maximilian II. am 26. August 1570 nochmals bestätigen ließ.[1018]

Am 5. April 1570 erließ das Gericht einen für Lübeck günstigen Bescheid,[1019] dem nach Ablauf der gebührenden Frist auf Antrag ein Urteil hätte folgen können. Stattdessen legte die Stadt Lübeck selbst Einspruch ein, da das Gericht die territoriale Zugehörigkeit Marienwohldes zum Herzogtum Lauenburg nicht grundsätzlich in Frage gestellt, andererseits anerkannt hatte, daß der Herzog – im Sinne der Lübecker Anklage – teilschuldig sei, was aber eine Restitution dennoch nicht zulasse, sondern vielmehr bedeute, daß Lauenburg die Landesherrschaft rechtmäßig beanspruche, andererseits die Grundherrschaft bei den Konventualen des Klosters Marienwohlde, jetzt bei Lübeck, liege.[1020]

Somit sei die Stadt Lübeck in die Position eines Pfandnehmers Lauenburgs, welches zur Wiedereinlösung berechtigt sei, versetzt worden. Diese Entscheidung des Reichskammergerichts deckte sich nicht mit den Absichten des Lübecker Rats, der in den gesamten Klosterbesitz als rechtmäßiger Inhaber, also in die Funktion eines Landesherrn, eingesetzt werden wollte. Der Herzog von Sachsen–Lauenburg hatte damit trotz des Schuldspruchs seine Besitzungen rechtlich festigen können und war darum fortan nicht daran interessiert, den Prozeß fortzusetzen: De iure waren seine landesherrlichen Ansprüche bestätigt worden, und de facto war er durch die Besetzung Marienwohldes in deren tatsächlichem Besitz.

1015 LAS, Abt. 390, Nr. 224 I, qdr. 13, fol. 6^{r}.

1016 LAS, Abt. 390, Nr. 224 I, qdr. 13, fol. 6^{v}.

1017 LAS, Abt. 390, Nr. 224 I, qdr. 16. – LAS, Abt. 210, Nr. 692 (Abschrift der Konklusionsschrift, die am 24. Oktober eingereicht wurde).

1018 LAS, Abt. 390, Nr. 224 II, qdr. 24A, fol. 92^{v}–97^{r}.

1019 Hinweis aus: LAS, Abt. 390, Nr. 224 I, qdr. 18, präs. am 13. April 1571. – Abschrift in LAS, Abt. 210, Nr. 692.

1020 LAS, Abt. 390, Nr. 224 I, qdr. 18 (Abschrift in LAS, Abt. 210, Nr. 692).

4.8.1.2 Der Parallelprozeß des Herzogs von Sachsen–Lauenburg gegen Lübeck vor dem Reichskammergericht

Ist bisher das Bild eines expansionssüchtigen sachsen–lauenburgischen Territorialherrn gezeichnet worden, der sich gewaltsam in den Klosterbesitz versetzt hatte – diese Ansicht zieht sich auch durch die lauenburgische und lübeckische Geschichtsschreibung –, so wurde die Rolle der Stadt Lübeck eher als eine sich auf der Grundlage des geltenden Rechts bewegende gezeichnet.
Bevor Lübeck im Jahr 1559 eine Klage vor dem Reichskammergericht anstrebte, hatten Bedienstete der Stadt bereits einen erfolglosen Versuch unternommen, die Einnahme des Klosters im September 1558 durch den Herzog von Sachsen–Lauenburg gewaltsam zu ihren Gunsten zu verändern. Gegen diesen Landfriedensbruch hatte der Herzog, der Reichsordnung folgend, am 19. November 1558 ein Mandat „uff den Landfrieden“ beim Reichskammergericht erwirken können. Nicht der Rat der Stadt Lübeck war es also, der die reichsrechtlich orientierte Initiative ergriff, sondern der Herzog von Sachsen–Lauenburg.[1021]
Die Klageerhebung des lauenburgischen Herzogs wurde für rechtens befunden und am 3. März 1559 prozessual eröffnet.[1022] Die sachsen–lauenburgische Klage wog schwerer als die anschließend von Lübeck beigebrachten Zitationsklagen.
Unmittelbar nach Prozeßeröffnung forderte Dr. Leopold Dick die Durchsetzung der in der Poenformel angekündigten Reichsacht gegen die Stadt Lübeck.[1023] Einer Exekution konnte sich Lübeck nur durch die Verknüpfung der eigens eingeleiteten zwei Prozesse vor dem Reichskammergericht entziehen. Versuchte die Anklagevertretung, seit 1560 durch Dr. Capito, den lauenburgischen Prozeß isoliert zu behandeln, so drängte die Stadt Lübeck auf eine Prozeßzusammenlegung, was ihr durch eine geschickt eingeleitete Verzögerungstaktik im Rahmen der Kommissionsbildung gelang.[1024] Wurden einerseits getrennte Prozeßakten geführt, so wurden andererseits de facto alle die Klosterbesitzungen Marienwohlde betreffenden Auseinandersetzungen fortan gemeinsam verhandelt. Aufgrund eines sich einstellenden lauenburgischen Inaktivismus – ausgelöst durch die innerfamiliären Streitigkeiten – entstand der Eindruck einer wiedererstarkten, prozeßbestimmenden

[1021] Vgl. Deecke, Marienwold, S. 378f. – Vgl. Ruthmann, Religionsprozesse, S. 498. Ruthmann hat diesen Prozeß nicht mit in seine Untersuchungen einbezogen. Seine Ausweisung (Fn. 51) weist lediglich die Angaben des Lübecker Findbuchs aus.

[1022] AHL, RKG, S 1, qdr. 2, notarielle Abschrift der Zitationsklage „uff den landfrieden“, datiert: Speyer am 19. November 1558. Prozeßbeginn gem. Prozeßnebenakte.

[1023] AHL, RKG, S 1, qdr. 4 und qdr. 5.

[1024] Vgl. Schriftverkehr bezüglich der Kommissionszusammensetzung in: AHL, RKG, S 1, qdr. 13ff.

Stadt Lübeck: Unter Anwendung unlauterer Mittel[1025] hatte Lübeck eine Zusammenlegung erwirkt, der Sachsen–Lauenburg in Zeiten der eigenen innenpolitischen Schwächung und kollabierender Finanzen nichts entgegenzusetzen hatte[1026] und der von Seiten des Reichskammergerichts formaljuristisch nichts entgegengesetzt werden konnte, da die Ordnung einen Einspruch aufgrund nicht vorhandener Regelungen nicht vorsah.

4.8.1.3 Konfliktbewältigung durch Kommissionseinsetzung

Unter Hinweis auf seinen Antrag aus dem Jahr 1562 bat der klageführende Rechtsanwalt Dr. Martin Reichardt, eine Kommission einzusetzen, „weil das Kloster Marienwohlde ans äußersten Hlg Reichs grentzen gelegen."[1027]
Gegen die beantragte Kommissionsbesetzung verwahrte sich der lauenburgische Rechtsanwalt Dr. Capito, denn sowohl der Dekan wie die Angehörigen des Lübecker Domkapitels stünden dem Kläger in dieser Angelegenheit zu nahe; gegen eine Besetzung aus den Reihen der Bürgermeister und Räte der Stadt Lüneburg hätte das Herzogtum hingegen nichts einzuwenden.[1028] Die Prozeßparteien konnten sich rasch einigen, so daß das Reichskammergericht im Namen Kaiser Maximilians am 23. September 1572 die Kommissionsbildung anordnete.[1029]
Nach Erstellung der zweiten Dilationsschrift am 30. April 1574[1030] und der dritten am 11. Oktober 1575[1031] sowie der Einigung über die Zeugenliste[1032] konnten die Kommissionsmitglieder die notwendigen Zitationen an Herzog Franz I.[1033] und die Zeugen[1034] versenden. Einem Gesuch des Herzogs um

---

1025 Als Belege vgl. die unterschiedlichen Präsentationsdaten gleichlautender Schreiben Lübecks in LAS, Abt. 390, Nr. 224 I, qdr. 18, fol. 1ᵛ (Responsionsschreiben mit dem Hinweis, daß dieses in Lübeck verfaßt wurde, präs. beim Reichskammergericht am 13. April 1571). Gleichlautendes Schreiben in AHL, RKG, S 1, qdr. 17 (Schreiben wurde allerdings erst am 13. September 1571 präsentiert).

1026 Vgl. AHL, RKG, S 1, qdr. 35.

1027 LAS, Abt. 390, Nr. 224 I, qdr. 18, fol. 1ᵛ (Responsionsschreiben mit dem Hinweis, daß dieses in Lübeck verfaßt wurde, präs. beim Reichskammergericht am 13. April 1571). – Gleichlautende Abschrift in LAS, Abt. 390, Nr. 692. – Gleichlautendes Schreiben in AHL, RKG, S 1, qdr. 17 (Schreiben wurde allerdings erst am 13. September 1571 präsentiert).

1028 LAS, Abt. 390, Nr. 224 I, qdr. 20, fol. 2ʳ, präs. am 16. April 1572. Gleichlautend zu nachgeordnetem qdr. (ohne Numerierung), fol. 1ʳ und 1ᵛ. – Gleichlautend in: AHL, RKG, S 1, qdr. 19.

1029 LAS, Abt. 390, Nr. 224 II, qdr. 24A, fol. 2ᵛ ff. (Abschrift).

1030 LAS, Abt. 390, Nr. 224 II, qdr. 24A, fol. 25ʳ–26ʳ. – Abschrift in LAS, Abt. 210, Nr. 691.

1031 LAS, Abt. 390, Nr. 224 II, qdr. 24A, fol. 26ʳ–27ʳ.

1032 LAS, Abt. 390, Nr. 224 II, qdr. 24A, fol. 27ᵛ.

1033 LAS, Abt. 390, Nr. 224 II, qdr. 24A, fol. 28ʳ–29ᵛ, datiert vom 11. Oktober 1575.

1034 LAS, Abt. 390, Nr. 224 II, qdr. 24A, fol. 30ʳ–32ᵛ.

zeitlichen Aufschub – da er viel Arbeit mit der Vorbereitung zum Reichstag in Regensburg habe, obwohl er die Wichtigkeit dieser Untersuchung einsehe[1035] – wurde nicht stattgegeben,[1036] nachdem der Rat der Stadt Lüneburg am 1. Januar 1576 dem Reichskammergericht bereits mitgeteilt hatte, daß nun der Zeugenbefragung und der letztlich damit verbundenen Entscheidungsfindung nichts mehr im Wege stehe; alles sei „rechtens" vorbereitet worden.[1037] Diese Mitteilung war deswegen von besonderer Bedeutung, weil die Ladungen fristgerecht die Zeugen erreichen mußten, um der mit der Zitation verbundenen Poenformel Rechtscharakter zu verleihen.[1038]
Am 29. Januar 1576 trafen die beauftragten lüneburgischen Subdelegierten auf dem Mühlenhof in Mölln ein, um in der Sache Lübeck contra Sachsen-Lauenburg die reichskammergerichtlichen Kommissionsaufgaben wahrzunehmen. Verhandelt werden sollten die Streitigkeiten um die Klosterbesitzungen Marienwohlde und die Auseinandersetzungen um Verletzungen von Fischereigerechtigkeiten.[1039] Die Vertreter der Stadt Lübeck, die einen Tag später in Mölln eintrafen,[1040] bedrängten die Subdelegierten vor allem wegen der Pfändung lübischer Fischereigeräte (zehn Netze und dazugehöriges Garn).[1041]
Die Subdelegierten waren mit einer Bestätigung des Rats und der Stadt Lüneburg ausgestattet und überprüften am 30. Januar morgens die Anwesenheit der Zeugen, von denen sich zwei entschuldigt und ihre Aussagen in Gegenwart eines Notars bereits niedergelegt hatten. Die aktuelle Zeugenliste wurde festgelegt[1042] und sämtliche Beweise[1043] sowie die den Prozeß betreffenden

---

1035 LAS, Abt. 390, Nr. 224 II, qdr. 24A, fol. 37^{v}–38^{v}, datiert: Otterndorf, 16. Januar 1576.
1036 LAS, Abt. 390, Nr. 224 II, qdr. 24A, fol. 39^{r}–40^{v}.
1037 LAS, Abt. 390, Nr. 224 I, qdr. 24, fol. 1^{r} und fol. 1^{v}. – Gleichlautend in: AHL, RKG, S 1, qdr. 24.
1038 LAS, Abt. 390, Nr. 224 II, qdr. 24A, fol. 31. Die Poen für Nichterscheinen betrug 10 MlötG. Vgl. die Exekutionsschrift der Zitationen: fol. 33^{r} und fol. 33^{v} (an den lauenburgischen Kanzler Daniel Kraus für Herzog Franz I. am 17. November 1575), fol. 34^{r} ff. (an insgesamt 16 Zeugen).
1039 Vgl. Prange, Prozeßkarten, S. 18.
1040 LAS, Abt. 390, Nr. 224 II, qdr. 24A, fol. 43^{r}.
1041 LAS, Abt. 390, Nr. 224 II, qdr. 24A, fol. 42^{r} und 43^{r}. Die die Kommission betreffenden Unterhandlungen sind in einem „Attestarium Rotul" zusammengefaßt und wurden anschließend dem Reichskammergericht zugesandt. Qdr. 24A (Erstexemplar) und 24B (beglaubigte Abschrift) sind identisch. Die Kommissionsakte wurde am 28. August 1576 notariell beglaubigt geschlossen. – Weitere beglaubigte Abschrift dieses Rotuls in: LAS, Abt. 210, Nr. 691, qdr. 24. – Da sich in der im Lübecker Archiv lagernden Prozeßakte kein Rotul befindet, muß davon ausgegangen werden, daß ein Exemplar der Schleswiger Bestände in die Lübecker Akte (AHL, RKG, S 1) gehört.
1042 LAS, Abt. 390, Nr. 224 II, qdr. 24A, fol. 49^{r}.
1043 LAS, Abt. 390, Nr. 224 II, qdr. 24A, fol. 72^{v}, fol. 75^{v}, fol. 92^{v} ff. (Mandate Ferdinands und Maximilians), fol. 82^{v} ff. (Schutzbriefe, Bestätigung über den Status Lübecks als

Hilfeersuchen, Bittbriefe und Antwortschreiben darauf[1044] in die Kommissionsakte abschriftlich aufgenommen.
So endete der erste Kommissionstag in Abwesenheit des Herzogs von Sachsen–Lauenburg, der erst für den 31. Januar vorgeladen worden war. Die Subdelegierten, die sich bisher nur administrativ mit dem Fall beschäftigt hatten und am ersten Tag lediglich die Ausführungen der Vertreter Lübecks gekannt sowie deren Beweismaterial aufgearbeitet hatten, waren durch die von Lübeck hinzugefügten Klagen über Beschwernisse an seinen Fischereigerechtigkeiten hinreichend auf den folgenden Kommissionstag eingestimmt worden. Lübeck hatte vermocht, das Bild eines Landesherrn zu präsentieren, der zur eigenen Vorteilsnahme willkürlich in den Territorialbesitz benachbarter Stände eingriff und kaiserliche Anweisungen ignorierte.
Nachdem Herzog Franz am 31. Januar in Mölln eingetroffen war,[1045] wurde er sogleich von den Vertretern Lübecks aufgefordert, das abgepfändete Fischereigerät zu restituieren und sie entsprechend zu entschädigen.[1046]
Zu Beginn der Kommissionssitzung gingen die Subdelegierten der Frage nach, inwieweit Lübecks Beteiligung am Bau des Klosters Marienwohlde nachgewiesen sei – dies bezweifelte der Herzog –, um daraus eine ausreichende Grundlage für die von ihnen zu erstellende Kommissionsempfehlung herzuleiten. Die Abgesandten Lübecks führten die Subdelegierten am 1. Februar in die Möllner St. Nikolai Kirche,[1047] um Lübecks Beteiligung am Klosterbau mittels eines Steins nachzuweisen, der nach dem Holsteinischen Krieg, in dessen Verlauf das Kloster von Christian III. angezündet worden war, nach Mölln gelangt war. Die Inschrift bezeugte hinreichend die Beteiligung der Stadt am Klosterbau, so daß nunmehr die Frage geklärt werden mußte, ob dieser Stein tatsächlich aus Marienwohlde stammte.[1048] Zeugen bestätigten dies am 3. und 5.

Konservator), fol. 107v–108v (Bestätigungsschreiben des Bischofs von Ratzeburg, daß die Gelder zum Ordensaufbau aus Livland stammten), fol. 109r (Bestätigung des Lübecker Rats über den Ordensaufbau im Jahr 1413).

1044 LAS, Abt. 390, Nr. 224 II, qdr. 24A, fol. 103v–105r (Schreiben des Lübecker Rats an den Herzog vom 13. September 1558), fol. 105r–107r (Antwortschreiben des Herzogs vom 24. September 1558), fol. 97v–98v (Schreiben des Lübecker Rats an Herzog Franz vom 20. September 1558), fol. 98v–101v (Antwortschreiben des Herzogs), fol. 102r–103v (Protestschreiben der Äbtissin Anne Brocker), fol. 78v (Schreiben des Lübecker Rats an Herzog Adolf vom 21. September 1559), fol. 82r (ebenso).

1045 LAS, Abt. 390, Nr. 224 II, qdr. 24A, fol. 143v. – Vgl. irrig Prange, Prozeßkarten, S. 18.

1046 LAS, Abt. 390, Nr. 224 II, qdr. 24A, fol. 144r.

1047 LAS, Abt. 390, Nr. 224 II, qdr. 24A, fol. 146r.

1048 LAS, Abt. 390, Nr. 224 II, qdr. 24A, fol. 146v. – S. Beranek, Marienwohlde, S. 44: „In der Kirche St. Nikolai Mölln: – Inschriftplatte 1413 (rötl. Kalkstein, 56 x 94 cm) mit gotischen Minuskeln, über die Gründung des Klosters Marienwohlde". – Weitere Ausführungen in Fn. 53 (S. 34) und Fn. 65 (S. 44) mit Hinweis auf einen Aufsatz von W[alter] E[ugenius] Dührsen: Die Inschriften in der Sacristei der Möllner Kirche; in: Archiv des Vereins für die Geschichte des Herzogthums Lauenburg, 1/ 2; 1885, S. 158–

Februar: Sie hätten den Stein mit der Inschrift mehrfach in Marienwohlde gesehen oder davon gehört.[1049]
Die sich anschließenden Zeugenverhöre[1050] dienten der eingehenderen Klärung des Sachverhalts, auf dessen Grundlage die Subdelegierten eine Empfehlung gegenüber dem Reichskammergericht verfaßten. Die Kommission befand die Klosterbesitzungen als zum sachsen–lauenburgischen Territorium zugehörig, anerkannte jedoch zugleich die Schutzrolle Lübecks erneut und leitete daraus Alimentierungsansprüche der Lübecker – auf der Grundlage eines von Lübeck eingereichten Pachtregisters aus den Jahren 1555 bis 1557[1051] – ab, die dem Unterhalt der in Lübeck lebenden Klosterangehörigen dienen sollten. Lübeck hatte damit wiederum das Ziel des territorialen Zuspruchs verfehlt, andererseits zumindest erreicht, daß nunmehr, so das Reichskammergericht den Kommissionsbescheid anerkannte, Gelder eingefordert werden konnten, die eine gewisse finanzielle Entschädigung darstellten.

4.8.1.4 Der Einspruch Sachsen–Lauenburgs gegen den Kommissionsentscheid

Gegen die Alimentierungsauflagen beschwerte sich der lauenburgische Anwalt bereits am 18. April 1576 beim Reichskammergericht – zu einem Zeitpunkt, als der Bericht der Kommission noch nicht in Speyer eingegangen war – und verlangte eine neue Kommission zur Klärung der Entschädigungssumme.[1052]
In der Besetzungsliste der lauenburgischen Prokuratoren beim Gericht war mittlerweile eine Änderung eingetreten: Wegen des „thödlichen Abgang[s]“ Dr.

---

164. – Der Stein ist ursprünglich an dem rechten Pfeiler des zentral gelegenen Eingangs eingemauert gewesen und trägt folgende Inschrift: „Ao. 1413 wart desse stede gekofft vnde begunt to buwen vnde is darna ghewiget in dem 58. iare vnde is gebuwet van deme erbaren rade vnde medeborgen der stat lubeck vnde anderen stede darumme belegen. biddet God vor se.“

[1049] LAS, Abt. 390, Nr. 224 II, qdr. 24A, fol. 147^r und fol. 147^v.

[1050] LAS, Abt. 390, Nr. 224 II, qdr. 24A, fol. 149^r–219^r. Interrogatio generali auf fol. 147^v–148^r.

[1051] LAS, Abt. 390, Nr. 224 II, qdr. 24A, fol. 219^v–221^r. – S. auch daraus veröffentlichte Auszüge der Pachteinnahmen des Jahres 1555 bei Deecke, Marienwold, S. 383ff. – Die Pachtregister verdeutlichen, daß Teile des klösterlichen Besitzes bereits wieder eingelöst worden waren. Die Dorfschaften Dargow, Niendorf und Eichhorst waren bereits 1546 durch Angehörige der Familie von Zülen – auf Grundlage der vorherigen Übertragungsvereinbarung mit Wiedereinlösungsrecht – zurückerworben worden. 1546 hatte Lübeck, und nicht die Äbtissin, ihren Konsens hierzu erklärt. Die tatsächlichen Besitzungen umfaßten nach dem Pachtregister demnach: Breitenfelde, Bälau, Bergrade, Goldensee, Bostorf mit den dazugehörigen Besitzungen in Schretstaken und Köthel (LAS, Abt. 390, Nr. 224 II, qdr. 24A, fol. 220^r, 1. und 2. Satz) und Walksfelde.

[1052] LAS, Abt. 390, Nr. 224 II, qdr. 25 (nomina commissione) und qdr. 26 (exceptiones). – Nomina commissione auch in AHL, RKG, S 1, qdr. 27.

Capitos bestellte Herzog Franz I. im April 1574 Dr. Jacob Friedrich Meurer zu seinem neuen Rechtsbeistand,[1053] der schon ein Jahr später, ohne etwas zu diesem Prozeß beigetragen zu haben, durch Dr. Johann Brentzlin abgelöst wurde.[1054]

Am 3. Oktober 1578 stimmte Lübeck der Kommissionsbesetzung[1055] nach langwierigen Verhandlungen zu.[1056] Nachdem bis zum 31. Mai 1580 der Prozeßfortgang bereits die zweite Dilationsschrift wegen der Alimentierungskosten erreicht hatte[1057] – Lübeck forderte eine Gesamtsumme von 14.232 ML und 6 Pf von Sachsen–Lauenburg[1058] – wandte sich Franz I. in einem persönlichen Schreiben an den Herrn Kammerrichter.[1059] In diesem Schreiben informierte der alte Herzog das Kammergericht über die innerfamiliären Umstände in seinem Herzogtum und ergänzte diese Klagen um den Hinweis, daß sein Sohn Franz bereits seit sieben Jahren, also seit 1573, auch die Klosterbesitzungen besetzt halte.[1060] Er, Franz d. Ä., könne nunmehr überhaupt keinen Einfluß mehr ausüben, klagte er weiter und ergänzte diese Angaben am 24. Oktober 1580 dahingehend,[1061] daß seine Söhne Franz und Moritz nunmehr das ganze Land eingenommen und ihn aus seiner Landesherrschaft vertrieben hätten. Daher habe er auch keine Gewalt mehr über die herzogliche Kanzlei, dennoch bemühe er sich, die notwendigen Papiere und Akten vor dem Fristablauf der dritten Dilationsschrift dem Reichskammergericht zu überbringen. Er bat das Gericht zugleich, nunmehr rechtens zu handeln und sein Spezialmandat anzunehmen, wie es dem „stylum camerae Imperialis“ entspreche.[1062]

1053 LAS, Abt. 390, Nr. 224 I, qdr. 21.

1054 LAS, Abt. 390, Nr. 224 I, qdr. 23.

1055 LAS, Abt. 390, Nr. 224 II, qdr. 34.

1056 LAS, Abt. 390, Nr. 224 II, qdr. 28 bis qdr. 33. – Ebenfalls in: AHL, RKG, S 1, qdr. 27 bis qdr. 32. Exzeptionsschreiben des lauenburgischen Prokurators vom 15. Januar 1577 in Abschrift in: LAS, Abt. 210, Nr. 692.

1057 LAS, Abt. 390, Nr. 224 II, qdr. 36 (Mitteilungen des Kammergerichts an Dr. Brentzlin) und qdr. 37 (Schreiben des lauenburgischen Kanzlers Heinrich Lambsius). – Gleichlautend: AHL, RKG, S 1, qdr. 35.

1058 LAS, Abt. 390, Nr. 224 II, qdr. 38. Die Stadt Lübeck stellte dem Herzog die Alimentierungskosten (ergänzt durch notwendige Viktualien) für die Angehörigen des Marienwohlder Klosters in Rechnung. Der Lübecker Rechtsanwalt fügte dieser Summe seine Anwaltskosten in Höhe von 1.276 ML zu.

1059 LAS, Abt. 390, Nr. 224 III, qdr. 39. – Gleichlautend: AHL, RKG, S 1, qdr. 36.

1060 LAS, Abt. 390, Nr. 224 III, qdr. 39, fol. 2^r: „ausgenommen unserer freundtliche lieben erwelten leibgedinge lauenburg vor 7 Jahren, de facto thatlich occupieret und noch bis uff die heutige stunde innehat und sie auch mit Gewalt behält.“

1061 LAS, Abt. 390, Nr. 224 III, qdr. 41, Schreiben datiert: Otterndorf, 24. Oktober 1580.

1062 LAS, Abt. 390, Nr. 224 III, qdr. 41, fol. 2^r.

Diese Eingabe stand jedoch im Widerspruch zu den Informationen, die Brentzlin bereits Mitte 1580 aus der niedersächsischen Kanzlei erhalten hatte, daß Herzog Franz I. jetzt die Regierung zusammen mit seinem Vater ausübe.[1063] Am Palmdienstag, am 14. März 1581, starb Herzog Franz d. Ä. in Buxtehude.[1064]
Hierdurch geriet der Prozeß um die Zugehörigkeit des Klosters Marienwohlde ins Stocken. Zunächst galt es, die Frage der Nachfolge zu regeln. An den territorialen Verhältnissen hatte sich unterdessen nichts geändert.

Bürgermeister und Rat der Stadt Lübeck wandten sich am 8. Juni 1583 an ihren Rechtsanwalt Dr. Reiffsteck mit der einleitenden Bemerkung, daß Franz II. auf „sonderliche Art und Weise in den Besitz der Administration, des Landes und der Leute gekommen sei."[1065] Ferner beklagten sie sich über zahlreiche unberechtigte Zollstätten, die der neue Herzog an den Landgrenzen und an den Flußläufen errichtet habe,[1066] und wiesen darauf hin, daß zu diesen Handlungen die Bewilligungen seiner Brüder Friedrich, Moritz, Heinrich und Magnus fehlten.[1067] Diese Beschwerde zum Anlaß nehmend, erwirkte Dr. Reiffsteck für seinen Mandanten eine Erneuerung des kaiserlichen Mandats an die Herzöge von Sachsen–Lauenburg Franz, Magnus und Moritz, den Erzbischof Heinrich von Bremen und den Kölner Domherrn Friedrich.[1068]
Nach kaiserlicher Klärung der rechtmäßigen Regierungsnachfolge,[1069] von der die Stadt Lübeck ihren Rechtsanwalt in Kenntnis setzte,[1070] wurde Herzog Franz II. als Rechtsnachfolger seines Vaters alleiniger Beklagter in dem Prozeß, so daß der Lübecker Rat seinen Anwalt fortan drängte, den Prozeß zu einem (für die Stadt erfolgreichen) Ende zu bringen.[1071]

1063 LAS, Abt. 390, Nr. 224 III, qdr. 40.

1064 LAS, Abt. 390, Nr. 224 III, qdr. 42, Mitteilung an Dr. Brentzlin vom 9. April 1581, daß der Herzog „nach Gottens willen aus diesem jammerthal mit Thod abgang ist."

1065 LAS, Abt. 390, Nr. 224 III, qdr. 46, fol. 1^r. – Gleichlautend: AHL, RKG, S 1, qdr. 41.

1066 LAS, Abt. 390, Nr. 224 III, qdr. 46, fol. 1^r.

1067 LAS, Abt. 390, Nr. 224 III, qdr. 46, fol. 1^v.

1068 LAS, Abt. 390, Nr. 224 III, qdr. 47, prod. am 10. Dezember 1583 in Speyer, überbracht in der Zeit vom 10. Februar bis zum 5. März 1584, präs. am 30. April 1584. Gleichlautende Abschrift in qdr. 48 mit dem zusätzlichen Vermerk auf der Rückseite, daß der Kölner Domherr Friedrich von dieser ganzen Sache überhaupt nichts wisse, der Kammergerichtsbote solle sich an dessen Brüder in Lauenburg wenden. In qdr. 49: Bestätigung des lauenburgischen Kanzlers, daß er die Zitation seinem Herrn, Franz II., weitergegeben habe.

1069 AHL, RKG, S 1, qdr. 43.

1070 LAS, Abt. 390, Nr. 224 III, qdr. 51 (Schreiben vom 5. März 1585). – AHL, RKG, S 1, qdr. 45.

1071 LAS, Abt. 390, Nr. 224 III, qdr. 52 (Schreiben vom 1. Juli 1585), qdr. 53 (Neuaufstellung der von Lübeck geforderten Alimentierungskosten, präs. am 12. Januar 1586).

Bis zum Jahr 1590 versuchten Herzog Franz und sein Rechtsanwalt den Prozeß zum einen unter Hinweis auf des Herzogs momentane Zahlungsunfähigkeit (Alimentierungen für seine Verwandtschaft, Türkensteuer, Kammergerichtskosten) und zum anderen mit der Begründung, daß nach dem Regierungswechsel erst die „unordnung in der Kanzlei" beseitigt werden müsse, weiter zu verschleppen.[1072] Der Lübecker Rechtsanwalt, seit 1587 Sebastian Wolff, mahnte in einem dem Gericht am 26. März 1590 vorgelegten Schreiben an, daß der Prozeß von dem Beklagten seit Jahren verschleppt werde, während Lübeck hieraus erheblichen Schaden ziehe, obwohl, so fügte er hinzu, die Entscheide der eingesetzten Kommission eindeutig gewesen seien.[1073] Insbesondere wurde bemängelt, daß Franz II. auf den Klosterbesitzungen Marienwohldes ein herzogliches Vorwerk gebaut habe und in allen Gebieten erheblichen Holzschlag vornehmen lasse, was einen unwiederbringlichen Schaden darstelle; den Erlös aus dem Holzschlag bezifferte er auf „über 30 und mehr Tausend Thaler".[1074] Abschließend verlangte er vom Reichskammergericht die notwendige Exekution der anhängigen Mandate durch den Herzog von Mecklenburg sowie die Städte Lüneburg und Hamburg.[1075] Weitere Protestnoten,[1076] ergänzende Supplikationsschreiben,[1077] Extrakte[1078] und Exzeptionsschreiben[1079] aus den Jahren 1590 und 1591 verstärkten die Lübecker Position, wohingegen der Rechtsanwalt Sachsen-Lauenburgs, seit dem 13. Januar 1590 Dr. Johann Melchior Reinhardt, Zweifel an der Höhe der Alimentierungskosten hegte und die Vorwürfe des unberechtigten Holzschlags als unzutreffend zurückwies;[1080] er behauptete

[1072] LAS, Abt. 390, Nr. 224 III, qdr. 63 (Schreiben des Herzogs an den Kaiserlichen Fiskal vom 12. Juni 1586), qdr. 61 und qdr. 62 (zwei Schreiben von Herzog Franz an das Gericht vom 24. Oktober 1586 wegen der Türkensteuer und kaiserlicher Abgabeforderungen, betreffend eine Moderation), qdr. 56 (Schreiben vom 18. Januar 1587 von Herzog Franz an das Reichskammergericht), qdr. 59 (Eingabe Dr. Behems an das Kammergericht 1587), qdr. 60 (Schreiben vom 25. April 1588 von Herzog Franz an das Gericht).

[1073] LAS, Abt. 390, Nr. 224 III, qdr. 50 (Imploratio nobilis vom 26. März 1590 durch Dr. Sebastian Wolff), fol. 2r. – Abschrift der Deduktions- und Probationsschrift mit „angehengter Bitte und eventual conclusion" vom 26. März 1590 in LAS, Abt. 210, Nr. 690 I, qdr. 53. – Vgl. Schreiben in AHL, RKG, S 1, qdr. 41, fol. 1r: Hinweis in einer am 26. März 1590 präsentierten Deduktions- und Probationsschrift, daß am 13. Juni 1586 der Rotul eröffnet worden sei.

[1074] LAS, Abt. 390, Nr. 224 III, qdr. 50, fol. 2v und 3r.

[1075] LAS, Abt. 390, Nr. 224 III, qdr. 50, fol. 4v.

[1076] LAS, Abt. 390, Nr. 224 III, qdr. 66.

[1077] LAS, Abt. 390, Nr. 224 III, qdr. 73.

[1078] LAS, Abt. 390, Nr. 224 III, qdr. 68.

[1079] LAS, Abt. 390, Nr. 224 III, qdr. 67 und qdr. nachfolgend 68 (ohne).

[1080] LAS, Abt. 390, Nr. 224 III, qdr. 75 (1592), qdr. 76 (1592).

vielmehr, daß der Herzog ein 'aktives Aufforsten' durch das Pflanzen neuer Bäume betreibe.[1081]

Am 3. August 1594 überbrachte der Kammergerichtsbote Georg Meyer dem Herzog von Sachsen–Lauenburg ein Exekutorialmandat vom 6. Juli 1594 mit der Aufforderung, die von Lübeck geforderten Alimentierungskosten und angefallenen Zinsen – bei Poen von 500 fl. – zu zahlen, da er dieser „Entrichtung" schuldig sei.[1082]

4.8.1.5 Der Prozeß beginnt erneut

Herzog Franz II. beantragte über seinen Rechtsanwalt, daß das Gericht das Exekutorialmandat zu kassieren habe, da die Ansprüche Lübecks hinsichtlich seiner Konservatorenrolle gegenüber dem Kloster Marienwohlde unbegründet seien: Der Herzog von Sachsen–Lauenburg brauche als Patron und Konservator Marienwohldes keine Alimentierungen an die Konventualen, die sein Gebiet verlassen hätten, zu zahlen. Andererseits erklärte sich der Herzog bereit, den Konventualen „der ersten stundt" [die längst verstorben waren, d. Verf.] Zahlungen zu leisten.[1083] Dieser Einspruch Lauenburgs zwang das Kammergericht, das Gesamtverfahren nochmals aufzurollen und erneut das Beweismaterial hinsichtlich der Rolle Lübecks als Konservator Marienwohldes zu überprüfen. Davon wurde der Prozeßfortgang bis 1602 maßgeblich bestimmt. Durch die Behauptung Lauenburgs, die Steuerlast seines Territoriums sei aufgrund der Türkensteuer und anderer Reichssteuern zu hoch,[1084] erfuhr der Prozeß eine überregionale Dimension. Mit Hilfe seiner Reichs– und Landsteuerregister, die der Lauenburger Anwalt in den Prozeß als Beweismittel einbrachte, wurde zugleich den Vorwürfen Lübecks begegnet, der Herzog habe sich bereichert. Gegenüberstellungen von Zahlenmaterial konnten diesen Vorwurf nicht erhärten.[1085] Lübeck reichte im Laufe seiner Beweisführung ein umfängliches Dokumentenpaket[1086] über seine Ansprüche auf den Gesamtbesitz

---

[1081] LAS, Abt. 390, Nr. 224 III, qdr. 76, fol. 1^{v}.

[1082] LAS, Abt. 390, Nr. 224 III, qdr. 77 und qdr. 78 (weiteres Exemplar). – Abschrift in LAS, Abt. 210, Nr. 691, qdr. 77. Ebenfalls AHL, RKG, S 1, vorletztes (unnumeriertes) qdr.

[1083] LAS, Abt. 390, Nr. 224 IV, qdr. 80. – Abschrift in: LAS, Abt. 210, Nr. 690 I, qdr. 53. – LAS, Abt. 390, Nr. 224 IV, qdr. 86, fol. 10^{v}–12^{v}: als Beweismittel Lübecks in den Prozeß eingebrachte Auflistung der Klosterbrüder und –schwestern Marienwohldes im Jahr 1534 und der im Jahr 1597 in Lübeck residierenden Klosterangehörigen.

[1084] LAS, Abt. 390, Nr. 224 IV, qdr. 83, fol. 9^{r}.

[1085] LAS, Abt. 390, Nr. 224 IV, qdr. 84A (Pachteinnahmen der Jahre 1555 bis 1557), qdr. 89 (jährlich wiederkehrende Pachteinnahmen, präs. am 7. Februar 1602), qdr. 90 (Reichssteuerlisten Lauenburgs, präs. am 7. Februar 1602). – Teilabschriften auch in LAS, Abt. 210, Nr. 690 I und Nr. 690 II, lit. A und in LAS, Abt. 210, Nr. 691.

[1086] LAS, Abt. 390, Nr. 224 III, qdr. 80A, lit. A – lit. Q, fol. 2^{r}–27. – Vgl. Dokumentenpaket in AHL, RKG, S 1, qdr. 52 und qdr. 53.

Marienwohldes sowie ausführliche Probations–,[1087] Exzeptions–[1088] und Konklusionsschriften[1089] bei Gericht ein, die von dem lauenburgischen Anwalt umgehend entkräftet werden konnten.[1090]
Der Aufwand und die Dauer dieses Prozesses standen für Lübeck in keinem Verhältnis zu einem möglichen, keineswegs gesicherten positiven Prozeßausgang; viel eher war ein negatives Ergebnis zu erwarten, da sich die Anklageführung 'im Kreis drehte': Sachsen–Lauenburg hatte durch die Anerkennung der territorialen Zugehörigkeit der Besitzungen Marienwohldes zum eigenen Territorium die bessere Ausgangslage als die Stadt Lübeck, die sich lediglich auf ihre Rolle als Konservator stützen konnte.
Der Prozeß vor dem Reichskammergericht um Marienwohlde wurde seit Februar 1602 nicht weiterverfolgt.[1091] Der Prozeß war zwar zu der Zeit der Religionsprozesse als solcher vor dem Reichskammergericht rechtsanhängig gemacht worden; in seinem Verlauf konnten jedoch die tatsächlichen Beweggründe der klagenden Stadt Lübeck offengelegt werden: Nicht die Einhaltung des Religionsfriedens war Grund der Klage, sondern der Wunsch, Einfluß auf ein in einem fremden Territorium liegendes Gebiet zu erlangen, auch wenn Neigungen – vornehmlich von Seiten der klagenden Stadt Lübeck – bestanden, den Prozeßverlauf den Möglichkeiten der Zeit folgen zu lassen und die Prozesse um Marienwohlde in Richtung der Religionsprozesse zu wandeln, so daß für den Beklagten keine andere Möglichkeit bestand, als dieser Argumentation in Gegenrede zu folgen.[1092]

[1087] LAS, Abt. 390, Nr. 224 III, qdr. 80, präs. am 26. Juni 1595. Ebenfalls AHL, RKG, S 1, qdr. 65.

[1088] LAS, Abt. 390, Nr. 224 IV, qdr. 86, präs. 1597.

[1089] LAS, Abt. 390, Nr. 224 IV, qdr. 87, präs. am 30. April 1600.

[1090] LAS, Abt. 390, Nr. 224 IV, qdr. 85 (Exzeptionsschreiben Dr. Reinhardts aus dem Jahr 1597 als Antwort auf qdr. 86), qdr. 88 (Replik Dr. Reinhardts vom 7. Februar 1602 als Antwort auf qdr. 87).

[1091] Im Jahr 1613 beklagte sich Lübeck vor dem Reichskammergericht, daß bisher noch keine Zahlungen von Seiten Lauenburgs eingegangen seien. Das Schreiben wurde ohne Entscheid der Prozeßakte zugeordnet (LAS, Abt. 390, Nr. 224 IV, qdr.106). – Im Jahr 1620 wurde der Prozeß noch vor dem Gericht als rechtsanhängig geführt (LAS, Abt. 390, Nr. 224 IV, qdr. 99).

[1092] Vgl. die Darstellung bei Ruthmann, Religionsprozesse, S. 487–522. Die Darstellungen Ruthmanns und die vom Verfasser vorgelegten Untersuchungen unterscheiden sich nicht in der Darstellung des Prozeßverlaufs, der bei Ruthmann begrenzter ausfällt, da er sich wegen des Umfangs auf einen „knappen Überblick über die Prozeßstrategie, die Wechselwirkung verschiedener Verfahrensteile und die Kultivierung gegenläufiger Argumentationen" beschränken will, „um einen Einblick in diesen Prozeß zu ermöglichen" (S. 499). Dennoch liegen unterschiedliche Ergebnisse vor, die sich aus dem methodischen Ansatz des Verfassers in der vorliegenden Arbeit ergeben. Die isolierte Betrachtung Ruthmanns umfaßt nur in begrenztem Maß die Gegebenheiten im Territorium des Herzogtums Sachsen–Lauenburg im innenstrukturellen und

Erst nach 1648 konnten sich die beiden beteiligten Parteien auf eine offizielle Beendigung der Streitigkeiten außerprozessual verständigen, auch wenn die Rechtsanhängigkeit vor dem Reichskammergericht bestehen blieb.[1093]

4.8.1.6 Lübeck erhebt eine neuerliche Klage vor dem Reichskammergericht

Am 20. April 1610 verfügte das Reichskammergericht ein Inhibitionalmandat auf Antrag der Stadt Lübeck gegenüber dem Herzog von Sachsen–Lauenburg wegen unberechtigten Holzschlags in den Besitzungen des Klosters Marienwohlde und der grundsätzlichen Einziehung der Güter im Jahr 1559.[1094] Die Stadt Lübeck hatte dem Gericht angezeigt, daß die nach Lübeck ausgewichenen Angehörigen des „Jungkfrauen Closters" auf ihrem Lübecker Birgittenhof ein „ärmblich[es] und erbärmlich[es]" Leben führten und „an dem Hungertuch nagen" müßten.[1095] Der Herzog von Sachsen–Lauenburg habe für sie bisher keinerlei Unterstützungszahlungen geleistet. Darüberhinaus habe er aus zwei Waldgebieten, die unstreitig zum Kloster gehörten, „acht tausend grün wolwachsende fruchtbare Eichbaums durch Ihre Bauers [...] wegk und umbhauen" lassen.[1096] Über Jahre werde dieser Schaden nicht mehr auszugleichen sein.[1097]

außenpolitischen Entwicklungsrahmen, insbesondere hinsichtlich des territorialpolitischen Verhältnisses des Herzogtums zur Stadt Lübeck. Dies wollte Ruthmanns Untersuchung auch nicht leisten. Die territorialen Rahmenbedingungen lassen jedoch die ausschließliche Reduktion des Prozesses auf einen Religionsprozeß nicht zu. Unzweifelhaft wurden – dies haben die Forschungen Kratschs ergeben – Religionsprozesse (Klostergutsprozesse) als Zitationsprozesse wegen Landfriedensbruchs oder Pfändungsvergehens rechtsanhängig gemacht und während des Prozeßverlaufs in einen Religionsprozeß gewandelt. In dem hier betrachteten Fall um die Besitzungen des Klosters Marienwohlde läßt sich dies bestätigen. Es wurden territorialrechtliche Streitigkeiten während des Prozesses ausgetragen, in dessen Verlauf Aspekte der Religionsfragen instrumentalisiert wurden. – Vgl. Dietrich Kratsch: Justiz–Religion–Politik. Das Reichskammergericht und die Klosterprozesse im ausgehenden sechzehnten Jahrhundert; [=Jus Ecclesiasticum, 39]; Tübingen 1990, S. 54 (künftig zitiert: Kratsch, Justiz).

1093 LAS, Abt. 390, Nr. 224 IV, qdr. nachfolgend 106 (ohne), ohne Datierung, jedoch nach 1648 (s. fol.1^r). – Übergangen bei Ruthmann, Religionsprozesse.

1094 LAS, Abt. 390, Nr. 238, qdr. 2, präs. am 28. Juni 1610. Abschrift des Inhibitionalmandats in LAS, Abt. 210, Nr. 690 II.

1095 LAS, Abt. 390, Nr. 238, qdr. 2, fol. 11^v. – Vgl. hierzu die Beschwerdeschrift der Konventualen in: AHL, RKG, S 1, drittletztes (unnumeriertes) qdr.

1096 LAS, Abt. 390, Nr. 238, qdr. 2, fol. 12^r.

1097 LAS, Abt. 390, Nr. 238, qdr. 2, fol. 12^v.

Unter Bezugnahme auf die Reichskammergerichtsordnung, part. II tit. 23 hatte Lübeck Klage vor dem Reichskammergericht erhoben.[1098]

Lübeck legte in diesem Zusammenhang folgendes Beweisstück vor: Die Aussagen zweier Lübecker Bürger bezeugten, daß insgesamt noch 16 Ordensschwestern und neun Personen Personal – davon ein Knecht – im Lübecker Birgittenhof wohnten. Mit dieser Aussage sollten die Alimentierungsansprüche Lübecks, die im abgebrochenen Prozeß des Jahres 1602 hatten aufgegeben werden müssen, nochmals bekräftigt und der Nachweis erbracht werden, daß die Holzungen in den Marienwohlder Besitzungen den noch lebenden Konventualen zustanden. Aufgrund dieser notariell bestätigten Aussage wurde Herzog Franz′ II. Aussage in Zweifel gezogen, bei einem Besuch in Lübeck festgestellt zu haben, daß lediglich noch zwei Klosterschwestern am Leben seien.[1099]

Die Beweisführung Lübecks bekräftigte allerdings – ungewollt – die lauenburgische Verteidigungsführung: Die bereits um 1597 erstellte Liste der noch lebenden Konventualen führte neben der Äbtissin noch 16 weitere Ordensschwestern auf, von denen zum Zeitpunkt der Beobachtung Franz′ II. tatsächlich nur noch zwei am Leben waren (Lisbeth Hennings, die Schwester der noch lebenden Äbtissin, und Anna Bryers). Die in der Aussage der Lübecker Bürger genannten Ordensschwestern waren dem Orden erst zu einem späteren Zeitpunkt beigetreten.[1100]

Von Seiten Lübecks wurden die Forderungen nach Alimentierungszahlungen für die Klosterjungfrauen nicht weiter vorgebracht, sondern der Lübecker Rechtsanwalt beschränkte sich auf den Vorwurf des unberechtigten Holzschlags, den er mit Hilfe von Zeugenaussagen zu untermauern versuchte.[1101]

1098 LAS, Abt. 390, Nr. 238, qdr. 2, fol. 13r. – S. Laufs, Reichskammergerichtsordnung, S. 200f.

1099 LAS, Abt. 390, Nr. 238, qdr. 6.

1100 Vgl. LAS, Abt. 390, Nr. 224 IV, fol. 12r (Aufstellung aus dem Jahr 1597) und LAS, Abt. 390, Nr. 238, qdr. 6 (Aufstellung vom 2. April 1611). – Vgl. Deecke, Marienwold, S. 382f. Deecke benennt die Sterbedaten der Ordensbrüder und –schwestern. Dabei wurde bei den Ordensbrüdern Johann Stein († 1537) übergangen und der Name Nicolaus Lehewerk, († 1563) ungenau verzeichnet. Zu den Ordensschwestern: Folgende Namen wurden fehlerhaft verzeichnet: Anneke Berthouwers, Margreta Münges, Margreta Garmelingk, Catharina Kerkering, Margritha Schwangkringk, Dorthea Kerckeringk und Anna Kettelhake.

1101 LAS, Abt. 390, Nr. 238, fol. 34 (Schreiben Wolffs an das Reichskammergericht mit dem Hinweis auf Baumverkäufe durch Bedienstete des Herzogs) im Zusammenhang mit fol. 38–39 (eingereicht als Beweisstück B mit gleichem Inhalt, präs. am 2. April 1611), fol. 42: Unter weiterer Zeugenbenennung haben der Bürgermeister Brockhas und die Ratmänner Wibbering und Grewelshusen – notariell beglaubigt – ausgesagt, sie hätten gesehen, wie Untertanen des sachsen–lauenburgischen Herzogs die fruchtbarsten Bäume

Dr. Reinhardt vertrat die lauenburgischen Interessen in diesem Prozeß und legte dem Gericht eine Woche nach Prozeßeröffnung eine notariell beglaubigte Zeugenaussage vor, die die Vorwürfe des Lübecker Rechtsanwalts entkräften sollte: Es handelte sich um die Aussage des herzoglichen Sekretärs Otto Lhopsius, der unter Eid ausgesagt hatte, „er habe aus dem Borstorffer Holze Elffhundert und fünf Stück Eichenholze gekaufet und bezahlet, und werr nicht all gleich gros und stark, sonders viellmehr kleine als große Bäume." Außerdem wurde viel „dröges holtz", das nicht zusammenlag, gesammelt und zusammengetragen. Insgesamt habe es sich um „schlechte" Bäume gehandelt, deren Entfernung jungen Bäumen Platz gemacht habe. Er habe, so schließt er seine Aussage, auch andere gesehen, die dort Bäume, die „keine borcken mehr gehabt", gekauft hätten.[1102]

Der Hinweis auf das getätigte Kaufgeschäft des herzoglichen Sekretärs entkräftete den Vorwurf des unberechtigten Holzschlags hinreichend und übertrug die Verantwortung für die Holzungen an den verantwortlichen Adligen des Amts. Verschwiegen wurde hingegen, daß die Borstorffer Holzungen zu dem herzoglichen Vorwerk um Marienwohlde gehörten. Selbst wenn der Sekretär die Bäume bezahlt haben sollte, handelte es sich um eine Transaktion in der herzoglichen Finanzverwaltung. Der Hinweis auf den schlechten Zustand der gekauften Hölzer sollte zudem dem Vorwurf Lübecks begegnen, in Lauenburg würden „frische" Bäume geschlagen.

Dr. Reinhardt widersprach den von Lübeck eingebrachten Zeugenaussagen insoweit also nicht, als er den Holzschlag bestätigte, aber er stellte die Vorgehensweise als Aufforstungsmaßnahme dar und konnte damit die Lübecker Vorwürfe zurückweisen.[1103] Nach Vorlage eines lauenburgischen Replikschreibens am 27. September 1611[1104] verfolgte Lübeck den Prozeß vor dem Reichskammergericht nicht weiter. Lübeck war im Streit um die

---

aus dem Bestand der Klosterbesitzungen geschlagen hätten und diese zu „nutzholz zersaget".

[1102] LAS, Abt. 390, Nr. 238, qdr. 5, lit. A, präs. am 6. Juli 1610.

[1103] LAS, Abt. 390, Nr. 238, fol. 44r–46r (Artikulierte Probationsschrift Reinhardts vom 27. September 1611).

[1104] LAS, Abt. 390, Nr. 238, fol. 49–104 (wohlbegründete Replikschrift Reinhardts vom 27. September 1611). Zum gleichen Zeitpunkt benannte Reinhardt eine Kommission (Nomina commissione, fol. 47–48), die sich der Sache im Auftrag des Reichskammergerichts annehmen sollte; nicht der Kläger wurde in diesem Prozeß beweispflichtig, sondern der Beklagte. Als Kommissionsmitglieder benannte er den Braunschweiger Rat Dr. Andreas Chutius, der zugleich Beisitzer im Hofgericht und Professor der Julius–Universität in Helmstedt war, sowie den „gräfl., holst., mecklenburg., lüneburg. Rat und Kantzler Werner Braiser" (fol. 47v).

klösterlichen Besitzungen gegenüber Sachsen–Lauenburg erneut gescheitert, auch wenn der Lübecker Rechtsanwalt in den Jahren 1613 und 1618 nochmals – wiederum erfolglos – das Reichskammergericht aufforderte, das nicht vollzogene Inhibitionalmandat in ein Exekutorialmandat zu wandeln.[1105]

4.8.2 Die Lübecker Exklaven im Territorium des Herzogs

Übten der Rat und die Stadt gemeinsame Konservatorenrechte über das Kloster Marienwohlde aus, so konnten diese Besitzungen nicht zum Territorialbesitz der Stadt gezählt werden, sondern markierten lediglich ein Einflußgebiet der Stadt Lübeck.

Die von Lübeck im 14. Jahrhundert betriebene Verkehrssicherungspolitik auf der Grundlage von Landgebietserwerbungen hatte ihre Erweiterung durch expansiv orientierte territorialpolitische Maßnahmen des Lübecker Rats im 15. Jahrhundert erfahren und so die Stadt zu einer wesentlichen territorialen Einflußgröße im Herzogtum Sachsen–Lauenburg werden lassen. Der Besitz wichtiger Verkehrsknotenpunkte zu Lande um Mölln (Schnittstelle der Verkehrsadern Boizenburg – Lübeck, Hamburg – Gadebusch – Schwerin, Lüneburg – Lübeck) und zu Wasser (Stecknitz, Ratzeburger See) garantierte der Stadt die Kontrolle und damit die Einnahmen fast der Hälfte des lauenburgischen Infrastrukturnetzes.

War die Stadt Lübeck an dem Erhalt dieser Schlüsselstellung weiterhin interessiert, so strebten die Herzöge von Sachsen–Lauenburg neben der gebietlichen Arrondierung ihres Territoriums die Rückgewinnung der in ihrem Territorium gelegenen Verkehrsknotenpunkte an, um so wichtige Einnahmequellen wieder zu erlangen. Diese zweifache Zielsetzung Lauenburgs mußte sich ob der geographischen Situation auf die Vogtei Mölln mit der Stadt und auf das Amt Ritzerau, als Landbrücke zwischen Lauenburg und Steinhorst, konzentrieren. Die Rechtslagen dieser beiden Gebiete boten den Herzögen von Sachsen–Lauenburg Schwierigkeiten: Die Stadt Mölln und der Vogteibesitz waren nur gemeinsam – unter Aufwendung erheblicher finanzieller Mittel – wieder einlösbar, und das unter Lübeck entstandene Amt Ritzerau war aus einem Konglomerat verschiedener, zu unterschiedlichen Zeiten eingenommener Einzelbesitzungen unter Hinzunahme von Dorfschaften der Vogtei Mölln entstanden.[1106] Die Vogtei Mölln war dadurch letztlich auf das Gebiet der Stadt Mölln reduziert worden.

[1105] AHL, RKG, S 1, letztes (unnumeriertes) qdr. (Schreiben vom 23. Juni 1613). LAS, Abt. 390, Nr. 238, fol. 106f. (Schreiben vom 28. Januar 1618).

[1106] S. Bertheau, Enklaven, S. 59.

4.8.2.1 Die Stadt Mölln

Die komplizierten Verhältnisse um den rechtmäßigen Besitz an der Vogtei und Stadt Mölln stehen außerhalb des Betrachtungswinkels dieser Arbeit,[1107] da zunächst ein 'Stellvertreterprozeß' vor dem Reichskammergericht durch den holsteinischen Herzog geführt wurde:
Herzog Franz d. J. teilte am 3. Mai 1576 mit, daß er alle Ansprüche an Mölln und Ritzerau an den Herzog von Holstein zediert und abgetreten habe.[1108]
Die Herzöge von Sachsen–Lauenburg traten unmittelbar erst 1630 in das Prozeßgeschehen ein, nachdem der Herzog von Schleswig–Holstein–Gottorf seit 1609 den Prozeß um Mölln nicht weiter verfolgt hatte.[1109] Ungeachtet dessen focht der lauenburgische Herzog auf gerichtlichen 'Nebenkriegsschauplätzen', so wegen Verletzung von Jagd–, Weide– und Holzgerechtigkeiten im Bereich des Lübecker Amts Ritzerau.[1110]

Die Wiedereinlösung der Vogtei und Stadt Mölln, beide seit 1359 im Lübecker Pfandbesitz, war aufgrund ihrer gemeinsamen Lösungsklausel mit einer Rückkaufssumme verbunden, die vom sachsen–lauenburgischen Herrscherhaus nicht aufgebracht werden konnte. Im Zuge der lauenburgischen Rückerwerbungspolitik mußte aus diesem Grund das Projekt im 15. und in der ersten Hälfte des 16. Jahrhunderts immer wieder verschoben werden.
1552 erwog Herzog Franz I., trotz unzureichender finanzieller Ausstattung, die Rückerwerbung Möllns zielstrebig zu verfolgen. Die Schwierigkeiten, die in dem juristischen Vorschlag aufgezeigt wurden, bezogen sich dabei weniger auf die finanzielle Abwicklung zur Erlegung des Pfandschillings, als darauf, daß die Stadt Lübeck diesen nicht annehmen würde, da der Zeitpunkt eines möglichen Rückerwerbs seit 1359 verjährt sei. Die einzige Möglichkeit, wieder in den Besitz Möllns zu gelangen, sei die Hinterlegung der Pfandsumme – als Verwalter der Pfandsumme wurde der Hamburger Rat vorgeschlagen –, um dann, nachdem die Stadt Lübeck die Annahme des Pfandschillings verweigert haben würde, eine Klage gegen Lübeck vor dem Reichskammergericht anzustrengen. So sollte die Wiedereinlösung auf juristischem Weg erwirkt werden, denn: „Es sei nicht damit getan, den Pfandschilling legen zu lassen und das Gut anzuziehen, sondern der Rechtsweg müsse beschritten werden."[1111]

[1107] Der Prozeß um die Stadt Mölln wird im Bestand AHL, RKG, H 57 geführt und wurde noch nicht vollständig ausgewertet. – Kurzüberblick über den Prozeß bei: Kobbe, 3, S. 152–167.

[1108] LAS, Abt. 210, Nr. 602 (Akten größtenteils aus dem Nachlaß des Vizekanzlers Johann Eichel), Mitteilung vom 3. Mai 1576.

[1109] Vgl. Kobbe, 3, S. 152f.

[1110] Vgl. AHL, RKG, H 56.

[1111] LAS, Abt. 210, Nr. 596, qdr. 1.

Diesem juristischen Rat folgte Herzog Franz I. jedoch nicht; die Vermutung liegt nahe, daß er nicht in der Lage war, den Pfandschilling aufzubringen. Stattdessen ließ er die Sache um die Stadt Mölln zunächst ruhen, versuchte um 1570 die Wiedereinlösung ohne Einschaltung des Reichskammergerichts zu erwirken und zedierte nach Mißlingen dieses Vorhabens am 15. Mai 1571 alle lauenburgischen Rechte an Mölln und Ritzerau an Herzog Adolf von Schleswig–Holstein–Gottorf.[1112]

Trotzdem richtete er noch im selben Jahr eine Anfrage an den Lübecker Rat, ob er ein Hoflager in Mölln abhalten dürfe. Diesem Ansinnen widersprach der Rat, indem er Herzog Franz am 24. September 1571 mitteilte, daß trotz nachbarschaftlicher guter Beziehungen und der Zusage, das Nachtlager auf 1 ½ Tage zu beschränken, das Städtchen Mölln für ein Hoflager zu wenig Herberge biete, zumal dieser wenige Raum für die durchreisenden Kaufleute benötigt werde.[1113] Dieser Versuch verdeutlicht die politische Doppelgleisigkeit des lauenburgischen Herzogs, an seinem Hauptkreditor vorbei Präjudizien schaffen zu wollen, die primär seinem persönlichen Vorteil dienten.

Das finanzielle Krisenjahr 1571 wurde durch die Abtretung der Möllner Rechte abgerundet,[1114] sah doch Herzog Franz I. hierin die wohl einzige Möglichkeit, nach Ablauf der vereinbarten Frist von 20 Jahren, falls der Herzog von Schleswig–Holstein–Gottorf den Möllner Besitz zurückerstritten haben würde, uneingeschränkt die Nutzungsrechte für das lauenburgische Herrscherhaus zu erlangen, ohne selbst in einen neuerlichen kostenaufwendigen Rechtsstreit verwickelt worden zu sein. Zugleich konnte er sich eines friedfertigen Territorialnachbarn gewiß sein, mit dem zeitgleich ein Landfriedensbündnis geschlossen wurde.[1115]

Franz′ Kalkül, die Möllner Besitzungen durch Zession schlußendlich für das lauenburgische Herrscherhaus wieder zu erlangen, scheiterte ebenso, wie der von Herzog Adolf von Schleswig–Holstein–Gottorf angestrengte Prozeß vor dem Reichskammergericht. Dieser wurde 1609 aufgegeben: Die Differenzen zwischen den Prozeßparteien um die territorialen Zugehörigkeiten des Vogteibesitzes,[1116] der sich im Laufe von mehr als zwei Jahrhunderten unter lübeckischem Einfluß und lübeckischen Umgestaltungsmaßnahmen durch die Inkorporation weiter Teile der alten Möllner Vogtei in die Ritzerauer Vogtei so sehr verändert hatte, daß selbst eine kaiserliche Schlichtungskommission

[1112] LAS, Urk. Abt. 7, Nr. 365. – LAS, Abt. 210, Nr. 602 (Schreiben vom 3. Mai 1576).

[1113] LAS, Abt. 210, Nr. 596.

[1114] S. Kapitel 3 dieser Arbeit.

[1115] LAS, Urk. Abt. 7, Nr. 366.

[1116] Kobbe, 3, S. 152.

gescheitert war, schienen unüberwindlich.[1117] Diese komplizierten Ereignisse hatten auf regionalpolitischer, praktischer Ebene ihre Auswirkungen in Streitigkeiten und „tätlichen Übergriffen“.[1118] In einem Fall veranlaßten diese Handlungen Herzog Franz II., Klage vor dem Reichskammergericht gegen die Stadt Lübeck zu erheben.[1119]

Seit 1630 machten die Herzöge von Sachsen–Lauenburg den Prozeß um die Wiedereinlösung Mölln erneut rechtsanhängig und konnten schließlich am 8. November 1667 ein Endurteil zu ihren Gunsten erwirken.[1120] Dennoch dauerte es weitere 14 Jahre, bis sich die beiden Parteien auf eine der gültigen Währung entsprechende Pfandsumme verständigen konnten, so daß am 15. Oktober 1683 die Stadt und Vogtei Mölln durch Reichsexekution wieder der sachsen–lauenburgischen Landesherrschaft unterstellt werden konnte[1121] und also eine bereits im Jahr 1600 vom Reichshofrat erstellte Bestätigung der Lehnszugehörigkeit Möllns zu Sachsen–Lauenburg bestätigt wurde.[1122] In den folgenden Jahren widmete sich der Rechtsstreit der Klärung der Zugehörigkeit von Pertinenzen des Vogteibesitzes.[1123]

[1117] LAS, Abt. 210, Nr. 596, qdr. 7. – S. Mitteilung in LAS, Abt. 210, Nr. 602 (Schreiben vom 3. Mai 1576). AHL, RKG, H 56, qdr. 5, fol. 1^{v}: Hinweis auf Kommissionsrotul vom 26. März 1596. Extrakt desselben auch in qdr. 25, lit. A.

[1118] LAS, Abt. 210, Nr. 596, qdr. 9: Offenes Notariatsinstrument von Herzog Franz II. wegen der Beschuldigung wegen lauenburgischer Übergriffe auf das Möllner Territorium auf der Grundlage „dreyer dürftiger Zeugen[aussagen]“. – LAS, Abt. 210, Nr. 607: Im Jahr 1614 wurde der Holzvogt Marienwohldes, Heinrich Holtick, durch den Möllner Stadthauptmann Hans Steinkeller wegen unberechtigter Übergriffe auf das Möllner Territorium (Holzschlag) „arrettiert“.

[1119] LHA, MVP, Aw, Nr. 321: Mandatum de vastando vom 23. Februar 1600 gegen die Stadt Lübeck nach Klageerhebung durch Herzog Johann–Adolf von Schleswig–Holstein–Gottorf und Herzog Franz II. – S. hierzu AHL, RKG, H 56 (Prozeßakte). – S. detailliert Kap. 4.8.2.2.4.

[1120] LAS, Abt. 210, Nr. 596, Urteil vom 8. November 1667. - Kobbe, 3, S. 155.

[1121] Kobbe, 3, S. 155.

[1122] ÖsterrHHStA, RHR, Judiziale Miscellanea, L 2, Schreiben vom 20. April 1600.

[1123] S. LHA, MVP, Aw, Nr. 321. Darin enthalten „Unaufgelöste Dubia die Stadt/ Vogdey und Herrschaft Möllen betreffend, Ratzeburg 1670“: Die Grundlagen des Prozesses, die die zeitliche Ausdehnung des Prozesses begünstigten, waren Fragen um die Zugehörigkeit der Städte (oppida) zur Möllner Vogtei (advocatia) sowie die Frage der Herrschaft (dominium) über die Bürger Möllns (cives in Mölne), über die Lehnsleute auf dem Land (vassali in terra) und die Bauern in den Dörfern (rurenses in villis) unter dem Vorzeichen der übergeordneten Fragestellung, bis wohin sich die Lübecker Landwehr erstreckte. – Vgl. Kobbe, 3, S. 156ff. – Angaben und Hinweise in LAS, Abt. 210, Nr. 596. – S. Bertheau, Enklaven, S. 59.

4.8.2.2 Verletzung von Jagd– und Weidegerechtigkeiten

Gestaltete sich die Definition von Grenzverläufen an den Territorialgrenzen bereits schwierig, so boten die auf lauenburgischem Gebiet liegenden Exklaven des benachbarten Lübeck aufgrund unklarer Nutzungsrechte zugehöriger Weide– und Waldflächen besonderen Anlaß zur Auseinandersetzung. Die nach mittelalterlichem Rechtsverständnis übernommenen Privilegierungen hinsichtlich „aller gerechtigkeiten und nutzungen" genügten nicht mehr den Ansprüchen eines sich entwickelnden neueren Rechtsverständnisses und gaben so Anlaß zu neuerlichen Streitigkeiten. Anlaß zur Beschwer war dann gegeben, wenn Übergriffe stattgefunden hatten. Bereits im Spätmittelalter war es zu Übergriffen auf die Exklaven der Stadt Lübeck in der Möllner Vogtei gekommen.[1124] Eine Beschwer zu führen, der kein Rechtsbruch voranging, war unbekannt. Aus diesem Grund wird verständlich, daß nachbarschaftliche Verhältnisse stets in hohem Maß von Mißtrauen und Kontrolle geprägt waren. Wurde ein territorialer Rechtsbruch begangen, konnte Klage geführt werden, und Besitzrechte, legal oder unrechtmäßig erworben, konnten langfristig in gültiges Recht gewandelt werden. Damit konkurrierte vor Gericht derjenige, der Besitzrechte beanspruchte, aber momentan nicht im Besitz dieser Rechte war, mit demjenigen, der die Besitzrechte per Besetzung oder Nutzung innehatte und sie dadurch zu legalisieren versuchte. Die Frage also, wer tatsächlich den Rechtsstreit provoziert hatte, ließ sich nicht immer eindeutig beantworten.

4.8.2.2.1 Der Rechtsstreit um den Vertrag von Krummesse aus dem Jahr 1556. Übergriffe auf Krummesse

Im Jahr 1556 hatten sich Bürgermeister und Rechtsbeistände sowie ein Sekretär der Stadt Lübeck zu Verhandlungen mit dem Herzog von Sachsen–Lauenburg und dessen Beauftragten nach Krummesse begeben, um die seit 1536 anhaltenden Gebietsstreitigkeiten im Bereich des Dorfs beizulegen.[1125] Krummesse lag am Verkehrsknotenpunkt des Frachtwegs von Lüneburg und Hamburg in Richtung Lübeck, so daß diese Weggabelung die letzte vor den Toren Lübecks darstellte. Wer diesen Punkt kontrollierte, übte de facto auch die Kontrolle über den gesamten Handelsverkehr aus, der von Süden nach Lübeck floß. Außerdem wollte man sich über die seit Jahrzehnten bestehenden Unklarheiten wegen der Rechte am Ratzeburger See einigen.[1126]
Mit Hilfe des Vertragsschlusses sollten Übergriffe des Herzogs von Sachsen–Lauenburg verhindert und so die beiderseitige territoriale Integrität gewährleistet werden.

1124 Vgl. UBStL, 10, S. 129, Nr. 125.
1125 LAS, Abt. 390, Nr. 228, qdr. 4, fol. 2^r.
1126 Peltzer, Promemoria, 2, S. 80. – S. u. Kapitel 4.8.3.

Nach Erstellung entsprechender Urkundenabschriften sollten diese durch die Vertragsparteien besiegelt werden.[1127] Der Herzog von Sachsen–Lauenburg ließ allerdings vor der Besiegelung nicht verhandelte Passagen einfügen und änderte auf diese Weise bisherige Absprachen, die von Lübecker Seite so nicht akzeptiert wurden;[1128] dennoch einigten sich die Beteiligten schließlich auf eine beide Seiten zufriedenstellende Fassung, die die nördliche Grenze Lauenburgs zur Stadt Lübeck und die nach Lauenburg reichenden lübischen Besitzungen des Johannis–Klosters sowie die des Lübecker Ratmanns Christoph[er] von Tode gegenseitig festschrieben und zugleich Vereinbarungen trafen, um einen Teil der herzoglichen Schulden im Lauf der folgenden Jahre abzutragen.[1129]

Diesem Vertrag war Herzog Franz I. nicht gefolgt, sondern hatte in den Folgejahren Übergriffe in die Nutzungsrechte des unter lübischer wie niedersächsischer Landesherrschaft stehenden Dorfs Siebenbäumen vorgenommen, Gerechtigkeiten, die mit dem Besitz Fredeburg verbunden waren, eingeschränkt, Weide– und Moorgerechtigkeiten im Bereich der klösterlichen Besitzungen Beidendorfs und Blankensees behindert und die Eigentumsrechte des Lübecker Ratmanns von Tode nicht geachtet. Ferner hatte Herzog Franz einem vereinbarten Schuldenbegleichungsprogramm keine Folge geleistet.[1130]
Unter Vermittlung von Ratsmitgliedern der Stadt Hamburg und im Beisein des Kurfürsten August von Sachsen, des Erzbischofs von Magdeburg, des Herzogs Heinrich d. J. von Braunschweig–Lüneburg und des oldenburgischen Grafen Anton sowie einiger Rechtsbeistände war es schließlich zu einer mündlichen Bestätigung des Krummesser Vertrags durch Herzog Franz I. von Sachsen–Lauenburg gekommen. Eine schriftliche Bestätigung fand diese mündliche Abrede allerdings de iure nicht, da der Herzog nicht mit dem Zusatz „selbst gelesen" unterschrieb, sondern seiner Unterschrift den Zusatz „vorgelesen" beistellte und eigenmächtig die Formulierung hinzufügte, ihm sei das Recht eingeräumt worden, Besitzungen des Christoph von Tode käuflich zurückzuerwerben.[1131]
Der Herzog weigerte sich also, den Vertrag ordnungsgemäß zu ratifizieren.
Dies versuchte die Stadt Lübeck über das Reichskammergericht fortan zu erwirken.[1132] Sie hatte sich darauf berufen, daß es nach der Reichsordnung geboten sei, geschlossene Verträge einzuhalten, da sie Rechtsgültigkeit

---

1127 LAS, Abt. 390, Nr. 228, qdr. 4, fol. 2^r–2^v.
1128 LAS, Abt. 390, Nr. 228, qdr. 4, fol. 3^r.
1129 LAS, Abt. 390, Nr. 228, qdr. 4, fol. 3^r–3^v.
1130 LAS, Abt. 390, Nr. 228, qdr. 4, fol. 3^v–4^v.
1131 LAS, Abt. 390, Nr. 228, qdr. 4, fol. 4^v–5^r.
1132 LAS, Abt. 390, Nr. 228, qdr. 2, fol. 1^r–1^v (Zitationsmandat vom 15. Juni 1563, dem Herzog zugestellt am 25. Juni 1563, dem Gericht präs. am ersten Gerichtstag am 18. August 1563) und qdr. 4 (Klaglibell Lübecks), fol. 5^v.

besäßen,[1133] und forderte die Zulassung einer Kommission, die sich aus Räten der Städte Hamburg und Lüneburg zusammensetzen sollte.[1134] Vor dem Reichshofrat war die Stadt Lübeck bereits in derselben Sache gescheitert.[1135]
Dr. Capito wandte sich in einer kurzen Gegenrede an das Reichskammergericht und wies alle Klagepunkte Lübecks zurück. Hinsichtlich der Besitzungen des lübeckischen Klosters St. Johannis fügte er ergänzend hinzu, der Herzog habe den Konventualen sämtliche Rechte abgekauft.[1136]
Mit eindringlicher Schärfe reagierte der Lübecker Prokurator auf die Eingabe Capitos: Nach der Ordnung sei es verboten, Antworten auf den eingebrachten Klaglibell pauschal zu leisten. Gar keine Antworten zu geben, „gebühre" sich ebensowenig wie falsche Angaben zu machen, wo eindeutige vertragliche Vereinbarungen als Beweise vorlägen.[1137] Capito habe Verfahrensfehler begangen und – der Ordnung folgend – auf die einzelnen Klagepunkte Lübecks mit den Worten „glaub wahr" oder „glaub nit wahr" zu antworten.[1138]
Dieser Akt gegenseitiger juristischer Disziplinierung erscheint zunächst bemerkenswert, war nach der Reichskammergerichtsordnung aber so vorgesehen und während eines Prozeßverlaufs nicht ungewöhnlich.[1139]

Nachdem sich die Rechtsanwälte auf die Kommissionszusammensetzung verständigt hatten,[1140] wurde der Rat von Lüneburg am 1. Dezember 1572 vom Reichskammergericht mit der Kommissionsaufgabe betraut.[1141] Nach Erstellung der zweiten[1142] und dritten Dilationsschrift[1143] konnten die vorgeladenen Zeugen zum Vertrag von Krummesse befragt werden.[1144] Alte Bauern machten auf der Grundlage des 'Hörensagens' und des 'Beobachtet habens' ihre Aussagen zu Fischereigerechtigkeiten auf dem Beidendorfer See („der Herzog wurde hier nie

1133 LAS, Abt. 390, Nr. 228, qdr. 4, fol. 1^{v}.
1134 LAS, Abt. 390, Nr. 228, qdr. 5.
1135 ÖsterrHHStA, RHR, Judiziale Miscellanea, L 2.
1136 LAS, Abt. 390, Nr. 228, qdr. 6, fol. 1^{v}–2^{r}.
1137 LAS, Abt. 390, Nr. 228, qdr. 8, fol. 1^{v}. – Vgl. Laufs, Reichskammergerichtsordnung, S. 235, hier in Anlehnung an RKGO, 3. Teil, tit. XV, § 1f.
1138 LAS, Abt. 390, Nr. 228, qdr. 8, fol. 1^{v}. In einem anderen Zusammenhang hat der Lübecker Anwalt seinen lauenburgischen Kollegen auf weitere Verfahrensfehler hingewiesen. Vgl. qdr. 10. – Vgl. Laufs, Reichskammergerichtsordnung, S. 236 (RKGO, 3. Teil, tit. XV, § 4 i. V. m. § 5).
1139 Vgl. Laufs, Reichskammergerichtsordnung, S. 236 (RKGO, 3. Teil, tit. XV, § 6).
1140 Neuerliche Einigungen wurden notwendig, da mittlerweile Kommissionsmitglieder, auf die sich die beiden Parteien bereits verständigt hatten, "alberait mit tod abgangen" (LAS, Abt. 390, Nr. 228, qdr. 8, fol. 2^{r}). – Vgl. zu weiteren Einigungen LAS, Abt. 390, Nr. 228, qdr. 9.
1141 LAS, Abt. 390, Nr. 228, qdr. 24, fol. 5^{r}.
1142 LAS, Abt. 390, Nr. 228, qdr. 24, fol. 12^{v}–14^{r}.
1143 LAS, Abt. 390, Nr. 228, qdr. 24, fol. 14^{v}–16^{r}.
1144 LAS, Abt. 390, Nr. 228, qdr. 24, fol. 16^{r}–17^{v} (nomina testium).

beim Fischen gesehen, aber Christoph von Tode hat eine große Anzahl Barsche aus dem See gefangen"[1145]) und zu Unterverlehnungen des Herzogs von Sachsen–Lauenburg für den Hof zu Klempau.[1146]
Die Glaubwürdigkeit dieser Aussagen wurde durch hohe Altersangaben gestützt: Der Bauer Joachim Schmidt, selbst „ungefehrlich" 70 Jahre alt, sagte unter anderem aus, daß er, weil er von einem Mann mit Namen Hans Brauns, der über „hundert und zehn Jar soll alt gewessen", dieses auch gehört habe, bestätigen könne, daß sich der lauenburgische Herzog nie des Fischfangs im Beidendorfer See „understanden und angemaßen" hätte.[1147] Diese Aussage bestätigte auch der Bauer Peter Schünemann, der mit 27 Jahren in das Atlenberger Feld (nahe dem Beidendorfer See) gekommen war und nun bereits 80 Jahre alt sei und lediglich Christoph von Tode und seine Leute gesehen habe, die den See „befischt", den Fang nach Lübeck verbracht und anschließend dort auf dem Markt verkauft hätten. Dieses sei, so fügte Schünemann hinzu, mit dem Einverständnis des Klosters geschehen, das die Fischereirechte innehatte.[1148] Der 70jährige Harm Stauff aus Braunwohlde bestätigte diese Angaben,[1149] und der erst seit 19 Jahren in Lübecker Diensten stehende Heinrich Dalheim sagte aus, auch er habe den uralten Hans Brauns gekannt.[1150]
Die lübischen Lehnsuntertanen sagten keineswegs ausschließlich zugunsten ihres Lehnsherrn aus, sondern bestätigten größtenteils die Angaben der Verteidigungsführung. Die Auseinandersetzung mit diesen Zeugenaussagen erwies sich für den Rechtsanwalt der Stadt Lübeck nach Eröffnung des Rotuls als schwierig. Die für Lübeck günstigen Aussagen wurden als glaubwürdig und richtig dargestellt,[1151] diejenigen, welche die Lauenburger Position stärkten, wurden durch die Frage der Rechtmäßigkeit der „nominatio" vor der Kommissionsbildung in Zweifel gezogen,[1152] die Aussage des Peter Schünemann wurde mit den Worten bewertet, er sei bereits „verwarnet des meyneidts".[1153] Abgerundet wurde die Lübecker Probationsschrift durch

---

1145 LAS, Abt. 390, Nr. 228, qdr. 24, lit. D, fol. 5^{v}. Gleichlautend auch fol. 4^{r} und 4^{v}.
1146 LAS, Abt. 390, Nr. 228, qdr. 24, lit. D, fol. 6^{v}.
1147 LAS, Abt. 390, Nr. 228, qdr. 24, lit. D, fol. 5^{r}–5^{v}.
1148 LAS, Abt. 390, Nr. 228, qdr. 24, lit. D, fol. 4^{r}–4^{v}.
1149 LAS, Abt. 390, Nr. 228, qdr. 24, lit. D, fol. 4^{v}–5^{r}.
1150 LAS, Abt. 390, Nr. 228, qdr. 24, lit. D, fol. 6^{r}.
1151 Der für Lübeck handelnde Rechtsanwalt Wolff hob hervor, daß – wie eine Zeugenaussage belegte – die Restitution eines strittigen Gebiets des Christoph von Tode nie stattgefunden hatte (LAS, Abt. 390, Nr. 228, qdr. 24, fol. 8^{v}). – Von Tode hatte dies selbst vor der Kommission allerdings bestätigt (LAS, Abt. 390, Nr. 228, qdr. 24, lit. D, fol. 1^{v}–2^{r}). – Hinzugefügt werden muß, daß der Rechtsanwalt – mittlerweile Dr. Reinhardt – , der die Interessen Sachsen–Lauenburgs vertrat, die Zeugenaussagen als unwahr zurückwies. Dies stärkte die Lübecker Position (LAS, Abt. 390, Nr. 228, qdr. 22, präs. am 23. März 1590).
1152 LAS, Abt. 390, Nr. 228, qdr. 24, lit. D, fol. 1^{r}–1^{v}.
1153 LAS, Abt. 390, Nr. 228, qdr. 24, lit. D, fol. 3^{v}.

zahllose Zweifel hinsichtlich der Echtheit der im Kommissionsrotul enthaltenen Urkundenabschriften. Der Anwalt forderte die Verteidigungsführung auf, die Originalurkunden vorzuweisen.[1154] Die Beweispflicht lag dessenungeachtet bei Lübeck und nicht, wie der Rechtsanwalt annahm, bei dem Herzog von Sachsen–Lauenburg[1155] – hierauf hatten die Vertreter der lauenburgischen Seite während der Kommissionssitzung bereits hingewiesen und Christoph von Tode aufgefordert, seine Besitzansprüche durch die Vorlage von Urkunden zu beweisen, was dieser nicht zu tun vermochte.[1156] Erschwerend wirkte sich aus, daß von Todes eigener Vogt aussagte, daß dessen Besitzungen auf lauenburgischen Territorien lägen – von Tode somit Lehnsmann des Herzogs von Sachsen–Lauenburg sei.[1157]

Die Beweislast der ungerechtfertigten Anklage schien die Stadt Lübeck veranlaßt zu haben, den Prozeß zunächst nicht weiter zu verfolgen; Verfahrensfragen bestimmten zeitweilig noch das Prozeßgeschehen,[1158] und im Jahr 1595 versuchte Lübeck, den Prozeß durch das Einbringen einer Replikschrift – der Ordnung nach – erneut rechtsanhängig zu machen. Dieses Ansinnen scheiterte.[1159] Seit 1597 können keinerlei Prozeßaktivitäten vor dem Reichskammergericht in dieser Sache nachgewiesen werden.[1160]
Der Lübecker Rat hatte sich supplizierend an den Reichshofrat gewandt, um diese Sache gerichtlich entscheiden zu lassen. Am 21. Februar 1606 wurde das erste Urteil gefällt: Der Reichshofrat beschied, daß die Klageerhebung begründet gewesen sei,[1161] wodurch die Stadt Lübeck in einen klaren taktischen Vorteil gegenüber dem lauenburgischen Herzog versetzt wurde.

Seit 1608 ereigneten sich wieder Übergriffe Lübecker Untertanen auf das Dorf Krummesse,[1162] die zum Teil im geheimen geplant worden waren[1163] und im Zusammenhang mit den Auseinandersetzungen um den Sachsenwald

[1154] LAS, Abt. 390, Nr. 228, qdr. 24, lit. D, fol. 9v–11r.
[1155] LAS, Abt. 390, Nr. 228, qdr. 24, lit. D, fol. 2v.
[1156] LAS, Abt. 390, Nr. 228, qdr. 24, lit. D, fol. 9v.
[1157] LAS, Abt. 390, Nr. 228, qdr. 24, lit. D, fol. 9v.
[1158] LAS, Abt. 390, Nr. 228, qdr. 30.
[1159] LAS, Abt. 390, Nr. 228, qdr. 31.
[1160] LAS, Abt. 390, Nr. 228, qdr. 32.
[1161] NdsHStA, Celle Br. 103, Nr. 124 I.
[1162] Im Dezember 1608 und vom 31. Oktober bis 1. November 1609. – RAK, T.K.U.A., A I 1, Brevveksling melle Fyrstehusen Sachsen–Lauenburg 1524–1627, Instrumentalisierte Urkunde vom 7. November 1608. – NdsHStA, Celle Br. 103, Nr. 124 I vom Dezember 1608. – AHL, RKG, S 4, Mandat vom 12. Janaur 1609.
[1163] RAK, T.K.U.A., A I 1, Brevveksling melle Fyrstehusen Sachsen–Lauenburg 1524–1627, Schreiben vom 31. Oktober 1608.

standen.[1164] Gegen diese gewaltsamen Übergriffe hatte Herzog Franz II. von Sachsen–Lauenburg Klage vor dem Reichskammergericht erhoben,[1165] nachdem Versuche, eine gütliche Einigung herbeizuführen,[1166] gescheitert waren. Die prozessuale Beweisaufnahme durch Zeugenaussagen[1167] ermöglichte schließlich eine außergerichtliche Einigung.[1168]

Parallel zu den Auseinandersetzungen mit der Stadt Lübeck war es 1597 zu Streitigkeiten zwischen Herzog Franz II. und den Erben des Gottschalk von Stiten wegen des Besitzes von Krummesse, Krausfurt und einer Hälfte Niemarks gekommen. Herzog Franz II. hatte unberechtigterweise verfügt, in diesen Besitzungen Holz zu schlagen; herzogliche Untertanen hatten während dieser gewaltsamen Unternehmung drei Knechte der von Stitens getötet: Nachdem die Knechte ins Wasser gerissen worden waren, waren sie anschließend ertrunken. Andere Bedienstete waren gefangengenommen und nach Lauenburg abgeführt worden.[1169] Unter Androhung von Poen und Reichsacht wurde Herzog Franz von kaiserlicher Seite geboten, derartige Unternehmungen zukünftig zu unterlassen. Die Stadt Lübeck war im gleichen Kontext von den Erben Gottschalk von Stitens um Hilfe gebeten worden und wandte sich stellvertretend an den Reichshofrat, der das Verfahren am 4. Mai 1609 beendete und Herzog Franz II. schuldig sprach. Dieser Entscheid sicherte den Erben von Stitens deren Besitzungen, obwohl der ursächliche Anlaß des Streits lediglich der unberechtigte Holzschlag gewesen war.[1170]

4.8.2.2.2 Das Dorf Sirksfelde

Wegen des Grundsatzes, daß niemand im Reich das Recht hatte, unberechtigte Pfändungen vorzunehmen, und sich jeder am Reichsrecht zu orientieren hatte, klagte die Stadt Lübeck vor dem Reichskammergericht gegen Herzog Franz I. und seinen Sohn Magnus, da letzterer im Dezember 1562 die von Lübecker Dienern aufgestellten zehn Fangnetze mit dem dazugehörigen Garn sowie ein bereits erlegtes Reh vorsätzlich abgepfändet und beschlagnahmt hatte.[1171] Dieses „abgedrungene" Pfand war von Lübecker Gebiet genommen worden.

[1164] LAS, Abt. 210, Nr. 782: Schreiben an den Kurfürsten Johann Georg von Sachsen vom 15. Februar 1612. S. LHA, MVP, Aw, Nr. 322.
[1165] AHL, RKG, S 4, Mandat (ohne qdr.).
[1166] AHL, RKG, S 4, Mandat (ohne qdr.), fol. 5^r.
[1167] AHL, RKG, S 4, qdr. 7.
[1168] AHL, RKG, S 4, Prozeßnebenakte.
[1169] RAK, T.K.U.A., Rigskredsene, Nedersachsische Kredsakter A 3, lit. A, Mandat Kaiser Rudolfs vom 1. September 1598.
[1170] ÖsterrHHStA, RHR, Judiziale Miscellanea, L 2. – S. RAK, T.K.U.A., Rigskredsene, Nedersachsische Kredsakter A 3.
[1171] LAS, Abt. 390, Nr. 230, qdr. 2. – Prange, Prozeßkarten, S. 17.

Somit war auf Lübecker Hoheitsrechte übergegriffen worden. Mit der Auflage der Restitution wurde der Herzog bei Poenandrohung von 20 MlötG vom Gericht mit einem Mandat vom 5. Juni 1563 für schuldig befunden.[1172] Am 25. Juni 1563 wurde das Mandat vom Gerichtsboten in das Schloß zu Lauenburg gebracht, aber sowohl Herzog Franz als auch sein Sohn weigerten sich, dieses anzunehmen, worauf der Bote das Mandat im „Schanckhause“ öffentlich aushängte.[1173] Bestallte Herzog Franz I. Dr. Leopold Dick mit der Wahrnehmung seiner Interessen vor dem Reichskammergericht,[1174] so bestätigte Magnus II. den Juristen Dr. Daniel Capito als seinen Rechtsvertreter[1175]

Mit einer von dem Notar Joachim Korthe beglaubigten Urkunde vom 7. Juli 1563 wurde nachgewiesen, daß den Restitutionsforderungen bereits am 21. Juni, also bevor das kaiserliche Mandat in Lauenburg eingetroffen war, Folge geleistet worden war. Dies war der Grund für die Verweigerung der Annahme des Mandats gewesen. Grundsätzlich hielten sich beide Herzöge der vorgeworfenen Tat für nicht schuldig und bewiesen ihre Unschuld mit einem beglaubigten Schriftstück:

> Der Notar Lucas Reimers war in Begleitung von Joachim Krafft am 20. Juni nach Lübeck gereist, um mit dem Lübecker Bürgermeister Ambrosius Meier einen Handel abzuschließen: Nicht die Netze sollten restituiert, sondern stattdessen eine entsprechende Summe Geldes erstattet werden. In der „behausung“ des Bürgermeisters, in der Keyhauser Straße, mußten sie am 21. Juni lange warten, bis sie von dem Sekretär Christoffer Kuhmann empfangen wurden. Dieser teilte ihnen mit, daß ein Teil des Rats durchaus geneigt sei, einen solchen Handel abzuschließen. Dann kam der Ratmann Dr. iur. („des germanischen Rechts“) Bartholomäus Hinnapfer auf die Ratsstube, und alle gingen gemeinsam auf den Kirchhof von Unser Lieben Frauen. Hier wurde dem Notar eröffnet, daß der Handel nur möglich sei, wenn zunächst die Netze zurückgegeben würden, die Poen gezahlt würde und sich der Herzog schuldig bekenne. Daraufhin wurden die Netze herbeigeschafft, von Angehörigen des Rats begutachtet und übernommen.
>
> Dem Mandat war somit vorab bereits Folge geleistet worden, so daß nunmehr die Poenforderung des Reichskammergerichts erledigt war.[1176]

Dr. Capito brachte den Prozeß um die Frage der Jagdrechte in Sirksfelde am 25. August 1567 erneut in Gang und leitete damit eine neue Rechtsanhängigkeit des

---

1172 LAS, Abt. 390, Nr. 230, qdr. 2, Vorderseite. – Vgl. zu dem Datum des Mandats anderslautend: Prange, Prozeßkarten, S. 17.

1173 LAS, Abt. 390, Nr. 230, qdr. 2, Rückseite.

1174 LAS, Abt. 390, Nr. 230, qdr. 3.

1175 LAS, Abt. 390, Nr. 230, qdr. 4.

1176 LAS, Abt. 390, Nr. 230, qdr. 5, instrumentalisierte Urkunde.

bis zu diesem Zeitpunkt ruhenden Prozesses ein. Unter Hinweis darauf, daß Herzog Magnus II. sich nunmehr der „Sache“ angenommen habe,[1177] wies er detailliert die Verfehlungen Lübecks nach,[1178] räumte allerdings ein, daß, nachdem die betroffenen Jäger (diejenigen, die Netze abgepfändet hätten), belehrt worden seien,[1179] sich herausgestellt habe – bei einer persönlichen Inaugenscheinnahme durch Magnus[1180] – , daß das betroffene Gebiet gar nicht zu Lübeck, sondern zu Sachsen–Lauenburg gehörte. Somit habe Lübeck einen Übergriff in die Hoheitsrechte Sachsen– Lauenburgs unternommen und nicht umgekehrt, wie in der Klageschrift zunächst angegeben. Er forderte im Namen seines Klienten somit die Rückgabe der jetzt wieder im lübeckischen Besitz befindlichen Netze.[1181]
In einer Responsionsschrift vom 16. Februar 1569 verwarf der Lübecker Rechtsanwalt alle lauenburgischen Vorwürfe[1182] und beharrte auf den im kaiserlichen Mandat genannten Vorwürfen und der Schuldigkeit des Herzogs:[1183] Die betroffene Besitzung wäre „seit 10, 20, 30, 40, 50 Jahren und mehr“ im Besitz Lübecks.[1184] Der nunmehr beweispflichtige Dr. Capito forderte in einem dem Gericht am 23. Juni 1570 vorgelegten Schreiben die Einsetzung einer Kommission,[1185] auf deren Besetzung sich beide Prozeßparteien im Oktober 1572 verständigten.[1186] Die unter Vorsitz von Subdelegierten des Lüneburger Rats geführte Kommission wurde im Zusammenhang mit der rechtsanhängigen „Sache um Marienwohlde“ vom 29. Januar 1576 bis zum 3. Februar 1576 in Mölln verhandelt.[1187] Die Aussage der Subdelegierten umriß die Problematik zwischen Lübeck und Sachsen–Lauenburg: „Es ist problematisch, das Kläger und Beclagten ein gewontliche Glaube haben und

---

1177 LAS, Abt. 390, Nr. 230, qdr. 6, fol. 2^v.
1178 LAS, Abt. 390, Nr. 230, qdr. 6, fol. 3^r.
1179 LAS, Abt. 390, Nr. 230, qdr. 6, fol. 2^v.
1180 LAS, Abt. 390, Nr. 230, qdr. 6, fol. 2^v.
1181 LAS, Abt. 390, Nr. 230, qdr. 6, fol. 3^v.
1182 LAS, Abt. 390, Nr. 230, qdr. 7, fol. 3^r, präs. am 16. Februar 1569.
1183 LAS, Abt. 390, Nr. 230, qdr. 7, fol. 2^v–3^v.
1184 LAS, Abt. 390, Nr. 230, qdr. 7, fol. 3^r.
1185 LAS, Abt. 390, Nr. 230, qdr. 8. – Laufs, Reichskammergerichtsordnung, S. 170ff. (RKGO, 2. Teil, tit. 4). – Vgl. zur Rechtmäßigkeit einer Kommissionseinsetzung anderslautend Prange, Prozeßkarten, S. 17.
1186 LAS, Abt. 390, Nr. 230, qdr. 16. Auf die langwierigen Auseinandersetzungen um die Besetzung der Kommission wird lediglich hingewiesen. Verwandtschaftliche Verbindungen wurden von Lübeck ebenso angeführt wie eine nicht vorhandene fachliche Qualifikation. – LAS, Abt. 390, Nr. 230, qdr. 12, 13 und 14. Interessanterweise verwies Dr. Capito in einer Eingabe auf einen „Fall in Wismar“, den er als Präzedenzfall auswies, um damit seine Kommissionsbesetzung zu rechtfertigen (qdr. 13, fol. 1^v–2^r).
1187 LAS, Abt. 390, Nr. 230, qdr. 20, attestationes Rotul präs. am 22. August 1576.

ihre Rechte meinen zu kennen."[1188] Zeugenverhöre[1189] und die Inaugenscheinnahme durch die Kommissionsmitglieder,[1190] Vertreter der Kläger– und Beklagtenpartei sowie den vereidigten Maler Daniel Frese[1191] sollten die beiden Standpunkte verdeutlichen.

Am 22. August 1576 wurde der Eingang von Rotul und Bild in Speyer verzeichnet.[1192] Am 23. August 1581 fertigte das Reichskammergericht einen abschließenden Bescheid unter Bezugnahme auf die Kommissionsempfehlung,[1193] dessen Rechtsdurchsetzung am 13. Juni 1586 mit einem Exekutorialmandat, ausgeliefert am 26. Juli 1586,[1194] gegen Herzog Franz II. von Sachsen–Lauenburg erfolgen sollte: Zukünftig durfte in dem betroffenen Gebiet bei Sirksfelde nicht mehr gejagt werden, die Poen mußte gezahlt und die Gerichtskosten in Höhe von 168 fl. 26 kr. mußten übernommen werden.[1195] Einem neuerlichen Antrag des Herzogs zur Kommissionsneubildung wurde nicht stattgegeben.[1196]
Der herzogliche Anwalt, Dr. Christoff Behem, erhob gegen dieses Mandat sofort Einspruch,[1197] der sich zunächst auf Formalien beschränkte: Unter Bezugnahme auf Entscheide der lauenburgischen Ritter– und Landschaft sei

1188 LAS, Abt. 390, Nr. 230, qdr. 19, fol. 1r, offener Zwischenbescheid der Lüneburger Subdelegierten an das Reichskammergericht, der mit dem verschlossenen Rotul und der Karte nach Speyer versandt wurde.

1189 LAS, Abt. 390, Nr. 230, qdr. 20, fol. 38v ff. (Fragenkataloge), fol. 43r–55r (Zeugenverhöre).

1190 S. Abbildung 7 im Bildteil.

1191 Eid veröffentlicht in: Prange, Prozeßkarten, S. 19.

1192 LAS, Abt. 390, Nr. 230, qdr. 19. Prange, Prozeßkarten, S. 18.

1193 Prange, Prozeßkarten, S. 18.

1194 LAS, Abt. 390, Nr. 230, qdr. 26, fol. 4.

1195 LAS, Abt. 390, Nr. 230, qdr. 26, fol. 1v ff.

1196 Vgl. LAS, Abt. 390, Nr. 230, qdr. 21 und 22. Als Grund mögen die lange Prozeßanhängigkeit und die Höhe der Prozeßkosten gelten. Vgl. Hinweise in LAS, Abt. 390, Nr. 230, qdr. 24. – Anderslautend hinsichtlich einer Kommissionsneubildung – jedoch im Widerspruch zur Reichskammergerichtsordnung – die Angaben bei Prange, Prozeßkarten, S. 18: „Das Gericht ließ die für Lauenburg beantragte Kommission nicht mehr zu, [...]." Prange geht in seinen Ausführungen notwendigerweise von zwei unterschiedlichen Kommissionen – von Seiten des Klägers und des Beklagten – aus. Dieses entsprach nicht der Ordnung, wenngleich es bis zum Kommissionsbeginn Möglichkeiten des Einspruchs gegen die Besetzung gab. Die Öffnung der Rotuli war dem Reichskammergericht erst nach Anerkennung der Kommission durch beide Parteien und nach der Beendigung des Beweisverfahrens möglich. Sofern sich anschließend herausstellte, daß unklare, aber bewiesene Klagepunkte von der gegnerischen Partei zurückgewiesen worden waren, wechselte die sogenannte Beweispflicht. Nunmehr konnte diese Partei die Einsetzung einer weiteren, neuen Kommission beantragen. Im Zuge der sukzessiven Erledigung folgte daraufhin das Verfahren erneut der Ordnung.

1197 LAS, Abt. 390, Nr. 230, qdr. 27, präs. am 18. August 1586.

Franz II. nicht nur Landesfürst sondern zugleich Administrator des Fürstentums Sachsen. Die besonderen Umstände in Sachsen–Lauenburg bedürften einer genaueren Prüfung, da zunächst alle Besitzverhältnisse eindeutig geklärt werden müßten, vor allem desjenigen Besitzes, der seiner Mutter als Leibgedinge nach dem Tod seines Vaters anheimgefallen war.[1198]
Obwohl der Rechtsvertreter Lübecks Zweifel an der Rechtmäßigkeit der Herrschaft Franz′ II. hegte,[1199] leitete er in brillanter Art und Weise die Verantwortlichkeit des nun regierenden Fürsten in der Rechtsnachfolge seines Vaters her.[1200]
Mit der Begründung der Aktenunordnung in der niedersächsischen Kanzlei, die der lauenburgische Kanzler von Brandt auf die zahlreichen räumlichen Verlegungen des Archivs zurückführte, die wegen der Wirren in der herzoglichen Familie in den letzten Jahren stattgefunden hatten,[1201] versuchte von Brandt, die Exekution des Urteils hinauszuzögern und untermauerte seine Aussage mit der eidesstattlichen Erklärung eines Kammersekretärs, der die zahllosen fehlenden Protokolle benannte, die eine Übersicht derzeit nicht zuließen.[1202]
Dennoch parierte Herzog Franz II. dem gerichtlichen Exekutorialmandat am 10. April 1591, wie er selber mitteilte,[1203] auch wenn die Stadt Lübeck am 28. September 1591[1204] und am 14. Januar 1592[1205] das Reichskammergericht informierte, daß ein Teil der Bezahlung noch nicht eingegangen sei. Ob diese Kosten dennoch bezahlt wurden, entzieht sich der Kenntnis. Vielleicht hat Lübeck die Einforderung der säumigen Restgelder einfach nur nicht weiterverfolgt, oder Herzog Franz II. hat tatsächlich die ausstehenden Forderungen zu einem späteren Zeitpunkt beglichen.

1198 LAS, Abt. 390, Nr. 230, qdr. 27, fol. 1r–4r.
1199 LAS, Abt. 390, Nr. 230, qdr. 28, präs. am 8. Oktober 1586, fol. 2r–2v.
1200 LAS, Abt. 390, Nr. 230, qdr. 28, insbes. fol. 4v.
1201 LAS, Abt. 390, Nr. 230, qdr. 37, lit. A, fol. 1r, insbesondere durch die Wirren um das Land Hadeln, wohin ein Teil des Archivs ebenso verlegt worden war wie nach Ratzeburg. – Vgl. Reden, Landständische Verfassung, S. 114. Von Reden hat ausgeführt, daß der gesamte Aktenbestand der Kanzlei sowie wichtige Archivunterlagen auf herzoglichen Reisen mitgeführt wurden. Als Archiv und ‘Aufbewahrungsort’ der Urkunden muß zunächst im 16. Jahrhundert der auf der Lauenburg stehende ‘Archivturm’ in Betracht gezogen werden. Das Mitführen von Akten aus der Kanzlei kann sich – nach Einsicht ins Archivmaterial – lediglich auf das notwendig zu erledigende Tagesgeschäft des Herzogs beschränkt, nicht aber auf die gesamte Kanzlei erstreckt haben, die auch bei Abwesenheit des Herzogs durch Kanzleibeamte weiter besetzt blieb.
1202 LAS, Abt. 390, Nr. 230, qdr. 37, lit. B, fol. 1v–3v.
1203 LAS, Abt. 390, Nr. 230, qdr. 41, fol. 1v.
1204 LAS, Abt. 390, Nr. 230, qdr. 42.
1205 LAS, Abt. 390, Nr. 230, qdr. 43.

4.8.2.2.3 Das Dorf Duvensee

Seit 1476 wiesen die Herrschaftsverhältnisse in Duvensee mit seinen Gemarkungen eine doppelte Landesherrschaft auf: Ein Teil der Dorfschaft gehörte zu Lübeck, die andere Hälfte dem Herzog von Sachsen–Lauenburg.[1206]
Im August 1565 hatte der Steinhorster Amtmann Friedrich Brockdorf Lübecker Jägern drei aufgestellte Netze im Grenzbereich Duvenseer Feld und Ritzerauer Feldmark abgepfändet und ein viertes, noch nicht aufgestelltes Spannetz zugleich mit beschlagnahmt und diese vier Netze mit dem dazugehörigen Garn als Pfand nach Steinhorst verbracht.[1207] Ohne weitere Vermittlungsgespräche anzustrengen, reichte die Stadt Lübeck eine Klage beim Reichskammergericht ein, welches die Eingabe mit einem Mandat wider den sachsen–lauenburgischen Herzog Franz I. und den Amtmann von Steinhorst am 7. November 1565 beantwortete. Bei Poen von 10 MlötG wurden die Beklagten aufgefordert, die abgepfändeten Gegenstände zu restituieren.[1208]
Die gemeinsame Verteidigungsführung übergaben der Herzog und der Amtmann in die Hände von Dr. Capito,[1209] der dem Reichskammergericht umgehend mitteilte, daß Sachsen–Lauenburg die alleinigen Nutzungsrechte am Dorf und den dazugehörigen Weideflächen besitze und die angrenzende Wald– und Feldmark nicht zum Amt Ritzerau, wie Lübeck behauptete, gehöre, sondern zum Amt Steinhorst – mithin zu Sachsen–Lauenburg.[1210] Die von Lübeck 'angemaßten' Jagdgerechtigkeiten als Klagegegenstand erweiterte Capito insoweit, als er zugleich den Lübeckern alle Holz– und Weidegerechtigkeiten absprach: Lübeck hatte demnach überhaupt keine Rechte in dem betroffenen Gebiet, so daß der Amtmann „vermög seines Amtes“ rechtens gehandelt hatte.[1211] Zudem forderte der Jurist das Reichskammergericht auf, diese strittige Grenzfrage auf der Grundlage der Hoheitsverletzung Lübecks durch die beanspruchten Jagdgerechtigkeiten zu klären.[1212]
Am 11. Oktober 1568 quittierte der Lübecker Bürgermeister Hieronymus Lueborch den Empfang der abgepfändeten Jagdgeräte;[1213] Lauenburg war somit

---

1206 Prange, Hoheitsstreit, S. 42f. – Prange, Prozeßkarten, S. 21.

1207 LAS, Abt. 390, Nr. 231, qdr. 2 und qdr. 5, fol. 2^r–2^v. – Prange, Hoheitsstreit, S. 41. – Prange, Prozeßkarten, S. 20f.

1208 LAS, Abt. 390, Nr. 231, qdr. 2. Rückseitig: Übergabenachricht durch den Reichskammergerichtsboten an den lauenburgischen Kanzleischreiber Johann von Lüneburg am 8. Januar 1566.

1209 Bestallungen in LAS, Abt. 390, Nr. 231, qdr. 3 und 4.

1210 LAS, Abt. 390, Nr. 231, qdr. 5, fol. 1^v, präs. im Dezember 1567. – Prange, Prozeßkarten, S. 21.

1211 LAS, Abt. 390, Nr. 231, qdr. 5, fol. 2^r–2^v.

1212 LAS, Abt. 390, Nr. 231, qdr. 5, fol. 3^r–3^v.

1213 LAS, Abt. 390, Nr. 231, qdr. 8. – Prange, Prozeßkarten, S. 21.

der Restitutionsforderung nachgekommen, wie der Rechtsanwalt es ausdrückte: man habe „pariert“, obwohl damit das Unrecht nicht anerkannt werde.[1214]

Der Prozeß um die abgepfändeten Netze war damit unspektakulär beendet worden. Über ein Jahr ruhte der Prozeßfortgang wegen Inaktivismus der beteiligten Parteien.

Am 27. Januar 1570 reichte der Lübecker Rechtsanwalt ein Responsionsschreiben bei Gericht ein, in dem sämtliche Ausführungen Capitos hinsichtlich der Besitzrechte Sachsen–Lauenburgs verworfen wurden.[1215] Während im Herzogtum Sachsen–Lauenburg die innerfamiliären Streitigkeiten tagesbestimmend waren, forderte Lübeck die Wiederaufnahme des Verfahrens und wandelte den Prozeß wegen Abpfändung von Jagdgeräten, die längst zurückgegeben worden waren, in einen Prozeß um die Besitzverhältnisse am Dorf Duvensee,[1216] forderte kurze Zeit später die Einsetzung einer Kommission, um die Besitzrechte abschließend zu klären und entsprach somit dem früheren Wunsch Capitos.[1217]

Nach fristgerechter Vorladung der Beklagten und der notwendigen Zeugen trafen sich die Kommissionsmitglieder Anfang Februar 1577 auf dem Mühlenhof in Mölln – kurz zuvor hatten sich beide Parteien erst auf das letzte Kommissionsmitglied verständigt – und zogen mit Notar, Maler und Zeugen in

---

[1214] LAS, Abt. 390, Nr. 231, qdr. 7, fol. 1^r, präs. am 25. Oktober 1568.

[1215] LAS, Abt. 390, Nr. 231, qdr. 9, fol. 1^v–2^r, präs. am 27. Januar 1570. – Prange, Prozeßkarten, S. 21f.

[1216] LAS, Abt. 390, Nr. 231, qdr. 9, fol. 3^r.

[1217] LAS, Abt. 390, Nr. 231, qdr. 10, präs. am 15. Oktober 1570. – Vgl. qdr. 12 und 13 hinsichtlich der Benennung der Kommissionsmitglieder. Die Auseinandersetzungen um die Kommissionsbesetzungen zogen sich bis 1577 hin. – Vgl. hierzu qdr. 17 (Eingabe Sachsen–Lauenburgs aus dem Jahr 1576), qdr. 18 (Protestnote Lübecks aus dem Jahr 1577 hinsichtlich des von Lauenburg benannten Christoff von Hadenberg, dem nach Lübecker Ansicht die entsprechende Qualifikation fehlte), qdr. 19 (Neubenennung eines Kommissionsmitglieds als Ersatz für Hadenberg von Seiten Lauenburgs), qdr. 20 (Zustimmung Lübecks). Dennoch wurde bereits im Jahr 1576 eine offizielle Bestellung der „Hauptkommissionsmitglieder“ dem Rat von Lüneburg durch Kaiser Maximilian zugestellt, woraus geschlossen werden kann, daß es sich bei den Auseinandersetzungen zwischen den beiden Städten nur um die weiteren Beisitzer handelte, nicht um die den Vorsitz habenden Kommissionsmitglieder. – Vgl. hierzu qdr. 22 (Attestationes), fol. 2^r–4^v. – Vgl. Prange, Hoheitsstreit, S. 43. Prange weist darauf hin, daß beide Prozeßparteien die Einsetzung einer Kommission wünschten; die offizielle Forderung jedoch ging ausschließlich von Lübeck aus. – Gleichlautend Prange, Prozeßkarten, S. 22. – Vgl. Laufs, Reichskammergerichtsordnung, S. 170ff.: RKGO, 2. Teil, tit. IV und tit. V. Das Recht zum Antrag auf Kommissionsbildung hatte zunächst die beweispflichtige Partei, zumeist der Kläger, bei Prozeßfortsetzung durch Einlegung eines Widerspruchs die widersprechende Partei. Das Verfahren folgte der Maxime der sukzessiven Erledigung des Artikelprozesses. – Vgl. Dick, Kameralprozeß, S. 166ff.

das strittige Gebiet, um die Inaugenscheinnahme vorzunehmen und diese im Bild festzuhalten.[1218]

Am 5. Februar wurden die Zeugen vernommen. Nach der generellen Fragestellung[1219] mußten die Zeugen auf die spezifizierten „fragstücke" eingehen.[1220] Das 'Hörensagen' rückte vermehrt in den Vordergrund[1221] und verdeutlichte in der Gesamtheit der Aussagen die verworrenen Besitzrechte, die sich durch eine gewohnheitsrechtliche Institutionalisierung der Gerechtigkeiten abgenutzt hatten. Häufig widersprachen sich die Aussagen,[1222] so daß die eingebrachte Prozeßkarte das wohl wichtigste Beweismittel während der Kommissionstage wurde.

Die Zeugenaussagen verdeutlichten allerdings überaus einhellig das Funktionieren gemeinschaftlicher Nutzung der betroffenen Gebiete durch Lübecker wie Lauenburger Untertanen; Streit entstand erst zu dem Zeitpunkt, als Friedrich Brockdorf Amtmann in Steinhorst wurde.[1223]

Die Kommission versandte ihren notariell beglaubigten Rotul nebst Karte im Juni 1577 an das Reichskammergericht, welches beides bis zur Beendigung der Beweisaufnahme nach Fristablauf verschlossen hielt.[1224] Vier Monate später, im Oktober 1577, wandte sich Dr. Brentzlin an das Reichskammergericht und bemängelte die schlechte Besetzung der ersten Kommission; es mangele an Fachleuten.[1225] Das lauenburgische Ansinnen einer neuerlichen Kommissionsbildung wurde nach zähen Besetzungsverhandlungen aufgegeben.[1226] Der Prozeß geriet durch innerfamiliäre Streitigkeiten im niedersächsischen Fürstenhaus in den bereits mehrfach angeführten 'Strudel' verworrener Aktenlagen, die eine Fortsetzung des Prozesses für die lauenburgischen Advokaten in Speyer maßgeblich schwächten.[1227] Erschwert wurde die Stellung des Herzogs von Sachsen–Lauenburg durch die Übertragung

---

1218 S. Abbildung 8 im Bildteil.

1219 LAS, Abt. 390, Nr. 231, qdr. 22, fol. 20r ff.

1220 LAS, Abt. 390, Nr. 231, qdr. 22, fol. 25r ff.

1221 LAS, Abt. 390, Nr. 231, qdr. 22, fol. 25r ff. – S. Prange, Hoheitsstreit, S. 45.

1222 Exemplarisch: LAS, Abt. 390, Nr. 231, qdr. 22, fol. 27r und fol. 29r. – Vgl. anders bewertend: Prange, Hoheitsstreit. Prange ist insoweit zuzustimmen, als die Zeugenbefragung eindeutig ergeben hatte, daß Duvensee zwei Herrschaften hatte; hinsichtlich der eindeutigen Zuordnung gab es Widersprüche.

1223 LAS, Abt. 390, Nr. 231, qdr. 22, fol. 28r ff. – Prange, Hoheitsstreit, S. 45.

1224 Prange, Hoheitsstreit, S. 50. – Prange, Prozeßkarten, S. 22.

1225 LAS, Abt. 390, Nr. 231, qdr. 23.

1226 LAS, Abt. 390, Nr. 231, qdr. 24, qdr. 25, qdr. 26 und qdr. 27. Letztlich stimmten beide Parteien am 8. Juli 1579 einer neuen Kommission zu.

1227 Vgl. LAS, Abt. 390, Nr. 231, qdr. 30 (Defensionsschrift Magnus´ II.), qdr. 32 (Schreiben an das Kammergericht von Franz II.), qdr. 35 (Hinweis auf Defizite in der lauenburgischen Aktenführung), qdr. 37 (Hinweise auf die Besitzverhältnisse des Herzogs von Sachsen–Lauenburg bezüglich diverser Ankäufe von ehemals verpfändeten Besitzungen).

des Amts Steinhorst durch den (lauenburgischen) Amtmann Brockdorf an den Herzog von Schleswig–Holstein–Gottorf im Jahr 1575.[1228]
Anerkannte das Gericht zwar 1591 die Klage Lübecks als rechtens,[1229] daß die abgepfändeten Netze auf lübischem Grund und Boden des Amts Ritzerau gestanden hatten und das Dorf Duvensee zweierlei Herrschaftsverhältnisse aufwies, zur Hälfte sächsisch und zur Hälfte lübisch,[1230] so hatte Sachsen–Lauenburg über 15 Jahre einen Prozeß vorangetrieben, der Besitz betraf, der längst veräußert worden war, andererseits in das Bild der doppelgleisigen und geheimen Politik Franz′ II., das Amt Steinhorst betreffend, paßte.[1231]
Nach diesem Entscheid des Gerichts eröffnete der Herzog von Schleswig–Holstein–Gottorf ein Verfahren um die alleinigen Besitzrechte an Duvensee vor dem Reichskammergericht.[1232]

4.8.2.2.4 Das Gut Ritzerau

Herzog Johann V. hatte im Jahr 1468 bereits Versuche unternommen, den Lübecker Kauf des Guts Ritzerau rückgängig zu machen, indem er darauf hingewiesen hatte, daß die Familie Ritzerau – als seine Lehnsleute – nicht berechtigt war, Güter ohne landesherrliche Zustimmung zu verkaufen.[1233] Der Lübecker Rat widersprach dieser Argumentation nachdrücklich, da die Ritzerauschen Besitzungen Bestandteile der Vogtei Mölln seien, die sich im Besitz der Stadt befände; außerdem, so ergänzte der Rat, hätten auch die landsässigen Adligen der Möllner Vogtei – neben dem Rat der Stadt Mölln – der Stadt Lübeck gehuldigt.[1234] Schließlich erteilte Herzog Johann V. am 23. April 1469 seinen Konsens zu dem Verkauf, beharrte allerdings auf einem Wiederkaufsrecht und verband hiermit Forderungen hinsichtlich einer Reduktion nach Süden ausgerichteter Lübecker Befestigungen.[1235]
Nachdem sich der Herzog von Schleswig–Holstein–Gottorf mit Herzog Franz II. darauf verständigt hatte, daß dieser die Besitzansprüche Lauenburgs an der Vogtei und Stadt Mölln stellvertretend vor dem Reichskammergericht vertreten

---

1228 Vgl. Kap. 3.3.1.

1229 Vgl. zur Urteilsfindung nach Kommissionsentscheid: Laufs, Reichskammergerichts–ordnung, S. 173f., insbesondere RKGO, 2. Teil, tit. V, § 14.

1230 LAS, Abt. 390, Nr. 231, qdr. 41, qdr. 42 und qdr. 47, fol. 1^{r}. Somit anerkannte das Gericht die Lübecker Probationsschrift vom 19. März 1591, da zudem die Zeugenaussagen diese Angaben stützten. Die von Sachsen–Lauenburg eingebrachte Protestnote vom November 1592 blieb wirkungslos. – Vgl. Prange, Prozeßkarten, S. 22.

1231 Vgl. oben Kapitel 3.3.1.

1232 Prange, Hoheitsstreit, S. 50.

1233 UBStL, 11, S. 422, Nr. 391. – Wiederholung dieses Schreibens in: UBStL, 11, S. 424f., Nr. 393.

1234 UBStL, 11, S. 423, Nr. 392.

1235 UBStL, 11, S. 464f., Nr. 429.

sollte, traten somit auch die Besitzrechte an dem Gut Ritzerau zum ausgehenden 16. Jahrhundert wieder in den Vordergrund der Betrachtungen. Die Schwierigkeit lag hier in der besonderen Situation des Guts, da es als Namensgeber der gleichnamigen – unter Lübecker Hoheit stehenden – Vogtei galt, die einen Großteil der ursprünglich zur Möllner Vogtei gehörenden Dorfschaften aufgenommen hatte. Die Auseinandersetzungen um das Gut Ritzerau sind eher als Stellvertreterkrieg zwischen Herzog Johann–Adolf von Schleswig–Holstein–Gottorf und Herzog Franz II. von Sachsen–Lauenburg einerseits und der Stadt Lübeck andererseits zu interpretieren.
Die beiden Herzöge ließen vor dem Reichskammergericht eine gemeinsame Klageschrift vorlegen, in der Lübeck beschuldigt wurde, widerrechtlich 7.000 Bäume in der Nähe des Kolbergs geschlagen zu haben;[1236] also in einem Gebiet, welches zum Gut gehörte, jedoch – wie beide betonten – „im ampt Ritzerau" lag, in dem die Stadt Lübeck über keinerlei Rechte verfügte:[1237] Danach verfügte die Stadt auch über keine Baumrechte.[1238] Insbesondere bemängelten die Kläger, daß die Stadt Lübeck nicht in der Lage sei, den eindeutigen urkundlichen Nachweis ihrer Ansprüche zu erbringen.[1239] Der die Stadt Lübeck vor Gericht vertretende Prokurator Dr. Kremer widersprach den Ausführungen Dr. Wolffs,[1240] legte Abschriften der im 15. Jahrhundert hergestellten Urkunden vor[1241] und verwies auf einen in der „Sache Mölln" entstandenen Kommissionsrotul vom 26. März 1596.[1242] Verfahrensfragen der beiden Prokuratoren bestimmten fortan das weitere Prozeßgeschehen; die Herzöge konzentrierten sich zunächst auf den Prozeß um die Besitzrechte an der Vogtei und Stadt Mölln – der 'Sonderweg', der präjudizierende Umweg über die Frage der Ansprüche an Ritzerau wurde hintangestellt und gewann erst im Zuge einer Schadensregulierung Mitte des 17. Jahrhunderts erneut an Bedeutung. Dabei vertrat die Stadt Lübeck die Ansicht, daß, sofern eine Schadensersatzpflicht bestehe, der Wald in seiner ursprünglichen Form wieder herzustellen sei;[1243] der Herzog von Sachsen–Lauenburg hingegen beharrte auf einem finanziellen Ausgleich.[1244] Ersterer Auffassung hatte sich das Reichskammergericht

1236 AHL, RKG, H 56, qdr. 2 (Mandat des Reichskammergerichts) und qdr. 4 (Exzeptionsschreiben).
1237 AHL, RKG, H 56, qdr. 2, fol. 1ᵛ–2ʳ und qdr. 4, fol. 2ʳ.
1238 AHL, RKG, H 56, qdr. 4, fol. 3ᵛ.
1239 AHL, RKG, H 56, qdr. 4, fol. 3ʳ.
1240 AHL, RKG, H 56, qdr. 5 und qdr. 10.
1241 AHL, RKG, H 56, qdr. 6, lit. A bis qdr. 9, lit. D (Urkundenabschriften).
1242 AHL, RKG, H 56, qdr. 5, fol. 1ᵛ.
1243 AHL, RKG, H 56, qdr. 20, lit. B.
1244 AHL, RKG, H 56, qdr. 23, fol. 2ʳ. Dr. Schommartz (Prokurator für Sachsen–Lauenburg) hatte mit einem am 11. Juni 1664 vorgelegten Schreiben nochmals eine finanzielle Schadensersatzleistung in Höhe von 23.300 RT gefordert. – S. ÖsterrHHStA, RHR, Judiziale Miscellanea, K 764/ 29, Schreiben aus Schlackenwerth, datiert vom 20. Februar

angeschlossen und den Antrag auf finanziellen Ausgleich abgeschlagen.[1245] Konnte der Herzog von Sachsen–Lauenburg seine Ansprüche auf die alte Möllner Vogtei und die Stadt Mölln schließlich mit Hilfe des Reichskammergerichts im Jahr 1683 durchsetzen, so blieb das Gut Ritzerau – unter Berufung auf die alten Kaufverschreibungen und ungeachtet des Wiedereinlösungsrechts – mit seinen Besitzungen lübeckisch.[1246]

4.8.2.2.5 Der 'Fall' Fredeburg

Die unter lübischer Hoheit stehende Fredeburg war eine seit 1350 bestehende, nach Osten orientierte Wehranlage, die im Einvernehmen zwischen Stadt und Herzog erbaut worden war und die einzige Durchlaßmöglichkeit der mittelalterlichen Landwehranlage zwischen dem Möllner und dem Ratzeburger See darstellte.[1247] Zugleich sicherte die Fredeburg den Verkehrsknotenpunkt der beiden von Süden kommenden Frachtwege aus Boizenburg und Lüneburg in Richtung Norden nach Lübeck und Ratzeburg: Die Fredeburg war damit für die Anrainerterritorien während der Fehden des 15. Jahrhunderts von strategischem Wert im Sinn ihrer Verkehrssicherungspolitik.[1248]
Die Fredeburg war ein integrierter Bestandteil der von Lübeck verwalteten Landwehreinrichtung, für deren Erhalt die Stadt verantwortlich war; somit zog sich ein schmaler Streifen lübeckischen Besitzes durch lauenburgisches Territorium.
Die auf der Fredeburg eingerichtete Lübecker Zollstation wurde von Lübecker „Dienern" – modern ausgedrückt: von Zöllnern – verwaltet und selbst bewirtschaftet. Die räumliche Enge der zur Fredeburg gehörenden eingefriedeten Besitzungen wies dieser Selbstbewirtschaftung natürliche Grenzen, die die Lübecker Dienerschaft durch gewohnheitsrechtlich begründete Grenzübergänge auf lauenburgisches Territorium umging, um dort ihr Vieh weiden zu lassen.[1249]
Auf dem Weg der Salzstraße hatte bereits vor 1540 Herzog Magnus in Höhe der Dorfschaft Pogeez eine eigene Zollstation eingerichtet,[1250] die aufgrund ihrer Lage jedoch nicht den gesamten nach Norden verkehrenden Warenverkehr erfaßte; den Frachtverkehr nach Ratzeburg besteuerte allein Lübeck durch die Fredeburger Zollstation.

1656: Der Herzog von Sachsen–Lauenburg hatte sich bereit erklärt, das Gut Ritzerau für 30.000 RT zu verkaufen.

1245 AHL, RKG, H 56, qdr. 20, lit. B, Protokollabschrift vom 1. Juni 1656.

1246 Vgl. AHL, RKG, B 92: König Georg II. als Herzog von Lauenburg contra den Lübecker Rat hinsichtlich des Wiederkaufsrechts am Gut Ritzerau (1744–1745).

1247 Prange, Prozeßkarten, S. 23.

1248 Vgl. Prange, Prozeßkarten, S. 23.

1249 Vgl. Prange, Prozeßkarten, S. 23.

1250 Prange, Prozeßkarten, S. 23f.

Anfang des Jahres 1570 hatte Herzog Franz I.[1251] den von seinem Vater errichteten Pogeezer Zoll nach Fredeburg verlegen, einen Schlagbaum aufstellen und ein Wächterhaus bauen lassen. Der doppelte Zoll schreckte die Händler und Kaufleute ab, so daß die Einnahmen zurückgingen.[1252] Da die territorialen Verhältnisse in diesem Gebietsabschnitt allerdings hinreichend geklärt waren, konnte Lübeck keinerlei Maßnahmen gegen das herzogliche Verfahren einleiten.[1253]

Wohl aufgrund der nunmehr ständigen Präsenz von Lauenburger Zollwächtern im Gebiet der Fredeburg wurde das von den Lübecker Untertanen betriebene Weiden ihres Viehs auffällig, so daß die Tiere durch lauenburgische Untertanen kurzerhand vom sächsischen Weideland abgepfändet und nach Steinhorst verbracht wurden. Dagegen erhob die Stadt Lübeck Anklage vor dem Reichskammergericht, der am 28. August 1570 ein Mandat folgte.[1254] Herzog Franz I. zu Sachsen–Lauenburg und der Steinhorster Amtmann Brockdorf wurden beschuldigt, „soes haupt stük kühe“ unberechtigterweise beschlagnahmt und nach Steinhorst verbracht zu haben.[1255] Diese Pfändung sei nach der Reichsordnung rechtswidrig und stelle zudem einen Eingriff in das Hoheitsgebiet der Lübecker dar.[1256] Mit der Auflage, das Vieh zu restituieren, wurde bei Poen von 8 MlötG weitere Enthaltung geboten und durch eine Zitation zu den nächsten Gerichtsterminen geladen.[1257] Als der Gerichtsbote Tilman Brandt das Mandatsschreiben am 25. September 1570 in Ratzeburg übergeben wollte, wurde er von Herzog Franz I. mit den Worten abgewiesen, daß das Mandat nicht vom Kaiser unterschrieben worden sei und er deswegen die Annahme verweigere. Daher war der Gerichtsbote gezwungen, das Mandat an das Tor zu stecken und so zu publizieren.[1258]
Der von Herzog Franz I. bestallte Rechtsanwalt Johann Grönberger,[1259] der die Nachfolge von David Capito angetreten hatte,[1260] wandte sich im Oktober 1571 mit einer Responsionsschrift an das Gericht.[1261] Er bezweifelte nicht die Existenz der Fredeburg, die zum lübischen Hoheitsgebiet gehörte, verwahrte sich aber dagegen, daß umliegende Gebiete ebenfalls hierzu gezählt würden,

---

1251 Vgl. anderslautend Prange, Prozeßkarten, S. 23.
1252 Prange, Prozeßkarten, S. 24.
1253 Vgl. Prange, Prozeßkarten, S. 24.
1254 LAS, Abt. 390, Nr. 232, qdr. 1.
1255 LAS, Abt. 390, Nr. 232, qdr. 1, fol. 1v.
1256 LAS, Abt. 390, Nr. 232, qdr. 1, fol. 1r.
1257 LAS, Abt. 390, Nr. 232, qdr. 1, fol. 2r.
1258 LAS, Abt. 390, Nr. 232, qdr. 1, fol. 3r.
1259 LAS, Abt. 390, Nr. 232, qdr. 4, präs. im Oktober 1571.
1260 LAS, Abt. 390, Nr. 232, qdr. 3, präs. im Mai 1571. Capito war mit anderen Aufgaben zu sehr „beladen“.
1261 LAS, Abt. 390, Nr. 232, qdr. 5, präs. am 18. Oktober 1571.

denn „außerhalb des Zaunes hatte Lübeck keine Rechte".[1262] Außerhalb des Fredeburger Zauns, so bestätigte der Rechtsanwalt, war es zur Wegnahme von Vieh gekommen,[1263] welches am 18. Juni 1571 bereits wieder zurückgegeben worden war.[1264] Der die Lübecker Interessen wahrnehmende Prokurator Christoph Reiffsteck führte trotz dieser erfolgten Restitution Gegenrede,[1265] um die Besitzverhältnisse der an die Fredeburg grenzenden Landwiesen zu klären, die ursprünglich zum Amt Ratzeburg gehört hätten, aber seit mehr als 50 Jahren in Nutzung der in Fredeburg wohnenden Dienerschaft seien.[1266] Die tatsächlichen Gründe für Reiffstecks Gegenrede wurden erst später offenkundig. Er beklagte sich beim Reichskammergericht, daß Herzog Franz einen Schlagbaum errichtet habe, der nachts geschlossen blieb, so daß die freie Landstraße unpassierbar sei.[1267] Nachdem die Kühe restituiert worden seien, müsse auch der neue Schlagbaum abgeschafft werden, da hier ein Eingriff in die hoheitlichen Befugnisse der Stadt Lübeck vorgenommen worden sei; derartige Eingriffe hätten sich seit der (Mit–)Regentschaft von Herzog Franz II. verstärkt.[1268] Eine Kommission sollte, so die weitere Forderung Lübecks, die Angelegenheit vor Ort entscheiden.[1269] Diesem Antrag wurde nicht stattgegeben, denn nicht Lübeck war beweispflichtig, sondern der Herzog von Sachsen–Lauenburg, der den weiteren Prozeßgang verzögerte.[1270]
Ende 1589/ Anfang 1590 beklagte sich der Prokurator Lübecks Dr. Behem – kurz vor seinem Tode – über die zu Unrecht von Herzog Franz II. beanspruchte Landesherrschaft, forderte jedoch, die in der lauenburgischen Rechtsnachfolge anhängigen Prozesse nunmehr wieder voranzutreiben.[1271] Lauenburg reagierte mit der Bitte um Zeitaufschub, da die herzogliche Kanzlei in Lauenburg, Ratzeburg und Otterndorf verstreut, das Kanzleipersonal überfordert und das Herzogtum durch die Herrschaftswechsel in seiner Handlungsfähigkeit eingeschränkt sei.[1272]

[1262] LAS, Abt. 390, Nr. 232, qdr. 5, fol. 2v.
[1263] LAS, Abt. 390, Nr. 232, qdr. 5, fol. 3r.
[1264] LAS, Abt. 390, Nr. 232, qdr. 6, präs. am 18. Oktober 1571: Der Rat und die Stadt Lübeck quittieren den Empfang von „soeß stuck viehes" durch den fürstlichen Amtmann zu Ratzeburg am 18. Juni 1571.
[1265] LAS, Abt. 390, Nr. 232, qdr. 7, fol. 1r, präs. am 12. Januar 1574.
[1266] LAS, Abt. 390, Nr. 232, qdr. 7, fol. 2v.
[1267] LAS, Abt. 390, Nr. 232, qdr. 7, fol. 3v.
[1268] LAS, Abt. 390, Nr. 232, qdr. 7, fol. 4r.
[1269] LAS, Abt. 390, Nr. 232, qdr. 7, fol. 4v.
[1270] Vgl. hinsichtlich der Beweispflicht: Dick, Kameralprozeß, S. 167.
[1271] LAS, Abt. 390, Nr. 232, qdr. 14, präs. am 23. März 1590. Vgl. hierzu Bestallung für Dr. Melchior Reinhardt vom 13. Januar 1590 (qdr. 13 und gleichlautend qdr. 15). Behem muß das Schreiben Ende 1589 oder Anfang 1590 angefertigt haben. Dr. Reinhardt setzte die Verteidigungsführung gleichlautend wie sein Vorgänger fort (vgl. qdr. 16).
[1272] LAS, Abt. 390, Nr. 232, qdr. 17, lit. A und qdr. 17, lit. B.

Im Oktober 1592 beantragte Sachsen–Lauenburg die Einsetzung einer Kommission, ohne eine Inaugenscheinnahme mit einzubeziehen, so wie Lübeck sie 1574 gefordert hatte.[1273]
Lübeck forcierte fortan den Prozeß – ein Angebot an Sachsen–Lauenburg zur friedlichen Einigung war gerade gescheitert[1274] – und forderte das Gericht zur zweiten Mandatserhebung[1275] und zur Erstellung der dritten Dilationsschrift[1276] als Ausgangsbasis für die Einsetzung einer Kommission auf, die das Reichskammergericht dann per Mandat einsetzte.[1277]

Vertreter des Lübecker Domkapitels führten den Vorsitz – die Subdelegierten des Rats von Wismar, die ebenfalls berufen worden waren, erschienen nicht –, vernahmen am 17. und 18. Dezember 1594 die Zeugen[1278] in dieser Sache und unternahmen auf Druck der Lübecker am 19. Dezember eine Inaugenscheinnahme, deren Ergebnis in einem Abriß festgehalten wurde, obwohl dies dem Kommissionsauftrag widersprach.[1279]
Die Zeugenaussagen bestätigten das Maß an gewohnheitsrechtlichem Verhalten der lübischen Bediensteten hinsichtlich ihrer Nutzung des lauenburgischen Territoriums. Nach Abschluß der Beweisaufnahme und Eröffnung des Rotuls im Jahr 1600 versuchte Lübeck im Jahr 1605 mit einer Probationsschrift den Prozeß der Ordnung nach weiterzuführen;[1280] aufgrund der die Stadt belastenden Beweise wurde der Prozeß seit 1608 nicht mehr verfolgt[1281] – Lauenburg versuchte, den 'Fall' Fredeburg weiter voranzutreiben, war allerdings durch den vorgelegten Abriß Freses in Argumentationsnot geraten: Die Beweise waren anerkannt und damit die Besitzverhältnisse hinreichend bewiesen worden. So hatte auch Sachsen–Lauenburg keinen ausreichenden Grund, sich für den Prozeß vor dem Reichskammergericht zu interessieren.[1282]
Der auf Druck Lübecks angestrengte „Abriß“ des strittigen Gebiets wurde von Seiten des Gerichts nicht zurückgewiesen; der erwartete Eingriff, um der

---

[1273] LAS, Abt. 390, Nr. 232, qdr. 22.
[1274] LAS, Abt. 390, Nr. 232, qdr. 23, fol. 1^r.
[1275] LAS, Abt. 390, Nr. 232, qdr. 25, präs. am 25. November 1593.
[1276] LAS, Abt. 390, Nr. 232, qdr. 23, präs. am 25. November 1593.
[1277] LAS, Abt. 390, Nr. 232, qdr. 26.
[1278] LAS, Abt. 390, Nr. 232, qdr. 26, fol. 20 (Zeugenliste), fol. 37^v–38^r (Fragenkatalog), fol. 39^r–83^v (Zeugenverhöre).
[1279] LAS, Abt. 390, Nr. 232, qdr. 26. – Vgl. Prange, Prozeßkarten, S. 24. – S. Abbildung 9 im Bildteil.
[1280] LAS, Abt. 390, Nr. 232, qdr. 28, präs. am 27. April 1605.
[1281] S. LAS, Abt. 390, Nr. 232, qdr. 28 und qdr. 31.
[1282] LAS, Abt. 390, Nr. 232, qdr. 32, Duplikschrift Reinhardts, präs. am 17. Oktober 1612. Der Prozeß vor dem Reichskammergericht war somit nicht abgeschlossen worden und wurde im Jahr 1637 als noch rechtsanhängig geführt (LAS, Abt. 390, Nr. 232, qdr. 34 nachgeordnet, Zitationsschreiben vom 17. April 1637 für Herzog August von Sachsen–Lauenburg).

Ordnung gerecht zu werden, unterblieb. Lauenburg akzeptierte das Bild als beweiskräftiges Rechtsmittel; in diesem Fall folgte es nicht der Ordnung, sondern dem praktischen Nutzen.

4.8.2.3 Patronatsverletzungen

Auf der Grundlage von Eigentumsüberschreibungen an Grund und Boden, Bezuschussungen von Kirchenbauten und –ausstattungen sowie vertraglichen Regelungen waren Patronatsrechte zustandegekommen, die in sich einen Rechten– und Pflichtenkatalog – Fragen der Stellenbesetzung und weitere Ausstattungen der Kirche oder Kapelle, Schutzfunktion gegenüber dem an die Kirche angebundenen Personenkreis[1283] – vereinigten und in der Wechselwirkung zwischen Stifter und dessen erblichen Nachfolgern einerseits und den dem geistlichen Besitz inkorporierten wie angeschlossenen Personenkreis andererseits standen. Wurden hierbei hoheitliche Aufgaben und Verpflichtungen weltlicher Art von dem unmittelbar die Kirche oder Kapelle betreffenden geistlichen Regelungsbedarf getrennt, nahm der Landesherr kollektive Patronatsrechte des Territoriums wahr, die auf der Grundlage einer das Territorium umfassenden Kirchenordnung Rechtscharakter erhielten, ohne in die Ausübung lokaler oder regionaler Patronatsrechte[1284] einzugreifen.
Die Kirchen und Kapellen im Herzogtum Sachsen–Lauenburg wiesen zu Beginn der Frühen Neuzeit vielfältige lokale und regionale patronatsrechtliche Verhältnisse als Relikte des mittelalterlichen Expansionswillens und des Strebens nach Heil und Segen des landsässigen Adels auf, welcher aufgrund eigener finanzieller Ausstattung seinem örtlichen Herrschaftsanspruch durch Hinzufügung geistlicher Schutzverpflichtungen Ausdruck zu verleihen suchte. Die Bindung von lokalen Patronatsrechten an Kirchen und Kapellen in den Besitzungen der Ritter– und Landschaft an die jeweiligen adligen Landsassen wurde obligatorisch,[1285] wohingegen die auf herzoglichem Territorium

1283 Vgl. hinsichtlich der Aufgaben und Pflichten ausführlich: Graßmann, Kirchenwesen, S. 86. – Ernst Münch: Das Pfarr– und Kirchdorf in Mecklenburg und Lauenburg. Vom Ratzeburger Zehntlehnregister bis zu den Kirchenvisitationen der frühen Neuzeit. Anmerkungen zu den Besonderheiten eines ländlichen Siedlungstyps; in: Kurt Jürgensen (Hg.): Die Kirche im Herzogtum Lauenburg. Beiträge zu ihrer Geschichte und Gegenwart; [= Lauenburgische Akademie für Wissenschaft und Kultur, Kolloquium 5]; Neumünster 1994 (künftig zitiert: Münch, Pfarrdorf), S. 37.

1284 Unter lokalen Patronatsrechten sollen die durch landsässige Adlige in ihren Adligen Gerichten wahrgenommenen Patronatsrechte, unter regionalen Patronatsrechten die ein gesamtes Kirchspiel umfassenden Rechte verstanden werden.

1285 Wolfgang Prange: Der Aufbau der Kirchen– und Pfarrorganisation im Herzogtum Lauenburg; in: Kurt Jürgensen (Hg.): Die Kirche im Herzogtum Lauenburg. Beiträge zu ihrer Geschichte und Gegenwart; [= Lauenburgische Akademie für Wissenschaft und Kultur, Kolloquium 5]; Neumünster 1994 (künftig zitiert: Prange, Kirche), S. 27. – S.

liegenden geistlichen Güter sowohl dem gesamtterritorialen landesherrlichen wie patronatsrechtlichen Einfluß unterworfen waren.[1286] Verpfändungen, Verkäufe und Stiftungen 'von außen' weichten diese klassische Trennung frühzeitig auf und entbehrten um 1500 häufig des urkundlichen Beweises für die Entstehung und Weiterentwicklung; das landesherrliche Patronatsrecht hingegen wurde nie beseitigt, lediglich aufgeweicht.

Handelte es sich bei Patronatsrechten nicht um Eigentumsrechte der klassischen Art, so waren dennoch exterritoriale Einflüsse vorhanden, die Wirkungen auf die Entfaltung der herzoglichen Landesherrschaft hatten und einem Gesamtarrondierungs– und Konsolidierungswillen entgegenstanden. Der landesherrliche Anspruch auf die Patronatsrechte über die im eigenen Territorium liegenden Kirchen und Kapellen gestaltete sich problematisch, sobald eine für das Gesamtterritorium gültige Kirchenordnung eingeführt werden sollte. Die eigene Ritter– und Landschaft bot in diesem Zusammenhang aufgrund ihres besonderen Untertanenverhältnisses zu ihrem Landesherrn den geringsten Widerstand; Schwierigkeiten ließen die Externen und Fremden erwarten, die sich im Lauf der Zeit ihres lokalen oder regional begrenzten, der Landesherrschaft untergeordneten Verhältnisses nicht mehr bewußt waren.[1287]

4.8.2.3.1 Das Patronatsrecht zu Hittbergen

Unterstanden die Besitzungen Hittbergens landesrechtlich dem Herzog von Sachsen–Lauenburg, so lagen die regionalen Patronatsrechte des Kirchspiels Hittbergen bei Bischof Eberhard von Lübeck, der das Kirchspiel der unter seinem lokalen Patronat stehenden St. Michaels–Kirche in Lüneburg angeschlossen hatte.[1288]

Als Patronatsinhaber war der Lübecker Bischof für die Einsetzung der Prediger und deren Ausstattung ebenso zuständig wie für die Ausübung der Kontrolle der geistlichen Haltung; Pflichten, denen der Patron durch Visitationen Genüge tat. Diese Aufgaben waren zugleich mit der Wahrnehmung der Rechtsvertretung gegenüber landesherrlichen oder reichsrechtlichen Instanzen in geistlichen Angelegenheiten verbunden. Die Visitationspflicht des Landesherrn war davon nicht beeinflußt, sondern diente zugleich als Regelungs– und Kontrollinstanz der regionalen und lokalen Patronatsrechte.

Münch, Pfarrdorf, S. 37. Münch beschreibt ein Dreiecksverhältnis zwischen Kirche, Patronatsinhaber der Ritter– und Landschaft sowie Landesherr.

1286 Vgl. auch Regionalatlas, Blatt 3.8.

1287 Hermann Augustin: Die Reformation im Herzogtum Lauenburg; in: Kurt Jürgensen (Hg.): Die Kirche im Herzogtum Lauenburg. Beiträge zu ihrer Geschichte und Gegenwart; [= Lauenburgische Akademie für Wissenschaft und Kultur, Kolloquium 5]; Neumünster 1994 (künftig zitiert: Augustin, Reformation), S. 43.

1288 S. NdsHStA, Celle Br. 103, Nr. 38.

Das Kirchspiel Hittbergen stand zu Beginn der achtziger Jahre des 16. Jahrhunderts unter der sachsen–lauenburgischen Regentschaft des Herzogs Franz d. J. in der noch nicht reichsrechtlich bestätigten Nachfolge seines Vaters. Bischof Eberhard hatte sich im Jahr 1581 supplizierend an das Reichskammergericht gewandt, um – seinem Patronatsrecht folgend – Beschwerde gegen Vorkommnisse im Kirchspiel Hittbergen einzulegen, die ihm durch ein Visitationszeugnis des lauenburgischen Superintendenten Heinrich Albers zur Kenntnis gelangt waren.
Bischof Eberhard besaß die regionalen Patronatsrechte[1289] und ließ Visitationen durch Angehörige des Bistums durchführen – ebenso visitierte der lauenburgische Superintendent alle Kirchspiele, die zum Territorium des Herzogtums Sachsen–Lauenburg gehörten.
Unter Hinweis darauf, daß er als Patronatsinhaber das Visitationsrecht habe, leitete Bischof Eberhard seine Klageschrift ein, die Ende 1581 unverändert Eingang in ein reichskammergerichtliches Mandat im Namen des Kaisers fand.[1290]

> Nachdem die Dienstmagd des Pastors zu Hittbergen Selbstmord begangen hatte,[1291] waren die Angehörigen des Kirchspiels vor das Pastorenhaus gezogen und hatten den Hittbergener Pfarrer hierfür verantwortlich gemacht. Im folgenden weigerten sich die Kirchspielangehörigen, dem Pastor die notwendigen Naturalien abzuliefern; dieses Verhalten wurde insoweit von Herzog Franz unterstützt, als er keinen Einhalt gebot und beabsichtigte, die Kirche zu schließen.
> Eine Vermittlung zwischen dem Pastor und den Kirchspielbewohnern kam nicht zustande; stattdessen eskalierte die Situation: Die Kirchspielleute fielen am 31. Juli gewaltsam auf dem Pfarrhof ein, zerschlugen mutwillig einen Bretterzaun, rissen die Zaunpfähle aus dem Boden und raubten ungefähr vier Tonnen (noch unreife) Äpfel und Birnen. Am 20. August – der zerschlagene Zaun war gerade wieder erneuert worden – fielen die Kirchspielleute erneut auf dem Pfarrhof ein, schlugen die noch restlichen Äpfel ab und nahmen auch diese mit. Währenddessen wurden die Pastorenfrau und ihre Kinder bedroht: Man schlug gegen die Tür, verbreitete mit „gotteslästerlichen Worten“ Angst unter ihnen, und der Hittbergener Pastor fürchtete sogar um sein Leben.

[1289] Vgl. Prange, Kirche, S. 27: „Nach der Reformation ist im 16. Jahrhundert der Bischof als Patron ausgeschieden.“

[1290] LAS, Abt. 390, Nr. 575, qdr. 1. Alle weiteren Angaben folgen dem Mandat des Reichskammergerichts, welches vom Gericht am 29. März 1582 präsentiert wurde.

[1291] LAS, Abt. 390, Nr. 575, qdr. 1: „[...] als sich desselben (des Pfarrers, d. Verf.) Dienstmagd selbsten ersäufft und umbß leben gebracht [...]“.

Der Herzog, der das landesherrliche Patronatsrecht wahrnehmen mußte, habe hier versagt, schloß das Mandat, was die Auffassung des Lübecker Rechtsanwalts stärkte, da nunmehr Bischof Eberhard von Lübeck aufgrund seines regionalen „ius patronatus“ für das Kirchspiel von Hittbergen aktiv werden mußte.[1292]

Vor Gericht konnte bis 1582 keine abschließende Klärung gefunden werden. Dennoch scheint eine außergerichtliche Einigung zustande gekommen zu sein, denn nach Abschluß einer umfänglichen Zeugenbefragung im Rahmen einer Kommissionsermittlung am 21. Februar 1583[1293] wurde der Prozeß von Seiten des Klägers wie des Beklagten nicht weiter verfolgt.

4.8.2.3.2 Weitere Streitigkeiten um Patronatsrechte

Besaß der Bischof von Lübeck Patronatsrechte im Lauenburgischen, so beanspruchten auch die Stadt und der Rat Lübecks solche Rechte in den seit dem 15. Jahrhundert unter ihrer Herrschaft stehenden Dorfschaften,[1294] die in ihrer Bedeutung allerdings im Schatten der fünf lübeckischen Stadtkirchspiele standen.[1295]

Seit der Reformation predigten im Dorf Breitenfelde lutherische Geistliche, die seit 1601 vom Rat und der Stadt Lübeck eingesetzt wurden;[1296] der erste von Lübeck eingesetzte Prediger war Jacob Reiner Grabau.[1297] Ferner hatte Lübeck Breitenfelde mit einem Kirchenneubau ausgestattet[1298] und im Jahr 1608 erstmalig durch Lübecker Bevollmächtigte visitiert.[1299]

Die Einsetzung von Predigern und die Kirchenvisitationen in den Dörfern Breitenfelde, Wolbersdorf, Hargenbeke, Tramm, Schretstaken, Bostorf, Bälau und Alt Mölln beanspruchten die Lauenburger – da in ihrem Amt Ratzeburg gelegen – für sich; visitiert wurden diese Dorfschaften seit 1581.[1300]

In den zu Lübeck gehörenden Dörfern waren die Verhältnisse anders als im Kirchspiel Hittbergen: Der Lübecker Rat beanspruchte hierfür die Ausübung der landesherrlichen Rechte und sprach den Herzögen von Sachsen–Lauenburg unter der Betonung des Fehlens von Patronatsrechten zugleich die landesherrliche Herrschaftsausübung ab.

1292 LAS, Abt. 390, Nr. 575, qdr. 3, fol. 2r–2v.

1293 Hinweis aus LAS, Abt. 390, Nr. 575, Prozeßnebenakte, fol. 4r.

1294 Vgl. Graßmann, Kirchenwesen, S. 92.

1295 Graßmann, Kirchenwesen, S. 88. Der Bischof von Lübeck hatte nach der Reformation das Visitationsrecht für die lübeckischen Landgüter auf den Lübecker Rat übertragen (S. 90).

1296 LAS, Abt. 390, Nr. 245, qdr. 9, fol. 1v.

1297 LAS, Abt. 390, Nr. 245, qdr. 10.

1298 LAS, Abt. 390, Nr. 245, qdr. 9, fol. 4v.

1299 LAS, Abt. 390, Nr. 245, qdr. 10.

1300 LAS, Abt. 390, Nr. 245, qdr. 22, fol. 3v. – S. dazu auch Graßmann, Kirchenwesen, S. 92.

Konnten in den Jahren 1590 und 1614 Auseinandersetzungen zwischen der Stadt und Herzog Franz II. gütlich beigelegt werden,[1301] nachdem der Rat von Lübeck dem Breitenfelder Pastor untersagt hatte, die Kirche zur lauenburgischen Kirchenvisitation aufzuschließen,[1302] so trafen sich beide Parteien in den Jahren von 1658 bis 1662 vor dem Reichskammergericht wieder, um das Patronatsrecht über das je zur Hälfte zu Lübeck und Lauenburg gehörende Dorf Breitenfelde abschließend zu klären.[1303] Dem Rat bot im Januar 1658 der Herzog von Sachsen–Lauenburg Anlaß zur Klage. Der Herzog hatte seinen Predigerkandidaten unter militärischer Begleitung von 25 Musketieren zu seiner Ordinationspredigt entsandt;[1304] Lübeck reagierte, indem der Rat seinen Prediger in der darauffolgenden Woche von 100 Stadtsoldaten begleiten ließ.
Tatsächlich wurde jedoch der Tatbestand der Verletzung von Patronatsrechten lediglich vorgeschoben, um die territoriale Zugehörigkeit des gesamten Dorfs Breitenfelde auf reichsgerichtlicher Ebene zugunsten Lübecks zu entscheiden. Der Lübecker Versuch scheiterte ebenso wie das lauenburgische Ansinnen: Breitenfelde blieb unter der Verwaltung beider Landesherrschaften.

Anders verhielt es sich mit den Auseinandersetzungen um das Patronatsrecht der Kirche zu Behlendorf. Gewohnheitsrechtlich hatte der Lübecker Rat Prediger in Behlendorf eingesetzt und die Kirche seit Beginn des 17. Jahrhunderts visitiert. Das Wappen der Parkenthins wurde 1609 durch das Lübecker Ratswappen ersetzt und sächsische Patente über Abgabenzahlungen in den Jahren bis 1618 immer wieder durch Lübecker Untertanen von der Kirchentür entfernt. Nachdem bis 1604 die Familie von Parkenthin ergebnislos versucht hatte, ihre Patronatsrechte gegenüber Lübeck zu behaupten, schaltete sich 1610 Herzog Franz II. von Sachsen–Lauenburg in die Auseinandersetzungen ein und machte die Wappenentfernung vor dem Reichskammergericht rechtsanhängig.[1305] Der Lübecker Rat wies darauf hin, daß er sein Patronatsrecht, welches er seit 250 Jahren wahrgenommen habe, besonders ernst nehme, da die Behlendorfer Kirche in „abgang kommen“ sei: die Sitten galten als verwahrlost. Als Inhaber des Patronats sah sich der

---

1301 Vgl. Graßmann, Kirchenwesen, S. 92.

1302 LAS, Abt. 390, Nr. 245, qdr. 23, fol. 3ᵛ.

1303 LAS, Abt. 390, Nr. 523, fol. 149ʳ. LAS, Abt. 390, Nr. 245, insbes. qdr. 34: Durch Vorlage eines Zessionsschreibens über das Wiederkaufsrecht der Brüder von Ritzerau an Herzog Johann V. wollte Herzog Julius Heinrich von Sachsen–Lauenburg seine Ansprüche auf das gesamte Dorf Breitenfelde untermauern und die Lübeck gehörende Dorfhälfte loskaufen. Dieser Anspruch sollte durch ein vorgelegtes Schreiben, eine „im Archivo befindliche Copey ohne Datum“ (qdr. 27) des sachsen–lauenburgischen Herzogs an die Stadt Lübeck, erhärtet werden. – Vgl. Graßmann, Kirchenwesen, S. 93.

1304 Graßmann, Kirchenwesen, S. 93.

1305 AHL, RKG, S 5, qdr. 2 (präs. am 30. Juni 1610).

Lübecker Rat gezwungen, die Versorgung des Pfarrers zu gewährleisten.[1306] Herzog Franz II. widersprach der Lübecker Argumentation: Nachweise über lauenburgische Unterhaltszahlungen an die Kirche zu Behlendorf[1307], ein Visitationsbericht des Patrons Bartholdt von Parkenthin zu Zecher aus dem Jahr 1581[1308] und von lauenburgischer Seite vorgelegte Zeugenaussagen[1309] widerlegten die Lübecker Angaben und damit verbundene Ansprüche. Beide Parteien verzichteten auf eine Fortsetzung des Prozesses, der unerledigt liegen blieb.

Unter Herzog Julius Franz erwuchsen erneut Schwierigkeiten, die vor dem Reichskammergericht ausgetragen wurden, nachdem der Herzog den unter lauenburgischem Protest von Lübeck eingesetzten Pastor Nikolaus Schoeff gefangengenommen und seine Freilassung verweigert hatte.[1310] In diesem Kontext wurde der Prozeß um die Frage des Ius Patronatus aus den Jahren 1609 bis 1613 erneut aufgerollt.[1311]

4.8.3 Fischereigerechtigkeiten auf dem Ratzeburger See

Bereits seit dem Ausgang des 13. Jahrhunderts konnte der nördliche Teil des Ratzeburger Sees als zu Lübeck gehörig bezeichnet werden,[1312] auch wenn es im Verlauf des 15. Jahrhunderts immer wieder zu Streitigkeiten zwischen den Sachsenherzögen und der Stadt Lübeck um die Fischereigerechtigkeiten und um das Recht, Schilf zu mähen, gekommen war.[1313] Unklar war dabei der Verlauf der Fischerei- und Mähgrenze für die lauenburgischen Fischer aus den Seeanrainer Dörfern,[1314] wie bereits die Ereignisse der Jahre 1461 und 1466 bewiesen hatten.[1315]

Die Ereignisse des Jahres 1499 beschreiben jenes Mißverhältnis zwischen den Lübeckern und den Sachsenherzögen,[1316] das für die kommenden Jahre richtungsweisend sein sollte: Wollte die Stadt Lübeck die Seegrenze als gedachte Linie zwischen dem Dorf Pogeez und dem auf der gegenüberliegenden Seeseite liegenden „Hohlen Weg" gelegt wissen, so

---

1306 AHL, RKG, S 5, qdr. 7, lit. A (präs. am 14. März 1611).

1307 S. AHL, RKG, S 5, weitere Abschrift vom 25. Februar 1670, lit. C aus dem Jahr 1597 über geleistete Zahlungen: 570 ML zum Kirchenbau, 661 ML für den Küster und den Pastor, 166 ML für Sonstiges.

1308 AHL, RKG, S 5, qdr. 19, Nr. 1.

1309 AHL, RKG, S 5, nachgeordnet qdr. 19.

1310 AHL, RKG, L 26. Vgl. Graßmann, Kirchenwesen, S. 93.

1311 AHL, RKG, S 5, diverse Nachweise seit 1666.

1312 S. Kap. 2.1.1.4.

1313 UBStL, 10, S. 610f., Nr. 600.

1314 Peltzer, Promemoria, 1, S. 98ff.

1315 Peltzer, Promemoria, 2, S. 62ff.

1316 Peltzer, Promemoria, 2, S. 68f.

versuchten die Sachsenherzöge, diese Seegrenze nach Norden zu verrücken.[1317] Dieses Unterfangen Herzog Johanns V. mißlang; eine Einigung konnte nicht erzielt werden, so daß die folgenden Jahre von gegenseitigen Netz– und Gerätschaftenabpfändungen geprägt waren, die zu ständigen Beschwerden und Auseinandersetzungen führten[1318] und ihre kontinuierliche Fortsetzung in der Regierungszeit Herzog Magnus' I. fanden.[1319]
Nachdem Herzog Franz I. die Regierung übernommen hatte, setzte er sich umgehend mit dem Lübecker Rat in Verbindung, um die anhaltenden Beschwernisse auf dem Ratzeburger See zu beenden, da – dies sah er als bewiesen an – die Wehrbude und der gesamte Ratzeburger See seiner Landesherrschaft zugehörten.[1320] Der Lübecker Rat und Herzog Franz konnten sich zwar kurzzeitig einigen, die Lage am See blieb allerdings weiterhin unklar. Einen weiteren Versuch unternahmen beide Streitparteien im Jahr 1550. Bei einer Inaugenscheinnahme des strittigen Gebiets beharrten die sächsischen Unterhändler auf einer weiter nördlich gelegenen Scheide, die durch einen Hohlweg markiert wurde, während die Lübecker Vertreter dies ablehnten.[1321]
Die Streitigkeiten um die Grenze im Ratzeburger See reichten zeitlich bis zum Vertragsschluß von Krummesse im Jahr 1556,[1322] dessen Nicht–Ratifizierung zu einem Reichskammergerichtsprozeß zwischen dem Lübecker Rat und Herzog Franz I. führte. Die Rechte am Ratzeburger See wurden somit 'in zweiter Linie' bereits seit 1563 mitverhandelt.[1323]
Die lauenburgische Kanzlei wies in einem internen Schreiben im Jahr 1597 darauf hin, daß sich die Rechte am Ratzeburger See aus einem Pachtvertrag des Jahres 1274 ergäben, so daß die Landeshoheit weiterhin den Herzögen von Sachsen–Lauenburg zustehe. Dieser Argumentation konnten die Lübecker nur bedingt folgen: Beriefen auch sie sich auf jenen Vertrag, so ergänzten sie ihre Argumentation dahingehend, daß durch die nicht erfolgte Wiedereinlösung der Pachtvertrag in einen Kaufvertrag gewandelt worden sei: so seien die Rechte im beginnenden 15. Jahrhundert in Lübecker Ratsbesitz übergegangen.[1324]
Neben den theoretischen Disputen, welche sich um den tatsächlichen Grenzverlauf und die Frage der Landeshoheit über den gesamten Ratzeburger See rankten, sah die praktische Seite vor Ort ganz anders aus: Besonders zu den fischreichen Zeiten eines jeden Jahres kam es zu zahlreichen tätlichen Auseinandersetzungen zwischen lübeckischen und sächsischen Untertanen, die

[1317] Peltzer, Promemoria, 1, S. 101f.
[1318] Peltzer, Promemoria, 1, S. 102.
[1319] Peltzer, Promemoria, 2, S. 69–71.
[1320] Peltzer, Promemoria, 1, S. 103.
[1321] Peltzer, Promemoria, 1, S. 106f.
[1322] S. o. Kapitel 4.8.2.2.1.
[1323] Peltzer, Promemoria, 2, S. 82 (Mandatsabschrift).
[1324] Peltzer, Promemoria, 1, S. 111f.

sich gegenseitig die Fischereigeräte und Kähne abnahmen, nachts Dorfschaften überfielen und sich gegenseitig des notwendigen Reets beraubten.
Alle Bemühungen, diesen seit über hundertfünfzig Jahren schwelenden Konflikt friedlich beizulegen, waren gescheitert: sowohl die regionalbegrenzten Konfliktbewältigungsmechanismen wie auch der Versuch der Stadt Lübeck, über eine vom Kaiser verordnete Kommission[1325] zur Konfliktlösung beizutragen. Der Grund hierfür lag vornehmlich in der Beharrlichkeit der lauenburgischen Herzöge, von ihrer Grundposition keinen Deut abzuweichen.

Diese Haltung läßt sich zu Beginn des 17. Jahrhunderts weiterhin beobachten: Herzog Franz II. unternahm im Jahr 1603 einen ersten Vorstoß, die Frage um die Besitzrechte am Ratzeburger See vor dem Reichskammergericht rechtsanhängig zu machen. Ursachen und Gründe für eine Klage gab es ausreichend; allein das auslösende Moment mußte abgewartet werden: Dabei galt es, nicht nur die Wegnahme von Fischereigeräten nachzuweisen, sondern zugleich einen landfriedensbruchartigen Einfall als ursächlichen Klagepunkt vorweisen zu können, der gegen den bestehenden Ewigen Landfrieden verstieß. Herzog Franz mußte lediglich bis zum Monat März warten, um vor dem Reichskammergericht Klage einreichen zu können, denn am 18. März 1603 fielen Lübecker Untertanen mit Wissen des Lübecker Rats in die lauenburgische Dorfschaft Sarau ein und nahmen den sächsischen Bewohnern Fischereigeräte ab, mit denen diese auf dem Ratzeburger See – dem alten Brauch folgend – zuvor gefischt hatten. Als Entschädigung für den unberechtigten Fang beanspruchten die Vertreter Lübecks zudem eine Geldsumme.[1326] Das Reichskammergericht erkannte den Tatbestand der Pfändung als rechtmäßig an und gebot zunächst bei einer Poen von 10 MlötG die Restitution der

---

[1325] LAS, Abt. 390, Nr. 534: Der inliegende Kommissionsbericht beschreibt umfänglich die Versuche der kaiserlich verordneten Kommissare, die Fahrrechte auf dem Ratzeburger See, die eng mit den Fischereigerechtigkeiten verbunden waren, rechtlich aufzuarbeiten sowie die Frage um die Zollgerechtigkeit generell und die Frage des Zollgeldes im besonderen darzulegen. Auffällig wurde im Verlauf der Kommissionssitzung, daß sich beide Parteien auf ein hohes Maß an Gewohnheitsrechten beriefen, die zwar durch Zeugenaussagen belegt waren, aber einer rechtlichen, vertraglich besiegelten Grundlage entbehrten. Die Kommissionssitzung des Jahres 1577 verdeutlicht aber auch einen anderen Umstand: Obwohl es sich um eine kaiserlich verordnete Kommission handelte, die nicht als Bestandteil eines Reichskammergerichtsprozesses verstanden werden durfte, bezogen sich die subdelegierten Kommissare auf die Reichskammergerichtsordnung; der Bezug zur Reichsordnung wäre an dieser Stelle zu erwarten gewesen (vgl. fol. 9ʳ).

[1326] AHL, RKG, S 10, qdr. 1, fol. 3ʳ–3ᵛ. Den sächsischen Untertanen wurden Fischnetze und ungefähr 30 Fischkörbe abgepfändet sowie ungefähr 30 Fischkörbe, die am Strand lagen, zerschnitten. – S. Peltzer, Promemoria, 1, S. 112f.

Pfändungsgüter, den Schadensersatz für die angerichteten Zerstörungen und die Enthaltung von weiteren Übergriffen.[1327]
Als der Lübecker Rat das Mandat des Reichskammergerichts in Händen hielt, wurden die abgenommenen Gerätschaften umgehend in Lauenburg zurückgegeben.[1328] Für den Rat von Lübeck schien die Angelegenheit damit erledigt zu sein, aber der die lauenburgischen Interessen wahrnehmende Prokurator Dr. Reinhardt beharrte auf einer Prozeßfortsetzung und begründete sein Anliegen mit der fortgesetzten Bedrohung sächsischer Untertanen in dem strittigen Gebiet[1329] und mit dem Argument, daß ein Rechtsbruch nicht ausschließlich mit der Restitution abgepfändeter Gerätschaften abgetan werden könne.[1330] Diese Wendung im Prozeßverlauf war neu; die Rechtsdurchsetzung wurde von dem Mandatsanliegen abgekoppelt und das Vergehen an sich mit Rechtszug verfolgt. Nicht mehr die Unmittelbarkeit des Ergebnisses zählte demnach, sondern das rechtliche Vergehen bedurfte der rechtlichen Regelung und Sanktion.
Nach einem neuerlichen Zwischenfall am 11. Oktober 1604 erließ das Reichskammergericht einen Bescheid und gebot der Stadt Lübeck zu gehorchen: Insgesamt 16 Netze mußten zu 28 ß und 40 Fischerkörbe zu 3 RT 16 ß je Stück ersetzt werden.[1331] Folgte der Rat der Stadt Lübeck zwar diesem Bescheid,[1332] so begann dennoch vor Gericht eine langanhaltende Auseinandersetzung um die Besitzrechte am Ratzeburger See; die Restitutionsforderungen wurden mehr und mehr in den Hintergrund gedrängt, wohingegen die Frage der Besitzrechte – vor allem von Lauenburger Seite: wie ursprünglich beabsichtigt – in den Vordergrund des Prozesses gestellt wurde.[1333]
Der Lübecker Rat ließ sich, obwohl dieser Sachbezug nicht Verhandlungsmasse innerhalb dieses Pfändungsprozesses war, auf die Auseinandersetzung ein.[1334]

[1327] AHL, RKG, S 10, qdr. 1, fol. 5^r. Das Mandat des Reichskammergerichts wurde am 28. Mai 1603 erstellt und dem Lübecker Rat am 14. September 1603 überbracht. – S. Peltzer, Promemoria, 2, S. 82–84.

[1328] AHL, RKG, S 10, qdr. 4: Übergabe der Gerätschaften am 3. Oktober 1603 in Lauenburg. – S. Peltzer, Promemoria, 1, S. 113. – Peltzer, Promemoria, 2, S. 84–85. – Vgl. irrig Peltzer, Promemoria, 1, S. 114.

[1329] AHL, RKG, S 10, qdr. 5, fol. 3^v–4^r: Am 5. Oktober 1603 kam es zu neuerlichen Übergriffen der Lübecker auf sächsische Untertanen in Groß–Sarau. – Vgl. qdr. 6: Beiliegende Zeugenaussage über die Übergriffe am 5. Oktober.

[1330] AHL, RKG, S 10, qdr. 5, fol. 2^v–5^r (präs. am 29. März 1604).

[1331] AHL, RKG, S 10, qdr. 7, lit. A vom 10. Januar 1605.

[1332] AHL, RKG, S 10, qdr. 8, lit. B vom 10. Januar 1605 mit der Bestätigung, daß eine Restitution der am 11. Oktober 1604 abgenommenen Gerätschaften bereits am 17. Oktober 1604 vollzogen worden sei (Quittung eines lauenburgischen Amtsschreibers).

[1333] Vgl. AHL, RKG, S 10, qdr. 9 vom 10. Januar 1605 (Exzeptionsschreiben von Seiten des lübeckischen Prokurators Wolff mit o.a. Beweisen, lit. A und B) und qdr. 4 vom 27. August 1605 (Replikschrift des lauenburgischen Prokurators Dr. Reinhardt).

[1334] Vgl. AHL, RKG, S 10, qdr. 11 vom 25. September 1605.

Die Grundargumente hatten sich nicht geändert: Lübeck beharrte auf dem ursprünglichen Verkauf des Wehres am Ratzeburger See, welches jetzt das Rote Haus genannt wurde, von den Sachsenherzögen an die Stadt, zog gleichzeitig eine Belehnung Kaiser Friedrichs II. mit der Wakenitz als Beweisgegenstand heran und behauptete, daß die Einmündung der Wakenitz in den Ratzeburger See dergestalt sei, daß durch die Wakenitz–Belehnung auch der nördliche Teil des Sees der Stadt gehöre.[1335] Dr. Reinhardt argumentierte weitaus pragmatischer: Der Ratzeburger See gehöre zum Land Ratzeburg und sei deswegen Bestandteil des Reichslehens.[1336] In den Mittelpunkt seiner Betrachtungen rückte er den Umgang miteinander nach verschiedenen Unfällen auf dem Ratzeburger See in den vergangenen 40 Jahren: Die Herzöge hatten sich nach jedem Unfall sofort mit dem Lübecker Rat zu verständigen versucht, denn die aus dem Wasser gefischten Toten waren in einem lauenburgischen Gewässer ertrunken und mußten aus diesem Grunde auch auf lauenburgischem Grund beerdigt werden, nachdem sie von lauenburgischen Untertanen geborgen worden waren. Lübeck hatte sich allerdings stets das Recht angemaßt, diese Ertrunkenen für sich zu beanspruchen und dadurch Präjudizien geschaffen, auf die es sich nunmehr berief.[1337] Dem Lübecker Rechtsanwalt blieb schließlich nichts anderes übrig,[1338] als die Positionen des Klägeranwalts anzuerkennen, um auf diese Weise den Weg dafür zu ebnen, daß eine Kommission den strittigen Sachverhalt klären konnte.[1339]
Diesem Anliegen folgte der lauenburgische Rechtsanwalt, konnte sich jedoch mit dem Lübecker Prokurator nicht auf die Kommissionszusammensetzung verständigen,[1340] so daß dieser Hauptprozeß um die Besitzrechte am Ratzeburger See vor dem Reichskammergericht zum Erliegen kam.

[1335] AHL, RKG, S 10, qdr. 11, fol. 2ᵛ–3ᵛ.

[1336] AHL, RKG, S 10, qdr. 12, fol. 6ᵛ–7ʳ (präs. am 25. Juni 1608).

[1337] AHL, RKG, S 10, qdr. 12, fol. 8ʳ–11ᵛ. – Vgl. Ausführungen bei Peltzer, Promemoria, 1, S. 100, einen Zwischenfall wegen eines Ertrunkenen am 28. August 1466 betreffend.

[1338] AHL, RKG, S 10, qdr. 14 (präs. am 20. Juni 1612). Ein Lübecker Vorstoß, dem Prozeß eine Wendung in Richtung der strittigen Fahrrechte unter Entkopplung der Fischereigerechtigkeiten und der Grenzziehungsprobleme zu geben, war zuvor gescheitert (qdr. 13, präs. am 17. Februar 1612).

[1339] AHL, RKG, S 10, qdr. 17, präs. am 3. Juni 1616: Kommissionsbenennung durch die Stadt Lübeck.

[1340] AHL, RKG, S 10, qdr. 17 (präs. am 3. Juni 1616): Dr. Wolff (Lübeck) benennt den Rat und die Stadt Bremen als Kommissare. Qdr. 18 (präs. am 30. September 1616): Dr. Steiernagel (für Sachsen–Lauenburg) lehnt den Rat und die Stadt Bremen als Kommissare ab, da sich Herzog Franz „in differentz" mit Bremen befinde. Qdr. 20 (7. März 1618): Lic. Khun (für den Rat von Lübeck) schlägt vor, den Rat und die Stadt Lüneburg als Kommissare zu benennen (fol. 1ᵛ). Zugleich forderte er die Zulassung, einen Abriß erstellen zu lassen, um die Rechtssituation verbindlich zu dokumentieren (fol. 2ʳ). – S. Peltzer, Promemoria, 1, S. 115f.

Weiter gefochten wurde auf Nebenkriegsschauplätzen, denn der Hauptprozeß war von einer Vielzahl weiterer Lübecker Verfehlungen begleitet, die von dem Lauenburger Herzog vor Gericht einzeln rechtsanhängig gemacht wurden. Trotz gleichen Grundtatbestandes wurde jeweils ein neuer Prozeß eröffnet, so daß eine 'Prozeßschwemme' das Gericht über Jahre hinweg beschäftigte, wobei das jeweilige Prozeßende unklar bleibt:

Die Vorgehensweise, ausschließlich den letzten Eintrag in der Prozeßnebenakte als Endpunkt des Prozesses zu betrachten, erscheint in diesem Falle verfehlt; vielmehr waren Vermischungen bereits vor Gericht aufgetreten, da sich die jeweilige Zuordnung als schwierig herausstellte.[1341] Wurde zwar im Einzelfall auf Rechtmäßigkeit erkannt, so blieb dennoch der Hauptprozeß rechtsanhängig: Eine Vielzahl kleinerer Ereignisse bestimmte so die letzten Jahre der Auseinandersetzung, die zwar nicht in den Beobachtungszeitraum der vorliegenden Arbeit gehören, aber im Kontext darstellungswürdig erscheinen:

Am 9. Juni 1658 beschloß das Reichskammergericht – auf Antrag Lübecks vom 12. Mai 1658[1342] –, einer Kommissionseinsetzung zuzustimmen.[1343] Die Ergebnisse dieser Kommission[1344] bildeten vor allem weitreichende

---

1341 AHL, RKG, S 11 (21. November 1604–[1615]); AHL, RKG, S 12 (13. April 1607–[1611]); AHL, RKG, S 14 (16. September (prod. am 4. Juni) 1608–[1611]); AHL, RKG, S 13 (13. Dezember 1608–[1609]); AHL, RKG, S 15 (21. Juni [prod. am 12. Januar] 1610); AHL, RKG, S 16 (28. September [prod. am 30. Juni] 1610–[1611]); AHL, RKG, S 17 (4. Dezember 1611–[1621]); AHL, RKG, S 7 (30. Juni 1617–[1618]); AHL, RKG, S 18 (1618–[1619]); AHL, RKG, S 19 (1620–[1622]); AHL, RKG, S 20 (1621–[1623]); AHL, RKG, S 21 (1622); AHL, RKG, S 22 (1623); AHL, RKG, S 23 (1624); AHL, RKG, S 25 (1631–[1632]); AHL, RKG, S 26 (1644–[1662]); AHL, RKG, S 27 (1648–[1662]); AHL, RKG, S 28 (1654–[1668]). – Vgl. insbesondere zu den verschiedenen Datenangaben (Unterschiede zwischen dem eigentlichen Prozeßbeginn (präs.), dem Verfassen der jeweiligen Mandate (prod.) und hinsichtlich der genauen Prozeßartenangaben: Hans–Konrad Stein–Stegemann: Findbuch der Reichskammer–gerichtsakten im Archiv der Hansestadt Lübeck, 2; [= Inventar der Akten des Reichskammergerichts, 13: Archiv der Hansestadt Lübeck]; [= Veröffentlichungen des Schleswig–Holsteinischen Landesarchivs, 19]; Schleswig 1987, S. 539, 541–553. – Vgl. auch Peltzer, Promemoria, 1, S. 114ff. Peltzer hat die einzelnen Daten der Mandatserteilung des Reichskammergerichts veröffentlicht (S. 114, Fn. 4), unterscheidet aber nicht nach den unterschiedlichen Tatbeständen, sondern kommt zu dem Schluß, daß es sich um einen Hauptprozeß handele, um den sich alle anderen Prozesse rankten.

1342 Peltzer, Promemoria, 1, S. 116.

1343 Hinweis in AHL, RKG, S 10, qdr. 29, fol. 145: Zuerkennung einer Kommission am 18. Juli 1658 für das Lübecker Domkapitel. – S. zur Zeitverzögerung zwischen Mandatserteilung und Kommissionsbeginn: Peltzer, Promemoria, 1, S. 116.

1344 AHL, RKG, S 10, qdr. 29. Als Subdelegierte waren der Dompropst Johann Friedrich Winterfeld und der Dekan August Meier von Seiten des Lübecker Domkapitels eingesetzt worden. Herzog Julius Heinrich von Sachsen–Lauenburg bevollmächtigte Dr. Herman Hoffmann, den Notar Andreas Senf und den Kammerschreiber Johann Helms. Die Stadt

Landvermessungen durch Jacob Heigerle, der allerdings vor Beendigung seiner Arbeit verstarb und durch Simon Schneider ersetzt wurde; dieser fertigte eine Prozeßkarte des strittigen Grenzverlaufs und des Ratzeburger Sees.[1345]
Beide Streitparteien erkannten die Ergebnisse der Verhandlungen hinsichtlich der beglaubigten Urkundenabschriften wie auch der Prozeßkarte als richtig an. Beides wurde am 14. September 1663 dem Gericht überreicht.[1346]

Der sachsen–lauenburgische Prokurator Dr. Grambs hatte bereits am 5. Juni 1663 erwirkt, daß das Reichskammergericht der Bildung einer weiteren Kommission unter Vorsitz von Herzog Gustav–Adolf von Mecklenburg zustimmte. Hintergrund für diesen neuerlichen Antrag war das Bestreben der Lauenburger, durch Zeugenaussagen die ursprünglichen Gewohnheitsrechte zu betonen, die die sächsischen Fischer auf dem Ratzeburger See genossen hatten, um den bereits verloren scheinenden Prozeß doch noch zu wenden. Lübeck hatte diesem Anliegen sicherlich bedenkenlos zugestimmt, schien der Rechtsstreit für die Stadt doch sowieso bereits gewonnen. Die vom Herzog von Mecklenburg – auf Grundlage eines kaiserlichen Mandats vom 6. April 1665[1347] – bestellten Subdelegierten hielten ihre Kommissionstage vom 6. April bis zum 17. April in Ratzeburg ab, nahmen eine erneute Inaugenscheinnahme auf der Grundlage der angefertigten Prozeßkarte aus dem Jahr 1663 vor und befragten die geladenen Zeugen.[1348] Die vor allem von Sachsen–Lauenburger Seite aufgebotenen Zeugen schilderten detailliert das alte Gewohnheitsrecht; an dem eigentlichen Rechtszustand aufgrund der urkundlichen Dokumentenlage änderte sich hierdurch nichts. Ein weiterer Vorstoß der Lauenburger Unterhändler während der Kommissionstage scheiterte.[1349] Erschwerend wirkte sicherlich die bei Beginn der zweiten Kommission bereits vorliegende Prozeßkarte Schneiders,[1350] die einen ebenso präjudizierenden Charakter hatte wie die kurz vor Kommissionsbeginn auferlegten Handlungshinweise an die subdelegierten

Lübeck entsandte den Syndikus Dr. Martin Böckel und den Notar Matthäus Sassenhagen. – Vgl. Peltzer, Promemoria, 1, S. 117.

1345 Der in der Prozeßakte befindliche Rotul ist vor allem aufgrund der Siegelzeichnungen wertvoll. Am 6. November 1660 wurde dem Maler Matthias Blank durch den Lübecker Rat der Auftrag erteilt, im Rahmen der anstehenden Kommission Zeichnungen anzufertigen. Die Richtigkeit seiner Arbeit hatte Blank entsprechend beeidet (Eid des Malers: AHL, RKG, S 10, qdr. 29, fol. 157). Ebenso waren die beiden Landvermesser vereidigt worden, daß ihre Angaben der Wahrheit entsprachen (qdr. 29, fol. 158ff.).

1346 LHA, MVP, Aw, Nr. 322. – Peltzer, Promemoria, 1, S. 118.

1347 Vgl. AHL, RKG, S 10, qdr. 34: Rotul vom 9. Juni 1665 (kaiserliches Mandat in Abschrift auf den Herzog von Mecklenburg). Als subdelegierte Kommissare waren vom Herzog die Geheimen Räte Dr. Brüning und Jacob Schörtling bestellt worden.

1348 AHL, RKG, S 10, qdr. 34.

1349 AHL, RKG, S 10, qdr. 34. – Vgl. Peltzer, Promemoria, 1, S. 118f.

1350 S. Karteneinlage bezeichnenderweise nicht im Lübecker Rotul sondern im Lauenburger Rotul: AHL, RKG, S 10, qdr. 34. Vgl. qdr. 34, fol. 261f. (Protokoll des Augenscheins).

Kommissare.[1351] Dr. Schommartz forderte die Kommissare auf, in besonderem Maß das Problem der Ertrunkenen zu instrumentalisieren,[1352] die Befischung des Sees bis hinauf zum „Rothen hause“ zu thematisieren[1353] und die weitreichenden Lübecker Verfehlungen der vergangenen Zeiten durch Zeugenaussagen aufzuzeigen[1354].
Die Sachsen–Lauenburger Herzöge scheiterten hinsichtlich ihrer Ansprüche vor Gericht, obwohl es zu keinem abschließenden Urteil gekommen war.[1355] Die Prozeßkarte gereichte zur rechtsverbindlichen Einigung zwischen den beiden Streitparteien – ein Urteil schien nicht mehr vonnöten zu sein. Die Grenze durch den Ratzeburger See, auf der Lübeck seit Jahrhunderten beharrt hatte, war festgeschrieben, das Fahrgeld einer Einigung unterworfen und die Frage der Fischereigerechtigkeiten geklärt worden.

Abbildungen 4a und 4b:

Die 1663 im Rahmen der Auseinandersetzungen vor dem Reichskammergericht von Simon Schneider im Auftrag des Lübecker Rats hergestellte, südgerichtete Prozeßkarte[1356] beschreibt die Grenze zwischen den beiden strittigen Parteien durch den Ratzeburger See; sächsische Fischer waren gehalten, zu bestimmten Zeiten die Grenze nicht zu überfahren, um nicht im Lübecker Teil zu fischen. Wurde ihnen das Durchfahren des nördlichen Teils des Sees jedoch gestattet, mußten sie ein entsprechendes Fahrgeld entrichten. Die Karte verdeutlicht besonders eines: Die Lübecker Ansprüche, die seit dem Spätmittelalter bestanden, haben im gezeichneten Grenzverlauf schließlich ihren Niederschlag gefunden.

[1351] AHL, RKG, S 10, qdr. 45 (präs. am 11. März 1665).
[1352] AHL, RKG, S 10, qdr. 45, fol. 4r.
[1353] AHL, RKG, S 10, qdr. 45, fol. 4v.
[1354] AHL, RKG, S 10, qdr. 45, fol. 5v.
[1355] Vgl. hinsichtlich dieser Bewertung abweichend Peltzer, Promemoria, 1, S. 119. Peltzer urteilt, der Prozeß sei durch die „bekannte Saumseligkeit des Reichskammergerichts“ so lange rechtsanhängig gewesen und erst durch ein rechtskräftiges Urteil vom 16. Dezember 1886 zu Ende geführt worden. Diese Aussage erscheint vor dem Hintergrund der neueren Forschungsergebnisse als unhaltbar.
[1356] AHL, RKG, S 10. Es wird lediglich ein Teilausschnitt der Prozeßkarte wiedergegeben. Die Legende wurde an dieser Stelle ausgeblendet. S. Kurt Langenheim: Die Ratzeburger Stadtinsel auf Karten von 1661 und 1665; in: Lbg.H., N.F. 38; 1962, S. 24–28 (zitiert: Langenheim, Stadtinsel). Langenheim verweist auf weitere Kopien im Kreisarchiv Ratzeburg (S. 24f.). Nach Auskunft von Cordula Bornefeld (Kreisarchiv Ratzeburg) befindet sich eine Kartenkopie (erstellt 1880 – auf diese bezog sich auch Langenheim) in der Ratzeburger Kartensammlung, Nr. 244 (neue Signatur). Eine weitere Kartenkopie, welche sich in der Regierungsakte, Abt. I, Nr. 821 (neue Signatur) befinden sollte, wurde aus dieser im Jahre 1969 entnommen. Weitere Nachforschungen über den Verbleib der Karte werden zur Zeit unternommen.

Die Abbildung zeigt eine Detailaufnahme aus der 1663 erstellten Prozeßkarte um den strittigen Grenzverlauf durch den Ratzeburger See.[1357] Die Prozeßkarte bietet ob ihrer Darstellung Ratzeburgs einen besonderen Reiz: Hier liegt eine kolorierte Zeichnung Ratzeburgs aus dem Jahr 1663 vor, die die Stadtinsel detailliert wiedergibt.[1358] Durch Gerdt Hane liegt bereits eine Detailzeichnung aus dem Jahr 1588 vor,[1359] und sind weitere Zeichnungen aus den Jahren 1638, 1640 sowie 1656 bereits bekannt und vorhanden,[1360] so werden diese durch die vorliegende Zeichnung Ratzeburgs auf der hier präsentierten Prozeßkarte aus dem Jahr 1663 sicherlich ergänzt. Im Zusammenhang mit den Abbildungen des Schlosses Ratzeburg aus dem Jahr 1670 aus der Kartensammlung der Grafen von Bernstorff aus Gartow[1361] bildet diese Prozeßkarte eine sinnvolle Ergänzung bildlicher Darstellungen der Stadt Ratzeburg.[1362]
Die vorliegende Detailaufnahme mußte vollständig bearbeitet werden, um die Darstellungen unter einer übergelegten Schraffur wieder sichtbar zu machen. In mühsamer Kleinarbeit ist es Frau Ulrike Schröder (Fotostelle der Universität der Bundeswehr Hamburg) gelungen, Bäume und Häuser sowie die herzogliche Residenz, den Ratzeburger Dom und die Stadtkirche dem Betrachter wieder sichtbar zu machen. Aus quellenkritischen Gründen wird diese Detailaufnahme mit den angegebenen Schraffuren ebenfalls dargestellt.

[1357] Vgl. Langenheim, Stadtinsel, S. 26 (Abb. 1). Auf dem von Langenheim dargestellten Ausschnitt Ratzeburgs sind die o.a. schraffierten Flächen ebenfalls sichtbar. Diese Schraffuren fehlen allerdings auf einer 1665 hergestellten Kopie, die Langenheim auf S. 27 (Abb. 2) präsentiert. Es liegt die Vermutung nahe, daß diese Kopie mit Hilfe einer Pause hergestellt wurde. Hierfür sprechen die auf dem Original vorhandenen Anlegepunkte und die Flächenschraffierung. Sind hingegen die Anlegepunkte auf der Kopie wiederzuerkennen, so fehlen sämtliche Schraffierungen.

[1358] Der vorliegende Kartenausschnitt wird umfangreich und detailliert beschrieben bei Langenheim, Stadtinsel, S. 25–28.

[1359] Abbildung der Zeichnung von Gerdt Hane aus dem Jahr 1588 in: Kaack, Ratzeburg, S. 45 (weitere Angaben dort).

[1360] Abbildung eines Kupferdrucks (Kieser–Meissner) aus dem Jahr 1638 in: Kaack, Ratzeburg, S. 77. Ebenda die Abbildung eines Gemäldes von Ratzeburg um 1656 von Heinrich Martens. Ebenda, S. 159: Abbildung eines Kupferstichs nach Gerdt Hane aus dem Jahr 1640.

[1361] Kaack, Ratzeburg, S. 78.

[1362] S. ergänzende Angaben bei Langenheim, Stadtinsel, S. 24.

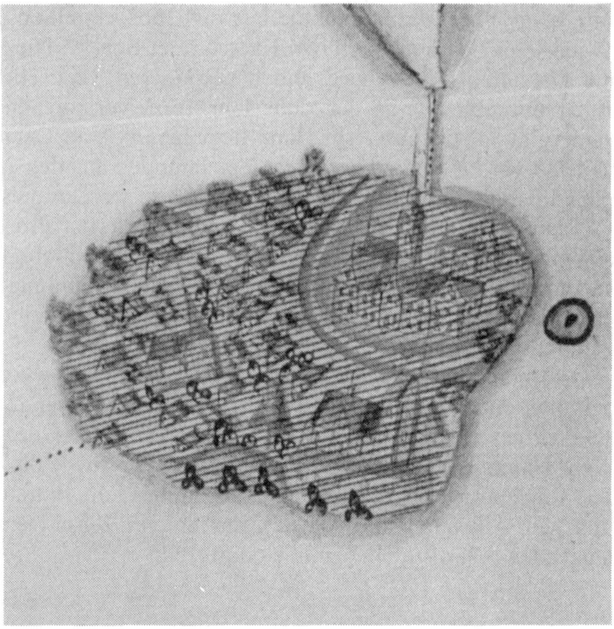

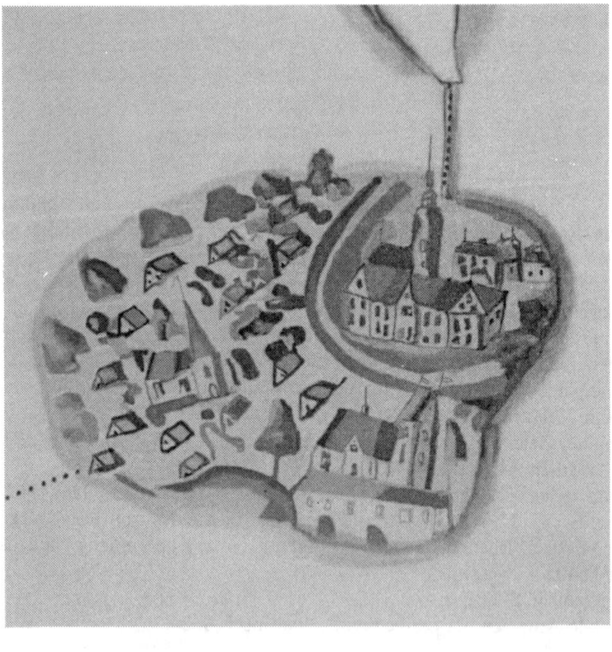

Abbildungen 4a und 4b

4.9 Sonstige

Die Herzöge von Sachsen–Lauenburg sahen sich innerhalb ihres Territoriums zahlreichen fremden Herrschaften gegenübergestellt, die ihren Arrondierungsbestrebungen entgegenwirkten. Eine Besonderheit stellte das Dorf Kühsen dar. Obwohl es Allodialbesitz des Klosters Loccum war, waren de facto seit 1500 Lübecker Ratsmänner und Bürgermeister im Afterpfandverhältnis in Kühsen eingesetzt worden,[1363] so daß das Landgebiet Lübecks hierdurch eine Erweiterung erfahren hatte; aufgrund der geographischen Lage des Dorfs kann von einer Arrondierungsmaßnahme gesprochen werden.

Kämpfte der Herzog von Sachsen–Lauenburg einerseits darum, fremde Herrschaften aus seinem eigenen Territorium hinauszudrängen, so war er andererseits bemüht, eigene Exklaven in fremdem Territorium zurückzugewinnen und seiner Landesherrschaft zu unterstellen. Die Rückerwerbungsversuche hinsichtlich der Klenckeschen Güter bei Rinteln wurden vor dem Reichskammergericht ebenso rechtsanhängig gemacht wie Lauenburgs (halbe) Rechte an der Burg Sachsenhagen im Westfälischen.

4.9.1 Die Frage um die Besitzrechte am Dorf Kühsen

Seit 1440 befand sich das Dorf Kühsen im allodialen Lehnsbesitz des Klosters Loccum, personifiziert im Abt.[1364] Der ursprünglich grundherrschaftliche Status Kühsens wandelte sich gewohnheitsrechtlich zum ausgehenden Mittelalter in einen landesherrlichen, so daß Unterpfandverhältnisse ohne herzoglichen Konsens – der de iure für das Allod nicht notwendig war – getätigt und Afterpfandnehmer, seit 1533 der Lübecker Bürgermeister Gottschalk von Stiten,[1365] eigenständig eingesetzt wurden. Obwohl Herzog Magnus I. von Sachsen–Lauenburg das allodiale Lehnsverhältnis im Jahr 1527 nochmals bestätigt hatte,[1366] hatte es der Loccumer Abt nicht für notwendig befunden, den Landesherrn über das neuerliche Unterpfandverhältnis zu von Stiten zumindest zu informieren.

In der Zeit der finanziellen Schwierigkeiten des lauenburgischen Herzogshauses versuchte Herzog Franz I. zu Beginn der sechziger Jahre, das grundherrschaftliche Besitzrecht Loccums zu betonen, indem er – auf der

---

[1363] Dührsen, Kühsen, S. 173.

[1364] S. o. Kap. 2.1.7.1.3.

[1365] Abschrift in LAS, Abt. 210, Nr. 3574, Aktenende ohne qdr. Der Lehnsbrief an von Stiten wurde 1536 nochmals durch den Abt von Loccum bestätigt. – S. Dührsen, Kühsen, S. 173. – Vgl. hierzu den Streit mit dem Erben von Stitens, mit Gottschalk von Wickede, in: ÖsterrHHStA, RHR, Judiziale Miscellanea, Nr. 2.

[1366] Abschrift in LAS, Abt. 210, Nr. 3574, Aktenende ohne qdr.

Grundlage landesherrlicher Rechte – Handdienste und Holzungsrechte einforderte und schließlich das Dorf 1564 besetzen ließ.[1367] Nicht nur sein Anspruch auf Holzungsgerechtigkeiten stand im Widerspruch zu den 1440 übertragenen Gerechtigkeiten,[1368] sondern vielmehr seine Nichtanerkennung des klösterlichen Allodialbesitzes.
Ein auf Antrag des Lübecker Bürgermeisters von Stiten zustandegekommenes Austrägalverfahren unter Vorsitz Herzog Ulrichs von Mecklenburg wurde in Mölln am 25. August 1567 zum Abschluß gebracht:[1369] Die verantwortlichen Subdelegierten Mecklenburgs[1370] bestätigten dem Herzog von Sachsen-Lauenburg seine landesherrlichen Rechte am Dorf Kühsen und den hierzu gehörigen Gebieten, erkannten jedoch gleichermaßen die grundherrschaftlichen Rechte des Abts von Loccum an und bestätigten auf diese Weise die im Jahr 1440 ihm übertragenen Gerechtigkeiten.
Nach diesem Urteil appellierte Herzog Franz I. an das Reichskammergericht, das zunächst einer Prozeßeröffnung nicht zustimmte.[1371] Herzog Franz I. hatte vergeblich versucht, seine landesherrlichen Ansprüche auf dem Reichswege einzufordern.

Dem Möllner Urteil, sich zukünftig Forderungen an die Kühsener Bauernschaft zu enthalten, leistete Herzog Franz I. keine Folge, so daß Abt Johann von Loccum den 'Fall Kühsen' seinerseits vor dem Reichskammergericht rechtsanhängig machte.[1372] Nach Anerkennung der Eingabe wurde der Prozeß formell am 6. Oktober 1570 vor dem Gericht eröffnet.[1373]
Die Argumentation der beteiligten Rechtsanwälte verlief nach eindeutigem Grundschema. Behauptete die Loccumer Seite, daß das Dorf Kühsen als Allodialbesitz auch landesherrlich zum Kloster Loccum gehöre, obwohl es dem Stiftsbereich Ratzeburg inkorporiert sei,[1374] so erwiderte der lauenburgische Prokurator Dr. Capito, seit Januar 1574 Dr. Brentzlin, daß der Abt von Loccum lediglich die Grundherrschaft beanspruchen dürfe und territorial das Dorf

1367 Vgl. Dührsen, Kühsen, S. 173.
1368 LAS, Abt. 210, Nr. 3574, qdr. 7.
1369 S. Inserte in LAS 210, Nr. 3574. Am 20. Juni 1567 hatte Herzog Franz den Magister Nikolaus Harting bevollmächtigt, die Verhandlungen in Mölln in seinem Auftrag zu führen. Diese wurden am 30. Juni eröffnet und am 25. August 1567 zum Abschluß gebracht.
1370 Es handelte sich dabei um die mecklenburgischen Räte Franz Sporcke, Hauptmann zu Boizenburg, und Dr. iur. Johann Bouke.
1371 LAS, Urk. Abt. 7, Nr. 516 vom 29. August 1567 (ausgegliedert aus der Akte LAS, Abt. 7, Nr. 24).
1372 S. Originaleingabe des Loccumer Abts an das Reichskammergericht in LAS, Abt. 210, Nr. 3574, präs. 1571.
1373 LAS, Abt. 210, Nr. 3574, Prozeßnebenakte.
1374 LAS, Abt. 210, Nr. 3574, qdr. 7 und qdr. 22.

Kühsen nicht zum Stift Ratzeburg, sondern zum lauenburgischen Amt Ratzeburg gehöre.[1375] Eine Kommission, so der Rechtsanwalt weiter, solle die Zugehörigkeit des Dorfs zur Landesherrschaft Lauenburgs klären. Diesem Antrag wurde erst nach einer relativ langen Prozeßpause zugestimmt.[1376]
Die Kommissionsmitglieder sahen sich einer Zeugengruppe gegenübergestellt, die trotz unterschiedlicher landesherrlicher Zugehörigkeiten die lauenburgische Argumentation bestätigte.[1377] Lediglich der lauenburgische Erblandmarschall Joachim von Bülow 'blamierte' sich hinreichend mit der Aussage, „er wisse von Kühsen gar nichts",[1378] wohingegen die Angehörigen der Familie von Parkenthin ein dezidiertes und umfängliches Bild der territorialen Zugehörigkeit Kühsens zeichneten;[1379] der lauenburgische Kanzler Schulze schien das Forum, vor dem er sprach, zu verwechseln und versuchte, seinen politischen Ansichten vor der Kommission Ausdruck zu verleihen. Der vor der Kommission verhandelte Tatbestand wurde dadurch nicht erhellt.[1380]

Die Zeugenaussagen hatten eine für die lauenburgische Argumentation positive Wirkung: Durch die Bestätigung, daß das Allod Kühsen zum Territorialbereich des Klosters Marienwohlde gehörte, nahm der Prozeß eine entscheidende Wende und verband die bereits rechtsanhängigen Marienwohlder Prozesse mit dem Kühsener Rechtsstreit. Der Lübecker Rat, der sich noch am 16. September 1577 eigenmächtig mit einem Schreiben an das Reichskammergericht wandte,[1381] um die Loccumer Behauptung, Kühsen gehöre zum Amt Ratzeburg, welches unter Lübecker Kontrolle stehe, zu stützen, hielt sich fortan aus dem Prozeß heraus; zu groß schien die Gefahr, Präjudizwirkungen hervorzurufen, die dem Gesamtanliegen Lübecks schaden konnten.
In diesem Prozeßstadium anerkannte – auf Antrag des Lauenburger Rechtsbeistandes – das Reichskammergericht den Appellationsantrag des Herzogs von Sachsen–Lauenburg aus dem Jahr 1567.[1382] Befand sich der Herzog, mittlerweile Franz II., im faktischen Besitz Kühsens, so war durch rechtliches Anhängigwerden der Appellation eine Lauenburg begünstigende

---

1375 LAS, Abt. 210, Nr. 3574, Schreiben vom 24. November 1575 und Schreiben vom 18. Dezember 1576. Damit verwahrte sich der lauenburgische Rechtsanwalt vor allem gegen das Exekutorialmandat des Reichskammergerichts vom 5. Dezember 1574 (qdr. 26), welches damit wirkungslos verhallte.

1376 Vgl. LAS, Abt. 210, Nr. 3574, Prozeßnebenakte.

1377 LAS, Abt. 210, Nr. 3574, Kommissionsrotul, insbesondere Zeugenverhörprotokolle für die den Prozeß betreffenden Fragestellungen (spezifiziert: fol. 43–46), fol. 70ff.

1378 LAS, Abt. 210, Nr. 3574, Kommissionsrotul, fol. 120f.

1379 LAS, Abt. 210, Nr. 3574, Kommissionsrotul, fol. 70ff. (Bartoldt Parkenthin), fol. 78ff. (Ludolf Parkenthin).

1380 LAS, Abt. 210, Nr. 3574, Kommissionsrotul, fol. 108ff.

1381 LAS, Abt. 210, Nr. 3574, qdr. 30.

1382 LAS, Abt. 210, Nr. 3574, Prozeßnebenakte.

Situation eingetreten, welche durch die Ergebnisse der Kommission des 'Kühsener Prozesses' gestützt wurde. An einem richterlichen Ergebnis war der Herzog von Sachsen–Lauenburg nicht mehr interessiert, so daß er den Prozeß nicht weiter verfolgen ließ. Diese Einschätzung muß der Abt von Loccum geteilt haben, denn auch er ließ die Prozeßaktivitäten einstellen.[1383] Dies hinderte ihn jedoch nicht, im Jahr 1595 seinen Stiftssyndikus Tilmann Büsinck und Konrad Wedemeyer als Lehnsnachfolger in die Besitzungen des Dorfs Kühsen einzuweisen.[1384] Diese Pro–forma–Belehnung hatte zunächst keine Bedeutung. Erst als bekannt wurde, daß beide Lehnsnehmer beabsichtigten, ihre Lehnsrechte für 1.500 ML an Lübecker Bürger zu veräußern, schaltete sich der lauenburgische Kanzler Hector Mithobius ein und erwirkte auf Initiative der Herzogin Maria einen Vergleich mit dem Abt von Loccum. Dieser Vergleich brachte beide Prozesse um Kühsen vor dem Reichskammergericht zum Abschluß:[1385] Für 3.250 ML veräußerte der Abt von Loccum seine gesamten Rechte an die Herzogin, die ihrerseits im Jahr 1619 das Dorf Kühsen ihrem Sohn Julius Franz überließ.[1386] Dieser geriet mit seinem Bruder August in Streit und tauschte die Kühsener Besitzung am 6. Oktober 1619 mit dem Hof Anker.[1387]

4.9.2 Die Auseinandersetzungen um die westfälischen Besitzungen bis 1585

Die aus der Errichtung eines askanischen Herrschaftszentrums, der Burg Sachsenhagen im Mittelweserraum, entstandenen Schwierigkeiten und Auseinandersetzungen zwischen den Herzögen von Sachsen und Graf Wedekind zu Hoya, dem Bischof von Minden, ließen zum einen den Einfluß der Askanier in diesem Gebiet schwinden, gleichwohl zum anderen im Anschluß an den Vertrag zu Hitzacker von 1253 den askanischen Herzögen eine Hälfte der Burg Sachsenhagen als Lehen zufallen, wohingegen die andere Hälfte im Besitz des Bischofs von Minden verblieb.[1388] In der Burg

[1383] LAS, Abt. 210, Nr. 3574, Prozeßnebenakte.

[1384] Dührsen, Kühsen, S. 173.

[1385] LAS, Abt. 210, Nr. 3574, Prozeßnebenakte. Der Appellationsprozeß wies den 10. Februar 1593 als letzten aktiven Prozeßtermin auf, der 'Kühsener Prozeß' den 3. Juli 1597. – Vgl. den „Bericht zum Gedächtnis wegen des Dorffes Küssen“ in: LAS, Abt. 210, Nr. 1174, qdr. 20.

[1386] S. Dührsen, Kühsen, S. 173f.

[1387] LAS, Abt. 210, Nr. 3575. S. ÖsterrHHStA, RHR, Judiziale Antiqua 767, Nr. 3. – S. Dührsen, Kühsen, S. 174. – S. zum Übergabevertrag das „Amt Ancker“ betreffend (Hof Anker, das Dorf Groß Parkenthin und weitere Zugehörungen): ÖsterrHHStA, RHR, Antiqua 763, Nr. 7.

[1388] S. eingehend bei Meyn, Gebietsherzogtum, S. 25ff. – S. Abschrift des Lehnsbriefs an den askanischen Herzog in: LAS, Abt. 210, Nr. 1175, qdr. 2, fol. 1^r–1^v. – NdsStA, Bbg, L1,

Sachsenhagen residierte fortan neben einem Mindener auch ein askanischer Burgvogt.[1389] Wurde am 14. Februar 1297 der askanische Teil an den Grafen Adolf von Holstein und Schaumburg für 1.000 Mark Bremischer Währung und 500 MlötSi (als Ehesteuer für [Herzog Johanns II. Schwester] Helena, seit dem 14. Februar 1297 Ehefrau des Grafen von Holstein–Schaumburg,[1390]) verpfändet,[1391] so gelang dem Grafen von Schaumburg kurze Zeit später auch die Übernahme des mindenschen Teils.[1392] Die im Jahr 1289 erfolgte Übertragung von Herzog Albert von Sachsen an Gerhard II. zu Hoya und dessen Bruder Otto scheint nur von kurzer Dauer gewesen[1393] und wie die Verpfändung an das Haus Holstein–Schaumburg über Jahrhunderte hinweg in Vergessenheit geraten zu sein. Aufzeichnungen über die im Jahr 1297 vereinbarten Abgabenleistungen existieren nicht mehr. Erst durch eine Geldanleihe Herzog Johanns V., einen Briefwechsel aus dem Jahr 1511 und letztlich verstärkt im Jahr 1527 rückte der Besitz an der Burg Sachsenhagen erneut in den lauenburgischen Betrachtungswinkel: Herzog Magnus I. kündigte Graf Anton von Schaumburg gemäß den Vereinbarungen aus dem Jahr 1297

Nr. 4230: Die schaumburger Grafen haben eine „gründtliche Deduktion" (wahrscheinlich um 1625) erstellen lassen, in der eine eindeutige Vorteilsnahme der schaumburger Grafen hinsichtlich ihrer Ansprüche auf die Burg und den Flecken Sachsenhagen zum Ausdruck gebracht wurde. S. insbes. fol. 183r–185r (Verlehnungsvorgänge und Rechtsansprüche bis 1300). – Vgl. hinsichtlich des älteren Forschungsstands die Ausführung von Alfred Milatz: Die politische Entwicklung; in: Kurt Brüning (Hg.): Der Landkreis Schaumburg–Lippe; [= Die Landkreise in Niedersachsen, D, 12]; Bremen 1955, S. 6–12. – Günther Schmidt: Die alte Grafschaft Schaumburg. Grundlegung der historischen Geographie des Staates Schaumburg–Lippe und des Kreises Rinteln; [= Studien und Vorarbeiten zum Historischen Atlas von Niedersachsen, 5]; Göttingen 1920 (vorliegend in einer Masch.schr. aus dem Jahr 1940).

1389 Meyn, Gebietsherzogtum, S. 26 und S. 201f., Fn. 173. – S. auch LAS, Abt. 210, Nr. 1173 I, Acta Judiciale, Nr. 2, 8 (Zusatzvermerk: qdr. 2), fol. 2r: Im Jahr 1297 hieß der Lauenburger Burgvogt Statius von Münchhausen. Dieser führte im weiteren die Verpfändungsverhandlungen für die Herzöge von Sachsen–Lauenburg.

1390 S. Stammtafeln, 1, Tafel 80.

1391 Schleswig–Holstein–Lauenburgische Urkunden und Regesten; 6 Bände; begr. v. P. Hasse; Hamburg/ Leipzig/ Neumünster 1886–1962, hier Band 2, Nr. 898. – LAS, Abt. 210, Nr. 1173 I, Acta Judiciale, Nr. 2, 8 (Zusatzvermerk: qdr. 2), fol. 2r und Nr. 4, lit. A 2. Spezialverzeichnis, Nr. 1, 1 und Nr. 1, 3. – LAS, Abt. 210, Nr. 1175, qdr. 1 (beglaubigte Abschrift). – Weitere Abschriften in: LAS, Abt. 210, Nr. 1174, qdr. 10 und qdr. 13.

1392 Vgl. Meyn, Gebietsherzogtum, S. 26. – LAS, Abt. 210, Nr. 1175, qdr. 2, fol. 4v–5r (Schreiben des Grafen Adolf an seinen Lehnsherrn aus dem Jahr 1297) in Verbindung mit 2v (Lehnsbrief für Graf Adolf aus dem Jahr 1297). – Sämtliche Urkundenabschriften aus dem Jahr 1297 in: LAS, Abt. 210, Nr. 1173 II, fol. 12.

1393 Bernd Ulrich Hucker: Die Grafen von Hoya. Ihre Geschichte in Lebensbildern; [= Schriften des Instituts für Geschichte und Historische Landesforschung – Vechta, 2]; Hoya 1993 (künftig zitiert: Hucker, Hoya), S. 53.

aus dem Besitz der (halben) Burg Sachsenhagen los.[1394] Jobst von Schaumburg[1395] bestätigte den Empfang des Loskündigungsschreibens am 28. August desselben Jahres[1396] – Graf Anton war gerade verstorben – und erhielt ein Jahr später einen Brief von Herzog Magnus I., der seine Loskündigung wiederholte[1397] und darum bat, die Bedingungen der Übergabe zu klären.[1398] Graf Jobst von Schaumburg scheint mit dieser Loskündigung nicht einverstanden gewesen zu sein,[1399] denn er wandte sich an die Herzöge von Mecklenburg und von Braunschweig–Lüneburg sowie an den Landgrafen von Hessen, die ihrerseits im Jahr 1529 erreichten, daß das Loskündigungsschreiben von Herzog Magnus zunächst zurückgenommen wurde.[1400]

[1394] LAS, Abt. 210, Nr. 1175, qdr. 2, fol. 3^r. LAS, Abt. 210, Nr. 1173 I, Spezialverzeichnis, Nr. 1, 5. – NdsStA, Bbg, L1, Nr. 1445, No. 1, fol. 41^r–41^v. NdsStA, Bbg, L1, Nr. 1446, fol. 6^r. NdsStA, Bbg, L1, Nr. 4230, fol. 186^r. – Zuvor hatte sich Herzog Magnus das Lehensverhältnis an Sachsenhagen durch den Administrator von Minden, Franziskus (aus dem Herrscherhaus Braunschweig–Lüneburg), bestätigen lassen (Nr. 1, 4). S. hierzu auch LAS, Abt. 210, Nr. 1173 I, Spezialverzeichnis, Nr. 1/ 70, fol. 1^v mit Hinweis auf Beweisstück lit. F. – Auch in: Ebenda, Acta Judiciale, Nr. 4, lit. A 3. – LAS, Abt. 210, Nr. 1175, qdr. 2, fol. 4^r (Auflistungen der Belehnungsbestätigungen für das Haus Schaumburg hinsichtlich der anderen Hälfte der Burg Sachsenhagen).

[1395] NdsStA, Bbg, L1, Nr. 4230, fol. 186^r: Graf Jobst war „gerade in die Verlegenheit gekommen, von Kaiser Karl V. in die Reichsacht getan zu sein."

[1396] LAS, Abt. 210, Nr. 1173 I, Spezialverzeichnis, Nr. 1, 6.

[1397] LAS, Abt. 210, Nr. 1173 I, Spezialverzeichnis, Nr. 1, 70, fol. 1^v.

[1398] LAS, Abt. 210, Nr. 1173 I, Spezialverzeichnis, Nr. 1, 7. – LAS, Abt. 210, Nr. 1173 I, Acta Judiciale, Nr. 2, 6 (qdr. 2), fol. 2^v. – Der gesamte Schriftwechsel befindet sich abschriftlich ebenfalls in LAS, Abt. 210, Nr. 1173 I, Spezialverzeichnis, Nr. 1, 70 (s. fol. 1^r mit Beweisverweisen im Anhang zu 1, 70).

[1399] Vgl. NdsStA, Bbg, L1, Nr. 4418, Nr. 2 in Verbindung mit NdsStA, Bbg, F3, Nr. 976: Graf Anton hatte am 16. Februar 1523 – kurz vor seinem Tode – noch versucht, die Lehnsinhaber Borchard und Bertold von Land[e]sberg[en] aus dem Besitz Sachsenhagen für eine Summe von 5.600 fl. (rh.) zu entsetzen. Ob sich die Brüder von Landsberg supplizierend an Herzog Magnus I. gewandt haben, ist unklar. Fest steht hingegen, daß das Amt Sachsenhagen eine lukrative Einnahmequelle war. – S. NdsStA, Bbg, F3, Nr. 613: Verzeichnis des bebauten Landes im Flecken Sachsenhagen. Vornehmlich wurden Gerste, Roggen, Hafer und Erbsen angebaut, wohingegen Weizen und Bohnen kaum Erträge brachten. Sachsenhagen setzte sich aus domänialem Besitz, Mannlehen (bezeichnet als „Junckerlandt") und Kloster– und Kirchenland zusammen. Dominierte erstgenanntes mit den höchsten Erträgen, so leisteten alle übrigen Landinhaber Zins– und Zehntabgaben. Hingewiesen werden muß auf die räumliche Nähe zu den Kohlevorkommen in der Region Obernkirchen, von denen sich die Grafen von Schaumburg erhebliche Ausbeute und Gewinne erwarteten.

[1400] LAS, Abt. 210, Nr. 1173 I, Spezialverzeichnis, Nr. 1, 8 und Nr. 1, 70, fol. 1^v. Gründe für die Rücknahme der Loskündigung werden nicht angegeben.

Einen weiteren Loskündigungsversuch unternahm Herzog Franz I. am 23. Mai 1548.[1401] Da Graf Otto von Schaumburg seinem Ersuchen nicht nachkommen wollte und eine gütliche Einigung untereinander nicht erzielt werden konnte,[1402] bat Herzog Franz den Kaiser um die Einsetzung einer Schlichtungskommission.[1403] Der Vermittlungsversuch durch Herzog Heinrich von Mecklenburg scheiterte zunächst am Inaktivismus der Kommission[1404] – der kaiserliche Befehl zur Schlichtung wurde anfänglich ignoriert – und anschließend an der Weigerung des schaumburger Grafen, die Ladung zum Kommissionstag anzunehmen.[1405] Herzog Franz verwarf die Absicht, eine Klage gegen die Kommission einzureichen,[1406] da Heinrich III. im Jahr 1552 gerade verstorben war.[1407] Des weiteren hatte Graf Otto von Schaumburg bereits eine Klage vor dem Reichskammergericht erhoben, die durch Anerkennung des Tatbestandes rechtsanhängig geworden war.[1408] Erst 1554 schaltete sich die beklagte lauenburgische Partei zögerlich in das Prozeßgeschehen ein,[1409] indem nach wiederholten Aufforderungen zunächst ein Rechtsanwalt eingesetzt wurde.[1410] Graf Otto von Schaumburg verfolgte den Prozeß vor dem Reichskammergericht ebenfalls ohne weiteres Interesse: An seinem Territorialbesitz hatte sich bisher nichts verändert, und weitere Loskündigungsersuchen von Seiten Sachsen–Lauenburgs waren ausgeblieben. Dennoch war der schaumburger Graf bemüht, den Prozeß durch Zahlung einer

---

1401 LAS, Abt. 210, Nr. 1173 I, Spezialverzeichnis, Nr. 1, 10. – LAS, Abt. 210, Nr. 1175, qdr. 2, fol. 3^{r}–3^{v}. – Auch in: Ebenda, Acta Judiciale, Nr. 4, lit. K2. – NdsStA, Bbg, L1, Nr. 1445, fol. 41^{v}–42^{r}. – NdsStA, Bbg, L1, Nr. 1446, fol. 5. – Vgl. wegen Datumsirrtum: NdsStA, Bbg, L1, Nr. 4230: Gründliche Deduktion, fol. 186^{r}.

1402 NdsStA, Bbg, L1, Nr. 1445, No. 2 nachgeordneter Briefwechsel. – NdsStA, Bbg, L1, Nr. 1446, fol. 15.

1403 LAS, Abt. 210, Nr. 1173 I, Spezialverzeichnis, Nr. 1, 18 (kaiserliches Berufungsschreiben für Herzog Heinrich von Mecklenburg). – LAS, Abt. 210, Nr. 1173 I, Acta Judiciale, Nr. 2, 8 (qdr. 2), fol. 3^{v}. Ebenda, Acta Judiciale, Nr. 4, lit. O15 und P16. – Hinweis in: NdsStA, Bbg, L1, Nr. 4230, fol. 186^{r}.

1404 Vgl. hierzu den Briefwechsel in NdsStA, Bbg, L1, Nr. 1446 vom 6. Juli 1549 (Mecklenburg an Sachsen–Lauenburg), vom 13. Februar 1550 (Sachsen–Lauenburg an Mecklenburg) und vom 15. Februar 1550 (Sachsen–Lauenburg an Mecklenburg).

1405 NdsStA, Bbg, L1, Nr. 1446, fol. 66^{r}–70 (Verschiedene Vorladungen des Herzogs von Mecklenburg und entsprechende Weigerungen des schaumburger Grafen, vor der Kommission zu erscheinen). – Vgl. hierzu die schaumburger Interpretation in der gründlichen Deduktionsschrift in NdsStA, Bbg, L1, Nr. 4230, fol. 186^{v}: „Die Kommission war nicht erfolgreich."

1406 LAS, Abt. 210, Nr. 1173 I, Acta Judiciale, Nr. 2, 8 (qdr. 2), fol. 3^{v}. Herzog Franz hatte in einem Brief vom 13. April 1549 betont, daß er besonders großes Vertrauen in die Kommissionsarbeit setze (NdsStA, Bbg, L1, Nr. 1446, fol. 19).

1407 LAS, Abt. 210, Nr. 1173 I, Acta Judiciale, Nr. 2, 8 (qdr. 2), fol. 3^{v}.

1408 LAS, Abt. 210, Nr. 1173 I, Spezialverzeichnis, Nr. 1, 40 (Schreiben vom 31. Mai 1550).

1409 Vgl. LAS, Abt. 210, Nr. 1173 I, Spezialverzeichnis, Nr. 1, 48.

1410 LAS, Abt. 210, Nr. 1173 I, Spezialverzeichnis, Nr. 1, 50.

Ausgleichssumme außergerichtlich beizulegen,[1411] wozu es im späteren Verlauf nicht mehr kam.[1412]
Formal ruhte der Prozeß in Speyer seit 1564. Die innerterritorialen und familiären Schwierigkeiten im Haus Sachsen–Lauenburg unterstützten diese Unterbrechung. Zunächst erlosch jede weitere juristische Aktivität in der Sache um das Schloß Sachsenhagen. Dennoch unternahm Herzog Franz I. – vom Reichskammergerichtsprozeß abgekoppelt – einen abschließenden Versuch, die Burg Sachsenhagen zurückzuerlangen, indem er eine erneute Loskündigung an Schaumburg übersandte, die unbeantwortet blieb.[1413] Eine Klage vor dem Reichshofrat im Jahr 1569 führte zwar zu einem kaiserlichen Mandat, wurde aber aufgrund der bestehenden Rechtsanhängigkeit der 'Sache Sachsenhagen' vor dem Reichskammergericht von Wien aus nicht weiter verfolgt.[1414]

Dieser juristische Schwebezustand änderte sich, als Herzog Heinrich von Sachsen–Lauenburg, Erzbischof von Bremen, in den Besitz der (halben) Burg Sachsenhagen im Jahr 1573 gelangte.[1415] Unter Berufung auf die im Jahr 1297 erfolgte Verpfändung mit Wiederkaufsrecht kündigte er Graf Otto von Schaumburg die Burg Sachsenhagen am 14. Oktober 1573 los.[1416] Gegen dessen Weigerung, den bereits hinterlegten Pfandschilling anzunehmen,[1417] erwirkte Herzog Heinrich die Anerkennung einer Klage vor dem Reichs-

[1411] Vgl. LAS, Abt. 210, Nr. 1173 I, Spezialverzeichnis, Nr. 1, 51: Bericht eines „getreuen Dieners" an Graf Anton von Oldenburg vom 18. November 1564 mit dem Hinweis, daß die Sache um Sachsenhagen bald ausgestanden sei, da der Graf von Schaumburg beabsichtigte, eine Ausgleichszahlung herbeizuführen.

[1412] Vgl. NdsHStA, Hann. 27, B, Nr. 3722, qdr. 2, fol. 2^{v}: Herzog Heinrich stellte im Jahr 1574 die Situation der Vorjahre so dar, als hätten sich die Schaumburger verweigert.

[1413] NdsStA, Bbg, L1, Nr. 1446, fol. 75–80 (1564).

[1414] Im Jahr 1569 unternahm Herzog Franz I. einen weiteren Versuch, das Schloß Sachsenhagen zurückzuerlangen. Er wandte sich am 22. November 1569 supplizierend an den Kaiser und bat um die Einsetzung einer kaiserlichen Schiedskommission; damit machte er den Fall Sachsenhagen am Reichshofrat rechtsanhängig, obwohl der Prozeß vor dem Reichskammergericht nicht abgeschlossen worden war. – ÖsterrHHStA, RHR, Jud. Ant. 763, Nr. 1, fol. 1^{r}–1^{v}.

[1415] NdsStA, Bbg, L1, Nr. 1446, fol. 92–94 und 96^{v}–97^{r}: Übergabedokumente von Franz I. an Herzog Heinrich hinsichtlich der Burg Sachsenhagen. LAS, Abt. 210, Nr. 1173 I, Spezialverzeichnis, Nr. 1, 54: Franz II. teilt dem Reichskammergericht am 12. September 1573 mit, daß Herzog Heinrich der Erbe der Burg Sachsenhagen sei.

[1416] LAS, Abt. 210, Nr. 1173 I, Spezialverzeichnis, Nr. 1, 58 und Nr. 1, 70 (ausführlicher Bericht), fol. 1^{v}.

[1417] Vgl. hinsichtlich der Weigerung des Grafen Otto, die im Jahr 1571 aufgenommenen Belastungen auf Sachsenhagen, die sich zunächst auf 30.000 fl., kurze Zeit später um weitere 15.000 fl. aufgestockt, auf insgesamt 45.000 fl. beliefen, abzutragen. Kreditor des schaumburger Grafen war der westfälische Adlige Hermann von Mergesen.

kammergericht:[1418] Herzog Heinrich drängte – ebenso wie die Herzöge Magnus I. und Franz I. – auf die Annahme des Pfandschillings sowie die Rückgabe des ehemals übertragenen Lehnsbesitzes an der Burg Sachsenhagen durch die Schaumburger.[1419] Rasch konnte Herzog Heinrich die Einsetzung einer kaiserlichen Schlichtungskommission erwirken, die das Wiederkaufsrecht der sachsen–lauenburgischen Herzöge – „trotz der abgelauffenen langen zeit“ – anerkannte,[1420] sich jedoch dem Problem ausgesetzt sah, die Rechtmäßigkeit des Anspruchs hinsichtlich der Person zu klären: Hatte Herzog Heinrich Ansprüche auf das Erbe; war er legaler Rechtsnachfolger?[1421] Auch hier beschied die Kommission positiv, so daß Herzog Heinrich, mit legalem Anspruch versehen, seine Loskündigung erneuern konnte.

Der Prozeß wendete sich jedoch, als sich Bischof Hermann von Minden am 3. März 1575 auf Initiative des schaumburger Grafen[1422] in den Prozeß einschaltete und darlegte, daß Sachsenhagen grundsätzlich zum Stift Minden gehöre. Diesen Umstand solle eine Schiedskommission nunmehr untersuchen.[1423] Diesem Ansinnen eines „Interessenten“[1424], der neben Kläger und Beklagtem vor Gericht erschien, folgte das Reichskammergericht nicht.

[1418] LAS, Abt. 210, Nr. 1173 I, Acta Judiciale, Nr. 2, 5: Klageerhebung vor dem Reichskammergericht. – NdsHStA, RKG, Hann. 27, B, Nr. 3722, qdr. 2: Zitationsmandat im Namen Maximilians vom 30. Juni 1574, präs. am 13. September 1574, dem Tag des Prozeßbeginns. Übergabe des Mandats in der „Canzlei zu Stadthagen“ beim „Burgmann“ am 1. August 1574 (fol. 4^{v}). – Mandat auch in: LAS, Abt. 210, Nr. 1175, qdr. 3. – LAS, Abt. 210, Nr. 1173 I, Acta Judiciale, Nr. 2, 6 (Zusatzvermerk: qdr. 1). – S. auch NdsStA, Bbg, L1, Nr. 1445: Aktenbestand zum Prozeß ‘Ebf. v. Bremen contra Schaumburg’. – Ladung in NdsStA, Bbg, L1, Nr. 1446, fol. 118. NdsStA, Bbg, L1, Nr. 1452, fol. 160^{v}. – Vgl. hierzu die schaumburger Interpretation in der gründlichen Deduktionsschrift (NdsStA, Bbg, L1, Nr. 4320: „Der mächtige Graf konnte sich dem Erzbischof von Bremen gegenüber widersetzen.“).

[1419] NdsHStA, RKG, Hann. 27, B, Nr. 3722, qdr. 2, fol. 2^{r}–3^{r} und qdr. 3 (Klaglibell), fol. 2^{r}–5^{r}. – Der Klaglibell ist ebenso vorhanden in: LAS, Abt. 210, Nr. 1173 I, Acta Judiciale, Nr. 2, 8. – Ebenso in NdsStA, Bbg, L1, Nr. 1446, qdr. 2, fol. 125^{r}–133^{v}.

[1420] LAS, Abt. 210, Nr. 1173 I, Acta Judiciale, Nr. 2, 9 (Zusatz: lit. A), fol. 7^{r} (1574).

[1421] LAS, Abt. 210, Nr. 1173 I, Acta Judiciale, Nr. 2, 9.

[1422] NdsStA, Bbg, L1, Nr. 1446, fol. 135^{r}–137^{r} (8. November 1574) und fol. 140^{r}–141^{r} (15. November 1574). – NdsStA, Bbg, F3, Nr. 98 und Nr. 99: Bereits am 12. August 1563 hatten sich Vertreter des schaumburgischen Grafen und des Hochstifts Minden im Rahmen von Grenzverhandlungen über den Verlauf der Landesgrenze verständigt und damit langanhaltende Irrungen hierüber beilegen können. Bischof Hermann von Minden entstammte dem Haus Schaumburg.

[1423] NdsHStA, RKG, Hann. 27, B, Nr. 3722, qdr. 8, fol. 2^{v}–3^{r} (präs. am 3. März 1575). – NdsStA, Bbg, F3, Nr. 359: Schuldregister. Als Kreditor der Schaumburger trat das Mindener Stift immer wieder auf.

[1424] Zur Bezeichnung s. NdsHStA, RKG, Hann. 27, B, Nr. 3722, qdr. 30, fol. 1^{r}.

Exzeptions–, Replik– und Duplikschreiben der beiden beteiligten Parteien und des „Interessenten" lösten sich bis 1579 ab;[1425] die Argumentation änderte sich nicht. Besonders schwierig gestaltete sich die Situation durch die Unauffindbarkeit der ursprünglichen Verschreibung.[1426] Umso überraschter waren alle Beteiligten, als der erzbischöfliche Prokurator eine in Lübeck im Jahr 1553 beglaubigte Abschrift der ursprünglichen Pfandverschreibung dem Gericht am 25. August 1575 präsentierte.[1427] Gegen dieses Beweisstück verwahrte sich der Bischof von Minden und bezeichnete das Schloß Sachsenhagen als „Dominium directum" des Mindener Stifts, welches an die Grafen von Schaumburg verpfändet worden sei.[1428] Die Fronten schienen sich zu verhärten, und alle Prozeßbeteiligten versuchten zunächst, ihre Beweisführung neu zu ordnen.

Der Bremer Erzbischof scheiterte bei dem Versuch, den Prozeß voranzutreiben, weil in den Jahren 1579 und 1580 durch eine „in Minden grassierende Pestilenz"[1429] und durch einen im Schaumburgischen Archiv festgestellten „Mangel in der Aktenordnung"[1430] der Prozeß zum Erliegen kam und noch bis Ende 1581 ruhte.

Der schaumburger Prokurator in Speyer, Dr. Krämer, schien aufgrund der veränderten Rahmenbedingungen nach der Präsentation der Bremer Urkundenabschrift zunächst in eine abwartende Position zu rücken. Am 30.

[1425] NdsHStA, RKG, Hann. 27, B, Nr. 3722, qdr. 8, 9, 10, 12, 14, 15, 16. – Abschrift eines Exzeptionsschreibens (28. Januar 1580) auch in: NdsStA, Bbg, L1, Nr. 1446, fol. 211–219. Es deuten auch zwei Hinweise auf eine Anklageerhebung gegen den Bischof von Minden von Seiten Erzbischofs Heinrich und eine Anklageerhebung gegen Erzbischof Heinrich von Seiten des Bischofs von Minden hin. – Vgl. Hinweis in: LAS, Abt. 390, Nr. 588, qdr. 1 aus dem Jahr 1633. Nach der Quellenlage können diese Hinweise jedoch nicht belegt werden. Aufgrund des Schriftwechsels muß an dieser Stelle eher von Absichtsbekundungen ausgegangen werden, als von realen Prozessen vor Gericht. – S. hierzu LAS, Abt. 210, Nr. 1175, qdr. 3: Schreiben vom 23. Februar 1578 aus Speyer, in dem lediglich Herzog Heinrich als Kläger und der schaumburger Graf als Beklagter benannt werden. Parallel zu dem Prozeßverlauf hatte Erzbischof Heinrich am 29. Dezember 1574 einen außerprozessualen Einigungsversuch unternommen (NdsStA, Bbg, L1, Nr. 1446) und Graf Otto am 16. Mai 1577 versucht, den niedersächsischen Kreisobristen von den schaumburger Interessen zu überzeugen (NdsStA, Bbg, L1, Nr. 1446), nachdem bereits 1575 der niedersächsische Kreis eine Anfrage hinsichtlich des „Sachstands Sachsenhagen" an das Haus Schaumburg gerichtet hatte (NdsStA, Bbg, L1, Nr. 1452, fol. 155^{v}).

[1426] NdsHStA, RKG, Hann. 27, B, Nr. 3722, qdr. 9, fol. 1^{v}.

[1427] NdsHStA, RKG, Hann. 27, B, Nr. 3722, qdr. 13. – NdsStA, Bbg, L1, Nr. 1445, lit. A, fol. 3^{r}–3^{v}.

[1428] NdsHStA, RKG, Hann. 27, B, Nr. 3722, qdr. 17, fol. 4^{v}. – NdsStA, Bbg, L1, Nr. 1452, fol. 155^{v}.

[1429] NdsHStA, RKG, Hann. 27, B, Nr. 3722, qdr. 21 (3. Juli 1579).

[1430] NdsHStA, RKG, Hann. 27, B, Nr. 3722, qdr. 23 (14. August 1580).

Januar 1582 führte er jedoch aus, daß die von Bremen eingebrachte Urkundenabschrift „wohl richtig“ sei. Durch diese Aussage wandelte er die für die Grafen von Schaumburg ungünstige Ausgangslage ins Gegenteil, indem er Schriftstücke präsentierte, die zu einem späteren Zeitpunkt entstanden waren als die vorgelegte Urkunde. Auf diese Weise bewies er die Abtretung Sachsenhagens durch Herzog Albrecht von Sachsen an das Stift Minden und die anschließende Verpfändung der Burg an die Grafen von Schaumburg.[1431]
Diesen Einspruch nahm Dr. Ramminger, der die Interessen des Bremer Erzbischofs vor dem Reichskammergericht vertrat, durchaus ernst und versuchte, Herr der komplizierten Aktenlage zu werden.[1432] Dieses scheint ihm nur bedingt gelungen zu sein, denn er forderte am 18. September 1583 aufgrund der „eingetretenen Umstände“ in diesem Fall die erneute Einsetzung einer Kommission.[1433] Der Zeitpunkt war günstig gewählt, da ein Jahr zuvor Herzog Heinrich Julius von Braunschweig–Lüneburg zum neuen Administrator des Mindener Stifts gewählt worden war.[1434] Obwohl Heinrich Julius als „Interessent“ keinen Einfluß auf den Prozeßverlauf hatte, geriet der Fall Sachsenhagen vor dem Reichskammergericht ins Stocken. Eine Kommission konnte hier neue Impulse bringen und den Prozeß vorantreiben.[1435] Während des laufenden Prozesses starb Herzog Heinrich 1585 bei einem Reitunfall;[1436] dennoch: bis dahin hatte der Graf von Schaumburg die sachsen–lauenburgischen Teilansprüche an Sachsenhagen eingeräumt, nicht aber die Rechtmäßigkeit der Erbfolge für Herzog Heinrich als Erzbischof von Bremen bestätigt.[1437] Letztlich sind Indizien erkennbar, daß vor allem Streitigkeiten zwischen den geistlichen Herren von Minden und Bremen stellvertretend über den schaumburger Grafen ausgetragen wurden.

1431 NdsHStA, RKG, Hann. 27, B, Nr. 3722, qdr. 25, fol. 3^{v}–4^{v} (30. Januar 1582). – Ebenso erhalten in: LAS, Abt. 210, Nr. 1175, qdr. 2.

1432 NdsHStA, RKG, Hann. 27, B, Nr. 3722, qdr. 26, lit. A.

1433 NdsHStA, RKG, Hann. 27, B, Nr. 3722, qdr. 28.

1434 NdsHStA, RKG, Hann. 27, B, Nr. 3722, qdr. 26, lit. A (4. Juni 1582). Herzog Heinrich Julius war zugleich Bischof von Halberstadt.

1435 NdsHStA, RKG, Hann. 27, B, Nr. 3722, Prozeßnebenakte: Eintrag vom 18. November 1584, daß die Kommission zu einem friedlichen Austrag führen solle.

1436 S. NdsStA, Bbg, L1, Nr. 4230, fol. 187^{r}. In der gründlichen Deduktionsschrift wurde der Tod des Erzbischofs ursächlich für die Nicht–Fortsetzung des Prozesses angeführt. Mit keinem Wort wurde zuvor erwähnt, daß der Bremer Erzbischof Kläger vor dem Reichskammergericht gewesen war. So entsteht der gegenteilige Eindruck, als hätten die schaumburger Grafen gegen den Erzbischof geklagt.

1437 LAS, Abt. 210, Nr. 1173 I, Ausführlicher Bericht, Nr. 1, 70, fol. 2^{r}. – S. bereits die Streitigkeiten um die berechtigte Erbfolge in NdsStA, Bbg, L1, Nr. 1452, fol. 106^{r}–111^{r} (28. März 1574) und fol. 121^{r}–121^{v} (7. September 1574). – S. NdsStA, Bbg, L1, Nr. 854 hinsichtlich des Versuchs der Schaumburger, den Prozeß wegen nicht berechtigter Ansprüche des Bremer Erzbischofs zu annulieren.

4.9.3 Die westfälischen Besitzungen seit der Regierungszeit von Herzog Franz II.

4.9.3.1 Die Klenckeschen Güter bei Rinteln

Im Jahr 1585 teilte Herzog Franz II. den (Unter–) Lehnsmännern Johann und Carsten Hahlmeier (verwandt mit dem damals amtierenden Bürgermeister von Rinteln[1438]) mit, daß nunmehr das Pachtverhältnis für die Klenckeschen Güter bei Rinteln – nach dem Tod von Ludolf Klencke zu Schlüsselburg[1439] – neu verhandelt und die Abgabenregelung festgelegt werden müsse.[1440] Im Ergebnis bedeutete dies für die Lehnsmänner, daß sie nach acht Jahren ihres Lehnsbesitzes entsetzt wurden.[1441] Dies war für die Familie Hahlmeier besonders schmerzlich, weil die Besitzverhältnisse im Jahr zuvor gerade innerfamiliär eine Einigung erfahren hatten, an der allerdings keine herrschaftliche Beteiligung nachweisbar ist.[1442] 1593 bestätigte Herzog Franz dennoch Johann Hahlmeier als ordentlichen Lehnsmann und wies ihn in die Besitzungen der Klenckeschen Güter ein; [1443] die Witwe des Ludolf Klencke durfte trotzdem auf dem Hof wohnen bleiben.[1444]

Der Versuch des sachsen–lauenburgischen Herzogs, im Mittel– und Südwesergebiet seine landesherrlichen Ansprüche durchzusetzen, traf auf das Mißfallen des Landesherrn, in dessen Territorium die „freien Ritter– und Lehensgüter“[1445] inkorporiert waren: Graf Adolf von Schaumburg. Gewohnheitsrechtlich schien sich ein Untertanen–Landesherrn–Verhältnis in den freien Rittergütern entwickelt zu haben, welches einer rechtlichen Grundlage entbehrte. Diese Situation war für Herzog Franz insoweit schwierig, als Hahlmeier zum einen nunmehr als Lehnsmann der lauenburgischen Landesherrschaft unterstand, er andererseits aber auch schaumburger Untertan war. Des weiteren forderten die aus dem Besitz entsetzten Erben der Familie Klencke – vormals sowohl unter lauenburger wie unter schaumburger Landesherrschaft – die Restitution der Besitzungen. Diese Initiative wurde vom schaumburger Landesherrn nachhaltig unterstützt, da es sich im Falle der

---

1438 LAS, Abt. 210, Nr. 1177, qdr. 5, lit A, fol. 2r.

1439 LAS, Abt. 210, Nr. 1177, qdr. 3 und qdr. 11, 2.

1440 LAS, Abt. 210, Nr. 1177, qdr. 11, 1. Franz II. bestätigt am 15. Oktober 1566 Ludolf Klencke seine Besitzungen (Hof und weitere Besitzungen).

1441 LAS, Abt. 210, Nr. 1177, qdr. 6, lit. B.

1442 LAS, Abt. 210, Nr. 1177, qdr. 5, lit. A (Notariatsinstrument vom 27. August 1584). Abschrift auch in qdr. 11, 2.

1443 LAS, Abt. 210, Nr. 1177, qdr. 7. – NdsStA, Bbg, L1, Nr. 4373.

1444 LAS, Abt. 210, Nr. 1177, qdr. 4, fol. 3r.

1445 LAS, Abt. 210, Nr. 1177, qdr. 3.

Familie Klencke um eine überaus einflußreiche und finanzkräftige Familie handelte.
Der Etablierung eines neuen Lehnsverhältnisses in den Klenckeschen Gütern durch Herzog Franz II. widersetzte sich Graf Adolf von Schaumburg mit massiven Mitteln. Am 31. August 1593 fielen Bedienstete in den Klenckeschen Gutsbesitz ein, entwendeten Pferde, Wagen und Korn und verbrachten das Beschlagnahmte nach „Rinteln in ain offene herberg".[1446]
Gegen einen solchen Eingriff in seine herrschaftlichen Rechte klagte Herzog Franz vor dem Reichskammergericht und erwirkte eine Ladung vor das Reichsgericht.[1447]
Der lauenburgische Prokurator Dr. Reinhardt begründete ausführlich die Klage:[1448] Die geographische Situation der in die Grafschaft Schaumburg inkorporierten Klenckeschen Güter wurde dabei ebensowenig in Frage gestellt, wie die Tatsache, daß der betreffende lauenburgische Lehnsmann auch schaumburgischer Untertan war. Der zwischen den Zeilen versteckte Vorwurf, daß der Graf von Schaumburg seinem eigenen Untertanen Besitz abgepfändet hatte, konnte auch dem Reichskammergericht nicht verborgen bleiben.

Die Rechte an den Klenckeschen Gütern, so betonte Dr. Reinhardt unmißverständlich, lagen allerdings bei dem Herzog von Sachsen–Lauenburg, da die Güter eine sogenannte Rittergutsqualität hatten und als Mannlehen an Klencke unterverlehnt waren; dennoch gehörten sie zum „utilis dominij" Sachsen–Lauenburgs.[1449] Reichlich vorgelegte Beweise stützten die Argumentation des Rechtsanwalts,[1450] der die Räte der Stadt Rinteln am 3. Oktober 1596 bewegen konnte, den Überfall Graf Adolfs auf die Klenckeschen Güter zu bestätigen. Die Räte sagten aus, daß der „Eingriff" mehrtägig gewesen und eine Person dabei umgekommen sei.[1451]

Dessenungeachtet brachte der Prokurator Schaumburgs am 7. März 1597 die beglaubigte Abschrift eines Lehnsbriefes vom 25. April 1575 ein, in dem Graf Adolf von Schaumburg Ludolf Klencke mit den strittigen Gütern belehnt hatte.
Der Prokurator schien allerdings längst erkannt zu haben, daß die Ansprüche seines Mandanten nicht so solide begründet waren, wie es sich ihm zunächst dargestellt hatte. In einem persönlichen Schreiben mahnte er den schaumburger Kanzler Streitter zur Vorsicht: Es sollte weder ein Urteil in der Klenckeschen

---

[1446] LAS, Abt. 210, Nr. 1177, qdr. 3. – Ausführlicher Bericht auch in: NdsStA, Bbg, L1, Nr. 4373.
[1447] LAS, Abt. 210, Nr. 1177, qdr. 3, präs. am 7. Juni 1595.
[1448] LAS, Abt. 210, Nr. 1177, qdr. 4 (Exzeptionsschreiben).
[1449] NdsStA, Bbg, L1, Nr. 4373.
[1450] LAS, Abt. 210, Nr. 1177, qdr. 5–8, lit. A–D. Ergänzt durch qdr. 11, 1 und 11, 2.
[1451] LAS, Abt. 210, Nr. 1177, qdr. 20.

Sache noch eine Inaugenscheinnahme beantragt werden; eine genaue Ortsklärung sei viel zu gefährlich, da sonst Graf Adolf seine Ansprüche sehr schnell verlieren und der sächsische Pfandnehmer Hahlmeier wieder eingesetzt werden könne.[1452]

Verständlicherweise ruhten die Prozeßaktivitäten von schaumburger Seite nach dieser juristischen Warnung; die Sachsen–Lauenburger Seite versuchte hingegen stets aufs neue, den Prozeßverlauf – allerdings erfolglos – voranzutreiben.
Der Prozeß vor dem Reichskammergericht wurde von beiden Prozeßparteien seit dem Jahr 1601 nicht weiter verfolgt. Ein Vergleich zwischen ihnen scheint ihn außergerichtlich beendet zu haben.[1453] Am 5. März 1602 wurden die Klenckeschen Güter mit Konsens des schaumburger Grafen[1454] von einem Erben verkauft, um die Erbansprüche anderer Familienangehöriger zu decken.[1455]

4.9.3.2 Das Schloß und das Amt Sachsenhagen

Herzog Franz II. wiederholte die Loskündigung Sachsenhagens gegenüber Graf Adolf von Schaumburg am 14. April 1589.[1456] Er berief sich dabei auf die Loskündigung, die bereits sein Bruder Heinrich ausgesprochen hatte. Er begründete seinen Anspruch mit der ihm vom Kaiser im Jahr 1585 übertragenen Regentschaft als Administrator von Niedersachsen und der Erbberechtigung für die Besitzungen Herzog Heinrichs.[1457] Die Form der Übergabe sollte über ihre „vertrauten Rhäte“ gütlich und freundlich geregelt oder durch „Zuziehung frembder Persohnen entschieden und vertragen“ werden,[1458] nachdem die Rechtslage durch „zwo oder drey Juristenfaculteten“ geklärt worden sei.[1459]
Herzog Franz II. konnte zunächst seine Ansprüche nicht durchsetzen, da die schaumburger Gegenseite die Rechtmäßigkeit der Erbansprüche anzweifelte;

[1452] NdsStA, Bbg, L1, Nr. 341: Brief vom 15. März 1597. Insbes. fol. 10^v–11^r.

[1453] Es konnten hierfür keine Quellennachweise beigebracht werden. Die Witwe Ludolf Klenckes blieb auf dem Gutshof, dem sog. Neelhof, trotz des Verkaufs im Jahr 1602 bis zu ihrem Tode (wahrscheinlich im Jahr 1611) wohnen. – S. auch NdsStA, Bbg, L1, Nr. 4375.

[1454] NdsStA, Bbg, Orig. Desig. 1, H, Nr. 4: Konsensurkunde (Lehnsrevers) des Grafen Ernst über den Verkauf eines Hofs bei Rinteln an Friedrich von Zerßen durch die Erben des Ludolf Klencke, datiert 22. April 1602.

[1455] NdsStA, Bbg, L1, Nr. 4376.

[1456] LAS, Abt. 210, Nr. 1173 I, Spezialverzeichnis, Nr. 1, 64, fol. 2^r. Der Revers wurde am 18. April 1589 auf dem Pinneberger Schloß übergeben (Vermerk auf fol. 3^r).

[1457] LAS, Abt. 210, Nr. 1173 I, Spezialverzeichnis, Nr. 1, 64, fol. 1^v.

[1458] LAS, Abt. 210, Nr. 1173 I, Spezialverzeichnis, Nr. 1, 64, fol. 2^r.

[1459] LAS, Abt. 210, Nr. 1173 I, Spezialverzeichnis, Nr. 1, 64, fol. 2^v.

Unterstützungsmaßnahmen aus anderen Herrscherhäusern unterblieben,[1460] so daß Franz zunächst gezwungen war, die Erbschaft Sachsenhagens nachzuweisen. Dies gelang ihm erst Ende 1595.[1461] Am 30. Januar 1596 teilte er Graf Adolf mit, er, Franz II., besitze nunmehr alle Erbrechte an der halben Burg Sachsenhagen.[1462] Am 19. Februar 1596 kündigte er ihn von der Burg Sachsenhagen los.[1463]

Mittlerweile war es allerdings im Haus Holstein–Schaumburg zu Veränderungen gekommen: Der junge Graf Ernst, der während seines Aufenthalts am Hof des Landgrafen Moritz von Hessen Gefallen an dessen Schwester Hedwig gefunden hatte, mußte zur Realisierung seiner Heiratsabsichten ein eigenes Einkommen nachweisen.[1464] Er drängte seinen Bruder Adolf zur Landesteilung, der sich diesem Ansinnen aufgrund seiner eigenen prekären Finanzlage zunächst verschloß, jedoch nach Einsetzung einer kaiserlichen Schiedskommission im Mindener Vergleich vom 13. Dezember 1595 zustimmte:[1465] Graf Ernst wurde in die von Adolf zu entschuldenden Ämter Sachsenhagen, Hagenburg, Mesmerode und Bokeloh in eine einem landsässigen Adligen vergleichbare Position eingesetzt. Die landesherrlichen Rechte verblieben bei Graf Adolf.[1466]

Franz II. drängte seit der Übergabe des Loskündigungsschreibens auf die Durchsetzung des Kommissionsentscheides aus dem Jahr 1574.[1467] Er konnte jedoch erst im Jahr 1598 über den Kaiser die Einsetzung einer neuen Kommission erwirken.[1468] Der Markgraf von Brandenburg, Herzog Joachim Friedrich, und Herzog Heinrich Julius von Braunschweig–Lüneburg sollten der Kommission vorsitzen.[1469] Noch vor ihrer ersten Zusammenkunft[1470] übertrug

---

1460 LAS, Abt. 210, Nr. 1173 I, Spezialverzeichnis, Nr. 1, 67.

1461 S. LAS, Abt. 210, Nr. 1173 I, Spezialverzeichnis, Nr. 1, 68 und 1, 70.

1462 LAS, Abt. 210, Nr. 1173 I, Acta Judiciale, Nr. 3, 2.

1463 NdsStA, Bbg, L1, Nr. 1446, fol. 301–302.

1464 Helge Bei der Wieden: Ein norddeutscher Renaissancefürst. Ernst zu Holstein–Schaumburg 1569–1622; [= Kulturlandschaft Schaumburg, 1]; Bielefeld 1994 (künftig zitiert: Wieden, Renaissancefürst), S. 14.

1465 NdsStA, Bbg, F3, Nr. 455.

1466 Zum Mindener Vergleich s. die kaiserliche Konfirmation Rudolfs II. vom 29. August 1596: NdsStA, Bbg, Orig. Desig. 1, D, Nr. 275.

1467 LAS, Abt. 210, Nr. 1173 I, Acta Judiciale, Nr. 3, 6.

1468 LAS, Abt. 210, Nr. 1173 I, Acta Judiciale, Nr. 3, 11. – NdsHStA, Celle Br. 103, Nr. 142. – NdsStA, Bbg, L1, Nr. 1446, fol. 309–310 (lit. B). Die Kommission wurde am 14. April 1598 bestellt.

1469 LAS, Abt. 210, Nr. 1173 I, Acta Judiciale, Nr. 3, 11.

1470 LAS, Abt. 210, Nr. 1173 I, Acta Judiciale, Nr. 3, 26 (24. November 1599 in Lüneburg).

Graf Adolf, gegen die Vermittlungsversuche seiner Frau,[1471] das gesamte Schloß und Amt Sachsenhagen für 52.000 RT an den Landgrafen Moritz von Hessen.[1472] Gegen diesen einflußreichen und mächtigen Mann blieben weitere Vermittlungs– und Konsolidierungsversuche erfolglos,[1473] so daß Herzog Franz II., nachdem er sich in vielerlei Hinsicht erboten hatte, der Rechtsfindung „dienlich" zu sein,[1474] resigniert feststellen mußte, daß er von Reichs wegen nicht zu seinem Recht gelangt sei, zumal noch nicht einmal eine zeitgerechte Zusammenkunft der Kommission erfolgt sei.[1475]

Das Jahr 1601 brachte erneut personelle Veränderungen im Haus Holstein–Schaumburg, die den Prozeß um Sachsenhagen zunächst zum Stillstand brachten. Der regierende Graf Adolf XIV. und sein Sohn verstarben im selben Jahr, so daß Graf Ernst die Landesherrschaft antreten mußte, seine Amtsbesitzungen verließ und nach Bückeburg umzog.[1476]
Verbittert wandte sich Franz II. am 15. August 1601 nochmals an das Reichskammergericht, da der seit 1549 rechtsanhängige Prozeß noch nicht abgeschlossen worden war. Seine Rechte an der halben Burg Sachsenhagen

---

[1471] LAS, Abt. 210, Nr. 1173 I, Acta Judiciale, Nr. 3, 32. – LAS, Abt. 210, Nr. 1174, qdr. 5, fol. 1^r (Schreiben vom 31. Juni 1599).

[1472] LAS, Abt. 210, Nr. 1173 I, Acta Judiciale, Nr. 3, 17. – LAS, Abt. 210, Nr. 1174, qdr. 5, fol. 1^v. – Vgl. NdsStA, Bbg, F3, Nr. 455: Bericht vom 4. Februar 1596. Das nach der Landesteilung notwendige Entschuldungsprogramm für die an Graf Ernst abgetretenen Ämter auf der Grundlage des Mindener Vergleichs sollte ursprünglich durch die Landstände finanziert und mit der erneuten Zusicherung ihrer 1559 erworbenen Privilegien entlohnt werden. Es muß davon ausgegangen werden, daß sich die Landstände verweigert haben und der schaumburgische Graf Adolf nunmehr einen neuen Kreditor benötigte, um die Landesteilung finanziell abzusichern. – NdsStA, Bbg, L1, Nr. 381: Akte betreffend die Lehnshuldigung der Bewohner der abgetretenen Ämter an den Landgrafen Moritz.

[1473] Vgl. LAS, Abt. 210, Nr. 1174, qdr. 5, fol. 2^r. Graf Adolf weist Herzog Franz II. darauf hin, daß nunmehr – aufgrund der Stellung seines Bruders Ernst – verschiedene Kurfürsten mit der Sache befaßt seien. Vgl. ebenda, qdr. 6: Herzog Franz ersucht Herzog Heinrich Julius von Braunschweig–Lüneburg um Vermittlung.

[1474] Vgl. LAS, Abt. 210, Nr. 1174, qdr. 4, fol. 2^r (Schreiben vom 26. Juni 1599).

[1475] LAS, Abt. 210, Nr. 1173 I, Acta Judiciale, Nr. 3, 43. – S. NdsStA, Bbg, L1, Nr. 1452, fol. 138^v–151^r. Vgl. die Bemühungen von Herzog Heinrich Julius, Graf Adolf zur Kooperation mit dem Ziel eines friedlichen Austrags zu bewegen: NdsStA, Bbg, L1, Nr. 1466, fol. 319–321 (Briefe vom 22. September und 2. November 1599).

[1476] Wieden, Renaissancefürst, S. 14. – Vgl. hierzu abweichend: NdsStA, Bbg, L1, Nr. 1446, fol. 303–305. Graf Adolf schilderte Herzog Franz die hauseigenen Probleme in Schaumburg und machte deutlich, daß er seine Landesherrschaft an den Grafen Ernst bereits in Bückeburg abgetreten habe. Der Brief wurde auf den 5. März 1598 datiert. Dieser Brief kann im Kontext der gut erforschten Geschichte des Hauses Schaumburg durch Helge Bei der Wieden lediglich als Verzögerungstaktik interpretiert werden, um zunächst den Lauenburger ruhigzustellen.

konnte er jedoch wiederum nicht durchsetzen.[1477] Graf Ernst teilte ihm am 22. August schriftlich mit, daß sich die beiden Fürsten wegen der Burg in Sachsenhagen zwar treffen müßten, Franz aber generell zur Kenntnis nehmen müsse, daß sich Sachsenhagen de facto in schaumburgischem Besitz befinde.[1478] Indirekt hatte er damit ausgesprochen, was die Praxis seit Jahren lehrte: Wer sich im praktischen Besitz eines Territoriums befand, hatte die bessere Ausgangsstellung.
Eine neuerlich im Zuge des Reichskammergerichtsprozesses im Jahr 1622 eingesetzte Kommission,[1479] die allerdings erst am 26. März 1624 in Braunschweig zusammentrat,[1480] bestätigte zwar den ursprünglichen Entscheid von 1574, vermochte aber an der territorialen Situation in Sachsenhagen nichts zu ändern:[1481] Nach dem Tod des Landgrafen von Hessen gelangten die 1598 veräußerten Besitzungen wieder in den Besitz des Hauses Holstein–Schaumburg der Gemer Linie und wurden den Brüdern Hermann und Jobst–Hermann zugeschrieben.[1482] Letzterer überlebte seinen Bruder und wurde als Erbfolger eingesetzt, wobei das Amt Sachsenhagen der Grafenwitwe Catharina Sophie als Witwenverschreibung zufiel.[1483] Obwohl die Herrschaftsverhältnisse um die Burg Sachsenhagen unklar waren, scheuten sich die schaumburger Grafen nicht, den Besitz Sachsenhagen wie ein eigenes Gebiet zu betrachten.[1484] Nach dem Tod Fürst Ernsts übernahm Jobst–Hermann die Landesherrschaft und vereinigte auf diese Weise das Amt Sachsenhagen wieder mit dem ursprünglichen Besitz der Schaumburger.
Herzog August von Sachsen–Lauenburg versuchte 1622 nochmals, alte Besitzansprüche im schaumburger Haus einzufordern und den Prozeß am

---

[1477] LAS, Abt. 210, Nr. 1174, qdr. 21, lit. A.

[1478] NdsStA, Bbg, L1, Nr. 1446, fol. 315^r–315^v.

[1479] NdsHStA, Celle Br. 103, Nr. 142: Mandat Ferdinands vom 13. Mai 1622. – Ebenso in NdsStA, Bbg, L1, Nr. 1447.

[1480] NdsHStA, Celle Br. 103, Nr. 142: Kommissionsbericht. – NdsStA, Bbg, L1, Nr. 1452, fol. 138^v.

[1481] LAS, Abt. 210, Nr. 1174, qdr. 37. – Vgl. Schriftverkehr in LAS, Abt. 210, Nr. 1173 I, Acta Judiciale, Nr. 6. – Vgl. Wieden, Renaissancefürst, S. 85: Graf Ernst, seit 1619 vom Kaiser mit dem Titel eines Fürsten versehen (vgl. ausführlich Wieden, Renaissancefürst, S. 77f.), verstarb am 17. Januar 1622 in Bückeburg. – Vgl. NdsHStA, Celle Br. 103, Nr. 142: Des Umstands bewußt, daß sich an der territorialen Situation in Sachsenhagen nichts geändert hatte und die Rechtslage sehr unklar war, empfahl die Kommission dem Reichskammergericht, das Mandat zu kassieren, da „der Impetrant das Verfahren durch Nicht–Stillstand behindert habe“. Es kam in dieser Zeit von Seiten der lauenburgischen Herzöge zu keinerlei Handlungen, so daß auch das Gericht diesen 'bequemen' Kommissionsvorschlag ignorieren mußte.

[1482] LAS, Abt. 390, Nr. 588, qdr. 2, Beilage Nr. 1.

[1483] NdsHStA, Celle Br. 103, Nr. 142: Brief vom 17. August 1642 von Julius Heinrich.

[1484] NdsHStA, Celle Br. 103, Nr. 142: Brief vom 17. August 1642 von Julius Heinrich.

Reichskammergericht zu reaktivieren.[1485] Nachdem er vom Reichskammergericht abgewiesen worden war, bemühte sich Herzog August im Jahr 1631, sein Recht an Sachsenhagen über den Reichshofrat zu erwirken.[1486]

Der Kaiser übertrug 1636 die 'Sache um Sachsenhagen' dem Kurfürstenkollegium. Er scheint allerdings mit dem Ergebnis des Kollegiums nicht einverstanden gewesen zu sein, da das Kollegium es für rechtens erkannt hatte, daß Sachsenhagen ein Stiftslehen Mindens sei und kein Reichslehen.[1487] Damit hatte das Kollegium dem Kaiser jedwede weiteren Territorialrechte an Sachsenhagen abgesprochen.
Nach dem Tod Kaiser Ferdinands II. zog sein Nachfolger Ferdinand III. 1640 die 'Sache Sachsenhagen' persönlich an sich und übergab sie erneut dem Kurfürstenkollegium, allerdings ohne auf das Empfehlungsschreiben des Kollegiums von 1636 einzugehen.[1488] Die von dem sächsischen Kurfürsten geäußerten Bedenken hinsichtlich einer solchen Vorgehensweise des Kaisers verhallten ergebnislos, zumal sich Kaiser Ferdinand III. auf einen erneuten Wiedereinlösungsversuch Herzog Augusts von Sachsen–Lauenburg[1489] berief; dieser hatte nach dem Aussterben der Gemer Linie einen weiteren Loskündigungsversuch unternommen.[1490] Gegen diese Art der kaiserlichen Einmischung, territoriale Fragen präjudizierend an sich zu ziehen, hatten sich bereits 1638 die Kurfürsten verwahrt.[1491] So wird verständlich, daß eine Einigung nicht erzielt werden konnte und am 10. Juli 1640 die Akte um die Burg Sachsenhagen ergebnislos geschlossen wurde.[1492] Eine Konferenz der Kanzler aller beteiligten Territorien kam 1643 ebenfalls zu keiner Lösung.[1493] Der Versuch, die Sukzessionsrechte an der Grafschaft Schaumburg für das Haus Sachsen–Lauenburg zu sichern, scheiterte 1649 vor dem Reichshofrat.[1494]

1485 S. NdsStA, Bbg, L1, Nr. 1448, Nr. 1449, Nr. 1450, Nr. 1451.

1486 NdsHStA, RKG, Hann. 27, B, Nr. 3722, qdr. ohne (Aktenende). Die Auseinandersetzungen vor dem Reichshofrat endeten mit einem für Lauenburg positiven Bescheid am 28. Juni 1638. Die Sorge, die in zahlreichen Briefen der Schaumburger und des Mindener Stifts zum Ausdruck kommt, die Sachsen–Lauenburger würden erneut versuchen, ihre Rechtsansprüche geltend zu machen, war also nicht unbegründet. Aus diesem Grunde wurden bereits im Jahr 1628 umfängliche Urkundenabschriften angefertigt, die den Nachweis erbringen konnten, daß Lauenburg über keinerlei Ansprüche verfügte (Briefe und Urkundenabschriften vom 23. Juni 1628 in: NdsHStA, Celle Br. 103, Nr. 142).

1487 SächsHStA, Geheime Kanzlei, Loc. 9449, ohne qdr.

1488 SächsHStA, Geheime Kanzlei, Loc. 9449, qdr. 4.

1489 NdsStA, Bbg, L1, Nr. 1452, fol. 5^r.

1490 NdsStA, Bbg, F3, Nr. 194.

1491 SächsHStA, Geheime Kanzlei, Loc. 9449, Schreiben vom 13. Juli 1638.

1492 LAS, Abt. 210, Nr. 1174, letztes qdr. (ohne Numerierung).

1493 NdsHStA, Celle Br. 103, Nr. 142.

1494 ÖsterrHHStA, RHR, Judiziale Antiqua 764, Nr. 24.

Der Prozeß um Sachsenhagen, dessen Darstellung bewußt über den Beobachtungszeitraum der Untersuchung hinaus geführt worden ist, verdeutlicht mehrerlei:
Erstens, daß personelle Veränderungen innerhalb des beklagten Herrscherhauses als Chance des Klägers verstanden wurden, einen Prozeßverlauf positiv zu verändern, um die durch den Herrscherwechsel entstandene 'Verwirrung' auszunutzen und so bisher verweigerte Rechtsansprüche durchzusetzen. Zweitens, daß vorhandene, kaiserlich bestätigte Rechte und Kommissionsentscheide nicht zwangsläufig Rechtsdurchsetzung bedeuteten,[1495] da über den Umweg des Verkaufs an einen mächtigen Reichsherrn eine Exekution verhindert und somit Recht gebeugt wurde und schließlich im Zuge von Erbschaftsregelungen Ansprüche 'aus der Ferne' ignoriert wurden, um eigene Interessen im präjudizierenden Sinn zu sichern.[1496] Drittens, daß übergeordnete, ständisch orientierte Interessen rechtsverhindernden, sogar rechtsbeugenden Charakter haben konnten. Die Behauptung des Kurfürstenkollegiums gegenüber dem Kaiser fand zu Lasten eines kleineren Reichsstandes statt, der aus diesem Grund sein Recht nicht durchzusetzen vermochte.

4.9.4 Ein Desiderat: Indizien für weitere Lehnsbesitzungen im Westfälischen

Im Jahr 1528 lud Herzog Magnus I. auch seine westfälischen Lehnsuntertanen zu einem Lehnstag „am Mittwoch nach Bartholomei[1497] an unsern Mangerichte vor der Brügge tho Lowenborch tho rechter dagtydt" und forderte sie auf, daß „eyn ieder erschyne".[1498]
Es stellt sich die Frage, ob dieser Lehnstagsaufruf die bereits oben genannten Lehnsbesitzungen respektive –ansprüche abdecken sollte, oder ob die lauenburgischen Herzöge weitere Besitzungen als zu ihrem Territorium zugehörig betrachteten.
Einige mittelalterliche Urkunden geben Auskunft über den Umfang ehemaliger territorialer Besitzungen der Herzöge von Sachsen, Engern und Westfalen: Am 10. November 1319 hatten die Herzöge Johann und Erich ihrer Schwester den

---

[1495] Vgl. u.a. NdsStA, Bbg, L1, Nr. 1451, fol. 245^r . – Vgl. zusätzliche Lehnsurkunden in: NdsHStA, Celle Or. 12, Nr. 226.

[1496] SächsHStA, Geheime Kanzlei, Loc. 9449, Schreiben vom 15. November 1646: Darlegung der Ansprüche des Hauses Sachsen an Sachsenhagen und daraus folgernd auch am Herzogtum Sachsen–Lauenburg.

[1497] 26. August.

[1498] NdsStA, Bbg, L1, Nr. 1421.

westfälischen Hof zu Polle geschenkt;[1499] am 15. August 1330 hatte ersterer dem Kloster und der Kirche zu Obernkirchen mehrere Ländereien geschenkt.[1500] In der zweiten Hälfte des 16. Jahrhunderts erscheint ein Familienangehöriger des westfälischen Adelsgeschlechts der von Münchhausen als Berater im Zusammenhang mit Geldbeschaffungen und Kreditgeschäften der sachsen–lauenburgischen Herzöge. Zum gleichen Zeitpunkt können Belehnungen der askanischen Herzöge gegenüber den von Münchhausens in den westfälischen Gebieten Lüdersfelde und Nordsehl nachgewiesen[1501] sowie die Belehnung mit der Dorfschaft Lindhorst im Amt Sachsenhagen – mit Hilfe der von Herzog August von Sachsen–Lauenburg noch im Jahr 1619 beanspruchten Zehntabgaben aus diesen Besitzungen – rekonstruiert werden.[1502] Bereits am 9. Januar 1530 waren Otto von Münchhausen von Herzog Magnus I. Besitzungen in Schaumburg, Hoya und Minden übertragen worden,[1503] in deren räumlichen Zusammenhang auch der Landesbergener Zoll gehörte.[1504]
Am 3. Oktober 1619 forderte Herzog August die Rückgabe der ehemals an die Familien Rottorf, Wernighausen und Mandelsloh ausgeteilten Lehen, die allerdings von den Grafen zu Holstein–Schaumburg beansprucht wurden. Erst jetzt, so der sachsen–lauenburgische Herzog, nachdem der „vatter zur himblische regierunge beruffen worden“ sei, hätten sein Kanzler und seine Räte eine Akte gefunden, die die westfälischen Besitzverhältnisse eindeutig regele.[1505]
Diese Indizien sind zwar noch kein hinreichender Beleg für einen berechtigten Anspruch oder für ein tatsächlich bestehendes Lehnsverhältnis der Herzöge von Sachsen–Lauenburg in westfälischen Gebieten, sie reichen aber aus, um ein Forschungsinteresse zu wecken.

1499 NdsStA, Bbg, Carpaunsche Urkundensammlung, 1. Teil, Nr. 81, fol. 26ʳ.

1500 NdsStA, Bbg, Carpaunsche Urkundensammlung, 1. Teil, Nr. 100, fol. 29ᵛ.

1501 NdsStA, Bbg, RKG, L24, S2, II.

1502 NdsStA, Bbg, RKG, L24, S1, I und II. Appellationsprozeß in L24, S2. – Vgl. in diesem Zusammenhang die Veröffentlichung der von Hans Werner Rothe 1953 vorgelegten Dissertation im Jahr 1998 auf Betreiben von PD Dr. Karl Schneider aus Hannover: Hans Werner Rothe: Zur Geschichte der ländlichen Gesellschaft im Schaumburger Land: Lindhorst; [= Schaumburger Studien, 56]; Melle 1998, S. 35 und exemplarisch S. 31, Fn. 154 (Belehnung von Herzog Bernhard für Johann von Mandelsloh mit einem Hof mit Pertinenzen). – Ebenda, S. 37, Fn. 191 hinsichtlich diverser Lehnsakte der sachsen–lauenburgischen Herzöge Johann V. und Magnus I.

1503 NdsHStA, Celle Or. 12, Nr. 226.

1504 LAS, Abt. 390, Nr. 286. In diesem Reichskammergerichtsprozeß aus dem Jahr 1612 wird der Zoll zu Landesbergen als der Landeshoheit der Herzöge von Sachsen–Lauenburg zugehörig bezeichnet. Statius von Münchhausen wird als Lehnsnehmer benannt.

1505 NdsStA, Bbg, F3, Nr. 49. – Vgl. NdsStA, Bbg, RKG, L24, M16.

4.10 Exkurs: Auseinandersetzungen um Zölle und Handelswege

Zölle und Handelswege galten als Bestandteile des kaiserlichen Lehens für einen Landesherrn.[1506]

Wurde einerseits die Zollgerechtigkeit expressis verbis mit einer Ortsangabe verliehen, so waren andererseits die Handelswege innerhalb eines vom Kaiser verlehnten Territoriums in dem Kontext „mit allen gerechtigkeiten" in der Privilegierung enthalten.

Neben den so übertragenen Einnahmequellen für den Landesherrn[1507] wurden aus reichsrechtlicher Sicht Zollstationen als Übergangsstationen von einem Territorium in das andere – als sichtbares Zeichen eines nunmehr veränderten Schutzverhältnisses – betrachtet. Der Landesherr, der bei Eintritt in sein Territorium eine Gebühr verlangte, gewährleistete das sichere Geleit und die Benutzbarkeit des anstehenden Wegs.[1508] Damit hatte der Kaiser seine Schutzverpflichtung an den Territorialherrn delegiert, der hierfür von den Nutzern zu entlohnen war.[1509] Zunächst konnten die kaiserlichen Reichsstraßen ohne Entgelt genutzt werden, so daß sich die Bezeichnungen der „kayserlich freyen landstraßß"[1510] oder „gemeine frye Heerstraß"[1511] herausbildeten. Gewohnheitsrechtlich setzte sich jedoch eine Benutzungsgebühr in allen Teilen des Reichs für diese Straßen durch. In diesen Kontext gehören auch die zeitlich befristeten Nutzungsentgelte, die für besondere Baumaßnahmen von den Straßen–, Damm– oder Wegenutzern gefordert wurden. Inwieweit eine schleichende Entwicklung stattgefunden hat, diese zeitlich befristeten Nutzungsentgelte langfristig – nach Deckung der entstandenen Baukosten – als feste Gebühr zu etablieren, müßte näher untersucht werden.[1512]

1506 Im Mittelalter besaßen die Herzöge von Sachsen–Lauenburg die Lehnshoheit auch über den Zoll zu Landesbergen. An ihre Stelle traten lokale Gewalten, die im Zusammenhang mit der Beherrschung der Pfalz Nigenhus zu betrachten sind. Es ist davon auszugehen, daß mit dem Übergang der Feste Lasborch (auf einem Weserwerder bei Landesbergen) an den Bischof von Minden im Jahr 1310 nicht nur die Familie von Münchhausen zurückgedrängt wurde, sondern auch der Landesbergener Zoll in die Hände des Mindener Bischofs gelangte. – S. Hucker, Hoya, S. 24 in Verbindung mit S. 53.

1507 LAS, Abt. 390, Nr. 130, qdr. 10, fol. 2r: Teilweise ließen sich die 'Zöllner' das dem Landesherrn zustehende Zollgeld in Naturalien bezahlen.

1508 S. exemplarisch: UBStL, 10, S. 243f., Nr. 234 (Sicherheit) vom 26. September 1462. – UBStL, 9, S. 137, Nr. 134 (Straßenraub) vom 8. Mai 1453. – UBStL, 9, S. 141f, Nr. 139 (keine Beteiligung Mecklenburgs am Straßenraub) vom 4. Juni 1453.

1509 LAS, Abt. 390, Nr. 130, qdr. 6, fol. 1v: Die Zollerhebung steht lediglich dem Landesherrn, dem Herzog von Sachsen–Lauenburg, zu.

1510 S. exemplarisch LAS, Abt. 390, Nr. 287, qdr. 7, fol. 1r.

1511 LAS, Abt. 390, Nr. 237 I, qdr. 2, fol. 1v–2r.

1512 LAS, Abt. 390, Nr. 270 (befristete Entgeltforderungen zur Nutzung eines Damms an der Dükerschleuse im Jahr 1600). Die Quellenlage läßt eine Aussage, ob sich nach Deckung der Baukosten die Nutzungsgelder fest etablierten, nicht zu.

Waren zum einen Zollstationen im Herzogtum Sachsen–Lauenburg dort entstanden, wo die kaiserliche Belehnung dies ausdrücklich vorsah – wie der Zoll zu Artlenburg an der Elbquerung, der Elb– und Holzzoll zu Lauenburg[1513] oder der Elbzoll zu Esslingen (Zollenspieker)[1514] als Grenze zwischen den hamburgischen und lauenburgischen Elbprivilegien – so waren andere Zollstationen nach praktischen Gesichtspunkten eingerichtet worden. So hat sich der 'Zoll zu Lüneburg' im Lauf des 15. und 16. Jahrhunderts in den Sprachgebrauch eingefügt. Es handelte sich jedoch um eine lauenburgische Zollstation in Lüneburg, an der Schiffsleute, die – von Lüneburg kommend – die Elbe in Richtung Hamburg befahren wollten, bereits vor Abfahrt ihre Zollgebühren an den Herzog von Sachsen–Lauenburg entrichten konnten. Die Schiffer sparten so den Umweg elbabwärts über Lauenburg und waren nicht gezwungen, in die entgegengesetzte Richtung zum Lauenburger Zollhaus zu fahren.[1515]

Weitere etablierte Zollstationen der Herzöge von Sachsen–Lauenburg bestanden zu Beginn des 16. Jahrhunderts in Tesperhude[1516] und Büchen für die Grenze nach Mecklenburg, Kuddewörde[1517] und Aumühle[1518] für die Grenze in das Holsteinische sowie Kröppelshagen, Escheburg und Börnsen für die Grenze zu den Vierlanden und Bergedorf. Auch wenn diese Stationen nicht ausdrücklich in dem kaiserlichen Lehnsbrief benannt worden waren, so waren sie doch als Zollstationen gewohnheitsrechtlich verankert,[1519] in der „öffentlich

---

1513 NdsHStA, Celle Br. 103, Nr. 87, Schreiben des Lüneburger Rats vom 15. August 1583 (lit. A gekennzeichnet).

1514 Diesen hatten die Herzöge von Sachsen–Lauenburg bereits im Perleberger Frieden 1420 an die Städte Hamburg und Lübeck abtreten müssen, obwohl sich der Lauenburger Herzog bis in das 17. Jahrhundert mit diesem Zoll vom Kaiser privilegieren ließ.

1515 LAS, Urk. Abt. 7, Nr. 359.

1516 Der Holzzoll in Tesperhude wird erwähnt in: NdsHStA, Celle Br. 103, Nr. 87, Schreiben des Lüneburger Rats vom 15. August 1583.

1517 LAS, Abt. 390, Nr. 130: Die Zollstation wurde 1565 im Zusammenhang mit einem Rechtsstreit erwähnt. Jürgen von der Lieth hatte die Rechte an der Zollstation von Herzog Franz I. erworben. – LAS, Abt. 210, Nr. 1061, Brief vom 22. Mai 1600. – Abschrift des Briefs in LAS, Abt. 7, Nr. 1303: Im Jahr 1600 ließ Herzog Franz II. an der Kuddewörder Mühle eine neue Brücke über die Bille errichten, verlegte einen Teil der Landstraße und zwang somit die Kaufleute, die neue Brücke und die neue Zollstation zu nutzen. Es ist davon auszugehen, daß die alte Zollstation in Kuddewörde weiterhin parallel betrieben wurde, da die neue Brücke vornehmlich den Warenverkehr von der nahegelegenen holsteinischen Brücke ablenken sollte. – LAS, Abt. 390, Nr. 239, qdr. 5, fol. 2^{r}: Zu Kuddewörde gab es „von alters her" einen Zoll.

1518 Der Zoll zu Aumühle wird als alter Zoll aufgelistet in LAS, Abt. 390, Nr. 239, qdr. 1, fol. 2^{v}. – S. ebenda, qdr. 5: Zu Aumühle gab es „von alters her" einen Zoll.

1519 Verständlicherweise beriefen sich benachbarte Landesherrn im Falle von Streitigkeiten auf das ausschließliche Zollrecht des Kaisers, welches explizit verlehnt werden mußte. –

zugänglichen Zollrolle publiziert"[1520] und von den Territorialnachbarn akzeptiert. Zahlreiche Nebenabsprachen für Zollbefreiungen rundeten das territoriale Nebeneinander ab.[1521]

Anzahl und Dislozierung der Lauenburger Zollstationen waren dem lauenburgischen Territorium mithin angepaßt. Dies änderte sich durch territoriale Erweiterungen im Zuge der Rückerwerbungspolitik der lauenburgischen Herzöge im 16. Jahrhundert und zu Beginn des 17. Jahrhunderts. Nicht nur ein vermehrtes Frachtaufkommen, sondern vor allem der territoriale Zugewinn machten neue Zollstationen notwendig, die neben der im Vordergrund stehenden Einziehung des Nutzungsentgelts auch die Kontrolle über den Warenverkehr und dessen Sicherheit gewährleisten sollten.[1522] Neben den neuen Zollstationen im Amt Steinhorst war hiervon vor allem das innerterritoriale Wegenetz betroffen: Die Stationen in Fredeburg (Weggabelung Lübeck/ Ratzeburg),[1523] Pötrau[1524] und Schwarzenbek[1525] (Verkehrsknoten–punkte), Wentorf (Hamburg – Mecklenburg)[1526] und an der Dükerschleuse

---

NdsHStA, Celle Br. 103, Nr. 87: Der Herzog von Mecklenburg weist ausdrücklich auf das ausschließlich kaiserliche Zollrecht hin (Schreiben vom 15. August 1583, lit. B gekennzeichnet).

1520 LAS, Abt. 390, Nr. 130, qdr. 6, fol. 2^r. Die Stadt Wismar bezweifelt, daß die Zollstation Kuddewörde in der Zollrolle publiziert worden sei.

1521 S. exemplarisch AHL, RKG, H2, Acta priora, Nr. 11, fol. 3. In einem Appellationsprozeß vor dem Reichskammergericht zwischen dem Kaufmann Hermann Hanne aus Lübeck und dem Kaufmann und Ratsherrn Heinrich Brüggemann aus Boizenburg wurde darauf hingewiesen, daß bisher „korn und andere wahren von Boitzenburg nach Möllen ohne einigen des hertzogen von Sachsen zollen" seien. Handelswaren seien bisher ohne Hinderung durch den lauenburgischen Herzog geliefert worden.

1522 Zusätzlich ließen sich die Landesherren und Städte untereinander die Sicherheit der Handelswege schriftlich bestätigen. – Vgl. das Abkommen zwischen Sachsen–Lauenburg und dem Stift Münster in LAS, Abt. 390, Nr. 287, qdr. 4, fol. 2^r. – Vgl. die Privilegien der Stadt Lüneburg, bestimmte Waren ohne Zoll durch Lauenburg transportieren zu dürfen, in LAS, Abt. 390, Nr. 261, qdr. 4, fol. 2^r (Privileg Herzog Johanns von Sachsen aus dem Jahr 1278) und fol. 2^v (Bestätigung durch Herzog Erich von Sachsen im Jahr 1341).

1523 Hinweis in LAS, Abt. 390, Nr. 236, qdr. 5, fol. 1^v: Erwähnung der Zollstation Fredeburg im April 1605 auf dem Weg in Richtung Süden von Lübeck kommend. – NdsHStA, Celle Br. 103, Nr. 87, Schreiben des Lüneburger Rats vom 15. August 1583 (lit. A gekennzeichnet): Der Lüneburger Rat bezeichnet diesen Zoll als „Ratzeburger Zoll".

1524 LAS, Abt. 390, Nr. 239. Der Zoll zu Pötrau wird im Jahr 1610 im Zusammenhang mit einem Reichskammergerichtsprozeß als „neuer Zoll" bezeichnet.

1525 LAS, Abt. 390, Nr. 148. Der Vieh– und Pferdezoll in Schwarzenbek kann seit 1615 nachgewiesen werden.

1526 Vgl. LAS, Abt. 390, Nr. 237 I, qdr. 2, fol. 2^v–3^r. Der neueingerichtete Zoll zu Wentorf wird hier erstmalig erwähnt.

(Übergang nach Mecklenburg)[1527] sind Beispiele eines neuen herzoglichen Selbstbewußtseins[1528] und als neue effiziente Einnahmequelle der 'Staatskasse' oder 'Fürstlichen Schatulle' zu bewerten. In diesen Zusammenhang kann auch die Umwandlung der bis 1583 geltenden Freihandelszone um Darchau an der Elbe im Amt Neuhaus in ein Zollgebiet eingeordnet werden.[1529]
Die vornehmlich an Grenzverläufen entstehenden Reibungspunkte wurden bereits dargestellt. Nunmehr gilt es zu fragen, welche Schwierigkeiten sich an den ordentlichen Übergängen dieser Grenzen, welche Probleme sich durch die Etablierung neuer, ungewohnter Zollstationen und welche Auseinandersetzungen sich auf den Heer– respektive Reichsstraßen ergaben.

4.10.1 Kategorielle Unterscheidungen

Folgende Kategorien können gebildet und unterschieden werden, die Ursachen für eine Auseinandersetzung in diesem Zusammenhang beschreiben:

- Räuberische Banden – zum Teil angeführt von Angehörigen des landsässigen Adels – machten die Handelswege unsicher.

Fall 1:[1530] Im Frühjahr 1523 hatten Lauenburger Untertanen Kaufmannsgüter des Münsterschen Stiftsuntertanen Herman Harsewinkel, der auf dem Weg von Lübeck nach Münster war, beschlagnahmt, ihn und seine Mitreisenden gefangengenommen und sie inhaftiert.[1531] Zu Prozeßbeginn am 16. Oktober 1523 hatte Herzog Magnus die beschlagnahmten Güter bereits wieder zurückgegeben und die Gefangenen freigelassen, so daß er keinen Grund für die Fortsetzung eines Rechtsstreits sah.[1532] Im besonderen vermutete er, daß eine persönliche Vorteilsnahme des Bischofs von Münster geplant war, um von dem (zu jener Zeit) altgläubig orientierten Kammergericht Vorteile zu erhalten, die

---

1527 Vgl. LAS, Abt. 390, Nr. 270, qdr. 1, fol. 1^{v} und qdr. 4, fol. 3^{v}. Die Zollstation an der Dükerschleuse wird im Jahr 1600 im Zusammenhang mit einem Reichskammergerichtsprozeß als eingerichtet benannt.

1528 Kennzeichnung der Zollstationen durch Wappen, Zollplaketten oder Schilder.

1529 NdsHStA, Celle Br. 103, Nr. 87, Schreiben des Lüneburger Rats vom 15. August 1583 (lit. A gekennzeichnet).

1530 LAS, Abt. 390, Nr. 287: Reichskammergerichtsprozeß in Sachen das Kapitel und Bischof Friedrich zu Münster contra Herzog Magnus von Sachsen–Lauenburg betreffend die Gefangennahme von Kaufleuten aus Münster bei Artlenburg und die Gefangennahme derselben und Inhaftierung in Lauenburg und Neuhaus.

1531 LAS, Abt. 390, Nr. 287, qdr. 1, fol. 1^{v} und qdr. 9, fol. 2^{r}–3^{r}.

1532 LAS, Abt. 390, Nr. 287, qdr. 6, fol. 1^{r}–1^{v}.

ihm als geistlichem Herrn de facto nicht zustanden.[1533] „Recht müsse dem zustehen, der im Recht sei, und nicht dem, der über bessere, zumal noch religiös begründete Verbindungen verfüge.[1534] Könne das Kammergericht dies nicht gewährleisten, solle es zumindest darauf bedacht sein, die Rechtmäßigkeit des Verfahrens zu achten", so der sachsen–lauenburgische Herzog.[1535] Das Kapitel von Münster forderte hingegen, diese Äußerungen des Herzogs nicht ernstzunehmen,[1536] da der rechtsanhängige Fall eine Wiederholungstat darstelle und das Stift nunmehr eine grundsätzliche Regelung für die Zukunft erwarte.[1537] Einem sich anschließenden Inhibitionalmandat[1538] leistete Herzog Magnus Folge,[1539] überließ es jedoch seinem Rechtsanwalt Dr. Krell, sich in persönlichen Verunglimpfungen gegenüber dem Dekan von Münster zu ergehen, ihm persönliche Vorteilsnahme, persönlichen Bereicherungswillen und das Ausnutzen seiner Dienststellung vorzuwerfen.[1540] Nachdem Dr. Krell dem Gericht gegenüber angezeigt hatte, daß der wahre Grund der Auseinandersetzung auf dem Gebiet der Testamentsauseinandersetzungen zu finden sei, nahm der Prozeßverlauf eine Wende: Herzog Magnus war persönlich von dem Bischofsvorgänger Erich mit einer testamentarischen Zahlung von 600 fl. bedacht worden,[1541] hatte das Geld von Bischof Friedrich von Münster jedoch nicht erhalten. Der Schaden für Herzog Magnus, so wurde errechnet, belief sich im Jahr 1524 bereits auf 2.000 fl.;[1542] der Gesamtschaden, der dem Haus Sachsen–Lauenburg entstanden war, da auch die Brüder des Herzogs und die lauenburgischen Kirchspiele jeweils mit 100 fl. testamentarisch bedacht worden waren, wurde 1525 auf insgesamt 26.000 fl. taxiert.[1543] Mit Unterstützung der lauenburgischen Ritter– und Landschaft, die einerseits ein Interesse an dem finanziellen Zugewinn ihres Landesherrn hatte, um säumige herzogliche Zahlungen einzufordern, und andererseits ihren Patronatsverpflichtungen nachkommen wollte, wurde der Prozeß vorangetrieben.[1544] Ein außergerichtlicher Vergleich kann für den Prozeßausgang angenommen werden.

1533 LAS, Abt. 390, Nr. 287, qdr. 6, fol. 2r–2v.
1534 LAS, Abt. 390, Nr. 287, qdr. 6, fol. 2v–3r.
1535 LAS, Abt. 390, Nr. 287, qdr. 6, fol. 3r.
1536 LAS, Abt. 390, Nr. 287, qdr. 7, fol. 1v.
1537 LAS, Abt. 390, Nr. 287, qdr. 7, fol. 2v.
1538 LAS, Abt. 390, Nr. 287, qdr. 10 (datiert: 5. September 1524).
1539 LAS, Abt. 390, Nr. 287, qdr. 11, fol. 2r.
1540 LAS, Abt. 390, Nr. 287, qdr. 11, fol. 1v–2v.
1541 LAS, Abt. 390, Nr. 287, Testamentsabschrift am Aktenende.
1542 LAS, Abt. 390, Nr. 287, qdr. 11, fol. 3v.
1543 LAS, Abt. 390, Nr. 287, qdr. 18, fol. 4r.
1544 LAS, Abt. 390, Nr. 287, qdr. 18, fol. 4r.

Fall 2:[1545] Der Möllner Vogt Johann Krevet hatte den von Bülowschen Untertan Heinrich Genckel wegen Straßenräuberei in Gudow im Jahr 1525 gefangengenommen und nach Lübeck verbracht, wo er hingerichtet wurde. Der Prozeß war am 28. August 1531 rechtsanhängig geworden und am 19. Juni 1532 beendet worden.

Fall 3:[1546] Von Bülow hatte mit seinen Untertanen einen mit drei Personen besetzten Kaufmannswagen angehalten, die Handelswaren geraubt, den Wagen anschließend beschädigt und die Kaufleute geschlagen.[1547] Eine Kommission[1548] ermittelte in dieser Sache und empfahl dem Gericht, den Beklagten für schuldig zu erklären. Das Gericht folgte dieser Empfehlung und verurteilte am 19. Februar 1552 von Bülow „in die Kosten", zum Schadensersatz und zur Herausgabe der geraubten Waren. Außerdem wurde von Bülow in die Acht gestellt.

Fall 4:[1549] Im Januar 1564 nahmen Lübecker Untertanen auf der „freien Heerstraße" bei Fredeburg zwei Schweden gefangen, verbrachten diese nach Lübeck und hielten sie „längere Zeit" gefangen.[1550] Der Herzog von Sachsen–Lauenburg klagte gegen die Stadt Lübeck, da die Schweden auf lauenburgischem Territorium verhaftet worden seien,[1551] wodurch ein Eingriff in die herzogliche Landesherrschaft vorliege.[1552] Eine Kommission „auf den Lüneburger Rat" (die beiden Streitparteien konnten sich zunächst nicht auf die Kommissionszusammensetzung verständigen) sollte den Sachverhalt klären.[1553] Auf dem Mohrenhof in Mölln wurde die Kommissionssitzung im Januar 1576

1545 AHL, RKG, B 84: Reichskammergerichtsprozeß in Sachen Clemens von Bülow, Gutsbesitzer auf Gudow, und Herzog Magnus I. von Sachsen–Lauenburg einerseits contra den Rat der Stadt Lübeck und den früheren Möllner Vogt Johann Krevet andererseits wegen des angeblichen Landfriedensbruchs durch Johann Krevet.

1546 NdsHStA, RKG, Lüneburg 27, Nr. L 2928: Reichskammergerichtsprozeß in Sachen der Stadt Lübeck contra Friedrich von Bülow betreffend den Überfall auf einen Kaufmannswagen im Jahr 1549.

1547 NdsHStA, RKG, Lüneburg 27, Nr. L 2928, qdr. 2, fol. 2^r.

1548 NdsHStA, RKG, Lüneburg 27, Nr. L 2928, Rotul vom 1. März 1550.

1549 AHL, RKG, S 2: Reichskammergerichtsprozeß in Sachen Sachsen–Lauenburg contra Lübeck betreffend die Festnahme zweier Schweden durch Lübecker Diener bei Fredeburg. – S. RAK, T.K.U.A., A I 1, Brevveksling melle Fyrstehusen Sachsen–Lauenburg 1524–1627, Brief von Herzog Franz an König Friedrich vom 2. Juni 1564.

1550 AHL, RKG, S 2, qdr. 4, fol. 2^v–3^v.

1551 AHL, RKG, S 2, qdr. 4, fol. 4^v.

1552 AHL, RKG, S 2, qdr. 4, fol. 5^r.

1553 AHL, RKG, S 2, qdr. 8–10.

abgehalten.[1554] Mit Hilfe eines Privilegs Karls IV. aus dem Jahr 1374 konnte Lübeck schließlich seine Berechtigung nachweisen, auf fremdem Territorium Verbrecher verfolgen und festnehmen zu dürfen.[1555] Die Schweden galten zum Zeitpunkt der Festnahme als Verbrecher, da sich die Stadt Lübeck im Kriegszustand mit Schweden befand; „alle Schweden seien gewarnt worden, sich zu dieser Zeit in die Nähe von Lübeck zu begeben."[1556] Die Prozeßakte wurde nicht geschlossen, der Prozeß jedoch von beiden Streitparteien nicht weiter verfolgt.

Fall 5:[1557] Der Streit ging um die Herausgabe einer Partie englischer Laken und Kirsey Laken, die dem Kläger am 12. September 1582 auf dem lauenburgischen Handelsweg in Richtung Posen in Polen abgenommen worden waren.[1558] Die Beschlagnahme der Waren wurde von Seiten der Beklagten folgendermaßen begründet: Unter Hinweis auf ein Handelsabkommen zwischen der Stadt Hamburg und dem Herzogtum Sachsen–Lauenburg waren Handelsgüter, die einen Wert von 8.000 RT überschritten, auf dem Wasserweg zu transportieren, um so die Sicherheit der Waren gewährleisten zu können.[1559] Der Kläger berief sich hingegen auf einen allgemeinen Passus des Reichstagsabschiedes von 1570 in Speyer, in dem die Wegnahme von Waren ausdrücklich unter Strafe gestellt worden war.[1560] Der Prozeß war vom 13. November 1583 bis 1588 vor dem Reichskammergericht rechtsanhängig.[1561] Über seinen Ausgang ist nichts bekannt, wenngleich vermehrt auf die Möglichkeit einer Kautionsleistung hingewiesen wurde,[1562] so daß ein außergerichtlicher Vergleich angenommen werden kann.

Fall 6:[1563] Auf dem Weg von der Frankfurter Messe nahm der Kaufmann Lucas Dienardt mit seinem Diener Kasper Petersen und dem Kaufmann Klaus von

---

1554 AHL, RKG, S 2, qdr. 13, fol. 1v; Attestationes in qdr. 12.

1555 AHL, RKG, S 2, qdr. 16, lit. A. – Gedruckt in UBStL, 4, Nr. 222.

1556 AHL, RKG, S 2, qdr. 7, fol. 2r.

1557 LAS, Abt. 390, Nr. 36: Reichskammergerichtsprozeß in Sachen des Kaufmanns Johann de Bietere [von Bitter] zu Lübeck contra Heinrich Schmidt, Lauenburger Großvogt, und Heinrich Bornemann, Amtmann zu Schwarzenbek, sowie Herzog Franz II. von Sachsen–Lauenburg (als Nebenbeklagter) betreffend einen Streit um beschlagnahmte Handelsgüter.

1558 LAS, Abt. 390, Nr. 36, qdr.6, Klaglibell.

1559 LAS, Abt. 390, Nr. 36, qdr. 7, Exceptiones des Verteidigers, fol. 4v.

1560 LAS, Abt. 390, Nr. 36, qdr. 6, fol. 4r.

1561 LAS, Abt. 390, Nr. 36, Prozeßnebenakte.

1562 LAS, Abt. 390, Nr. 36, qdr. 6, fol. 3r, fol. 4v und qdr. 7, fol. 7r.

1563 LAS, Abt. 390, Nr. 234: Reichskammergerichtsprozeß in Sachen der beiden Städte Hamburg und Lübeck contra Herzog Franz II. zu Sachsen–Lauenburg und Fritz von

Espen in einer Kutsche – über die Landstraße von Winsen kommend – die Elbquerung bei Eßlingen und erreichte zusammen mit drei Mitreisenden (den Studenten Anton Dionisio und Johannes Hoccinthano und dem Mädchen Eva Innehoven) am 11. April 1589 das Amt Bergedorf. Die Kutsche, die auch mit zahlreichen wertvollen Handelswaren beladen war, wurde gegen sieben Uhr morgens gewaltsam von fremden Reitern angehalten, die Reisenden wurden geschlagen und die beiden Kaufleute Dienardt und von Espen gefangengenommen und anschließend nach Gudow verbracht,[1564] wo sie ohne Essen und Trinken festgehalten wurden.[1565] Nachdem die Klage für rechtmäßig erkannt worden war,[1566] blieb der Prozeß ohne prozessuale Aktivitäten bis 1601 rechtsanhängig.[1567] Eine außergerichtliche Einigung ist wahrscheinlich.

- Ein vom Landesherrn ermächtigter Amtmann erhöhte eigenmächtig Zollgebühren oder beanspruchte Zollgebühren außerhalb einer Zollstation.

Fall 1:[1568] Die unrechtmäßige Wegnahme eines mit Laken beladenen Wagens auf dem Weg von Hamburg nach Wismar unter dem Vorwand eines nicht erlegten Zolls führte zu einem Prozeß vor dem Reichskammergericht zwischen dem Vogt zu Kuddewörde und einem Stralsunder Kaufmann. Aufgrund eines Mißverständnisses hatte der Fuhrmann des Kaufmanns Fuchs, Joachim Weinbach, den Zoll an einer hierfür nicht vorgesehenen Stelle entrichtet und anschließend die Zollstation passiert. Im nächsten Dorf wurde er von dem Zolleinnehmer Jürgen von der Lieth eingeholt, der Pferd und Wagen sowie die Laken beschlagnahmte, nachdem sich der Fuhrmann geweigert hatte, das Zollgeld nochmals zu entrichten.[1569] Der Streit entstand um die Frage, ob von der Lieth berechtigt gewesen war, Pferd und Wagen – als nicht zollpflichtiges Gut – zu beschlagnahmen und einen Zoll an einer nicht dafür vorgesehenen

---

Bülow zu Gudow nebst Consorten (Fabian Burkhardt aus Pommern, Hans Ott und Andreas Schafhals zu Lübeck) betreffend einen landfriedbrüchigen Einfall in das Amt Bergedorf und Verhaftungen von Kaufleuten. – Prozeßaktenteile sind ebenfalls vorhanden in: AHL, RKG, Nachtrag L 4. – Die Ereignisse sind bereits ausführlicher beschrieben worden von Wilhelm Becker: Nachbarliche Irrungen mit Sachsen–Lauenburg; in: Lbg.H., N.F. 34; 1961 (künftig zitiert: Becker, Irrungen), S. 11f.

1564 LAS, Abt. 390, Nr. 234, qdr. 1.

1565 LAS, Abt. 390, Nr. 234, qdr. ohne, eingelegt hinter qdr. 3.

1566 LAS, Abt. 390, Nr. 234, qdr. 5; s. Prozeßnebenakte, Eintrag vom 1. Dezember 1596.

1567 LAS, Abt. 390, Nr. 234, Prozeßnebenakte.

1568 LAS, Abt. 390, Nr. 130: Reichskammergerichtsprozeß in Sachen des Joachim Fuchs zu Stralsund contra Jürgen von der Lieth, Vogt zu Kuddewörde, betreffend die unrechtmäßige Wegnahme von Handelsgütern.

1569 LAS, Abt. 390, Nr. 130, qdr. 2, qdr. 6, 3^r–4^r.

Örtlichkeit zu beanspruchen.[1570] Der Prozeß wurde vom Rat der Stadt Wismar angestrengt, da die Kaufmannsgüter nach Wismar geliefert werden sollten.[1571] Der Prozeß war im Zeitraum 1565 bis 1572 vor dem Reichskammergericht rechtsanhängig.[1572] Über den Ausgang des Prozesses können keine Angaben gemacht werden. Dem Antrag des Klägers im Jahr 1570, eine Kommission einzusetzen, wurde von Seiten des Gerichts nicht stattgegeben.[1573]

Fall 2:[1574] Die Beschlagnahme von 46 Ochsen, Eigentum Lübecker Bürger, unter dem Vorwand eines Zollvergehens auf der Heerstraße bei Gudow führte zu einem weiteren Reichskammergerichtsprozeß: Eine Viehherde, die von den Lübecker Händlern Hans Fries und Hans Raab im Holsteinischen gekauft worden war, sollte nach Lübeck getrieben werden. Bei Gudow wurden die Händler angehalten, ihnen wurde unter Hinweis, der Zoll sei nicht ordnungsgemäß entrichtet worden, das Vieh abgenommen und in das Amt Neuhaus getrieben.[1575] Der Prozeß war am 24. April 1605 vor dem Reichskammergericht rechtsanhängig geworden und am gleichen Tag durch einen außergerichtlichen Vergleich zwischen den Streitparteien beendet worden; die gerichtliche Besiegelung erfolgte am 3. Dezember 1606.[1576]

- Zollerhebungen gegenüber Handelspartnern, die bisher vom Zoll befreit waren, boten Anlaß zur Auseinandersetzung.

Fall 1:[1577] Die Stadt Lüneburg genoß im Herzogtum Sachsen–Lauenburg – auf der Grundlage einer Privilegierung vom 20. März 1278[1578] und der entsprechenden Bestätigung aus dem Jahr 1341 durch Herzog Erich[1579] –

1570 LAS, Abt. 390, Nr. 130, qdr. 6, fol. 2^r und 2^v.

1571 LAS, Abt. 390, Nr. 130, qdr. 1.

1572 LAS, Abt. 390, Nr. 130, Prozeßnebenakte.

1573 LAS, Abt. 390, Nr. 130, qdr.7.

1574 LAS, Abt. 390, Nr. 236: Reichskammergerichtsprozeß in Sachen Rat der Stadt Lübeck contra Herzog Franz II. von Sachsen–Lauenburg betreffend eine ungerechtfertigte Beschlagnahme von Vieh.

1575 LAS, Abt. 390, Nr. 236, qdr. 2, fol. 1^v–2^r.

1576 LAS, Abt. 390, Nr. 236, Prozeßnebenakte; qdr. 5 (Exceptiones) und qdr. 2 (Botenbericht), fol. 5^r–5^v.

1577 LAS, Abt. 390, Nr. 261: Reichskammergerichtsprozeß in Sachen Rat und Stadt der Stadt Lüneburg betreffend die Verletzung von Privilegien und die Auferlegung von Zöllen sowie anderer Forderungen durch Herzog Franz I. von Sachsen–Lauenburg.

1578 LAS, Abt. 390, Nr. 261, qdr. 4, fol. 2^r. – Gedruckt in HUB I, Nr. 807.

1579 LAS, Abt. 390, Nr. 261, qdr. 4, fol. 2^v.

Zollbefreiungen für bestimmte Waren. Nachdem Herzog Franz I. diese Privilegien, die am 2. Juli 1447 durch die Herzöge Bernd und Johann im Rahmen eines Bündnisses gegen den Markgrafen Friedrich von Brandenburg nochmals bestätigt worden waren,[1580] am 1. September 1579 aufgehoben hatte, verwahrte sich die Stadt gegen diese neuen Forderungen und verlangte, „diese Beschwernisse wieder zu entfernen und die Bürger zu verschonen“[1581]. Über den Ausgang des Prozesses, der vom 16. April 1580 bis zum Jahr 1586 vor dem Reichskammergericht rechtsanhängig war (seit 1580 sind keine prozessualen Handlungen nachgewiesen), kann keine Aussage gemacht werden; vor dem Reichshofrat war die Stadt Lüneburg in derselben Sache bereits 1574 gescheitert.[1582]

- Die Errichtung neuer Zollstationen[1583] verärgerte Territorialnachbarn und ihre Kaufmannschaft.

Fall 1:[1584] Unter Hinweis auf ein vom Reichskammergericht im Jahr 1601 gefälltes und 1606 bestätigtes Urteil[1585] klagten die Städte Hamburg und Lübeck seit 1610 gegen die neue Zollpolitik des sachsen–lauenburgischen Herzogs, der in Wentorf weiterhin eine Zollstätte betreiben ließ: Durch einen „gewaltigen Schlagbaum mitten auf besagter Heerstraße“ wurden vor allem die Bewohner des Amts Bergedorf benachteiligt.[1586] Der die Lauenburger Interessen wahrnehmende Prokurator Dr. Melchior Reinhardt verwahrte sich gegen das Mandat unter Bezugnahme auf die Reichskammergerichtsordnung, Teil 2, Art.

1580 LAS, Abt. 390, Nr. 261, qdr. 4, fol. 3r. – Gedruckt in UBStL, 8, S. 485–488, Nr. 493.

1581 LAS, Abt. 390, Nr. 261, qdr. 1, fol. 2r.

1582 ÖsterrHHStA, A.P.A., K 94 (76), L 1 (neue Signatur).

1583 Vgl. RAK, T.K.U.A., A I 1, Brevveksling melle Fyrstehusen Sachsen–Lauenburg 1524–1627, Brief vom 18. August 1587. Herzog Franz II. teilt König Friedrich von Dänemark mit, daß er vom englischen König für den neuen Zoll in Emden privilegiert worden sei. – Vgl. hinsichtlich der Einrichtung einer neuen Zollstelle in Schmilau die Ausführungen bei Scharnweber, Franz II., S. 41. Die Errichtung dieser Zollstelle führte zu Streitigkeiten mit der Stadt Lübeck, die allerdings – da keine Prozeßakten verzeichnet wurden – regional begrenzt beigelegt werden konnten.

1584 LAS, Abt. 390, Nr. 237 I und II: Reichskammergerichtsprozeß in Sachen der Städte Hamburg und Lübeck contra Herzog Franz II. von Sachsen–Lauenburg betreffend die Beschwerung der Untertanen der Kläger im Amt Bergedorf durch Errichtung einer neuen Zollstätte in Wentorf. – Auszüge des Prozesses sind bereits veröffentlicht worden bei: Becker, Irrungen, S. 12ff.

1585 Die Prozeßakten zu einem solchen Reichskammergerichtsprozeß sind nicht mehr vorhanden.

1586 LAS, Abt. 390, Nr. 237 I, qdr. 2, fol. 1v–2v.

4[1587] und auf das „gängige“ Zollverfahren in anderen Territorien, zu denen eine Vergleichbarkeit aufgrund des fürstlichen Standes des Herzogs von Sachsen–Lauenburg bestünde.[1588] Die Städte Hamburg und Lübeck machten in ihrer Klageschrift die eigentliche Beschwer deutlich: Der Herzog von Sachsen–Lauenburg hatte den Schiffsverkehr zwischen der Lauenburger Zollstation Artlenburg in Richtung Westen „niedergelegt“ und damit den Handelsverkehr auf die Landstraße gezwungen. Hierdurch war es ihm gelungen, zusätzliche Gebühren zu erheben, ohne daß es Ausweichmöglichkeiten gegeben hätte.[1589] Als erschwerend wertete der Rechtsanwalt der beiden Städte die Unterschiedlichkeit der Zollgebühren. Es gebe im Herzogtum Sachsen–Lauenburg keine einheitlichen Gebühren an den Zollstationen (als Beispiel wurden die günstigeren Tarife in Kuddewörde herangezogen). Auch würden Kaufleute verschiedener Provenienz unterschiedlich besteuert: Die Lübecker Kaufleute mußten beispielsweise in Pötrau einen höheren Zoll entrichten als Kaufleute aus anderen Territorien.[1590] Eine auf Antrag der Städte eingesetzte Kommission,[1591] deren Nominierung über zwei Jahre dauerte,[1592] versuchte seit 1613, die Tatbestände zu klären. Der Kommissionsbericht blieb für diesen Fall unerheblich.[1593] Eine gebührenrechtliche Regelung scheint die Entscheidung der beiden Städte begünstigt zu haben, diesen Prozeß, der unabgeschlossen liegenblieb,[1594] nicht weiter zu verfolgen. Unter anderen Vorzeichen wird das Zollproblem in anderem Zusammenhang weiter behandelt.[1595]

Fall 2:[1596] Der Hamburger Rat beklagte sich vor dem Reichskammergericht darüber, daß der lauenburgische Herzog im Jahr 1615 einen neuen Zoll zu Schwarzenbek eingerichtet habe, der zu einer erheblichen Belastung der städtischen Viehhändler führte.[1597] Auslösendes Moment für die Klageerhebung war, daß ein Händler, der seinen Zoll nicht hatte entrichten können, sich an den

---

1587 LAS, Abt. 390, Nr. 237 I, qdr. 5, fol. 4^r. – Laufs, Reichskammergerichtsordnung, S. 170.

1588 LAS, Abt. 390, Nr. 237 I, qdr. 5, fol. 16^v.

1589 LAS, Abt. 390, Nr. 237 I, qdr. 7, fol. 1^v–2^r.

1590 LAS, Abt. 390, Nr. 237 I, qdr. 7, fol. 4^v–5^r.

1591 LAS, Abt. 390, Nr. 237 I, qdr. 8.

1592 LAS, Abt. 390, Nr. 237 I, qdr. 8, qdr. 11, qdr. 13, qdr. 16.

1593 Vgl. Kommissionsrotul in LAS, Abt. 390, Nr. 237 II sowie Kommissionsbericht in Nr. 237 I, vorletztes unnumeriertes qdr.

1594 Hinweis in LAS, Abt. 390, Nr. 237 I, letztes unnumeriertes qdr: Liste der noch rechtsanhängigen, unerledigten Fälle vor dem Reichskammergericht im Jahr 1636.

1595 S. u. in der Kategorie: Gebührenerhöhungen des Landesherrn an den gewohnten Zollstationen gaben Anlaß zur Auseinandersetzung, Fall 1.

1596 LAS, Abt. 390, Nr. 148: Reichskammergerichtsprozeß in Sachen Rat der Stadt Hamburg contra Herzog Franz II. von Sachsen–Lauenburg betreffend einen Streit um die Erhebung einen neuen Zolls für Pferde und Vieh bei Schwarzenbek.

1597 LAS, Abt. 390, Nr. 148, qdr. 1 und qdr. 2.

Hamburger Rat gewandt hatte. Vorher schien Hamburg von dem neuen Zoll keine Kenntnis genommen zu haben. Als Beweisstück wurde eine lauenburgische Zollplakette aus Messing mit der Jahreskennzeichnung 1615 vorgelegt, die Angehörige des Hamburger Rats heimlich von einem Baum entfernt hatten.[1598] Am 2. Juni 1618 wurde Herzog Franz II. per Bescheid im Sinne der Anklage für schuldig befunden.[1599] Inwieweit dieses Auswirkungen auf den praktischen Gebrauch des Zolls gehabt hat, konnte aufgrund der Quellenlage nicht geklärt werden.

- Gebührenerhöhungen des Landesherrn an den gewohnten Zollstationen gaben Anlaß zur Auseinandersetzung.

Fall 1:[1600] Kurze Zeit nachdem die beiden Städte Hamburg und Lübeck über die Errichtung der neuen Zollstation in Wentorf vor dem Reichskammergericht Klage geführt hatten,[1601] thematisierten sie die Gebührenerhöhungen an den beiden Zollstationen in einer Klage vor dem Reichskammergericht[1602] und ergänzten diese um die Beschwerde, daß die Zölle zu Kuddewörde und Aumühle angepaßt worden seien.[1603] Die nur kurze Zeit zuvor zur Beschwer gereichende uneinheitliche Zollpolitik Lauenburgs erschien den Städten nun in einem anderen Licht: Sie verlangten, die ursprünglichen Preise wiederherzustellen und die erhöhten Gebühren zurückzuerstatten.[1604] Der Versuch der Städte, ihre Argumentation auf die Reichsordnung zu stützen, daß Zölle nicht einfach „angezogen werden können“, scheiterte letztlich;[1605] das zunächst vor dem Reichskammergericht erwirkte Inhibitionalmandat blieb wirkungslos.[1606] Der Argumentation Dr. Reinhardts mußten sich die Städte

[1598] LAS, Abt. 390, Nr. 148, qdr. 1 und qdr. 2, Mandat des Reichskammergerichts vom 2. Januar 1618.

[1599] LAS, Abt. 390, Nr. 148, Prozeßnebenakte.

[1600] LAS, Abt. 390, Nr. 239: Reichskammergerichtsprozeß in Sachen der Städte Hamburg und Lübeck contra Herzog Franz von Sachsen–Lauenburg betreffend die Beeinträchtigung der Einnahmen des Amts Bergedorf und die Errichtung einer Zollstätte zu Wentorf und Pötrau.

[1601] Die Klage wegen des neuen Zolls wurde mit einem Mandat vom 27. Januar 1610 rechtsanhängig (LAS, Abt. 390, Nr. 237 I, qdr. 2), die Klage wegen der Gebührenerhöhung am 13. April 1610 (ebenda, qdr. 1). – Der Prozeß wurde bereits dargelegt bei: Becker, Irrungen, S. 13ff.

[1602] LAS, Abt. 390, Nr. 239, qdr. 1, fol. 2^{r}.

[1603] LAS, Abt. 390, Nr. 239, qdr. 1, fol. 2^{v}.

[1604] LAS, Abt. 390, Nr. 239, qdr. 1, fol. 4^{r}.

[1605] LAS, Abt. 390, Nr. 239, qdr. 7.

[1606] LAS, Abt. 390, Nr. 239, qdr. 1. – S. LAS, Abt. 210, Nr. 1890, inliegend: Abschrift des Inhibitionalmandats vom 13. April 1610.

zunächst beugen: Dieser hatte argumentiert, daß Zölle durchaus „transferieret oder verrückt" werden könnten (1621 wurde aus diesem Grund der Zoll zu Aumühle offiziell nach Wentorf verlegt), sofern die Nutzer der Heerstraßen die vorhandenen Zollstationen umgehen konnten wie in Wentorf,[1607] oder die Zollstation, wie in Pötrau, zugleich eine Sicherung darstellte, um sich gegen einen ungerechtfertigten Einfall, gegen Raub und Plünderung des eigenen Territoriums zur Wehr zu setzen. Ferner handelte es sich bei den Gebührenerhöhungen in Kuddewörde und Aumühle um Zollangleichungen.[1608] Auf erneuten Antrag der Kläger wurde der Prozeß nach 1618 wieder fortgesetzt, nachdem ein gewaltsamer Versuch der Städte gescheitert war, den Wentorfer Zoll zu beseitigen[1609] und Herzog Franz bis zur weiteren Tatbestandsklärung geboten wurde, die neuen Zölle abzuschaffen und die ursprünglichen Gebühren in Kuddewörde und Aumühle wiedereinzuführen.[1610] Gegen diese Forderung ließ Herzog Franz II. Revision einlegen. Der Prozeß wurde formal weitergeführt, konzentrierte sich allerdings auf formaljuristische Aspekte – eine Änderung der lauenburgischen Zollpolitik konnte letztlich nicht durchgesetzt werden: Noch im Jahr 1636 wurde der Prozeß – bisher ergebnislos geführt – in die Liste der noch rechtsanhängigen Prozesse aufgenommen.[1611] Auf die Versuche zur friedlichen Konfliktregulierung parallel zum Prozeßverlauf wird lediglich hingewiesen.[1612] Weitere Streitigkeiten fochten die Städte noch in den 80er Jahren des 17. Jahrhunderts mit Herzog Julius Franz aus.[1613]

Fall 2:[1614] Die vier klagenden Städte (Hamburg, Lübeck, Magdeburg und Lüneburg) verlangten von Herzog Franz II. eine transparente Berechnung der Gewichtseinheiten zur Festlegung des Zollgeldes.[1615] Es muß angenommen werden, daß die Beschwer von Seiten Lauenburgs zumindest gegenüber den supplizierenden Städten Hamburg, Magdeburg und Lüneburg abgestellt worden ist. Die Auseinandersetzungen mit dem Rat der Stadt Lübeck zogen sich bis in das Jahr 1626 hinein; am 19. August 1626 wandte sich der Rat erneut an das

[1607] Vgl. Hinweis in Becker, Irrungen, S. 13.

[1608] LAS, Abt. 390, Nr. 239, qdr. 5. – Abschrift in LAS, Abt. 210, Nr. 1890 datiert vom 26. Mai 1610.

[1609] Vgl. Becker, Irrungen, S. 16ff.

[1610] LAS, Abt. 210, Nr. 1890. – Becker, Irrungen, S. 17.

[1611] LAS, Abt. 390, Nr. 239, unnumeriertes qdr. am Aktenende.

[1612] LAS, Abt. 210, Nr. 1890, inliegend Briefwechsel vom April 1610 des Amtmanns von Bergedorf an Herzog Franz II.

[1613] LAS, Abt. 402 B IV, Nr. 71.

[1614] LAS, Abt. 390, Nr. 242: Reichskammergerichtsprozeß in Sachen der Städte Hamburg, Lübeck, Magdeburg und Lüneburg contra Herzog Franz II. von Sachsen–Lauenburg betreffend eine Protestation gegen die Erhöhung von Zöllen.

[1615] LAS, Abt. 390, Nr. 242, qdr. 1, Mandat vom 4. März 1618.

Gericht mit der Bitte, in dieser Sache zu „communicieren“, um die Streitigkeiten zu beenden.

Besonderer Streitpunkt 1: ‘Verwahrlostes Gut’ auf der Straße im Territorium.

Fall 1:[1616] Am Laurentiustag des Jahres 1516 ereignete sich im Lauenburgischen ein Transportunfall. Die beiden Reichsgemeinen Heinrich von der Heide und Johann Burgmann aus Bremen waren mit ihrem Wagen, der mit unterschiedlichen Kaufmannsgütern im Wert von 500 fl. beladen war, im Herzogtum Lauenburg unterwegs. Auf dem Wagen befand sich auch ein Knabe, der, als der Wagen verunglückte, herunterfiel und an den Verletzungen kurze Zeit später verstarb. Herzog Magnus hatte daraufhin in Lauenburg ein „Landrecht“ bestellt, um über den Verbleib der auf die Straße gefallenen Kaufmannsgüter zu urteilen; sie wurden schließlich als „verwahrlostes Straßengut“ in lauenburgischen Besitz genommen.[1617]
Der Fall wurde im Jahr 1527 vor dem Reichskammergericht rechtsanhängig, nachdem der Bremer Rat von dem Vorfall durch den Stadtschreiber Andreas Grote[1618] Kenntnis erhalten hatte, der durch einen Brief auf den lauenburgischen Rechtsbruch aufmerksam geworden war. Der Bremer Rat nahm vor Gericht die Interessen seiner Bürger wahr.[1619] Über den Ausgang des Prozesses ist nichts bekannt; ein außergerichtlicher Vergleich ist wahrscheinlich, die Zahlung der Poen und Erstattung der 500 fl. eher unwahrscheinlich.

Fall 2:[1620] Das Pferd des Lübecker Kutschers Niebur war beim Überschreiten einer Brücke bei Pötrau eingebrochen und konnte nur dadurch gerettet werden, daß es gänzlich ins Wasser gestoßen wurde.[1621] Lauenburgische Untertanen beschlagnahmten allerdings das Tier, nachdem sie es aus dem Wasser gezogen hatten. Die Beschlagnahme begründeten sie mit dem Hinweis, daß das Pferd

---

[1616] LAS, Abt. 390, Nr. 164: Reichskammergerichtsprozeß in Sachen Heinrich von der Heide[n] und Johann Burgmann zu Bremen contra Herzog Magnus von Sachsen-Lauenburg betreffend die Beschlagnahme von Waren im Wert von 500 fl.

[1617] LAS, Abt. 390, Nr. 164, fol. 2: Mandat Kaiser Karls V. vom 17. Mai 1527, überbracht durch den Kammergerichtsboten Conradt von Warendorf am 5. August 1527.

[1618] LAS, Abt. 390, Nr. 164, fol. 1.

[1619] LAS, Abt. 390, Nr. 164, fol. 1.

[1620] LAS, Abt. 390, Nr. 241: Reichskammergerichtsprozeß in Sachen Rat der Stadt Lübeck für Hans Niebur, Kutscher und Bürger zu Lübeck, contra Herzog Franz II. von Sachsen-Lauenburg betreffend die Beschlagnahme eines Pferdes wegen Umgehung einer Brücke bei Pötrau am 29. November 1613.

[1621] LAS, Abt. 390, Nr. 241, qdr. 1, fol. 2^{r}.

bereits weit in lauenburgisches Territorium abgetrieben gewesen sei und somit keinerlei Besitzansprüche des Klägers mehr an dem „Gaul“ bestünden.[1622]
Der Prozeß war im Zeitraum vom 29. Juli 1614 bis zum 16. November 1614 vor dem Reichskammergericht rechtsanhängig. Mit der Rückgabe des Pferdes am 6. Oktober 1614 war der Klagepunkt beseitigt worden;[1623] ob Schadensersatz geleistet worden ist, ist unbekannt.

- Besonderer Streitpunkt 2: Strandgut an der Elbe.[1624]

Fall 1:[1625] Nachdem im Jahr 1570 das Schiff des Hamburger Schiffers Lorenz Bar – auf dem Weg in die „Nidderland“ – vor Otterndorf auf eine Sandbank gelaufen war, hatte sich der Schiffer an Land begeben, um Hilfe zu erbitten. Nachdem er mit ungefähr 20 Hadelnern an Bord zurückgekehrt war, erklärte der sächsisch–lauenburgische Beamte Michael R[a]utenstein[1626] das Schiff zum herzoglichen Eigentum und beschlagnahmte es. Der Schiffer sah sich dem Vorgehen des lauenburgischen Beamten hilflos ausgeliefert und mußte mitansehen, wie seine Ladung an Land verbracht wurde und das „noch ganz gebliebene“ Schiff von den Lauenburgern in Besitz genommen wurde. Der Schiffer kehrte nach Hamburg zurück und übergab den Fall dem Hamburger Rat, bezifferte den Schaden und betonte, daß er keinen Schiffbruch erlitten habe, da sein Schiff noch seetüchtig sei.[1627] Vermittlungsgespräche zwischen dem Hamburger Rat und den Hadelner Beamten sowie dem Herzog von Sachsen–Lauenburg verliefen erfolglos,[1628] so daß Hamburg Klage vor dem Reichskammergericht erhob. Diese Klage führte zu einem Prozeß, der von 1570 bis 1582 vor dem Gericht verhandelt wurde.[1629] Eine Kommission aus gräflich–holsteinisch–schauenburgischen Amtsleuten, u.a. Paul Rantzau,[1630] sollte den

---

1622 LAS, Abt. 390, Nr. 241, qdr. 4, fol. 5^v–6^r.
1623 LAS, Abt. 390, Nr. 241, qdr. 4, fol. 4^v.
1624 S. zu weiteren gestrandeten Schiffen vor dem Land Hadeln: NdsHStA, Celle Br. 104a, Nr. 186.
1625 NdsStA, Stade, Rep. 27, H 763 I und II: Reichskammergerichtsprozeß in Sachen Bürgermeister und Rat der Stadt Hamburg contra Herzog Franz von Sachsen–Lauenburg, den Gräfen Benedikt Krüger aus Otterndorf, Befehlshaber, Schultheißen und Schöffen des Landes Hadeln betreffend die unberechtigte Beschlagnahme eines vor Otterndorf gestrandeten Schiffs und die Herausgabe der entwendeten Handelswaren.
1626 Ein eventuell bestehendes, verwandtschaftliches Verhältnis zu Herzog Franz I. bedürfte einer näheren Prüfung.
1627 NdsStA, Stade, Rep. 27, H 763 II, fol. 9^r–10^v.
1628 NdsStA, Stade, Rep. 27, H 763 II, fol. 12^v.
1629 NdsStA, Stade, Rep. 27, H 763 I, Prozeßnebenakte.
1630 NdsStA, Stade, Rep. 27, H 763 I, qdr. 34.

Tatbestand prüfen:[1631] Unklarheiten in der Warenliste[1632] und den Schaden am Schiff.[1633] Da der genaue Ort der Strandung zweifelhaft war,[1634] waren die Kommissionsrecherchen zunächst erschwert;[1635] durch den Tod Rantzaus kamen sie völlig zum Erliegen, da erneut Auseinandersetzungen um die Kommissionsbesetzung entstanden.[1636] Ist einerseits davon auszugehen, daß dem am 11. Februar 1575 ergangenen Exekutorialmandat[1637] des Gerichts hinsichtlich der Rückgabe des Schiffs von Seiten Sachsen–Lauenburgs um 1580 entsprochen worden ist, so wird andererseits die Erstattung der abgenommenen Handelsgüter in einem außergerichtlichen Vergleich geregelt worden sein.

Fall 2:[1638] Das Schiff Kampe Lübbers' war im Oktober 1571 während eines Sturms auf der Elbe auf eine Sandbank vor Otterndorf gelaufen. Mit Hilfe der eigenen Mannschaft und mit Unterstützung der Landbevölkerung in Strandnähe konnte fast seine gesamte Ladung (Weizen, Gerste, Bohnen und Roggen) gerettet werden. Das geborgene Getreide wurde jedoch am Strand durch Hadelner Beamte beschlagnahmt.[1639] Unter Hinweis auf die Reichsordnung: „Das kein Oberigkeit sich Schiffbrüchigne Güter anmaßen, no[ch] die als verfallen einziehen und behalten, sondern vielmehr solliche demjenigen, so durch Schiffbruch ohne landerunge schaden gelitten, ohne alle entgelt wolgen lassen sollen", verlangte der geschädigte Schiffer seine Ladung[1640] von dem Beklagten über ein Mandat des Gerichts vom 14. Juli 1572 zurück.[1641] Während des Prozeßverlaufs wurden allerdings die Absichten Lübbers' deutlich: Herzog Franz I., der sich zum Zeitpunkt des Unglücks (Oktober 1571) in Otterndorf aufhielt, sagte aus, daß er dem Schiffer kurz nach dem Unfall einen Vergleich angeboten habe, Lübbers solle den geretteten Weizen (neun Wispel und zehn Himpten) zurückerhalten, der Herzog erhielte als Gegenleistung für die 'Bergungsaktion' die Gerste, die mit 15 Wispeln und 21 Himpten den größten

[1631] NdsStA, Stade, Rep. 27, H 763 II, fol. 2r; II, fol. 8r: Bestellung der Kommission am 17. März 1575.

[1632] NdsStA, Stade, Rep. 27, H 763 I, qdr. 18.

[1633] NdsStA, Stade, Rep. 27, H 763 I, qdr. 2.

[1634] NdsStA, Stade, Rep. 27, H 763 I, fol. 57r.

[1635] Vgl. eingehend die Zeugenaussagen in NdsStA, Stade, Rep. 27, H 763 II, Kommissionsrotul.

[1636] NdsStA, Stade, Rep. 27, H 763 I, qdr. 33 und 34.

[1637] NdsStA, Stade, Rep. 27, H 763 I, qdr. 25.

[1638] LAS, Abt. 390, Nr. 258: Reichskammergerichtsprozeß in Sachen des Kaufmanns Kampe Lübbers contra Herzog Franz zu Sachsen–Lauenburg betreffend die Erstattung angestrandeter Güter im Lande Hadeln. – S. NdsHStA, Celle Br. 104a, Nr. 186.

[1639] LAS, Abt. 390, Nr. 258, qdr. 1, fol. 1r.

[1640] Detaillierte Mengenangaben und Preise sind angegeben.

[1641] LAS, Abt. 390, Nr. 258, qdr. 2, instrumentalisierte Urkunde der Abschrift des kaiserlichen Mandats vom 14. Juli 1572.

Teil der Ladung ausmachte, zu einem angemessenen Preis. Hierauf hatte sich der Schiffer, der aus Ritzebüttel nach Otterndorf gekommen war, jedoch nicht einlassen wollen. Mittlerweile war Lübbers Schiff auf der Sandbank durch Witterungseinflüsse vollends zerstört und zerschlagen worden.[1642] Noch im Jahr 1575 wurde dem Schiffer Lübbers mitgeteilt, Herzog Franz sei weiterhin an einem außergerichtlichen Vergleich interessiert und wolle eine angemessene Entschädigung – nach den Marktpreisen im Land Hadeln – zahlen.[1643] Bis 1577 beschäftigten sich die Prozeßparteien mit der Höhe der Entschädigungssumme und dem eigentlichen Marktpreis des Getreides.[1644] In dem vom 11. Dezember 1572 bis Dezember 1577 rechtsanhängigen Prozeß vor dem Reichskammergericht bekam Kampe Lübbers Recht zugesprochen, und Herzog Franz mußte Schadensersatz leisten.[1645]

Fall 3:[1646] Am 15. April 1601 war der Schiffer Flugge mit seinem Schiff, welches „mit wertvollen Waren" beladen war, auf dem Rückweg von Lissabon während eines schweren Unwetters auf dem „Vogelsand" gestrandet. Das Schiff wurde dabei zerschlagen, zahlreiche Besatzungsangehörige fanden den Seemannstod, und die Waren wurden an Land gespült. Mehrere Kaufmannswaren (Kisten mit Zimt und Kümmel sowie Pfefferballen) strandeten unmittelbar an der Grenze zwischen dem Land Hadeln und dem Amt Ritzebüttel.[1647] Diese Landgrenze war unzweifelhaft durch einen Wassergraben am Altenbrucher Tief seit je her beschrieben.[1648] Hadelner Untertanen überquerten jedoch diesen Graben und stahlen das angeschwemmte Strandgut.[1649] Der Hamburger Rat konnte am 8. April 1604 den Fall vor dem Reichskammergericht rechtsanhängig machen, um vor allem den Grenzverlauf erneut klären zu lassen.[1650] Unerwarteterweise bestätigte der die Interessen Lauenburgs wahrnehmende Prokurator den von Hamburg beschriebenen Grenzverlauf, so daß sich die Streitparteien im folgenden ausschließlich der Restitutionsfrage zuwandten. Beide Seiten brachten allerdings wenig Energie

1642 LAS, Abt. 390, Nr. 258, qdr. 8, prod. am 23. Oktober 1574.

1643 LAS, Abt. 390, Nr. 258, qdr. 14, Schreiben des lauenburgischen Rechtsanwalts an Lübbers vom 7. Mai 1575.

1644 LAS, Abt. 390, Nr. 258, qdr. 14 und qdr. 16.

1645 Hinweis in NdSHStA, Celle Br. 104a, Nr. 186.

1646 NdsStA, Stade, Rep. 27, H 764: Reichskammergerichtsprozeß in Sachen Bürgermeister und Rat der Stadt Hamburg contra Herzog Franz von Sachsen–Lauenburg und Eingesessene zu Altenbruch betreffend die Grenze bei Altenbruch nach Strandung des Schiffes von Karsten Flugge.

1647 NdsStA, Stade, Rep. 27, H 764, qdr. 1, fol. 7^v–8^r.

1648 NdsStA, Stade, Rep. 27, H 764, qdr. 1, fol. 6^r–7^r.

1649 NdsStA, Stade, Rep. 27, H 764, qdr. 1, fol. 8^r.

1650 NdsStA, Stade, Rep. 27, H 764, qdr. 5.

auf, den Prozeß fortzusetzen und ließen ihn schließlich erfolglos ruhen (zwischen 1605 und 1621 sind keine Prozeßhandlungen nachzuweisen). Nach dem Tod Herzog Franz' II. am 2. Juli 1619[1651] bemühte sich der Hamburger Rat, seine Restitutionsforderungen erneut durchzusetzen und erwirkte eine Klageerneuerung,[1652] woraufhin Herzog August als 'Verweser Lauenburgs' verurteilt wurde, den Schaden zu ersetzen. Dieser erklärte sich zunächst für zahlungsunfähig, da er erst die Finanzen seines Herzogtums regeln müsse: Das Hofgesinde sei lange nicht bezahlt worden und habe Forderungen in Höhe von 3.650 RT; aus diesem Grund habe bereits das Silbergeschirr für 1.600 RT versetzt werden müssen. Außerdem seien zunächst verschiedene Kreditoren zu befriedigen, bevor Gelder an den Hamburger Rat übergeben werden könnten.[1653] Wahrscheinlich haben sich Herzog August und der Rat der Stadt schließlich außergerichtlich verglichen.

Fall 4:[1654] Zwei portugiesische Kläger, die Brüder Simon und Franz Rodriges de Vora hatten Herzog Franz II. verklagt, weil er dem Lübecker Schiffer Gramsdorf Papiere hatte ausstellen lassen und ihn damit unter lauenburgischen Schutz gestellt hatte.[1655] Dem Schiffer wurde vorgeworfen, daß er „sein Schiff aus bößen fürßatz durchgeborrt und zum Schiffbruch gebracht habe",[1656] da sich an Bord wertvolle Güter und Waren befunden hatten: u.a. sechs Schachteln mit Diamanten und Rubinen, 173 Kästen mit Zinn und sechs weitere Kästen mit Edelsteinen. Diese Lieferung war für Lucas Brinkmann in Hamburg vorgesehen gewesen.[1657] Die Kläger stellten vor allem den Rechtsbruch des Herzogs in den Vordergrund (in dessen Besitz vermuteten die Brüder de Vora nämlich ihre Edelsteine), wohingegen der lauenburgische Rechtsvertreter darauf bestand, zunächst den Rechtsbruch des Schiffers zu klären. Liege ein solcher nicht vor, sei die Klage vom 21. Juni 1610 gegen Herzog Franz vollkommen ungerechtfertigt.[1658] Erst im weiteren Prozeßverlauf konnte Licht in die Vorgänge um den Schiffbruch auf der Fahrt von Lissabon nach Hamburg gebracht und das anschließende Vorgehen Gramsdorfs geklärt werden: Bevor

---

1651 NdsStA, Stade, Rep. 27, H 764, fol. 111.
1652 NdsStA, Stade, Rep. 27, H 764, fol. 109ʳ, datiert vom 28. Mai 1621.
1653 NdsStA, Stade, Rep. 27, H 764, fol. 113ᵛ.
1654 LAS, Abt. 210, Nr. 92: Reichskammergerichtsprozeß in Sachen des Simon und Franz Rodriges de Vora contra Herzog Franz II. von Sachsen–Lauenburg betreffend den Schiffer Herman Gramsdorf aus Lübeck, der den beiden erstgenannten gehörende Kleinodien aus dem Schiffbruch auf der Elbe entwendete und an Herzog Franz II. auslieferte, nachdem er (Gramsdorf) sich in lauenburgischen Schutz begeben hatte.
1655 LAS, Abt. 210, Nr. 92, qdr. 2, fol. 5ʳ.
1656 LAS, Abt. 210, Nr. 92, qdr. 2, fol. 4ᵛ.
1657 LAS, Abt. 210, Nr. 92, qdr. 1, fol. 2ʳ.
1658 LAS, Abt. 210, Nr. 92, qdr. 2, fol. 6ʳ.

sich dieser der lauenburgischen Landesherrschaft als Bürger in Ratzeburg unterworfen hatte, hatte er die Edelsteine beim Lübecker Rat deponiert.[1659]
Der Lübecker Rat wurde nunmehr aufgefordert, die Edelsteine wieder auszuhändigen; solange allerdings die Besitzansprüche nicht hinreichend geklärt waren,[1660] wollte der Rat das deponierte Gut in Verwahrung behalten. Obwohl der Verbleib der Edelsteine und des Zinns geklärt worden war, sah sich Herzog Franz II. weiterhin dem Vorwurf ausgesetzt, er habe durch die Aufnahme Gramsdorfs in Ratzeburg gegen geltendes Recht verstoßen, da sich dieser der für ihn zuständigen Jurisdiktion entzogen habe. Der Schiffer wurde weiterhin beklagt, vorsätzlich das Schiffsunglück herbeigeführt zu haben. Schließlich sollte eine weitere Kommission – die erste Kommission konnte die Rechtslage 1614 nicht hinreichend klären[1661] – im Jahr 1624 den Prozeß zu einem Abschluß bringen.[1662] Diese Kommission wurde nicht mehr eingesetzt – wahrscheinlich haben sich die Parteien außergerichtlich geeinigt.[1663]

Fall 5:[1664] Der Reichskammergerichtsprozeß um die Vorenthaltung schiffbrüchiger Handelswaren der Hamburger Schiffer Lanow und Schröder war seit dem 1. September 1618 vor dem Reichskammergericht rechtsanhängig und wurde per Urteilsspruch zugunsten des Klägers am 16. November 1618 beschieden, endete allerdings – bedingt durch zahllose Einsprüche und Revisionsverfahren – erfolglos im Jahr 1669.

Fall 6:[1665] Der Schiffer Laßhorn war mit seinem Schiff, von Hamburg auslaufend mit einer aus Lübeck stammenden Ladung (Bier, Tee und andere

---

1659 LAS, Abt. 210, Nr. 92, qdr. 21, fol. 1r–1v, Bekenntnisschrift von Gram[b]sdorf; qdr. 14, Nr. 1 bis qdr. 16, Nr. 3: Bekenntnis über das Abbergen der Kaufmannsgüter; qdr. 17, Nr. 4: Zeugenaussage über den Steuermann Martin von Langen aus Hamburg, der mit der Sache „nichts zu tun hatte"; qdr. 18, Nr. 5: Aussage des an der Bergung beteiligten Martin Jansen; vgl. hierzu die ursprüngliche Annahme hinsichtlich des Verbleibs der Waren in qdr. 2, fol. 2r.

1660 LAS, Abt. 210, Nr. 92, qdr. 8, lit. A.; qdr. 9, lit. B.

1661 LAS, Abt. 210, Nr. 92, qdr. 26.

1662 LAS, Abt. 210, Nr. 92, ohne qdr. (Aktenende).

1663 LAS, Abt. 210, Nr. 92, Prozeßnebenakte.

1664 LAS, Abt. 210, Nr. 2446: Reichskammergerichtsprozeß in Sachen der Stadt Hamburg contra die Herzöge von Sachsen–Lauenburg betreffend die den Schiffern Peter Lanow und Klaus Schröder vorenthaltenen schiffbrüchigen Waren.

1665 NdsStA, Stade, Rep. 27, H 765: Reichskammergerichtsprozeß in Sachen der Stadt Hamburg für Johann Carsten und Joachim Wedemann contra Herzog Franz II. von Sachsen–Lauenburg und die Gräfen zu Otterndorf betreffend das Strandrecht zu Otterndorf hinsichtlich des am 29. September 1617 aufgelaufenen Schiffs des Peter Laßhorn.

Waren), vor Otterndorf im Sturm auf eine Sandbank gelaufen, woraufhin sein Schiff Leck schlug.[1666] Der Schiffer setzte mit einem Beiboot zunächst nach Hadeln über, um dort um Hilfe nachzusuchen, ruderte dann an das gegenüberliegende holsteinische Ufer und erbat auch dort Hilfe. Als er mit einigen (holsteinischen) Helfern zu seinem Schiff zurückkehrte, waren Bewohner des Landes Hadeln bereits damit beschäftigt, das Schiff, welches trotz des Lecks noch seetüchtig war, zu entladen und die Waren an Land zu bringen.[1667] Der Hamburger Rat versuchte vor dem Reichskammergericht seit dem 1. September 1618, für die beiden Inhaber der Ladung eine Rückgabe der entwendeten Güter zu erwirken. Es ist wahrscheinlich, daß der Streit – aufgrund der vorliegenden Indizien: beide Parteien bemühten sich seit dem 13. Juni 1619 um einen gütlichen Vergleich –[1668] außergerichtlich beigelegt wurde. Formal wurde der Prozeß im Jahr 1626 ohne weitere Vermerke beendet.

4.10.2 Ein Beispiel zur Zollpraxis

Von besonderem Interesse sind im Zusammenhang mit der Errichtung von Zollstationen auch die Praktiken, wie Zölle tatsächlich eingenommen wurden. Diese praktischen Aspekte der Umsetzung von Gewohnheitsrechten – mit Konsens aller Beteiligten – sind durch genaue Beschreibungen in einem Reichskammergerichtsprozeß um die Stecknitzfahrt dokumentiert:

Um eine größere Menge Bier für den Winter von Hamburg nach Lübeck zu verschiffen,[1669] begaben sich drei Lübecker Schiffe[1670] mit insgesamt 18 ½ Last[1671] – wie gewohnt – im Herbst, „zur zeitt wenn die letzte Schiffung für dem froßt geschehen“, in Richtung Lauenburg, um von dort aus weiter nach Lübeck zu fahren.

Der Brauch war, daß grundsätzlich das letzte Schiff des Konvois,[1672] welches in dem betreffenden Jahr fahren sollte,[1673] den Zoll für die Nutzung der Delvenau und des Scheitelstreckenkanals bis zum Eintritt in den Möllner See im Zollhaus zu Lauenburg zu entrichten hatte.[1674] Ziel dieser Maßnahme war es, die ersten Schiffe des Konvois rasch passieren zu lassen, um den Schiffsverkehr nicht unnötig zu behindern.[1675] Dazu war es jedoch erforderlich, daß das letzte Schiff

---

[1666] NdsStA, Stade, Rep. 27, H 765, qdr. 1, fol. 7^v^.
[1667] NdsStA, Stade, Rep. 27, H 765, qdr. 1, fol. 8^v^–9^r^.
[1668] NdsStA, Stade, Rep. 27, H 765, qdr. 9 sowie fol. 75ff. aus dem Jahr 1625.
[1669] LAS, Abt. 390, Nr. 227, qdr. 2, fol. 1^r^.
[1670] LAS, Abt. 390, Nr. 227, qdr. 7, fol. 4^r^.
[1671] LAS, Abt. 390, Nr. 227, qdr. 2, fol. 1^r^.
[1672] LAS, Abt. 390, Nr. 227, qdr. 7, fol. 4^r^.
[1673] LAS, Abt. 390, Nr. 227, qdr. 4, fol. 2^v^.
[1674] LAS, Abt. 390, Nr. 227, qdr. 4, fol. 2^v^ und qdr. 7, fol. 3^v^–4^r^.
[1675] LAS, Abt. 390, Nr. 227, qdr. 7, fol. 7^v^.

die richtige Gesamtmenge des transportierten Guts deklarierte.[1676] Dieses war in dem hier vorliegenden Fall nicht geschehen.

Das geltende Gewohnheitsrecht war im Zusammenhang mit der Stecknitzfahrt nicht eindeutig: Beriefen sich die Lübecker Kaufleute zunächst darauf, daß Streitigkeiten um die Stecknitzfahrt auf der Grundlage der Vereinbarungen des Vertrags vom 19. Januar 1410 untereinander grundsätzlich friedlich zu regeln seien, so vertraten sie andererseits in dem Reichskammergerichtsprozeß den Standpunkt, daß das letzte Konvoischiff nicht das letzte Schiff war, welches in jenem Jahr die Stecknitzfahrt nutzte, und aus diesem Grunde der Zoll von dem letzten (Konvoi–)Schiff nicht entrichtet worden sei. Die Lauenburger hingegen interpretierten das Gewohnheitsrecht, den Zoll zu Lauenburg für die Stecknitzfahrt betreffend, anders: Grundsätzlich hatte jedes Schiff den Zoll zu entrichten, mit Ausnahme im Rahmen der Konvoifahrt; nur dann hatte das letzte Schiff für den gesamten Konvoi das Nutzungsentgelt zu entrichten. Durch die Auseinandersetzungen vor dem Reichskammergericht wurde diese Diskrepanz in den Interpretationen auffällig.
Die eingesetzte Kommission orientierte sich in ihrer Urteilsempfehlung nicht an den örtlichen Gewohnheitsrechten, sondern berief sich auf die Verletzung der Reichsordnung[1677] durch die Lauenburger Untertanen, die nicht berechtigt gewesen seien, das verlastete Bier zwei Meilen nördlich von Lauenburg, nachdem sie die Schiffe angehalten hatten, zu beschlagnahmen.[1678] Der Kommissionsempfehlung schloß sich das Reichskammergericht per Bescheid am 16. Oktober 1587 an und forderte die Rückgabe, bzw. den finanziellen Ersatz des Bieres.[1679]

[1676] LAS, Abt. 390, Nr. 227, qdr. 7, fol. 4r.
[1677] Folglich gilt römisches Recht.
[1678] LAS, Abt. 390, Nr. 227, Kommissionsangelegenheiten: Bestellung durch kaiserliches Mandat am 26. Oktober 1574, Zeugenverhöre in den Jahren 1576/ 1577, Kommissionsempfehlung nach Abschluß der Ermittlungen im Juni 1577. In diesem Zusammenhang wurde von dem Maler Daniel Frese, der durch die Kommission vereidigt worden war, im Februar 1577 ein Abriß des „Tatortes" im Lübecker Rathaus abgeliefert (Hinweis in den Kommissionsakten). Diese 'Inaugenscheinnahme' befand sich nicht im Prozeßaktenbestand und konnte in den Archiven nicht nachgewiesen werden.
[1679] LAS, Abt. 390, Nr. 227, ohne qdr., Aktenschluß. Der Prozeß endete formal im Jahr 1601. Es gibt jedoch keine Indizien, daß der Restitutionsforderung nicht nachgekommen worden ist.

4.10.3 Die Stecknitzfahrt[1680]

„Dieser erste in Nordeuropa gebaute schiffbare Scheitelstrecken–Kanal“[1681], eine in den Jahren 1391 bis 1398 gebaute Wasserverbindung zwischen Trave und Elbe unter Einbeziehung der Stecknitz, des Möllner Sees und der Delvenau, begleitete das jahrhundertelange Spannungsverhältnis zwischen der Stadt Lübeck und dem Herzogtum Sachsen–Lauenburg.[1682]
Nachdem im Jahr 1359 die Stadt Mölln – und die am Abfluß des Möllner Sees liegende Schleuse[1683] – in den Pfandbesitz der Hansestadt Lübeck übergegangen war, konnte der Lübecker Rat auf einen unter seiner territorialen Kontrolle stehenden, wassergebundenen Handelsweg zwischen Lübeck und Mölln zurückgreifen und hatte dadurch einen weitreichenden Erfolg in den Sicherungsmaßnahmen seiner Handelswege und seiner Landgebietspolitik[1684] erzielen können. Konnte die sich anschließende Lübecker Idee, diese Wasserverbindung bis zur Elbe auszubauen, zunächst nicht realisiert werden, so nahm dieses Vorhaben dreißig Jahre später Gestalt an und gewährleistete dann einen wassergebundenen Transport des für Lübeck notwendigen Salzes aus Lüneburg. Die ersten Schiffe erreichten am 22. Juli 1398 von Lüneburg kommend die Stadt Lübeck: Nach siebenjähriger Bauzeit, die für Begradigungs– und Ausbauarbeiten sowie den Aushub der 11,5 Kilometer langen Scheitelstrecke benötigt worden war, war damit auch eine erste

---

1680 Der Verfasser nutzt nicht den Begriff des ‘Stecknitz–Kanals’, da es sich nicht in vollem Umfang um einen Kanal im eigentlichen Sinne handelte, sondern vielmehr um eine Wasserverbindung unter Ausnutzung bereits vorhandener Flußläufe und Seeabschnitte, die mittels eines 11,5 km langen Scheitelstreckenkanals in einem Teilabschnitt (Delvenau – Möllner See) miteinander verbunden worden waren. – Vgl. hierzu auch: Stolz, Kleine Kanalgeschichte, S. 22: „In den 500 Jahren seines Bestehens wurde am Stecknitzkanal, wie später die gesamte Strecke von Lübeck bis Lauenburg genannt wurde, [...].“ Der Verfasser verwendet hingegen den Begriff der ‘Stecknitzfahrt’.

1681 Walter Müller: Die Stecknitzfahrt; in: MCV, 8; 1987 (künftig zitiert: Müller, Stecknitzfahrt), S. 9.

1682 Graßmann, Verfassung, S. 73ff. – Schulze, Territorialpolitik, S. 213. – Jörg Hillmann: Das „opus novum“ an der Stecknitz. Ein Prozeß vor dem Reichskammergericht zwischen dem Herzog von Sachsen–Lauenburg und dem Lübecker Rat im Jahre 1610; in: 600 Jahre Stecknitz–Fahrt; Lauenburg 1998 (künftig zitiert: Hillmann, Stecknitz), S. 49–55.

1683 Vgl. Müller, Stecknitzfahrt, S. 12. Die Herzöge von Sachsen–Lauenburg waren jedoch an Vertragsvereinbarungen gebunden, die ihre Mitverantwortlichkeit an dem Erhalt der Schleuse regelten. 1370 wurde ein neuer Vertrag erstellt, der die lauenburgischen Herzöge (Bergedorfer Linie) von den Unterhaltsverpflichtungen an der Möllner Schleuse entband, ihnen jedoch die vollen Einnahmen der Schleuse übertrug. Diese Lübecker Maßnahme kann als Indiz für eine sukzessive Übernahme des Territorialbesitzes auf Leibrentenbasis durch die Bergedorfer Linie bewertet werden.

1684 Obwohl der Begriff der Stützpunktpolitik hinsichtlich der Lage Möllns hier treffender erscheint, wird die gängige Terminologie beibehalten.

schiffbare Wasserverbindung zwischen der Ost– und Nordsee geschaffen worden.[1685]

Wie in dem 1390 zustandegekommenen Vertragswerk zwischen dem Lübecker Rat und Herzog Erich IV. (Ratzeburg–Lauenburger–Linie) – nach einer lübeckischen 'Überzeugungszahlung' in Höhe von 3.000 ML an den Herzog – über den Bau des Stecknitzkanals und die Nutzung der sich anschließenden Einnahmen vereinbart, standen der Stadt Lübeck alle Kanalgelder für den Zeitraum der ersten 17 Jahre zu; anschließend, seit 1415, wurden die Einnahmen geteilt.[1686]

Die Instandhaltungspflichten am gesamten Kanal (von der Trave bis zur Elbe) lagen gemeinschaftlich bei den beiden Vertragsparteien, das alleinige Schiffahrtsrecht (vom Möllner See bis Lübeck) stand jedoch nur den Lübecker Salz–, respektive Stecknitzfahrern zu. Die Schleuseneinnahmen wurden – je nach territorialer Zugehörigkeit – geteilt. Gewohnheitsrechtlich kristallisierte sich jedoch hinsichtlich der gemeinsamen Instandhaltungspflichten im Lauf der Zeit eine Zweiteilung heraus: Praktischerweise übernahmen die Lübecker die Instandhaltung des Kanal– und Flußlaufs nördlich des Möllner Sees, der Herzog von Sachsen–Lauenburg nahm diese Aufgaben in südlicher Ausrichtung wahr.[1687]

Im Verlauf der lauenburgisch–lübeckisch–hamburgischen Auseinandersetzungen um die Vierlande und Bergedorf[1688] wurde das Vertragswerk um die Stecknitzrechte im Jahr 1410 verfeinert. Hatten die Rechte am Stecknitzkanal bereits ihre eindeutige Regelung im Jahr 1390 erfahren, so wurde 1410 festgelegt, wie im Falle von Streitigkeiten zwischen dem Lübecker Rat und dem Herzog zu verfahren sei; die Absichtserklärung, künftig Streitigkeiten friedlich untereinander beizulegen, fand ihre Ergänzung in der Möglichkeit, im Zweifelsfall Schiedsrichter vermittelnd einzubeziehen.[1689] Des weiteren einigten sich der Lübecker Rat und der Herzog von Sachsen–Lauenburg bereits jetzt auf die Teilung der Kanalgelder.[1690]

1685 Vgl. Hillmann, Alster–Beste–Trave–Kanal, S. 10. – Vgl. Stolz, Kleine Kanalgeschichte, S. 21, Abb. 9 (Detailaufnahme der Situation um Mölln).

1686 Müller, Stecknitzfahrt, S. 13.

1687 Hillmann, Stecknitz, S. 49f. – Vgl. hinsichtlich des alleinigen Fahrrechts: Stolz, Kleine Kanalgeschichte, S. 22. – Hinsichtlich der Instandhaltungspflichten und deren Kosten: Kaack, Stecknitz, S. 46ff. – Vgl. Stolz, Kleine Kanalgeschichte, S. 22.

1688 Vgl. Kaack, Stecknitz, S. 41.

1689 LAS, Abt. 390, Nr. 235, qdr. 9 (Teilabschrift aus dem Vertrag vom 19. Januar 1410 zwischen der Stadt Lübeck und dem Herzog von Sachsen–Lauenburg über die gütliche Regelung von Streitigkeiten). Die Teilabschrift stammt aus der Urkunde (gedruckt: UBStL, 5, S. 327–329, Nr. 265) des Rats der Stadt Lübeck und des Herzogs von Sachsen–Lauenburg über die Rückgabe von Mölln, die Fahrt auf der Stecknitz und die künftig gegenseitig zu leistende Hilfe.

1690 Kaack, Stecknitz, S. 42.

Die Einnahmen aus dem Stecknitzkanal bildeten für die sonst unter ständiger Geldnot leidenden lauenburgischen Herzöge in den folgenden Jahrhunderten eine wichtige und kontinuierliche Einnahmequelle.[1691]

4.10.3.1 Auseinandersetzungen um Rechte an der Stecknitzfahrt mit der Stadt Lübeck

Im Jahr 1610 veranlaßte Herzog Franz II. durch seinen Ratzeburger Hauptmann den lauenburgischen Landsassen Wasmuth Schacke, im Bereich des Hofs Anker und des Kühsener Feldes – nahe der Niederschleuse – Begradigungsmaßnahmen am Stecknitzkanal auszuführen. Die Lübecker Salzfahrer hatten darüber Klage geführt, daß die Krümmungen und Biegungen in diesem Flußabschnitt zu zahllosen Behinderungen der Schiffahrt und zu Beschädigungen geführt hätten.[1692] Kurzerhand ließ der lauenburgische Herzog die drei Flußbiegungen durch entsprechende Begradigungsdurchstiche umgehen, da auch die territorialen Verhältnisse in diesem Flußabschnitt geregelt schienen: Besaßen die Stadt Lübeck und der Herzog von Sachsen–Lauenburg verbriefte Rechte über gemeinsame Instandhaltungsrechte am gesamten Kanal, so gehörte das Gebiet, das von den Durchstichen betroffen war, also der angrenzende Hof Anker ebenso wie das zum Dorf Kühsen gehörende Feld, zur Landesherrschaft des Lauenburgers. Lediglich die in der Nähe befindliche Niederschleuse unterstand Lübecker Gerechtigkeit.[1693]
Die Idee allerdings, die hinter diesen Begradigungsmaßnahmen „zur vereinfachung der schiffahrt" stand, wird erst durch die Verknüpfung der territorialen Verhältnisse mit den geographischen Gegebenheiten deutlich: Die Durchstiche sollten in einem zweiten Arbeitsschritt durch Abdämmungen der drei Flußbiegungen vervollständigt werden. Hierdurch wäre ein nicht unerheblicher territorialer Zugewinn von bebaubarem Ackerland an Kühsen – im Besitz der Herzogsgattin Maria – gelangt und damit dem Lehnsbesitz des in Anker sitzenden und mit Herzog Franz II. im Streit liegenden Untertanen Joachim Möller entzogen worden.[1694]
Nachdem der erste Arbeitsschritt, die Durchstiche anzulegen, abgeschlossen war, wandten sich die ungefähr 200 Lauenburger Untertanen [1695] der Abdämmung der ersten Flußbiegung zu. Die Bauarbeiten wurden vom

---

[1691] LAS, Abt. 400.2, Nr. 57, fol. 1: In einem Brief vom 1. Januar 1527 schrieb Herzog Magnus I. von Sachsen–Lauenburg an Herzog Albrecht von Mecklenburg: Der „zoll uff der Elbe und Stekenitz bringen das meiste einkommen." Durch zahlreiche Verpfändungen des Elbzolls im Jahr 1571 blieben die Einnahmen der Stecknitzkanalgelder die einzige kontinuierliche Geldquelle.

[1692] AHL, RKG, S 6, qdr. 3, lit. B, fol. 1^{v}. – AHL, ASA Interna, Stecknitz 3–4, fol. 1^{v}.

[1693] AHL, ASA, Interna, Stecknitz 3–4, qdr. 4, fol. 1^{v}.

[1694] Vgl. Kobbe, 3, S. 258f.

[1695] AHL, ASA Interna, Stecknitz 3–4, qdr. 4, fol. 1^{r}.

Lübecker Rat aufmerksam registriert. Am 27. April 1610 entfernten Lübecker Untertanen die von den Lauenburger Untertanen errichtete Abdämmung mit der Begründung, die Stecknitz „aufzuräumen",[1696] letztlich jedoch, um den ursprünglichen Verlauf der Stecknitz wiederherzustellen und damit die Durchstiche trockenfallen zu lassen. Seit dem 5. Mai verstärkten sich die Aktivitäten sowohl auf Seiten der Lübecker wie auf Seiten der Lauenburger: Abdämmungen wurden von den Lauenburger Untertanen errichtet, Lübecker bauten diese am folgenden Tag wieder ab.[1697] Erste Vermittlungsgespräche zwischen dem Möllner und dem Ratzeburger Hauptmann schlossen sich an, mußten jedoch erfolglos abgebrochen werden, so daß diese Problematik an die 'landesherrlichen Instanzen', den Herzog von Sachsen–Lauenburg und den Lübecker Rat, überwiesen wurde.[1698]

Fanden die lauenburgischen Interessen zunächst ihren Impetus in dem an Herzog Franz II. gerichteten Anliegen der Lübecker Salzfahrer, in diesem Flußabschnitt einfacher Schiffahrt betreiben zu können, so konnte der lauenburgische Herzog hiermit landesherrliche Interessen gegenüber einem seiner Lehnsuntertanen verbinden. Die Stadt Lübeck fühlte sich in ihrer landesherrlichen Einflußnahme – nördlich des Möllner Sees – beeinträchtigt und betrachtete vor allem das selbständige Handeln ihrer eigenen Salzfahrer, indem diese Herzog Franz eingeschaltet hatten, als Verstoß gegen ihre obrigkeitlichen Rechte.[1699] Unter dem Vorwand, den ursprünglichen Verlauf der Stecknitz retten zu wollen, setzte der Lübecker Rat seine Bemühungen fort, die Baumaßnahmen der Lauenburger Untertanen – auch mit Waffengewalt – zu behindern und zugleich eine Uferbefestigung im Verlauf der zweiten Flußbiegung zu installieren, um eine am Ufer gelegene Holzhude vor dem Abrutschen zu sichern.[1700]

Auf Befehl von Franz II. wurden die Ereignisse chronologisch festgehalten, das strittige Gebiet durch den lauenburgischen „Hofmhaler" (!) Jürgen Stache 'abgerissen', und gegen die Lübecker Baumaßnahmen wurde, nachdem alle Vermittlungsversuche gescheitert waren, Klage vor dem Reichskammergericht erhoben.

Die angefertigten Protokolle der verschiedenen „Inaugenscheinnahmen" sowie der Abriß des strittigen Gebiets wurden dem Gericht mit der Klageeinreichung

---

1696 AHL, RKG, S 6, qdr. 3, lit. A, fol. 2ᵛ und qdr. 4; lit. B, fol. 2ᵛ–3ʳ.

1697 AHL, ASA Interna, Stecknitz 3–4, qdr. 1, fol. 1ʳ vom 5. Mai 1610 und qdr. 2 vom 9. Mai 1610: Mitteilung über den Stand der Bauarbeiten durch den Möllner Hauptmann Hans Spangenberg an den Lübecker Rat.

1698 Die Ereignisse vom 14. Mai bis zum 21. Mai 1610 sind detailliert überliefert (AHL, RKG, S 6, qdr. 3, lit. A und qdr. 4, lit. B) und tageweise zusammengefaßt worden bei Hillmann, Stecknitz, S. 52f.

1699 AHL, ASA Interna, Stecknitz 3–4, qdr. 4, fol. 2ʳ–2ᵛ.

1700 Hillmann, Stecknitz, S. 52.

übergeben.[1701] Lauenburgs Dokumentation der gescheiterten Vermittlungsgespräche verwundert zwar auf den ersten Blick, wird durch die Verknüpfung mit einem zehn Jahre zurückliegenden Reichskammergerichts–prozeß allerdings verständlich:

Am 23. Juli 1600 ereignete sich auf der Stecknitz im Bereich der Oberschleuse ein tragischer Unfall: Ein Kind war in der Stecknitz ertrunken. Lauenburgische Untertanen hatten es im Wasser entdeckt und unter Mitwirkung des Hauptmanns von Ratzeburg, Matthias von Retzdorf, aus der Stecknitz gezogen, nach Ratzeburg überführt und auf dem St. Peters–Berg beigesetzt.[1702] Gegen diese Vorgehensweise verwahrte sich der Rat der Stadt Lübeck, da es sich in diesem Falle um eine unrechtmäßige Beschlagnahme gehandelt habe: Die Stecknitz gehöre zum Lübecker Territorialbesitz,[1703] so daß auch der „todte Leichnam“ der Stadt Lübeck gehöre.[1704]
Herzog Franz II. von Sachsen–Lauenburg weigerte sich jedoch, den Kindesleichnam auf Lübecker Territorium zu überführen, da die Rechte an der Stecknitz bei Sachsen–Lauenburg lägen und nicht bei Lübeck.[1705] Dennoch erklärte er sich am 20. Januar 1601 bereit, eine aus Fürsten gleichen Standes bestehende Kommission die Frage der Territorialrechte an der Stecknitz klären zu lassen.[1706]
Da der Lübecker Rat das im vorprozessualen Raum übliche Austrägalverfahren bereits als gescheitert ansah, hatte er Klage vor dem Reichskammergericht erhoben, die zu dem Zeitpunkt rechtsanhängig wurde, als der Herzog gerade seinen Konsens zur Kommissionsbildung gegeben hatte: Nunmehr mußte dennoch der formalprozessuale Weg beschritten werden.
Am 17. Februar 1601, dem ersten Sitzungstag, legte die klageführende Partei, die in Speyer durch den Prokurator Dr. Sebastian Wolff vertreten wurde, ihren Klaglibell vor:[1707] Wurden zum einen die Lübecker Rechte an der Stecknitz betont,[1708] so wies der Rechtsanwalt zum anderen besonders darauf hin, daß es ein zusätzliches Vergehen des Ratzeburger Hauptmanns gewesen sei, das Kind auf der Stecknitz nach Ratzeburg zu bringen und dort zu begraben: Damit seien

---

[1701] AHL, RKG, S 6, qdr. 3, lit. A; qdr. 4, lit. B; qdr. 5, lit. C; qdr. 6, lit. D. – S. Abbildung 10 im Bildteil.
[1702] LAS, Abt. 390, Nr. 235, qdr. 2, fol. 2^r.
[1703] LAS, Abt. 390, Nr. 235, qdr. 2, fol. 1^v.
[1704] LAS, Abt. 390, Nr. 235, qdr. 2, fol. 2^v.
[1705] LAS, Abt. 390, Nr. 235, qdr. 3, fol. 2^r.
[1706] LAS, Abt. 390, Nr. 235, qdr. 3, fol. 2^v. Als Kommissionsmitglieder wurden der Herzog von Schleswig–Holstein–Gottorf, Johann Friedrich (zugleich Erzbischof von Bremen und Bischof in Lübeck), Herzog Otto von Braunschweig–Lüneburg und Graf Adolf von Holstein–Schaumburg und Sternberg vorgeschlagen.
[1707] LAS, Abt. 390, Nr. 235, qdr. 4.
[1708] LAS, Abt. 390, Nr. 235, qdr. 4, fol. 2^r und 2^v.

Eingriffe in das den Lübeckern vorbehaltene Fahrrecht auf der Stecknitz vorgenommen und religiöse Vorrechte der Stadt Lübeck beeinträchtigt worden.[1709] Des weiteren habe sich der Herzog von Sachsen–Lauenburg geweigert, die Angelegenheit außergerichtlich beizulegen, indem er das Austrägalverfahren abgelehnt habe.[1710] Diesen Vorwürfen widersprach der die lauenburgischen Interessen wahrnehmende Prokurator Dr. Johann Melchior Reinhardt umfänglich, indem er die Rechtmäßigkeit des Prozesses vor dem Reichskammergericht in Zweifel zog, da der Herzog von Sachsen–Lauenburg einem außergerichtlichen Austrägalverfahren ausdrücklich zugestimmt habe. Bevor der eigentliche Tatbestand verhandelt werden könne, müsse zunächst die Verfahrensrechtmäßigkeit geklärt werden.[1711] Durch den Hinweis, die Stadt Lübeck habe gegen die Reichskammergerichtsordnung verstoßen,[1712] befand sich Sachsen–Lauenburg in einer für den Prozeßverlauf günstigen Ausgangslage, die durch die Beweiseingabe von Teilabschriften des Vertragswerkes vom 19. Januar 1410 zwischen Lübeck und Sachsen–Lauenburg so abgerundet wurde,[1713] daß seit 1608 der Lübecker Rat den Prozeß nicht weiter verfolgte.[1714] Im Jahr 1410 hatten sich, wie bereits ausgeführt, die beiden (Prozeß–) Parteien auf eine grundsätzlich friedliche Einigung bei Streitigkeiten verständigt. Da Herzog Franz II. diesem friedlichen Austrag – wenn auch verspätet – zugestimmt hatte, war eine Prozeßfortsetzung auch für Lübeck nicht weiter sinnvoll.

Die erneute Bestätigung des Vertragswerks aus dem Jahr 1410 im Zuge dieses Reichskammergerichtsprozesses im Jahr 1608 verdeutlicht, warum Herzog Franz II. in der im Jahr 1610 anhängig werdenden Rechtsauseinandersetzung bereits vorab den umfänglichen Nachweis erbrachte, daß der Weg der friedlichen Streitbeilegung im vorprozessualen Raum gescheitert war.

Das Reichskammergericht erachtete die Klage für rechtmäßig und erließ am 6. Juli 1610[1715] ein gleichlautendes Inhibitionalmandat gegen den Rat der Stadt

---

1709 LAS, Abt. 390, Nr. 235, qdr. 4, fol. 3v und 4r.

1710 LAS, Abt. 390, Nr. 235, qdr. 4, fol. 4r und qdr. 2, fol. 2v.

1711 LAS, Abt. 390, Nr. 235, qdr. 6, fol. 2r.

1712 Ausdrücklicher Hinweis in: LAS, Abt. 390, Nr. 235, qdr. 6, fol. 2r. – Vgl. Laufs, Reichskammergerichtsordnung, S. 168f. Lübeck wurde ein Verstoß gegen RKGO, Teil 2, part 2, § 2 vorgeworfen. Hier war geregelt, daß eine Rechtsanhängigkeit in erster Instanz nicht erfolgen sollte, sofern sich die betreffenden Parteien einer regionalbegrenzten Kommission zur Rechtsfindung unterwarfen.

1713 LAS, Abt. 390, Nr. 235, qdr. 9.

1714 LAS, Abt. 390, Nr. 235, Prozeßnebenakte. Am 13. Juni 1662 wurde die Prozeßakte offiziell, unter Hinweis auf eine außergerichtliche Einigung, die per gerichtlicher Besiegelung bestätigt worden war, geschlossen (vgl. Prozeßnebenakte, fol. 6r).

1715 AHL, RKG, S 6, qdr. 2, fol. 5v. Das Mandat wurde am 28. August 1610 durch den Kammergerichtsboten Jacob Beyerlein in Lübeck abgeliefert (fol. 6r).

Lübeck.[1716] Bei Poen von 10 MlötG wurde dem Beklagten geboten, die Baumaßnahmen am „opus novum" abzubrechen und den herzoglichen Besitz wieder in den ursprünglichen Zustand zu versetzen. Die Strafzahlung erfolgte ebensowenig wie die Wiederherstellung des ursprünglichen Zustandes an der Stecknitz,[1717] so daß Kläger und Beklagte zum ersten Prozeßtag am 28. September 1610 – vertreten durch ihre Prokuratoren Dr. Johann Melchior Reinhardt für den Herzog von Sachsen–Lauenburg und Dr. Sebastian Wolff für den Lübecker Rat – in Speyer vor Gericht erscheinen mußten.[1718]

Der Lübecker Prokurator hatte sich mit dem Klagevorwurf des Eingriffs in Territorialrechte auseinanderzusetzen, die nach kaiserlicher Belehnung im Zuständigkeitsbereich des Herzogs lagen.[1719] Durch diesen Eingriff lübeckischerseits seien die herzoglichen Untertanen, die ihre Felder und Äcker nicht mehr bestellen konnten, behindert worden. Der Ursprung dieser Behinderung lag in der Veränderung des natürlichen Wasserlaufs der Stecknitz durch das Einsetzen einer Pfahlabdämmung.[1720] Außerdem sei durch den Einsatz von Soldaten eine Beunruhigung der gesamten Anwohnerschaft hervorgerufen worden.[1721]

Der Klageschrift folgend, legte Dr. Wolff in einer dem Gericht am 4. Oktober vorgelegten Entgegnungsschrift ausführlich dar,[1722] daß die Baumaßnahmen Lübecks zu keiner Beeinträchtigung der schiffahrtlichen Nutzung der Stecknitz geführt hätten und machte deutlich, daß das Einsetzen der Pfähle an der Hude dringend geboten gewesen sei, um die Schiffahrt aufrechterhalten zu können.[1723] Außerdem läge die Stecknitz im Besitz der Stadt Lübeck.[1724] Aus diesem Grund sowie unter Hinweis auf die Präambel der Reichskammergerichtsordnung[1725] beantragte der Prokurator, ein Urteil auf Nicht- Schuldigkeit zu produzieren.[1726] Durch die von Dr. Reinhardt umfänglich eingebrachten Beweismittel war der Lübecker Rat gezwungen, die von ihm erhobenen Rechtsansprüche – der Reichskammergerichtsordnung folgend – zu beweisen.[1727] Hierzu beantragte Dr.

1716 AHL, RKG, S 6, qdr. 2.

1717 AHL, ASA Interna, Stecknitz 3–5, Protokollabschrift.

1718 AHL, RKG, S 6, qdr. 7 (Bestallung für Dr. Wolff durch den Lübecker Rat). – AHL, RKG, S 6, qdr. 1 (Bestallung für Dr. Reinhardt durch Herzog Franz II.).

1719 AHL, RKG, S 6, qdr. 2, fol. 2r.

1720 AHL, RKG, S 6, qdr. 2, fol. 2r–2v.

1721 AHL, RKG, S 6, qdr. 2, fol. 3v–4r.

1722 Dr. Wolffs Exzeptionsschreiben (präs. am 4. Oktober 1610) ist inhaltlich mit seiner dem Gericht am 14. März 1611 präsentierten Probationsschrift identisch. – AHL, RKG, S 6, qdr. 10, lit. A (ursprünglich als Beilage zu qdr. 9).

1723 AHL, RKG, S 6, qdr. 8, fol. 4v.

1724 AHL, RKG, S 6, qdr. 8, fol. 13r.

1725 AHL, RKG, S 6, qdr. 8, fol. 5v. – Vgl. Laufs, Reichskammergerichtsordnung, S. 59–61 (Präambel zur Ordnung).

1726 AHL, RKG, S 6, qdr. 8, fol. 14v.

1727 AHL, RKG, S 6, qdr. 9, fol. 1r.

Wolff die Einsetzung einer gerichtlichen Kommission,[1728] die im Auftrag des Reichskammergerichts Zeugenbefragungen 'vor Ort' und eine Inaugenscheinnahme vornehmen sollte.[1729]
Wie in den meisten Prozessen vor dem Reichskammergericht setzte nunmehr die Phase einer langanhaltenden Auseinandersetzung zwischen den Prokuratoren ein, die sich über die Zusammensetzung der Kommission zu einigen hatten. War dem Anwalt der Beklagten der Domdekan vom „Capitel der Cathedral kirchen zu Lübeck"[1730] als Vermittler genehm, so widersetzte sich der Rechtsanwalt des Klägers diesem Ansinnen ob der zu großen Nähe des Kommissars zum Lübecker Rat.[1731] Mochte der eine die Räte benachbarter Städte als Vermittler eingesetzt wissen,[1732] so widersetzte sich der andere ob der zu engen wirtschaftlichen Verbindungen zu den betroffenen Städten.[1733] Bis 1614 hatten sich die beiden Prozeßparteien noch nicht auf eine Kommission geeinigt,[1734] als der Prokurator Dr. Wolff ein neues Beweismittel einbrachte, das den sachsen–lauenburgischen Prokurator Dr. Steuernagel[1735] (Dr. Reinhardt war mittlerweile, wohl aus Altersgründen, nicht mehr mit der Rechtswahrnehmung lauenburgischer Interessen in Speyer betraut) zunächst vor erhebliche Probleme stellte: Die kaiserlichen Privilegien aus den Jahren 1188 und 1226 verdeutlichten, daß die Stadt Lübeck älteste Rechte an der Stecknitz hatte,[1736] was den lübeckischen Rechtsanwalt zur Überzeugung brachte, daß der Rechtsfall damit beendet sei.[1737] Zwar verwahrte sich Dr. Steuernagel mündlich gegen die lübeckische Beweisführung und erkannte die eingebrachten Beweismittel nicht an,[1738] doch beide Prozeßparteien verfolgten diese Sache zunächst nicht weiter: Juristisch war der Prozeß ausgereizt, alle Argumente ausgetauscht und ein günstiger Prozeßausgang für den Kläger nicht mehr zu

---

1728 AHL, RKG, S 6, qdr. 9, fol. 2r.

1729 Vgl. Laufs, Reichskammergerichtsordnung, S. 169ff.

1730 AHL, RKG, S 6, qdr. 9, fol. 1v–2r (14. März 1611).

1731 AHL, RKG, S 6, qdr. 13, fol. 1r (7. Juni 1612).

1732 AHL, RKG, S 6, unnumeriertes qdr. (4. Mai 1612).

1733 AHL, RKG, S 6, qdr. 17 (28. Juni 1613).

1734 AHL, RKG, S 6, qdr. 12, qdr. 13, qdr. 14, qdr. 15, qdr. 17 und qdr. 18.

1735 AHL, RKG, S 6, Prozeßnebenakte (Eintrag vom 14. Oktober 1614: Die Bestallung durch Herzog Franz II. befindet sich nicht in der Akte, sondern wird lediglich in der Prozeßnebenakte erwähnt).

1736 AHL, RKG, S 6, qdr. 20. – Teilabschriften der (rückdatierten) Urkunde vom 19. September 1188 von Friedrich I. (gedruckt vorliegend in: Monumenta Germaniae Historica. Diplomata Regum et Imperatorum Germaniae, Tomus X, Pars IV. Friderici I. Diplomata 1181–1190; hrsg. v. Heinrich Appelt; Hannover 1990, DDF. I. 981, S. 263–267. – Auch in: UBStL, 1, S. 9–12, Nr. 7) und der Bestätigungsurkunde vom Mai 1226 von Friedrich II. (in: AHL, Urk. Abt., Caesarea, Nr. 103; gedruckt vorliegend in: UBStL, 1, S. 44–45, Nr. 34).

1737 AHL, RKG, S 6, qdr. 19.

1738 AHL, RKG, S 6, Eintrag in der Prozeßnebenakte, datiert vom 20. Januar 1614.

erwarten. Ganz im Gegenteil: Noch vorhandene Rechte des Herzogs an der Stecknitz schienen in Gefahr zu geraten. Der Lübecker Rat hingegen, immer wieder betonend,[1739] zuerst am status quo ante interessiert zu sein, hatte seine Rechte bewahren und bestätigen können. Einen Prozeß, der mit hohen Kosten verbunden gewesen wäre, weiterzuführen, war in dieser Situation nicht mehr sinnvoll.
Sehr wahrscheinlich erscheint, daß sich der Herzog von Sachsen–Lauenburg und der Lübecker Rat schließlich außergerichtlich einigen konnten,[1740] wobei offen bleiben muß, ob der Herzog die drei Durchstiche wieder geschlossen hat, oder der Lübecker Rat diese 'Neue Wasserfahrt' weiterhin zugelassen und damit zur Verlandung der drei Flußbiegungen an der Niederschleuse beigetragen hat.

4.10.3.2 Die Vermeidung von Präjudizien und das außergerichtliche Schiedsverfahren

Die beiden Reichskammergerichtsprozesse, die Hoheitsrechte an der Stecknitz zum Inhalt hatten, verdeutlichen zweierlei: zum einen das Bestreben benachbarter Stände, bereits im prozessualen Vorfeld generell präjudizienvermeidend zu handeln, zum anderen eine ausgeprägte Kompetenz zur Konfliktbewältigung. Letztere – auf der Grundlage vertraglicher Bindungen aus der Zeit des Spätmittelalters – behielt ihre Wirksamkeit und avancierte zur Berechtigung der formaljuristischen Prozeßunterbrechung, de facto der Prozeßbeendigung. Bestätigt der Prozeß um das tote Kind in der Stecknitz diese außergerichtliche, vertraglich manifestierte Konfliktregelung in Verbindung mit dem Bestreben der Präjudizienvermeidung, so verdeutlicht der Prozeß um das „opus novum" an der Stecknitz zum einen die im vorprozessualen Raum bestehenden funktionalen Konfliktbewältigungsmechanismen, die sich hierarchisch ordneten, zum anderen – wie in anderen Prozessen bereits mehrfach beschrieben – die prozessualen Verzögerungstaktiken der am Kammergericht beschäftigten Prokuratoren, die durch lange Kontroversen über

[1739] Vgl. exemplarisch AHL, ASA Interna, Stecknitz 3–4, qdr. 12 (Senatsschreiben vom 17. Mai 1610).

[1740] Vgl. als Indiz für diese Annahme den letzten „completum"–Vermerk vom 4. Februar 1614 sowie den Endvermerk vom 25. Januar 1615 in: AHL, RKG, S 6, Prozeßnebenakte. – S. AHL, ASA Interna, Stecknitz 3–5: Die Streitigkeiten um die Stecknitzrechte drohten 1657 erneut aufzuflammen (qdr. 22), und der Lübecker Rat war „in Erwartung" einer sachsen–lauenburgischen Klage, die eine Erneuerung des Prozesses von 1610 hätte bedeuten können (qdr. 21). Hierzu sah es der Lübecker Rat als erforderlich an, die eigene Prozeßakte zu überprüfen, wobei festgestellt wurde, daß die Akte nicht komplett war (qdr. 21). Erst durch Abschriften der qdr. 14 und 15 der Hauptakte (AHL, RKG, S 6) konnte die Lübecker Akte komplettiert werden.

die Besetzung der Kommission eine zeitliche Streckung des Prozesses erwirkten, die weder im Interesse des Klägers noch des Beklagten lag.[1741]
Die eigentliche Streitschlichtung fand somit nicht vor Gericht statt. Das Gericht bot vielmehr die Plattform zur Auseinandersetzung und stellte sich als Versachlichungsebene dar: Die Schlichtung und Streitbeendigung wurde somit wieder in den regionalen Raum zurückverwiesen, so daß sich die konfliktären Parteien – nunmehr mit versachlichten Argumenten – selbst einigen mußten oder über eine weitere regionale Schlichtungsinstanz geeinigt wurden.[1742]

4.10.3.3 Auseinandersetzungen an der Stecknitz mit dem Herzogtum Mecklenburg

Anders als die Stadt Lübeck besaß der Herzog von Mecklenburg nur geringe Rechte[1743] an der Wasserfahrt zwischen Lauenburg und Lübeck; dennoch lag die Stecknitz im südlichen Teil sowohl aufgrund ihrer Grenzfunktion wie als natürliches und somit zu überbauendes Hindernis der Ost–West–Handelstangente im besonderen Interesse der Herzöge von Mecklenburg.

Im Mai 1598 war ein mit Salz beladenes „Steckelschiff" auf der Stecknitz „zu Grunde gegangen und der Schiffer ersoffen". Mit „Gewalt" hatten Lauenburger Untertanen den Kahn wieder herausgeschifft und als ihr Eigentum deklariert. Nachdem der Sachverhalt, der zum Untergang des Schiffs geführt hatte, geklärt worden war, konnten sich die verhandelnden Räte der beiden Herzogtümer einigen, und die mecklenburgische Seite verzichtete auf die Rückgabe des gesunkenen Schiffs. Der Ausgleich fand sicherlich mit finanziellen Mitteln statt.[1744]

1741 Hillmann, Stecknitz, S. 55.

1742 LAS, Abt. 390, Nr. 222: Reichskammergerichtsprozeß zwischen dem Lübecker Rat und den Brüdern Heinrich und Valentin Daldorf zu Wotersen betreffend einen Überfall letzterer auf die Schleusenhäuser zu Seeburg (Seeberge) und Zienburg (Ziehenburg) sowie die Zertrümmerung mehrerer Fässer Bier. Der Prozeß, der am 20. April 1556 begonnen wurde, endete mit einer außergerichtlichen Einigung: Die Beklagten erkannten die Hoheit des Lübecker Rats über die Schleusenhäuser zu Seeburg und Zienburg an (AHL, Urk. Abt., Sasco–Lauenburgica, Nr. 389 vom 28. Dezember 1559).

1743 LHA, MVP, Landesgrenzsachen, Nr. 916 (Brief vom 23. Juli 1599). Die beiden mecklenburgischen Landsassen Martin Bukow und Joachim Fabian werden in Verbindung mit der Lüdersschleuse benannt, ohne daß auf ihre weitere Stellung eingegangen wurde. Da die Lüdersschleuse ihr Schleusenhaus auf der Mecklenburger Seite hatte, muß davon ausgegangen werden, daß die Schleusenanlage im Besitz oder zumindest in der Verwaltung des Herzogs von Mecklenburg war. Ferner wird der mecklenburgische Untertan Michael Lüders benannt, der bis 1598 Wärteraufgaben an der Schleuse wahrgenommen hat.

1744 LHA, MVP, Landesgrenzsachen, Nr. 916, fol. 144v.

Am 23. Juli 1599 teilten zwei mecklenburgische Landsassen ihrem Herzog mit, daß Franz II. im Bereich der Lüdersschleuse eine „ungewohnliche Zoghbrügge“ über die Stecknitz und eine „Neue Brügge über den Umblauf aus der Stecknitze“ (= Schleusenumlauf, J.H.) hatte bauen lassen.[1745] Letztere diente außerdem als Zollstelle. Nun fügte sich das Gesamtbild für den mecklenburgischen Herzog zusammen: Hatte der Lauenburger Herzog zunächst auf seiner Seite ein neues Schleusenwärterhaus errichten lassen, so waren nun zwei neue Brücken entstanden, die in Verbindung mit einem aufgeworfenen Wegedamm auf einem zu Lauenburg gehörenden Acker – allerdings auf der mecklenburgischen Seite der Stecknitz – den Warenweg dahingehend verändert hatten, daß das mecklenburgische Dorf Tesendorf damit vom bisherigen Warenverkehr ausgeschlossen wurde.[1746] Herzog Ulrich ergriff sofort Gegenmaßnahmen und gab am 29. Juli 1599 die Anweisung, die Brücke über die Schleusenumfahrung, die zur „Besserung der Kaufmannschaft“ errichtet worden war,[1747] „zu demolieren und abzureißen“.[1748] Die regionalbegrenzten Konfliktregulierungs–mechanismen wurden in Gang gesetzt: Räte der beiden Herzogtümer traten in Verhandlungen, denen durch kleine, gezielte, gewaltsame Eingriffe beider Seiten der entsprechende Nachdruck zu verleihen versucht wurde,[1749] und die beiden Landesherren beklagten sich gegenseitig, ursächlich Schuld an diesen Vorfällen zu tragen.[1750]
Die Situation eskalierte, so daß der folgende Vorfall aus dem Jahr 1600 in die Kategorie der Auseinandersetzungen um neuerrichtete Zollstationen gehört, nachdem regionalbegrenzte Vermittlungsversuche und ein kaiserliches Schlichtungsunternehmen[1751] im Vorfeld bereits gescheitert waren. Im November 1600 wurde der Fall vor dem Reichskammergericht rechtsanhängig:
Herzog Ulrich von Mecklenburg trat supplizierend vor das Reichskammergericht, da der Herzog von Sachsen–Lauenburg am 19. April 1600 einerseits einen Schlagbaum auf mecklenburgischem Territorium beim Dorf Bahlen hatte zerschlagen und das daran befindliche Schloß zuvor hatte aufbrechen,[1752] andererseits auf der lauenburgischen Seite bei der

---

1745 LHA, MVP, Landesgrenzsachen, Nr. 916 (Brief vom 23. Juli 1599), fol. 1ʳ.
1746 LHA, MVP, Landesgrenzsachen, Nr. 916 (Brief vom 23. Juli 1599), fol. 1ᵛ.
1747 LHA, MVP, Landesgrenzsachen, Nr. 916 (Brief von Herzog Franz II. vom 20. Juli 1599), fol. 13ʳ.
1748 LHA, MVP, Landesgrenzsachen, Nr. 916 (Anweisung vom 29. Juli 1599), fol. 4ᵛ.
1749 LHA, MVP, Landesgrenzsachen, Nr. 916 (Schriftwechsel bis 30. Dezember 1599), exemplarisch fol. 102.
1750 LHA, MVP, Landesgrenzsachen, Nr. 916 (Brief vom 16. April 1600), fol. 105ᵛ.
1751 ÖsterrHHStA, RHR, Judiziale Miscellanea, Fasc. 2.
1752 LAS, Abt., 390, Nr. 270, qdr. 1, fol. 2ʳ. S. LHA, MVP, Landesgrenzsachen, Nr. 932: Praktischerweise hatten die Lauenburger Untertanen den Schlagbaum (respektive die Reste hiervon) mitgenommen.

Dükerschleuse einen neuen Zoll hatte errichten lassen.[1753] Mit einem Mandat vom 3. September 1600 wurde Herzog Franz II. bei Poen von acht MlötG aufgefordert, den ursprünglichen Zustand wiederherzustellen und den entstandenen Schaden zu begleichen.[1754] Die Verteidigung wies darauf hin, daß es sich keineswegs um einen neuen Zoll handelte, sondern um eine Wegegeldentschädigung, da der Herzog von Sachsen–Lauenburg an dem Weg in Richtung Mecklenburg umfangreiche Ausbesserungsarbeiten hatte vornehmen lassen, um den Handelsweg ins Mecklenburgische zu verbessern. Dazu war ein Damm gebaut worden, auf dem nunmehr ein trockener Weg verlief.[1755] Der Rechtsanwalt argumentierte weiter, daß der Herzog von Mecklenburg seinen Pflichten zum Straßenerhalt und zur Aufrechterhaltung funktionsfähiger Handelswege nicht nachgekommen sei und führte als Beispiel an, daß die Herzogsgemahlin – auf dem Rückweg vom Amt Neuhaus im Winter 1597 – mit ihrer Kutsche durch das morsche Geländer einer Brücke gebrochen sei und sich dabei erhebliche gesundheitliche Schäden zugezogen habe.[1756] Daraufhin habe Herzog Franz auf eigene Kosten eine neue Brücke bei Bauerstede errichten lassen, ohne diese mit neuen Abgaben zu versehen.[1757] Diese Entgegnung hinsichtlich der einerseits nicht erhobenen temporären Kostenbeteiligung an der Brücke zu Bauerstede und andererseits geforderten an der des neuen Damms, welche nur zur Kostendeckung verlangt werde und nicht als Zoll zu verstehen sei, entkräftete den ersten Vorwurf des mecklenburgischen Herzogs. Hinsichtlich des aufgebrochenen Schlagbaums und des zerstörten Schlosses verwies Herzog Franz II. auf einen im Vorfeld des Prozesses erfolgten Briefwechsel:[1758] Wiederum war die Herzogsgemahlin auf dem Rückweg aus dem Amt Neuhaus, um sich in das „gewöhnliche fürstliche Hoflager näher der Lauenburg" zu begeben, als sie bei der Einreise in das Herzogtum einen sonst offenen Schlagbaum verschlossen vorfand. Sie ließ daraufhin das Schloß aufbrechen und den Schlagbaum öffnen. Von einem

---

[1753] LAS, Abt. 390, Nr. 270, qdr. 1, fol. 2^{r} (Reichskammergerichtsprozeß in Sachen Herzog Ulrich von Mecklenburg contra Herzog Franz von Sachsen–Lauenburg betreffend die unbefugte Anlage eines neuen Zolls auf der Stecknitz).

[1754] LAS, Abt. 390, Nr. 270, qdr. 1. – Auch in: LHA, MVP, Landesgrenzsachen, Nr. 932.

[1755] LAS, Abt. 390, Nr. 270, qdr. 4, fol. 3^{v}.

[1756] LAS, Abt. 390, Nr. 270, qdr. 4, fol. 4^{r}. – LHA, MVP, Landesgrenzsachen, Nr. 933: Im Jahr 1668 ereignete sich an der Dükerschleuse ein ähnlicher Unfall: Hier war ein Mann in der Stecknitz ertrunken, nachdem er einen morschen Steg betreten hatte, der dann unter ihm zerbrochen war.

[1757] LAS, Abt. 390, Nr. 270, qdr. 4, fol. 4^{v}; qdr. 5, lit. A und qdr. 6, lit. B: Schreiben über diese Baumaßnahmen von Herzog Franz II. an Herzog Ulrich vom 7. September 1599 und vom 22. September 1599.

[1758] LAS, Abt. 390, Nr. 270, qdr. 7, lit. C: Herzog Franz versucht, Herzog Ulrich die näheren Umstände zu erklären, datiert vom 19. Mai 1600. Hierzu die entgegnende Stellungnahme Ulrichs von Ende Mai 1600 in qdr. 8, lit. D.

tätlichen Einfall in diesem Zusammenhang zu sprechen, erschien dem lauenburgischen Rechtsanwalt nicht schlüssig.[1759]

Der Prozeß vor dem Reichskammergericht, der am 24. November 1600 offiziell rechtsanhängig geworden war, zog nach dem ersten Gerichtstag keine weiteren Prozeßhandlungen nach sich[1760] und wurde schließlich am 9. November 1604 mittels eines Bescheides abgeschlagen.[1761] Durch Vermittlung Bischof Carls von Ratzeburg, des Herzogs von Mecklenburg, in Absprache mit Markgraf Friedrich, dem Kurfürsten von Brandenburg, konnte eine gütliche Einigung vorangetrieben werden, die ihren Abschluß – so die Indizien – in der Rückgabe des Schlagbaums durch Herzog Franz II. fand.[1762] Dies war jedoch nicht die Intention des Prozesses, so die Vermittler: Die Restitution des Schlagbaums stand im Hintergrund, lediglich die Reputation war hier von Bedeutung.[1763]

Mit dieser Aussage wird ein neues Betrachtungsfeld zur Wirksamkeit und Ursächlichkeit von Reichskammergerichtsprozessen beschritten, welches mit Hilfe der Quellen nur schwer zu fassen ist, sofern nicht – wie in diesem Fall – die Schriftlichkeit derartige Beweggründe der Prozeßparteien offenkundig belegt. Schwingt in der Interpretation latent der Verdacht mit, daß Prozesse um des Prestiges und der Reputation willen geführt worden sind, so fehlen die quellengestützten Belege. In der Gesamtbewertung der Gründe, die Streitparteien veranlaßten, einen Rechtsstreit zu führen, muß diese Kategorie als verdeckte Ursache präsent bleiben. Dieser Prozeß vor dem Reichskammergericht verdeutlicht die enge Verknüpfung zwischen den Ereignissen im vorprozessualen Raum und dem rechtsanhängigen ursächlichen Streitgegenstand. Auf der anderen Seite wird die Diskrepanz zwischen Möglichkeit und Ausführung dokumentiert: Die Ereignisse, die eine Klage vor dem Reichskammergericht als Rechtsgegenstand beschleunigten, wurden nicht argumentativ so genutzt, wie es zunächst hätte erwartet werden können.

[1759] LAS, Abt. 390, Nr. 270, qdr. 4, fol. 6^{v}. Eine gleichlautende Schilderung der Vorfälle gab auch der Hauptmann zu Boi[t]zenburg (LHA, MVP, Landesgrenzsachen, Nr. 931, fol. 3–5). – S. ebenda, fol. 7^{v}.

[1760] LAS, Abt. 390, Nr. 270, Prozeßnebenakte: Die Prozeßakte wurde am 10. Februar 1604 geschlossen. – LHA, MVP, Landesgrenzsachen, Nr. 932, Aktenvermerk aus dem Jahr 1608: Im Zuge weitangelegter Grenzverhandlungen zwischen Mecklenburg und Sachsen–Lauenburg wurde dieser Streitpunkt mit einem Kompromiß beigelegt.

[1761] LHA, MVP, Landesgrenzsachen, Nr. 932, Bescheid vom 9. November 1604.

[1762] LHA, MVP, Landesgrenzsachen, Nr. 931, letztes, unnumeriertes qdr. (Schreiben vom 24. November 1600).

[1763] LHA, MVP, Landesgrenzsachen, Nr. 931, lose inliegend im letzten, unnumerierten qdr. (Schreiben vom 16. Dezember 1600).

Die Überlieferungslage gibt ansonsten nur in begrenztem Maß Aufschlüsse über die Streitigkeiten, die sich an Zollstationen oder auf Handelswegen ereigneten und auf friedlichem Wege beigelegt werden konnten.[1764]

4.10.4 Aspekte lauenburgischer Zollpolitik

Ziel dieses Exkurses sollte es sein, Aspekte herauszuarbeiten, die klären konnten, wo neben dem auslösenden Moment der Rechtsauseinandersetzung nach Raum, Zeit und Inhalt vor allem die Ursachen für Streitigkeiten zu finden sind.

Es muß folgendes als augenfällig herausgestellt werden: Die Herzöge von Sachsen–Lauenburg waren in die 'großen' Prozesse um das Hamburger Stapelrecht, die das Reichskammergericht seit Mitte des 16. Jahrhunderts

---

[1764] Vgl. Hinweise in LAS, Abt. 390, Nr. 287: Vor 1527 war es wiederholt zu Übergriffen auf Kaufleute gekommen, die zum Stift von Münster gehörten. Die Beschwerden reichten von der Beschlagnahme von Handelsgut über die unberechtigte Gefangennahme von Kaufleuten bis zur Einforderung überhöhter und zusätzlicher Zölle. – NdsHStA, Celle Br. 103, Nr. 87, Schreiben des Lüneburger Rats vom 15. August 1583 (lit. A gekennzeichnet). Der Lüneburger Rat beschwerte sich über erneute Zollerhöhungen im Jahr 1583 bei Herzog Franz II., nachdem die Zölle bereits im Jahr 1574 erhöht worden waren. – LAS, Abt. 210, Nr. 1061 und LAS, Abt. 7, Nr. 1303 bezüglich der Irrungen zwischen Herzog Franz II. und Graf Johann Adolf von Holstein betreffend eine neue Brücke über die Bille bei der Kuddewörder Mühle und die Einführung eines neuen Zolls an dieser Brücke im Jahr 1600. Die Streitigkeiten konnten in der Zeit vom 22. Mai bis zum 13. Juni 1600 auf friedlichem Wege beigelegt werden: Graf Johann Adolf ließ die Brücke auf seiner halben Flußseite wieder abbauen und berief sich dabei auf die Vorgehensweise der Vorväter, die sich auch in der Mitte der Bille – auf Brettern stehend – dahingehend geeinigt hätten, daß der Grenzverlauf inmitten des Flusses verliefe. Dieser Grenzakt war damals mit einem Handschlag besiegelt worden, so daß nunmehr ihm (Graf Johann Adolf) das Recht zustehe, die halbe Brücke abzubauen. Ferner habe Graf Adolf durch seinen Reinbeker Amtmann Jost Warendorf einen holsteinischen Schlagbaum vor den lauenburgischen setzen lassen. Schließlich einigten sich die beiden Fürsten gütlich „zu erhaltung bestendigen guten nachbarlichen freundtlichen willens"(LAS, Abt. 7, Nr. 1303, Brief vom 11. Juni 1600). Graf Adolf ließ den Schlagbaum wieder entfernen, und Herzog Franz II. durfte die Brücke wieder aufbauen lassen. Inwieweit sich die beiden Fürsten hinsichtlich des neuen Zolls einigten, war den Quellen nicht zu entnehmen. – S. NdsHStA, Celle Br. 104a, Nr. 42 zu Auseinandersetzungen hinsichtlich der Wegnahme eines Schiffes auf der Elbe durch den Drost von Bleckede in den Jahren 1613–1615. Festzuhalten bleibt, daß alle Streitigkeiten, die als Auseinandersetzungen in erster oder zweiter Instanz vor dem Reichskammergericht verhandelt wurden, an dieser Stelle erfaßt worden sind. Einzige Ausnahme bildet der Prozeß um die neuen Zölle zu Wentorf und Pötrau, der mit einem Urteil im Jahr 1601 beendet worden sein soll. – Außer dem Hinweis in LAS, Abt. 390, Nr. 237 I, qdr. 2, fol. 2^v–3^r liegen keine weiteren Hinweise auf einen solchen Prozeß vor.

beschäftigten, nicht verwickelt.[1765] In diesem Zusammenhang wurde die Elbkarte Melchior Lorichs im Jahr 1568 hergestellt und eine Gegenkarte der Stadt Lüneburg im Jahr 1555.[1766]
Erklärt werden kann dieser Umstand durch den Charakter des lauenburgischen Handels, der nicht export– oder importorientiert war, sondern lediglich den Charakter einer 'Zwischenstation des Handels' aufwies.
Festzuhalten bleibt weiterhin, daß im Herzogtum Sachsen–Lauenburg des 16. Jahrhunderts unter den Herzögen Magnus I. und Franz I. kein einheitliches Zollsystem nachgewiesen werden kann. Es muß davon ausgegangen werden, daß ein fast unverändertes Zollgeld an den genannten Zollstationen bis 1574 bestand.[1767] Herzog Franz I. unternahm mit der Publikation der im Herzogtum Sachsen–Lauenburg „aufgerichteten Zölle" am 1. September 1579 erste Versuche, diesem Mißstand entgegenzuwirken, nachdem er den Regelungsbedarf aufgrund etablierter Reichsmaßnahmen (kaiserliche Münzordnungen von 1551 und 1571,[1768] Vereinheitlichungstendenzen bei Währungen, Wechselkursen, Maßen und Gewichten) erkannt hatte.[1769] Aber erst die Bemühungen Herzog Franz′ II., ein Zollsystem zu etablieren, waren erfolgreicher, stießen aber auf den erbitterten Widerstand seiner Territorialnachbarn: Die Abkehr von Gewohnheitsrechten[1770] und die Hinwendung zu einem vereinheitlichten System, welches nach inflationären Gesichtspunkten angepaßt wurde und dem veränderten Handelsaufkommen

---

[1765] NdsStA, Stade, Rep. 27, H 744, H 745, H 747 und H 751. – StAH, H 11 (vereinigt mit der Akte H 11a): Reichskammergerichtsprozeß in Sachen Rat der Stadt Hamburg contra die Städte Stade, Buxtehude, Harburg, Lauenburg und Bleckede betreffend die Bekanntmachung der von Kaiser Karl V. 1550 gegebenen Bestätigung der Stapelrechte der Stadt Hamburg. Mit diesem Prozeß vor dem Reichskammergericht vom 26. Februar 1554 bis zum 5. März 1554 wurde das von Kaiser Karl V. 1550 verliehene Privileg bestätigt. Dieser Prozeß muß als Ausgangspunkt der sich anschließenden Auseinandersetzungen vor Gericht gewertet werden; war die Stadt Lauenburg in dem hier vorliegenden Prozeß noch beklagt, so spielten weder die Stadt noch die Herzöge in den sich anschließenden Prozessen eine Rolle. Die Initiative zu diesen Prozessen ging von den übrigen Elbanrainern aus. Die Rolle der Stadt Lauenburg in dem im Jahr 1554 vom Hamburger Rat geführten Prozeß erstreckte sich ausschließlich auf die funktionale Rolle Lauenburgs als Inhaber von Zollgerechtigkeiten an der Elbe.

[1766] Die Elbkarte Lorichs′ wird im Hamburger Staatsarchiv verwahrt, die Gegenkarte Lüneburgs – diesen Hinweis verdanke ich Herrn Prof. Dr. Postel – im Museum für Hamburgische Geschichte in Hamburg.

[1767] Hinweis auf Zollerhöhungen in NdsHStA, Celle Br. 103, Nr. 87, Schreiben des Lüneburger Rats vom 15. August 1583 (lit. A gekennzeichnet).

[1768] Emil Waschinski: Währung, Preisentwicklung und Kaufkraft des Geldes in Schleswig–Holstein von 1226–1864; [= Quellen und Forschungen zur Geschichte Schleswig–Holsteins, 26]; Neumünster 1952 (künftig zitiert: Waschinski, Währung), S. 24f.

[1769] LAS, Abt. 390, Nr. 261, qdr. 1, fol. 2^r. – NdsHStA, Celle Br. 104a, Nr. 161.

[1770] Exemplarisch LAS, Abt. 390, Nr. 261, qdr. 4, fol. 5^r.

sowie der neuen territorialen Situation Rechnung trug, sorgten für die Beunruhigung der Territorialnachbarn, die von ihren jahrzehntelangen Vorzügen nunmehr Abstand nehmen mußten[1771] und sich seit 1610 mit einer einheitlichen Zollpolitik Lauenburgs auseinanderzusetzen hatten. Besonders betroffen waren hiervon die Städte Hamburg und Lübeck – die „Fürsten gleichen Standes" aus Mecklenburg, Holstein oder Braunschweig–Lüneburg schienen die Zollpolitik ob ihrer vergleichbaren Situation zu unterstützen oder über andere konfliktvermindernde Regelungsinstrumente zu verfügen als die Städte.[1772] Herzog Franz II. dokumentierte durch sein verstärktes Interesse an Handels– und Zollfragen, daß er als Landesherr die zunehmende wirtschaftliche Bedeutung des Handels für sein Territorium erkannt hatte und band dieses neue Selbstverständnis in sein landesherrliches Gesamtverständnis ein. Dies kann als weiteres Indiz für ein wachsendes Emanzipationsbemühen des lauenburgischen Herzogs gewertet werden, der sich nicht scheute, Rechtsauseinandersetzungen zu begegnen, die die wirtschaftliche Grundlage seines Territoriums verbessern sollten.

Die Regulierung der Streitigkeiten im regionalen Bereich stand für das Reichskammergericht in den in diesem Exkurs dargestellten, kategoriell unterschiedenen Prozessen im Vordergrund. Der Einführung eines vereinheitlichenden Gebührensystems setzte das Gericht nichts entgegen und betonte – der Ordnung folgend – den unterordnenden Charakter seines Handelns gegenüber dem regionalbegrenzten Gestaltungsraum der Landesherren; hinsichtlich des Einschreitens als formaljuristischem Regulativ zur Beilegung von gewaltsamen Übergriffen leitete die formale Mandatsübersendung bereits einen wirkungsvollen Schritt zur Beilegung der Streitigkeiten ein und erzwang so Möglichkeiten der außergerichtlichen

---

[1771] LAS, Abt. 390, Nr. 239, qdr. 5 oder die gleichlautende Abschrift in LAS, Abt. 210, Nr. 1890, exceptiones vom 6. Juli 1610 des Prokurators Dr. Reinhardt. – Vgl. die abweichende Beurteilung in dem pro–hamburgisch geprägten Aufsatz : Becker, Irrungen, S. 18–22. Der Aufsatz weist keine zitierten Stellen aus. Nach Beckers Quellenangabe wurden Akten des Amtsarchivs Bergedorf und Lübecker Akten (Dreyersche Registratur) genutzt, wohingegen die Akten des Reichskammergerichts, auf die in seinem Text Bezug genommen wird, nicht als Quelle angeführt werden.

[1772] Eine Untersuchung hinsichtlich der Zollpolitik der benachbarten Territorialfürsten und ihres Verhältnisses gegenüber den Städten Hamburg und Lübeck könnte in diesem Zusammenhang weitere Erkenntnisse bringen. Hingewiesen werden muß auf einen Zwischenfall im Jahr 1614 auf der Elbe in Höhe Bleckede. Das Schiff von Fritz von dem Berge wurde auf der Elbe von dem Amtmann von Bleckede beschlagnahmt, und die Waren wurden ihm abgenommen (103 Wispel Gerste, mehrere Fässer Bier und ½ Partie Laken). Erst nach vermittelnden Ausgleichsgesprächen durch beauftragte Räte konnten sich die Streitparteien einigen. Im Verlauf der Gespräche wurde deutlich, daß der Amtmann von Bleckede mit der Zollregelung nach Lauenburger Vorschriften nicht einverstanden war und aus diesem Grunde die Abgabenleistung zur Einfuhr den braunschweigisch–lüneburgischen selbständig angepaßt hatte.

Einigung, die sich vor allem in Fragen der finanziellen Entschädigung – ab einem bestimmten Streitwert – als schwierig und langwierig darstellte.
Die Auseinandersetzungen um das strittige Strandrecht vor dem Land Hadeln, welches zu jahrelangen Rechtsstreitigkeiten geführt hatte, erfuhren eine überaus pragmatische Lösung. Die Verbesserung und der Ausbau des Betonnungssystems auf der Elbe, welches vom Rat der Stadt Hamburg durchgesetzt worden war, verminderten zum Ende des 16. Jahrhunderts die Möglichkeiten des Strandens auf der Otterndorfer Sandbank und lösten so das ursächliche Problem mit technischen Mitteln.

Das Herzogtum SACHSEN-LAUENBURG um 1500

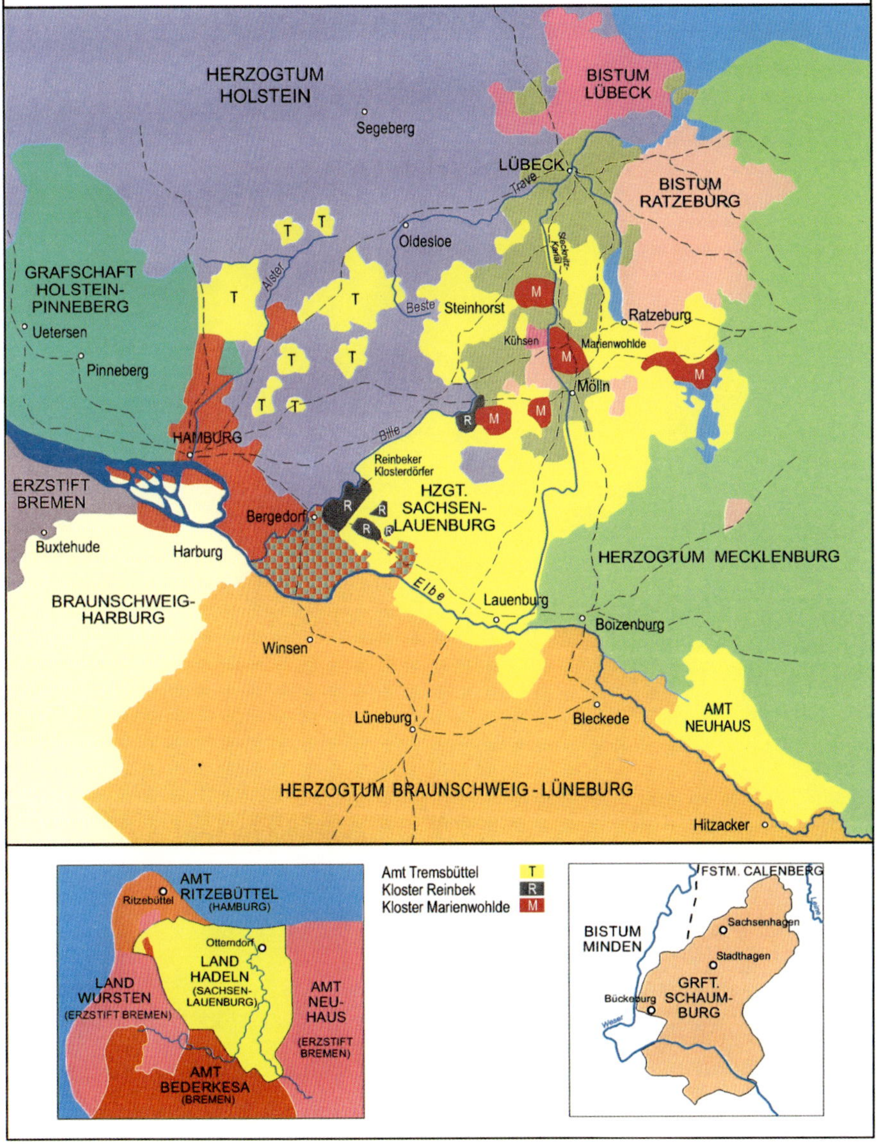

Karte 1

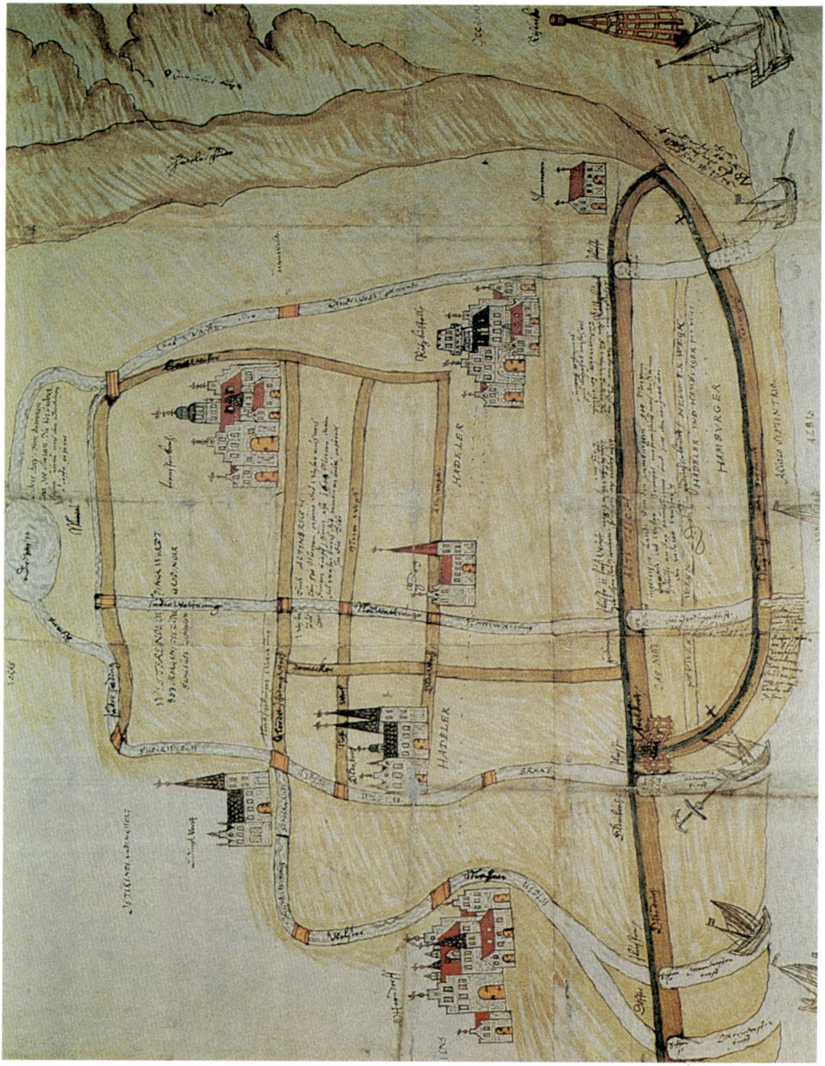

Abbildung 5

Abbildung 6

Abbildung 7

NORDEN
DVVENSER FELT
DVVENSE
SASSEN
OSTEN
NVSSE
SVDEN
WESTEN

Abbildung 8

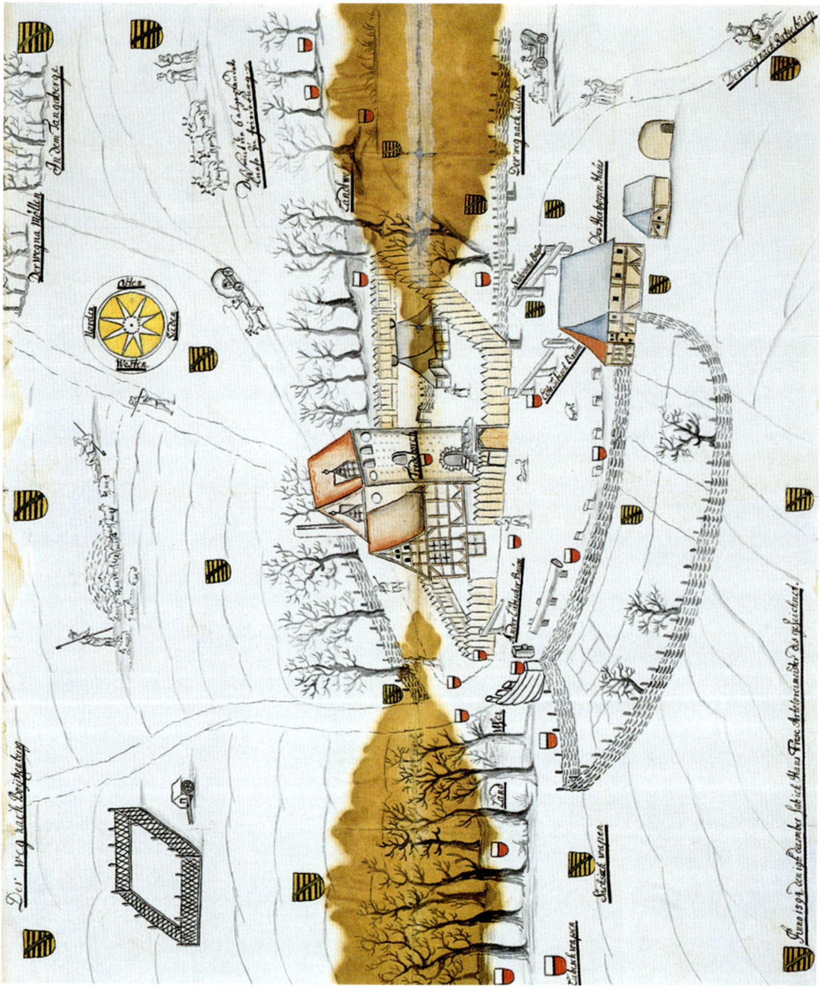

Abbildung 9

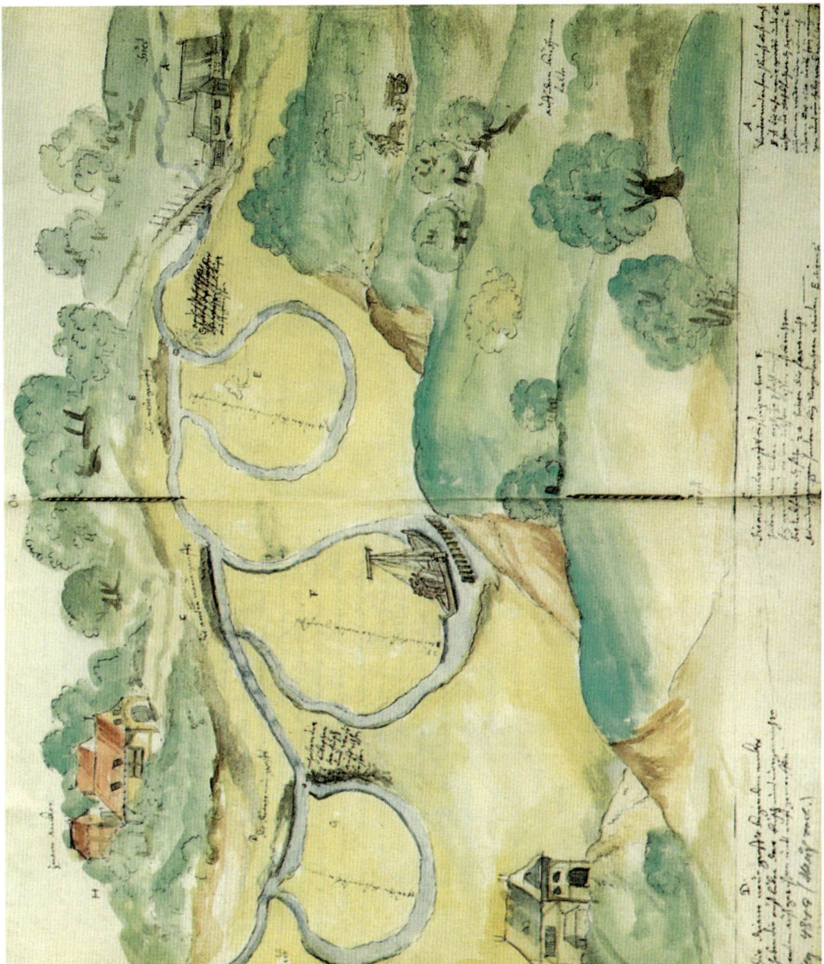

Abbildung 10

Das Herzogtum SACHSEN-LAUENBURG um 1619

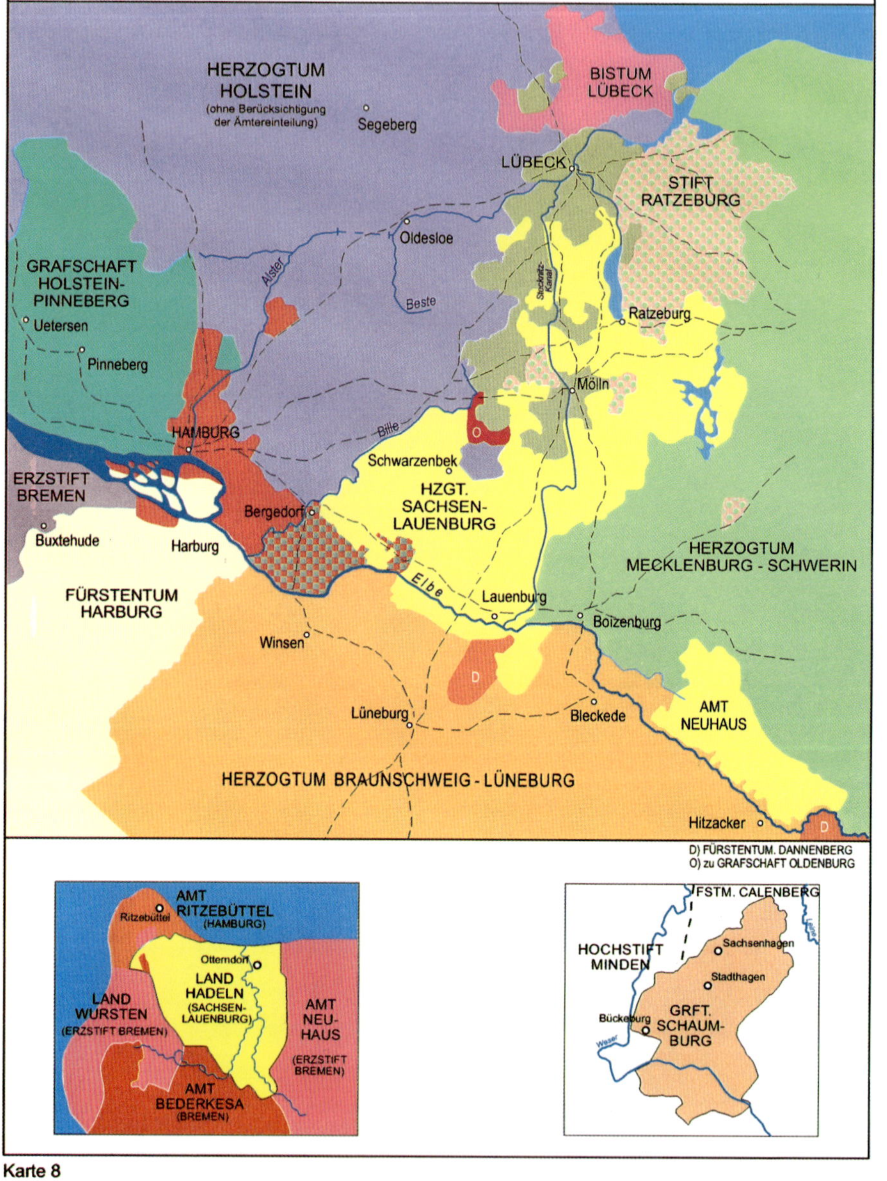

Karte 8

Karte 1:

Das Herzogtum Sachsen–Lauenburg um 1500.

Abbildung 5:

Prozeßkarte[1773] des Amts Ritzebüttel und des angrenzenden Teils des Landes Hadeln und seiner Ortschaften (mit Ansichten der Schlösser Ritzebüttel und Otterndorf, der Franzenburg und der Kirchen). Einem Vermerk auf der Rückseite zufolge (aus RKG–Akte KI. V, lit. A, Nr. 8: Altenbruch und Lüdingworth contra Hamburg 1618–1619) handelt es sich um einen Reichskammergerichtsprozeß der Schultheißen Heinrich beim Graben und Klaus von der Menden als Schultheißen der Kirchspiele Altenbruch und Lüdingworth im Land Hadeln gegen den Rat der Stadt Hamburg.[1774] Der Ursprung der Karte kann auf den 17. April 1618 datiert werden.[1775] Eine instrumentalisierte Urkunde gibt Aufschluß darüber, daß an diesem Tag niedersächsische Räte und der verordnete niedersächsische Gräfe sowie die Schultheißen zu Altenbruch und Lüdingworth in Anwesenheit von Hamburger Ratsleuten und des mit dem Deichbau betrauten Direktors, des Deichgrafen Jan–Klaus Niemeyer, eine Inaugenscheinnahme vorgenommen haben, um zukünftige Deichbaumaßnahmen zu besprechen und die Irrungen, die aus den durch Hamburger Deichbegradigungsmaßnahmen entstandenen Überschwemmungen hervorgegangen waren, beizulegen.[1776]

Abbildung 6:

Von der Beklagtenpartei am 14. Oktober 1528 im Zusammenhang mit einer Petitio in den Prozeß eingebrachte Rundkarte[1777] als Beweismittel der territorialen Zugehörigkeit des Alster–Beste–Trave–Kanals zu Holstein;[1778] sie wurde am 21. Oktober 1528 zu den Prozeßakten genommen.

1773 StAH, Kartenabteilung 145–01/161.91.

1774 StAH, RKG, A 8.

1775 StAH, RKG, A 8, qdr. 1, fol. 4v: Hinweis auf das Bild.

1776 RAK, T.K.U.A., Rigskredsene, Nedersachsische Kredsakter A–B–C, 1543–1766, lit. Nr. 5 vom 17. April 1618.

1777 Die Prozeßkarte ist in zwei Ausfertigungen erhalten: LAS, Abt. 402 B III, Nr. 299; LAS, Abt. 390, Nr. 438, fol. 176–179.

1778 Vgl. Kurt Hector: Eine Karte über den Alster–Trave–Kanal aus dem Jahr 1528; in: Jb. Segeberg 1961, S. 32–34. Prange, Prozeßkarten, S. 15ff. Reimer Witt: Die Anfänge von Kartographie und Topographie Schleswig–Holsteins 1475 – 1652; Heide 1982 (künftig zitiert: Witt, Kartographie), S. 18ff. Ulrich Bärwald: Sülfeld und der Alster–Trave–Kanal. Zur Restaurierung eines wassergebundenen Handelsweges; in: Jb.Alsterverein 1993, S. 13. Opitz, Schleswig–Holstein, S. 164. Stolz: Kleine Kanalgeschichte, S. 61. Hillmann,

Die Karte wurde nach mittelalterlichem Vorbild im Rundformat (ostgerichtet) erstellt. Sie konnte durch die Wahl des Darstellungsmittels (TO–Karte) als versteckte 'Anmaßung' der beiden Hansestädte verstanden werden.
Der grüne Bereich stellt den Besitz der Städte Hamburg, Lübeck und des Herzogtums Holstein dar, wohingegen der braune Bereich die Besitzungen des Herzogs von Sachsen–Lauenburg verdeutlicht. Bilden die Städte Hamburg und Lübeck den West– und Ostpunkt der Karte, wird das Herzogtum Sachsen–Lauenburg an den südlichen Rand gedrängt. Deutlich erkennbar ist der Verlauf der Elbe, der des Grenzflusses Bille sowie der des Stecknitzkanals, welcher Lauenburg/ Elbe über Mölln mit Lübeck verband.
Der Verlauf der Alster (ohne Zufluß zur Elbe !), die strittige Kanalstrecke, die Beste und die Trave sind weit in holsteinisches Gebiet gezeichnet worden; das Amt Tremsbüttel wurde auf der Karte nicht dargestellt.
Anhand bisher nicht berücksichtigter Quellen konnte nachgewiesen werden, daß die Karte im Jahr 1526 von Hamburg bezahlt und der Stadt Lübeck zu einem späteren Zeitpunkt anteilmäßig in Rechnung gestellt wurde.[1779] Herkunftsort sowie der Name des Zeichners sind unbekannt.

Abbildung 7:

Das Bild des Malers Daniel Frese[1780] stützt die Klagepunkte der Stadt Lübeck, da die abgepfändeten Netze eindeutig auf lübischem Grund und Boden verzeichnet wurden. Weitere flankierende Wirkung hatten die Aussagen von Linauer und Wentorfer Bauern, die Lübecks Klagen bestätigten. Besonderes Gewicht kam diesen Zeugen deshalb zu, weil sie die Ereignisse persönlich vor Ort verfolgt hatten und deswegen glaubwürdig waren. Gewisse Ungenauigkeiten des Bildes sind hinreichend von Wolfgang Prange besprochen worden.[1781]

Abbildung 8:

Die Karte des Malers Daniel Frese[1782] aus dem Jahr 1577[1783] ist das Ergebnis der Inaugenscheinnahme durch die Kommission und wurde dem Reichskammergericht zusammen mit dem Rotul als Entscheidungshilfe

---

Alster–Beste–Trave–Kanal, Beschreibung der Rundkarte auf der Innenseite des Jb.Alsterverein 1997.

1779 AHL, AH, Vol. IV, Nr. 18157, Rechnungsunterlage, S. 5: „vor etliche gemelte darinne de situation des gravens und des furstenthomes gemacht ... 8 Pf 4 ß."

1780 LAS, Abt. 402 B IV, Nr. 96.

1781 Prange, Prozeßkarten, S. 19. Dort auch weitere Literaturangaben (S. 19, Fn. 5). Vgl. Witt, Kartographie, S. 27ff.

1782 LAS, Abt. 402 B IV, Nr. 97.

1783 Prange, Prozeßkarten, S. 22f. Dort auch (Fn. 13) weitere Literaturangaben.

übersandt. Im Vergleich zu der von Frese im Vorjahr erstellten Karte bietet die hier vorliegende Karte eine größere Detailgenauigkeit, auf die Wolfgang Prange und Reimer Witt bereits hingewiesen haben.[1784]

Abbildung 9:

Der Abriß[1785] zeigt das Ergebnis einer Inaugenscheinnahme durch die Kommission vom 19. Januar 1594 im betroffenen Gebiet; die Kommission hatte sich dem Druck Lübecks gebeugt und die Erstellung einer Zeichnung zugelassen. Lübeck beauftragte den Artilleriemeister und „Abreißer" Hans Frese mit der Erstellung dieses Abrisses, der zeichnerisch – wie Wolfgang Prange festgestellt hat – „kein Meisterstück" ist. Die Karte wurde zusammen mit dem Zeugen– und inkorporierten Urkundenrotul dem Reichskammergericht zugeleitet. Die von Frese angefertigte Zeichnung verdeutlichte den Rechtsbruch der Lübecker, die auf sächsischem Gebiet ihr Vieh hatten weiden lassen. Darum ging es jedoch weniger; vielmehr bewies die Karte, daß die Lauenburger einen Schlagbaum vor dem der Lübecker aufgebaut hatten. Anhand dieser Tatsache sollte der Rechtsbruch verdeutlicht werden.[1786] Die Zeichnung verfehlte allerdings ihre Wirkung für Lübeck und bestätigte die Angaben des lauenburgischen Anwalts.

Abbildung 10:

Am 20. Mai 1610 von Jürgen Stache angefertigter Abriß[1787] des strittigen Gebiets. Deutlich erkennbar sind die drei von Lauenburger Seite ausgeführten Durchstiche, die als „neuge graven" bezeichnet werden, und die in Höhe des dritten Durchstichs von den Lübeckern entfernten Aufdämmungen. Besonders deutlich ist die von Lübecker Handwerkern errichtete Befestigungswand zu erkennen, die von Bord eines Schiffes mit einer Ramme befestigt wird. Mit dieser Zeichnung liegt zudem eine zeitgenössische Darstellung eines Steckelschiffes aus dem frühen 17. Jahrhundert vor.[1788]

Karte 2:

Das Herzogtum Sachsen–Lauenburg um 1619.

1784 S. die detaillierte Kartenschilderung bei Prange, Prozeßkarten, S. 22f. Witt, Karthographie, S. 31f.

1785 LAS, Abt. 402 B IV, Nr. 105.

1786 Vgl. Prange, Prozeßkarten, S. 25. Vgl. irrig hinsichtlich des Verbleibs des Originals: Witt, Kartographie, S. 31.

1787 AHL, RKG, S 6, qdr. 4, lit. B (eingearbeitet in das gebundene Beweismittel).

1788 Vgl. Müller, Stecknitzfahrt, S. 44ff.

4.11 Übersicht über die Prozesse, an denen die Herzöge von Sachsen-Lauenburg vor dem Reichskammergericht beteiligt waren

Für den Beobachtungszeitraum dieser Untersuchung lassen sich kategoriell folgende von den Herzögen von Sachsen-Lauenburg geführten Prozesse vor dem Reichskammergericht feststellen:

(Alle Prozesse, welche einen territorialpolitischen Hintergrund aufweisen, wurden mit einem * gekennzeichnet.)

(Die Prozesse der Herzöge von Sachsen-Lauenburg, die vor dem Reichshofrat geführt wurden, sind *kursiv* geschrieben.)

Zitationsprozesse mit dem Tatbestand des Landfriedensbruchs:

1524-1567 (NdsStA, Stade, S 86)	contra Ebf. von Bremen (Land Wursten)*
1531-1532 (AHL, RKG, B 84)	contra Stadt Lübeck (Straßenraub durch den Vogt von Mölln)*
1559-1561 (NdsStA, Stade, Rep. 27, S 70)	contra Hzg. von Braunschweig-Lüneburg (Land Hadeln)*
1559-1613 (AHL, RKG, S 1)	contra Stadt Lübeck (Kloster Marienwohlde)*
1565-1581 (AHL, RKG, S 2)	contra Stadt Lübeck (Festnahme zweier Schweden bei Fredeburg)*
1572-1574 (LAS, Abt. 210, Nr. 1119)	contra Friedrich Brockdorff (Steinhorst)*
1608-1612 (NdsStA, Stade, Rep. 27, S 87)	contra Ebf. von Bremen (Kirchspiel Odisheim)*
1609-1610 (NdsStA, Stade, Rep. 27, S 88)	contra Ebf. von Bremen (Kirchspiel Odisheim)*
1610-1613 (NdsStA, Stade, Rep. 27, S 89)	contra Ebf. von Bremen (Kirchspiel Steinau)*
1611-1612 (NdsStA, Stade, Rep. 27, S 90)	contra Ebf. von Bremen (Odisheimer Moor)*

Weitere Zitationsprozesse:

1577 (LAS, Abt. 390, Nr. 534)	contra Stadt Lübeck (Zölle auf dem Ratzeburger See)*

Mandatsprozesse:

1525-1531 (LAS, Abt. 390, Nr. 438)	contra Hamburg, Lübeck u. Kg. von Dänemark (Kanalbau)*
1566-1689 (diverse)[1789]	contra Hzg. von Holstein (Reinbeker Klosterdörfer)*
1591-1687 (LHA, MVP, RKG, Nr. 273)	contra Hzg. von Mecklenburg (Jagd-, Weide- und Holzgerechtigkeiten)*
1595-1601 (LAS, Abt. 210, Nr. 1177)	contra Graf von Holstein-Schaumburg (Pfändung)*
1597-1599 (LAS, Abt. 390, Nr. 579)	contra Ritter- und Landschaft (Streit um Steuerabgaben)

[1789] S. die komplizierten Verhältnisse hinsichtlich dieses Prozesses in Kap. 4.6.3.3.1.

1603-1668 (AHL, RKG, S 10)	contra Lübeck (Pfändung von Fischereigerät auf dem Ratzeburger See)*
1604-1614 (AHL, RKG, S 11)	contra Lübeck (Pfändung von Fischereigerät auf dem Ratzeburger See)*
1607-1611 (AHL, RKG, S 12)	contra Lübeck (Pfändung von Fischereigerät auf dem Ratzeburger See)*
1608-1609 (AHL, RKG, S 13)	contra Lübeck (Pfändung von Fischereigerät auf dem Ratzeburger See)*
1608-1610 (AHL, RKG, S 14)	contra Lübeck (Pfändung von Fischereigerät auf dem Ratzeburger See)*
1608-1611 (LAS, Abt. 390, Nr. 582)	contra Hzg. von Holstein (Pfändung von Fischereigerät auf der Bille)*
1609-1615 (AHL, RKG, S 4)	contra Lübeck (Streit um den Abzug von Soldaten aus Krummesse)*
1610 (AHL, RKG, S 15)	contra Lübeck (Pfändung von Fischereigerät auf dem Ratzeburger See)*
1610-1611 (AHL, RKG, S 16)	contra Lübeck (Pfändung von Fischereigerät auf dem Ratzeburger See)*
1610-1618 (AHL, RKG, S 6)	contra Lübeck (Streit um die Veränderung des Flußlaufs der Stecknitz)*
1610-1666 (AHL, RKG, S 5)	contra Lübeck (Streit um Patronatsrechte)*
1611-1621 (AHL, RKG, S 17)	contra Lübeck (Pfändung von Fischereigerät auf dem Ratzeburger See)*
1617-1618 (AHL, RKG, S 7)	contra Lübeck (Pfändung von Fischereigerät auf dem Ratzeburger See)*
1618-1619 (AHL, RKG, S 18)	contra Lübeck (Streit betr. Fischereigerechtigkeit auf dem Ratzeburger See)*

Appellationsprozesse:

1535-1536 (NdsStA, Stade, Rep. 27, B 6298)	contra Heino Steilcken aus Altenbruch (Geldangelegenheiten/ Herzog als Mitkläger)
1561-1573 (LAS, Abt. 210, Nr. 529)	contra Thomas Ziege (Besitz des Stovewerders/ Herzog als Nebenkläger)*
1570-1597 (LAS, Abt. 210, Nr. 3574)	contra Gottschalk von Stiten und das Kloster Loccum (Kühsen)*
1592-1618 (LAS, Abt. 390, Nr. 584)	contra von Hudenberg[1790] (Lehnsgut Schönberg)*

Prozesse vor dem Reichshofrat (der Herzöge von Sachsen-Lauenburg):

1550 *(ÖsterrHHStA, RHR, A.P.A., K 168)*	*contra eigene Untertanen (Steuern)*

[1790] Appellationsprozeß zum Entscheid des Reichshofrats aus dem Jahr 1591 (ÖsterrHHStA, RHR, Jud. Misc., S 8).

1559	*(ÖsterrHHStA, RHR, A.P.A., K 168)*	*contra Ebf. von Bremen (Durchzug)*
1566	*(ÖsterrHHStA, RHR, A.P.A., K 169)*	*contra Ostfriesland (Schulden)*
1568	*(ÖsterrHHStA, RHR, A.P.A., K 171)*	*contra Brandenburg (Schulden)*
1569	*(ÖsterrHHStA, RHR, Jud.Ant., 763/1)*	*contra Graf von Schaumburg (Lehen)**
1570	*(ÖsterrHHStA, RHR, Jud.Ant., 529/12)*	*contra Ostfriesland (Schulden)*
1574	*(ÖsterrHHStA, RHR, A.P.A., K 94)*	*contra Hzg. von Mecklenburg (Hausbau)**
1578	*(ÖsterrHHStA, RHR, A.P.A., K 174)*	*contra Franz d. J. (Ämter)**
1582	*(ÖsterrHHStA, RHR, Jud.Ant., 765/6)*	*contra seine Brüder (Streitigkeiten)*
1591	*(ÖsterrHHStA, RHR, Jud.Misc., S 8)*	*contra von Hudenberg (Schönberg)**
1595	*(ÖsterrHHStA, RHR, Jud.Misc., S 2)*	*contra Lübeck (Verschiedenes)**
1598	*(ÖsterrHHStA, RHR, Jud.Misc., S 3)*	*contra von Strahlendorf (Geld)*
1599	*(ÖsterrHHStA, RHR, Jud.Misc., S 6)*	*contra von Strahlendorf (Verstrickungen)*
1599	*(ÖsterrHHStA, RHR, Jud.Misc., S 2)*	*contra von Lützow (Stecknitzrechte)**
1601	*(ÖsterrHHStA, RHR, Jud.Ant., 763/4)*	*contra von Strahlendorf (Diverses)*[1791]
1602	*(ÖsterrHHStA, RHR, Jud.Ant., 765/1)*	*contra von Bülow u.a. (Güter)**
1603	*(ÖsterrHHStA, RHR, Jud.Misc., S 2)*	*contra Hzg von Mecklenburg (Diverses)**
1611	*(ÖsterrHHStA, RHR, Jud.Misc., S 6)*	*contra seine Brüder (Judizialfragen)*
1618	*(ÖsterrHHStA, RHR, Jud.Ant., 763/12)*	*contra Ratzeburg (nicht ersichtlich)*
1619	*(ÖsterrHHStA, RHR, Jud.Ant., 764/30)*	*contra Hamburg und Lübeck (Wald)**

Prozesse vor dem Reichshofrat (von Angehörigen des Hauses Sachsen-Lauenburg gegeneinander):

1561	*(ÖsterrHHStA, RHR, A.P.A., K 169)*	*Herzogin Sibylle contra Herzog Franz I. (Versorgung)*
1574	*(ÖsterrHHStA, RHR, A.P.A., K 174)*	*Herzog Magnus II. contra Herzog Franz d. J. (Gewalt)*
1574	*(ÖsterrHHStA, RHR, Jud.Ant., 764/12)*	*Herzogin Sibylle contra Herzog Franz II. (Deputat)*
1590	*(ÖsterrHHStA, RHR, Jud.Ant., 760/8)*	*Herzog Moritz contra Herzog Franz II. (Landesteilung)*
1593	*(ÖsterrHHStA, RHR, Jud.Misc., S 5)*	*Herzog Moritz contra Herzog Franz II. (Deputat)*
1611	*(ÖsterrHHStA, RHR, Jud.Misc., S 6)*	*Herzog Moritz contra Herzog Franz II. (Geldforderungen)*

[1791] S. in diesem Zusammenhang NdsStA, Stade, Rep. 32 I, Nr. 56.

Jahres–zahl	Mandatsprozesse der Hzgg von S.-L.		Zitations–prozesse der Hzgg von S.-L. allg. (1) davon wegen Landfriedensbruch (2) und territoriale Gründe (3)			Appellations-prozesse der Hzgg von S.-L.		**Gesamt**		***Prozesse vor dem Reichshofrat*** ***Gesamt (1) territ. Interessen (2)***	
	allg.	territoriale Gründe	(1)	(2)	(3)		territ. Gründe		davon territ. Gründe	*(1)*	*(2)*
1495	0	0	0	0	0	0	0	0	0	0	0
1496	0	0	0	0	0	0	0	0	0	0	0
1497	0	0	0	0	0	0	0	0	0	0	0
1498	0	0	0	0	0	0	0	0	0	0	0
1499	0	0	0	0	0	0	0	0	0	0	0
1500	0	0	0	0	0	0	0	0	0	0	0
1501	0	0	0	0	0	0	0	0	0	0	0
1502	0	0	0	0	0	0	0	0	0	0	0
1503	0	0	0	0	0	0	0	0	0	0	0
1504	0	0	0	0	0	0	0	0	0	0	0
1505	0	0	0	0	0	0	0	0	0	0	0
1506	0	0	0	0	0	0	0	0	0	0	0
1507	0	0	0	0	0	0	0	0	0	0	0
1508	0	0	0	0	0	0	0	0	0	0	0
1509	0	0	0	0	0	0	0	0	0	0	0
1510	0	0	0	0	0	0	0	0	0	0	0
1511	0	0	0	0	0	0	0	0	0	0	0
1512	0	0	0	0	0	0	0	0	0	0	0
1513	0	0	0	0	0	0	0	0	0	0	0
1514	0	0	0	0	0	0	0	0	0	0	0
1515	0	0	0	0	0	0	0	0	0	0	0
1516	0	0	0	0	0	0	0	0	0	0	0
1517	0	0	0	0	0	0	0	0	0	0	0
1518	0	0	0	0	0	0	0	0	0	0	0
1519	0	0	0	0	0	0	0	0	0	0	0
1520	0	0	0	0	0	0	0	0	0	0	0
1521	0	0	0	0	0	0	0	0	0	0	0
1522	0	0	0	0	0	0	0	0	0	0	0
1523	0	0	0	0	0	0	0	0	0	0	0

Jahres–zahl	Mandatsprozesse der Hzgg von S.-L. allg.	territoriale Gründe	Zitations–prozesse der Hzgg von S.-L. allg. (1) davon wegen Landfrie-densbruch (2) und territoriale Gründe (3) (1)	(2)	(3)	Appellations-prozesse der Hzgg von S.-L.	territ. Gründe	**Gesamt**	davon territ. Gründe	***Prozesse vor dem Reichshofrat*** ***Gesamt (1) territ. Interessen (2)*** ***(1)***	***(2)***
1524	0	0	1	1	0	0	0	1	1	0	0
1525	1	1	0	0	0	0	0	1	1	0	0
1526	0	0	0	0	0	0	0	0	0	0	0
1527	0	0	0	0	0	0	0	0	0	0	0
1528	0	0	0	0	0	0	0	0	0	0	0
1529	0	0	0	0	0	0	0	0	0	0	0
1530	0	0	0	0	0	0	0	0	0	0	0
1531	0	0	1	1	0	0	0	1	1	0	0
1532	0	0	0	0	0	0	0	0	0	0	0
1533	0	0	0	0	0	0	0	0	0	0	0
1534	0	0	0	0	0	0	0	0	0	0	0
1535	0	0	0	0	0	1	0	1	0	0	0
1536	0	0	0	0	0	0	0	0	0	0	0
1537	0	0	0	0	0	0	0	0	0	0	0
1538	0	0	0	0	0	0	0	0	0	0	0
1539	0	0	0	0	0	0	0	0	0	0	0
1540	0	0	0	0	0	0	0	0	0	0	0
1541	0	0	0	0	0	0	0	0	0	0	0
1542	0	0	0	0	0	0	0	0	0	0	0
1543	0	0	0	0	0	0	0	0	0	0	0
1544	0	0	0	0	0	0	0	0	0	0	0
1545	0	0	0	0	0	0	0	0	0	0	0
1546	0	0	0	0	0	0	0	0	0	0	0
1547	0	0	0	0	0	0	0	0	0	0	0
1548	0	0	0	0	0	0	0	0	0	0	0
1549	0	0	0	0	0	0	0	0	0	0	0
1550	0	0	0	0	0	0	0	0	0	1	0
1551	0	0	0	0	0	0	0	0	0	0	0
1552	0	0	0	0	0	0	0	0	0	0	0
1553	0	0	0	0	0	0	0	0	0	0	0

Jahres–zahl	Mandatsprozesse der Hzgg von S.-L. allg.	territoriale Gründe	Zitations–prozesse der Hzgg von S.-L. allg. (1) davon wegen Landfriedensbruch (2) und territoriale Gründe (3) (1)	(2)	(3)	Appellations-prozesse der Hzgg von S.-L.	territ. Gründe	**Gesamt**	davon territ. Gründe	***Prozesse vor dem Reichshofrat*** ***Gesamt (1) territ. Interessen (2)*** ***(1)***	***(2)***
1554	0	0	0	0	0	0	0	0	0	0	0
1555	0	0	0	0	0	0	0	0	0	0	0
1556	0	0	0	0	0	0	0	0	0	0	0
1557	0	0	0	0	0	0	0	0	0	0	0
1558	0	0	0	0	0	0	0	0	0	0	0
1559	0	0	2	2	0	0	0	2	2	1	0
1560	0	0	0	0	0	0	0	0	0	0	0
1561	0	0	0	0	0	1	1	1	1	0	0
1562	0	0	0	0	0	0	0	0	0	0	0
1563	0	0	0	0	0	0	0	0	0	0	0
1564	0	0	0	0	0	0	0	0	0	0	0
1565	0	0	1	1	0	0	0	1	1	0	0
1566	1	1	0	0	0	0	0	1	1	1	0
1567	0	0	0	0	0	0	0	0	0	0	0
1568	0	0	0	0	0	0	0	0	0	1	0
1569	0	0	0	0	0	0	0	0	0	1	1
1570	0	0	0	0	0	1	1	1	1	1	0
1571	0	0	0	0	0	0	0	0	0	0	0
1572	0	0	1	1	0	0	0	1	1	0	0
1573	0	0	0	0	0	0	0	0	0	0	0
1574	0	0	0	0	0	0	0	0	0	1	1
1575	0	0	0	0	0	0	0	0	0	0	0
1576	0	0	0	0	0	0	0	0	0	0	0
1577	0	0	1	0	1	0	0	1	1	0	0
1578	0	0	0	0	0	0	0	0	0	1	1
1579	0	0	0	0	0	0	0	0	0	0	0
1580	0	0	0	0	0	0	0	0	0	0	0
1581	0	0	0	0	0	0	0	0	0	0	0
1582	0	0	0	0	0	0	0	0	0	1	0
1583	0	0	0	0	0	0	0	0	0	0	0

Jahres–zahl	Mandatsprozesse der Hzgg von S.-L.		Zitations–prozesse der Hzgg von S.-L. allg. (1) davon wegen Landfrie-densbruch (2) und territoriale Gründe (3)			Appellations-prozesse der Hzgg von S.-L.		**Gesamt**		***Prozesse vor dem Reichshofrat*** *Gesamt (1) territ. Interessen (2)*	
	allg.	territoriale Gründe	(1)	(2)	(3)		territ. Gründe		davon territ. Gründe	*(1)*	*(2)*
1584	0	0	0	0	0	0	0	0	0	0	0
1585	0	0	0	0	0	0	0	0	0	0	0
1586	0	0	0	0	0	0	0	0	0	0	0
1587	0	0	0	0	0	0	0	0	0	0	0
1588	0	0	0	0	0	0	0	0	0	0	0
1589	0	0	0	0	0	0	0	0	0	0	0
1590	0	0	0	0	0	0	0	0	0	0	0
1591	1	1	0	0	0	0	0	1	1	1	1
1592	0	0	0	0	0	1	1	1	1	0	0
1593	0	0	0	0	0	0	0	0	0	0	0
1594	0	0	0	0	0	0	0	0	0	0	0
1595	1	1	0	0	0	0	0	1	1	1	1
1596	0	0	0	0	0	0	0	0	0	0	0
1597	1	0	0	0	0	0	0	1	0	0	0
1598	0	0	0	0	0	0	0	0	0	1	0
1599	0	0	0	0	0	0	0	0	0	2	1
1600	0	0	0	0	0	0	0	0	0	0	0
1601	0	0	0	0	0	0	0	0	0	1	0
1602	0	0	0	0	0	0	0	0	0	1	1
1603	1	1	0	0	0	0	0	1	1	1	1
1604	1	1	0	0	0	0	0	1	1	0	0
1605	0	0	0	0	0	0	0	0	0	0	0
1606	0	0	0	0	0	0	0	0	0	0	0
1607	1	1	0	0	0	0	0	1	1	0	0
1608	3	3	1	1	0	0	0	4	4	0	0
1609	1	1	1	1	0	0	0	2	2	0	0
1610	4	4	1	1	0	0	0	5	5	0	0
1611	1	1	1	1	0	0	0	2	2	1	0
1612	0	0	0	0	0	0	0	0	0	0	0
1613	0	0	0	0	0	0	0	0	0	0	0

Jahres–zahl	Mandatsprozesse der Hzgg von S.-L. allg.	Mandatsprozesse der Hzgg von S.-L. territoriale Gründe	Zitations–prozesse der Hzgg von S.-L. allg. (1) davon wegen Landfrie-densbruch (2) und territoriale Gründe (3) (1)	(2)	(3)	Appellations-prozesse der Hzgg von S.-L.	territ. Gründe	**Gesamt**	davon territ. Gründe	***Prozesse vor dem Reichshofrat*** ***Gesamt (1) territ. Interessen (2)*** *(1)*	*(2)*
1614	0	0	0	0	0	0	0	0	0	0	0
1615	0	0	0	0	0	0	0	0	0	0	0
1616	0	0	0	0	0	0	0	0	0	0	0
1617	1	1	0	0	0	0	0	1	1	0	0
1618	1	1	0	0	0	0	0	1	1	1	0
1619	0	0	0	0	0	0	0	0	0	1	1
Ges.	**19**	**18**	**(12)**	**(12)**	**(12)**	**0**	**0**	**34**	**32**	**20**	**9**

Tabelle 1: Prozesse, welche von den Herzögen von Sachsen-Lauenburg vor dem Reichskammergericht im Zeitraum von 1495 bis 1619 geführt worden sind.

Von den insgesamt 34 Prozessen, welche von den Herzögen von Sachsen-Lauenburg vor dem Reichskammergericht geführt worden sind, weisen 10 Prozesse den originären Rechtsbruch des Landfriedens auf. Aufgrund der Prozeßanalysen konnte jedoch nachgewiesen werden, daß im Verlauf der verbleibenden 24 Prozesse (mit zwei Ausnahmen) territoriale Interessen während des Prozeßverlaufs oder im Rahmen eines Mandatsprozesses artikuliert wurden. Der Anlaß zur gerichtlichen Auseinandersetzung variierte mithin gegenüber dem Grund zur Auseinandersetzung.
Von den insgesamt 20 vor dem Reichshofrat rechtsanhängig gemachten Prozessen der (regierenden) Herzöge von Sachsen-Lauenburg beschäftigten sich lediglich neun Prozesse mit territorialrechtlichen Fragen. Prozeßüberschneidungen oder Prozeßfortsetzungen (Reichskammergericht/ Reichshofrat) konnten in den Fällen hinsichtlich der Auseinandersetzungen um das Schloß Sachsenhagen, um die Güter Gudow und Segrahn und um den Sachsenwald beobachtet werden. Wie im darstellenden Teil der Arbeit bereits betont, führten Klageersuchen an das jeweils konkurrierende Reichsgericht (zumeist der Reichshofrat) entweder zur Einstellung des Verfahrens oder zur Entsendung einer kaiserlichen Kommission, die dann allerdings mehr als vom Kaiser entsandte Kommissare streitschlichtend wirken sollte, denn als Kommissare des Reichshofrats.

Auffällig ist, daß die Herzöge von Sachsen-Lauenburg bis 1550 keine Klagen an den Reichshofrat richteten, hingegen das Reichskammergericht bereits seit 1524 nutzten.
Im Verlauf der Untersuchung konnte verdeutlicht werden, daß die an einem Reichskammergerichtsprozeß beteiligten Parteien - unabhängig von ihrer ursächlichen Rolle als Kläger oder als Beklagter - während des Prozeßverlaufs eigene Interessen durch unterschiedliche Akzentuierungen der schriftlich eingebrachten Exzeptions-, Responsions- oder Duplikschreiben durchzusetzen versuchten.
In diesem Zusammenhang erscheint es verständlich, daß die mithin als 'Beklagter' im Prozeß auftretende Partei einen Rechtsbruch provoziert haben mag, um auf diese Weise entweder eine zum eigenen Vorteil gereichende Situation herzustellen, die widerspruchslos akzeptiert wurde und damit Präzedenzcharakter erhielt, oder eine Rechtsanhängigkeit vor dem Reichsgericht zu erlangen, um eine juristische Lösung herbeiführen zu lassen.

Des weiteren wurde während des Untersuchungsverlaufs deutlich gemacht, daß die Beschäftigung mit territorialrechtlichen Auseinandersetzungen eine ausschließliche Konzentration auf die Funktion der Herzöge von Sachsen-Lauenburg als Kläger nicht rechtfertigt, da die prozessualen und territorialen, sowie hiermit gekoppelt auch die innen- wie außenpolitischen Strukturen auf diese Weise nicht hätten dargestellt werden können. Die Darstellung der territorialpolitischen Interessen der Nachbarn der Herzöge von Sachsen-Lauenburg konnte in besonderem Maß die Beziehungsstrukturen der Beteiligten verdeutlichen, damit ihr Handeln erklärend veranschaulichen und auf diese Weise die Wechselseitigkeit und Bedingtheit von Interessen herausstellen. Hieraus resultierende Interessenkollisionen, die eine Lösung der entstandenen Konflikte erforderlich machte, galt es besonders zu betrachten.

Gegen die Herzöge von Sachsen-Lauenburg wurden folgende Prozesse vor dem Reichskammergericht rechtsanhängig gemacht:
(Die mit einem * gekennzeichneten Prozesse markieren einen territorialpolitischen Klagepunkt oder bezeichnen Prozesse, in deren Verlauf territorialpolitische Gründe offengelegt wurden.)
(Die unterstrichenen Prozesse werden in der Gesamtübersicht als diejenigen Prozesse berücksichtigt, welche aus dem eigenen Territorium am Reichskammergericht geführt wurden.)

Zitationsprozesse:

1518 (LAS, Abt. 390, Nr. 132)	Kaiserlicher Fiskal (Streit um eine Fehde)*
1527 (LAS, Abt. 390, Nr. 164)	Kaufleute aus Bremen (Warenbeschlagnahme)*
1528-1667 (LAS, Abt. 210, Nr. 989)	Bf. von Ratzeburg (Bede und Ablager in Pötrau)*

1530	(LAS, Abt. 390, Nr. 572)	Kaiserlicher Fiskal (Achterklärung)
1549-1571	(LAS, Abt. 210, Nr. 993)	Bf. von Ratzeburg (Bede und Ablager)*
1559	(LAS, Abt. 390, Nr. 223)	Lübeck (Landfriedensbruch in Marienwohlde)*
1559-1688	(LAS, Abt. 390, Nr. 224)	Lübeck (Marienwohlde)*
1560-1568	(LAS, Abt. 210, Nr. 995)	Bf. von Ratzeburg (Landfriedensbruch)*
1562-1689	(RAK, T.K.U.A., Rigsk., Nr. 10b)	Hzg. von Schleswig-Holstein (Tremsbüttel)*
1563-1601	(LAS, Abt. 390, Nr. 227)	Lübeck (Warenbeschlagnahme auf der Stecknitz)*
1563-1601	(LAS, Abt. 390, Nr. 228)	Lübeck (Streit um Grenzziehung)*
1568	(LAS, Abt. 390, Nr. 188)	Joachim Krage (Streit um Sollizitantengebühren)
1574-1576	(LAS, Abt. 390, Nr. 42)	Jasper von Buchwaldt (Streit um Dorfschaften)*
1574-1659	(LAS, Abt. 390, Nr. 577a)	Fritz von der Berge u.a. (Justizverzögerung)*
1575-1583	(LAS, Abt. 210, Nr. 37)	Administrator von Ratzeburg (Plünderung)*
1576-1631	(LAS, Abt. 210, Nr. 3513)	Joachim von Bülow (Bandelkauer Feldmark)*
1579-1586	(LAS, Abt. 390, Nr. 260)	Lüneburg (Geldstreitigkeiten)
1580-1584	(LAS, Abt. 390, Nr. 25)	Bürger zu Lüneburg (Justizverweigerung)
1580-1586	(LAS, Abt. 210, Nr. 3515)	Busse von der Schulenburg (Gut Segrahn)*
1580-1586	(LAS, Abt. 390, Nr. 261)	Lüneburg (Streitigkeiten um Zollerhöhungen)
1580-1587	(LAS, Abt. 210, Nr. 3516)	Busse von der Schulenburg (Gut Gudow)*
1584-1586	(ohne)[1792]	Kaiserlicher Fiskal (Säumige Zahlungen)
1585-1588	(AHL, RKG, S 143)	Superintendent von Lübeck (Justizverweigerung)
1588-1598	(LAS, Abt. 390, Nr. 265)	Albrecht Lützow u.a. (Alimentation der Töchter)*
1590	(AHL, RKG, Nachtrag Nr. 23)	Lübeck (Streit um das Gut Krummesse)*
1590-1611	(LAS, Abt. 390, Nr. 485)	Friedrich Tratziger (Lehnsnachfolge)*
1591-1624	(LAS, Abt. 210, Nr. 3533)	Otto Schack zu Gülzow u.a. (Grenzziehung)*
1592-1615	(LAS, Abt. 390, Nr. 211)	Caspar Leisler (Streit um Anwaltshonorar)
1593-1600	(LAS, Abt. 390, Nr. 233)	Lübeck (Streit um die Bezahlung von Schulden)
1593-1604	(LAS, Abt. 390, Nr. 578)	Otto Schack (Streit um Zehntrechte)*
1593-1611	(LAS, Abt. 390, Nr. 35)	Johann Bunsow u.a. (Kriminalprozeß)[1793]
1593-1618	(NdsHStA, RKG, Lübg 27, K, Nr. 1124 I)	Georg von der Kettenburg (Gebietsstreit)*
1594-1620	(LAS, Abt. 390, Nr. 300)	Vicke von Strahlendorf u.a. (Streit um Schulden)
1595-1597	(LAS, Abt. 210, Nr. 3625)	Hans v. Buchwaldt u.a (Justizverweigerung)*
1595-1604	(LAS, Abt. 390, Nr. 234)[1794]	Hamburg und Lübeck (Hoheitsrechte)*
1595-1669	(LAS, Abt. 390, Nr. 481)	Fam. von Spoerke (Schuldensachen)
1596-1612	(LAS, Abt. 210, Nr. 3583)	Lorenz Schack (Holzungsstreit)*
1598	(ohne)[1795]	Kaiserlicher Fiskal (Säumige Zahlungen)

1792 Hinweis in: LAS, Abt. 210, Nr. 358, qdr. 9.

1793 S. Rudolf Brinkmann: Großvogt und Amtmann von Bibow zu Lauenburg vor dem kaiserlichen Kammergerichte im Streit mit Herzog Franz den Jüngeren, wegen Freilassung und Verstrickung; in: Vaterländisches Archiv für das Herzogthum Lauenburg, 2; 1860, S. 200-216.

1794 Vgl. AHL, RKG, Nachtrag Nr. 24.

1601-1662	(LAS, Abt. 390, Nr. 235)	Lübeck (Justizverweigerung)*
1604-1606	(LAS, Abt. 390, Nr. 602)	Erben des Calixtus Schein (Groß Sarau)*
1605	(LAS, Abt. 390, Nr. 187)	Johann Gödelmann (Streit um Anwaltsgebühren)
1607-1610	(NdsHStA, RKG, Lübg 27B, Nr. 1829)	Niedersächsischer Kreisobrist (Kreisordnung)
1615-1619	(LAS, Abt. 390, Nr. 295)[1796]	Graf Anton von Oldenburg (Schuldensachen)

Mandatsprozesse:

1522-1531	(LAS, Abt. 390, Nr. 573)	Bf. von Ratzeburg (Bedeeinzug)*
1523-1531	(LAS, Abt. 390, Nr. 287)	Bf. v. Münster (Warenbeschlagnahme)
1529-1558	(LAS, Abt. 390, Nr. 501)	Conrad von Warendorf (Schuldensachen)
1530	(Bundesarchiv, AR 1, Nr. 485)	Bremen (Streit um Elbnutzung)*
1552-1558	(LAS, Abt. 390, Nr. 33)	Wolfgang Breuning (Streit um Anwaltsgebühren)
1556-1567	(LAS, Abt. 390, Nr. 324)	Dresdner Räte (Schuldensachen)
1562-1673	(LAS, Abt. 390, Nr. 225)	Hamburg und Lübeck (Viehpfändungen)*
1562-1636	(LAS, Abt. 390, Nr. 226)	Hamburg und Lübeck (Weidegerechtigkeiten)*
1563-1593	(LAS, Abt. 390, Nr. 230)	Lübeck (Jagdgerechtigkeit in Sirksfelde)*
1564	(LAS, Abt. 390, Nr. 114)	Leopold Dick (Streit um Anwaltsgebühren)
1564-1636	(LAS, Abt. 390, Nr. 229)	Hamburg und Lübeck (Grenzverlaufsstreit)*
1566-1597	(LAS, Abt. 390, Nr. 231)	Lübeck (Jagdgerechtigkeit in Duvensee)*
1570-1582	(NdsStA, Stade, Rep. 27, H 763)	Hamburg (Warenbeschlagnahme)
1570-1636	(LAS, Abt. 390, Nr. 232)	Lübeck (Weidegerechtigkeit bei Fredeburg)*
1572-1577	(LAS, Abt. 390, Nr. 258)	Campe Lübbers (Warenbeschlagnahme)
1582-1586	(LAS, Abt. 390, Nr. 575)	Bf. von Lübeck (Streit um Patronatsrechte)*
1583-1588	(LAS, Abt. 390, Nr. 36)	Johann de Bietere u.a. (Warenbeschlagnahme)
1587-1598	(NdsStA, Stade, Rep. 27, J 1020)	Gebrüder von Issendorf (Streit um Zehntrechte)*
1588-1667	(NdsStA, Wolfenbüttel, 6 Alt, 359)	Hzg. von Braunschweig-Lüneburg (Mitgift)
1592-1594	(LAS, Abt. 390, Nr. 34)	Jürgen von Bibow (Kriminalprozeß)
1595-1598	(NdsStA, Stade, Rep. 27, G 204)	Lukas Garbert (Ausgleichszahlungen)
1595-1599	(NdsStA, Stade, Rep. 27, G 205)	Lukas Garbert (Widerruf von Verbalinjurien)
1595-1603	(LAS, Abt. 390, Nr. 293)	Johann von Obbershausen (Schuldensachen)*
1596-1602	(LAS, Abt. 390, Nr. 449)	Andreas von Strahlendorf (Meuterei)
1600-1604	(LAS, Abt. 390, Nr. 270)	Hzg. von Mecklenburg (Grenzstreit)*
-1606	(Hinweis: LAS, Abt. 390, Nr. 237)	Hamburg und Lübeck (Zollgebühren in Wentorf)*
1601-1622	(NdsStA, Stade, Rep. 27, W 4328)	Christof Wrisberg u.a. (Schuldensachen)
1604-1621	(NdsStA, Stade, Rep. 27, H 764)	Hamburg (Grenzstreitigkeiten)*
1605-1609	(LAS, Abt. 390, Nr. 291)	Peter Nikolai ('Hexenprozeß')*
1605	(LAS, Abt. 390, Nr. 236)	Lübeck (Viehpfändung auf offener Heerstraße)*
1607	(LAS, Abt. 390, Nr. 271)	Hzg. von Mecklenburg ('Hexenprozeß')*

[1795] Hinweis in: LAS, Abt. 210, Nr. 358, qdr. 12.

[1796] Vgl. die fehlerhaften Angaben bei Stein-Stegemann, Findbuch zum Bestand Abt. 390 des Landesarchivs Schleswig-Holstein, S. 230: Abt. 390, Nr. 295, (7): streiche Magnus II., setze Moritz.

1610-1638 (LAS, Abt. 390, Nr. 238)	Lübeck (Marienwohlde)*
1610-1661 (LAS, Abt. 390, Nr. 239)	Hamburg und Lübeck (Zollerhebungen)*
1610-1638 (LAS, Abt. 390, Nr. 237)	Hamburg und Lübeck (Zollerhebungen)*
1611-1619 (LAS, Abt. 390, Nr. 240)	Hamburg und Lübeck (Weidegerechtigkeiten)*
1611-1612 (NdsStA, Stade, Rep. 27, W 952)	Lupert Warhaus (Peinlicher Prozeß/ Hexerei)
1611-1625 (LAS, Abt. 210, Nr. 92)	Gebrüder Devora (Warenbeschlagnahme)
1614 (LAS, Abt. 390, Nr. 241)	Lübeck (Beschlagnahme)*
1615-1619 (LAS, Abt. 390, Nr. 585)	Helmut Schack (Jagdgerechtigkeiten)*
1615-1776 (LAS, Abt. 390, Nr. 585a)	Helmut Schack u.a. (Schuldforderungen)*
1617-1618 (LAS, Abt. 390, Nr. 263)[1797]	Johann Lüning aus Bremen (Beschlagnahme)
1618-1626 (NdsStA, Stade, Rep. 27, H 765)	Hamburg (Warenbeschlagnahme)*
1618-1619 (LAS, Abt. 390, Nr. 148)	Hamburg (Streitigkeiten um Zollerhebungen)*
1618-1626 (LAS, Abt. 390, Nr. 242)	Lübeck u.a. (Streit um das Gewichtsmaß)*
1618-1669 (LAS, Abt. 210, Nr. 2446)	Hamburg (Warenbeschlagnahme)
Extrajudizialappellation:	
1595-1596 (LAS, Abt. 210, Nr. 3517)	Bernd von Winterfeldt zu Dallmin (Sequestrationsstreit wegen Gudow)*

Von den insgesamt 89 Prozessen, welche gegen die Herzöge von Sachsen-Lauenburg vor dem Reichskammergericht rechtsanhängig gemacht worden sind, wurden 52 Prozesse mit territorialrechtlichen Fragestellungen oder entsprechendem Problemhintergrund geführt. Auffällig ist, daß mithin 26 Prozesse während des Zeitraums von 1560 bis 1585 (den Zeitraum der lauenburgischen Krisenjahre damit einschließend) gegen die Herzöge von Sachsen-Lauenburg rechtsanhängig gemacht worden sind; von diesen 26 Prozessen wurden 17 Prozesse um territorialrechtliche Auseinandersetzungen geführt. Insgesamt ist auffällig, daß die Herzöge von Sachsen-Lauenburg während der lauenburgischen Krisenjahre nur vereinzelt vor dem Reichskammergericht erschienen, wohingegen Prozeßgegner kontinuierlich Klagen gegen die Sachsen-Lauenburger vor dem Reichskammergericht auch in jenen Jahren rechtsanhängig machten.

Seit 1595 prozessierte Herzog Franz II. vermehrt vor dem Reichskammergericht, in den Jahren 1607 bis 1611 auffällig häufig. Diese Prozesse bieten Indizien für den bereits beschriebenen Emanzipationskampf des lauenburgischen Herzogs gegen seine Territorialnachbarn, vor allem gegen die Hansestadt Lübeck und den Herzog von Holstein. Seit dem Herrschaftsantritt Herzog Franz´ II. nehmen diejenigen Prozesse zu, die sich gegen den sachsen-lauenburgischen Landesherrn richten. Folgendes Diagramm soll diese Aussagen stützen:

[1797] Vgl. Angaben im Inventar der Bremer Reichskammergerichtsakten, S. 177, Nr. 69.

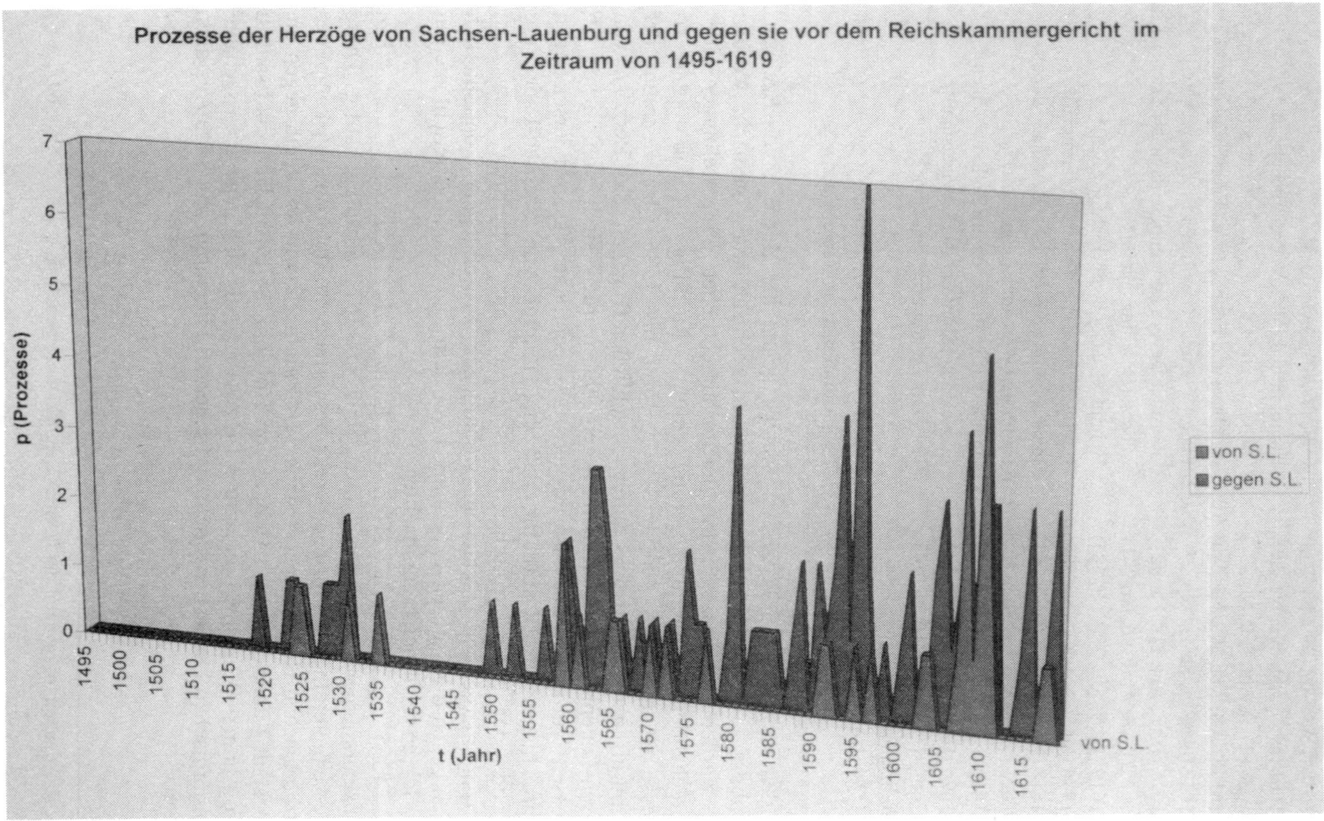
Prozesse der Herzöge von Sachsen-Lauenburg und gegen sie vor dem Reichskammergericht im Zeitraum von 1495-1619
p (Prozesse)
0
1
2
3
4
5
6
7
1495
1500
1505
1510
1515
1520
1525
1530
1535
1540
1545
1550
1555
1560
1565
1570
1575
1580
1585
1590
1595
1600
1605
1610
1615
t (Jahr)
von S.L.
von S.L.
gegen S.L.

Diagramm 1

5.0 Das Herzogtum in der binnenstrukturellen territorialrechtlichen Auseinandersetzung vor dem Reichskammergericht

5.1 Allgemeine Anmerkungen zu den Appellationsprozessen vor dem Reichskammergericht

Neben den während des Untersuchungsverlaufs verorteten territorialrechtlichen Auseinandersetzungen der Herzöge von Sachsen–Lauenburg mit ihren Nachbarn, die vor dem Reichskammergericht Rechtsanhängigkeit erzielen konnten, kam den Konsolidierungsmechanismen der Herzöge einerseits und Angehörigen der Ritter– und Landschaft andererseits im Lande selbst besondere Bedeutung zu. Vor allem den Angehörigen der lauenburgischen Ritter– und Landschaft boten sich Möglichkeiten, neben binnenterritorialen Ansprüchen auch andere unklare Rechtszustände von einem höheren Reichsgericht prüfen zu lassen, um auf diese Weise die eigene Hofgerichtsbarkeit zu falsifizieren.[1]
In der Aufgabendefinition für das Reichskammergericht stellte die festgeschriebene Idee der Schaffung einer juristischen, institutionalisierten Kontrollinstanz eine wesentliche Neuerung dar.[2] Zugleich diente das Reichskammergericht als Katalysator zur Installation einer dem römischen Recht verpflichteten territorialen ober– oder hofgerichtlichen Spruchinstanz.[3] Diese ermöglichte die Appellation[4] an das Höchste Gericht im Reich einerseits und galt andererseits als Grundbedingung für den Erwerb von Appellationsprivilegien; diese 'privilegia de non appellando' legten eine Mindeststreitsumme fest, die erforderlich war, um an das Reichsgericht appellieren zu können.[5] Je höher diese 'Freigrenze' territorialer Rechtsprechung ausfiel, desto freier und unabhängiger gestaltete sich die territoriale, obergerichtliche Rechtsprechung.

---

1 Vgl. allgemein zum mittelalterlichen Instanzenzug: Jürgen Weitzel: Über Oberhöfe, Recht und Rechtszug. Eine Skizze; [= Göttinger Studien zur Rechtsgeschichte, 15]; Göttingen 1981. – Tilman Seeger: Die Extrajudizialappellation; [= Quellen und Forschungen zur höchsten Gerichtsbarkeit im Alten Reich, 25]; Köln/ Weimar/ Wien 1992 (künftig zitiert: Seeger, Extrajudizialappellation), S. 10ff.

2 Gudian, Appellation, S. 1. – S. Fuchs, Hexerei, S. 64 hinsichtlich der Überwachungs–funktion im Vergleich zum regionalen Strafprozeßrecht.

3 Der Begriff der Obergerichte in der Frühen Neuzeit soll in der Funktion des obersten und somit letztinstanzlichen territorialen Gerichts und nicht im Wortsinn des Mittelalters verstanden werden.

4 Gerhard Buchda: 'Appellation'; in: HRG, 1, Sp. 196–200.

5 Ingrid Scheurmann: Organisation des Reichskammergerichts; in: Dies. (Hgin): Frieden durch Recht. Das Reichskammergericht von 1495–1806. Katalog zur gleichnamigen Ausstellung vom 8.12.1994 bis 22.1.1995 in Bonn und vom 25.2.1995 bis 30.4.1995 in Frankfurt am Main; Mainz 1994, S. 121.

Obergerichtliche Entscheide konnten vor dem Reichskammergericht unter Wahrung festgelegter Fristen eingebracht werden, um das vorgelegte Urteil bestätigen ('Wohl geurteilt, schlecht appelliert') oder verwerfen zu lassen ('Schlecht geurteilt, wohl appelliert').[6] Im Unterschied zu den am Reichskammergericht verhandelten Prozeßarten des Mandats– und Zitationsprozesses zielte der vor dem Höchsten Gericht rechtsanhängig werdende Appellationsprozeß nicht auf das gütliche Ausgleichsverfahren, sondern überführte einen obergerichtlichen Prozeß im Sinne eines Revisionsverfahrens auf die nächstfolgende Jurisdiktionsebene.[7]
Appellationsprozesse dienten somit ausschließlich der Überprüfung vorgelegter Urteile im Zuge einer gesamtreichsrechtlichen Judikationskontrolle. Damit besaß das Reichskammergericht die Möglichkeit, in die binnenterritorialen, auf den Landesherrn konzentrierten Rechtsgrundsätze einzugreifen.

Hinsichtlich der vor dem Reichskammergericht verhandelten Appellationsprozesse lassen sich folgende zwei Wirkungsweisen feststellen: Zum einen wurde die Einrichtung eines territorialen Hofgerichts mit einer dem römischen Recht verpflichteten Ordnung zur Gewährleistung eines ordentlichen Verfahrens nach der Prozeßmaxime der Schriftlichkeit als Voraussetzung erforderlich, um eine Nutzung des Reichsgerichts für Untertanen zu gewährleisten. Zum anderen wurde diese als zwingende Voraussetzung geschaffene regionale Instanz mittelbar einer reichsrechtlichen Kontrolle unterworfen.
Die Nichteinführung einer Hofgerichtsordnung hätte von Seiten des Reichs keinerlei Sanktionen nach sich gezogen; für die landesherrlichen Untertanen allerdings hätte dies eine Vorenthaltung von Reichsrechten bedeutet und einer

---

[6] Diestelkamp, Quellen, S. 103. – Vgl. hierzu die Urteilssprüche (ebenfalls ohne nähere Begründung) des Herzogs von Sachsen–Lauenburg in Appellationsprozessen: NdsStA, Stade, Rep. 27, R 3267, fol. 19[r] (1589): „Beschaidt: das ubel appellieret und wohl sentenieret." – NdsStA, Stade, Rep. 27, L 2587 V, fol. 3 (1616): „bene Jud: male appellatu."

[7] Vgl. Weitzel, Kampf, S. 272ff. An dieser Stelle soll die Diskussion der Frage, inwieweit Appellationsprozesse ein gütliches, außerprozessuales Schlichtungsverfahren zuließen, nicht vertieft werden. Nach Interpretation der vorliegenden Appellationsprozesse bietet sich ein anderes Bild. In Fällen mit geringerem Streitwert zeigt sich, daß Wege einer außerprozessualen Einigung im Vorfeld auf regionalem Terrain bereits beschritten und gescheitert waren. Kläger und Beklagter sind mit der Appellation an das Reichsgericht gewillt, den Prozeß endlich entscheiden zu lassen. Diejenigen Prozesse hingegen, die sich der Art und dem Prozeßverlauf nach in einen Mandatsprozeß wandeln, lassen die Möglichkeit der außerprozessualen Einigung zu. Die von Weitzel (Weitzel, Kampf, S. 273) geäußerten Überlegungen mögen in dem von ihm beschriebenen regionalen Bezug gerechtfertigt sein, für das Herzogtum Sachsen–Lauenburg können sie nicht bestätigt werden. Weitzels regional verorteter Bezug rechtfertigt es nicht, von einer Prozeßverhinderung im Allgemeinen zu sprechen (vgl. Weitzel, Kampf, S. 270ff.).

Destabilisierung des Binnengefüges Vorschub geleistet. Neben dieser möglichen Gefahr für ein Territorium sah der Landesherr in der Institutionalisierung auch Möglichkeiten, die landesherrliche Rechtsprechung zu stabilisieren. In der Praxis differenzierte sich der Weg zur Institutionalisierung der Rechtspflege allerdings zweigleisig aus: Gelang es den Vertretern der Landschaften zumeist, Einfluß auf die Rechtsprechung so auszuüben, daß sie ihrem Landesherrn die Jurisdiktion über die sie betreffenden Belange de facto entzogen, so konzentrierten sich die Landesherren darauf, in den begehrten Besitz eines 'privilegium de non appellando' oder in Erweiterung dessen, eines 'privilegium limitatum' zu gelangen, um den möglich gewordenen Rechtszug der Untertanen zu vermeiden und so ihren unmittelbaren Einfluß auf die Rechtsprechung als Teil ihres landesherrlichen Anspruchs – jetzt stabilisiert – zurückzuerlangen.[8]
Dennoch wurde die territoriale, landesherrliche Rechtsprechung durch das römische Recht aufgrund des indirekten reichsrechtlichen Zwangs zur Etablierung territorialer Obergerichte begünstigt.
Die Verbreitung der Verwissenschaftlichung der Jurisdiktion in den Reichsterritorien wurde in diesem Zusammenhang durch zwei Umstände ermöglicht: Zum einen durch die Juristen, welche durch ihre wissenschaftliche Aus- und Weiterbildung römisches Recht in die Territorien trugen, zum anderen durch das vorgeschriebene schriftliche Verfahren, welches einen retrospektiven Blick ermöglichte und so Rechtsentscheidungen zur Transparenz verhalf, auch wenn Urteilsbegründungen nicht vorhanden waren.[9]
Die unmittelbare Wirkung der dem römischen Recht verpflichteten Reichsrechtsprechung auf die Hofgerichtsordnungen der Territorien, welche sich an Urteilen in Appellationsprozessen ablesen ließe, ist durch deren Urteilsform nicht möglich. Andererseits könnte eine genaue, inhaltliche Analyse die Unterschiede zwischen landesherrlichem und reichsrechtlichem Spruchverhalten deutlich machen, um so Aspekte der Rezeption des römischen Rechts zu liefern.

---

[8] S. Willoweit, Rechtsgrundlagen, S. 110.
[9] Diestelkamp, Quellen, S. 103f.

5.2 Die Funktion des Hofgerichts im Herzogtum Sachsen–Lauenburg im Kontext der Rezeption des römischen Rechts

Spätestens seit 1573 waren die lauenburgischen Stände bemüht, Vorbereitungen für eine Hofgerichtsordnung zu treffen.[10] Nachdem sie sich mit ihrem Landesherrn geeinigt hatten,[11] die Rechtspflege durch die Einführung einer solchen Ordnung zu verbessern, hatte Herzog Franz I. den rechtserfahrenen Gelehrten Dr. Heinrich Husanus, welcher bereits die mecklenburgische Hofgerichtsordnung nach dem Vorbild Wolfenbüttels entworfen hatte,[12] zur Konzeption einer Hofgerichtsordnung nach Lauenburg geholt. Die lauenburgische Hofgerichtsordnung konnte im Jahr 1578 in Kraft gesetzt werden.[13]

Hiernach fielen fortan Streitsachen der Ritter– und Landschaft ebenso in den erstinstanzlichen Zuständigkeitsbereich des Hofgerichts wie Streitsachen von Untertanen mit ihrem Landesherrn. Zudem war das Hofgericht Appellationsinstanz für Untertanen, die gegen Urteile der Niedergerichtsbarkeit vorgehen wollten,[14] sofern der Streitwert eine Summe von 20 ML ausmachte.[15] Das lauenburgische Hofgericht präsentierte sich als nicht ständige Einrichtung und tagte zunächst achtmal im Jahr in der Regierungskanzlei unter Vorsitz eines Hofrichters; zwei Regierungsräte, zwei Landräte und zwei Assessoren bildeten mit ihm das Entscheidungsgremium.[16] Die Regelung der Rechtspflege in geistlichen Angelegenheiten wurde 1585 – nach Einführung einer Kirchenordnung – durch die Etablierung eines Konsistorialgerichts geregelt. Erstinstanzlich war das Konsistorialgericht für die Sachen zuständig, die dem Hofgericht verschlossen geblieben waren (Religionssachen, Personalsachen der Kirchen und Schulen, Kirchen–, Schul– und Hospitalsachen, Ehesachen insgesamt, Kirchendisziplin, Sittenzucht). Die landesherrliche

---

[10] Reden, Landständische Verfassung, S. 146. – S. ausführlich zu den Rechtspraxen des Spätmittelalters: Wolfgang Prange: Die Organisation der Rechtspflege im Herzogtum Lauenburg bis 1879; in: Kurt Jürgensen (Hg.): Geschichtliche Beiträge zur Rechtspflege im Herzogtum Lauenburg und in umliegenden Territorien; [= Lauenburgische Akademie für Wissenschaft und Kultur, Kolloquium 8]; Mölln 1996 (künftig zitiert: Prange, Rechtspflege); S. 14.

[11] Prange, Rechtspflege, S. 14f.

[12] Reden, Landständische Verfassung, S. 147.

[13] Reden, Landständische Verfassung, S. 146. – Der Entwurf von Husanus in LAS, Abt. 210, Nr. 1435.

[14] Kaack, Territorium, S. 36.

[15] Prange, Rechtspflege, S. 15.

[16] Prange, Rechtspflege, S. 15. – Kaack, Territorium, S. 36.

Regierungskanzlei bildete die Einspruchsinstanz – eine Appellation an das Hofgericht war ausgeschlossen.[17]
Eine Appellation an das Reichskammergericht (oder den Reichshofrat) war sowohl in Bezug auf Urteile des Hofgerichts wie des Konsistorialgerichts möglich.
Beide Reichsgerichte waren auch für die aus dem Land Hadeln stammenden Appellationsklagen letztinstanzlich verantwortlich. Die hadelnsche, ständisch orientierte Gerichtsorganisation umfaßte die Untergerichte der Kirchspiele und der Stadt Otterndorf erstinstanzlich und drei ständische Ober–/ Landgerichte unter Vorsitz des landesherrlichen Gräfen:[18] Das Landgericht für das Hochland, das Viergericht für das Sietland und das ständische Obergericht in Otterndorf. Diese Ober–/ Landgerichte bildeten zugleich die Appellationsinstanz für die Untergerichte und das Stadtgericht.
Gegen die Urteile der Ober–/ Landgerichte konnte an das lauenburgische Hofgericht oder unmittelbar an den Herzog von Sachsen–Lauenburg appelliert werden, so daß das Reichskammergericht viert–, zumeist jedoch drittinstanzlich zuständig werden konnte.[19]
Unter Bezugnahme auf die ihnen von Erzbischof Heinrich verliehenen Privilegien forderten die Schultheißen und Schöffen des Landes Hadeln im Jahr 1593 ein eigenes hadelnsches Hofgericht. Zukünftig sollte nicht mehr der Landesherr oder das lauenburgische Hofgericht die nächstfolgende Appellationsinstanz darstellen, sondern das unter Kontrolle der hadelnschen Schultheißen und Schöffen neu zu schaffende (Hadelnsche) Hofgericht, von welchem aus die Appellation an das Reichskammergericht möglich sein sollte. Die Auseinandersetzungen, die vor dem Reichskammergericht in dieser Sache geführt wurden, verliefen für die klagenden Hadelner Stände erfolglos. Herzog Franz II. konnte sich vor Gericht durchsetzen und auf diese Weise seinen landesherrlichen Anspruch auf das Land Hadeln festigen.[20]
Die Etablierung einer lauenburgischen Hofgerichtsordnung, die zweifelsohne auf Bestreben des landsässigen Adels des Stammterritoriums zustande

[17] Prange, Rechtspflege, S. 16. – Kaack, Territorium, S. 36. – S. eingehend Robert–Dieter Klee: Konsistorialgerichtsbarkeit im Herzogtum Lauenburg; in: Kurt Jürgensen (Hg.): Geschichtliche Beiträge zur Rechtspflege im Herzogtum Lauenburg und in umliegenden Territorien; [= Lauenburgische Akademie für Wissenschaft und Kultur, Kolloquium 8]; Mölln 1996, S. 27–33.

[18] Die von Erzbischof Heinrich im Jahr 1584 eingeführte Ordnung liegt gedruckt (bei Hans Binder in Hamburg, 1584) vor in: NdsStA, Stade, Rep. 27, H 188. Im Jahr 1589 wurde das Landgericht in ein Landesherrliches Obergericht umbenannt.

[19] S. Dettmer, Recht, S. 62–64. – Vgl. zum Instanzenzug und dessen historischer Entwicklung: Weitzel, Kampf, S. 298ff. – S. exemplarisch zum Instanzenzug im Land Hadeln (1607–1614): NdsStA, Stade, Rep. 27, L 2587: Niedergericht, Obergericht, Herzog von Sachsen–Lauenburg, Reichskammergericht.

[20] NdsStA, Stade, Rep. 27, H 188.

gekommen war, wirkte in zweierlei Richtung: Wurde dem Landesherrn de facto die Rechtsprechung über die eigene Ritter– und Landschaft zukünftig entzogen, so waren zugleich Rahmenbedingungen im Herzogtum Sachsen–Lauenburg geschaffen worden, künftig gegen die territorial begrenzte Jurisdiktion auf reichsrechtlicher Ebene vorgehen zu können. Die Etablierung einer obergerichtlichen Instanz stellte somit eine Erweiterung der bisherigen Rechte dar, die eine Klageerhebung aus dem Territorium im Fall der landesherrlichen Justizverweigerung bereits gekannt hatte.[21]

Für das Territorium Sachsen–Lauenburg bedeutete die Etablierung eines Obergerichts in erster Linie die Schaffung einer transparenten Rechtspflege, die gewohnheitlichen Rechtsgrundsätzen folgen sollte. Hierin lag die Diskrepanz im Verständnis der damaligen Zeit: Hatten sich Ritter– und Landschaft des Herzogtums unter einer Hofgerichtsordnung mehr oder minder eine Ansammlung von Verordnungen vorgestellt, welche eine transparente und vorhersehbare Rechtsprechung verfolgten, so bestand die Idee der Hofgerichtsordnung darin, römisches Recht mit kodifizierten, ordentlichen Verfahrensabläufen durchzusetzen, um auf diese Weise ein Ergebnis im prozessualen oder außerprozessualen Bereich zu ermöglichen, und darin, das Recht zu verwissenschaftlichen.[22]
Besonders treffend hat diese Diskrepanz Heinrich Mitteis verdeutlicht:

> „Die Hauptwirkung der Rezeption liegt indessen nicht in der Überfremdung des Rechtes durch Aufnahme einzelner Sätze, vielmehr im *Wandel der gesamten geistigen Grundlagen*. Das fremde Recht brachte eine ganz neue Denkmethode und juristische Logik mit, die dem Volke unverständlich blieb. So öffnete sich eine tiefe Kluft zwischen Volk und Recht, Volk und Juristen.“[23]

Die Einführung der lauenburgischen Hofgerichtsordnung bedeutet die Einführung des römischen Rechts in Sachsen–Lauenburg;[24] es erscheint hingegen vorerst nicht entscheidend, ob im Beweisgang gewohnheitsrechtlich oder dem römischen Recht verpflichtet argumentiert wurde.[25]
Somit leiteten diese „Neuerungen“ im Rechtsbewußtsein Veränderungen ein, „daß man von rein gefühlsmäßiger und traditioneller Entscheidung zu

---

[21] Scheurmann, Organisation, S. 120.

[22] Coing, Epochen, S. 52.

[23] Mitteis, Rechtsgeschichte, S. 330f. – S. hierzu die Darlegungen von Husanus gegenüber Franz II., die zusammengefaßt sind bei: Reden, Landständische Verfassung, S. 147f.

[24] S. gleichbewertend Reden, Landständische Verfassung, S. 146.

[25] In diesen Zusammenhang gehört die in der Diskussion stehende Frage, inwieweit neue Beweismittel und Zeugenaussagen in den reichskammergerichtlichen Prozeßverlauf eingebracht werden durften. – Vgl. hierzu: Broß, Appellationsbestimmungen, S. 38ff., S. 90f.

Fallentscheidungen gelangt, die aus dem wissenschaftlich bearbeiteten Recht rational abgeleitet und begründet werden können. Das alles vollzieht sich in der Form der wissenschaftlichen Diskussion, in These und Kritik, in Rede und Gegenrede.“[26]

In diesem Kontext wird die Enttäuschung der lauenburgischen Ritter– und Landschaft über die von Husanus verfaßte Hofgerichtsordnung verständlich.[27] Dem Interesse der Ritter– und Landschaft hätte die Etablierung einer ‘Landespoliceyordnung’ in Form eines ‘Maßnahmenkatalogs’ genügt, die jedoch nie eingeführt wurde.[28] Wolfgang Prange vermutet zu Recht, daß bereits die Kirchenordnung von 1585 den Ansprüchen der Ritter– und Landschaft eher entsprochen haben mag,[29] obwohl sich das Interesse der Ritter– und Landschaft anschließend auf die Ausarbeitung einer Polizeiordnung durch Friedrich Aepinius richtete.

5.3 Innerterritoriale Appellationsbeschränkungen

Eine reichsrechtlich eingeschränkte Appellationsmöglichkeit besaßen diejenigen Untertanen, deren Landesherr im Besitz eines kaiserlichen Appellationsprivilegs war: Der Herzog von Sachsen–Lauenburg besaß ein solches nicht, wiewohl er sich um ein ‘privilegium de non appellando’ bemüht haben dürfte.

Appellationsprivilegien, welche eine bestimmte Streitsumme als Untergrenze der Appellationszulässigkeit auswiesen und damit die allgemeinen Appellationssummen erhöhten,[30] erfuhren im Kontext der Ausprägung des fürstlichen Regiments in der Frühen Neuzeit eine besondere Bedeutung und lösten die bis 1487 geltenden ‘privilegia de non evocando’ ab.[31]

Im Rahmen der Verhandlungen seit 1573 zur Einführung einer Hofgerichtsordnung im Herzogtum Sachsen–Lauenburg befaßten sich Ritter– und Landschaft und der Landesherr mit der Frage, welche Streithöhe eine Appellation an das Reichskammergericht zulassen sollte. Beide Seiten verständigten sich auf einen Mindeststreitwert in Höhe von 200 fl.[32] Dieses

---

[26] Coing, Epochen, S. 53.

[27] Reden, Landständische Verfassung, S. 147, dort Quellenhinweis in Fn. 12.

[28] Brigitte Hempel: Der Enwurf einer lauenburgischen Polizeiordnung für das Herzogtum Sachsen–Lauenburg aus dem Jahr 1591; [= Rechtshistorische Reihe, 11]; Frankfurt a. M. u.a. 1980. – Prange, Rechtspflege, S. 16. – S. hinsichtlich der Polizeiordnungen der Stadt Lauenburg (1599) und der Stadt Ratzeburg (1582): Kaack, Territorium, S. 21.

[29] Prange, Rechtspflege, S. 16.

[30] Weitzel, Kampf, S. 34, Fn. 3. Die allgemeinen Appellationssummen betrugen 1521: 50fl.; 1570: 150fl. Diese Festlegungen fehlten in der Reichskammergerichtsordnung des Jahres 1495.

[31] Mitteis, Rechtsgeschichte, S. 269.

[32] Prange, Rechtspflege, S. 15.

selbsterlassene Appellationsprivileg war de iure unrechtmäßig und von Seiten des Reichs verboten; die Streithöhe war allerdings in etwa identisch mit der vom Reichskammergericht vorgezeichneten Mindeststreitsumme. Dennoch: Die Vergabe von Appellationsprivilegien stand lediglich dem Kaiser zu – eine Selbstvergabe hingegen muß als Rechtsbeugung betrachtet werden, die zu Lasten des Kleinklägers im Lande ging.[33] Diese eigene Privilegienzubilligung im Lauenburgischen einerseits wie die allgemeine Appellationsbeschränkung durch das Reichskammergericht andererseits mögen dafür verantwortlich sein, daß Bauern nie und Bürger fast nie an das Reichskammergericht appellierten,[34] da die vor Gericht anfallenden Kosten eines Appellationsprozesses für beide Gruppen existentielle Nöte auslösen konnten,[35] obwohl die Möglichkeit bestand, einen sogenannten 'Pflichtverteidiger' oder 'Pflichtkläger' des Reichskammergerichts zur Seite gestellt zu bekommen.[36] Im Herzogtum Sachsen–Lauenburg sind keine am Armenrecht orientierten Appellationsprozesse festgestellt worden.

Das von Herzog Franz II. im Jahr 1590 erlassene 'Eigenprivileg', welches auf Wunsch „aus der Landschaft nach einmütigem beschluß" zum Landgesetz erhoben wurde, enthielt nicht mehr mit den allgemeinen Appellationssummen des Reichskammergerichts kompatible Mindeststreitwerte.[37] Im Jahr 1600 wurden diese auf 300 fl. festgelegt;[38] demgegenüber erhöhte Herzog Franz II. im Jahr 1600 die Appellationssumme von 300 auf 400 fl. in seinem Herzogtum[39] und widersprach damit ebenso den Reichsgesetzen[40] wie die Erklärung seines Sohnes August während seiner Regierungszeit, einzelne Streitsachen aus der Appellation an das Reichskammergericht exkludieren zu wollen.[41] Erst nach 1654 finden die allgemeinen Appellationssummen Eingang in die lauenburgische Hofgerichtsordnung.[42]

---

33 Weitzel, Kampf, S. 253ff., S. 345.

34 Vgl. Prange, Rechtspflege, S. 15.

35 Gudian, Appellation, S. 7f.

36 Laufs, Reichskammergerichtsordnung, S. 35f.

37 NdsStA, Stade, Rep. 27, S 6849 II, fol. 25 (Extrakt aus der Constitution Franz´ II. vom 10. Oktober 1590).

38 Weitzel, Kampf, S. 34, Fn. 3. Die allgemeinen Appellationssummen betrugen 1600: 300fl.; 1654: 600 fl. – S. ebenda, S. 290f.

39 LAS, Abt. 210, Nr. 3679, lit. C.

40 Der Herzog von Sachsen–Lauenburg war weder im Besitz eines „privilegium de non appellando" noch im Besitz einer kaiserlichen Zustimmung zu den vom Herzog mit seinen Landständen verabschiedeten Appellationssummen. – Vgl. zum 'speziellen kaiserlichen Einverständnis': Weitzel, Kampf, S. 39f.

41 S. LAS, Abt. 390, Nr. 415, qdr. 4–12, lit. G (handschriftlicher Extrakt aus der fürstlichen Niedersächsischen gedruckten Hofgerichtsordnung, tit. 32: Von Appellation).

42 LAS, Abt. 210, Nr. 3679, lit. C.

5.4 Römisches Recht versus Sächsisches Recht

Es bleibt die Frage, ob zum Zeitpunkt der Einführung der lauenburgischen Hofgerichtsordnung1578 das römische Recht noch eine subsidiäre Wirkung auf das gewohnheitliche sächsische Recht darstellte.[43]
Die reichsrechtlichen Prozeßmaximen hatten zu diesem Zeitpunkt bereits ihre tiefe, über Juristengenerationen hin entwickelte und gefestigte Verankerung erfahren. Die personellen und religiösen Auseinandersetzungen innerhalb des Reichskammergerichts[44] hatten ihre Entspannung im Augsburger Religionsfrieden gefunden,[45] so daß im Vordergrund der gerichtlichen Arbeit neben der Prozeßtätigkeit die Fortentwicklung der dem römischen Recht verbundenen Urteilstätigkeit stand, die ihre wissenschaftliche Ergänzung im Wissenschaftsapparat der Juristenfakultäten und Universitäten erfuhr. Für die zweite Hälfte des 16. Jahrhunderts wird von der „Blütezeit" des Reichskammergerichts gesprochen.[46]

Die an das lauenburgische Hofgericht erst–, zweit– oder auch drittinstanzlich gelangten Klagen wurden nach der Hofgerichtsordnung behandelt und entschieden.[47] Orientierte sich der Verfahrensablauf wegen vorgeschriebener Prozeßmaximen an den römischen Rechtsregeln und war damit dem Reichsrecht artverwandt, so orientierten sich die getroffenen Fallentscheidungen an den gewohnheitlichen Rechtsgrundsätzen des Territoriums. Eine Aushebelung dieser territorialen Rechtsgrundsätze konnte lediglich durch die Appellation an das Reichskammergericht – oder an den Reichshofrat, welcher hier nicht betrachtet wird – erreicht werden, wobei der Weg zur Entscheidungsfindung beim Reichsgericht im Verborgenen bleibt. Beurteilbar hingegen wird die Vorgehensweise während des Verfahrens vor dem Reichskammergericht, welches sich nach der Reichskammergerichtsordnung richtete und von Prokuratoren vor Ort in Speyer geführt wurde. Den Prozeßparteien, Klägern wie Beklagten, war eines

[43] Vgl. Reden, Landständische Verfassung, S. 147. – S. A[dolph] E[duard] E[berhard] L[udwig] von Duve: Inwiefern gilt das Sachsenrecht im Herzogtum Lauenburg?; in: Zeitschrift für die Gesetzgebung, Rechtswissenschaft und Rechtspflege im Königreich Hannover; Lüneburg 1821/ 1822, S. 114–155. (künftig zitiert: Duve, Sachsenrecht). Duve behandelt die gestellte Frage vornehmlich für das 17. und 18. Jahrhundert.

[44] S. hierzu eingehend: Sastrow, Herkommen, S. 581ff.: Beschreibung wie zu Speyer das Kaiserliche Kammergericht, welches 6 Jahre suspendiert gewesen war, wieder besetzt wurde. – S. auch Lanzinner, Reichsversammlungen, S. 25.

[45] Harthausen, Geistiges Leben, S. 11.

[46] Vgl. Weitzel, Kampf, S. 346.

[47] S. Prange, Rechtspflege, S. 17 hinsichtlich eines sich verändernden Appellationsverhaltens der Ämter und Städte, die zunächst an das Hofgericht appellierten, aber zum Ende des 16. Jahrhunderts die herzogliche Kanzlei als Appellationsinstanz nutzten.

gemeinsam: Der Kläger trat mit dem Bestreben an, sein auf landesherrlicher Ebene erlittenes Unrecht auf Reichsebene in Recht zu wandeln, der Beklagte verteidigte sein auf landesherrlicher Ebene erhaltenes Recht. Kurz, beide Parteien wollten ein singuläres positives Urteil erwirken, welches mit Hilfe der Prokuratoren erreicht werden sollte. Zur Beweisführung wurden die vorgelegten Hofgerichtsakten als sogenannte „Acta priora" eingereicht, in denen sich in Streitigkeiten um Lehnsfragen oder Erbschaftsangelegenheiten die gewohnheitsrechtlichen und damit regionalen Rechtsprechungszüge erkennen lassen.[48] Der Appellationsprozeß vor dem Reichskammergericht folgte jedoch anderen Kriterien; diese wurden von den Prokuratoren zielorientiert verfolgt.

Somit erscheint die Frage nach der Subsidiarität des römischen Rechts in besonderem Maß die Diskrepanz zwischen Rechtstheorie und Rechtspraxis zu verdeutlichen, da letztere durch das handlungsleitende Interesse des Appellanten eine ergänzende, alles beeinflussende Dimension erfährt. Dies widerspricht nicht dem theoretischen Überbau der Hofgerichts– und der Reichskammergerichtsordnung, die beide schriftlich versichern, gewohnheitlichen Rechtssätzen zu folgen und diese zu beachten.[49] Die Rechtspraxis folgte pragmatischen Gründen zur Durchsetzung je eigener Interessen, die Spruchpraxis blieb ob der Urteilsform – wie erwähnt – im Dunkeln. Es erscheint deshalb geraten, – nach gebotener quellenkritischer Untersuchung der Ordnungen – den subsidiären Charakter des römischen Rechts gegenüber den gewohnheitlich verankerten Rechtsregeln des Territoriums zurückzuweisen. Die von Husanus verfaßten Hofgerichtsordnungen Braunschweig–Lüneburgs in Wolfenbüttel und Mecklenburgs stellten das römische Recht vor das Gewohnheitsrecht. Beide Ordnungen begünstigten so die rasche Ausbreitung bis in die Ebenen der Niedergerichtsbarkeit beider Territorien.[50] Diese Eindeutigkeit fehlte im Herzogtum Sachsen–Lauenburg und führte teilweise zu verwirrenden Rechtslagen und zu verfälschenden Auffassungen hinsichtlich der rechtsgültigen Besitzansprüche; dies belegen die Prozesse um das Gut Gudow.[51] Diese Auseinandersetzungen verdeutlichen das Rechtsempfinden des landsässigen Adels in besonderem Maß: Aus einem ehemaligen Unterlehen hatte sich nach Auffassung der Lehnsnehmer ein freies Gut entwickelt, da ein Kaufvertrag die grundbesitzliche Übertragung dokumentierte. Dieses

---

[48] S. gleichlautend Fuchs, Hexerei, S. 65.

[49] Textabschnitt der lauenburgischen Hofgerichtsordnung abgedruckt bei Prange, Rechtspflege, S. 15.

[50] Reden, Landständische Verfassung, S. 147.

[51] LAS, Abt. 210, Nr. 3509. – LAS, Abt. 390, Nr. 84. – LAS, Abt. 390, Nr. 86. – ÖsterrHHStA, RHR, Judiziale Antiqua, 765/1. – LAS, Abt. 210, Nr. 3515. – LAS, Abt. 210, Nr. 3516.

Rechtsempfinden konnte nach dem sächsischen Lehnsrecht keine Bestätigung finden,[52] nach römischem Recht hingegen war der käufliche Erwerb von Privatbesitz möglich geworden.[53] Karl Behrends hat diese Prozesse vor dem Reichskammergericht detailliert nachgezeichnet und damit das differente, sich wandelnde und Rechtsvorgänge instrumentalisierende Empfinden der Zeit mit abgebildet.[54] Die Frage nach einer bestehenden Lehnsabhängigkeit der Ritter– und Landschaft oder nach dem Status als Besitzer und Inhaber der landtagsfähigen Güter wurde im Rahmen der Prozesse vor dem Reichskammergericht thematisiert und wurde dann prozeßbestimmend.
Auf diese Weise wurde die Diskrepanz im Rechtsverständnis der von der Ritter– und Landschaft durch eine Hofgerichtsordnung angestrebten Verbesserung der Rechtspflege im Herzogtum Sachsen–Lauenburg offenbar.
Zum einen sollten die inneren Verhältnisse durch einen unter dem Einfluß der Ritter– und Landschaft stehenden Maßnahmenkatalog in ihren auf ihre Untertanen ausgerichteten Zuständigkeitsbereichen eine grundsätzlich gewohnheitsrechtliche Rechtsbindung behalten, gewährleisteten sie doch hierdurch einerseits die Entkoppelung der Rechtspflege von ihrem Landesherrn und andererseits, durch die Kodifizierung des Subsidiaritätsprinzips des römischen Rechts, den Grundsatz, daß die hofgerichtlichen Entscheide nach der selben Spruchpraxis vor dem Reichsgericht behandelt werden mußten: „Wie das Hofgericht zu halten“. Die „Hof–Gerichts–Beysitzer“ sollten „vor allen Dingen nach den beständigsten wohlhergebrachten Gebräuchen und Gewohnheiten des Fürstenthums, und darnächst nach Sächsischen [...] Rechte – richten und urtheilen.“[55]
Somit war es für die Ritter– und Landschaft zwingend notwendig, die Besetzung des Hofgerichts aus den eigenen Reihen zu gewährleisten.
Zum anderen dokumentieren die vor dem Reichskammergericht von Angehörigen der Ritter– und Landschaft vorgebrachten Appellationen, daß die Formen der Besitzstandswahrung sowohl gewohnheitsrechtlichen wie römischen Rechtsgrundsätzen folgten, indem ein erkaufter Besitz automatisch die Lehnsabhängigkeit verlor und sich zum Privatbesitz wandelte. Dieser Rechtsgrundsatz war – wie erwähnt – dem Sächsischen Recht fremd, und letzterem konnte vor dem Reichskammergericht durch den Beklagten – zumeist

[52] Sachsenspiegel, S. 243–352 (Das Lehenrecht)

[53] Vgl. Mitteis, Rechtsgeschichte, S. 376f.

[54] Karl Behrends: 250 Jahre Geschichte des Gutes Gudow von 1470–1724; in: Lbg.H., N.F. 70; 1970, S. 11–27 (Prozeßverlauf).

[55] Zitiert nach Duve, Sachsenrecht, S. 120f. Daß es sich bei dem Sächsischen Recht tatsächlich um das im Sachsenspiegel kodifizierte Recht handelte, wird an anderer Stelle belegt: Das herzogliche Privileg für die Stadt Otterndorf aus dem Jahr 1567 verfügte, daß dort geurteilt werden soll: „nach Gewohnheit, dann wie dem Buchstaben des Sachsenspiegels gemäß, in Unsern Sächsischen Gerichten zu Sadelbande gehalten wird.“ (Ebenda, S. 120). – Vgl. Ebenda, S. 127, Nr. 1.

den Landesherrn – keine Rechtsgültigkeit verschafft werden, da in der Hofgerichtsordnung unter dem Abschnitt „Wie das Hofgericht zu halten" ausgeführt wurde:

> „[...] und wo das [das Sachsenrecht, J.H.] aufhört, [ist] nach dem beschriebenen löblichen Kaiser Rechte [das Römische Recht, J.H.] [zu] richten und [zu] urtheilen."

In den Appellations– wie auch Mandatsprozessen um Lehnsfragen, welche von Angehörigen des Herzogtums Sachsen–Lauenburg an das Reichskammergericht gebracht wurden, traten in besonderem Maß die Grenzen und Schwächen des Sachsenrechts hervor.[56] Dieses Vakuum wurde durch reichsrechtliche Rechtsgrundsätze geschlossen, die auf diese Art Einzug in die hofgerichtliche Rechtsprechung erlangen und langfristig über das Sachsenrecht dominieren konnten.[57]

5.5 Die Entwicklung der hofgerichtlichen Rechtspflege während der Regierungszeit von Herzog Franz II.

Nachdem Herzog Franz II. die Regentschaft im Herzogtum Sachsen–Lauenburg übernommen hatte, beabsichtigte er in Hinsicht auf die Hofgerichtsordnung, im Jahr 1583 Reformmaßnahmen einzuleiten. Hierdurch versuchte er, sein landesherrliches Regiment zu stärken und sich gegenüber der Ritter– und Landschaft zu behaupten. Für die Rechtsprechung – aus reichspolitischer Sicht – hätten diese 'Reformmaßnahmen' einen empfindlichen Rückschritt bedeutet. Diesem Reformansinnen verweigerte sich die Ritter– und Landschaft, thematisierte hingegen in der „Ewigen Union" das Hofgericht, dessen Besetzung und dessen Ordnung erneut. Hierbei standen weniger Ideen zur Entwicklung der lauenburgischen Rechtspflege im Vordergrund ihres Bestrebens als der Wille zur landständischen Behauptung gegenüber dem Landesherrn. Die Idee des Landesherrn, das auf seine Person fixierte Landrecht mit Hilfe eines Hofgerichts institutionell zu reetablieren und damit einen Rückwandlungsprozeß zum spätmittelalterlichen Rechtsgebrauch einzuleiten, verärgerte den landsässigen Adel 1583, da diese binnenstrukturelle Maßnahme seine bisherigen Vorteile innenpolitisch empfindlich schwächen konnte.

---

[56] Vgl. Duve, Sachsenrecht, S. 128, Thesenpunkt 4.

[57] S. Duve, Sachsenrecht, S. 131ff., § 5 (Beispiel über Grundsatzfragen hinsichtlich des Erbrechts im Jahr 1703 durch Johann Dominicus von Uffeln und als Folge der Einfluß auf eine Resolution der Landesregierung in Ratzeburg am 4. Januar 1704: In den erwähnten Fällen soll künftig „nicht nach Sachsenrecht, sondern nach den gemeinen Reichs–Rechten [...] jederzeit im Herzogthume Lauenburg künftig erkannt und gesprochen werden [...]." – S. weitere Veränderungen im 18. Jahrhundert: Ebenda, S. 137ff.

Die landesherrliche Versicherung in der „Ewigen Union“, daß die lauenburgische Ritter– und Landschaft alle bisherigen „Privilegien, Immunitäten, Reverse, Siegel und Briefe“ behalten, teilweise neu bestätigen lassen konnte, war unmittelbar mit der Zusicherung verbunden, daß der ständische Einfluß durch die „vier Eltisten“ in vollem Umfang gewährleistet sei.[58] De facto hatte die Ritter– und Landschaft so die Landesherrschaft von der territorialen Obergerichtsbarkeit gänzlich ausschließen können. Der ergänzende Unions–Hinweis, daß sich die vier Ältesten (von Parkenthin, Schulze, Daldorf und von Bülow) zugleich der aus dem Territorium Sachsen–Lauenburgs rechtsanhängigen Appellationsangelegenheiten, die an das Reichskammergericht gelangen würden, anzunehmen bereit erklärten, um alle notwendigen Beweise zur Klärung der Streitsachen beizubringen, kann – entgegen den bisherigen Tendenzen der lauenburgischen Geschichtsschreibung, die „Ewige Union“ als positives gestaltendes Moment der territorialen Entwicklung zu interpretieren –, in Anlehnung an die in dieser Untersuchung dargelegten Forschungsergebnisse, als Moment einer Demontage und Entmündigung der fürstlichen Landesherrschaft interpretiert werden. Diese Interpretation hilft als weitergehendes Indiz, die Emanzipationsbestrebungen des Landesherrn zu Beginn des 17. Jahrhunderts zu erklären.
Hierbei sind die gleichzeitigen Entwicklungen in den Pertinenzbereichen zu berücksichtigen: Das Land Hadeln war in den Händen des Gräfen Fritz von Bülow, der diese Funktion neben seiner an das Gut Gudow (als arrondierten Gutsbesitz im Südosten Sachsen–Lauenburgs) gebundenen Funktion des Erblandmarschalls ebenso ausfüllte wie als Lehnsnehmer im Amt Neuhaus. Hieronymus Schulze kontrollierte als Lehnsmann in Marschacht Teile der Elbmarschvogtei,[59] Hans Daldorf auf Wotersen hatte seine Besitzungen zentral im Stammterritorium, und Bartold von Parkenthin besaß seinen Gutsbesitz um Zecher im Osten Sachsen–Lauenburgs.[60] Der Besitz der Rittergüter Wehningen und Preten in Händen der Familien von Bülow und von Parkenthin verdeutlicht das hohe Maß an territorialer Einflußmöglichkeit dieser vier Familien im Lauenburgischen, die zudem alle maßgeblichen Verwaltungsfunktionen bis 1585 in ihren unmittelbaren Einflußbereich gebracht hatten: Die Funktionen des Kanzlers, der Räte und der exterritorialen Verwalter häuften sich in Vertretern dieser vier Familien, denen sich die übrigen Angehörigen der Ritter– und Landschaft bereitwillig unterzuordnen schienen.[61]

---

[58] S. den Text der „Ewigen Union“ bei Kaack, Bauer, S. 176.

[59] S. hinsichtlich der Urkundenabschriften zur Belehnung mit Marschacht: NdsHStA, RKG, Lüneburg 27, S, Nr. 9038 II, qdr. 12, insbesondere Nr. 4. Inventarium von Marschacht ebenda, Nr. 5.

[60] Zur Aufteilung der Dorfschaften auf die lauenburgischen Adligen Gerichte s. Prange, Rittersitz, S. 36f.

[61] LAS, Abt. 390, Nr. 583, qdr. 15, lit. L.

Zu wirklichen Revisionsmaßnahmen hinsichtlich des Hofgerichts ist es bis zum Ende der Regierungszeit von Franz II. nicht gekommen.[62] Die Verlagerung der rechtsanhängig werdenden Appellationsprozesse der territorialen Rechtsprechung der Ämter und Städte in die herrschaftliche Regierungskanzlei begünstigte eine Funktionsunfähigkeit des Hofgerichts, der die Angehörigen der Ritter– und Landschaft keinen Widerstand entgegensetzten und durch eigene Untätigkeit (das Hofgericht trat nur noch selten zu Beratungen zusammen) zum fast vollständigen Erliegen der Hofgerichtssprechung beitrugen; hingegen unternahmen sie seit dem ausgehenden 16. Jahrhundert Versuche, verfahrenstheoretische und handlungsanweisende Reformen des Hofgerichts durchzusetzen, denen sich Herzog Franz II. verweigerte. Die Hofgerichtssprechung kam bis zum Tode Franz′ II. zum Erliegen und konnte erst mit dem Herrschaftswechsel 1619 zu Herzog August eine Revision, die die ständischen Forderungen berücksichtigte,[63] erfahren.
Das Wirken – in diesem Falle das Nichtwirken – des Hofgerichts markierte allerdings nur einen Punkt, der als Indiz für das herzogliche Emanzipationsbestreben im beginnenden 17. Jahrhundert gewertet werden kann; in diesen Kontext gehören weitere Auseinandersetzungen zwischen dem Landesherrn und Angehörigen der lauenburgischen Ritter– und Landschaft. Dabei sind Lehnsentsetzungen, respektive Versuche hierzu, ebenso zu beobachten wie die Erörterung von Fragen territorialer Zugehörigkeiten zu Besitzungen der Gutsherrn.

[62] Reden, Landständische Verfassung, S. 148f.
[63] Reden, Landständische Verfassung, S. 149.

5.6 Appellationsprozesse von Angehörigen des Herzogtums Sachsen–Lauenburg vor dem Reichskammergericht

Das Konfliktpotential mit dem Landesherrn wurde durch Auseinandersetzungen innerhalb der lauenburgischen Ritter– und Landschaft erweitert: Angehörige des landsässigen Adels gerieten um territoriale Zugehörigkeiten, die im Zuge von Erbschaftsauseinandersetzungen, Verletzungen von Jagd– und Weide– oder Fischereigerechtigkeiten erwuchsen, miteinander in Konflikt.
Im Vordergrund steht die Frage, in welchem Umfang das Reichskammergericht mit diesen unklaren Rechtsverhältnissen in Berührung gekommen ist und in welcher Form es seine Zuständigkeit erlangte: Wurde es unmittelbar angerufen, oder wurde die Rechtsanhängigkeit im Rahmen einer Appellation erreicht, nachdem die landesherrlichen Spruchinstanzen ausgenutzt worden waren?

Um sich dem Rechtsmittelgebrauch von Angehörigen des Herzogtums Sachsen–Lauenburg nähern zu können, werden nachfolgend Kategorien aufgestellt, die alle Prozesse erfassen sollen, an denen Angehörige des Territoriums beteiligt waren, um so ein umfassendes Bild der Rezeption des römischen Rechts auf der Grundlage der Nutzung des Reichskammergerichts zeichnen zu können und eine Vergleichbarkeit der hier vorgelegten Schnittfeldbetrachtung mit der reichsumfassenden, quantitativen Untersuchung Ranieris herstellen zu können.
Im Vordergrund soll hierbei die Frage nach den innerlauenburgischen territorialrechtlichen Auseinandersetzungen stehen. Ziel soll es nicht sein, diese Prozesse nachzuzeichnen, sondern quantitativ zu erfassen und inhaltlich zu unterscheiden.

5.6.1 Stammlande[64]

(Die mit einem * gekennzeichneten Prozesse markieren einen territorialpolitischen Klagepunkt oder bezeichnen Prozesse, in deren Verlauf territorialpolitische Gründe offengelegt wurden.)

<u>gegen den eigenen Landesherrn aus dem Territorium:</u>

1550–1554 (RAK, T.K.U.A., Rigsk., Nr. 9f) Georg von der Lieth
(Streitigkeiten wegen des Guts Kuddewörde)*
(Instanzen: lauenburg. Lehnsgericht 1550)

[64] Der Prozeß in Sachen Margarethe Wendt, geb. von Saldern contra Andreas von Barby aus Roskilde (LAS, Abt. 390, Nr. 480) wurde statistisch nicht erfaßt, da der Streitgegenstand nicht ersichtlich und die Angabe des prozessualen Handelns der ersten Instanz (lauenburgisches Hofgericht?) im Jahr 1549 (nach Stein–Stegemann, Findbuch zum Bestand Abt. 390 des Landesarchivs Schleswig–Holstein, S. 356) zweifelhaft ist.

1564–1567 (LAS, Abt. 210, Nr. 3509)	Joachim von Bülow zu Wehningen (Sequestrationsstreit wegen Gudow)* (Instanzen: lauenburg. Lehnsgericht 1560–1564)
gegen den Landesherrn als Nebenbeklagten von Territorienfremden:[65]	
1585–1586 (LAS, Abt. 390, Nr. 117)[66]	Georg Eckhardt aus Berlin (Gut Schenkenberg)*
1586–1588 (LAS, Abt. 390, Nr. 118)	Georg Eckardt aus Berlin (Gut Schenkenberg)*
1586–1593 (LAS, Abt. 390, Nr. 120)	Georg Eckardt aus Berlin (Dorf Niemark)*
1612–1618 (LAS, Abt. 390, Nr. 286)	Statius Münchhausen u.a. (Westfälische Lehen/ Landesbergener Zoll)*
gegen Angehörige des eigenen Territoriums:	
1559 (LAS, Abt. 390, Nr. 87)	Franz v. Bülow zu Gudow u.a. contra die Gemeinden Witzeeze und Büchen (Grenzziehung zwischen Gudow und Segrahn/ unerlaubte Gebäudeerrichtung)* (Instanzen: lauenburg. Regierung 1559)
1580–1603 (LAS, Abt. 390, Nr. 440)	Sophie Schack zu Basthorst contra Lorentz und Hartwig Schack zu Hasental (Streit um die Schweinemast in Basthorst)* (Instanzen: lauenburg. Hofgericht 1586–1590)
1585–1590 (LAS, Abt. 390, Nr. 496)	Otto Wackerbarth zu Kogel u.a. contra Fritz von Bülow zu Gudow (Auseinandersetzungen um die Güter Gudow und Segrahn)* (Instanzen: lauenburg. Hofgericht 1584–1585)
1590–1594 (LAS, Abt. 390, Nr. 441)	Sophie Schack zu Basthorst contra Ursula Schack u.a.[67] (Schweinemast in Basthorst)* (Instanzen: lauenburg. Hofgericht 1586–1590)
1611–1612 (LAS, Abt. 390, Nr. 86)	Franz und Joachim von Bülow zu Gudow contra Hans von Bülow zu Marnitz, Gudow und Wehningen (Besitzverhältnisse des Guts Gudow)* (Instanzen: lauenburg. Hofgericht 1611)
gegen Territorienfremde:	
1561–1584 (HStA, RKG, B 90)	Dietrich Brom aus Lauenburg contra Cäcilie Finning aus Hamburg, nebenbeklagt der Rat der Stadt Hamburg (Erbschaftsauseinandersetzungen) (Instanzen: hamburg. Obergericht 1559–1560)

65 Statistisch nicht erfaßt.

66 Vgl. AHL, RKG, E 1–E 6 und LAS, Abt. 390, Nr. 119.

67 Herzog von Sachsen–Lauenburg als Nebenbeklagter.

1563–1573 (HStA, RKG, G 14)	Johann Geckhusen u.a. contra Heinrich Biesterfeld aus Hamburg (Erbschaftsangelegenheiten) (Instanzen: hamburg. Niedergericht 1562; hamburg. Obergericht 1563)
1581–1585 (HStA, RKG, H 106)	Lauenburg. Kanzler David Krause contra Franz Jugerth aus Hamburg (Erbschaftsangelegenheiten) (Instanzen: hamburg. Obergericht 1581)
1591–1630 (LAS, Abt. 390, Nr. 85)	Vicke von Bülow zu Stintenburg und Fritz von Bülow zu Gudow contra Vicke von Bülow zu Harkensee (Streit um die Aufteilung des Lehnsguts Wehningen)* (Instanzen: mecklenburg. Hofgericht 1582–1589)
1592–1596 (LAS, Abt. 390, Nr. 88)	Fritz von Bülow zu Gudow u.a. contra Otto von Wackerbarth u.a. (Grenzziehung zwischen Segrahn und Gudow/ Zehntrechte)* (Instanzen: lauenburg. Hofgericht 1585–1591)
1596–1626 (LAS, Abt. 390, Nr. 83)	Hans Lützow u.a. contra Andreas Karstedt, Bürgermeister zu Ratzeburg u.a. (Sequestration des Guts Gudow)* (Instanzen: lauenburg. Hofgericht 1595)
1596–1626 (LAS, Abt. 390, Nr. 84)	Anna von Bülow contra Gläubiger des Fritz von Bülow zu Gudow (Sequestration des Guts Gudow)* (Instanzen: lauenburg. Hofgericht 1595)
1597 (ohne[68])	Hans Lützow zu Dutzow contra Heinrich Schröder als Kurator (Streit wegen ausstehender Zahlungen)
1598–1605 (LAS, Abt. 390, Nr. 580)	Hartwig von Lützow zu Groß–Thurow und Hans Lützow zu Dutzow contra den Rat und die Stadt Lüneburg[69] (Schiffahrtsrechte auf dem Dutzower See)* (Instanzen: lauenburg. Regierung 1598–1605)

68 Appellationsprozeß zwischen Lützow contra Schrader betreffend eine säumige Zahlung in: LAS, Abt. 390, Nr. 521. – Vgl. Hinweise bei Stein–Stegemann, Findbuch zum Bestand Abt. 390 des Landesarchivs Schleswig–Holstein, S. 383.

69 Herzog von Sachsen–Lauenburg als Nebenbeklagter.

1607–1608 (LAS, Abt. 390, Nr. 97)	Marie von Parkenthin zu Zecher contra Johann von Drieberg zu Gottmannsförde[70] (Eheversprechen) (Instanzen: lauenburg. Konsistorialgericht 1602–1603; Herzog von Sachsen–Lauenburg 1603–1607)
1608 (AHL, RKG, K 19)	Wessel Klempau und Max Bierkerke (Bewohner in Klempau) contra Moritz Poppe aus Lübeck (Bestechung/ Erbschaftsangelegenheiten) (Instanzen: lüb. Obergericht 1607)
1613–1614 (LAS, Abt. 390, Nr. 511)	Sievert von der Wisch zu Damp, Grünholz, Unewatt und Mirebüll contra Heinrich Magnussen zu Südersee (Streit um die Einweisung in das halbe Gut Basthorst)* (Instanzen: lauenburg. Hofgericht 1604–1616)
1616–1617 (LAS, Abt. 390, Nr. 89)	Erblandmarschall Hans von Bülow zu Marnitz, Gudow und Wehningen contra Klaus Burmester zu Lauenburg (Streit um eine Schuldforderung) (Instanzen: lauenburg. Regierungskanzlei 1615)
1618–1624 (LAS, Abt. 390, Nr. 442)	Helmut Schack zu Basthorst contra Wasmut Schack zu Marsow im Amt Wittenburg (Streit um die Restzahlung einer Brautschatzforderung) (Instanzen: lauenburg. Hofgericht 1617)

5.6.2 Das Land Hadeln

gegen den eigenen Landesherrn aus dem Territorium:

1593 (NdsStA, Stade, Rep. 27, H 188)	Schultheißen und Schöffen des Landes Hadeln (Forderung einer hadelnschen Berufungsinstanz/ Präzedenzfall) (Instanzen: Gericht des Landes Hadeln; lauenburg. Hofgericht)

gegen den Landesherrn als Nebenbeklagten von Territorienfremden:

1598–1601 (NdsStA, Stade, Rep. 27, S 2120)	Heinrich Stange aus Ritzebüttel (Verfälschung eines Ehevertrages) (Instanzen: Landgericht in Otterndorf; lauenburg. Kanzlei 1596–1597)

70 Herzog von Sachsen–Lauenburg als Nebenbeklagter.

gegen Angehörige des eigenen Territoriums:[71]

1562–1621 (NdsStA, Stade, Rep. 27, D 849)	Paul Drews, Wilke von der Kuhle u.a. aus dem Kirchspiel Osterbruch contra Gebrüder Kuhle aus Wellingsbüttel (Streitigkeiten um die Entrichtung des Hockenzehnten) (Instanzen: Hofgericht zu Otterndorf 1561–1562)
1564–1570 (NdsStA, Stade, Rep. 27, B 6299)	Klaus Bulle aus Altenbruch contra Johann Quest aus dem Land Hadeln (Erbschaftsangelegenheiten) (Instanzen: Gericht zu Otterndorf bis 1564)
1574–1582 (LAS, Abt. 390, Nr. 297)	Rat der Stadt Otterndorf contra Kirchgeschworene zu Otterndorf (Streit um die Erhöhung der Pachtgelder) (Instanzen: Hadelner Landgericht 1573)
1580–1581 (NdsStA, Stade, Rep. 27, Q 198)	Wolderich Quest aus Osterende Otterndorf u.a. contra Schultheißen, Schöffen und Kirchgeschworene des Kirchspiels Otterndorf (Naturalienabgaben an die Kirche) (Instanzen: niedersächs. Kanzlei zu Otterndorf)
1581–1585 (NdsStA, Stade, Rep. 27, E 1688)	Daniel Erich aus dem Land Hadeln contra Johann Schütte aus Nordleda im Land Hadeln (Streitigkeiten wegen einer ausstehenden Zahlung) (Instanzen: Schultheißen, Schöffen und niedersächs. Räte in Otterndorf 1580–1581)
1588–1589 (NdsStA, Stade, Rep. 27, T 37)	Heye Tamme aus dem Kirchspiel Otterndorf contra Marquard Jungjohann aus dem Kirchspiel Lüdingworth (Erbschaftsangelegenheiten) (Instanzen: Herzog von Sachsen–Lauenburg und Räte zu Otterndorf 1588)

[71] Ausgeklammert wurde der Prozeß NdsStA, Stade, Rep. 27, R 355. Der Prozeß wurde zunächst von Magnus Ranke aus Buxtehude rechtsanhängig gemacht, nach dessen Tod von seinem Sohn Paul Ranke aus Otterndorf weitergeführt.

1588–1590 (LAS, Abt. 390, Nr. 213)	Johann Lobeke u.a. aus dem Land Hadeln contra Johann Stoeckeler u.a. im Kirchspiel Otterndorf (Haftungsansprüche aus einer Bürgschaft) (Instanzen: Hadelner Landgericht 1587–1588; lauenburg. Hofgericht 1588)
1588–1595 (NdsStA, Stade, Rep. 27, A 645)	Kirchspiel Westerende Altenbruch contra Kirchspiel Westerende Lüdingworth (Streitigkeiten um Aufräumarbeiten des Tiefs an der Grodener Schleuse) (Instanzen: Schultheiß und Schöffen zu Otterndorf)
1593 (NdsStA, Stade, Rep. 27, K 2545)	Diedrich Kloppenburg contra Johann und Paul Grote aus Lüdingworth u.a. (Erbschaftsangelegenheiten) (Instanzen: Gericht zu Otterndorf; Landgericht des Landes Hadeln bis 1590; Hzg. von Sachsen–Lauenburg 1590–1593)
1597 (LAS, Abt. 390, Nr. 521)	Barthold Zelling u.a. aus dem Land Hadeln contra Mathias Willer im Kirchspiel Altenbruch (Erbschafts– und Vormundschafts–angelegenheiten) (Instanzen: Obergericht 1596?; lauenburg. Hofgericht 1597)
1597–1600 (NdsStA, Stade, Rep. 27, G 206)	Lukas Garbert aus dem Land Hadeln contra Klaus Wolber aus Otterndorf (Territoriale Zuständigkeiten)* (Instanzen: Landgericht des Landes Hadeln bis 1594; Herzog von Sachsen–Lauenburg 1595)
1598 (NdsStA, Stade, Rep. 27, M 2074)	Peter Meineke aus Lüdingworth contra Anna Gerdes aus Lüdingworth (Klage wegen eines Eheversprechens) (Instanzen: Konsistorium zu Lauenburg)
1616 (NdsStA, Stade, Rep. 27, S 2642)	Peter Scheffens aus dem Kirchspiel Nordleda contra Schultheiß, Schöffen und Gemeinde des Kirchspiels (Entschädigungsansprüche wegen unberechtigter Viehtrift)* (Instanzen: Landgericht zu Otterndorf)

1617–1618 (NdsStA, Stade, Rep. 27, T 39)	Johann Tamme aus Nordleda contra Klaus Blume aus Otterndorf u.a. (Erbschaftsangelegenheiten) (Instanzen: Herzog von Sachsen-Lauenburg und Räte zu Otterndorf 1610–1617)
1619–1620 (NdsStA, Stade, Rep. 27, Q 199)	Peter Quest aus Otterndorf contra Jakob Warhaus aus Otterndorf (Geldforderungen) (Instanzen: nieders. Kanzlei zu Otterndorf 1612–1617)

gegen Territorienfremde:

1574–1580 (NdsStA, Stade, Rep. 27, F 1760)	Dietrich Focking aus Otterndorf contra Johann Focking aus Hamburg (Herausgabe einer Erbschaft) (Instanzen: Stadtgericht zu Otterndorf 1574)
1587–1590 (LAS, Abt. 390, Nr. 183)	Paul Jungjohann (Bremer Vogt) und Dietrich Kloppenborch aus Altenwalde (Hadeln) contra Paul Lüders aus dem Amt Ritzebüttel (Erbschaftsansprüche) (Instanzen: lauenburg. Hofgericht 1586)
1608–1609 (NdsStA, Stade, Rep. 27, P 985)	Heinrich Plate, erbgesessen zu Altenwisch, Amt Freiburg, Gräfe des Landes Hadeln contra Henneke von Luneberg u.a. (Vormundschaftsregelungen) (Instanzen: erzbischöfliche Kanzlei zu Bremervörde 1608)
1614–1615 (NdsStA, Stade, Rep. 27, A 483)	Steffan Alber und Christoff von Cölln aus dem Land Hadeln contra Witwe des Heinrich Henneken aus Stade (Pachtzahlungen) (Instanzen: Landgericht zu Otterndorf 1613)
1615–1620 (NdsStA, Stade, Rep. 27, B 6807)	Klaus Blum aus Otterndorf contra Beke Lorenz aus Kehdingbruch (Streitigkeiten wegen Schuldforderungen) (Instanzen: Gericht zu Kehdingbruch; erzbischöfliche Kanzlei zu Bremervörde 1615–1620)

Jahres–zahl	Appellations–prozesse Stammlande		Appellations–prozesse Land Hadeln		Appellations–prozesse (Herzogtum Lauenburg)		Appellations–prozesse (Nieders. Kreis)	
	Ges.	territoriale Interessen *	Ges.	territoriale Interessen *	Gesamt	territoriale Interessen *	Gesamt 100 %–Probe[72]	Stich–probe[73]
1495–1499	0	0	0	0	0	0	0	0
1497–1499	**0**	**0**	**0**	**0**	**0**	**0**	**2**	**0**
1500–1529	0	0	0	0	0	0	0	0
1527–1529	**0**	**0**	**0**	**0**	**0**	**0**	**48**	**0**
1494–1529	**0**	**0**	**0**	**0**	**0**	**0**	**0**	**3**
1530–1547	0	0	0	0	0	0	0	0
1530–1547	**X**	**x**	**x**	**x**	**X**	**x**	**0**	**3**
1548	0	0	0	0	0	0	0	0
1549	0	0	0	0	0	0	0	0
1550	1	1	0	0	1	1	0	0
1551	0	0	0	0	0	0	0	0
1552	0	0	0	0	0	0	0	0
1553	0	0	0	0	0	0	0	0
1554	0	0	0	0	0	0	0	0
1555	0	0	0	0	0	0	0	0
1556	0	0	0	0	0	0	0	0
1557	0	0	0	0	0	0	0	0
1558	0	0	0	0	0	0	0	0
1559	1	1	0	0	1	1	0	0
1548–1559	**2**	**2**	**0**	**0**	**2**	**2**	**0**	**8**
1560	0	0	0	0	0	0	0	0
1561	1	0	0	0	1	0	0	0
1562	0	0	1	0	1	0	0	0

72 Ranieri, Rezeption, 2, S. 366–368 (Vollständige Auswertung). – Zur näheren Beschreibung s. ebenda, S. 357 (1497–1499), S. 361 (1527–1529), S. 365 (1587–1589).

73 Ranieri, Rezeption, 2, S. 318f.

Jahres–zahl	Appellations–prozesse Stammlande		Appellations–prozesse Land Hadeln		Appellations–prozesse (Herzogtum Lauenburg)		Appellations–prozesse (Nieders. Kreis)	
	Ges.	territoriale Interessen *	Ges.	territoriale Interessen *	Gesamt	territoriale Interessen *	Gesamt 100 %–Probe	Stich–probe
1563	1	0	0	0	1	0	0	0
1564	1	1	1	0	2	1	0	0
1565	0	0	0	0	0	0	0	0
1566	0	0	0	0	0	0	0	0
1567	0	0	0	0	0	0	0	0
1568	0	0	0	0	0	0	0	0
1569	0	0	0	0	0	0	0	0
1570	0	0	0	0	0	0	0	0
1571	0	0	0	0	0	0	0	0
1572	0	0	0	0	0	0	0	0
1573	0	0	0	0	0	0	0	0
1574	0	0	2	0	2	0	0	0
1575	0	0	0	0	0	0	0	0
1576	0	0	0	0	0	0	0	0
1577	0	0	0	0	0	0	0	0
1578	0	0	0	0	0	0	0	0
1579	0	0	0	0	0	0	0	0
1560–1579	**2**	**1**	**3**	**0**	**5**	**1**	**0**	**11**
1580	1	1	1	0	2	1	0	0
1581	1	0	1	0	2	0	0	0
1582	0	0	0	0	0	0	0	0
1583	0	0	0	0	0	0	0	0
1584	0	0	0	0	0	0	0	0
1585	1	1	0	0	1	1	0	0
1586	0	0	0	0	0	0	0	0
1587	0	0	1	0	1	0	X	0
1588	0	0	3	0	3	0	X	0
1589	0	0	0	0	0	0	X	0
1587–1589	**0**	**0**	**4**	**0**	**4**	**0**	**118**	**0**
1590	1	1	0	0	1	1	0	0
1591	1	1	0	0	1	1	0	0
1592	1	1	0	0	1	1	0	0

Jahres–zahl	Appellations–prozesse Stammlande		Appellations–prozesse Land Hadeln		Appellations–prozesse (Herzogtum Lauenburg)		Appellations–prozesse (Nieders. Kreis)	
	Ges.	territoriale Interessen *	Ges.	territoriale Interessen *	Gesamt	territoriale Interessen *	Gesamt 100 %–Probe	Stich–probe
1593	0	0	2	0	2	0	0	0
1594	0	0	0	0	0	0	0	0
1595	0	0	0	0	0	0	0	0
1596	2	2	0	0	2	2	0	0
1597	1	0	2	1	3	1	0	0
1598	1	1	2	0	3	1	0	0
1599	0	0	0	0	0	0	0	0
1580–1599	**4**	**3**	**6**	**1**	**10**	**4**	**0**	**17**
1600	0	0	0	0	0	0	0	0
1601	0	0	0	0	0	0	0	0
1602	0	0	0	0	0	0	0	0
1603	0	0	0	0	0	0	0	0
1604	0	0	0	0	0	0	0	0
1605	0	0	0	0	0	0	0	0
1606	0	0	0	0	0	0	0	0
1607	1	0	0	0	1	0	0	0
1608	1	0	1	0	2	0	0	0
1609	0	0	0	0	0	0	0	0
1610	0	0	0	0	0	0	0	0
1611	1	1	0	0	1	1	0	0
1612	0	0	0	0	0	0	0	0
1613	1	1	0	0	1	1	0	0
1614	0	0	1	0	1	0	0	0
1615	0	0	1	0	1	0	0	0
1616	1	0	1	1	2	1	0	0
1617	0	0	1	0	1	0	0	0
1618	1	0	0	0	1	0	0	0
1619	0	0	1	0	1	0	0	0
1600–1619	**14**	**8**	**6**	**3**	**12**	**11**	**0**	**42**
Gesamt–summe	**28**	**16**	**22**	**6**	**43**	**22**	**X**	**(84)**

Tabelle 2: Appellationsprozesse, die aus dem Herzogtum Sachsen–Lauenburg an das Reichskammergericht im Zeitraum von 1495–1619 gelangten, im Vergleich zu den von Ranieri durchgeführten Gesamtproben bestimmter Jahre und den Stichproben auf den Niedersächsischen Kreis bezogen.

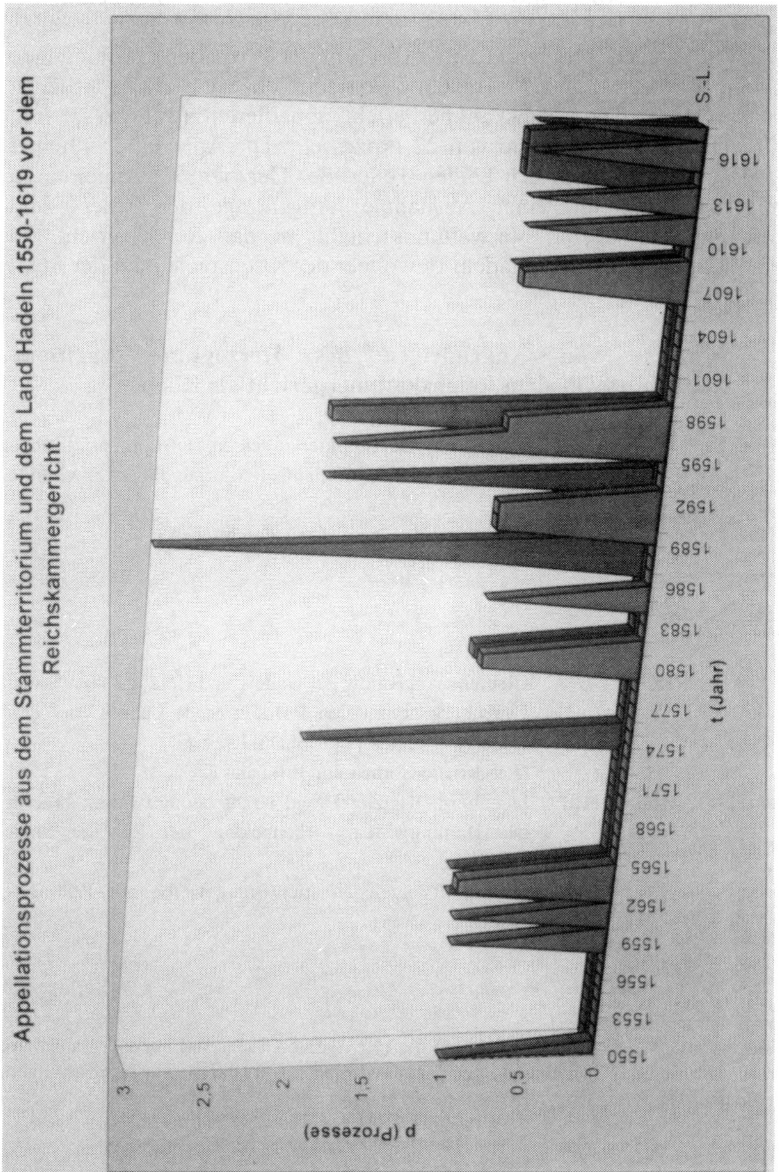

Diagramm 2

Insgesamt konnten 43 Appellationsprozesse von Angehörigen des Herzogtums Sachsen–Lauenburg für den Untersuchungszeitraum festgestellt werden. Hiervon wurden 21 von Angehörigen des Stammterritoriums rechtsanhängig gemacht, 22 Prozesse von Bewohnern des Landes Hadeln.
Auffällig ist, daß Appellationsprozesse, die einen territorialrechtlichen Hintergrund hatten, hauptsächlich von Bewohnern des Stammterritoriums rechtsanhängig gemacht wurden (13 Prozesse von 21 Prozessen), wohingegen die Bewohner des Landes Hadeln vornehmlich in zivilrechtlichen Angelegenheiten an das Reichskammergericht appellierten (2 Prozesse mit territorialrechtlichem Hintergrund von 22 Prozessen). Die Appellationsklientel unterschied sich ebenfalls in den beiden Teilen des Herzogtums: Appellierten im Stammterritorium (mit einer Ausnahme) Angehörige der Ritter– und Landschaft und der oberen Verwaltungsschicht an das Reichsgericht, so appellierten hingegen im Land Hadeln Bewohner der Kirchspiele oder der Stadt Otterndorf.

5.7 Prozesse von Angehörigen des Herzogtums Sachsen–Lauenburg vor dem Reichskammergericht als Kläger[74]

(Die mit einem * gekennzeichneten Prozesse markieren einen territorialpolitischen Klagepunkt oder bezeichnen Prozesse, in deren Verlauf territorialpolitische Gründe offengelegt wurden.)
(Prozesse, die vor dem Reichshofrat geführt wurden, sind *kursiv* geschrieben.)

Zitationsprozesse:

1531–1532 (AHL, RKG, B 84)	Clemens von Bülow auf Gudow und Herzog Magnus von Lauenburg contra den Rat der Stadt Lübeck und den früheren Möllner Vogt Johann Krevet (Landfriedensbruch durch Johann Krevet)*
1583–1586 (HStA, RKG, H 110)	lauenburg. Kanzler David Krause contra Franz Jugerth aus Hamburg u.a., nebenbeklagt der Rat der Stadt Hamburg (Erbschaftsangelegenheiten/Braugewerbe am Rödings–markt)

[74] Vgl. Hinweis in 3.5.11 (Prozesse, die gegen die Herzöge von Sachsen–Lauenburg aus dem eigenen Territorium rechtsanhängig gemacht wurden, sind durch Unterstreichungen gekennzeichnet).

1596–1597 (HStA, RKG, S 174) Heinrich Schultze in Marschacht und seine Mutter (Witwe des Hieronymus Schultze) contra Vogt und Einwohner des Billwerder u.a.
(Landfriedensbruch in einem Waldstück bei dem Hof des Klägers im Billwerder)*

Mandatsprozesse:

1552–1558 (NdsStA, Stade, Rep. 27, B 6300a) Levin von Bülow zu Wehningen u.a. contra Ebf. Christoph von Bremen (Schuldforderungen)

1588–1589 (NdsStA, Stade, Rep. 27, B 6300) Klaus Bulle zu Altenbruch contra Schöffen, Richter und Landgemeinde des Landes Hadeln (Entbindung von seiner Urfehde)

1604–1606 (HStA, RKG, K 37) Ehefrau und Verwandte des Klaus Kiene (Bauernvogt in Hohenhorn) contra die Räte der Städte Hamburg und Lübeck
(Peinliches Verhör betreffend)

1614–1618 (NdsStA, Stade, Rep. 27, W 3601) Jakob Willer, Schultheiß im Kirchspiel Altenbruch contra Christoph Rotbart zu Stade u.a.
(Schmähschrift betreffend)

1618–1619 (HStA, RKG, A 8) Heinrich beim Graben u.a. als Schultheißen der Kirchspiele Altenbruch und Lüdingworth contra den Rat der Stadt Hamburg
(Deichbaumaßnahmen betreffend)

Prozesse vor dem Reichshofrat:

1569 *(ÖsterrHHStA, RHR, A.P.A., K 6) Brockdorf contra Herzog Franz I. (Steinhorst)**

1578 *(ÖsterrHHStA, RHR, Jud.Misc., B 8) von Bülow contra Herzog Franz II. (Bandekau)**

1597 *(ÖsterrHHStA, RHR, Jud.Misc., S 5) Schack contra Herzog Franz II. (Schulden)*

1598 *(ÖsterrHHStA, RHR, Jud.Misc., R 1) Ritterschaft contra Herzog Franz II. (Steuern)*

1599 *(ÖsterrHHStA, RHR, Jud.Misc., R 5) Ritterschaft contra Herzog Franz II. (Steuern)*

1601 *(ohne)*[75] *von Lützow contra Herzog Franz II. (Seedorf)**

1603 *(ÖsterrHHStA, RHR, Jud.Misc., S 2) von Strahlendorf contra Herzog Franz II. (Rechtsverletzung)*

1605 *(ÖsterrHHStA, RHR, Jud.Misc., S 4) Schulze contra niedersächsische Räte (Marschacht)**

[75] Gegenakte in LAS, Abt. 7, Nr. 1298.

Gesamtübersicht:

Jahres- zahl	Mandats- prozesse Herzog (1) Hzgt. (2)		Zitations- prozesse Herzog (1) Hzgt. (2)		Appellations- prozesse Herzog (1) Hzgt. (2) Hadeln (3)			**Gesamtsummen S.-L.[76] (1) NdsKr[77] (2) Reich[78] (3) Reich[79] (4)**				***RHR S. L.***
	(1)	(2)	(1)	(2)	(1)	(2)	(3)	**(1)**	**(2)**	**(3)**	**(4)**	
1495	0	0	0	0	0	0	0	**0**	**1,5**	75	**71**	*0*
1496	0	0	0	0	0	0	0	**0**	**1,5**	126	**71**	*0*
1497	0	0	0	0	0	0	0	**0**	**1,5**	99	**71**	*0*
1498	0	0	0	0	0	0	0	**0**	**1,5**	87	**71**	*0*
1499	0	0	0	0	0	0	0	**0**	**1,5**	51	**71**	*0*
1500	0	0	0	0	0	0	0	**0**	**2,5**	7	**120**	*0*
1501	0	0	0	0	0	0	0	**0**	**2,5**	175	**120**	*0*
1502	0	0	0	0	0	0	0	**0**	**2,5**	4	**120**	*0*
1503	0	0	0	0	0	0	0	**0**	**2,5**	134	**120**	*0*
1504	0	0	0	0	0	0	0	**0**	**2,5**	47	**120**	*0*
1505	0	0	0	0	0	0	0	**0**	**1,5**	11	**77**	*0*
1506	0	0	0	0	0	0	0	**0**	**1,5**	10	**77**	*0*
1507	0	0	0	0	0	0	0	**0**	**1,5**	44	**77**	*0*
1508	0	0	0	0	0	0	0	**0**	**1,5**	71	**77**	*0*
1509	0	0	0	0	0	0	0	**0**	**1,5**	48	**77**	*0*
1510	0	0	0	0	0	0	0	**0**	**5**	90	**240**	*0*
1511	0	0	0	0	0	0	0	**0**	**5**	67	**240**	*0*
1512	0	0	0	0	0	0	0	**0**	**5**	86	**240**	*0*
1513	0	0	0	0	0	0	0	**0**	**5**	81	**240**	*0*
1514	0	0	0	0	0	0	0	**0**	**5**	101	**240**	*0*
1515	0	0	0	0	0	0	0	**0**	**4**	123	**197**	*0*
1516	0	0	0	0	0	0	0	**0**	**4**	80	**197**	*0*

[76] Absolute Zahlen.

[77] Auf der Grundlage Ranieris vom Verf. generierte Zahlen. Ranieri, Rezeption, 2, S. 307 (1494–1529), S. 308 (1527–1529), S. 310 (1530–1547), S. 311 (1548–1559), S. 312 (1560–1579), S. 314 (1580–1599), S. 313 (1587–1589), S. 315 (1600–1619).

[78] Zeitliche Entwicklung des Geschäftsanfalls am Reichskammergericht im 16. und 17. Jahrhundert. Ranieri, Rezeption, 2, S. 298f., Tabelle 1 und 2: Jährliche Prozeßeingänge nach dem gesammelten Archivmaterial in Verbindung mit Abbildungen 1 (S. 295) und 2 (S. 296) zur Stützung der Zuverlässigkeit seiner Stichprobe. – Vgl. hierzu Ranieri, Rezeption, 1, S. 127–130.

[79] Auf Grundlage der Untersuchung von Ranieri durch ihn ermittelte (geschätzte) Zahlenangaben über den Geschäftsanfall am Reichskammergericht. – Ranieri, Rezeption, 2, S. 300, Tabelle 3 (alle Zahlenangaben sind geschätzte Angaben).

Jahres-zahl	Mandats-prozesse Herzog (1) Hzgt. (2)		Zitations-prozesse Herzog (1) Hzgt. (2)		Appellations-prozesse Herzog (1) Hzgt. (2) Hadeln (3)			**Gesamtsummen S.-L. (1) NdsKr (2) Reich (3) Reich (4)**				***RHR S. L.***
	(1)	(2)	(1)	(2)	(1)	(2)	(3)	**(1)**	**(2)**	**(3)**	**(4)**	
1517	0	0	0	0	0	0	0	**0**	**4**	90	**197**	***0***
1518	0	0	0	0	0	0	0	**0**	**4**	42	**197**	***0***
1519	0	0	0	0	0	0	0	**0**	**4**	7	**197**	***0***
1520	0	0	0	0	0	0	0	**0**	**5**	58	**223**	***0***
1521	0	0	0	0	0	0	0	**0**	**5**	23	**223**	***0***
1522	0	0	0	0	0	0	0	**0**	**5**	74	**223**	***0***
1523	0	0	0	0	0	0	0	**0**	**5**	58	**223**	***0***
1524	0	0	1	0	0	0	0	**1**	**5**	54	**223**	***0***
1525	1	0	0	0	0	0	0	**1**	**4**	39	**180**	***0***
1526	0	0	0	0	0	0	0	**0**	**4**	69	**180**	***0***
1527	0	0	0	0	0	0	0	**0**	**16**	88	**180**	***0***
1528	0	0	0	0	0	0	0	**0**	**16**	107	**180**	***0***
1529	0	0	0	0	0	0	0	**0**	**16**	83	**180**	***0***
1530	0	0	0	0	0	0	0	**0**	**10,5**	104	**283**	***0***
1531	0	0	1	1	0	0	0	**2**	**10,5**	88	**283**	***0***
1532	0	0	0	0	0	0	0	**0**	**10,5**	78	**283**	***0***
1533	0	0	0	0	0	0	0	**0**	**10,5**	84	**283**	***0***
1534	0	0	0	0	0	0	0	**0**	**10,5**	88	**283**	***0***
1535	0	0	0	0	1	0	0	**1**	**7**	90	**180**	***0***
1536	0	0	0	0	0	0	0	**0**	**7**	84	**180**	***0***
1537	0	0	0	0	0	0	0	**0**	**7**	61	**180**	***0***
1538	0	0	0	0	0	0	0	**0**	**7**	94	**180**	***0***
1539	0	0	0	0	0	0	0	**0**	**7**	89	**180**	***0***
1540	0	0	0	0	0	0	0	**0**	**6,5**	91	**171**	***0***
1541	0	0	0	0	0	0	0	**0**	**6,5**	86	**171**	***0***
1542	0	0	0	0	0	0	0	**0**	**6,5**	84	**171**	***0***
1543	0	0	0	0	0	0	0	**0**	**6,5**	79	**171**	***0***
1544	0	0	0	0	0	0	0	**0**	**6,5**	49	**171**	***0***
1545	0	0	0	0	0	0	0	**0**	**9**	21	**240**	***0***
1546	0	0	0	0	0	0	0	**0**	**9**	11	**240**	***0***
1547	0	0	0	0	0	0	0	**0**	**9**	3	**240**	***0***
1548	0	0	0	0	0	0	0	**0**	**21**	213	**240**	***0***
1549	0	0	0	0	0	0	0	**0**	**21**	206	**240**	***0***
1550	0	0	0	0	0	1	0	**1**	**28**	206	**317**	***1***
1551	0	0	0	0	0	0	0	**0**	**28**	213	**317**	***0***

Jahres-zahl	Mandats-prozesse Herzog (1) Hzgt. (2)		Zitations-prozesse Herzog (1) Hzgt. (2)		Appellations-prozesse Herzog (1) Hzgt. (2) Hadeln (3)			**Gesamtsummen S.-L. (1) NdsKr (2) Reich (3) Reich (4)**				***RHR S. L.***
	(1)	(2)	(1)	(2)	(1)	(2)	(3)	**(1)**	**(2)**	**(3)**	**(4)**	
1552	0	1	0	0	0	0	0	**1**	**28**	91	**317**	*0*
1553	0	0	0	0	0	0	0	**0**	**28**	138	**317**	*0*
1554	0	0	0	0	0	0	0	**0**	**28**	124	**317**	*0*
1555	0	0	0	0	0	0	0	**0**	**23**	109	**257**	*0*
1556	0	0	0	0	0	0	0	**0**	**23**	123	**257**	*0*
1557	0	0	0	0	0	0	0	**0**	**23**	104	**257**	*0*
1558	0	0	0	0	0	0	0	**0**	**23**	133	**257**	*0*
1559	0	0	2	0	0	1	0	**3**	**23**	120	**257**	*1*
1560	0	0	0	0	0	0	0	**0**	**24**	167	**412**	*0*
1561	0	0	0	0	1	1	0	**2**	**24**	144	**412**	*1*
1562	0	0	0	0	0	0	1	**1**	**24**	150	**412**	*0*
1563	0	0	0	0	0	1	0	**1**	**24**	130	**412**	*0*
1564	0	0	0	0	0	1	1	**2**	**24**	156	**412**	*0*
1565	0	0	1	0	0	0	0	**1**	**22**	133	**386**	*0*
1566	1	0	0	0	0	0	0	**1**	**22**	162	**386**	*1*
1567	0	0	0	0	0	0	0	**0**	**22**	174	**386**	*0*
1568	0	0	0	0	0	0	0	**0**	**22**	127	**386**	*1*
1569	0	0	0	0	0	0	0	**0**	**22**	137	**386**	*2*
1570	0	0	0	0	1	0	0	**1**	**26**	171	**454**	*1*
1571	0	0	0	0	0	0	0	**0**	**26**	153	**454**	*0*
1572	0	0	1	0	0	0	0	**1**	**26**	180	**454**	*0*
1573	0	0	0	0	0	0	0	**0**	**26**	153	**454**	*0*
1574	0	0	0	0	0	0	2	**2**	**26**	155	**454**	*3*
1575	0	0	0	0	0	0	0	**0**	**21**	191	**360**	*0*
1576	0	0	0	1	0	0	0	**1**	**21**	171	**360**	*0*
1577	0	0	1	0	0	0	0	**1**	**21**	197	**360**	*0*
1578	0	0	0	0	0	0	0	**0**	**21**	212	**360**	*2*
1579	0	0	0	0	0	0	0	**0**	**21**	214	**360**	*0*
1580	0	0	0	2	0	1	1	**4**	**27**	209	**429**	*0*
1581	0	0	0	0	0	1	1	**2**	**27**	245	**429**	*0*
1582	0	0	0	0	0	0	0	**0**	**27**	204	**429**	*1*
1583	0	0	0	1	0	0	0	**1**	**27**	219	**429**	*0*
1584	0	0	0	0	0	0	0	**0**	**27**	195	**429**	*0*
1585	0	0	0	0	0	1	0	**1**	**37**	191	**575**	*0*
1586	0	0	0	0	0	0	0	**0**	**37**	184	**575**	*0*

Jahres-zahl	Mandats-prozesse Herzog (1) Hzgt. (2)		Zitations-prozesse Herzog (1) Hzgt. (2)		Appellations-prozesse Herzog (1) Hzgt. (2) Hadeln (3)			**Gesamtsummen S.-L. (1) NdsKr (2) Reich (3) Reich (4)**				***RHR S. L.***
	(1)	(2)	(1)	(2)	(1)	(2)	(3)	**(1)**	**(2)**	**(3)**	**(4)**	
1587	0	0	0	0	0	0	1	**1**	**39**	201	**575**	***1***
1588	0	1	0	1	0	0	3	**5**	**39**	225	**575**	***0***
1589	0	0	0	0	0	0	0	**0**	**39**	216	**575**	***0***
1590	0	0	0	0	0	1	0	**1**	**43**	262	**669**	***1***
1591	1	0	0	1	0	1	0	**3**	**43**	253	**669**	***1***
1592	0	1	0	0	1	1	0	**3**	**43**	291	**669**	***0***
1593	0	0	0	1	0	0	2	**3**	**43**	309	**669**	***1***
1594	0	0	0	1	0	0	0	**1**	**43**	261	**669**	***0***
1595	1	2	0	1	0	0	0	**4**	**38**	313	**592**	***1***
1596	0	0	0	2	0	2	0	**4**	**38**	319	**592**	***0***
1597	1	0	0	0	0	1	2	**4**	**38**	274	**592**	***1***
1598	0	0	0	0	0	1	2	**3**	**38**	265	**592**	***2***
1599	0	0	0	0	0	0	0	**0**	**38**	236	**592**	***3***
1600	0	0	0	0	0	0	0	**0**	**95**	191	**523**	***0***
1601	0	0	0	0	0	0	0	**0**	**95**	214	**523**	***2***
1602	0	0	0	0	0	0	0	**0**	**95**	257	**523**	***1***
1603	1	0	0	0	0	0	0	**1**	**95**	273	**523**	***2***
1604	1	1	0	1	0	0	0	**3**	**95**	241	**523**	***0***
1605	0	0	0	0	0	0	0	**0**	**107**	216	**592**	***1***
1606	0	0	0	0	0	0	0	**0**	**107**	183	**592**	***0***
1607	1	0	0	0	0	1	0	**2**	**107**	273	**592**	***0***
1608	3	0	1	0	0	1	1	**6**	**107**	243	**592**	***0***
1609	1	0	1	0	0	0	0	**2**	**107**	230	**592**	***0***
1610	4	0	1	0	0	0	0	**5**	**73**	214	**403**	***0***
1611	1	0	1	0	0	1	0	**3**	**73**	196	**403**	***2***
1612	0	0	0	0	0	0	0	**0**	**73**	156	**403**	***0***
1613	0	0	0	0	0	1	0	**1**	**73**	219	**403**	***0***
1614	0	1	0	0	0	0	1	**2**	**73**	224	**403**	***0***
1615	0	2	0	0	0	0	1	**3**	**83**	198	**463**	***0***
1616	0	0	0	0	0	1	1	**2**	**83**	229	**463**	***0***
1617	1	0	0	0	0	0	1	**2**	**83**	236	**463**	***0***
1618	1	1	0	0	0	1	0	**3**	**83**	263	**463**	***1***
1619	0	0	0	0	0	0	1	**1**	**83**	206	**463**	***1***

Jahres- zahl	Mandats- prozesse Herzog (1) Hzgt. (2)		Zitations- prozesse Herzog (1) Hzgt. (2)		Appellations- prozesse Herzog (1) Hzgt. (2) Hadeln (3)			**Gesamtsummen S.–L. (1) NdsKr (2) Reich (3) Reich (4)**				***RHR S. L.***
	(1)	(2)	(1)	(2)	(1)	(2)	(3)	**(1)**	**(2)**	**(3)**	**(4)**	
Gesamt- summe	**19**	**(3)**	**(8)**	**(16)**	**(23)**	**(11)**	**(8)**	**100**	**3510**	7847	**17895**	*35*
								0,23 %	**8,3 %**	←	↲	
								2,5 %	↲			

Tabelle 3: Gesamtbetrachtung der aus dem Herzogtum Sachsen–Lauenburg im Zeitraum von 1495–1619 rechtsanhängig gemachten Prozesse vor dem Reichskammergericht im Vergleich zu den Prozessen aus dem Niedersächsischen Kreis und dem Reich (alter und neuer Forschungsstand).

Jahresabschnitte	Geschätztes Reichsaufkommen[80]	Niedersächs. Kreis[81]	Hzgtm. Sachsen–Lauenburg[82]
1494–1499	**71**	**1,5**	**0**
1500–1504	**120**	**2,5**	**0**
1505–1509	**77**	**1,5**	**0**
1510–1514	**240**	**5**	**0**
1515–1519	**197**	**4**	**0**
1520–1524	**223**	**5**	**0,2**
1525–1529	**180**	**11,2**	**0,2**
1530–1534	**283**	**10,5**	**0,4**
1535–1539	**180**	**7**	**0,2**
1540–1544	**171**	**6,5**	**0**
1545–1549	**240**	**13,8**	**0**
1550–1554	**317**	**28**	**0,4**
1555–1559	**257**	**23**	**0,6**
1560–1564	**412**	**24**	**1,2**
1565–1569	**386**	**22**	**0,4**
1570–1574	**454**	**26**	**0,8**
1575–1579	**360**	**21**	**0,4**
1580–1584	**429**	**27**	**1,4**
1585–1589	**575**	**38**	**1,4**
1590–1594	**669**	**43**	**2,2**
1595–1599	**592**	**38**	**2**
1600–1604	**523**	**95**	**0,8**
1605–1609	**592**	**107**	**2**
1610–1614	**403**	**73**	**2,2**
1615–1619	**463**	**83**	**2,2**

Tabelle 4: Jährlich rechtsanhängig gemachte Prozesse vor dem Reichskammergericht in Fünfjahres–Abschnitten hinsichtlich des Prozeßaufkommens aus dem Reich, aus dem Niedersächsischen Kreis und aus dem Herzogtum Sachsen–Lauenburg.

---

[80] Ranieri, Rezeption, 2, S. 300, Tabelle 3.

[81] Vom Verf. generierte Zahlenangaben im Zusammenhang mit Anm. 77.

[82] Auf einen Fünfjahres–Zeitraum umgerechnete Zahlenangaben aufgrund der vom Verf. durchgeführten Erhebung.

Anmerkungen zur Lesart der Tabellen: Filippo Ranieri hat im Rahmen seiner Habilitationsschrift Zahlenmaterial vorgelegt, welches die Nutzung des Reichskammergerichts im Zeitraum von 1494 bis 1689 aufweist. Sein Zahlenmaterial weicht von den bisher vermuteten Zahlen ab, welche in ihrer Gesamtheit einen geringeren Prozeßaktenbestand des Reichskammergerichts vermuten ließen.[83] Aufgrund seiner Aktenprobe ist es Ranieri gelungen, diese bisherigen Aussagen hinsichtlich der Nutzung des Reichskammergerichts zu revidieren, nachdem er die Zuverlässigkeit seiner Stichprobe nachgewiesen hatte. Ranieri war in der Lage, seine Aktenstichprobe detailliert nach Jahreszahlen aufzuschlüsseln; die Ergebnisse seiner Hochrechnung hingegen stellte er lediglich in Fünfjahres–Schritten dar. Der Verfasser war somit gezwungen, die von Ranieri errechneten (Circa–)Angaben auf die einzelnen Jahreszahlen zurückzurechnen, um so eine Vergleichbarkeit zu dem vom Verfasser erhobenen Gesamtbestand im Hinblick auf das Herzogtum Sachsen–Lauenburg herzustellen, wie in Tabelle 3 dargestellt ist. Die Umrechnung der für das Herzogtum Sachsen–Lauenburg gültigen Zahlen auf – wie bei Ranieri verwendete – Fünfjahres–Zeiträume leistet Tabelle 4. Die dabei auftretende Unschärfe soll an einem Beispiel verdeutlicht werden: Im Jahr 1524 konnte der Herzog von Sachsen–Lauenburg einen Prozeß vor dem Reichskammergericht rechtsanhängig machen. Dieser eine Prozeß machte 20% des gesamten Prozeßaufkommens aus, welches aus dem Niedersächsischen Kreis an das Reichskammergericht gelangte (gemäß Tabelle 3). In der Betrachtung des Prozeßaufkommens in den Jahren von 1520 bis 1524 (Fünfjahres–Abstand) machte das sachsen–lauenburgische Prozeßaufkommen folgerichtig 4% (von 25 Prozessen des Niedersächsischen Kreises) aus. Das Ergebnis lautet, daß in den Jahren 1520 bis 1524 ein Prozeß vom Herzog von Sachsen–Lauenburg vor dem Reichsgericht rechtsanhängig gemacht wurde. Weitergehende Informationen hinsichtlich einer genauen Terminierung bieten die Angaben in der Tabelle nicht. Von daher ist Ranieri zuzustimmen, wenn er ausführt: „Diese historisch–quantitative Untersuchung der Judikatur des Reichskammergerichts versteht sich als ein Versuch empirischer Annäherung an diese Problematik [d.i. „Die Tätigkeit der Reichsjustiz und den damit verbundenen Vorgang der praktischen Rezeption des Römischen Rechts in den Rahmen des säkularen Prozesses einzuordnen, der den Übergang der europäischen Gesellschaft in die Moderne charakterisiert."].“[84]

Die Anzahl der Klagen, welche aus dem Territorium des Herzogtums Sachsen–Lauenburg von 1495 bis 1619 an das Reichskammergericht gelangten, machte mit insgesamt 100 Prozessen nur einen sehr geringen Teil des aus dem gesamten Niedersächsischen Kreis an das Reichskammergericht gelangten Klagebestandes aus. Tritt zum einen eine Unschärfe durch die aus dem Ranierischen Datenbestand generierte Gesamtzahl der Prozesse des

[83] Vgl. Ranieri, Rezeption, 1, S. 131f.
[84] Ranieri, Rezeption, 1, S. 63.

Niedersächsischen Kreises auf, so bleibt zum anderen festzuhalten, daß vor allem die Herzöge von Sachsen–Lauenburg seit 1524 zum regelmäßigen Nutzerkreis des Reichsgerichts gehörten und in den zwanziger und dreißiger Jahren des 16. Jahrhunderts zum Teil mit Zahlenwerten zwischen 12% bis 25% am Gesamtprozeßaufkommen des Niedersächsischen Kreises beteiligt waren. Seit 1518 hatten sie Erfahrung mit diesem Rechtsorgan. Somit gelangten zunächst Zitations– und Mandatsprozeßklagen aus dem Herzogtum Sachsen–Lauenburg an das Reichskammergericht.[85] Seit Etablierung des lauenburgischen Hofgerichts wandten sich vermehrt Angehörige des landsässigen Adels des lauenburgischen Stammterritoriums und Bewohner des Landes Hadeln appellierend an das Reichskammergericht. Dabei hielten sich bei den aus dem Stammterritorium rechtsanhängig werdenden Appellationen Fragen territorialrechtlicher Art gegen den Landesherrn und andere Angehörige der lauenburgischen Ritter– und Landschaft die Waage mit denen gegen Territorienfremde, welchen von Seiten der lauenburgischen Hofgerichtssprechung Recht zuerkannt worden war. Hingegen konzentrierten sich die aus dem Land Hadeln an das Reichskammergericht gelangten Appellationsklagen primär auf die schließliche, reichsrechtliche Klärung in 'Zivilrechtsfragen'. Damit erfüllte das Reichskammergericht für die Angehörigen des Landes Hadeln die ihm zugestandene Jurisdiktionskontrolle gegenüber der lauenburgischen Hofgerichtssprechung.

Signifikant bleibt die Zunahme an Appellationsprozessen aus dem Herzogtum Sachsen–Lauenburg nach Institutionalisierung eines Hofgerichts mit einer dem römischen Recht verpflichteten Ordnung. Bei denjenigen Appellationsprozessen, die vor 1578 aus dem lauenburgischen Stammterritorium an das Reichskammergericht gelangten, handelte es sich um Fälle, die den Charakter von Rechtsverweigerungen aufwiesen, nachdem der Landesherr den eigenen Untertan vor dem Lehnsgericht belangt und Recht bekommen hatte.[86]

In einem anderen Fall handelte es sich um eine Extrajudizialappellation[87] und in zwei weiteren Fällen um Appellationen, die sich auf Urteile des hamburgischen Obergerichts bezogen.[88]

Diesen Fällen war somit gemeinsam, daß es sich nicht um die 'klassischen' Appellationsfälle handelte, sondern jeder Prozeß eine Sonderform aufwies, die einer hofgerichtlichen, lauenburgischen Rechtsprechungsinstanz als Appellationsvoraussetzung entbehren konnte.

Die aus dem Land Hadeln an das Reichskammergericht gelangten Appellationsprozesse, welche seit 1562 beobachtet werden können, erlangten

---

85 Vgl. Ranieri, Rezeption, 1, S. 165f.

86 RAK, T.K.U.A., Rigskammerretten, Nr. 9f (1550). – LAS, Abt. 210, Nr. 3509 (1560)

87 LAS, Abt. 390, Nr. 87 (1559). – Vgl. hierzu Seeger, Extrajudizialappellation, S. 10ff.

88 HStA, RKG, B 90 (1561). – HStA, RKG, G 14 (1563)

ihre Appellationsfähigkeit durch die Kodifizierung des Hadelner Landrechts von 1544 durch Herzog Franz I.,[89] nachdem Herzog Magnus I. bereits die Klärung von Landrechtsfragen in die Hände der Hadelner Schöffen und Schultheißen übertragen hatte.[90] Dieses kodifizierte Landrecht von 1544 sah die Schaffung eines Hofgerichts zu Otterndorf und eines Hadelner Landgerichts vor. Damit konnten Angehörige des lauenburgischen Landesteils Hadeln durch die Kodifizierung von Rechtsgrundsätzen und durch die Etablierung des 'Hofgerichts des Herzogs von Sachsen–Lauenburg zu Otterndorf' als obergerichtliche Spruchinstanz de iure eine Appellation an das Reichskammergericht beanspruchen.[91] Nachdem dieses Landrecht den Bewohnern Hadelns durch den Rechtsnachfolger Herzog Franz´ I., den Bremer Erzbischof Heinrich von Sachsen–Lauenburg, im Jahr 1584 ausdrücklich bestätigt worden war und seinen Niederschlag in einer „Verordnung des Hadelnschen Landrechts" gefunden hatte,[92] wurde das Land Hadeln nach dem tödlichen Unfall des Bremer Erzbischofs im Jahr 1585 wieder an den sachsen–lauenburgischen Herzog Franz d. J. als Administrator des Herzogtums und als (Heinrichs) Erbberechtigten übergeben. Einhergehend mit der Huldigung in Hadeln bestätigte Herzog Franz II. den Hadelnern ihre Privilegien,[93] versuchte jedoch im Jahr 1592, die Obergerichtsbarkeit des Landes Hadeln wieder in seinen unmittelbaren landesherrlichen Einflußbereich zu ziehen; hiergegen klagten die Hadelner Schöffen und Schultheißen vor dem Reichskammergericht.[94]

Für das gesamte Herzogtum Sachsen–Lauenburg stellt somit das Jahr 1578 das 'Rezeptionsdatum' dar, obwohl Entwicklungstendenzen zur Rezeption des römischen Rechts von landesherrlicher Seite das ganze 16. Jahrhundert hindurch bereits erkennbar sind. Das Land Hadeln bot hinsichtlich der Frage nach der Rezeption des römischen Rechts eine Besonderheit, die sich mit der Jahreszahl 1544 fassen läßt. Signifikant bleibt, daß die Nutzung des Reichskammergerichts durch Angehörige des Herzogtums Sachsen–Lauenburg über den gesamten Untersuchungszeitraum hinweg hinter der des Niedersächsischen Kreises um bis zu zehn Jahre zurückgeblieben ist.[95]

---

[89] NdsStA, Stade, Rep. 27, H 188, qdr. 3, fol. 9v. – Vgl. Boeselager, Hadeln, S. 352.

[90] NdsStA, Stade, Rep. 27, H 188, qdr. 11, lit. A, fol. 27v.

[91] NdsStA, Stade, Rep. 27, D 849 (1562). – NdsStA, Stade, Rep. 27, B 6299 (1564). – LAS, Abt. 390, Nr. 297 (1574).

[92] NdsStA, Stade, Rep. 27, qdr. 13, fol. 36ff.

[93] NdsStA, Stade, Rep. 27, H 188, qdr. 13, fol. 31.

[94] NdsStA, Stade, Rep. 27, H 188.

[95] S. Eisenhardt, Privilegia de non appellando, S. 128 (Lübeck, 23. April 1544; Hamburg, 4. Juli 1553), S. 129 (Braunschweig–Lüneburg, 30. Oktober 1562; Mecklenburg, 26. Februar 1569; Holstein, 6. Juli 1570).

Wer sich gegenwärtig fachwissenschaftlich mit der
Geschichte von Fürsten und fürstlichen Dynastien befaßt,
kann kaum auf spontanen Applaus hoffen.

Wolfgang E. J. Weber[1]

6.0 Schlußbetrachtungen und Ausblick

Auf der Quellengrundlage der Reichskammergerichtsakten wurde eine Untersuchung vorgelegt, die an der Schnittstelle zwischen Landes– und Reichsgeschichte das Reichskammergericht als verbindendes Element genutzt hat, um so vor allem Strukturen in der Geschichte des Herzogtums Sachsen–Lauenburg im 16. Jahrhundert zu erfassen und das Verhältnis des Herzogtums zu den Nachbarterritorien und dem Reich zu beschreiben. Die ausschließliche Nutzung des Reichskammergerichtsaktenbestandes hätte den Entwicklungen innerhalb des Herzogtums Sachsen–Lauenburg nicht hinreichend Rechnung tragen können, so daß die Abrundung der Arbeit erst durch die Nutzung ergänzender regionaler und lokaler Aktenbestände und durch das Heranziehen bisheriger Forschungsliteratur möglich wurde, um auf diese Weise ein Gesamtbild des Herzogtums Sachsen–Lauenburg im 16. Jahrhundert zu zeichnen.

Das entstandene Bild ist während des gesamten Untersuchungszeitraums dynastisch geprägt. Die Herzöge von Sachsen–Lauenburg haben während des 16. Jahrhunderts die Geschicke ihres Duodezfürstentums durch alle Höhen und Tiefen gelenkt; eine zuverlässige Unterstützung durch die lauenburgische Ritter– und Landschaft erfuhren sie nur in begrenztem Maß, so daß ständestaatlicher Einfluß schließlich verblassend hinter den ‘Leistungen’ der askanischen Herzöge zurücktrat. Eine Ausnahme bildete die politische Partizipation der Schultheißen und Schöffen im Land Hadeln. Bereits früh hatten hier ständische Bemühungen Fuß fassen können, denen die in der Ferne residierenden Herzöge nicht entgegentraten – ganz im Gegenteil: Eine bereits 1526 etablierte Kirchenordnung gab diesen eine protestantische Handlungsplattform, ohne sie als Reichsstand in ihrem Stammterritorium in Konflikt mit katholischen Fürstenhäusern und dem Kaiser geraten zu lassen. Dieser Weg war pragmatisch.[2]
Bei der vorgelegten Untersuchung handelt es sich auch um eine Geschichte der Herzöge von Sachsen–Lauenburg. Damit begibt sich der Verfasser nicht auf die „Flucht in den Hafen des Neopositivismus“; dies unterstellte Heinz Schilling

---

[1] Wolfgang E. J. Weber: Einleitung; in: Ders. (Hg.): Der Fürst. Ideen und Wirklichkeiten in der europäischen Geschichte; Köln/ Weimar/ Wien 1998 (zitiert: Weber, Einleitung), S. 1.

[2] S. ähnlich argumentierend: Schulze, Territorialpolitik, S. 155f. – Neuerdings: Augustin, Reformation, S. 46.

1989 denjenigen Historikern, die eine „Historie von 'Kaisern und Sultanen'“ betrieben und damit „nicht den Königsweg moderner Geschichtswissenschaft“ beschritten, um sich einer „strapaziösen Auseinandersetzung mit komplizierten theoretischen Entwürfen der sozialwissenschaftlichen Nachbarfächer“ zu entziehen.[3] Eine systematische Diskussion der unterschiedlichen inhaltlichen, historiographischen und wissenschaftstheoretischen Faktoren in den unterschiedlichen Forschungspositionen erscheint an dieser Stelle nicht angebracht; notwendig hingegen ist es, eine klare Verortbarkeit der vorgelegten Untersuchung zu gewährleisten.

Die Herrschaftsträger im Herzogtum Sachsen–Lauenburg, die askanischen Herzöge von Sachsen, Engern und Westfalen, waren in ihrer Doppelfunktion als Reichsstand und Landesherr Teil des politischen Gefüges des Reichs und Träger herrschaftlicher Gewalt im 16. Jahrhundert. Obwohl „die Befassung mit den 'kleinen Leuten' nicht nur historiographiegeschichtlich legitim, sondern konzeptionell und methodisch dringend notwendig erscheint, weil die Geschichte der 'Großen' ohne die Geschichte der 'Kleinen' letztlich gar nicht erklärbar ist, so gilt doch auch der umgekehrte Satz, daß nämlich die Historie der 'Kleinen' ohne Kenntnis der 'Großen' kaum vollständig erfaßt werden kann.“[4]

Der dieser Untersuchung zugrundeliegende Quellenbestand bot nur geringfügige Informationen über die bäuerlichen und städtischen Bevölkerungsteile des Herzogtums. In den Fällen, in denen diese sozialen Gruppen im Verlauf von Reichskammergerichtsprozessen in Erscheinung traten, wurden sie in der Untersuchung berücksichtigt.[5] Es erscheint zweifelhaft, aus den kameralen Prozeßakten sozialgeschichtlich relevante Erkenntnisse in der Menge zu gewinnen, wie sie von einer Gruppe von Forschern der Schulze–Schule aus München erhofft wird.[6]

---

[3] Zitiert nach: Weber, Einleitung, S. 2.

[4] Weber, Einleitung, S. 3.

[5] Zumeist handelte es sich dabei um Zeugenverhöre, in denen bäuerliche Untertanen in 'methusalemischem Alter' mit ihrer Aussage gewohnheitliche Rechtspraxen bezeugen konnten. Galt bei ihnen das Lebensalter als überzeugendes rechtliches Argument, so brauchte der jüngere Angehörige des landsässigen Adels lediglich seinen Namen und seine Einkünfte zu nennen, um vor den subdelegierten Kommissaren Glaubwürdigkeit zu erlangen.

[6] Die Prozeßaktenbestände wurden auf Anhaltspunkte hin untersucht, die für die vor allem von Winfried Schulze in Deutschland und der Schweiz geführte Diskussion um Selbstzeugnisse in der Frühen Neuzeit gewinnbringend sein könnten: Lassen sich Indizien finden, die weitere Untersuchungen im Bereich der Ego–Dokumente–Forschung rechtfertigen, oder können die bereits vorab angemeldeten Zweifel Schulzes an der Aussagekraft von Prozeßakten für die Forschungsrichtung der Selbstzeugnisse bestätigt werden? Die Idee, Reichskammergerichtsakten nicht nur als „wertvolle Quelle für die Landesgeschichte“ und die Rechtsgeschichte zu verstehen, sondern zugleich soziale

So bleiben die beiden Sozialklientele der bäuerlichen und städtischen Bewohner des Herzogtums Sachsen–Lauenburg im 16. Jahrhundert im Halbdunkel des 'ganzen Bildes'; sie treten in den Quellen nur für kurze Lichtblicke in den Vordergrund des ansonsten vom Herrschaftsträger und seinem Behördenapparat im innen– wie außenpolitischen Bereich dominierten Territoriums.

Der landesherrlichen Installation von Behörden im Kontext ständischer Bemühungen um politische Partizipation kommt im Herzogtum Sachsen–Lauenburg des 16. Jahrhunderts Spiegelbildcharakter zur Entwicklung im Reich des 15. Jahrhunderts zu.[7] Es erscheint legitim, den sachsen–lauenburgischen Entwicklungsprozeß von 1498 über das Jahr des Herrschaftsantritts Herzog Franz' I. 1543[8] bis 1585 („Ewige Union") und darüberhinaus bis 1619 fortan als einen, ebenfalls vom Herrschaftsträger verordneten, 'Landesreformprozeß' zu kennzeichnen,[9] der vom Kollabieren der herzoglichen Finanzen ebenso beeinflußt wurde wie von innerfamiliären Streitigkeiten um die Frage der Herrschaftsausübung. Herzog Franz II., der schließlich den Familienzwist aufgrund der Unterstützung kaiserlich verordneter Kommissare für sich entscheiden konnte, hat sich mit dem Zulassen einer zweiten politischen, landständischen Plattform in seinem Herzogtum Freiräume verschaffen können, die ihm ermöglichten, bestehende Konfliktfelder im außenpolitischen Bereich

---

Informationen den Verhörprotokollen zu entnehmen, erscheint durchaus lohnend, sofern hinreichende Informationen aus diesen gezogen werden können und ihr Charakter als Selbstzeugnis gewahrt ist und nicht zu Gunsten formalisierter Rechtsgrundsätze verloren ging. – Vgl. hierzu Winfried Schulze: Ego–Dokumente: Annäherung an den Menschen in der Geschichte? Vorüberlegungen für die Tagung „Ego–Dokumente"; in: Ders. (Hg.): Ego–Dokumente. Annäherung an den Menschen in der Geschichte; [= Selbstzeugnisse der Neuzeit. Quellen und Darstellungen zur Sozial– und Erfahrungsgeschichte, 2]; Berlin 1996 (künftig zitiert: Schulze, Ego–Dokumente), S. 28 (Definition des Begriffs), S. 27 (Bedeutung des RKG–Aktenbestandes). – Winfried Schulze: Schlußbemerkungen zur Konferenz über „Ego–Dokumente"; in: Ders. (Hg.): Ego–Dokumente. Annäherung an den Menschen in der Geschichte; [= Quellen und Darstellungen zur Sozial– und Erfahrungsgeschichte, 2]; Berlin 1996 (künftig zitiert: Schulze, Schlußbemerkungen), S. 343ff. (insbes. Bedenken hinsichtlich der Nutzbarkeit bestimmter Aktenbestände enormen Umfangs).

6 Winfried Schulze: Zur Ergiebigkeit von Zeugenbefragungen und Verhören; in: Ders. (Hg.): Ego–Dokumente. Annäherung an den Menschen in der Geschichte; [= Quellen und Darstellungen zur Sozial– und Erfahrungsgeschichte, 2]; Berlin 1996 (künftig zitiert: Schulze, Zeugenbefragungen), S. 319.

6 Schulze, Zeugenbefragungen, S. 322. – Diestelkamp, Quellen, S. 104 (in Hinsicht auf Zeugenvernehmungen), S. 107 (hinsichtlich der Bedeutung der kameralen Botenberichte).

7 Vgl. Landesgeschichte als Herausforderung und Programm. Karlheinz Blaschke zum 70. Geburtstag; [= Quellen und Forschungen zur sächsischen Geschichte, 15]; hrsg. von Uwe John und Josef Matzerath; Leipzig 1997, S. XI.

8 Reden, Landständische Verfassung, S. 255ff.

9 Grundlegend für diese Einschätzung sind – in Verbindung mit der vorgelegten Untersuchung – die Arbeiten von: Reden, Landständische Verfassung, insbes. S. 255–259 und Meyn, Gebietsherzogtum, insbes. S. 171–179.

regeln zu können. Vornehmlich handelte es sich dabei um Erblasten seiner Vorgänger, die im Gesamtzusammenhang der Verschuldung und der seit der Regierungszeit Herzog Johanns V. betriebenen Rückerwerbungspolitik standen. Den Mittelpunkt des Interesses bildeten territorialrechtliche Auseinandersetzungen, die zum Teil unter anderem Vorzeichen vor dem Reichskammergericht rechtsanhängig gemacht worden waren oder wurden.

In dieser Untersuchung hat die Analyse der Prozesse deutlich gemacht, daß die territorialen Auseinandersetzungen seit dem Spätmittelalter fast unverändert bis in das beginnende 17. Jahrhundert hinein fortbestanden. Sofern die vorprozessualen Konfliktbewältigungsmechanismen der verschiedenen Ebenen ausgenutzt worden und dennoch gescheitert waren, wurde dem Reichskammergericht die endgültige Lösung des Konflikts angetragen.

Für Herzog Franz II. bot der erworbene innenterritoriale Freiraum die Möglichkeit, in die Neugestaltung und Fortsetzung der Auseinandersetzungen vor allem mit der Stadt Lübeck zu treten; hier sollten grundsätzliche Entscheidungen in Konflikten herbeigeführt werden, die zwischen dem Herzogtum und der Stadt seit langem als offene Prozesse vor dem Reichskammergericht schwebten; diese erhielten hinsichtlich einer jetzt konsequenten Zielstrebigkeit des sachsen–lauenburgischen Herzogs eine neue Qualität. Die Frage um den Besitz des Klosters Marienwohlde stand sowohl aufgrund des Enklavencharakters dieser Güter im Herzogtum im Vordergrund der Betrachtungen, als auch aufgrund der bereits langen Prozeßanhängigkeit. Gleichermaßen war Herzog Franz II. bemüht, die Rückerwerbungspolitik seiner Vorväter voranzutreiben; dies spiegelt sich in den zum Ende des 16. Jahrhunderts initiierten Prozessen gegen die Stadt Lübeck wider und findet seine Höhepunkte in den Auseinandersetzungen um die Fischereigerechtigkeiten auf dem Ratzeburger See zu Beginn des 17. Jahrhunderts, in der Fortsetzung der Prozesse um Bergedorf – unter Franz′ II. Nachfolgern –, sodann in den Prozessen um den Sachsenwald und schließlich um die Stadt und Vogtei Mölln.

Die Zielsetzung der Herzöge von Sachsen–Lauenburg war offenkundig: Sollten zum einen die im Herzogtum liegenden Exklaven benachbarter Territorien mittels der Reichsrechtsprechung beseitigt werden, so wurde zum anderen eine massive Revisionspolitik hinsichtlich des Perleberger Friedensschlusses von 1420 betrieben. Begleitet wurden diese Zielsetzungen von Versuchen, die herzogliche Schuldenproblematik, die im gesamten 16. Jahrhundert handlungsbegleitend, zum Teil auch handlungsbestimmend war, zu bewältigen. In diesem Zusammenhang wird das verstärkte Interesse des lauenburgischen Herzogs Franz II. an Handels– und Zollfragen zum Ausgang des 16. Jahrhunderts verständlich, um durch die Betonung der handelspolitisch–wirtschaftlichen Komponente seiner Herrschaft weitere Einnahmequellen zu erschließen. In den Kontext der lauenburgischen Schuldenproblematik gehören auch die Auseinandersetzungen mit den Grafen von Schaumburg um das westfälische Sachsenhagen seit den 1560er Jahren. In der 'Sache Sachsenhagen' wurde das Bemühen der lauenburgischen Herzöge besonders deutlich, längst verlorengeglaubte Besitzungen auf dem Rechtsweg legal zurückzuerlangen. Unter Berücksichtigung der Finanzsituation schließt sich der Kreis zu den territorialbegründeten Rückerwerbungen, die von den Herzögen von Sachsen–Lauenburg parallel veranlaßt wurden, und es wird das Bemühen erklärbar, zum einen auch den kleinsten territorialen Ansprüchen nachzugehen und sie mit Hilfe des Reichskammergerichts durchzusetzen, und zum anderen die Rechtsanhängigkeit laufender Prozesse so lange vorantreiben zu lassen, bis eine für sie positive Lösung herbeigeführt wurde.

Förderten die Kriegsdienste der Herzöge einerseits ihr Verhältnis zum Reich und sicherten ihnen so ein sich erhöhendes Maß an reichsständischem politischem Einfluß, erforderten diese Abwesenheiten andererseits einen funktionierenden, landständisch organisierten Behördenapparat. Die Grundlagen dieser Behördenorganisation waren im Zuge des 'Landesreformprozesses' durch die Herzöge Magnus I. und Franz I. gelegt worden, bedurften jedoch einer umfänglichen abschließenden Organisation durch Franz II. Die lauenburgische Ritter– und Landschaft scheiterte an dieser Aufgabe und konnte die ihr zugedachte und zunächst von ihr selbst beanspruchte Rolle als zweite politische Plattform im Herzogtum nicht wahrnehmen und ausgestalten.[10] Sie konzentrierte sich vielmehr auf den Ausbau ihrer lokalen Macht und den Erhalt ihrer Privilegien zur Gewährleistung ihres status quo. Daher zog der Landesherr die vormals zugedachten Partizipationsrechte sukzessive wieder ein, ohne auf mehr als nur geringen Widerstand der Landstände zu stoßen. Diesen rief Herzog Franz II. erst durch neuerliche Steuerforderungen Ende des 16. Jahrhunderts hervor. Die lauenburgischen Landstände wandten sich supplizierend an den Kaiser und führten Klage gegen ihren Landesherrn vor dem Reichshofrat; Herzog Franz II. hatte seine Ritterschaft hingegen vor dem Reichskammergericht verklagt. Die Forderung der lauenburgischen Landstände, Kontrolle über die Steuerkasse im Herzogtum zu erlangen und künftig zu Steuerfragen zunächst gehört zu werden, dokumentiert die auf Kurzfristigkeit angelegte Interessenlage der sachsen–lauenburgischen Landstände: Es wurden nur Rechte eingefordert, die sie bereits Jahre zuvor innegehabt hatten, aber mithin nicht mehr ausfüllen konnten.
Insgesamt stagnierte der lauenburgische 'Landesreformprozeß' an der Nicht–Wahrnehmung übertragener Rechte und Aufgaben durch die lauenburgische Ritter– und Landschaft. Dennoch bleibt es ihr Verdienst, die Legung einer Hofgerichtsordnung erwirkt zu haben.

[10] S. gleichbeurteilend aber später terminierend: Reden, Landständische Verfassung, S. 258.

Partizipationsmöglichkeiten bei der Rechtsgestaltung nahmen die Angehörigen der Ritter– und Landschaft kaum wahr und resignierten so die sie betreffende Rechtsprechung in die Hände ihres Landesherrn. Erst nach dem Tod Herzog Franz′ II. konnte sich ein ständestaatliches Bewußtsein entfalten, das sich durch die kriegsbedingten Abwesenheiten und die sich anschließende Verlagerung des Lebensschwerpunkts der Herzöge von Sachsen–Lauenburg nach Böhmen ausgestalten konnte, sogar ausgestalten mußte. Somit kann für das Herzogtum Sachsen–Lauenburg ein 'von oben verordneter ständestaatlicher Dualismus' ab 1619 festgestellt werden, der fortan auf die Ausgestaltung des Staatswerdungsprozesses ausgerichtet werden konnte, nachdem der 'Landesreformprozeß' infolge der 'Reichsreform', die sich bis in das ausgehende 16. Jahrhundert in der Ausgestaltung der neugebildeten Reichsinstitutionen weiter ausdifferenzierte und nicht mit dem Augsburger Religionsfrieden endete,[11] ausgelaufen war.

Die Analyse der Prozesse, die vor dem Reichskammergericht rechtsanhängig wurden, konnte in die landesgeschichtlichen Entwicklungslinien eingebettet werden, und auf diese Weise konnten Verbindungen hergestellt werden, die bei einer isolierten Prozeßbetrachtung unbeachtet geblieben wären. Andererseits blieben die lauenburgischen landesgeschichtlichen Entwicklungslinien zur Erstellung eines komplexen Geschichtsbildes bei Ausklammerung der Prozeßaktenbestände unvollständig, da das Territorium des Herzogtums Sachsen–Lauenburg durch die Prozeßverläufe und Entscheide des Reichskammergerichts verändert und so auch die Innenstruktur des Herzogtums beeinflußt wurde.

Deutlich gemacht werden konnte, daß die seit dem Mittelalter bestehenden territorialen Streitfälle im 16. Jahrhundert auf einer qualitativ neuen Ebene ausgetragen wurden; während des Beobachtungszeitraums führten die sachsen–lauenburgischen Herzöge keine Fehden. Gewaltsame Übergriffe hatten eine andere Qualität: Galt es zum einen, in den zwanziger Jahren des 16. Jahrhunderts defensiv gegen den Erzbischof von Bremen vorzugehen, um bestehende Ansprüche im Land zwischen Elbe und Weser zu verteidigen und so den eigenen Untertanen Schutz und Schirm zu bieten, so müssen zum anderen die gewaltsamen Besetzungen des Klosters Marienwohlde als gewohnheitsrechtlich orientiert interpretiert werden: Ein im eigenen Territorium entstandenes territoriales Machtvakuum wurde vom Landesherrn geschlossen, um es vor äußerem Zugriff zu sichern. Territoriale Interessen standen über religiösen Beweggründen und markieren die tatsächlichen Gründe für Prozesse, die im Zuge der im Reich festzustellenden Säkularisierungstendenzen vor dem Reichskammergericht als religiöse Auseinandersetzungen geführt und durch die

[11] Vgl. Rice/ Grafton, Foundations, S. 110: „[...] the process (die Reichsreform, J.H.) was to continue long after 1559" (statt 1555?). Vgl. Mitteis, Rechtsgeschichte, S. 349. – Vgl. Angermeier, Reichsreform, S. 331ff.

Prokuratoren, die so einem momentanen 'Trend' folgten, instrumentalisiert wurden.[12]
Für die Herzöge von Sachsen–Lauenburg war der Weg zum Reichskammergericht im 16. Jahrhundert nicht obligatorisch, da die regionalen Konfliktbewältigungsmechanismen, die an lokalen/ regionalen Rechtsgewohnheiten orientiert waren, funktionierten. Die Verhandlungsebenen wurden dabei eingehalten und die Sache bei Scheitern in den nächsthöheren Zuständigkeitsbereich transferiert.

Die Vorgehensweise zur Streitbeilegung wies dabei Parallelen zu römischen Rechtsgrundsätzen auf und zielte wie sie auf eine friedliche Beilegung der Konflikte. Diese aus dem Spätmittelalter übernommenen, regional orientierten Konfliktbewältigungsmechanismen verlangten von den Streitparteien ein hohes Maß an Verständigungs– und Konsensbereitschaft.[13] Die Erforschung dieser streitregulierenden Verhaltensweisen eröffnet dabei weitergehende Interpretationen hinsichtlich einer größeren Friedfertigkeit der spätmittelalterlichen Reichsglieder als bisher angenommen; in deren Kontext spielte der Kaiser, wie im Spätmittelalter, als oberster Streitschlichter eine wichtige Rolle.[14]

Zu Beginn des 16. Jahrhunderts wurden die im Herzogtum Sachsen–Lauenburg beobachteten Streitigkeiten vornehmlich in regional begrenzten Schlichtungsverfahren beigelegt. Diese Konfliktbewältigungsmechanismen konnten sich bis ins 17. Jahrhundert erhalten, wobei sich der Umgang mit dem Streitgegenstand in seiner sachlichen Vorbereitung und Aufbereitung von dem des frühen 16. Jahrhunderts durch das Gebot der Schriftlichkeit und die Absicht, die Vereinbarungen langfristig zu sichern, unterschied: Die reine Streitbeilegung wich einer auf langfristige Lösungen hin angelegten Regelung. Damit hatten die regionalen Konfliktbewältigungsmechanismen römische Rechtsgrundsätze adaptiert. Es erscheint berechtigt, aufgrund der hier genannten Indizien von einer Durchdringung der Rechtsprechung im Territorium des Herzogs von Sachsen–Lauenburg mit römischen Rechtsgrundsätzen im letzten Viertel des 16. Jahrhunderts zu sprechen.

Die vor dem Reichskammergericht rechtsanhängig gemachten Prozesse der Herzöge von Sachsen–Lauenburg wie diejenigen gegen die Herzöge von Sachsen–Lauenburg wiesen unterschiedlich lange Verfahrenszeiträume auf. Das

---

12 Vgl. Ruthmann, Religionsprozesse, S. 579. – Vgl. Kratsch, Justiz, S. 54.

13 Vgl. insgesamt hierzu: Gerd Althoff: Spielregeln der Politik im Mittelalter. Kommunikation in Frieden und Fehde; Darmstadt 1997.

14 S. Ronald Neumann: Herrscherliche Aufträge zur Streitentscheidung bis zum Tode Kaiser Karls IV.; in: Friedrich Battenberg und Filippo Ranieri (Hgg.): Geschichte der Zentraljustiz in Mitteleuropa. Festschrift für Bernhard Diestelkamp zum 65. Geburtstag; Köln/ Weimar/ Wien 1994, S. 79–99.

Reichskammergericht nahm auf die Dauer der Zitations– und Mandatsprozesse als reaktives Rechtsinstitut keinen Einfluß. Dauer und Fortgang des Prozesses bestimmten die beteiligten Streitparteien, respektive deren Prokuratoren. Vorwürfe wegen Prozeßverschleppungen oder –verzögerungen treffen somit nicht das Gericht sondern die Streitparteien und deren Rechtsbeistände.
Bis 1578 nutzten die Herzöge von Sachsen–Lauenburg das Reichskammergericht als Schlichtungsinstanz zur Beilegung von Streitigkeiten mit anderen Reichsständen vor allem hinsichtlich territorialer Auseinandersetzungen. Genau aus diesem Grund war auf dem Wormser Reformreichstag von 1495 das Reichskammergericht zur Gewährleistung des Ewigen Landfriedens eingerichtet worden. Die aus dem Territorium des Herzogtums Sachsen–Lauenburg in erster und zweiter Instanz rechtsanhängigen Prozesse bis 1578 wiesen das gesamte Spektrum möglicher Prozeßformen auf. Für das Stammterritorium des Herzogtums markierte das Jahr 1578 mit der Etablierung des lauenburgischen Hofgerichts einen rechtshistorischen Wendepunkt: Fortan konnten Appellationen an das Reichskammergericht erwirkt werden. Die reichsrechtlichen Möglichkeiten zur Streitschlichtung waren somit im gesamten Territorium des Herzogtums Sachsen–Lauenburg in voller Bandbreite entfaltet – das Land Hadeln nahm hinsichtlich der obergerichtlichen Rechtsprechung wiederum eine Sonderstellung im Herzogtum ein.

Im 16. Jahrhundert bildete die höchste Stufe der Eskalation eines Konflikts – anders als im Spätmittelalter – die Supplikation an das Reichskammergericht. Nach Etablierung des Reichshofrats wurden Versuche unternommen, gleiche Streitsachen, nachdem sie vor dem einen Reichsgericht gescheitert waren, mit einem neuen Klagegrund vor dem anderen Reichsgericht erneut rechtsanhängig zu machen. Dieses Klageverhalten erklärt sich aus dem Nebeneinander zweier Reichsgerichte. Interessanter erscheint hingegen die Beobachtung, daß der kaiserliche Reichshofrat ebenso für die innerfamiliäre Streitschlichtung wie für die Streitschlichtung zwischen Ritterschaft und Landesherrn an Bedeutung gewann. Diese Beobachtung könnte ein zugegebenermaßen schwaches Indiz dafür sein, daß der kaiserliche Reichshofrat zu einem reichsstandsinternen, familienorientierten und regionalbegrenzten Höchstgericht avancierte, wohingegen das Reichskammergericht für die Streitigkeiten zwischen zwei oder mehr Reichsständen zuständig blieb.[15]
Die in der vorgelegten Untersuchung herangezogenen Reichskammergerichts–prozeßaktenbestände bestätigen jedoch in Verbindung mit den landesherrlichen und regionalen Aktenbeständen andere Forschungsergebnisse hinsichtlich der

[15] Es erscheint schwer vorstellbar, daß innerfamiliäre Streitigkeiten von einem Reichsstand 'gleicher Herkunft' gelöst werden konnten; hier erscheint es wahrscheinlicher, daß eher der Kaiser selbst zum Vermittler werden mußte als derjenige, der oberster Lehnsherr war. In diesen Kontext passen auch die Streitigkeiten zwischen dem Landesherrn und seinen 'höchsten Adligen', den Angehörigen der Ritterschaft.

Wirkung des Prozeßgangs: Die Formalisierung des Rechtsgangs, der einen sukzessiv erledigenden Argumentationsaustausch erforderte, bot aufgrund des damit verbundenen Zeitaufwandes Möglichkeiten zur außerprozessualen Streitschlichtung. Das Reichskammergericht bot somit einerseits Möglichkeiten zur Versachlichung einer laufenden Auseinandersetzung und schuf andererseits indirekt eine neue Verständigungsebene zum friedlichen Austrag. Insofern wirkte das Reichskammergericht durch seinen formalisierten Rechtsgang deeskalierend und stützte so den Erhalt des Ewigen Landfriedens.[16]

Der im gesamten Reich im 16. Jahrhundert einsetzende 'Verrechtlichungsprozeß' scheint in Ansätzen das Herzogtum Sachsen–Lauenburg in den zwanziger Jahren erreicht und somit prägend auf den 'Landesreformprozeß' eingewirkt zu haben. Die hierzu notwendige 'Verrechtlichungsbereitschaft'[17] wiesen die sachsen–lauenburgischen Landesherren auf. Allerdings markiert erst das Jahr 1578 den Zeitpunkt, zu dem es legitim erscheint, von der Durchsetzung des römischen Rechts im Herzogtum Sachsen–Lauenburg zu sprechen. Die inneren Zustände des Herrscherhauses und damit verknüpft des Herzogtums verzögerten allerdings weiterhin ein tieferes Eindringen römischer Rechtsgrundsätze. Im Jahr 1585 erfuhr das Territorium durch die Beseitigung der inneren Schwierigkeiten einen Innovationsschub, der sich auch in einer dann kontinuierlichen Rechtspflege, allerdings bis 1619 unter landesherrlicher Einflußnahme, niederschlug.

Unter Berücksichtigung der im 16. Jahrhundert existierenden vor– und außerprozessualen, regional orientierten Konfliktbewältigungsmechanismen konnte ein hohes Maß an Rechtsförmigkeit im Herzogtum Sachsen–Lauenburg aufgezeigt werden, das durch die Etablierung des Reichskammergerichts und, daraus resultierend, des lauenburgischen Hofgerichts eine Erweiterung des Instanzenzugs erfuhr. Somit leisteten diese Gerichte zunächst eine Verbesserung der bestehenden territorialen Rechtspflege, die den 'Verrechtlichungsprozeß' in Sachsen–Lauenburg maßgeblich mitbestimmte. Fortan standen beide Gerichte in Wechselwirkung zueinander. Die Formalisierung von Anforderungsprofilen für Juristen wirkte dabei besonders vom Reichskammergericht ausgehend in die territorialen Herrschaftsbereiche hinein. Durch die wachsende Professionalität des juristischen Berufsstandes und deren Auswirkungen auf die juristischen Fakultäten setzte sich mehr und mehr kodifiziertes Recht durch und gab entscheidende Impulse zur Ausgestaltung

---

16 S. Diestelkamp, Rechtsleben, S. 476. – Ruthmann, Religionsprozesse, S. 570. – Neuerdings: Rudolfine Freiin von Oer: Der Münsterische „Erbmännerstreit". Zur Problematik von Revisionen reichskammergerichtlicher Urteile; [= Quellen und Forschungen zur höchsten Gerichtsbarkeit im Alten Reich, 32]; Köln/ Weimar/ Wien 1998, S. 131.

17 Ranieri, Rezeption, 1, S. 127.

eines *ius commune*[18] und, zu Beginn des 17. Jahrhunderts, eines sich im Gegensatz zum *ius corporis* etablierenden *ius publicum*.[19] Wegen dieser thematisch–inhaltlichen Ausgestaltung durch einen eigenen Berufsstand, der prägend für einen Großbereich deutscher Verwaltungs– und Rechtsgeschichte wurde und damit auch für eine grundsätzliche Veränderung der politischen Kultur verantwortlich zeichnet,[20] konnte das Reichskammergericht bis in das zeitgenössische Rechtsverständnis hinein wirken.[21]

Der vorgelegten Untersuchung zufolge haben sich die Herzöge von Sachsen–Lauenburg im 16. Jahrhundert als kleiner Stand des Heiligen Römischen Reichs Deutscher Nation dargestellt, der seine Verpflichtungen gegenüber dem Reich wahrnahm und sich den Beschlüssen der Reichstage unterordnete. Seine Partizipation an der Reichspolitik des 16. Jahrhunderts ist durch seine territoriale Ausstattung als Reichsglied bereits im Spätmittelalter und eine daraus resultierende Mindermächtigkeit begründet. Dieser ihnen zugefallenen Rolle als ein schwächeres Reichsglied versuchten die Herzöge durch Kriegsleistungen für das Reich[22] und Anwesenheit auf Reichstagen mit der entsprechenden Partizipation am höfischen Zeremoniell[23] ebenso zu begegnen, wie sie mit Hilfe einer expansiven Rückerwerbungs– und Revisionspolitik ihre territoriale Ausstattung aufzubessern hofften. Hierbei stießen sie an die Grenzen anderer, mächtigerer Interessenträger: Scheiterten ihre langanhaltenden Bemühungen, die Kurwürde wieder zu erlangen, an dem starken Einfluß der Wettiner auf Reichsebene, so regulierten nachbarliche Herrscherhäuser eine territoriale Ausdehnung aufgrund eigener Interessen. Sachsen–Lauenburg blieb das gesamte 16. Jahrhundert hindurch mindermächtig und vermochte nicht, seinen politischen Einfluß auszubauen. Seine Partizipation beschränkte sich auch weiterhin auf die ihm anhaftenden Rollen. Sachsen–Lauenburg war somit zwar machtpolitisch unbedeutend, gehörte aber zu den Reichsteilen, die die gesamte Herrschaftsstruktur des Alten Reichs aufgrund ihrer das Reich durchziehenden Herrschaftsgebiete mit prägten. Diese Reichsteile „bildeten

---

18 Thomas Simon: Politik und „ius publicum"; in: Blätter für deutsche Landesgeschichte, 131; 1995 (künftig zitiert: Simon, Politik), S. 157.

19 Simon, Politik, S. 156, S. 159, S. 163 (bes. in Abgrenzung zur Policeygesetzgebung).

20 Michael Stolleis: Geschichte des öffentlichen Rechts in Deutschland. Band 1: Reichspublizistik und Policeywissenschaft 1600–1800; München 1988, S. 134ff.

21 Weitzel, Ius publicum, S. 186. – Roman Herzog: Rechtskulturelle und politische Voraussetzungen einer funktionierenden Verfassungsgerichtsbarkeit; in: 300 Jahre Reichskammergericht in Wetzlar; hrsg. v. der Gesellschaft für Reichskammergerichts–forschung; Wetzlar 1993, S. 23–26. – Ulrich Eisenhardt: Zu den historischen Wurzeln der Verfassungsgerichtsbarkeit in Deutschland; in: Friedrich Battenberg und Filippo Ranieri (Hgg.): Geschichte der Zentraljustiz in Mitteleuropa. Festschrift für Bernhard Diestelkamp zum 65. Geburtstag; Köln/ Weimar/ Wien 1994, S. 17–38.

22 Vgl. Liepold, Erbfeind, S. 138ff.

23 Vgl. Stollberg–Rilinger, Zeremoniell, S. 132.

somit den Mörtel des Reichs zwischen den Quadern der größeren Stände.“[24] Diese zunächst den Reichsprälaten, Reichsgrafen und Reichsstädten einerseits sowie den Reichsrittern andererseits zugefallene Rolle, die in dem lehens– und personenverbandsstaatlichen Gefüge des Alten Reichs von besonderer Bedeutung war,[25] trifft auch auf das mindermächtige Herzogtum Sachsen–Lauenburg als fürstlichen Reichsstand zu.[26] Vergleichende Untersuchungen zu der Vielzahl der kleinen Reichsfürstentümer, die in Mittel– und Süddeutschland lagen, böten sich an dieser Stelle an. Damit wird das Postulat Armgard von Redens aus dem Jahr 1974 wiederholt, die eine solche Untersuchung unter institutionell landständischem Vorzeichen forderte, um die „Kernprobleme engräumiger Herrschaft“ erfassen zu können.[27] Diese Forderung wird um die Fragestellung erweitert, wie sich das Verhältnis mindermächtiger Fürstentümer – eventuell in Übereinstimmung mit den Rollen der Reichsprälaten, Reichsgrafen, Reichsstädte und Reichsritter – zum Reich ausdifferenzierte. Ihre Abrundung könnten derlei Untersuchungen durch Fragestellungen hinsichtlich der Bedeutung der Höfe und Residenzen dieser mindermächtigen Reichsstände im Kontext der Residenzenforschung erhalten.

Unter Einbeziehung aller Faktoren scheint es mittlerweile haltlos, das Herzogtum Sachsen–Lauenburg als „das herzogliche Territorium, das innerhalb der deutschen Gesamtgeschichte wohl am wenigsten hervorgetreten ist“, zu bezeichnen.[28] Das Herzogtum scheint für das 16. Jahrhundert mit den Attributen ‘chancenlos’ und ‘glücklos’ passender charakterisiert werden zu können; Prozesse vor dem Reichskammergericht haben dies ebenso wie die Schlichtungsbemühungen der kaiserlichen Kommissare im Rahmen familiärer und finanzieller Auseinandersetzungen offenkundig werden lassen.

---

[24] Karl Otmar von Aretin: Heiliges Römisches Reich 1776–1806. Reichsverfassung und Staatssouveränität. Teil 1: Darstellung; Wiesbaden 1967.

[25] S. Neuhaus, Reich, S. 77.

[26] Vgl. Neuhaus, Reich, S. 85 hinsichtlich des Forschungsstandes über die Verbindung von Reichsgeschichte und Landesgeschichte. Neuhaus weist berechtigterweise darauf hin, daß es sich dabei vornehmlich um Forschungen zu den Verhältnissen der „mächtigeren“ Stände des Reichs handelt. S. Rice/ Grafton, Foundations, S. 129: „[...] but real power in Germany remained focused at the level of the territorial prince [...].“

[27] Reden, Landständische Verfassung, S. 259.

[28] Zitat von Armin Tille, zitiert nach: Schulze, Territorialpolitik, S. 14. Diese Auffassung hat sich auch in der allgemeinen Geschichtsschreibung und der Landesgeschichtsschreibung Schleswig–Holsteins gehalten. – Vgl. Heinrich Lutz: Das Ringen um deutsche Einheit und kirchliche Erneuerung. Von Maximilian I. bis zum Westfälischen Frieden 1490 bis 1648; [= Propyläen Geschichte Deutschlands, 4]; Berlin 1983, S. 143ff.: Das Herzogtum Sachsen–Lauenburg wird nicht einmal erwähnt. – Vgl. Ulrich Lange (Hg.): Geschichte Schleswig–Holsteins. Von den Anfängen bis zur Gegenwart; Neumünster 1996, S. 64–66: Der Herausgeber widmet dem Herzogtum Sachsen–Lauenburg als eigenständigem Territorium in einem Exkurs gerade zwei Seiten.

Diese Glücklosigkeit der Herzöge von Sachsen–Lauenburg erscheint gleichsam abgebildet in einem Unglücksfall des Jahres 1616, als Herzog Franz II. – finanziell saniert, nach innen wie außen konsolidiert in einem zwar verkleinerten aber gut organisierten Territorium – an der Schwelle stand, seinem landesherrlichen Anspruch durch Repräsentanz im Stil der Renaissance Ausdruck zu verleihen: Ein Großteil seiner lauenburger Residenz fiel einem Feuer zum Opfer, ausgelöst durch einen unvorsichtigen Kammerjungen, der glühende Kohlen in der Schloßkirche verloren hatte.

Dennoch zeichnet dieses glück– und chancenlose Territorium Entwicklungslinien des Reichs im Kleinen nach und bildet sie spiegelbildlich ab. Die Veränderungen, die das Reich im 15. und 16. Jahrhundert erfaßt hatten, erschienen im untersuchten Territorium mit entsprechender zeitlicher Verzögerung: Ständekonflikt, Steuerauseinandersetzungen, Stärkung des Beamtenapparats, Zunahme der Schriftlichkeit und die Rezeption des römischen Rechts sind Indizien für den im gesamten Reich festzustellenden Verdichtungs– und Verrechtlichungsprozeß im „Jahrhundert der Veränderung".[29] Der im Reich zu beobachtende Konfessionskonflikt hat das Herzogtum Sachsen–Lauenburg letztlich nur am Rande gestreift, auch wenn die anhaltenden konfessionellen Auseinandersetzungen im Reich dafür verantwortlich zeichneten, daß sich die lutherische Lehre – offiziell erst verspätet – durchsetzen konnte. Damit fügt sich das Herzogtum Sachsen–Lauenburg nicht dem geschichtswissenschaftlichen Trend, das 16. Jahrhundert für dieses Territorium mit der Epochenbezeichnung des 'konfessionellen Zeitalters' zu charakterisieren, oder es zum 'Jahrhundert der Reformation' zu erklären. An dieser Stelle entbehrt es des Spiegelcharakters, denn im Herzogtum Sachsen–Lauenburg stand im 16. Jahrhundert viel mehr der Umwandlungsprozeß von der spätmittelalterlichen Herrschaftsform hin zu einer definierten frühneuzeitlichen Form des Territorialstaats im Mittelpunkt des herrscherlichen Interesses. Diesem handlungsleitenden Interesse wurden alle innen– wie außenpolitischen Aktivitäten nachgeordnet, und es macht das Scheitern der in lokalen Interessen befangenen lauenburgischen Ritter– und Landschaft im Rahmen des von landesherrlicher Seite verordneten 'Landesreformprozesses' erklärbar.
Es erscheint lohnend, reformerische Entwicklungslinien anderer norddeutscher Territorien differenziert zu untersuchen, sie zu vergleichen und in diesem Kontext der Frage nachzugehen, ob auf der Ebene eines gesamten Kreises gleichgelagerte Entwicklungslinien gefunden werden können.

Die Aktenbestände des Reichskammergerichts bieten sich für derartige Untersuchungen an. Zudem kann hierdurch der Frage nach der Rezeption des römischen Rechts in den Territorien des Heiligen Römischen Reichs

[29] Schulze, Deutsche Geschichte, S. 13.

nachgegangen werden; bezogen auf den norddeutschen Reichsteil mithin einer Frage, die zu den Desideraten norddeutscher Geschichtsschreibung gehört. Auf diese Weise könnte landesgeschichtliche Forschung den Postulaten Peter Moraws und Volker Press´ aus dem Jahr 1975 entgegenkommen; beide haben zu Recht auf die die Geschichtswissenschaft schädigende Wirkung der Trennung von Reichs– und Landesgeschichte sowie die sich mehrende Isolation unterschiedlicher Teildisziplinen der Geschichtswissenschaft hingewiesen.[30]

[30] Moraw/ Press, Probleme, S. 97. Vgl. Neuhaus, Reich, S. 85 (Forschungsstand zu Untersuchungen, die neuerdings die Verbindung von Reichsgeschichte und Landesgeschichte suchen). – S. neuerlich auch Gerhard Dilcher, Pio Caroni: Norm und Tradition. Zur Situation und Aufgabe der Rechtsgeschichte als Teil einer europäischen Rechtswissenschaft; in: Dies. (Hgg.): Norm und Tradition. Welche Geschichtlichkeit für die Rechtsgeschichte?; zweisprachig; Köln/ Weimar/ Wien 1998, S. 9–14. – Dies stützend s. Barbara Dölemeyer: Rechtsprechung und Konfliktlösung in der Ziviljustiz (Kurzfassung); in: Organisationsbüro 42. Deutscher Historikertag (Hg.): Intentionen – Wirklichkeiten. Skriptenheft 2: Frühe Neuzeit, 19.–20. Jahrhundert; Frankfurt am Main 1998, S. 19–21.

7.0 Anhang 1

7.1 Exkurs: Beweis– und Prozeßkarten

Im Rahmen der sich im 16. Jahrhundert herausbildenden Tendenz, Grenzverläufe zu definieren, um so den noch im Spätmittelalter offenen territorialen Raum zu einem sich schließenden Territorium in Abgrenzung zu Nachbarterritorien zu beschreiben, gewannen Skizzen, Zeichnungen, Pläne und Karten an Bedeutung. Sie galten als probates Mittel, die Verabredungen zweier Landesherren oder deren beauftragter Räte im Bild festzuhalten, um so eine gemeinsame Inaugenscheinnahme mit Hilfe eines Bildes – als Momentaufnahme – zu fixieren und damit eine bildlich repräsentierte, rechtlich unzweifelhafte territoriale Situation zu schaffen.
Wichtig war hierbei das Festhalten des Zustandes zum Zeitpunkt einer Besichtigung durch einen „Maler“ oder „Abreißer“, der seine Objektivität durch einen zu leistenden Eid gewährleisten und den erstellten Abriß den beteiligten Streitparteien zum Konsens vorlegen mußte.
Ein auf diese Art entstandenes Bild wurde durch gegenseitige Unterschriften zu einem rechtsverbindlichen, zwischenstaatlichen/ zwischenterritorialen Vertragswerk und erlangte Urkundencharakter.
In den gleichen Kontext gehören (teilweise) unfachmännisch erstellte Skizzen, welche beispielsweise von Adligen benachbarter Territorien angefertigt wurden. Diese Karten markieren in ihrer Gesamtheit die Anfänge der Kartographie, in der vorliegenden Untersuchung Teilausschnitte der beginnenden Kartographie in Norddeutschland.[1]

Die Entwicklung der deutschen Kartographie wurde durch die Erfordernisse des Reichskammergerichts begünstigt: Die Prokuratoren, Assessoren und Richter des Gerichts in Speyer hatten wegen der Entfernungen im Reich und des damit verbundenen Zeit– und Kostenaufwandes keine Möglichkeit, sich einen Überblick über die geographischen Verhältnisse der am Gericht verhandelten Streitigkeiten zu verschaffen. Die Beauftragung von Kommissionen, die ‘vor Ort’ Sachverhalte durch Zeugenvernehmungen und Urkundenkontrollen zu klären hatten, konnte – je nach reichskammergerichtlichem Mandat – auch die Inaugenscheinnahme des strittigen Gebiets beinhalten: „commissionem in

---

[1] Zum Begriff der Kartographie s. exemplarisch: Hans Brichzin: Augenschein–, Bild– und Streitkarten; in: Fritz Bönisch u.a.: Kursächsische Kartographie bis zum Dreißigjährigen Krieg, Teil 1: Die Anfänge des Kartenwesens; [= Veröffentlichungen des Staatlichen Mathematisch–Physikalischen Salons, Forschungsstelle Dresden, 8]; Berlin 1990 (künftig zitiert: Brichzin, Augenscheinkarten), S. 112. – Hinsichtlich der Anfänge der Kartographie in Schleswig–Holstein s. Witt, Kartographie.

communi forma cum clausula 'den augenschein einzunehmen'".[2] Ein hierbei entstandener Abriß wurde als Anlage zum Rotul zur endgültigen Entscheidungsfindung nach Speyer gesandt.

Diese Prozeßkarten unterschieden sich von den auf regionaler Ebene entstandenen, also außerprozessualen Karten durch einen gewichtigen Umstand: Der Streitgegenstand mußte abgebildet sein und zum Teil näher erläutert werden. Die Prozeßkarten zeigten damit nicht ein Bild als eine zur Entstehung der Konfliktursache in Parallelität verlaufende Erscheinung, sondern dokumentierten die geographischen Zustände und den 'Ort des Geschehens' zum Zeitpunkt des Rechtsbruchs: Somit wurden die Zeugenaussagen im Rahmen der Kommissionsermittlungen zur Grundlage des rekonstruierten Bildes, welches im 16. Jahrhundert durch einen vereidigten Maler, im ausgehenden 16. Jahrhundert und im 17. Jahrhundert durch vereidigte Landvermesser oder Ingenieure vorbereitet und gefertigt wurde.[3] Dieser Wandel hinsichtlich der Bearbeiter wird sowohl in der Qualität als auch in der Funktion der Prozeßkarten sichtbar. Waren die gemalten Prozeßkarten ausschließlich auf den eigentlichen Streitgegenstand ausgerichtet, so sollten die von Fachleuten erstellten Karten, die auf der Grundlage mathematischer Vermessungen entstanden waren, zwar zunächst auch den Streitgegenstand und Streitort verdeutlichen, aber auch eine längerfristige Wirkung auf die Nachwelt ausüben.

Neben den im Auftrag des Reichskammergerichts erstellten Prozeßkarten, die auf Anordnung der gerichtlich verordneten Kommissare entstanden sind, kann zu Beginn des 17. Jahrhunderts die Tendenz beobachtet werden, zusammen mit der Supplikationsschrift eine beeidete Inaugenscheinnahme in Gestalt einer Beweiskarte vor Gericht einzureichen.
Ob diese Karte allerdings als Beweismittel vor Gericht zugelassen wurde, war für den Kläger nicht sicher; ihre präjudizierende Wirkung darf gewiß nicht unterschätzt werden.
Die Chancen für eine Anerkennung als Beweismittel wurden durch die gegenseitige Beurkundung der Richtigkeit der eingebrachten Karte gesteigert. Sie dokumentierte zugleich die Anstrengungen, die auf der regional begrenzten Ebene bereits erfolgt waren.
Im Rahmen einer offensiven Prozeßführung seitens einer Streitpartei scheint das selbständige, unaufgeforderte Einbringen einer Beweiskarte ein anerkanntes Mittel gewesen zu sein, wenngleich eine Anerkennung unsicher war. Ein auf

[2] S. Prange, Prozeßkarten, S. 17.

[3] Klaus Schillinger: Entwicklung des Vermessungswesens im 16. Jahrhundert; in: Fritz Bönisch u.a.: Kursächsische Kartographie bis zum Dreißigjährigen Krieg, Teil 1: Die Anfänge des Kartenwesens; [= Veröffentlichungen des Staatlichen Mathematisch–Physikalischen Salons, Forschungsstelle Dresden, 8]; Berlin 1990, S. 11–36.

diese Art eingebrachtes Beweismittel geriet leicht in den Verdacht der parteilichen Darstellung. Wohl bekanntestes Beispiel in diesem Zusammenhang ist die Elbkarte Melchior Lorichs´ aus dem Jahr 1568, die im Zuge des Hamburger Stapelrechtsprozesses entstanden ist.[4] Der Vergleich mit der von Lüneburger Seite eingebrachten Beweiskarte aus dem Jahr 1555 verdeutlicht die geographischen Diskrepanzen.[5] Die bewußte Verfälschung Lorichs´ im Auftrag des Hamburger Rats erscheint hinsichtlich der geographischen Verfälschung des nördlichen Elblaufs – ebenso wie die von Braunschweig-Lüneburger Seite mit der entgegengesetzten Aussage eingebrachte – als anrüchig, da sie auf den Vorteil Hamburgs bedacht und somit der Ordnung des Gerichts zuwider war. Die Karte Lorichs´ gelangte nur durch die Unterstützung des Lübecker Rats im Rahmen eines Zeugenverhörs auf Bitten Hamburgs in den Prozeßverlauf; die subdelegierten Kommissare mußten die Karte aus diesem Grund ihrem Rotul beigeben; beantragt war sie nicht.

Kategoriell können demnach Karten, die vor dem Reichskammergericht eingebracht wurden, folgendermaßen unterschieden werden:[6]

- *Prozeßkarten*, die in Folge von Inaugenscheinnahmen auf der Grundlage von Zeugenaussagen als retrospektive Streitkarten durch verordnete Kommissare mit einer zunächst zeitlich begrenzten, auf den Reichskammergerichtsprozeß ausgerichteten Wirksamkeit zur Veranschaulichung des Streitgegenstandes angefertigt wurden und an deren Stelle zum Ende des 16. Jahrhunderts fachmännisch gefertigte Prozeßkarten mit längerfristiger regionaler Wirkung traten.

- *Beweiskarten*, die von der klagenden Partei im Zusammenhang mit der Supplikationsschrift vor Gericht eingebracht wurden.

- *Beweiskarten*, die von der klagenden oder beklagten Partei ohne gerichtliche Aufforderung während des Prozeßverlaufs eingebracht wurden.

---

4 Witt, Kartographie, S. 24f.

5 Abbildung in: Witt, Kartographie, S. 20, Abb. 7. – Original im Museum für Hamburgische Geschichte. Die südgerichtete Karte verwirrt zunächst, sollte aber durch die Überbetonung des Süderelblaufs die Bedeutung Harburgs hervorheben und die Illegitimität der Ansprüche Hamburgs dokumentieren.

6 Vgl. hierzu die generellen kategoriellen Unterscheidungen bei Hans Brichzin: Ursprünge, Hauptformen und Überlieferungen kursächsischer Kartographie; in: Fritz Bönisch u.a.: Kursächsische Kartographie bis zum Dreißigjährigen Krieg, Teil 1: Die Anfänge des Kartenwesens; [= Veröffentlichungen des Staatlichen Mathematisch–Physikalischen Salons, Forschungsstelle Dresden, 8]; Berlin 1990 (künftig zitiert: Brichzin, Ursprünge), S. 108.

- *Beweiskarten* als Ergebnis einer regional begrenzten Vereinbarung zweier oder mehrerer Landesherren oder landsässiger Adliger zur Beseitigung regionaler, ungeklärter Grenzfragen mit langfristiger Wirkung und Urkundencharakter, die auch als *Einigungskarten* bezeichnet werden können.

Die Verwendung des Begriffs der 'Augenscheinkarte'[7] erscheint in dem skizzierten Zusammenhang als problematisch: Eine Inaugenscheinnahme findet ihr Ergebnis in der Prozeß– oder in der Beweiskarte mit rechtsverbindlichem Charakter; somit wird die Inaugenscheinnahme in ihrem Ergebnis selbst ein rechtsverbindlicher Akt und ein Beweismittel. Das Beweismittel findet Eingang in einen Prozeßverlauf und wird fortan als Prozeßkarte bezeichnet.[8]

Die in dieser Untersuchung wiedergegebenen Karten werden als historische Quellen verstanden, d. h. als Überlieferungszeugnis im Gesamtzusammenhang aller historischen Quellengattungen. Im Gegensatz hierzu sieht die Geschichte der Kartographie in ihnen das Untersuchungsobjekt selbst, ohne daß die Kartographen der heutigen Zeit in den Karten des 16. Jahrhunderts noch eine Beschäftigungsgrundlage ihres Fachs sehen würden.[9]
Wegen der spezifischen Darstellungsform der Prozeß– und Beweiskarten stand das Kartenmaterial stets in einer 'Zwitterstellung' zwischen Landschaftsmalerei und Kartographie: Den Kunsthistorikern fehlte die künstlerische Qualität, den Kartographen genügten sie aufgrund mangelnder wissenschaftlicher Anforderungen nicht.[10]
Selbst die Archivare verschlossen sich jahrelang dieser Quellengattung.[11]

---

[7] Vgl. Brichzin, Ursprünge, S. 108.

[8] S. diese Argumente bestätigend die Zitatstelle bei Prange, Prozeßkarten, S. 18: „Abrisse des eingenohmmenen Augenscheins".

[9] Brichzin, Ursprünge, S. 109. Vgl. exemplarisch Leo Bagrow: Die Geschichte der Kartographie, Berlin 1951. Die hier benannte Quellengattung wird in Bagrows Werk nicht erwähnt. – Vgl. ebenso: Lexikon zur Geschichte der Kartographie. Von den Anfängen bis zum Ersten Weltkrieg; 2 Bände; Wien 1986. S. Werner Stams: Die Anfänge der neuzeitlichen Kartographie in Mitteleuropa; in: Fritz Bönisch u.a.: Kursächsische Kartographie bis zum Dreißigjährigen Krieg, Teil 1: Die Anfänge des Kartenwesens; [= Veröffentlichungen des Staatlichen Mathematisch–Physikalischen Salons, Forschungsstelle Dresden, 8]; Berlin 1990, S. 37–105. – Zur Vervollständigung der Angaben hinsichtlich der (geographischen) Kartographie im Herzogtum Sachsen–Lauenburg s. Traugott Tramm: Die ältesten Karten von Lauenburg; in: Lbg.H. 4/ 1; 1928, S. 1–4.

[10] Brichzin, Augenscheinkarten, S. 112.

[11] Brichzin, Augenscheinkarten, S. 112f.

Dieses nimmt jedoch nicht wunder, da die Bearbeitung und Interpretation dieser Karten der Kenntnis der Prozeßakten und der historischen Zusammenhänge bedarf.[12]

[12] Brichzin, Augenscheinkarten, S. 114. – Prange, Prozeßkarten, S. 15.

7.2 Reichsanschläge und –matrikel die Herzogtümer Sachsen–Lauenburg und Mecklenburg betreffend

Jahr	Reichstag/Reichsanschlag	Zu erbringende Leistungen								Quellen
		Herzog v. Lauenburg				Herzog v. Mecklenburg				
		zu Roß	zu Fuß	Geld	RKG	zu Roß	zu Fuß	Geld	RKG	
1471	Regensburg / Türkenanschlag (10.000)	10	20	–	–	14	28	–	–	NdsStA, Bbg, F3, Nr. 26. Reichsabschiede 1, S. 242. (Anwesenheit Herzog Johanns V., Reichsabschiede, 1, S. 248).
1480	Nürnberg / Türkenanschlag (15.000)	15	30	–	–	20	42	–	–	Reichsabschiede 1, S. 265. NdsStA, Bbg, F3, Nr. 26. SächsHStA, Loc. 10.102, qdr. 177.
1480	Nürnberg / Türken– u. Ungarnanschlag (für 1481)	20	20	–	–	100	100	–	–	Reichsabschiede 1, S. 265 (Mecklenburg mit Rostock und Wismar).
1487	Nürnberg / Steuer	–	–	600 fl.	–	–	–	3.000 fl.	–	Reichsabschiede 1, S. 278 (Mecklenburg mit Rostock, Wismar und allen seinen Städten).
1489	Frankfurt / Reichshilfe (32.000)	19	40	–	–	50	200	–	–	Reichsabschiede 1, S. 285 (Mecklenburg mit Rostock und Wismar).
1491	Nürnberg / Reichshilfe (2.000)	–	38	1.123 fl.	–	–	120	3.500 fl.		Reichsabschiede 1, S. 291 (Mecklenburg mit seinen Städten).
1495	Worms / Reichsanschlag	–	–	936 fl.	Summe nicht lesbar	–	–	1.954 fl.	10 fl.	Reichsabschiede 2, S. 21.
1507	Kostnitz / Römerzug	15	19	560 fl.	–	40	17	510 fl.	–	Reichsabschiede 2, S. 105.
1521	Worms / Römerzug (Reichsmatrikel)	8	30	333 fl. jährlich	90 fl. jährlich	ge	meinsam	mit Lauen	burg	Reichsabschiede 2, S. 223. Verhandlungsführung: Hzg. Heinrich v. Mbg. und Hzg. Franz v. Lauenburg.[1]

[1] Ergebnis der Verhandlungen: In den nächsten 10 Jahren ist jeweils nur die Hälfte der Reichshilfe zu leisten, ab 1532 wiederum die volle Summe. Vgl. Reden, Landständische Verfassung, S. 16f.., insbesondere S. 17, Fn. 7 (irrig). S. NdsStA, Bbg, F3, Nr. 26: 112 zu Fuß, 15 zu Roß Moderation auf 30 zu Fuß, 8 zu Roß.

Jahr	Reichstag/Reichsanschlag	Zu erbringende Leistungen								Quellen
		Herzog v. Lauenburg				Herzog v. Mecklenburg				
		zu Roß	zu Fuß	Geld	RKG	zu Roß	zu Fuß	Geld	RKG	
1531	Reichsanschlag	30	224	9.000 RT 800 fl.						LHA, MVP, Aw, Nr. 315 II. Vgl. NdsHStA, Celle Br. 104a, Nr. 161: Gerichtliche Verfügungen des Fiskals gegenüber Sachsen–Lauenburg wegen ausstehender Zahlungen in den Jahren 1544 (Türkensteuer: 4.867 fl.) und 1564 (Unterhalt des RKG: 90 fl. und 45 fl. Offene gerichtliche Verfügungen).
1552		8	30							LAS, Abt. 210, Nr. 496.
1563				Reduktion um 50 %						LAS, Abt. 210, Nr. 496.
1564				Antrag auf Reduktion der Reichshilfe						LAS, Abt. 210, Nr. 496.
1566 1567				Erneute Anträge auf Reduktion der Reichshilfe						LAS, Abt. 210, Nr. 496.
1567	Worms	8	30			40	120			LAS, Abt. 210, Nr. 496.

7.3 Versuch einer Rekonstruktion eines lauenburgischen Schuldenregisters

Das Vorhaben, ein Schuldenverzeichnis oder –register für einen Zeitraum von über 100 Jahren für ein Territorium zu rekonstruieren, muß von vornherein Unvollständigkeit in Rechnung stellen; daher die Betitelung „Versuch".[1] Die benutzten Aktenbestände bieten eine Fülle von Informationen, die hier nur tabellarisch erfaßt werden können; in einem weiteren Arbeitsschritt (Kapitel 3.3) wird der Zusammenhang zwischen lauenburgischer Heiratspolitik und der Schuldenproblematik in dem zu untersuchenden Herzogtum überprüft.

Datum	Hauptsumme	Kreditor	Bedingungen, Zeiträume, Verpflichtungen, Verzinsungen	Einlösung, Rückzahlung	Quelle
vor 1530	8.000 fl.	König von Dänemark	unklar	unklar	LAS, Abt. 210, Nr. 10 fol. 105.
1538	1.000 fl. 2.000 fl.	Graf von Oldenburg	unklar	1540	LAS, Abt. 210, Nr. 19
1545	16.000 ML	Rat von Lüneburg	5 % Verzinsung, Verpfändung des Zolls zu Hasental, der Waldpacht zu Hasental, der acht Klosterdörfer, des Dorfs Besenhorst. Wiederlösungsrecht eingeschlossen. Die Hauptsumme entsprach 8000 fl. (Rh.), jährlich war eine zusätzliche Rente von 105 ML vereinbart worden.	Zinszahlungen sind nachgewiesen. Hauptsumme wurde bis 1587 nicht zurückgezahlt.	LAS, Abt. 210, Nr. 77 lit. E. LAS, Abt. 390, Nr. 26 Sächs HStA, Loc. 944 (Zinsen). NdsHStA, Celle Or. 1 Nr. 298.
1546	10.000 ML.	Herzog von Mecklenburg	Bürgschaftsverschreibung mit 5 % Verzinsung (Zustimmung der Ritter– und Landschaft) Verpfändung auf Steinhorst sowie auf den Hof und Zoll zu Artlenburg.	1590	LHA, MVP, Aw, Nr. 314 I. NdsHStA, Celle Br. 104a, Nr. 260.
1550	15.000 ML	Rat von Lüneburg	Verpfändung des Amts Schwarzenbek.	bis 1578: 12.000 ML	LAS, Abt. 390, Nr. 26 TAK, T.K.U.A., A I 1 (1524–1627), Brevvekling, Brief vom 16. Jaar 1553 und Brief vom 30. September 1553.
1550	5.000 ML	Rat von Lüneburg	Unklar	6. Februar 1587	LAS, Abt. 210, Nr. 77 lit. C.
1551	1.798 ML	Familie von Obbershausen	Verpfändung der vier Grafendörfer	1561	LAS, Abt. 210, Nr. 34

Datum	Hauptsumme	Kreditor	Bedingungen, Zeiträume, Verpflichtungen, Verzinsungen	Einlösung, Rückzahlung	Quelle
1552	12.000 RT	Herzöge Moritz und August v. Sachsen	Kreditgeschäft. Verschreibung eines Hofs zu Klempau, der Dorfschaften Groß– und Klein–Sarau, Berkenthin und Holstendorf, von Teilen des Lauenburger Zolls sowie der Dörfer Kralsdorf und Pogeez.	1562: 1.000 RT 1563: 5.000 RT 1566: 6.000 RT	LAS, Abt. 390, Nr. 32 Vgl. SächsHStA, Loc. 8504, Nr. 21 (Stundungsersuchen).[2]
19. Februar 1552	9.000 fl.	Herzog Franz von Braunschweig–Lüneburg	Vereinbarungen zur Bezahlung des Heiratsgeldes, welches 1547 zugesagt, 1549 hinterlegt und zunächst 1552 mit 1.500 fl. angezahlt wurde. Verschreibung des Amts Tremsbüttel.	beabsichtigt (zzgl. Zinsen): je 3.000 fl. 1553, 1554 und 1555.	Nds HStA, Celle Br. 1 Nr. 36.
1553	12.000 ML	König von Dänemark	5 % Verzinsung	Kleinere Beiträge bis 1554 Am 16. Juli 1554 „gütliche Aufrechnung“ (Umrechnungskurs)	RAK, T.K.U.A., A I 1 Brevveksling 1524–1627, Brief vom 30. September 1553. Brief vom 16. Juli 1554.
1553	4.000 ML	Wulf Poggewisch	5 % Verzinsung	?	RAK, T.K.U.A., A I 1 Brevveksling 1524–1627, Brief vom 30. September 1553. Brief vom 16. Juli 1554.
1553	3.000 ML	Franz von Ahlefeldt zu Heiligenstätten	5 % Verzinsung zuzüglich unbezahlte Zinsen: 1.800 ML	?	RAK, T.K.U.A., A I 1 Brevveksling 1524–1627, Brief vom 30. September 1553. Brief vom 16. Juli 1554.
1553	2.000 ML	Franz von Wittmarker	5 % Verzinsung	?	RAK, T.K.U.A., A I 1 Brevveksling 1524–1627, Brief vom 30. September 1553. Brief vom 16. Juli 1554.
1553	2.000 ML	Klaus Rantzau, Benedikts Sohn	5 % Verzinsung	?	RAK, T.K.U.A., A I 1 Brevveksling 1524–1627, Brief vom 30. September 1553. Brief vom 16. Juli 1554.

Datum	Hauptsumme	Kreditor	Bedingungen, Zeiträume, Verpflichtungen, Verzinsungen	Einlösung, Rückzahlung	Quelle
1560	2.250 RT	Franz Schack	6 % Verzinsung. Verpfändung der Dorfschaft Hollenbek u.a.	Bürgschaften der Jahre 1565, 1567, 1569	LAS, Abt. 390, Nr. 585aI.
6. Juli 1560	9.677 RT 1.000 fl.	Graf von Oldenburg	Verschreibung des Hauses Otterndorf mit 6 % Verzinsung (Wiederlösungsrecht).	1563 (Zusammenfassung) 1.000 fl. bis 1575 zurückgezahlt	NdsHStA, Celle Or. 1 Nr. 248. NdsStA, Stade, Orig. Gen. I, 2, Nr. 3584.
1561	5.780 RT	Graf von Oldenburg	Verpfändung der vier Grafendörfer, des Hofs Kulpin und des Hofs Lanken auf 5 Jahre.	1632 (1575 Zusammenfassung mit anderen Schulden)	LAS, Abt. 210, Nr. 34
1562	16.264 RT	Graf von Oldenburg	Verschreibung auf Ratzeburg und Klempau.	Zusammenfassung 1575	LAS, Abt. 210, Nr. 19
1563	27.350 RT	Graf von Oldenburg	Verschreibung des Landes Hadeln und des Hauses Otterndorf (Zusammenlegung und Aufstockung) mit 6 % Verzinsung auf 2 Jahre.	Zusammenfassung 1575	NdsStA, Stade, Orig. Gen. I, 2, Nr. 3584.
1563	16.300 RT	Friedrich Brockdorf	Verpfändung (mit Wiederlösungsrecht) von Teilen des Amts Steinhorst mit 6 % Verzinsung als Bürgschaftsverschreibung.	1567: 2.000 RT Zinsen beglichen 1574: Übernahme des Kredits und der Verschreibung durch Herzog Adolf von Schleswig–Holstein–Gottorf	Funck, Verkauf Steinhorsts, S. 14 f.
1565	2.000 RT	Adam Tratziger		bis 1570: 1.000 RT getilgt	LAS, Urh. Abt. 7, Nr. 359.
1565	5.000 RT	Arnd Parkenthin	Verpfändung des Dorfs Hollenbek u.a., 6 % Verzinsung.	1684: 62.179 ML 10 d	LAS, Abt. 390, Nr. 585aI.
24. Februar 1565	5.000 RT	Graf von Oldenburg	Verschreibung auf das Amt Schwarzenbek an Marienwohlde.	Zusammenfassung 1575	LAS, Abt. 210, Nr. 19
1567	4.000 ML	Hartwig Schack			Aktenhinweis in LAS, Abt. 390, Nr. 585aI.

Datum	Hauptsumme	Kreditor	Bedingungen, Zeiträume, Verpflichtungen, Verzinsungen	Einlösung, Rückzahlung	Quelle
1567	28.000 ML	Hans Poggewisch	Geld soll verwendet werden für die Entschuldung gegenüber Christoff von Panekow. Vereinbart wurden 1.680 ML Zinsen auf drei Jahre. Verschreibung von „Amt und Vogtei Ratzeburg".	wahrscheinlich 1571 durch Herzog Magnus	ÖsterrHHStA, RHR, Judiziale Antiqua 764, Nr. 12, Copia A.
6. Januar 1568	22.000 ML	Eitel Rau, Hauptmann von Neuhaus	Verschreibung des Amts Neuhaus mit 1.320 ML Festzinsvereinbarung.	Zusammenfassung 1574	LAS, Abt. 7, Nr. 1290 ÖsterrHHStA, RHR, Judiziale, Antiqua 764 Nr. 12, Copia B.
13. Januar 1568	3.700 RT	Friedrich Brockdorf	Aufstockungskredit auf das ganze Amt Steinhorst mit 6 % Verzinsung. Gesamtsumme nunmehr: 20.000 RT.	1574: Übernahme durch Herzog Adolf von Schleswig–Holstein–Gottorf	Funck, Verkauf Steinhorsts, S. 17 LHA, MVP, Aw, Nr. LHA, MVP, Aw, Nr. Reversal auf die Gesa summe: ÖsterrHHStA A.P.A., B1–G4 (vorm K6), qdr. 3.
1569	400 ML	Hartwig Schack			Aktenhinweis in LAS, Abt. 390, Nr. 585aI.
1569	4.000 RT	Gebrüder Spoercke zu Boizenburg	Verschreibung des Zolls zu Artlenburg mit 5 % Verzinsung.	1585: 2.000 RT getilgt 1669: Gesamttilgung	LAS, Abt. 390, Nr. 48
6. Januar 1569	10.452 RT	Graf von Oldenburg	Aufstockungskredit zu den Krediten der Jahre 1562 und 1565	Zusammenfassung 1575	LAS, Abt. 210, Nr. 19
1569	3.700 RT	Franz Wackerbart	Verpfändung des Dorfs Hollenbek u.a. mit 6 % Verzinsung	1579: 1.890 RT getilgt 1684: 17.765 RT Resttilgung	LAS, Abt. 390, Nr. 585aI.
vor 1570	5.000 ML	Herzog von Mecklenburg	– unklar – 1595 = 2.965 RT (Restschuld: Hauptsumme + Zinsen) 1599 = 3.636 RT (Restschuld: Hauptsumme + Zinsen)	vor 1590 3.000 ML von Familie von Daldorf abgelöst	LHA, MVP, Aw, Nr. 331.

Datum	Hauptsumme	Kreditor	Bedingungen, Zeiträume, Verpflichtungen, Verzinsungen	Einlösung, Rückzahlung	Quelle
27. März 1570	13.000 RT	Landstände des Erzstifts Bremen	Verpfändung des Landes Hadeln	1576 Abtretung an Ebf. Heinrich 24. September 1584: Gesamtablösung	NdsHStA, Celle Or. 1 Nr. 256. LAS, Abt. 210, Nr. 39 fol. 45r (4. Januar 157 NdsHStA, Celle Or. 1 Nr. 291 (Gesamtablö-sung).
14. Mai 1570	1.000 RT	Adam Tratziger	Verpfändung des Zolls zu Lüneburg mit 5 % Verzinsung. Rest-schuld aus ehemaliger Verschreibung.		LAS, Urk. Abt. 7, Nr. 359.
30. No-vember 1570	43.000 RT	Jaspar von Buchwaldt Benedict von Ahlefeldt	Verschreibung des Zolls zu Lauenburg sowie der Dörfer Idstedt und Tönningstedt (Aufstockungskredit in Höhe von 8.000 RT – rückzahlbar mit 9.000 RT – eingeschlossen).	3. Februar 1571	LAS, Urk.Abt. 7, Nr. 364.
3. Februar 1571	35.000 ML	Herzog Adolf von Schleswig–Holstein–Gottorf	Verpfändung des Amts Tremsbüttel auf 7 Jahre mit früherem Wiederlösungsrecht		LAS, Abt. 7, Nr. 1289 LAS, Abt. 210, Nr. 11 LAS, Urk.Abt. 7, Nr. 361. LAS, Urk.Abt. 7, Nr. 362.
15. Mai 1571	4.000 RT	Herzog Adolf von Schleswig–Holstein–Gottorf	Verschreibung des Dorfes Krauel		LAS, Urk Abt. 7, Nr.
	14.000 RT		Aufstockungskredit auf das Amt Tremsbüttel		LAS, Urk.Abt. 7, Nr. 364.
	8.000 RT		Verpfändung des Zolls zu Lauenburg mit 5 % Verzinsung		LAS, Abt. 7, Nr. 1293
1571 (?)	5.000 ML	Herzog Adolf von Schleswig–Holstein–Gottorf	– unklar –	1577: Abtrag von 3.000 ML	erwähnt in LAS, Abt. Nr. 1293.
1571	3.962 ML	Eitel Rau, Hauptmann von Neuhaus	Aufstockungskredit	1574	LAS, Abt. 7, Nr. 1290
1. Juni 1571	4.000 RT	Friedrich Brockdorf	Abtretung des Hofs Borstorf an Herzog Adolf von Schleswig–Holstein–Gottorf		LAS, Urk.Abt. 7, Nr. 368. LAS, Urk.Abt. 7, Nr. 369.

Datum	Hauptsumme	Kreditor	Bedingungen, Zeiträume, Verpflichtungen, Verzinsungen	Einlösung, Rückzahlung	Quelle
1571			Gesamtschuldenverzeichnis des Herzogtums Sachsen–Lauenburg: 294.064 RT 15 ß		ÖsterrHHStA, RHR, Judiziale Antiqua 764, Nr. 12, Copia D.
1572	8.000 RT	Barthold Lützow	Kredit an Herzog Magnus II. Verschreibung des Dorfs Salem und der Mühle zu Ratzeburg.		I.HA, MVP, Aw, Nr. 297.
1574	6.000 RT	Herzog Adolf von Schleswig–Holstein–Gottorf	Aufstockungskredit auf den Lauenburger Zoll mit 5 % Verzinsung. Rückzahlungsvereinbarung: 15.000 RT, in Verbindung mit Verschreibung vom 15. Mai 1571: 8.000 RT + 2 x 5 % = 8.800 RT + 6.000 RT 14.800 RT		LAS, Abt. 210, Nr. 11
15. Juni/ 16. Juni 1574	30.166 ML	Erben des Eitel Rau (Familie von Holle)	Neuverschreibung der Schulden, die von Eitel Rau vererbt wurden. Die Schuldverschreibungen wurden Herzog Adolf durch die Familie Holle am 7. Juli 1574 verkauft.	14. Oktober 1574	LAS, Abt. 7, Nr. 1290 LAS, Urk.Abt. 7, Nr. 376. LAS, Urk.Abt. 7, Nr. 377.
14. Oktober 1574	30.166 ML	Herzog Adolf von Schleswig–Holstein–Gottorf	Schuldverschreibung mit 6 % Verzinsung.	1578: Rückzahlung in Höhe von 34.000 RT 1583: Resttilgung	LAS, Urk.Abt. 7, Nr. LAS, Urk.Abt. 7, Nr. in Verbindung mit Nr. 380.
20. November 1574	800 RT	Stadt Lübeck	Während des hochzeitlichen Beilagers in Pommern an Herzog Franz I. zu 5 % verliehen.	1600 (?)	LAS, Abt. 390, Nr. 23
1574	500 RT	Andreas Baventer, Markus Bachmeister aus Lüneburg	(vereinbarte Rückzahlung in Höhe von 530 RT im Jahre 1575)	21. August 1583 Rückzahlungszusage von 768 ML Anfang 1584	LAS, Abt. 390, Nr. 25

Datum	Hauptsumme	Kreditor	Bedingungen, Zeiträume, Verpflichtungen, Verzinsungen	Einlösung, Rückzahlung	Quelle
1575	48.845 RT	Graf von Oldenburg	Gesamtschuldenaufstellung 5.780 RT auf Kulpin 16.264 RT auf Ratzeburg + Klempau (dafür Freikauf der acht Klosterdörfer, die an Johann Rantzau verpfändet waren) 5.000 RT auf Schwarzenbek, Marienwohlde + Otterndorf. (dafür Abtrag von Schulden am RKG + Reichsan– schlag) 11.485 RT an Zinsen (bis 1567 keine Zinsleistungen) <u>9.677 RT</u> auf Otterndorf 48.845 RT (Stand 1601: 46.798 RT)	1579: Teiltilgung in Höhe von 16.000 RT durch Herzog Heinrich (Ebf. von Bremen) <u>ca. 1583:</u> Ratzeburg, Klempau, Schwarzenbek entschuldet (Resttilgung: 1630/1632)	LAS, Abt. 210, Nr. LHA, MVP, Aw. Nr 318. LAS, Abt. 210, Nr. LAS, Abt. 210, Nr. LAS, Abt. 210, Nr.
1575	16.095 RT	Graf von Oldenburg	Verschreibung des Landes Hadeln	<u>21. Mai 1576:</u> Tilgung durch Herzog Heinrich	NdsStA, Stade, Rep. B 6300, qdr. 10, lit. NdsHStA, Celle Or. Nr. 269 (Schuldenve gleich v. 29. Novem 1575). NdsHStA, Celle Or. Nr. 270 (Schuldenüb nahme–Zusage vom Januar 1576). NdsHStA, Celle Or. Nr. 272 (Schuldenüb nahme vom 21. Mai 1576). NdsHStA, Celle Or. Nr. 271 (Zwischenkr dit). NdsHStA, Celle Or. Nr. 281–292 (Rückz lungsverlängerunge

Datum	Hauptsumme	Kreditor	Bedingungen, Zeiträume, Verpflichtungen, Verzinsungen	Einlösung, Rückzahlung	Quelle
1575	85.904 RT	Herzog Adolf von Schleswig–Holstein–Gottorf	Verschreibung des Amts Steinhorst zur Deckung der Kosten des Krieges gegen Herzog Magnus nach Vorgaben durch den Niedersächsischen Kreis.		LAS, Abt. 210, Nr. LAS, Abt. 210, Nr. LAS, Abt. 7, Nr. 12
1576	28.152 RT		Schulden dem Reich gegenüber	? (sukzessive)	Sächs HStA, Loc. 9 fol. 500. S. ergänzend Deutsc Reichstagsakten, Sp 1570, S. 877.
1577	2.500 ML	Joachim von Platen aus Parchim	Verschreibung des Hofs Anker mit 5 % Verzinsung	1588: 5.000 ML	LAS, Abt. 390, Nr.
1578	3.000 fl.	Christoph von Wrisby	5 % Verzinsung auf insgesamt vier Jahre Laufzeit. Verpfändung des Zolls zu Artlenburg		NdsStA, Stade, Rep. W4328, qdr. 1 und q
1578	4.000 RT	Johann von Obbershausen aus Eldingen	Verpfändung des Amts Schwarzenbek mit 6 % Verzinsung	1581	LAS, Abt. 390, Nr. Vgl. NdsHStA, Cell 103, Nr. 90 hinsichtl einer weiteren Förde des von Obbershaus Höhe von 400 RT v September 1584 (wa scheinlich säumige schulden).
28. Juni 1579	10.000 RT	Herzog Adolf von Schleswig–Holstein–Gottorf	Verpfändung Ratzeburgs		LAS, Abt. 7, Nr. 12
1579	291.293 RT 15 ß		Gesamtschuld des Herzogtums Sachsen–Lauenburg (jährliche Zinslast: 17.477 ½ RT) = 1586: 378.680 RT 31 ß (errechnet von der Kommission)		LHA, MVP, Aw, Nr 318.

Datum	Hauptsumme	Kreditor	Bedingungen, Zeiträume, Verpflichtungen, Verzinsungen	Einlösung, Rückzahlung	Quelle
1580	448.323 RT 26 ß 5d		Gesamtschuld des Herzogtums Sachsen–Lauenburg, unberechnet geblieben sind – gemäß der Kommission–: säumige Zinsen, Forderungen von etlichen Kaufleuten, das versetzte Silbergeschirr in Lübeck und Forderungen des ehemaligen Dienstpersonals.		Sächs HStA, Loc. 9 (Protokoll zu Lüneb
10. August 1586	10.000 RT	Graf von Oldenburg	?	?	NdsHStA, Celle Or. Nr. 294
1593	2.500 RT	Rat von Lüneburg	Die Summe war zu einem früheren Zeitpunkt bereits entliehen worden. Zur Sicherheit wurden Edelsteine hinterlegt: Rubine, Kleinodien, ein Halsband, etliche Perlen; ein Kreuz mit sechs Diamanten, neun Rubinen und drei Perlen.	1596	LAS, Abt. 210, Nr. lit G. NdsHStA, Celle Br. 104a, Nr. 35.
21. August 1596	4.000 RT	Familie von Strahlendorf	Kredit an Herzog Moritz		LHA, MVP, Aw, Nr 331.
1615	1.600 RT	Graf von Oldenburg	Kredit an Herzog Moritz mit der Zusage einer Verpfändung von allem „Hab und Gut“ (aus dem Jahre 1585)	1617	LAS, Abt. 390, Nr. (insbes. qdr. 6, fol. 2 Vgl. allgemein zur Schuldenproblemati Herzogs Moritz: NdsHStA, Celle Br. 104a, Nr. 13: Acta d lauenburgischen An am RKG betr. den P zeß Braunschweig–nenberg contra Laue burg wegen Ehegeld und Verleumdung (1592–1608).

[1] Vgl. Rundstedt, Schulden, S. 62–63. Rundstedt unternahm bereits einen „Versuch“ mit 17 Schuldenposten. Bedauerlicherweise weisen Rundstedts Ausführungen keinerlei Quellennachweise aus.

[2] S. Rundstedt, Schulden, S. 63.

[3] S. den fehlerhaften Hinweis im Findbuch zu den Reichskammergerichtsakten 1524–1806 [im Niedersächsischen Staatsarchiv Oldenburg]; bearb. von Albrecht Eckardt; [= Veröffentlichungen der Niedersächsischen Archivverwaltung; Inventare und Kleinere Schriften des Staatsarchivs in Oldenburg, 15; Inventar der Akten des Reichskammergerichts, 5]. Göttingen 1982, S. 179f., Nr. 292 (Koster–Signatur Nr. 0839). Die Prozeßakte ist dort als verloren gekennzeichnet.

7.4 Rüstungskosten gegen Herzog Magnus II., von Herzog Adolf von Schleswig-Holstein-Gottorf im Jahr 1575 in Rechnung gestellt.[1]

a)	1.000 Pferde wurden „ins feldt gebracht“:		
	pro Tag und Pferd werden berechnet:	½ RT	
	auf 1,5 Monate ergibt das pro Pferd:	22 ½ RT	
	auf 1.000 Pferde gerechnet:		22.750 RT
b)	18 Fähnlein Fußvolk wurden aufgestellt, davon		
	1) 12 Fähnlein à 400 Knechten		
	entspricht 4.800 Knechten („gereist oder bloße Knechte“)		
	je Monat pro Knecht: 8 fl.		
	(Berechnung erfolgt, sowie die Stände im Niedersächsischen Kreis für den Böhmischen Zug bezahlt haben)		
	je Monat auf 4.800 Knechte: 38.400 fl.,		
	i.e. 28.300 RT/Monat		
	Berechnung auf 1,5 Monate		42.450 RT
	2) 4 Fähnlein à 350 Knechte		
	entspricht 1.400 Knechten zu 11.200 fl.,		
	i.e. 8.400 RT/Monat		
	Berechnung auf 1,5 Monate		12.600 RT
	3) 2 Fähnlein à 300 Knechte		
	i.e. 3.500 RT/Monat		
	Berechnung auf 1,5 Monate		5.254½ RT
c)	Sonstige Kosten		200 RT
Gesamtkosten			85.904 RT

[1] SächsHStA, Loc. 9448. – Vgl. LAS, Abt. 210, Nr. 1130.

7.5 Prokuratoren und Sollizitanten der Herzöge von Sachsen–Lauenburg vor dem Reichskammergericht

Im Verlauf der Untersuchung wurde bereits deutlich, daß sich die Herzöge von Sachsen–Lauenburg unterschiedlicher Prokuratoren bedienten, welche sich zum Teil über lange Zeiträume hinweg in den Diensten der nordelbischen Askanier befanden. Ihre Namen sind allerdings nicht nur mit dem Herzogtum Sachsen–Lauenburg verbunden, sondern ebenso mit anderen norddeutschen bzw. niedersächsischen Territorien, da die am Reichskammergericht tätigen Prokuratoren[1] in der Annahme ihrer Klienten ebenso frei waren, wie die Klienten in der Wahl ihrer Prokuratoren. Zur Finanzierung ihres Lebensunterhalts dienten den Prokuratoren die Dienstgelder ihrer Klienten, die pro Jahr insgesamt bis zu 2.000 fl. betragen konnten.[2] Der zeitgenössische Chronist Sastrow behauptet, ein Prokurator habe in bis zu 400 Prozessen zugleich zu arbeiten.[3]

Den Prokuratoren des Reichskammergerichts kann aufgrund ihrer Tätigkeit 'Ferne zum Betroffenen' und ausschließliche 'Nähe zum juristischen Gegenstand' attestiert werden. Ein Beispiel aus der Chronik Sastrows über Dr. Friedrich Reiffsteck verdeutlicht dies: Sastrow beschreibt Reiffsteck als einen der „ältisten Procuratoris am Key. Cammergericht, eins gelarten Juristen, [...] ein guter practicus, dan er etlich Jar, als er jung, zu Rom in Rota gewesen; diente seinen Parteien treulich und fleissig."[4] Sastrow schreibt über Reiffsteck im Jahr 1542:
„Hette vieler Fursten, Graven und Herrn Bestellung, wie auch Hertzog Albrechtes von Mechelnburg. Als aber S. F. G. ime eine newe Sache zuschickede mit allem Bericht derselben, schrieb er S. F. G. wo kein ander unnd besser Bericht ime zukomme, konte er in der Sachen nicht so ansehnlich dienen, als im geburte, wolte viel lieber der gantzen Bestellung S. F. G. entrathen. der hertzog brachte D. Leopoldum Dicken darbei (dan das Bestallungsgelt war ansehenlich) der Schwur in der Sachen Juramentum calumniae, unnd verlor auch die Sache fein sauber."[5]
Noch deutlicher werden diese Feststellungen durch einen weiteren Blick auf den Tätigkeitsbereich der Prokuratoren: Auf dem Reichstag in Speyer 1529 übernahm der Prokurator von Schwabach, welcher 1531 aufgrund seines evangelisch–lutherischen Glaubensbekenntnisses mit den katholischen

---

[1] Unterscheidung zwischen Prokurator und Advokat bei Weitzel, Anwälte, S. 256f. – S. Smend, Reichskammergericht, S. 341ff.

[2] Vgl. Sastrow, Herkommen, 1, S. 232.

[3] Sastrow, Herkommen, 1, S. 230.

[4] Sastrow, Herkommen, 1, S. 212.

[5] Sastrow, Herkommen, 1, S. 212.

„Visitatoren“ in Konflikt geraten war,[6] die Interessen der Regensburger Reichsabtei St. Emmeram, und die Prokuratoren Krell und von Levessau nahmen die der Abteien von Prüm und Stablo wahr.[7]
Die Herzöge von Sachsen–Lauenburg wurden in der Zeit von 1495 bis 1619 von folgenden Prokuratoren vor dem Reichskammergericht vertreten:[8]

(Neue Forschungsergebnisse gegenüber der Wetzlarer Kartei sind *kursiv* gedruckt.)

1. Dr. Jacob Krell
   Weitere Schreibweisen: Kroel, Kroll.
   Tätigkeit am RKG: 1509–1530 (für Sachsen–Lauenburg als Prokurator: 1518[9]–1523, 1527–1529).

2. Dr. Conrad von Schwabach (†1532, ev. luth.)
   Weitere Schreibweisen: von Schwappach.
   Tätigkeit am RKG: 1511–1532 (für Sachsen–Lauenburg als Prokurator: 1524[10]–1531).

3. Dr. Hieronymus Häuser (†1539)
   Weitere Schreibweisen: Hauser, Hausser, Husser, Heuser.
   Tätigkeit am RKG: 1524–1539 (für Sachsen–Lauenburg als Prokurator: 1530[11]).

---

[6] Reichskammergerichtsmuseum Wetzlar.
[7] Kühn, Speyrer Reichstag, S. 42.
[8] Die nachfolgenden Daten wurden mit der in der Forschungsstelle für Reichskammergerichtsforschung (Wetzlar) vorhandenen Advokaten–/ Prokuratorenkartei abgeglichen. – Die Wetzlarer Kartei wurde auf Grundlage folgender Werke zusammengestellt: Günther Groh: Das Personal des Reichskammergerichts in Speyer. 1. Teil: Familienverhältnisse; in: Pfälzische Familien– und Wappenkunde, Band II, Heft 7/8, 1956, S. 101–111; Heft 9, 1957, S. 129–141; Heft 10, 1957, S. 150–162; Heft 11/ 12, 1957, S. 163–194. Groh hat seine Untersuchung mit Hilfe Speyerer Kirchenbücher abgesichert. – Des weiteren basiert die Wetzlarer Kartei auf: Filippo Ranieri und Karl Härter (Hgg.): Biographisches Repertorium der Juristen im Alten Reich, 16.–18. Jahrhundert, A–E (Katalog der Sammlung Lehnemann. Juristische Schriften des 16.–18. Jahrhunderts, hrsg. v. Ulrich Dingler und Karl Härter); Ius Commune CD–ROM, Informationssysteme zur Rechtsgeschichte, 1; Frankfurt a. M. 1997. Bedauerlicherweise haben die Herausgeber die Juristen am Reichskammergericht nicht nach ihren Verwendungen als Advokaten und Prokuratoren unterschieden, so daß eine detaillierte Suche nur mit Hilfe der bereits bekannten Namen möglich ist. Lediglich neue Forschungsergebnisse werden in der nachfolgenden Aufstellung besonders gekennzeichnet.
[9] LAS, Abt. 390, Nr. 132.
[10] NdsStA, Stade, Rep. 27, S 86, qdr. 2.
[11] LAS, Abt. 390, Nr. 501.

4. Dr. Wolfgang Breuning
Weitere Schreibweisen: Breyning.
Jährliches Gehalt: 30 RT.[12]
Tätigkeit am RKG: 1536–1575 (für Sachsen–Lauenburg als Prokurator: 1542[13]).

5. Dr. Leopold Dick *von Ruprechtseck* (†1572)
Weitere Schreibweisen: Dickh. Lepolt Dick.
Jährliches Gehalt: 30 RT.[14]
Tätigkeit am RKG: 1527–1570 (für Sachsen–Lauenburg als Prokurator: 1545[15]–1569[16]).

6. Dr. David Capito (†1573)
Weitere Schreibweisen: Daniel[l] Capito.[17]
Tätigkeit am RKG: 1548[18]–1571 (für Sachsen–Lauenburg als Prokurator: [30. August] 1559[19]–1572).

7. *Dr.* Johann Jakob Grönberg (†28. März 1603, ev. luth., zweimal verh.)
Weitere Schreibweisen: Gronberger, Grönberger.
Tätigkeit am RKG: *1571*–1602 (für Sachsen–Lauenburg als Prokurator: [Oktober] 1571[20]–1585).

---

[12] LAS, Abt. 390, Nr. 33, qdr. 1, fol. 2v.

[13] LAS, Abt. 390, Nr. 33, qdr. 1, fol. 2v (Hinweis auf Bestallung).

[14] LAS, Abt. 390, Nr. 114, copia citationis, prod. am 10. April 1564.

[15] LAS, Abt. 390, Nr. 33, qdr. 3 (Abschrift der Bestallung aus dem Jahre 1545).– S. Hinweis bei Sastrow, Herkommen, 2, S. 593: Dort wird „Lepolt Dick, Doctor" in der Liste der Prokuratoren des Jahres 1548 geführt.

[16] Hinweis aus der Bestallung für Dr. Capito aus dem Jahr 1569: Dick wurde von seinen Pflichten entbunden, da „er mit alter und schwachheit derart beladen" war.

[17] In der Wetzlarer Kartei werden hier zwei Prokuratoren aufgeführt: Daniel und David Capito. Nach Ansicht des Verfassers handelt es sich um dieselbe Person. Nach der Quellenlage (unterzeichnete Schriftstücke) lassen sich keine Unterschiede in der Unterschrift feststellen. Dieses reicht allerdings nicht als Beweis, da die von den Prokuratoren erstellten Schriftstücke von dem Kanzleipersonal unterzeichnet wurden. Grundsätzlich weisen die eingesehenen Schriftstücke die Unterschrift „D. Capito" auf. Erst weitergehende Forschungen können an dieser Stelle Klarheit schaffen.

[18] Sastrow, Herkommen, 2, S. 594.

[19] LAS, Abt. 390, Nr. 114; LAS, Abt. 390, Nr. 188, qdr. 3 (Abschriften der Bestallung).

[20] LAS, Abt. 390, Nr. 232, qdr. 4.

8. Dr. Bernhard Kühorn[21] (ev. luth., verh.)
Tätigkeit am RKG: 1570–1601 (für Sachsen–Lauenburg als Prokurator: 1575[22]–1580).

9. Dr. Johan Kalt
Jährliches Gehalt: 60 RT.[23]
Tätigkeit am RKG: (seit mindestens 1548[24] *als Advokat) 1579 (für Sachsen–Lauenburg als Prokurator: 1579*[25]*).*

10. Dr. (?) Heinrich Pottgießer*
Nachgewiesene Tätigkeit am RKG: 1578 (für Sachsen–Lauenburg als Prokurator: 1578[26]*).*

11. Dr. Jakob Friedrich Meurer, *lauenburgischer Rat*[27] (†1574)
Tätigkeit am RKG: 1557–1574 (für Sachsen–Lauenburg als Prokurator: 1574[28]). *Jährliches Gehalt: 60 RT.*[29]

12. Dr. Johann Brentzlin (†1584)
Tätigkeit am RKG: 1569–1584 (für Sachsen–Lauenburg als Prokurator: 1574[30]–1580)

13. Dr. Christoph Behem (†1589, verh.)
Weitere Schreibweisen: Behme, Beheimb, Böhme.
Tätigkeit am RKG: (seit 1566 als Advokat) 1573–1589 (für Sachsen–Lauenburg als Prokurator: [14. Februar] 1586[31]–1589)

---

[21] Kühorn entstammte einer Juristenfamilie. S. Zimmernsche Chronik, 3, S. 115. Zimmern berichtet aus seiner Zeit über den Prokurator Hans Kühorn, der „war von Menz, ein frölicher und wesentlicher alter mann".

[22] LAS, Abt. 210, Nr. 37.

[23] LAS, Abt. 390, Nr. 187, qdr. 1.

[24] Sastrow, Herkommen, 2, S. 584 (Beauftragter des Kammerrichters). – Ebenda, S. 594 (Liste der Advokaten). Kalt war somit zunächst als Advokat am Reichskammergericht tätig und wurde nach der entsprechenden Wartezeit (s. Weitzel, Anwälte, S. 257) Prokurator am Reichskammergericht.

[25] LAS, Abt. 390, Nr. 187, qdr. 4.

[26] LAS, Abt. 390, Nr. 187, qdr. 4. Lediglich Hinweis auf Bestallung.

[27] Vgl. Sastrow, Herkommen, 2, S. 594: Die Liste der Advokaten enthält den Namen „Rohe Meurer". Meurer wird als lauenburgischer Rat ausgewiesen. Unerwähnt bei Reden, Landständische Verfassung.

[28] LAS, Abt. 390, Nr. 42, qdr. 3 (März 1574).

[29] LAS, Abt. 390, Nr. 211, qdr. 3, lit. A.

[30] LAS, Abt. 390, Nr. 42, qdr. 6 (Ratificatio vom 3. Februar 1575).

[31] LAS, Abt. 390, Nr. 225, qdr. 32.

14. Dr. Johann Melchior Reinhardt (ev. luth., verh.)
Tätigkeit am RKG: 1589–1611 (für Sachsen–Lauenburg als Prokurator: 13. Januar 1590[32]–1611).

15. Dr. Peter Paul Steuernagel († 8. Januar 1633, ev. luth., verh., 5 Kinder)
Weitere Schreibweisen: Steiernagel.
Tätigkeit am RKG: 1601–1631 (für Sachsen–Lauenburg als Prokurator: [9. Februar] 1614[33]–1618).

Die Herzöge von Sachsen–Lauenburg bestallten außerdem folgende Sollizitanten[34] am Reichskammergericht:

1. Johann[es] Haring (Weitere Schreibweisen: Haringk)
H. war Sekretär von Herzog Magnus I. und 1527[35] Sollizitant in Speyer.

2. Joachim Krage aus Nürnberg
Nachgewiesene Tätigkeit im Jahr 1559 (12. Dezember).[36]
Jährliches Gehalt: 30 RT.[37]

---

32 LAS, Abt. 390, Nr. 232, qdr. 13.
33 LAS, Abt. 390, Nr. 148, qdr. 4.
34 Vgl. Weitzel, Anwälte, S. 260 hinsichtlich der Einrichtung einer „Sollizitatur“ nach 1654.
35 LAS, Abt. 390, Nr. 501, qdr. 3.
36 LAS, Abt. 390, Nr. 188, qdr. 2, Hinweis auf lit. A (Originalbestallung).
37 LAS, Abt. 390, Nr. 188, qdr. 1.

8.0 Anhang 2

8.1 Siglen

A.P.A.	Altes Prager Archiv
AH	Acta Holsaticarum (im Archiv der Hansestadt Lübeck)
AHL	Archiv der Hansestadt Lübeck
AKG	Archiv für Kulturgeschichte
AKK	Archiv für Katholisches Kirchenrecht
ASA	Altes Senatsarchiv (im Archiv der Hansestadt Lübeck)
GWU	Geschichte in Wissenschaft und Unterricht
HR	Hanserecesse
HRG	Handwörterbuch zur deutschen Rechtsgeschichte
HStA	Staatsarchiv der Freien und Hansestadt Hamburg
HUB	Hamburgisches Urkundenbuch
HVjS	Historische Vierteljahrsschrift
HZ	Historische Zeitschrift
Jb.Alsterverein	Jahrbuch des Alstervereins
Jb.Segeberg	Heimatkundliches Jahrbuch Kreis Segeberg
Jud. Ant.	Judiziale Antiqua
Jud. Misc.	Judiziale Miscellanea
LAS	Landesarchiv Schleswig–Holstein, Schleswig
Lbg.H.	Lauenburgische Heimat
LHA, MVP	Landeshauptarchiv Mecklenburg–Vorpommern, Schwerin
MCV	Mitteilungen des Canal–Vereins
MHG	Mitteilungen des Vereins für Hamburgische Geschichte
MUB	Mecklenburgisches Urkundenbuch
NdsHStA	Niedersächsisches Hauptstaatsarchiv, Hannover
NdsStA, Bbg	Niedersächsisches Staatsarchiv, Bückeburg
NdsStA, Stade	Niedersächsisches Staatsarchiv, Stade
NJB	Niedersächsisches Jahrbuch für Landesgeschichte
ÖsterrHHStA	Österreichisches Haus–, Hof– und Staatsarchiv, Wien
RAK	Rigsarkivet København
RHR	Reichshofrat
RKG	Reichskammergericht
RKGO	Reichskammergerichtsordnung
SächsHStA	Sächsisches Hauptstaatsarchiv, Dresden
UBStL	Urkundenbuch der Stadt Lübeck
ZHF	Zeitschrift für Historische Forschung
ZHG	Zeitschrift des Vereins für Hamburgische Geschichte
ZNR	Zeitschrift für Neuere Rechtsgeschichte
ZRG, g.A.	Zeitschrift der Savigny–Stiftung für Rechtsgeschichte, germanistische Abteilung
ZSHG	Zeitschrift der Gesellschaft für Schleswig–Holsteinische Geschichte

8.2 Abkürzungen

ao	anno
d. Ä.	der Ältere
d. J.	der Jüngere
Ebf.	Erzbischof
Grft.	Grafschaft (in Karten)
Hzm.	Herzogtum (in Karten)
Kfsm.	Kurfürstentum (in Karten)
Lic.	Lizentiat
N. F.	Neue Folge
Nds. Kreis	Niedersächsischer Kreis
praes./präs.	präsentiert
prod.	produziert
Reg.	Register
Rep.	Repertorium
S.–L.	Herzogtum Sachsen–Lauenburg (in Karten)
UniBwH	Universität der Bundeswehr Hamburg
Urk. Abt.	Urkundenabteilung

8.3 Währungen, Maße und Gewichte[1]

Währungen[2]

ML	Mark Lübisch (1 ML entsprechend 16 ß = 192 d)
ß	Schilling (1 ß entsprechend 12 d)
d	Pfennig
RT	Reichstaler (1 RT entsprechend 2 ML)[3]
fl.	Gulden
fl. (rh.)	Rheinischer Gulden[4] (1 fl. (rh.) entsprechend 28 ß = 1,4 Pf)[5]
Pf.	Pfund (1 Pf. entsprechend 20 ß)[6]
kr.	Kreuzer
MlötS	Mark lötigen Silbers[7]
MlötG	Mark lötigen Goldes[8]

---

1 Alle Angaben beziehen sich auf das 16. Jahrhundert (zum Teil sind gemittelte Werte verwandt worden). – Klaus–Joachim Lorenzen–Schmidt: Kleines Lexikon alter schleswig-holsteinischer Gewichte, Maße und Währungseinheiten; Neumünster 1990 (künftig zitiert: Lorenzen–Schmidt, Lexikon).

2 Emil Waschinski: Währung, Preisentwicklung und Kaufkraft des Geldes in Schleswig–Holstein von 1226–1864; [= Quellen und Forschungen zur Geschichte Schleswig–Holsteins, 26]; Neumünster 1952, S. 24, S. 30. Die von Waschinski fein unterschiedenen Währungsumrechnungen für den dieser Untersuchung zugrundeliegenden Beobachtungszeitraum sind beachtet worden. Die Umrechnungsschwankungen werden in dieser Arbeit allerdings nicht weiter ausdifferenziert. – Michael North: Geldumlauf und Wirtschaftskonjunktur im südlichen Ostseeraum an der Wende zur Neuzeit (1440–1570); [= Kieler Historische Studien, 35]; Sigmaringen 1990. – S. auch Helmut Kahnt und Bernd Knorr: Alte Maße, Münzen und Gewichte; Mannheim/ Wien/ Zürich 1987. – Hillmann, Alster–Beste–Trave–Kanal, S.112.

3 Lorenzen–Schmidt, Lexikon, S. 49f. (1571–1622). – Vgl. ÖsterrHHStA, A.P.A., B1–G4 (vormals K6), Acta in Sachen Brockdorf [...], Angabe qdr. 3: dort Angabe, daß 1 RT = 30d.

4 Vgl. LHA, MVP, Aw, Nr. 314 I: Brief Herzog Magnus´ I. von Sachsen–Lauenburg an Herzog Heinrich von Mecklenburg aus dem Jahr 1528: Wegen 1000 fl. in guter Münze; da das Gold so vielfältig sei, müsse man auf die Qualität achten.

5 Vgl. Umrechnungsunterschiede zwischen Hillmann (Anm. 2) und Emil Waschinski: Währung, Preisentwicklung und Kaufkraft des Geldes in Schleswig–Holstein von 1226–1864; [= Quellen und Forschungen zur Geschichte Schleswig–Holsteins, 26/ 2]; Neumünster 1959, S. 295, Nr. 3. – Ergänzend Lorenzen–Schmidt, Lexikon, S. 26 (für das Jahr 1571).

6 Lorenzen–Schmidt, Lexikon, S. 46f.

7 Lorenzen–Schmidt, Lexikon, S. 38. – Waschinski, Währung, S. 22. Diese Währungs– und Gewichtseinheit war ursprünglich auf den Feingehalt des Silbers ausgelegt. Das ursprünglich 16–lötige Silber hatte einen 1000/1000 Feingehalt, wurde allerdings bereits zu Beginn des 16. Jahrhunderts bis auf 14 ½ Lot herabgesetzt. Als Umrechnung mag in diesem Zusammenhang reichen: 1 MlötS = 13 ML. Demnach entspricht eine Poenzahlung in Höhe von 50 MlötS einer Geldsumme von 650 ML. – Vgl. Reichsabschiede, 2, S. 261 ff.: Münzordnung von Eßlingen aus dem Jahr 1524.

Gewichte[9]

Last[10] (3,95 cbm)

1 Wispel	10 Scheffel	20 Faß	40 Him(p)ten

umgerechnet nach heutigen Maßen:

1 Wispel (1065 l)		1 Faß (53,25 l)	
	1 Scheffel (106,5 l)		1 Himpten (26,625 l)

---

8 Lorenzen–Schmidt, Lexikon, S. 38.

9 Gewichtsangaben und Umrechnung (1611) in Literangaben nach: Günter Bock: Gestrichen voll oder gehäuft – zur Frage der vorreformatorischen Zehnten in Alt–Stormarn; in: Kreis Stormarn (Hg.): Festschrift für Alf Schreyer; [= Stormarner Hefte, 15]; Neumünster 1990, S. 104f. – S. auch Lorenzen–Schmidt, Lexikon, S. 76. Lorenzen–Schmidt verdeutlicht die regionalen Unterschiede.

10 Angabe nach Kaack, Ratzeburg, S. 143. – S. ausdifferenziert bei Lorenzen–Schmidt, Lexikon, S. 32ff. (Last) und S. 58 (Schiffslast).

8.4 Quellen– und Literaturverzeichnis

8.4.1 Quellen

8.4.1.1 Ungedruckte Quellen

Archiv der Hansestadt Lübeck (AHL)

Acta Holsaticarum (AH); Altes Senatsarchiv (ASA); Bestand Reichskammergericht (RKG); Urkundenabteilung Caesarea; Urkundenabteilung Sasco Lauenburgica

Bundesarchiv, Außenstelle Frankfurt

Bestand AR 1 (Prozeßakten. Reichskammergericht)

Landesarchiv Schleswig (LAS)

Abt. 7 (Herzöge von Schleswig–Holstein–Gottorf); Abt. 65.1; Abt. 210 (Lauenburgische Regierung zu Ratzeburg); Abt. 390 (Reichskammergerichtsakten); Abt. 400.2 (Beiträge zur Statistik des Herzogthums Lauenburg); Abt. 400.5; Urkundenabteilung 210; Urkundenabteilung B; Abt. 402 B III, IV (Kartenabteilung)

Landeshauptarchiv von Mecklenburg–Vorpommern, Schwerin (LHA, MVP)

Aw (Abteilung Auswärtiges); (Abteilung) Landesgrenzsachen; (Abteilung) Reichskammergericht; Schweriner Hausarchiv (Urkunden und Regesten)

Niedersächsisches Hauptstaatsarchiv, Hannover (NdsHStA)

Celle Br. 103; Celle Br. 104; Celle Br. 104a; Celle Or. 12; Hildesheim Br. 1; RKG, Hannover 27; RKG, Hildesheim 27; RKG, Lüneburg 27

Niedersächsisches Staatsarchiv, Bückeburg (NdsStA, Bbg)

Bestand F 3 (Fürstliches Hausarchiv); Bestand H 24; Bestand L 1; Bestand L 24; Bestand Orig. Desig. 1

Niedersächsisches Staatsarchiv, Stade (NdsStA, Stade)

Rep. 27 (Reichskammergerichtsakten); Rep. 32 I (Erskeinische Aktensammlung [Stader Reichsarchiv]); Orig. Gen. I, 2; Kartenabteilung

Österreichisches Haus–, Hof– und Staatsarchiv, Wien (ÖsterrHHStA)

Altes Prager Archiv (A.P.A.); Reichshofrat (RHR), Antiqua (gleichbedeutend mit Judiziale Antiqua); RHR, Antiquissima (gleichbedeutend mit Judiziale Antiquissima); RHR, Miscellanea (gleichbedeutend mit Judiziale Miscellanea)

Rigsarkivet København (RAK)

Utenhoffs Patentenbuch; Tyske Kancelli [(T.K.) I.A.: Inland / U.A.: Ausland]

Sächsisches Hauptstaatsarchiv, Dresden (SächsHStA)

Copialbücher; Diverse Locate unterschiedlicher Provenienz, u.a. Wittenberger Archiv, Landesregierungsarchiv; Urkundenabteilung

Staatsarchiv der Freien und Hansestadt Hamburg (HStA)

Kartenabteilung; Reichskammergerichtsakten; Threse

8.4.1.2 Gedruckte Quellen

Brandis, Henning: Henning Brandis′ Diarium. Hildesheimische Geschichten aus den Jahren 1471–1528; hrsg. v. Ludwig Hänselmann; Hildesheim 1896, Nachdruck Hildesheim 1994 (zitiert: Brandis, Diarium).

Brandis, Joachim: Joachim Brandis′ des Jüngeren Diarium, ergänzt aus Tilo Brandis′ Annalen; hrsg. von Max Buhlers; Hildesheim 1903, Nachdruck Hildesheim 1994 (zitiert: Brandis, d. J., Diarium).

Deutsche Reichstagsakten. Reichssammlungen 1556–1662: Der Reichstag zu Speyer 1570. Zweiter Teilband: Akten und Abschied; bearb. v. Maximilian Lanzinner; Göttingen 1988 (zitiert: Deutsche Reichstagsakten, Speyer 1570).

Die evangelischen Kirchenordnungen des 16. Jahrhunderts; hrsg. v. Institut für evangelisches Kirchenrecht, VII, 1; Tübingen 1963.

Die Goldene Bulle. Nach König Wenzels Prachthandschrift; dt. übers. v. Konrad Müller, Nachwort v. Ferdinand Seibt; 3. Aufl.; Dortmund 1989.

Hadler–Chronik. Quellenbuch zur Geschichte des Landes Hadeln; verfaßt und zusammengestellt von Heinrich Rüther; Neuhaus/ Oste 1932.

Hamburgisches Urkundenbuch, Band 1; hrsg. v. Johann Martin Lappenberg; Hamburg 1907, Nachdruck der Ausgabe aus dem Jahr 1842 (zitiert: HUB 1).

Hanserecesse, 3. Abteilung; hrsg. v. Verein für Hamburgische Geschichte, 8. und 9. Band: 1477–1530; bearb. v. Dietrich Schäfer und Friedrich Techen; Leipzig 1910 und 1913 (zitiert: HR III, 8 und HR III, 9).

Mecklenburgisches Urkundenbuch; bearb. v. Friedrich Stuhr, hrsg. v. Hugo Cordshagen; Nachdruck–Gesamtausgabe der Ausgabe Schwerin 1863ff.; 25 Bände; Leipzig 1977. (zitiert: MUB, 1–25).

Monumenta Germaniae Historica. Diplomata Regum et Imperatorum Germaniae, Tomus X, Pars IV. Friderici I. Diplomata 1181–1190; hrsg. v. Heinrich Appelt; Hannover 1990.

Neue und vollständigere Sammlung der Reichsabschiede, welche von den Zeiten Kayser Conrads des II. bis jitzo auf den Teutschen Reichs–Taegen abgefasset worden: Sammt d. wichtigsten Reichs–Schlüssen, nebst einer Einleitung, Zugabe und vollst. Reg.; 4 Teile in 2 Bänden (Band 1 mit den Teilen 1 und 2; Band 2 mit den Teilen 3 und 4); Neudruck der Ausgabe 1747, Osnabrück 1967 (zitiert: Reichsabschiede, 1, 2, 3, 4).

Oldecop, Johan: Chronik des Johan Oldecop; hrsg. v. Karl Euling; [= Bibliothek des Litterarischen Vereins in Stuttgart, 190]; Tübingen 1891 (zitiert: Oldecop, Chronik).

Regesten Kaiser Friedrichs III. (1440–1493) nach Archiven und Bibliotheken geordnet; hrsg. v. Heinrich Koller und Paul–Joachim Heinig, Heft 10: Die Urkunden und Briefe aus den Archiven und Bibliotheken des Landes Thüringen; bearb. v. Eberhard Holtz; Wien/ Weimar/ Köln 1996.

Reinstorf, Ernst: Landbederegister des Herzogtums Lauenburg 1517; Hamburg o.J.

Repgow, Eike von: Der Sachsenspiegel; hrsg. v. Clausdieter Schott; 2. Aufl.; Zürich 1991 (zitiert: Sachsenspiegel).

Sastrow, Bartholomaeus: Herkommen, Geburt und Lauff seines gantzen Lebens auch was sich in dem Denckwürdiges zugetragen, so er mehrentheils selbst gesehn und gegenwärtig mit angehöret hat, von ihm selbst beschriben. Aus der Handschrift herausgegeben und erläutert von Gottl[ieb] Christ[oph] Friedr[ich] Mohnike. Teil 1: Greifswald 1823; Teil 2: Greifswald 1824; Teil 3: Greifswald 1824 (zitiert: Sastrow, Herkommen, 1, 2, 3).

Schleswig–Holstein–Lauenburgische Urkunden und Regesten; 6 Bände; begr. v. Paul Hasse; Hamburg/ Leipzig/ Neumünster 1886–1896; Nachdruck 1972.

Schmidt, Rainer und Renate: Das Register vom Türkenschatz Anno 1545. Die Schätzlisten des Herzogtums Lauenburg. Paläographische Übertragung des Originaldokuments aus dem Landesarchiv Schleswig; o.O. 1978 (zitiert: Schmidt, Türkenschatz).

Schwarzwälder, Herbert und Inge: Reisen und Reisende in Nordwestdeutschland. Beschreibungen, Tagebücher und Briefe. Itinerare und Kostenrechnungen. Band 1: bis 1620; [= Quellen und Untersuchungen zur allgemeinen Geschichte Niedersachsens in der Neuzeit, 7]; Hildesheim 1987.

Urkundenbuch der Stadt Lübeck; hrsg. von dem Vereine für Lübeckische Geschichte und Alterthumskunde; Teil 1 Lübeck 1843, Neudruck Osnabrück 1976; Teil 2/ 1 Lübeck 1858, Neudruck Osnabrück 1976; Teil 2/ 2 Lübeck 1858, Neudruck Osnabrück 1976 (zitiert: UBStL, 1–2/ 2).

Urkundenbuch der Stadt Lübeck; hrsg. vom Verein für Lübeckische Geschichte; Teil 4: Lübeck 1873; Teil 5: Lübeck 1877; Teil 6: Lübeck 1881; Teil 7: Lübeck 1885; Teil 8 (1440–1450): Lübeck 1889; Teil 9 (1451–1460): Lübeck 1893; Teil 10 (1461–1465): Lübeck 1898; Teil 11 (1466–1470): Lübeck 1905 (zitiert: UBStL, 4–11).

Urkundenbuch der Stadt Lübeck, Wort– und Sachregister zu den Bänden 1–11; bearb. v. Friedrich Techen; Lübeck 1932.

Völker, Heiko: Die Hadelerische Cronica (in Reymen Verfasset); in: Jahrbuch der Männer vom Morgenstern, 73; 1994, S. 51–74.

Waitz, Georg (Hg.): Urkunden und andere Actenstücke zur Geschichte der Herzogthümer Schleswig und Holstein, 1; [= Quellensammlung der Schleswig–Holstein–Lauenburgischen Gesellschaft für vaterländische Geschichte, 2]; Kiel 1863.

Zimmern: Die Chronik der Grafen von Zimmern. Handschriften 580 und 581 der Fürstlich Fürstenbergischen Hofbibliothek Donaueschingen; hrsg. v. Hansmartin Decker–Hauff unter Mitarbeit v. Rudolf Seigel; Band 2; 3. Aufl.; Sigmaringen 1981 (zitiert: Zimmernsche Chronik, 2); Band 3; Sigmaringen 1972 (zitiert: Zimmernsche Chronik, 3).

8.4.2 Gedruckte archivalische Hilfsmittel[1]

Findbuch des Bestandes Abt. 210. Lauenburgische Regierung zu Ratzeburg; [= Veröffentlichungen des Schleswig–Holsteinischen Landesarchivs, 13]; bearb. v. Wolfgang Prange und Konrad Wenn; Schleswig 1985.

Findbuch des Bestandes Abt. 400.5; Von der Universitätsbibliothek Kiel übernommene Handschriften; [= Veröffentlichungen des Schleswig–Holsteinischen Landesarchivs, 2]; bearb. v. Wolfgang Prange; Schleswig 1975.

Findbuch zu den Reichskammergerichtsakten 1524–1806 [im Niedersächsischen Staatsarchiv Oldenburg]; bearb. v. Albrecht Eckhardt; [= Veröffentlichungen der Niedersächsischen Archivverwaltung; Inventare und kleinere Schriften des Staatsarchivs in Oldenburg, 15; Inventar der Akten des Reichskammergerichts, 5]; Göttingen 1982.

Findbuch zum Bestand 32. Erskeinische Aktensammlung (Stader Reichsarchiv) 1431–1655; [= Veröffentlichungen der Niedersächsischen Archivverwaltung. Inventare und kleinere Schriften des Staatsarchivs in Stade, 2]; bearb. v. Heinz–Joachim Schulze unter Mitarbeit von Marie–Luise Petzold; Göttingen 1982.

Findbuch zum Bestand Reichskammergericht und Reichshofrat (Rep. 101) [im Niedersächsischen Staatsarchiv Aurich]; bearb. v. Walter Deters; 2 Bände; [= Veröffentlichungen der Niedersächsischen Archivverwaltung; Inventare und kleinere Schriften des Staatsarchivs in Aurich, 15 und 16; Inventar der Akten des Reichskammergerichts, 20]; Leer 1993.

Findbücher zu Beständen des Bundesarchivs, 46: Reichskammergericht. Bestand AR 1. Prozeßakten; [= Inventar der Akten des Reichskammergerichts, 18]; bearb. v. Ursula Hüllbusch und Hans Schenk; Koblenz 1994.

Inventar der Akten des Reichskammergerichts, 10: Landesarchiv in Schleswig; Findbuch der Reichskammergerichtsakten (Abt. 390 u.a.); [=

[1] Die ungedruckten Findbehelfe der Archive sind lediglich in den Fußnoten ausgewiesen.

Veröffentlichungen des Schleswig–Holsteinischen Landesarchivs, 16]; bearb. v. Hans–Konrad Stein–Stegemann; 2 Bände; Schleswig 1986.

Inventar der Akten des Reichskammergerichts, 13: Archiv der Hansestadt Lübeck; Findbuch der Reichskammergerichtsakten; [= Veröffentlichungen des Schleswig–Holsteinischen Landesarchivs, 18 und 19]; bearb. v. Hans–Konrad Stein–Stegemann; 2 Bände; Schleswig 1987.

Inventar der Akten des Reichskammergerichts, 21: Staatsarchiv Hamburg; Findbuch der Reichskammergerichtsakten; [= Veröffentlichungen aus dem Staatsarchiv der Freien und Hansestadt Hamburg, 13/ I – IV]; bearb. v. Hans–Konrad Stein–Stegemann; Hamburg 1993 (I), 1994 (II), 1995 (III u. IV).

Inventar der Akten des Reichskammergerichts, 22: Inventar der Bremer Reichskammergerichtsakten; [= Kleine Schriften des Staatsarchivs Bremen, 22]; bearb. v. Andreas Röpcke und Angelika Bischoff; Bremen 1995.

Inventar der Akten des Reichskammergerichts, 3: Staatsarchiv in Wolfenbüttel; Findbuch zum Bestand Reichskammergericht und Reichshofrat 1489–1806 (6 alt); [= Inventare und kleinere Schriften des Staatsarchivs in Wolfenbüttel, 2]; bearb. v. Walter Deeters; Göttingen 1981.

Inventar der Akten des Reichskammergerichts, 4: Staatsarchiv in Stade; Findbuch zum Bestand 27. Reichskammergericht (1500–1648); [= Veröffentlichungen der Niedersächsischen Archivverwaltung. Inventare und kleinere Schriften des Staatsarchivs in Stade, 1]; bearb. v. Erich Weise, hrsg. v. Heinz–Joachim Schulze; Göttingen 1981.

Inventar der Akten des Reichskammergerichts, 9: Staatsarchiv in Bückeburg; Findbuch zu den Reichskammergerichtsakten 1551–1806; [= Veröffentlichungen der Niedersächsischen Archivverwaltung. Inventare und Kleine Schriften des Staatsarchivs in Bückeburg, 1]; bearb. v. Hans–Heinrich Ebeling; Rinteln 1985.

Kommentierte Übersicht über die Bestände des Staatsarchivs der Freien und Hansestadt Hamburg; [= Veröffentlichungen aus dem Staatsarchiv der Freien und Hansestadt Hamburg, 14]; hrsg. v. Paul Flamme, Peter Gabrielsson u. Klaus–Joachim Lorenzen–Schmidt; Hamburg 1995.

Koser, Otto: Repertorium der Akten des Reichskammergerichts. Untrennbarer Bestand, I; [= Veröffentlichungen des Gesamtvereins der Deutschen Geschichts– und Altertumsvereine]; Heppenheim 1933.

Tyske Kancelli I; bearb. v. Johann Skovgaard; hrsg. v. Rigsarkivet; Kopenhagen 1946.

Tyske Kancelli II; bearb. v. Arthur G. Hasso u. Erik Kromann; hrsg. v. Rigsarkivet; Kopenhagen 1962.

8.4.3 Literatur

Abel, Caspar: Sächsische Alterthümer; Braunschweig 1730.

Ahrendt–Schulte, Ingrid: Hexenprozesse; in: Ute Gerhard (Hgin.): Frauen in der Geschichte des Rechts. Von der Frühen Neuzeit bis zur Gegenwart; München 1997, S. 199–220.

Algazi, Gadi: Herrengewalt und Gewalt der Herren im späten Mittelalter; [= Historische Studien, 17]; Frankfurt a. M./ New York 1996 (zitiert: Algazi, Herrengewalt).

Althoff, Gerd: Spielregeln der Politik im Mittelalter. Kommunikation in Frieden und Fehde; Darmstadt 1997.

Angermeier, Heinz: Begriff und Inhalt der Reichsreform; in: ZRG, g.A., 75; 1958, S. 181–205 (zitiert: Angermeier, Begriff und Inhalt).

Angermeier, Heinz: Der Wormser Reichstag 1495 – ein europäisches Ereignis; in: HZ, 261/ 3; 1995, S. 739–768 (zitiert: Angermeier, Wormser Reichstag).

Angermeier, Heinz: Die Reichsreform 1410–1555. Die Staatsproblematik in Deutschland zwischen Mittelalter und Gegenwart; München 1984 (zitiert: Angermeier, Reichsreform).

Aretin, Karl Otmar von: Das Alte Reich 1648–1806; Band 1: Föderalistische oder hierarchische Ordnung (1648–1684); Stuttgart 1993.

Aretin, Karl Otmar von: Heiliges Römisches Reich 1776–1806. Reichsverfassung und Staatssouveränität. Teil 1: Darstellung; Wiesbaden 1967.

Arndt, Johannes: Der Fall „Meier Cordt contra Graf zur Lippe“. Ein Untertanenprozeß vor den Territorial– und Reichsgerichten zwischen 1680 und 1720; [= Schriftenreihe der Gesellschaft für Reichskammergerichtsforschung, 20]; Wetzlar 1997.

Ascheri, Mario: Höchste Gerichte in Italien zur Zeit des Ancien Régime; in: Ingrid Scheurmann (Hgin.): Frieden durch Recht. Das Reichskammergericht von 1495 bis 1806. Katalog zur gleichnamigen Ausstellung vom 8.12.1994 bis 22.1.1995 in Bonn und vom 25.2.1995 bis 30.4.1995 in Frankfurt am Main; Mainz 1994, S. 428–434.

Auer, Leopold: Das Archiv des Reichshofrats und seine Bedeutung für die historische Forschung; in: Bernhard Diestelkamp und Ingrid Scheurmann (Hgg.): Friedenssicherung und Rechtsgewährung. Sechs Beiträge zur Geschichte des Reichskammergerichts und der obersten Gerichtsbarkeit im alten Europa; Bonn/ Wetzlar 1997, S. 117–142 (zitiert: Auer, Archiv).

Augustin, Hermann: Die Reformation im Herzogtum Lauenburg; in: Kurt Jürgensen (Hg.): Die Kirche im Herzogtum Lauenburg. Beiträge zu ihrer

Geschichte und Gegenwart; [= Lauenburgische Akademie für Wissenschaft und Kultur, Kolloquium 5]; Neumünster 1994, S. 42–52 (zitiert: Augustin, Reformation).

Aust, Albert (Hg.): Die Elbkarte des Melchior Lorichs vom Jahre 1568; gekürzte und vollständig umgearbeitete Aufl. des 1847 ersch. Werkes von Johann Martin Lappenberg; Hamburg 1927 (zitiert: Aust, Elbkarte).

Aydelotte, William O.: Quantifizierung in der Geschichtswissenschaft; in: Hans–Ulrich Wehler (Hg.): Geschichte und Soziologie; 2. Aufl.; Königstein/ Taunus 1984, S. 259–282.

Bagrow, Leo: Die Geschichte der Kartographie; Berlin 1951.

Baker, John H.: Die obersten königlichen Gerichte in England 1450–1800; in: Ingrid Scheurmann (Hgin.): Frieden durch Recht. Das Reichskammergericht von 1495 bis 1806. Katalog zur gleichnamigen Ausstellung vom 8.12.1994 bis 22.1.1995 in Bonn und vom 25.2.1995 bis 30.4.1995 in Frankfurt am Main; Mainz 1994, S. 347–364.

Baker, John H.: The superior Courts in England 1450–1800; in: Bernhard Diestelkamp (Hg.): Oberste Gerichtsbarkeit und Zentrale Gewalt im Europa der Frühen Neuzeit; [= Quellen und Forschungen zur höchsten Gerichtsbarkeit im Alten Reich, 29]; Köln/ Weimar/ Wien 1996, S. 73–112.

Baring, [...]: Die Lauenburgischen Akten im Hauptstaatsarchiv zu Dresden; in: Lbg.H., 6/ 4; 1930, S. 150–153.

Bärwald, Ulrich: Sülfeld und der Alster–Trave–Kanal. Zur Restaurierung eines wassergebundenen Handelsweges; in: Jb.Alsterverein 1993, S. 9–16.

Battenberg, Friedrich: Beiträge zur höchsten Gerichtsbarkeit im Reich im 15. Jahrhundert; [= Quellen und Forschungen zur höchsten Gerichtsbarkeit im Alten Reich, 11]; Köln/ Wien 1981 (zitiert: Battenberg, Beiträge).

Battenberg, Friedrich: Reichsacht und Anleite im Spätmittelalter. Ein Beitrag zur Geschichte der höchsten königlichen Gerichtsbarkeit im Alten Reich, besonders im 14. und 15. Jahrhundert; [= Quellen und Forschungen zur höchsten Gerichtsbarkeit im Alten Reich, 18]; Köln/ Wien 1986 (zitiert: Battenberg, Reichsacht).

Battenberg, Friedrich: Reichskammergericht und Archivwesen. Zum Stand der Erschließung der Reichskammergerichtsakten; in: Bernhard Diestelkamp (Hg.): Das Reichskammergericht in der deutschen Geschichte. Stand der Forschung, Forschungsperspektiven; [= Quellen und Forschungen zur höchsten Gerichtsbarkeit im Alten Reich, 21]; Köln/ Wien 1990, S. 173–193.

Bauer, R[....] W.: Calender for Aarene fra 601 til 2200 efter Christi Fodod; København 1868; fotografisk optryk 1991.

Baumann, Reinhard: Landsknechte. Ihre Geschichte und Kultur vom späten Mittelalter bis zum Dreißigjährigen Krieg; München 1994.

Becker, Wilhelm: Aus Wentorfs Verkehrsgeschichte; in: Heimatbuch Wentorf; hrsg. v. d. Gemeinde Wentorf anläßlich der 750–Jahrfeier; Lauenburg 1967, S. 71–88 (zitiert: Becker, Verkehrsgeschichte).

Becker, Wilhelm: Nachbarliche Irrungen mit Sachsen–Lauenburg; in: Lbg.H., N.F. 34; 1961, S. 9–22 (zitiert: Becker, Irrungen).

Behrends, Karl: 250 Jahre Geschichte des Gutes Gudow von 1470–1724; in: Lbg.H., N.F. 70, S. 1–68.

Below, Georg von: Der deutsche Staat des Mittelalters; Leipzig 1925.

Beneke, Otto: Der Krauel. Ein Beitrag zur Geschichte des Hamburgischen vormals beiderstädtischen Amtes Bergedorf; in: Zeitschrift des Vereines für hamburgische Geschichte, 6; 1875, S. 1–20 (zitiert: Beneke, Krauel).

Beranek, Reinhold: Das Birgittenkloster Marienwohlde im Norden von Mölln; in: Lbg.H., N.F. 146; 1997, S. 3–52 (zitiert: Beranek: Marienwohlde).

Bertheau, Friedrich: Die geschichtliche Entwicklung der ländlichen Verhältnisse im Fürstentum Ratzeburg; in: Jahrbücher des Vereins für mecklenburgische Geschichte und Altertumskunde, 79; 1914, S. 71–170 (zitiert: Bertheau, Fürstentum Ratzeburg).

Bertheau, Friedrich: Die Politik Lübecks zur Sicherung der Handelswege durch Lauenburg im 14. und 15. Jahrhundert; in: Zeitschrift des Vereins für Lübeckische Geschichte und Alterthumskunde, 15; 1913, S. 27–73 (zitiert: Bertheau, Politik Lübecks).

Bertheau, Friedrich: Zur Geschichte der lübschen Enklaven in Lauenburg; in: Lbg.H. 1907, S. 54–59 (zitiert: Bertheau, Enklaven).

Biskup, Krzystof: Planungen zum Ausbau Wolfenbüttels als eine Idealstadt der Renaissance; in: Christa Graefe (Hgin.): Staatsklugheit und Frömmigkeit. Herzog Julius zu Braunschweig–Lüneburg – ein norddeutscher Landesherr des 16. Jahrhunderts; Katalog zur gleichnamigen Ausstellung im Zeughaus vom 9. Dezember 1989 bis 29. April 1990; [= Ausstellungskataloge der Herzog August Bibliothek, 61]; Wolfenbüttel 1989, S. 35–39.

Blaschke, Karlheinz: Fürsten und Bischöfe im Land an der Elbe – Der Aufbau territorialer Herrschaft und kirchlicher Wirksamkeit; in: Die Elbe – Ein Lebenslauf; Katalog zur gleichnamigen Ausstellung; Berlin 1992, S. 61–65.

Blaschke, Karlheinz: Geschichte Sachsens im Mittelalter; Berlin 1990 (zitiert: Blaschke, Sachsen).

Blau, Friedrich: Die deutschen Landsknechte; 3. Aufl., erg. von Andreas Schaefer; Essen 1985.

Bock, Günter: Gestrichen voll oder gehäuft – zur Frage der vorreformatorischen Zehnten in Alt–Stormarn; in: Kreis Stormarn (Hg.): Festschrift Alf Schreyer; [= Stormarner Hefte, 15]; Neumünster 1990 (zitiert: Bock, Getreidezehnten), S. 94–116.

Bock, Günter: Jersbek. 13. – 18. Jahrhundert; in: Hannelies Ettrich und die Gemeinde Jersbek (Hgg.): Chronik Jersbek; Jersbek/ Husum 1989, S. 21–108.

Bock, Günter: Klein–Hansdorf. 13. Jahrhundert bis 1778; in: Hannelies Ettrich und die Gemeinde Jersbek (Hgg.): Chronik Jersbek; Jersbek/ Husum 1989, S. 255–318.

Boeselager, Elke von: Das Land Hadeln bis zum Beginn der frühen Neuzeit; in: Hans–Eckhard Dannenberg und Heinz–Joachim Schulze (Hgg.): Geschichte des Landes zwischen Elbe und Weser. Band 2: Mittelalter; [= Schriftenreihe des Landschaftsverbandes der ehemaligen Herzogtümer Bremen und Verden, 8]; Stade 1995, S. 321–388 (zitiert: Boeselager, Hadeln).

Boll, Ernst: Geschichte Mecklenburgs mit besonderer Berücksichtigung der Culturgeschichte; Teil 1, Neubrandenburg 1855, Nachdruck Neubrandenburg 1995; Teil 2, Neubrandenburg 1856, Nachdruck Neubrandenburg 1995; Register und Nachträge, handschriftliche Nachträge von Ernst Boll zu beiden Teilen erarb. v. Petra Weise, Neubrandenburg 1995 (zitiert: Boll, 1, 2, Nachträge).

Boockmann, Hartmut: Über den Zusammenhang von Reichsreform und Kirchenreform; in: Ivan Hlavácek und Alexander Patschovsky (Hgg.): Reform von Kirche und Reich zur Zeit der Konzilien von Konstanz (1414–1418) und Basel (1431–1449). Konstanz–Prager Historisches Kolloquium (11.–17. Oktober 1993); Konstanz 1996, S. 203–214 (zitiert: Boockmann, Zusammenhang).

Brichzin, Hans: Augenschein–, Bild– und Streitkarten; in: Fritz Bönisch u.a.: Kursächsische Kartographie bis zum Dreißigjährigen Krieg, Teil 1: Die Anfänge des Kartenwesens; [= Veröffentlichungen des Staatlichen Mathematisch–Physikalischen Salons, Forschungsstelle Dresden, 8]; Berlin 1990, S. 112–206 (zitiert: Brichzin: Augenscheinkarten).

Brichzin, Hans: Ursprünge, Hauptformen und Überlieferungen kursächsischer Kartographie; in: Fritz Bönisch u.a.: Kursächsische Kartographie bis zum Dreißigjährigen Krieg, Teil 1: Die Anfänge des Kartenwesens; [= Veröffentlichungen des Staatlichen Mathematisch–Physikalischen Salons, Forschungsstelle Dresden, 8]; Berlin 1990, S. 106–111 (zitiert: Brichzin, Ursprünge).

Brinkmann, Heinrich Rudolf: Aus dem deutschen Rechtsleben. Schilderungen des Rechtsganges und des Kulturzustandes der letzten drei Jahrhunderte auf

Grund von Schleswig–Holstein–Lauenburgischen Akten des kaiserlichen Kammergerichtes; Kiel 1862 (zitiert: Brinkmann, Schilderungen).

Brinkmann, Rudolf: Beraubung hamburgischer Kaufleute auf Lübeck–Hamburger Gebiet durch einen lauenburgischen Landsassen; in: Vaterländisches Archiv für das Herzogthum Lauenburg, 2; 1860, S. 96–102.

Brinkmann, Rudolf: Großvogt und Amtmann von Bibow zu Lauenburg vor dem kaiserlichen Kammergerichte im Streit mit Herzog Franz dem Jüngeren, wegen Freilassung und Verstrickung; in: Vaterländisches Archiv für das Herzogthum Lauenburg, 2; 1860, S. 200–216.

Broß, Siegfried: Untersuchungen zu den Appellationsbestimmungen der Reichskammergerichtsordnung von 1495; [= Schriften zum Prozeßrecht, 32]; Berlin 1973 (zitiert: Broß, Appellationsbestimmungen).

Brühl, Carlrichard: Die Entwicklung der diplomatischen Methode im Zusammenhang mit dem Erkennen von Fälschungen; in: Fälschungen im Mittelalter. Internationaler Kongreß der Monumenta Germaniae Historica München, 16.–19. September 1986. Teil 3: Diplomatische Fälschungen (I); [= Monumenta Germaniae Historica, Schriften, Band 33/ 3]; Hannover 1988, S. 11–27 (zitiert: Brühl, Entwicklung).

Brunner, Otto: Land und Herrschaft. Grundfragen der territorialen Verfassungsgeschichte Österreichs im Mittelalter; unveränderter reprografischer Nachdruck der 5. Aufl., Wien 1965; Darmstadt 1990 (zitiert: Brunner, Land und Herrschaft).

Buchda, Gerhard: 'Appellation'; in: HRG, 1, Sp. 196–200.

Bünz, Enno: Rezension zu Jörg Meyn: Vom spätmittelalterlichen Gebietsherzogtum zum frühzeitlichen [!] „Territorialstaat“: Das askanische Herzogtum Sachsen 1180–1543; in: ZSHG, 123; 1998, S. 259–260.

Christen, Adolf: Die altstormarnischen Ämter Reinbek, Tremsbüttel und Trittau; in: Jb.Alsterverein, 46; 1968, S. 25–42 (zitiert: Christen, Altstormarnische Ämter).

Coing, Helmut: Epochen der Rechtsgeschichte in Deutschland; 2. Aufl.; München 1971 (zitiert: Coing, Epochen).

Coing, Helmut: Le Reichskammergericht; in: Consilium Magnum; Bruxelles 1977, S. 41–53 (zitiert: Coing, Reichskammergericht).

Conrad, Alfred H. und **Meyer**, John R.: Ökonomische Theorie, Statistik und Wirtschaftsgeschichte; in: Hans–Ulrich Wehler (Hg.): Geschichte und Ökonomie; 2. Aufl.; Königstein/ Taunus 1985, S. 144–162.

Consilium Magnum; Bruxelles 1977.

Dauchy, Serge: Cours souveraines et genèse de l'État; in: Bernhard Diestelkamp (Hg.): Oberste Gerichtsbarkeit und Zentrale Gewalt im Europa der Frühen Neuzeit; [= Quellen und Forschungen zur höchsten Gerichtsbarkeit im Alten Reich, 29]; Köln/ Weimar/ Wien 1996, S. 45–72.

Dauchy, Serge: Das Parlement de Paris. Höchster Gerichtshof in Frankreich; in: Ingrid Scheurmann (Hgin.): Frieden durch Recht. Das Reichskammergericht von 1495 bis 1806. Katalog zur gleichnamigen Ausstellung vom 8.12.1994 bis 22.1.1995 in Bonn und vom 25.2.1995 bis 30.4.1995 in Frankfurt am Main; Mainz 1994, S. 365–373.

Dauchy, Serge: The cost of plaiding in the Parlement of Paris in the Fifteenth Century; in: Friedrich Battenberg und Filippo Ranieri (Hgg.): Geschichte der Zentraljustiz in Mitteleuropa. Festschrift für Bernhard Diestelkamp zum 65. Geburtstag; Köln/ Wien/ Weimar 1994, S. 181–193.

Decken, Thassilo von der: Die Familie von der Lieth; in: Stader Jahrbuch, N.F. 60; 1970, S. 105–132 (Teil 1); Stader Jahrbuch, N.F. 61; 1971, S. 135–152 (Schlußteil).

Deecke, E[...]: Marienwold. Historische Abhandlung; in: Vaterländisches Archiv für das Herzogthum Lauenburg, 1; 1857, S. 341–398 (zitiert: Deecke, Marienwold).

Demel, Walter: „Fließende Epochengrenzen“. Ein Plädoyer für eine neue Periodisierungsweise historischer Zeiträume; in: GWU, 10; 1997, S. 590–598.

Dettmer, Hermann Uwe: Recht, Gericht und Verfassung im älteren Land Hadeln; in: Rudolf Lembcke (Hg.): Kreis Land Hadeln. Geschichte und Gegenwart; Otterndorf 1976, S. 54–65 (zitiert: Dettmer, Recht).

Dick, Bettina: Die Entwicklung des Kameralprozesses nach den Ordnungen von 1495 bis 1555; [= Quellen und Forschungen zur höchsten Gerichtsbarkeit im Alten Reich, 10]; Köln/ Wien 1981 (zitiert: Dick, Kameralprozeß).

Diestelkamp, Bernhard: Das Reichskammergericht im Rechtsleben des Heiligen Römischen Reiches Deutscher Nation; [= Schriftenreihe der Gesellschaft für Reichskammergerichtsforschung, 1]; Wetzlar 1985 (zitiert: Diestelkamp, Rechtsleben).

Diestelkamp, Bernhard: Das Reichskammergericht im Rechtswesen des 16. Jahrhunderts; in: Rechtsgeschichte als Kulturgeschichte. Festschrift für Adalbert Erler; hrsg. von H[...] J. Becker u.a.; Aalen 1976, S. 435–480 (zitiert: Diestelkamp, Rechtswesen).

Diestelkamp, Bernhard: Der Stand der Arbeiten zur Erschließung der Quellen des Reichskammergerichts; in: Consilium Magnum; Bruxelles 1977, S. 199–213 (zitiert: Diestelkamp, Erschließung).

Diestelkamp, Bernhard: Rechtsfälle aus dem Alten Reich. Denkwürdige Prozesse vor dem Reichskammergericht; München 1995.

Diestelkamp, Bernhard: Reichskammergerichtsprozesse als historische Quellen; in: Ders. und Ingrid Scheurmann (Hgg.): Friedenssicherung und Rechtsgewährung. Sechs Beiträge zur Geschichte des Reichskammergerichts und der obersten Gerichtsbarkeit im alten Europa; Bonn/ Wetzlar 1997, S. 103–116 (zitiert: Diestelkamp, Quellen).

Diestelkamp, Bernhard: Tendenzen und Perspektiven in der Erforschung der Geschichte des Reichskammergerichts; in: Ingrid Scheurmann (Hgin.): Frieden durch Recht. Das Reichskammergericht von 1495 bis 1806. Katalog zur gleichnamigen Ausstellung vom 8.12.1994 bis 22.1.1995 in Bonn und vom 25.2.1995 bis 30.4.1995 in Frankfurt am Main; Mainz 1994, S. 453–456 (zitiert: Diestelkamp, Tendenzen).

Diestelkamp, Bernhard: Vom königlichen Hofgericht zum kaiserlichen Kammergericht (Kurzfassung); in: Hugo de Schepper (Hg.): Höchste Gerichtsbarkeit im Spätmittelalter und der Frühen Neuzeit. Internationales rechtshistorisches Symposium, Amsterdam 1. bis 3. Juni 1984; Amsterdam 1985, S. 1–4 (zitiert: Diestelkamp, Hofgericht).

Dilcher, Gerhard und **Caroni**, Pio: Norm und Tradition. Zur Situation und Aufgabe der Rechtsgeschichte als Teil einer europäischen Rechtswissenschaft; in: Dies. (Hgg.): Norm und Tradition. Welche Geschichtlichkeit für die Rechtsgeschichte (zweisprachig); Köln/ Weimar/ Wien 1998, S. 9–14.

Dölemeyer, Barbara: Rechtsprechung und Konfliktlösung in der Ziviljustiz (Kurzfassung); in: Organisationsbüro 42. Deutscher Historikertag (Hg.): Intentionen – Wirklichkeiten. Skriptenheft 2: Frühe Neuzeit, 19.–20. Jahrhundert; Frankfurt am Main 1998, S. 19–21.

Dotzauer, Winfried: Die deutschen Reichskreise in der Verfassung des Alten Reiches und ihr Eigenleben (1500–1806); Darmstadt 1989.

Dreyer, Peter: Besondere wasserbautechnische Schwierigkeiten des Alster–Trave–Kanals im Abschnitt zwischen Stegen und Neritz; Hamburg 1962.

Duchhardt, Heinz: Das Reichskammergericht des konfessionellen Zeitalters als „Sozialkörper" – forschungsstrategische Anmerkungen; in: Christine Roll (Hgin.): Recht und Reich im Zeitalter der Reformation. Festschrift für Horst Rabe; 2. Aufl.; Frankfurt a. M. u.a. 1997, S. 387–395.

Duchhardt, Heinz: Das Reichskammergericht; in: Bernhard Diestelkamp (Hg.): Oberste Gerichtsbarkeit und Zentrale Gewalt im Europa der Frühen Neuzeit; [= Quellen und Forschungen zur höchsten Gerichtsbarkeit im Alten Reich, 29]; Köln/ Weimar/ Wien 1996, S. 1–14 (zitiert: Duchhardt, Reichskammergericht).

Dührsen, W[alter Eugenius]: Lowenburgischer peinlicher Proceß und Urgicht des daselbst gefänglich sitzenden Amtschreibers von Bergesdorf 1603; in: Vaterländisches Archiv für das Herzogthum Lauenburg, N.F. 7/ 2, o.J., S. 27–90.

Dührsen, W[alter] E[ugenius]: Das Dorf Kühsen im Besitz des Klosters Loccum; in: Archiv des Vereins für die Geschichte des Herzogthums Lauenburg, N.F. 1/ 2; 1884, S. 171–174 (zitiert: Dührsen, Kühsen).

Dührsen, W[alter] E[ugenius]: Die Inschriften in der Sacristei der Möllner Kirche; in: Archiv des Vereins für die Geschichte des Herzogthums Lauenburg, 1/ 2, 1885, S. 158–164.

Dührsen, W[alter] E[ugenius]: Sachsen–lauenburgische Processe des Reichshofraths–Archives; in: Archiv des Vereins für die Geschichte des Herzogthums Lauenburg, N.F. 3/ 1; 1890, S. 74–80.

Dumke, Rolf: Clio`s Climateric?; in: Vierteljahrschrift für Sozial– und Wirtschaftsgeschichte, 73; 1986, S. 457–487.

Duve, A[dolph] E[duard] E[berhard] L[udwig] von: Inwiefern gilt das Sachsenrecht im Herzogtum Lauenburg?; in: Zeitschrift für die Gesetzgebung, Rechtswissenschaft und Rechtspflege im Königreich Hannover; 1821/ 1822, S. 114–155 (zitiert: Duve, Sachsenrecht).

Duve, A[dolph] E[duard] E[berhard] L[udwig] von: Mitteilungen zur näheren Kunde des Wichtigsten der Staatsgeschichte und Zustände der Bewohner des Herzogtums Lauenburg von der Vorzeit bis zum Ende des Jahres 1851; Ratzeburg 1857 (zitiert: Duve, Mitteilungen).

Ebeling, Hans–Heinrich: „Appellieren, Supplizieren und Brotbetteln steht jedermann frei.“ Reichskammergerichts–Prozesse aus dem westlichen Niedersachsen – Untersuchungen zu Streitgegenstand, Prozeßverlauf und Urteilsdurchsetzung; in: Niedersächsisches Jahrbuch für Landesgeschichte, 64; 1992, S. 89–129 (zitiert: Ebeling, Appellieren).

Eckhardt, Albrecht: Hoheits– und Grenzauseinandersetzungen in Reichskammergerichtsprozessen im Zeitalter der Konsolidierung des Territorialstaats im 16. und frühen 17. Jahrhundert – anhand nordwestdeutscher Beispiele; in: Bernhard Diestelkamp (Hg.): Forschungen aus Akten des Reichskammergerichts; [= Quellen und Forschungen zur höchsten Gerichtsbarkeit im Alten Reich, 14]; Köln/ Wien 1984, S. 75–96.

Ehlers, Joachim: Heinrich der Löwe. Europäisches Fürstentum im Hochmittelalter; [= Persönlichkeit und Geschichte, 154/ 155]; Göttingen/ Zürich 1997.

Eisenhardt, Ulrich: Die kaiserlichen Privilegia de non appellando; [= Quellen und Forschungen zur höchsten Gerichtsbarkeit im Alten Reich, 7]; Köln/ Wien 1980 (zitiert: Eisenhardt, Privilegia de non appellando).

Eisenhardt, Ulrich: Zu den historischen Wurzeln der Verfassungsgerichtsbarkeit in Deutschland; in: Friedrich Battenberg und Filippo Ranieri (Hgg.): Geschichte der Zentraljustiz in Mitteleuropa. Festschrift für Bernhard Diestelkamp; Köln/ Weimar/ Wien 1994, S. 17–38.

Europäische Stammtafeln; N. F. Band 1: Die Deutschen Staaten; hrsg. v. Detlev Schwennicke; Marburg 1980 (zitiert: Stammtafeln, 1).

Ewald, Martin: Inventarisierung von norddeutschen Beständen des Reichskammergerichts; in: Der Archivar, 33; 1980, Sp. 481–482.

Finke, E[...]: Die Geschichte der holsteinischen Klöster im 15. und 16. Jahrhundert; in: Zeitschrift der Gesellschaft für Schleswig–Holstein–Lauenburgische Geschichte, 13; 1883, S. 143–248 (zitiert: Finke, Klöster).

Fischer–Hübner, Martin: Adolf von Duve, der lauenburgische Geschichtsschreiber; in: Lbg.H., N.F. 18; 1957, S. 23–31 (Inhaltsverzeichnis zu Duve, Mitteilungen: S. 24 – 26).

Franklin, Otto: Das Reichshofgericht im Mittelalter; 2 Bände; Weimar 1867 und 1869; Neudruck Hildesheim 1967.

Fuchs, Ralf–Peter: Der Vorwurf der Zauberei in der Rechtspraxis des Injurienverfahrens. Einige Reichskammergerichtsprozesse westfälischer Herkunft im Vergleich; in: ZNR, 17; 1995, S. 1–29.

Fuchs, Ralf–Peter: Hexerei und Zauberei vor dem Reichskammergericht. Nichtigkeiten und Injurien; [= Schriftenreihe der Gesellschaft für Reichskammergerichtsforschung, 16]; Wetzlar 1994.

Funck, Hans: Der Verkauf des Amtes Steinhorst an Holstein–Gottorf; in: Lbg.H., N.F. 39; 1962, S. 14–32 (zitiert: Funck, Verkauf Steinhorsts).

Gabel, Helmut: Beobachtungen zur territorialen Inanspruchnahme des Reichskammergerichts im Bereich des Niederrheinisch–Westfälischen Kreises; in: Bernhard Diestelkamp (Hg.): Das Reichskammergericht in der Deutschen Geschichte. Stand der Forschung, Forschungsperspektiven; [= Quellen und Forschungen zur höchsten Gerichtsbarkeit im Alten Reich, 21]; Köln/ Wien 1990, S. 143–172.

Gabrielsson, Peter: Die Zeit der Hanse. 1300–1517; in: Hans–Dieter Loose (Hg.): Hamburg. Geschichte der Stadt und ihrer Bewohner. Band I: Von den Anfängen bis zur Reichsgründung; Hamburg 1982, S. 101–190 (zitiert: Gabrielsson, Hanse).

Gallois, [Johann Gustav]: Geschichte der Stadt Hamburg; 2 Bände; Hamburg 1853 und o.J.

Gebhardt, Barbara: Lehenrechtliche Probleme in einem Reichskammergerichtsprozeß des ausgehenden 16. Jahrhunderts mit Anmerkungen zum vorgelegten Beweismaterial. Auseinandersetzung um die Gültigkeit der Belehnung mit der Herrschaft Kirchheim zwischen Bischof Markward von Augsburg und den Reichsgrafen Fugger 1586–1611; in: Bernhard Diestelkamp (Hg.): Forschungen aus Akten des Reichskammergerichts [= Quellen und Forschungen zur höchsten Gerichtsbarkeit im Alten Reich, 14); Köln/ Wien 1984, S. 141–158.

Gesellschaft für Reichskammergerichtsforschung (Hg.): Selbstverständnis und Perspektiven; erarb. v. Ingrid Scheurmann und Hartmut Schmidt; 2. Aufl.; Wetzlar 1995.

Gittel, Udo: Die Aktivitäten des Niedersächsischen Reichskreises in den Sektoren „Friedenssicherung" und „Policey"; [= Veröffentlichung der Historischen Kommission für Niedersachsen und Bremen, 35; Quellen und Untersuchungen zur allgemeinen Geschichte Niedersachsens der Neuzeit, 14]; Hannover 1996 (zitiert: Gittel, Niedersächsischer Reichskreis).

Goecke, R[...]: Bemühungen lauenburgischer Herzöge des 16. Jahrhunderts um einige rheinisch–westfälische Stifter; in: Monatsschrift für die Geschichte Westdeutschlands, 4; 1878, S. 591–597.

Goethe, Johann Wolfgang von: Aus meinem Leben. Dichtung und Wahrheit, 3. Teil, 12. Buch; in: Goethes Werke, Band 9: Autobiographische Schriften, 1. Hamburger Ausgabe. Textkritisch durchges. von Lieselotte Blumenthal, kommentiert von Erich Trunz; 8. überarb. Aufl.; München 1978.

Graefe, Christa: Die Bibliotheca Julia – Staatsklugheit und Frömmigkeit; in: Dies. (Hgin.): Staatsklugheit und Frömmigkeit. Herzog Julius zu Braunschweig–Lüneburg – ein norddeutscher Landesherr des 16. Jahrhunderts; Katalog zur gleichnamigen Ausstellung im Zeughaus vom 9. Dezember 1989 bis 29. April 1990; [= Ausstellungskataloge der Herzog August Bibliothek, 61]; Wolfenbüttel 1989, S. 59–146.

Graefe, Christa: Herzog Julius zu Braunschweig–Lüneburg – ein norddeutscher protestantischer Landesfürst des 16. Jahrhunderts; in: Dies. (Hgin.): Staatsklugheit und Frömmigkeit. Herzog Julius zu Braunschweig–Lüneburg – ein norddeutscher Landesherr des 16. Jahrhunderts; Katalog zur gleichnamigen Ausstellung im Zeughaus vom 9. Dezember 1989 bis 29. April 1990; [= Ausstellungskataloge der Herzog August Bibliothek, 61]; Wolfenbüttel 1989, S. 13–16 (zitiert: Graefe, Herzog Julius).

Graßmann, Antjekathrin: Bemerkungen zum Kirchenwesen der lauenburgischen und mecklenburgischen Exclaven Lübecks; in: Kurt Jürgensen (Hg.): Die Kirche im Herzogtum Lauenburg. Beiträge zu ihrer Geschichte und Gegenwart; [= Lauenburgische Akademie für Wissenschaft und Kultur,

Kolloquium 5]; Neumünster 1994, S. 86–101 (zitiert: Graßmann, Kirchenwesen).

Graßmann, Antjekathrin: Zu Verfassung, Verwaltung und Agrarzustand der Lübeckischen Enklaven im Herzogtum Lauenburg; in: Kurt Jürgensen (Hg.): Ländliche Siedlungs– und Verfassungsgeschichte des Kreises Herzogtum Lauenburg; [= Lauenburgische Akademie für Wissenschaft und Kultur, Kolloquium 3]; Neumünster 1990, S. 73–78 (zitiert: Graßmann, Verfassung).

Groh, Günther: Das Personal des Reichskammergerichts in Speyer. 1. Teil: Familienverhältnisse; in: Pfälzische Familien– und Wappenkunde, Band 2, Heft 7/8, 1956, S. 101–111; Heft 9, 1957, S. 129–141; Heft 10, 1957, S. 150–162; Heft 11/ 12, 1957, S. 163–194.

Grote, Hermann: Stammtafeln; Leipzig 1877 (zitiert: Grote, Stammtafeln).

Grotefend, Hermann: Taschenbuch der Zeitrechnung; 13. Aufl.; Hannover 1991.

Gudian, Gunter: Appellation – Ein neues Rechtsinstitut bringt neue Probleme; in: Wolfgang Sellert (Hg.): Rechtsbehelfe, Beweis und Stellung des Richters im Spätmittelalter; [= Quellen und Forschungen zur höchsten Gerichtsbarkeit im Alten Reich, 16], Köln/ Wien 1985, S. 1–8 (zitiert: Gudian, Appellation).

Gudme, A[...] E.: Ist der Oldesloer Kanal zu berücksichtigen?; Schleswig 1821.

Haase, Konrad: Die Erbauung der Burg Franz′ II. im Lande Hadeln und der Hamburger Rat; in: Lbg.H., 6/ 3; 1930, S. 108–109 (zitiert: Haase, Erbauung).

Hagedorn, A[nton]: Denkschrift über Hamburgs Eigentums– und Hoheitsrecht an der Alster; Hamburg 1912 (zitiert: Hagedorn, Alster).

Hahn, Rita: Der Alster–Trave–Kanal. Ein Beitrag zur Industriearchäologie und zur Wüstungsforschung; in: MCV, 9; 1988, S. 41–104.

Hammel–Kiesow, Rolf und **Pelc**, Ortwin: Landesausbau, Territorialherrschaft, Produktion und Handel im Hohen und Späten Mittelalter (12.–16. Jahrhundert); in: Ulrich Lange (Hg.): Geschichte Schleswig–Holsteins. Von den Anfängen bis zur Gegenwart; Neumünster 1996, S. 59–134 (zitiert: Hammel–Kiesow/ Pelc, Landesausbau).

Handwörterbuch zur deutschen Rechtsgeschichte; hrsg. v. Adalbert Erler u.a.; 5 Bände; Berlin seit 1971; Band 1, Berlin 1971; Band 2, Berlin 1978; Band 3, Berlin 1984; Band 4, Berlin 1990; Band 5, Berlin 1998 (zitiert: HRG, 1–5).

Happach–Kasan, Christel: Die Stecknitzfahrt – ein Denkmal der Verkehrsgeschichte; in: Jb.Alsterverein 1991, S. 49–66.

Happach–Kasan, Christel: Die Stecknitzfahrt – vom Schiffahrtsweg zum Landschaftsdenkmal; in: Dirk Hansen (Hg.): Alte Binnenwasserstraßen zwischen Elbe und Ostsee. Verkehrswege als Denkmal–Landschaften; [= Schriftenreihe „Stecknitzfahrt“, 2]; Ratzeburg 1996, S. 18–25.

Harthausen, Hartmut: Geistiges Leben im Umkreis des Reichskammergerichts in Speyer; [= Gesellschaft für Reichskammergerichtsforschung, 19]; Wetzlar 1997 (zitiert: Harthausen, Geistiges Leben).

Hartung, Fritz: Die Reichsreform von 1485–1495. Ihr Verlauf und Ihr Wesen; in: HVjS, 16/ 1; 1913, S. 24–53 und HVjS, 16/ 2; 1913, S. 181–209 (zitiert: Hartung, Reichsreform).

Hauschildt, Hinrich: Zur Geschichte der Landwirtschaft im Alten Land. Studien zur bäuerlichen Wirtschaft in einem eigenständigen Marschgebiet des Erzstifts Bremen am Beginn der Neuzeit (1500–1618); Diss. phil.; 2 Bde.; Hamburg 1988.

Hauschild, Wolf–Dieter: Frühe Neuzeit und Reformation: Das Ende der Großmachtstellung und die Neuorientierung der Stadtgemeinschaft; in: Antjekathrin Graßmann (Hgin.): Lübeckische Geschichte; 2. überarb. Aufl.; Lübeck 1989, S. 341–432 (zitiert: Hauschild, Ende der Großmachtstellung).

Hausmann, Jost (Hg.): Fern vom Kaiser. Städte und Stätten des Reichskammergerichts; Köln/ Weimar/ Wien 1995 (zitiert: Hausmann, Fern vom Kaiser).

Hausmann, Jost: „Mandati de tollendo limites“. Zum Problem der Grenzen in der Praxis der Höchstgerichtsbarkeit; in: Ingrid Scheurmann (Hgin.): Frieden durch Recht. Das Reichskammergericht von 1495 bis 1806. Katalog zur gleichnamigen Ausstellung vom 8.12.1994 bis 22.1.1995 in Bonn und vom 25.2.1995 bis 30.4.1995 in Frankfurt am Main; Mainz 1994, S. 221–230.

Hausmann, Jost: Die Kameralfreiheiten des Reichskammergerichtspersonals; [= Quellen und Forschungen zur höchsten Gerichtsbarkeit im Alten Reich, 20]; Köln/ Wien 1989.

Hausmann, Jost: Prozesse des Reichskammergerichtspersonals beim Reichskammergericht im 18. Jahrhundert; in: Bernhard Diestelkamp (Hg.): Forschungen aus Akten des Reichskammergerichts [= Quellen und Forschungen zur höchsten Gerichtsbarkeit im Alten Reich, 14); Köln/ Wien 1984, S. 97–114.

Havemann, Wilhelm: Geschichte der Lande Braunschweig und Lüneburg, 1. Teil; [= Beiträge zur Geschichte, Landes– und Volkskunde von Niedersachsen und Bremen, Serie A: Nachdrucke, 20]; Göttingen 1853, Nachdruck Hannover 1974.

Heberling, Richard: Zauberei und Hexenprozesse in Schleswig–Holstein–Lauenburg; in: ZSHG, 45; 1915, S. 116–247.

Hector, Kurt: Eine Karte über den Alster–Trave–Kanal aus dem Jahre 1528; in: Jb.Segeberg 1961, S. 32–34.

Heinemann, Otto von: Geschichte von Braunschweig und Hannover, 2. Teil; [= Beiträge zur Geschichte, Landes– und Volkskunde von Niedersachsen und Bremen, Serie A: Nachdrucke, 27]; Gotha 1886, Nachdruck Hannover 1975 (zitiert: Heinemann, Braunschweig).

Hempel, Brigitte: Der Entwurf einer lauenburgischen Polizeiordnung für das Herzogtum Sachsen–Lauenburg aus dem Jahre 1591; [= Rechtshistorische Reihe, 11]; Frankfurt a. M. u.a. 1980.

Hennig, Rolf: Der Sachsenwald; Neumünster 1983 (zitiert: Hennig, Sachsenwald).

Herzog, Roman: Rechtskulturelle und politische Voraussetzungen einer funktionierenden Verfassungsgerichtsbarkeit; in: 300 Jahre Reichskammergericht in Wetzlar; hrsg. v. der Gesellschaft für Reichskammergerichtsforschung; Wetzlar 1993, S. 23–26.

Heuer, Hans: Das Kloster Reinbek; [= Quellen und Forschungen zur Geschichte Schleswig–Holsteins, 86]; Neumünster 1985.

Heuvel, Gerd von der: Adlige Jagd und fürstliche Souveränität; in: NJB, 67; 1995, S. 217–236.

Hille, G[...]: Was bedeutet der Ausdruck Ritter– und Landschaft?; in: Archiv des Vereins für die Geschichte des Herzogtums Lauenburg, 7/ 1; 1902, S. 116–118.

Hillmann, Jörg: Das „opus novum" an der Stecknitz. Ein Prozeß vor dem Reichskammergericht zwischen dem Herzog von Sachsen–Lauenburg und dem Lübecker Rat im Jahre 1610; in: William Boehart u.a. (Hgg.): Die Geschichte der Stecknitz–Fahrt 1398–1998. Hanse, Salz und Verkehr zwischen Lübeck, Hamburg, Lüneburg und dem Herzogtum Sachsen–Lauenburg; Schwarzenbek 1998, S. 49–55 (zitiert: Hillmann, Stecknitz).

Hillmann, Jörg: Die Auseinandersetzungen um den Bau des Alster–Beste–Trave–Kanals vor dem Reichskammergericht von 1525–1531; in: Jb.Alsterverein 1997, S. 9–120 (zitiert: Hillmann, Alster–Beste–Trave–Kanal).

Hillmann, Jörg: Herrschaftswechsel im Bistum Ratzeburg: 1554, 1648 und 1701; in: Eckardt Opitz (Hg.): Herrscherwechsel im Herzogtum Lauenburg; [= Lauenburgische Akademie für Wissenschaft und Kultur, Kolloquium 10]; Mölln 1998, S. 61–80 (zitiert: Hillmann, Herrschaftswechsel).

Hoffmann, Erich: Der Sieg der Reformation in den Herzogtümern Schleswig und Holstein; in: Verein für Holsteinische Kirchengeschichte (Hg.): Reformation; [= Schleswig–Holsteinische Kirchengeschichte, 3]; Neumünster 1982, S. 115–183.

Hoogeweg, Hermann: Verzeichnis der Stifter und Klöster Niedersachsens vor der Reformation; Hannover 1908, Nachdruck Hannover 1986.

Hucker, Bernd Ulrich: Die Grafen von Hoya. Ihre Geschichte in Lebensbildern; [= Schriften des Instituts für Geschichte und Historische Landesforschung – Vechta, 2]; Hoya 1993 (zitiert: Hucker, Hoya).

Jahns, Sigrid: Das Generalexamen der Kammergerichtsassessoren als „Ego–Dokument"?; in: Winfried Schulze (Hg.): Ego–Dokumente. Annäherung an den Menschen in der Geschichte; [= Selbstzeugnisse der Neuzeit. Quellen und Darstellungen zur Sozial– und Erfahrungsgeschichte, 2]; Berlin 1996, S. 191–206 (zitiert: Jahns, Generalexamen).

Jahns, Sigrid: Das Kammergericht und seine Richter. Verfassung und Sozialstruktur eines höchsten Gerichts im Alten Reich; [= Quellen und Forschungen zur Höchsten Gerichtsbarkeit im Alten Reich, 26/ 1 und 2]; 2 Bände; Köln/ Weimar/ Wien (erscheint in Kürze).

Jahns, Sigrid: Durchgangsposten oder Lebensstellung? Das Kammergerichtsassessorat in den Karriereverläufen frühneuzeitlicher Juristen; in: Friedrich Battenberg und Filippo Ranieri (Hgg.): Geschichte der Zentraljustiz in Mitteleuropa. Festschrift für Bernhard Diestelkamp zum 65. Geburtstag; Köln/ Wien/ Weimar 1994, S. 271–309 (zitiert: Jahns, Durchgangsposten).

Jahns, Sigrid: Juristen im Alten Reich – Das richterliche Personal des Reichskammergerichts 1648–1806. Bericht über ein Forschungsvorhaben; in: Bernhard Diestelkamp (Hg.): Forschungen aus Akten des Reichskammergerichts [= Quellen und Forschungen zur höchsten Gerichtsbarkeit im Alten Reich, 14); Köln/ Wien 1984, S. 1–40 (zitiert: Jahns, Juristen).

Jahns, Sigrid: Juristenkarrieren in der Frühen Neuzeit; in: Blätter für deutsche Landesgeschichte, 131; 1995, S. 113–134 (zitiert: Jahns, Juristenkarrieren).

Joachim, Hermann: Die Erwerbung des Amtes Ritzebüttel durch Hamburg; in: MHG, 9–12/2; 1906, S. 353–380.

Jordan, Karl: Die Bistumsgründungen Heinrichs des Löwen. Untersuchungen zur Geschichte der ostdeutschen Kolonisation; [= Schriften des Reichsinstituts für ältere deutsche Geschichtskunde (Monumenta Germaniae historica), 3]; unveränderter Nachdruck der Ausgabe von 1939; Stuttgart 1952 (zitiert: Jordan, Bistumsgründungen); weiterer Nachdruck Stuttgart 1962.

Jordan, Karl: Heinrich der Löwe. Eine Biographie; München 1979 (zitiert: Jordan, Heinrich der Löwe).

Jürgensen, Kurt (Hg.): Die Kirche im Herzogtum Lauenburg. Beiträge zu ihrer Geschichte und Gegenwart; [= Lauenburgische Akademie für Wissenschaft und Kultur, Kolloquium 5]; Neumünster 1994.

Jürgensen, Kurt (Hg.): Geschichtliche Beiträge zu Gewerbe, Handel und Verkehr im Herzogtum Lauenburg und in umliegenden Territorien; [= Lauenburgische Akademie für Wissenschaft und Kultur, Kolloquium 9]; Mölln 1997.

Jürgensen, Kurt (Hg.): Geschichtliche Beiträge zu Schule und Lehrerbildung im Herzogtum Lauenburg; [= Lauenburgische Akademie für Wissenschaft und Kultur, Kolloquium 7]; Mölln 1996.

Jürgensen, Kurt (Hg.): Geschichtliche Beiträge zur Rechtspflege im Herzogtum Lauenburg und in umliegenden Territorien; [= Lauenburgische Akademie für Wissenschaft und Kultur, Kolloquium 8]; Mölln 1996.

Jung, Irene: „Ihrem Herzen und Charakter Ehre machen". Frauen wenden sich an das Reichskammergericht; [= Schriftenreihe der Gesellschaft für Reichskammergerichtsforschung, 21]; Wetzlar 1998.

Kaack, Hans–Georg: 1296 – 1996. 700 Jahre Herzogtum Lauenburg. Vom Fürstentum zur Kommunalen Gebietskörperschaft. Ein Überblick; in: Lbg.H., N.F. 145; 1996, S. 3–26.

Kaack, Hans–Georg: Bauer, Bürger, Edelmann. Das Herzogtum Lauenburg von der deutschen Besiedlung bis zur Aufhebung der Ständeherrschaft; Ratzeburg 1985 (Kaack, Bauer).

Kaack, Hans–Georg: Das Herzogtum Lauenburg als Territorium; in: Kurt Jürgensen (Hg.): Ländliche Siedlungs– und Verfassungsgeschichte des Kreises Herzogtum Lauenburg; [= Lauenburgische Akademie für Wissenschaft und Kultur, Kolloquium 3]; Neumünster 1990, S. 13–44 (zitiert: Kaack, Territorium).

Kaack, Hans–Georg: Die Grenze auf der Ratzeburger Insel; in: Kurt Jürgensen (Hg.): Die Grenz– und Territorialentwicklung im Raume Lauenburg – Mecklenburg – Lübeck; [= Lauenburgische Akademie für Wissenschaft und Kultur, Kolloquium 4]; Neumünster 1992, S. 51–64 (zitiert: Kaack, Ratzeburger Insel).

Kaack, Hans–Georg: Ratzeburg. Geschichte einer Inselstadt. Regierungssitz – geistliches Zentrum – bürgerliches Gemeinwesen; Neumünster 1987 (zitiert: Kaack, Ratzeburg).

Kaack, Hans–Georg: Sachsen–Lauenburg und Böhmen. Die Welfen und das Herzogtum Lauenburg; Ratzeburg 1989 (zitiert: Kaack, Böhmen).

Kaack, Hans–Georg: Sachsen–Lauenburg, Böhmen und Baden. Katalog der Sonderausstellung anläßlich der 300. Wiederkehr des Geburtstages von Sibylla

Augusta, Markgräfin von Baden–Baden, geb. Prinzessin von Sachsen–Lauenburg; [= Schriftenreihe des Heimatbundes und Geschichtsvereins Herzogtum Lauenburg, 18]; Lübeck 1975 (zitiert: Kaack, Katalog).

Kaack, Hans–Georg: Von der Stecknitz zum Stecknitzkanal – ein Transportweg im geschichtlichen Wandel; in: Lbg.H., N.F. 129; 1991, S. 3–50 (zitiert: Kaack, Stecknitz).

Kahnt, Helmut und **Knorr,** Bernd: Alte Maße, Münzen und Gewichte; Mannheim/ Wien/ Zürich 1987.

Kasch, August: Das Kloster Reinbek. Versuch einer Chronik; in: Festschrift zur 725–Jahrfeier von Reinbek; hrsg. v. Magistrat der Stadt Reinbek; Reinbek 1963, S. 22–79 (zitiert: Kasch, Reinbek).

Kaufhold, Martin: Die Rezeption des gelehrten Rechts im Regnum Teutonicum. Tagung der Werner Reimers–Stiftung vom 26.–28. Februar 1998; [= AHF Information, Nr. 14 vom 23. März]; 1998.

Kellinghusen, Hans: Das Amt Bergedorf. Geschichte seiner Verfassung und Verwaltung bis zum Jahre 1620; in: ZHG, 13/ 2; 1908, S. 181–372 (zitiert: Kellinghusen, Bergedorf).

Kellinghusen, Hans: Wentorf im Kirchspiel Bergedorf; in: Heimatbuch Wentorf; hrsg. v. d. Gemeinde Wentorf anläßlich der 750–Jahrfeier; Lauenburg 1967, S. 61–69 (zitiert: Kellinghusen, Wentorf).

Kenzler, Christiane: Die Ritter– und Landschaft im Herzogtum Sachsen–Lauenburg in der frühen Neuzeit; [= Schriftenreihe der Stiftung Herzogtum Lauenburg, 22]; Hamburg 1997 (zitiert: Kenzler, Ritter– und Landschaft).

Klee, Robert–Dieter: Konsistorialgerichtsbarkeit im Herzogtum Lauenburg; in: Kurt Jürgensen (Hg.): Geschichtliche Beiträge zur Rechtspflege im Herzogtum Lauenburg und in umliegenden Territorien; [= Lauenburgische Akademie für Wissenschaft und Kultur, Kolloquium 8]; Mölln 1996, S. 27–33.

Kloppmeier, Ingo: Die Entstehung neuzeitlicher Gutswirtschaft im Herzogtum Sachsen–Lauenburg, dargestellt an ausgewählten Beispielen; Magisterarbeit (Masch.); Hamburg (UniBwH) 1995.

Klueting, Harm: Das Konfessionelle Zeitalter 1525–1648; Stuttgart 1989 (zitiert: Klueting, Zeitalter).

Kobbe, Peter Ludwig Christian von: Geschichte und Landesbeschreibung des Herzogthums Lauenburg; 3 Teile; 1. Teil Altona 1836, Neudruck Hannover 1979; 2. Teil Altona 1836, Neudruck Hannover 1980; 3. Teil Altona 1837, Neudruck Hannover 1984 (zitiert: Kobbe, 1, 2, 3).

Kocher, Gernot: Erbländische Aspekte der Höchstgerichtsbarkeit im Alten Reich; in: Wolfgang Sellert (Hg.): Rechtsbehelfe, Beweis und Stellung des

Richters im Spätmittelalter; [= Quellen und Forschungen zur Höchsten Gerichtsbarkeit im Alten Reich, 16], Köln/ Wien 1985, S. 9–20.

Kraschewski, Hans–Joachim: Der 'ökonomische' Fürst. Herzog Julius als Unternehmer–Verleger der Wirtschaft seines Landes, besonders des Harz–Bergbaus; in: Christa Graefe (Hgin.): Staatsklugheit und Frömmigkeit. Herzog Julius zu Braunschweig–Lüneburg – ein norddeutscher Landesherr des 16. Jahrhunderts; Katalog zur gleichnamigen Ausstellung im Zeughaus vom 9. Dezember 1989 bis 29. April 1990; [= Ausstellungskataloge der Herzog August Bibliothek, 61]; Wolfenbüttel 1989, S. 41–57.

Kratsch, Dietrich: Justiz–Religion–Politik. Das Reichskammergericht und die Klosterprozesse im ausgehenden sechzehnten Jahrhundert; [= Jus Ecclesiasticum, 39]; Tübingen 1990 (zitiert: Kratsch, Justiz).

Krause, Hans–Georg: Rückdatierte Urkunden des Spätmittelalters aus Norddeutschland; in: Fälschungen im Mittelalter. Internationaler Kongreß der Monumenta Germaniae Historica München, 16.–19. September 1986. Teil 3: Diplomatische Fälschungen (I); [= Monumenta Germaniae Historica, Schriften, Band 33/ 3]; Hannover 1988, S. 461–500 (zitiert: Krause, Rückdatierte Urkunden).

Krieger, Karl–Friedrich: König, Reich und Reichsreform im Spätmittelalter; [= Enzyklopädie deutscher Geschichte, 14]; München 1992 (zitiert: Krieger, König).

Kühn, Johannes: Die Geschichte des Speyrer Reichstags 1529; [= Schriften des Vereins für Reformationsgeschichte, 47/ 1, 146]; Leipzig 1929 (zitiert: Kühn, Speyrer Reichstag).

Lammert, Friedrich: Die älteste Geschichte des Landes Lauenburg. Von den Anfängen bis zum Siege bei Bornhöved; Ratzeburg 1933.

Landesarchivverwaltung Rheinland–Pfalz (Hg.): 1495 – Kaiser, Reich, Reformen: Der Reichstag zu Worms. Katalog zur Ausstellung des Landeshauptarchivs Koblenz in Verbindung mit der Stadt Worms; [= Veröffentlichungen der Landesarchivverwaltung Rheinland–Pfalz. Katalogreihe]; Koblenz 1995.

Landesgeschichte als Herausforderung und Programm. Karlheinz Blaschke zum 70. Geburtstag; [= Quellen und Forschungen zur sächsischen Geschichte, 15]; hrsg. von Uwe John und Josef Matzerath; Leipzig 1997.

Lange, Ulrich (Hg.): Geschichte Schleswig–Holsteins. Von den Anfängen bis zur Gegenwart; Neumünster 1996.

Lange, Ulrich: Die politischen Privilegien der schleswig–holsteinischen Stände 1588–1675; [= Quellen und Forschungen zur Geschichte Schleswig–Holsteins, 75]; Neumünster 1980 (zitiert: Lange, Privilegien).

Lange, Ulrich: Stände, Landesherr und große Politik – Vom Konsens des 16. zu den Konflikten des 17. Jahrhunderts; in: Ders. (Hg.): Geschichte Schleswig-Holsteins. Von den Anfängen bis zur Gegenwart; Neumünster 1996, S. 153–265 (zitiert: Lange, Stände).

Langenheim, Kurt: Die Ratzeburger Stadtinsel auf Karten von 1661 und 1665; in: Lbg.H., N.F. 38; 1962, S. 24–28 (zitiert: Langenheim, Stadtinsel).

Lanzinner, Maximilian: Reichsversammlungen und Reichskammergericht 1556–1586; [= Schriftenreihe der Gesellschaft für Reichskammergerichtsforschung, 17]; Wetzlar 1995 (zitiert: Lanzinner, Reichsversammlungen).

Lappenberg, J[ohann] M[artin]: Historischer Bericht über Hamburgs Rechte an die Alster; Hamburg 1859 (zitiert: Lappenberg, Alster).

Laufs, Adolf: 'Reichskammergericht'; in: HRG, 4; Berlin 1990, Sp. 655–662.

Laufs, Adolf: Die Reichskammergerichtsordnung von 1555; [= Quellen und Forschungen zur höchsten Gerichtsbarkeit im Alten Reich, 3); Köln/ Wien 1976 (zitiert: Laufs, Reichskammergerichtsordnung).

Laufs, Adolf: Reichsstädte und Reichsreform; in: ZRG, g.A., 84; 1967, S. 172–201 (zitiert: Laufs, Reichsstädte).

Laur, Wolfgang: Historisches Ortsnamenlexikon von Schleswig–Holstein; [= Veröffentlichungen des Schleswig–Holsteinischen Landesarchivs, 28]; 2., völlig veränderte erw. Aufl.; Neumünster 1992.

Lehe, Erich von: Geschichte des Landes Wursten; Bremerhaven 1973 (zitiert: Lehe, Wursten).

Lehe, Erich von: Neuwerk im Strom der Zeiten; in: Ein Turm und seine Insel. Monographie der Nordseeinsel Neuwerk; hrsg. v. Ferdinand Dannmeyer u.a.; Cuxhaven 1952, S. 11–52.

Leisering, Walter: Zur Geschichte der Askanier. Ein Tabellenbuch mit 200 Abbildungen und historischen Anhalt–Karten; Dessau 1996.

Lembcke, Rudolf: Aus der Geschichte des Landes Hadeln; in: Ders. (Hg.): Kreis Land Hadeln. Geschichte und Gegenwart; Otterndorf 1976, S. 45–53.

Lenz, Wilhelm: Geschichtliche Übersicht; in: Rudolf Lembcke (Hg.): Otterndorf. Kleine Stadt am Großen Strom; Hamburg 1978, S. 17–22.

Lenz, Wilhelm: Hexenprozesse im Lande Hadeln; in: Jahrbuch der Männer vom Morgenstern, 37; 1956, S. 85–93.

Lexikon zur Geschichte der Kartographie. Von den Anfängen bis zum Ersten Weltkrieg; 2 Bände; Wien 1986.

Liepold, Antonio: Wider den Erbfeind christlichen Glaubens. Die Rolle des niederen Adels in den Türkenkriegen des 16. Jahrhunderts; [= Europäische

Hochschulschriften, Reihe 3: Geschichte und ihre Hilfswissenschaften, 767]; Frankfurt a. M. u.a. 1998 (zitiert: Liepold, Erbfeind).

Lopau, Christian: Der Hexenprozeß gegen Telse Claus; in: Lbg.H., N.F. 148; 1998, S. 3–24.

Lorenz, Sönke: Das Reichskammergericht. Ein Überblick für den angehenden Benutzer von Reichskammergerichtsakten über Geschichte, Rechtsgang und Archiv des Reichsgerichts mit besonderer Berücksichtigung des südwestdeutschen Raumes; in: Zeitschrift für württembergische Landesgeschichte, 43; 1984, S. 175–203.

Lorenzen–Schmidt, Klaus–Joachim: Kleines Lexikon alter schleswig–holsteinischer Gewichte, Maße und Währungseinheiten; Neumünster 1990 (zitiert; Lorenzen–Schmidt, Lexikon).

Luckhardt, Jochen und **Niehoff**, Frank (Hgg.): Heinrich der Löwe und seine Zeit. Herrschaft und Repräsentation der Welfen 1125–1235. Katalog zur gleichnamigen Ausstellung Braunschweig 1995. Teil 2: Essays; München 1995.

Luig, Klaus: Rezension zu dem Ausstellungskatalog: Frieden durch Recht, hrsg. v. Ingrid Scheurmann; in: ZHF, 22/ 3; 1995, S. 393–394.

Lutz, Heinrich: Das Ringen um deutsche Einheit und kirchliche Erneuerung. Von Maximilian I. bis zum Westfälischen Frieden 1490 bis 1648; [= Propyläen Geschichte Deutschlands, 4]; Berlin 1983 (zitiert: Lutz, Einheit).

Lysiak, Ludwik: Die oberste Gerichtsbarkeit in Polen bis Ende des XVI. Jahrhundert; in: Bernhard Diestelkamp (Hg.): Oberste Gerichtsbarkeit und Zentrale Gewalt im Europa der Frühen Neuzeit; [= Quellen und Forschungen zur höchsten Gerichtsbarkeit im Alten Reich, 29]; Köln/ Weimar/ Wien 1996, S. 215–232.

Lysiak, Ludwik: Die oberste Gerichtsbarkeit in Polen bis zum Ende des 18. Jahrhunderts; in: Ingrid Scheurmann (Hgin.): Frieden durch Recht. Das Reichskammergericht von 1495 bis 1806. Katalog zur gleichnamigen Ausstellung vom 8.12.1994 bis 22.1.1995 in Bonn und vom 25.2.1995 bis 30.4.1995 in Frankfurt am Main; Mainz 1994, S. 445–450.

Lysiak, Ludwik: Höhere Gerichte des deutschen Rechts in Polen im 14.–16. Jahrhundert; in: Wolfgang Sellert (Hg.): Rechtsbehelfe, Beweis und Stellung des Richters im Spätmittelalter; [= Quellen und Forschungen zur höchsten Gerichtsbarkeit im Alten Reich, 16], Köln/ Wien 1985, S. 21–33.

Mager, Inge: Die Einführung der Reformation in Braunschweig–Lüneburg und die Gründung der Universität Helmstedt; in: Christa Graefe (Hgin.): Staatsklugheit und Frömmigkeit. Herzog Julius zu Braunschweig–Lüneburg – ein norddeutscher Landesherr des 16. Jahrhunderts; Katalog zur gleichnamigen Ausstellung im Zeughaus vom 9. Dezember 1989 bis 29. April 1990; [=

Ausstellungskataloge der Herzog August Bibliothek, 61]; Wolfenbüttel 1989, S. 25–33.

Mahrt, Knut: Bibliographie zum Alster–Beste–Kanal (Alster–Trave–Kanal); in: MCV, 16/ 17; 1996, S. 111–115.

Manecke, U[rban] F[riedrich] C[hristoph]: Topographisch–historische Beschreibung der Städte, Ämter und adeligen Gerichte des Herzogtums Lauenburg, des Fürstentums Ratzeburg und des Landes Hadeln; [= Beiträge zur Geschichte, Landes– und Volkskunde von Niedersachsen und Bremen. Serie A: Nachdrucke, 45]; hrsg. u. erg. v. Walter [Eugenius] Dührsen; Neudruck der Ausgabe Mölln 1884; Hannover 1975 (zitiert: Manecke, Beschreibung).

Manecke, U[rban] F[riedrich] C[hristoph]: Topographisch–historische Beschreibung der Städte, Ämter und Gerichte im Herzogthum Bremen und Fürstenthum Verden; maschinenschriftliche Übertragung der Handschrift aus dem Jahre 1825; o.O. 1963 (zitiert: Manecke, Bremen).

Masch, Gottlieb Matthias Carl: Geschichte des Bisthums Ratzeburg; Lübeck 1835 (zitiert: Masch, Ratzeburg).

May, Georg: Zum „Ius Emigrandi“ am Beginn des Konfessionellen Zeitalters; in: AKK, 155; 1986, S. 92–125.

Meiffert, Nicole: Die Geschichte des Amtes Reinbek 1576–1773; Bad Oldesloe 1995.

Melhop, Wilhelm: Die Alster. Geschichtlich, ortskundlich und flußbautechnisch beschrieben; Hamburg 1932 (zitiert: Melhop, Alster).

Meyer, Gerhard: Kleiner Führer durch das Hamburger Schrifttum; [= Beiträge zur Geschichte Hamburgs, hrsg. v. Verein für Hamburgische Geschichte, 48]; Hamburg 1994.

Meyn, Jörg: Vom spätmittelalterlichen Gebietsherzogtum zum früh[neu]zeitlichen „Territorialstaat“: Das askanische Herzogtum Sachsen 1180–1543; [= Schriftenreihe der Stiftung Herzogtum Lauenburg, 20]; Hamburg 1995 (zitiert: Meyn, Gebietsherzogtum).

Milatz, Alfred: Die politische Entwicklung; in: Kurt Brüning (Hg.): Der Landkreis Schaumburg–Lippe; [= Die Landkreise in Niedersachsen, D, 12]; Bremen 1955, S. 6–12.

Mitteis, Heinrich: Deutsche Rechtsgeschichte. Ein Studienbuch; neu bearb. v. Heinz Lieberich; 19., erg. Aufl.; München 1992 (zitiert: Mitteis, Rechtsgeschichte).

Modéer, Kjell Ake: Der schwedische König als Richter im Ostseeraum. Das königliche Hofgericht und das königliche Tribunal in Wismar; in: Ingrid Scheurmann (Hgin.): Frieden durch Recht. Das Reichskammergericht von 1495 bis 1806. Katalog zur gleichnamigen Ausstellung vom 8.12.1994 bis 22.1.1995 in Bonn und vom 25.2.1995 bis 30.4.1995 in Frankfurt am Main; Mainz 1994, S. 435–444.

Modéer, Kjell Ake: Oberste Gerichtsbarkeit und zentrale Gewalt im Schweden der frühen Neuzeit; in: Bernhard Diestelkamp (Hg.): Oberste Gerichtsbarkeit und Zentrale Gewalt im Europa der Frühen Neuzeit; [= Quellen und Forschungen zur höchsten Gerichtsbarkeit im Alten Reich, 29]; Köln/ Weimar/ Wien 1996, S. 191–214.

Möhlenbruch, Rudolf: „Freier Zug, Ius Emigrandi, Auswanderungsfreiheit“. Eine verfassungsgeschichtliche Studie; Diss. jur. (masch.); Bonn 1977.

Molitor, Erich: Die Reichsreformbestrebungen des 15. Jahrhunderts bis zum Tode Friedrichs III.; [= Untersuchungen zur deutschen Staats– und Rechtsgeschichte, 132]; Breslau 1921.

Moraw, Peter und **Press**, Volker: Probleme der Sozial– und Verfassungsgeschichte des Heiligen Römischen Reiches im späten Mittelalter und in der frühen Neuzeit (13.–18. Jahrhundert). Zu einem Forschungsschwerpunkt; in: ZHF, 2/ 1; 1975, S. 95–107 (zitiert: Moraw/ Press, Probleme).

Moraw, Peter: Die Verwaltung des Königtums und des Reiches und ihre Rahmenbedingungen [...] ; in: Kurt G. A. Jeserich, Hans Pohl und Georg–Christoph von Unruh (Hgg.): Deutsche Verwaltungsgeschichte, 1. Vom Spätmittelalter bis zum Ende des Reiches; Stuttgart 1983, S. 22–65 (zitiert: Moraw, Verwaltung).

Moraw, Peter: Rechtspflege und Reichsverfassung im 15. und 16. Jahrhundert; [= Schriftenreihe der Gesellschaft für Reichskammergerichtsforschung, 10]; Wetzlar 1990.

Moraw, Peter: Versuch über die Entstehung des Reichstages; in: Hermann Weber (Hg.): Politische Ordnungen und soziale Kräfte im Alten Reich; [= Veröffentlichungen des Instituts für Europäische Geschichte Mainz, Abt. Universalgeschichte, Beiheft 8]; Wiesbaden 1980, S. 1–36 (zitiert: Moraw, Versuch).

Moraw, Peter: Von offener Verfassung zu gestalteter Verdichtung. Das Reich im späten Mittelalter 1250–1490; [= Propyläen Geschichte Deutschlands, 3]; Frankfurt am Main/ Berlin 1985 (zitiert: Moraw, Verfassung).

Müller, Heribert: Rezension zu Heinz Angermeier: Die Reichsreform 1410–1555; in: AKG, 70; 1980, S. 257–259 (zitiert: Müller, Rezension).

Münch, Ernst: Das Pfarr– und Kirchdorf in Mecklenburg und Lauenburg. Vom Ratzeburger Zehntlehnregister bis zu den Kirchenvisitationen der frühen Neuzeit. Anmerkungen zu den Besonderheiten eines ländlichen Siedlungstyps; in: Kurt Jürgensen (Hg.): Die Kirche im Herzogtum Lauenburg. Beiträge zu ihrer Geschichte und Gegenwart; [= Lauenburgische Akademie für Wissenschaft und Kultur, Kolloquium 5]; Neumünster 1994, S. 29–41 (zitiert: Münch, Pfarrdorf).

Münch, Ernst: Zur Position ritterschaftlicher Familien im mecklenburgisch–lauenburgischen Grenzgebiet in Mittelalter und früher Neuzeit; in: Kurt Jürgensen (Hg.): Die Grenz– und Territorialentwicklung im Raume Lauenburg – Mecklenburg – Lübeck; [= Lauenburgische Akademie für Wissenschaft und Kultur, Kolloquium 4]; Neumünster 1992, S. 27–39 (zitiert: Münch, Position).

Münch, Paul: Lebensformen in der Frühen Neuzeit, 1500–1800; Frankfurt a.M./ Berlin 1992 (zitiert: Münch, Lebensformen).

Murphy, George S.: Die „Neue Wirtschaftsgeschichte"; in: Hans–Ulrich Wehler (Hg.): Geschichte und Ökonomie; 2. Aufl.; Königstein/ Taunus 1985, S. 189–202.

Nehl, [...]: Der Sachsenwald; in: Archiv des Vereins für die Geschichte des Herzogthums Lauenburg, 4/ 3; 1895, S. 1–17.

Neuhaus, Helmut: Das Reich in der Frühen Neuzeit; [= Enzyklopädie deutscher Geschichte, 42]; München 1997 (zitiert: Neuhaus, Reich).

Neumann, Ronald: Herrscherliche Aufträge zur Streitentscheidung bis zum Tode Kaiser Karls IV.; in: Friedrich Battenberg und Filippo Ranieri (Hgg.): Geschichte der Zentraljustiz in Mitteleuropa. Festschrift für Bernhard Diestelkamp zum 65. Geburtstag; Köln/ Weimar/ Wien 1994, S. 79–99.

Neuschäffer, Hubertus: Schlösser und Herrenhäuser im Herzogtum Lauenburg; [= Schriftenreihe der Stiftung Herzogtum Lauenburg, 14]; Würzburg 1987.

Neuschäffer, Hubertus: Schlösser und Herrenhäuser in Südholstein; Würzburg 1984 (zitiert: Neuschäffer, Herrenhäuser).

Nirrnheim, Hans: Bürgermeister Hinrik Salsborch; [= ZHG, 12]; Hamburg 1905, S. 261–342.

Nissen, E[...]: Beiträge zur Geschichte des Amts Steinhorst; in: Archiv des Vereins für die Geschichte des Herzogthums Lauenburg, N.F. 1/ 1; 1884, S. 59–92 (zitiert: Nissen, Steinhorst).

Nissen, Nis Rudolf: Die lauenburgischen Städte Ratzeburg, Mölln und Lauenburg im ausgehenden Mittelalter. Entstehung, Siedlung, wirtschaftlicher und sozialer Aufbau; Diss. phil. (masch.); Hamburg 1952.

Nissen, Nis Rudolf: Mölln – Festung an der Salzstraße; [= Lbg.H., Sonderheft, 11]; Ratzeburg 1961 (zitiert: Nissen, Mölln).

Nissen, Nis Rudolf: Ratzeburg, Mölln, Lauenburg. Werke ihrer Bürger; in: Lbg.H., N.F. 5; 1954, S. 1–43 (zitiert: Nissen, Ratzeburg).

North, Michael: Geldumlauf und Wirtschaftskonjunktur im südlichen Ostseeraum an der Wende zur Neuzeit (1440–1570); [= Kieler Historische Studien, 35]; Sigmaringen 1990.

Obst, Arthur: Die Familie Lappe; in: ZHG, 10; 1899, S. 541–554 (zitiert: Obst, Lappe).

Oer, Rudolfine Freiin von: Der Münsterische „Erbmännerstreit“. Zur Problematik von Revisionen reichskammergerichtlicher Urteile; [= Quellen und Forschungen zur höchsten Gerichtsbarkeit im Alten Reich, 32]; Köln/ Weimar/ Wien 1998.

Oestmann, Peter: Hexenprozesse am Reichskammergericht; [= Quellen und Forschungen zur höchsten Gerichtsbarkeit im Alten Reich, 31]; Köln/ Weimar/ Wien 1997 (zitiert: Oestmann, Hexenprozesse).

Opitz, Eckardt: Schleswig–Holstein: Landesgeschichte in Bildern, Texten und Dokumenten; Hamburg 1988 (zitiert: Opitz, Schleswig–Holstein). Überarb. und erg. Ausgabe: Ders.: Schleswig–Holstein. Das Land und seine Geschichte in Bildern, Texten und Dokumenten; Hamburg 1997.

Osten, Gustav von der: Geschichte des Landes Wursten; 2 Teile in einem Band; Bremerhaven 1900 und 1902.

Patschovsky, Alexander: Fehde im Recht. Eine Problemskizze; in: Christine Roll (Hgin.): Recht und Reich im Zeitalter der Reformation. Festschrift für Horst Rabe; 2. Aufl.; Frankfurt a. M. u.a. 1997, S. 145–178.

Pech, August: Bederkesa und Elmlohe – zwei Dammsiedlungen im Erzbistum Bremen. Ein Beitrag zur Siedlungsgeschichte des Elbe–Weser–Dreiecks; in: Jahrbuch der Männer vom Morgenstern, 62; 1983, S. 73–103.

Peltzer, [...]: Promemoria der Freien und Hansestadt Lübeck betreffend den Nachweis der Rechte, welche ihr an dem nördlichen Theile des Ratzeburger Sees zustehen; in: Archiv des Vereins für die Geschichte des Herzogthums Lauenburg, 3/ 3; 1892, S. 80–119 (zitiert: Peltzer, Promemoria, 1). Ders.: Schlußteil; in: Archiv des Vereins für die Geschichte des Herzogthums Lauenburg, 4/ 1; 1893, S. 39–90 (zitiert: Peltzer, Promemoria, 2)

Pitz, Ernst: Ein niederdeutscher Kammergerichtsprozeß von 1525. Beitrag zum Problem der rechtsgeschichtlichen und wirtschaftsgeschichtlichen Auswertung von Reichskammergerichtsakten; [= Veröffentlichung der Niedersächsischen Archivverwaltung, 28]; Göttingen 1969 (zitiert: Pitz, Kammergerichtsprozeß).

Postel, Rainer: Der Kampf um Bergedorf und die Vierlande zwischen den Herzögen von Lauenburg (der Ratzeburger Linie) und den Hansestädten Lübeck und Hamburg (1401–1420); in: Eckardt Opitz (Hg.): Herrscherwechsel im Herzogtum Lauenburg; [= Lauenburgische Akademie für Wissenschaft und Kultur, Kolloquium 10]; Mölln 1998, S. 47–60.

Postel, Rainer: Die Reformation in Hamburg 1517–1528; [= Quellen und Forschungen zur Reformationsgeschichte, 52]; Gütersloh 1986 (zitiert: Postel, Reformation).

Postel, Rainer: Reformation und Gegenreformation 1517–1618; in: Hans-Dieter Loose (Hg.): Hamburg. Geschichte der Stadt und ihrer Bewohner. Band I: Von den Anfängen bis zur Reichsgründung; Hamburg 1982, S. 191–258 (zitiert: Postel, Gegenreformation).

Prange, Wolfgang: Bauer und Herrschaft in Lauenburg; in: Kurt Jürgensen (Hg.): Ländliche Siedlungs– und Verfassungsgeschichte des Kreises Herzogtum Lauenburg; [= Lauenburgische Akademie für Wissenschaft und Kultur, Kolloquium 3]; Neumünster 1990, S. 45–58 (zitiert: Prange, Bauer und Herrschaft).

Prange, Wolfgang: Das Bauerndorf Wentorf von seiner Entstehung bis um 1800; in: Heimatbuch Wentorf; hrsg. v. d. Gemeinde Wentorf anläßlich der 750–Jahrfeier; Lauenburg 1967, S. 25–60 (zitiert: Prange, Wentorf).

Prange, Wolfgang: Der Aufbau der Kirchen– und Pfarrorganisation im Herzogtum Lauenburg; in: Kurt Jürgensen (Hg.): Die Kirche im Herzogtum Lauenburg. Beiträge zu ihrer Geschichte und Gegenwart; [= Lauenburgische Akademie für Wissenschaft und Kultur, Kolloquium 5]; Neumünster 1994, S. 25–28 (zitiert: Prange, Kirche).

Prange, Wolfgang: Die Entwicklung der Grenzen zwischen Lauenburg und Mecklenburg vom 12. bis ins 19. Jahrhundert; in: Kurt Jürgensen (Hg.): Die Grenz– und Territorialentwicklung im Raume Lauenburg – Mecklenburg – Lübeck; [= Lauenburgische Akademie für Wissenschaft und Kultur, Kolloquium 4]; Neumünster 1992, S. 15–26 (zitiert: Prange, Entwicklung der Grenzen).

Prange, Wolfgang: Die Organisation der Rechtspflege im Herzogtum Lauenburg bis 1879; in: Kurt Jürgensen (Hg.): Geschichtliche Beiträge zur Rechtspflege im Herzogtum Lauenburg und in umliegenden Territorien; [= Lauenburgische Akademie für Wissenschaft und Kultur, Kolloquium 8]; Mölln 1996, S. 13–26 (zitiert: Prange, Rechtspflege).

Prange, Wolfgang: Ein Hoheitsstreit im 16. Jahrhundert; in: Kurt Jürgensen (Hg.): Die Grenz– und Territorialentwicklung im Raume Lauenburg – Mecklenburg – Lübeck; [= Lauenburgische Akademie für Wissenschaft und Kultur, Kolloquium 4]; Neumünster 1992, S. 41–50 (zitiert: Prange, Hoheitsstreit).

Prange, Wolfgang: Lauenburgische Prozeßkarten des 16. und 17. Jahrhunderts; in: Lbg.H., N.F. 43; 1963, S. 15–32 (zitiert: Prange, Prozeßkarten).

Prange, Wolfgang: Schleswig Holstein und das Reichskammergericht in dessen ersten fünfzig Jahren; [= Schriftenreihe der Gesellschaft für Reichskammergerichtsforschung, 22]; Wetzlar 1998.

Prange, Wolfgang: Siedlungsgeschichte des Landes Lauenburg im Mittelalter; [= Quellen und Forschungen zur Geschichte Schleswig–Holsteins, 41]; Neumünster 1960 (zitiert: Prange, Siedlungsgeschichte).

Prange, Wolfgang: Vom Rittersitz des Mittelalters zum Adligen Gericht der Neuzeit im Herzogtum Lauenburg; in: Kurt Jürgensen (Hg.): Herrensitz und Herzogliche Residenz in Lauenburg und in Mecklenburg; [= Lauenburgische Akademie für Wissenschaft und Kultur, Kolloquium 6]; Mölln 1995, S. 33–46 (zitiert: Prange, Rittersitz).

Press, Volker: Das Reichskammergericht in der Deutschen Geschichte; [= Schriftenreihe der Gesellschaft für Reichskammergerichtsforschung, 3]; Wetzlar 1987.

Press, Volker: Der Reichshofrat im System des frühneuzeitlichen Reiches; in: Friedrich Battenberg und Filippo Ranieri (Hgg.): Geschichte der Zentraljustiz in Mitteleuropa. Festschrift für Bernhard Diestelkamp zum 65. Geburtstag; Köln/ Wien/ Weimar 1994, S. 349–363.

Rabe, Horst: Reich und Glaubensspaltung. Deutschland 1500–1600; [= Neue Deutsche Geschichte, 4]; München 1988 (zitiert: Rabe, Glaubensspaltung).

Rakow, Peter–Joachim: Das Mecklenburgische Landeshauptarchiv Schwerin und seine Quellen zu den mecklenburgisch–lauenburgischen Beziehungen; in: Kurt Jürgensen (Hg.): Die Grenz– und Territorialentwicklung im Raume Lauenburg – Mecklenburg – Lübeck; [= Lauenburgische Akademie für Wissenschaft und Kultur, Kolloquium 4]; Neumünster 1992, S. 145–153.

Ranft, Andreas: Reichsreform als Adelsreform? Das Beispiel der Adelsgesellschaften; in: Ivan Hlavácek und Alexander Patschovsky (Hgg.): Reform von Kirche und Reich zur Zeit der Konzilien von Konstanz (1414–1418) und Basel (1431–1449). Konstanz–Prager Historisches Kolloquium (11.–17. Oktober 1993); Konstanz 1996, S. 135–156 (zitiert: Ranft, Reichsreform).

Ranieri, Filippo und **Härter**, Karl (Hgg.): Biographisches Repertorium der Juristen im Alten Reich, 16.–18. Jahrhundert, A–E (Katalog der Sammlung Lehnemann. Juristische Schriften des 16.–18. Jahrhunderts, hrsg. v. Ulrich Dingler und Karl Härter); Ius Commune CD–ROM, Informationssysteme zur Rechtsgeschichte, 1; Frankfurt a. M. 1997.

Ranieri, Filippo: Die Inanspruchnahme des Reichskammergerichts in den ersten Jahrzehnten seiner Tätigkeit. Versuch einer sozialgeschichtlichen Analyse der Reichsjustiz zur Zeit der Rezeption; in: ZNR; 1982, S. 113–131 (Ranieri, Versuch).

Ranieri, Filippo: Die Tätigkeit des Reichskammergerichts und seine Inanspruchnahme während des 16. Jahrhunderts; in: Bernhard Diestelkamp (Hg.): Forschungen aus Akten des Reichskammergerichts; [= Quellen und Forschungen zur höchsten Gerichtsbarkeit im Alten Reich, 14]; Köln/ Wien 1984, S. 41–74 (zitiert: Ranieri, Tätigkeit).

Ranieri, Filippo: Recht und Gesellschaft im Zeitalter der Rezeption. Eine rechts– und sozialgeschichtliche Analyse der Tätigkeit des Reichskammergerichts im 16. Jahrhundert; 2 Bände; [= Quellen und Forschungen zur höchsten Gerichtsbarkeit im Alten Reich, 17/ 1 und 2]; Köln/ Wien 1985 (zitiert: Ranieri, Rezeption, 1 und 2).

Ranieri, Filippo: Rezeption und Prozeßrecht am Reichskammergericht; in: Ingrid Scheurmann (Hgin.): Frieden durch Recht. Das Reichskammergericht von 1495 bis 1806. Katalog zur gleichnamigen Ausstellung vom 8.12.1994 bis 22.1.1995 in Bonn und vom 25.2.1995 bis 30.4.1995 in Frankfurt am Main; Mainz 1994, S. 170–173 (zitiert: Ranieri, Prozeßrecht).

Reden, Armgard von: Landständische Verfassung und fürstliches Regiment in Sachsen–Lauenburg (1543–1689); [= Veröffentlichungen des Max–Planck–Instituts für Geschichte, 41]; Göttingen 1974 (zitiert: Reden, Landständische Verfassung).

Redlich, Fritz: „Neue“ und traditionelle Methoden der Wirtschaftsgeschichte; in: Hans–Ulrich Wehler (Hg.): Geschichte und Ökonomie; 2. Aufl.; Königstein/ Taunus 1985, S. 242–254.

Regionalatlas Kreis Herzogtum Lauenburg; hrsg. v. Dieter Jaschke im Auftrag der Lauenburgischen Akademie für Wissenschaft und Kultur; Mölln 1989–1997 (zitiert: Regionalatlas).

Reincke, Heinrich: Die Alster als Lebensader Hamburgs. Festvortrag vom 18. Februar 1950 zum 50jährigen Bestehen des Alster–Vereins; in: Jb.Alsterverein 1950 (zitiert: Reincke, Alster).

Reincke, Heinrich: Hamburgs Aufstieg zur Reichsfreiheit; in: ZHG, 47; 1961, S. 17–34.

Reinecke, Heinrich: Das Amt Ritzebüttel; Diss. phil. (masch.); Hamburg 1935 (zitiert: Reinecke, Ritzebüttel).

Rice, Eugene und **Grafton**, Anthony: The Foundations of Early Modern Europe 1460–1559; 2. Aufl.; New York/ London 1989 (zitiert: Rice/ Grafton, Foundations).

Richert, Herbert: Oldenburg – ein verschwundenes Dorf; in: Lauenburgischer Familienkalender, 8; o.J., S. 69–72 (zitiert: Richert, Oldenburg).

Rosendahl, Erich: Geschichte Niedersachsens im Spiegel der Reichsgeschichte; Hannover 1927.

Rösener, Werner: Jagd und höfische Kultur im Mittelalter; [= Veröffentlichungen des Max–Planck–Instituts für Geschichte, 135]; Göttingen 1997.

Rothe, Hans Werner: Zur Geschichte der ländlichen Gesellschaft im Schaumburger Land: Lindhorst; [= Schaumburger Studien, 56]; Melle 1998.

Rundstedt, Udo von: Herzog Franz I. Schulden; in: Lauenburgischer Familienkalender; 1938, S. 62 (künftig zitiert: Rundstedt, Schulden).

Rüther, Eduard: Hadeln und Wursten während der Freiheitskämpfe der Wurster (1518–1525); in: Jahrbuch der Männer vom Morgenstern, 8; 1936, S. 65–91.

Rüther, Heinrich: Geschichte des Landes Hadeln; Otterndorf 1949 (zitiert: Rüther, Hadeln).

Ruthmann, Bernhard: Die Religionsprozesse am Reichskammergericht 1555–1648. Eine Analyse anhand ausgewählter Prozesse; [= Quellen und Forschungen zur höchsten Gerichtsbarkeit im Alten Reich, 28]; Köln/ Weimar/ Wien 1996 (zitiert: Ruthmann, Religionsprozesse).

Sauer, Albrecht: Das „Seebuch". Das älteste erhaltene Seehandbuch und die spätmittelalterliche Navigation in Nordwesteuropa; [= Schriften des Deutschen Schiffahrtsmuseums, 44]; Hamburg 1996 (zitiert: Sauer, Seebuch).

Schamari, Horst Peter: Aspekte der Schiedsgerichtsbarkeit, aufgezeigt am Beispiel des Reichskammergerichtsprozesses Hans Braun und Konsorten gegen Erasmus Höhenkircher, herzoglich bayerischer Pfleger zu Velburg wegen Vindikation eines Hofguts zu Darshofen 1497–1512; in: Bernhard Diestelkamp (Hg.): Forschungen aus Akten des Reichskammergerichts [= Quellen und Forschungen zur höchsten Gerichtsbarkeit im Alten Reich, 14); Köln/ Wien 1984, S. 115–140.

Scharnweber, Otto: Franz II., Herzog von Sachsen–Lauenburg 1585–1619; [= Sonderheft der Lauenburgischen Heimat]; Ratzeburg 1960 (zitiert: Scharnweber, Franz II.).

Schepper, Hugo de: Ein Überblick über die gerichtliche Kontrolle über Verwaltungshandlungen in den Niederlanden im 16. Jahrhundert; in: Wolfgang Sellert (Hg.): Rechtsbehelfe, Beweis und Stellung des Richters im Spätmittelalter; [= Quellen und Forschungen zur höchsten Gerichtsbarkeit im Alten Reich, 16], Köln/ Wien 1985, S. 55–71.

Schepper, Hugo de: Iudicia in consilio principis (1504–1702). Der Niederländische Geheime Rat als Hof für hohe Gerichtsbarkeit; in: Bernhard Diestelkamp (Hg.): Oberste Gerichtsbarkeit und Zentrale Gewalt im Europa der Frühen Neuzeit; [= Quellen und Forschungen zur höchsten Gerichtsbarkeit im Alten Reich, 29]; Köln/ Weimar/ Wien 1996, S. 165–190.

Scheurmann, Ingrid: Organisation des Reichskammergerichts; in: Dies. (Hgin): Frieden durch Recht. Das Reichskammergericht von 1495 bis 1806. Katalog zur gleichnamigen Ausstellung vom 8.12.1994 bis 22.1.1995 in Bonn und vom 25.2.1995 bis 30.4.1995 in Frankfurt am Main; Mainz 1994, S. 119–121.

Schieckel, Harald: Die verwandtschaftlichen Beziehungen des Hauses Oldenburg zu den Häusern Wettin und Anhalt; in: Landesgeschichte als Herausforderung und Programm. Karlheinz Blaschke zum 70. Geburtstag; [= Quellen und Forschungen zur sächsischen Geschichte, 15]; hrsg. von Uwe John und Josef Matzerath; Leipzig 1997, S. 459–466.

Schillinger, Klaus: Entwicklung des Vermessungswesens im 16. Jahrhundert; in: Fritz Bönisch u.a.: Kursächsische Kartographie bis zum Dreißigjährigen Krieg, Teil 1: Die Anfänge des Kartenwesens; [= Veröffentlichungen des Staatlichen Mathematisch–Physikalischen Salons, Forschungsstelle Dresden, 8]; Berlin 1990, S. 11–36.

Schindling, Anton: Der Westfälische Frieden und der Reichstag; in: Hermann Weber (Hg.): Politische Ordnungen und soziale Kräfte im Alten Reich; [= Veröffentlichungen des Instituts für Europäische Geschichte Mainz, Abt. Universalgeschichte, Beiheft 8]; Wiesbaden 1980, S. 113–154.

Schirmer, Uwe: Die Finanzen der Kurfürsten und Herzöge von Sachsen zwischen 1485 und 1547; in: Landesgeschichte als Herausforderung und Programm. Karlheinz Blaschke zum 70. Geburtstag; hrsg. v. Uwe John und Josef Matzerath; Stuttgart 1997, S. 259–183 (zitiert; Schirmer, Finanzen).

Schmale, Wolfgang: Unvergleichlich aber vergleichbar. Diskussionsbericht; in: Bernhard Diestelkamp (Hg.): Oberste Gerichtsbarkeit und Zentrale Gewalt im Europa der Frühen Neuzeit; [= Quellen und Forschungen zur höchsten Gerichtsbarkeit im Alten Reich, 29]; Köln/ Weimar/ Wien 1996, S. 233–243.

Schmid, Peter: Der Gemeine Pfennig von 1495. Vorgeschichte und Entstehung, verfassungsgeschichtliche, politische und finanzielle Bedeutung; [= Schriftenreihe der Historischen Kommission der Bayerischen Akademie der Wissenschaften, 34]; Göttingen 1989.

Schmidt, Günther: Die alte Grafschaft Schaumburg. Grundlegung der historischen Geographie des Staates Schaumburg–Lippe und des Kreises Grafschaft Rinteln; [= Studien und Vorarbeiten zum Historischen Atlas von Niedersachsen, 5]; Göttingen 1920 (vorliegend in einer masch.schr. Fassung aus dem Jahre 1940).

Schmidt, Helmut: Turm und Leuchtfeuer in ihrer Bedeutung für die Schiffahrt; in: Ein Turm und seine Insel. Monographie der Nordseeinsel Neuwerk; hrsg. v. Ferdinand Dannmeyer u.a.; Cuxhaven 1952, S. 63–71.

Schmidt, Max: Beschreibung und Chronik der Stadt Ratzeburg; Ratzeburg 1882 (zitiert: Schmidt, Ratzeburg).

Schmidt, Max: Kuddewörde; in: Archiv des Vereins für die Geschichte des Herzogthums Lauenburg, N.F. 5/ 3; 1898, S. 1–11 (zitiert: Schmidt, Kuddewörde).

Schrecker, Gertrud: Das spätmittelalterliche Straßennetz in Holstein und Lauenburg, Teil 2; in: ZSHG, 63; 1935, S. 104–161 (zitiert: Schrecker, Straßennetz).

Schreyer, Alf: Hoisbüttel im Mittelalter; in: Kreis Stormarn (Hg.): Festschrift Alf Schreyer; [= Stormarner Hefte, 15]; Neumünster 1990, S. 73–77.

Schreyer, Alf: Hoisbüttel im Mittelalter; in: Kreis Stormarn (Hg.): Festschrift Alf Schreyer; [= Stormarner Hefte, 15]; Neumünster 1990, S. 73–77.

Schubert, Ernst: Fürstliche Herrschaft und Territorium im späten Mittelalter; [= Enzyklopädie deutscher Geschichte, 35]; München 1996 (zitiert: Schubert, Herrschaft).

Schulze, Ehrhardt: Das Herzogtum Sachsen–Lauenburg und die lübische Territorialpolitik; [= Quellen und Forschungen zur Geschichte Schleswig–Holsteins, 33]; Neumünster 1957 (zitiert: Schulze, Territorialpolitik).

Schulze, Winfried: Deutsche Geschichte im 16. Jahrhundert. 1500–1618; Frankfurt am Main 1987 (zitiert: Schulze, Deutsche Geschichte).

Schulze, Winfried: Ego–Dokumente: Annäherung an den Menschen in der Geschichte? Vorüberlegungen für die Tagung „Ego–Dokumente“; in: Ders. (Hg.): Ego–Dokumente. Annäherung an den Menschen in der Geschichte; [= Selbstzeugnisse der Neuzeit. Quellen und Darstellungen zur Sozial– und Erfahrungsgeschichte, 2]; Berlin 1996, S. 11–30 (zitiert: Schulze, Ego–Dokumente).

Schulze, Winfried: Einführung in die Neuere Geschichte; Stuttgart 1987 (zitiert: Schulze, Einführung).

Schulze, Winfried: Schlußbemerkungen zur Konferenz über „Ego–Dokumente“; in: Ders. (Hg.): Ego–Dokumente. Annäherung an den Menschen in der Geschichte; [= Selbstzeugnisse der Neuzeit. Quellen und Darstellungen zur Sozial– und Erfahrungsgeschichte, 2]; Berlin 1996, S. 343–345 (zitiert: Schulze, Schlußbemerkungen).

Schulze, Winfried: Zur Ergiebigkeit von Zeugenbefragungen und Verhören; in: Ders. (Hg.): Ego–Dokumente. Annäherung an den Menschen in der Geschichte; [= Selbstzeugnisse der Neuzeit. Quellen und Darstellungen zur Sozial– und Erfahrungsgeschichte, 2]; Berlin 1996, S. 319–325 (zitiert: Schulze, Zeugenbefragungen).

Seeger, Tilman: Die Extrajudizialappellation; [= Quellen und Forschungen zur höchsten Gerichtsbarkeit im Alten Reich, 25]; Köln/ Weimar/ Wien 1992 (zitiert: Seeger, Extrajudizialappellation).

Seeler, Siegfried: Lütau. Ein Kirchspiel in der Sadelbande; [= Schriftenreihe des Heimatbund und Geschichtsvereins Herzogtum Lauenburg, 14]; Ratzeburg 1969 (zitiert: Seeler, Lütau).

Sellert, Wolfgang: 'Prozeß des Reichskammergerichts'; in: HRG, 4; Berlin 1990, Sp. 29–36.

Sellert, Wolfgang: Der Reichshofrat; in: Bernhard Diestelkamp (Hg.): Oberste Gerichtsbarkeit und Zentrale Gewalt im Europa der Frühen Neuzeit; [= Quellen und Forschungen zur höchsten Gerichtsbarkeit im Alten Reich, 29]; Köln/ Weimar/ Wien 1996, S. 15–44 (zitiert: Sellert, Reichshofrat).

Sellert, Wolfgang: Die Ladung des Beklagten vor das Reichskammergericht; in: ZRG, g. A., 84; 1967, S. 202–235 (zitiert: Sellert, Ladung).

Sellert, Wolfgang: Die Ordnungen des Reichshofrates 1550–1766 (1. Halbband bis 1626, 2. Halbband bis 1760); [= Quellen und Forschungen zur höchsten Gerichtsbarkeit im Alten Reich, 8/ 1 und 8/ 2]; Köln/ Wien 1980 und 1990 (zitiert: Sellert, Ordnungen).

Sellert, Wolfgang: Prozeßgrundsätze und Stilus Curiae am Reichshofrat; Aalen 1973 (zitiert: Sellert, Prozeßgrundsätze).

Sellert, Wolfgang: Über die Zuständigkeitsabgrenzung von Reichshofrat und Reichskammergericht; Aalen 1965 (zitiert: Sellert, Zuständigkeitsabgrenzung).

Simon, Thomas: Politik und „ius publicum"; in: Blätter für deutsche Landesgeschichte, 131; 1995, S. 145–169 (zitiert: Simon, Politik).

Smend, Rudolf: Das Reichskammergericht, Band 1: Geschichte und Verfassung; [= Quellen und Studien zur Verfassungsgeschichte des Deutschen Reiches in Mittelalter und Neuzeit, 4/ 3]; Weimar 1911 (zitiert: Smend, Reichskammergericht).

Smidt, Jakobus Thomas de: Der „Hof von Holland" (1428–1811); in: Bernhard Diestelkamp (Hg.): Oberste Gerichtsbarkeit und Zentrale Gewalt im Europa der Frühen Neuzeit; [= Quellen und Forschungen zur höchsten Gerichtsbarkeit im Alten Reich, 29]; Köln/ Weimar/ Wien 1996, S. 153–164.

Spangenberg, Hans: Die Entstehung des Reichskammergerichts und die Anfänge der Reichsverwaltung; in: ZRG, g.A., 46; 1926, S. 231–289.

Stams, Werner: Die Anfänge der neuzeitlichen Kartographie in Mitteleuropa; in: Fritz Bönisch u.a.: Kursächsische Kartographie bis zum Dreißigjährigen Krieg, Teil 1: Die Anfänge des Kartenwesens; [= Veröffentlichungen des Staatlichen Mathematisch–Physikalischen Salons, Forschungsstelle Dresden, 8]; Berlin 1990, S. 37–105.

Steger, Friedrich (Hg.): Das Haus der Welfen. Beiträge zur Geschichte der Lande Braunschweig und Hannover in Biographien der ausgezeichnetsten Regenten und Fürsten beider Welfen–Linien; Braunschweig 1843 (zitiert: Steger, Haus der Welfen).

Stoldt, Peter: Die Amtsbauern des Herzogtums Sachsen–Lauenburg bis 1689. Ein Beitrag zur Rechts– und Sozialgeschichte; Diss. phil. (masch.); Hamburg 1963 (zitiert: Stoldt, Amtsbauern). Auch erschienen als: Ders.: Bauer und Herzog. Die Amtsbauern des Herzogtums Sachsen–Lauenburg bis 1689. Ein Beitrag zur Rechts– und Sozialgeschichte; [= Schriftenreihe des Heimatbund und Geschichtsvereins Herzogtum Lauenburg, 12]; Ratzeburg 1966.

Stollberg–Rilinger, Barbara: Zeremoniell als politisches Verfahren. Rangordnung und Rangstreit als Strukturmerkmale des frühneuzeitlichen Reichstags; in: Johannes Kunisch (Hg.): Neue Studien zur frühneuzeitlichen Reichsgeschichte; [= ZHF, Beiheft 19]; Berlin 1997, S. 91–132 (zitiert: Stollberg–Rilinger, Zeremoniell).

Stolleis, Michael: Geschichte des öffentlichen Rechts in Deutschland. Band 1: Reichspublizistik und Policeywissenschaft 1600–1800; München 1988.

Stolz, Gerd: Kleine Kanalgeschichte. Vom Stecknitzkanal zum Nord–Ostsee–Kanal; Heide 1995 (zitiert: Stolz, Kleine Kanalgeschichte).

Tilly, Charles: Clio und Minerva; in: Hans–Ulrich Wehler (Hg.): Geschichte und Soziologie; 2. Aufl.; Königstein/ Taunus 1984, S. 97–131.

Tramm, Traugott: Die ältesten Karten von Lauenburg; in: Lbg.H., 4/ 1; 1928, S. 1–4.

Uhlhorn, Manfred: Der Mandatsprozeß sine clausula des Reichshofrats; [= Quellen und Forschungen zur höchsten Gerichtsbarkeit im Alten Reich, 22]; Köln/ Wien 1990.

Verhas, Christel: Le Hoge Raad (1582–1795); in: Bernhard Diestelkamp (Hg.): Oberste Gerichtsbarkeit und Zentrale Gewalt im Europa der Frühen Neuzeit; [= Quellen und Forschungen zur höchsten Gerichtsbarkeit im Alten Reich, 29]; Köln/ Weimar/ Wien 1996, S. 127–152.

Walther, C[...]: Hinrik Berkmeyer aus Hamburg, Bischof von Ratzeburg; in: MHG, 11–9/10; 1888, S. 285–294 (zitiert Walther, Berkmeyer); (mit zwei Nachträgen in MHG 11–12; 1888, S. 313–319 und MHG 12–10; 1889, S. 449–450).

Waschinski, Emil: Währung, Preisentwicklung und Kaufkraft des Geldes in Schleswig–Holstein von 1226–1864; [= Quellen und Forschungen zur Geschichte Schleswig–Holsteins, 26]; Neumünster 1952 (zitiert: Waschinski, Währung).

Waschinski, Emil: Währung, Preisentwicklung und Kaufkraft des Geldes in Schleswig–Holstein von 1226–1864; [= Quellen und Forschungen zur Geschichte Schleswig–Holsteins, 26/ 2]; Neumünster 1959.

Weber, Martin: Zur Bedeutung der Reichsacht in der Frühen Neuzeit; in: Johannes Kunisch (Hg.): Neue Studien zur frühneuzeitlichen Reichsgeschichte; [= ZHF, Beiheft 19]; Berlin 1997, S. 55–90.

Weber, Wolfgang E. J.: Dynastiesicherung und Staatsbildung. Die Entfaltung des frühmodernen Fürstenstaates; in: Ders. (Hg.): Der Fürst. Ideen und Wirklichkeiten in der europäischen Geschichte; Köln/ Weimar/ Wien 1998, S. 91–136.

Weber, Wolfgang E. J.: Einleitung; in: Ders. (Hg.): Der Fürst. Ideen und Wirklichkeiten in der europäischen Geschichte; Köln/ Weimar/ Wien 1998, S. 1–26 (zitiert: Weber, Einleitung).

Wegemann, [...]: Die Veränderung der Größe Schleswig–Holsteins seit 1230; in: ZSHG, 45; 1915, S. 248–287 (zitiert: Wegemann, Veränderung).

Weitzel, Jürgen: Anwälte am Reichskammergericht; in: Friedrich Battenberg und Filippo Ranieri (Hgg.): Geschichte der Zentraljustiz in Mitteleuropa. Festschrift für Bernhard Diestelkamp zum 65. Geburtstag; Weimar/ Köln/ Wien 1994, S. 253–269 (zitiert: Weitzel, Anwälte).

Weitzel, Jürgen: Der Kampf um die Appellation ans Reichskammergericht. Zur politischen Geschichte der Rechtsmittel in Deutschland; [= Quellen und Forschungen zur Höchsten Gerichtsbarkeit im Alten Reich, 4]; Köln/ Wien 1976 (zitiert: Weitzel, Kampf).

Weitzel, Jürgen: Die Zuständigkeit des Reichskammergerichts als Appellationsgericht; in: ZRG, g. A., 90; 1973, S. 213–245 (zitiert: Weitzel, Zuständigkeit).

Weitzel, Jürgen: Ius publicum in den Prozessen vor dem Reichskammergericht; in: Blätter für deutsche Landesgeschichte, 131; 1995, S. 171–187 (zitiert: Weitzel, Ius publicum).

Weitzel, Jürgen: Reichsabschied 1532 Titel III § 12. Zur Entstehungsgeschichte und Bedeutung des ersten Reichsgesetzes gegen landesherrliche Appellationsverbote; in: Consilium Magnum; Bruxelles 1977, S. 457–477 (zitiert: Weitzel, Reichsabschied).

Weitzel, Jürgen: Über Oberhöfe, Recht und Rechtszug. Eine Skizze; [= Göttinger Studien zur Rechtsgeschichte, 15]; Göttingen 1981.

Wieden, Helge Bei der: Ein Norddeutscher Renaissancefürst. Ernst zu Holstein–Schaumburg (1569–1622); [= Kulturlandschaft Schaumburg, 1]; Bielefeld 1994 (zitiert: Wieden, Renaissancefürst).

Wiggenhorn, Heinrich: Der Reichskammergerichtsprozeß am Ende des Alten Reiches; Diss. jur.; Münster 1966.

Wijffels, Alain: Der Große Rat von Mechelen; in: Ingrid Scheurmann (Hgin.): Frieden durch Recht. Das Reichskammergericht von 1495 bis 1806. Katalog zur gleichnamigen Ausstellung vom 8.12.1994 bis 22.1.1995 in Bonn und vom 25.2.1995 bis 30.4.1995 in Frankfurt am Main; Mainz 1994, S. 374–382.

Wijffels, Alain: Höchste Gerichtsbarkeit als Instrument der Friedenserhaltung in internationalen Konflikten: Der Große Rat von Mechelen in den burgundisch–habsburgischen Niederlanden; in: Bernhard Diestelkamp und Ingrid Scheurmann (Hgg.): Friedenssicherung und Rechtsgewährung. Sechs Beiträge zur Geschichte des Reichskammergerichts und der obersten Gerichtsbarkeit im alten Europa; Bonn/ Wetzlar 1997, S. 83–102.

Wijffels, Alain: The Great Council of Malines; in: Bernhard Diestelkamp (Hg.): Oberste Gerichtsbarkeit und Zentrale Gewalt im Europa der Frühen Neuzeit; [= Quellen und Forschungen zur höchsten Gerichtsbarkeit im Alten Reich, 29]; Köln/ Weimar/ Wien 1996, S. 113–126.

Willoweit, Dietmar: Rechtsgrundlagen der Territorialgewalt. Landesobrigkeit, Herrschaftsrechte und Territorium in der Rechtswissenschaft der Neuzeit; [= Forschungen zur Deutschen Rechtsgeschichte, 11]; Köln/ Wien 1973 (zitiert: Willoweit, Rechtsgrundlagen).

Willoweit, Dietmar: Reichsreform als Verfassungskrise. Überlegungen zu Heinz Angermeier: Die Reichsreform 1410–1555; in: Der Staat, 26; 1987, S. 270–278 (zitiert: Willoweit, Reichsreform).

Wisplinghoff, Erich: Zur Methode der Privaturkundenkritik; in: Fälschungen im Mittelalter. Internationaler Kongreß der Monumenta Germaniae Historica München, 16.–19. September 1986. Teil 3: Diplomatische Fälschungen (I); [= Monumenta Germaniae Historica, Schriften, Band 33/ 3]; Hannover 1988, S. 53–67 (zitiert: Wisplinghoff, Methode).

Witt, Reimer: Die Anfänge von Kartographie und Topographie Schleswig–Holsteins 1475–1652; Heide 1982 (zitiert: Witt, Kartographie).

8.5 Abbildungsverzeichnis

Abbildung 1 (S. 209):	LAS, Abt. 210, Nr. 3597. Aufnahme: Landesarchiv Schleswig. Bearbeitung: Ulrike Schröder (UniBwH, Fotostelle).
Abbildung 2 (S. 251):	LAS, Abt. 402 B IV, Nr. 101. Aufnahme: Landesarchiv Schleswig.
Abbildung 3 (S. 323):	LAS, Abt. 210, Nr. 776. Aufnahme: Landesarchiv Schleswig.
Abbildungen 4a und 4b (S. 382):	AHL, RKG, S 10. Aufnahme: Reinhard Scheiblich. Bearbeitung: Ulrike Schröder.
Abbildung 5 (S. 442):	StAH, Kartenabteilung 145–01/161.91. Aufnahme: Jörg Hillmann.
Abbildung 6 (S. 443):	LAS, Abt. 402 B III, Nr. 299. Aufnahme: Landesarchiv Schleswig.
Abbildung 7 (S. 444):	LAS, Abt. 402 B IV, Nr. 96. Aufnahme: Landesarchiv Schleswig.
Abbildung 8 (S. 445):	LAS, Abt. 402 B IV, Nr. 97. Aufnahme: Landesarchiv Schleswig.
Abbildung 9 (S. 446):	LAS, Abt. 402 B IV, Nr. 105. Aufnahme: Landesarchiv Schleswig.
Abbildung 10 (S. 447):	AHL, RKG, S 6, qdr. 4, lit. B. Aufnahme: Reinhard Scheiblich (UniBwH, Fotostelle).

Tabelle 1: Prozesse, welche von den Herzögen von Sachsen–Lauenburg vor dem Reichskammergericht im Zeitraum von 1495–1619 geführt wurden. Erstellt vom Verfasser.

Tabelle 2: Appellationsprozesse, die aus dem Herzogtum Sachsen–Lauenburg an das Reichskammergericht im Zeitraum von 1495–1619 gelangten im Vergleich zu den von Ranieri durchgeführten Gesamtproben bestimmter Jahre und den Stichproben auf den Niedersächsischen Kreis bezogen. Erstellt vom Verfasser.

Tabelle 3: Gesamtbetrachtung der aus dem Herzogtum Sachsen–Lauenburg im Zeitraum von 1495–1619 rechtsanhängig gemachten Prozesse vor dem Reichskammergericht im Vergleich zu den Prozessen aus dem

Niedersächsischen Kreis und dem Reich (alter und neuer Forschungsstand). Erstellt vom Verfasser.

Tabelle 4: Jährlich rechtsanhängig gemachte Prozesse vor dem Reichskammergericht in Fünfjahres–Abschnitten hinsichtlich des Prozeßaufkommens aus dem Reich, aus dem Niedersächsischen Kreis und aus dem Herzogtum Sachsen–Lauenburg. Erstellt vom Verfasser.

Diagramm 1: Prozesse der Herzöge von Sachsen–Lauenburg und gegen sie gerichtete Prozesse vor dem Reichskammergericht im Zeitraum von 1495 bis 1619. Erstellt vom Verfasser. [S. 464]

Diagramm 2: Appellationsprozesse aus dem Stammterritorium und dem Land Hadeln 1550–1619 vor dem Reichskammergericht. Erstellt vom Verfasser. [S. 489]

Karte 1: „Das Herzogtum Sachsen–Lauenburg um 1500“. Technische Umsetzung: Klaus Fennert u.a. (UniBwH, Zeichenstelle). [S. 441]

Karte 2: „Regierungszeit Bernhards II.“. Technische Umsetzung: Klaus Fennert u.a. (UniBwH, Zeichenstelle). [S. 117]

Karte 3: „Regierungszeit Johanns V.“. Technische Umsetzung: Klaus Fennert u.a. (UniBwH, Zeichenstelle). [S. 119]

Karte 4: „Regierungszeit Magnus′ I.“. Technische Umsetzung: Klaus Fennert u.a. (UniBwH, Zeichenstelle). [S. 121]

Karte 5: „Regierungszeit Franz′ I.“. Technische Umsetzung: Klaus Fennert u.a. (UniBwH, Zeichenstelle). [S. 123]

Karte 6: „Ansprüche des Hauses Sachsen–Lauenburg auf geistliche und weltliche Besitzungen im 16. Jahrhundert“. Technische Umsetzung: Klaus Fennert u.a. (UniBwH, Zeichenstelle). [S. 129]

Karte 7: „Zu 3.2.1 – 3.2.2: Dynastische Verbindungen und Einfluß auf geistliche Besitzungen der Herzöge von Sachsen–Lauenburg im 16. Jahrhundert“. Technische Umsetzung: Klaus Fennert u.a. (UniBwH, Zeichenstelle). [S. 130]

Karte 8: „Das Herzogtum Sachsen–Lauenburg um 1619“. Technische Umsetzung: Klaus Fennert u.a. (UniBwH, Zeichenstelle). [S. 448]

Faltblatt: Genealogie der Herzöge von Sachsen–Lauenburg. Technische Umsetzung: Klaus Fennert u.a. (UniBwH, Zeichenstelle).

RECHTSHISTORISCHE REIHE

Band 1 Studien zu den germanischen Volksrechten. Gedächtnisschrift für Wilhelm Ebel. Vorträge gehalten auf dem Fest-Symposion anläßlich des 70. Geburtstages von Wilhelm Ebel am 16. Juni 1978 in Göttingen. Götz Landwehr (Hrsg.) 1982.

Band 2 Hans Poeschel: Die Statuten der Banken, Sparkassen und Kreditgenossenschaften in Hamburg und Altona von 1710 bis 1889. 1978.

Band 3 Thomas Kolbeck: Juristenschwemmen, Untersuchungen über den juristischen Arbeitsmarkt im 19. und 20. Jahrhundert. 1978.

Band 4 Norbert Hempel: Richterleitbilder in der Weimarer Republik. 1978.

Band 5 Rolf Stratmann: Die Scheinbußen im mittelalterlichen Recht. 1978.

Band 6 Martin C. Lockert: Die niedersächsischen Stadtrechte zwischen Aller und Weser. Vorkommen und Verflechtungen. Eine Bestandsaufnahme. 1979.

Band 7 Joachim Rückert/Wolfgang Friedrich: Betriebliche Arbeiterausschüsse in Deutschland, Großbritannien und Frankreich im späten 19. und frühen 20. Jahrhundert. Eine vergleichende Studie zur Entwicklung des kollektiven Arbeitsrechts. 1979.

Band 8 Peter Bender: Die Rezeption des römischen Rechts im Urteil der deutschen Rechtswissenschaft. 1979.

Band 9 Friedrich Karl Alsdorf: Untersuchungen zur Rechtsgestalt und Teilung deutscher Ganerbenburgen. 1980.

Band 10 Dietmar Willoweit/Winfried Schich (Hrsg.): Studien zur Geschichte des sächsisch-magdeburgischen Rechts in Deutschland und Polen (Sammelband). 1980.

Band 11 Brigitte Hempel: Der Entwurf einer Polizeiordnung für das Herzogtum Sachsen-Lauenburg aus dem Jahre 1591. 1980.

Band 12 Klaus-Detlev Godau-Schüttke: Rechtsverwalter des Reiches. Staatssekretär Dr. Curt Joël. 1981.

Band 13 Rainer Polley: Anton Friedrich Justus Thibaut (AD 1772-1840) in seinen Selbstzeugnissen und Briefen. Teil 1: Abhandlung. Teil 2: Briefwechsel. Teil 3: Register zum Briefwechsel. 1982.

Band 14 Michael Wettengel: Der Streit um die Vogtei Kelkheim 1275-1276. Ein kanonischer Prozeß.1981.

Band 15 Otto Wilhelm Krause: Naturrechtler des sechzehnten Jahrhunderts. Ihre Bedeutung für die Entwicklung eines natürlichen Privatrechts. 1982.

Band 16 Helga Spindler: Von der Genossenschaft zur Betriebsgemeinschaft. Kritische Darstellung der Sozialrechtslehre Otto von Gierkes. 1982.

Band 17 Holger Otte: Gustav Radbruchs Kieler Jahre 1919 - 1926. 1982.

Band 18 Rüdiger Teuner: Die fuldische Ritterschaft 1510 - 1656. 1982.

Band 19 Gerhard Dilcher/Rudolf Hoke/Gian Savino Pene Vidari/Hans Winterberg (Hrsg.): Grundrechte im 19. Jahrhundert. 1982.

Band 20 Karl-Hans Schloßstein: Die westfälischen Fabrikengerichtsdeputationen - Vorbilder, Werdegang und Scheitern. 1982.

Band 21 Birger Schulz: Der Republikanische Richterbund (1921-1933). 1982.

Band 22 Engelbert Krause: Die gegenseitigen Unterhaltsansprüche zwischen Eltern und Kindern in der deutschen Privatrechtsgeschichte. 1982.

Band 23 Meent W. Francksen: Staatsrat und Gesetzgebung im Großherzogtum Berg (1806-1813). 1982.

Band 24 Gerd von Sonnleithner: Bearbeitung des Handelsrechts durch Ignaz von Sonnleithner in seinem "Leitfaden über das österreichische Handels- und Wechselrecht". 1982.

Band 25 Rudolf Palme: Rechts-, Wirtschafts- und Sozialgeschichte der inneralpinen Salzwerke bis zu deren Monopolisierung. 1983.

Band 26 Helen Bosshard: Pestalozzis Staats- und Rechtsverständnis und seine Stellung in der Aufklärung. 1983.

Band 27 Jens Jessen: Die Selbstzeugnisse der deutschen Juristen. Erinnerungen, Tagebücher und Briefe. Eine Bibliographie. 1983.

Band 28 Günter Martin Jensen: Das Domanium Waldeck. Die rechtliche Zuordnung eines Fürstenvermögens. 1984.

Band 29 Johann Heinrich Kumpf: Petitionsrecht und öffentliche Meinung im Entstehungsprozeß der Paulskirchenverfassung 1848/49. 1983.

Band 30 Sabine Frey: Rechtsschutz der Juden gegen Ausweisungen im 16. Jahrhundert. 1983.

Band 31 Dietrich Joswig: Die germanische Grundstücksübertragung. 1984.

Band 32 Andreas Baryli: Konzessionssystem contra Gewerbefreiheit. Zur Diskussion der österreichischen Gewerberechtsreform 1835 bis 1860. 1984.

Band 33 Gerhard Oberkofler: Studien zur Geschichte der österreichischen Rechtswissenschaft. 1984.

Band 34 Rudolf Lauda: Kaufmännische Gewohnheit und Burgrecht bei Notker dem Deutschen. Zum Verhältnis von literarischer Tradition und zeitgenössischer Realität in der frühmittelalterlichen Rhetorik. 1984.

Band 35 Jens Jensen: Die Ehescheidung des Bischofs Hans von Lübeck von Prinzessin Julia Felicitas von Württemberg-Weiltingen AD 1648-1653. Ein Beitrag zum protestantischen Ehescheidungsrecht im Zeitalter des beginnenden Absolutismus. 1984.

Band 36 Horst Schröder: Friedrich Karl von Savigny. Geschichte und Rechtsdenken beim Übergang vom Feudalismus zum Kapitalismus in Deutschland. 1984.

Band 37 Andreas Hatzung: Dogmengeschichtliche Grundlagen und Entstehung des zivilrechtlichen Notstands. 1984.

Band 38 Matthias Klasen: Das Billwerder Landrecht. Landrecht und Landgericht in den Hamburger Elbmarschen. 1985.

Band 39 Rainer Jamin: Aufbau, Tätigkeit und Verfahren der Auseinandersetzungsbehörden bei der Durchführung der preußischen Agrarreformen. 1985.

Band 40 Henry Winter: Teilschuld, Gesamtschuld und unechte Gesamtschuld. Zur Konzeption der §§ 420 ff. BGB - Ein Beitrag zur Entstehungsgeschichte des BGB. 1985.

Band 41 Hermann Eichler: Verfassungsbewegung in Amerika und Europa. 1985.

Band 42 Dagmar Bandemer: Heinrich Albert Zachariae. Rechtsdenken zwischen Restauration und Reformation. 1985.

Band 43 Eva-Christine Frentz: Das Hamburgische Admiralitätsgericht (1623-1811). Prozeß und Rechtsprechung. 1985.

Band 44 Karl Lillig: Rechtsetzung im Herzogtum Pfalz-Zweibrücken während des 18. Jahrhunderts. Ein Beitrag zur Geschichte der territorialen Rechtsbildung. 1985.

Band 45 Walter Weber: Die Entwicklung der Sparkassen zu selbständigen Anstalten des öffentlichen Rechts. Ein Beitrag zur Entwicklung des Anstaltsbegriffs im 19. Jahrhundert. 1985.

Band 46 Bärbel Baum: Der Stabreim im Recht. Vorkommen und Bedeutung des Stabreims in Antike und Mittelalter. 1986.

Band 47 Hans Popp: Die nationalsozialistische Sicht einiger Institute des Zivilprozeß- und Gerichtsverfassungsrechts. 1986.

Band 48 John Karl-Heinz Montag: Die Lehrdarstellung des Handelsrechts von Georg Friedrich von Martens bis Meno Pöhls. Die Wissenschaft des Handelsrechts im ersten Drittel des 19. Jahrhunderts. 1986.

Band 49 Volker D. Anhäusser: Das internationale Obligationenrecht in der höchstrichterlichen Rechtsprechung des 19. Jahrhunderts. 1986.

Band 50 Udo Beer: Die Juden, das Recht und die Republik. Verbandswesen und Rechtsschutz 1919-1933. 1986.

Band 51 Herbert Grziwotz: Der moderne Verfassungsbegriff und die "Römische Verfassung" in der deutschen Forschung des 19. und 20. Jahrhunderts. 1986.

Band 52 Ralf Conradi: Karl Friedrich Eichhorn als Staatsrechtslehrer. Seine Göttinger Vorlesung über "Das Staatsrecht der deutschen Bundesstaaten" nach einer Kollegmitschrift aus dem Wintersemester 1821/22. 1987.

Band 53 Dieter Dannreuther: Der Zivilprozeß als Gegenstand der Rechtspolitik im Deutschen Reich 1871 - 1945. Ein Beitrag zur Geschichte des Zivilprozeßrechts in Deutschland. 1987.

Band 54 Stephan Felix Pauly: Organisation, Geschichte und Praxis der Gesetzesauslegung des (Königlich) Preußischen Oberverwaltungsgerichtes 1875 - 1933. 1987.

Band 55 Rüdiger Schulz: Die Entstehung des Seerechts des Allgemeinen Deutschen Handelsgesetzbuches unter besonderer Berücksichtigung der Bestimmungen über die Reederei, den Schiffer und die Schiffsmannschaft. 1987.

Band 56 Reinhold Reis: Deutsches Privatrecht in den Weistümern der Zenten Schriesheim und Kirchheim. 1987.

Band 57 Jürgen Christoph: Die politischen Reichsamnestien 1918 - 1933. 1987.

Band 58 Gerhard Oberkofler/Eduard Rabofsky: Hans Kelsen im Kriegseinsatz der k.u.k.-Wehrmacht. Eine kritische Würdigung seiner militärtheoretischen Angebote. 1988.

Band 59 Arne Wulff: Staatssekretär Prof. Dr. Dr. h.c. Franz Schlegelberger. 1876-1970. 1991.

Band 60 Gerhard Köbler (Hrsg.): Wege europäischer Rechtsgeschichte. Karl Kroeschell zum 60. Geburtstag. 1987.

Band 61 Rüdiger Hütte: Der Gemeinschaftsgedanke in den Erbrechtsreformen des Dritten Reichs. 1988.

Band 62 Markus Göldner: Politische Symbole der europäischen Integration. Fahne, Hymne, Hauptstadt, Paß, Briefmarke, Auszeichnungen. 1988.

Band 63 Wolfgang Kröner: Freiheitsstrafe und Strafvollzug in den Herzogtümern Schleswig, Holstein und Lauenburg von 1700 bis 1864. 1988.

Band 64 Werner Gaile: Die Norder Theelacht. 1988.

Band 65 Karl v. Kempis: Andreas Gaill (1526 - 1587). Zum Leben und Werk eines Juristen der frühen Neuzeit. 1988.

Band 66 Wolf-Rüdiger Osburg: Die Verwaltung Hamburgs in der Franzosenzeit. 1811-1814. 1988.

Band 67 Christian Schudnagies: Hans Frank. Aufstieg und Fall des NS-Juristen und Generalgouverneurs. 1988.

Band 68 Otmar Jung: Senatspräsident Freymuth. Richter, Sozialdemokrat und Pazifist in der Weimarer Republik. Eine politische Biographie. 1989.

Band 69 Joachim Lohner: Das landeshauptmannschaftliche Gericht in Oberösterreich zu Beginn der Neuzeit. Eine Darstellung des oberösterreichischen Prozeßrechts am obersten Territorialgericht des Landes anhand der oberösterreichischen Landtafel.1989.

Band 70 Bernd Klemann: Rudolf von Jhering und die Historische Rechtsschule. 1989.

Band 71 Adalbert Langer: Männer um die österreichische Zivilprozeßordnung 1895. Zusammenspiel / Soziales Ziel. 1990.

Band 72 Robert-Dieter Klee: Die Landessuperintendentur Lauenburg. Ursprung und Entwicklung sowie Ende der Sonderstellung des Kirchenkreises Herzogtum Lauenburg durch die nordelbische Kirchenvereinigung. 1989.

Band 73 Heinrich Herrmann: Die Gehöferschaften im Bezirk Trier. 1989.

Band 74 Wilhelm Brauneder, Franz Baltzarek (Hrsg.): Modell einer neuen Wirtschaftsordnung. Wirtschaftsverwaltung in Österreich 1914 - 1918. 1991.

Band 75 Thomas Dreyer: Die "Assecuranz- und Haverey-Ordnung" der Freien und Hansestadt Hamburg von 1731. 1990.

Band 76 Bernhard Sendler: Die Rechtssprache in den süddeutschen Stadtrechtsreformationen. 1990.

Band 77 Brigitte Lehmann: Ehevereinbarungen im 19. und 20. Jahrhundert. 1990.

Band 78 Michael Sunnus: Der NS-Rechtswahrerbund (1928-1945). Zur Geschichte der nationalsozialistischen Juristenorganisation. 1990.

Band 79 Stefan Schulz: Die historische Entwicklung des Rechts an Bienen. (§§ 961 - 964 BGB). 1990.

Band 80 Gerhard Lingelbach, Heiner Lück (Hrsg.): Deutsches Recht zwischen Sachsenspiegel und Aufklärung. Rolf Lieberwirth zum 70. Geburtstag dargebracht von Schülern, Freunden und Kollegen, herausgegeben von Gerhard Lingelbach und Heiner Lück. 1991.

Band 81 Manfred Krohn: Die deutsche Justiz im Urteil der Nationalsozialisten 1920 - 1933. 1991.

Band 82 Angelika Kühn: Privilegierung nationaler Minderheiten im Wahlrecht der Bundesrepublik Deutschland und Schleswig-Holsteins. 1991.

Band 83 Georg Brun: Leben und Werk des Rechtshistorikers Heinrich Mitteis unter besonderer Berücksichtigung seines Verhältnisses zum Nationalsozialismus. 1991.

Band 84 Wolfgang Simon: Claudius Freiherr von Schwerin. Rechtshistoriker während dreier Epochen deutscher Geschichte. 1991.

Band 85 Friedrich-Carl Wachs: Das Verordnungswerk des Reichsdemobilmachungsamtes. Stabilisierender Faktor zu Beginn der Weimarer Republik. 1991.

Band 86 Jens-Uwe Petersen: Die Vorgeschichte und die Entstehung des Mieterschutzgesetzes von 1923 nebst der Anordnung für das Verfahren vor dem Mieteinigungsamt und der Beschwerdestelle. 1991.

Band 87 Ulrike Haibach: Familienrecht in der Rechtssprache. Die historische Entwicklung zentraler Ausdrücke des geltenden Familienrechts. 1991.

Band 88 Joern Christian Nissen: Die Beratungen des Seeversicherungsausschusses der Akademie für Deutsches Recht zu einem neuen Seeversicherungsgesetz (1934-1939). Ein Beitrag zur Entwicklung der allgemeinen Lehren des Seeversicherungsrechts unter besonderer Berücksichtigung des Handelsgesetzbuchs und der Allgemeinen Deutschen Seeversicherungs-Bedingungen 1919. 1991.

Band 89 Diethard Bühler: Die Entstehung der allgemeinen Vertragsschluß-Vorschriften im Allgemeinen Deutschen Handelsgesetzbuch (ADHGB) von 1861. Ein Beitrag zur Kodifikationsgeschichte des Privatrechts im 19. Jahrhundert. 1991.

Band 90 Gerhard Oberkofler: Die Vertreter des Römischen Rechts mit deutscher Unterrichtssprache an der Karls-Universität in Prag. Vom Vormärz bis 1945. 1991.

Band 91 Ulrich Andermann: Ritterliche Gewalt und bürgerliche Selbstbehauptung. Untersuchungen zur Kriminalisierung und Bekämpfung des spätmittelalterlichen Raubrittertums am Beispiel norddeutscher Hansestädte. 1991.

Band 92 Heinz Marcus Hanke: Luftkrieg und Zivilbevölkerung. Der kriegsvölkerrechtliche Schutz der Zivilbevölkerung gegen Luftbombardements von den Anfängen bis zum Ausbruch des Zweiten Weltkrieges. 1991.

Band 93 Kirsten Kraglund: Familien- und Erbrecht. Materielles Recht und Methoden der Rechtsanwendung in der Rechtsprechung des Oberappellationsgerichts der vier Freien Städte Deutschlands zu Lübeck. 1991.

Band 94 Reinhard Lorenz: Die politische und rechtliche Stellung des Proletariats in Preußen in der Zeit zwischen den Reformen und der Revolution 1848/49. 1991.

Band 95 Eric Hilgendorf: Die Entwicklungsgeschichte der parlamentarischen Redefreiheit in Deutschland. 1991.

Band 96 Hans J. Reiter: Die Handelsgesellschaft Villeroy & Boch von der Gründung 1836 bis zum Jahr 1878. 1992.

Band 97 Martin Johannes Heller: Reform der deutschen Rechtssprache im 18. Jahrhundert. 1992.

Band 98 Michael Kotulla: Die Tragweite der Grundrechte der revidierten preußischen Verfassung vom 31.01.1850. 1992.

Band 99 Michael Siefener: Hexerei im Spiegel der Rechtstheorie. Das crimen magiae in der Literatur von 1574 bis 1608. 1992.

Band 100 Andreas Ebert-Weidenfeller: Hamburgisches Kaufmannsrecht im 17. und 18. Jahrhundert. Die Rechtsprechung des Rates und des Reichskammergerichtes. 1992.

Band 101 Enno Bommel: Die Entstehung der Verwirkungslehre in der Krise des Positivismus. 1992.

Band 102 Ralph Steppacher: Die Berücksichtigung der bäuerlichen Postulate bei der Entstehung des ZGB und der Revision des OR. Ein Beitrag zur schweizerischen Kodifikationsgeschichte (1893 - 1912). 1992.

Band 103 Martin Fleckenstein: Die Todesstrafe im Werk Carl Joseph Anton Mittermaiers (1787 - 1867). Zur Entwicklungsgeschichte eines Werkbereichs und seiner Bedeutung für Theorie- und Methodenbildung. 1992.

Band 104 Jörn Eckert: Der Kampf um die Familienfideikommisse in Deutschland. Studien zum Absterben eines Rechtsinstitutes. 1992.

Band 105 Jörg Grotkopp: Beamtentum und Staatsformwechsel. Die Auswirkungen der Staatsformwechsel von 1918, 1933 und 1945 auf das Beamtenrecht und die personelle Zusammensetzung der deutschen Beamtenschaft. 1992.

Band 106 Andreas Rohde: Die Garantiehaftung des Vermieters und ihr Verhältnis zum Unmöglichkeitsrecht in dogmengeschichtlicher und modernrechtlicher Sicht. 1992.

Band 107 Tjark Siefke Kunstreich: Gesamtvertretung. Eine historisch-systematische Darstellung. 1992.

Band 108 Jürgen Krüger: Blindheit und Königtum. Die Blindheit des Königs Georg V. von Hannover als verfassungsrechtliches Problem. 1992.

Band 109 Wolfgang Putschek: Ständische Verfassung und autoritäre Verfassungspraxis in Österreich 1933-1938 mit Dokumentenanhang. Verfassung und Verfassungswirklichkeit. Mit einem Anhang: Denkschriften von Rechtsanwalt Dr. Erich Führer 1936/37. 1993.

Band 110 Klaus Hofmann: Die Verdrängung der Juden aus öffentlichem Dienst und selbständigen Berufen in Regensburg 1933-1939. 1993.

Band 111 Franz Kilger: Die Entwicklung des Telegraphenrechts im 19. Jahrhundert mit besonderer Berücksichtigung der technischen Entwicklung. Telegraphenrecht im 19. Jahrhundert. 1993.

Band 112 Wilhelm Brauneder (Hrsg.): Heiliges Römisches Reich und moderne Staatlichkeit. 1993.

Band 113 Thomas Heinrich: Das preußische Nichtehelichenrecht: Von der Aufklärung zur Reaktion. 1993.

Band 114 Gerald Kohl: Jagd und Revolution. Das Jagdrecht in den Jahren 1848 und 1849. 1993.

Band 115 Christian Schudnagies: Der Kriegs- oder Belagerungszustand im Deutschen Reich während des Ersten Weltkrieges. Eine Studie zur Entwicklung und Handhabung des deutschen Ausnahmezustandsrechts bis 1918. 1994.

Band 116 Elisabeth Bellmann: Die Internationale Kriminalistische Vereinigung (1889-1933). 1994.

Band 117 Julia Pfannkuch: Volksrichterausbildung in Sachsen 1945-1950. 1993.

Band 118 Jörg Offen: Von der Verwaltungsgemeinschaft des BGB von 1896 zur Zugewinngemeinschaft des Gleichberechtigungsgesetzes von 1957. 1994.

Band 119 Dorothee Kohlhas-Müller: Untersuchungen zur Rechtsstellung Theoderichs des Großen. 1995.

Band 120 Monika Rose: Das Gerichtswesen des Herzogtums Pfalz-Zweibrücken im 18. Jahrhundert. Ein Beitrag zur territorialen Gerichtsbarkeit im Alten Reich. 1994.

Band 121 Jörn Eckert / Hans Hattenhauer (Hrsg.): Bibel und Recht. Rechtshistorisches Kolloquium 9. - 13. Juni 1992 an der Christian-Albrechts-Universität zu Kiel. 1994.

Band 122 Robert Martin Mizia: Der Rechtsbegriff der Autonomie und die Begründung des Privatfürstenrechts in der deutschen Rechtswissenschaft des 19. Jahrhunderts. 1995.

Band 123 Walther Graf von Plettenberg: Das Fortleben des Liber Iudiciorum in Asturien/León (8. - 13. Jh.). 1994.

Band 124 Wolfgang Schulz: Das deutsche Börsengesetz. Die Entstehungsgeschichte und wirtschaftlichen Auswirkungen des Börsengesetzes von 1896. 1994.

Band 125 Frank Hagemann: Der Untersuchungsausschuß Freiheitlicher Juristen. 1949 – 1969. 1994.

Band 126 Andreas Rethmeier: "Nürnberger Rassegesetze" und Entrechtung der Juden im Zivilrecht. 1995.

Band 127 Edith Grether: Die Poesie der Throne. Die Juristen in der Fruchtbringenden Gesellschaft. 1995.

Band 128 Anna Bartels-Ishikawa: Der Lippische Thronfolgestreit. Eine Studie zu verfassungsrechtlichen Problemen des Deutschen Kaiserreiches im Spiegel der zeitgenössischen Staats. 1995.

Band 129 Jörg Schmidt: Otto Koellreutter 1883-1972. Sein Leben, sein Werk, seine Zeit. 1995.

Band 130 Christian Hattenhauer: Wahl und Krönung Franz II. AD 1792. Das Heilige Reich krönt seinen letzten Kaiser - Das Tagebuch des Reichsquartiermeisters Hieronymus Gottfried von Müller und Anlagen. 1995.

Band 131 Jutta v. der Decken: Das Seearbeitsrecht im Hamburger Stadtrecht von 1301 bis 1603. 1995.

Band 132 Detlev Schmidt: Die Reform des Rechts der Handelsvertreter von 1953. 1995.

Band 133 Gabi Roßdeutscher: Privatautonomie im Scheidungsrecht. Scheidungsbezogene Vereinbarungen in den letzten 200 Jahren. 1995.

Band 134 Harald Kahlenberg: Leben und Werk des Rechtshistorikers Walther Merk. Ein Beispiel für das Verhältnis von Rechtsgeschichte und Nationalsozialismus. 1995.

Band 135 Michael Steitz: Adelbert Düringer am Reichsgericht (1902-1915). Seine aktienrechtlichen Entscheidungen und sein Einfluß auf das Aktienrecht in Deutschland. 1995.

Band 136 Christian Becker: Beata Justorum Translatio. Juristen in schleswig-holsteinischen Leichenpredigten. 1996.

Band 137 Christoph Seiler: Vom Allgemeinen Landrecht zum Bürgerlichen Gesetzbuch. Dargestellt am Beispiel der höchstrichterlichen Judikatur zum kaufrechtlichen Sachmängelgewährleistungsrecht. 1996.

Band 138 Bernd Mayer: Die Vertrauensmännerausschüsse auf den preußischen Steinkohlegruben an der Saar. Entstehung und Wirken. Eine rechtshistorische Untersuchung. 1996.

Band 139 Rochus Scholl: Juden und Judenrecht im Herzogtum Pfalz-Zweibrücken. Ein Beitrag zur Rechtsgeschichte eines deutschen Kleinstaates am Ende des alten Reiches. 1996.

Band 140 Meike Bursch: Judentaufe und frühneuzeitliches Strafrecht. Die Verfahren gegen Christian Treu aus Weener/Ostfriesland 1720-1728. 1996.

Band 141 Markus Hillenbrand: Fürstliche Eheverträge. Gottorfer Hausrecht 1544 - 1773. 1996.

Band 142 Ulf Häder: Das gemeinschaftliche Oberappellationsgericht thüringischer Staaten in Jena. Ein Beitrag zur Geschichte des Gerichtswesens im 19. Jahrhundert. 1996.

Band 143 Andreas Bauer: Das Gnadenbitten in der Strafrechtspflege des 15. und 16. Jahrhunderts. Dargestellt unter besonderer Berücksichtigung von Quellen der Vorarlberger Gerichtsbezirke Feldkirch und des Hinteren Bregenzerwaldes. 1996.

Band 144 Christian Wirth: Der Jurist Johann Andreas Georg Friedrich Rebmann zwischen Revolution und Restauration. 1996.

Band 145 Stefanie Müller: Die Rechtsprechung des Hanseatischen Oberlandesgerichts zum persönlichen Eherecht in Hamburgischen Gerichtsfällen von 1879 -1900. 1996.

Band 146 Jean-Nicolas Morisset: Der Frachtvertrag in der *Ordonnance de la marine* von 1681. 1996.

Band 147 Dirk Lentfer: Die Glogauer Landesprivilegien des Andreas Gryphius von 1653. 1996.

Band 148 Wencke Mull: Die Haftung für Einsturzschäden nach den §§ 836-838 BGB in der Rechtsprechung des Reichsgerichts. 1996.

Band 149 Renate Zelger: Teufelsverträge. Märchen, Sage, Schwank, Legende im Spiegel der Rechtsgeschichte. 1996.

Band 150 Guido Kraß: Das Arrestverfahren in Frankfurt am Main im Spätmittelalter. 1996.

Band 151 F. Benedict Heyn: Die Entwicklung des Eisenbahnfrachtrechts von den Anfängen bis zur Einführung des Allgemeinen Deutschen Handelsgesetzbuches (ADHGB). 1996.

Band 152 Thomas Lang: Die Staats- und Verfassungslehre Carl Salomo Zachariaes. 1996.

Band 153 Michael Hebeis: Karl Anton von Martini (1726-1800). Leben und Werk. 1996.

Band 154 Gerald Hubert: Die Diskussion um die rechtliche Natur der Bizone in den Jahren 1947-1949. 1996.

Band 155 Christof Horn: Die Rechtsprechung des Reichsgerichts in Ehescheidungssachen der Jahre 1900 bis 1905. 1996.

Band 156 Hermann Nehlsen / Georg Brun (Hrsg.): Münchener rechtshistorische Studien zum Nationalsozialismus. 1996.

Band 157 Jan Otto Clemens Kehrberg: Die Entwicklung des Elektrizitätsrechts in Deutschland. Der Weg zum Energiewirtschaftsgesetz von 1935. 1997.

Band 158 Johannes Tradt: Der Religionsprozeß gegen den Zopfschulzen (1791-1799). Ein Beitrag zur protestantischen Lehrpflicht und Lehrzucht in Brandenburg-Preußen gegen Ende des 18. Jahrhunderts. 1997.

Band 159 Dietmar Olsen: Das kaufrechtliche Sachmängelgewährleistungsrecht des Code civil in der Rechtsprechung deutscher Gerichte im 19. Jahrhundert. Ein Beitrag zur Ablösung der Partikularrechte durch das BGB. 1997.

Band 160 Ulrich Bernhardt: Die Deutsche Akademie für Staats- und Rechtswissenschaft „Walter Ulbricht" 1948-1971. 1997.

Band 161 Claudia Susan Hoppe: Die Bürgschaft im Rechtsleben Hamburgs von 1600 bis 1900. 1997.

Band 162 Franz-Rudolf Ecker: Die Entwicklung des Bergrechts im Saarbrücker Steinkohlenrevier bis zum Ende des 18. Jahrhunderts. Ein Vergleich mit dem älteren deutschen Bergrecht. 1997.

Band 163 Anne Katrin Rückert: Politik und Privatrecht in der „konservativen Revolution". 1997.

Band 164 Gisbert Laube: Der Reichskunstwart. Geschichte einer Kulturbehörde 1919-1933. 1997.

Band 165 Nicolas Lührig: Die Diskussion über die Reform der Juristenausbildung von 1945 bis 1995. 1997.

Band 166 Regula Gerber Jenni: Die Emanzipation der mehrjährigen Frauenzimmer. Frauen im bernischen Privatrecht des 19. Jahrhunderts. 1997.

Band 167 Mischa A. Färber: Das gemeinschaftliche Testament in der höchstrichterlichen Rechtsprechung zum Allgemeinen Preußischen Landrecht und zum BGB. Ein Beitrag zur Ablösung der Partikularrechte durch das BGB. 1997.

Band 168 Catherine Antoinette Gasser: Philipp Lotmar 1850-1922. Professor der Universität Bern. Sein Engagement für das Schweizerische Arbeitsrecht. 1997.

Band 169 Lars Immisch: Der sozialistische Richter in der DDR und seine Unabhängigkeit. Der Versuch eines Rechtsvergleiches zum Unabhängigkeitsbegriff in der bundesdeutschen Rechtsordnung. 1997.

Band 170 Jessica Jacobi: Besitzschutz vor dem Reichskammergericht. Die friedenssichernde Funktion der Besitzschutzklagen am Reichskammergericht im 16. Jahrhundert, dargestellt anhand von Kameralisten. 1998.

Band 171 Ewald Hügemann: Die Geschichte des öffentlichen und privaten Mietpreisrechts vom Ersten Weltkrieg bis zum Gesetz zur Regelung der Miethöhe von 1974. 1998.

Band 172 Lutz Rentzow: Die Entstehungs- und Wirkungsgeschichte der Vernewerten Landesordnung für das Königreich Böhmen von 1627. 1998.

Band 173 Sabine Stürmer: Mühlenrecht im Herzogtum Pfalz-Zweibrücken während des 18. Jahrhunderts. Ein Beitrag zum Wirtschaftsrecht eines deutschen Kleinstaates im Alten Reich. 1998.

Band 174 Mario Bogisch: *Nemo testis in re sua*. Das Problem der Zeugnisfähigkeit bei der Anwendung der deutschen Zivilprozeßordnung von 1877. 1998.

Band 175 Rainer Oßwald: Pactane sunt servanda? Freiwilligkeit, Zwang und Unverbindlichkeitserklärungen im islamischen Vertragsrecht malikitischer Schule. 1998.

Band 176 Bettina Kern: Der preußische BGB-Entwurf von 1842. 1998.

Band 177 Inken Fuhrmann: Die Diskussion über die Einführung der fakultativen Zivilehe in Deutschland und Österreich seit Mitte des 19. Jahrhunderts. 1998.

Band 178 Annette Rieck: Der Heilige Ivo von Hélory (1247-1303). Advocatus pauperum und Patron der Juristen. 1998.

Band 179 Frank Bottenberg: Die Hamburgische Strafprozeßordnung von 1869. 1998.

Band 180 Matthias Krauß: Das kursächsische Postrecht von seinen Anfängen bis zum Ende des Alten Reichs. 1998.

Band 181 Torsten Schmidt: Die Entmündigung von den Anfängen des BGB bis zu ihrer Ablösung durch das Institut der Betreuung. 1998.

Band 182 Christian Nunn: Rudolf Müller-Erzbach. 1874-1959. Von der realen Methode über die Interessenjurisprudenz zum kausalen Rechtsdenken (Leben und Werk). 1998.

Band 183 Christian Ortloff: Das staatskirchenrechtliche System Wilhelm Traugott Krugs. Glaubens- und Gewissensfreiheit – eine Forderung der Vernunft. 1998.

Band 184 Christian Hattenhauer: Schuldenregulierung nach dem Westfälischen Frieden. Der sog. § *de indaganda* und seine Umsetzung im Jüngsten Reichsabschied (AD 1648 und 1654). 1998.

Band 185 Werner Schubert: Preußen im Vormärz. Die Verhandlungen der Provinziallandtage von Brandenburg, Pommern, Posen, Sachsen und Schlesien sowie – im Anhang – von Ostpreußen, Westfalen und der Rheinprovinz (1841-1845). 1998.

Band 186 Silvia Schumacher: Das Rechtsverhältnis zwischen Eltern und Kindern in der Privatrechtsgeschichte. 1999.

Band 187 Kai Sommer: Die Strafbarkeit der Homosexualität von der Kaiserzeit bis zum Nationalsozialismus. Eine Analyse der Straftatbestände im Strafgesetzbuch und in den Reformentwürfen (1871-1945). 1998.

Band 188 Jan Erik Backhaus: Volksrichterkarrieren in der DDR. 1999.

Band 189 Ralf Ruhnau: Die Fürstlich Thurn und Taxissche Privatgerichtsbarkeit in Regensburg. Ein Kuriosum der deutschen Rechtsgeschichte. 1999.

Band 190 Antonio Grilli: Die französische Justizorganisation am linken Rheinufer 1797-1803. 1999.

Band 191 Stephanie Kammerloher-Lis: Die Entstehung des Gesetzes über die religiöse Kindererziehung vom 15. Juli 1921. 1999.

Band 192 Jan Telp: Ausmerzung und Verrat. Zur Diskussion um Strafzwecke und Verbrechensbegriffe im Dritten Reich. 1999.

Band 193 Kurt von Pannwitz: Die Entstehung der Allgemeinen Deutschen Wechselordnung. Ein Beitrag zur Geschichte der Vereinheitlichung des deutschen Zivilrechts im 19. Jahrhundert. 1999.

Band 194 Sylvia Busch: Die Entstehung der Allgemeinen Gerichtsordnung für die Preussischen Staaten von 1793/95. Ein Beitrag zur Geschichte der Kodifikationsbewegung und der Reform des Zivilprozesses in Preußen im 18. Jahrhundert. 1999.

Band 195 Dirk Bieresborn: Klage und Klageerwiderung im deutschen und englischen Zivilprozeß. Eine rechtshistorische und rechtsvergleichende Untersuchung unter besonderer Berücksichtigung der Beeinflussung durch das römisch-kanonische Verfahren. 1999.

Band 196 Andreas Thier / Guido Pfeifer / Philipp Grzimek (Hrsg.): Kontinuitäten und Zäsuren in der Europäischen Rechtsgeschichte. Europäisches Forum Junger Rechtshistorikerinnen und Rechtshistoriker München 22.-24. Juli 1998. 1999.

Band 197 Franz Smola: Die Fürstlich Liechtenstein'sche Kunstsammlung. Rechtsfragen zur Verbringung der Sammlung von Wien nach Vaduz in den Jahren 1944/45. 1999.

Band 198 Frank Martin Krauss: Das geteilte Eigentum im 19. und 20. Jahrhundert. Eine Untersuchung zum Fortbestand des Teilungsgedankens. 1999.

Band 199 Matthias Frey: Die spanische Aktiengesellschaft im 18. Jahrhundert und unter dem Código de Comercio von 1829. 1999.

Band 200 Alexandra Gilde: Die Stellung der Frau im Reichsstrafgesetzbuch von 1870/71 und in den Reformentwürfen bis 1919 vom Standpunkt der bürgerlichen Frauenbewegung aus betrachtet. Eine Analyse ausgewählter Straftatbestände. 1999.

Band 201 Malte Dießelhorst / Arne Duncker: Hans Kohlhase. Die Geschichte einer Fehde in Sachsen und Brandenburg zur Zeit der Reformation. 1999.

Band 202 Jörg Hillmann: Territorialrechtliche Auseinandersetzungen der Herzöge von Sachsen-Lauenburg vor dem Reichskammergericht im 16. Jahrhundert. 1999.